Beiträge zum Arbeitsrecht

herausgegeben von

Martina Benecke, Felix Hartmann,
Sudabeh Kamanabrou, Hartmut Oetker

18

Lorenz Lloyd Fischer

Die Horizontalwirkung der EU-Grundrechtecharta im Arbeitsrecht

Zulässigkeit und Grenzen der unionsgrundrechtlichen Effektuierung arbeitsrechtlicher Richtlinien

Mohr Siebeck

Lorenz Lloyd Fischer, geboren 1996; Studium der Rechtswissenschaften an der Universität Würzburg; 2019 Erste Juristische Prüfung; Wissenschaftlicher Mitarbeiter am Lehrstuhl für Bürgerliches Recht, Arbeitsrecht und Zivilprozessrecht; 2022 Promotion (Würzburg); Rechtsreferendariat am Landgericht Würzburg.
orcid.org/0000-0002-1860-5812

Gedruckt mit Unterstützung der Studienstiftung ius vivum

Zugl.: Würzburg, Julius-Maximilians-Universität, Diss., 2022

ISBN 978-3-16-162111-6 / eISBN 978-3-16-162125-3
DOI 10.1628/978-3-16-162125-3

ISSN 2509-9973 / eISSN 2569-3840 (Beiträge zum Arbeitsrecht)

Die Deutsche Nationalbibliothek verzeichnet diese Publikation in der Deutschen Nationalbibliographie; detaillierte bibliographische Daten sind über *http://dnb.dnb.de* abrufbar.

Das Buch wurde von Gulde Druck in Tübingen auf alterungsbeständiges Werkdruckpapier gedruckt und von der Buchbinderei Spinner in Ottersweier gebunden.

Printed in Germany.

Vorwort

Die diesem Buch zugrundeliegende Untersuchung wurde im Wintersemester 2022/23 von der Juristischen Fakultät der Julius-Maximilians-Universität Würzburg als Inauguraldissertation angenommen; die mündliche Prüfung fand am 23. November 2022 statt. Die Arbeit befindet sich im Wesentlichen auf dem Stand der Einreichung im Juli 2022. Spätere Entwicklungen in Rechtsprechung und Literatur konnten nur teilweise berücksichtigt werden.

Besonderer Dank gilt meinem Doktorvater Herrn Professor Dr. *Christof Kerwer* für die Betreuung des Vorhabens, für die Förderung meines akademischen Werdegangs und für sein stets offenes Ohr. Seine Unterstützung und die aufgeschlossene Arbeitsatmosphäre an seinem Lehrstuhl waren mir gerade während der Entstehung dieser Arbeit eine große Hilfe. Bedanken möchte ich mich außerdem bei Frau Professorin Dr. *Stefanie Schmahl*, L.L.M (E) für die außergewöhnlich schnelle Erstellung des Zweitgutachtens. Ihr, ebenso wie Herrn Professor Dr. Dr. h.c. *Christoph Weber*, Herrn Professor Dr. *Achim Seifert* und Herrn Juniorprofessor Dr. *Stephan Gräf* bin ich außerdem dankbar für zahlreiche weiterführende Impulse, hilfreiche Ratschläge und die mir gebotenen Gelegenheiten zum fachlichen Austausch. Frau *Maria Rehder* möchte ich für ihre tatkräftige Unterstützung bei der Durchsicht des Manuskripts und der Suche nach Rechtschreibfehlern danken.

Den Herausgebern danke ich für die Aufnahme dieser Arbeit in die Schriftenreihe „Beiträge zum Arbeitsrecht".

Dank gilt ferner der *Studienstiftung des deutschen Volkes* für die finanzielle und ideelle Förderung dieses Vorhabens durch ein großzügiges Promotionsstipendium. Der *Studienstiftung ius vivum* danke ich für die Gewährung eines Druckkostenzuschusses.

Meinen Kollegen und Freunden will ich für die schöne gemeinsame Zeit am Lehrstuhl und an der Juristischen Fakultät der Universität Würzburg danken. Besonders hervorheben will ich insoweit Herrn Dr. *Oliver Martis*, L.L.M. und Frau *Chiara Gesper*, die mir seit den ersten Semestern treue Wegbegleiter und gute Freunde sind. Sie beide stehen stellvertretend für die vielen unersetzbaren Menschen in meinem Leben, die mich in vielerlei Hinsicht unterstützt haben, deren Nennung aber den Umfang eines Vorworts sprengen würde. Euch allen sei herzlich gedankt.

Meiner lieben Partnerin bin ich für ihr Verständnis und ihre Unterstützung während der Entstehung dieser Schrift unendlich dankbar.

Die Dankbarkeit für meine Familie lässt sich in Worte nicht fassen. Ihr, und dabei allen voran meiner selbstlosen Mutter, ist diese Arbeit gewidmet.

Würzburg, Januar 2023 Lorenz Lloyd Fischer

Inhaltsübersicht

Inhaltsverzeichnis

Abkürzungsverzeichnis

a.A.	andere Ansicht
ABl. EU	Amtsblatt der Europäischen Union
a.F.	alte Fassung
AGG	Allgemeines Gleichbehandlungsgesetz
a.M.	andere Meinung
AcP	Archiv für die civilistische Praxis
Anm.	Anmerkung
AEUV	Vertrag über die Arbeitsweise der Europäischen Union
AöR	Archiv des öffentlichen Rechts
AP	Arbeitsrechtliche Praxis, Nachschlagewerk des Bundesarbeitsgerichts
ArbRB	Arbeits-Rechtsberater
ArbG	Arbeitsgericht
ArbZG	Arbeitszeitgesetz
AuR	Arbeit und Recht
AVR	Archiv des Völkerrechts
BAG	Bundesarbeitsgericht
BAGE	Entscheidungen des Bundesarbeitsgerichts
BayVbl.	Bayerische Verwaltungsblätter
BB	Betriebs-Berater
BetrVG	Betriebsverfassungsgesetz
BGB	Bürgerliches Gesetzbuch
BGBl.	Bundesgesetzblatt
BGH	Bundesgerichtshof
BT-Drs.	Bundestagsdrucksache
BVerfG	Bundesverfassungsgericht
BVerfGE	Entscheidungen des Bundesverfassungsgerichts
BVerwG	Bundesverwaltungsgericht
CMLR	Common Market Law Review
DB	Der Betrieb
DÖV	Die Öffentliche Verwaltung
DVBl.	Deutsches Verwaltungsblatt
E.L.Rev.	European Law Review
ELJ	European Law Journal
EMRK	Europäische Menschenrechtskonvention
ERPL	European Review of Private Law
EU Const.	European Constitutional Law Review
EuG	Gericht der Europäischen Union
EuGH	Europäischer Gerichtshof

EuGRZ	Europäische Grundrechte-Zeitschrift
EuR	Europarecht
EuZA	Europäische Zeitschrift für Arbeitsrecht
EuZW	Europäische Zeitschrift für Wirtschaftsrecht
EUV	Vertrag über die Europäische Union
EWiR	Entscheidungen zum Wirtschaftsrecht
EWS	Europäisches Wirtschafts- und Steuerrecht
EzA	Entscheidungssammlung zum Arbeitsrecht
FA	Fachanwalt Arbeitsrecht
FamRZ	Zeitschrift für das gesamte Familienrecht
Fordham Int. Law J.	Fordham International Law Journal
FS	Festschrift
GA	Generalanwalt/Generalanwältin
GG	Grundgesetz für die Bundesrepublik Deutschland
GLJ	German Law Journal
GPR	Zeitschrift für das Privatrecht der Europäischen Union
GRC	Charta der Grundrechte der Europäischen Union
GS	Gedächtnisschrift
h.A.	herrschende Ansicht
h.L.	herrschende Lehre
h.M.	herrschende Meinung
IWRZ	Zeitschrift für Internationales Wirtschaftsrecht
JA	Juristische Arbeitsblätter
JArbSchG	Jugendarbeitsschutzgesetz
JbArbR	Jahrbuch des Arbeitsrechts
jM	juris-Die Monatszeitschrift
JÖR	Jahrbuch des Öffentlichen Rechts
JR	Juristische Rundschau
JURA	Juristische Ausbildung
jurisPR-ArbR	juris PraxisReport Arbeitsrecht
JuS	Juristische Schulung
JZ	Juristenzeitung
KG	Kammergericht
KritV	Kritische Vierteljahresschrift für Gesetzgebung und Rechtswissenschaft
LAG	Landesarbeitsgericht
Ls.	Leitsatz
lit.	littera
m.w.N.	mit weiteren Nachweisen
NILR	Netherlands International Law Review
NJOZ	Neue Juristische Online-Zeitschrift
Nr.	Nummer
NJW	Neue Juristische Wochenschrift
NStZ	Neue Zeitschrift für Strafrecht
NVwZ	Neue Zeitschrift für Verwaltungsrecht
NZA	Neue Zeitschrift für Arbeitsrecht
NZA-RR	NZA-Rechtsprechungsreport
OLG	Oberlandesgericht

ÖJZ	Österreichische Juristenzeitung
Quad. Cost.	Quaderni Costituzionali
RabelsZ	Rabels Zeitschrift für ausländisches und internationales Privatrecht
RdA	Recht der Arbeit
Rev.der.com.eur.	Revista de Derecho Comunitario Europeo
RIW	Recht der Internationalen Wirtschaft
RL	Richtlinie
Rn.	Randnummer
Rs.	Rechtssache
RTDeur	Revue trimestrielle de droit européen
RTDH	Revue trimestrielle des droits de l'homme
RW	Rechtswissenschaft – Zeitschrift für rechtswissenschaftliche Forschung
SAE	Sammlung Arbeitsrechtlicher Entscheidungen
SR	Soziales Recht
st. Rspr.	ständige Rechtsprechung
UAbs.	Unterabsatz
Urt.	Urteil
Utrecht L. Rev.	Utrecht Law Review
VerwArch	Verwaltungsarchiv
VO	Verordnung
VSSR/VSSAR	Vierteljahresschrift für Sozialrecht/für Sozial- und Arbeitsrecht
VVDStRL	Veröffentlichungen der Vereinigung der Deutschen Staatsrechtslehrer
WVK	Wiener Vertragsrechtskonvention vom 23.05.1969
YEL	Yearbook of European Law
ZaöRV	Zeitschrift für ausländisches öffentliches Recht und Völkerrecht
ZESAR	Zeitschrift für europäisches Sozial- und Arbeitsrecht
ZEuP	Zeitschrift für Europäisches Privatrecht
ZEuS	Zeitschrift für Europarechtliche Studien
ZfA	Zeitschrift für Arbeitsrecht
ZfBR	Zeitschrift für deutsches und internationales Bau- und Vergaberecht
ZfPW	Zeitschrift für die gesamte Privatrechtswissenschaft
ZG	Zeitschrift für Gesetzgebung
ZGR	Zeitschrift für Unternehmens- und Gesellschaftsrecht
ZHR	Zeitschrift für das gesamte Handelsrecht und Wirtschaftsrecht
Ziff.	Ziffer
ZIP	Zeitschrift für Wirtschaftsrecht
ZPO	Zivilprozessordnung
ZJS	Zeitschrift für das Juristische Studium
ZRP	Zeitschrift für Rechtspolitik
ZTR	Zeitschrift für Tarifrecht

Einleitung

Obwohl es einem Gemeinplatz entspricht, dass unter Juristen[1] über alle Fragen, über die gestritten werden *kann*, auch gestritten *wird*, gibt es auch in der Rechtswissenschaft Dogmen, die wegen ihrer Akzeptanz in Rechtsprechung und Lehre zum juristischen „Allgemeinwissen" gezählt werden. Ein besonders prominentes Beispiel hierfür ist die *Lüth*-Formel des BVerfG. Sie besagt sinngemäß, dass Grundrechte des GG nur die Träger von Hoheitsgewalt unmittelbar verpflichten, nicht auch Privatpersonen untereinander. Im Privatrecht entfalte sich der Rechtsgehalt der Grundrechte nur mittelbar.[2] Diese Lehre von der nur „mittelbaren Drittwirkung" von Grundrechten prägt seit Jahrzehnten die herrschende Meinung hierzulande und bildet eine zentrale Grundlage in der Ausbildung deutscher Juristen.

Zu diesem Dogma existiert auf unionaler Ebene ein Pendant. Dieses dürfte, nachdem auch das Recht der Europäischen Union über die Jahre immer relevanter geworden ist und seit geraumer Zeit den Rang eines Pflichtfaches in der universitären Ausbildung einnimmt, heute kaum weniger bekannt sein: Der Grundsatz der fehlenden Horizontalwirkung von Richtlinien. Danach können auch europäische Richtlinienbestimmungen nicht unmittelbar zwischen Privaten zur Anwendung gebracht werden. Diese zentrale Weichenstellung des Unionsrechts entstammt ebenfalls der Rechtsprechung, namentlich der des EuGH, und auch sie gilt inzwischen als nahezu allgemein anerkannt.

Beide Grundsätze, die nur mittelbare Drittwirkung der Grundrechte und die fehlende Horizontalwirkung unionaler Richtlinien, darf man heute zweifelsohne zum kleinen Einmaleins des Verfassungs- und Europarechts zählen. Über ihre Richtigkeit gibt es – so jedenfalls der Eindruck – keine zwei Meinungen.

Blickt man dieser Tage nach Luxemburg, muss man jedoch feststellen: Dieser Eindruck täuscht. Angesprochen ist damit die Rechtsprechung des EuGH zur grundrechtlichen Effektuierung arbeitsrechtlicher Richtlinien im Horizontalverhältnis. Danach sollen manche Unionsgrundrechte, wenn sie durch Richtlinien „konkretisiert" werden, eben jene Horizontalwirkung zwischen den Arbeitsvertragsparteien entfalten können, die beiden Rechtsquellen für sich genommen

[1] Aus Gründen der Lesbarkeit wird im Folgenden das generische Maskulinum verwendet. Soweit nicht gesondert gekennzeichnet, sind hiervon sämtliche Geschlechteridentitäten mitumfasst.

[2] BVerfG v. 15.01.1958 – 1 BvR 400/51 (*Lüth*), BVerfGE 7, 198.

eigentlich versagt wird. Diese inzwischen gefestigte arbeitsrechtliche Judikatur stellt auf den ersten Blick nicht weniger als zwei fundamentale Grundannahmen des deutschen und unionalen Verfassungsrechts in Frage und sollte vor diesem Hintergrund auf den rechtsdogmatischen[3] Prüfstand gestellt werden. Dies zu tun, ist das Anliegen der vorliegenden Untersuchung.

A. Darlegung der Problematik – Entwicklungen seit der Rechtssache *Mangold*

Begonnen hat die angesprochene Entwicklung bereits im Jahre 2005 mit der kontrovers diskutierten[4] *Mangold*-Entscheidung.[5] Im zugrundeliegenden Fall hatte eine Vorschrift des deutschen Befristungsrechts gegen das unionsrechtliche Verbot der Altersdiskriminierung verstoßen, das in der sekundärrechtlichen Gleichbehandlungsrahmenrichtlinie geregelt war. Nach konventionellen Maßstäben handelte es sich dabei um eine relativ unspektakuläre Ausgangslage, da die Umsetzungsfrist dieser Richtlinie noch nicht abgelaufen war und diese ohnehin unter keinen Umständen selbst zwischen Privaten zur Anwendung kommen konnte. Dies verbot sich vor dem Hintergrund der ständigen Rechtsprechung des EuGH zur fehlenden horizontalen Richtlinienwirkung zwischen Privaten.[6] Nach damaligem Verständnis konnte deshalb die Richtlinienwidrigkeit nichts an der Anwendbarkeit der Vorschrift zwischen Privaten ändern.[7] Weil der EuGH aber neben der Richtlinie auf ein *grundrechtlich* garantiertes, primärrechtliches Verbot der Altersdiskriminierung zurückgriff, kam es auf all dies nicht an: Durch die Annahme eines gleichzeitigen Grundrechts- und Richtlinienverstoßes konnte er feststellen, dass die kollidierende Vorschrift des § 14 Abs. 3 TzBfG a.F. unangewendet bleiben musste. Ein europäisches Grundrecht sorgte so im Ergebnis für die Unwirksamkeit einer privatrechtlichen Befristungsabrede – und das, ohne dass der EuGH das Verbot der Horizontalwirkung von Richtlinien aufgeben musste oder auch nur eine Silbe zum so umstrittenen Problem der grundrechtlichen Drittwirkung verlor.

---

[3] Rechtsdogmatik sei hier mit *Höpfner*, Die systemkonforme Auslegung, 2008, S. 129 m.w.N. verstanden als „systematische Darstellung, Bearbeitung und Fortentwicklung des geltenden Rechts durch die Rechtswissenschaft und die Justiz". Vgl. zum Begriff grundlegend auch *Bumke*, Rechtsdogmatik, 2017, S. 1.

[4] Vgl. *Gerken/Rieble/Roth/Stein/Streinz*, „Mangold" als ausbrechender Rechtsakt, 2009 einerseits und *Haltern*, in: Haltern/Bergmann (Hrsg.), Der EuGH in der Kritik, 2012, S. 25 ff. („Eine Lanze für Mangold") andererseits.

[5] EuGH v. 22.11.2005 – Rs. C-144/04 (*Mangold*), NZA 2005, 1345.

[6] Vgl. hierzu umfassend Kapitel 6.

[7] Zu dieser Rechtsauffassung stellvertretend *Kerwer*, NZA 2002, 1316 ff.

Diese Entscheidung des Gerichtshofs stieß in Deutschland, wenig überraschend, auf breite Ablehnung.[8] Und auch die Folgejudikatur des EuGH dürfte gerade die Kritiker der ersten Stunde kaum besänftigt haben. Zum einen hat der Gerichtshof die Linie nämlich in zahlreichen weiteren Entscheidungen bestätigt. Zum anderen hat sich inzwischen gezeigt, dass es nicht bei dieser ursprünglichen Rechtsfolge der Unanwendbarkeit nationalen Rechts bleiben sollte. Geht es nach dem EuGH, können EU-Grundrechte nicht nur privatrechtliche Gesetze verdrängen. Sie können offenbar sogar selbst privatrechtliche Rechtsfolgen, also unmittelbar Rechte und Pflichten zwischen den Arbeitsvertragsparteien zeitigen.

So stellt der Gerichtshof in der Rechtssache *Egenberger* fest, Art. 21 GRC unterscheide sich, was seine Bindungswirkung angehe, nicht von anderen primärrechtlichen Regelungen, die „Diskriminierungen auch dann verbieten, wenn sie *aus Verträgen zwischen Privaten* resultieren".[9] In der Rechtssache *Bauer* spricht der EuGH nicht nur davon, dass sich die Witwe eines verstorbenen Arbeitnehmers unmittelbar auf das Grundrecht des Art. 31 Abs. 2 GRC berufen kann, um einen Urlaubsabgeltungsanspruch ihres verstorbenen Ehemanns gegen dessen Arbeitgeber durchzusetzen. Vielmehr sei darüber hinaus der Arbeitgeber aufgrund der Bestimmung auch zur Erfüllung dieses Anspruchs „verpflichtet".[10] Denn aus Sicht des Gerichtshofs ist nicht „kategorisch ausgeschlossen", dass Privatpersonen „gegebenenfalls unmittelbar zur Einhaltung einzelner Bestimmungen der Charta verpflichtet sein können"[11]. Auch Vorabentscheidungen zu Vorlagefragen aus anderen Mitgliedstaaten stützen den Befund. In der Entscheidung *Cresco Investigation* zum österreichischen Feiertagsrecht rekurriert der EuGH auf die bereits in *Egenberger* postulierte Bindungswirkung im Horizontalverhältnis.[12] Überdies stellt er ausdrücklich klar:

> „Somit muss *der Arbeitgeber*, solange der Gesetzgeber keine Konformität hergestellt hat, nach Art. 21 der Charta den Arbeitnehmern […] das Recht auf einen Feiertag am Karfreitag zugestehen […]."[13].

In der Rechtssache *CCOO* schließlich scheint der EuGH der Vorschrift des Art. 31 Abs. 2 GRC in Zusammenschau mit der einschlägigen Richtlinie einen grundrechtlichen Anspruch des Arbeitnehmers auf Einrichtung eines Arbeitszeiterfassungssystems entnehmen zu wollen.[14] Neben der unklaren Rolle des Richtlinienrechts in diesem Zusammenhang drängt so eine altbekannte Frage,

---

[8] Vgl. stellvertretend *Gerken/Rieble/Roth/Stein/Streinz*, „Mangold" als ausbrechender Rechtsakt, 2009 m.w.N.

[9] EuGH v. 17.04.2018 – Rs. C-414/16 (*Egenberger*), NZA 2018, 569, Rn. 77 (Hervorhebung durch Verf.).

[10] EuGH v. 06.11.2018 – Rs. C-569/16, C-570/16 (*Bauer*), NZA 2018, 1467, Rn. 87.

[11] EuGH v. 06.11.2018 – Rs. C-569/16, C-570/16 (*Bauer*), NZA 2018, 1467, Rn. 87.

[12] EuGH v. 22.01.2019 – Rs. C-193/17 (*Cresco Investigation*), NZA 2019, 297, Rn. 77.

[13] EuGH v. 22.01.2019 – Rs. C-193/17 (*Cresco Investigation*), NZA 2019, 297, Rn. 77 (Hervorhebung d. Verf.).

[14] EuGH v. 14.05.2019 – Rs. C-55/18 (*CCOO*), NZA 2019, 683, Rn. 59.

die vor allem deutschen Juristen Bauchschmerzen bereitet, im europarechtlichen Gewand auf Antwort: Sind auch private Arbeitgeber an europäische Grundrechte gebunden?

Dabei verdeutlicht bereits ein kurzer ideengeschichtlicher Rückblick, woher diese Bauchschmerzen rühren und warum sie grundsätzlich berechtigt sind. Auf den ersten Blick widerspricht eine solche Wirkung nämlich der klassischen Urkonzeption von Grundrechten. Nach allgemeiner Lesart sind sie primär als Abwehrrechte des Einzelnen gegen die Hoheitsgewalt konzipiert.[15] Als solche mussten sie den Herrschenden erst mühsam abgerungen werden, worüber nicht zuletzt die Evolutionsgeschichte der ersten Grund- und Menschenrechtskataloge der westlichen Demokratien beredtes Zeugnis ablegt.[16] Das Privatrecht hingegen ist grundsätzlich auf die Regelung des Verhältnisses gleichrangiger Rechtssubjekte ausgerichtet[17], die in den Genuss umfassender Privatautonomie und damit im Ausgangspunkt grenzenloser Freiheit im Privatrechtsverkehr kommen. Eine gute Portion Misstrauen ist deshalb verständlich, wenn diese Normen nun auf das Verhältnis gleichrangiger Privatrechtssubjekte angewendet werden sollen, wenn die Freiheit der Bürger also mit ihrer Hilfe begrenzt, anstatt ihre Ausübung ermöglicht wird.[18]

Und doch wäre mit diesen wenigen Sätzen das modern verstandene Verhältnis von Grundrechten und Privatrecht nur unzureichend beschrieben. Denn mit einem fortschreitenden Wandel der Rolle von Staat und wirtschaftlicher Ordnung in der Gesellschaft ging auch ein Wandel des Grundrechtsverständnisses einher[19]: Ging es bei Grundrechten ursprünglich durchaus vor allem um die Begrenzung staatlicher Macht zur Sicherung individueller Freiheit, also um eine Abgrenzung von Staat und Gesellschaft im klassisch-liberalen Sinne, etablierte sich sukzessive die Idee von Grundrechten als Regeln auch *innerhalb* einer Gesellschaft.[20] Und so besteht jedenfalls heute sowohl in Deutschland[21] als auch in anderen Mitglied-

---

[15] *Seifert*, EuZW 2011, 696. Differenzierter allerdings bereits insoweit etwa *Poscher*, Grundrechte als Abwehrrechte, 2003, S. 15 ff.; *Kulick*, Horizontalwirkung im Vergleich, 2020, S. 233.

[16] *Seifert*, EuZW 2011, 696 ff.; *ders.*, RTDeur 2012, 801 ff. spricht in diesem Zusammenhang treffend von der „Bändigung des Leviathan".

[17] Prägnant bereits *Reuter*, Kindesgrundrechte, 1968, S. 76: „Sie [die Privatrechtsnorm] regelt *Interessenkonflikte zwischen Privaten,* verpflichtet und berechtigt also nicht den Staat im Verhältnis zum Bürger, sondern berechtigt und verpflichtet die Bürger im Verhältnis zueinander." (Hervorhebung durch Verf.).

[18] Treffend etwa *Frantziou*, The Horizontal Effect of Fundamental Rights in the European Union, 2019, S. 45.

[19] Zur ideengeschichtlichen Entwicklung des Verhältnisses von Grundrechten und Privatrecht vgl. *Starke*, in: Collins (Hrsg.), European Contract Law and the Charter of Fundamental Rights, 2017, S. 93, 94 ff.

[20] *Starke*, in: Collins (Hrsg.), European Contract Law and the Charter of Fundamental Rights, 2017, S. 93, 96 f.

[21] Überblick bei *Kulick*, Horizontalwirkung im Vergleich, 2020, S. 43 ff.

staaten der Europäischen Union[22] Konsens darüber, *dass* grundrechtliche Wertungen auch im Privatrecht zu berücksichtigen sind.

Lediglich über den Konstruktionsmechanismus und die genaue Reichweite dieser Wirkung besteht Uneinigkeit. Eine Privatwirkung von Grundrechten ließe sich nämlich auf verschiedenen Wegen konstruieren, die sich aufbauend auf die maßgebliche deutsche Drittwirkungsdebatte[23] grob in zwei Kategorien aufteilen lassen: Eine über den Staat vermittelte *mittelbare Drittwirkung* einerseits oder aber eine selbstständige *unmittelbare Drittwirkung* von Grundrechten andererseits. Bei erstgenannter Alternative ist alleine der Staat grundrechtlich verpflichtet, bei der zweiten sind es auch die Privaten selbst, also beispielsweise der private Arbeitgeber.

Zweiteres scheidet in Deutschland nun seit der erwähnten *Lüth*-Entscheidung des BVerfG nach h.M. aus.[24] Denn aus Sicht des Gerichts sind Grundrechte

> „[...] in erster Linie Abwehrrechte des Bürgers gegen den Staat; in den Grundrechtsbestimmungen des Grundgesetzes verkörpert sich aber auch eine objektive Wertordnung, die als verfassungsrechtliche Grundentscheidung für alle Bereiche des Rechts gilt. [...] Im bürgerlichen Recht entfaltet sich der Rechtsgehalt der Grundrechte *mittelbar durch die privatrechtlichen Vorschriften.*“[25]

Damit ist schon sehr früh der Grundstein für eine bloß mittelbare Drittwirkung der Grundrechte nach *Dürigs*[26] Vorbild gelegt worden, auch wenn – das sei hier vorweggenommen – gerade neuere Entscheidungen durchaus in eine andere Richtung gedeutet werden können.[27] Ganz anders klingen im Vergleich die zitier-

---

[22] *Seifert*, EuZW 2011, 696 ff.; *ders.*, RTDeur 2012, 801 ff.; *Iliopoulos-Strangas*, in: dies. (Hrsg.), Soziale Grundrechte in Europa nach Lissabon, 2010, S. 699, 967 ff. sowie zu den „neuen“ Mitgliedstaaten *dies.*, in: dies. (Hrsg.), Soziale Grundrechte in den „neuen“ Mitgliedstaaten der Europäischen Union, 2019, S. 1003, 1128 ff.; *Hager*, Rechtsmethoden in Europa, 2009, S. 236 ff.

[23] Vgl. zur Thematik grundlegend *Dürig*, FS Nawiasky, 1956, S. 157 ff.; *Nipperdey*, Grundrechte und Privatrecht, 1961; *Leisner*, Grundrechte und Privatrecht, 1960; *Schwabe*, Die sogenannte Drittwirkung der Grundrechte, 1971; *Gamillscheg*, AcP 164 (1964), 385 ff.; *Canaris*, AcP 184 (1984), 201 ff.; *ders.*, Grundrechte und Privatrecht, 1999; *Neuner*, Privatrecht und Sozialstaat, 1999; *ders.*, in: ders. (Hrsg.), Grundrechte und Privatrecht aus rechtsvergleichender Sicht, 2007, S. 159 ff.; *Ruffert*, Vorrang der Verfassung und Eigenständigkeit des Privatrechts, 2001; *Poscher*, Grundrechte als Abwehrrechte, 2003, S. 222 ff. Siehe daneben außerdem die jüngeren Beiträge von *Christensen/Fischer-Lescano*, Das Ganze des Rechts, 2007, S. 285 f.; *Grünberger*, Personale Gleichheit, 2013, S. 1018 ff.; *Kulick*, Horizontalwirkung im Vergleich, 2020.

[24] Vgl. statt aller Dreier-GG/*Dreier*, Vor Art. 1 Rn. 98 m.w.N. sowie die vorangegangene Fußnote. Davon a.A. für eine unmittelbare Verpflichtung Privater nur *Leisner*, Grundrechte und Privatrecht, 1960; *Nipperdey*, Grundrechte und Privatrecht, 1961; *Christensen/Fischer-Lescano*, Das Ganze des Rechts, 2007, S. 285 f.; *Grünberger*, Personale Gleichheit, 2013, S. 1018 ff.; *Kulick*, Horizontalwirkung im Vergleich, 2020.

[25] BVerfG v. 15.01.1958 – 1 BvR 400/51 (*Lüth*), BVerfGE 7, 198 (Hervorhebung d. Verf.).

[26] Grundlegend *Dürig*, FS Nawiasky, 1956, S. 157 ff.

[27] Anlass für diese Annahme geben Entscheidungen wie BVerfG v. 22.02.2011 – 1 BvR

ten Worte des EuGH, den die ausdifferenzierte deutsche Lösung von der mittelbaren Drittwirkung der Grundrechte wenig zu interessieren scheint, wenn er sich ohne Auseinandersetzung mit den vorgebrachten Bedenken geradewegs für eine Bindung privater Arbeitgeber ausspricht.[28] Grundrechtsdogmatisch geht der Gerichtshof damit seinen eigenen Weg, und das stößt im Heimatland der Drittwirkungsdebatte auf besondere Skepsis. Es ist auch deshalb nicht überraschend, dass die jüngeren Entscheidungen die hiesige Diskussion um die Zulässigkeit und Reichweite der *Mangold*-Doktrin[29] noch weiter angeheizt haben. Das kaum noch zu überblickende Spektrum an Äußerungen[30] reicht inzwischen von vereinzelter Zustimmung[31] hin zu teils deutlicher Kritik[32] an den Entscheidungen des EuGH. Häufig findet sich in den ablehnenden Ausführungen der Autoren die Sorge vor einer Übereuropäisierung[33] oder vor einer für die Gewaltenteilung gefährlichen[34] Konstitutionalisierung[35] der mitgliedstaatlichen Privatrechtsordnungen wieder. Kritisch sehen einige heute, wie auch schon zu Zeiten der *Mangold*-Entscheidung, eine Vermischung von Richtlinie und Grundrecht durch den EuGH[36]. Denn aus den Entscheidungen des Gerichtshofs geht nicht klar hervor, wie sich ein Unionsgrundrecht und die Richtlinie, die dieses Grundrecht konkretisiert, methodisch zueinander verhalten.

699/06 (*Fraport*), BVerfGE 128, 226, 248; BVerfG v. 18.07.2015 – 1 BvQ 25/15 (*Bierdosen-flashmob*), NJW 2015, 2485, 2486; BVerfG v. 11.04.2018 – 1 BvR 3080/09 (*Stadionverbot*), BVerfGE 148, 267, 288. Siehe hierzu *Hellgardt*, JZ 2018, 901 ff.; *Michl*, JZ 2018, 910 ff.; *Ruffert*, JuS 2020, 1 ff.; *Neuner*, NJW 2020, 1851 ff. Hierzu noch ausführlicher unten unter § 14 A. I.

[28] Treffend wurde in der Literatur nach den jüngsten Entscheidungen des EuGH vom „späten Sieg Nipperdeys" gesprochen, vgl. *Colombi Ciacchi*, EuConst 15 (2019), 294, 304: „For purposes of German law, *Egenberger* and *IR v JQ* could be seen as the comeback of the direct horizontal effect doctrine – a posthumous victory, so to say, of Nipperdey over Dürig.".

[29] Begriff nach *Hartmann*, EuZA 2019, 24, 37.

[30] Vgl. zum gesamten Meinungsstand unten unter § 13 A. sowie § 14 B.

[31] Siehe etwa *Becker*, EuR 2019, 469, 487 ff.; *Heuschmid*, NZA Editorial Heft 22/2018; *ders.*, NJW 2019, 1853, 1854; *J. Schubert*, NZA Editorial Heft 8/2019; *Kokott*, FS I. Schmidt, 2021, S. 991 ff.; *Gallner*, FS Preis, 2021, S. 271 ff.; *Skouris*, FS K. Schmidt, 2019, S. 451 ff. Differenziert *Kainer*, NZA 2018, 894 ff.

[32] *Wank*, RdA 2020, 1, 12; *Ruffert*, JuS 2020, 1, 5 f.; *Rudkowski*, NJW 2019, 476, 480; *Fornasier*, GPR 2019, 141, 146 ff. („prinzipielle Bedenken"); *Höpfner/Daum*, RdA 2019, 270, 275; *Mehrens/Witschen*, EuZA 2019, 326, 331; *Schubert*, EuZA 2020, 302 ff.

[33] In diesem Sinne *Mörsdorf*, JZ 2019, 1066 ff.

[34] Ausführlich *Fornasier*, GPR 2019, 141, 146 ff. Zur Bedeutung einer zunehmenden Konstitutionalisierung für die Gewaltenteilung in der EU auch *Classen*, JZ 2019, 1057, 1062 ff., der allerdings gegenwärtig noch keine durch den EuGH verursachte „richterliche Übermacht" sieht. Ausführlich *Gerken/Rieble/Roth/Stein/Streinz*, „Mangold" als ausbrechender Rechtsakt, 2009, S. 31 ff.

[35] So stellen sich *Baldus/Raff*, GPR 2018, 175 ff. die Frage nach einer „weitere[n] Konstitutionalisierung des unionalen und nationalen Privatrechts". Noch besorgter zeigt sich *Kainer*, NZA 2018, 894, 900.

[36] Vgl. hierzu insbesondere *Wank*, RdA 2020, 1, 12; *Classen*, JZ 2019, 1057, 1064; *Rudkowski*, NJW 2019, 476, 480; *Fornasier*, GPR 2019, 141, 147.

Die bahnbrechenden *Recht auf Vergessen*-Entscheidungen[37] des BVerfG, in denen es unlängst die GRC als tauglichen Prüfungsgegenstand der Urteilsverfassungsbeschwerde anerkannt hat, machen diese Entwicklung schließlich noch spannender. So hat das Gericht ausdrücklich angekündigt, unter Umständen auch Grundrechte des GG im Lichte der Charta[38] auslegen zu wollen.[39] Weil es den bisherigen europarechtlichen Forschungsstand und die Grundrechtsdogmatik des EuGH dabei nicht unberücksichtigt lassen kann[40], ist völlig offen, wie das BVerfG mit der Luxemburger Grundrechtsdogmatik im Privatrecht umgehen wird, die – so viel sei an dieser Stelle vorweggenommen – zum Teil im Widerspruch zur hierzulande tradierten Lösung steht.[41] Auch deshalb ist eine vertiefte Untersuchung der umstrittenen Horizontalwirkundsdoktrin des EuGH angezeigt.

B. Zuschnitt der Untersuchung

Der Zuschnitt der vorliegenden Untersuchung bedarf allerdings einer einleitenden Erklärung. Denn zuzugeben ist, dass die hier behandelten Fragen um die privatrechtlichen Wirkungen von Grundrechten auch in anderen Rechtsgebieten als dem Arbeitsrecht von Bedeutung sind und sich in gleicher Weise auch für andere Grund- und Menschenrechtskataloge stellen.

I. Das Arbeitsrecht als optimales Referenzgebiet

Dafür, dass gerade das Arbeitsrecht in den Mittelpunkt der Untersuchung gestellt wird, zeichnen letztlich mehrere Gründe verantwortlich. Der offensichtlichste ist pragmatischer Natur: Die für den Untersuchungsgegenstand relevanten Entscheidungen des Gerichtshofs sind nahezu allesamt im Arbeitsrecht ergangen. Doch ist dies eben kein Zufall, sondern Ausdruck zahlreicher Besonderheiten, die das Arbeitsrecht und dabei vor allem das europäische Arbeitsrecht auszeichnen. Sie machen es zu einem optimalen Referenzgebiet für den Untersuchungsgegenstand.

---

[37] BVerfG v. 06.11.2019 – 1 BvR 16/13 (*Recht auf Vergessen I*), NJW 2020, 300; BVerfG v. 06.11.2019 – 1 BvR 276/17 (*Recht auf Vergessen II*), NJW 2020, 314.

[38] *Wendel*, JZ 2020, 157, 161.

[39] BVerfG v. 06.11.2019 – 1 BvR 16/13 (*Recht auf Vergessen I*), NJW 2020, 300, Rn. 60.

[40] *Wendel*, JZ 2020, 157, 165.

[41] Zum denkbaren Konfliktpotential bereits *Kingreen*, JÖR 65 (2016), 1, 11.

1. Strukturelles Ungleichgewicht als zentrales Wesensmerkmal des Arbeitsrechts

Zunächst betrifft dies die sog. strukturelle Unterlegenheit des Arbeitnehmers gegenüber dem Arbeitgeber als Wesensmerkmal der dem Arbeitsrecht zugrundeliegenden Vertragsbeziehung. Diese Strukturvorstellung ist zentraler Grundgedanke des Arbeitsrechts, in Deutschland[42] ebenso wie in Europa[43]. So dient die Mehrzahl der arbeitsrechtlichen Vorschriften des nationalen und europäischen Arbeitsrechts vornehmlich dem Schutz der typischerweise unterlegenen Arbeitnehmerseite. Arbeitsrecht ist damit konzeptionell allem voran *Arbeitnehmerschutz*recht.[44]

Für den grundrechtlichen Kontext bedeutsam ist nun die Einsicht, dass dieses Leitbild auch der Grund dafür war, warum das BAG hierzulande unter Federführung seines ersten Präsidenten *Nipperdey* in den frühen Jahren seines Bestehens den Grundrechten des GG weitreichende Privatwirkungen zulasten der Arbeitgeberseite zugeschrieben hat.[45] Im Kern stellte das Gericht in seiner Argumentation das Verhältnis zwischen Arbeitgeber und Arbeitnehmer mit dem zwischen Staat und Bürger gleich. Dies rechtfertige eine staatsähnliche Grundrechtsbindung des „mächtigen" Arbeitgebers.[46] Diese Argumentation des Gerichts

---

[42] BVerfG v. 06.06.2018 – 1 BvL 7/14, 1 BvR 1375/14, BVerfGE 149, 126 = NJW 2018, 2542, Rn. 47. Zur Bedeutung der „strukturellen Ungleichgewichtslage" in der Rechtsprechung des BVerfG zur Privatrechtswirkung der Grundrechte *Ruffert*, JuS 2020, 1, 2. Kritisch *Zöllner*, AcP 196 (1996), 1 ff.; *Adomeit*, NJW 1994, 2467 ff.

[43] Bspw. EuGH v. 14.05.2019 – Rs. C-55/18 (*CCOO*), NZA 2019, 683, Rn. 44. Zur Bedeutung der strukturellen Unterlegenheit für die Positive-obligations-Doktrin des EGMR beispielhaft EGMR v. 13.05.1985 – 10550/83 (*Cheall*), NJW 1986, 1414. Dazu *Streuer*, Positive Verpflichtungen, 2003, S. 295 f.

[44] *Seifert*, ZEuP 2015, 241, 244. Vgl. zum Arbeitnehmerschutz *im weiteren Sinne* etwa *Junker*, EuZA 2016, 184, 185. Dieser ist wiederum nicht zu verwechseln mit dem Arbeitsschutzrecht im Sinne von § 618 BGB bzw. den einschlägigen öffentlich-rechtlichen Bestimmungen.

[45] Das BAG vertrat auch nach der *Lüth*-Entscheidung des BVerfG zunächst weiter die Theorie der unmittelbaren Drittwirkung, die Abkehr erfolgte mit einiger Verzögerung. Offengelassen zunächst etwa noch in BAG v. 31.08.1978 – 3 AZR 313/77, AP BetrAVG § 1 Gleichberechtigung Nr. 1 unter III. 1. Ausdrücklich ausgesprochen wird die nur „mittelbare Wirkung" der Grundrechte erst in BAG v. 20.12.1984 – 2 AZR 436/83, NJW 1986, 85, 86 am Beispiel von Art. 4 Abs. 1 GG. Vgl. aus jüngerer Zeit etwa BAG v. 10.11.2021 – 10 AZR 261/20, NZA 2022, 707, Rn. 17; BAG v. 23.04.2009 – 6 AZR 189/08, NZA 2009, 974, Rn. 21. Vgl. hierzu auch *Hollstein*, Die Verfassung als „Allgemeiner Teil", 2007, S. 199. Eine Nachzeichnung der Rechtsprechung des BAG findet sich bei *Fabisch*, Unmittelbare Drittwirkung, 2010, S. 147 ff.

[46] Vgl. BAG v. 03.12.1954 – 1 AZR 150/54, NJW 1955, 606, 607: „Denn das Grundrecht der freien Meinungsäußerung, das wesentlich ist für eine freiheitliche soziale Gestaltung des Gemeinschaftslebens, würde auf weiten Gebieten des menschlichen Lebens wirkungslos gemacht werden, wenn zwar nicht der Staat, wohl aber wirtschaftliche und soziale Mächte und Einzelne im privaten Rechtsverkehr in der Lage wären, dieses Recht nach ihrem Gutdünken *kraft ihrer Machtstellung* einzuschränken, ohne sich dabei einer Verfassungsverletzung schuldig zu machen." (Hervorhebung durch Verf.).

verwundert nicht, war doch auch die theoretische Grundrechtsdogmatik des BAG-Präsidenten *Nipperdey* insgesamt stark von diesem Gedanken geprägt.[47] In seinem umfassenden Werk[48] propagierte er das Schutzbedürfnis des einzelnen Arbeitnehmers „gegenüber Gruppen, Verbänden, großen Unternehmen und einzelnen Mächtigen".[49] Auch wenn sich seine Konstruktion von einer unmittelbaren Drittwirkung des GG letztlich nicht durchsetzen konnte; mit einer „doppelten Autorität als Gelehrter und hoher Richter"[50] brachte er so die Idee einer Privatwirkung des GG in Deutschland maßgeblich voran.

Reicht heute die Bedeutung der Grundrechte im Privatrecht natürlich weit über das Arbeitsverhältnis hinaus, zeigt diese Entwicklung dennoch, dass gerade das als ungleich wahrgenommene Verhältnis zwischen Arbeitgeber und Arbeitnehmer wie kaum eine andere privatrechtliche Beziehung die Frage nach der Bedeutung der Grundrechte provoziert. Diese Vorstellung von einem strukturellen Ungleichgewicht macht das Arbeitsrecht zum zentralen Referenzgebiet für die Frage der Privatwirkung der Grundrechte. Das gilt in Deutschland wie in Europa gleichermaßen.[51] Ob sie dabei tatsächlich zu der Annahme einer unmittelbaren Grundrechtsverpflichtung privater Arbeitgeber zwingt, steht allerdings auf einem anderen Blatt.[52]

2. *Die Bedeutung von Richterrecht und Grundrechten im Arbeitsrecht*

Grundrechte sind speziell für das deutsche Arbeitsrecht überdies wegen dessen außergewöhnlich starken richterrechtlichen Prägung von besonderer Bedeutung. Wesentliche Teile dieses Rechtsgebiets sind hierzulande nicht oder unvollständig kodifiziert und deshalb auf richterliche Vervollständigung angelegt oder ange-

---

[47] Vgl. besonders deutlich *Nipperdey*, FS Molitor, 1962, S. 17, 25. Erläuternd zu den weiteren Argumenten *Nipperdeys* vgl. *Fabisch*, Unmittelbare Drittwirkung, 2010, S. 100 ff. und *Kulick*, Horizontalwirkung im Vergleich, 2020, S. 55 ff.

[48] Insbesondere *Nipperdey*, Grundrechte und Privatrecht, 1961; *Enneccerus/Nipperdey*, Allgemeiner Teil des Bürgerlichen Rechts, 1. Halbband: Allgemeine Lehren, Personen, Rechtsobjekte, 15. Auflage, 1959, S. 94; *Nipperdey*, FS Molitor, 1962, S. 17 ff. Grundlegend bereits *ders.*, RdA 1949, 214, 216; *ders.*, RdA 1950, 121, 122 ff.; *ders.*, RdA 1950, 197 f. Ein umfassender Überblick über das Gesamtwerk findet sich bei *Brecher*, FS Nipperdey, 1965, S. 29, 31. Zum Privat- und Grundrechtsverständnis bei *Nipperdey* erläuternd: *Fabisch*, Unmittelbare Drittwirkung, 2010; *Hollstein*, Die Verfassung als „Allgemeiner Teil", 2007, S. 176 ff. und S. 305 ff.; *Kulick*, Horizontalwirkung im Vergleich, 2020, S. 55 ff.

[49] *Nipperdey*, Grundrechte und Privatrecht, 1961, S. 16 f.

[50] *Brecher*, FS Nipperdey, 1965, S. 29, 31.

[51] Zu den europäischen Grundrechten treffend *Walkila*, Horizontal effect of fundamental rights in EU law, 2015, S. 199: „An unequal relation of the parties tends more easily to justify recourse to fundamental rights in an effort to strengthen the position of the weaker party. Since this is a common situation and characteristic of many employer-employee relations, the field of employment law has proved a fruitful area for the evolution of the horizontal effect of fundamental right norms of EU law.".

[52] Vgl. hierzu noch ausführlich unten unter § 13 D. II. 3.

wiesen. Wichtige Regelungen sind nicht nur quer durch die Gesetzbücher der deutschen Rechtsordnung verstreut, sondern teilweise auch gänzlich ungeschrieben.[53] Prominentestes Beispiel ist das deutsche Arbeitskampfrecht, das gänzlich auf ungeschriebenem Richterrecht aufbaut. Aber auch Grundpfeiler unserer Individualarbeitsrechtsordnung gehören dem ungeschriebenen Richterrecht an, bedenkt man weite Teile der Grundsätze der Arbeitnehmerhaftung, die Betriebsrisikolehre[54] oder bis zur Einführung des § 611a BGB gar den zentralen Arbeitnehmerbegriff selbst. Wo sich der Gesetzgeber zurückzieht und wo damit auch keine gesetzgeberischen Wertungen vorliegen, kann und muss der mit der Entscheidung befasste Arbeitsrichter selbst für einen Ausgleich der entgegenstehenden Interessen sorgen. Dabei muss er auch und gerade die Grundrechte der Parteien berücksichtigen. Die Arbeitsgerichtsbarkeit ist infolgedessen hierzulande die „grundrechtsfreudigste aller Gerichtsbarkeiten[55]" sowie damit einhergehend die auslegungs- und fortbildungsfreudigste.[56] Nicht zu Unrecht konstatierte der Arbeitsrechtler *Gamillscheg* schon im Jahre 1964: „Das Richterrecht bleibt unser Schicksal.".[57]

Die Generalklauseln, auslegungsbedürftigen Begriffe und Lücken des deutschen Arbeitsrechts bieten ideale Einfallstore für grundrechtliche Wertungen des GG und damit zumindest prima facie auch solche der Charta. Je nachdem wie weit oder eng die Grenzen ihrer Privatwirkung gezogen werden, steht dem Arbeitsrichter mit ihr eine weitere durchschlagskräftige Grundrechtsquelle zu Verfügung.

3. Hohe Dichte an arbeitsrechtlichen Richtlinien

Entscheidend kommt hinzu, dass dem Unionsgesetzgeber im Arbeitsrecht weitestgehend Kompetenzen fehlen, unmittelbar anwendbare und damit durchsetzungsstarke Verordnungen zu erlassen.[58] Zwar sind, was das gesamte Unionsrecht angeht, Richtlinien im Vergleich zu Verordnungen unterrepräsentiert.[59]

[53] *Wank*, Auslegung und Rechtsfortbildung im Arbeitsrecht, 2013, S. 38 f.

[54] *Picker*, JZ 1988, 62 („Die Betriebsrisikolehre als Musterbeispiel für Richterrechtsetzung").

[55] So *Oeter*, AöR 119 (1994), 529, 543. Allgemein dazu auch *Wank*, Auslegung und Rechtsfortbildung im Arbeitsrecht, 2013, S. 39 ff.

[56] Das führt zu einer Aufweichung der Grenzen zulässiger richterlicher Rechtsfortbildung, was man mit guten Gründen kritisieren mag, entspricht aber schon lange der Rechtsrealität des deutschen Arbeitsrechts. Grundlegend hierzu etwa *Picker*, JZ 1988, 1 ff.; *ders.*, JZ 1988, 62 ff. Aus jüngerer Zeit etwa *Wank*, Auslegung und Rechtsfortbildung im Arbeitsrecht, 2013.

[57] *Gamillscheg*, AcP 164 (1964), 385, 445.

[58] Einen bedeutsamen Ausnahmefall stellt die Verordnung (EU) Nr. 492/2011 des Europäischen Parlaments und des Rates vom 5. April 2011 über die Freizügigkeit der Arbeitnehmer innerhalb der Union dar. Sie dient der Konkretisierung von Art. 45 AEUV und lässt sich auf die Kompetenznorm des Art. 46 AEUV stützen.

[59] Streinz/*Schroeder*, Art. 288 AEUV Rn. 52 geht von einem Anteil von weniger als zehn Prozent an der Gesamtzahl der Unionsrechtsakte aus.

Im Arbeitsrecht verhält es sich aber genau umgekehrt: Hier stellt die Richtlinie die mit Abstand wichtigste Rechtsaktform dar.[60] Die logische Folge des aufgezeigten umfassenden Regelungsbedürfnisses im Arbeitsrecht einerseits und dieses unionsrechtlichen Kompetenzgefüges andererseits ist eine enorme Dichte an arbeitsrechtlichen Richtlinien. So sind zentrale Materien des nationalen Arbeitsrechts durch Richtlinienvorgaben europarechtlich determiniert.[61] In diesen Regelungsgebieten beruht das Arbeitsrecht auf europäischen Vorgaben und das zieht unterschiedliche Konsequenzen nach sich.

In von diesen Richtlinien abschließend geregelten Bereichen finden zum einen nicht mehr die deutschen, sondern die unionalen Grundrechte Anwendung.[62] Das führt zu einem zunehmenden Bedeutungsverlust des GG und einem enormen Bedeutungszuwachs der GRC. Zum anderen haben die Richtlinien selbst natürlich erhebliche inhaltliche Auswirkungen auf die Rechtsordnung. Werden sie gesetzgeberisch umgesetzt, wird ihr Einfluss bereits unmittelbar sichtbar. Überdies müssen arbeitsrechtliche Bestimmungen, die unionsrechtliche Vorgaben umsetzen, aber auch von Seiten der Judikative im Lichte der zugrundeliegenden Richtlinien ausgelegt werden. Das kann, wie etwa im Rahmen von § 613a BGB, dazu führen, dass der nationale Normtext selbst keinen verlässlichen Aufschluss über das geltende Recht gibt. Ein weiteres aktuelles Beispiel liefert die

---

[60] Siehe bereits *Kerwer*, Gemeinschaftsrecht und Rechtsprechung, 2003, S. 5; *Seifert*, EuZA 2018, 51, 52 ff.

[61] Nach Kompetenzen strukturierter Überblick bei Preis/Sagan/*Sagan*, § 1 Rn. 59 ff. Prominenteste Beispiele sind – gestützt auf Art. 19 Abs. 1 AEUV – weite Teile des *Antidiskriminierungsrechts*, vgl. die Gleichbehandlungsrahmenrichtlinie (Richtlinie 2000/78/EG des Rates v. 27. November 2000 zur Festlegung eines allgemeinen Rahmens für die Verwirklichung der Gleichbehandlung in Beschäftigung und Beruf) sowie überdies die Antirassismusrichtlinie (Richtlinie 2000/43/EG des Rates vom 29. Juni 2000 zur Anwendung des Gleichbehandlungsgrundsatzes ohne Unterschied der Rasse oder der ethnischen Herkunft); gestützt auf Art. 153 AEUV – das *Arbeitszeit- und Urlaubsrecht* (Vorgaben sowohl zur Arbeitszeit im engeren Sinne als auch zum Urlaubsrecht enthält die Arbeitszeitrichtlinie 2003/88/EG des Europäischen Parlaments und des Rates vom 4. November 2003 über bestimmte Aspekte der Arbeitszeitgestaltung); *Aspekte der Unterrichtung- und Anhörung im Betrieb und Unternehmen*, vgl. die Unterrichtungs- und Anhörungsrichtlinie 2002/14/EG des Europäischen Parlaments und des Rates vom 11. März 2002 zur Festlegung eines allgemeinen Rahmens für die Unterrichtung und Anhörung der Arbeitnehmer in der Europäischen Gemeinschaft; das Recht der *Leiharbeit* im Sinne des AÜG, vgl. die Leiharbeitsrichtlinie 2008/104/EG des Europäischen Parlaments und des Rates vom 19. November 2008; siehe schließlich – gestützt auf die Binnenmarktkompetenz des Art. 115 AEUV – das Recht der *Massenentlassungen* nach § 17 KSchG gem. der Richtlinie 98/59/EG des Rates vom 20. Juli 1998 zur Angleichung der Rechtsvorschriften der Mitgliedstaaten über Massenentlassungen oder der *Betriebsübergang* nach § 611a BGB nach der Betriebsübergangsrichtlinie 2001/23/EG des Rates vom 12. März 2001 zur Angleichung der Rechtsvorschriften der Mitgliedstaaten über die Wahrung von Ansprüchen der Arbeitnehmer beim Übergang von Unternehmen, Betrieben oder Unternehmens- oder Betriebsteilen (EuArbRK/*Schubert*, Art. 51 GRC Rn. 26; insoweit a.A. für die Einschlägigkeit von Art. 153 AEUV *Wißmann*, RdA 2015, 301, 303).

[62] Vgl hierzu Kapitel 2.

Konformauslegung des BUrlG, mit der das BAG versucht, detaillierte Vorgaben des EuGH in das relativ knapp geregelte deutsche Urlaubsrecht einzupassen.[63] Bei solchen Bestimmungen handelt sich trotz nationaler Urheberschaft im Kern um europarechtliche Normen.

Dieses weitreichende Gebot zur richtlinienkonformen Auslegung zwingt die Mitgliedstaaten aber bekanntlich nicht zur Befolgung um jeden Preis, sondern findet seine Schranken in den nationalen Methodengrenzen.[64] Und diese lassen sich auch nicht dadurch umgehen, dass ausnahmsweise die Richtlinie selbst zwischen den Arbeitsvertragsparteien zur Anwendung gelangen kann. Der EuGH geht nämlich in ständiger Rechtsprechung davon aus, dass eine Richtlinie unter keinen Umständen unmittelbare Anwendbarkeit zwischen Privatpersonen entfalten kann.[65] Beschränkt man den Blick also auf die Richtlinie, kann die Unionsrechtswidrigkeit des nationalen Rechts nur ein Vertragsverletzungsverfahren und unter Umständen einen Schadensersatzanspruch des Arbeitnehmers gegen den Mitgliedstaat zeitigen.[66] Weder kann die Richtlinie entgegenstehendes Privatrecht verdrängen, noch kann sie ihrerseits Rechte und Pflichten zwischen den Arbeitsvertragsparteien begründen. Einen nationalen Rechtsstreit verliert der Arbeitnehmer deshalb selbst bei einem noch so offensichtlichen Richtlinienverstoß. Zuständig für eine Behebung des richtlinienwidrigen Zustands ist dann alleine der Gesetzgeber.

Die Richtlinie als zentrale Rechtsquelle des europäischen Arbeitsrechts ist damit vergleichsweise durchsetzungs*schwach*. Etwas anderes gilt dementgegen kraft ihrer Rechtsnatur für die GRC als Teil des vergleichsweise durchsetzungs*starken* Primärrechts: Diesem kann jedenfalls grundsätzlich auch zwischen Privaten unmittelbare Anwendbarkeit zukommen.

II. Die besondere Stellung der Charta im Arbeitsrecht

Es ist die besondere Bedeutung der Charta im Europäischen Grundrechtsverbund und eine Zusammenschau ihrer Eigenheiten mit den genannten Spezifika des Arbeitsrechts, die es rechtfertigt, beides in den Mittelpunkt der Untersuchung zu rücken.

---

[63] Siehe hierzu *Kiel*, JbArbR 57 (2020), 95 ff.

[64] Vgl. hierzu EuArbRK/*Höpfner*, Art. 288 AEUV Rn. 46 ff. m.w.N. sowie ausführlich in § 10.

[65] Hierzu umfassend in Kapitel 6.

[66] Grundlegend EuGH v. 19.11.1991 – Rs. C-6/90 u.a. (*Francovich* u.a.), NJW 1992, 165, Rn. 37, 45.

1. Die Charta als primäre Rechtsquelle im europäischen Grundrechtssystem

Die GRC wurde bereits im Jahre 2000 in Nizza feierlich proklamiert, blieb allerdings vorerst ohne Rechtsverbindlichkeit. Aufgrund des gescheiterten Europäischen Verfassungsvertrags, in dessen Rahmen die Inkorporation der Charta in ein einheitliches unionales Verfassungsrecht geplant war, erlangte sie diese schließlich erst ein knappes Jahrzehnt später mit dem Vertrag von Lissabon von 2009 (Art. 6 Abs. 1 Hs. 2 EUV). Sie stellt seitdem den ersten geschriebenen und verbindlichen Grundrechtskatalog auf Ebene des europäischen Primärrechts dar.

Das bedeutet aber nicht, dass dem Unionsrecht Grundrechte vorher fremd gewesen seien, sie waren bis dahin nur weniger sichtbar. So hatte der EuGH schon lange vor Verbindlichwerden der GRC in seiner Rechtsprechung auf Grundlage der gemeinsamen Verfassungsüberlieferungen der Mitgliedstaaten und der EMRK eine Vielzahl sog. allgemeiner Grundsätze des Unionsrechts ermittelt[67], um die aufgrund der Verdrängung der nationalen Grundrechte durch den Anwendungsvorrang des Unionsrechts entstandenen grundrechtlichen Schutzlücken zu schließen. Diese sukzessive Entwicklung eines hinreichenden unionalen Grundrechtsschutzes war der Grund, der das BVerfG in seiner *Solange*-Rechtsprechung dazu bewogen hat, seine Prüfungsvorbehalte gegenüber dem Unionsrecht weitestgehend zurückzunehmen.[68]

Die Charta tritt, wie Präambel und Art. 6 Abs. 3 AEUV zeigen, neben diese bereits etablierten ungeschriebenen Grundrechte.[69] Es ist allerdings aus mehreren Gründen zu erwarten, dass sich die GRC mittelfristig als primäre Rechtsquelle im System des europäischen Grundrechtschutzes etabliert.[70] Auffällig ist nämlich, dass der EuGH seit Inkrafttreten der Charta seine arbeitsrechtlichen Entscheidung stets auch auf das jeweilige Chartagrundrecht gestützt hat.[71] Darüber

[67] Grundlegend EuGH v. 12.11.1969 – Rs. C-29/69 (*Stauder*), Slg. 1969, 419. Insoweit spricht *A. Weber*, NJW 2000, 537 auch treffend von den „Grundpfeiler(n) des durch den EuGH geprägten Grundrechtsschutzes".

[68] BVerfG v. 22.10.1986 – 2 BvR 197/83 (*Solange II*), BVerfGE 73, 339, 387.

[69] So auch *Voßkuhle*, RdA 2015, 336; *Kainer*, GPR 2016, 262, 267; Ehlers-EuGR/*Ehlers*, § 14 Rn. 10 f.

[70] Preis/Sagan/*Pötters*, § 3 Rn. 7; *ders.*, EuZW 2014, 795, 799; *Weiß*, EuZW 2013, 287: „regelmäßiger argumentativer Ausgangspunkt"; GA *Cruz Villalón*, Schlussanträge v. 19.05.2011 – Rs. C-447/09 (*Prigge*), juris Rn. 26.

[71] Vgl. beispielhaft EuGH v. 26.09.2013, Rs. C-476/11 (*HK Danmark*), EuZW 2013, 951, Rn. 19; EuGH v. 19.04.2016 – Rs. C-441/14 (*Dansk Industri*), NZA 2016, 537, Rn. 22; EuGH v. 17.04.2018 – Rs. C-414/16 (*Egenberger*), NZA 2018, 569, Rn. 47; EuGH v. 06.11.2018 – Rs. C-569/16, C-570/16 (*Bauer u. Broßonn*), NZA 2018, 1467, Rn. 51; EuGH v. 06.11.2018 – Rs. C-619/16 (*Kreuziger*), NZA 2018, 1612, Rn. 29; EuGH v. 06.11.2018 – Rs. C-684/16 (*Max-Planck-Gesellschaft*), NZA 2018, 1474, Rn. 49 ff.; EuGH v. 22.01.2019 – Rs. C-193/17 (*Cresco Investigation*), NZA 2019, 297, Rn. 76; EuGH v. 14.05.2019 – Rs. C-55/18 (*CCOO*), NZA 2019, 683, Rn. 30; EuGH v. 19.11.2019 – Rs. C-609/17, C-610/17 (*TSN*), NZA 2019, 1631, Rn. 41 ff.

hinaus hat er sogar vereinzelt ausschließlich ein Grundrecht der Charta herangezogen.[72] Und auch im Allgemeinen ist zu beobachten, dass die GRC in der Rechtsprechung des EuGH immer häufiger zitiert wird.[73] Der Gerichtshof selbst scheint also davon auszugehen, dass nunmehr die GRC die vorrangige Rechtsquelle im europäischen Grundrechtssystem darstellt. Dass auch das BVerfG diese Einschätzung teilt, belegen die eingangs erwähnten *Recht auf Vergessen*-Beschlüsse: Das Gericht spricht hier vorrangig von „der Charta", wenn es sich auf die Grundrechte der Europäischen Union bezieht.[74]

Für eine solche Einordnung der Charta als primäre Grundrechtsquelle der Union spricht in der Sache, dass ein Katalog geschriebener Grundrechte im Vergleich zu ungeschriebenen Grundrechten zwei wesentliche Vorteile aufweist: Die Existenz von geschriebenem Recht generell begründet zum einen ein größeres Maß an Rechtssicherheit und Rechtsklarheit. Grundrechte werden sichtbarer und auf sie gestützte Entscheidungen nachvollziehbarer, wenn sie sich bereits im Vorhinein aus einem geschriebenen Katalog und nicht erst aus einer einzelfallbezogenen Gerichtsentscheidung ergeben. Letztlich wird es so auch für den EuGH und die nationalen Gerichte einfacher abzuschätzen, ob z.B. eine nationale Norm gegen ein etwaiges Unionsgrundrecht verstößt oder nicht. Zum anderen entfällt bei einem Rückgriff auf geschriebene Grundrechte der Begründungsaufwand, den die Findung und Anwendung ungeschriebener Grundrechte naturgemäß mit sich bringt. Ein ungeschriebenes Grundrecht muss schließlich erst richterrechtlich hergeleitet und seine Existenz methodisch abgesichert werden. Wie kritikanfällig eine Entscheidung dadurch werden kann, zeigt wiederum die *Mangold*-Entscheidung[75] sehr anschaulich: Der EuGH wurde hier zu Recht heftig für die Herleitung des allgemeinen Grundsatzes des Verbots der Altersdiskriminierung kritisiert, das sich weder in der Mehrheit der mitgliedstaatlichen Verfassungen noch in der EMRK wiederfand.[76] Das hatte vor allem dazu geführt, dass viele Literaturstimmen schon die Existenz des entsprechenden Grundrechts angezweifelt haben, ohne sich mit der darauf aufbauenden Frage nach der Wirkung eines solchen Grundrechts weiter auseinandersetzen zu müssen.[77] Der Rückgriff auf die geschriebenen Grundrechte der GRC gibt dem EuGH somit die Möglichkeit, seinen grundrechtlichen Entscheidungen zumindest in diesem Punkt einen Teil ihrer Angreifbarkeit zu nehmen.

---

[72] EuGH v. 15.01.2014 – Rs. C-176/12 (*AMS*), NZA 2014, 193, Rn. 23.

[73] *Edenharter*, Grundrechtsschutz, 2018, S. 720 f.

[74] BVerfG v. 06.11.2019 – 1 BvR 16/13 (*Recht auf Vergessen I*), NJW 2020, 300; BVerfG v. 06.11.2019 – 1 BvR 276/17 (*Recht auf Vergessen II*), NJW 2020, 314.

[75] EuGH v. 22.11.2005 – Rs. C-144/04 (*Mangold*), NZA 2005, 1345.

[76] Stellvertretend: *Kuras*, RdA 2007, 169, 173 ff.; *Preis*, NZA 2006, 401, 406; *Körner*, NZA 2005, 1395, 1397. Umfassend auch *Gerken/Rieble/Roth/Stein/Streinz*, „Mangold" als ausbrechender Rechtsakt, 2009, S. 17 ff.

[77] Ähnlich *Huber*, NJW 2011, 2385, 2389.

Es ist deshalb wahrscheinlich und wäre aus den genannten Gründen auch zu begrüßen, dass die Charta in Zukunft die vorrangig maßgebliche Rechtsquelle im europäischen Grundrechtsystem darstellen wird. Die nach wie vor existierenden ungeschriebenen Grundrechte gehen so in der GRC auf.[78] Sie sollten nur noch für wenige Ausnahmefälle Bedeutung haben[79] und werden deshalb aus der vorliegenden Untersuchung ausgeklammert.[80]

Die aufgezeigte Stellung der Charta als zentralem europäischem Grundrechtsinstrument soll aber nicht verschleiern, dass sich auch andernorts, etwa in der EMRK und der ESC, für das Arbeitsrecht bedeutsame Grundrechtskataloge finden. Weil es sich bei ihnen im Unterschied zur GRC aber um konventionelles Völkerrecht handelt[81], kommen ihnen keine vergleichbaren Wirkungen im nationalen Arbeitsrecht und Arbeitsverhältnis zu.[82] Ihnen fehlt es deshalb an einem vergleichbaren Potential, privates Arbeitsrecht und einzelne Arbeitsverhältnisse unmittelbar zu beeinflussen. Diese Rechtsquellen werden deshalb in dieser Untersuchung nur insoweit behandelt, als sich aus ihnen Erkenntnisse für die Wirkung der GRC gewinnen lassen.

2. Sekundärrechtsakzessorietät der Charta und richtliniendominiertes Arbeitsrecht

Wichtigstes Wesensmerkmal der GRC ist ihre eng begrenzte Anwendbarkeit in den Mitgliedstaaten gem. Art. 51 Abs. 1 S. 1 Alt. 2 GRC, auf die zu Beginn der Untersuchung noch ausführlicher einzugehen sein wird.[83] In diesem Punkt unterscheidet sie sich von konventionellen nationalen Verfassungen sowie auch der EMRK maßgeblich dadurch, dass die Charta keine allgemeine Geltung beansprucht. Sie gilt für die Mitgliedstaaten „ausschließlich bei der Durchführung des Rechts der Union“. In rein nationalen Angelegenheiten sind die Mitgliedstaaten deshalb nicht an die GRC gebunden. Pointiert hat der Präsident des Europäi-

---

[78] Der EuGH spricht ausdrücklich davon, die ungeschriebenen Grundrechte seien seit dem Vertrag von Lissabon „in die Charta inkorporiert worden“, EuGH v. 01.03.2011, C-236/09 (*Test-Achats*), NJW 2011, 907, Rn. 16.

[79] Beispielsfälle für die verbleibende Bedeutung der allgemeinen Grundsätze bei Ehlers-EuGR/*Ehlers*, § 14 Rn. 11. Überzeugend erscheint es dabei, die Anwendbarkeit und Durchsetzbarkeit der ungeschriebenen Unionsgrundrechte an die Modalitäten der GRC anzugleichen, vgl. Grabenwarter, EnzEuR/*von Danwitz*, § 27 Rn. 19. Vgl. hierzu auch *Krebber*, EuZA 2016, 3, 13, der unter Verweis auf EuGH v. 19.01.2010 – Rs. C-555/07 (*Kücükdeveci*), NZA 2010, 85 Rn. 22 feststellt, auch der EuGH „führ[e][…] den allgemeinen Grundsatz in die Charta über, wodurch Art. 51 Abs. 1 S. 1 GRC greift.“.

[80] Eine Untersuchung der Rechtswirkungen der ungeschriebenen Unionsgrundrechte im deutschen Arbeitsrecht findet sich bei *Greif*, Die Unanwendbarkeit richtlinienwidriger deutscher Arbeitsgesetze, 2016, S. 102 ff.

[81] *Krebber*, EuZA 2016, 3, 4.

[82] Vgl. hierzu noch ausführlicher § 12 D. I. 3.

[83] Vgl. hierzu Kapitel 2.

schen Gerichtshofs *Lenaerts* die Charta daher als „Schatten des Unionsrechts" bezeichnet.[84]

Dabei handelt es sich um eine wesentliche Einschränkung der Durchschlagskraft der GRC, die gerade deshalb keine neuartige Universal-Verfassung für die europäischen Mitgliedstaaten oder einen „untersten" europäischen Mindeststandard darstellt. Und auch vom übrigen Primärrecht, namentlich den Grundfreiheiten, bei denen es eine solche Einschränkung gerade nicht gibt, unterscheidet sie sich.[85] Für deren Anwendbarkeit kommt es lediglich auf das Vorliegen eines sog. grenzüberschreitenden Sachverhalts an.

Die GRC ist also ein unionsrechtsakzessorischer[86] Grundrechtskatalog, der einen umfassenden Grundrechtsschutz in den Mitgliedstaaten nur dort sicherstellen will, wo die Besonderheiten des sonstigen Unionsrechts, insbesondere dessen Vorrang und das Bedürfnis nach seiner einheitlichen Wirksamkeit, einen solchen erforderlich machen. Das hat gute Gründe: Die Entwicklung der Unionsgrundrechte und so letztlich auch die Schaffung der Charta war motiviert von der Angst der Mitgliedstaaten, dass durch die Verdrängung der eigenen Grundrechte bei Umsetzung oder Anwendung des Unionsrechts eine Grundrechtslücke entstehen könnte.[87]

Aus dieser Unionsrechtsakzessorietät, die im Ausgangspunkt eine Einschränkung der Bedeutung der GRC für nationale Rechtsordnungen darstellt, ergibt sich jedoch umgekehrt wiederum ihre große Bedeutung für das Arbeitsrecht in den Mitgliedstaaten: Wegen der extensiven Auslegung des Anwendungsbereichs der GRC durch den EuGH öffnet sich die nationale Rechtsordnung für die grundrechtlichen Bestimmungen der GRC überall dort, wo nationales Recht durch unionale Richtlinien determiniert ist. Diese sind wie dargestellt vor allem im Arbeitsrecht zahlreich. Der eigentliche Beschränkungsmechanismus wird hierdurch zum Einfallstor für die Grundrechte der Charta. Das europäische Arbeitsrecht wirft also – um im Bild *Lenaerts* zu bleiben – einen vergleichsweise großen Schatten.

3. Vielzahl spezifischer Arbeitnehmergrundrechte in der GRC

Hervorzuheben ist schließlich der für einen Verfassungstext aus deutscher Sicht eher untypische[88] Umstand, dass sich in der Charta zahlreiche Bestimmungen

---

[84] *Lenaerts*, EuGRZ 2015, 353, 354.

[85] *Jarass/Kment*, EuGR, 2. Auflage, 2019, § 4 Rn. 9.

[86] *M. Bleckmann*, Nationale Grundrechte im Anwendungsbereich des Rechts der EU, 2011, S. 15; *Krebber*, EuZA 2016, 3 ff. Treffend spricht das BVerfG von einer „dynamischen, fachrechtsakzessorischen Anlage der Unionsgrundrechte", BVerfG v. 06.11.2019 – 1 BvR 16/13 (*Recht auf Vergessen I*), NJW 2020, 300, Rn. 54. Dazu auch *Wendel*, JZ 2020, 157, 160.

[87] Das ist exemplarisch abzulesen an der *Solange*-Saga des BVerfG, vgl. BVerfG v. 29.05.1974 – 2 BvL 52/71 (*Solange I*), BVerfGE 37, 271 einerseits sowie BVerfG v. 22.10.1986 – 2 BvR 197/83 (*Solange II*), BVerfGE 73, 339, 387 andererseits.

[88] „Soziale Grundrechte" mit Zuschnitt auf das Arbeitsrecht finden sich hingegen etwa in

finden, die ganz konkret auf das Arbeitsverhältnis zugeschnitten sind.[89] Dies zeigt ein Blick in ihren vierten Titel: Hier werden über die traditionellen Freiheitsgrundrechte hinaus grundlegende Arbeitnehmerrechte wie beispielsweise ein Recht auf Unterrichtung und Anhörung im Unternehmen (Art. 27 GRC), ein Recht auf gesunde, sichere und würdige Arbeitsbedingungen (Art. 31 Abs. 1 GRC), auf bezahlten Jahresurlaub und auf Begrenzung der Höchstarbeitszeit (Art. 31 Abs. 2 GRC), ein Verbot von Kinderarbeit (Art. 32 S. 1 GRC) oder auch ein Anspruch auf Schutz vor ungerechtfertigten Entlassungen (Art. 30 GRC) grundrechtlich garantiert.[90] Diese Rechte werden ergänzt durch allgemeinere Sozialgrundrechte, die für das Arbeitsrecht von ebenso zentraler Bedeutung sind. Zu nennen ist insoweit das Diskriminierungsverbot des Art. 21 GRC, das als spezielle Ausprägung des allgemeinen Gleichheitssatzes (Art. 20 GRC) für das europäische Arbeitsrecht eine herausragende Rolle spielt und bereits zahlreiche Male im Mittelpunkt der arbeitsrechtlichen Judikatur des EuGH stand.[91]

III. Fazit

Die GRC besitzt so – und dessen scheint man sich auch mehr als zehn Jahre nach ihrem Verbindlichwerden noch nicht überall bewusst zu sein[92] – das Potential, das mitgliedstaatliche Privatrecht und dabei vor allem das Arbeitsrecht tiefgreifend mit- und umgestalten zu können. Damit einher geht ein zunehmender Bedeutungsverlust der Grundrechte des GG in den angesprochenen Bereichen. Dies rechtfertigt es, die Rechtswirkungen der Charta im Arbeitsrecht in den Mittelpunkt der Untersuchung zu rücken.

---

der *spanischen Verfassung*, vgl. hierzu *Rodríguez-Piñero*, in: Iliopoulos-Strangas (Hrsg.), Soziale Grundrechte in Europa nach Lissabon, 2010, S. 597, 609 ff., der *portugiesischen Verfassung*, vgl. hierzu *José Carlos Vieira de Andrade*, in: Iliopoulos-Strangas (Hrsg.), Soziale Grundrechte in Europa nach Lissabon, 2010, S. 541, 548 ff., oder etwa auch in der *italienischen Verfassung* vgl. hierzu *de Vergottini*, in: Iliopoulos-Strangas (Hrsg.), Soziale Grundrechte in Europa nach Lissabon, 2010, S. 391, 402 ff. Ein Überblick über die übrigen „alten" Mitgliedstaaten findet sich auf S. 878 ff.

[89] Vgl. bereits *Zachert*, NZA 2001, 1041 ff.

[90] Obwohl es sich dabei nicht um sozialrechtliche Bestimmungen im engeren Sinne handelt, ist es angebracht, hier von den sozialen Grundrechten der Charta (im weiteren Sinne) zu sprechen. Der Begriff findet sich im Kontext des Arbeitsrechts bspw. auch bei *Seifert*, EuZA 2013, 299, 301. In Bezug auf Art. 31 GRC siehe bereits GA *Trstenjak*, Schlussanträge v. 08.09.2011, C-282/10 (*Dominguez*), BeckRS 2011, 81367, Rn. 78.

[91] Vgl. etwa EuGH v. 19.01.2010 – Rs. C-555/07 (*Kücükdeveci*), NZA 2010, 85; EuGH v. 19.04.2016 – Rs. C-441/14 (*Dansk Industri*), NZA 2016, 537; EuGH v. 17.04.2018 – Rs. C-414/16 (*Egenberger*), NZA 2018, 569.

[92] Zutreffend *Hilbrandt*, NZA 2019, 1168: „Schattendasein" der Charta in weiten Teilen der Öffentlichkeit. Vgl. auch MüHdbArbR/*Oetker*, § 12 Rn. 16.

C. Ziel und Gang der Untersuchung

Ziel der vorliegenden Untersuchung ist es herauszuarbeiten, ob, wann und mit welcher Rechtsfolge arbeitsrechtlich relevante Bestimmungen der GRC im Horizontalverhältnis unmittelbar zur Anwendung kommen. Ihr Anspruch ist es, die einschlägigen Entscheidungen des EuGH in einen Gesamtkontext einzuordnen, den bisherigen Forschungsstand zusammenzutragen und zu diskutieren, um schließlich einen eigenen Ansatz zur Horizontalwirkung von Charta-Grundrechten im Arbeitsrecht zu präsentieren. Zunächst ist es hierfür erforderlich, die zentralen Grundlagen und Begriffe festzulegen. Dem ist das *erste Kapitel* der Untersuchung gewidmet. Im *zweiten Kapitel* wird die Frage erörtert, wann die Charta überhaupt in den Mitgliedstaaten Anwendung findet. Die genaue Reichweite der Anwendbarkeit ist dabei gerade im Kontext der Richtliniendurchführung und damit im Arbeitsrecht umstritten. Sie ist aber die zentrale Vorfrage und eine entscheidende Weichenstellung für den vorliegenden Untersuchungsgegenstand. Im *dritten Kapitel* soll die Rechtsprechungslinie des EuGH, die den Anlass zur vorliegenden Untersuchung gegeben hat, in den Blick genommen werden. Die relevanten Entscheidungen werden dargestellt, analysiert und auf ihrer Basis der „rote Faden" aufgezeigt, der sich in der Rechtsprechung des Gerichtshofs abzeichnet. Dieser liegt in einer zunächst tatbestandlichen und später auch rechtsfolgenseitigen Erweiterung der mit der *Mangold*-Entscheidung begründeten Horizontalwirkungsdoktrin. Zusammenfassend werden in diesem Kapitel die Voraussetzungen sowie die fortbestehenden Unklarheiten rund um die Horizontalwirkung festgehalten. Im *vierten Kapitel* wird die vom EuGH postulierte *Rechtsfolgenseite* bei Verstößen gegen die GRC in den Blick genommen und auf ihre Zulässigkeit untersucht. Dabei wird nach der sog. *negativen*, also rechtsverdrängenden, und der darüberhinausgehenden *positiven,* also rechtsersetzenden, Horizontalwirkung unterschieden. Neben den Bedenken, die schon gegen die negative Horizontalwirkung angeführt werden, erweist sich letztere als besonders problematisch, weil sie die heftig umstrittene Grundrechtsbindung Privater erfordert. Das *fünfte Kapitel* der Untersuchung ist der *Tatbestandsseite* gewidmet. Hier wird geklärt, welche Grenzen für die Ausdehnung der Horizontalwirkungsdoktrin des EuGH bestehen. Diese ergeben sich aus der *Sekundärrechtsakzessorietät der Charta* sowie aus *kompetenziellen* und *inhaltlichen* Aspekten. Im *sechsten Kapitel* soll der häufig vorgebrachte Alternativvorschlag aus Kreisen der Literatur und der Generalanwaltschaft diskutiert werden, anstelle der Unionsgrundrechte den Richtlinienbestimmungen selbst Horizontalwirkung zukommen zu lassen. Hierfür ist eine Auseinandersetzung mit der EuGH-Rechtsprechung zur fehlenden Horizontalwirkung von Richtlinien erforderlich. Am Ende der Untersuchung werden die *Ergebnisse in Thesenform zusammengefasst.* Auf ihrer Basis wird schließlich ein *Ausblick* in die Zukunft gewagt.

Kapitel 1

Grundlagen und Terminologie

Die weiterführenden Gedanken der Untersuchung zur Horizontalwirkung der GRC bedürfen eines soliden Fundaments. Dies gilt *erstens* schon für die Dogmatik der innerstaatlichen Wirkung von Unionsrecht allgemein, weil bereits hier über Grundfragen und -begriffe eine große Uneinigkeit besteht. Für eine Untersuchung der Frage nach der unionsgrundrechtlichen Horizontalwirkung ist ein solch vertiefter Blick in den Maschinenraum des Unionsrechts unumgänglich, weil sich besondere Fragestellungen nicht ohne Klarheit über den „allgemeinen Teil" beantworten lassen. Daneben treten *zweitens* auffällige begriffliche Unschärfen bei der Behandlung der Privatwirkung des Unionsrechts als Unterform dieser innerstaatlichen Wirkung. *Drittens* wird die Lage nochmals unübersichtlicher, wo es nicht um die Wirkung gewöhnlichen Unionsrechts geht, sondern um Unionsgrundrechte. Auch insoweit sind Klarstellungen nötig.

§ 1

Zur innerstaatlichen Wirkung von Unionsrecht im Allgemeinen

Unmittelbare Geltung, unmittelbare Anwendbarkeit und *Anwendungsvorrang* des Unionsrechts sind die Schlüsselbegriffe, um beschreiben zu können, wann und wie europäisches Recht innerstaatliche Wirkung entfaltet und damit etwa auch vor deutschen Arbeitsgerichten und für die Arbeitsvertragsparteien von Bedeutung ist. Diese Termini sollen deshalb im Folgenden näher erläutert werden. Wo einschlägige Grundsatzentscheidungen des EuGH vorhanden sind, soll dieser erste Teil der Untersuchung, wenn auch nicht in vollständiger terminologischer, so doch wenigstens in weitestgehender dogmatischer Übereinstimmung mit diesen erarbeitet werden. Für die Frage nach der Reichweite der Grundrechtswirkungen im arbeitsrechtlichen Rechtsalltag wäre eine Untersuchung, die bereits die Grundsatzjudikatur des Gerichtshofs in Frage stellt, wenig gewinnbringend. Vereinzelt sind aber auch weiterführende Überlegungen zum dogmatischen Unterbau unumgänglich, weshalb sich der Grundlagenteil nicht auf eine unreflektierte Wiedergabe der EuGH-Judikatur beschränken kann.

A. Unmittelbare Geltung

Am Beginn aller Überlegungen steht die Einsicht, dass im Ausgangspunkt sämtliches Unionsrecht aus sich heraus *unmittelbare Geltung* beansprucht. Nach überzeugender Auffassung[1] beschreibt dieser Begriff eine wesentliche Eigenschaft des europäischen Primär- und Sekundärrechts, die es vom sonstigen Völkerrecht unterscheidet: Nach konventionellem Verständnis ist berechtigtes und verpflichtetes Subjekt völkerrechtlicher Verträge zunächst der unterzeichnende Staat.[2] Für eine innerstaatliche Wirkung sind nationale Transformationsakte erforder-

---

[1] Mit dieser Terminologie auch *Möllers*, Juristische Methodenlehre, 4. Auflage, 2021, § 2 Rn. 83; *Sagmeister*, Die Grundsatznormen in der Europäischen Grundrechtecharta, 2010, S. 187 f.; *Starke*, EU-Grundrechte und Vertragsrecht, 2016, S. 173 f.; *Greif*, Die Unanwendbarkeit richtlinienwidriger deutscher Arbeitsgesetze, 2016, S. 36; *Grabitz*, FS Deringer, S. 59, 60 f.

[2] Treffend formulieren das *Jarass/Beljin*, JZ 2003, 768 m.w.N., wenn sie davon sprechen, dass der Mitgliedstaat eines völkerrechtlichen Abkommens „lediglich als abstraktes Gebilde angesprochen [wird]". Siehe auch *Masing*, Die Mobilisierung des Bürgers für die Durchsetzung des Rechts, 1997, S. 43.

lich, die als unmittelbar geltendes Recht diese Rechte und Pflichten an das Staatsvolk vermitteln und sie so in die nationale Rechtsordnung inkorporieren.[3] In Deutschland wären das für die allgemeinen Regeln des Völkerrechts die Norm des Art. 25 GG, der insoweit einen generellen Rechtsanwendungsbefehl statuiert[4], sowie im Übrigen die einzelnen nationalen Transformationsgesetze, die auf Grundlage von Art. 59 Abs. 2 GG erlassen werden. Dies entspricht der sog. *dualistischen Theorie*, wie sie auch das Bundesverfassungsgericht vertritt.[5]

Das Unionsrecht als supranationale Rechtsordnung beansprucht hingegen nicht nur zwischen-, sondern darüber hinaus auch innerstaatliche Geltung.[6] In diesem Sinne hat sich der EuGH in seiner Grundsatzentscheidung *van Gend & Loos*[7] schon vor fast 60 Jahren positioniert. Dort stellte der Gerichtshof fest, dass das Unionsrecht eine „eigenständige Rechtsordnung" darstellt, die unabhängig von einer nationalen Umsetzung Bestandteil der nationalen Rechtsordnung geworden ist und deren „Rechtssubjekte nicht nur die Mitgliedstaaten selbst, sondern auch die Einzelnen" sind. Das Unionsrecht stellt damit eine selbständige Rechtsordnung dar und erkennt auch ohne nationalen Umsetzungsbefehl die prinzipielle Rechtssubjektivität des Einzelnen an.[8] Der Begriff der unmittelbaren Geltung beschreibt diesen allgemeinen Geltungsmodus des Unionsrechts.[9]

B. Unmittelbare Anwendbarkeit

Weitergehende Aussagen darüber, ob und wann sich damit auch ein Einzelner vor einem mitgliedstaatlichen Gericht auf eine Norm des unmittelbar geltenden Unionsrechts berufen kann, können alleine aus dieser Feststellung nicht abgeleitet werden. Ob der Einzelne eine konkrete Norm des Unionsrechts geltend machen kann, ist Gegenstand der Folgefrage nach ihrer *unmittelbaren Anwend-*

[3] *Jarass/Beljin*, JZ 2003, 768.

[4] *Talmon*, JZ 2013, 12.

[5] BVerfG v. 14.10.2004 – 2 BvR 1481/04 (*EGMR-Entscheidungen*), BVerfGE 111, 307, 318.

[6] *Möllers*, Juristische Methodenlehre, 4. Auflage, 2021, § 2 Rn. 83 f.; *Jarass/Beljin*, JZ 2003, 768.

[7] EuGH v. 05.02.1963 – Rs. 26/62 (*van Gend & Loos*), NJW 1963, 974.

[8] Vgl. *Sagmeister*, Die Grundsatznormen in der Europäischen Grundrechtecharta, 2010, S. 192. Das BVerfG stützt den Geltungsanspruch des Unionsrechts in Deutschland allerdings auf das Zustimmungsgesetz und das Grundgesetz, vgl. BVerfG v. 08.04.1987 – 2 BvR 687/85. BVerfGE 75 223, 244. Zutreffend insoweit *Kruis*, Der Anwendungsvorrang des EU-Rechts in Theorie und Praxis, 2013, S. 54 ff., der darauf hinweist, dass das BVerfG lediglich den Grund für die *unmittelbare Geltung* im nationalen Recht verortet. Die nachgelagerte Rechtsfigur des Anwendungsvorrangs sieht auch das BVerfG im Unionsrecht selbst begründet. Dieser Gesichtspunkt ist vor allem für den innerstaatlichen Rechtsschutz und weniger für die innerstaatliche Wirkung an sich von Bedeutung.

[9] *Grabitz*, FS Deringer, S. 59, 60 f., der dies auch als den „Durchgriff des Unionsrechts" bezeichnet.

barkeit.[10] Aus der unmittelbaren Geltung des Unionsrechts folgt lediglich, dass das Unionsrecht und damit der EuGH die Modalitäten seiner unmittelbaren Anwendbarkeit und der Auflösung von etwaigen Normkollisionen selbst festlegen kann.[11]

I. Zum Begriffsverständnis

1. Eine Frage der Normstruktur

Unglücklicherweise wird der Begriff der unmittelbaren Anwendbarkeit des Unionsrechts gerade in Abgrenzung zur unmittelbaren Geltung nicht immer trennscharf verwendet[12], weshalb es sich empfiehlt, ausführlicher zum hier vertretenen Begriffsverständnis Stellung zu nehmen. Der Terminus baut nach dem dieser Arbeit zugrunde gelegten Verständnis auf dem allgemeinen Geltungsmodus der unmittelbaren Geltung auf und betrifft die nachgelagerte Frage[13], ob die im Grundsatz unmittelbar in der nationalen Rechtsordnung geltende einzelne Norm ohne weiteren Umsetzungsakt sowohl *von ihrer Rechtsnatur* als auch *von ihrem konkreten Inhalt* her den Einzelnen dazu befähigt, sich vor nationalen Gerichten und Behörden auf sie zu berufen.[14] Aus seiner unmittelbaren Geltung folgt nur, dass das Unionsrecht im Grundsatz auch im Mitgliedstaat anwendungsfähig und anwendungswillig ist.[15] Jede Norm ist aber für sich genommen darauf zu untersuchen, ob ihr im Einzelfall auch unmittelbare Anwendbarkeit zukommt, sie sich ihren Anwendungswunsch also auch selbst erfüllen kann. Dies ist eine Frage der Struktur der in Rede stehenden Norm.

Diesen Unterschied verdeutlicht *van Gend & Loos* sehr anschaulich. Hier traf der Gerichtshof bei genauerem Hinsehen nämlich zwei getrennte Aussagen[16]:

---

[10] *Klein*, Unmittelbare Geltung, 1988, S. 8; *Sagmeister*, Die Grundsatznormen in der Europäischen Grundrechtecharta, 2010, S. 193 ff.; *Rogalla*, Der Schutz von Ehe und Familie in der Europäischen Grundrechtecharta, 2017, S. 224 ff.; *Grabitz*, FS Deringer, S. 59, 63. So gelten etwa die Normen des Kompetenzkatalogs der Art. 2 ff. AEUV unmittelbar als Teil der unionsrechtlichen Rechtsordnung, sie sind jedoch nicht unmittelbar anwendbar, *Möllers*, Juristische Methodenlehre, 4. Auflage, 2021, § 12 Rn. 8.

[11] *Lenaerts/Gutíerrez-Fons*, ZaöRV 81 (2021), 47, 50.

[12] Überblicke etwa bei *Kruis*, Der Anwendungsvorrang des EU-Rechts in Theorie und Praxis, 2013, S. 109 und *Starke*, EU-Grundrechte und Vertragsrecht, 2016, S. 174; *Greif*, Die Unanwendbarkeit richtlinienwidriger deutscher Arbeitsgesetze, 2016, S. 35 f. Gegen eine Trennung von unmittelbarer Geltung und unmittelbarer Anwendbarkeit bzw. Wirkung indes jüngst *Jocham*, Die Grenzen der richterlichen Rechtsfortbildung im Privatrecht, 2021, S. 100.

[13] *Sagmeister*, Die Grundsatznormen in der Europäischen Grundrechtecharta, 2010, S. 193.

[14] *Winter*, CMLR 1972, 425, 435 f. („susceptible of being invoked"); *Sagmeister*, Die Grundsatznormen in der Europäischen Grundrechtecharta, 2010, S. 193; *Klein*, Unmittelbare Geltung, 1988, S. 16.

[15] *Klein*, Unmittelbare Geltung, 1988, S. 8 nennt diese Merkmale die „normale Befindlichkeit einer Norm".

[16] Vgl. bereits *Klein*, Unmittelbare Geltung, 1988, S. 17.

Zum einen bekannte er sich zur unmittelbaren Geltung des Unionsrechts überhaupt. Zum anderen erkannte er, dass die einzelnen Bestimmungen der Verträge, mithin das Primärrecht insgesamt, auch von *ihrer Rechtsnatur* her geeignet sind, *unter Umständen* unmittelbar zur Anwendung zu kommen[17], und beantwortete mit dieser Aussage den ersten Teil der Frage nach der unmittelbaren Anwendbarkeit. Von der Frage nach der unmittelbaren Anwendbarkeit bleibt mit Blick auf das Primärrecht bloß noch der zweite Teil offen, der den *Inhalt der konkreten Norm* betrifft. Auf Ebene des Primärrechts und damit auch für die zu untersuchenden Unionsgrundrechte bedeutet die Frage nach der unmittelbaren Anwendbarkeit deshalb zusammengefasst die Frage danach, ob eine Norm *ihrem konkreten Inhalt nach* geeignet ist, dass sich der Einzelne vor nationalen Gerichten und Behörden auf sie berufen kann.[18]

2. Keine Frage des Normadressaten

Es kann damit festgehalten werden, dass bei der Untersuchung der Horizontalwirkung der Grundrechte die Frage nach der unmittelbaren Anwendbarkeit zwar von größter Bedeutung ist. Denn wenn sich der Einzelne innerstaatlich nicht auf eine Norm bzw. Normaussage berufen kann, dann ist auch ohne Belang, ob diese unmittelbar anwendbare Vorschrift nur einen Hoheitsträger oder womöglich auch einen privaten Arbeitgeber adressiert. Auf der anderen Seite ist aber auch nach Bejahung der unmittelbaren Anwendbarkeit einer konkreten Norm die Frage nach ihrer Horizontalwirkung und deren Umfang noch nicht entschieden. Denn mit Feststellung der unmittelbaren Anwendbarkeit ist nur geklärt, *dass* sich der Einzelne überhaupt auf eine normstrukturell geeignete Bestimmung des Unionsrechts berufen kann. *Wem gegenüber* dies möglich ist, ist wiederum eine nachgelagerte Frage, deren Beantwortung weiterer Überlegungen bedarf.[19] Die unmittelbare Anwendbarkeit einer Bestimmung ist unabhängig von der Frage zu ermitteln, wen sie adressiert. Sie beantwortet nur, wen die Norm zur Durchsetzung berechtigt, nicht, wen sie zur Beachtung des Ver- oder Gebots verpflichtet. Unmittelbare Anwendbarkeit im Horizontalverhältnis und die Inpflichtnahme Privater sind also strikt voneinander zu trennen.

---

[17] *Klein*, Unmittelbare Geltung, 1988, S. 16; *Jarass/Beljin*, JZ 2003, 768, 769.

[18] In diesem Sinne *Klein*, Unmittelbare Geltung, 1988, S. 17.

[19] Zutreffend *Kokott*, FS I. Schmidt, 2021, S. 991, 998; *Jocham*, Die Grenzen der richterlichen Rechtsfortbildung im Privatrecht, 2021, S. 102; *Starke*, EU-Grundrechte und Vertragsrecht, 2016, S. 200 ff.; *Perner*, Grundfreiheiten, Grundrechte-Charta und Privatrecht, 2013, S. 163 f.; *Thieken*, Der primärrechtliche Gleichbehandlungsgrundsatz, 2018, S. 78; *Körber*, Grundfreiheiten und Privatrecht, 2004, S. 634 u. 379; *Steindorff*, EG-Vertrag und Privatrecht, 1996, S. 300; *Zoppel*, Europäische Diskriminierungsverbote und Privatrecht, 2015, S. 88; *Kluth*, AöR 122 (1997), 557, 568 f.; *Roth*, RabelsZ 75 (2011), 787, 825 f. Fn. 264; *Fornasier*, in: Latzel/Picker (Hrsg.), Neue Arbeitswelt, 2014, S. 25, 43. Insoweit wie hier *Stein*, Drittwirkung im Unionsrecht, 2016, S. 137; EuArbRK/*Schubert*, Art. 51 GRC Rn. 36. Implizit auch *Terhechte*, EuR 2020, 569, 572 f.

II. Normstrukturelle Voraussetzungen

Dass es sich bei der unmittelbaren Anwendbarkeit um eine dem allgemeinen Geltungsmodus nachgelagerte, normstrukturelle Eigenschaft handelt, zeigt sich besonders deutlich, wenn man sich die hierzu durch den EuGH entwickelten und in der Literatur allgemein anerkannten Voraussetzungen vergegenwärtigt.

1. Inhaltliche Unbedingtheit und hinreichende Bestimmtheit

Unmittelbare Anwendbarkeit ist zu bejahen, wenn eine Norm im konkreten Einzelfall[20] unmittelbar angewendet werden *kann*[21] und damit justiziabel ist. Hierfür ist Voraussetzung, dass die Norm *inhaltlich unbedingt* ist, in der Weise, dass ihre Anwendung nicht von einer Bedingung oder von einer konstitutiven Entscheidung der Mitgliedstaaten oder eines Unionsorgans abhängt[22], und dass sie *hinreichend bestimmt* ist, sie also selbst allgemeine und gleichzeitig unzweideutige Vorgaben trifft, insbesondere, dass sachlicher Regelungsgegenstand und erfasster Personenkreis erkennbar sind[23]. Dabei ist das Vorliegen dieser Voraussetzungen nach Rechtsnatur, Systematik und Wortlaut der jeweiligen Unionsnorm zu prüfen.[24] Diese Voraussetzungen entsprechen der Linie des EuGH, die in einer Vielzahl von Entscheidungen zu sowohl primär- wie auch zu sekundärrechtlichen Vorschriften Ausdruck gefunden hat.[25] Für die unmittelbare Anwendbarkeit von Bestimmungen der Charta[26] sind sie ebenfalls maßgeblich.[27]

---

[20] Vgl. hierzu ausführlich *Wohlfahrt*, Die Vermutung unmittelbarer Wirkung des Unionsrechts, 2016, S. 13 ff., der sowohl Urteile des EuGH identifiziert, in denen der Gerichtshof die unmittelbare Anwendbarkeit mit Hilfe der genannten Kriterien einzelfallbezogen ermittelt, als auch solche, in denen die Ermittlung vom Einzelfall losgelöst erfolgt. Er selbst spricht sich indes gegen eine einzelfallbezogene Betrachtung aus.

[21] Preis/Sagan/*Sagan*, § 1 Rn. 30 m.w.N.; *Sagmeister*, ZEuS 2011, 1, 3.

[22] *Jarass/Beljin*, JZ 2003, 768, 770 m.w.N.; *Möllers*, Juristische Methodenlehre, 4. Auflage, 2021, § 12 Rn. 7.

[23] *Jarass/Beljin*, JZ 2003, 768, 770 m.w.N.; *Möllers*, Juristische Methodenlehre, 4. Auflage, 2021, § 12 Rn. 7.

[24] Für eine Richtlinie exemplarisch EuGH v. 04.12.1974 – Rs. 41/74 (*van Duyn*), Slg. 1974, 1337, Rn. 12.

[25] Stellvertretend etwa EuGH v. 16.06.1966 – Rs. 57/65 (*Lütticke*), NJW 1966, 1630; EuGH v. 17.07.2008 – Rs. C-226/07 (*Flughafen Köln/Bonn*), Slg. 2008, I-5999, Rn. 23. Vgl. ergänzend die zahlreichen Nachweise bei *Wohlfahrt*, Die Vermutung unmittelbarer Wirkung des Unionsrechts, 2016, S. 25 ff.

[26] EuGH v. 15.01.2014 – Rs. C-176/12 (*AMS*), NZA 2014, 193, Rn. 41 ff.; *Starke*, EU-Grundrechte und Vertragsrecht, 2016, S. 195 f.; *Greif*, Die Unanwendbarkeit richtlinienwidriger deutscher Arbeitsgesetze, 2016, S. 192.

[27] Da der Schwerpunkt der Untersuchung auf den geschriebenen Chartabestimmungen liegt, braucht hier die Frage, ob dies auch für ungeschriebene Unionsgrundrechte gilt, nicht erneut aufgeworfen werden. Überblick hierzu bei *Greif*, Die Unanwendbarkeit richtlinienwidriger deutscher Arbeitsgesetze, 2016, S. 120 ff.

Obwohl in der Literatur vereinzelt eine Abkehr von diesen traditionellen Kriterien propagiert wird[28], sollen sie schon angesichts ihrer Festigung in der Rechtsprechung des EuGH dem weiteren Verlauf der Untersuchung zugrunde gelegt werden. Allerdings ist in der Tat zu beobachten, dass der Gerichtshof zumindest die Unterscheidung zwischen beiden Hauptkriterien nicht trennscharf durchhält.[29]

2. *Einräumung eines subjektiven Rechts?*

Richtigerweise darf die Prüfung der unmittelbaren Anwendbarkeit einer Norm nicht mit der Frage vermengt werden, ob sie dem Einzelnen ein subjektives Recht einräumt.[30] Diesen Unterschied stellen *Jarass* und *Beljin*[31] treffend heraus: Bei der Prüfung, ob eine unionsrechtliche Norm ein subjektives Recht verleiht, ist danach zu fragen, „ob sie nach ihrer inhaltlichen und textlichen Gestaltung ein subjektives Recht beinhaltet"[32]. Das ist immer dann der Fall, wenn mit einer objektiven Pflicht des Adressaten, in aller Regel also des Mitgliedstaats oder der Union, gleichzeitig das Recht des einzelnen korrespondiert, die Erfüllung dieser Verpflichtung einzufordern.[33] Unmittelbare Anwendbarkeit hingegen beschreibt den bloßen Umstand, dass eine „vorgesehene Berechtigung den Einzelnen auf innerstaatlichem Boden aus sich heraus erreicht"[34]. Das wiederum ist immer dann der Fall, wenn der Richter sie im Einzelfall aufgrund ihrer Rechtsnatur zur Lösung heranziehen *kann.*[35] Diese Frage hat mit der Einräumung einer subjektiven Rechtsposition nichts zu tun, sondern betrifft allein den normstrukturellen Rechtscharakter der jeweiligen Bestimmung. Die Einräumung eines subjektiven Rechts könnte zwar als regelmäßige Folge der unmittelbaren Anwendbarkeit einer Norm bezeichnet werden[36], zwingend ist das jedoch nicht. Schließlich exis-

---

[28] *Wohlfahrt*, Die Vermutung unmittelbarer Wirkung des Unionsrechts, 2016, S. 24 ff.

[29] Insoweit zutreffend *Wohlfahrt*, Die Vermutung unmittelbarer Wirkung des Unionsrechts, 2016, S. 36 f.

[30] *Jarass/Beljin*, JZ 2003, 768, 771; *Ruffert*, DVBl. 1998, 69, 70 ff.; *Everling*, NVwZ 1993, 209, 214 f.; Calliess/Ruffert/*Ruffert*, Art. 288 AEUV Rn. 45; *Möllers*, Juristische Methodenlehre, 4. Auflage, 2021, § 12 Rn. 7; *Greif*, Die Unanwendbarkeit richtlinienwidriger deutscher Arbeitsgesetze, 2016, S. 40 f. Ausführlich und mit weiteren Nachweisen *Sagmeister*, Die Grundsatznormen in der Europäischen Grundrechtecharta, 2010, S. 218 ff. sowie *ders.*, ZEuS 2011, 1 ff.

[31] *Jarass/Beljin*, JZ 2003, 768, 771.

[32] *Jarass/Beljin*, JZ 2003, 768, 771.

[33] *Cremer*, EuGRZ 2011, 545, 549. Grundlegend zum Verhältnis von objektiver Pflicht und subjektivem Recht *Jellinek*, System der subjektiven öffentlichen Rechte, 2. Auflage, 1905. Ausführungen speziell zur Grundrechtecharta finden sich bei *Schmidt*, Die Grundsätze im Sinne der EU-Grundrechtecharta, 2010, S. 45 f.

[34] *Jarass/Beljin*, JZ 2003, 768, 771.

[35] Preis/Sagan/*Sagan*, § 1 Rn. 30 m.w.N.; *Sagmeister*, ZEuS 2011, 1, 3.

[36] *Sagmeister*, Die Grundsatznormen in der Europäischen Grundrechtecharta, 2010, S. 245.

tieren Normen, die zwar unmittelbar anwendbar sind, der Einzelne sich also vor den mitgliedstaatlichen Behörden und Gerichten grundsätzlich auf sie berufen kann, die gleichzeitig aber kein subjektives Recht dergestalt begründen, dass dieser die Erfüllung dieser Verpflichtung auch einfordern könnte.[37] Der verbreiteten Ansicht[38], die Einräumung eines subjektiven Rechts sei Voraussetzung der unmittelbaren Anwendbarkeit, wird hier ausdrücklich nicht gefolgt.

Mit Blick auf die Rechtsprechung des EuGH erscheint zwar keine der beiden Ansichten wirklich zwingend.[39] Schon die Struktur des Grundsatzurteils *van Gend & Loos* spricht aber eher für das hier zugrunde gelegte Verständnis.[40] Der EuGH hat hier auf Tatbestandsseite lediglich die objektiven Kriterien der unmittelbaren Anwendbarkeit geprüft. Erst nachdem er die Erfüllung dieser Kriterien bejaht hatte, stellte er als Rechtsfolge fest, dass „Art. 12 dahin auszulegen [ist], dass er unmittelbare Wirkungen erzeugt *und* individuelle Rechte begründet […]".[41]

Letztlich liefert aber vor allem ein wesentliches Strukturmerkmal des Unionsrechts das eigentliche Hauptargument gegen die Abhängigkeit der unmittelbaren Anwendbarkeit von einer Einräumung subjektiver Rechtspositionen: Das Unionsrecht ist entsprechend dem *van Gend & Loos* – Judikat des EuGH eine eigenständige Rechtsordnung, deren umfassende Funktionsfähigkeit die Grundlage aller Überlegungen zu seiner innerstaatlichen Wirkung sein muss.[42] Zur Sicherstellung der Funktionsfähigkeit und zu seiner effektiven Durchsetzung will das Unionsrecht deshalb den Einzelnen nicht nur zur Durchsetzung seiner „eigenen" subjektiven Rechte, sondern darüber hinaus auch zur Durchsetzung sämtlicher objektiver Verpflichtungen der Mitgliedstaaten und der Union mobilisieren.[43] Der Einzelne wird damit – in Anlehnung an das französische

---

[37] *Jarass/Beljin*, JZ 2003, 768, 771 am Beispiel der Pflicht zur Durchführung einer Umweltverträglichkeitsprüfung. Siehe hierzu auch *Sagmeister*, Die Grundsatznormen in der Europäischen Grundrechtecharta, 2010, S. 245. Wie hier auch *Greif*, Die Unanwendbarkeit richtlinienwidriger deutscher Arbeitsgesetze, 2016, S. 41.

[38] Vgl. statt vieler Ehlers-EuGR/*Ehlers*, § 7 Rn. 10; *ders.*, DVBl. 2004, 1441, 1445, der dafür die Grundsätze der (deutschen) sog. Schutznormtheorie heranzieht, allerdings einräumt, dass der EuGH bei der Zuerkennung subjektiver Rechte großzügiger sei als deutsche Gerichte. In diese Richtung terminologisch auch *Starke*, EU-Grundrechte und Vertragsrecht, 2016, S. 336 ff. Ausführliche Nachweise und Wiedergabe der wichtigsten Argumente dieses sog. *subjective view* bei *Sagmeister*, Die Grundsatznormen in der Europäischen Grundrechtecharta, 2010, S. 229.

[39] *Jarass/Beljin*, JZ 2003, 768, 771, die darauf verweisen, dass der EuGH sich häufig missverständlich äußert.

[40] *Sagmeister*, ZEuS 2011, 1, 5.

[41] EuGH v. 05.02.1963 – Rs. C-26/62 (*van Gend & Loos*), NJW 1963, 974 (Hervorhebung durch Verf.).

[42] *Ipsen*, Europäisches Gemeinschaftsrecht, 1972, S. 277.

[43] *Sagmeister*, Die Grundsatznormen in der Europäischen Grundrechtecharta, 2010, S. 248; *ders.*, ZEuS 2011, 1, 22; *Klein*, Unmittelbare Geltung, 1988, S. 20 f. Ausführlich und grundlegend zum Ganzen *Masing*, Die Mobilisierung des Bürgers für die Durchsetzung des Rechts, 1997, S. 46 f.

Recht[44] – für die effektive Durchsetzung auch des objektiven Unionsrechts „instrumentalisiert".[45] Dieses überzeugende Konzept vom Unionsbürger als „Sachwalter der Allgemeinheit"[46] steht der Annahme entgegen, gerade das effektivste Instrument dieser Durchsetzung, nämlich das der unmittelbaren Anwendbarkeit einzelner Normen, hinge von der Einräumung weitergehender subjektiver Rechtspositionen ab. Auf die materiellrechtliche Wirkung des Unionsrechts hat das Fehlen eines subjektiven Elements also keinen Einfluss. Die innerstaatliche *Rechtsentstehung*[47] ist davon gänzlich unabhängig. Schon aus der unmittelbaren Anwendbarkeit einer Norm ergibt sich ihre *invocabilité*[48] im Sinne eines grundsätzlichen innerstaatlichen „Berufungsrechts"[49].

Die Prüfung der Einräumung subjektiver Rechte ist damit für die vorliegende Untersuchung insgesamt von untergeordneter Bedeutung. Ohnehin ist bei echten Grund*rechten* schon per definitionem von der Einräumung eines subjektiven Rechts auszugehen. Die festgestellte Unabhängigkeit der unmittelbaren Anwendbarkeit von der Einräumung eines subjektiven Rechts ist vor allem mit Blick auf die *Grundsätze* nach Art. 52 Abs. 5 GRC bedeutsam, die lediglich objektivrechtlichen Charakter besitzen.[50]

III. Schlussfolgerungen

1. Schlussfolgerungen für die GRC

Damit stellt sich die Frage, welche konkreten Schlussfolgerungen sich aus dem bisher Gesagten für die Unionsgrundrechte ziehen lassen, die im Zentrum der vorliegenden Untersuchung stehen.

a) Widerspruch von Prima-facie-Struktur und unmittelbarer Anwendbarkeit?

Bei Beantwortung dieser Frage stößt man zunächst auf ein der Struktur grundrechtlicher Normen immanentes Problem. Denn anders als Normen des einfachen Rechts sind Grundrechte nicht auf eine definitive Normaussage ausgerichtet und naturgemäß vage formuliert. Während etwa das AGG und die ihm zugrundeliegende Richtlinie vorgeben, unter welchen Bedingungen Diskriminie-

---

[44] Grundlegend *von Danwitz*, Verwaltungsrechtliches System und Europäische Integration, 1996, S. 235 f.; *Classen*, VerwArch 1997, 645, 671.

[45] *Sagmeister*, Die Grundsatznormen in der Europäischen Grundrechtecharta, 2010, S. 264; *von Danwitz*, Verwaltungsrechtliches System und Europäische Integration, 1996, S. 236; *Masing*, Die Mobilisierung des Bürgers für die Durchsetzung des Rechts, 1997, S. 50.

[46] *Sagmeister*, Die Grundsatznormen in der Europäischen Grundrechtecharta, 2010, S. 237.

[47] Calliess/Ruffert/*Ruffert*, Art. 288 AEUV Rn. 76 m.w.N.

[48] Vgl. *von Danwitz*, DÖV 1996, 481, 482 ff.; *ders.*, Verwaltungsrechtliches System und Europäische Integration, 1996, S. 235 ff., 364 ff.

[49] *Sagmeister*, Die Grundsatznormen in der Europäischen Grundrechtecharta, 2010, S. 239.

[50] Siehe hierzu ausführlich unten unter § 3.

rungen gerechtfertigt sind oder nicht, regeln Grundrechte wie etwa die klassischen Freiheitsrechte oder Art. 21 Abs. 1 GRC nur, dass ein bestimmtes Verhalten *grundsätzlich* ver- oder geboten ist. Eingriffe können unter Umständen aber gerechtfertigt sein. Wann dies der Fall ist, beantwortet das Grundrecht alleine nicht abschließend. Grundrechten fehlt es also qua Rechtsnatur an einer definitiven Normaussage. „Definitiv" regeln sie nur das Verbot ihrer Verletzung durch nicht gerechtfertigtes Eingreifen, ohne selbst abschließend die Rechtfertigungsmöglichkeiten zu definieren. *Alexy* bezeichnet diese Eigenschaft griffig als Prima-facie-Struktur.[51]

Wie von verschiedener Seite plausibel dargelegt wurde, weisen auch die Unionsgrundrechte eine solche Struktur auf.[52] Sie ver- bzw. gebieten – abgesehen von einem näher zu definierenden Kernbereich, dessen Einschränkung einer Rechtfertigung gänzlich unzugänglich ist – grundsätzlich nichts definitiv. Die Gewährleistungsgehalte der Grundrechte der Charta stehen, wie Art. 52 Abs. 1 GRC belegt[53], vielmehr unter dem Vorbehalt, dass ein Eingriff in sie nicht gerechtfertigt ist. Im Horizontalverhältnis bedeutet dies konkret, dass die Unionsgrundrechte im Falle ihrer Anwendbarkeit gem. Art. 51 Abs. 1 S. 1 Alt. 2 GRC ihre Wirkungen nur in den Grenzen entfalten können, die die gegenläufigen Grundrechte anderer Privater ihnen setzen. Regelmäßig geht es hier um die typischen Arbeitnehmergrundrechte auf der einen Seite und Art. 16 GRC als Arbeitgebergrundrecht auf der anderen: Art. 21 Abs. 1 GRC verbietet Diskriminierungen, Art. 16 GRC markiert verfassungsimmanente Grenzen dieses Verbots.[54] Art. 31 Abs. 2 GRC gewährleistet einen Urlaubsanspruch, Art. 16 GRC allerdings setzt dem das grundrechtlich geschützte unternehmerische Interesse entgegen, nicht *übermäßig* mit der Verpflichtung zur Gewährung bezahlten Jahresurlaubs belastet zu werden. Im Horizontalverhältnis führt diese Struktur zu einer Reflexivität[55] der grundrechtlichen Ansprüche.[56] Erst diese Reflexivität zeitigt definitive und damit hinreichend bestimmte Ge- und Verbote im Einzelfall. Die streitentscheidenden Normaussagen, beispielsweise die Rechtfertigung einer Diskriminierung, können damit nicht aus dem einzelnen Grundrecht abgeleitet werden, sondern ergeben sich erst aus dem Abwägungsvorgang.

---

[51] *Alexy*, Theorie der Grundrechte, 1985, S. 87 ff.

[52] Pointiert *Michl*, Unionsgrundrechte aus der Hand des Gesetzgebers, 2018, S. 53 ff. Siehe außerdem bereits *Starke*, EU-Grundrechte und Vertragsrecht, 2016, S. 228 ff.

[53] *Michl*, Unionsgrundrechte aus der Hand des Gesetzgebers, 2018, S. 53; *Starke*, EU-Grundrechte und Vertragsrecht, 2016, S. 232.

[54] Siehe etwa *Meyer*, EuZA 2020, 206, 220 f.

[55] Zur „Reflexivität" von Grundrechtspositionen *Kulick*, Horizontalwirkung im Vergleich, 2020, S. 421 ff.

[56] Dafür ist auch noch nicht entscheidend, ob man die privatrechtlichen Wirkungen eines Grundrechts über eine Verpflichtung Privater oder mittelbar über die unmittelbare Verpflichtung des Staates konstruiert. Im ersten Fall liegt eine echte Reflexivität sich überkreuzender Grundrechtsverhältnisse vor, im zweiten jedenfalls eine faktische Reflexivität aufgrund kollidierender Schutz- und Abwehrpflichten, die Gesetzgeber und Richter zu erfüllen haben.

Es wäre jedoch verfehlt, aus dieser Normstruktur pauschal die fehlende hinreichende Bestimmtheit und damit unmittelbare Anwendbarkeit der Unionsgrundrechte zu folgern.[57] Denn hier sind zwei Dinge auseinanderzuhalten: Die Reichweite des Schutzbereichs einerseits und die Rechtfertigungsprüfung andererseits.[58] Ein Grundrecht bedarf eines hinreichend bestimmten Gewährleistungsgehalts, d.h. eines personellen und sachlichen Schutzbereichs, um durch den Einzelnen vor einem nationalen Gericht als potentiell verletzte Vorschrift überhaupt geltend gemacht werden zu können. *Diesbezüglich* wird die Frage der unmittelbaren Anwendbarkeit relevant. Ist sie zu bejahen, ist das unmittelbar anwendbare Grundrecht mit gegenläufigen Grundrechten abzuwägen, und das zeitigt sodann die grundrechtlichen Wirkungen im Einzelfall. Eine Norm kann also unmittelbar anwendbar sein, auch wenn ihm die im Einzelfall streitentscheidende Normaussage noch nicht *definitiv* entnommen werden kann.

b) Grundsätzliche Eignung der GRC zur unmittelbaren Anwendbarkeit

Dies führt zu dem Schluss, dass die Rechte der Charta als Teil des Primärrechts (Art. 6 EUV) jedenfalls *grundsätzlich*[59] unmittelbar anwendbar sind.[60] Sie lassen ihren Berechtigten erkennen und geben in ihrer Prima-facie-Struktur das jeweils gebotene hinreichend bestimmt vor. Außerdem sind Grundrechte schon qua Rechtsnatur inhaltlich unbedingt. Damit erfüllen sie grundsätzlich die normstrukturellen Voraussetzungen der unmittelbaren Anwendbarkeit.[61] Die Frage ist damit nicht, *ob* die Grundrechte der Charta unmittelbar anwendbar sind, sondern, *wie weit* der Gewährleistungsgehalt eines an sich unmittelbar anwendbaren Grundrechts reicht[62], und welche Rechtsfolgen sich daraus ergeben. Stimmen, die pauschal die unmittelbare Anwendbarkeit der GRC bejahen oder verneinen, gehen deshalb am Problem vorbei. Auch aus der Perspektive des EuGH sowie des mit einem Rechtsstreit befassten nationalen Arbeitsrichters geht es schon auf-

---

[57] So aber ausdrücklich *Chen*, Spezielle Diskriminierungsverbote der GRC, 2011, S. 52 f. Ähnlich auch die Auffassung von GA *Tanchev*, Schlussanträge v. 09.11.2017 – Rs. C-414/16 (*Egenberger*), BeckRS 2017, 134211, Rn. 122 f.

[58] Vgl. hierzu auch *Schubert*, EuZA 2020, 302, 309; Preis/Sagan/*Grünberger/Husemann*, § 5 Rn. 16.

[59] Zu den Besonderheiten der Charta-Grundsätze vgl. unten unter § 3. Zu den notwendigen Differenzierungen nach Schutzdimensionen vgl. unten unter § 15 A. II.

[60] Preis/Sagan/*Pötters*, § 3 Rn. 26; *Jarass/Kment*, EuGR, 2. Auflage, 2019, § 3 Rn. 7; Ehlers-EuGR/*Ehlers*, § 14 Rn. 14; Stern/Sachs-GRC/*Ladenburger/Vondung*, Art. 51 Rn. 13; *Kruis*, Der Anwendungsvorrang des EU-Rechts in Theorie und Praxis, 2013, S. 112; *Edenharter*, Grundrechtsschutz, 2018, S. 635; *Greif*, Die Unanwendbarkeit richtlinienwidriger deutscher Arbeitsgesetze, 2016, S. 190 ff.; insoweit zutreffend *Thieken*, Der primärrechtliche Gleichbehandlungsgrundsatz, 2018, S. 80.

[61] Zutreffend *Jarass*, GRC, Einl. Rn. 9.

[62] Zutreffend, allerdings zu den Grundfreiheiten Ehlers-EuGR/*Ehlers*, § 7 Rn. 11 („insoweit"). Zu absolut formuliert *Thieken*, Der primärrechtliche Gleichbehandlungsgrundsatz, 2018, S. 80: auf das Kriterium der hinreichenden Bestimmtheit könne gänzlich verzichtet werden.

grund der prozessualen Ausgangslage im Vorabentscheidungsverfahren nicht um die allgemeine Frage, ob ein Grundrecht überhaupt unmittelbar anwendbar ist, sondern darum, ob einem Grundrecht eine *im konkreten Fall* relevante und *mit der jeweiligen nationalen Rechtsordnung* unvereinbare, konkrete hinreichend bestimmte und damit unmittelbar anwendbare *Normaussage* zu entnehmen ist.[63] Miteinzubeziehen ist dabei der Kontext der jeweiligen Entscheidung.[64] Urteile des EuGH ergehen schließlich auf eine konkret gefasste Vorlagefrage; wenn also einem Grundrecht im Fall A keine unmittelbare Anwendbarkeit zugesprochen wurde, bedeutet das nicht zwingend, dass dies auch für Fall B gilt. Die unmittelbare Anwendbarkeit hat ausgehend hiervon einen gewissen *relativen* Charakter.[65]

2. Schlussfolgerungen für Richtlinienbestimmungen

Anders verhält es sich bekanntlich für die besondere Rechtsaktform der Richtlinie, die eine Sonderrolle im aufgezeigten Gefüge einnimmt. Im Unterschied zu Normen des Primärrechts und Verordnungen, die auch *in* den Mitgliedstaaten gelten können, gelten diese grundsätzlich nur *für* die Mitgliedstaaten, vgl. Art. 288 Abs. 3 AEUV. Ausgehend hiervon ist im Sekundärrecht allein die Verordnung von ihrer Rechtsnatur her auf eine unmittelbare Anwendung gerichtet[66], also darauf, selbst Quelle von Rechten und Pflichten des Einzelnen zu sein.[67] Daraus folgt dann, dass typischerweise auch die einzelnen Normen der Verordnung selbst unmittelbar anwendbar sind[68] und Anwendungsvorrang entfalten[69].

---

[63] Zutreffend GA *Bobek,* Schlussanträge v. 25.07.2018 – Rs. C-193/17 (*Cresco Investigation*), BeckRS 2018, 16329, Rn. 134: „Auf einer solchen Abstraktionsebene betrachtet, könnte dann allerdings im Grunde jede unionsrechtliche Bestimmung unmittelbar anwendbar sein. Deshalb wird bei der traditionellen Prüfung der unmittelbaren Wirkung ein anderer Prüfmaßstab angelegt: Ist der Inhalt der spezifischen Regelung hinreichend bestimmt und genau, *um im Kontext einer bestimmten Rechtssache* einer gerichtlichen Überprüfung zugänglich zu sein?" (Hervorhebung durch Verf.). Ähnlich GA *Mazák*, Schlussanträge v. 15.02.2007 – Rs. C-411/05, BeckRS 2008, 70147, Rn. 134 f. sowie GA *Szpunar,* Schlussanträge v. 15.07.2021 – Rs. C-261/20 (*Thelen Technopark*), BeckRS 2021, 19869, Rn. 105. A.A. *Wohlfahrt*, Die Vermutung unmittelbarer Wirkung des Unionsrechts, 2016, S. 13 ff.

[64] Wie hier zur GRC *Walkila*, Horizontal effect of fundamental rights in EU law, 2015, S. 186 ff. Zur Notwendigkeit der Kontextualisierung der EuGH-Rechtsprechung allgemein *Höpfner*, JbArbR 57 (2020), 69, 78 ff.; *Riedel*, Die Grundrechtsprüfung durch den EuGH, 2020, S. 359 ff.; vgl. außerdem *Lepsius*, JZ 2019, 793 ff.

[65] Vgl. hierzu ausführlich *Wohlfahrt*, Die Vermutung unmittelbarer Wirkung des Unionsrechts, 2016, S. 13 ff., der sowohl Urteile des EuGH identifiziert, in denen dieser die unmittelbare Anwendbarkeit mit Hilfe der genannten Kriterien einzelfallbezogen ermittelt als auch solche, in denen die Ermittlung vom Einzelfall losgelöst erfolgt.

[66] *Grabitz*, FS Deringer, S. 59, 63.

[67] EuGH v. 31.01.1978 – Rs. 94/77 (*Zerbone*), Slg. 1978, 99, Rn. 22/77.

[68] Der EuGH prüft die Kriterien der unmittelbaren Anwendbarkeit auch bei Normen aus Verordnungen, so bspw. in EuGH v. 24.10.1973 – Rs. 9/73 (*Schlüter*), Slg. 1973, 1135. *Klein*, Unmittelbare Geltung, 1988, S. 18 spricht aufgrund des zurückhaltenden Prüfungsumfangs diesbezüglich treffend von einem „Falsifikationsverfahren".

[69] EuGH v. 15.07.1964 – Rs. 6/64 (*Costa/E.N.E.L.*), NJW 1964, 2371. Diese Rechtsnatur

Richtlinien sind hingegen nach der Systematik des Art. 288 AEUV nicht auf unmittelbare Anwendung, sondern auf mitgliedstaatliche Umsetzung angelegt.[70] Auch sie sind zwar Teil des unmittelbar in den Mitgliedstaaten geltenden Rechts.[71] Quelle von Rechten und Pflichten Einzelner sind bei ordnungsgemäßer Umsetzung aber die nationalen Umsetzungsakte, nicht die Richtlinien selbst.[72] In diesem Fall sind Richtlinienbestimmungen nicht unmittelbar anwendbar[73]; der Einzelne kann sich nicht, muss sich aber wegen ihrer ordnungsgemäßen Umsetzung auch nicht auf die Richtlinie berufen, selbst wenn einzelne Bestimmungen die genannten Voraussetzungen der unmittelbaren Anwendbarkeit erfüllen würden.[74]

Bekanntermaßen besteht hiervon allerdings nach der Rechtsprechung des EuGH eine Ausnahme für Fälle der nicht oder nicht ordnungsgemäß erfolgten Umsetzung nach Ablauf der Umsetzungsfrist. Dann kann eine Richtlinie ausnahmsweise[75] in gleicher Weise wie die Verordnung unmittelbare Anwendbarkeit entfalten.[76] Art. 288 AEUV legt diese unmittelbare Anwendbarkeit zwar nicht nahe, wenn er ausdrücklich nur der Verordnung „unmittelbare Geltung“ zuspricht; der EuGH erteilte in seiner *Grad*-Entscheidung einem aus Abs. 2 hergeleiteten Umkehrschluss aber eine eindeutige Absage.[77] Der Normtext bildet da-

---

der Verordnung schließt es aber nicht aus, dass Normen einer Verordnung im Einzelfall die o.g. Voraussetzungen der unmittelbaren Anwendbarkeit fehlen können. Die Gründe hierfür sind dann allerdings in der Verordnung selbst angelegt und ändern nichts an ihrer prinzipiellen unmittelbaren Anwendbarkeit, *Klein*, Unmittelbare Geltung, 1988, S. 10.

[70] *Jarass/Beljin*, JZ 2003, 768, 769.

[71] *Funke*, Umsetzungsrecht, 2011, S. 138 m.w.N.

[72] *Kerwer*, Gemeinschaftsrecht und Rechtsprechung, 2003, S. 87.

[73] Zutreffend *Höpfner*, Die systemkonforme Auslegung, 2008, S. 263.

[74] Damit macht für die Rechtsaktform der Richtlinien letztlich die Systematik des Art. 288 AEUV selbst eine Ausnahme vom skizzierten Grundsatz, dass sämtliches Unionsrecht kraft seines unmittelbaren Geltungsmodus auf unmittelbare Anwendung in einem Rechtsstreit abzielt. Vgl. hierzu *Klein*, Unmittelbare Geltung, 1988, S. 12.

[75] Das Wort „ausnahmsweise“ ist in diesem Zusammenhang eigentlich unpassend. Dass die nationale Rechtslage von einer Richtlinienbestimmung abweicht, ist keine Seltenheit. Abweichungen von mitgliedstaatlichem Recht und Richtlinienrecht gehören zum europarechtlichen Alltagsgeschäft und treten regelmäßig auf. Das liegt weniger an der fehlenden Bereitschaft der Mitgliedstaaten, sich europarechtskonform zu verhalten, als mehr daran, dass es für Abweichungen eine Vielzahl an Gründen geben kann, die nicht zwingend auf einem Verschulden des Mitgliedstaats beruhen müssen. Gerade weil es sich aus der Sicht des Mitgliedstaats um Recht einer fremden Rechtsordnung handelt, begegnet auch er der Richtlinie letztlich aus der Perspektive des Rechtsanwenders mit all den daraus folgenden Rezeptionsproblemen, vgl. hierzu *Herresthal*, NJW 2008, 2475, 2477; Preis/Sagan/*Sagan*, § 1 Rn. 124.

[76] Bereits in EuGH v. 06.10.1970 – Rs. C-9/70 (*Grad*), NJW 1970, 2181, 2182 räumte der Gerichtshof ein: „Zwar gelten nach Art. 189 Verordnungen unmittelbar und können infolgedessen schon wegen ihrer Rechtsnatur unmittelbare Wirkungen erzeugen. Hieraus folgt indessen nicht, daß andere in diesem Artikel genannte Kategorien von Rechtsakten niemals ähnliche Wirkungen erzeugen könnten.“.

[77] EuGH v. 06.10.1970 – Rs. 9/70 (*Grad*), NJW 1970, 2181, 2182.

mit nur den Idealfall der ordnungsgemäßen Umsetzung ab, über die wichtige Möglichkeit der unmittelbaren Anwendbarkeit einer Richtlinie sagt er nichts aus. Diese ist aber seit der Entscheidung in der Rechtssache *van Duyn*[78] für das Vertikalverhältnis zwischen Bürger und Staat etabliert und in Rechtsprechung und Literatur allgemein anerkannt.[79] Die dogmatischen Einzelheiten sind hier zwar nach wie vor umstritten; weitgehend einig sind sich Rechtsprechung und Literatur heute aber im Ausgangspunkt darin, dass eine unmittelbare Anwendbarkeit zulasten der Bürger, d.h. zum einen im umgekehrten Vertikalverhältnis und zum anderen und vor allem im Horizontalverhältnis der Bürger untereinander, nicht in Betracht kommt.[80] Hierauf wird im sechsten Kapitel noch einzugehen sein.

Die unmittelbare Anwendbarkeit von Richtlinien steht also aufgrund deren besonderer Rechtsnatur neben den bereits benannten Anforderungen unter der *zusätzlichen Voraussetzung* des Nicht-Vorliegens eines Horizontalverhältnisses.[81] Daraus folgt, dass Richtlinienbestimmungen, selbst wenn sie die Voraussetzungen der hinreichenden Bestimmtheit und inhaltlichen Unbedingtheit erfüllen, nicht unmittelbar zwischen Privaten anwendbar sein können.

C. Anwendungsvorrang

Der unmittelbaren Geltung und Anwendbarkeit des Unionsrechts schließt sich im letzten Schritt die Bejahung seiner Vorrangwirkung in Gestalt des sog. *Anwendungsvorrangs* an: Die unmittelbare Anwendbarkeit begründet im Falle der inhaltlichen Unvereinbarkeit mit dem nationalen Recht die Kollision, die Regel des Anwendungsvorrangs löst sie auf.

---

[78] EuGH v. 04.12.1974 – Rs. 41/74 (*van Duyn*), NJW 1975, 2165.

[79] Streinz/*Schroeder*, Art. 288 AEUV Rn. 87. Genau genommen gilt diese für Ausnahmen anerkannte unmittelbare Anwendbarkeit nicht für die gesamte Richtlinie als solche, sondern nur für jeweils nicht ordnungsgemäß umgesetzte konkrete Richtlinien*bestimmungen,* vgl. a.a.O. Rn. 86; *Klein*, Unmittelbare Geltung, 1988, S. 22 f.

[80] Vgl. grundlegend EuGH v. 26.02.1986 – Rs. 152/84 (*Marshall*), NJW 1986, 2178, Rn. 48; EuGH v. 14.07.1994 – Rs. C-91/92 (*Faccini Dori*), NJW 1994, 2473, Rn. 20. Jüngst bspw. EuGH v. 06.11.2018 – Rs. C-684/16 (*Max-Planck-Gesellschaft*), NZA 2018, 1474, 1478, Rn. 66. Statt aller Streinz/*Schroeder*, Art. 288 AEUV Rn. 101; EuArbRK/*Höpfner*, Art. 288 AEUV Rn. 24 f. jeweils m.w.N.

[81] *Greif*, Die Unanwendbarkeit richtlinienwidriger deutscher Arbeitsgesetze, 2016, S. 40. Daneben darf auch keine umgekehrt vertikale Konstellation, d.h. Richtlinienwirkung zulasten des Bürgers, vorliegen.

I. Begriff

Mit dem Begriff des Anwendungsvorrangs des Unionsrechts wird beschrieben, *dass* und *auf welche Art und Weise* sich das Unionsrecht gegen das ihm entgegenstehende nationale Recht durchsetzt. Begründet hat ihn der EuGH durch richterliche Rechtsfortbildung in der Rechtssache *Costa/E.N.E.L.*[82] Mit dem nationalen Recht kollidierendes Unionsrecht führt danach zwar nicht zur Nichtigkeit einer entgegenstehenden nationalen Bestimmung (sog. Geltungsvorrang[83]); es zwingt jedoch die nationalen Behörden und Gerichte zur Nichtanwendung der nationalen Vorschrift.[84] Eine solche Wirkung ist funktional notwendig, wenn man die einheitliche Anwendung des Unionsrechts als „Grunderfordernis der gemeinschaftlichen Rechtsordnung"[85] ernst nimmt. Dieses lässt sich nur dadurch erfüllen, dass das Unionsrecht in jedem Mitgliedstaat einheitlich durchgesetzt wird und insoweit mögliche Unterschiede zwischen den Mitgliedstaaten gänzlich ausgeschlossen werden.[86] Das stellt der Anwendungsvorrang mit der nötigen Durchschlagskraft sicher.

Der Entscheidung *Costa/E.N.E.L.* war eine vor allem in der Bundesrepublik kontrovers geführte Debatte um das Verhältnis von Unionsrecht und nationalem Recht vorausgegangen, die alleine durch die Entscheidung *Vand Gend & Loos* zur unmittelbaren Geltung und Anwendbarkeit noch nicht beendet wurde.[87] Es blieb fraglich, wie sich die Erkenntnis, dass das Unionsrecht eine gänzliche eigenständige Rechtsordnung darstellt, auf das Verhältnis zum mitgliedstaatlichen Recht und die Auflösung von Kollisionsfällen auswirkt. Der Ansatz, nach dem das Unionsrecht nach völkerrechtlichen Grundsätzen zu behandeln und damit auf Ebene des Bundesrechts anzusiedeln sei (Art. 59 Abs. 2 S. 1 GG)[88], konnte sich ebenso wenig durchsetzen wie die These, wegen Art. 24 Abs. 1 GG sei ein endgültiger Verlust der Gesetzgebungskompetenzen des nationalen Gesetzgebers auf den der Union übertragenen Gebieten eingetreten, weshalb Kollisionen gar nicht

---

[82] EuGH v. 15.07.1964 – Rs. 6/64 (*Costa/E.N.E.L.*), NJW 1964, 2371.

[83] Im Unterschied zum Geltungsvorrang bleibt die nationale Vorschrift also wirksam und kann für bestimmte Konstellationen noch von Bedeutung sein. Kritisch hierzu die erläuternden Ausführungen bei *Hwang*, EuR 2016, 355, 372. Für einen Geltungsvorrang grundlegend *Grabitz*, Gemeinschaftsrecht bricht nationales Recht, 1966, S. 98 ff. Dementgegen für einen Anwendungsvorrang grundlegend *Zuleeg*, Das Recht der Europäischen Gemeinschaften im innerstaatlichen Bereich, 1969, S. 136 ff.

[84] *Jarass/Beljin*, NVwZ 2004, 1, 4.

[85] EuGH v. 21.02.1991 – Rs. C-143/88, 92/89 (*Zuckerfabrik Süderdithmarschen AG*), NVwZ 1991, 460, 461.

[86] EuGH v. 15.07.1964 – Rs. 6/64 (*Costa/E.N.E.L.*), NJW 1964, 2371, 2372: „Die Verpflichtungen, die die Mitgliedstaaten im Vertrag zur Gründung der Gemeinschaft eingegangen sind, wären keine unbedingten mehr, sondern nur noch eventuelle, wenn sie durch spätere Gesetzgebungsakte der Signatarstaaten in Frage gestellt werden könnten.".

[87] Vgl. hierzu etwa den Überblick über das damalige Meinungsspektrum bei *Rabe*, NJW 1964, 1608 ff.

[88] Nachweise bei *Ipsen*, Europäisches Gemeinschaftsrecht, 1972, S. 269.

denkbar seien[89]. Die Lösung der Kollisionsfrage war seinerzeit richtigerweise im Unionsrecht selbst zu finden. Dies hatte *H. P. Ipsen* bereits vor der Grundsatzentscheidung des EuGH zur Vorrangwirkung zutreffend erkannt. Von ihm stammt die wesentliche Einsicht, dass vor allem das *Prinzip der Funktionsfähigkeit der Union* richtungsweisend für die Frage ist, ob und wie sich das Unionsrecht gegen nationales Recht durchsetzt.[90] Konventionell-völkerrechtliche Lösungen der Kollisionsfrage ignorierten die in *van Gend & Loos* etablierte Autonomie der Unionsrechtsordnung, wenn danach die innerstaatliche Geltung dieser Rechtsordnung letztlich doch von nationalen Transformationsakten abhinge.[91] Zu Recht wies *Ipsen* darauf hin, dass gerade das Streben nach dem Funktionieren dieser eigenständigen Rechtsordnungen, zu denen sich die Mitgliedstaaten im gegenseitigen Einvernehmen bekannt haben, das „[...] Minimum dessen darstellt, über das es nur eine Meinung gibt und geben kann“[92]. Aus diesem Grund ist ein Vorrang des Unionsrechts alternativlos.[93]

II. Rechtsfolgen

Der Anwendungsvorrang hat zwei konkrete Folgen für das nationale Recht, die man mit den Begriffen der *Verdrängung* und der *Ersetzung* des mitgliedstaatlichen Rechts umschreiben kann.[94]

Sind seine Voraussetzungen erfüllt, wird *erstens* das entgegenstehende nationale Recht verdrängt, und der nationale Richter hat es unangewendet zu lassen.[95] Dafür spielt es keine Rolle, ob es sich um eine privatrechtliche oder öffentlich-rechtliche Vorschrift handelt, nicht zuletzt deshalb, weil diese Qualifizierung ohnehin vom Recht des jeweiligen Mitgliedstaats abhängt.[96] *Zweitens* kann eine Vorschrift des Unionsrechts an dessen Stelle treten und das nationale Recht nach seiner Verdrängung auch ersetzen. Die Norm kann also zur Entscheidung des

---

[89] So beispielsweise *Ophhüls*, NJW 1963, 1751. Weitere Nachweise bei *Ipsen*, Europäisches Gemeinschaftsrecht, 1972, S. 273.

[90] *Rabe*, NJW 1964, 1608, 1609.

[91] *Ipsen*, Europäisches Gemeinschaftsrecht, 1972, S. 270.

[92] *Ipsen*, ZHR Beiheft 29 (1965), 1, 17.

[93] *Ipsen* a.a.O. im Rahmen des Kolloquium der Wissenschaftlichen Gesellschaft für Europarecht, wiedergegeben auch bei *Rabe*, NJW 1964, 1608, 1608 ff. Ausführlich *Ipsen*, Europäisches Gemeinschaftsrecht, 1972, S. 277 ff.

[94] *Ebers*, Rechte, Rechtsbehelfe und Sanktionen im Unionsprivatrecht, 2016, S. 380 f.; *Kruis*, Der Anwendungsvorrang des EU-Rechts in Theorie und Praxis, 2013, S. 120; *Herrmann*, Richtlinienumsetzung durch die Rechtsprechung, 2003, S. 58 ff.; *Beljin*, EuR 2002, 351, 353.

[95] Grundlegend EuGH v. 09.03.1978 – Rs. 106/77 (*Simmenthal II*), NJW 1978, 1741. Speziell für Bestimmungen der Grundrechtecharta EuGH v. 17.04.2018 – Rs. C-414/16 (*Egenberger*), NZA 2018, 569.

[96] Eine Einschränkung gilt hier nur für Unionsrecht in Form von Richtlinien, weil sie im Horizontalverhältnis schon keine unmittelbare Anwendbarkeit entfalten.

Falles herangezogen werden und insoweit selbst Quelle von Rechten und Pflichten sein.[97] Das setzt aber voraus, dass die Vorschrift sich ihrem Inhalt nach auch für diese unmittelbare Heranziehung zur Ersetzung des nationalen Rechts eignet.[98] Insoweit ist zu verlangen, dass die unionsrechtliche Norm eine positive und eindeutige Aussage darüber trifft, welche Rechtsfolge *anstelle* derjenigen gelten soll, die sich aus der nunmehr verdrängten mitgliedstaatlichen Vorschrift ergibt.[99] Fehlt eine solche unmittelbar subsumtionsfähige[100] Unionsnorm, so bleibt es bei der Verdrängung und der Anwendung des nach der Verdrängung verbleibenden nationalen Rechts. So gibt es im Unionsrecht also Normen, die entweder gar nicht, nur in Bezug auf eine Verdrängung oder aber auch in Bezug auf einen zur Ersetzung geeigneten Inhalt unmittelbar anwendbar sind und damit jeweils insoweit Vorrangwirkung entfalten können.

Der Grundsatz des Anwendungsvorrangs gilt dabei zugunsten jeglichen unmittelbar anwendbaren[101] Unionsrechts, gleich ob Sekundär- oder Primärrecht, und macht dabei auch keinen Halt vor nationalem Verfassungsrecht.[102] Allerdings setzt das deutsche BVerfG diesem vom EuGH postulierten uneingeschränkten Anwendungsvorrang Grenzen. Denn aus seiner Sicht ergibt sich die innerstaatliche Wirkung des Unionsrechts nicht schon aus seiner Rechtsnatur, sondern aus dem nationalen Rechtsanwendungsbefehl, der wiederum dem Zustimmungsgesetz zu entnehmen ist.[103] Danach fungiert dieses als Brücke, über die das Europarecht in die deutsche Rechtsordnung gelangt. Grundsätzlich könnten deshalb die eigentlich vorrangigen Unionsakte über dieses Scharnier dennoch an nationalen Maßstäben gemessen werden.

Die Grundannahmen des BVerfG mündeten so in die Etablierung dreier[104] wesentlicher Einschränkungen der Vorrangwirkung: Das Gericht behält sich die Möglichkeit vor, Unionsakte einer Grundrechtskontrolle, einer Ultra-vires-Kontrolle oder einer Identitätskontrolle zu unterziehen.[105] Allerdings erkennt

---

[97] *Jarass/Beljin*, NVwZ 2004, 1, 4.

[98] *Jarass/Beljin*, NVwZ 2004, 1, 4; *dies.*, EuR 2004, 714, 724 f.; *Kruis*, Der Anwendungsvorrang des EU-Rechts in Theorie und Praxis, 2013, S. 120; *Herrmann*, Richtlinienumsetzung durch die Rechtsprechung, 2003, S. 60.

[99] *Jarass/Beljin*, NVwZ 2004, 1, 4; *dies.*, EuR 2004, 714, 724 f.; *Kruis*, Der Anwendungsvorrang des EU-Rechts in Theorie und Praxis, 2013, S. 120; *Herrmann*, Richtlinienumsetzung durch die Rechtsprechung, 2003, S. 60; *Ebers*, Rechte, Rechtsbehelfe und Sanktionen im Unionsprivatrecht, 2016, S. 381 f.

[100] *Beljin*, EuR 2002, 351, 353; *Ebers*, Rechte, Rechtsbehelfe und Sanktionen im Unionsprivatrecht, 2016, S. 382.

[101] Siehe zu dieser zwingenden Voraussetzung sogleich.

[102] EuGH v. 17.12.1970 – Rs. 11/70 (*Internationale Handelsgesellschaft*), NJW 1971, 343.

[103] Siehe etwa BVerfG v. 09.06.1971 – BvR 255/69, BVerfGE 31, 145, 173 f., Rn. 95.

[104] In der Literatur gibt es auch Stimmen, die die aufgestellten Grenzen strenger am Wortlaut des Art. 23 GG ausrichten und unter einem einheitlichen Begriff zusammenfassen wollen, vgl. etwa *Thiele*, EuR 2017, 367 ff.

[105] Jüngst bestätigt in BVerfG v. 06.11.2019 – 1 BvR 276/17 (*Recht auf Vergessen II*), NJW 2020, 314, Rn. 47 hinsichtlich der Grundrechtskontrolle, wobei das Gericht klarstellt, dass

auch das BVerfG die umfassende Vorrangwirkung des Unionsrechts dem Grunde nach an.[106] Die ursprünglich gesteckten Grenzen sind heute infolge einer fortwährenden Aufweichung nicht mehr von wesentlicher Bedeutung für die Vorrangwirkung.[107] Das gilt auch deshalb, weil das BVerfG den grundrechtlichen Schutzstandard im Unionsrecht als im Wesentlichen mit dem des GG vergleichbar erachtet.[108] Ihr Anwendungsbereich beschränkt sich damit auf Ausnahmefälle. In diesem Zusammenhang ist allerdings auf den jüngsten Beschluss des BVerfG zum Anleihekaufprogramm der EZB *PSPP* hinzuweisen, in dem der Zweite Senat das Programm im Gegensatz zum EuGH als kompetenzwidrig eingestuft hat.[109] Das Gericht aktivierte dadurch erstmals den Ultra-vires-Vorbehalt und stellte fest, dass im Zusammenhang des Programms Handlungen und Entscheidungen eines Organs der Europäischen Union offensichtlich nicht von den Kompetenzen der Verträge gedeckt seien und deshalb in Deutschland keine Wirkungen entfalten könnten. Ob es sich dabei um eine Trendwende handelt und in Zukunft auch andere Entscheidungen des EuGH durch das BVerfG in Frage gestellt werden, ist gegenwärtig nicht abzusehen. Jedenfalls für die vorliegende unionsgrundrechtliche Untersuchung ist die *PSPP*-Entscheidung von eher untergeordneter Bedeutung.

Was den Anwendungsvorrang im Allgemeinen angeht, ist vorbehaltlich der weiteren Entwicklung festzuhalten, dass sich auch im Verhältnis zum GG das Unionsrecht, und dabei auch das Sekundärrecht, grundsätzlich vollumfänglich durchsetzt.[110] Unstreitig haben infolge des Anwendungsvorrangs des Uni-

hinsichtlich des strukturellen Vergleichs der Grundrechtsstandards auf das einzelne Grundrecht abzustellen ist. In Rn. 49 sowie später in BVerfG v. 01.12.2020 – 2 BvR 1945/18, 2 BvR 2100/18 (*Europäischer Haftbefehl III*), NJW 2021, 1518, Rn. 40 werden die Ultra-vires- und Identitätskontrolle aktualisiert. Ein aktuellerer Überblick über die Entwicklung der Vorbehalte im Laufe der Zeit findet sich bei *Voßkuhle*, JuS 2019, 417, 419 f.

[106] So bekräftigte das BVerfG in seiner *Honeywell*-Entscheidung das „Wirksamkeits- und Durchführungsversprechen" des GG, das aus seiner Sicht den Anwendungsvorrang rechtfertigt, BVerfG v. 06.07.2010 – 2 BvR 2661/06 (*Honeywell*), BVerfGE 126, 286, Rn. 301 f. Ebenso *Kruis*, Der Anwendungsvorrang des EU-Rechts in Theorie und Praxis, 2013, S. 56

[107] Bereits *Jarass/Beljin*, NVwZ 2004, 1, 2 sprachen seinerzeit vom „Bedeutungsverlust" der Vorranggrenzen.

[108] Grundlegend BVerfG v. 22.10.1986 – 2 BvR 197/83, BVerfGE 73, 339 sowie BVerfG v. 07.06.2000 – 2 BvL 1/97, BVerfGE 102, 147. Das gilt heute angesichts der Verbindlichkeit der GRC erst recht, vgl. jüngst BVerfG v. 06.11.2019 – 1 BvR 276/17 (*Recht auf Vergessen II*), NJW 2020, 314, Rn. 47 f.

[109] BVerfG v. 05.05.2020 – 2 BvR 859/15 u.a., BVerfGE 154, 17.

[110] Schon EuGH v. 15.07.1964 – Rs. 6/64 (*Costa/E.N.E.L.*), NJW 1964, 2371, 2372: Dem Unionsrecht können keine „wie immer gearteten innerstaatlichen Rechtsvorschriften vorgehen"; noch deutlicher in EuGH v. 17.12.1970 – Rs. 11/70 (*Internationale Handelsgesellschaft*), NJW 1971, 343. Vom BVerfG in st. Rspr. anerkannt, vgl. BVerfG v. 19.07.2011 – 1 BvR 1916/09, BVerfGE 129, 78, 100; BVerfG v. 21.06.2016 – 2 BvR 2728/13 u.a., BVerfGE 142, 123, 187, Rn. 118; BVerfG v. 06.11.2019 – 1 BvR 276/17 (*Recht auf Vergessen II*), NJW 2020, 314, Rn. 54.

onsrechts zunächst alle nationalen Gerichte und Behörden die widersprechende nationale Norm unangewendet zu lassen.[111] Unerheblich für diesen Verdrängungseffekt ist, ob die widersprechende nationale Vorschrift bereits bei Inkrafttreten der unionsrechtlichen Vorschrift gegolten hat, oder ob sie erst im Nachhinein erlassen wurde. In beiden Fällen ist die Bestimmung nicht anwendbar.[112]

Weiter gilt es zu beachten, dass die entsprechenden Vorschriften des Unionsrechts diese Vorrangwirkung *eo ipso* entfalten.[113] Die Effekte hängen nicht von einer konstitutiven Entscheidung des EuGH oder eines nationalen (Arbeits-)Gerichts ab.[114] Die gerichtliche Pflicht, eine Norm des nationalen Rechts unangewendet zu lassen, ist nur die auf Normanwendungsebene zu verortende sekundäre Folge der Tatsache, dass diese Norm schon mit dem Widerspruch nicht mehr anwendbar ist.[115] Hierdurch wird konkret mit Blick auf die Charta das inkonsequente Ergebnis vermieden, dass etwa die Arbeitsvertragsparteien vor Einleitung eines Gerichtsverfahrens von der Wirksamkeit der nationalen Rechtsordnung ausgehen müssen, während diese im Gerichtsverfahren selbst unberücksichtigt bleiben muss.[116] Damit kann sich ein Arbeitnehmer auch außerprozessual auf materiellrechtlich unmittelbar anwendbare Vorschriften der Charta und deren Vorrangwirkung berufen, wenn und soweit die Voraussetzungen hierfür vorliegen.

III. Unmittelbare Anwendbarkeit als zwingende Voraussetzung

Richtigerweise ist die unmittelbare Anwendbarkeit einer Norm zwingende Voraussetzung für ihren Anwendungsvorrang, gleich ob verdrängender oder ersetzender Natur.

1. Kein Anwendungsvorrang ohne unmittelbare Anwendbarkeit

Nach zutreffendem Verständnis ergibt sich der Anwendungsvorrang des Unionsrechts nämlich nicht bereits aus seinem umfassenden Geltungsanspruch (*unmittelbare Geltung*).[117] Das ließe sich nur dann vertreten, wenn man den Vorrang

---

[111] *Jarass/Beljin*, NVwZ 2004, 1, 4.

[112] EuGH v. 15.07.1964 – Rs. 6/64 (*Costa/E.N.E.L.*), NJW 1964, 2371, wo der EuGH von „späterer Gesetzgebung“ spricht.

[113] *Kruis*, Der Anwendungsvorrang des EU-Rechts in Theorie und Praxis, 2013, S. 123.

[114] *Ehlers/Eggert*, JZ 2008, 585, 588; *Kruis*, Der Anwendungsvorrang des EU-Rechts in Theorie und Praxis, 2013, S. 203 f.; *Niedobitek*, VerwArch 92 (2001), 58, 63 f.

[115] *Niedobitek*, VerwArch 92 (2001), 58, 63; *Sauer*, Rechtstheorie 44 (2013), 503, 527 f.

[116] *Jarass*, ZEuP 2017, 310, 319.

[117] So aber zu den Unionsgrundrechten *Stein*, Drittwirkung im Unionsrecht, 2016, S. 131 ff. Mit dieser Ansicht zu Richtlinienbestimmungen grundlegend etwa *Bach*, JZ 1990, 1108, 1111; *Timmermanns*, CMLR 16 (1979), 533 ff. Umfassende Darstellung dieser Meinung bei *Kruis*, Der Anwendungsvorrang des EU-Rechts in Theorie und Praxis, 2013, S. 115 ff. und *Wohlfahrt*, Die Vermutung unmittelbarer Wirkung des Unionsrechts, 2016, S. 62 ff.

alleine als Ergebnis einer unterschiedlichen Normhierarchie zwischen nationalem und Unionsrecht begreifen würde.[118] Unionsrecht könnte nationales Recht nach diesem Verständnis schon kraft seiner normhierarchischen Stellung als übergeordneter Rechtmäßigkeitsmaßstab verdrängen, auf eine unmittelbare Anwendbarkeit im Einzelfall käme es dann nicht an.

Diese Ansicht verkennt jedoch, dass es sich bei Unionsrecht und nationalem Recht um zwei jeweils selbstständige Rechtordnungen mit unterschiedlicher Normenurheberschaft handelt, die jeweils einen autonomen Geltungsanspruch entfalten. Die Annahme einer Normenhierarchie im herkömmlichen Sinne ist im Hinblick darauf verfehlt. Ergänzend ist darauf hinzuweisen, dass sie allein zur Auflösung von Normwidersprüchen nichts beitragen würde.[119] Denn eine hierarchische Vorstellung der Beziehung zweier Normen zueinander lässt die Frage unbeantwortet, ob die überlegene Norm der unterlegenen Norm nur in ihrem rechtlichen *Dürfen*, d.h. ihrer Rechtmäßigkeit, oder auch in ihrem rechtlichen *Können*, d.h. ihrer Wirksamkeit bzw. Anwendbarkeit, entgegensteht.[120] Die Abwesenheit einer echten Hierarchie zwischen Unionsrecht und mitgliedstaatlichem Recht macht diese Auflösung somit auch nur auf den ersten Blick schwieriger. Auf den zweiten Blick ist sie auch bei der Annahme einer Hierarchie nicht leichter.[121]

Mit der herrschenden Meinung ist der Anwendungsvorrang nicht als Rangordnungsregel, sondern als *Normenkollisionsregel*[122] zu begreifen. Als solche kommt sie zum Tragen, wenn eine Bestimmung des Unionsrechts und eine nationale Bestimmung für dieselbe Frage oder Teilfrage eines Sachverhalts oder den Sachverhalt im Ganzen unterschiedliche Folgen anordnen, sodass ihre gleichzeitige Anwendung logisch unmöglich ist.[123] Eine auflösungsbedürftige Normenkollision ist ausgehend hiervon nur möglich, wenn eine Norm des Unionsrechts nicht nur Pflichten für die Mitgliedstaaten regelt, sondern unmittelbar die nationale Rechtsanwendungsebene erreicht.[124] Ohne diese „Durchgriffseignung"[125]

---

[118] *Funke*, DÖV 2007, 733, 735 ff.; *Kruis*, Der Anwendungsvorrang des EU-Rechts in Theorie und Praxis, 2013, S. 122.

[119] Zum folgenden überzeugend *Sauer*, Rechtstheorie 44 (2013), 503, 519 ff.

[120] *Sauer*, Rechtstheorie 44 (2013), 503, 511.

[121] Ähnlich *Greif*, Die Unanwendbarkeit richtlinienwidriger deutscher Arbeitsgesetze, 2016, S. 42; *Kruis*, Der Anwendungsvorrang des EU-Rechts in Theorie und Praxis, 2013, S. 122.

[122] *Repasi*, Wirkungsweise des Anwendungsvorrangs, 2018, S. 30 ff.; *Ipsen*, Europäisches Gemeinschaftsrecht, 1972, S. 287 ff.; *Franzen*, Privatrechtsangleichung, 1999, S. 256; *Greif*, Die Unanwendbarkeit richtlinienwidriger deutscher Arbeitsgesetze, 2016, S. 41 ff.; *Kruis*, Der Anwendungsvorrang des EU-Rechts in Theorie und Praxis, 2013, S. 122; *Edenharter*, Grundrechtsschutz, 2018, S. 633 f.; *Kerwer*, Gemeinschaftsrecht und Rechtsprechung, 2003, S. 149; *Di Fabio*, NJW 1990, 947, 952; *Funke*, DÖV 2007, 733, 735.

[123] *Jarass/Beljin*, NVwZ 2004, 1, 3; *Niedobitek*, VerwArch 92 (2001), 58, 73.

[124] *Jarass/Beljin*, NVwZ 2004, 1, 3.

[125] *Franzen*, Privatrechtsangleichung, 1999, S. 258.

kraft unmittelbarer Anwendbarkeit ist weder eine verdrängende noch eine ersetzende Vorrangwirkung denkbar.[126] Auch Grundrechte der Charta können deshalb nur *insoweit* Rechtmäßigkeitsmaßstab für das mitgliedstaatliche Recht oder – im Falle der Bejahung ihrer Grundrechtsverpflichtung – für das Verhalten Privater sein, als sie unmittelbar anwendbar sind.

Mittelbar besteht freilich ein gewichtiger Unterschied zwischen Rechtsverdrängung und -ersetzung[127]: Die Anforderungen an die Bestimmtheit und Unbedingtheit fallen naturgemäß niedriger aus, wenn es um die bloße Verdrängung geht. Denn diese Rechtsfolge ist schlicht auf weniger Normmaterial[128] angewiesen als die Ersetzung durch eine eigenständige europarechtliche Regelung.[129] Dies ändert aber nichts daran, dass auch eine bloße Verdrängung nur möglich ist, wenn eine Norm jedenfalls insoweit unmittelbar anwendbar ist.

Die damit skizzierte Linie entspricht der Rechtsprechung des EuGH[130]; streng genommen hat er bereits in *Simmenthal II* erste Andeutungen in diese Richtung gemacht. Danach sind die „Vertragsbestimmungen und die *unmittelbar geltenden*

---

[126] *Ebers*, Rechte, Rechtsbehelfe und Sanktionen im Unionsprivatrecht, 2016, S. 379 f.; *Greif*, Die Unanwendbarkeit richtlinienwidriger deutscher Arbeitsgesetze, 2016, 43 f.; *Starke*, EU-Grundrechte und Vertragsrecht, 2016, S. 178; *Kruis*, Der Anwendungsvorrang des EU-Rechts in Theorie und Praxis, 2013, S. 45; *Repasi*, Wirkungsweise des Anwendungsvorrangs, 2018, S. 39 ff.; *Wohlfahrt*, Die Vermutung unmittelbarer Wirkung des Unionsrechts, 2016, S. 62 ff.; *Kerwer*, Gemeinschaftsrecht und Rechtsprechung, 2003, S. 149; *Ipsen*, Europäisches Gemeinschaftsrecht, 1972, S. 259; *Franzen*, Privatrechtsangleichung, 1999, S. 258; *Jarass/Beljin*, NVwZ 2004, 1, 3; *Beljin*, EuR 2002, 351, 36; *Schlachter*, ZfA 2007, 249, 255 f.; EuArbRK/*Schubert*, Art. 6 EUV Rn. 41; Preis/Sagan/*Pötters*, § 3 Rn. 28; Preis/Sagan/*Sagan*, § 1 Rn. 33; *von Danwitz*, JZ 2007, 697, 702 ff.; *Di Fabio*, NJW 1990, 947, 952; *Funke*, DÖV 2007, 733, 735. Zum Ganzen *Dougan*, CMLR 44 (2007), 931 ff. Implizit BVerfG v. 13.03.2007 – 1 BvF 1/05 (*Emissionshandel*), BVerfGE 118, 79, 95.

[127] Gegen eine solche Trennung aber jüngst *Repasi*, Wirkungsweise des Anwendungsvorrangs, 2018, S. 41 f., der allerdings nicht trennscharf unterscheidet und unmittelbar auf die Diskussion im Richtlinienrecht abstellt. Hier besteht aber im Unterschied zum Primärrecht die Besonderheit, dass Richtlinien schon qua Rechtsnatur nicht unmittelbar anwendbar sein können. Insoweit kommt es auf die inhaltliche Eignung und damit eine Binnendifferenzierung nach Ausschluss- und Ersetzungswirkung grundsätzlich nicht an. Das bedeutet insbesondere, wie oben beschrieben, dass sich dogmatisch zwischen diesen beiden Wirkungen trennen lässt, ohne dass man zwangsläufig zu dem Ergebnis gelangen müsste, Richtlinien könnten auch im Horizontalverhältnis Verdrängungswirkung entfalten, vgl. hierzu noch Kapitel 6.

[128] Begriff nach *Jarass/Beljin*, EuR 2004, 714, 725.

[129] *Herrmann*, Richtlinienumsetzung durch die Rechtsprechung, 2003, S. 53; *Kruis*, Der Anwendungsvorrang des EU-Rechts in Theorie und Praxis, 2013, S. 120; *Rogalla*, Der Schutz von Ehe und Familie in der Europäischen Grundrechtecharta, 2017, S. 243; *Prechal*, CMLR 37 (2000), 1047, 1062; *Dougan*, CMLR 44 (2007), 931, 941 f.; *Jarass/Beljin*, EuR 2004, 714, 724 f.

[130] *Kruis*, Der Anwendungsvorrang des EU-Rechts in Theorie und Praxis, 2013, S. 121; *Jarass/Beljin*, NVwZ 2004, 1, 3; *Wohlfahrt*, Die Vermutung unmittelbarer Wirkung des Unionsrechts, 2016, S. 67 ff. Unsicher *Greif*, Die Unanwendbarkeit richtlinienwidriger deutscher Arbeitsgesetze, 2016, S. 43.

Rechtsakte“[131] als vorrangfähig einzustufen. Wenn der EuGH von unmittelbarer Geltung spricht, meint er offenbar die unmittelbare Anwendbarkeit im hier skizzierten Sinne. Man konnte daraus im Umkehrschluss folgern, dass auch der EuGH die unmittelbare Anwendbarkeit als Voraussetzung des Anwendungsvorrangs begreift.[132] Ein solcher Schluss erschien damals aber keineswegs zwingend; ähnlich naheliegend wäre eine Lesart der Formulierung dahingehend gewesen, dass *jedenfalls* diese Vorschriften Anwendungsvorrang entfalten. Der EuGH hatte die Frage, wie sich die beiden Institute zueinander verhalten, hier nicht zu beantworten, da es in der Entscheidung ohnehin um eine unmittelbar anwendbare Verordnungsbestimmung ging. Inzwischen hat die Große Kammer in der Rechtssache *Poplawski II* aber ausdrücklich klarstellt, dass eine Bestimmung des Unionsrechts, die keine „unmittelbare Wirkung“ hat, als solche nicht im Rahmen eines dem Unionsrecht unterliegenden Rechtsstreits geltend gemacht werden kann, um die Anwendung einer ihr entgegenstehenden Bestimmung des nationalen Rechts auszuschließen.[133] Ernsthafte Zweifel an der Haltung des Gerichtshofs können mit Blick hierauf heute nicht mehr bestehen.[134]

2. *Kollisionsbegriff und Maßstabsfunktion unmittelbar anwendbaren Unionsrechts*

Es bleibt nach dem Gesagten aber weiter offen, *wann genau* es bei gleichzeitiger normstrukturell bedingter unmittelbarer Anwendbarkeit zu einer durch den Anwendungsvorrang aufzulösenden Normenkollision kommt. Nach der genannten Definition ist die Antwort zwar in der Theorie klar. Die Konstruktion des Anwendungsvorrangs als Normenkollisionsregel stiftet jedoch in der praktischen Anwendung Verwirrung, insbesondere wenn man sie vom Boden der deutschen Grundrechtsdogmatik her zu begreifen versucht.[135] Es stellt sich nämlich die Frage, unter welchen Umständen das unmittelbar anwendbare Unionsrecht und damit auch die GRC Maßstabsnorm für privatrechtliche Normen sein kann.[136] *Dass* eine solche Maßstabsfunktion für die Unionsgrundrechte anzuerkennen ist,

---

[131] EuGH v. 09.03.1978 – Rs. 106/77 (*Simmenthal II*), NJW 1978, 1741 (Hervorhebung durch Verf.).

[132] *Jarass/Beljin*, NVwZ 2004, 1, 3.

[133] EuGH v. 24.06.2019 – Rs. C-573/17 (*Poplawski II*), BeckRS 2019, 12042, Rn. 62. Bestätigt in EuGH v. 19.11.2019 – Rs. C-585/18, C-624/18, C-625/18 (A.K. u.a.), Rn. 161.

[134] Wie hier *Craig/de Búrca*, EU-Law, 7. Auflage, 2020, S. 309 f.; *Sauer*, JURA 2021, 387, 394; *Lenaerts/Gutierrez-Fons*, ZaöRV 81 (2021), 47, 77. Kritisch und erläuternd *Epiney*, NVwZ 2020, 995, 998 f. Das Urteil wurde bereits unmittelbar im Rahmen der Charta-Dogmatik aufgegriffen von GA *Tanchev* v. 09.09.2021 – Rs. C-232/20 (*NP*), BeckRS 2021, 25410, Rn. 65 f.

[135] Zum Ganzen *Dederer*, ZaöRV 66 (2006), 575, 582 f.

[136] Allgemein zur Maßstabsfunktion unmittelbar anwendbaren Unionsrechts für das nationale Privatrecht *Jocham*, Die Grenzen der richterlichen Rechtsfortbildung im Privatrecht, 2021, S. 124 ff.

wird zwar von der herrschenden Meinung bejaht. Es fehlt dabei allerdings zumeist an einer Auseinandersetzung mit der Dogmatik des Anwendungsvorrangs des Unionsrechts.[137]

Das hiermit aufgeworfene Konstruktionsproblem lässt sich an der Fallgestaltung der bereits angesprochenen *Mangold*-Entscheidung illustrieren[138]: Ein Unionsgrundrecht verdrängte dort eine Norm des privaten deutschen Arbeitsrechts. Aus der Perspektive der deutschen Grundrechtsdogmatik stellt dies im Ergebnis – so viel kann hier vorweggenommen werden – eigentlich einen klassischen Fall der „mittelbaren Drittwirkung" dar, in dem sich der Verstoß des unmittelbar grundrechtsgebundenen *Gesetzgebers* mittelbar auf das Rechtsverhältnis zwischen Privaten auswirkt.[139] Mit einer unmittelbaren Verpflichtung Privater hat diese Konstruktion zunächst nichts zu tun.[140] Aus dem Blickwinkel des Anwendungsvorrangs des Unionsrechts ist die Konstruktion hingegen weniger klar[141]: Fordert man für diesen als Normenkollisionsregel, dass das unmittelbar anwendbare Unionsrecht in Bezug auf *denselben arbeitsrechtlichen Sachverhalt* andere Rechtsfolgen anordnet, dann ergäbe sich daraus in der Fallgestaltung der *Mangold*-Entscheidung auf den ersten Blick keine Auflösungsbedürftigkeit. Denn begreift man auch das Unionsgrundrecht des Verbots der Altersdiskriminierung im Sinne der traditionellen Grundrechtslehre als bloß staatsgerichtete Verpflichtung, dann kann mangels Verschiedenheit der Normadressaten von keiner Normenkollision im eigentlichen Sinne ausgegangen werden[142]: Nur die nationale Bestimmung knüpft schließlich Rechtsfolgen an das in Rede stehende Horizontalverhältnis, nämlich die Rechtmäßigkeit der Befristung im streitgegenständlichen Arbeitsverhältnis. Das Grundrecht hingegen knüpft Rechtsfolgen jedenfalls nach traditionellem Verständnis nur an das Vertikalverhältnis.

Aus der dennoch vom EuGH bejahten Rechtsfolge des Anwendungsvorrangs ließen sich deshalb mehrere Schlussfolgerungen ziehen. Verstünde man den Anwendungsvorrang dahingehend, dass er tatsächlich nur dann eingreift, wenn eine kraft Normstruktur unmittelbar anwendbare unionsrechtliche Bestimmung auch materielle Verhaltensnormen für den einzelnen Privaten statuiert[143], ergäbe

[137] Vgl. stellvertretend etwa EuArbRK/*Schubert*, Art. 51 GRC Rn. 36; *Jarass*, ZEuP 2017, 310, 317 f.; *Herresthal*, ZEuP 2014, 238, 270 f.; *Thieken*, Der primärrechtliche Gleichbehandlungsgrundsatz, 2018, S. 77 jeweils ohne weitere Problematisierung dieser Frage. Vertieft hingegen *Greif*, Die Unanwendbarkeit richtlinienwidriger deutscher Arbeitsgesetze, 2016, S. 236 sowie bereits *ders.*, in: Uffmann/Dahm (Hrsg.), Vielfalt oder Chaos – Aktuelle Probleme und Entwicklungen im deutschen und europäischen Arbeitsrecht, 2013, S. 43, 71.

[138] Vgl. hierzu noch ausführlich die Darstellung und Analyse unten unter § 6.

[139] Vgl. hierzu noch ausführlich § 11 B. I. 3.

[140] Unverständlich deshalb die generelle Kritik bei *Mörsdorf*, Ungleichbehandlung als Norm, 2018, S. 163 sowohl am EuGH als auch am BVerfG.

[141] Zu dieser Beobachtung umfassend *Dederer*, ZaöRV 66 (2006), 575, 582 f.

[142] *Dederer*, ZaöRV 66 (2006), 575, 583.

[143] So für das Arbeitsrecht etwa *Kerwer*, Gemeinschaftsrecht und Rechtsprechung, 2003, S. 150 m.w.N. Jüngst auch ausdrücklich und mit diesem Gesichtspunkt gegen die Rechtsprechung des EuGH *Mörsdorf*, Ungleichbehandlung als Norm, 2018, S. 162 f.

sich daraus ein von der deutschen Grundrechtsdogmatik abweichendes Bild. Dann müsste der EuGH, um etwa in der Rechtssache *Mangold* die Unanwendbarkeitsfolge auszusprechen, in der Tat von der Grundrechtsbindung Privater ausgegangen sein, obwohl er *im Ergebnis* mit der Unanwendbarkeit einer staatlichen Norm nur eine „mittelbare Drittwirkung" des Grundrechts ausgesprochen hat. Denn nur dann läge nach der engen Sichtweise eine Kollision zweier Rechtsnormen hinsichtlich der Frage nach der Rechtmäßigkeit der Befristung vor. Eine Deutung der Entscheidung als Fall der Privatverpflichtung wäre nun allerdings, wie sich im Rahmen der umfassenden Rechtsprechungsanalyse noch herausstellen wird, verfehlt. Der EuGH hat hier grundrechtsdogmatisch in der Tat nur mit der konventionellen staatsgerichteten Verpflichtungswirkung des Unionsgrundrechts operiert.[144] Lehnte man mit der Mehrheit im Schrifttum eine unmittelbare Verpflichtung Privater durch die Charta ab[145], wäre die Charta unter Zugrundelegung dieses Kollisionsbegriffs nie Maßstabsnorm für nationales Privatrecht. Dann allerdings widersprächen sich die zitierten Stimmen, die eine Maßstabsfunktion der Charta anerkennen, obwohl sie sich dabei mehrheitlich gegen eine Bindung Privater aussprechen.

Es bliebe daneben die Möglichkeit, ebenfalls unter Annahme eines solch engen Kollisionsbegriffs auf Basis des herkömmlichen Grundrechtsverständnisses, die Entscheidung dahin zu interpretieren, dass der Gerichtshof das Vorrangprinzip nicht nur als Kollisions-, sondern *auch* als Rangordnungsregel versteht.[146] Daran ist richtig, dass durch die Vorrangigkeit des unmittelbaren Rechts *im Ergebnis* de facto eine Normenhierarchie zwischen unmittelbar anwendbarem Primärrecht und nationalem Recht entsteht.[147] Der Anwendungsvorrang muss nach dem Gesagten aber *in seiner Begründung* eine Normenkollisionsregel und damit auf die unmittelbare Anwendbarkeit angewiesen sein.

Richtigerweise lässt sich jedoch auch unter dieser Prämisse im Falle der Maßstabsfunktion ein durch den Anwendungsvorrang aufzulösender Normenwiderspruch bejahen: Denn ein solcher liegt nicht nur, wie letztlich von beiden genannten Auffassungen gefordert, dann vor, wenn Unionsnorm und nationale Norm einen privatrechtlichen Sachverhalt *positiv* unterschiedlich regeln (z.B. die Frage der Zulässigkeit einer privatrechtlichen Befristungsabrede).[148] Sie ist vielmehr auch zu bejahen, wenn eine unionsrechtliche Bestimmung Inhalte einer nationalen Norm oder deren Erlass verbietet, wenn Inhalt oder Erlass gegen ein unionsrechtliches Verbot verstoßen.[149] Von einer Widersprüchlichkeit der Rechts-

---

[144] *Dederer*, ZaöRV 66 (2006), 575, 582f.

[145] Überblick über das Meinungsspektrum unten unter § 12 B.

[146] *Dederer*, ZaöRV 66 (2006), 575, 582.

[147] *Höpfner*, Die systemkonforme Auslegung, 2008, S. 238.

[148] So aber *Mörsdorf*, Ungleichbehandlung als Norm, 2018, S. 162ff.

[149] Vgl. *Jarass/Beljin*, NVwZ 2004, 1, 3; *Schlachter*, ZfA 2007, 249, 256; Schulze/Janssen/Kadelbach/*Ehlers*, § 11 Rn. 45; *Kruis*, Der Anwendungsvorrang des EU-Rechts in Theorie und Praxis, 2013, S. 102; *Greif*, Die Unanwendbarkeit richtlinienwidriger deutscher Arbeits-

folgen ist also schon dann auszugehen, wenn das Unionsrecht ein Recht verleiht, das die mitgliedstaatliche Rechtsordnung ausschließt.[150]

Genauso liegt es im Falle der Kollision einer Norm des einfachen Privatrechts mit einem unionalen Grundrecht[151]: Grundrechte verbieten in ihrem Prima-facie-Gehalt den Inhalt oder Erlass bestimmter nationaler Rechtsakte im Rahmen des Anwendungsbereichs gem. Art. 51 Abs. 1 S. 1 Alt. 2 GRC. Dieses Ergebnis ist zwingend, weil andernfalls die Überprüfbarkeit nationalen Rechts am Maßstab der GRC davon abhinge, ob es sich um öffentliches oder privates Recht handelt. Zum einen kann eine Frage in dem einen Mitgliedstaat zivilrechtlich, in dem anderen hingegen öffentlich-rechtlich geregelt sein.[152] Zum anderen ist zweifelhaft, ob überhaupt alle Mitgliedstaaten der Union eine mit der deutschen Auffassung vergleichbare strenge Dichotomie von Privatrecht und öffentlichem Recht kennen.[153] Die Wirkung des Unionsrechts allgemein und der GRC im Speziellen muss aber aus Gründen der Einheitlichkeit von dieser Qualifizierung unabhängig sein.[154] Die Maßstabsfunktion des Unionsrechts ist damit aber, das ist klarzustellen, weiterhin kein Ausfluss eines umfassenden Rangverhältnisses. Sie ergibt sich nur aus der unmittelbaren Anwendbarkeit einer Norm.[155]

D. Zusammenfassung

Die innerstaatliche Wirkung des Unionsrechts insgesamt und damit auch der GRC ist mit den Begriffen der unmittelbaren Geltung, der unmittelbaren Anwendbarkeit und des Anwendungsvorrangs zu erfassen. Unmittelbare Geltung meint dabei, dass das Unionsrecht anders als konventionelles Völkerrecht grundsätzlich eine selbstständige Rechtsordnung darstellt, deren Rechtssubjekt nicht nur die Mitgliedstaaten, sondern auch die Einzelnen sein können. Unmittelbare Anwendbarkeit bedeutet, dass eine Bestimmung des Unionsrechtes inhaltlich unbedingt und hinreichend bestimmt ist und sich der Einzelne deshalb gegenüber nationalen Stellen auf dieser berufen kann. Wer Adressat der Bestimmung ist, ist hierfür nicht entscheidend. Die unmittelbare Anwendbarkeit ist für die Grund-

---

gesetze, 2016, S. 45; *ders.*, in: Uffmann/Dahm (Hrsg.), Vielfalt oder Chaos – Aktuelle Probleme und Entwicklungen im deutschen und europäischen Arbeitsrecht, 2013, S. 43, 71.

[150] *Kruis*, Der Anwendungsvorrang des EU-Rechts in Theorie und Praxis, 2013, S. 122 f.; *Schlachter*, ZfA 2007, 249, 256; *Niedobitek*, VerwArch 92 (2001), 58, 73 f.

[151] Wie hier *Greif*, Die Unanwendbarkeit richtlinienwidriger deutscher Arbeitsgesetze, 2016, S. 236.

[152] *Riesenhuber*, System und Prinzipien des Europäischen Vertragsrechts, 2003, S. 93 m.w.N.

[153] *Riesenhuber*, System und Prinzipien des Europäischen Vertragsrechts, 2003, S. 93.

[154] In diese Richtung für die GRC *Herresthal*, ZEuP 2014, 238, 274. Ähnlich zu den Grundfreiheiten bereits *Riesenhuber*, System und Prinzipien des Europäischen Vertragsrechts, 2003, S. 93.

[155] *Jarass*, Grundfragen der innerstaatlichen Bedeutung des EG-Rechts, 1994, S. 105.

rechte der GRC in ihrer Prima-facie-Struktur grundsätzlich zu bejahen, Richtlinien können indes im Horizontalverhältnis zwischen den Arbeitsvertragsparteien nicht unmittelbar anwendbar sein. Der Anwendungsvorrang schließlich regelt die Rechtsfolge dieses Berufungsrechts. Er kommt nur in Betracht, wenn eine Normenkollision vorliegt. Das setzt zwingend voraus, dass die in Rede stehende Bestimmung unmittelbar anwendbar ist. In diesem Fall kann der Anwendungsvorrang, je nach inhaltlicher Eignung der Bestimmung, nationales Recht verdrängen oder sogar ersetzen. Zu einer Kollision kann es zum einen kommen, wenn das Unionsrecht eine positive Rechtsfolge vorsieht, zum anderen aber auch dann, wenn es nur negativ den Erlass einer bestimmten Vorschrift verbietet. Unmittelbar anwendbares Unionsrecht kann somit Rechtmäßigkeitsmaßstab für nationales Recht sein, ohne dass es darauf ankäme, ob der Einzelne Verpflichtungsadressat ist.

§ 2

Begriffe und Dogmatik der grundrechtlichen Dritt- bzw. Horizontalwirkung

Vor dem Hintergrund dieses dogmatischen Fundaments zur allgemeinen innerstaatlichen Wirkung von Unionsrecht können nun die Begriffe und Grundlagen zur speziellen Wirkung der Unionsgrundrechte erarbeitet werden. Die Wirkungen der Unionsgrundrechte zwischen Privaten hängen von einem Zusammenspiel von unmittelbarer Anwendbarkeit und Vorrangwirkung sowie der Frage ab, wer in den Adressatenkreis der Grundrechtecharta fällt.[1] Dieses Zusammenspiel lässt sich entweder mit dem Begriff der *Dritt-* oder dem der *Horizontalwirkung* beschreiben. Diese sollen im folgenden Abschnitt näher beleuchtet werden.

A. Begriff und Bedeutung der grundrechtlichen Drittwirkung

Üblicherweise wird das Problem der Auswirkungen von Grundrechten auf das Privatrecht oder privatrechtliche Beziehungen unter dem Schlagwort der Drittwirkung zusammengefasst.[2] Nach herkömmlichem Verständnis beschreibt dieser Begriff den generellen Umstand, dass ein Grundrecht seine Wirkung nicht nur im konventionellen Sinne zwischen dem Staat als Grundrechtsverpflichtetem und einem Privaten als Grundrechtsträger entfaltet, sondern auch zwischen Privaten

[1] Die Privatwirkung der Charta kann richtigerweise nicht unabhängig von diesen unionsrechtlichen Grundsätzen erklärt werden. Das jüngst von *Frantziou* vorgeschlagene Konzept einer vom Prinzip der unmittelbaren Anwendbarkeit weitestgehend losgelösten Erklärung der privatrechtlichen Wirkungen der Unionsgrundrechte über das Prinzip der Unionsbürgerschaft besticht zwar durch seinen innovativen Ansatz; es fehlen jedoch stichhaltige Argumente, die einen Bruch mit der zum übrigen Primärrecht entwickelten Dogmatik rechtfertigen würden. Siehe hierzu *Frantziou*, The Horizontal Effect of Fundamental Rights in the European Union, 2019, S. 141 ff. Auf den Punkt gebracht bereits auf S. 141: „[…] [T]he assessment of horizontality by the Court of Justice must be premised on more principled constitutional justification, *going beyond the technicalities oft the application of direct effect* that have occupied the case law so far." (Hervorhebungen durch Verf.).

[2] Zu Terminologie und Diskussionsstand in Bezug auf das GG statt vieler Dreier-GG/*Dreier*, Vor Art. 1 Rn. 98 und v. Mangoldt/Klein/Starck-GG/*Starck*, Art. 1 Rn. 303 ff. jeweils m.w.N. Auch hier ist die Terminologie nicht immer einheitlich, vgl. etwa die Klarstellungen bei *Kulick*, Horizontalwirkung im Vergleich, 2020, S. 15 ff. Da hier im Ergebnis ohnehin von einer Verwendung des Begriffs der Drittwirkung abgesehen wird, soll von einer Vertiefung der semantischen Spitzfindigkeiten abgesehen werden.

untereinander. Er betrifft damit das grundsätzliche „ob“ grundrechtlicher „Wirkungen“ im Privatrechtsverhältnis. Bei der sich anschließenden Frage nach dem „wie“ sind – wie bereits angedeutet – zwei Varianten denkbar. Diese werden üblicherweise mit den Adjektiven „unmittelbar“ und „mittelbar“ bezeichnet.

I. Traditionelle Erscheinungsformen grundrechtlicher Drittwirkung

1. Unmittelbare Drittwirkung

Unmittelbare Drittwirkung[3] bedeutet, dass eine Privatperson in der Konstruktion der Grundrechtswirkung[4] in gleicher Weise an die Grundrechte gebunden ist wie der nach konventionellem Verständnis primär adressierte Hoheitsträger.[5] Daraus erwächst für den Grundrechtsberechtigten ein entsprechender grundrechtlicher Leistungs-, Duldungs- oder Unterlassungsanspruch gegen den verpflichteten Privaten. Die grundrechtliche Gewährleistung selbst ist in diesem Fall also die Quelle privatrechtlicher Rechtswirkungen, und zwar sowohl positiver, also anspruchsbegründender, als auch negativer, also rechtsvernichtender Natur.

Die berühmte, von *Nipperdey* begründete Lehre von der *absoluten Wirkung der Grundrechte*[6], die in der Nachkriegszeit bis in die achtziger Jahre auch das BAG vertrat[7], ist Unterfall einer solchen unmittelbaren Drittwirkung.[8] Bei genauerer Betrachtung erschöpft sich der Begriff aber nicht in der Beschreibung der

[3] Als Vertreter dieser Auffassung zählen hierzulande *klassisch*: *Nipperdey*, Grundrechte und Privatrecht, 1961; *Enneccerus/Nipperdey*, Allgemeiner Teil des Bürgerlichen Rechts, 1. Halbband: Allgemeine Lehren, Personen, Rechtsobjekte, 15. Auflage, 1959, S. 94; *Nipperdey*, FS Molitor, 1962, S. 17 ff. Grundlegend bereits *ders.*, RdA 1949, 214, 216; *ders.*, RdA 1950, 121, 122 ff.; *ders.*, RdA 1950, 197 f.; *Leisner*, Grundrechte und Privatrecht, 1960. Aus *jüngerer Zeit*: *Grünberger*, Personale Gleichheit, 2013, S. 1018 ff.; *Christensen/Fischer-Lescano*, Das Ganze des Rechts, 2007, S. 285 f.; *Kulick*, Horizontalwirkung im Vergleich, 2020.

[4] Womit noch nichts darüber gesagt ist, ob auch inhaltlich dieselbe Bindung erfolgt. Diese Frage wird durch die Wahl der Konstruktion nicht präjudiziert, vgl. hierzu noch unten unter § 12 A. I.

[5] Dreier-GG/*Dreier*, Vor Art. 1 Rn. 98; *Neuner*, NJW 2020, 1851, 1852.

[6] Vgl. hierzu *Enneccerus/Nipperdey*, Allgemeiner Teil des Bürgerlichen Rechts, 1. Halbband: Allgemeine Lehren, Personen, Rechtsobjekte, 15. Auflage, 1959, S. 94.

[7] Grundlegend BAG v. 03.12.1954, 1 AZR 150/54, NJW 1955, 606, 607 f. Das BAG vertrat auch nach der *Lüth*-Entscheidung des BVerfG zunächst weiter die Theorie der unmittelbaren Drittwirkung, die Abkehr erfolgte mit einiger Verzögerung. Offengelassen zunächst etwa noch in BAG v. 31.08.1978 – 3 AZR 313/77, AP BetrAVG § 1 Gleichberechtigung Nr. 1 unter III. 1. Ausdrücklich ausgesprochen wird die nur „mittelbare Wirkung“ der Grundrechte erst in BAG v. 20.12.1984 – 2 AZR 436/83, NJW 1986, 85, 86 am Beispiel von Art. 4 Abs. 1 GG. Vgl. aus jüngerer Zeit etwa BAG v. 10.11.2021 – 10 AZR 261/20, NZA 2022, 707, Rn. 17; BAG v. 23.04.2009 – 6 AZR 189/08, NZA 2009, 974, Rn. 21. Vgl. hierzu auch *Hollstein*, Die Verfassung als „Allgemeiner Teil“, 2007, S. 199. Eine umfassende Nachzeichnung der Rechtsprechung des BAG findet sich bei *Fabisch*, Unmittelbare Drittwirkung, 2010, S. 147 ff.

[8] *Fabisch*, Unmittelbare Drittwirkung, 2010, S. 7; *Kulick*, Horizontalwirkung im Vergleich, 2020, S. 26 ff.

vom BAG und von *Nipperdey* angenommenen Wirkungsdimensionen. Denn Kernthese dieser Lehre ist, dass es sich bei einzelnen Grundrechten um Verbotsgesetze im Sinne von § 134 BGB sowie um sonstige Rechte bzw. Schutzgesetze im Sinne von § 823 Abs. 1 bzw. Abs. 2 BGB handeln könne.[9] Tatsächlich ist der Arbeitgeber in dieser Konstruktion aber bloß an das Grundrecht in seiner Abwehrfunktion unmittelbar gebunden: Damit ein Grundrecht ein Verbots- oder Schutzgesetz sein kann, das der Arbeitgeber beachten muss, muss es diesen auch zur Beachtung eines Verbots verpflichten. Um ein Grundrecht selbst als „sonstiges Recht" begreifen zu können, dessen Verletzung durch den Arbeitgeber einen Schadensersatzanspruch des Arbeitnehmers auslöst, muss das Grundrecht diesen zum Unterlassen der Verletzung des konkreten Rechtsguts verpflichten. Eine Ableitung positiver Leistungsansprüche der Arbeitnehmer gegenüber den Arbeitgebern wollten aber, soweit ersichtlich, auch *Nipperdey* und das BAG nur ausnahmsweise annehmen.[10] Bei der *Lehre von der absoluten Grundrechtswirkung* handelt es sich also in ihrer Grundkonzeption um eine auf die Abwehrdimension der Grundrechte konzentrierte unmittelbare Drittwirkung.

Zu Ende gedacht, muss eine wirkliche unmittelbare Drittwirkung terminologisch aber beides umfassen: Sowohl negative als auch – soweit solche vorhanden sind – positive Pflichten, die unmittelbar aus einem Grundrecht abgeleitet werden. Dass dies in Deutschland unter dem Begriff der unmittelbaren Drittwirkung seltener vertreten oder diskutiert worden ist, dürfte maßgeblich daran liegen, dass das GG anders als die Charta[11] keine Grundrechte enthält, die schon ihrem Wortlaut nach auf die Begründung von unmittelbar privatrechtlich relevanten Leistungsansprüchen gerichtet sind.

2. *Mittelbare Drittwirkung*

a) Allgemeines

Demgegenüber liegt eine nur *mittelbare Drittwirkung* nach allgemeinem Verständnis vor, wenn sich die Rechtsfolgen einer grundrechtlichen Gewährleistung erst im Zusammenspiel mit dem einfachen Privatrecht ergeben.[12]

Danach entfaltet ein Grundrecht seinen Gewährleistungsinhalt im Privatrecht vor allem über das Vehikel der grundrechtskonformen Auslegung privatrechtlicher Normen. Gerade die ausfüllungsbedürftigen Tatbestandsmerkmale und

---

[9] *Canaris*, AcP 184 (1984), 201, 202; *Fabisch*, Unmittelbare Drittwirkung, 2010, S. 75.

[10] So etwa für die Anerkennung eines unmittelbar grundrechtlichen Beschäftigungsanspruchs im unbestritten bestehenden Arbeitsverhältnis BAG v. 10.11.1955 – 2 AZR 591/54, AP BGB § 611 Beschäftigungspflicht Nr. 2 (Ls.) = NJW 1956, 359, 360.

[11] Man denke insbesondere an Art. 31 Abs. 2 GRC, der u.a. ein Grundrecht auf bezahlten Jahresurlaub enthält, oder auch Art. 27 GRC, der ein Recht auf Unterrichtung und Anhörung der Arbeitnehmer im Unternehmen garantiert.

[12] Dreier-GG/*Dreier*, Vor Art. 1 Rn. 98 m.w.N. Grundlegend *Dürig*, FS Nawiasky, 1956, S. 157 ff.; BVerfG v. 15.01.1958 – 1 BvR 400/51 (*Lüth*), BVerfGE 7, 198.

Generalklauseln des Privatrechts fungieren als Einfallstore für die Grundrechte und sind durch die Judikative in ihrem Sinne auszulegen. Das lässt sich am konkreten Beispiel der Nichtigkeit eines Rechtsgeschäfts gut veranschaulichen: Nach der Lehre der unmittelbaren Drittwirkung sind die Grundrechte selbst Teil eines privatrechtlichen Tatbestands, z.B. Verbotsgesetze im Sinne des § 134 BGB, der unmittelbar die Rechtsfolge der Nichtigkeit auslöst. Nach der Lehre von der mittelbaren Drittwirkung ist hingegen § 138 BGB grundrechtskonform anzuwenden. Dabei sind sowohl das Tatbestandsmerkmal der „guten Sitten" als auch die angeordnete Rechtsfolge der „Nichtigkeit" Elemente des einfachen Rechts.[13] Die Privatrechtswirkung des Grundrechts ist hier also konstruktiv durch das einfache Privatrecht vermittelt (sog. *Gesetzesmediatisierung*).

Allerdings sind richtigerweise nicht nur unbestimmte Rechtsbegriffe und Generalklauseln grundrechtskonform auszulegen. Die mittelbare Drittwirkung zwingt vielmehr zur grundrechtskonformen Auslegung des *gesamten* Privatrechts. Auf ihrer Basis ist der Richter außerdem nicht nur zur Auslegung im engeren Sinne, sondern nötigenfalls auch zu einer grundrechtskonformen Rechtsfortbildung des einfachen Privatrechts in den Grenzen des methodisch Zulässigen gehalten.[14]

Bei einem weiten terminologischen Verständnis ist schließlich auch der Fall erfasst, dass eine privatrechtliche Norm für grundrechtswidrig erklärt und dadurch mittelbar etwa das private Arbeitsverhältnis beeinflusst wird. Auch das ist konstruktiv ein Fall der mittelbaren Drittwirkung eines Grundrechts.[15] Der Inhalt des privaten Arbeitsverhältnisses verändert sich auch hier mittelbar dadurch, dass der grundrechtsgebundene Privatrechtsgesetzgeber als Hoheitsträger gegen ein Grundrecht verstoßen hat. Die für die Arbeitsvertragsparteien unmittelbar maßgeblichen Rechtswirkungen ergeben sich weiterhin aus dem einfachen Zivil- und Arbeitsrecht und nicht aus dem Grundrecht selbst. Die Belastung des

---

[13] Treffend *Schwabe*, Die sogenannte Drittwirkung der Grundrechte, 1971, S. 11: Anders als bei der unmittelbaren Drittwirkung ist auf dem Boden der Lehre der mittelbaren Drittwirkung „grundrechtswidrigen Rechtsgeschäften […] statt mit § 134 BGB mit § 138 BGB zu begegnen." Insoweit erscheint es ungenau, sowohl § 134 BGB als auch § 138 BGB der mittelbaren Drittwirkung zuzuordnen (so aber EuArbRK/*Schubert*, Art. 51 GRC Rn. 37). § 134 BGB setzt die unmittelbare Drittwirkung tatbestandlich voraus, weil das Grundrecht erst so zur privatrechtlichen Verhaltensnorm und damit zum Verbotsgesetz wird. Kritisch wiederum *Leisner*, Grundrechte und Privatrecht, 1960, S. 361 f., der § 134 und § 138 BGB, was die Funktion des Grundrechts im Drittwirkungskontext angeht, im Ergebnis gleichsetzt, weil der Begriff der „guten Sitten" aus seiner Sicht kein hinreichendes „selbstnormatives Gewicht" (a.a.O., S. 360) besitze. In beiden Fällen komme faktisch das Grundrecht zur Anwendung.

[14] Insoweit grundlegend *Canaris*, Grundrechte und Privatrecht, 1999, S. 23 ff.

[15] Wie hier zum GG *Schwabe*, Die sogenannte Drittwirkung der Grundrechte, 1971, S. 88 ff.; *Reuter*, Kindesgrundrechte, 1968, S. 76. Tendenziell auch *Oeter*, AöR 119 (1994), 529, 551. A.A. in allgemein grundrechtsdogmatischer Hinsicht *Leisner*, Grundrechte und Privatrecht, 1960, S. 286 f. A.A. speziell hinsichtlich der Unionsgrundrechte *Waltermann*, FS Birk, 2008, S. 915, 920; Preis/Sagan/*Pötters*, § 3 Rn. 29.

Privaten, also etwa des Arbeitgebers, mit den negativen Konsequenzen als Reflex dieser Unwirksamkeitsfolge entspricht zwar selbstverständlich einer Drittwirkung im Sinne einer tatsächlichen Dritt*belastung* desjenigen, der durch die Norm ursprünglich begünstigt wurde. Dabei handelt es sich aber um keine unmittelbare Drittwirkung im Sinne einer grundrechtlichen Inpflichtnahme Privater. Unmittelbar bindet das Grundrecht auch hier nur den Staat. Weder die grundrechtskonforme Auslegung noch die Ungültigkeit grundrechtswidriger Normen im Arbeitsverhältnis sind demnach auf eine unmittelbare *Bindung* des Arbeitgebers an das Grundrecht angewiesen.

b) Zusammenspiel mit Grundrechtsfunktionen

Nicht abschließend beantwortet ist die Frage, wie sich die mittelbare Drittwirkung und die Grundrechtsdimensionen im Einzelnen zueinander verhalten. Dies in aller Ausführlichkeit aufzuarbeiten ist allerdings auch nicht Sinn und Zweck der vorliegenden Untersuchung.[16] Dass aber überhaupt ein Zusammenhang zwischen Grundrechtsfunktionen und Drittwirkung hergestellt werden kann und ein loser Begriff wie der der lange Zeit bemühten „Ausstrahlungswirkung“ grundrechtsdogmatisch unbefriedigend ist, dürfte heute unbestritten sein.[17] Für die noch junge Grundrechtsdogmatik des Unionsrechts ist ein solcher Zusammenhang in gleicher Weise herstellbar, weil es sich um abstrakte Erwägungen handelt, die nicht auf den Besonderheiten der deutschen Grundrechtsordnung beruhen. Anknüpfend an entsprechende Vorarbeiten erscheint folgendes Grobverständnis überzeugend:

Die Ordnung des Verhaltens Privater zueinander erfolgt grundsätzlich im Wege der Erfüllung staatlicher Schutzpflichten.[18] Die grundrechtlichen Schutzpflichten sind daher die dogmatische Erklärung der mittelbaren Drittwirkung.[19] Vorrangig erfolgt ihre Erfüllung durch den zum Erlass privatrechtlicher Vorschriften verpflichteten Privatrechtsgesetzgeber, nachrangig durch den zur grundrechtskonformen Rechtsanwendung verpflichteten Richter.[20] Beide müs-

---

[16] Siehe hierzu in Deutschland grundlegend etwa: *Canaris*, Grundrechte und Privatrecht, 1999; *ders.*, AcP 184 (1984), 201 ff.; *Ruffert*, Vorrang der Verfassung und Eigenständigkeit des Privatrechts, 2001, S. 61 ff. Aus jüngerer Zeit *Kulick*, Horizontalwirkung im Vergleich, 2020, S. 100 ff. m.w.N.; *Ruffert*, JZ 2013, 389 ff. m.w.N.; *Michl*, JURA 2017, 1062, 1065 ff.; *Neuner*, NJW 2020, 1851, 1852 f. Aus europäischer Perspektive grundlegend zur Grundrechtsfunktion der Schutzpflicht *Szczekalla*, Schutzpflichten, 2002, S. 459 ff.; *Suerbaum*, EuR 2003, 390 ff. sowie zum Zusammenhang mit der Drittwirkung Grabenwarter, EnzEuR/*Cremer*, § 3 Rn. 159 ff.; *Ruffert*, FS Robbers, 2020, S. 923, 930 ff.

[17] *Kulick*, AöR 145 (2020), 649, 668 m.w.N. Grundlegend mit dieser Einsicht *Canaris*, Grundrechte und Privatrecht, 1999; *ders.*, AcP 184 (1984), 201 ff.; *Klein*, NJW 1989, 1633, 1639 f.

[18] *Ruffert*, Vorrang der Verfassung und Eigenständigkeit des Privatrechts, 2001, S. 195.

[19] ErfK/*I. Schmidt*, Einl. GG Rn. 40.

[20] Eingehend *Ruffert*, Vorrang der Verfassung und Eigenständigkeit des Privatrechts, 2001, S. 201 ff., 223 ff.; *Klein*, NJW 1989, 1633, 1640.

sen gefährdete Privatrechtssubjekte vor Eingriffen privater Dritter schützen. Der Gesetzgeber kann diese Schutzpflicht aufgrund der Vielzahl denkbarer Konstellationen indes nicht immer antizipiert und abstrakt durch den Erlass von Gesetzen vollständig erfüllen.[21] Er kommt seiner Pflicht deshalb durch die Schaffung eines im Wesentlichen tragfähigen Privat- und Arbeitsrechts nach. Im Rahmen der konkretisierenden Anwendung dieser Normen auf den Einzelfall durch den Richter wird dessen grundrechtliche Schutzpflicht aktuell. So sind es vor allem die Schutzpflichten der Grundrechte, die den Richter zur grundrechtskonformen Anwendung, also Auslegung und Rechtsfortbildung, privatrechtlicher Vorschriften im Rahmen der Bewertung privatrechtlichen Verhaltens zwingen.[22] Sowohl der schützende Gesetzgeber als auch der schützende Richter greifen in Erfüllung der Schutzpflicht zugunsten der einen Partei außerdem regelmäßig in eine grundrechtliche Position der anderen Partei ein (sog. „Schutz durch Eingriff"[23]).[24] Insoweit wird die grundrechtliche Abwehrfunktion aktuell.

Im Falle der Nichtigkeit einer Privatrechtsnorm, die man – wie dargelegt – zur mittelbaren Drittwirkung hinzuzählen kann, kommt das Grundrecht indessen in aller Regel in seiner Abwehrfunktion gegenüber dem Privatrechtsgesetzgeber zum Tragen[25]. Bei Grundrechtswidrigkeit einer Privatrechtsnorm ist die Verletzung des Grundrechts direkt im Hoheitsakt der Legislative angelegt.[26] Insofern ist dem Staat ein aktives Tun entgegen einem grundrechtlichen Verbot vorzuwerfen. Unter Umständen und je nach Fallgestaltung kann eine Norm aber auch wegen eines Verstoßes gegen eine Schutzpflicht unwirksam sein.

II. Zur Übertragbarkeit auf die Unionsgrundrechte

Dieses Grobverständnis lässt sich auf die Unionsgrundrechte übertragen.[27] Das gilt zunächst für die beiden Drittwirkungskategorien: Bei Fällen der *Verdrängung*

[21] Grabenwarter, EnzEuR/*Cremer*, § 3 Rn. 159 f.

[22] Die Grenzen können hier aber fließend sein. Siehe etwa *Canaris*, AcP 184 (1984), 201, 213, der die richterliche Bewertung einer Kündigung wegen Meinungsäußerung des Arbeitnehmers am Eingriffsverbot misst. Ähnlich *Michl*, JURA 2017, 1062, 1066 ff.

[23] *Wahl/Masing*, JZ 1990, 553 ff.

[24] *Höfling*, Vertragsfreiheit, 1991, S. 54. Zum Unionsrecht Grabenwarter, EnzEuR/*Cremer*, § 3 Rn. 160.

[25] *Canaris*, AcP 184 (1984), 201, 212; *Ruffert*, Vorrang der Verfassung und Eigenständigkeit des Privatrechts, 2001, S. 89 ff.; *ders.*, FS Robbers, 2020, S. 923, 931

[26] Inzwischen entspricht die Grundrechtsbindung des Privatrechtsgesetzgebers hierzulande herrschender Meinung, siehe statt aller Dreier-GG/*Dreier*, Vor Art. 1 Rn. 97. Vgl. ausführlicher auch *Ruffert*, Vorrang der Verfassung und Eigenständigkeit des Privatrechts, 2001, S. 90 („verfassungsrechtliche Selbstverständlichkeit"). A.A., den Vorrang der Verfassung vor dem Privatrecht und die Grundrechtsbindung des Privatrechtsgesetzgebers unter dem GG grundsätzlich in Frage stellend *Diederichsen*, in: Starck (Hrsg.), Rangordnung der Gesetze, 1995, S. 39, 46 ff.; *ders.*, AcP 198 (1998), 171, 225 ff. Erläuternd zum Ganzen *Ruffert*, JZ 2013, 389, 390. Zur Übertragbarkeit auf die GRC *ders.*, FS Robbers, 2020, S. 923, 931.

[27] Ähnlich Grabenwarter, EnzEuR/*Cremer*, § 3 Rn. 159 f.; *Ruffert*, FS Robbers, 2020, S. 923, 931 ff.

nationalen Rechts durch den Anwendungsvorrang der Unionsgrundrechte handelt es sich grundrechtsdogmatisch um einen Fall bloß *mittelbarer Drittwirkung*.[28] Eine Drittwirkung an sich liegt zwar insoweit vor, als die Grundrechtsbestimmung durch den Anwendungsvorrang, den sie auslöst, das Rechtsverhältnis zwischen zwei Privaten faktisch beeinflusst. Bei der bloßen Verdrängung nationalen Rechts bleibt aber der Mitgliedstaat, dessen Stellen den Anwendungsvorrang sicherstellen müssen, alleiniger Adressat der unionsrechtlichen Grundrechtsbestimmung. Die unmittelbar rechts- und pflichtenbegründende Rechtsfolge, die die Parteien des Arbeitsverhältnisses trifft, ergibt sich aus dem verbleibenden nationalen Privatrecht und nicht etwa aus der Unionsgrundrechtsnorm selbst. Damit wirkt das Grundrecht in das Rechte- und Pflichtengefüge, das die Privaten miteinander verbindet, nur *mittelbar* hinein. Etwas anderes ließe sich nur dann vertreten, wenn man einen engeren Kollisionsbegriff im Rahmen der Dogmatik des Anwendungsvorrangs fordert und sowohl die Verdrängungs- als auch die Ersetzungsfolge von einer unmittelbaren Verpflichtung Privater abhängig machte.[29] Dem wird hier jedoch – wie im Rahmen der Ausführungen zur Dogmatik des Anwendungsvorrangs dargelegt wurde – ausdrücklich nicht gefolgt. Der wichtige Fall der *unionsgrundrechtskonformen Auslegung* des unionalen Sekundärrechts und des nationalen einfachen Rechts[30], ist naturgemäß erst recht ein Fall der bloß *mittelbaren Drittwirkung*. Die Grundrechtswirkung bleibt hier eine gesetzesmediatisierte und damit ihre Verpflichtungswirkung eine rein staatsgerichtete.

Und nicht nur die Begrifflichkeit der mittelbaren Drittwirkung, sondern auch das skizzierte grundrechtsdogmatische Zusammenspiel mit den Grundrechtsfunktionen wäre im Wesentlichen auf das Unionsrecht übertragbar. Denn bei ihnen handelt sich letztlich um allgemeine grundrechtstheoretische Überlegungen, die nicht auf Besonderheiten des deutschen Rechts beruhen. Ob man dabei zur besseren Nachvollziehbarkeit hierzulande in Anlehnung an die deutsche Grundrechtsdogmatik von Abwehrrecht und Schutzpflicht[31] oder aber im

---

[28] Wie hier *Fornasier*, GPR 2019, 141, 147 f.; *Herresthal*, ZEuP 2014, 238, 270; *Jarass*, ZEuP 2017, 310, 331*Preis/Temming*, NZA 2010, 185, 197 f.; *Mörsdorf*, EuR 2009, 219, 233 Fn. 67; *ders.*, JZ 2019, 1066, 1071; *Krois*, DB 2010, 1704, 1706 f.; *Jarass*, GRC, Art. 51 Rn. 40; EuArbRK/*Schubert*, Art. 51 GRC Rn. 36; Meyer/Hölscheidt/*Schwerdtfeger*, Art. 51 Rn. 58; Grabenwarter, EnzEuR/*Schmahl*, § 20 Rn. 175; *Waltermann*, FS Birk, 2008, S. 915, 920; *ders.*, EuZA 2010, 541, 550; *Greif*, Die Unanwendbarkeit richtlinienwidriger deutscher Arbeitsgesetze, 2016, S. 133 ff.; *Starke*, EU-Grundrechte und Vertragsrecht, 2016, S. 202; *Roth*, RabelsZ 75 (2011), 787, 825 f. Fn. 264; *Ruffert*, FS Robbers, 2020, S. 923, 931; GA *Bot*, Schlussanträge v. 29.05.2018 – Rs. C-569/16, C-570/16 (*Bauer*), BeckRS 2018, 9605, Rn. 77 f. Mit diesem Verständnis wohl auch BAG v. 27.06.2006 – 3 AZR 352/05 (A), NZA 2006, 1276, Rn. 36. Wie hier zu den Grundfreiheiten *Steindorff*, EG-Vertrag und Privatrecht, 1996, S. 300 u.a. unter Berufung auf BGH v. 10.11.1987 – KZR 15/86, NJW 1988, 2175, 2177.

[29] So jüngst etwa *Mörsdorf*, Ungleichbehandlung als Norm, 2018, S. 162 ff. Siehe ausführlich dagegen bereits oben § 1 C. III 2.

[30] Hierzu *Starke*, EU-Grundrechte und Vertragsrecht, 2016, S. 179 ff.

[31] Grabenwarter, EnzEuR/*Cremer*, § 3 Rn. 159 f.

Dienste einer gemeineuropäischen Methodik in Anlehnung an die wesensverwandte Rechtsprechung des EGMR von negativen und positiven Verpflichtungen spricht[32], ist letztlich zweitrangig.

Dem Fall der *unmittelbaren Drittwirkung* im grundrechtsdogmatischen Sinne zuzuordnen wäre allein der Fall, in dem ein Grundrecht über den Effekt der Verdrängung hinaus autonom rechts- und pflichtenbegründend angewendet wird, d.h. eine *Ersetzungswirkung* entfaltet.[33] Hier ergibt sich die für den nationalen Rechtsstreit maßgebliche Rechtsfolge nicht mehr aus der verdrängten nationalen Vorschrift und auch nicht aus dem verbleibenden nationalen Recht, sondern aus dem Unionsgrundrecht selbst. Sie selbst wird privatrechtliche Maßstabsnorm. Das gilt auch, wenn nur einzelne Tatbestandsmerkmale eines Grundrechts jenseits der Grenzen zulässiger Auslegung und Fortbildung in das einfache Recht transportiert werden.[34]

III. Kritik am Begriff der Drittwirkung

Obwohl sich damit auch die Facetten der Wirkung der Chartagrundrechte durch die deutsche Drittwirkungsterminologie erfassen lassen, wird in der vorliegenden Untersuchung von ihrer Verwendung abgesehen. Dies hat mehrere Gründe.

1. Kritik aus nationaler Perspektive

Ihrem Begriff nach setzt eine grundrechtliche Drittwirkung voraus, dass Private im Kontext der Grundrechte als „Dritte" anzusehen sind. Dem Wort liegt damit ersichtlich ein strikter Dualismus von öffentlichem und privatem Recht zugrunde.[35] Wenn der Begriff dadurch den Ausnahmecharakter einer privatrechtlichen Wirkungsdimension der Grundrechte als Gegensatz zur herkömmlichen öffentlich-rechtlichen Wirkung suggerieren will, lässt er erstere zu Unrecht als bloßes „Anhängsel" erscheinen und verschleiert so, dass es sich dabei heute in Wahrheit um ein zentrales Element ihrer Wirkung handelt.[36] Denn *dass* Grundrechte privatrechtsrelevant sind, ist inzwischen unbestritten. Schon aus diesem Grund ist es nicht mehr zeitgemäß, diese privatrechtliche Wirkung – sei sie nun eine unmittelbare oder aber eine bloß mittelbare – als *Dritt*wirkung zu bezeichnen.

---

[32] *Michl*, Unionsgrundrechte aus der Hand des Gesetzgebers, 2018, S. 52 f.

[33] *Greif*, Die Unanwendbarkeit richtlinienwidriger deutscher Arbeitsgesetze, 2016, S. 133 f.

[34] So wäre etwa der Fall, dass Diskriminierungsmerkmale des Art. 21 Abs. 1 GRC *contra legem* in eine einfachrechtliche Norm wie die des § 1 AGG „hineingelesen" werden, dessen Wortlaut ein solches Merkmal überhaupt nicht enthält, ebenso als unmittelbare Drittwirkung zu qualifizieren. Mit diesem Vorschlag *J. Schubert*, NZA Editorial Heft 8/2019.

[35] So bereits *Schwabe*, Die sogenannte Drittwirkung der Grundrechte, 1971, S. 26.

[36] Hierzu grundlegend *Saladin*, Grundrechte im Wandel, 2. Auflage, 1975, S. 310.

Speziell der Begriff der „mittelbaren Drittwirkung“ beschreibt den Fall der Grundrechtswirkung im Privatrechtsverhältnis außerdem streng genommen terminologisch unzutreffend.[37] Inhaltlich geht es hier immerhin um eine *unmittelbare* und keine mittelbare Wirkung der Grundrechte gegenüber dem unstreitig grundrechtsgebundenen Privatrechtsgesetzgeber[38] und der Judikative[39].[40] Anders als es der Terminus suggeriert, sind die von ihm erfassten Fälle der Grundrechtswidrigkeit privatrechtlicher Gesetze und deren grundrechtskonforme Auslegung und Rechtsfortbildung also Folge einer *unmittelbaren* Bindung der unstreitig adressierten Hoheitsträger. Daraus ergeben sich zwar gewiss *mittelbare* Wirkungen für die Privaten. Als faktische Aus*wirkungen* begriffen, wie es der Begriff der Dritt*wirkung* nahelegt, sind diese aber für die Parteien durchaus *unmittelbar* spürbar.[41] Der Begriff der Mittelbarkeit erscheint insoweit verfehlt. Und auch der Begriff der „unmittelbaren Drittwirkung“ ist unglücklich. Bejaht man eine Grundrechtsverpflichtung Privater, besteht konstruktiv ein grundrechtliches Rechtsverhältnis unmittelbar zwischen Privaten. Warum diese dann aber noch als „Dritte“ bezeichnet werden sollten, erschließt sich nicht: Aus der Perspektive dieses horizontalen Grundrechtsverhältnisses erscheint vielmehr der Staat als „Dritter“.

2. *Kritik aus unionsrechtlicher Perspektive*

Gerade im Kontext des europäischen Rechts ist ein Begriff, der den Ausnahmecharakter der privatrechtlichen Wirkungen einer unionsrechtlichen Bestimmung impliziert, wenig zielführend.[42] Er überspielt, dass in der europäischen Rechtsordnung der Bürger zentrales Rechtssubjekt ist.[43] Private sind hier mehr als nur ausnahmsweise von der Wirkung einer Rechtsnorm betroffene Dritte. Die Einzelnen werden vielmehr, das kam bereits zur Sprache, zur effektiven Durchsetzung der Rechtsordnung mobilisiert und sind damit zentraler Motor für das Funktionieren der unionalen Rechtsordnung insgesamt. Das schließt das private Unionsrecht genauso ein wie das öffentliche und damit im Ausgangspunkt auch

[37] Ebenfalls kritisch zur Verwendung des Begriffs im Kontext des GG jüngst *Kulick*, Horizontalwirkung im Vergleich, 2020, S. 18 ff.

[38] Vgl. statt aller Dreier-GG/*Dreier*, Vor Art. 1 Rn. 97. Treffend *Canaris*, AcP 184 (1984), 201, 212: „[…] Auch der Privatrechtsgesetzgeber ist Gesetzgeber und daher nach Art. 1 III GG *unmittelbar* und nicht nur auf eine – überdies ziemlich mysteriöse – mittelbare Weise an die Grundrechte gebunden.“, A.A. *Diederichsen*, in: Starck (Hrsg.), Rangordnung der Gesetze, 1995, S. 39, 46 ff.; *ders.*, AcP 198 (1998), 171, 225 ff. sowie ähnlich kritisch jüngst *Mörsdorf*, Ungleichbehandlung als Norm, 2018, S. 163.

[39] Vgl. statt aller Dreier-GG/*Dreier*, Art. 1 Abs. 3 Rn. 81 ff.

[40] Grundlegend *Canaris*, AcP 184 (1984), 201, 212 ff.

[41] *Kulick*, Horizontalwirkung im Vergleich, 2020, S. 16.

[42] So hinsichtlich der Grundfreiheiten schon *Müller-Graff*, EuR 2014, 3, 6 f.; kritisch auch *Preedy*, Die Bindung Privater an die europäischen Grundfreiheiten, 2005, S. 21.

[43] *Hager*, Rechtsmethoden in Europa, 2009, S. 272 ff.; Riesenhuber/*Köndgen*, § 6 Rn. 18 in der Vorauflage (3. Auflage).

die Unionsgrundrechte. So nimmt auch das gesamte unmittelbar anwendbare Unionsrecht am Anwendungsvorrang teil. Dass dieses auch nationales Privatrecht modifizieren kann, womit ganz regelmäßig nicht nur eine Begünstigung der einen, sondern auch die Belastung der anderen Seite des Horizontalverhältnisses einhergeht, ist eine unionsrechtliche Selbstverständlichkeit. Es erscheint unpassend, diese herkömmliche europarechtliche Kollisionsfolge[44], mit dem Begriff der „Drittwirkung" terminologisch als begründungsbedürftigen Ausnahmefall darzustellen.

Der Begriff der Drittwirkung leidet darüber hinaus an einer starken Vorprägung durch das deutsche Grundrechtsverständnis. Er stiftet dadurch im Europarecht eher Verwirrung als wirklich weiterzuhelfen.[45] Das soll zwar nicht bedeuten, dass wichtige Aspekte, die maßgeblich auf die unter diesem Begriff geführte nationale Debatte zurückgehen, nicht auch für die vorliegende Untersuchung gewinnbringend sein können.[46] Doch eine pauschale Begriffsverwendung, ohne oder gar mit unzutreffender Unterscheidung danach, ob nun die mittelbare oder die unmittelbare Drittwirkung gemeint sein soll, scheint viele Stimmen dazu zu verleiten, unter Verweis auf die Argumente der deutschen Lehre unerwünschten Privatrechtswirkungen der Unionsgrundrechte vorschnell einen Riegel vorzuschieben. So wird etwa der Verdrängungseffekt der Unionsgrundrechte im Privatverhältnis dem Fall der unmittelbaren Drittwirkung gleichgesetzt[47] und sodann mit Argumenten abgelehnt, die sich in der Sache jedoch nur gegen eine Grundrechts*bindung* Privater richten.[48] Versteht man den Begriff hingegen in der hier vertretenen Weise, so setzt der unionsrechtliche Verdrängungseffekt als Re-

[44] Treffend *Konzen*, FS Birk, 2008, S. 439, 457. In diesem Sinne EuArbRK/*Schubert*, Art. 51 GRC Rn. 36.

[45] *Stein*, Drittwirkung im Unionsrecht, 2016, S. 14 ff.

[46] So ausdrücklich im Rahmen der Grundfreiheiten auch *Preedy*, Die Bindung Privater an die europäischen Grundfreiheiten, 2005, S. 21. Insbesondere die oben skizzierte Rückführung der Privatrechtswirksamkeit auf die verschiedenen Grundrechtsdimensionen, die in der jüngeren Phase der deutschen Drittwirkungsdebatte gelang, kann auch für die Unionsgrundrechte fruchtbar gemacht werden. Auch allgemeine staatsorganisationsrechtliche Erwägungen können unter Berücksichtigung unionsrechtlicher Besonderheiten fruchtbar gemacht werden. Darauf wird zurückzukommen sein.

[47] In diesem Sinne verfehlt Heselhaus/Nowak/*Hilbrandt*, § 39 Rn. 22; *Huber*, NJW 2011, 2385, 2388 f.; *Lobinger*, Entwicklung, Stand und Perspektiven des europäischen Antidiskriminierungsrechts, 2015, S. 33. Vgl. außerdem *von Diest*, Diskriminierungsschutz, 2016, S. 154, die die *Kücükdeveci*-Entscheidung als Fall der unmittelbaren Drittwirkung einordnet, obwohl es hier um die Unanwendbarkeit einer nationalen Norm ging. Entschärft wird dies im Ergebnis allerdings dadurch, dass sie dennoch zwischen positiver und negativer Wirkung unterscheidet, S. 184 ff. Dies erfolgt allerdings wiederum missverständlich unter dem Oberbegriff der unmittelbaren Drittwirkung.

[48] In diese Richtung geht auch GA *Trstenjak*, Schlussanträge v. 08.09.2011 – Rs. C-282/10 (*Dominguez*), BeckRS 2011, 81367, Rn. 80 ff., die unter dem Punkt „Drittwirkung" eine Grundrechtsbindung von Arbeitgebern andiskutiert, ablehnt und aus dieser Ablehnung den Schluss zieht, das Grundrecht finde zwischen Privaten keine unmittelbare Anwendung.

gelfall unmittelbaren Primärrechts eine solche Bindung überhaupt nicht voraus, weshalb hierdurch letztlich an der Sache vorbei argumentiert wird.

Dadurch, dass sich infolge der starken nationalen Vorprägung des Begriffs deutsche Juristen an gewohnte Denkmuster zu dem Problemkreis erinnert sehen könnten, besteht schließlich die Gefahr, dass originär europarechtliche Besonderheiten der Privatwirkungsproblematik ausgeblendet werden, die in der unter diesem Begriff geführten nationalen Debatte noch keine Berücksichtigung finden konnten.[49]

Es liegt wohl auch an diesen begrifflichen Schwierigkeiten, dass die deutsche Literatur in der Diskussion um die Charta auffällig häufig vorschnelle Analogien zur deutschen Drittwirkungsdebatte herstellt, ohne die Analogiefähigkeit der einzelnen Aspekte für sich genommen kritisch zu hinterfragen. Richtigerweise ist stets streng darauf zu achten, diejenigen Argumentationstopoi, die über die Grenze des deutschen Rechts hinweg generalisierbar sind, von denjenigen zu trennen, die nur auf Basis der Besonderheiten des GG gegen eine unmittelbare Drittwirkung sprechen. Es ist wichtig, bereits auf terminologischer Ebene einer Behandlung der Horizontalwirkungsfrage auf Basis „falscher Selbstverständlichkeiten[50]“ vorzubeugen.[51]

B. Vorzugswürdige Terminologie: Positive und negative Horizontalwirkung

Den skizzierten Bedenken ist dadurch Rechnung zu tragen, dass man von der Verwendung des Begriffs der „Drittwirkung“ möglichst absieht. Als Alternative bietet sich in Anknüpfung an den Begriff des *direct horizontal effect* (engl.) bzw. des *effet direct horizontal* (franz.) der Begriff der (unmittelbaren) *Horizontalwirkung* an.[52] Diese Terminologie scheint im Schrifttum vor allem für Richtlinienbestimmungen verwendet zu werden; es ist allerdings kein Grund dafür ersichtlich, sie nicht generell in Bezug auf unionsrechtliche Bestimmungen und damit auch für die Charta zugrunde zu legen.[53] Ganz im Gegenteil erscheint es im

---

[49] Zu den Grundfreiheiten *Preedy*, Die Bindung Privater an die europäischen Grundfreiheiten, 2005, S. 21.

[50] So in anderem Zusammenhang *Kluth*, AöR 122 (1997), 557, 568.

[51] Auf diese Gefahr hinweisend auch *Starke*, EU-Grundrechte und Vertragsrecht, 2016, S. 239.

[52] Auch jüngere Monographien aus dem deutschsprachigen Raum haben sich mit guten Gründen ausdrücklich für die Verwendung dieser Terminologie anstelle der „Drittwirkung“ entschieden, vgl. *Kulick*, Horizontalwirkung im Vergleich, 2020 und *Unseld*, Bedeutung der Horizontalwirkung, 2018 sowie *Jocham*, Die Grenzen der richterlichen Rechtsfortbildung im Privatrecht, 2021, S. 208 ff., 260 f. Das Begriffsverständnis deckt sich indes nicht im Detail mit dem hier vertretenen. Siehe hierzu auch die folgenden Fußnoten.

[53] Mit einer sinngemäßen Terminologie etwa *Seifert*, EuZA 2013, 299, 300; *ders.*, EuZA 2015, 500, 505. Ähnlich *Schlachter*, ZESAR 2019, 53, 57 f.; MüHdbArbR/*Oetker*, § 12 Rn. 17;

Kontext der vorliegenden Untersuchung sogar zweckmäßig, mit diesen Begriffen zu arbeiten, denn der EuGH versucht durch seine Rechtsprechung zur GRC vorrangig, das Durchsetzungsdefizit von Richtlinien im Horizontalverhältnis zu kompensieren. Ein Gleichlauf der Terminologie ist insoweit sachgerecht.[54] Mit dem Begriff lässt sich außerdem übersichtlicher darstellen, in welcher Konstellation unmittelbare Anwendbarkeit und darauf aufbauend der Anwendungsvorrang einer unionsrechtlichen Vorschrift ihre Wirkung entfalten[55], ohne dass man für die Unionsgrundrechte einen gesonderten begrifflichen Maßstab anlegen müsste.

(Unmittelbare) Horizontalwirkung beschreibt dabei ganz generell die Auswirkungen des auf der unmittelbaren Anwendbarkeit aufbauenden Anwendungsvorrangs einer unionsrechtlichen Bestimmung zwischen Privaten.[56]

I. Negative Horizontalwirkung – Rechtsverdrängung im Horizontalverhältnis

Negative Horizontalwirkung[57] bedeutet dabei, dass ein Grundrecht eine nationale Norm lediglich verdrängt und sich die privatrechtlichen Rechtsfolgen aus dem verbleibenden nationalen Recht ergeben. Der nationale Richter, der infolgedessen eine Norm unangewendet lässt, handelt gewissermaßen als „negativer Gesetzgeber".[58] Europarechtlich ist die negative Horizontalwirkung, entsprechend

---

Thüsing/Pötters/Stiebert, RdA 2012, 281, 287 sowie Preis/Sagan/*Pötters*, § 3 Rn. 29 f. die von negativer und positiver *Drittwirkung* sprechen. Ähnlich wie hier auch *Krause*, NZA-Beilage 2019, 86, 94; *Fornasier*, GPR 2019, 141, 146; *Mörsdorf*, JZ 2019, 1066, 1073.

[54] Vgl. aber *Perner*, Grundfreiheiten, Grundrechte-Charta und Privatrecht, 2013, S. 163 Fn. 143, der vor der Vermengung des Problems der horizontalen Richtlinienwirkung und dem der grundrechtlichen Drittwirkung warnt.

[55] Mit einem ähnlichen, rechtsfolgenseitig differenzierenden Ansatz *Stein*, Drittwirkung im Unionsrecht, 2016, 131 ff.; Preis/Sagan/*Pötters*, § 3 Rn. 29; *Seifert*, EuZA 2013, 299, 300.

[56] Dabei wird hier bewusst nur die *unmittelbare* Horizontalwirkung thematisiert, nicht auch die mittelbare, die etwa zur Konformauslegung des mitgliedstaatlichen Rechts zwingt. In der Literatur wird alternativ auch ein weiterer Horizontalwirkungsbegriff zugrunde gelegt, der auch die unionsgrundrechtskonforme Auslegung unter diesen Begriff subsumiert. So etwa *Kulick*, Horizontalwirkung im Vergleich, 2020, S. 437; *Frantziou*, The Horizontal Effect of Fundamental Rights in the European Union, 2019, S. 38 ff.

[57] Alternativ lässt sich diese Wirkung auch mit der *invocabilité d'exclusion* umschreiben, also dem Recht, sich auf die das nationale Recht ausschließende (franz. *exclure*) Wirkung einer unionsrechtlichen Bestimmung zu berufen, GA *Bobek,* Schlussanträge v. 05.06.2018 – Rs. C-167/17 (*Klohn*), BeckRS 2018, 10291, Rn. 40 Fn. 22. So im Kontext der Charta NK-GA/*Heuschmid/Lörcher*, Vor GRC Rn. 45. Dabei ist allerdings darauf zu achten, dass auch sie von den Voraussetzungen der hinreichenden Bestimmtheit und inhaltlichen Unbedingtheit abhängt.

[58] *Kelsen*, VVDStRL 5 (1929), 30, 87: „Die Kassation von generellen Normen […] durch das Verfassungsgericht ist ein richterliches Urteil, das legislativen Charakter hat. (Das Gericht als negativer Gesetzgeber.)".

den vorangegangenen Ausführungen, bereits Ergebnis der ersten Stufe der Vorrangwirkung des Unionsrechts. Auf die zweite Stufe, also darauf, ob sich die Norm auch zur Rechtsersetzung eignet, kommt es hier nicht an. Für die negative Horizontalwirkung ist deshalb auch grundrechtsdogmatisch nicht entscheidend, ob ein Privater durch die Grundrechtsnorm verpflichtet wird. Das einzige Rechtssubjekt, das in dieser Konstellation durch die grundrechtliche Bestimmung im Rechtssinne verpflichtet wird, ist der Mitgliedstaat als Hoheitsträger. Gerade deshalb ist es nach dem oben Gesagten auch so verwirrend, wenn in diesem Zusammenhang von „Drittwirkung“ gesprochen wird. Der Effekt ist, das haben die Ausführungen zu den Grundsätzen der innerstaatlichen Wirkung des Unionsrechts gezeigt, auch keine Eigenheit der Unionsgrundrechte, sondern schlicht Folge des Anwendungsvorrangs jeglichen unmittelbar anwendbaren europäischen Rechts.[59] Die negative Horizontalwirkung hat damit, was ihre *Konstruktion* angeht, zweifelsohne vertikalen, also staatsgerichteten Charakter. Ihre *Wirkungen* entfaltet sie aber im horizontalen Bürger-Bürger-Verhältnis.[60]

Die erforderliche Kollision nationalen Rechts mit einem Unionsgrundrecht, die durch die negative Horizontalwirkung aufzulösen ist, kann sich grundrechtsdogmatisch auf zwei denkbaren Wegen ergeben: Der klassische Fall ist der, in dem eine nationale Regelung des Privatrechts gegen ein Grundrecht in seiner Abwehrfunktion verstößt. Dies kann etwa durch eine nationale Privatrechtsnorm geschehen, die ihrerseits eine ungerechtfertigte Diskriminierung darstellt, oder eine solche, die ein unionales Freiheitsgrundrecht unverhältnismäßig beschränkt. Dann greift unproblematisch die negative Horizontalwirkung zur Bereinigung des grundrechtswidrigen Zustands. Der zweite relevante Fall tritt auf, wenn das nationale Recht beispielsweise eine Bestimmung enthält, die den grundrechtlich gebotenen Schutz unzulässig beschneidet und dadurch eine Schutzpflicht verletzt.[61] Exemplarisch genannt sei hierfür die Rechtssache *Egenberger*.[62] Hier stand der Vorwurf im Raum, dass § 9 Abs. 1 AGG in seiner Auslegung durch die deutschen Gerichte das von Art. 21 Abs. 1 GRC geforderte Schutzniveau unzulässig unterschreitet.[63] Damit verstößt die nationale Rechtslage gegen eine auf positives Tätigwerden gerichtete unionsgrundrechtliche Schutzpflicht.[64] Dieser Verstoß ist zwar grundsätzlich nur durch Erweiterung des Rechtskreises des

[59] Zutreffend deshalb etwa *Franzen*, GPR 2010, 81, 84; EuArbRK/*Schubert*, Art. 51 GRC Rn. 36.

[60] *Jafferali*, in: Heiderhoff/Lohsse/Schulze (Hrsg.), EU-Grundrechte und Privatrecht, 2016, S. 149, 159.

[61] *Seifert*, EzA RL 2003/88/EG Nr. 23, unter III.; EuArbRK/*Schubert*, Art. 31 GRC Rn. 37. Ähnlich *K. Klocke*, BB 2019, 1204, 1208.

[62] Siehe hierzu noch unten unter § 7 B. I. und § 8 A.

[63] Grabenwarter, EnzEuR/*Schmahl*, § 20 Rn. 175.

[64] Wie hier *Mörsdorf*, JZ 2019, 1066, 1072. A.A. *Greif*, Die Unanwendbarkeit richtlinienwidriger deutscher Arbeitsgesetze, 2016, S. 182, nach dem die leistungsrechtliche Dimension der Grundrechte im Falle der Nichtanwendung innerstaatlicher Arbeitsgesetze nie angesprochen sei.

Grundrechtsinhabers zu bereinigen. In der Regel bedarf es hier also der positiven Horizontalwirkung. Im besonderen Fall einer Ausnahmeregelung im beschriebenen Sinne ist dies jedoch bereits durch deren Nichtanwendung im Wege der negativen Horizontalwirkung möglich.[65] Die hierzu erforderlich Kollision ergibt sich aus der Überlegung, dass jede positive Festschreibung einer Rechtsfolge alle anderen negativ ausschließt.[66] In der Schutzpflicht steckt also zugleich das Verbot einer sie vereitelnden Regelung.

II. Positive Horizontalwirkung – Rechtsersetzung im Horizontalverhältnis

Positive Horizontalwirkung[67] soll hier hingegen diejenigen Fälle meinen, in denen ein Unionsgrundrecht selbst und nicht die nach einer Normverdrängung verbleibende nationale Rechtslage die Rechte und Pflichten im Rechtsstreit zwischen den beteiligten Privaten gestaltet. Die Frage nach einer solchen positiven Horizontalwirkung von Grundrechten des Unionsrechts stellt sich immer dort, wo sich ein grundrechtswidriger Zustand nicht schon durch die bloße Unanwendbarkeit einer nationalen Norm beseitigen lässt.

Diese Wirkung lässt sich mit den bereits erörterten Begriffen der unmittelbaren Anwendbarkeit und der *verdrängenden* Vorrangwirkung europarechtlich noch nicht abschließend beschreiben. Denn hierfür kommt es darauf an, ob Private auch als Normadressaten der Unionsgrundrechte begriffen werden können, mit der Folge, dass sich aus ihnen eine originäre privatrechtliche Rechtsfolge ableiten lässt, die das nationale Recht *ersetzt* und die das Gericht unmittelbar zwischen den Arbeitsvertragsparteien anwenden kann.[68] Bei der positiven Horizontalwirkung wird das Unionsgrundrecht selbst zur privatrechtlichen Norm.[69] So läge der Fall etwa, wenn man unmittelbar aus Art. 31 Abs. 2 GRC einen Mindesturlaubsanspruch des Arbeitnehmers gegen seinen privaten Arbeitgeber ableitete.

Doch nicht nur eine solche positive grundrechtliche Anspruchsbegründung im Horizontalverhältnis stellt einen Fall der positiven Horizontalwirkung dar. Auch wenn ein Grundrecht als privatrechtliches Verbot fungiert, handelt es sich um eine positive und nicht um eine bloß negative Horizontalwirkung.[70] Zivil-

---

[65] In diesem Sinne EuArbRK/*Schubert*, Art. 31 GRC Rn. 37.

[66] So zum Richtlinienrecht *Herrmann*, Richtlinienumsetzung durch die Rechtsprechung, 2003, S. 53.

[67] In diesem Zusammenhang wird auch von *invocabilité de substitution* gesprochen, also dem Recht, sich auf die das nationale Recht ersetzende Wirkung zu berufen, vgl. GA *Bobek*, Schlussanträge v. 05.06.2018 – Rs. C-167/17 (*Klohn*), BeckRS 2018, 10291, Rn. 40 Fn. 22.; NK-GA/*Heuschmid*/*Lörcher*, Vor GRC Rn. 46.

[68] *Greif*, Die Unanwendbarkeit richtlinienwidriger deutscher Arbeitsgesetze, 2016, S. 134; *Kokott*, FS I. Schmidt, 2021, S. 991, 998.

[69] *Stürner*, Europäisches Vertragsrecht, 2021, § 7 Rn. 59.

[70] Im Ergebnis wie hier EuArbRK/*Schubert*, Art. 51 GRC Rn. 37.

rechtlich wirkt die Grundrechtsnorm zwar negativ, sie wird aber gleichwohl zur unmittelbar relevanten Maßstabsnorm für die privaten Arbeitsvertragsparteien und ersetzt oder ergänzt Bestimmungen des nationalen Zivilrechts vollständig oder teilweise. In dieser Hinsicht wirkt sie positiv. Misst man also die Kündigung eines privaten Arbeitgebers unmittelbar am Maßstab des Diskriminierungsverbots des Art. 21 Abs. 1 GRC oder einen Arbeitsvertrag am Verbot der Kinderarbeit gem. Art. 32 Abs. 1 S. 1 GRC, so handelt es sich trotz der Verbotsrichtung dieser Normen um eine rechtsersetzende, positive Horizontalwirkung.

Unter dem Begriff der positiven Horizontalwirkung lassen sich somit alle Fallgestaltungen zusammenfassen, in denen sich ein Unionsgrundrecht unmittelbar und ohne Vermittlung durch das grundrechtskonform ausgelegte und fortgebildete Privatrecht auf das Rechtsverhältnis von Privatpersonen auswirkt.[71]

C. Zusammenfassung

Verdrängt ein Unionsgrundrecht eine mitgliedstaatliche Bestimmung, so handelt es sich nach der überzeugenden Terminologie um einen Fall der negativen Horizontalwirkung. Grundrechtsdogmatisch wird hier die Verpflichtung des mitgliedstaatlichen Gesetzgebers zur Achtung der Grundrechte der Charta aktuell. Ersetzt ein Unionsgrundrecht das nationale Recht sogar, liegt hingegen ein Fall der positiven Horizontalwirkung vor. Hierzu ist grundrechtsdogmatisch die Inpflichtnahme Privater erforderlich, weil nur dann eine privatrechtliche Maßstabsnorm gegeben ist, die sich zur Subsumtion im Horizontalverhältnis eignet. Beide Wirkungsdimensionen setzen indes einheitlich die unmittelbare Anwendbarkeit der Grundrechtsnorm voraus.[72]

[71] Ähnlich für Richtlinien *Jarass*, Grundfragen der innerstaatlichen Bedeutung des EG-Rechts, 1994, S. 80.

[72] So in aller Deutlichkeit jüngst auch GA *Szpunar,* Schlussanträge v. 15.07.2021 – Rs. C-261/20 (*Thelen Technopark*), BeckRS 2021, 19869, Rn. 74.

§ 3

Begrenzte Bedeutung der Charta-Grundsätze i.S.d. Art. 52 Abs. 5 GRC

Wie Art. 51 Abs. 1 S. 2 GRC und Art. 52 Abs. 5 GRC zeigen, ist innerhalb der in der Charta gewährleisteten grundrechtlichen Bestimmungen zwischen Grund*rechten* und den sog. Grund*sätzen* zu unterscheiden. Anders als das GG kennt die GRC also nicht nur klassische Grundrechte, sie hat mit den Chartagrundsätzen eine weitere Normenkategorie etabliert, deren dogmatische Behandlung auch heute noch umstritten ist. Klarzustellen ist, dass diese eigenständige Normenkategorie der Charta-Grundsätze nichts mit den sog. „allgemeinen Grundsätzen" zu tun hat, die vor Inkrafttreten der Charta die ungeschriebene Grundrechtsordnung der Union bildeten.[1] Bei diesen handelte es sich in aller Regel unbestritten um echte Grundrechte.[2]

Zu der Frage, welche Gewährleistung ein klassisches Grundrecht und welche einen solchen Grundsatz darstellt, schweigt die Charta. Es gilt jedoch mit der vorzugswürdigen Auffassung, dass im Zweifel von einem Grundrecht und nur ausnahmsweise von einem Grundsatz auszugehen ist.[3] Von den für das Arbeitsrecht relevanten Gewährleistungen sind im Einklang mit den Charta-Erläuterungen[4] nur folgende Normen als Grundsätze zu qualifizieren: Art. 22 (Vielfalt der Kulturen, Religionen und Sprachen)[5], Art. 23 Abs. 2 hinsichtlich der spezifischen Vergünstigungen für das unterrepräsentierte Geschlecht[6], Art. 25 (Rechte älterer Menschen)[7] sowie Art. 26 (Garantie der Integration von Menschen mit

---

[1] Statt aller *Jarass*, GRC, Art. 52 Rn. 71 m.w.N.

[2] Unzutreffend ist daher etwa die Einordnung des ungeschriebenen Verbots der Altersdiskriminierung (heute Art. 21 Abs. 1 GRC) als Grundsatz im Sinne von Art. 52 Abs. 5 GRC bei EuArbRK/*Mohr*, Art. 21 GRC Rn. 1.

[3] Tendenziell auch Stern/Sachs-GRC/*Ladenburger*, Art. 52 Rn. 116.

[4] In ABl. EU C 303 v. 14.12.2007, S. 35 heißt es „Zu den in der Charta anerkannten Grundsätzen gehören beispielsweise die Artikel 25, 26 und 37.". Außerdem findet sich in den Erläuterungen zu Art. 34 Abs. 1 und 3, 35, 36 und 38 eine entsprechende Einordnung seitens des Konvents, vgl. Stern/Sachs-GRC/*Ladenburger*, Art. 52 Rn. 113. Allerdings ist die Einordnung durch den Konvent nicht abschließend, vgl. a.a.O. Rn. 112.

[5] *Schmittmann*, Rechte und Grundsätze in der Grundrechtecharta, 2007, S. 107; *Jarass*, GRC, Art. 22 Rn. 3; Meyer/Hölscheidt/*Hölscheidt*, Art. 22 Rn. 17; Stern/Sachs-GRC/*Ennuschat*, Art. 22 Rn. 6 jeweils m.w.N.

[6] *Schmittmann*, Rechte und Grundsätze in der Grundrechtecharta, 2007, S. 108 f.; *Jarass*, GRC, Art. 23 Rn. 4; EuArbRK/*Mohr*, Art. 23 GRC Rn. 14; *Krebber*, EuZA 2016, 3, 8.

[7] *Schmittmann*, Rechte und Grundsätze in der Grundrechtecharta, 2007, S. 112; *Jarass*, GRC, Art. 25 Rn. 3.

Behinderung)[8]. Streitfälle sind Art. 27[9] und Art. 30, die richtigerweise beide als Grundrechte einzuordnen sind.[10] Ihrer bereits im Normtext angelegten besonderen Konkretisierungsbedürftigkeit ist, wie sich in Kapitel 5 zeigen wird, anderweitig Rechnung zu tragen. Obwohl somit die bisher in Erscheinung getretenen arbeitsrechtlich relevanten Bestimmungen der Charta allesamt *echten Grundrechtscharakter* aufweisen, soll hier die Wirkungsweise dieser besonderen Normenkategorie in gebotener Kürze skizziert werden. Dies ist notwendig, um abzuschätzen, ob die Normenkategorie der Grundsätze überhaupt eine Rolle für die weitere Fortentwicklung der Horizontalwirkungsdoktrin des EuGH spielt.

Chartatext und Erläuterungen belegen deutlich, dass beide Normenkategorien jeweils unterschiedliche Wirkungen entfalten sollen. Zwei zentrale Paradigmen[11] fallen hier konkret ins Auge: Einerseits die fehlende Einräumung eines subjektiven Rechts und andererseits die Ausgestaltungsbedürftigkeit der Grundsätze.[12] In den Erläuterungen ist ähnlich wie in Art. 51 Abs. 1 S. 2 GRC die Rede davon, dass der „Unterscheidung zufolge […] subjektive Rechte zu beachten, während Grundsätze einzuhalten sind".[13] Die herrschende Meinung folgert hieraus überzeugend, dass es sich nur bei echten Grundrechten um Bestimmungen handeln kann, die ein subjektives Recht verleihen.[14]. Auch Grundsätze sind zwar verbindliches Recht, dem unmittelbare Geltung zukommt[15], und damit mehr als „unverbindliche Programmsätze".[16] Allerdings handelt es sich bei ihnen um ob-

[8] *Schmittmann*, Rechte und Grundsätze in der Grundrechtecharta, 2007, S. 112; *Jarass*, GRC, Art. 26 Rn. 3; Meyer/Hölscheidt/*Hölscheidt*, Art. 26 Rn. 16 jeweils m.w.N. Hierzu auch ausdrücklich EuGH v. 22.05.2014 – Rs. C-356/12 (*Glatzel*), BeckRS 2014, 80909, Rn. 74 ff.

[9] Offengelassen in EuGH v. 15.01.2014 – Rs. C-176/12 (*AMS*), NZA 2014, 193, Rn. 40. Siehe hierzu ausführlich noch unten unter § 7 C. I.

[10] Zu Art. 27 GRC überzeugend und ausführlich *Michl*, Unionsgrundrechte aus der Hand des Gesetzgebers, 2018, S. 146; so im Ergebnis auch NK-GA/*Heuschmid/Lörcher*, Art. 27 GRC Rn. 4; unklar *Hilbrandt*, NZA 2019, 1168, 1170. Allerdings handelt es sich nicht um ein „Grundrecht auf Mitbestimmung" im engeren Sinne, der sachliche Schutzbereich ist eng gefasst, vgl. insoweit zutreffend Schlachter/Heinig, EnzEuR/*Seifert*, § 20 Rn. 33. Zu Art. 30 GRC wie hier: *Michl*, Unionsgrundrechte aus der Hand des Gesetzgebers, 2018, S. 165; EuArbRK/*Schubert*, Art. 30 GRC Rn. 2; NK-GA/*Heuschmid/Lörcher*, Art. 30 GRC Rn. 5 jeweils m.w.N.

[11] Stern/Sachs-GRC/*Ladenburger*, Art. 52 Rn. 97.

[12] Stern/Sachs-GRC/*Ladenburger*, Art. 52 Rn. 97.

[13] ABl. EU C 303 v. 14.12.2007, S. 35.

[14] *Cremer*, EuGRZ 2011, 545, 548 f.; Ehlers-EuGR/*Ehlers*, § 14 Rn. 18; Calliess/Ruffert/*Kingreen*, Art. 52 GRC Rn. 13; *Jarass*, GRC, Art. 52 Rn. 68 ff.; EuArbRK/*Schubert*, Art. 52 GRC Rn. 55; Stern/Sachs-GRC/*Ladenburger*, Art. 52 Rn. 97; *Schmidt*, Die Grundsätze im Sinne der EU-Grundrechtecharta, 2010, S. 141; *Leuschner*, Sicherheit als Grundsatz, 2018, S. 143 ff. Ausdrücklich gegen die Einräumung eines subjektiven Rechts auch EuGH v. 22.05.2014 – Rs. C-356/12 (*Glatzel*), BeckRS 2014, 80909, Rn. 78. A.A. *Sagmeister*, Die Grundsatznormen in der Europäischen Grundrechtecharta, 2010, S. 301 ff.

[15] *Sagmeister*, Die Grundsatznormen in der Europäischen Grundrechtecharta, 2010, S. 194.

[16] Statt vieler Meyer/Hölscheidt/*Schwerdtfeger*, Art. 52 Rn. 72.

jektiv-rechtliche Prinzipien[17], die für sich genommen keine subjektiven Rechte begründen.[18] Die besondere Ausgestaltungsbedürftigkeit ergibt sich aus Art. 52 Abs. 5 S. 1: „Die Bestimmungen dieser Charta, in denen Grundsätze festgelegt sind, können […] umgesetzt werden.“, wobei zu beachten ist, dass das Wort „können“ hier richtigerweise als „müssen“ zu lesen ist.[19] Grundsätze sind danach in besonderem Maße auf eine Umsetzung angelegt.

A. Keine positive Horizontalwirkung

Ausgehend von diesen Paradigmen ist eine positive Horizontalwirkung der Chartagrundsätze abzulehnen.[20] Schon aus der fehlenden Einräumung eines subjektiven Rechts folgt, dass ein Grundsatz keine originäre Quelle von Pflichten sein kann, die der Einzelne auch individuell durchsetzen könnte, weder im Vertikal-

---

[17] Obwohl es sich um objektive Prinzipien handelt, ist anerkannt, dass sie, gleich einem klassischen *Grundrecht*, einen abwehr- wie auch einen leistungsrechtlichen Gewährleistungsgehalt aufweisen, *Sagmeister*, Die Grundsatznormen in der Europäischen Grundrechtecharta, 2010, 170 ff.; *Schmidt*, Die Grundsätze im Sinne der EU-Grundrechtecharta, 2010, S. 151 ff.; *Cremer*, EuGRZ 2011, 545, 549; *Jarass*, GRC, Art. 52 Rn. 77. A.A für eine ausschließlich leistungsrechtliche Dimension *Leuschner*, Sicherheit als Grundsatz, 2018, S. 127 ff.

[18] Bestätigt wird dies durch das allgemeine Begriffsverständnis, das bei Gegenüberstellung der Begriffe „Grundsatz“ und „Grundrecht“ das Fehlen einer subjektiv-rechtlichen Komponente nahelegt. Insoweit für den Wortlaut als Beleg Stern/Sachs-GRC/*Ladenburger*, Art. 52 Rn. 99. Für den Wortlaut als bloßes Indiz indes *Schmidt*, Die Grundsätze im Sinne der EU-Grundrechtecharta, 2010, S. 113 f.

[19] GA *Cruz-Villalón*, Schlussanträge v. 18.07.2013 – Rs. C-176/12 (*AMS*), BeckRS 2014, 80206 Rn. 60; Ehlers-EuGR/*Ehlers*, § 14 Rn. 18; *Mörsdorf*, JZ 2010, 759, 762 m.w.N.

[20] Die Ablehnung einer positiven Horizontalwirkung entspricht zwar im Ergebnis der herrschenden Meinung, gleichwohl fehlt es oft an differenzierten Auseinandersetzungen mit der Frage: *Schmittmann*, Rechte und Grundsätze in der Grundrechtecharta, 2007, S. 58; *Schmidt*, Die Grundsätze im Sinne der EU-Grundrechtecharta, 2010, S. 110 f.; *Sagmeister*, Die Grundsatznormen in der Europäischen Grundrechtecharta, 2010, S. 323 ff.; *Sponholz*, Die unionsrechtlichen Vorgaben zu den Rechtsfolgen von Diskriminierung im Privatrechtsverkehr, 2017, S. 120 f.; *Jarass*, GRC, Art. 52 Rn. 70; EuArbRK/*Schubert*, Art. 52 GRC Rn. 58; *Fornasier*, ERPL 23 (2015), 29, 37; *ders.*, in: Latzel/Picker (Hrsg.), Neue Arbeitswelt, 2014, S. 25, 45; *Müller-Graff*, EuR 2014, 3, 27, wobei sich Begründung und Begründungsaufwand erheblich voneinander unterscheiden. Gegen jegliche Form der unmittelbaren Anwendbarkeit und damit erst recht gegen eine positive Horizontalwirkung Preis/Sagan/*Pötters*, § 3 Rn. 27. Ähnlich an anderer Stelle EuArbRK/*Schubert*, Art. 6 EUV Rn. 31. Für eine Horizontalwirkung in „krassen Ausnahmefällen“ *Seifert*, EuZW 2011, 696, 701, wobei offenbleibt, ob hiermit eine positive Horizontalwirkung im hier skizzierten Sinne gemeint sein soll. Deutlicher dagegen *ders.*, EuZA 2013, 299, 305 f.: „Eine anspruchsbegründende Wirkung dieses Grundsatzes, die gerichtlich durchsetzbar wäre, besteht somit grundsätzlich nicht.“ *Heuschmid* und *Lörcher* erwecken den Eindruck, eine positive Horizontalwirkung für möglich zu halten, denn in NK-GA/*Heuschmid*/*Lörcher*, Art. 51 GRC Rn. 29 bejahen sie, zunächst noch ohne zwischen negativer und positiver Horizontalwirkung zu differenzieren, eine

noch und erst recht nicht im Horizontalverhältnis. Denn wenn eine Norm nur eine objektive Verpflichtung begründet, dem einzelnen Arbeitnehmer aber kein korrespondierendes subjektives Recht zu dessen Durchsetzung einräumt, kann er solche Normen auch nicht einem privaten Arbeitgeber entgegenhalten. Chartagrundsätze enthalten schließlich rein objektive Verpflichtungen und sind – selbst wenn man ihre unmittelbare Anwendbarkeit hier unterstellte[21] – allenfalls von Seiten des Gesetzgebers sowie inzident, etwa im Rahmen eines Gerichtsverfahrens, zu berücksichtigen. Für private Arbeitgeber kann dies jedoch naturgemäß nicht gelten. Insgesamt ähneln die Grundsätze konstruktiv den deutschen objektiven Verfassungsgrundsätzen wie etwa dem Sozialstaatsprinzip[22]. Niemand würde aber auf die Idee kommen, private Arbeitgeber in Deutschland als unmittelbare Adressaten dieses Prinzips zu begreifen.

Deutlich belegt dieses Ergebnis auch Art. 52 Abs. 5 S. 2 GRC, wonach Grundsätze nur bei der Auslegung der Umsetzungsakte und bei der Entscheidung über deren Rechtmäßigkeit herangezogen werden.[23] Im Umkehrschluss daraus kann ihnen keine anderweitige Maßstabsfunktion zukommen. Der Ausschluss einer positiven Horizontalwirkung der Grundsätze geht außerdem implizit aus den Erläuterungen zur Charta, die gem. Art. 52 Abs. 7 GRC bei der Auslegung derselben gebührend zu berücksichtigen sind, hervor. Danach sollen die Grundsätze „keine direkten Ansprüche auf den Erlass positiver Maßnahmen durch die Organe der Union oder die Behörden der Mitgliedstaaten [begründen].“[24] Wenn schon ein Anspruch gegen die unstreitig adressierten Hoheitsträger ausgeschlossen ist, können sich aus den Grundsätzen erst recht keine unmittelbaren Verhaltenspflichten für Private ergeben. Schließlich fehlt es den Grundsätzen aufgrund ihrer Ausgestaltungsbedürftigkeit an einem hinreichend konkreten Inhalt, aus dem sich derartige Verpflichtungen unmittelbar ableiten ließen. Sie eignen sich somit nicht zur Ersetzung nationalen Privatrechts.

generelle Horizontalwirkung der Grundsätze. An anderer Stelle, nämlich in NK-GA/*dies.*, Vor GRC Rn. 46, führen sie aus, dass aus einer solchen Möglichkeit auch eine potentielle *invocabilité de substitution*, mithin eine positive Horizontalwirkung solcher an sich horizontalwirkungsfähiger Normen zu folgern sei. Das müsste dann nach der eigenen Logik konsequenterweise auch für Grundsätze gelten, für die von den Autoren eine generelle Horizontalwirkung angenommen wird.

[21] Dazu sogleich.

[22] Für eine Vergleichbarkeit mit den deutschen Staatszielbestimmungen Meyer/Hölscheidt/*Schwerdtfeger*, Art. 52 Rn. 73; *Schmittmann*, Rechte und Grundsätze in der Grundrechtecharta, 2007, S. 68 ff.; *Seifert*, EuZA 2013, 299, 305; *ders.*, EuZW 2011, 696, 701.

[23] So auch *Müller-Graff*, EuR 2014, 3, 27 m.w.N.

[24] ABl. EU C 303 v. 14.12.2007, S. 35.

B. Negative Horizontalwirkung?

Grundsätze könnten aber zumindest negative Horizontalwirkung entfalten, wenn ihnen kraft ihrer unmittelbaren Anwendbarkeit verdrängender Anwendungsvorrang vor nationalen Privatrechtsnormen zukäme. Schon dies ist allerdings umstritten.[25] Insoweit ohne nähere Begründung anzunehmen, Grundsätze seien von vornherein nicht unmittelbar anwendbar, wäre freilich wenig überzeugend.[26] Um die Wirkungsweise der Grundsätze zu skizzieren, ist vielmehr eine Rückbesinnung auf die dargestellten Grundlagen zur innerstaatlichen Wirkung des Unionsrechts angezeigt.[27]

Nach Ansicht derer, die generell die Einräumung eines subjektiven Rechts zur Voraussetzung der unmittelbaren Anwendbarkeit machen, müsste sich das Fehlen einer subjektiv-rechtlichen Gewährleistung auch auf die unmittelbare Anwendbarkeit der Grundsätze auswirken.[28] Bei dem hier aufgezeigten Verhältnis von unmittelbarer Anwendbarkeit und Vorrangwirkung zueinander könnten Grundsätze dann schon keine Verdrängungswirkung entfalten.[29] Denn wenn man die unmittelbare Anwendbarkeit richtigerweise als zwingende Voraussetzung der Vorrangwirkung begreift und Verdrängungs- und Ersetzungseffekt jeweils Ausdruck dieser Vorrangwirkung sind, können die nicht unmittelbar anwendbaren Chartagrundsätze diese beiden Effekte nicht entfalten.[30] Unberührt hiervon bliebe jedoch die Pflicht zu einer *grundsatz*konformen Auslegung des nationalen Rechts, die auch ohne die unmittelbare Anwendbarkeit einer Norm besteht.[31] Nach hier vertretener Auffassung geht die Annahme, die fehlende Ein-

---

[25] Vgl. allerdings noch *Cremer*, EuGRZ 2011, 545, 547 Fn. 23, der 2011 feststellte, es hätte sich bis dahin noch „kaum eine strukturierte Diskussion entwickelt“ sowie *Leuschner*, Sicherheit als Grundsatz, 2018, S. 111, nach dem die einschlägige Literaturlage selbst 2016 noch „erstaunlich dünn“ gewesen sei. Aus dem deutschen Schrifttum sind hervorzuheben: *Schmidt*, Die Grundsätze im Sinne der EU-Grundrechtecharta, 2010; *Sagmeister*, Die Grundsatznormen in der Europäischen Grundrechtecharta, 2010; *Leuschner*, Sicherheit als Grundsatz, 2018 sowie *Rogalla*, Der Schutz von Ehe und Familie in der Europäischen Grundrechtecharta, 2017, S. 223 ff.

[26] So aber Preis/Sagan/*Pötters*, § 3 Rn. 27, 36. Ähnlich auch Stern/Sachs-GRC/*Ladenburger*, Art. 52 Rn. 103, nach dessen Auffassung, „Charta-Grundsätze [...] von vornherein keine unmittelbare Wirkung im klassischen unionsrechtlichen Sinne entfalten [können]“.

[27] Überzeugend *Sagmeister*, Die Grundsatznormen in der Europäischen Grundrechtecharta, 2010, S. 244 ff.

[28] In diese Richtung Stern/Sachs-GRC/*Ladenburger*, Art. 52 Rn. 103, nach dem die Grundsätze keine unmittelbare Wirkung im klassischen Sinne entfalten können.

[29] A.A. Stern/Sachs-GRC/*Ladenburger*, Art. 52 GRC Rn. 103, der aber dennoch meint, bei Kollisionen seien Grundsätze zur objektiven Rechtmäßigkeitskontrolle nationalen Rechts heranzuziehen.

[30] Aus Sicht von *Jarass*, GRC, Art. 52 Rn. 75 ist das zumindest unklar.

[31] *Jarass*, GRC, Art. 52 Rn. 75; EuArbRK/*Schubert*, Art. 52 Rn. 59; *Schmidt*, Die Grundsätze im Sinne der EU-Grundrechtecharta, 2010, S. 207 ff. Ausführlich *Sagmeister*, Die Grundsatznormen in der Europäischen Grundrechtecharta, 2010, S. 205 ff. Auch der EuGH

räumung eines subjektiven Rechts habe per se Einfluss auf die unmittelbare Anwendbarkeit der Grundsätze, indes zwangsläufig fehl, da sie nach überzeugender Ansicht nicht zu ihren Voraussetzungen zählt.[32] Die unmittelbare Anwendbarkeit ergibt sich zunächst allein aus den objektiven Kriterien der Unbedingtheit und Bestimmtheit.[33]

Einen ebenfalls denkbar pragmatischen Ansatz vertreten *Peers* und *Prechal*. Sie gehen davon aus, dass die Unterscheidung zwischen Grundsatz und Grundrecht im Ergebnis redundant sei.[34] Die Ausgestaltungsbedürftigkeit einer Unionsnorm werde generell schon bei der Prüfung ihrer unmittelbaren Anwendbarkeit nach den allgemeinen Regeln relevant.[35] Ist eine Norm ein ausgestaltungsbedürftiger Grundsatz, so sei sie zwangsläufig nicht hinreichend bestimmt und unbedingt und deshalb auch nicht unmittelbar anwendbar. Ist sie hingegen unmittelbar anwendbar, so sei sie auch nicht ausgestaltungsbedürftig und somit stets echtes Grundrecht. Danach müsste sich der Sinn und Zweck der Unterscheidung von Grundsätzen und Grundrechten in Art. 52 Abs. 5 S. 2 GRC darauf beschränken, diese vermeintliche „Selbstverständlichkeit" nur klarstellend zu wiederholen. Es erscheint allerdings nicht wirklich überzeugend, dass Art. 52 Abs. 5 S. 1 GRC nur eine solche Selbstverständlichkeit ausdrücken will und die Unterscheidung von Grundsätzen und Grundrechten damit gänzlich unbedeutend sein soll. Dagegen spricht die Geschichte dieser Norm, die eingeführt wurde, um die Wirkungen der Grundsätze einzudämmen und so einem *judicial activism* des EuGH vorzubeugen.[36] Es ist kaum vorstellbar, dass eine Norm, um die so intensiv gestritten wurde[37], nur etwas klarstellen soll, was bereits ohne sie gilt: Bestimmungen, die in besonderem Maße ausgestaltungsbedürftig sind, sind nicht inhaltlich unbedingt und hinreichend bestimmt und damit auch nicht unmittelbar anwendbar. Diese Ansicht kann außerdem nicht erklären, wie Grundsätze auf der einen Seite nie unmittelbar anwendbar sein können, auf der anderen Seite aber, wie in Art. 52 Abs. 5 S. 2 Alt. 2 GRC i.V.m. Art. 51 Abs. 1 S. 1 Alt. 2 GRC angeordnet, ihrerseits Rechtmäßigkeitsmaßstab für nationale Umsetzungsakte sein sollen.[38]

---

erkennt eine Pflicht zur grundsatzkonformen Auslegung ausdrücklich an, vgl. EuGH v. 22.05.2014 – Rs. C-356/12 (*Glatzel*), BeckRS 2014, 80909, Rn. 74.

[32] *Sagmeister*, Die Grundsatznormen in der Europäischen Grundrechtecharta, 2010, S. 275.

[33] *Sagmeister*, Die Grundsatznormen in der Europäischen Grundrechtecharta, 2010, S. 275. Allenfalls die fehlende Eignung zur positiven Horizontalwirkung ließe sich hieraus ableiten.

[34] PHKW/*Peers*/*Prechal*, 52.189.

[35] PHKW/*Peers*/*Prechal*, 52.189.

[36] *Sagmeister*, Die Grundsatznormen in der Europäischen Grundrechtecharta, 2010, S. 269 m.w.N.

[37] Überblick bei *Schmidt*, Die Grundsätze im Sinne der EU-Grundrechtecharta, 2010, S. 134 ff.

[38] Zwar könnte man in Erwägung ziehen, den Begriff der „Entscheidung über deren

Nach *Sagmeisters* zutreffender Auffassung hat das Vorhandensein oder Nicht-Vorhandensein einer subjektiv-rechtlichen Gewährleistung[39] für die unmittelbare Anwendbarkeit keine Bedeutung.[40] Ihre Ausgestaltungsbedürftigkeit wirkt sich seiner Ansicht nach auf die unmittelbare Anwendbarkeit je nach Gewährleistungsgehalt unterschiedlich aus: In ihrer Leistungsdimension seien Grundsätze zwar nicht unmittelbar anwendbar, weil sie dort tatsächlich zu unbestimmt seien.[41] In ihrer abwehrrechtlichen Dimension müsse man jedoch die potenzielle unmittelbare Anwendbarkeit bejahen, da die Grundsätze hier regelmäßig hinreichend bestimmt seien.[42] Mit Blick auf den Anwendungsvorrang habe dies zur Folge, dass Grundsätze über ihren unmittelbar anwendbaren Abwehrgehalt nationales unionsrechtswidriges Recht verdrängen können.[43] Aus der Unbestimmtheit der Leistungsdimension folge jedoch, dass deren Umsetzung nicht verlangt werden könne und sich aus ihnen keine konkreten Ansprüche herleiten ließen.[44]

Schmidt ordnet die Grundsätze mit der herrschenden Meinung als objektivrechtliche Prinzipien ein.[45] Auch er spricht sich aber für eine volle gerichtliche Kontrolle eines Übermaßverbotes, also der abwehrrechtlichen Gewährleistungsdimension der Grundsätze aus.[46] Das „Weniger" an Justiziabilität betreffe nur den leistungsrechtlichen Gewährleistungsgehalt und schließe die Kontrolle eines

---

Rechtmäßigkeit" weit zu verstehen, etwa dahingehend, dass auch die grundsatzkonforme Auslegung gemeint ist. Dann nämlich würde auch Art. 52 Abs. 5 S. 2 Alt. 2 GRC nur deklaratorisch die Selbstverständlichkeit erklären, dass unmittelbar geltendes, aber nicht unmittelbar anwendbares Recht, zu dem danach auch die Grundsätze zählen würden, zur unionsrechtskonformen Auslegung zwingt, *insoweit* also eine Art Rechtmäßigkeitsmaßstab bildet. Dass diese Annahme aber fehlgeht, zeigt sich an der Struktur der Norm, die neben der Rechtmäßigkeitskontrolle ausdrücklich auch die Auslegung anspricht. Die Norm geht also davon aus, dass Auslegung und Rechtmäßigkeitskontrolle zwei verschiedene Dinge sind. Dies legt nahe, dass Rechtmäßigkeitskontrolle eine über eine bloße Auslegung hinausgehende Berücksichtigung der unionsrechtlichen Norm meint, die sich gerade aus ihrem Anwendungsvorrang ergibt.

[39] *Sagmeister* zufolge sind Grundsätze allerdings entgegen der herrschenden Meinung als subjektive Rechte zu verstehen, weshalb sie bspw. Grundlage für Haftungsansprüche bei Verletzung ihres abwehrrechtlichen Gehalts seien könnten, vgl. *Sagmeister*, Die Grundsatznormen in der Europäischen Grundrechtecharta, 2010, S. 301 ff.

[40] *Sagmeister*, Die Grundsatznormen in der Europäischen Grundrechtecharta, 2010, S. 275.

[41] *Sagmeister*, Die Grundsatznormen in der Europäischen Grundrechtecharta, 2010, S. 301 ff.

[42] *Sagmeister*, Die Grundsatznormen in der Europäischen Grundrechtecharta, 2010, S. 306.

[43] *Sagmeister*, Die Grundsatznormen in der Europäischen Grundrechtecharta, 2010, S. 286 ff.

[44] *Sagmeister*, Die Grundsatznormen in der Europäischen Grundrechtecharta, 2010, S. 295.

[45] *Schmidt*, Die Grundsätze im Sinne der EU-Grundrechtecharta, 2010, S. 139.

[46] *Schmidt*, Die Grundsätze im Sinne der EU-Grundrechtecharta, 2010, S. 203 ff.

Untermaßverbotes aus.[47] Was die Möglichkeit der negativen Horizontalwirkung betrifft, kommen die Ansichten deshalb zum selben Ergebnis.

Leuschner schließlich hält Grundsätze für Normen mit lediglich leistungsrechtlicher Dimension.[48] Er ist zwar ebenso der Meinung, dass ein abwehrrechtlicher Gewährleistungsgehalt an weniger strenge Voraussetzungen mit Blick auf seine Bestimmtheit geknüpft ist und deshalb auch eine Norm, die an sich als Grundsatz zu qualifizieren wäre, einen bestimmten abwehrrechtlichen Kerngehalt aufweisen könne. Daraus folgert er dann aber, dass die Grundsatznormen in dieser – hinreichend bestimmten – abwehrrechtlichen Dimension als echte Grundrechte zu qualifizieren sind.[49] Damit spricht er sich dafür aus, dass eine Norm, die sowohl eine abwehr- als auch eine leistungsrechtliche Dimension aufweist, hinsichtlich des Leistungsbereichs Grund*satz* und hinsichtlich des Abwehrbereichs Grund*recht* ist.[50] Konsequenterweise wäre dann allerdings nach allgemeinen Regeln eine negative Horizontalwirkung dieser abwehrrechtlichen Grundrechtsgehalte möglich. Gegen eine solche Ansicht spricht jedoch, dass nach überzeugender Auffassung[51] ein und dieselbe Gewährleistung nicht gleichzeitig Grundsatz und Grundrecht sein kann. Dies würde die Unterschiede zwischen den Normenkategorien zu stark verwischen.[52] Zwar legen die Erläuterungen zu Art. 52 Abs. 5 GRC zunächst tatsächlich nahe, dass solche Mischformen denkbar sind.[53] Die besseren Argumente sprechen jedoch dafür, diesen Hinweis so auszulegen, dass nur die Möglichkeit einer unechten Doppelnatur[54] gemeint ist: Damit ist zwar nicht ausgeschlossen, dass in einem *Artikel*, etwa in denen, die in den Erläuterungen beispielhaft genannt sind[55], sowohl eine Grundsatz- als auch eine Grundrechtsbestimmung enthalten ist. Ein und dieselbe *Gewährleistung* ist aber entweder Grundsatz oder Grundrecht, nie beides gleichzeitig.

Was die unmittelbare Anwendbarkeit der Grundsätze angeht, kann *Sagmeister* und *Schmidt* darin zugestimmt werden, dass Grundsätze in ihrem Abwehrgehalt unmittelbar anwendbar sein können und damit theoretisch negative Horizontalwirkung entfalten können. Doch auch mit der Lösung von *Leuschner*

---

[47] *Schmidt*, Die Grundsätze im Sinne der EU-Grundrechtecharta, 2010, S. 203 f.

[48] *Leuschner*, Sicherheit als Grundsatz, 2018, S. 127 ff.

[49] *Leuschner*, Sicherheit als Grundsatz, 2018, S. 143.

[50] *Leuschner*, Sicherheit als Grundsatz, 2018, S. 127.

[51] *Sagmeister*, Die Grundsatznormen in der Europäischen Grundrechtecharta, 2010, S. 159 ff.; *Schmidt*, Die Grundsätze im Sinne der EU-Grundrechtecharta, 2010, S. 224 f.; *Schmittmann*, Rechte und Grundsätze in der Grundrechtecharta, 2007, S. 72 f.; Calliess/Ruffert/*Kingreen*, Art. 52 GRC Rn. 17; Pechstein/Nowak/Häde/*Pache*, Art. 52 GRC Rn. 36.

[52] Instruktiv *Schmidt*, Die Grundsätze im Sinne der EU-Grundrechtecharta, 2010, S. 224 f.

[53] ABl. EU C 303 v. 14.12.2007, S. 35: „In einigen Fällen kann ein Charta-Artikel sowohl Elemente eines Rechts als auch eines Grundsatzes enthalten […]".

[54] Begriff nach *Schmidt*, Die Grundsätze im Sinne der EU-Grundrechtecharta, 2010, S. 225.

[55] Genannt werden Art. 23, 33 und 34 GRC, ABl. EU C 303 v. 14.12.2007, S. 35.

steht diese Sichtweise letztlich nicht im Widerspruch, denn nur die Konstruktion der Möglichkeit einer negativen Horizontalwirkung, die auch er für den grundrechtlichen Gewährleistungsgehalt bejahen müsste, ist eine andere.[56] Am überzeugendsten lässt sich dies aus Art. 52 Abs. 5 GRC ableiten: Danach können Grundsätze nicht nur Auslegungsmaßstab, sondern auch Rechtmäßigkeitsmaßstab für Rechtsakte sein, die Grundsätze umsetzen. Damit sie aber ein solcher auch für mitgliedstaatliches Recht[57] sind, ist es notwendig, dass sie unmittelbar anwendbar sein können.[58] Überzeugend ist deshalb die Annahme, dass Grundsätze als Maßstab für durchführende privatrechtliche Umsetzungsakte[59] negative Horizontalwirkung in dem Sinne entfalten können, dass sie nötigenfalls kollidierendes Privatrecht verdrängen.[60] Allerdings ist es notwendig, bei der Prüfung der Vereinbarkeit einen besonders weiten Spielraum anzunehmen, um damit der besonderen Ausgestaltungsbedürftigkeit der Grundsätze Rechnung zu tragen. Eine Kollision mit einem Grundsatz dürfte deshalb unwahrscheinlich sein.

C. Zusammenfassung

Unter den aufgezeigten Voraussetzungen können Grundsätze unmittelbar anwendbar und so Maßstab einer objektiven Rechtmäßigkeitskontrolle sein. Im Privatrecht entspräche dies einer negativen Horizontalwirkung. Weil Grundsätze jedoch besonders ausgestaltungsbedürftig sind, ist eine auflösungsbedürftige Kollision mit nationalem Privatrecht kaum jemals denkbar. Und jedenfalls die

[56] *Leuschner* müsste eine negative Horizontalwirkung auf den unmittelbar anwendbaren abwehrrechtlichen *Grundrechts*gehalt einer Grundsatzbestimmung stützen, dürfte dies aber nicht als abwehrrechtliche Wirkung des Grundsatzes selbst bezeichnen. Richtigerweise ergibt sich diese Wirkung aber bereits aus dem schon für sich unmittelbar anwendbaren abwehrrechtlichen Gewährleistungsgehalt einer Grundsatzbestimmung.

[57] Vgl. Art. 51 Abs. 1 S. 1 Alt. 2 GRC.

[58] So zumindest implizit auch *Starke*, EU-Grundrechte und Vertragsrecht, 2016, S. 198.

[59] Überzeugend erscheint dabei, dass der Begriff des Umsetzungsaktes weit auszulegen ist. Sämtliches Sekundärrecht sowie nationales Recht, das einen Grundsatz beschränkt, ist damit als Umsetzungsakt anzusehen vgl. *von Danwitz/Paraschas*, Fordham Int. Law J. 35 (2012), 1396, 1414; Meyer/Hölscheidt/*Schwerdtfeger*, Art. 52 Rn. 80; Stern/Sachs-GRC/*Ladenburger*, Art. 52 Rn. 103.

[60] Ein großer Teil des Schrifttums teilt diese Annahme, vgl. *Schmidt*, Die Grundsätze im Sinne der EU-Grundrechtecharta, 2010, S. 139; *Sagmeister*, Die Grundsatznormen in der Europäischen Grundrechtecharta, 2010, S. 286 ff.; Meyer/Hölscheidt/*Schwerdtfeger*, Art. 52 Rn. 79 f.; Ehlers-EuGR/*Ehlers*, § 14 Rn. 18; Pechstein/Nowak/Häde/*Kocher*, Art. 27 GRC Rn. 12; *von Danwitz/Paraschas*, Fordham Int. Law J. 35 (2012), 1396, 1410 ff. Zumindest im Ergebnis wie hier Stern/Sachs-GRC/*Ladenburger*, Art. 52 Rn. 103; *Mörsdorf*, JZ 2010, 759, 762. Siehe auch GA *Cruz-Villalón*, Schlussanträge v. 18.07.2013 – Rs. C-176/12 (*AMS*), juris Rn. 98. A.A. aber *Jarass*, GRC, Art. 52 Rn. 75, der ohne nähere Begründung Zweifel äußert, ob eine Grundsatznorm überhaupt entgegenstehendes Recht verdrängen kann. Jedenfalls sei das im Privatverhältnis ausgeschlossen. Ebenfalls dagegen Preis/Sagan/*Pötters*, § 3 Rn. 26 ff.

positive Horizontalwirkung im Sinne einer Bindung Privater muss aufgrund der Rechtsnatur der Grundsätze *a priori* ausscheiden.

Die Überlegungen konnten also zeigen, dass diese Normenkategorie aufgrund ihres beschränkten Horizontalwirkungspotentials für die weitere Untersuchung von untergeordneter Relevanz ist. Sie wird deshalb im weiteren Verlauf ausgeklammert.

Kapitel 2

Anwendbarkeit der GRC im mitgliedstaatlichen (Arbeits-) Recht

Die *Union* ist umfassend an die Charta gebunden, vgl. Art. 51 Abs. 1 S. 1 Alt. 1 GRC. Es ist somit nicht weiter erklärungsbedürftig, dass der Unionsgesetzgeber bei Erlass von Sekundärrecht nicht gegen die GRC verstoßen darf und der EuGH dieses in Einklang mit den Unionsgrundrechten auszulegen hat. In den *Mitgliedstaaten* hingegen ist die Anwendbarkeit der Charta gem. Art. 51 Abs. 1 S. 1 Alt. 2 GRC auf die „Durchführung von Unionsrecht“ beschränkt. Dies erklärt sich dadurch, dass die Unionsgrundrechte keine „zweite EMRK“[1] sein wollen, die eine bedingungslose Geltung in den Mitgliedstaaten anstreben und so den grundrechtlichen Mindeststandard insgesamt erhöhen. Mit ihnen sollen vielmehr Lücken geschlossen werden, die sich aus dem Vorrang des sonstigen Unionsrechts ergeben, weil dieses zum Zwecke seiner einheitlichen Geltung die Grundrechte mitgliedstaatlicher Verfassungen verdrängt. Das Potential der Charta, unmittelbar auf das Arbeitsrecht der Mitgliedstaaten oder gar einzelne Arbeitsverhältnisse einzuwirken, ist so von vornherein begrenzt. Unter welchen Voraussetzungen es besteht, ist Gegenstand des zweiten Kapitels der Untersuchung.

[1] *Ziegenhorn*, NVwZ 2010, 803, 808; *ders.*, Der Einfluss der EMRK im Recht der EU-Grundrechtecharta, 2009, S. 195 f.; *Di Fabio*, JZ 2000, 737, 741.

§ 4

Anwendungsbereich der Charta gem. Art. 51 Abs. 1 S. 1 Alt. 2 GRC

A. EuGH: Weiter Anwendungsbereich der Unionsgrundrechte

Aus Sicht des EuGH ist grundsätzlich von einem weiten Anwendungsbereich der Unionsgrundrechte auszugehen. Dies klingt in seiner Rechtsprechung *vor* Verbindlichwerden der Charta ebenso deutlich an wie in der jüngeren Judikatur *danach.*

I. Vor Verbindlichwerden der Charta

Die Rechtsprechung zu den ungeschriebenen Unionsgrundrechten, die bis zum Vertrag von Lissabon für die Anwendbarkeit der Unionsgrundrechte maßgeblich gewesen ist, ist entsprechend den Charta-Erläuterungen[1] zu Art. 51 GRC bei der Auslegung der Vorschrift zu berücksichtigen.[2] Es lohnt sich deshalb, auch sie zu rekapitulieren, um den Anwendungsbereich der nunmehr vorrangig heranzuziehenden Charta zu bestimmen.

Bereits mit der *Wachauf*-Entscheidung von 1989 hat der EuGH die nunmehr in Art. 51 Abs. 1 S. 1 GRC angelegte Formel geprägt, die Mitgliedstaaten seien „bei der Durchführung einer gemeinschaftsrechtlichen Regelung"[3] an die Unionsgrundrechte gebunden.[4] Konkret bejahte der EuGH dort die Unionsgrundrechtsbindung einer mitgliedstaatlichen Behörde, die eine unionale Verordnung anwendet. Man spricht in solchen Konstellationen in der Literatur auch plastisch von einer sog. *agency*-Situation[5], in der der durchführende Mitgliedstaat als „verlängerter Arm" der Union handelt.

---

[1] ABl. EU C 303 v. 14.12.2007, S. 32.

[2] EuGH v. 26.02.2013 – Rs. C-617/10 (*Åkerberg Fransson*), NJW 2013, 1415, Rn. 20.; EuArbRK/*Schubert*, Art. 51 GRC Rn. 15; *Pirker*, Anwendung der Unionsgrundrechte, 2018, S. 292 ff.

[3] EuGH v. 13.07.1989 – Rs. 5/88 (*Wachauf*), Slg. 1989, 2609, Rn. 19. Bestätigt u.a. in: EuGH v. 14.07.1994 – Rs. C-351/92 (*Graff*), Slg. 1994, I-3361 = BeckRS 2004, 76656, Rn. 16 f.; EuGH v. 15.02.1996 – Rs. C-63/93 (*Fintan Duff*), Slg. 1996, I-569 = BeckRS 2004, 77646, Rn. 29; EuGH v. 13.04.2000 – Rs. C-292/97 (*Karlsson*), Slg. 2000, I-2737 = BeckRS 2004, 76064, Rn. 37.

[4] Vgl. zum Ganzen *Maier*, Grundrechtsschutz bei der Durchführung von Richtlinien, 2014, S. 51 ff.

[5] Begriff nach *J. H. H. Weiler,* vgl. etwa *Weiler/Lockhart*, CMLR 32 (1995), 51, 73.

Für das Arbeitsrecht besonders bedeutsam sind dann insbesondere die späteren Klarstellungen des EuGH, dass von einer Durchführung in diesem Sinne auch auszugehen ist, wenn ein Mitgliedstaat eine europäische Richtlinie in nationales Recht umsetzt.[6] Sowohl der Gesetzgeber[7], der die Richtlinie normativ umsetzt, als auch die nationalen Gerichte und Behörden[8], die das mitgliedstaatliche Umsetzungsrecht anwenden, sind danach an die Unionsgrundrechte gebunden.[9] Diese Bindung bestehe ab dem Zeitpunkt, in dem die Umsetzungsfrist der Richtlinie abgelaufen ist, denn dann falle nationales Recht in den Anwendungsbereich des Unionsrechts.[10] Dabei komme es nicht darauf an, ob das anzuwendende nationale Recht erst nach Erlass der Richtlinie bzw. nach Ablauf ihrer Umsetzungsfrist verabschiedet wurde oder schon vorher galt. Es genügt für einen hinreichenden unionsrechtlichen Bezug bereits, dass das nationale Recht inhaltlich in den Anwendungsbereich der Richtlinie fällt, deren Umsetzungsfrist bereits abgelaufen ist.[11]

Mit seiner *ERT*-Entscheidung[12] aus dem Jahr 1991 hat der EuGH daneben einen zweiten Anwendungsbereich für die Unionsgrundrechte etabliert. Danach werden die Grundrechte der GRC außer bei einer Durchführung im oben genannten Sinne auch bei der Rechtfertigungsprüfung von Beschränkungen der Grundfreiheiten als Schranken-Schranken[13] relevant.[14] Darüber hinaus können die Unionsgrundrechte nach der darauf aufbauenden Entscheidung in der Rechtssache *Schmidberger*[15] bereits als Schranken der Grundfreiheiten fungieren. In beiden Konstellationen geht der EuGH von einer Anwendbarkeit der Unionsgrundrechte aus.[16] Unmittelbare Rechtsfolgen für das nationale Arbeitsrecht oder gar die privaten Arbeitsvertragsparteien aus dem Grundrecht selbst,

---

[6] EuGH v. 12.12.1996 – Verb. Rs. C-74/95, C-129/95 (*Strafverfahren gegen X)*, Slg. 1996, I-6609 = NZA 1997, 307, Rn. 25 f. Auch die Entscheidung EuGH v. 29.01.2008 – Rs. C-275/06 (*Promusicae*), NJW 2008, 743, Rn. 68 wird in diese Richtung interpretiert, vgl. EuArbRK/*Schubert*, Art. 51 GRC Rn. 22 (in der 3. Auflage).

[7] EuGH v. 27.06.2006 – Rs. C-540/03 (*Familienzusammenführung*), NVwZ 2006, 1033, Rn. 105. Zu dieser Einordnung *Maier*, Grundrechtsschutz bei der Durchführung von Richtlinien, 2014, S. 60.

[8] EuGH v. 06.11.2003 – C-101/01 (*Lindqvist*), EuZW 2004, 245, Rn. 87.

[9] Einordnend *Maier*, Grundrechtsschutz bei der Durchführung von Richtlinien, 2014, S. 58 ff.

[10] EuGH v. 19.01.2010 – Rs. C-555/07 (*Kücükdeveci*), NZA 2010, 85, Rn. 24 f. zum noch ungeschriebenen Verbot der Altersdiskriminierung. Der Verweis auf die Grundrechtecharta erfolgt hier noch hilfsweise.

[11] EuGH v. 07.09.2006 – Rs. C-81/05 (*Cordero Alonso*), NZA 2006, 1347, Rn. 31, 32, 37; EuGH v. 17.01.2008 – Rs. C-246/06 (*Velsaco Navarro*), NZA 2008, 287, Rn. 32.

[12] EuGH v. 18.06.1991 – Rs. C-260/89 (*ERT*), Slg. 1991, I-2925, Rn. 42 ff. = NJW 1992, 2621 6. Leitsatz.

[13] Meyer/Hölscheidt/*Schwerdtfeger*, Art. 51 Rn. 39; EuArbRK/*Schubert*, Art. 51 GRC Rn. 32 f.

[14] *Jarass*/*Kment*, EuGR, 2. Auflage, 2019, § 4 Rn. 16 m.w.N.

[15] EuGH v. 12.06.2003 – Rs. C-112/00 (*Schmidberger*), NJW 2003, 3185.

[16] Vgl. zum Ganzen ausführlich Streinz/*Streinz*/*W. Michl*, Art. 51 GRC Rn. 15 ff.

die den Gegenstand der vorliegenden Untersuchung bilden, ergeben sich jedoch in diesen Anwendungsfällen nicht; auf die Horizontalwirkung der Grundrechte nach dem hier zugrunde gelegten Begriffsverständnis kommt es dafür nicht an.[17] Und überhaupt handelt es sich bei der Eröffnung des Anwendungsbereichs der Grundrechte durch arbeitsrechtliche Richtlinien aufgrund der hohen Richtliniendichte um den für das Arbeitsrecht bedeutsameren Fall.[18] Das belegt die einschlägige Rechtsprechung des EuGH. Aus diesen Gründen kann die Grundfreiheiten-Konstellation, die aufgrund der beschränkten Anwendbarkeit der Grundfreiheiten stets grenzüberschreitende Sachverhalte betrifft, aus der Untersuchung ausgeklammert werden. Im Zentrum steht die Durchführung unionaler Richtlinien.

II. Nach Verbindlichwerden der Charta

Unter Geltung des Art. 51 Abs. 1 S. 1 Alt. 2 GRC ist der EuGH von diesem Verständnis nicht abgerückt, sondern hat die zu den ungeschriebenen Unionsgrundrechten entwickelten Grundsätze im Wesentlichen auf die Charta übertragen.[19] Klar ist dabei vor allem, dass er weiterhin davon ausgeht, dass in der Umsetzung einer Richtlinie und der Anwendung richtliniendeterminierten Rechts eine Durchführung gem. Art. 51 Abs. 1 S. 1 Alt. 2 GRC liegen soll.[20]

1. Umstrittene Weichenstellung: Rechtssache Åkerberg Fransson

Zentrale Weichenstellung für das Verständnis des EuGH von Art. 51 Abs. 1 S. 1 Alt. 2 GRC ist sein richtungsweisendes[21] Urteil in der Rechtssache *Åkerberg Fransson.*[22] Hier entschied er, dass die Vorschrift die bisherige Rechtsprechung des Gerichtshofs zur Anwendbarkeit der Unionsgrundrechte bestätige.[23] Dieser Judikatur entspreche es, dass immer dann, wenn eine nationale Vorschrift in den „Geltungsbereich des Unionsrechts" falle, die Unionsgrundrechte in den Mitgliedstaaten zu beachten seien.[24]

---

[17] So auch *Müller-Graff*, EuR 2014, 3, 26. Ähnlich *Höpfner*, ZfA 2010, 449, 468.

[18] *Kamanabrou*, in: Heiderhoff/Lohsse/Schulze (Hrsg.), EU-Grundrechte und Privatrecht, 2016, S. 167, 173 f.

[19] So auch *Geiß*, DÖV 2014, 265, 266; *Maier*, Grundrechtsschutz bei der Durchführung von Richtlinien, 2014, S. 181; EuArbRK/*Schubert*, Art. 51 GRC Rn. 16; Preis/Sagan/*Pötters*, § 3 Rn. 23; *Greif*, Die Unanwendbarkeit richtlinienwidriger deutscher Arbeitsgesetze, 2016, S. 153.

[20] So ausdrücklich etwa in EuGH v. 29.07.2019 – Rs. C-476/17 (*Pelham u.a.*), NJW 2019, 2913, Rn. 79. Etwas allgemeiner EuGH v. 09.03.2017 – Rs. C-406/15 (*Milkova*), NZA 2017, 439, Rn. 50 f.

[21] *Pirker*, Anwendung der Unionsgrundrechte, 2018, S. 259; *Edenharter*, Grundrechtsschutz, 2018, S. 697.

[22] EuGH v. 26.02.2013 – Rs. C-617/10 (*Åkerberg Fransson*), NJW 2013, 1415, Rn. 17.

[23] EuGH v. 26.02.2013 – Rs. C-617/10 (*Åkerberg Fransson*), NJW 2013, 1415, Rn. 18.

[24] EuGH v. 26.02.2013 – Rs. C-617/10 (*Åkerberg Fransson*), NJW 2013, 1415, Rn. 19.

Damit schien der EuGH seine bisherige Rechtsprechung konsequent auf die GRC übertragen zu wollen. Gleichwohl wurde die Entscheidung von Stimmen in der Literatur und – in der Tendenz – sogar vom BVerfG[25] zum Anlass genommen, dem EuGH eine Ausweitung des Anwendungsbereichs der Unionsgrundrechte zu unterstellen.[26] Der Grund hierfür lag nicht so sehr in den abstrakten Ausführungen des EuGH zur Anwendbarkeit der GRC selbst, sondern vielmehr in der Anwendung dieser Kriterien auf den zugrundeliegenden Sachverhalt[27]: Das vorlegende Gericht wollte vom EuGH wissen, ob das in Art. 50 GRC niedergelegte Verbot der Doppelbestrafung verletzt ist. Anlass dazu bestand, weil die schwedische Staatsanwaltschaft im Ausgangsfall Anklage wegen Steuerhinterziehung erhoben hatte, obwohl die schwedischen Steuerbehörden dem Angeklagten bereits ihrerseits mit bestandskräftigen Bescheiden Steuerzuschläge auferlegt hatten. Schon die Zuständigkeit des EuGH war hier wenig naheliegend[28], schließlich betraf der Fall im Kern das nationale schwedische Steuer- und Strafrecht und damit Materien, die in keiner Weise richtliniendeterminiert gewesen waren. Dennoch bejahte der EuGH die Anwendbarkeit der GRC mit folgender Begründung[29]: Weil der Angeklagte zumindest auch[30] Mehrwertsteuern hinterzogen hatte, war nach Ansicht des Gerichtshofs der Anwendungsbereich der Richtlinie 2006/112/EG über das Mehrwertsteuersystem eröffnet. Eine Zusammenschau mit Art. 4 Abs. 3 EUV und Art. 325 AEUV ergebe, dass Vorschriften zur Regelung nationaler steuerlicher Sanktionen sowie Strafverfahren bei der Hinterziehung von Mehrwertsteuern Durchführungsmaßnahmen zur Erfüllung dieser Verpflichtung darstellen. Damit liege eine „Durchführung von Unionsrecht" vor, die den Anwendungsbereich gem. Art. 51 Abs. 1 S. 1 Alt. 2 GRC eröffne.

Diese Herleitung des unionsrechtlichen Bezugs ist in der Literatur auf Kritik gestoßen[31]; dem EuGH wurde vorgeworfen, seine Argumentation wirke kon-

---

[25] BVerfG v. 24.04.2013 – 1 BvR 1215//07 (*Antiterrordatei*), NJW 2013, 1499, Rn. 90. Hierzu sogleich unter B.

[26] In diesem Sinne etwa *Maier*, Grundrechtsschutz bei der Durchführung von Richtlinien, 2014, S. 173 f. Ähnlich auch *Geiß*, DÖV 2014, 265, 266.

[27] *Edenharter*, Grundrechtsschutz, 2018, S. 702 f.; *Pirker*, Anwendung der Unionsgrundrechte, 2018, S. 341.

[28] Aus diesem Grund hielten die Regierungen Schwedens, Tschechiens, Dänemarks, der Niederlande und Irlands sowie die Europäische Kommission die Vorlage bereits für unzulässig, vgl. *Safferling*, NStZ 2014, 545, 547; *Edenharter*, Grundrechtsschutz, 2018, S. 698.

[29] EuGH v. 26.02.2013 – Rs. C-617/10 (*Åkerberg Fransson*), NJW 2013, 1415 Rn. 24 ff.

[30] Der EuGH spricht insoweit davon, dass Strafverfahren stehe „teilweise im Zusammenhang mit der Nichteinhaltung von Mitteilungspflichten auf dem Gebiet der Mehrwertsteuer", EuGH v. 26.02.2013 – Rs. C-617/10 (*Åkerberg Fransson*), NJW 2013, 1415, Rn. 24.

[31] *Masing*, JZ 2015, 477, 482; *Geiß*, DÖV 2014, 265, 267 f.; *Rabe*, NJW 2013, 1407, 1408; *Krebber*, EuZA 2016, 3, 6 f.; *Safferling*, NStZ 2014, 545, 548; *Voßkuhle/Wischmeyer*, JuS 2017, 1171, 1173; *Maier*, Grundrechtsschutz bei der Durchführung von Richtlinien, 2014, S. 172 f. In der Tendenz anders aber *Greif*, Die Unanwendbarkeit richtlinienwidriger deutscher Arbeitsgesetze, 2016, S. 162 ff., der das weite Verständnis des EuGH befürwortet, ohne dabei jedoch auf die Tragbarkeit der Anwendung der Kriterien auf den konkreten Einzelfall einzugehen.

struiert.[32] Diese Kritik erging auch zu Recht, denn jedenfalls im konkreten Rechtsstreit war tatsächlich allenfalls ein abstrakter Bezug zum Unionsrecht feststellbar.[33] Die maßgeblichen mehrwertsteuerrechtlichen Vorgaben des primären und sekundären Unionsrechts wirkten sich allenfalls mittelbar-faktisch, nicht aber hinreichend unmittelbar aus.[34] Richtigerweise hätte der EuGH die Anwendbarkeit der Charta verneinen müssen, wenn er seinen eigenen Prüfungsmaßstab berücksichtigt hätte. Dass der Gerichtshof dennoch anders entschied, könnte der Einzelfallgerechtigkeit geschuldet gewesen sein. Denn aus Sicht mancher Beobachter wäre, wegen der Eigenheiten des schwedischen Verfassungsrechts, ohne den Rückgriff auf die Unionsgrundrechte wohl kein effektiver Grundrechtsschutz möglich gewesen.[35] Derartige Einzelfallumstände legen nahe, dass man die Reichweite der Entscheidung im Gesamtkontext nicht überinterpretieren sollte.[36] Zwar ist die generelle Formel, dass die Unionsgrundrechte vom Mitgliedstaat immer dann zu beachten sind, wenn eine nationale Vorschrift in den Geltungsbereich des Unionsrechts fällt[37], konkretisierungsbedürftig und lässt letztlich mehrere Lesarten zu.[38] Trotz alledem deckten sich die abstrakten Aussagen zur Anwendbarkeit der GRC in *Åkerberg Fransson* aber doch im Wesentlichen mit der Linie des Gerichtshofs zum Anwendungsbereich der noch ungeschriebenen Unionsgrundrechte.[39] Insoweit war die Entscheidung weniger explosiv als gemeinhin angenommen.

2. *Weitgehende Entspannung durch Folgeentscheidungen*

Eine solche Annahme ist jedenfalls dann gerechtfertigt, wenn man die Entscheidung vor dem Hintergrund der Folgerechtsprechung des EuGH betrachtet. In einer Vielzahl an Judikaten ist nämlich inzwischen eine Konkretisierung der weiten *Fransson*-Formel erfolgt. Der Gerichtshof hat der Entscheidung so sukzessive die Sprengkraft genommen.[40] Schon ein Jahr später hat er etwa in der Rechtssache *Siragusa* ausdrücklich darauf hingewiesen, dass der Begriff der „Durchführung des Rechts der Union" gem. Art. 51 Abs. 1 S. 1 Alt. 2 GRC „einen hinreichenden Zusammenhang von einem gewissen Grad verlangt, der darüber hin-

---

[32] Mit ähnlichem Befund *Safferling*, NStZ 2014, 545, 548. Kritik auch bei *Maier*, Grundrechtsschutz bei der Durchführung von Richtlinien, 2014, S. 172 f.

[33] Meyer/Hölscheidt/*Schwerdtfeger*, Art. 51 Rn. 44.

[34] *Voßkuhle*/*Wischmeyer*, JuS 2017, 1171, 1173; *Masing*, JZ 2015, 477, 482.

[35] So Streinz/*Streinz*/*W. Michl*, Art. 51 GRC Rn. 29; *Wendel*, JZ 2020, 157, 160 Fn. 39; *Lepsius*, JZ 2019, 793, 799.

[36] Tendenziell *Lepsius*, JZ 2019, 793, 799.

[37] EuGH v. 26.02.2013 – Rs. C-617/10 (*Åkerberg Fransson*), NJW 2013, 1415, Rn. 19.

[38] *Geiß*, DÖV 2014, 265, 269.

[39] *Pirker*, Anwendung der Unionsgrundrechte, 2018, S. 341.

[40] So auch Meyer/Hölscheidt/*Schwerdtfeger*, Art. 51 Rn. 46; Preis/Sagan/*Pötters*, § 3 Rn. 20 ff.; Stern/Sachs-GRC/*Ladenburger*/*Vondung*, Art. 51 Rn. 27 ff.; *Voßkuhle*/*Wischmeyer*, JuS 2017, 1171, 1173.

ausgeht, dass die fraglichen Sachbereiche benachbart sind oder der eine von ihnen mittelbare Auswirkungen auf den anderen haben kann."[41] Eine Grundrechtsbindung der Mitgliedstaaten sei demnach ausgeschlossen, wenn die unionsrechtlichen Vorschriften in dem betreffenden Sachbereich keine Verpflichtung der Mitgliedstaaten bezüglich des Sachverhalts des Ausgangsverfahrens schaffen.[42] Der EuGH hob außerdem den Zweck der Bindung an die Unionsgrundrechte hervor, der darin liege, Grundrechtsverletzungen sowohl durch Handlungen der Union als auch infolge der Durchführung des Unionsrechts durch die Mitgliedstaaten zu verhindern.[43] Dieses Ziel gründe in der Erwägung, dass der nationale Grundrechtsschutz, der je nach Mitgliedstaat unterschiedlich stark sein kann, den Vorrang, die Einheit und die Wirksamkeit des Unionsrechts nicht beeinträchtigen dürfe.[44]

In weiteren Entscheidungen hat der Gerichtshof diese grundlegenden Aussagen bestätigt und Kriterien entwickelt, anhand derer das Vorliegen eines derart hinreichenden Zusammenhangs bestimmt werden kann. Maßgeblich sei, ob mit der nationalen Regelung eine Durchführung einer unionsrechtlichen Bestimmung bezweckt werde oder welchen Charakter diese Regelung habe. Darüber hinaus komme es darauf an, ob mit der nationalen Vorschrift womöglich andere als die unter das Unionsrecht fallenden Ziele verfolgt werden sowie ob es etwaige unionsrechtliche Regelungen gibt, die für den jeweiligen Bereich spezifisch sind oder ihn beeinflussen können.[45] Der EuGH nennt damit vier Kriterien, die jedoch nicht abschließend sind[46]: Den Durchführungszweck einer Bestimmung, den Charakter der Regelung, das Ziel der Regelung sowie die Existenz einer unionsrechtlichen Bestimmung, „die für diesen Bereich spezifisch ist oder ihn beeinflussen kann.". Dies bietet zumindest ein etwas höheres Maß an Rechtssicherheit. In der Literatur wird allerdings auch zutreffend darauf hingewiesen, dass der Rechtsprechung des EuGH nicht mit hinreichender Sicherheit entnommen werden kann, wie die Kriterien zueinander gewichtet werden können.[47] Rechtsunsicherheiten können deshalb auch weiterhin nicht ausgeschlossen werden. In der Rechtssache *Texdata*[48] hat der Gerichtshof beispielsweise implizit[49]

---

[41] EuGH v. 06.03.2014 – Rs. C-206/13 (*Siragusa*), NVwZ 2014, 575, Rn. 24.

[42] EuGH v. 06.03.2014 – Rs. C-206/13 (*Siragusa*), NVwZ 2014, 575, Rn. 26.

[43] EuGH v. 06.03.2014 – Rs. C-206/13 (*Siragusa*), NVwZ 2014, 575, Rn. 31.

[44] EuGH v. 06.03.2014 – Rs. C-206/13 (*Siragusa*), NVwZ 2014, 575, Rn. 32.

[45] Grundlegend EuGH v. 08.05.2013 – Rs. C-87/12 (*Ymeraga)*, BeckRS 2013, 80932, Rn. 41. Seither st. Rspr., vgl. EuGH v. 06.03.2014 – Rs. C-206/13 (*Siragusa*), NVwZ 2014, 575, Rn. 25; EuGH v. 27.03.2014 – Rs. C-265/13 (*Torralbo*), BeckRS 2014, 80614, Rn. 32 ff.; EuGH v. 10.07.2014 – Rs. C-198/13 (*Hernández*), NZA 2014, 1325, Rn. 33; EuGH v. 22.01.2020 – Rs. C-177/18 (*Baldonedo Martín*), AP Richtlinie 99/70/EG Nr. 26, Rn. 59.

[46] EuGH v. 06.03.2014 – Rs. C-206/13 (*Siragusa*), NVwZ 2014, 575 Rn. 25: „[…] ist u.a zu prüfen […]." *Pirker*, Anwendung der Unionsgrundrechte, 2018, S. 367.

[47] *Pirker*, Anwendung der Unionsgrundrechte, 2018, S. 368.

[48] EuGH v. 26.09.2013 – Rs. C-418/11 (*Texdata*), BeckRS 2013, 81868, Rn. 71 ff. Ähnlich auch EuGH v. 06.10.2016 – Rs. C-218/15 (*Paoletti*), BeckRS 2016, 82524, Rn. 18.

[49] Vgl. die Erläuterungen bei *Edenharter*, Grundrechtsschutz, 2018, S. 705.

deutlich gemacht, dass es aus seiner Sicht nicht *stets* erforderlich ist, dass der nationale Gesetzgeber die streitgegenständliche Vorschrift gerade zum Zweck der Durchführung einer Richtlinie erlassen habe. Es sei vielmehr auch eine „faktische Umsetzung“[50] von Unionsrecht denkbar. Das zeigt, dass es dem EuGH für die Anwendbarkeit der Charta nicht zwingend auf die Durchführungsabsicht des nationalen Gesetzgebers ankommt[51] und diese nur eines von mehreren Indizien, nicht aber ein zwingendes Erfordernis darstellt. Damit eine Durchführung also im Einzelfall bejaht werden kann, müssen nicht alle der genannten Kriterien gleichzeitig erfüllt sein.

Und selbst den Rückgriff auf die entwickelten Kriterien an sich hat der Gerichtshof nicht immer konsequent durchgehalten: In der Rechtssache *Hernández* hat der EuGH die erarbeiteten Kriterien auf einen arbeitsrechtlichen Sachverhalt noch vergleichsweise ausführlich angewendet, um die Anwendbarkeit von Art. 20 GRC zu erörtern.[52] In diesem Zusammenhang hat er außerdem klargestellt, dass das bloße Bestehen von Unionskompetenzen (in diesem Fall Art. 19 AEUV) auf dem Gebiet der in Frage stehenden nationalen Vorschrift nicht ausreicht, um den Anwendungsbereich der Charta zu eröffnen.[53]

In der Rechtssache *AMS*[54] und ähnlich gelagerten Entscheidungen[55], die an späterer Stelle noch umfassend analysiert werden sollen, findet sich dagegen wieder die verkürzte Formel, die Unionsgrundrechte fänden in allen „unionsrechtlich geregelten Fallgestaltungen“ Anwendung. Eine Anwendung der inzwischen entwickelten Kriterien fand in diesen Rechtssachen überhaupt nicht statt. Das dürfte indes damit zu erklären sein, dass diese Fälle (jedenfalls prima facie[56]) unstreitig im Anwendungsbereich des Unionsrechts lagen, da es hier um die Umsetzung von zwingenden Mindestvorgaben einer Richtlinie ging.[57] Je unstreitiger die Eröffnung des Anwendungsbereichs der Charta also ist, desto unwahrscheinlicher ist es offenbar, dass der EuGH ausführlich und unter Anwendung abstrakter Kriterien dazu Stellung nimmt. In der Rechtssache *Baldonedo Martín* findet sich etwa wieder eine ausführlichere Prüfung anhand der genannten Kriterien.[58]

---

[50] *Edenharter*, Grundrechtsschutz, 2018, S. 705.

[51] Ähnlich *Pirker*, Anwendung der Unionsgrundrechte, 2018, S. 368.

[52] EuGH v. 10.07.2014 – Rs. C-198/13 (*Hernández*), NZA 2014, 1325, Rn. 37.

[53] EuGH v. 10.07.2014 – Rs. C-198/13 (*Hernández*), NZA 2014, 1325, Rn. 36.

[54] EuGH v. 15.01.2014 – Rs. C-176/12 (*AMS*), NZA 2014, 193, Rn. 42.

[55] Vgl. etwa EuGH v. 19.01.2010 – Rs. C-555/07 (*Kücükdeveci*), NZA 2010, 85, Rn. 23, 54; EuGH v. 26.09. 2013 – Rs. C-476/11 (*HK Danmark*), EuZW 2013, 951, Rn. 20; EuGH v. 19.04.2016 – Rs. C-441/14 (*Dansk Industri*), NZA 2016, 537, Rn. 24, 43.

[56] Zur Kritik an der Grundrechtsbindung des mitgliedstaatlichen Umsetzungsrechts § 4 C. II. 2. b); § 11 B. I. 1.

[57] *Kamanabrou*, in: Heiderhoff/Lohsse/Schulze (Hrsg.), EU-Grundrechte und Privatrecht, 2016, S. 167, 173 f.

[58] EuGH v. 22.01.2020 – Rs. C-177/18 (*Baldonedo Martín*), AP Richtlinie 99/70/EG Nr. 26, Rn. 59 ff.

Das Gesagte lässt die Frage offen, ob eine Bindung des Mitgliedstaats auch zu bejahen ist, wenn eine Richtlinie den Mitgliedstaaten Umsetzungsspielräume belässt oder bloße Mindestregelungen vorschreibt. Ausgehend von seiner Grundaussage, dass stets eine *bestimmte* unionsrechtliche Verpflichtung zum Erlass des nationalen Rechts erforderlich sei, könnte man in diesen Fällen meinen, der EuGH lehne insoweit eine Bindung an die Unionsgrundrechte gänzlich ab. Dem ist jedoch nicht so. Nach Auffassung des Gerichtshofs[59] sind die Mitgliedstaaten auch bei Ausfüllung dieser Spielräume an die Unionsgrundrechte gebunden.[60] So äußerte sich der EuGH in der Rechtssache *Pelham* jüngst ausdrücklich dahingehend, dass aus seiner Sicht „[…] die Umsetzung einer Richtlinie durch die Mitgliedstaaten jedenfalls unter die von Art. 51 der Charta erfasste Situation der Durchführung des Rechts der Union durch die Mitgliedstaaten […]“ fällt.[61] Dabei müsse „[…] das in der Charta vorgesehene grundrechtliche Schutzniveau unabhängig von dem Umsetzungsspielraum der Mitgliedstaaten erreicht werden […].“[62] Eine ausführlichere Begründung für diese Annahme lieferte der EuGH allerdings bisher – entsprechend seinem typisch apodiktischen Urteilsstil – nicht. Er beschränkt sich vielmehr auf eine relativ oberflächliche Wiedergabe seiner vorangegangenen Rechtsprechung.[63]

Was konkret die Grundrechtsbindung bei Richtliniendurchführung bzw. diesbezüglicher Rechtsanwendung durch die nationalen Gerichte im Bereich der Mindestharmonisierung angeht, die wegen Art. 153 Abs. 4 AEUV den Regelfall im Arbeitsrecht darstellt, ist zu unterscheiden: Hinsichtlich der zwingenden unionsrechtlichen Mindestvorgabe ist nach dem EuGH unproblematisch von einer Bindung an die Unionsgrundrechte auszugehen.[64] In Fällen, in denen eine nationale Vorschrift über den Richtlinieninhalt (sog. überschießende Umsetzung) hinausgeht, lehnte der EuGH in seiner Rechtsprechung eine Grundrechtsbindung hinsichtlich des überschießenden nationalen Rechts zumeist ab; vereinzelt

---

[59] EuGH v. 09.03.2017 – Rs. C-406/15 (*Milkova*), NZA 2017, 439, Rn. 52 ff.; EuGH v. 22.09.2016 – Rs. C-110/15 (*Nokia Italia u.a.*), BeckRS 2016, 82381, Rn. 44. Vor Verbindlichwerden der Charta: EuGH v. 27.06.2006 – Rs. C-540/03 (*Familienzusammenführung*), NVwZ 2006, 1033, Rn. 105. Zu Spielräumen bei Anwendung einer Verordnung EuGH v. 21.12.2011 – Rs. C-411/10, C-493/10 (*N. S. u.a.*), NVwZ 2012, 417, Rn. 64 ff.

[60] EuGH v. 09.03.2017 – Rs. C-406/15 (*Milkova*), NZA 2017, 439, Rn. 52 ff.; EuGH v. 29.07.2019 – Rs. C-476/17 (*Pelham u.a.*), NJW 2019, 2913, Rn. 79. Erläuternd *Pirker*, Anwendung der Unionsgrundrechte, 2018, S. 413 ff.; *Jarass/Kment*, EuGR, 2. Auflage, 2019, § 4 Rn. 12 ff.

[61] EuGH v. 29.07.2019 – Rs. C-476/17 (*Pelham u.a.*), NJW 2019, 2913, Rn. 79.

[62] EuGH v. 29.07.2019 – Rs. C-476/17 (*Pelham u.a.*), NJW 2019, 2913, Rn. 79.

[63] Exemplarisch EuGH v. 09.03.2017 – Rs. C-406/15 (*Milkova*), NZA 2017, 439, Rn. 52 ff.

[64] Das ergibt sich z.B. deutlich im Umkehrschluss aus EuGH v. 19.11.2019 – Rs. C-09/17, C-610/17 (*TSN*), NZA 2019, 1631, Rn. 45: Wenn der EuGH die Grundrechtsbindung hinsichtlich des über den in der Richtlinie vorgegebenen Mindesturlaub hinausgehenden Anspruchs problematisiert, geht er implizit davon aus, dass eine Grundrechtsbindung hinsichtlich des zwingenden Mindesturlaubsanspruchs zu bejahen ist.

bejahte er sie allerdings auch.[65] Vor Verbindlichwerden der Charta hatte der EuGH in den Entscheidungen *Deponiezweckverband Eiterköpfe*[66] und *Borsana*[67] eine Grundrechtsbindung bei überschießender Richtlinienumsetzung verneint.[68] Und in der Rechtssache *Hernández*[69] stellte der Gerichtshof ausdrücklich auch für die Charta fest, dass eine auf Art. 153 AEUV basierende Richtlinie den Mitgliedstaaten nicht das Recht nimmt, günstigere Rechtsvorschriften zu erlassen.[70] Machen die Mitgliedstaaten davon Gebrauch, seien die über den Richtlinieninhalt hinausgehenden Vorschriften nicht als Durchführung zu verstehen und deshalb auch nicht am Maßstab der Unionsgrundrechte zu messen, so der Gerichtshof.[71]

Dies musste jedoch verwundern, hatte er ein Jahr zuvor in *Alemo-Herron*[72] noch genau gegensätzlich entschieden: Obwohl auch diesem Fall eine mindestharmonisierende Richtlinie, nämlich die Betriebsübergangsrichtlinie 2001/23/EG, zugrunde lag, erklärte der Gerichtshof Art. 16 GRC für anwendbar.[73] Die Tatsache, so der EuGH, dass die Richtlinie für die Arbeitnehmer günstigere Vorschriften zulasse, führe nicht dazu, dass die „Mitgliedstaaten zum Erlass von Maßnahmen ermächtigt [seien], die zwar für die Arbeitnehmer günstiger sind, aber den Wesensgehalt des Rechts des Erwerbers auf unternehmerische Freiheit beeinträchtigen können".

Eine jüngere urlaubsrechtliche Entscheidung, in der es um die Anwendbarkeit von Art. 31 Abs. 2 GRC ging, deutet nun aber wiederum in die andere Richtung: So entschied der EuGH in der Rechtssache *TSN*, dass das Grundrecht auf bezahlten Jahresurlaub nicht auf den über den in Art. 7 Abs. 1 der Arbeitszeitrichtlinie 2003/88/EG[74] gesetzlich oder auch tarifvertraglich hinausgehenden Mindesturlaub von vier Wochen anzuwenden ist.[75] Er wich damit vom Vorschlag des Generalanwalts *Bot* ab, der sich in dieser Konstellation für die Anwendbarkeit der Charta ausgesprochen hatte.[76] Zwar gelte die Charta grundsätzlich in allen unionsrechtlich geregelten Fallgestaltungen.[77] Im Ergebnis würden die Mitglied-

---

[65] Vgl. hierzu *Maier*, Grundrechtsschutz bei der Durchführung von Richtlinien, 2014, S. 91.

[66] EuGH v. 14.04.2005 – Rs. C-6/03 (*Deponiezweckverband Eiterköpfe*), EuZW 2005, 413, Rn. 63.

[67] EuGH v. 17.12.1998 – Rs. C-2/97 (*Borsana*), NZA 1999, 811, Rn. 40.

[68] Ähnlich die Einschätzung von GA *Bot*, Schlussanträge v. 04.06.2019 – Rs. C-609/17, C-610 (*TSN*), BeckRS 2019, 10245, Rn. 79 f.

[69] EuGH v. 10.07.2014 – Rs. C-198/13 (*Hernández*), NZA 2014, 1325, Rn. 44.

[70] Vgl. dazu *Pirker*, Anwendung der Unionsgrundrechte, 2018, S. 446.

[71] EuGH v. 10.07.2014 – Rs. C-198/13 (*Hernández*), NZA 2014, 1325, Rn. 45.

[72] EuGH v. 18.07.2013 – Rs. C-426711 (*Alemo-Herron*), NZA 2013, 835.

[73] EuGH v. 18.07.2013 – Rs. C-426711 (*Alemo-Herron*), NZA 2013, 835, Rn. 36.

[74] EuGH v. 19.11.2019 – Rs. C-609/17, C-610/17 (*TSN*), NZA 2019, 1631.

[75] EuGH v. 19.11.2019 – Rs. C-609/17, C-610/17 (*TSN*), NZA 2019, 1631, Rn. 55.

[76] GA *Bot*, Schlussanträge v. 04.06.2019 – Rs. C-609/17, C-610/17 (*TSN*), BeckRS 2019, 10245, Rn. 86 ff.

[77] EuGH v. 19.11.2019 – Rs. C-609/17, C-610/17 (*TSN*), NZA 2019, 1631, Rn. 43.

staaten hinsichtlich derartiger Regelungen aber nicht aufgrund einer „im Recht der Union begründeten Rechtsetzungsbefugnis“[78] tätig. So finde sich zwar in Art. 15 der Richtlinie eine Vorschrift, die den Mitgliedstaaten ausdrücklich das Recht zuspreche, günstigere Maßnahmen als die in der Richtlinie vorzusehen. Dieses Recht ergebe sich aber nicht erst aus dieser Vorschrift, sondern sei schon Folge der im höherrangigen Primärrecht wurzelnden Kompetenzordnung in der Sozialpolitik gem. Art. 153 Abs. 4 AEUV.[79]

Ausgehend hiervon ist anzunehmen, dass der EuGH zumindest im Anwendungsbereich dieser Kompetenznorm und damit immerhin im Großteil des Arbeitsrechts mit hoher Wahrscheinlichkeit eine Grundrechtsbindung bei überschießender Richtlinienumsetzung im Rahmen der Mindestharmonisierung ablehnt.[80] Gesichert ist dieser Befund jedoch nicht, lässt der EuGH doch jede Auseinandersetzung mit der gegenteiligen Auffassung in *Alemo-Herron* vermissen. Deshalb ist nicht geklärt ist, ob der EuGH seine *Alemo-Herron*-Rechtsprechung tatsächlich aufgegeben hat oder die unterschiedlichen Ergebnisse den Besonderheiten der jeweiligen Rechtssache geschuldet sind.[81]

3. Zwischenergebnis

Aus Sicht des EuGH ist von einer Bindung der Mitgliedstaaten jedenfalls bei der Umsetzung zwingender Richtlinienvorgaben und der Anwendung entsprechenden Umsetzungsrechts auszugehen. Auch das bloße Bestehen von Spielräumen alleine reicht für den Gerichtshof nicht aus, um eine mitgliedstaatliche Bindung an die Unionsgrundrechte von vornherein auszuschließen. Anders scheint es der EuGH nur im Bereich der überschießenden Umsetzung mindestharmonisierender Richtlinien zu sehen. Hier spricht ein Blick auf die jüngere Rechtsprechung gegen eine Bindung an die GRC bezüglich der überschießenden nationalen Vorschriften. Gesichert ist dies jedoch nicht, da in solchen Fällen auch vereinzelt eine Bindung bejaht wurde.

B. BVerfG: Von der Trennung zur Kombination der Grundrechtsräume

Was die Grundrechtsbindung bei zwingenden Richtlinienvorgaben anbelangt, sind BVerfG und EuGH schon seit der *Emissionshandel*-Entscheidung[82] des BVerfG aus dem Jahr 2007 einer Meinung. Bei der Umsetzung zwingender Richt-

---

[78] EuGH v. 19.11.2019 – Rs. C-609/17, C-610/17 (*TSN*), NZA 2019, 1631, Rn. 49.

[79] EuGH v. 19.11.2019 – Rs. C-609/17, C-610/17 (*TSN*), NZA 2019, 1631, Rn. 48.

[80] Anders noch *Maier*, Grundrechtsschutz bei der Durchführung von Richtlinien, 2014, S. 173.

[81] So auch *Sagan*, EuZW 2020, 72, 73.

[82] BVerfG v. 13.03.2007 – 1 BvF 1/05 (*Emissionshandel*), BVerfGE 118, 79, 95.

linienvorgaben sind auch aus Sicht des BVerfG allein die Unionsgrundrechte maßgeblich.[83] Die auf das GG bezogene Grundrechtsimmunität des nationalen Rechts[84] wird erst dann aufgehoben, wenn der Sekundärrechtsakt seinerseits nichtig ist, etwa weil er selbst gegen Unionsgrundrechte verstößt. Erst dann ist eine Prüfung am Maßstab des GG möglich.

Hinsichtlich der konkreten Anforderungen an den erforderlichen unionsrechtlichen Bezug ging das BVerfG ursprünglich von einem engeren Anwendungsbereich der Unionsgrundrechte als der EuGH aus. Angedeutet hatte es dies bereits 2013, als es sich in seiner *Antiterrordatei*-Entscheidung[85] kurz nach Verkündung der *Åkerberg Fransson*-Entscheidung gezwungen sah, selbst zur Auslegung von Art. 51 Abs. 1 S. 1 Alt. 2 GRC Stellung zu nehmen. Das Gericht befasste sich mit Blick auf die Anwendbarkeit von Art. 8 GRC mit der Frage, ob das deutsche Antiterrordateigesetz sowie die auf seiner Grundlage erfolgende Tätigkeit der Sicherheitsbehörden und Nachrichtendienste als Durchführung von Unionsrecht anzusehen sei, und verneinte diese Frage überzeugend[86]: Es sei, so das Gericht, „unzweifelhaft[87]" keine Durchführung von Unionsrecht gegeben, wenn die nationalen Maßnahmen weder in den Anwendungsbereich der einschlägigen Richtlinie fallen, noch sonst eine unionsrechtliche Verpflichtung für ihren Erlass besteht.[88]

Und obwohl im zu entscheidenden Fall die Grundrechtsbindung im Ergebnis zutreffend verneint wurde und höchstwahrscheinlich auch vom EuGH abgelehnt worden wäre, besaß die Entscheidung eine gewisse Brisanz. Denn über die Ausführungen zur Sache hinaus sah sich das BVerfG veranlasst, einen mehr oder weniger subtilen Warnschuss in Richtung Luxemburg abzugeben.[89] Der Entscheidung in der Rechtssache *Åkerberg Fransson* dürfe nämlich, so die Karlsruher Richter, keine Lesart unterlegt werden, die als offensichtlicher Ultra-vires-Akt zu beurteilen wäre oder die Verfassungsidentität in Frage stelle. Deshalb könne sie nicht in einer Weise verstanden und angewendet werden, nach der für eine Bindung der Mitgliedstaaten an die Unionsgrundrechte jeder sachliche Bezug einer Regelung zum bloß abstrakten Anwendungsbereich des Unionsrechts oder rein tatsächliche Auswirkungen auf dieses ausreichen. Vielmehr sei entscheidend, dass die europäischen Grundrechte der Charta nur in „unionsrechtlich geregelten Fallgestaltungen, aber nicht außerhalb derselben Anwendung finden".[90]

---

[83] Erläuternd und zustimmend *Schmahl*, EuR-Beiheft 2008, 7, 14 ff.

[84] *Holz*, NVwZ 2007, 1153 ff.

[85] BVerfG v. 24.04.2013 – 1 BvR 1215/07 (*Antiterrordatei*), NJW 2013, 1499.

[86] Obwohl die Bindung an das Unionsgrundrecht im zugrundeliegenden Fall streng genommen gar keine entscheidungserhebliche Vorfrage dargestellt haben dürfte, vgl. *Gärditz*, JZ 2013, 633, 636.

[87] BVerfG v. 24.04.2013 – 1 BvR 1215/07 (*Antiterrordatei*), NJW 2013, 1499, Rn. 90.

[88] BVerfG v. 24.04.2013 – 1 BvR 1215/07 (*Antiterrordatei*), NJW 2013, 1499, Rn. 90.

[89] *Gärditz*, JZ 2013, 633, 635.

[90] BVerfG v. 24.04.2013 – 1 BvR 1215/07 (*Antiterrordatei*), NJW 2013, 1499, Rn. 91.

Das BVerfG erkannte also, dass die Grundsatzentscheidung des EuGH mehrere Lesarten zulässt, nämlich eine weitgehende und eine weniger weitgehende. Ohne sich dann konkret festzulegen, wie man selbst die Entscheidung verstehe, hielt es das Gericht für angebracht, dem EuGH aufzuzeigen, dass jedenfalls die weitergehende Variante in Deutschland verfassungsrechtlich unzulässig wäre, und wies mahnend auf insoweit denkbare Kontrollvorbehalte hin.[91]

Diese Ausführungen wurden in der Öffentlichkeit teils als Eskalation eines Konflikts zwischen beiden Gerichten angesehen.[92] Manche Autoren interpretieren sie als Ankündigung, dem EuGH die Gefolgschaft zu verweigern.[93] Vereinzelt sah man gar das Kooperationsverhältnis der Gerichte „am Boden".[94] Betrachtet man die Entscheidung hingegen etwas nüchterner, was im Rückblick naturgemäß leichter fällt, und bemüht sich dabei, dies „frei von martialischem Vokabular[95]" zu tun, so liegt ein optimistischer Befund näher.[96] Zu beachten ist nämlich, dass der EuGH mit *Åkerberg Fransson* erst begonnen hatte, seiner Auffassung zum Anwendungsbereich der Charta Konturen zu verleihen. Das BVerfG erkannte hier wohl seine Chance, frühzeitig selbst Einfluss auf die Entwicklung dieser Rechtsprechungslinie zu nehmen.[97] Dabei hat es dem EuGH nicht etwa destruktiv gedroht, seiner Rechtsauffassung nicht zu folgen, sondern formulierte konstruktiv diejenigen Voraussetzungen, unter deren Vorbehalt seine Gefolgschaft steht. Als Umkehrschluss aus der negativen Feststellung, welcher Lesart aus Sicht des BVerfG nicht gefolgt werden kann, lässt sich nämlich ebenso gut positiv ablesen, dass man mit der engeren Lesart durchaus einverstanden gewesen ist.[98] Dementsprechend blieb auch der befürchtete Höhepunkt eines angeblichen Machtkampfes aus. Im Gegenteil hat der Gerichtshof, wie oben dargestellt, seine Linie in der Folgezeit weiter präzisiert und dabei gezeigt, dass *Åkerberg Fransson* gerade nicht der vom BVerfG kritisierten weiten Lesart zu unterziehen sei.[99] Dies dürfte maßgeblich auch auf den frühen Impuls aus Karlsruhe zurückgehen.[100] Der Dialog zwischen beiden Gerichte hat in dieser Hinsicht also gut funktioniert.[101]

---

[91] BVerfG v. 24.04.2013 – 1 BvR 1215/07 (*Antiterrordatei*), NJW 2013, 1499, Rn. 91.

[92] So sprach etwa *Hipp,* Der Spiegel 10/13, S. 39 von einem „Richterkrieg". Weitere Beispiele für entsprechende Stimmen aus der Tagespresse finden sich bei *Winter*, NZA 2013, 473, 474.

[93] So bspw. *Thym*, NVwZ 2013, 889, 890.

[94] *Ohler*, NVwZ 2013, 1433, 1438.

[95] *Lenaerts*, EuR 2015, 3.

[96] *Weiß*, EuZW 2013, 287, 292.

[97] In diese Richtung bereits *Geiß*, DÖV 2014, 265, 269.

[98] So auch *Edenharter*, Grundrechtsschutz, 2018, S. 716; *Geiß*, DÖV 2014, 265, 269 f.

[99] Meyer/Hölscheidt/*Schwerdtfeger*, Art. 51 Rn. 46 f.; *Classen*, EuR 2017, 347, 349.

[100] Allgemein zur „Taktgeber"-Rolle des BVerfG eingehend *Ellerbrok/Pracht*, EuR 2021, 188 ff.

[101] Im Kontrast dazu steht freilich die jüngste Entscheidung des Zweiten Senats in BVerfG v. 05.05.2020 – 2 BvR 859/15 u.a., BVerfGE 154, 17.

In einem wesentlichen Punkt aber konnten sich die Gerichte lange nicht einig werden. Aus Sicht des BVerfG konnten auf einen Sachverhalt *entweder* nur die unionalen *oder* nur die nationalen Grundrechte anwendbar sein (sog. *Trennungsthese*).[102] Eine parallele Anwendbarkeit der Unionsgrundrechte, wie sie der EuGH beim Bestehen von Gestaltungsspielräumen bejaht, war nach diesem Verständnis von vornherein ausgeschlossen.[103] Auch diese restriktivere Gegenauffassung musste allerdings der fortschreitenden Kooperation von EuGH und BVerfG im Grundrechtsbereich weichen.[104] Das zeigt sich in den Entscheidungen *Recht auf Vergessen I*[105] und *Recht auf Vergessen II*[106], in denen der Erste Senat geradezu lehrbuchartig zur Grundrechtsbindung im voll sowie im nur teilweise unionsrechtlich determinierten Bereich Stellung genommen und dabei sein Verständnis vom Verhältnis der beiden Grundrechtsräume zueinander grundlegend aktualisiert hat.[107] Ausdrücklich beziehen sich die Entscheidungen zwar nur auf die Verfassungsbeschwerde gegen die *judikative Anwendung* von Umsetzungsrecht, weshalb ihre Gesamtfolgen noch nicht sicher zu prognostizieren sind. In seinen Ausführungen kommt das BVerfG dem EuGH aber insgesamt in einem untypisch hohen Maße entgegen[108], was für eine umfassende materiellrechtliche Aktualisierung spricht, der auch jenseits der Urteilsverfassungsbeschwerde Bedeutung zukommen soll.

Im Rahmen des Vollzugs von Richtlinien im determinierten Bereich geht das BVerfG in *Recht auf Vergessen II*, insoweit bleibt noch alles beim Alten, von einer exklusiven Anwendbarkeit der Unionsgrundrechte aus.[109] Neu ist hier „nur" die Anpassung der Rechtsprechung zu Art. 93 Abs. 1 Nr. 4 a) GG. Denn das BVerfG prüft im zwingenden Bereich bei Verfassungsbeschwerden, gegebenenfalls nach entsprechender Vorlage an den EuGH, fortan auch selbst etwaige Verstöße gegen Unionsgrundrechte. Auf das Verständnis von Art. 51 Abs. 1 S. 1 Alt. 2 GRC hat diese Aussage jedoch keinen Einfluss. Von größerer Bedeutung sind an dieser Stelle hingegen die Aussagen des Gerichts zur Grundrechtsbindung bei Gestaltungsspielräumen in der Rechtssache *Recht auf Vergessen I*. Dort geht das

---

[102] Vgl. BVerfG v. 11.03.2008 – 1 BvR 256/08, BVerfGE 121, 1, 15; BVerfG v. 02.03.2010 – 1 BvR 256/08 u.a., BVerfGE 125, 260, 306 f. Erläuternd hierzu Streinz/*Streinz*/*W. Michl*, Art. 51 GRC Rn. 27; *Franzius*, ZaöRV 2015, 383, 388; *Kingreen*, JZ 2013, 801, 802 spricht leicht abgewandelt von „Alternativitätstshese".

[103] Instruktiv *Franzius*, ZaöRV 2015, 383, 388.

[104] Treffend *Karpenstein*/*Kottmann*, EuZW 2020, 185 ff.: „Vom Gegen- zum Mitspieler". Zur Entwicklung siehe auch *Wendel*, JZ 2020, 157, 159. Zur Deutung als Abkehr von der Trennungsthese auch *Gourdet*, Europäischer Grundrechtsschutz, 2021, S. 405.

[105] BVerfG v. 06.11.2019 – 1 BvR 16/13 (*Recht auf Vergessen I*), NJW 2020, 300, Rn. 60.

[106] BVerfG v. 06.11.2019 – 1 BvR 276/17 (*Recht auf Vergessen II*), NJW 2020, 314.

[107] Treffend fasst *Wendel*, JZ 2020, 157, 159 die neuen Entwicklungen als Umstellung auf einen „komplementären Verbundschutz" zusammen.

[108] *Wendel*, JZ 2020, 157, 160.

[109] BVerfG v. 06.11.2019 – 1 BvR 276/17 (*Recht auf Vergessen II*), NJW 2020, 314, Rn. 50 ff.

BVerfG nämlich nunmehr ausdrücklich von der Möglichkeit einer parallelen Anwendbarkeit von GG und GRC aus, wenn es feststellt, dass

„[…] innerstaatliche Regelungen auch dann als Durchführung des Unionsrechts i.S.d Art. 51 I 1 GRCh zu beurteilen sein können, wenn für deren Gestaltung den Mitgliedstaaten Spielräume verbleiben, das Unionsrecht dieser Gestaltung aber einen hinreichend gehaltvollen Rahmen setzt, der erkennbar auch unter Beachtung der Unionsgrundrechte konkretisiert werden soll.“[110]

In solchen Fällen träten die Unionsgrundrechte zu den Grundrechten des GG hinzu.[111] Allerdings modifiziert das BVerfG diese Sichtweise, indem es in solchen Fällen der parallelen Anwendbarkeit von GRC und GG eine Anwendungspräferenz[112] zugunsten der Grundrechte des GG statuiert: Primärer Prüfungsmaßstab seien auch in solchen Fällen die Grundrechte des GG. Es sei nämlich (widerleglich[113]) zu vermuten, dass die deutschen Grundrechte das Schutzniveau der unionalen und dabei insbesondere der Chartagrundrechte mitgewährleisten.[114] Dies sei Folge der Verbundenheit und der gemeinsamen Verfassungstradition beider Grundrechtsregime[115] und dadurch gerechtfertigt, dass das BVerfG die Grundrechte des GG zukünftig auch im Lichte der Charta auslegen wird[116]. Ungeachtet der konkreten Auswirkungen dieser besonderen Modifikation, die voraussichtlich Einfluss auf die Regelung des Art. 53 GRC haben wird, kann daher festgehalten werden, dass auch das BVerfG die Auffassung des EuGH von der grundsätzlichen Anwendbarkeit der GRC bei Bestehen von Gestaltungsspielräumen ausdrücklich akzeptiert hat.[117]

Der Erste Senat des BVerfG sowie inzwischen auch der Zweite Senat[118] gehen damit, was die Auslegung von Art. 51 Abs. 1 S. 1 GRC angeht, einen großen Schritt auf den EuGH zu. Damit dürfte sich das BVerfG materiellrechtlich insgesamt und endgültig von der restriktiveren Trennungsthese verabschiedet haben.[119] Das Verständnis des Gerichts vom Anwendungsbereich der GRC gem. Art. 51 Abs. 1 S. 1 GRC entspricht insoweit nunmehr dem des EuGH.

---

[110] BVerfG v. 06.11.2019 – 1 BvR 16/13 (*Recht auf Vergessen I*), NJW 2020, 300, Rn. 44.

[111] BVerfG v. 06.11.2019 – 1 BvR 16/13 (*Recht auf Vergessen I*), NJW 2020, 300, Rn. 44.

[112] Begriff nach *Wendel*, JZ 2020, 157, 161.

[113] BVerfG v. 06.11.2019 – 1 BvR 16/13 (*Recht auf Vergessen I*), NJW 2020, 300, Rn. 64 ff. Die etwaige Widerlegung dieser Vermutung wird jedoch richtigerweise erst bei Beantwortung der nachgelagerten Frage relevant, welches Grundrecht sich im Falle der parallelen Anwendbarkeit letztlich durchsetzt.

[114] BVerfG v. 06.11.2019 – 1 BvR 16/13 (*Recht auf Vergessen I*), NJW 2020, 300, Rn. 69.

[115] BVerfG v. 06.11.2019 – 1 BvR 16/13 (*Recht auf Vergessen I*), NJW 2020, 300, Rn. 56.

[116] BVerfG v. 06.11.2019 – 1 BvR 16/13 (*Recht auf Vergessen I*), NJW 2020, 300, Rn. 60.

[117] BVerfG v. 06.11.2019 – 1 BvR 276/17 (*Recht auf Vergessen II*), NJW 2020, 314, Rn. 73. Den Befund teilend *Hoffmann*, NVwZ 2020, 33, 35; *Wendel*, JZ 2020, 157, 161.

[118] BVerfG v. 01.12.2020 – 2 BvR 2100/18, NJW 2021, 1581, Rn. 34 ff. Gänzlich anders mutet die Entscheidung des Zweiten Senats zum Anleihekaufprogramm (PSPP) der Union in BVerfG v. 05.05.2020 – 2 BvR 859/15 u.a., BVerfGE 154, 17 an, in der erstmals ein Ultra-vires Handeln eines Unionsorgans bejaht wurde.

[119] *Gourdet*, Europäischer Grundrechtsschutz, 2021, S. 405.

C. Eigene Stellungnahme

Die hier vertretene Auffassung entspricht im Wesentlichen der herrschenden Meinung und deckt sich weitestgehend mit der Rechtsprechung des EuGH und der umfassend aktualisierten Linie des BVerfG. Einige zentrale Details sind insoweit jedoch klärungsbedürftig.

I. Ausgangspunkt

Grundsätzlich kann mit dem EuGH in der Tat von einem eher *weiten* Durchführungsbegriff ausgegangen werden.[120] Zwar ergibt sich dies nicht bereits aus dem deutschen Wortlaut des Art. 51 Abs. 1 S. 1 Alt. 2 GRC („ausschließlich bei Durchführung"). Bei der Auslegung europarechtlicher Normen kann angesichts der Sprachenvielfalt in der Union allerdings der Wortlaut einer einzelnen Sprachfassung nicht das gleiche Gewicht haben wie bei nationalen Normen.[121]. Und was für das Europarecht schon allgemein gilt, muss besonders im Hinblick auf die konkrete Passage gelten, denn ein genauerer Blick auf die anderen Sprachfassungen[122] zeigt, dass „Durchführung" im Vergleich zur deutschen Variante nur zum Teil mit ähnlich einschränkenden, häufig aber auch mit eher weitgehenden Begriffen übersetzt wird.[123] Aus dem Wortlaut der Vorschrift allein können deshalb keine weiteren Erkenntnisse gewonnen werden.[124] Die allgemein anerkannten und im Völkergewohnheitsrecht verankerten Auslegungsregel des Art. 33 Abs. 4 WVK fordert vielmehr bei mehrsprachigen Verträgen, dass dann, wenn – wie hier – ein Vergleich der authentischen Texte einen Bedeutungsunterschied aufdeckt, diejenige Bedeutung zugrunde zu legen ist, die unter Berücksichtigung

---

[120] Wie hier Meyer/Hölscheidt/*Schwerdtfeger*, Art. 51 Rn. 52; EuArbRK/*Schubert*, Art. 51 GRC Rn. 13 ff.; *Jarass*, GRC, Art. 51 Rn. 19 ff.; Heselhaus/Nowak/*Nowak*, § 6 Rn. 24 ff.; *Maier*, Grundrechtsschutz bei der Durchführung von Richtlinien, 2014, S. 397 ff.; *Greif*, Die Unanwendbarkeit richtlinienwidriger deutscher Arbeitsgesetze, 2016, S. 162 ff.; *Gourdet*, Europäischer Grundrechtsschutz, 2021, S. 276; Preis/Sagan/*Pötters*, § 3 Rn. 24.

[121] Vgl. zum Ganzen *Martens*, Methodenlehre des Unionsrechts, 2013, S. 337 ff.

[122] Überblick über die verschiedenen Sprachfassungen bei Streinz/*Streinz*/*W. Michl*, Art. 51 GRC Rn. 6; *Gourdet*, Europäischer Grundrechtsschutz, 2021, S. 215 ff.

[123] So ähneln das dänische „gennemføre" und das kroatische „provode" am ehesten der engeren deutschen Übersetzung (vgl. Streinz/*Streinz*/*W. Michl*, Art. 51 GRC Rn. 6), das französische „mettent en œuvre le droit de l'Union" sowie das englische „implementing Union law" legen ein weitergehendes Verständnis nahe (Ehlers-EuGR/*Ehlers*, § 14 Rn. 67; *Edenharter*, Grundrechtsschutz, 2018, S. 694 m.w.N.).

[124] So auch Streinz/*Streinz*/*W. Michl*, Art. 51 GRC Rn. 6; Meyer/Hölscheidt/*Schwerdtfeger*, Art. 51 Rn. 41; *Kingreen*, JZ 2013, 801, 803 f.; *Jarass*, NVwZ 2012, 457, 459; *Gourdet*, Europäischer Grundrechtsschutz, 2021, S. 236. A.A. *Greif*, Die Unanwendbarkeit richtlinienwidriger deutscher Arbeitsgesetze, 2016, S. 161 f., nach dem eine restriktive Auslegung zumindest sprachlich näher liege. Wiederum anders und bereits ausgehend vom Wortlaut für eine weitreichende Bindung *Edenharter*, Grundrechtsschutz, 2018, S. 693 ff.

von Ziel und Zweck des Vertrags die Wortlaute am besten miteinander in Einklang bringt.

Insoweit erweisen sich die Erläuterungen der Charta, die gem. Art. 52 Abs. 7 GRC bei ihrer Auslegung gebührend zu berücksichtigen sind, als aufschlussreich. Sie verweisen auf die Rechtsprechung des EuGH vor Verbindlichwerden der Charta, in der dieser sich bereits für einen eher extensiven Anwendungsbereich der Unionsgrundrechte ausgesprochen hatte.[125] In Bezug genommen werden insbesondere die bereits angesprochenen Entscheidungen in den Rechtssachen *Wachauf, ERT* und *Annibaldi*.[126] Dies zeigt, dass auch nach dem Willen des Konvents durch die Charta die Rechtsprechungslinie des EuGH zu den ungeschriebenen Grundrechten nicht unterbrochen oder abgeändert werden sollte. Art. 51 Abs. 1 S. 1 Alt. 2 GRC sollte damit auch weiterhin insbesondere die *Wachauf*-Konstellation in ihren dargestellten Facetten umfassen. Und auch aus den Materialien ergibt sich im Übrigen kein Wille der Mitgliedstaaten, die vor Verbindlichwerden der Charta geltenden Grundsätze einzuschränken.[127] Das verwundert nicht, hatte das Mandat des Grundrechtekonvents die Mitglieder hierzu schließlich auch nicht ermächtigt. Erklärtes Ziel des Konvents war die Sichtbarmachung der europäischen Grundrechte, nicht aber Rückschritte für den unionalen Grundrechtsschutz auf den Weg zu bringen.[128]

II. Einzelheiten der Anwendbarkeit der Charta bei Richtliniendurchführung

Auf Basis dieser Grundannahme sollen im Folgenden einige Einzelfragen zur für das Arbeitsrecht relevanten Anwendbarkeit der Charta bei der Richtliniendurchführung erörtert werden.

1. Bestimmte Verpflichtung für den konkreten Sachverhalt als Voraussetzung

Entgegen den teilweise ausufernden Formulierungen des EuGH ist für eine Eröffnung des Anwendungsbereichs der Charta stets erforderlich, dass der konkret in Rede stehende Sachverhalt durch eine spezifische Richtlinienvorgabe geregelt wird. Es genügt nicht, wenn ein Sachverhalt nur einen irgendwie gearteten Bezug zum einschlägigen Richtlinienrecht aufweist. Zu fordern ist ein hinreichender Zusammenhang.[129]

---

[125] ABl. EU C 303 v. 14.12.2007, S. 32.

[126] Daneben wird auch Rn. 37 der Entscheidung EuGH v. 13.04.2000 – Rs. C-292/97 (*Karlsson*), Slg. I-2000, 2737, angesprochen, in der der EuGH ausdrücklich die Formel von der „Durchführung der gemeinschaftsrechtlichen Regelungen" verwendet.

[127] *Edenharter*, Grundrechtsschutz, 2018, S. 695.

[128] So bereits *Scheuing*, EuR 2005, 162, 183.

[129] *Jarass*, GRC, Art. 51 Rn. 23 ff. m.w.N.

Insoweit sind die jüngeren Entscheidungen in den Rechtssachen *Siragusa*[130] und *Hernández*[131] sowie *Baldonedo Martín*[132] uneingeschränkt zu begrüßen. Daraus dürfte sich inzwischen eine ständige Rechtsprechung entwickelt haben, die insbesondere für die arbeitsrechtliche Praxis zu einer merklichen Steigerung der Rechtssicherheit führt. Nicht jeder Diskriminierungssachverhalt eröffnet also den Anwendungsbereich für Art. 21 Abs. 1 GRC, und nicht jede urlaubsrechtliche Regelung fällt per se in den Anwendungsbereich des Art. 31 Abs. 2 GRC. Bemerkenswert deutlich hat der EuGH diese Einschränkung jüngst noch einmal in der arbeitsrechtlichen Rechtssache *Consulmarketing*[133] illustriert: Nationales Kündigungsrecht ist nicht schon dann an Art. 20 und 30 GRC zu messen, wenn es um eine Kündigung geht, die im Rahmen einer Massenentlassung erklärt worden ist.[134] Denn die einschlägige Massenentlassungs-RL 98/59 EG sieht ihrerseits zwar Anzeige- und Konsultationspflichten, aber eben keine bestimmten Verpflichtungen hinsichtlich der Modalitäten des materiellen Schutzes vor ungerechtfertigten Massenentlassungen vor.[135]

2. Grundrechtsbindung bei zwingenden Richtlinienvorgaben

a) Grundsätzliches

Bei der Richtliniendurchführung durch einen Mitgliedstaat geht die herrschende Meinung mit dem EuGH jedenfalls dann von einer Bindung an die Unionsgrundrechte aus, wenn es um Umsetzungsrecht geht, das auf zwingenden Richtlinienvorgaben beruht.[136] Hauptargument für diese Sichtweise ist, dass das entsprechende nationale Umsetzungsrecht nur seinem äußeren Anschein nach autonom erlassenes mitgliedstaatliches Recht ist.[137] In Wahrheit basiert es auf dem Uni-

[130] EuGH v. 06.03.2014 – Rs. C-206/13 (*Siragusa*), NVwZ 2014, 575, Rn. 26.

[131] EuGH v. 10.07.2014 – Rs. C-198/13 (*Hernández*), NZA 2014, 1325, Rn. 35.

[132] EuGH v. 22.01.2020 – Rs. C-177/18 (*Baldonedo Martín*), AP Richtlinie 99/70/EG Nr. 26, Rn. 58 ff.

[133] EuGH v. 17.03.2021 – Rs. C-652/19 (*Consulmarketing*), NZA 2021, 627. Der EuGH knüpft im Wesentlichen an der Entscheidung EuGH v. 04.06.2020 – Rs. C-32/20 (*Balga*), BeckRS 2020, 44176 an, die bisher nur in französischer und italienischer Fassung veröffentlich ist.

[134] EuGH v. 17.03.2021 – Rs. C-652/19 (*Consulmarketing*), NZA 2021, 627, Rn. 45.

[135] EuGH v. 17.03.2021 – Rs. C-652/19 (*Consulmarketing*), NZA 2021, 627, Rn. 40 ff. Daran ändert nach zutreffender Ansicht des EuGH auch der zweite Erwägungsgrund der Richtlinie, den Schutz der Arbeitnehmer bei Massenentlassungen verstärken zu wollen, nichts, weil es sich dabei um keine hinreichend bestimmte Verpflichtung handelt, vgl. Rn. 39.

[136] Heselhaus/Nowak/*Nowak*, § 9 Rn. 29; *Rengeling/Szczekalla*, EU-Grundrechte, 2004, § 4 Rn. 312 f.; EuArbRK/*Schubert*, Art. 51 GRC Rn. 22, 29; *Maier*, Grundrechtsschutz bei der Durchführung von Richtlinien, 2014, S. 59; *Gourdet*, Europäischer Grundrechtsschutz, 2021, S. 367 f.; *Schmahl*, EuR-Beiheft 2008, 7, 15 ff.

[137] Zu undifferenziert ist deshalb die früherer Annahme etwa bei *Blumenwitz*, NJW 1989, 621, 625, nach dem es sich bei nationalem Umsetzungsrecht „[...] letztlich um Akte deutscher öffentlicher Gewalt [...]“ handele.

onsrecht[138] bzw. ist es durch dieses veranlasst[139]. Weil es sich damit de facto um Unionsrecht handelt, würde eine fehlende Bindung der Mitgliedstaaten dazu führen, dass sich die Union durch das Dazwischenschalten des Mitgliedstaats erfolgreich ihrer eigenen Grundrechtsbindung entzogen hätte. Auf der anderen Seite können eine unionsrechtliche Richtlinie und auch das unmittelbar auf ihr basierende nationale Umsetzungsrecht nach der *Emissionshandel*-Rechtsprechung des BVerfG ebenso wie unionale Verordnungen aber auch nicht mehr am Maßstab der nationalen Grundrechte gemessen werden.[140]

Dies spricht in der Tat für die Anwendung der Unionsgrundrechte, denn insoweit entspricht die Durchführung zwingender Richtlinienvorgaben wertungsmäßig der Fallgruppe der *agency*-Situation, die ursprünglich zur Anwendung von Verordnungen entwickelt wurde.[141] Eine Gleichbehandlung der Anwendung von Verordnungen und Normen determinierten Umsetzungsrechts erscheint auch deshalb geboten, weil auch eine Richtlinie gem. Art. 288 Abs. 3 AEUV hinsichtlich ihres Ziels verbindlich ist. Wenn damit für die Grundrechtsbindung bei Richtliniendurchführung letztlich die Zielverbindlichkeit maßgeblich ist, ist es im Übrigen auch nicht erforderlich, dass die Richtlinie ausnahmsweise unmittelbar anwendbar ist[142]; es genügt der Ablauf der Umsetzungsfrist.[143]

b) Zur Kritik an einer Bindung des Umsetzungsgesetzes an die Unionsgrundrechte

Damit ist allerdings nur gesagt, dass eine Durchführung von zwingenden Richtlinienbestimmungen grundsätzlich den Anwendungsbereich der Charta eröffnen kann. Was die genauen Details anbelangt, besteht Differenzierungsbedarf: Unmittelbar einleuchtend ist nach dem Gesagten, dass ein nationaler Richter, der ein unional determiniertes Umsetzungsgesetz anwendet, im Kern Unionsrecht anwendet und deshalb wie auch bei der Durchführung von Verordnungsrecht an die Charta gebunden wird.[144] Klar ist außerdem, dass eine Richtlinie selbst nur am Maßstab der Charta gemessen werden kann.

Mit der oben genannten Argumentation nicht zweifelsfrei erklärbar ist indes, wieso auch *das Umsetzungsrecht selbst* auf seine Vereinbarkeit mit den Unionsgrundrechten überprüft werden soll. Literatur und EuGH behandeln diesen Fall zwar in einem Zuge mit den sonstigen Durchführungskategorien; er ist allerdings problematischer als gemeinhin angenommen.[145]

---

[138] *Rengeling/Szczekalla*, EU-Grundrechte, 2004, Rn. 311 m.w.N.

[139] Heselhaus/Nowak/*Nowak*, § 9 Rn. 29; *Pirker*, Anwendung der Unionsgrundrechte, 2018, S. 374 m.w.N.

[140] Heselhaus/Nowak/*Nowak*, § 9 Rn. 29 f.

[141] Heselhaus/Nowak/*Nowak*, § 9 Rn. 29; *Augsberg*, DÖV 2010, 153, 158.

[142] Heselhaus/Nowak/*Nowak*, § 9 Rn. 29.

[143] *Schmahl*, EuR-Beiheft 2008, 7, 15.

[144] Zutreffend ist daher die Differenzierung bei *Große Wentrup*, Die Europäische Grundrechtecharta im Spannungsfeld der Kompetenzverteilung zwischen Europäischer Union und Mitgliedstaaten, 2003, S. 51 ff.

[145] Bezeichnend etwa *Kamanabrou*, in: Heiderhoff/Lohsse/Schulze (Hrsg.), EU-Grund-

aa) Einwand: „Funktionslosigkeit“ einer solchen Bindung?

So wurde gegen eine Überprüfung nationaler Umsetzungsgesetze am Maßstab der Unionsgrundrechte mit beachtlichen Argumenten eingewandt, dass hierfür letztlich kein Bedarf bestehe.[146] Denn in diesem Fall sei ein hinreichender Grundrechtsschutz bereits durch die Möglichkeit einer Überprüfung der *Richtlinie selbst* am Maßstab der höherrangigen Unionsgrundrechte gewährleistet[147]: Verstößt die Richtlinie – und damit auch das auf ihr beruhende Umsetzungsrecht – gegen ein Unionsgrundrecht, ist sie aufgrund der europarechtlichen Normenhierarchie nichtig. In diesem Fall ist das nationale Gesetz nicht mehr durch wirksames Unionsrecht vorgegeben und als konventioneller Akt nationaler Hoheitsgewalt am Maßstab der mitgliedstaatlichen Grundrechte zu messen, weil diese nicht mehr länger verdrängt werden.[148]

Diese Argumentation entspricht im Ausgangspunkt der allgemein anerkannten *Emissionshandel*-Linie des BVerfG[149] und überzeugt auch wertungsmäßig, vergegenwärtigt man sich, dass die Bestimmung der Grundrechtsbindung grundsätzlich anhand von Verantwortungssphären erfolgt[150]: Wenn eine Richtlinie unionsgrundrechtswidrig den Erlass eines bestimmten nationalen Umsetzungsaktes anordnet, dann ist ihre Unionsgrundrechtswidrigkeit und die eines inhaltsgleichen mitgliedstaatlichen Umsetzungsgesetzes *insgesamt* unionsrechtlichen Ursprungs. Weil das nationale Umsetzungsgesetz allerdings gleichzeitig Ausdruck mitgliedstaatlicher Hoheitsgewalt ist, bleibt es trotz des Wegfalls der determinierenden unionsrechtlichen Richtlinie bestehen. Es ist dann aber als nichtdeterminierter Akt am Maßstab nationaler Grundrechte zu messen.

Vor dem Hintergrund dieser Möglichkeit, den Unionsrechtsakt selbst auf seine Grundrechtskonformität zu überprüfen, stellt sich in der Tat die Frage, wieso der Umsetzungsakt dann noch an den Unionsgrundrechten gemessen werden muss. Ist eine solche Überprüfung womöglich „funktionslos“?

---

rechte und Privatrecht, 2016, S. 167, 174, die darauf verweist, dass eigentlich nur die Fallgruppe der Grundrechtsbindung bei Gestaltungsspielräumen umstritten, die hier thematisierte Fallgruppe dagegen unproblematisch sei.

[146] Grundlegend *Kingreen/Störmer*, EuR 1998, 263, 281; *Kingreen*, JuS 2000, 857, 864. Weiterhin: *Schaller*, Die EU-Mitgliedstaaten als Verpflichtungsadressaten der Gemeinschaftsgrundrechte, 2003, S. 190 f., sowie bereits auf S. 39 insgesamt in Anknüpfung an die Überlegungen bei *Bienert*, Die Kontrolle mitgliedstaatlichen Handelns anhand der Gemeinschaftsgrundrechte, 2001, S. 194 f. u. 183; *Schilling*, EuGRZ 2000, 3, 35. Umfassend hierzu schließlich *Funke*, Umsetzungsrecht, 2011, S. 204 ff. Der Argumentation *Funkes* ersichtlich zugeneigt zeigt sich *Ruffert*, ZG 2011, 305. Zusammenfassend zur Kontroverse *Calliess*, JZ 2009, 113, 118. Mit ähnlicher Sichtweise, allerdings ohne eine Auseinandersetzung mit den genannten Stimmen und Argumenten *Thieken*, Der primärrechtliche Gleichbehandlungsgrundsatz, 2018, S. 50 f.

[147] *Schilling*, EuGRZ 2000, 3, 35.

[148] Hierzu eingehend *Maier*, Grundrechtsschutz bei der Durchführung von Richtlinien, 2014, S. 201.

[149] BVerfG v. 13.03.2007 – 1 BvF 1/05 (*Emissionshandel*), BVerfGE 118, 79, 95.

[150] *Augsberg*, DÖV 2010, 153, 158; *Schmahl*, EuR-Beiheft 2008, 7, 18.

bb) Zu den für eine Bindung vorgebrachten Gegenargumenten

Diese Frage wird in der aktuellen Debatte um die Rechtsprechung des EuGH nicht im gebotenen Maße thematisiert. In der einschlägigen Kommentarliteratur wird sie nicht weiter erörtert. Wo auf sie eingegangen wurde, ist in der Literatur auf unterschiedliche Weise versucht worden, den Einwand der „Funktionslosigkeit" zu widerlegen und eine Bindung des Umsetzungsgesetzes zu rechtfertigen.[151]

*(1) Erfordernis einer Bindung in den praxisrelevanten Fällen richtlinien*widrigen *Umsetzungsrechts?*

(a) Argument

So wurde der Behauptung einer Funktionslosigkeit entgegengehalten, dass es nicht immer zu dem dargestellten Gleichlauf von Richtlinien- und Unionsgrundrechtswidrigkeit des nationalen Rechts komme.[152] Erlässt etwa ein Mitgliedstaat ein *richtlinienwidriges Umsetzungsgesetz*, könne dieses unionsgrundrechtswidrig sein, obwohl die Richtlinie selbst diesen Grundrechtsverstoß nicht anordnet und deshalb ihrerseits nicht grundrechtswidrig ist. Die grundrechtskonforme Richtlinienbestimmung selbst bleibt dann wirksam. In diesen Fällen gewinne die eigenständige Bindung des richtlinienwidrigen Umsetzungsgesetzes an die Unionsgrundrechte ihre berechtigte Bedeutung.

Zu dieser Fallgruppe zählen sämtliche Entscheidungen jüngerer Zeit, die in der Rechtsprechungsanalyse untersucht werden sollen.[153] Dort ging es nie darum, dass nationales Umsetzungsrecht unionsgrundrechtswidrig sein könnte, weil eine unionsgrundrechtswidrige Richtliniennorm als Hoheitsakt der Union einen mitgliedstaatlichen Grundrechtsverstoß anordnet. Vielmehr lagen die Fälle so, dass das nationale Umsetzungsgesetz jeweils gegen die Vorgaben einer ihrerseits *rechtmäßigen* Richtlinie verstieß.

(b) Stellungnahme

Richtig an der dargelegten Argumentation ist, dass in dieser Konstellation von einer „Funktionslosigkeit" der Unionsgrundrechtsbindung im eigentlichen Sinn keine Rede sein kann.[154] Schließlich führt hier nur die Bejahung der Anwendbar-

---

[151] Vgl. bereits den Befund bei *Funke*, Umsetzungsrecht, 2011, S. 204. Ausführungen finden sich zwar auch bei *Große Wentrup*, Die Europäische Grundrechtecharta im Spannungsfeld der Kompetenzverteilung zwischen Europäischer Union und Mitgliedstaaten, 2003, S. 55. Sie rechtfertigt die umfassende Bindung des Umsetzungsgesetzes aber maßgeblich mit Überlegungen, die den Spielraumbereich betreffen. Zu dieser Frage vgl. unter 3.

[152] *Preis/Temming*, NZA 2010, 185, 191; *Greif*, Die Unanwendbarkeit richtlinienwidriger deutscher Arbeitsgesetze, 2016, S. 174. Ähnlich *Krois*, DB 2010, 1704, 1705. Kritisch zu dieser Überlegung auch *Ahrends*, Das europäisierte Urlaubsrecht, 2019, S. 37 ff. Zur Bindung bei Gestaltungsspielräumen siehe noch unten unter 3.

[153] Vgl. unten §§ 6–8.

[154] So aber für den Fall der rechtmäßigen Richtlinie *Funke*, Umsetzungsrecht, 2011, S. 205.

keit der Unionsgrundrechte zu einer Idealkonkurrenz von Richtlinien- und Grundrechtsverstoß. Nur dann kann ein anwendbares Unionsgrundrecht als Teil des Primärrechts qua Rechtsnatur die weitreichenden Folgen der Horizontalwirkung entfalten. Lehnt man eine Chartabindung dagegen ab, steht lediglich ein Richtlinienverstoß im Raum, der im Horizontalverhältnis nicht mit den Mitteln der unmittelbaren Anwendbarkeit und des Anwendungsvorrangs sanktioniert werden kann. Hierin liegt ohne Zweifel eine rechtspraktisch beachtliche, eigenständige Funktion der Bindung des Umsetzungsgesetzes an die GRC.[155]

Allerdings ersetzt allein dieser Befund nicht die Begründung dafür, *warum* diese Bindung auch erforderlich sein soll.[156] Eine solche muss aber gefunden werden: Nur die unionsgrundrechtliche Bindung der Union ist nicht weiter begründungsbedürftig; die Bindung der Mitgliedstaaten ist nach der Konzeption des Art. 51 Abs. 1 GRC ausdrücklich auf Fälle der „Durchführung" beschränkt und damit im Ausgangspunkt erklärungsbedürftig. Die Reichweite dieser Bindung ist anhand teleologischer Gesichtspunkte zu bestimmen.

Ein dogmatisch tragfähiger Grund für eine solche Bindung *richtlinienwidrigen Umsetzungsrechts* existiert aber nicht. Vielmehr widerspricht sie dem funktionalen Konzept des unionalen Grundrechtsschutzes[157]: Die Unionsgrundrechte dienen dazu, eine Schutzlücke zu füllen. Eine solche droht, weil das Unionsrecht zum Zwecke seiner einheitlichen Geltung Vorrang vor nationalem Recht und damit auch vor dem mitgliedstaatlichen Verfassungsrecht beansprucht. Unionale Rechtsakte können deshalb nicht auf die Vereinbarkeit mit nationalen Grundrechten überprüft werden. Dies gilt zunächst für Verordnungen, die selbst unmittelbare Anwendbarkeit entfalten. Der gleiche Gedanke greift aber auch dann, wenn eine Richtlinie *ordnungsgemäß* umgesetzt wird. In beiden Fällen soll es zu keiner unmittelbaren oder mittelbaren Überprüfung der Unionsgewalt am Maßstab nationaler Grundrechte kommen. Als Ersatz muss dann aber die Union selbst einen Grundrechtsstandard gewährleisten, an dem diese Rechtsakte gemessen werden können.

Diese Logik lässt sich aber auf *richtlinienwidriges Umsetzungsrecht* nicht übertragen.[158] Hier besteht kein Bedarf, vermeintlich verdrängte nationale Grund-

---

[155] Dies anerkennend auch Riesenhuber/*Leible*/*Domröse*, § 8 Rn. 41.

[156] So aber *Preis*/*Temming*, NZA 2010, 185, 191; *Greif*, Die Unanwendbarkeit richtlinienwidriger deutscher Arbeitsgesetze, 2016, S. 174. Zirkelschlüssig ist insoweit auch die Formulierung bei *Krois*, DB 2010, 1704, 1705: „Unter den Begriff der Durchführung von Unionsrecht fällt auch die Umsetzung von RL-Bestimmungen („legislative Durchführung"). Ob den Mitgliedstaaten hierbei ein Gestaltungsspielraum verbleibt, ist unerheblich; denn auch eine grundrechtskonforme RL-Vorgabe ohne Umsetzungsspielraum schließt nicht zwingend aus, *dass es zu einer grundrechtswidrigen Umsetzung* kommt." (Hervorhebung durch Verf.). Zu einer unionsgrundrechtswidrigen Umsetzung kommt es nur, wenn die GRC überhaupt anwendbar ist. Dies gilt es auf anderem Wege zu begründen.

[157] *Thieken*, Der primärrechtliche Gleichbehandlungsgrundsatz, 2018, S. 51.

[158] Vgl. in diese Richtung auch *Höpfner*, RdA 2013, 16, 21. Vgl. dazu auch noch unten unter § 11 B. I. 1.

rechte durch die Anwendung der Unionsgrundrechte zu ersetzen. Der maßgebliche *agency*-Gedanke greift nicht, wenn von einer Richtlinienvorgabe abgewichen wird. Dann handelt es sich um Handeln der Mitgliedstaaten, das ihrer eigenen Verantwortungssphäre zuzuordnen ist, weil das Unionsrecht selbst den Erlass der ihm widersprechenden Bestimmung nicht angeordnet hat. Dass – zumindest bei entsprechender zeitlicher Abfolge – die Richtlinie häufig Impulsgeber für die nationale Gesetzgebung ist, ändert hieran nichts.[159] Objektiv weicht das mitgliedstaatliche Recht vom Unionsrecht ab.

Folgerichtig – wenn auch vom BVerfG bislang nicht ausdrücklich entschieden – greift in diesem Fall auch der Gedanke der *Emissionshandel*-Linie nicht. Denn bei einer Überprüfung richtlinien*widrigen* nationalen Umsetzungsrechts würde keine „unzulässige Inzidentprüfung" von Unionsrecht am Maßstab der nationalen Grundrechte erfolgen. Es besteht keine Gefährdung der einheitlichen Anwendung des Unionsrechts, denn richtlinienwidriges Umsetzungsrecht ist gerade kein Unionsrecht im Kleid des nationalen Rechts. Diese Gefahr besteht allein bei der Überprüfung *ordnungsgemäßen* Umsetzungsrechts am Maßstab nationaler Grundrechte; nur dann ist der Verbund aus Richtlinie und Umsetzungsgesetz wertungsmäßig mit der unmittelbar anwendbaren Verordnung vergleichbar.

Die theoretisch mögliche Prüfung des richtlinienwidrigen Umsetzungsrechts am Maßstab der nationalen Grundrechte verträgt sich auch nur scheinbar nicht damit, dass die gleichzeitige Frage der Richtlinienkonformität in den Verantwortungsbereich des EuGH fällt. Denn der Gerichtshof legt nicht das nationale Recht aus, sondern allein die unionale Richtlinie. Kommt er dabei zu dem Schluss, dass auf Basis seiner Auslegung eine Vorschrift wie die in Rede stehende Umsetzungsbestimmung nationalen Rechts mit einer Richtlinie unvereinbar ist, steht ihre Richtlinienwidrigkeit fest. Deren Bereinigung ist Sache des nationalen Gesetzgebers. Weil aber die Abweichung von der Richtlinie belegt, dass es sich jedenfalls bei dem richtlinienwidrigen Teil um einen Rechtsakt nationaler Verantwortung handelt, könnte dieser – zumindest in der Theorie – gleichzeitig auch anhand der nationalen Grundrechte überprüft werden.[160]

Eine Schutzlücke, die durch die Unionsgrundrechte zu füllen wäre, ist im Falle des *richtlinienwidrigen Umsetzungsrechts* bei zwingenden Richtlinienbestimmungen also nicht zu erkennen: Hier dient bereits die rechtmäßige Richtlinie selbst als unionaler Maßstab für die nationale Rechtsetzung. Sie ist selbstredend ihrerseits im Lichte der Unionsgrundrechte auszulegen.[161] Wieso es dabei einer zusätzlichen eigenständigen Anwendung der Unionsgrundrechte in Idealkonkurrenz neben der Richtlinie bedarf, erschließt sich nicht. Funktionale Erwägungen erfordern dies nicht.

---

[159] A.A. *Ahrends*, Das europäisierte Urlaubsrecht, 2019, S. 39, für den dieser Gesichtspunkt zentral für die Bindung des Mitgliedstaats spricht.

[160] So wohl auch *Thieken*, Der primärrechtliche Gleichbehandlungsgrundsatz, 2018, S. 51. A.A. offenbar *Ahrends*, Das europäisierte Urlaubsrecht, 2019, S. 40 f.

[161] Riesenhuber/*Leible/Domröse*, § 8 Rn. 41.

(2) Erfordernis einer Bindung aufgrund von Rechtsschutzüberlegungen?

Dieser Grundsatzkritik zum Trotz haben sich weitere Stimmen in der Literatur dieser Auffassung angeschlossen. Sie stützen sich dabei zusätzlich auf weiterführende Rechtsschutzüberlegungen.[162] Dabei wird eine umfassende Bindung des Umsetzungsgesetzes an die Unionsgrundrechte gefordert: Diese sei sowohl dann, wenn bereits eine Richtlinienbestimmung, die *ordnungsgemäß umgesetzt* wird, unionsgrundrechtswidrig ist (im Folgenden: *Fall 1*), als auch dann, wenn die ihrerseits unionsgrundrechtskonforme Richtlinie *nicht ordnungsgemäß umgesetzt* wird (im Folgenden: *Fall 2*), zu bejahen.[163]

Entscheidend streite das Bedürfnis nach effektivem Grundrechtsschutz für eine mitgliedstaatliche Bindung an die Unionsgrundrechte. Lehne man eine solche ab, bestehe eine Rechtsschutzlücke, weil das BVerfG das Umsetzungsgesetz infolge seiner *Emissionshandel*-Rechtsprechung nicht mehr am Maßstab der nationalen Grundrechte überprüfen könne. Und die für die Wiederherstellung einer solchen Überprüfbarkeit erforderliche Beseitigung der Richtlinie könne mangels einschlägigem Rechtsbehelf nicht im Wege der Individualbeschwerde angeregt werden. Dies mache eine Bindung an die GRC erforderlich.

Dieser Argumentation kann nicht gefolgt werden. In keinem der beiden Fälle bedarf es aus Rechtsschutzgründen einer Bindung des Umsetzungsrechts an die Unionsgrundrechte:

In *Fall 1,* der für die vorliegende Untersuchung weniger relevant ist[164], sind Rechtsschutzbedenken zwar nachvollziehbar, weil es auf Unionsebene in der Tat

[162] *Greif,* Die Unanwendbarkeit richtlinienwidriger deutscher Arbeitsgesetze, 2016, S. 174 f. Der Begründungsversuch auf S. 178 f. sowie in *ders.*, in: Uffmann/Dahm (Hrsg.), Vielfalt oder Chaos – Aktuelle Probleme und Entwicklungen im deutschen und europäischen Arbeitsrecht, 2013, S. 43, 61 ist insoweit nicht überzeugend, als er auf reinen Wertungsgesichtspunkten beruht. Dort argumentiert *Greif,* eine Bindung bei nicht ordnungsgemäßer Richtlinienumsetzung sei deshalb erforderlich, weil andernfalls die Bindung an die Unionsgrundrechte vom Umsetzungswillen der nationalen Gesetzgeber abhinge. Das trifft aber nicht zu, denn es ist zwischen dem subjektiven Umsetzungswillen einerseits, der für die Frage nach der Grundrechtsbindung in der Tat unerheblich ist (dazu unten unter 3.), und der objektiven Richtlinienwidrigkeit des mitgliedstaatlichen Rechts andererseits zu unterscheiden. Es kann für die Frage der Grundrechtsbindung freilich keinen Unterschied machen, ob der Mitgliedstaat eine Maßnahme konkret zur Umsetzung einer Richtlinie erlassen hat oder nicht. In beiden Fällen muss grundsätzlich von einer Durchführungskonstellation ausgegangen werden. Davon zu trennen ist allerdings, ob ein Rechtsakt objektiv betrachtet den Anforderungen einer (*bewusst oder unbewusst umgesetzten*) Richtlinienbestimmung genügt. Diese Frage hat Auswirkungen auf die Grundrechtsbindung, weil aus ihr Schlussfolgerungen gezogen werden können, ob der Mitgliedstaat noch unionale oder schon originär-nationale Hoheitsgewalt ausübt. Für eine Bindung des Mitgliedstaats argumentiert auch *Nusser*, Die Bindung der Mitgliedstaaten an die Unionsgrundrechte, 2011, S. 44.

[163] *Greif,* Die Unanwendbarkeit richtlinienwidriger deutscher Arbeitsgesetze, 2016, 174 f. Kritisch hierzu *Ahrends*, Das europäisierte Urlaubsrecht, 2019, S. 38.

[164] In den hier untersuchten Entscheidungen war die jeweilige Richtlinienbestimmung mit den Unionsgrundrechten vereinbar.

an einer mit dem deutschen Recht vergleichbaren Möglichkeit fehlt, die Grundrechtswidrigkeit des Sekundärrechtsakts im Wege einer Individualbeschwerde unmittelbar geltend zu machen.[165] Es besteht zwar die prinzipielle Möglichkeit der Nichtigkeitsklage gem. Art. 263 Abs. 4 AEUV, im Rahmen derer die Unionsgrundrechtswidrigkeit des Sekundärrechtsaktes gerügt werden kann.[166] Deren Zulässigkeitsvoraussetzungen werden vom EuGH aber schon immer äußerst restriktiv gehandhabt.[167] Und auch nach der Reform durch den Vertrag von Lissabon ist die Grundrechtswidrigkeit von Richtlinien mangels Verordnungscharakter grundsätzlich nicht rügefähig.[168]

Die Schlussfolgerung, dass deshalb in diesem Fall eine Anwendung der GRC unmittelbar auf den mitgliedstaatlichen Rechtsakt erforderlich sei, ist aber nicht überzeugend.[169] Dieses verfassungsprozessuale Defizit ist aufgrund der Konzeption des unionalen Grundrechtsschutzes zunächst einmal hinzunehmen. Die Maßgeblichkeit des unionalen Grundrechtsregimes kann nicht nur in materieller, sondern muss auch in prozessualer Hinsicht gelten, selbst wenn dies aus der – von Art. 19 Abs. 4 GG geprägten – deutschen Perspektive zu Einbußen in der Durchsetzbarkeit grundrechtlicher Positionen führen mag. So liegt der Fall mit Blick auf das Fehlen einer dem deutschen System vergleichbaren einschlägigen Individualbeschwerde. Diese prozessuale Besonderheit ist Ausdruck der inhaltlichen Verantwortlichkeit der Union für den grundrechtswidrigen Sekundärrechtsakt.[170] Materiell gilt in diesem Fall das oben Gesagte: Gelingt es, den grundrechtswidrigen Sekundärrechtsakt zu beseitigen, entfällt die Determinierung des nationalen Rechts, und der Umsetzungsakt kann sodann als gewöhnlicher Akt deutscher Hoheitsgewalt am Maßstab des GG gemessen werden. Man mag diese Situation zwar aufgrund der prozessualen Schwierigkeiten einer „Beseitigung" der Richtlinie für rechtspolitisch unbefriedigend erachten. Die Kritik sollte sich dann aber gegen die restriktive Handhabung des Art. 263 Abs. 4 AEUV durch den EuGH richten.[171] Und in der Praxis relevanter als die Individualbeschwerde gegen Sekundärrechtsakte ist ohnehin die Möglichkeit, die Vereinbarkeit eines

[165] *Greif*, Die Unanwendbarkeit richtlinienwidriger deutscher Arbeitsgesetze, 2016, S. 174 f.

[166] *Jarass*, GRC, Einl. Rn. 74.

[167] Grundlegend EuGH v. 15.07.1963 – Rs. 25/62 (*Plaumann*), NJW 1963, 2246.

[168] EuArbRK/*Schubert*, Art. 6 EUV Rn. 52. Der EuGH hat vielmehr ausdrücklich entschieden, dass Gesetzgebungsakte der Union (Art. 289 Abs. 3 AEUV) keine Rechtsakte mit „Verordnungscharakter" sein können, vgl. EuGH v. 03.10.2013 – C-583/11 P (*Inuit Tapiriit Kanatami* u.a.), EuZW 2014, 22.

[169] So aber *Greif*, Die Unanwendbarkeit richtlinienwidriger deutscher Arbeitsgesetze, 2016, S. 174 f. Dem liegt wohl der Gedanke zugrunde, dass auch in solchen Fällen die Horizontalwirkung der GRC zum Einsatz kommen könnte und so gleichzeitig mit der grundrechtswidrigen Richtlinie auch das grundrechtswidrige Umsetzungsgesetz unmittelbar beseitigt werden kann.

[170] Dazu *Augsberg*, DÖV 2010, 153, 158; *Schmahl*, EuR-Beiheft 2008, 7, 18.

[171] Stellvertretend *Dauses*, EuZW 2014, 121 f.

Sekundärrechtsakt mit der höherrangigen GRC im Wege des Vorabentscheidungsverfahrens gem. Art. 267 Abs. 1 lit. b) Alt. 1 AEUV klären zu lassen. Dabei wird die objektive Vorlagepflicht deutscher Fachgerichte vom BVerfG auf Basis des GG über Art. 101 S. 2 GG grundrechtlich subjektiviert.[172] Die Grundrechtswidrigkeit von Sekundärrechtsakten ist schon auf diesem Wege jedenfalls hierzulande durchaus auch individuell durchsetzbar.[173]

Die Frage nach der Bindung an die Unionsgrundrechte im – für die vorliegende Untersuchung relevanteren – *Fall 2* muss anders beurteilt werden. Hier steht zunächst überhaupt kein Unionsgrundrechtsverstoß im Raum, ist doch die Richtlinienbestimmung ihrerseits rechtmäßig und im Lichte der Unionsgrundrechte auszulegen. Um eine effektive Durchsetzung der unstreitigen Grundrechtsbindung der Union kann es hier also von vornherein nicht gehen.[174] Nur sie aber ist vor dem Hintergrund des Art. 51 Abs. 1 GRC nicht weiter begründungsbedürftig; für eine Bindung des Mitgliedstaats müssen wiederum teleologische Gründe gefunden werden. Solche Gründe bestehen nicht, weil nach dem oben Gesagten in den Fällen richtlinienwidriger Umsetzung objektiv keine unionale Hoheitsgewalt ausgeübt wird. Es genügt insoweit, dass das nationale Recht richtlinienwidrig ist. Allenfalls könnte wiederum der erschwerte Rechtsschutz, diesmal gegen eine Richtlinienwidrigkeit nationalen Rechts, ein Argument für eine Grundrechtsbindung des Mitgliedstaats sein. Denn auch insoweit steht auf Ebene des Unionsrechts keine Möglichkeit der Individualbeschwerde zur Verfügung. Damit aber eine Bindung des Umsetzungsgesetzes an die GRC begründen zu wollen, geht auch für *Fall 2* fehl. Nach allgemeinen Grundsätzen steht für Fragen der Richtlinienkonformität nationalen Rechts nämlich wiederum das Vorabentscheidungsverfahren nach Art. 267 AEUV bereit. Ein zwingendes Bedürfnis nach einer Bindung an die Grundrechte der GRC ist vor diesem Hintergrund nicht erkennbar.

In keinem der Fälle stehen also untragbare Rechtsschutzlücken im Raum, die eine mitgliedstaatliche Bindung über das skizzierte, teleologisch geforderte Ausmaß hinaus erforderlich machen.

---

[172] Grundlegend BVerfG v. 31.05.1990 – 2 BvL 12, 13/88, 2 BvR 1436/87, BVerfGE 82, 159, 195.

[173] Zum Ganzen sowie insb. zum Prüfungsmaßstab EuArbRK/*Höpfner*, Art. 267 AEUV Rn. 57 ff. Zu den Auswirkungen der *Recht auf Vergessen*-Beschlüsse des BVerfG auf die verfassungsprozessualen Rahmenbedingungen vgl. oben unter B. sowie unten unter § 11 B II. 2 a) bb).

[174] So aber offenbar *Greif*, Die Unanwendbarkeit richtlinienwidriger deutscher Arbeitsgesetze, 2016, S. 174 f.

(3) Erfordernis einer Bindung zur Sicherung der Vorlagepflicht?

Als Argument für eine Überprüfung nationaler Umsetzungsakte am Maßstab der Charta wurde schließlich vorgetragen, dass bei Ablehnung einer solchen „mitgliedstaatliche Stellen nicht unmittelbar verpflichtet wären, das von ihnen angewendete Unionsrecht auch an den Unionsgrundrechten zu überprüfen.“[175]. Es wird also befürchtet, dass ohne eine Chartabindung des Umsetzungsrechts keine Vorlagepflicht nationaler Gerichte bestünde.

Richtig daran ist, dass der nationale Richter in der Tat nicht an die Charta gebunden sein kann, wenn eine Richtlinie im Falle ihrer Grundrechtswidrigkeit bereits *ex tunc* nichtig ist (*Fall 1*). Dann hat sie nämlich nie zu einer Durchführungskonstellation geführt. Die Brücke für die Anwendbarkeit der Charta nach Art. 51 Abs. 1 S. 1 Alt. 2 GRC fehlt in einem solchen Fall von Anfang an. Die Befürchtung aber, dass aufgrund dessen ohne eine mitgliedstaatliche Bindung an Unionsgrundrechte nicht sichergestellt sei, dass nationale Stellen das einschlägige Unionsrecht an deren Maßstab prüfen bzw. prüfen lassen und deshalb eine Bindung an die GRC erforderlich sei, ist unzutreffend.

Hierdurch wird die materielle Frage nach der mitgliedstaatlichen Grundrechtsbindung mit der prozessualen Vorlagepflicht des nationalen Richters vermengt: Der mitgliedstaatliche Richter muss die Frage der Grundrechtsmäßigkeit der Richtlinie dem EuGH natürlich auch dann vorlegen, wenn er selbst nicht an die Unionsgrundrechte gebunden ist. Auf seine eigene Grundrechtsbindung kommt es hierfür nicht an. Die allgemeine Vorlagepflicht letztinstanzlicher Gerichte bei Zweifeln an der Gültigkeit einer Richtlinie als Handlung eines Unionsorgans ergibt sich aus der Regelung des Art. 267 Abs. 1 b) Alt. 1 i.V.m. Abs. 3 AEUV. Und nach der *Foto-Frost*-Rechtsprechung des EuGH sind über den Wortlaut der Norm hinaus sogar die Instanzgerichte vorlage*verpflichtet*.[176] Materiell wird dabei die unbestrittene Grundrechtsbindung des *Unionsgesetzgebers* gem. Art. 51 Abs. 1 S. 1 Alt. 1 GRC aktuell. In *Fall 2*, in dem die Richtlinienwidrigkeit des nationalen Rechts in Rede steht, besteht ein Vorlagerecht bzw. eine Vorlagepflicht nach Maßgabe der allgemeinen Regeln gem. Art. 267 Abs. 1 b) Alt. 2 i.V.m. 3 AEUV. In beiden Fällen bedarf es daher keiner zusätzlichen Bindung des Mitgliedstaats an die GRC, um eine Vorlage durch die nationalen Gerichte zu sichern.

cc) Vorzugswürdige Auffassung

Die obigen Ausführungen legen offen, worum es bei der Bindung des Umsetzungsrechts an die Unionsgrundrechte eigentlich geht: Eine effektive Sanktionierung von Richtlinienverstößen der Mitgliedstaaten durch einen gleichzeitigen Rückgriff auf durchsetzungsstarke primärrechtliche Unionsgrundrechte. Eine

---

[175] *Nusser*, Die Bindung der Mitgliedstaaten an die Unionsgrundrechte, 2011, S. 44.

[176] EuGH v. 22.10.1987 – Rs. 314/85 (*Foto-Frost*), NJW 1988, 1451, Rn. 16 ff.

solche Bindung ist aber mit dem Ursprungskonzept der nach Verantwortungssphären untergliederten Aufgabenverteilung zwischen Union und Mitgliedstaaten nicht erklärbar. Daraus ergibt sich die folgende, vorzugswürdige Sichtweise:

(1) Jedenfalls keine Bindung bei grundrechtswidriger Richtlinie

Im Falle einer bereits unionsgrundrechtswidrigen Richtlinie ist das Umsetzungsgesetz mit der zutreffenden Auffassung *nicht* an der Charta zu messen.[177] Liegt der Grundrechtsverstoß schon in der unionsrechtlichen Richtlinie selbst begründet, bedarf es keiner mitgliedstaatlichen Bindung.[178] Es bleibt bei der *Emissionshandel*-Logik des BVerfG, nach der nur der inhaltsgleiche Sekundärrechtsakt selbst am Maßstab der Charta zu messen ist. Die Wirksamkeit der Umsetzungsnorm bleibt davon unberührt; sie muss nach Wegfall der Richtlinie gesondert aufgehoben werden. Die hiergegen ins Feld geführten möglichen Einbußen im Hinblick auf die individuelle Durchsetzbarkeit der Grundrechtswidrigkeit der Richtlinie sind, wie dargestellt, hinzunehmen. In dieser Konstellation bedarf es keiner parallelen Bindung des nationalen Umsetzungsrechts an die Unionsgrundrechte.

(2) Bindung bei grundrechtskonformer Richtlinie als unzulässige Zweckentfremdung

Im – für diese Untersuchung relevanteren – Fall der Richtlinienwidrigkeit nationalen Rechts bei gleichzeitiger Vereinbarkeit der Richtlinie mit den Unionsgrundrechten lässt sich eine Anwendbarkeit der Charta, wie dargestellt, nicht mit der Abgrenzung nach Verantwortungssphären erklären.

Zunächst steht hier ein konventioneller Richtlinienverstoß im Raum. Dabei ist eine Richtlinienbestimmung selbstverständlich ihrerseits im Lichte der Unionsgrundrechte auszulegen.[179] Daneben kommt eine Kontrolle des richtlinienwidrigen Teils des Umsetzungsgesetzes am Maßstab der *nationalen Grundrechte* in Betracht. Eine Bindung des nationalen Umsetzungsrechts an die Unionsgrundrechte ist hier aber teleologisch nicht geboten und entgegen der ständigen Rechtsprechung des EuGH abzulehnen; die einschlägigen Fälle lassen sich auch ohne eine solche Bindung sachgerecht lösen.

Letztlich manifestiert sich in der Bejahung der Anwendbarkeit der Charta in dieser Fallgruppe eine deutliche Abkehr des Gerichtshofs vom ursprünglich funktionalistisch geprägten unionsrechtlichen Grundrechtsverständnis. Die

[177] *Funke*, Umsetzungsrecht, 2011, S. 204 f.; EuArbRK/*Schubert*, Art. 51 GRC Rn. 27; Pechstein/Nowak/Häde/*Pache*, Art. 51 GRC Rn. 20; *Calliess*, JZ 2009, 113, 118; *Preis/Temming*, NZA 2010, 185, 191 jeweils m.w.N. A.A. *Greif*, Die Unanwendbarkeit richtlinienwidriger deutscher Arbeitsgesetze, 2016, S. 174 f.; *Nusser*, Die Bindung der Mitgliedstaaten an die Unionsgrundrechte, 2011, S. 44.

[178] Insoweit zutreffend *Preis/Temming*, NZA 2010, 185, 191.

[179] Riesenhuber/*Leible/Domröse*, § 8 Rn. 41.

überschießende Bejahung einer Bindung an die Unionsgrundrechte dürfte in dieser Konstellation vor allem rechtspolitisch motiviert gewesen sein. Die Gefolgschaft Deutschlands war nach der *Solange*-Rechtsprechung des BVerfG nämlich davon abhängig gemacht worden, dass die Union einen dem deutschen im Wesentlichen ebenbürtigen Grundrechtsschutzstandard gewährleistet. Danach hätte es aus deutscher Perspektive aber womöglich nicht ausgesehen, wenn der EuGH sich alleine mit einer Anwendbarkeit der Richtlinie als Prüfungsmaßstab richtlinienwidrigen Umsetzungsrechts begnügt hätte – auch wenn das sachlich richtig gewesen wäre. Und immerhin ist zuzugeben, dass es durchaus nicht nur eine Frage der Optik ist, ob sich eine grundrechtliche Gewährleistung (z.B. ein Diskriminierungsverbot oder ein Urlaubsanspruch) alleine in einer sekundärrechtlichen Richtlinie (Art. 1 RL 2000/78/EG bzw. Art. 7 RL 2003/88/EG) oder eben auch in einem ausdrücklichen Grundrechtskatalog des durchsetzungsstarken Primärrechts (Art. 21 Abs. 1 GRC bzw. Art. 31 Abs. 2 GRC) wiederfindet. Rechtspolitisch ist damit nachvollziehbar, dass der EuGH in einer solchen Konstellation nicht nur das „schwache" Sekundärrecht, sondern auch das „starke" Primärrecht innerstaatlich zur Geltung bringen möchte.[180] Er verhilft so dem Sekundärrecht zur effektiven Durchsetzung.

An der rechtsdogmatischen Unzulässigkeit einer Bindung in dieser Fallgruppe ändert all dies jedoch nichts. Sie lässt sich zwar noch mit dem denkbar weitgefassten Wortlaut des Art. 51 Abs. 1 S. 1 Alt. 2 GRC[181], aber eben nicht mit dem ursprünglichen Konzept des unionalen Grundrechtsschutzes vereinbaren und wäre deshalb als Fall eines unzulässigen „offensive use of human rights"[182] abzulehnen. Dennoch ist zuzugeben, dass diese Fallgruppe der inzwischen ständigen Rechtsprechung des EuGH entspricht und von der h.L. gebilligt bzw. nicht weiter problematisiert wird. Sie bildet insbesondere die zentrale Weichenstellung für die gesamte Horizontalwirkungs-Rechtsprechung des Gerichtshofs. Es wäre deshalb wenig gewinnbringend, die Untersuchung unter Hinweis auf die fehlende Anwendbarkeit der Charta in dieser Konstellation fortzuführen. Dem weiteren Verlauf soll deshalb die Sichtweise des EuGH und der h.L. zugrunde gelegt werden; wo sich aber aus diesem eigentlich systemwidrigen Verständnis dogmatisch relevante Folgefragen ergeben, ist auf die hier vorgetragene Kritik zurückzukommen.

---

[180] Auch Riesenhuber/*Leible*/*Domröse*, § 8 Rn. 41 sprechen von den „wirkungsmächtigeren" Unionsgrundrechte, nehmen diesen Unterschied zur Richtlinie jedoch zum Anlass, die Rechtsprechungslinie abzulehnen.

[181] Das erkennt auch *Calliess*, JZ 2009, 113, 118 an.

[182] Zu den Expansionstendenzen des EuGH in diesem Zusammenhang *Kingreen*, EuR 2010, 338, 358 f. Der Terminus des „offensive use of human rights" stammt von *Coppel*/*O'Neill*, CMLR 29 (1992), 669, 673.

3. *Grundrechtsbindung bei Umsetzungsspielräumen*

Differenziert zu beurteilen ist auch die Grundrechtsbindung der Mitgliedstaaten bei sekundärrechtlichen Umsetzungsspielräumen. Klar ist zunächst, dass auch in diesem Fall bei Nichtigkeit der Richtlinienbestimmung alleine die nationalen Grundrechte anzuwenden sind.[183] Im Übrigen muss zwischen zwei Konstellationen unterschieden werden. Auf der einen Seite steht die Grundrechtsbindung im Rahmen der Ausnutzung von durch Richtlinien eingeräumten Gestaltungsspielräumen. Auf der anderen Seite geht es um die Bindung bei der überschießenden Umsetzung mindestharmonisierender Richtlinien.

a) Doppelbindung im Gestaltungsspielraum

Räumt eine wirksame Richtlinie Gestaltungsspielräume ein, ist mit der herrschenden Meinung und dem EuGH von einer Anwendbarkeit der GRC in den Mitgliedstaaten auszugehen.[184] Insoweit ist auch der Einwand der Funktionslosigkeit der mitgliedstaatlichen Grundrechtsbindung zurückzuweisen.[185]

Zunächst ist nämlich festzustellen, dass nationale Maßnahmen, auch wenn sie in Ausübung eines Gestaltungsspielraums erlassen werden, unionsrechtlich veranlasst sind.[186] Gerade der durch Art. 288 Abs. 3 AEUV eingeräumte „Spielraum" ist außerdem kein echter Spielraum in dem Sinne, dass die Mitgliedstaaten hier inhaltlich völlig frei und unabhängig von Unionsrecht entscheiden dürften. Der primärrechtlich eingeräumte Freiraum dient weniger dazu, auf materiellrecht-

---

[183] Es ist nur schwieriger, in diesen Fällen einmal die Grundrechtswidrigkeit bereits der unionalen Richtlinie anzunehmen, da ihre eigene Eingriffsintensität bei Einräumung eines Spielraums geringer ausfällt als die den Spielraum ausfüllenden nationalen Durchführungsakte. Theoretisch denkbar ist dies dennoch.

[184] *Jarass*, GRC, Art. 51 Rn. 26; Meyer/Hölscheidt/*Schwerdtfeger*, Art. 51 Rn. 53; Ehlers-EuGR/*Ehlers*, § 14 Rn. 74; Stern/Sachs-GRC/*Ladenburger/Vondung*, Art. 51 Rn. 45; EuArbRK/*Schubert*, Art. 51 GRC Rn. 23; Heselhaus/Nowak/*Nowak*, § 9 Rn. 30; *Greif*, Die Unanwendbarkeit richtlinienwidriger deutscher Arbeitsgesetze, 2016, S. 175 f.; *Schmahl*, EuR-Beiheft 2008, 7, 17 jeweils m.w.N.

[185] *Schaller*, Die EU-Mitgliedstaaten als Verpflichtungsadressaten der Gemeinschaftsgrundrechte, 2003, S. 39. *Insoweit* zutreffend gegen *Kingreen* und *Störmer* der Einwand bei *Preis/Temming*, NZA 2010, 185, 191. *Insoweit* zutreffend der Einwand gegen *Funke* bei *Classen*, AVR 49 (2011), 190, 192. Vgl. aber auch *ders.*, AVR 49 (2011), 190, 192 sowie *Große Wentrup*, Die Europäische Grundrechtecharta im Spannungsfeld der Kompetenzverteilung zwischen Europäischer Union und Mitgliedstaaten, 2003, S. 55, die den Einwand der Funktionslosigkeit auch insoweit relativieren wollen, als die mitgliedstaatliche Bindung erforderlich sei, um die grundrechtskonforme Auslegung des nationalen Rechts sicherzustellen. Diesem Argument kann nicht gefolgt werden, denn bereits der unionale Sekundärrechtsakt ist aufgrund der unbestrittenen Grundrechtsbindung der Union uniongrundrechtskonform auszulegen. Die Richtlinienbestimmung transportiert sodann die Grundrechtsgehalte der Union vermittelt über das Gebot der richtlinienkonformen Auslegung ins nationale Recht.

[186] *M. Bleckmann*, Nationale Grundrechte im Anwendungsbereich des Rechts der EU, 2011, S. 30 f.

lich-inhaltliche Besonderheiten der Mitgliedstaaten Rücksicht zu nehmen, sondern vielmehr vor allem dazu, eine systemgerechte Verwirklichung des verbindlichen Richtlinienziels zu ermöglichen.[187] In inhaltlicher Hinsicht dominiert die verbindliche Zielvorgabe.[188] Damit ist das mitgliedstaatliche Durchführungshandeln auch in diesem Fall funktional der Unionsgewalt zuzurechnen. Dann ist es aber auch gerechtfertigt, diesen seiner Natur nach eher formellen Gestaltungsspielraum durch die Unionsgrundrechte zu begrenzen.[189]

Was die daneben bestehenden Gestaltungsspielräume angeht, die sich unmittelbar aus unbestimmten Rechtsbegriffen oder der Einräumung konkreter Umsetzungsoptionen in der jeweiligen Richtlinie ergeben können, kann grundsätzlich nichts anders gelten. Beispielhaft zu nennen ist etwa Art. 7 der Arbeitszeitrichtlinie 2003/88/EG („erforderliche Maßnahmen"), der den Mitgliedstaaten formal einen gewissen Gestaltungsspielraum hinsichtlich der Bedingungen des bezahlten Jahresurlaubs einräumt.[190] Ein Beispiel für die Einräumung konkreter Umsetzungsoptionen ist etwa Art. 3 der Anhörungs- und Unterrichtungsrichtlinie 2002/14/EG, der den Mitgliedstaaten die Entscheidung zwischen zwei verschiedenen Schwellenwerten überlässt. Ein Gestaltungsspielraum im erstgenannten Sinne besteht dann ausweislich der Vorschrift wiederum hinsichtlich der Berechnungsmethode.[191]

Auch in solchen Fällen ist eine Bindung an die Unionsgrundrechte überzeugend, denn wenn der Unionsgesetzgeber, obwohl er hierzu die Kompetenz hätte, den Anwendungsbereich oder die Regelungsintensität, etwa aus politischen Gründen[192], nicht abschließend vorgibt, dann ist der gewährte Gestaltungsspielraum nicht Ausdruck einer autonomen mitgliedstaatlichen Rechtsetzungskompetenz, sondern unionsrechtlichen Ursprungs. Die Einräumung einer Unionskompetenz entzieht die Materie dem Mitgliedstaat, der Sekundärrechtsakt gibt ihm einen Teil der Regelungsgewalt wieder zurück, ohne dabei etwas an der primärrechtlichen Zuständigkeitsverteilung zu ändern. Dieser Verantwortungs-

---

[187] Ähnlich *Pirker*, Anwendung der Unionsgrundrechte, 2018, S. 374; *von Danwitz*, JZ 2007, 697, 698. Am Rande auch *Maier*, Grundrechtsschutz bei der Durchführung von Richtlinien, 2014, S. 67.

[188] *Schmahl*, EuR-Beiheft 2008, 7, 17 f.

[189] *Maier*, Grundrechtsschutz bei der Durchführung von Richtlinien, 2014, S. 66; *Wallrab*, Die Verpflichteten der Gemeinschaftsgrundrechte, 2004, S. 86 f. A.A. *Große Wentrup*, Die Europäische Grundrechtecharta im Spannungsfeld der Kompetenzverteilung zwischen Europäischer Union und Mitgliedstaaten, 2003, S. 54.

[190] Vgl. etwa EuGH v. 24.01.2012 – C-282/10 (*Dominguez*), NZA 2012, 139, Rn. 35. Das ist deshalb nur formal richtig, weil der EuGH gleichzeitig darauf verweist, dass der Vorschrift ein zwingender Minimalschutz zu entnehmen ist, der dem Gestaltungsspielraum entzogen ist. In seiner urlaubsrechtlichen Rechtsprechung hat er zahlrechtliche Modalitäten des Urlaubsrechts diesem Minimalschutzbereich zugesprochen und insoweit eine anderweitige Gestaltung durch die Mitgliedstaaten untersagt. Vgl. hierzu kritisch *Höpfner*, RdA 2013, 16, 17.

[191] Vgl. zum Ganzen EuArbRK/*C. Weber*, RL 2002/14/EG Art. 3 Rn. 1 ff.

[192] *Maier*, Grundrechtsschutz bei der Durchführung von Richtlinien, 2014, S. 68 f.

gedanke rechtfertigt es, die zur *agency*-Situation entwickelte Argumentation zu übertragen: Die Unionsorgane können den Mitgliedstaaten nur solche Gestaltungsmöglichkeiten einräumen, die nicht ihrerseits zu einem Grundrechtsverstoß führen.[193]

Weil es sich bei der Durchführung gleichzeitig um einen Akt deutscher Hoheitsgewalt handelt (Art. 1 Abs. 3 GG), kann dies zu einer im Einzelfall auflösungsbedürftigen[194] parallelen Anwendbarkeit der Unionsgrundrechte und der nationalen Grundrechte führen (sog. *Kombinationsthese*).[195] Diese Verdoppelung des Grundrechtsschutzes kann zwar zu Koordinationsproblemen führen; die Gefahr solcher Probleme ist jedoch hinzunehmen und tritt letztlich hinter das Primat eines lückenlosen Grundrechtsschutzes zurück.[196] Die Union kann sich hier nämlich nicht allein auf das Eingreifen nationaler Grundrechte verlassen.[197]

b) Differenzierte Bindung bei überschießender Umsetzung

Anders ist die Bindung im Bereich der Mindestharmonisierung zu behandeln.[198] Zwar ist die Vollharmonisierung bei Richtlinien der Regelfall, im Rahmen des Arbeitsrechts ist dies jedoch wegen Art. 153 AEUV anders. Nach dessen Abs. 2 und 4[199] sind in den genannten sozialpolitischen Regelungsgebieten nur mindestharmonisierende Richtlinien zulässig. Eine Grundrechtsbindung ist hier insoweit nicht gerechtfertigt, als die nationale Maßnahme über das von der Richtlinie

---

[193] EuArbRK/*Schubert*, Art. 51 GRC Rn. 23. Ähnlich *Greif*, Die Unanwendbarkeit richtlinienwidriger deutscher Arbeitsgesetze, 2016, S. 176.

[194] Dazu sogleich § 5.

[195] Vgl. zur h.M. im Schrifttum *Jarass*, GRC, Art. 51 Rn. 26; Meyer/Hölscheidt/*Schwerdtfeger*, Art. 51 Rn. 53; Ehlers-EuGR/*Ehlers*, § 14 Rn. 74; Stern/Sachs-GRC/*Ladenburger*/*Vondung*, Art. 51 Rn. 45; EuArbRK/*Schubert*, Art. 51 GRC Rn. 23; Heselhaus/Nowak/*Nowak*, § 9 Rn. 30; *Greif*, Die Unanwendbarkeit richtlinienwidriger deutscher Arbeitsgesetze, 2016, S. 175 f.; *Schmahl*, EuR-Beiheft 2008, 7, 17 jeweils m.w.N. A.A. (im Sinne der *sog. Trennungs- oder Alternativitätsthese*): Calliess/Ruffert/*Kingreen*, Art. 51 GRC Rn. 15; *Kirchhof*, EuR 2014, 267, 270. Zum Rechtsprechungswandel des BVerfG hin zur Kombinationsthese siehe oben unter § 4 B.

[196] *Pirker*, Anwendung der Unionsgrundrechte, 2018, S. 375; *M. Bleckmann*, Nationale Grundrechte im Anwendungsbereich des Rechts der EU, 2011, S. 32. In diese Richtung Heselhaus/Nowak/*Nowak*, § 9 Rn. 30.

[197] *M. Bleckmann*, Nationale Grundrechte im Anwendungsbereich des Rechts der EU, 2011, S. 32; *Pirker*, Anwendung der Unionsgrundrechte, 2018, S. 375.

[198] Für eine differenzierte Behandlung der Mindestharmonisierung auch *Pirker*, Anwendung der Unionsgrundrechte, 2018, S. 440 ff.; *Herresthal*, ZEuP 2014, 238, 252 f.; EuArbRK/*Schubert*, Art. 51 GRC Rn. 25 f. A.A. *M. Bleckmann*, Nationale Grundrechte im Anwendungsbereich des Rechts der EU, 2011, S. 41. So ohne weitere Problematisierung wohl auch *Greif*, Die Unanwendbarkeit richtlinienwidriger deutscher Arbeitsgesetze, 2016, S. 175 f.

[199] Auch der EuGH stützt sich auf eine Zusammenschau beider Absätze EuGH v. 19.11.2019 – Rs. C-609/17, C-610/17 (*TSN*), NZA 2019, 1631, Rn. 48.

verbindlich Geforderte hinausgeht (sog. intensiv-überschießende Umsetzung[200]).[201]

Wenn eine Richtlinie einen Gestaltungsspielraum nicht deswegen einräumt, weil der Unionsgesetzgeber aus politischen oder Verhältnismäßigkeitserwägungen von einer umfassenden Regelung abgesehen hat, sondern weil ihm dazu primärrechtlich die Kompetenz fehlt, dann ergibt sich dieser Spielraum des Mitgliedstaats nicht konstitutiv aus dem Sekundärrecht. Er entspringt vielmehr seiner originären Rechtsetzungsbefugnis, die ihm verblieben ist, weil er bereits von der umfassenden Kompetenzübertragung abgesehen hat.[202] Wenn danach die Union den überschießenden Bereich nicht regeln darf, kann sie auch nicht für dessen Inhalt verantwortlich sein. Eine Anwendung der Charta wäre insoweit verfehlt, weil der für die Maßgeblichkeit der Charta entscheidende Verantwortungsgedanke nicht greift. Alleine die Tatsache, dass der Rechtsakt womöglich unionsrechtlich veranlasst ist, kann diese Eigenverantwortlichkeit nicht überlagern.[203] Eine im Rahmen der Mindestharmonisierung erlassene Richtlinie, die einem Mitgliedstaat ausdrücklich das Recht einräumt, weitergehende Maßnahmen zu erlassen, stellt diesen primärrechtlich bedingten Umstand nur deklaratorisch fest[204], konstituiert aber keinen sekundärrechtlich begründeten unionsrechtlichen Gestaltungsspielraum. Die nationale Regelung entstammt dann nicht der unionsrechtlichen Verantwortungssphäre. Damit ist hier eine Grundrechtsbindung aus teleologischen Gründen abzulehnen.

Die jüngere EuGH-Rechtsprechung belegt diese Annahme, wobei der Gerichtshof sich ebenfalls maßgeblich auf das unionsrechtliche Kompetenzgefüge

---

[200] Dieser Begriff findet sich bei *Herresthal*, ZEuP 2014, 238, 252 u. 264. Eine überschießende Umsetzung kann ganz allgemein sowohl „extensiv", durch eine erweiternde Umsetzung hinsichtlich des Anwendungsbereichs, als auch „intensiv", durch eine weitergehende Umsetzung hinsichtlich des Regelungsinhalts, erfolgen, vgl. hierzu eingehend *Riehm*, JZ 2006, 1035, 1036. Im ersten Fall handelt es sich um ein Überschießen auf Tatbestands- im zweiten Fall um ein Überschießen auf Rechtsfolgenseite. Dass die Charta im ersten Fall nicht anwendbar ist, bedarf indes keiner weiteren Vertiefung, weil die nationale Regelung dann schon nicht im tatbestandlichen Anwendungsbereich der unionsrechtlichen Regelung liegt, vgl. auch *Gourdet*, Europäischer Grundrechtsschutz, 2021, S. 370 f. Wenn hier also von überschießender Umsetzung die Rede ist, so soll die eigentliche, intensiv-überschießende Variante gemeint sein.

[201] Im Ergebnis auch EuArbRK/*Schubert*, Art. 51 GRC Rn. 25 f.; Meyer/Hölscheidt/*Schwerdtfeger*, Art. 51 Rn. 46; *Maier*, Grundrechtsschutz bei der Durchführung von Richtlinien, 2014, S. 101; *Herresthal*, ZEuP 2014, 238, 252; *Willemsen/Krois/Mehrens*, RdA 2018, 151, 155 ff.; *Krebber*, EuZA 2016, 3, 5 f.; *ders.*, EuZA 2013, 188, 195; *Jarass*, GRC, Art. 51 Rn. 28; *ders.*, NVwZ 2012, 457, 461. Bejahend iRv. Art. 153 AEUV *Pirker*, Anwendung der Unionsgrundrechte, 2018, S. 442 ff. Kritisch *Sagan*, EuZW 2020, 72, 73.

[202] *Pirker*, Anwendung der Unionsgrundrechte, 2018, S. 448.

[203] A.A. insoweit *M. Bleckmann*, Nationale Grundrechte im Anwendungsbereich des Rechts der EU, 2011, S. 41.

[204] *Bäcker*, EuR 2015, 389, 394.

zu stützen scheint.[205] Das hat er in der Rechtssache *TSN*[206] deutlich gemacht. Dort kommt er zu dem Ergebnis:

„Eine Durchführung der RL 2003/88 iSv Art. 51 I GRCh liegt mithin nicht vor, wenn die Mitgliedstaaten nationale Rechtsvorschriften erlassen oder die Aushandlung von Tarifverträgen gestatten, mit denen den Arbeitnehmern wie in den Ausgangsverfahren ein Anspruch auf bezahlten Jahresurlaub zuerkannt wird, der über die in [...] der Richtlinie vorgesehene Mindestdauer von vier Wochen hinausgeht, und bei den über diese Mindestdauer hinausgehenden Urlaubstagen die Voraussetzungen einer Gutschrift im Fall einer Erkrankung des Arbeitnehmers festlegen."[207]

Insoweit fehle eine hinreichend bestimmte, unionsrechtliche Verpflichtung[208], die Anwendung der GRC scheide deshalb aus.[209] Dabei fällt auf, dass der EuGH sein Ergebnis noch deutlicher als in der Rechtssache *Hernández*[210] auf Art. 153 Abs. 2 und Abs. 4 AEUV stützt.[211] Auch aus Sicht des Gerichtshofs verleiht nämlich eine Richtlinienvorschrift, die das primärrechtliche Kompetenzgefüge dadurch wiedergibt, dass sie weitergehende Maßnahmen der Mitgliedstaaten zulässt,

„[...] den Mitgliedstaaten [...] keine im Recht der Union begründete Rechtsetzungsbefugnis, sondern beschränkt sich darauf, ihre nach nationalem Recht bestehende Befugnis anzuerkennen, solche günstigeren Bestimmungen außerhalb des durch die Richtlinie geschaffenen Regelungsrahmens vorzusehen."[212]

Vor diesem Hintergrund ist, auch wenn der EuGH den Zusammenhang zwischen beiden Judikaten bedauerlicherweise nicht selbst herstellt[213], die Entscheidung in der Rechtssache *Alemo-Herron*[214] kein Widerspruch, sondern eine konsequente Anwendung dieser Auffassung.[215] Denn die dort streitgegenständliche Betriebsübergangsrichtlinie beruht nicht auf der Kompetenznorm des Art. 153 AEUV, sondern auf der Binnenmarktkompetenz des Art. 115 AEUV, die entsprechend dem Regelfall auch den Erlass vollharmonisierender Vorschriften zulässt.[216] Der

---

[205] Anders noch *Maier*, Grundrechtsschutz bei der Durchführung von Richtlinien, 2014, S. 76. Vorsichtiger auch *Sagan*, EuZW 2020, 72, 73.

[206] EuGH v. 19.11.2019 – Rs. C-609/17, C-610/17 (*TSN*), NZA 2019, 1631.

[207] EuGH v. 19.11.2019 – Rs. C-609/17, C-610/17 (*TSN*), NZA 2019, 1631, Rn. 45.

[208] EuGH v. 19.11.2019 – Rs. C-609/17, C-610/17 (*TSN*), NZA 2019, 1631, Rn. 53.

[209] EuGH v. 19.11.2019 – Rs. C-609/17, C-610/17 (*TSN*), NZA 2019, 1631, Rn. 55.

[210] EuGH v. 10.07.2014 – Rs. C-198/13 (*Hernández*), NZA 2014, 1325, Rn. 44.

[211] EuGH v. 19.11.2019 – Rs. C-609/17, C-610/17 (*TSN*), NZA 2019, 1631, Rn. 47 f.

[212] EuGH v. 19.11.2019 – Rs. C-609/17, C-610/17 (*TSN*), NZA 2019, 1631, Rn. 49. So bereits EuGH v. 10.07.2014 – Rs. C-198/13 (*Hernández*), NZA 2014, 1325, Rn. 44.

[213] *Sagan*, EuZW 2020, 72, 73.

[214] EuGH v. 18.07.2013 – Rs. C-426711 (*Alemo-Herron*), NZA 2013, 835.

[215] So auch EuArbRK/*Schubert*, Art. 51 GRC Rn. 25 f.; *Willemsen/Krois/Mehrens*, RdA 2018, 151, 155 ff.; *Mehrens/Hein*, ZESAR 2020, 291, 298.

[216] Im Ganzen wie hier *Willemsen/Krois/Mehrens*, RdA 2018, 151, 155 ff. A.A. *Wißmann*, RdA 2015, 301, 303, der davon ausgeht, Art. 153 AEUV sei anstelle von Art. 115 AEUV getreten und heute als maßgebliche Kompetenznorm der Betriebsübergangsrichtlinie anzusehen. So auch *Schneider*, Wirkung von Bezugnahmeklauseln nach Betriebsübergang, 2017,

Unionsgesetzgeber hat mit der Betriebsübergangsrichtlinie konstitutiv eine Rechtsetzungsbefugnis auf die Mitgliedstaaten übertragen, die ihm nach dem primärrechtlichen Kompetenzsystem selbst zugestanden hätte. Hier ist eine Anwendung der Charta angezeigt[217], weil der gleiche Rechtsgedanke greift, der auch im Rahmen der durch die Richtlinie eingeräumten Gestaltungsspielräume im oben genannten Sinne eine Bindung an die Unionsgrundrechte rechtfertigt.[218]

Entscheidet sich also der Unionsgesetzgeber mit einer Richtlinie gegen eine kompetenziell mögliche Vollharmonisierung, so ist die mitgliedstaatliche Rechtsetzung im Lichte dieser Entscheidung ein Fall der Richtliniendurchführung und keine originär mitgliedstaatliche.[219] Für das europäische Arbeitsrecht und die vorliegende Untersuchung bedeutet das, dass darauf zu achten ist, auf welche Kompetenznorm die jeweilige Richtlinie, die den unionsrechtlichen Zusammenhang herstellt, gestützt ist.[220] Zwar ist hinsichtlich der Mindestvorgaben stets von einer Bindung an die Charta auszugehen[221]; bezüglich des überschießenden Teils einer Richtlinie ist dies aber nur der Fall, wenn die Union an sich die Kompetenz für eine Vollharmonisierung gehabt hätte, hiervon allerdings – etwa aus politischen Gründen oder Verhältnismäßigkeitsgesichtspunkten – abgesehen hat. Nur insoweit ist die Konstellation mit der Einräumung von Gestaltungsspielräumen vergleichbar. Fehlt eine solche Vollharmonisierungskompetenz, wie etwa im Bereich der Sozialpolitik, ist die Charta im überschießenden Bereich unanwendbar.[222]

4. Irrelevanz von Umsetzungswille und Reihenfolge der Normsetzung

Die Auffassung des EuGH, es komme für eine Durchführung weder auf eine entsprechende Absicht des nationalen Gesetzgebers noch darauf an, ob die Umsetzungsvorschrift zeitlich vor oder nach der Richtlinie erlassen wurde, ist überzeugend.[223] Mit Ablauf der Umsetzungsfrist[224] wird nationales Recht, das einen

S. 128 f. m.w.N. A.A. wohl auch BAG v. 17.06.2015 – 4 AZR 61/14 (A), NZA 2016, 373, Rn. 54.

[217] A.A. *Sagan*, EuZW 2020, 72, 73; *Krebber*, EuZA 2016, 3, 5 f.

[218] Treffend EuArbRK/*Schubert*, Art. 51 GRC Rn. 26.

[219] *Schubert*, EuZA 2020, 302, 307.

[220] EuArbRK/*Schubert*, Art. 51 GRC Rn. 26.

[221] *Herresthal*, ZEuP 2014, 238, 252.

[222] *Herresthal*, ZEuP 2014, 238, 252.

[223] *Ohler*, NVwZ 2013, 1433, 1434; *Preis/Temming*, NZA 2010, 185, 187; *Ziegenhorn*, NVwZ 2010, 803, 807; *Pirker*, Anwendung der Unionsgrundrechte, 2018, S. 478; *Maier*, Grundrechtsschutz bei der Durchführung von Richtlinien, 2014, S. 144; *Gourdet*, Europäischer Grundrechtsschutz, 2021, S. 367; *Greif*, Die Unanwendbarkeit richtlinienwidriger deutscher Arbeitsgesetze, 2016, S. 178 f.; *Sagan*, Das Gemeinschaftsgrundrecht auf Kollektivmaßnahmen, 2008, S. 366 f. Fn. 33; *Pötters*, Grundrechte und Beschäftigtendatenschutz, 2013, S. 184; Preis/Sagan/*ders.*, § 3 Rn. 18; *Haltern*, in: Haltern/Bergmann (Hrsg.), Der EuGH in der Kritik, 2012, S. 25, 63; *Mörsdorf*, ZIP 2009, 1491, 494 f.; *Unseld*, Bedeutung der Horizontalwirkung, 2018, S. 217. Kritisch gegenüber der Maßgeblichkeit der Durchführungsab-

hinreichenden Zusammenhang mit der unionsrechtlichen Verpflichtung im oben genannten Sinne aufweist, „nachdeterminiert". Die Merkmale „Umsetzungsabsicht" und „Normerlass nach Inkrafttreten der Richtlinie" können zwar Indizien für das Vorliegen einer Durchführung sein[225], sind aber keine zwingenden Tatbestandsvoraussetzungen. Somit kann auch eine Norm, die *vor Erlass* der Richtlinie und damit zu einem anderen Zweck als zur Umsetzung unionsrechtlicher Vorgaben verabschiedet wurde, eine Durchführung darstellen. Gleiches gilt für den selteneren Fall einer *nach Erlass* einer Richtlinie verabschiedeten Norm, die bewusst oder unbewusst anderen Zielen dient als der Umsetzung einer Richtlinienvorgabe.

Entscheidendes Argument hierfür ist, dass die Anwendbarkeit der Unionsgrundrechte andernfalls zur Disposition der Mitgliedstaaten stünde.[226] Es ist nicht hinzunehmen, dass diese von der praktisch kaum zu klärenden Frage abhängen soll, ob eine zur Umsetzung geeignete nationale Vorschrift nun mit oder ohne Umsetzungsabsicht des nationalen Gesetzgebers erlassen wurde. Außerdem spricht gegen die Abhängigkeit des Grundrechtsschutzes von der mitgliedstaatlichen Durchführungsabsicht die sonst drohende Zufälligkeit der Ergebnisse je nach Anpassungsbedürftigkeit der jeweiligen mitgliedstaatlichen Rechtsordnung.[227]

Der gegen diese Ansicht von *Thüsing* vorgebrachte Einwand, die befürchtete Dispositionsmacht der Mitgliedstaaten sei Richtlinien wegen ihrer Umsetzungsbedürftigkeit immanent und müsse deshalb trotz der genannten Bedenken hingenommen werden[228], überzeugt nicht. Dieses Argument verkennt, dass nur der Richtlinieninhalt auf die konstitutive, vom mitgliedstaatlichen Willen getragene Umsetzung in das nationale Recht angewiesen ist. Die Zielverbindlichkeit der Richtlinie, die sich aus der primärrechtlichen Bestimmung des Art. 288 Abs. 3 AEUV ergibt und die bereits für sich genommen maßgebliches Argument für die umfassende Grundrechtsbindung der Mitgliedstaaten bei der Richtliniendurchführung ist, entfaltet uneingeschränkte Rechtswirkung *ipso iure* mit Ablauf der Umsetzungsfrist.[229] Wenn die für die Grundrechtsbindung der Mitgliedstaaten zentrale Zielverbindlichkeit aber gerade nicht vom Umsetzungswillen des nationalen Gesetzgebers abhängt, dann ist es auch nicht sachgerecht, eine entsprechend restriktive Interpretation des Durchführungsbegriffs vorzunehmen.

---

sicht auch Streinz/*Streinz*/*W. Michl*, Art. 51 GRC Rn. 14. In diese Richtung bereits *Scheuing*, EuR 2005, 162, 171.

[224] *Pirker*, Anwendung der Unionsgrundrechte, 2018, S. 380.

[225] *Pirker*, Anwendung der Unionsgrundrechte, 2018, S. 368.

[226] *Haltern*, in: Haltern/Bergmann (Hrsg.), Der EuGH in der Kritik, 2012, S. 25, 63; *Mörsdorf*, ZIP 2009, 1491, 494 f.; *Unseld*, Bedeutung der Horizontalwirkung, 2018, S. 217; *Greif*, Die Unanwendbarkeit richtlinienwidriger deutscher Arbeitsgesetze, 2016, S. 179.

[227] *Pötters*, Grundrechte und Beschäftigtendatenschutz, 2013, S. 184.

[228] So insbesondere *Thüsing*, ZIP 2010, 199, 200.

[229] In diese Richtung auch *Repasi*, EuZW 2009, 756, 757.

Wenn Kritik an der Handhabung des Art. 51 GRC durch den EuGH berechtigt ist, dann hinsichtlich der grundsätzlichen Frage, ob Umsetzungsrecht *überhaupt* unmittelbar am Maßstab der Charta gemessen werden sollte.[230]

5. Inhaltliche Akzessorietät zwischen Anwendungsbereich und Richtlinieninhalt?

Schon früh nach Verbindlichwerden der GRC bestand schließlich Streit um die Frage, ob bei Vorliegen einer Durchführung im Sinne des Art. 51 Abs. 1 S. 1 Alt. 2 GRC der Anwendungsbereich der Charta *insgesamt* eröffnet wird oder lediglich dasjenige Grundrecht anwendbar ist, das sachlich durch die jeweilige Richtlinienbestimmung konkretisiert wird. Mit anderen Worten: Reicht es für die Anwendbarkeit der Charta insgesamt aus, wenn eine Materie in „irgendeiner Hinsicht[231]" von einer Richtlinie geregelt wird? Können diskriminierungsrechtliche Richtlinien den Anwendungsbereich für Art. 30 GRC eröffnen? Kann die Arbeitszeitrichtlinie den Anwendungsbereich für Art. 21 GRC eröffnen?[232] Dürfen Altersgrenzen am Maßstab der Berufsfreiheit nach Art. 15 GRC überprüft werden?[233]

Außer Frage steht natürlich, dass die Richtlinie selbst als Akt unionsrechtlicher Hoheitsgewalt (Art. 51 Abs. 1 S. 1 Alt. 1 GRC) stets am Maßstab *aller* Unionsgrundrechte zu überprüfen ist.[234] Nur für Anwendbarkeit in den Mitgliedstaaten stellt sich also die damit aufgeworfene Frage. Ein Blick auf die Stellungnahmen zu dieser Einzelfrage ergibt ein durchwachsenes Bild[235]; der EuGH bejaht in der *Mangold*-Entscheidung eine umfassende Anwendbarkeit ohne weite-

[230] Hierzu oben unter 2. b).

[231] *Thüsing*, ZIP 2010, 199, 200.

[232] Beispiel nach *Kamanabrou*, in: Heiderhoff/Lohsse/Schulze (Hrsg.), EU-Grundrechte und Privatrecht, 2016, S. 167, 184 Fn. 49. Dafür auch *Kainer*, NZA 2018, 894, 899. Allerdings ist die Bedeutung dieser Frage eigentlich gering, da bereits die diskriminierungsrechtlichen Richtlinien sämtliche Stadien des Beschäftigungsverhältnisses und dabei letztlich auch den Urlaub als Arbeitsbedingung in ihrem Anwendungsbereich erfassen. Vgl. hierzu *Preis/Temming*, NZA 2010, 185, 190. Es kommt also bereits über das Diskriminierungsrecht zu einer Anwendungsbereichseröffnung zugunsten der GRC.

[233] *Waltermann*, EuZA 2010, 541, 551; *ders.*, FS Birk, 2008, S. 915, 927 f.

[234] *Krois*, DB 2010, 1704, 1706 Fn. 46.

[235] Ausdrücklich für eine umfassende Anwendbarkeit der GRC und damit gegen eine inhaltliche Akzessorietät: *Kamanabrou*, in: Heiderhoff/Lohsse/Schulze (Hrsg.), EU-Grundrechte und Privatrecht, 2016, S. 167, 184 Fn. 49; *Ziegenhorn*, NVwZ 2010, 803, 807. Tendenziell für eine Überprüfung von Altersgrenzen nicht nur am Maßstab des einschlägigen Diskriminierungsrechts, sondern auch an der Berufsfreiheit gem. Art. 15 GRC *Waltermann*, EuZA 2010, 541, 551; *ders.*, FS Birk, 2008, S. 915, 927 f. Implizit dafür auch EuArbRK/*Schubert*, Art. 27 GRC Rn. 34; *Kainer*, NZA 2018, 894, 899; *Forschner*, ZJS 2011, 456, 463. In diese Richtung auch *Hartmann*, EuZA 2019, 24, 35. Dagegen und für eine inhaltliche Akzessorietät: *Krois*, DB 2010, 1704, 1706; *von Danwitz*, JZ 2007, 697, 705; *Thüsing*, ZIP 2010, 199, 200 f.; *Repasi*, EuZW 2009, 756, 757, der ausdrücklich eine sachliche Beschränkung des Anwendungsbereichs des Unionsrechts auf den Inhalt der Richtlinie fordert. Mit Problembewusstsein, aber ohne eigene Stellungnahme: *Bauer/v. Medem*, ZIP 2010, 449, 452; *Greif*, Die Unanwendbarkeit richtlinienwidriger deutscher Arbeitsgesetze, 2016, S. 119. Präziser für die

res Problembewusstsein.[236] Und auch die Kommentarliteratur geht ebenfalls – zumindest implizit – von einer Bindung an die Unionsgrundrechte in ihrer Gesamtheit aus.[237]

Bei Auslegung des Art. 51 Abs. 1 S. 1 Alt. 2 GRC gibt es zunächst keinen Grund, die Anwendbarkeit der Charta bei Vorliegen einer Durchführungskonstellation von vornherein auf ein bestimmtes Grundrecht zu begrenzen. Schon ein Blick auf Systematik und Wortlaut der Norm steht der Möglichkeit einer solchen Begrenzung entgegen. Die Bestimmung, die zum „allgemeinen Teil" der Charta[238] gehört, der systematisch für alle Gewährleistungen der Charta gilt, spricht ausdrücklich von der Charta „als Ganzes", ordnet also im Falle der Erfüllung der genannten Voraussetzung die grundsätzliche Anwendbarkeit *sämtlicher* Grundrechte der Charta in den Mitgliedstaaten an.[239] Einer solchen, alleine auf Systematik und Normtext der Charta beschränkten Auslegung könnte man zwar vorwerfen, das dargelegte Prinzip der Sekundärrechtsakzessorietät der Grundrechtecharta außer Acht zu lassen: Entscheidend für die Frage, ob eine Richtliniendurchführung vorliegt, ist gerade das Bestehen eines spezifischen Zusammenhangs zwischen der nationalen Umsetzungsbestimmung und der unionsrechtlichen Vorgabe. Es erscheint deshalb nachvollziehbar, das Erfordernis einer inhaltlichen Akzessorietät auch auf das Verhältnis Charta-Richtlinie übertragen zu wollen, da es andernfalls zumindest theoretisch zu einer vom Richtlinieninhalt unabhängigen, weitreichenden Bindung der Mitgliedstaaten an die Unionsgrundrechte kommen könnte.[240] Etwaigen Versuchen, deshalb die *Anwendbarkeit* auf den Inhalt des konkretisierten Grundrechts zu beschränken, ist jedoch entgegenzuhalten, dass lediglich der Durchführungsbegriff auf Tatbestandsebene inhaltlich auslegungsfähig ist und damit derartige Bedenken nur im Rahmen der restriktiven Handhabung dieses Tatbestandsmerkmals berücksichtigungsfähig wären. Im Übrigen, also was die Rechtsfolge anbelangt, bietet Art. 51 Abs. 1 S. 1 Alt. 2 GRC keinen Spielraum. Die Norm lässt von ihrer Struktur her nur eine Entscheidung für oder gegen die Anwendbarkeit der Charta insgesamt zu.[241] Die Normaussage ist als „wenn"- und nicht als „soweit"-Satz

---

Anwendbarkeit *aller* Grundrechte indes *ders.*, in: Uffmann/Dahm (Hrsg.), Vielfalt oder Chaos – Aktuelle Probleme und Entwicklungen im deutschen und europäischen Arbeitsrecht, 2013, S. 43, 65.

[236] In der Entscheidung hat die „sachfremde" Befristungsrichtlinie den Anwendungsbereich des Verbots der Altersdiskriminierung und damit des heutigen Art. 21 Abs. 1 GRC eröffnet. Mit demselben Befund: *Thüsing*, ZIP 2010, 199, 200; *Greif*, Die Unanwendbarkeit richtlinienwidriger deutscher Arbeitsgesetze, 2016, S. 119.

[237] EuArbRK/*Schubert*, Art. 51 GRC Rn. 22; Meyer/Hölscheidt/*Schwerdtfeger*, Art. 51 Rn. 48.

[238] *Jarass*, GRC, Einl. Rn. 15.

[239] *Heuer*, Art. 51 Abs. 1 Satz 1 GRC: Die Bindung der Mitgliedstaaten an die Unionsgrundrechte, 2014, S. 207.

[240] So offenbar *Krois*, DB 2010, 1704, 1706.

[241] A.A. offenbar *Repasi*, EuZW 2009, 756, 757: „Der Anwendungsbereich kann allerdings nur *soweit* [sic!] reichen wie die Pflicht zur effektiven Richtlinienumsetzung.".

konzipiert. Das Ergebnis bestätigt auch ein Blick in die Erläuterungen, in denen von der Anwendbarkeit der Grundrechte insgesamt die Rede ist, wenn die Mitgliedstaaten im Anwendungsbereich des Unionsrechts handeln.[242]

Der Einwand, hierdurch käme es zu einer „umfassenden Bindung" der Mitgliedstaaten an die GRC, die durch Art. 51 Abs. 1 S. 1 Alt. 2 GRC eigentlich vermieden werden sollte[243], trifft so nicht zu. Auch nach dem Gesagten kommt es zu einer Bindung der Mitgliedstaaten nur dort, wo überhaupt eine Richtlinienvorgabe besteht. Diese muss eine bestimmte Verpflichtung für den konkreten Sachverhalt vorsehen. Über diese Konstellation hinaus sind die Mitgliedstaaten nicht an die europäischen Grundrechte gebunden. Dass dies zur Folge habe, dass die Normunterworfenen in den Mitgliedstaaten „sämtliche irgendwie durch RL geregelten Materien auf ihre Vereinbarkeit mit jedem der Unionsgrundrechte"[244] hinterfragen müssten, ist schon deshalb unpräzise. Außerdem müssen nationale Gerichte eine Norm zum einen selbstredend vorrangig auf die Richtlinienkonformität selbst überprüfen, deren zwingende Vorgabe den Anwendungsbereich überhaupt erst eröffnet. Zum anderen müssen sie nicht sämtliche, sondern nur diejenigen Grundrechte berücksichtigen, deren *sachlicher Schutzbereich* in concreto eröffnet ist. Das Spektrum relevanter Grundrechte schrumpft unter diesem Aspekt zusammen.[245]

Aus dem Gesagten folgt, dass die Reichweite der sich aus der Richtlinie ergebenden Umsetzungsverpflichtung nur Einfluss auf den Bereich der von der Charta erfassten nationalen Normen hat, nicht aber auch auf das Spektrum der anwendbaren Unionsgrundrechte. Allerdings wird sich an anderer Stelle noch zeigen, dass dem Konkretisierungszusammenhang zwischen Richtlinie und Grundrecht dennoch eine entscheidende Bedeutung zukommen könnte[246], um die Doktrin des EuGH nicht ausufern zu lassen. Von der allgemeinen Auslegung des Art. 51 Abs. 1 GRC ist diese erforderliche „Korrektur" aber zunächst zu trennen.[247]

---

[242] ABl. EU C 303 v. 14.12.2007, S. 32.

[243] *Krois*, DB 2010, 1704, 1706. Ähnlich *von Danwitz*, JZ 2007, 697, 705.

[244] *Krois*, DB 2010, 1704, 1706.

[245] Zur Bedeutung von allgemeiner Handlungsfreiheit und Art. 15 und 16 als Auffanggrundrechte im Kontext des Untersuchungsgegenstands § 15 A. III. 1.

[246] Ähnlich offenbar Preis/Sagan/*Sagan*, § 1 Rn. 164. Vgl. auch die Andeutung bei GA *Szpunar*, Schlussanträge v. 15.07.2021 – Rs. C-261/20 (*Thelen Technopark*), BeckRS 2021, 19869, Rn. 72.

[247] Vgl. hierzu unten unter § 15 A. III. 1. a) bb) (3).

D. Zusammenfassung

Die Überlegungen zur Anwendbarkeit der Charta in den Mitgliedstaaten ergeben ein durchwachsenes Bild. Mit einer streng funktionalistischen Betrachtung ist die Bindung des mitgliedstaatlichen Umsetzungsrechts bei zwingenden Richtlinienvorgaben, die letztlich allen Horizontalwirkungs-Judikaten des EuGH zugrunde lag, nicht zu erklären. Der Weg, den der EuGH hier eingeschlagen hat, ist vornehmlich rechtspolitisch motiviert; funktional erforderlich ist er nicht. Dessen ungeachtet ist für das deutsche Arbeitsrecht von Bedeutung, dass die GRC in den Mitgliedstaaten letztlich immer dann anwendbar ist, wenn das nationale Recht der Durchführung einer rechtmäßigen Richtlinienbestimmung dient. Das gilt nach der Prämisse des EuGH auch und gerade für den Fall, dass ein Mitgliedstaat eine rechtmäßige Richtlinie nicht oder nicht ordnungsgemäß umsetzt. Und auch im Gestaltungsspielraum ist von der Anwendbarkeit der GRC auszugehen. Durch diese Rechtsprechung und die Vielzahl an arbeitsrechtlichen Richtlinien sowie entsprechenden Kompetenzen des europäischen Gesetzgebers wird die Begrenzungswirkung, die Art. 51 Abs. 1 S. 1 Alt. 2 GRC für die Reichweite des europäischen Grundrechtsschutzes entfaltet, für das Arbeitsrecht ein Stück weit relativiert.

Die Annahme, jede neue Richtlinie erweitere automatisch auch den Anwendungsbereich der Charta um ihren Geltungsbereich[248], ist jedoch allenfalls eine hilfreiche Merkregel; sie ist vor dem Hintergrund des Gesagten in einigen Punkten zu präzisieren: Da die Ausnahmen der Unanwendbarkeit der GRC bei grundrechtswidrigen Richtlinien sowie das Kompetenzgefüge der Union zu beachten sind, ist von einer Ausdehnung in diesem Sinne nur bei *wirksamen* Richtlinien und auf dem Gebiet der Sozialpolitik nur hinsichtlich des *zwingenden Mindestinhalts* auszugehen. Bei grundrechtswidrigen Richtlinien und überschießendem Umsetzungsrecht im Rahmen der sozialpolitischen Mindestharmonisierung ist eine Bindung hingegen zu verneinen.

---

[248] So Preis/Sagan/*Pötters*, § 3 Rn. 18.

§ 5

Verbleibende Bedeutung des GG? – Zum Verhältnis von GG und GRC

Die bisherigen Ausführungen lassen die wichtige Anschlussfrage unbeantwortet, wann die nationalen Grundrechte des GG überhaupt noch eine eigenständige Bedeutung besitzen.[1] Art. 51 Abs. 1 S. 1 GRC ordnet nur an, wann die Charta in den Mitgliedstaaten gilt. Die Vorschrift enthält aber keine *Kollisionsregel* für das Verhältnis der Grundrechtssysteme.[2]

Für die aufgeworfene Frage ist zu unterscheiden: Bei *genuin nationalen Maßnahmen* ohne unionsrechtlichen Bezug finden die Unionsgrundrechte bereits keine Anwendung, weshalb die nationalen Grundrechte hier unstreitig uneingeschränkt zur Anwendung kommen.[3] Gleiches gilt hinsichtlich des überschießenden Umsetzungsrechts, wenn gerade aufgrund des bestehenden Kompetenzgefüges nur Mindestvorgaben gemacht werden. Bei den für die Untersuchung besonders bedeutsamen *zwingenden Richtlinienvorgaben* ist umgekehrt ein Rückgriff auf die nationalen Grundrechte aufgrund des Vorrangs des einschlägigen Sekundärrechts[4] so lange ausgeschlossen, wie die Richtlinie nicht ihrerseits gegen Unionsgrundrechte verstößt.[5] Dabei ist nicht von Belang, ob die nationalen Grundrechte günstiger sind oder nicht.[6] Die Norm des Art. 53 GRC steht der alleinigen Maßgeblichkeit der Unionsgrundrechte in diesen Fällen nicht entgegen, selbst wenn die Richtlinie hinter dem Gewährleistungsgehalt der nationalen Grundrechte zurückbleibt, da die Vorschrift den grundsätzlichen Vorrang des gesamten Primär- und Sekundärrechts und damit auch chartakonformer Richtlinien nicht einschränkt.[7] Maßstab für das nationale Recht sind dann alleine die Richtlinie, ausgelegt in Einklang mit den jeweils anwendbaren Unionsgrund-

---

[1] Meyer/Hölscheidt/*Schwerdtfeger*, Art. 51 Rn. 53 („Folgeproblem"); *Masing*, JZ 2015, 477, 485 f.

[2] *Kirchhof*, NVwZ 2014, 1537, 1538.

[3] Streinz/*Streinz*/*W. Michl*, Art. 53 GRC Rn. 5.

[4] Streinz/*Streinz*/*W. Michl*, Art. 53 GRC Rn. 4.

[5] *Jarass*, GRC, Art. 53 Rn. 12.

[6] *M. Bleckmann*, Nationale Grundrechte im Anwendungsbereich des Rechts der EU, 2011, S. 291.

[7] *Jarass*, GRC, Art. 53 Rn. 11.

rechten[8], sowie nach der fragwürdigen Rechtsprechung des EuGH[9] auch im Falle der richtlinienwidrigen Umsetzung die Unionsgrundrechte selbst. Die alleinige Maßgeblichkeit der Unionsgrundrechte in solchen Fällen ist sachgerecht, weil bei abschließenden Richtlinienvorgaben der Unionsgesetzgeber die konfligierenden Grundrechtspositionen bereits abgewogen hat.[10] Für eine erneute grundrechtliche Bewertung durch die Mitgliedstaaten besteht kein Raum. Gleiches gilt nach den obigen Ausführungen für Mindestvorgaben im Rahmen der Mindestharmonisierung etwa auf dem Gebiet der Sozialpolitik. Ist wiederum die Richtlinie unionsgrundrechtswidrig und infolgedessen nichtig, kann uneingeschränkt auf die nationalen Grundrechte zurückgegriffen werden. In all diesen Fällen besteht kein Auflösungsbedürfnis, weil unstreitig *entweder* nur nationale *oder* aber nur unionsrechtliche Grundrechte anwendbar sind.

Anders ist dies im Rahmen von *Gestaltungsspielräumen*, sowohl auf Seiten des nationalen Gesetzgebers als auch seitens der Behörden und Gerichte, die die Richtlinie und nationale Umsetzungsrecht anwenden.[11] Weil das nationale Umsetzungsrecht formell einen Akt deutscher Hoheitsgewalt darstellt, tritt neben die Chartabindung zusätzlich diejenige an die nationalen Grundrechte gem. Art. 1 Abs. 3 GG. Es kommt also zu einer Doppelbindung des Mitgliedstaates. Soweit das maßgebliche Sekundärrecht keine abschließende Regelung trifft, kommt es nicht zu einer Verdrängung durch die Richtlinienvorgabe. Nur hier besteht ein Bedürfnis nach Auflösung der grundrechtlichen Gemengelage. Klarzustellen ist hier aber wiederum, dass es trotz der Parallelität der Grundrechtsregime an einer auflösungsbedürftigen inhaltlichen Normenkollision fehlt, wenn die grundrechtlichen *Gewährleistungsgehalte deckungsgleich* sind.[12] Eindeutig ist der Fall auch, wenn ein nationales Grundrecht einen *niedrigeren Gewährleistungsgehalt* aufweist als seine unionsrechtliche Entsprechungsnorm. Dann liegt eine reale Normkollision vor, die durch den Vorrang der Unionsgrundrechte aufzulösen ist.[13]

Hiervon zu unterscheiden ist jedoch der Fall, dass ein in Ausfüllung eines bestehenden Gestaltungsspielraums anwendbares nationales Grundrecht einen *höheren Gewährleistungsgehalt* aufweist. Hier besteht aus unionsrechtlicher Sicht kein Bedürfnis für eine Verdrängung der weitergehenden nationalen Grund-

---

[8] *Maier*, Grundrechtsschutz bei der Durchführung von Richtlinien, 2014, S. 331.

[9] Zur Kritik an der Grundrechtsbindung des mitgliedstaatlichen Umsetzungsrechts § 4 C. II. 2. b); § 11 B. I. 1.

[10] *Edenharter*, Grundrechtsschutz, 2018, S. 690; *Latzel*, EuZW 2015, 658, 663; *Lenaerts*, EuR 2015, 3, 24 f.

[11] *M. Bleckmann*, Nationale Grundrechte im Anwendungsbereich des Rechts der EU, 2011, S. 290 f.; *Maier*, Grundrechtsschutz bei der Durchführung von Richtlinien, 2014, S. 331. Implizit hinsichtlich aller drei Gewalten auch BVerfG v. 21.06.2016 – 2 BvR 2728/13 u.a. (*OMT-Programm*), BVerfGE 142, 123, 187.

[12] *Edenharter*, Grundrechtsschutz, 2018, S. 692.

[13] *Maier*, Grundrechtsschutz bei der Durchführung von Richtlinien, 2014, S. 330.

rechte. Die eröffnende Richtlinie trifft keine abschließende Abwägungsentscheidung, sondern überantwortet diese, im vorgegebenen Rahmen, an die Mitgliedstaaten. Diese können mit diesem Spielraum grundsätzlich tun, „was sie wollen" – in Deutschland freilich in den Grenzen des GG. Nur für solche Fälle ist die Vorschrift des Art. 53 GRC maßgeblich.[14]

Sie schreibt vor, dass keine Bestimmung der GRC als Einschränkung oder Verletzung der Menschenrechte und Grundfreiheiten auszulegen ist, die durch die Verfassungen der Mitgliedstaaten anerkannt werden. Dies spricht an sich dafür, dass in solchen Fällen stets ein Rückgriff auf das „bessere" Grundrecht möglich ist. Der EuGH hat in seiner Entscheidung zur Rechtssache *Melloni* insoweit aber ergänzend den ungeschriebenen Vorbehalt[15] etabliert, dass auch in diesem Fall eine Anwendung der nationalen Grundrechte nur möglich ist, wenn dadurch „weder das Schutzniveau der Charta, wie sie vom Gerichtshof ausgelegt wird, noch der Vorrang, die Einheit und die Wirksamkeit des [sonstigen] Unionsrechts beeinträchtigt werden."[16] Ohnehin ist aber zu bedenken, dass das zentrale Kriterium des Art. 53 GRC, nämlich das der Günstigkeit, gerade im Privatrecht wegen der Mehrpoligkeit der in Rede stehenden Grundrechtsverhältnisse nur schwer zu bestimmen ist. Im Zweifel wird man deshalb hier von der Maßgeblichkeit des unionalen Grundrechtsschutzes ausgehen müssen.[17]

Aus deutscher Perspektive ist daneben ergänzend die mit *Recht auf Vergessen* eingeführte Anwendungspräferenz zugunsten der nationalen Grundrechte zu beachten. Durch die Vermutung eines deckungsgleichen Gewährleistungsgehalts[18] versucht das BVerfG zu verhindern, dass nationale Grundrechte im Gestaltungsspielraum unangewendet bleiben und es so seine Entscheidungshoheit verliert, wenn diese hinter dem Gewährleistungsgehalt der GRC zurückbleiben. Sobald nämlich die Charta Anwendung findet, muss das BVerfG in den Dialog mit dem EuGH treten und kann die Reichweite der einschlägigen grundrechtlichen Gewährleistungen nicht mehr eigenständig definieren. Vieles spricht dafür, dass das BVerfG so letztlich einen Deal eingegangen ist: Es inkorporiert materiell die Auslegung des EuGH zur Reichweite und zum Schutzbereich der GRC in die grundgesetzliche Grundrechtsdogmatik als Mindeststandard und erkauft sich so die Letztentscheidungsmöglichkeit, weil aufgrund der Deckungsgleichheit keine Kollisionslage besteht, die zugunsten der Unionsgrundrechte aufzulösen ist. Ob so trotz prinzipieller Anerkennung der Kombinationsthese die GRC im Spielraumbereich am Ende doch wieder zurückgedrängt wird, wird davon abhängen,

[14] PHKW/*de Witte*, Rn. 53.27; *Jarass*, GRC, Art. 53 Rn. 15.

[15] *Wendel*, JZ 2020, 157, 160.

[16] EuGH v. 26.02.2013 – Rs. C-399/11 (*Melloni*), NJW 2013, 1215, Rn. 60.

[17] *Franzius*, ZaöRV 2015, 383, 391. Differenziert *Gourdet*, Europäischer Grundrechtsschutz, 2021, S. 459 f.

[18] BVerfG v. 06.11.2019 – 1 BvR 16/13 (*Recht auf Vergessen I*), NJW 2020, 300, Rn. 69.

wie streng das BVerfG die Anforderungen an eine Widerlegung der Vermutung handhaben wird.[19] Dies ist gegenwärtig noch nicht abzusehen.[20]

---

[19] *Wendel*, JZ 2020, 157, 165.

[20] Eine Vorlage, in der sich das BAG mit der Mitgewährleistungsvermutung befasst, gibt insoweit einen ersten Anhaltspunkt: Aus seiner Sicht bleibt der grundrechtliche Schutz des bezahlten Jahresurlaubs nach der deutschen Rechtsordnung hinter dem Standard des Unionsrechts zurück. Daraus folgert es: „Es läge daher nahe, aus der Schutzpflicht für die körperliche Unversehrtheit aus Art. 2 Abs. 2 S. 1 GG einen Auftrag an den Gesetzgeber abzuleiten, durch Regelungen des Urlaubsanspruchs – wie im Bundesurlaubsgesetz geschehen – die Gesundheit der betroffenen Arbeitnehmer zu schützen. Selbst wenn solche verfassungsrechtlichen Ableitungen aus deutschen Grundrechten jedenfalls denkbar sind, dürfte der unionsrechtliche Grundrechtsschutz für den Urlaub ein höheres Niveau erreicht haben.", vgl. BAG v. 17.06.2020 – 10 AZR 210/19, NZA 2020, 1551, Rn. 65 ff.

Kapitel 3

Die Rechtsprechungslinie zur Horizontalwirkung der Unionsgrundrechte im Arbeitsrecht

Anschließend an die dargestellten Grundlagen sollen im dritten Kapitel der Untersuchung die mit der *Mangold*-Entscheidung begonnene Rechtsprechungslinie analysiert und die darauffolgenden Urteile eingeordnet werden. Hierfür wird zunächst die Ursprungsentscheidung ins Auge gefasst. In einem nächsten Schritt wird die Folgejudikatur dargestellt. Dabei erfolgen eine Einordnung in die dargestellten Horizontalwirkungsdimensionen und eine Erarbeitung des roten Fadens, der in der Rechtsprechung erkennbar wird.

§ 6

Ursprung: Die Rechtssache *Mangold*

Den Ursprung der Rechtsprechungslinie bildet die bereits mehrfach angesprochene *Mangold*-Entscheidung des EuGH. Sie ist Ausgangspunkt seiner Judikatur zur Horizontalwirkung von Grundrechten im Arbeitsrecht.

A. Entscheidungsinhalt

Der Entscheidung lag folgender Sachverhalt zu Grunde[1]: Der Kläger war bei einem Münchener Rechtsanwalt auf Grund der Vorschrift des § 14 Abs. 3 S. 1 TzBfG a.F.[2] im Alter von 56 Jahren ohne sachlichen Grund befristet eingestellt worden. Er hielt diese Abrede bzw. die gesetzliche Befristungsmöglichkeit für europarechtswidrig und regte deshalb im Rahmen seines Befristungskontrollverfahrens vor dem ArbG *München* eine Vorlage an den EuGH an.[3] Bereits im Vorfeld der Entscheidung des EuGH wurde zwar von mancher Seite und ebenso von der am Verfahren beteiligten Bundesrepublik[4] vermutet, dass der Fall von den Parteien konstruiert worden war, weshalb Zweifel an der Zulässigkeit der Vorlage geäußert wurden. Dies hielt den EuGH allerdings nicht davon ab, die Vorlage für zulässig zu erachten[5] und über sie im Sinne des Klägers zu entscheiden.

In der Sache prüfte er die Vereinbarkeit von § 14 Abs. 3 TzBfG mit der Rahmen-Richtlinie 1999/70/EG über befristete Arbeitsverträge.[6] Das vorlegende Ar-

---

[1] EuGH v. 22.11.2005 – Rs. C-144/04 (*Mangold*), NZA 2005, 1345. Siehe hierzu aus der Literatur stellvertretend *Bauer/Arnold*, NJW 2006, 6 ff.; *Brock/Windeln*, EWiR 2005, 869 f.; *Gas*, EuZW 2005, 737 sowie dazu die ablehnende Erwiderung bei *Herrmann*, EuZW 2006, 69 f.; *Preis*, NZA 2006, 401 ff.; *Reich*, EuZW 2006, 20 ff.; *Streinz/Herrmann*, RdA 2007, 165 ff.; *Wiedemann*, AP Richtlinie 2000/78/EG Nr. 1; *Thüsing*, ZIP 2005, 2149 ff.; *Kamanabrou*, EzA TzBfG § 14 Nr. 21. Besonders kritisch *Gerken/Rieble/Roth/Stein/Streinz*, „Mangold" als ausbrechender Rechtsakt, 2009.

[2] Die damalige Vorschrift lautete zuletzt: „Die Befristung eines Arbeitsvertrages bedarf keines sachlichen Grundes, wenn der Arbeitnehmer bei Beginn des befristeten Arbeitsverhältnisses das 52. Lebensjahr vollendet hat."

[3] ArbG München v. 26.02.2004 – 26 Ca 14314/03, NZA-RR 2005, 43.

[4] EuGH v. 22.11.2005 – Rs. C-144/04 (*Mangold*), NZA 2005, 1345, Rn. 32.

[5] EuGH v. 22.11.2005 – Rs. C-144/04 (*Mangold*), NZA 2005, 1345, Rn. 39.

[6] Richtigerweise prüft der EuGH mangels entsprechender Prüfungskompetenz nicht die Vereinbarkeit des nationalen Rechts mit der Richtlinie, sondern fragt aus der Perspektive des

beitsgericht *München* hatte nämlich u.a. danach gefragt, ob durch die Norm das Verschlechterungsverbot des § 8 Nr. 3 der durch die Richtlinie durchgeführten Rahmenvereinbarung verletzt sei, demzufolge die Richtlinienumsetzung nicht als Rechtfertigung für die Senkung des allgemeinen Niveaus des Arbeitnehmerschutzes im Bereich der befristeten Arbeitsverhältnisse dienen darf. Eine solche Verletzung verneinte der EuGH jedoch, da die Senkung der Altersgrenze – zunächst auf 60, dann auf 58 und schließlich auf 52 Jahre – Ausdruck der nationalen wirtschafts- und sozialpolitischen Entscheidungen der Bundesrepublik gewesen sei und nicht in unmittelbarem Zusammenhang mit der Richtlinienumsetzung gestanden habe. Weil die Beschäftigungsförderungsabsicht im Vordergrund gestanden habe, lehnte er eine dahingehende Richtlinienwidrigkeit ab.[7] Eine Prüfung der Vereinbarkeit mit § 5 der Rahmenvereinbarung hielt der EuGH für „offensichtlich nicht erheblich", weil nur eine einmalige Befristung vorlag.[8]

Im Anschluss widmete sich der Gerichtshof entsprechend der zweiten und dritten Vorlagefrage der Frage der Vereinbarkeit mit der Gleichbehandlungsrichtlinie 2000/78/EG. Das ArbG *München* wollte nämlich weiter wissen, ob ein Verstoß gegen das dort normierte Verbot der Altersdiskriminierung vorliege oder die Ungleichbehandlung älterer Arbeitnehmer sachlich gerechtfertigt (Art. 6 der RL) sei.

Insoweit kam er überzeugend zu dem Ergebnis, dass die Ungleichbehandlung, die § 14 Abs. 3 TzBfG darstellt, nicht gerechtfertigt war. Die vom deutschen Gesetzgeber bezweckte Förderung der beruflichen Eingliederung arbeitsloser älterer Arbeitnehmer stelle zwar, weil diese erhebliche Schwierigkeiten haben, wieder einen Arbeitsplatz zu finden, ein legitimes Ziel dar; die Regelung sei jedoch zur Erreichung dieses Ziels nicht angemessen und erforderlich gewesen. Sie lief nämlich drauf hinaus, dass mit allen Arbeitnehmern, die das 52. Lebensjahr vollendet hatten, unabhängig davon, ob und wie lange sie vor Abschluss des Arbeitsvertrags arbeitslos waren, sachgrundlose Befristungen abgeschlossen werden konnten. Ohne diese Differenzierung barg die Regelung die Gefahr, dass diese alleine nach dem Lebensalter definierte Zielgruppe während eines erheblichen Teils ihres Berufslebens von festen Beschäftigungsverhältnissen ausgeschlossen werden. Solche Rechtsvorschriften gehen insofern, als sie allein das Alter des betroffenen Arbeitnehmers als Kriterium für die Befristung des Arbeitsvertrags festlegen, ohne dass nachgewiesen wäre, dass die Festlegung einer Altersgrenze als solche unabhängig von anderen Erwägungen objektiv erforderlich ist, über das hinaus, was zur Erreichung des verfolgten Zieles der beruflichen Eingliederung arbeits-

---

Unionsrechts, ob die Richtlinienbestimmung einer „hypothetischen" nationalen Vorschrift inhaltlich entgegensteht. Weil das nationale Gericht seine Vorlagefrage jedoch umgekehrt ausgehend vom nationalen Umsetzungsrecht aus stellt, prüft der EuGH damit *faktisch* die Vereinbarkeit der jeweiligen Norm mit dem Richtlinieninhalt.

[7] EuGH v. 22.11.2005 – Rs. C-144/04 (*Mangold*), NZA 2005, 1345, Rn. 52 ff.

[8] EuGH v. 22.11.2005 – Rs. C-144/04 (*Mangold*), NZA 2005, 1345, Rn. 41 ff. Vgl. hierzu die Überlegungen bei *Kerwer*, NZA 2002, 1316 ff.

loser älterer Arbeitnehmer angemessen und erforderlich ist. Sie seien deshalb – so der Gerichtshof – unverhältnismäßig und könnten nicht auf Art. 6 Abs. 1 der RL gestützt werden.

Das wirklich Überraschende und für die vorliegende Untersuchung Interessante an der Entscheidung war die Rechtsfolge, die der EuGH aus der Unionsrechtswidrigkeit der Bestimmung ableitete. Denn obwohl er Richtlinienbestimmungen damals wie heute die Möglichkeit abspricht, im Horizontalverhältnis unmittelbar anwendbar zu sein und so am Anwendungsvorrang des Unionsrechts teilzuhaben[9] und obwohl überdies die Umsetzungsfrist der verletzten Gleichbehandlungsrichtlinie noch gar nicht abgelaufen war, kam er zu dem Ergebnis, dass § 14 Abs. 3 TzBfG a.F. unangewendet bleiben musste. Das Verbot der Altersdiskriminierung sei nämlich nicht in der Richtlinie selbst verankert, sondern ein selbstständiger ungeschriebener Grundsatz des Unionsrechts.[10] Dieser war nach Ansicht des Gerichtshofs anwendbar, weil die deutsche Norm der Umsetzung der Befristungsrichtlinie 1999/70/EG gedient habe.[11] Als primärrechtliche Rechtsnorm ist der Grundsatz anders als eine Richtlinie qua Rechtsnatur der unmittelbaren Anwendbarkeit fähig und konnte deshalb aus Sicht des EuGH die Norm des deutschen Befristungsrechts im Wege des Anwendungsvorrangs[12] verdrängen. Der Gerichtshof folgte damit dem Vorschlag des Generalanwalts *Tizzano*.[13]

Im Ergebnis musste das ArbG *München* damit aufgrund einer negativen Horizontalwirkung des unionsgrundrechtlichen Verbots der Altersdiskriminierung die Norm des § 14 Abs. 3 TzBfG a.F. unangewendet lassen.

B. Einordnung der Entscheidung

Die spezifische Bedeutung dieser Entscheidung lässt sich aus zwei Perspektiven erschließen. Zum einen aus der des sekundären Richtlinienrechts, von der aus gesehen sie sich als neue Sanktionskategorie bei Richtlinienverstößen erweist. Zum anderen aus der des unionalen Primärrechts, aus deren Blickwinkel gesehen sie sich als Paradebeispiel für die negative Horizontalwirkung eines Unionsgrundrechts darstellt.

---

[9] Grundlegend EuGH v. 26.02.1986 – Rs. 152/84 (*Marshall*), NJW 1986, 2178, Rn. 48; EuGH v. 14.07.1994 – Rs. C-91/92 (*Faccini Dori*), NJW 1994, 2473, Rn. 20. Vgl. hierzu umfassend unten in Kapitel 6.

[10] EuGH v. 22.11.2005 – Rs. C-144/04 (*Mangold*), NZA 2005, 1345, Rn. 74 f.

[11] EuGH v. 22.11.2005 – Rs. C-144/04 (*Mangold*), NZA 2005, 1345, Rn. 51, 75 f.

[12] Der EuGH verweist hierzu u.a. auf die oben angesprochene *Simmenthal II*-Entscheidung zum Anwendungsvorrang des Unionsrechts, EuGH v. 22.11.2005 – Rs. C-144/04 (*Mangold*), NZA 2005, 1345, Rn. 77.

[13] GA *Tizzano*, Schlussanträge v. 30.06.2005 – Rs. C-144/04 (*Mangold*), Slg. 2005, I-9981, Rn. 101.

I. Perspektive des Sekundärrechts: Neue Sanktionskategorie für Richtlinienverstöße

Aus der Perspektive des Sekundärrechts lautet die Kernaussage der Entscheidung zusammengefasst: Widerspricht eine Vorschrift des nationalen Rechts dem Inhalt einer Richtlinie, die ihrerseits ein unmittelbar anwendbares Grundrecht konkretisiert, und kann dieser Widerspruch nicht im Wege der richtlinienkonformen Auslegung beseitigt werden, so ist diese Vorschrift in einem Rechtsstreit zwischen Privaten unangewendet zu lassen.

Damit konnte der EuGH im Ausgangsfall zwei wesentliche Einschränkungen umgehen: Zum einen, ganz generell, die fehlende Horizontalwirkungsfähigkeit von Richtlinien sowie zum anderen, im konkreten Fall, die Tatsache, dass die Umsetzungsfrist der Gleichbehandlungsrahmenrichtlinie noch nicht abgelaufen war. Lässt man diesen zweiten Aspekt einmal außen vor[14], zeigt sich die eigentliche Bedeutung der *Mangold*-Doktrin. Soweit möglich, ist das nationale Recht richtlinienkonform zu interpretieren. Kann die Abweichung des nationalen Rechts vom Richtlinieninhalt aber aufgrund der bestehenden nationalen Auslegungsgrenzen nicht durch den Richter im Wege der unionsrechtskonformen Auslegung beseitigt werden, stellt sich die Frage, wie der Inhalt der Richtlinie durchgesetzt werden kann. Eine denkbare Möglichkeit wäre dann zwar, die Richtlinie in einem solchen Falle unmittelbar anzuwenden, mit der Konsequenz, dass sie das richtlinienwidrige Recht beseitigt (*negative* Horizontalwirkung der Richtlinie) oder ggf. sogar ersetzt (*positive* Horizontalwirkung der Richtline). Beide Optionen lehnt der EuGH aber in ständiger Rechtsprechung ab[15], weshalb die Beseitigung der Richtlinienwidrigkeit in solchen Fällen letztlich alleine dem Gesetzgeber obliegt.

Das wiederum hätte eigentlich zur Folge, dass derjenige, der durch die Unionsrechtswidrigkeit einen Schaden erleidet, grundsätzlich auf einen staatshaftungsrechtlichen Schadensersatzanspruch gegenüber dem jeweiligen Mitgliedstaat nach der *Francovich*-Rechtsprechung[16] verwiesen wäre. Daneben müsste sich dieser gegenüber der Union wegen einer Vertragsverletzung verantworten, vgl. Art. 258 AEUV.

An dieser Stelle gewinnt die *Mangold*-Doktrin ihre Bedeutung: Bei Umsetzung einer Richtlinienvorgabe ist nämlich nach – durchaus angreifbarer[17] – allgemeiner Auffassung des EuGH der Anwendungsbereich der Unionsgrund-

---

[14] Das ist für die vorliegende Untersuchung gerechtfertigt, weil sich das Problem in keiner der Folgeentscheidungen mehr gestellt hat.

[15] EuGH v. 26.02.1986 – Rs. 152/84 (*Marshall*), NJW 1986, 2178, Rn. 48; EuGH v. 14.07.1994 – Rs. C-91/92 (*Faccini Dori*), NJW 1994, 2473, Rn. 20; EuGH v. 07.08. 2018 – Rs. C-122/17 (*Smith*), BeckRS 2018, 17516, Rn. 36 ff.; EuGH v. 18.01.2022 – Rs. C-261/20 (*Thelen Technopark*), BeckRS 2022, 212, Rn. 31 ff. Dazu noch unten in Kapitel 6.

[16] EuGH v. 19.11.1991 – Rs. C-6/90 u.a. (*Francovich* u.a.), NJW 1992, 165, Rn. 37, 45.

[17] Vgl. oben unter § 4 C. II. 2. b).

rechte eröffnet. Zwar kann dann nicht die Richtlinie selbst, wohl aber ein der Richtlinie zugrundeliegendes Grundrecht im Rang des Primärrechts horizontale Anwendung finden. Um dem Unionsrecht zur Durchschlagskraft zu verhelfen, greift der EuGH also auf unionsgrundrechtliche Bestimmungen zurück.

Dieser Mechanismus einer primärrechtlichen Effektuierung[18] von Richtlinieninhalten stellt eine Sanktionskategorie dar, die für den Fall der unterbliebenen oder fehlerhaften Umsetzung einer Richtlinie bei Unmöglichkeit der Konformauslegung diejenigen Sanktionsmechnanismen ergänzt, die im Privatrecht nicht einschlägig (unmittelbare Anwendbarkeit von Richtlinien) bzw. nicht gleich rechtsschutzintensiv (Staatshaftung im Sinne der *Francovich*-Rechtsprechung) sind.[19]

II. Perspektive des Primärrechts: Negative Horizontalwirkung eines Unionsgrundrechts

Aus der Perspektive des Primärrechts betrachtet, wird deutlich, dass der EuGH in *Mangold* die negative Horizontalwirkung eines grundrechtlichen Diskriminierungsverbots (heute Art. 21 GRC) postuliert hat. An seiner Linie zur fehlenden unmittelbaren Horizontalwirkungsfähigkeit von Richtlinienbestimmungen hat sich nichts geändert.[20] Leider haben die kryptischen Formulierungen der Entscheidung diesen Umstand überlagert. Die Entscheidungsgründe waren dabei so undurchsichtig, dass sogar das BVerfG den EuGH im *Honeywell*-Beschluss fehlinterpretierte und in der *Mangold*-Entscheidung die Anerkennung einer negativen Horizontalwirkung von Richtlinienbestimmungen sah.[21] Umstritten war seinerzeit außerdem, ob sich das Verbot der Altersdiskriminierung tatsächlich aus den Verfassungsüberlieferungen der Mitgliedstaaten herleiten ließ.[22] Die Problematik, die der Entscheidung rückblickend die weitaus größere Sprengkraft verliehen hat, nämlich die Möglichkeit einer potentiell weitreichenden grundrechtlichen Horizontalwirkung, wurde so verschleiert.[23]

---

[18] Begriff nach *Latzel*, EuZA 2019, 469 ff.

[19] *Mörsdorf*, EuR 2009, 219, 232 ff.; *Haltern*, in: Haltern/Bergmann (Hrsg.), Der EuGH in der Kritik, 2012, S. 25, 29; *ders.*, Europarecht – Band II, 3. Auflage, 2017, S. 323 ff.; *Greif*, in: Uffmann/Dahm (Hrsg.), Vielfalt oder Chaos – Aktuelle Probleme und Entwicklungen im deutschen und europäischen Arbeitsrecht, 2013, S. 43, 72.

[20] Zutreffend *Kamanabrou*, EzA TzBfG § 14 Nr. 21 unter IV. 3.; *Streinz/Herrmann*, RdA 2007, 165, 168 ff.; *Herrmann*, EuZW 2006, 69, 70; *Röthel*, ZEuP 2009, 34, 41 ff.; *Mörsdorf*, EuR 2009, 219, 234.; GA *Mazák*, Schlussanträge v. 15.02.2007 – Rs. C-411/05, BeckRS 2008, 70147, Rn. 132. A.A. *Bauer/Arnold*, NJW 2006, 6, 9; *Gas*, EuZW 2005, 737; *Brock/Windeln*, EWiR 2005, 869 f.; *Giegerich*, EuR 2012, 373, 390.

[21] BVerfG v. 06.07.2010 – 2 BvR 2661/06, NJW 2010, 3422, Rn. 77.

[22] Statt vieler dagegen: *Gerken/Rieble/Roth/Stein/Streinz*, „Mangold" als ausbrechender Rechtsakt, 2009, S. 17 ff., *Höpfner*, ZfA 2010, 449, 461. Dafür indes *Temming*, Altersdiskriminierung im Arbeitsleben, 2007, S. 391 ff.

[23] *Unseld*, Bedeutung der Horizontalwirkung, 2018, S. 210 f. Zu weitgehend allerdings

In grundrechtsdogmatischer Hinsicht ist zu beachten, dass der EuGH in der Rechtssache *Mangold* gerade keine Aussagen zu einer Grundrechtsbindung des Arbeitgebers getroffen hat.[24] Für den dort postulierten Verdrängungseffekt kam es auf die Adressatenstellung nicht an. Auch das BAG hat das in einem wenig später erfolgten Vorlagebeschluss zutreffend so verstanden.[25] Insoweit lag die *Mangold*-Entscheidung auf einer Linie mit früheren Entscheidungen des EuGH, in denen er die Verdrängung nationalen Rechts durch primärrechtliche Bestimmungen bejaht hat. Mit Recht wird aber konstatiert, dass es die *Mangold*-Entscheidung war, die „erstmals in aller Deutlichkeit das privatrechtsgestaltende Potential der heute in der Charta verankerten Unionsgrundrechte vor Augen" geführt hat.[26]

Das Urteil veränderte auch den deutschen Blick auf die Grundrechtejudikatur des EuGH. Ganz im Geiste der *Solange I*-Judikatur des BVerfG wurde lange kritisch beobachtet, ob der EuGH in seiner Rechtsprechung einen mit dem des GG vergleichbaren Schutzstandard gewährleistet. Denn hiervon hing die Gefolgschaft des BVerfG hinsichtlich des Anwendungsvorrangs sämtlichen Unionsrechts vor den mitgliedstaatlichen Verfassungen ab. In der Rechtssache *Mangold* ging es dann hingegen um ein Zuviel an europäischem Grundrechtsschutz. *P. Hanau* beschrieb dies treffend als einen Wandel der ursprünglichen Angst vor einem „Untermaß europäischer Grundrechte"[27] hin zu einer Angst vor einem „Übermaß europäischer Grundrechte"[28].[29]

Huber, NJW 2011, 2385, 2389: „Unter dem Gesichtspunkt der Drittwirkung der Grundrechte ist es dagegen nicht thematisiert worden […]".

[24] *Kamanabrou*, EzA TzBfG § 14 Nr. 21.

[25] BAG v. 27.06.2006 – 3 AZR 352/05 (A), NZA 2006, 1276, Rn. 36 ff.

[26] *Mörsdorf*, JZ 2019, 1066.

[27] *P. Hanau*, NZA 2010, 1.

[28] *P. Hanau*, NZA 2010, 1.

[29] Mit ähnlicher Einordnung *Preis*, NZA 2006, 401, 405.

§ 7

Tatbestandliche Ausdehnung – Von den Diskriminierungsverboten zu den sozialen Grundrechten

Diese Horizontalwirkungsdoktrin hat der Gerichtshof sodann sukzessive fortentwickelt und dabei tatbestandlich ausgedehnt. Diese Entwicklung lässt sich in drei Stufen unterteilen.

A. *Erste Stufe*: Übertragung auf das geschriebene Diskriminierungsverbot

Die erste Etappe bilden mehrere diskriminierungsrechtliche Entscheidungen, in denen der EuGH – erst stillschweigend, dann ausdrücklich – die Logik von *Mangold* auf das nunmehr in der Charta geregelte Altersdiskriminierungsverbot des Art. 21 Abs. 1 GRC angewendet hat. Er hat so gezeigt, dass die Rechtsprechung keine Besonderheit der ungeschriebenen Unionsgrundrechte darstellt, sondern unverändert auf die Charta übertragen werden kann.

I. Erste Andeutungen: Rechtssache Kücükdeveci

Schon in der Rechtssache *Kücükdeveci*[1] hat der EuGH die Logik der *Mangold*-Entscheidung de facto auf das nunmehr geschriebene Grundrecht des Art. 21 GRC angewendet.[2] In diesem Verfahren ging es ebenfalls um das Verbot der Altersdiskriminierung, das zum Zeitpunkt der Entscheidung des EuGH primärrechtlich bereits in der Charta verankert war. Der EuGH nahm dabei zwar noch maßgeblich auf das in *Mangold* entwickelte ungeschriebene Grundrecht Bezug, um das primärrechtliche Verbot der Altersdiskriminierung herzuleiten und

[1] EuGH v. 19.01.2010 – Rs. C-555/07 (*Kücükdeveci*), NZA 2010, 85. Siehe aus der Literatur stellvertretend *Bauer/v. Medem*, ZIP 2010, 449 ff.; *Franzen*, GPR 2010, 81 ff.; *Krois*, DB 2010, 1704 ff.; *Link*, NJW 2010, 430 f., *Schubert*, EuZW 2010, 180 ff.; *Seifert*, EuR 2010, 802 ff.; *ders.*, JbArbR 48 (2011), 119 ff.; *Thüsing*, ZIP 2010, 199 ff.; *Waltermann*, EuZA 2010, 541 ff.; *Fischinger*, ZEuP 2011, 201 ff.; *Mörsdorf*, NJW 2010, 1046 ff.; *Stenslik*, RdA 2010, 247 ff.; *de Mol*, EuConst 6 (2010), 293 ff. Zu den Schlussanträgen *Mörsdorf*, ZIP 2009, 1491 ff.

[2] Vgl. insbesondere EuGH v. 19.01.2010 – Rs. C-555/07 (*Kücükdeveci*), NZA 2010, 85, Rn. 22.

sprach das geschriebene Grundrecht des Art. 21 Abs. 1 GRC eher am Rande an.[3] Auch griff er zur Frage der Anwendbarkeit des Grundrechts nicht auf Art. 51 Abs. 1 S. 1 Alt. 2 GRC und den dort verankerten Durchführungsbegriff zurück, um den Anwendungsbereich des Verbots abzustecken. Dies dürfte sich aber maßgeblich durch den Umstand erklären lassen, dass die Charta zwar zum Zeitpunkt der *Entscheidung*, nicht aber zum Zeitpunkt der im Ausgangsverfahren streitgegenständlichen *Kündigung* rechtsverbindlich war. Der EuGH konnte sich durch das Zitat der geschriebenen und der ungeschriebenen Rechtsquelle in alle Richtungen absichern, indem er auf der einen Seite auf eine frühere Entscheidung aufbauen konnte und gleichzeitig die neue geschriebene Vorschrift der Charta rezipierte. Dies ändert aber nichts daran, dass er bereits hier den Mechanismus der *Mangold*-Entscheidung auf die GRC übertragen hat.[4]

Im zugrundeliegenden Sachverhalt hatte der Arbeitgeber der Klägerin gekündigt und dabei die Kündigungsfrist entsprechend §622 Abs. 2 S. 2 BGB a.F.[5] berechnet. Die Norm sah vor, dass bei Berechnung der Kündigungsfrist die Beschäftigungszeiten vor Vollendung des 25. Lebensjahres unberücksichtigt bleiben. Infolgedessen hatte der Arbeitgeber anstelle der tatsächlichen Beschäftigungsdauer von zehn Jahren eine Beschäftigungsdauer von drei Jahren zugrunde gelegt, da die Klägerin seit ihrem 18. Lebensjahr bei ihm beschäftigt gewesen war. Weil diese die Unionsrechtswidrigkeit der Vorschrift gerügt hatte, legte das LAG Düsseldorf dem EuGH die Frage vor, ob eine solche Norm mit dem Unionsrecht vereinbar sei und, wenn nicht, ob sie infolge ihrer Unionsrechtswidrigkeit im Rechtsstreit zwischen den privaten Arbeitsvertragsparteien unangewendet bleiben müsse.[6]

Der EuGH kam zu dem Ergebnis, dass die deutsche Vorschrift des § 622 Abs. 2 S. 2 BGB a.F. gegen das Verbot der Altersdiskriminierung verstieß, weil sie jüngere Arbeitnehmer unzulässig diskriminiere. Sie durfte infolgedessen nicht mehr angewendet werden. Dies kam nicht gänzlich überraschend, denn bereits vor dieser Entscheidung hatten Stimmen in der Literatur sowohl auf die Richtlinienwidrigkeit der Vorschrift als auch auf die Möglichkeit einer Übertragung der *Mangold*-Rechtsprechung auf die Norm hingewiesen.[7]

Zur Begründung verwies der EuGH in seiner Entscheidung zunächst auf seine ständige Rechtsprechung, dass sich eine Unanwendbarkeit der nationalen Norm nicht aus der Richtlinienwidrigkeit ergeben könne.[8] Eine Unanwendbarkeit ergab sich aus Sicht des Gerichtshof jedoch wiederum aus einem (gleichzeitigen)

---

[3] EuGH v. 19.01.2010 – Rs. C-555/07 (*Kücükdeveci*), NZA 2010, 85, Rn. 20f.

[4] So etwa auch *Seifert*, EuR 2010, 802, 805f.

[5] Erst mit Art. 4 lit. d des Qualifizierungschancengesetzes vom 18.12.2018 wurde der europarechtswidrige zweite Satz acht (!) Jahre nach der *Kücükdeveci*-Entscheidung gestrichen, vgl. Art. 4 lit. d) des Gesetzes v. 01.01.2019 (BGBl. I, 2655f.).

[6] LAG Düsseldorf v. 21.11.2007 – 12 Sa 1311/07a, BeckRS 2007, 146552.

[7] Vgl. etwa *Kamanabrou*, RdA 2007, 199, 206f. m.w.N.

[8] EuGH v. 19.01.2010 – Rs. C-555/07 (*Kücükdeveci*), NZA 2010, 85, Rn. 46.

Primärrechtsverstoß. Das primärrechtliche Verbot der Altersdiskriminierung war aus Sicht des EuGH anwendbar, weil die deutsche Fristenregelung eine Entlassungsbedingung im Sinne von Art. 3 Abs. 1 c) der Gleichbehandlungsrichtlinie 2000/78/EG darstellte und deren Umsetzungsfrist bereits abgelaufen war[9], wodurch die Kündigungsregel in den Anwendungsbereich des Unionsrechts fiel.[10]

Eine Rechtfertigung dieser Ungleichbehandlung, die der EuGH wiederum am Maßstab der das Verbot konkretisierenden Richtlinie prüfte, lag aus Sicht der Luxemburger Richter nicht vor[11]: Sie hielten die Vorschrift nicht für ein angemessenes Mittel, um das arbeitsmarktpolitisch motivierte Ziel des deutschen Gesetzgebers, Arbeitgeber hinsichtlich jüngerer Arbeitnehmer von den Belastungen längerer Kündigungsfristen teilweise freizustellen, zu erreichen. Denn unter die Norm fielen grundsätzlich alle Arbeitnehmer, die vor Vollendung des 25. Lebensjahres in den Betrieb eingetreten waren, völlig unabhängig davon, wie alt sie bei ihrer Entlassung tatsächlich sein würden. Damit war nicht gesichert, dass sich die Nachteile der Norm tatsächlich nur auf jüngere Arbeitnehmer, denen dies wegen ihrer altersbedingt typischerweise günstigeren Position auf dem Arbeitsmarkt zumutbar ist, auswirken würde.[12] Außerdem stellte der EuGH die Eignung der Norm infrage, die längere Betriebszugehörigkeit der Arbeitnehmer zu honorieren. Denn im Ergebnis wirkt sich die Norm selbst dann noch negativ auf einen Arbeitnehmer aus, der vor seinem 25. Lebensjahr in den Betrieb eingetreten ist, wenn dieser bereits eine lange Betriebszugehörigkeit aufweist.[13] Schließlich werden junge Arbeitnehmer untereinander ungerechtfertigt ungleich behandelt, weil diejenigen Arbeitnehmer, die ohne oder nach nur kurzer Berufsausbildung früher eine Arbeitstätigkeit aufnehmen, schlechter stehen als solche, die nach längerer Ausbildung zu arbeiten beginnen.[14]

Nach der Entscheidung des EuGH hat das LAG Düsseldorf § 622 Abs. 2 S. 2 BGB a.F. im Ausgangsverfahren entsprechend unangewendet gelassen und den Rechtsstreit im Sinne der Klägerin entschieden.[15]

II. Exkurs*: Das Schattendasein der Rechtssache* HK Danmark

Auch die weniger beachtete Entscheidung in der Rechtssache *HK Danmark*[16] von 2013 hatte das Verbot der Altersdiskriminierung zum Gegenstand. Dort ging es nicht um die Rechtmäßigkeit einer gesetzlichen Bestimmung, sondern unmittel-

[9] EuGH v. 19.01.2010 – Rs. C-555/07 (*Kücükdeveci*), NZA 2010, 85, Rn. 24 f.

[10] EuGH v. 19.01.2010 – Rs. C-555/07 (*Kücükdeveci*), NZA 2010, 85, Rn. 23 ff.

[11] EuGH v. 19.01.2010 – Rs. C-555/07 (*Kücükdeveci*), NZA 2010, 85, Rn. 31.

[12] EuGH v. 19.01.2010 – Rs. C-555/07 (*Kücükdeveci*), NZA 2010, 85, Rn. 39 f.

[13] EuGH v. 19.01.2010 – Rs. C-555/07 (*Kücükdeveci*), NZA 2010, 85, Rn. 41.

[14] EuGH v. 19.01.2010 – Rs. C-555/07 (*Kücükdeveci*), NZA 2010, 85, Rn. 42.

[15] LAG Düsseldorf v. 17.02.2010 – 12 Sa 1311/07, BeckRS 2010, 67055.

[16] EuGH v. 26.09.2013 – Rs. C-476/11 (*HK Danmark*), EuZW 2013, 951. Siehe hierzu *Ulber*, EuZA 2014, 202 ff.; *Matthießen*, jurisPR-ArbR 45/2013, Anm. 1.

bar um die Unionsrechtskonformität eines betrieblichen Altersvorsorgemodells. Das Diskriminierungsverbot war tangiert, weil der private Arbeitgeber im zugrundeliegenden Sachverhalt seine Beiträge zur betrieblichen Altersvorsorge nach dem Lebensalter der Beschäftigten gestaffelt hatte. So zahlte der Arbeitgeber für Beschäftigte, die wie die Klägerin zwischen 35 und 45 Jahre alt waren, 8 %, für Beschäftigte, die älter als 45 Jahre alt waren, hingegen 10 % des Grundgehalts.

Der EuGH wiederholte auch in diesem Zusammenhang zunächst die Feststellung, dass die Vorschriften einer Richtlinie unter keinen Umständen unmittelbare Anwendbarkeit zwischen Privaten entfalten können.[17] Deutlicher als noch in *Kücükdeveci* rückte er in seinen Ausführungen zum primärrechtlichen Diskriminierungsverbot dann die Vorschrift des Art. 21 Abs. 1 GRC in den Mittelpunkt seiner Prüfung; auf einen Verweis auf den Rechtsschöpfungsvorgang, der in *Mangold* zur Herleitung des ungeschriebenen Verbots bemüht wurde, verzichtete er anders als noch in *Kücükdeveci*[18] vollständig.[19] Und auch an anderer Stelle wurde ausdrücklich das Chartagrundrecht angesprochen, wenn es um die Vereinbarkeit mit dem Diskriminierungsverbots geht.[20] Die Übertragung der *Mangold*-Doktrin auf die GRC vollzog sich damit schon in dieser Entscheidung relativ deutlich.

In der Sache ergab die diskriminierungsrechtliche Prüfung, dass das Betriebsrentensystem des Arbeitgebers eine Ungleichbehandlung wegen des Alters darstellte. Die Klägerin, eine jüngere Arbeitnehmerin, erhielt aufgrund der Staffelung der Beitragssätze nach dem Lebensalter niedrigere Gesamtbezüge (d.h. das Grundgehalt zuzüglich der jeweiligen Arbeitgeberbeträge) als ihre älteren Kollegen.

Eine Rechtfertigung dieser Diskriminierung nach der versicherungsspezifischen Vorschrift des Art. 6 Abs. 2 der Richtlinie RL 2000/78/EG schied aus Sicht des EuGH aus. Diese sei nämlich eng auszulegen und das Modell der Arbeitgeberin im konkreten Fall gehe in seinen Wirkungen über eine bloße Festsetzung von Altersgrenzen als Voraussetzung für die Mitgliedschaft oder den Bezug hinaus.[21] In Betracht kam deshalb nur noch eine auf den allgemeinen Tatbestand des Art. 6 Abs. 1 gestützte Rechtfertigung.[22] Diesbezüglich kam der Gerichtshof zu dem Ergebnis, dass eine Rechtfertigung solcher Modelle nicht von vornherein ausgeschlossen sei, da sie das grundsätzlich legitime Ziel verfolgten, älteren Arbeitnehmern in einer verhältnismäßig kurzen Zeit eine angemessene betriebliche Altersvorsorge zu bilden. Es sei jedoch Sache des nationalen Gerichts, zu prüfen,

[17] EuGH v. 26.09.2013 – Rs. C-476/11 (*HK Danmark*), EuZW 2013, 951, Rn. 18.

[18] EuGH v. 19.01.2010 – Rs. C-555/07 (*Kücükdeveci*), NZA 2010, 85, Rn. 20 f.

[19] EuGH v. 26.09.2013 – Rs. C-476/11 (*HK Danmark*), EuZW 2013, 951, Rn. 19.

[20] EuGH v. 26.09.2013 – Rs. C-476/11 (*HK Danmark*), EuZW 2013, 951, Rn. 31, 32, 37, 45, 69.

[21] EuGH v. 26.09.2013 – Rs. C-476/11 (*HK Danmark*), EuZW 2013, 951, Rn. 52 ff.

[22] EuGH v. 26.09.2013 – Rs. C-476/11 (*HK Danmark*), EuZW 2013, 951, Rn. 55 ff.

ob die streitgegenständliche Beitragsstaffelung zu dieser Zweckerreichung auch angemessen und erforderlich ist.

Obwohl also eine Prüfung des Diskriminierungsverbots stattfand, musste der EuGH hier letztlich nicht zur Frage der Horizontalwirkung Stellung nehmen. Interessant ist dennoch, dass der Gerichtshof ein Altersvorsorgemodell, dass auf privaten Arbeitsverträgen beruhte[23], (auch) am Maßstab des Unionsgrundrechts des Art. 21 Abs. 1 GRC prüfte.[24] Insoweit besteht ein wesentlicher Unterschied zu den Entscheidungen *Mangold* und *Kücükdeveci,* in denen der EuGH lediglich gesetzliche Vorschriften am Maßstab eines Unionsgrundrechts gemessen hatte. Diese wichtige Beobachtung soll in der anschließenden Analyse der Rechtsfolgenseite noch vertieft werden. Festgehalten werden kann an dieser Stelle zunächst, dass spätestens mit der Rechtssache *HK Danmark* feststand, dass der EuGH die *Mangold*-Rechtsprechung auf die GRC übertragen will.

III. Rechtssache Dansk Industri

Auch in der Rechtssache *Dansk Industri*[25] stand das Verbot der Altersdiskriminierung im Mittelpunkt. Der EuGH sah es auch hier in Art. 21 Abs. 1 GRC verankert. Dem Verfahren lag die Klage einer dänischen Gewerkschaft zugrunde, die im Namen des betroffenen Arbeitnehmers einen Anspruch auf Zahlung einer Entlassungsabfindung geltend gemacht hatte. Der Kläger war von seiner Arbeitgeberin entlassen worden, weshalb ihm grundsätzlich nach § 2a Abs. 1 des dänischen Angestelltengesetzes eine Abfindung in Höhe von drei Monatsgehältern zugestanden hätte. Da er allerdings bereits das 60. Lebensjahr vollendet hatte und Anspruch aus einer vom Arbeitgeber eingerichteten betrieblichen Rente hatte, schied eine solche Abfindung nach dänischem Recht aus. Die Gewerkschaft machte geltend, dass diese in § 2a Abs. 3 des dänischen Angestelltengesetzes gesetzlich verankerte Ausnahmeregelung gegen das Verbot der Altersdiskriminierung verstoße. Sie sei deshalb unanwendbar, womit dem Arbeitnehmer der geltend gemachte Anspruch zustehe.

Die Frage, ob in dieser gesetzlichen Regelung eine ungerechtfertigte Ungleichbehandlung vorlag, musste der EuGH nicht weiter problematisieren, da er dies bereits in einem anderen Verfahren festgestellt hatte.[26] Dort hatte er allerdings

---

[23] EuGH v. 26.09.2013 – Rs. C-476/11 (*HK Danmark*), EuZW 2013, 951, Rn. 61.

[24] Besonders deutlich etwa in Rn. 31: „Nach alledem ist auf der Grundlage des in Art. 21 der Charta verankerten und durch die Richtlinie 2000/78 konkretisierten Verbots der Diskriminierung wegen des Alters zu prüfen, ob das Unionsrecht einer betrieblichen Altersvorsorge wie der im Ausgangsverfahren fraglichen entgegensteht.".

[25] EuGH v. 19.04.2016 – Rs. C-441/14 (*Dansk Industri*), NZA 2016, 537, Rn. 22. Vgl. hierzu *Benecke*, EuZW 2016, 469 f.; *Sprenger*, EuZA 2016, 460 ff.; *Düwell*, ZESAR 2016, 290 f.; *Forst*, EWiR 2016, 381 f.; *Heuschmid*, AuR 2016, 422 ff. Zu den Schlussanträgen des Generalanwalts vgl. *Baldus/Raff*, GPR 2016, 71 ff.

[26] EuGH v. 12.10.2010 – Rs. C-499/08 (*Ingeniørforeningen i Danmark*), NZA 2010, 1341.

nur zur Auslegung der Richtlinie Stellung nehmen müssen, weil der Arbeitnehmer dort im öffentlichen Dienst beschäftigt und deshalb die Richtlinienbestimmung im Vertikalverhältnis unmittelbar anwendbar war.

In *Dansk Industri* stellte sich also der Sache nach nur noch die Frage nach den Rechtsfolgen dieses Unionsrechtsverstoßes im Horizontalverhältnis. Im Prinzip übertrug der EuGH hierbei das in der Rechtssache *Ingeniørforeningen i Danmark* gefundene sekundärrechtliche Auslegungsergebnis auf die primärrechtliche Bestimmung des Art. 21 Abs. 1 GRC und gab der klagenden Gewerkschaft Recht[27]: Das vorlegende Gericht musste die Ausnahmebestimmung analog zu den Entscheidungen *Mangold* und *Kücükdeveci* auch im Horizontalverhältnis unangewendet lassen. Interessanterweise knüpfte der EuGH im Zusammenhang mit dem primärrechtlichen Diskriminierungsverbot anders als in den Rechtssachen *Kücükdeveci* und *HK Danmark* wieder ausdrücklich an die *Mangold*-Entscheidung zum damals noch ungeschriebenen Diskriminierungsverbot an.[28] In der Sache unterscheidet sich das Vorgehen aber nicht von den jüngeren Rechtssachen. Insbesondere finden sich auch hier diverse Verweise auf den nunmehr geschriebenen Art. 21 Abs. 1 GRC. Und weil die streitgegenständliche nationale Vorschrift eindeutig eine Entlassungsbedingung im Sinne von Art. 3 Abs. 1 c) der RL 2000/78/EG darstellte, war der Anwendungsbereich des Art. 21 Abs. 1 GRC eröffnet.[29] Eine Auseinandersetzung mit Art. 51 Abs. 1 S. 1 Alt. 2 GRC sucht man allerdings auch hier vergeblich.

Die Beklagte hatte gegen die Unanwendbarkeit der Ausnahmeregelung noch eingewendet, dass dagegen sowohl die Tatsache spreche, dass Richtlinien zwischen Privaten keine Vorrangwirkung entfalten können, als auch, dass eine solche Unanwendbarkeit gegen Rechtssicherheits- und Vertrauensschutzgesichtspunkte verstoße. Weil der EuGH allerdings das primärrechtliche Verbot und nicht die Richtlinie als Prüfungsmaßstab heranzog, lief der erste Einwand der Beklagten von vornherein ins Leere.[30] Auch zum zweiten Einwand der Beklagten erklärte sich der Gerichtshof[31] und versagte der Beklagten eine Berufung auf den geltend gemachten Vertrauensschutz: Eine Vorabentscheidung wirke grundsätzlich deklaratorisch und stelle die Rechtswidrigkeit des nationalen Rechts ex tunc fest. Deshalb müsse der nationale Richter das Auslegungsergebnis auch auf Rechtsverhältnisse anwenden, die vor Erlass des Urteils entstanden sind. Etwas anderes gelte nur bei „ganz außergewöhnlichen Umständen“[32], deren Vorliegen die Beklagte des Rechtsstreits aber aus seiner Sicht nicht geltend gemacht hatte. Daneben könne, so der EuGH, Vertrauensschutz jedenfalls nicht geltend gemacht werden, um demjenigen, der das streitgegenständliche Verfahren eingelei-

---

[27] EuGH v. 19.04.2016 – Rs. C-441/14 (*Dansk Industri*), NZA 2016, 537, Rn. 26 f.
[28] EuGH v. 19.04.2016 – Rs. C-441/14 (*Dansk Industri*), NZA 2016, 537, Rn. 22.
[29] EuGH v. 19.04.2016 – Rs. C-441/14 (*Dansk Industri*), NZA 2016, 537, Rn. 25.
[30] EuGH v. 19.04.2016 – Rs. C-441/14 (*Dansk Industri*), NZA 2016, 537, Rn. 22 f., 37.
[31] EuGH v. 19.04.2016 – Rs. C-441/14 (*Dansk Industri*), NZA 2016, 537, Rn. 38 ff.
[32] EuGH v. 19.04.2016 – Rs. C-441/14 (*Dansk Industri*), NZA 2016, 537, Rn. 40.

tet hat, den Vorteil zu versagen, der ihm aus der Auslegung des EuGH entstehe.[33] Seine Ausführungen schloss er mit der Feststellung ab, dass auch die theoretische Möglichkeit des Arbeitnehmers, einen Staatshaftungsanspruch gegen den Mitgliedstaat im Sinne der *Francovich*-Rechtsprechung des Gerichtshofs geltend zu machen, nichts an dieser ipso iure bestehenden Pflicht zur Nichtanwendung des entgegenstehenden Rechts ändern könne.[34] Auch in *Dansk Industri* wurde damit klar, dass die *Mangold*-Doktrin uneingeschränkt auf das Altersdiskriminierungsverbot der GRC zu übertragen ist.

B. *Zweite Stufe*: Übertragung auf weitere Diskriminierungsmerkmale

Die zweite wesentliche Etappe der Rechtsprechungsentwicklung markieren die jüngeren Entscheidungen, in denen der EuGH die Doktrin auf andere Diskriminierungsmerkmale des grundrechtlichen Diskriminierungsverbots aus Art. 21 Abs. 1 GRC erstreckt hat.

I. Rechtssache Egenberger

So hat der EuGH 13 Jahre nach der *Mangold*-Entscheidung in der Rechtssache *Egenberger*[35] den Mechanismus der Entscheidung erstmals auf ein anderes Diskriminierungsmerkmal des Art. 21 Abs. 1 GRC übertragen, namentlich auf dasjenige der Religionszugehörigkeit.

In dem Verfahren ging es um eine auf § 15 Abs. 2 AGG gestützte Entschädigungsklage einer konfessionslosen Klägerin, die diese mit der Begründung erhob, die Nichteinstellung durch die Beklagte stelle eine ungerechtfertigte Diskriminierung wegen ihrer Religionszugehörigkeit dar. Die Beklagte hatte nämlich die Zugehörigkeit zu einer Kirche zur Einstellungsvoraussetzung für eine Teilzeit-Referentenstelle in einem Antirassismus-Projekt gemacht. Dementsprechend war auch die Klägerin aufgefordert, ihre Konfession im Lebenslauf anzugeben. Weil die Klägerin auf ihre Bewerbung hin nicht einmal zum Vorstellungsgespräch eingeladen und die Stelle schlussendlich mit einem evangelischen Christen besetzt

[33] EuGH v. 19.04.2016 – Rs. C-441/14 (*Dansk Industri*), NZA 2016, 537, Rn. 41.

[34] EuGH v. 19.04.2016 – Rs. C-441/14 (*Dansk Industri*), NZA 2016, 537, Rn. 42.

[35] EuGH v. 17.04.2018 – Rs. C-414/16 (*Egenberger*), NZA 2018, 569. Vgl. hierzu aus der Literatur stellvertretend *Colombi Ciacchi*, EuConst 15 (2019), 294 ff.; *Klumpp*, AP RL 2000/78/EG Nr. 42; *Kainer*, NZA 2018, 894 ff.; *Wienbracke*, NZA-RR 2018, 349 f.; *Reichold/Beer*, NZA 2018, 681 ff.; *Fuhlrott*, NZA 2018, 573 ff.; *Junker*, NJW 2018, 1850 ff.; *Sagan*, EuZW 2018, 386 f.; *Malorny*, EuZA 2019, 441 ff.; *Classen*, EuR 2018, 752 ff.; *Edenharter*, DVBl. 2018, 867 ff.; *K. Klocke/Wolters*, BB 2018, 1460 ff.; *Heuschmid/Höller*, AuR 2018, 586 ff.; *Thüsing/Mathy*, RIW 2018, 559 ff.; *Joussen*, EuZA 2018, 421 ff.; *Greiner*, jM 2018, 233 ff.; *Lourenço*, CMLR 56 (2019), 193 ff.

worden war, stand zu vermuten, dass die Konfessionslosigkeit der Klägerin der Grund für die Ablehnung gewesen war.

Inhaltlich ging es in dem Verfahren um die Frage, ob eine solche Ungleichbehandlung gerechtfertigt sein kann. Die Beklagte berief sich diesbezüglich auf ihr umfassendes Selbstbestimmungsrecht, das es ihr gem. § 9 AGG erlaube, in solchen Fällen nach der Religionszugehörigkeit zu differenzieren. Auffällig und letztlich Kern des Rechtsstreits war die inhaltliche Diskrepanz zwischen dieser nationalen Vorschrift und der zugrundeliegenden Richtlinienvorschrift des Art. 4 Abs. 2 der Gleichbehandlungsrichtlinie 2000/78/EG. Diese erklärt eine Ungleichbehandlung wegen der Religion in Bezug auf berufliche Tätigkeiten nur dann für gerechtfertigt, wenn die Religion „nach der Art dieser Tätigkeiten oder der Umstände ihrer Ausübung eine wesentliche, rechtmäßige und gerechtfertigte berufliche Anforderung angesichts des Ethos der Organisation darstellt". Damit fordert sie einen Bezug zum kirchlichen Ethos und steht überdies unter dem Vorbehalt der Wesentlichkeit, Rechtmäßigkeit und Rechtfertigung im Übrigen. Nach § 9 Abs. 1 AGG ist eine Ungleichbehandlung hingegen schon dann zulässig, wenn eine bestimmte Religion unter Beachtung des Selbstverständnisses der jeweiligen Religionsgemeinschaft oder Vereinigung im Hinblick auf ihr Selbstbestimmungsrecht *oder* nach der Art der Tätigkeit eine gerechtfertigte berufliche Anforderung darstellt. Die nationale Vorschrift fordert also anders als die Richtlinienbestimmung für den Fall einer auf das Selbstbestimmungsrecht gestützten Ungleichbehandlung keinen Tätigkeitsbezug; außerdem fehlen die Vorbehalte der Wesentlichkeit und Rechtmäßigkeit.

Weil in Deutschland dem Selbstbestimmungsrecht der Kirchen normativ (Art. 140 GG i.V.m. 137 Abs. 3 WRV) und in der Rechtsprechung des BVerfG traditionell ein hoher Stellenwert zugeschrieben wird, wurde diese auf das Selbstbestimmungsrecht abstellende erste Rechtfertigungsvariante in Deutschland relativ großzügig gehandhabt. Im Ergebnis konnte eine berufliche Anforderung einer Kirche in Deutschland deshalb nur auf ihre Plausibilität überprüft werden. Ausgehend von diesen kirchenfreundlichen Grundsätzen war es damit nicht sonderlich verwunderlich, dass sich die Beklagte im *Egenberger*-Verfahren ebenfalls im Recht sah.

Der EuGH hingegen bewertete diese starke Betonung des kirchlichen Selbstbestimmungsrechts im Zusammenhang mit der Zulässigkeit beruflicher Anforderungen als Verletzung geltenden Unionsrechts.[36] Aus seiner Sicht lässt sich die inhaltliche Diskrepanz von § 9 AGG und der Gleichbehandlungsrichtlinie weder durch den Verweis in Art. 4 Abs. 2 auf die einzelstaatlichen Gepflogenheiten noch durch eine primärrechtskonforme Auslegung der Richtlinienvorschrift unter Berücksichtigung von Art. 17 AEUV relativieren. Außerdem widerspreche die Beschränkung des Prüfungsanspruchs auf eine Plausibilitätskontrolle dem Erfordernis einer wirksamen gerichtlichen Kontrolle, das ausdrücklich in Art. 47 GRC verankert ist. Im Ergebnis fordere eine Ungleichbehandlung stets einen kon-

[36] EuGH v. 17.04.2018 – Rs. C-414/16 (*Egenberger*), NZA 2018, 569, Rn. 50 ff.

kreten Bezug zwischen Tätigkeit und beruflicher Anforderung, dessen objektive Überprüfbarkeit gewährleistet sein muss. Die deutsche Vorschrift zieht nach dieser Auslegung den Kreis gerechtfertigter Ungleichbehandlungen wegen der Religion also letztlich zu weit.

Mit seinen Ausführungen zu den Rechtsfolgen dieses Verstoßes knüpft der Gerichtshof dann nahtlos an seine Rechtsprechung zum Verbot der Altersdiskriminierung an: Er verweist zunächst auf die Verpflichtung des nationalen Gerichts zur richtlinienkonformen Auslegung bis zur Contra-legem-Grenze und wiederholt dann seine ständige Rechtsprechung zum Verbot der unmittelbaren Anwendbarkeit der Richtlinienvorschrift zwischen Privatpersonen. Um dennoch die Rechtsfolge einer Unanwendbarkeit nationalen Rechts erreichen zu können, greift der Gerichtshof dann im gewohnten Stile – indes entgegen dem Vorschlag des Generalanwalts *Tanchev*[37] – auf Art. 21 Abs. 1 GRC zurück.[38] Auch in dieser Entscheidung findet sich die Formel des EuGH, die Gleichbehandlungsrichtlinie stelle das Diskriminierungsverbot nicht selbst auf, sondern „konkretisiere" es nur einfachrechtlich.[39]

Darüber hinaus sind die Ausführungen zum Normcharakter des Grundrechts dann aber sehr viel ausführlicher, als man das noch von den Entscheidungen zum Verbot der Altersdiskriminierung gewohnt war. So verweist der EuGH explizit auf den zwingenden Charakter der Norm sowie darauf, dass

> „das in Art. 21 Abs. 1 der Charta niedergelegte Verbot schon für sich allein dem Einzelnen ein Recht [verleiht], das er in einem Rechtsstreit, der einen vom Unionsrecht erfassten Bereich betrifft, als solches geltend machen kann".[40]

Das Verbot entfalte deshalb, ebenso wie Art. 47 GRC, aus sich heraus Wirkung und müsse nicht erst durch Bestimmungen des Unionsrechts konkretisiert werden, um dem Einzelnen ein Recht zu verleihen.[41] Der EuGH hat damit letztlich zur unmittelbaren Anwendbarkeit der Norm Stellung genommen und diese im Ergebnis bejaht. Weil es auch in dieser Entscheidung nur um die mögliche *Verdrängung* und nicht um die *Ersetzung* des deutschen Rechts ging, konnte sich der EuGH im Anschluss damit begnügen, die verdrängende Vorrangwirkung des Art. 21 Abs. 1 GRC im Sinne einer negativen Horizontalwirkung festzustellen.[42] Ohne dass dies für die postulierte negative Horizontalwirkung zwingend erforderlich gewesen wäre, machte der EuGH darüber hinaus sogar Ausführungen zu einer unmittelbaren Bindung des privaten Arbeitgebers an die Grundrechtsnorm.[43]

---

[37] GA *Tanchev*, Schlussanträge v. 09.11.2017 – Rs. C-414/16 (*Egenberger*), BeckRS 2017, 134211, Rn. 117 ff.

[38] EuGH v. 17.04.2018 – Rs. C-414/16 (*Egenberger*), NZA 2018, 569, Rn. 76 ff.

[39] EuGH v. 17.04.2018 – Rs. C-414/16 (*Egenberger*), NZA 2018, 569, Rn. 75.

[40] EuGH v. 17.04.2018 – Rs. C-414/16 (*Egenberger*), NZA 2018, 569, Rn. 76.

[41] EuGH v. 17.04.2018 – Rs. C-414/16 (*Egenberger*), NZA 2018, 569, Rn. 78.

[42] EuGH v. 17.04.2018 – Rs. C-414/16 (*Egenberger*), NZA 2018, 569, Rn. 79.

[43] EuGH v. 17.04.2018 – Rs. C-414/16 (*Egenberger*), NZA 2018, 569, Rn. 77: „Art. 21 der

In seinem abschließenden Urteil entschied das BAG dann, dass die Norm des § 9 Abs. 1 Alt. 1 AGG nicht im Sinne der Vorgaben des EuGH richtlinienkonform ausgelegt werden kann[44] und deshalb unangewendet bleiben muss[45]. Damit bestand keine Rechtfertigung für die streitgegenständliche Ungleichbehandlung, weshalb eine unzulässige Diskriminierung gem. §§ 7, 1 AGG vorlag. Das BAG sprach der Klägerin deshalb die geltend gemachten Entschädigung zu.[46]

II. Rechtssache IR

Um das Diskriminierungsmerkmal der Religionszugehörigkeit ging es auch in der Rechtssache *IR*[47], die in Deutschland als *Chefarzt-Fall* bekannt wurde. Der ungewöhnlich lange Prozessverlauf war im Vergleich zu *Egenberger* nochmals deutlich brisanter:

Hintergrund des Verfahrens war die Klage eines katholischen Chefarztes gegen die Kündigung seiner Arbeitgeberin, der karitativ ausgerichteten Betreibergesellschaft eines Krankenhauses, das unter Aufsicht des katholischen Erzbischofs von Köln steht. Nachdem der Kläger sich nach deutschem Recht hatte scheiden lassen, heiratete er wenige Jahre später erneut, allerdings ohne dass seine vorherige Ehe nach dem Recht der römisch-katholischen Kirche für nichtig erklärt worden wäre. Die Beklagte sah darin einen wesentlichen Verstoß gegen kirchenrechtliche Grundsätze, wie sie sich aus dem kanonischen Recht ergeben und auch für das Arbeitsverhältnis des Klägers maßgeblich seien. Diese dürfe sie zur Grundlage einer Kündigung machen, ohne dass darin eine unzulässige Diskriminierung wegen der Religionszugehörigkeit des Klägers liege, weil insoweit § 9 Abs. 2 AGG einschlägig sei. Danach berühre das Diskriminierungsverbot wegen der Religionszugehörigkeit nicht das Recht kirchlicher Arbeitgeber, von ihren Beschäftigten ein loyales und aufrichtiges Verhalten im Sinne ihres jeweiligen Selbstverständnisses verlangen zu können. Dabei konnte sie sich – ebenso wie die evangelische Kirche in der Rechtssache *Egenberger* – auf die großzügige Rechtsprechung des BVerfG zum kirchlichen Selbstbestimmungsrecht berufen.

Charta unterscheidet sich in seiner Bindungswirkung grundsätzlich nicht von den verschiedenen Bestimmungen der Gründungsverträge, die verschiedene Formen der Diskriminierung auch dann verbieten, wenn sie *aus Verträgen zwischen Privatpersonen resultieren.*" (Hervorhebung durch Verf.). Siehe zu diesem Aspekt der Entscheidung noch unten unter § 8 und § 9.

[44] BAG v. 25.10.2018 – 8 AZR 501/14, NZA 2019, 455, Rn. 24 ff.

[45] BAG v. 25.10.2018 – 8 AZR 501/14, NZA 2019, 455, Rn. 42 f. Hierzu *Thüsing/Mathy*, AP AGG § 15 Nr. 25.

[46] Gegen die Entscheidung ist beim BVerfG eine Verfassungsbeschwerde anhängig unter dem Az. 2 BvR 934/19.

[47] EuGH v. 11.09.2018 – Rs. C-68/17 (*IR*), NZA 2018, 1187. Vgl. hierzu aus der Literatur stellvertretend *Greiner*, NZA 2018, 1289 ff.; *Fuhlrott*, EuZW 2018, 857 f.; *Sprenger*, EuZA 2019, 99 ff.; *Bauer/Hofer*, NJW 2018, 3090; *Thüsing/Mathy*, BB 2018, 2805 ff.; *Kalb*, jM 2018, 462 ff.; *Wypych*, EWiR 2018, 727 f.; *Malorny*, EuZA 2019, 441 ff.; *Classen*, EuR 2018, 752 ff.

Der Kläger hingegen sah in der Kündigung eine ungerechtfertigte Ungleichbehandlung. Den konfessionslosen Kollegen des Klägers auf derselben Leitungsebene wurde nämlich trotz Wiederheirat nicht gekündigt. Seine auf diesen Einwand gestützte Kündigungsschutzklage hatte zunächst in allen Instanzen Erfolg.[48] Nach erfolgreicher Verfassungsbeschwerde der Beklagten hob das BVerfG das Urteil des BAG auf und verwies es zur erneuten Entscheidung zurück an die Erfurter Richter. Diese hätten, so das Gericht, bei Anwendung des §9 Abs. 2 AGG und §1 Abs. 2 KSchG das verfassungsrechtlich garantierte Selbstbestimmungsrecht der Kirchen nicht hinreichend berücksichtigt.[49]

Daraufhin entschied sich das BAG zur Vorlage an den EuGH.[50] Im Kern ging es ihm um die Frage, ob §9 Abs. 2 AGG in der kirchenfreundlichen Auslegung durch das BVerfG mit den Vorgaben des Unionsrechts vereinbar ist und, wenn nicht, welche Rechtsfolgen sich daraus ergeben könnten.[51] Sekundärrechtlich ist insoweit insbesondere Art. 4 Abs. 2 UAbs. 1 der Gleichbehandlungsrahmenrichtlinie 2000/78/EG maßgeblich, der den Kirchen dem Grunde nach das Recht einräumt, ihren Beschäftigten gewisse Loyalitätsobliegenheiten aufzuerlegen. Weil das BVerfG dem BAG seine Rechtsauffassung auf Basis des nationalen Verfassungsrecht bereits deutlich gemacht hatte, führte diese Vorlage de facto zu einer Konfrontation von BVerfG und EuGH.

Der EuGH kam sodann auch hier – nach *Egenberger* wenig überraschend – zu dem Ergebnis, dass das kirchliche Selbstbestimmungsrecht nicht so weit geht, dass eine Ungleichbehandlung wie die vorliegende stets gerechtfertigt ist. Die Richtlinie (und damit auch die nationale Vorschrift) sei vielmehr dahin auszulegen, dass kirchliche Arbeitgeber hinsichtlich der vorgegebenen Loyalitätsobliegenheiten zwischen den Beschäftigten je nach Konfession bzw. Konfessionslosigkeit nur dann differenzieren dürfen, wenn die Religion im Hinblick auf die Art der betreffenden beruflichen Tätigkeiten oder die Umstände der Ausübung eine wesentliche, rechtmäßige, gerechtfertigte und verhältnismäßige berufliche Anforderung darstellt.[52] Letzteres ist vor dem Hintergrund des jeweiligen Ethos zu beurteilen und muss – entsprechend den Feststellungen des *Egenberger*-Urteils – gerichtlich überprüfbar sein.[53] Zwar sei diese Überprüfung letztlich Sache des nationalen Gerichts; aus Sicht des Gerichtshofs lagen die Voraussetzungen einer gerechtfertigten Ungleichbehandlung im beim BAG anhängigen Verfahren aber

---

[48] ArbG Düsseldorf v. 30.07.2009 – 6 Ca 2377/09, BeckRS 2012, 66906; LAG Düsseldorf v. 01.07.2010 – 5 Sa 996/09, BeckRS 2010, 70725; BAG v. 08.09.2011 – 2 AZR 543/10, NZA 2012, 443, Rn. 47.

[49] BVerfG v. 22.10.2014 – 2 BvR 661/12, BVerfGE 137, 273 = NZA 2014, 1387, Rn. 145 ff.

[50] BAG v. 28.07.2016 – 2 AZR 746/14 (A), NZA 2017, 388, Rn. 26 ff.; in der ursprünglichen Revisionsentscheidung hatte das Gericht eine Vorlage an den EuGH noch abgelehnt, BAG v. 08.09.2011 – 2 AZR 543/10, NZA 2012, 443, Rn. 37. Kritisch hins. einer Verkennung der Vorlagepflicht durch das BVerfG zeigt sich *Junker*, NJW 2018, 1850, 1851.

[51] BAG v. 28.07.2016 – 2 AZR 746/14 (A), NZA 2017, 388, Rn. 36 ff.

[52] EuGH v. 11.09.2018 – Rs. C-68/17 (*IR*), NZA 2018, 1187, Rn. 55, 61.

[53] EuGH v. 11.09.2018 – Rs. C-68/17 (*IR*), NZA 2018, 1187, Rn. 45 ff.

jedenfalls nicht vor.[54] Eine nationale Umsetzungsvorschrift, die dieser Auslegung des EuGH entgegensteht, müsse im Sinne dieser Vorgaben unionsrechtskonform ausgelegt werden[55]; ist das nicht möglich, folge auch hier aus der Anwendbarkeit von Art. 21 Abs. 1 GRC die Verpflichtung des nationalen Gerichts, die unionrechtswidrige Norm unangewendet zu lassen.[56] Das entspricht der negativen Horizontalwirkung der Norm im hier verstandenen Sinne. Zur Begründung der unmittelbaren Anwendbarkeit des Art. 21 Abs. 1 GRC verweist der EuGH vollumfänglich auf die *Egenberger*-Entscheidung; die Rechtssachen *Mangold* und *Kücükdeveci* werden nicht erwähnt.

Insoweit interessant ist, dass sich der Sachverhalt des Verfahrens vor Verbindlichwerden der Charta abgespielt hatte. In diesem Punkt gleicht die Entscheidung der *Kücükdeveci*-Konstellation. Genauso wie acht Jahre zuvor geht der EuGH mit dem Problem der zeitlichen Anwendbarkeit der GRC allerdings äußerst pragmatisch um, indem er darauf verweist, dass sich das Verbot bereits vor Verbindlichwerden der Charta als ungeschriebener Grundsatz aus den Verfassungstraditionen ergeben habe und dass dieses nunmehr in der Charta niedergelegt sei.[57] Auf die Frage, welche der beiden Rechtsnormen auf den vorliegenden Sachverhalt Anwendung findet, und auf das Verhältnis der Rechtsquellen zueinander kam es somit nicht an. Der Gerichtshof schloss sich damit Generalanwalt *Wathelet* an, der in seinen Schlussanträgen ebenfalls dafür plädiert hatte, dass beide Rechtsquellen hier „auf das gleiche Ergebnis hinauslaufen“[58]. Anders als Generalanwalt *Tanchev* in der Rechtssache *Egenberger* hatte *Wathelet* außerdem auch die negative Horizontalwirkung des Art. 21 Abs. 1 GRC für unproblematisch gehalten und sich in seinen Schlussanträgen ausdrücklich für eine Übertragbarkeit der *Mangold*-Rechtsprechung auf das Diskriminierungsmerkmal der Religionszugehörigkeit ausgesprochen.[59]

Das BAG folgte in seiner Entscheidung sodann der Rechtsauffassung des EuGH, kam in seiner Prüfung jedoch zu dem Ergebnis, dass eine richtlinienkonforme Auslegung des § 9 Abs. 2 AGG methodisch möglich sei.[60] Auf die vom Gerichtshof in Aussicht gestellte Horizontalwirkung des Grundrechts kam es deshalb anders als in der Rechtssache *Egenberger* im Ergebnis nicht an. Die streitgegenständliche Kündigung wurde als Ungleichbehandlung eingeordnet, die nicht den Anforderungen des § 9 Abs. 2 AGG in der vom EuGH vorgegebenen Auslegung gerecht wird.[61] Die Kündigungsschutzklage hatte damit knapp zehn Jahre nach der erstinstanzlichen Entscheidung Erfolg.

---

[54] EuGH v. 11.09.2018 – Rs. C-68/17 (*IR*), NZA 2018, 1187, Rn. 56 ff.

[55] EuGH v. 11.09.2018 – Rs. C-68/17 (*IR*), NZA 2018, 1187, Rn. 66.

[56] EuGH v. 11.09.2018 – Rs. C-68/17 (*IR*), NZA 2018, 1187, Rn. 67 ff.

[57] EuGH v. 11.09.2018 – Rs. C-68/17 (*IR*), NZA 2018, 1187, Rn. 69.

[58] GA *Wathelet*, Schlussanträge v. 31.05.2018 – Rs. C-68/17, BeckRS 2018, 10185, Rn. 86.

[59] GA *Wathelet*, Schlussanträge v. 31.05.2018 – Rs. C-68/17, BeckRS 2018, 10185, Rn. 84.

[60] BAG v. 20.02.2019 – 2 AZR 746/14, NZA 2019, 901, Rn. 26 ff. S. hierzu *Thüsing/Mathy*, EWiR 2019, 411 f.; *Heuschmid*, NJW 2019, 3117 ff.

[61] BAG v. 20.02.2019 – 2 AZR 746/14, NZA 2019, 901, Rn. 29 ff., 33.

III. Rechtssache Cresco Investigation

Um das Diskriminierungsmerkmal der Religionszugehörigkeit ging es schließlich auch in der Entscheidung des EuGH zum österreichischen Feiertagsgesetz in der Rechtssache *Cresco Investigation*.[62]

Dieses sah vor[63], dass, ergänzend zu den sonstigen kirchlichen Feiertagen, der Karfreitag für Angehörige der evangelischen Kirchen einen bezahlten Feiertag darstellt, an dem die Beschäftigten unter Fortzahlung ihres Entgelts grundsätzlich nicht zur Arbeit erscheinen müssen. Wird ein evangelischer Arbeitnehmer an diesem Feiertag dennoch beschäftigt, hat er einen Anspruch auf zusätzliches Feiertagsentgelt.[64] Der Kläger des Ausgangsfalls, der keiner der privilegierten evangelischen Kirchen angehörte, machte gleichwohl einen Anspruch auf Zahlung eines Feiertagsentgelts geltend. Er berief sich hierfür darauf, dass es eine ungerechtfertigte Ungleichbehandlung darstelle, wenn die evangelischen Arbeitnehmer ein derartiges Entgelt erhielten, er jedoch nicht. Das zuständige österreichische Gericht legte das Verfahren dem EuGH vor und wollte dabei im Wesentlichen wissen, ob das einschlägige Unionsrecht, insbesondere Art. 21 GRC i.V.m. Art. 1 und 2 Abs. 2 a) der Gleichbehandlungsrichtlinie 2000/78/EG, dahin auszulegen ist, dass es einer gesetzlichen Regelung wie der oben genannten entgegensteht.[65] Bejahendenfalls war zu klären, ob sich aus dem Unionsrechtsverstoß die Unanwendbarkeit der entsprechenden Vorschrift des österreichischen Rechts ergibt, mit der Folge, dass dann kein Arbeitnehmer am Karfreitag in den Genuss der Entgeltfortzahlung bzw. des zusätzlichen Feiertagsentgelts käme. Alternativ zog es in Betracht, dass aus der Unionsrechtswidrigkeit auch ein Anspruch der nicht-evangelischen Beschäftigten erwachsen könnte, am Karfreitag genauso behandelt zu werden wie die evangelischen Kollegen. Lediglich im letzten Fall hätte der Kläger mit seinem Begehren also Erfolg haben können.

Der EuGH kam zunächst zu dem Ergebnis, dass es sich bei der österreichischen Regelung um eine unmittelbare Diskriminierung wegen der Religion im Sinne von Art. 2 Abs. 2 der RL 2000/78/EG handle.[66] Vergleichsgruppen sind dabei aus Sicht des EuGH die von der Karfreitagsregelung begünstigten Arbeitnehmer auf der einen und nicht begünstigten Arbeitnehmer auf der anderen Seite.[67] Eine Rechtfertigung der Ungleichbehandlung beider Gruppen komme

---

[62] EuGH v. 22.01.2019 – Rs. C-193/17 (*Cresco Investigation*), NZA 2019, 297. Vgl. hierzu *Wienbracke*, EuZW 2019, 247 f.; *K. Klocke*, BB 2019, 1204 ff.; *Hentzschel*, EuZA 2019, 482 ff.; *Friedrich*, ZESAR 2019, 346 ff.; *Höller/Klengel*, AuR 2019, 474 ff.

[63] Der österreichische Gesetzgeber hat inzwischen nachgebessert und den streitgegenständlichen § 7 Abs. 3 ARG gestrichen. An dessen Stelle trat § 7a ARG, der jedem Arbeitnehmer einen persönlichen Feiertag zugesteht.

[64] EuGH v. 22.01.2019 – Rs. C-193/17 (*Cresco Investigation*), NZA 2019, 297, Rn. 76.

[65] OGH v. 24.03.2017 – 9 ObA 75/16v, RIS.

[66] EuGH v. 22.01.2019 – Rs. C-193/17 (*Cresco Investigation*), NZA 2019, 297, Rn. 51.

[67] EuGH v. 22.01.2019 – Rs. C-193/17 (*Cresco Investigation*), NZA 2019, 297, Rn. 41 ff., 44.

nicht in Betracht.[68] Die Notwendigkeit derartiger Regelungen zum Schutze der Religionsfreiheit i.S.v. Art. 2 Abs. 5 der Richtlinie 2000/78/EG sei zu verneinen, da Angehörigen anderer Religionen für ihre jeweiligen glaubensspezifischen Feiertage nur im Rahmen der arbeitgeberseitigen Fürsorgepflicht entgegengekommen wird.[69] Aus demselben Grund sei die Regelung auch nicht nach Art. 7 der RL 2000/78/EG gerechtfertigt.[70]

Die spannendsten Aspekte der Entscheidung finden sich jedoch in der Antwort des Gerichtshofs auf die vierte Vorlagefrage.[71] Hier knüpft der EuGH an seine Ausführungen in der *Egenberger*-Entscheidung an und bekräftigt das Potential des Art. 21 Abs. 1 GRC, der dem Einzelnen ein Recht mit zwingendem Charakter verleihe, das er als solches in einem Rechtsstreit geltend machen könne, wenn eine unionsrechtskonforme Auslegung nicht möglich ist.[72] Das vorlegende Gericht sei verpflichtet, den vollen Rechtsschutz, der aus dieser Norm erwächst, zu gewährleisten sowie für deren volle Wirksamkeit zu sorgen. Der herkömmliche Zusatz „indem es erforderlichenfalls jede entgegenstehende nationale Vorschrift unangewendet lässt“[73] fehlt allerdings. Vielmehr verweist der EuGH dann auf seine Rechtsprechung zur Angleichung nach oben[74], die er zwei Jahre zuvor in der Rechtssache *Milkova*[75] erneut bestätigt hatte.[76] Das nationale Gericht sei deshalb bei Verstößen gegen das Gleichbehandlungsgebot gehalten, eine diskriminierende Regelung wie die vorliegende unangewendet zu lassen und auf die benachteiligte Gruppe ebendiese Regelung anzuwenden. Das bedeutet vereinfacht ausgedrückt: Bei solchen Verstößen gilt aus Sicht des EuGH nicht das Prinzip: „keiner bekommt etwas“, sondern: „alle bekommen das Gleiche“.

Auch in dieser Entscheidung hat der EuGH zunächst die Horizontalwirkungsdoktrin auf Art. 21 Abs. 1 GRC übertragen, indem er die Pflicht nationaler Gerichte aussprach, die Feiertagsregelung unangewendet zu lassen. Bei der Lek-

---

[68] EuGH v. 22.01.2019 – Rs. C-193/17 (*Cresco Investigation*), NZA 2019, 297, Rn. 69.

[69] EuGH v. 22.01.2019 – Rs. C-193/17 (*Cresco Investigation*), NZA 2019, 297, Rn. 60 f.

[70] EuGH v. 22.01.2019 – Rs. C-193/17 (*Cresco Investigation*), NZA 2019, 297, Rn. 67.

[71] EuGH v. 22.01.2019 – Rs. C-193/17 (*Cresco Investigation*), NZA 2019, 297, Rn. 70 ff.

[72] EuGH v. 22.01.2019 – Rs. C-193/17 (*Cresco Investigation*), NZA 2019, 297, Rn. 76. Der OGH ging schon im Vorlagebeschluss davon aus, dass eine solche Auslegung aufgrund der bestehenden nationalen Auslegungsgrenzen, konkret der Wortlautgrenze, nicht möglich ist, vgl. OGH v. 24.03.2017 – 9 ObA 75/16v, RIS Rn. 15.

[73] Mit diesem Wortlaut EuGH v. 17.04.2018 – Rs. C-414/16 (*Egenberger*), NZA 2018, 569, Rn. 79, 82; EuGH v. 19.01.2010 – Rs. C-555/07 (*Kücükdeveci*), NZA 2010, 85, Rn. 51, 56. Sinngemäß aber auch schon EuGH v. 22.11.2005 – Rs. C-144/04 (*Mangold*), NZA 2005, 1345, Rn. 77.

[74] Dazu auch *K. Klocke*, BB 2019, 1204, 1207.

[75] EuGH v. 09.03.2017 – Rs. C-406/15 (*Milkova*), NZA 2017, 439, Rn. 65 ff. Dort verweist er auf EuGH v. 26.01.1999 – Rs. C-18/95 (*Terhoeve*), EuZW 1999, 380, Rn. 57; EuGH v. 22.06.2011 – Rs. C-399/09 (*Landtová*), Slg. 2011, I-5596 = BeckRS 2011, 81023, Rn. 51; EuGH v. 28.01.2015 – Rs. C-417/13 (*ÖBB Personenverkehr*), NZA 2015, 217, Rn. 46; EuGH v. 11.04.2013 – Rs. C-401/11 (*Soukupová*), BeckRS 2013, 80744, Rn. 35.

[76] EuGH v. 22.01.2019 – Rs. C-193/17 (*Cresco Investigation*), NZA 2019, 297, Rn. 80.

türe dieser Passage des Urteils fällt allerdings auf, dass der EuGH hier sogar über eine bloße negative Horizontalwirkung des Art. 21 Abs. 1 GRC hinausgeht. Ihm geht es gerade nicht nur um eine Nichtanwendbarkeit nationalen Rechts, sondern um einen das geltende nationale Recht ersetzenden Leistungsanspruch der benachteiligten Gruppe auf Gleichbehandlung mit den privilegierten Beschäftigten. Aus einer reinen Verbotsnorm allein ergibt sich gerade nicht ohne Weiteres ein Anspruch auf Leistung.[77] Erhärtet wird dieser Eindruck dadurch, dass der Gerichtshof, nachdem er zunächst noch von einer Pflicht des *Gerichts* zur Angleichung nach oben gesprochen hatte[78], in den folgenden Randnummer von einer entsprechenden Verpflichtung des *Arbeitgebers* aus Art. 21 Abs. 1 GRC spricht.[79] Die Entscheidung deutet deshalb auf eine positive Horizontalwirkung von Art. 21 Abs. 1 GRC hin, wie sie vorher in der Rechtsprechung des EuGH zu Art. 21 Abs. 1 GRC noch nicht in diesem Maße thematisiert worden ist.[80] Was das diskriminierungsrechtliche Gesamtergebnis anbelangt, liegt die Entscheidung allerdings auf einer Linie mit den zitierten Entscheidungen zur Angleichung nach oben und führt diese zumindest konsequent weiter.[81]

An dieser Stelle soll zunächst die generelle Erkenntnis genügen, dass der EuGH mit *Cresco Investigaton* die *Egenberger*-Entscheidung fortgeführt und damit letztlich die *Mangold*-Doktrin im Kontext des Art. 21 Abs. 1 GRC insgesamt weiterentwickelt hat.

---

[77] Siehe dazu *S. Schmidt*, RdA 2020, 269, 270 ff.

[78] EuGH v. 22.01.2019 – Rs. C-193/17 (*Cresco Investigation*), NZA 2019, 297, Rn. 80. Zurecht weist Generalanwalt Bobek auf die Zirkelschlüssigkeit dieser Lösung hin und bezeichnet die Angleichung nach oben als ein juristisches Paradoxon, das allerdings grundsätzlich hinzunehmen ist, GA *Bobek,* Schlussanträge v. 25.07.2018 – Rs. C-193/17 (*Cresco Investigation*), BeckRS 2018, 16329, Rn. 162.

[79] EuGH v. 22.01.2019 – Rs. C-193/17 (*Cresco Investigation*), NZA 2019, 297, Rn. 83, 85 ff., 89.

[80] Mit dieser Einordnung auch: *Kokott*, FS I. Schmidt, 2021, S. 991, 992; *K. Klocke*, BB 2019, 1204, 1207; *Wank*, RdA 2020, 1, 11; *Piekenbrock*, GPR 2019, 93, 95; EuArbRK/*Mohr*, Art. 21 GRC Rn. 1; EuArbRK/*Schubert*, Art. 51 GRC Rn. 41 ff. Zurückhaltender Heselhaus/Nowak/*Nowak*, § 9 Rn. 44. A.A. für die Postulierung einer teilweisen Unanwendbarkeit i.S.e. partiellen negativen Horizontalwirkung *Wienbracke*, EuZW 2019, 247, 248. In der Rechtssache *Egenberger* finden sich zwar – wie oben dargestellt – auch Ausführungen zu einer Bindung des Arbeitgebers an Art. 21 Abs. 1 GRC; im konkreten Ausgangsverfahren kam es allerdings nur auf eine negative Horizontalwirkung an.

[81] *K. Klocke*, BB 2019, 1204, 1207.

C. *Dritte Stufe*: Ausweitung auf Fälle außerhalb des Diskriminierungsrechts

Der letzte und die Entwicklung abschließende Schritt in der tatbestandlichen Ausdehnung der Rechtsprechung war die Übertragung des Ansatzes auf Grundrechte außerhalb des Diskriminierungsrechts.[82] Dies geschah in mehreren Entscheidungen zum Urlaubsgrundrecht und zum Recht auf Begrenzung der Höchstarbeitszeit gem. Art. 31 Abs. 2 GRC. Vor diesen Entscheidungen hatte der EuGH allerdings noch einschränkend in Bezug auf das nicht-diskriminierungsrechtliche Grundrecht des Art. 27 GRC geurteilt.[83]

I. Einschränkende Entscheidung: Rechtssache AMS

Zunächst sah es so aus, als wollte der EuGH die *Mangold*-Doktrin nicht auf Fälle außerhalb des Diskriminierungsrechts übertragen. In diese Richtung deutete die Entscheidung in der Rechtssache *AMS*[84] zu Art. 27 GRC, der den Arbeitnehmern ein Recht auf Unterrichtung und Anhörung im Unternehmen einräumt und durch die Anhörungs- und Unterrichtungsrichtlinie 2002/14/EG sekundärrechtlich konkretisiert wird.

Im französischen Ausgangsverfahren begehrte die Klägerin *Association de médiation sociale* (*AMS*) die Nichtigerklärung der Ernennung eines ihrer Beschäftigten zum Vertreter einer bei ihr geschaffenen Gewerkschaftssektion der *Confédération générale du travail* (*CGT*). Nach ihrer Ansicht war die Ernennung rechtswidrig. Denn ausgehend von den Schwellenwerten der einschlägigen Vorschriften des Code du travail bestand eine Pflicht zur Ernennung von Belegschaftsvertretern erst ab einer Beschäftigtenzahl von mindestens elf und eine Pflicht zur Duldung der Ernennung von Gewerkschaftsvertretern und der Bildung eines Betriebsrats durch die zuständige Gewerkschaft erst ab einer Zahl von mindestens 50 Beschäftigten im Betrieb. Den genauen Modus der Berechnung der maßgeblichen Beschäftigtenzahl regeln die Art. L. 1111-2 und Art. L. 1111-3

---

[82] Siehe hierzu exemplarisch bereits die Prognosen von *Preis/Temming*, NZA 2010, 185, 190 und *Seifert*, EuR 2010, 802, 808 (eher befürwortend) sowie *Greiner*, EuZA 2011, 74, 83 (eher zurückhaltend). Mit der Einordnung, die Rechtsprechung sei eine Besonderheit des Diskriminierungsrechts *Herresthal*, ZEuP 2014, 238, 272.

[83] Chronologisch gesehen ergingen die Entscheidung in der Rechtssache *AMS* zu Art. 27 GRC bereits vor den Entscheidungen zur Übertragung auf das Diskriminierungsmerkmal der Religionszugehörigkeit und die Entscheidungen zum Urlaubsrecht ergingen vor der dargestellten Entscheidung in der Rechtssache *Cresco Investigation*. Diese Brüche in der Chronologie wurden hier jedoch in Kauf genommen, um die Zugehörigkeit der jeweiligen Entscheidungen zu den verschiedenen Entwicklungsstufen verdeutlichen zu können.

[84] EuGH v. 15.01.2014 – Rs. C-176/12 (*AMS*), NZA 2014, 193. Siehe hierzu aus der Literatur stellvertretend *Frantziou*, EuConst 10 (2014), 332 ff.; *Gsell*, FS Köhler, 2014, S. 197 ff.; *Heuschmid*, EuZA 2014, 514 ff.; *Mittwoch*, BB 2014, 2496; *Forst*, FA 2014, 66 ff.; *ders.*, EWiR 2014, 93 f.

des Code du travail. Dort ist u.a. vorgesehen, dass bestimmte Arbeitnehmergruppen, nämlich Lehrlinge und Arbeitnehmer, die im Rahmen eines bezuschussten Vertrags beschäftigt sind, bei der Zählung unberücksichtigt bleiben müssen.

Hierauf gestützt war die *AMS* der Auffassung, es bestehe mangels Überschreiten der entsprechenden Schwellenwerte keine Pflicht zur Bildung von Personalvertretungsorganen, und auch die Ernennung des Beklagten zum Gewerkschaftsvertreter sei rechtswidrig. Die *CGT* hingegen begehrte im Wege der Widerklage die Durchführung von Wahlen zur Einsetzung von Personalvertretungsorganen bei der *AMS*. Sie stützte sich im Wesentlichen auf das Argument, die entsprechenden Ausnahmeregelungen seien mit dem Unionsrecht unvereinbar und die dort genannten Arbeitnehmer deshalb bei der Berechnung der Schwellenwerte miteinzubeziehen, weshalb sowohl der Schwellenwert von elf als auch der von 50 Arbeitnehmern überschritten sei. Das vorlegende Gericht wollte deshalb vom EuGH wissen, ob das Unionsrecht, namentlich Art. 27 GRC und die einschlägigen Bestimmungen der Richtlinie RL 2002/14/EG, dahin auszulegen ist, dass es der französischen Schwellenwertregelung, die bestimmte Beschäftigungsverhältnisse bei der Berechnung ausnimmt, entgegensteht.[85]

Der Gerichtshof verwies bei der Beantwortung dieser Frage zunächst darauf, bereits in einer früheren Entscheidung[86] geklärt zu haben, dass die Mitgliedstaaten im Rahmen des durch Art. 3 Abs. 1 der Richtlinie eingeräumten Spielraums einen Gruppe von Beschäftigten, die gem. Art. 2 d) in den Anwendungsbereich der Richtlinie fällt, in ihren nationalen Umsetzungsgesetzen nicht von einer Anwendung der Vorschriften der Richtlinie ausnehmen dürfen. Eine Bestimmung wie die vorliegende habe nämlich zur Folge, dass den Arbeitnehmern die durch die Richtlinie eingeräumten Rechte vorenthalten werden, weshalb sie dazu geeignet sei, diese auszuhöhlen und damit der Richtlinie ihre praktische Wirksamkeit zu nehmen.[87] Damit stand die Richtlinienwidrigkeit der streitentscheidenden französischen Ausnahmeregelung fest.[88] In dieser Entscheidung hatte sich der EuGH jedoch nicht mit den unmittelbaren Rechtsfolgen des Verstoßes auseinandergesetzt, wohl weil das vorlegende Gericht lediglich nach der Vereinbarkeit des französischen Rechts mit der Richtlinie gefragt hatte.[89]

In der *AMS*-Entscheidung hingegen wandte sich der EuGH der Rechtsfolgenseite zu, und zwar in einer bis zu diesem Zeitpunkt ungewohnten Tiefe.[90] Weil das vorlegende Gericht sich nicht in der Lage sah, die entsprechenden nationalen Vorschriften im Sinne des Unionsrechts auszulegen[91], kam es entscheidend auf

[85] EuGH v. 15.01.2014 – Rs. C-176/12 (*AMS*), NZA 2014, 193, 194 (1. Vorlagefrage).
[86] EuGH v. 18.01.2007 – Rs. C-385/05 (*CGT*), NZA 2007, 193.
[87] EuGH v. 15.01.2014 – Rs. C-176/12 (*AMS*), NZA 2014, 193, Rn. 24 ff.
[88] EuGH v. 15.01.2014 – Rs. C-176/12 (*AMS*), NZA 2014, 193, Rn. 29.
[89] EuGH v. 18.01.2007 – Rs. C-385/05 (*CGT*), NZA 2007, 193, Rn. 30, 42.
[90] *Frantziou*, EuConst 10 (2014), 332, 347 f.
[91] EuGH v. 15.01.2014 – Rs. C-176/12 (*AMS*), NZA 2014, 193, Rn. 40.

die unmittelbare Anwendbarkeit der einschlägigen unionsrechtlichen Bestimmungen an.[92] Nachdem der EuGH erneut auf das Verbot der unmittelbaren Horizontalwirkung von Richtlinienbestimmungen verwiesen hatte[93], widmete er sich anschließend der Frage, inwieweit sich aus Art. 27 GRC für den Fall relevante Rechtswirkungen ergeben könnten.[94] Mit seiner Einleitungsformel brachte er den Ausgangspunkt seiner Überlegungen prägnant auf den Punkt: Es sei letztlich zu prüfen,

„ob der Sachverhalt des Ausgangsverfahrens mit dem der Rechtssache *Kücükdeveci* zu Grunde liegenden vergleichbar ist, so dass Art. 27 der Charta für sich genommen oder in Verbindung mit den Bestimmungen der RL 2002/14/EG in einem Rechtsstreit zwischen Privaten geltend gemacht werden kann, um gegebenenfalls die Anwendung der nicht richtlinienkonformen nationalen Bestimmung auszuschließen“[95].

Ausgehend von den Grundsätzen der *Åkerberg Fransson*-Entscheidung[96] war das Grundrecht auf den Ausgangssachverhalt anzuwenden, weil die in Rede stehenden französischen Vorschriften der Umsetzung der RL 2002/14/EG dienen.[97]

Als problematisch erachtete der Gerichtshof aber die unmittelbare Anwendbarkeit der Chartabestimmung im zugrundeliegenden Fall. Denn ein Verbot, bei der Berechnung der Beschäftigtenzahl eine bestimmte Personengruppe unberücksichtigt zu lassen, lasse sich weder aus dem Wortlaut des Art. 27 GRC noch aus den diesbezüglichen Erläuterungen herleiten.[98] Art. 27 GRC sei vielmehr seinem Wortlaut nach auf eine inhaltliche Konkretisierung durch das Unionsrecht und das nationale Recht angewiesen. Daher fehlte es der Norm aus Sicht des EuGH *insoweit* an der erforderlichen inhaltlichen Bestimmtheit und Unbedingtheit. Hierin sieht eine Vielzahl an Literaturstimmen eine Einordnung des Art. 27 GRC als Charta-Grundsatz im Sinne Art. 52 Abs. 5 GRC durch den EuGH.[99]

---

[92] EuGH v. 15.01.2014 – Rs. C-176/12 (*AMS*), NZA 2014, 193, Rn. 30 (bzgl. der Richtlinie) und Rn. 41 (bzgl. des Grundrechts).

[93] EuGH v. 15.01.2014 – Rs. C-176/12 (*AMS*), NZA 2014, 193, Rn. 36, wobei er vorher die hinreichende Bestimmtheit und inhaltliche Unbedingtheit der entsprechenden Richtlinienvorschriften bejaht hat, vgl. Rn. 33.

[94] EuGH v. 15.01.2014 – Rs. C-176/12 (*AMS*), NZA 2014, 193, Rn. 41 ff.

[95] EuGH v. 15.01.2014 – Rs. C-176/12 (*AMS*), NZA 2014, 193, Rn. 41.

[96] EuGH v. 26.02.2013 – Rs. C-617/10 (*Åkerberg Fransson*), NJW 2013, 1415 Rn. 17.

[97] EuGH v. 15.01.2014 – Rs. C-176/12 (*AMS*), NZA 2014, 193, Rn. 42 f.

[98] EuGH v. 15.01.2014 – Rs. C-176/12 (*AMS*), NZA 2014, 193, Rn. 46. Wenn der EuGH in diesem Zusammenhang von „Verbot“ spricht, ist dies eigentlich ungenau. Denn das Verbot eine bestimmte Personengruppe unberücksichtigt zu lassen ist positiv gesprochen ein Gebot eine bestimmte Personengruppe miteinzubeziehen. In Rede stand hier also richtigerweise eine aus Art. 27 GRC möglicherweise abzuleitende positive Schutzpflicht, kein Verstoß gegen ein negatorisches Abwehrrecht. Ähnlich zu Art. 31 GRC *Fornasier*, GPR 2019, 141, 146. Zur negativen Horizontalwirkung bei Schutzpflichtenwidrigkeit des nationalen Rechts siehe oben unter § 2 B. I.

[99] So etwa: EuArbRK/*Schubert*, Art. 27 GRC Rn. 12; *Perner*, in: Heiderhoff/Lohsse/Schulze (Hrsg.), EU-Grundrechte und Privatrecht, 2016, S. 133, 145; *Mörsdorf*, Ungleichbehandlung als Norm, 2018, S. 108 ff.; *Becker*, EuR 2019, 469, 476; *Franzen*, NZA-Beilage 2015, 77, 82.

Andere Stimmen wollen der Entscheidung die Aussage entnehmen, Art. 27 GRC oder gar alle sozialen Grundrechte der Charta könnten a priori keine Horizontalwirkung entfalten[100] bzw. seien nicht unmittelbar anwendbar.[101]

Beide Einschätzungen sind jedoch zum einen ungenau und zum anderen nicht überzeugend.[102] Viel entscheidender als das, was der EuGH ausdrücklich gesagt hat, ist nämlich das, was er *nicht* gesagt hat: Der Gerichtshof hat in *AMS* nur entschieden, dass Art. 27 GRC keine unmittelbar anwendbare Normaussage entnommen werden kann, die der streitigen französischen Berechnungsregelung entgegensteht – nicht mehr und nicht weniger. Anders als der Generalanwalt *Cruz Villalón*[103] und anders als etwa in der Entscheidung in der Rechtssache *Glatzel* zu Art. 26 GRC[104] widmet der Gerichtshof der Frage, ob Art. 27 GRC ein Grundsatz oder ein Grundrecht ist, in *AMS* nicht eine Silbe.

Das ist nachvollziehbar, denn auch Grundsätze können unter Umständen negative Horizontalwirkung entfalten, wenn sie nur die objektiven Voraussetzungen der unmittelbaren Anwendbarkeit erfüllen.[105] Aus der Verneinung der negativen Horizontalwirkung lässt sich die Zugehörigkeit zu einer der beiden Normenkategorien deshalb nicht ableiten. Ein Offenlassen der Frage nach dem Normcharakter ist konsequent, denn wenn feststeht, dass die Bestimmung jedenfalls nicht im Kontext[106] der gestellten Vorlagefragen unmittelbar anwendbar ist, dann kommt es auf ihren Normcharakter auch nicht an. Ob die fehlende unmittelbare Anwendbarkeit auf der Unbestimmtheit als echtes Grundrecht oder aber auf der Rechtsnatur als Grundsatz beruht, ist in einem solchen Fall zweitrangig.

Diejenige Einordnungen, die darauf zielen, Art. 27 GRC das Potential der unmittelbaren Anwendbarkeit bzw. der Horizontalwirkung gänzlich abzusprechen, verkennen die prozessuale Situation des Gerichtshofs.[107] Wie der EuGH in *AMS* zu Recht betont, entscheidet er nämlich über die unmittelbare Anwendbarkeit einer Unionsvorschrift ausgehend von der Vorlagefrage des nationalen Gerichts und damit immer im Hinblick auf die „Umstände des Ausgangsverfah-

---

[100] Heselhaus/Nowak/*Nowak*, § 9 Rn. 43.

[101] Meyer/Hölscheidt/*Schwerdtfeger*, Art. 27 GRC Rn. 15; Pechstein/Nowak/Häde/*Kocher*, Art. 27 GRC Rn. 12.

[102] Wie hier hinsichtlich der Frage, ob es sich um ein Grundrecht oder einen Grundsatz handelt, *Frantziou*, EuConst 10 (2014), 332, 337; *Michl*, Unionsgrundrechte aus der Hand des Gesetzgebers, 2018, S. 152 ff. Wie hier hinsichtlich der etwaigen Horizontalwirkung in anders gelagerten Fallgestaltungen, *Starke*, EU-Grundrechte und Vertragsrecht, 2016, S. 199.

[103] Dieser hatte sich für den Grundsatzcharakter von Art. 27 GRC ausgesprochen, vgl. GA *Cruz Villalón*, Schlussanträge v. 18.07.2013 – Rs. C-176/12 (*AMS*), BeckRS 2014, 80206, Rn. 53 ff.

[104] EuGH v. 22.05.2014 – Rs. C-356/12 (*Glatzel*), BeckRS 2014, 80909, Rn. 74 ff.

[105] Siehe hierzu ausführlich oben unter § 3 B.

[106] Zur Notwendigkeit der Kontextualisierung der EuGH-Rechtsprechung *Höpfner*, JbArbR 57 (2020), 69, 78 ff.; allgemeiner bereits *Lepsius*, JZ 2019, 793 ff.

[107] In diese Richtung auch *Starke*, EU-Grundrechte und Vertragsrecht, 2016, S. 199.

rens“[108]. Er hatte sich also nur mit einem möglichen Konflikt zwischen dem Grundrecht und der konkreten Normaussage der französischen Bestimmungen auseinanderzusetzen, die eine Nichtberücksichtigung bestimmter Arbeitnehmergruppen anordnen. Dass er dem Grundrecht eine hiermit kollidierende, ebenso detaillierte Normaussage nicht entnehmen konnte, heißt nicht, dass die Vorschrift nicht andere, weniger spezifische Inhalte hergeben könnte, die ihrerseits durchaus unmittelbar anwendbar sind. Man denke etwa an den Fall, dass eine nationale Norm eine Mitbestimmung der Arbeitnehmer gänzlich untersagt. Insoweit ließe sich Art. 27 GRC möglicherweise schon ein hinreichend bestimmter, inhaltlich unbedingter und damit kollisionsfähiger Norminhalt entnehmen, der einer Anwendung der nationalen Vorschrift entgegensteht.[109]

Jedenfalls für den konkreten Sachverhalt konnte der EuGH Art. 27 GRC aber in der Tat keine unmittelbare Anwendbarkeit zusprechen, weshalb eine negative Horizontalwirkung der Norm ausschied. Etwas anderes konnte sich aus seiner Sicht auch nicht aus einer „Zusammenschau“ mit der einschlägigen Richtlinie RL 2002/14/EG ergeben, da Art. 27 GRC für sich genommen nicht ausreiche, dem Einzelnen ein Recht zu verleihen, das er als solches geltend machen kann.[110] Der Gerichtshof erteilte damit der Argumentation des Generalanwalts *Cruz Villalón* eine Absage. Dieser hatte sich in seinen Schlussanträgen dafür ausgesprochen, die Bestimmung des Art. 27 GRC werde wesentlich und unmittelbar durch die Richtlinie 2002/14/EG konkretisiert. Hierdurch sei sie, obwohl es sich aus Sicht des Generalanwalts um einen Grundsatz im Sinne von Art. 52 Abs. 5 GRC handelt, im Verfahren unmittelbar anwendbar und könne die in Rede stehenden französischen Regelungen verdrängen.[111]

Indem der EuGH diese Möglichkeit verneinte, war eine Übertragung auf das soziale Grundrecht des Art. 27 GRC zumindest für diese Fallgestaltung nicht möglich. Andererseits hat der Gerichtshof damit aber gerade nicht generell ausgeschlossen, dass die *Mangold*-Logik auch außerhalb des Diskriminierungsrechts angewendet werden kann. Diese Frage blieb vielmehr offen.

II. Entscheidungen zum Urlaubsrecht

Zu einer Ausweitung des Anwendungsbereichs der *Mangold*-Doktrin auf die Grundrechte der Charta *außerhalb* des Diskriminierungsrechts kam es erst im Zuge zweier Entscheidungen zum deutschen Urlaubsrecht aus dem Jahre 2018, denen eine längere Zeit der Unklarheit um die Horizontalwirkung des Urlaubsgrundrechts des Art. 31 Abs. 2 GRC vorausgegangen war.

---

108 EuGH v. 15.01.2014 – Rs. C-176/12 (*AMS*), NZA 2014, 193, Rn. 47, 48.

109 So etwa *Starke*, EU-Grundrechte und Vertragsrecht, 2016, S. 272. Zur eingeschränkten inhaltlichen Reichweite des streitgegenständlichen Art. 27 GRC siehe unten unter § 15 A. III. 3. b) aa) (2) (a).

110 EuGH v. 15.01.2014 – Rs. C-176/12 (*AMS*), NZA 2014, 193, Rn. 49.

111 GA *Cruz Villalón*, Schlussanträge v. 18.07.2013 – Rs. C-176/12 (*AMS*), BeckRS 2014, 80206, Rn. 98.

1. Schweigen in den Rechtssachen Dominguez, Reimann *und* Fenoll

Ungeklärt blieb die Frage nach der Übertragbarkeit auf Art. 31 Abs. 2 GRC etwa noch im Zusammenhang mit der Rechtssache *Dominguez*[112]. Dort ging es um die Vereinbarkeit des französischen Urlaubsrechts mit Art. 7 der Arbeitszeitrichtlinie RL 2003/88/EG und Art. 31 Abs. 2 GRC.

Die Klägerin des Ausgangsverfahrens begehrte von ihrem Arbeitgeber Urlaubsgewährung bzw. hilfsweise Urlaubsabgeltung für einen im Zeitraum einer Krankschreibung angefallenen Jahresurlaub von insgesamt 22,5 Tagen. Zu der länger als ein Jahr andauernden Krankschreibung war es infolge eines Wegeunfalls der Klägerin gekommen. Zwischen den Parteien war streitig, ob für solche Krankheitszeiten ein Anspruch auf bezahlten Jahresurlaub anfällt. Das einschlägige französische Gesetzesrecht setzt nämlich für das Bestehen eines entsprechenden Anspruchs voraus, dass ein Arbeitnehmer mindestens einen Monat lang effektiv beschäftigt worden sein muss, damit ihm dem Grunde nach ein Urlaubsanspruch zusteht. Dabei schreibt es eine Berücksichtigung von Fehlzeiten nur für den Fall vor, dass diese auf einem Arbeitsunfall beruhen. Der einschlägige Tarifvertrag hingegen schließt eine Berücksichtigung von Fehlzeiten infolge von Erkrankung oder langanhaltender Krankheit, die zwölf oder mehr aufeinanderfolgende Monate andauert, aus. Die *Cour de cassation* wollte vom EuGH in diesem Zusammenhang sinngemäß wissen, ob es mit Art. 7 der Richtlinie vereinbar ist, wenn das nationale Gericht das Entstehen des Urlaubsanspruchs von einer Mindestarbeitszeit abhängig macht und, falls dies nicht der Fall sei, welche Rechtsfolgen sich hieraus ergäben.

Der EuGH ging – in Anknüpfung an seine bisherige Rechtsprechung[113] – von der Richtlinienwidrigkeit solcher nationaler Vorschriften aus.[114] Zwar könne ein Mitgliedstaat im Rahmen der durch die Richtlinie eingeräumten Spielräume grundsätzlich auch unterschiedliche Regelungen in Bezug auf einzelne Voraussetzungen für die Ausübung des Anspruchs vorsehen. Dieser Durchführungsspielraum geht jedoch aus Sicht des EuGH nicht so weit, dass die Mitgliedstaaten die Anspruchsentstehung selbst von der Voraussetzung abhängig machen können, dass im Bezugszeitraum tatsächlich gearbeitet wurde. Denn die Richtlinie selbst unterscheide in Art. 7 nicht zwischen solchen Arbeitnehmern, die im Bezugszeitraum krank waren und solchen, die gearbeitet haben.[115] Damit stellte die französische Regelung eine unzulässige Abweichung dar.

---

[112] EuGH v. 23.01.2012 – Rs. C-282/10 (*Dominguez*), NZA 2012, 139. Vgl. hierzu aus der Literatur stellvertretend *de Mol*, EuConst 8 (2012), 280 ff.; *Pötters*, EuZW 2012, 345 ff.; *Wietfeld*, EuZA 2012, 540 ff.; *Stiebert*, EWiR 2012, 201 f.; *Forst*, AP RL 2003/88/EG Nr. 7; *Kessler*, ZESAR 2013, 36 f.; *Heuschmid*, jurisPR-ArbR 13/2012, Anm. 5.

[113] Vgl. hierzu insbesondere EuGH v. 20.01.2009 – Rs. C-350/06 u.a. (*Schultz-Hoff*), NZA 2009, 135, Rn. 41.

[114] EuGH v. 23.01.2012 – Rs. C-282/10 (*Dominguez*), NZA 2012, 139, Rn. 21.

[115] EuGH v. 23.01.2012 – Rs. C-282/10 (*Dominguez*), NZA 2012, 139, Rn. 20.

Auch in der Rechtssache *Dominguez* musste sich der EuGH nach Feststellung der Richtlinienwidrigkeit sodann mit ihrer Rechtsfolge auseinandersetzen. Der französische Kassationshof hatte konkret danach gefragt, ob das einschlägige französische Recht im Falle der Richtlinienwidrigkeit in einem Rechtsstreit zwischen Privatpersonen unangewendet bleiben müsse.[116] Das war für das Gericht deshalb relevant, weil eine richtlinienkonforme Auslegung aus seiner Sicht an der Contra-legem-Grenze scheiterte.[117]

Der EuGH zog daraufhin die unmittelbare Anwendbarkeit der Richtlinie in Erwägung und prüfte Art. 7 der RL 2003/88/EG auf seine hinreichende Bestimmtheit und inhaltliche Unbedingtheit. Er kam zu dem Ergebnis, dass die Vorschrift trotz der eingeräumten Gestaltungsspielräume eine hinreichend bestimmte Richtlinienvorgabe enthält[118], die mit der französischen Regelung kollidiert. Der Knackpunkt der Entscheidung lag dann in dem Umstand begründet, dass aus Sicht des EuGH[119] noch nicht eindeutig feststand, ob es sich bei der beklagten Arbeitgeberin um eine juristische Person des privaten oder des öffentlichen Rechts handelt. Der EuGH empfahl deshalb dem Kassationshof im Ausgangsverfahren zu prüfen, ob es sich um eine öffentlich-rechtliche Arbeitgeberin handelt, weil dann eine unmittelbare Anwendbarkeit mit der Konsequenz der Nichtanwendbarkeitsfolge im Vertikalverhältnis in Betracht komme.[120] In diesem Fall würde es auf eine unmittelbare Anwendbarkeit der GRC nicht ankommen.[121]

Anschließend zog der EuGH auch in Betracht, dass es sich bei der Beklagten um eine private Arbeitgeberin handeln könnte. Bei Beantwortung der Frage, welche Rechtsfolge der Richtlinienverstoß im Fall der Qualifizierung der Beklagten als private Arbeitgeberin hätte, überging der EuGH dann allerdings anders als noch Generalanwältin *Trstenjak*[122] die Möglichkeit einer Heranziehung der Charta völlig. Er verwies vielmehr, als hätte es *Mangold* und seine Folgeentscheidungen nie gegeben, darauf, dass in einem solchen Fall einzig ein Staatshaftungsanspruch des Arbeitnehmers gegen den Mitgliedstaat in Betracht komme.[123]

Für dieses Vorgehen wurde der EuGH zu Recht kritisiert.[124] Die Konstellation des Ausgangsverfahrens und die Formulierung der Vorlagefragen waren auf eine

---

[116] EuGH v. 23.01.2012 – Rs. C-282/10 (*Dominguez*), NZA 2012, 139, Rn. 22.

[117] EuGH v. 23.01.2012 – Rs. C-282/10 (*Dominguez*), NZA 2012, 139, Rn. 26.

[118] EuGH v. 23.01.2012 – Rs. C-282/10 (*Dominguez*), NZA 2012, 139, Rn. 33 ff.

[119] Aus Sicht der Generalanwältin stand außer Frage, dass sich im Ausgangsrechtsstreit zwei Private gegenüberstehen, GA *Trstenjak*, Schlussanträge v. 08.09.2011 – Rs. C-282/10 (*Dominguez*), BeckRS 2011, 81367, Rn. 56.

[120] EuGH v. 23.01.2012 – Rs. C-282/10 (*Dominguez*), NZA 2012, 139, Rn. 36 ff.

[121] Zutreffend *Pötters*, EuZW 2012, 345, 346.

[122] GA *Trstenjak*, Schlussanträge v. 08.09.2011 – Rs. C-282/10 (*Dominguez*), BeckRS 2011, 81367.

[123] EuGH v. 23.01.2012 – Rs. C-282/10 (*Dominguez*), NZA 2012, 139, Rn. 43.

[124] Prägnant *de Mol*, EuConst 8 (2012), 280, 282.

Auseinandersetzung mit der Übertragbarkeit der *Mangold*-Doktrin auf das Urlaubsrecht regelrecht zugeschnitten. Daneben wurde die Entscheidung auch den Erwartungen, die die ausführlichen Schlussanträge der Generalanwältin *Trstenjak* geweckt hatten, nicht gerecht. Diese hatte sich auf fast 30 Seiten[125] umfassend mit einer möglichen Horizontalwirkung von Art. 31 Abs. 2 GRC bzw. einem entsprechenden ungeschriebenen Urlaubsgrundrecht befasst.[126] Dabei hatte sie sich ausführlich mit dem Mechanismus der *Mangold*- und *Kücükdecveci*-Entscheidung auseinandergesetzt und die Übertragung dieses Ansatzes erwogen.[127] Am Ende ihrer Ausführungen hatte sie für den vorliegenden Fall eine negative Horizontalwirkung des Urlaubsgrundrechts zwar verneint[128] – der EuGH aber hat die Frage mit keiner einzigen Silbe erwähnt. Das Vorgehen des EuGH, die Horizontalwirkungsfrage rund um Art. 31 Abs. 2 GRC nur deshalb nicht zu thematisieren, weil noch eine Chance bestanden hatte, dass sich die öffentlich-rechtliche Rechtsnatur der Arbeitgeberin herausstellte und sich dadurch das Problem der Horizontalwirkung in Luft auflöste, wurde zu Recht als unbefriedigend empfunden. Das gilt insbesondere deshalb, weil der EuGH in seinen Ausführungen selbst in Betracht gezogen hatte, dass die Beklagte eine private Arbeitgeberin ist. Und auch die Tatsache, dass die *Cour de Cassation* nicht ausdrücklich nach einem Grundrechtsverstoß gefragt hatte, kann diese Lücke in den Entscheidungsgründen nicht rechtfertigen. Denn auch in anderen Entscheidungen und sogar in der grundlegenden Rechtssache *Mangold*[129] selbst wurde ein Primärrechtsverstoß vom vorlegenden Gericht nicht näher erwogen. Trotz alledem ist es aber freilich nicht zwingend, der *Dominguez*-Entscheidung die Aussage zu entnehmen, der EuGH habe *Mangold* nicht auf Art. 31 Abs. 2 GRC übertragen wollen. Dafür fehlt es der Entscheidung schlicht an hinreichenden Anhaltspunkten.[130]

Bereits wenig später hatte sich dem EuGH erneut die Chance geboten, über die streitige Frage nach der Übertragbarkeit des Ansatzes auf das Urlaubsrecht entscheiden können.[131] Anlass hierfür gab die Rechtssache *Reimann*[132]: Im zu-

---

[125] Ausgehend von dem unter EUR-Lex abrufbaren Dokument unter ECLI:EU:C:2011:559.

[126] GA *Trstenjak*, Schlussanträge v. 08.09.2011 – Rs. C-282/10 (*Dominguez*), BeckRS 2011, 81367, Rn. 69 ff.

[127] Auf die Entscheidungen hatte die am Verfahren beteiligte französische Regierung hingewiesen, vgl. GA *Trstenjak*, Schlussanträge v. 08.09.2011 – Rs. C-282/10 (*Dominguez*), BeckRS 2011, 81367, Rn. 30.

[128] Und zwar sowohl des geschriebenen Grundrechts des Art. 31 Abs. 2 GRC als auch des ungeschriebenen Rechtsgrundsatzes, vgl. GA *Trstenjak*, Schlussanträge v. 08.09.2011 – Rs. C-282/10 (*Dominguez*), BeckRS 2011, 81367, Rn. 88, 130.

[129] Vgl. den Vorlagebeschluss ArbG München v. 26.02.2004 – 26 Ca 14314/03, NZA-RR 2005, 43.

[130] So auch Preis/Sagan/*Pötters*, § 3 Rn. 30; *ders.*, EuZW 2012, 345, 346.

[131] Umfassend hierzu *Greif*, Die Unanwendbarkeit richtlinienwidriger deutscher Arbeitsgesetze, 2016, S. 247 ff.

[132] Vgl. den Beschluss des EuGH v. 22.10.2012 – Rs. C-317/11 (*Reimann*), juris.

grundeliegenden Vorlagebeschluss[133] hatte das LAG Berlin-Brandenburg dem EuGH eine Steilvorlage geliefert, die Übertragbarkeit von *Mangold* bzw. *Kücükdeveci*[134] auf Art. 31 Abs. 2 GRC zu klären, indem es ihn ausdrücklich danach fragte, ob Art. 31 Abs. 2 GRC einer mitgliedstaatlichen Vorschrift wie der des § 13 Abs. 2 BUrlG entgegenstehe und, wenn ja, ob eine solche Vorschrift deshalb unanwendbar bleiben müsse. Schon wegen des Zuschnitts dieser Fragen sowie der unbestreitbaren Tatsache, dass sich im Ausgangsverfahren zwei Private gegenüberstanden, wäre der EuGH in *Reimann* nicht mehr umhingekommen, sich endlich zur Horizontalwirkung von Art. 31 Abs. 2 GRC zu äußern. Dass es wiederum nicht dazu kam, lag dann allerdings nicht am Gerichtshof selbst, sondern an den Parteien des Ausgangsrechtsstreits: Weil sie sich vor dem LAG nach dessen Vorlagebeschluss auf einen Vergleich einigten, musste der EuGH die Rechtssache streichen.[135]

Eine weitere ungenutzte Möglichkeit der Klärung bestand schließlich in der Rechtssache *Fenoll*[136], in der die Frage der Horizontalwirkung des Art. 31 Abs. 2 GRC zur Debatte stand, weil der vorlegende französische Kassationshof sie erneut ausdrücklich aufwarf. Und wiederum sah der EuGH von einer Beantwortung ab, anders als noch in *Dominguez* aber immerhin ausdrücklich mit dem Argument, der Sachverhalt falle nicht in den zeitlichen Anwendungsbereich der Charta.[137] Das war umso bedauerlicher, hatte das vorlegende Gericht hier doch anders als in den vorangegangenen Entscheidungen nicht nur nach einer negativen, sondern sogar nach einer positiven Horizontalwirkung des Grundrechts gefragt.[138] Die fehlende Auseinandersetzung mit der Übertragbarkeit der *Mangold*-Rechtsprechung war gerade in der Rechtssache *Fenoll* außerdem insoweit verwunderlich, als der EuGH in der Rechtssache *AMS* knapp ein Jahr vorher ausführliche Überlegungen zu dieser Frage mit Blick auf Art. 27 GRC angestellt hatte, die er für Art. 31 Abs. 2 GRC hätte aufgreifen können. Dieses Vorgehen war kritikwürdig, weil eine Auseinandersetzung mit der Frage nach der Existenz eines *ungeschriebenen* Grundrechts auf Jahresurlaub und dessen Horizontalwirkungspotential, die bereits Generalanwältin *Trstenjak* in der Rechtssache *Dominguez* umfassend erörtert hatte, angezeigt gewesen wäre.

---

[133] LAG Berlin-Brandenburg v. 16.06.2011 – 2 Sa 3/11, BeckRS 2011, 74594.

[134] Das LAG hatte nur die *Kücükdeveci*-Entscheidung ausdrücklich aufgegriffen, vgl. LAG Berlin-Brandenburg v. 16.06.2011 – 2 Sa 3/11 – BeckRS 2011, 74594, unter 5. 1.

[135] EuGH v. 22.10.2012 – Rs. C-317/11 (*Reimann*), juris.

[136] EuGH v. 26.03.2015 – Rs. C-316/13 (*Fenoll*), NZA 2015, 1444.

[137] EuGH v. 26.03.2015 – Rs. C-316/13 (*Fenoll*), NZA 2015, 1444, Rn. 44 f.

[138] Mit seiner dritten Vorlagefrage wollte der Kassationshof nämlich wissen, ob sich ein Beschäftigter wie im Ausgangsverfahren unmittelbar auf die GRC berufen kann, um bezahlten Urlaub zu erhalten, wenn das nationale Recht keinen solchen Anspruch für ihn vorsieht, vgl. hierzu auch *Seifert*, EuZA 2015, 500, 505.

2. Klarheit mit den Rechtssachen Bauer *und* Max-Planck

So brachte erst das Jahr 2018 mit zwei Entscheidungen zum deutschen Urlaubsrecht[139] die lang ersehnte Klarheit. In ihnen entschied sich der Gerichtshof für eine Übertragung der *Mangold*-Doktrin auf die Bestimmung des Art. 31 Abs. 2 GRC.[140]

In der Rechtssache *Bauer*[141] ging es in den beiden deutschen Ausgangsverfahren jeweils um die Frage, ob dem Erben eines verstorbenen Arbeitnehmers nach dessen Tod ein Urlaubsabgeltungsanspruch für dessen nicht in Anspruch genommenen Jahresurlaub zusteht. Maßgeblich sind insoweit die Vorschriften § 7 Abs. 4 BUrlG sowie § 1922 Abs. 1 BGB, die nach der bis dahin ständigen Rechtsprechung des BAG einer Vererbbarkeit des Urlaubsanspruchs entgegenstanden.[142] Dabei argumentierte der Neunte Senat stets mit der Höchstpersönlichkeit des Urlaubsanspruches.[143] Nachdem die auf den Abgeltungsanspruch gerichteten Klagen erst- und zweitinstanzlich dennoch jeweils Erfolg hatten, legte das BAG, das über die Revision der Beklagten zu entscheiden hatte, dem EuGH die Sache zur Vorabentscheidung vor.

Dabei hatte dieser bereits in der Rechtssache *Bollacke* unmissverständlich klargestellt, dass Art. 7 der Arbeitszeitrichtlinie 2003/88/EG nationalen Vorschriften entgegenstehe, nach denen der Anspruch auf bezahlten Jahresurlaub durch den Tod des Arbeitnehmers erlischt, ohne dass dadurch ein Abgeltungsanspruch begründet wird.[144] Das BAG hatte denn auch insoweit eingelenkt, als es

---

[139] EuGH v. 06.11.2018 – Rs. C-569/16, C-570/16 (*Bauer*), NZA 2018, 1467; EuGH v. 06.11.2018 – Rs. C-684/16 (*Max-Planck*), NZA 2018, 1474. Die dritte Entscheidung zum Urlaubsrecht, die ebenfalls an diesem Tag erging, betraf ein vertikales Rechtsverhältnis und soll deshalb vorliegend außer Betracht bleiben, vgl. hierzu EuGH v. 06.11.2018 – Rs. C-619/16 (*Kreuziger*), NZA 2018, 1612. Zu den Auswirkungen der neueren EuGH-Rechtsprechung auf das deutsche Urlaubsrecht *Kiel*, JbArbR 57 (2020), 95 ff.; *Jacobs/Münder*, RdA 2019, 332 ff.; *dies.*, RdA 2019, 332 ff. Zur Situation davor umfassend *Ahrends*, Das europäisierte Urlaubsrecht, 2019, S. 141 ff.

[140] Siehe zu den beiden Entscheidungen aus der Literatur stellvertretend: *Rudkowski*, NJW 2019, 476 ff.; *Arnold/Zeh*, NZA 2019, 1 ff.; *Bayreuther*, NZA 2019, 945 ff.; *Kiel*, JbArbR 57 (2020), 95 ff.; *Powietzka*, BB 2019, 52 ff.; *Buschmann*, AuR 2019, 236 ff. Konkret zur Rs. *Bauer*: *Piekenbrock*, GPR 2019, 93 ff.; *Wienbracke*, NZA-RR 2019, 121 ff.; *Epiney*, NVwZ 2019, 767, 770 f.; *Frantziou*, EuConst 15 (2019), 306 ff.; *Sura*, EuZA 2019, 350 ff.; *Weinkogl*, NJOZ 2018, 1921 ff.; *Jacobs/Münder*, RdA 2019, 332, 335 ff. Zu den Schlussanträgen in der Rs. *Bauer* bereits *Baldus/Raff*, GPR 2018, 175 ff. Konkret zur Rs. *Max-Planck*: *Wutte*, EuZA 2019, 222 ff.; *Gooren*, NZA-RR 2019, 12 f.; *Jacobs/Münder*, RdA 2020, 13 ff.; *Seifert*, EzA RL 2003/88/EG Nr. 23.

[141] EuGH v. 06.11.2018 – Rs. C-569/16, C-570/16 (*Bauer*), NZA 2018, 1467.

[142] BAG v. 20.09.2011 – 9 AZR 416/10, NZA 2012, 326; BAG v. 12.03.2013 – 9 AZR 532/11, NZA 2013, 678.

[143] Im Unterschied zum Abgeltungsanspruch, der auch aus der jüngeren Sicht des BAG einen reinen Geldanspruch darstellt, vgl. BAG v. 20.09.2011 – 9 AZR 416/10, NZA 2012, 326, Rn. 17 ff.

[144] EuGH v. 12.06.2014 – Rs. C-118/13 (*Bollacke*), NZA 2014, 651.

anerkannt hat, dass jedenfalls ein *bereits entstandener* Abgeltungsanspruch des Arbeitnehmers auch vererbbar ist.[145] Vollständig wollte es seine ständige Rechtsprechung allerdings nicht aufgeben und fragte den EuGH in der Rechtssache *Bauer*, ob ein Anspruch der Erben auch im Falle des Todes *im noch laufenden Arbeitsverhältnis* entstehe, obwohl dem – so das Gericht – die Grundsätze des deutschen Erbrechts entgegenstünden. Sinngemäß formulierte es seine Vorlagefrage dahingehend, ob sich aus Art. 7 der RL 2003/88/EG oder Art. 31 Abs. 2 GRC ein solcher Entgeltanspruch herleiten lasse und ob dies bejahendenfalls auch dann gelte, wenn das Arbeitsverhältnis zwischen zwei Privatpersonen besteht.[146] Im Ergebnis wenig überraschend war die Antwort des EuGH, den die Besonderheiten des mitgliedstaatlichen Erbrechts naturgemäß nicht weiter interessieren: Auch wenn das nationale Erbrecht dem entgegensteht, ergibt sich aus Sicht des EuGH ein entsprechender Anspruch des Erben.

Nach dieser Feststellung wandte sich der Gerichtshof der Frage nach den Rechtsfolgen dieses Richtlinienverstoßes zu, ohne jedoch die Grundsatzentscheidung *Mangold* dabei ausdrücklich in Bezug zu nehmen.[147] Als Referenzurteil dienten ihm vielmehr die *AMS*- und die *Egenberger*-Entscheidung. Zunächst sei, so der Gerichtshof, eine Lösung des Normkonflikts über die Rechtsfigur der unionsrechtskonformen Auslegung zu suchen. Ist das nicht möglich, komme eine unmittelbare Anwendung von Art. 7 der Richtlinie nur im Vertikal-, nicht aber im Horizontalverhältnis in Betracht.

Hier trennten sich deshalb die Wege für die beiden Klägerinnen: Die eine, Alleinerbin eines zum Todeszeitpunkt bei der Stadt Wuppertal angestellten Arbeitnehmers, konnte sich der beklagten Stadt gegenüber unproblematisch auf die Richtlinienvorschrift berufen.[148] Schwieriger hatte es die Klägerin des zweiten Rechtsstreits, Alleinerbin eines Arbeitnehmers, der bei einem privaten Arbeitgeber angestellt war. Ein Rückgriff auf die Richtlinie war bei ihr nicht möglich. Allerdings erwog der EuGH dann, nachdem er diese Möglichkeit in *Dominguez* noch ausgeblendet hatte, eine Lösung über das Grundrecht des Art. 31 Abs. 2 GRC.[149] Ähnlich ausführlich wie in den Rechtssachen *AMS* und *Egenberger* unterzog er die Norm einer eingehenden Prüfung ihrer unmittelbaren Anwendbarkeit, die er aufgrund ihres „zwingenden" Charakters und ihrer Unabhängigkeit von einer unionsrechtlichen bzw. nationalen Konkretisierung letztlich bejahte. Die Norm verleihe den Arbeitnehmern schon für sich allein ein Recht, das sie im Rechtsstreit als solches geltend machen können, um entgegenstehendes nationales Recht zu verdrängen.[150] Notfalls müsse der nationale Richter das entgegenstehende Recht unangewendet lassen, um so dem sich aus der Richtlinie und dem

---

[145] BAG v. 22.09.2015 – 9 AZR 170/14, NZA 2016, 37, Rn. 18.
[146] BAG v. 18.10.2016 – 9 AZR 196/16 (A), BeckRS 2016, 74829.
[147] EuGH v. 06.11.2018 – Rs. C-569/16, C-570/16 (*Bauer*), NZA 2018, 1467, Rn. 64 ff.
[148] EuGH v. 06.11.2018 – Rs. C-569/16, C-570/16 (*Bauer*), NZA 2018, 1467, Rn. 75.
[149] EuGH v. 06.11.2018 – Rs. C-569/16, C-570/16 (*Bauer*), NZA 2018, 1467, Rn. 79 ff.
[150] EuGH v. 06.11.2018 – Rs. C-569/16, C-570/16 (*Bauer*), NZA 2018, 1467, Rn. 85 f.

Grundrecht ergebenden Recht zur vollen Geltung zu verhelfen.[151] Damit hat der EuGH die *Mangold*-Logik erstmals auf ein nicht-diskriminierungsrechtliches Grundrecht übertragen und Art. 31 Abs. 2 GRC das Potential der Horizontalwirkung zugesprochen. Er ist damit dem Vorschlag von Generalanwalt *Bot* gefolgt.[152]

Und bei genauerem Hinsehen geht die Entscheidung sogar noch über die bis dahin regelmäßig postulierte Unanwendbarkeitsfolge hinaus: Denn der EuGH stellte außerdem ausdrücklich fest, dass der Arbeitgeber Verpflichtungsadressat eines Grundrechts sein kann.[153] Aus Sicht des Gerichtshofs ist nämlich trotz der Formulierung des Art. 51 Abs. 1 S. 1 GRC nicht „kategorisch ausgeschlossen", dass Privatpersonen „gegebenenfalls unmittelbar zur Einhaltung einzelner Bestimmungen der Charta verpflichtet sein können"[154]. Dieser Umstand und die Bedeutung der Entscheidung für die Rechtsfolgenseite der *Mangold*-Doktrin werden im Anschluss noch vertieft. Das BAG jedenfalls hielt das deutsche Urlaubsrecht für hinreichend auslegungsfähig und beschränkte sich auf eine richtlinien- und grundrechtskonforme Auslegung der §§ 1, 7 Abs. 4 BUrlG. Zu einer Horizontalwirkung des Grundrechts kam es deshalb im Ausgangsverfahren nicht.[155]

Die *Max-Planck*-Entscheidung[156] vom selben Tag war in ihrer Grundkonstellation sehr ähnlich, allerdings ging es inhaltlich nicht um die Vererblichkeit von Urlaubs- bzw. Urlaubsabgeltungsansprüchen, sondern um das Bestehen und den Umfang einer Hinweispflicht des Arbeitgebers hinsichtlich des drohenden Verfalls von angesammelten Urlaubsansprüchen.

Der Entscheidung lag die Klage eines Arbeitnehmers zugrunde, der bei der *Max-Planck-Gesellschaft* aufgrund mehrerer befristeter Verträge beschäftigt war. Nach Beendigung des Arbeitsverhältnisses begehrte dieser von der Beklagten Abgeltung von 51 nicht genommenen Urlaubstagen aus den Jahren 2012 und 2013 gem. § 7 Abs. 4 BUrlG. Die Beklagte bestritt das Bestehen entsprechender Ansprüche und berief sich auf einen Verfall wegen Zeitablaufs gem. § 7 Abs. 3 BUrlG. Aus ihrer Sicht lagen die Übertragungsvoraussetzungen des § 7 Abs. 3 S. 2 BUrlG nicht vor, weil sie dem Kläger die Möglichkeit, Urlaub zu nehmen, gewährt hatte; obwohl sie diesen ausdrücklich hierum gebeten hatte, hatte dieser nämlich keinen entsprechenden Urlaubsantrag gestellt. Eine darüberhinausgehende Aufforderung, an einem bestimmten Tag Urlaub zu nehmen, sowie ein Hinweis auf den ansonsten drohenden Verfall des Anspruchs erfolgten jedoch nicht.

---

[151] EuGH v. 06.11.2018 – Rs. C-569/16, C-570/16 (*Bauer*), NZA 2018, 1467, Rn. 85 f.

[152] GA *Bot*, Schlussanträge v. 29.05.2018 – Rs. C-569/16, C-570/16 (*Bauer*), BeckRS 2018, 9605, Rn. 51 ff.

[153] EuGH v. 06.11.2018 – Rs. C-569/16, C-570/16 (*Bauer*), NZA 2018, 1467, Rn. 87.

[154] EuGH v. 06.11.2018 – Rs. C-569/16, C-570/16 (*Bauer*), NZA 2018, 1467, Rn. 87.

[155] So ausdrücklich BAG v. 22.01.2019 – 9 AZR 45/16, NZA 2019, 829, Rn. 19.

[156] EuGH v. 06.11.2018 – Rs. C-684/16 (*Max-Planck*), NZA 2018, 1474.

Das erstinstanzlich zuständige Arbeitsgericht München gab dem Kläger recht, das LAG München wies die daraufhin eingelegte Berufung zurück.[157] Das mit der Revision befasste BAG ging gestützt auf seine ständige Rechtsprechung zu § 7 Abs. 3 BUrlG von einem Verfall des Urlaubsanspruchs aus, weil die erforderliche Mitwirkung des Arbeitgebers jedenfalls nicht so weit gehen könne, dass dieser dem Arbeitnehmer eine bezahlte Freistellung notfalls aufzwingen müsse. Das BAG wollte allerdings angesichts der Unklarheiten um die konkreten Anforderungen an die Mitwirkungsobliegenheiten des Arbeitgebers vom EuGH wissen, ob Art. 7 der Richtlinie oder Art. 31 Abs. 2 GRC einer mitgliedstaatlichen Vorschrift bzw. Rechtsprechung entgegenstehen, nach der der Arbeitnehmer diesen Urlaub beantragen muss, damit der Urlaubsanspruch am Ende des Bezugszeitraums nicht ersatzlos untergeht und der Arbeitgeber seinerseits nicht verpflichtet ist, von sich aus die konkrete zeitliche Lage des Urlaubs innerhalb des Bezugszeitraums festzulegen. Dem schloss sich die Frage an, welche Rechtsfolgen ein etwaiger Verstoßes in einem Rechtsverhältnis zwischen den privaten Arbeitsvertragsparteien zeitigt.[158]

In der Sache sprach sich der EuGH für eine denkbar weitreichende Mitwirkungsobliegenheit des Arbeitgebers aus und hielt § 7 Abs. 3 BUrlG in seiner damaligen Auslegung durch das BAG jedenfalls insoweit für unzulässig, als diese zu einem automatischen Verfall durch Zeitablauf führt, ohne dass es einer vorherigen Prüfung bedarf, ob der Arbeitnehmer tatsächlich in die Lage versetzt wurde, den Anspruch wahrzunehmen.[159] Das BAG folgte dem und passte seine Auslegung entsprechend an. Damit war für die Entscheidung über den Ausgangsfall klar, dass die bloße Bitte der beklagten Arbeitgeberin nicht ausgereicht hatte, um die Mitwirkungsobliegenheiten zu erfüllen, und ein Verfall des Jahresurlaubs deshalb nicht in Betracht kam. Infolgedessen hatte der Kläger mit der Verfolgung seines Abgeltungsanspruchs Erfolg.[160]

Wichtiger sind jedoch auch in dieser Rechtssache die Ausführungen des EuGH zu den Folgen der Unionsrechtswidrigkeit für den Fall, dass sich eine Auslegung des mitgliedstaatlichen Rechts als unmöglich erweist.[161] Auch hier findet sich die Bejahung der grundsätzlichen unmittelbaren Anwendbarkeit von Art. 31 Abs. 2 GRC sowie die Annahme einer Horizontalwirkung der Vorschrift.

In diesem Punkt gleicht die Entscheidung der in der Rechtssache *Bauer* und bekräftigt den Befund: *Mangold* ist auch auf Art. 31 Abs. 2 GRC anwendbar.

---

[157] ArbG München v. 13.11.2014 – 13 Ca 7172/14, BeckRS 2014, 119065; LAG München v. 06.05.2015 – 8 Sa 982/14, BeckRS 2015, 72670. Dabei hatte das ArbG schon einen Verfall gem. § 7 Abs. 3 BUrlG abgelehnt; das LAG hatte hingegen einen Verfall zunächst bejaht, allerdings aus der unterlassenen Aufforderung des Arbeitgebers einen Schadensersatzanspruch des Arbeitnehmers in der geforderten Höhe gefolgert.

[158] BAG v. 13.12.2016 – 9 AZR 541/15 (A), NZA 2017, 271.

[159] EuGH v. 06.11.2018 – Rs. C-684/16 (*Max-Planck*), NZA 2018, 1474, Rn. 61.

[160] BAG v. 19.02.2019 – 9 AZR 541/15, NZA 2019, 982 Rn. 26, 27, 41.

[161] EuGH v. 06.11.2018 – Rs. C-684/16 (*Max-Planck*), NZA 2018, 1474, Rn. 62 ff.

Überdies kommt nach den Ausführungen des EuGH sogar eine unmittelbare Verpflichtung des privaten Arbeitgebers in Betracht. Weil das BAG jedoch in beiden Fällen eine Auslegung des deutschen Rechts für möglich hielt, kam es auf die Horizontalwirkung im Ergebnis nicht an.

D. Zusammenfassung

Der EuGH hat seine Rechtsprechung zur Horizontalwirkung der Charta im Kontext grundrechtskonkretisierender Richtlinien schrittweise weiterentwickelt. Diese tatbestandliche Ausweitung der *Mangold*-Doktrin hat gezeigt, dass es sich bei ihr zum einen nicht um eine Besonderheit der ungeschriebenen Unionsgrundrechte handelt. Der Vertrag von Lissabon und das Verbindlichwerden der Charta haben also keine Zäsur in inhaltlicher Hinsicht gebracht; die Doktrin ist uneingeschränkt auf die Charta übertragen worden. Zum anderen haben die urlaubsrechtlichen Entscheidungen des Gerichtshofs gezeigt, dass es sich bei der Rechtsprechungslinie auch nicht um eine Besonderheit des Diskriminierungsrecht handelt. Offenbar kommt jedes Grundrecht der Charta im Ausgangspunkt für eine solche Wirkung in Betracht. So macht der Gerichtshof etwa zwischen Art. 21 und 31 Abs. 2 GRC keinen Unterschied hinsichtlich Prüfungsumfang und postulierten Rechtsfolgen. Im Gegenteil: Im Rahmen der Prüfung von Art. 31 Abs. 2 GRC verweist er sogar ausdrücklich auf das diskriminierungsrechtliche *Egenberger*-Judikat. Damit zeigt der EuGH, dass auch die sozialen Rechte der Charta grundsätzlich Horizontalwirkung entfalten können.

Ein ungewöhnlicher Befund, zumindest aus deutscher Perspektive: Der EuGH greift auf ein Grundrecht zurück, um das *beschränkte privatrechtsgestaltende Potential des einfachen Unionsrechts* zu kompensieren. In Deutschland ist der Fall genau umgekehrt: Hier dient, ganz im Sinne der Lehre von der mittelbaren Drittwirkung der Grundrechte, der Rückgriff auf das einfache Recht gerade dazu, das *beschränkte privatrechtsgestaltende Potential der Grundrechte* auszugleichen. Die Rechtsprechung des EuGH zur Horizontalwirkung der Unionsgrundrechte als Mittel zur Effektuierung sekundärrechtlicher Richtlinienvorgaben steht damit ganz offensichtlich im Dienste einer möglichst effektiven Verwirklichung des europäischen Binnenmarkts und einer generellen Rechtsvereinheitlichung im Rahmen der Sozialpolitik.[162]

---

[162] Mit einer ähnlichen Beobachtung auch *Starke*, EU-Grundrechte und Vertragsrecht, 2016, S. 366.

§ 8

Rechtsfolgenerweiterung – Von negativer zu positiver Horizontalwirkung

Der EuGH hat in seiner Folgejudikatur die *Mangold*-Rechtsprechung nicht nur tatbestandlich ausgedehnt, sondern auch ihre Rechtsfolgen erweitert. Er entwickelte die Doktrin von einer nur negativen Horizontalwirkung der Grundrechte hin zur Möglichkeit einer darüberhinausgehenden positiven Horizontalwirkung. Dabei bejaht er die Grundrechtsbindung privater Arbeitgeber.

Diese Entwicklung deutete sich bereits in der diskriminierungsrechtlichen Rechtsprechung an; wirklich sichtbar wurde sie dann in den Entscheidungen zum deutschen Urlaubsrecht und – bei entsprechender Lesart – zur Arbeitszeiterfassung. Der EuGH spricht dabei zwar nicht selbst von positiver Horizontalwirkung oder dem deutschen Terminus der „unmittelbaren Drittwirkung". Belege für diese Einordnung liefern aber die den Entscheidungen jeweils zugrundeliegende Fallgestaltungen, die postulierten Rechtsfolgen und/oder die Wortwahl des EuGH im Übrigen. Diese Anerkennung einer Grundrechtsbindung Privater durch den Gerichtshof war insoweit überraschend, als er im Rahmen der ungeschriebenen allgemeinen Rechtsgrundsätze noch den Eindruck erweckt hatte, dieser eher ablehnend gegenüberzustehen.[1]

A. Erste Anhaltspunkte im Diskriminierungsrecht

In den Rechtssachen *Mangold* und *Kücükdeveci* und später *Dansk Industri* schwieg der EuGH noch zur Frage einer Grundrechtsbindung Privater, denn dort ging es erkennbar um die Grundrechtsbindung mitgliedstaatlicher Privat-

---

[1] Vgl. EuGH v. 10.11.1993 – Rs. C-60/92 (*Otto*), Slg. 1993, I-5683 = BeckRS 2004, 77616, Rn. 16: „Handelt es sich wie im Ausgangsrechtsstreit um ein Verfahren, das ausschließlich privatrechtliche Beziehungen zwischen einzelnen betrifft und das weder unmittelbar noch mittelbar zur Verhängung einer Sanktion durch eine staatliche Behörde führen kann, so zwingt das Gemeinschaftsrecht nicht dazu, einer Partei das Recht zur Verweigerung von Antworten zuzuerkennen, durch die es das Vorliegen einer Zuwiderhandlung gegen Wettbewerbsvorschriften eingestehen müsste. Diese Garantie dient nämlich hauptsächlich dazu, den einzelnen vor Ermittlungsmaßnahmen zu schützen, die *von hoher Hand angeordnet werden* [...]." (Hervorhebung durch Verf.). Siehe überdies EuGH v. 24.03.1994 – Rs. C-2/92 (*Bostock*), Slg. 1994, I-955 = BeckRS 2004, 74899, Rn. 23 f.

rechtsgesetzgeber. Doch bereits in der Rechtssache *HK Danmark*[2] zeigten seine Ausführungen Richtung einer positiven Horizontalwirkung. In dieser Entscheidung bejahte der Gerichtshof nämlich zumindest implizit eine unmittelbare Bindung des Arbeitgebers an das Verbot der Altersdiskriminierung. Anders ist nicht zu erklären, dass der EuGH ein Altersvorsorgesystem, das auf einem *privatrechtlichen Arbeitsvertrag* beruhte, auf seine Vereinbarkeit mit der grundrechtlichen Bestimmung des Art. 21 Abs. 1 GRC überprüfte. Im Unterschied zu vorherigen Entscheidungen ging es hier nicht um eine bloße Verdrängung diskriminierender nationaler Vorschriften. Der Gerichtshof zog vielmehr ein Grundrecht als unmittelbaren Prüfungsmaßstab für eine arbeitsvertragliche Bestimmung in Betracht und machte es so de facto zu einer privatrechtlichen Rechtsnorm. Dies fand in der Literatur wohl vor allem deshalb kaum Beachtung[3], weil der EuGH letztlich nicht über die Rechtfertigung der Diskriminierung entschied.

Deutlicher sprach sich der EuGH erst in der Rechtssache *Egenberger*[4] für eine Grundrechtsbindung der Arbeitgeber aus.[5] Der Gerichtshof führte dort aus:

> „Art. 21 der Charta unterscheidet sich in seiner *Bindungswirkung* grundsätzlich nicht von den verschiedenen Bestimmungen der Gründungsverträge, die verschiedene Formen der Diskriminierung auch dann verbieten, wenn sie *aus Verträgen zwischen Privatpersonen resultieren*."[6]

Dass der EuGH in dieser Passage eine unmittelbare Verpflichtung des privaten Arbeitgebers annimmt, zeigt sich zwar noch nicht daran, dass er im Zusammenhang mit Diskriminierungen Privater von der „Bindungswirkung" der Norm spricht[7], da hiermit schlicht die unmittelbare Anwendbarkeit der Norm als solche gemeint sein dürfte. Dies zeigt ein Blick auf die englische und französische Sprachfassung, in denen von „mandatory effect" bzw. „effet impératif" die Rede ist. Beide Formulierungen entsprechen dem deutschen „zwingenden Effekt", was terminologisch nur die in Rn. 76 angesprochene Normstruktur der Norm betrifft und noch nichts über den Normadressaten im Sinne der Verpflichtungswirkung der Norm aussagt. Allerdings konkretisiert der EuGH seine Sichtweise dabei dahin, dass dies gerade auch dann gelte, wenn die Diskriminierung „aus Verträ-

---

[2] EuGH v. 26.09. 2013 – Rs. C-476/11 (*HK Danmark*), EuZW 2013, 951.

[3] Vgl. aber *Starke*, EU-Grundrechte und Vertragsrecht, 2016, S. 268; Stern/Sachs-GRC/*Ladenburger*/*Vondung*, Art. 51 Rn. 14 Fn. 29.

[4] EuGH v. 17.04.2018 – Rs. C-414/16 (*Egenberger*), NZA 2018, 569.

[5] Wie hier *Kainer*, NZA 2018, 894, 898; *Mörsdorf*, JZ 2019, 1066, 1073 f.; *Hartmann*, EuZA 2019, 24, 36; EuArbRK/*Schubert*, Art. 51 GRC Rn. 37; Grabenwarter, EnzEuR/*Cremer*, § 3 Rn. 161. A.A. gegen eine solche Einordnung Grabenwarter, EnzEuR/*Schmahl*, § 20 Rn. 173; *dies.*, EuR 2022, 612, 616 f.

[6] EuGH v. 17.04.2018 – Rs. C-414/16 (*Egenberger*), NZA 2018, 569, Rn. 77 (Hervorhebungen durch Verf.).

[7] EuGH v. 17.04.2018 – Rs. C-414/16 (*Egenberger*), NZA 2018, 569, Rn. 77. Die weiteren Sprachfassungen sind abrufbar unter www.curia.europa.eu.

gen zwischen Privaten resultier[t]".[8] Das ist nichts anderes als die Bejahung der Möglichkeit einer Grundrechtsbindung Privater.

Dabei verweist der EuGH überdies – anders als noch in der Rechtssache *Mangold* und in den auf ihr aufbauenden Urteilen – auf die Urteile *Defrenne II*[9], *Angonese*[10] *Viking*[11] und *Ferlini*[12], in denen er sich explizit für eine *Bindung Privater* an bestimmte Grundfreiheiten ausgesprochen hatte.[13] Dort ging es jeweils nicht um die Prüfung der Vereinbarkeit einer nationalen Norm mit der entsprechenden Vorschrift des Unionsrechts, sondern um die Unionsrechtmäßigkeit *privaten Handelns*. In der *Mangold*-Entscheidung, auf der die Folgerechtsprechung bis *Egenberger* aufbaute, war der EuGH in der Tat noch anders vorgegangen.[14] In diesen Entscheidungen findet sich keine Inbezugnahme von Entscheidungen zur unmittelbaren Verpflichtung Privater im Rahmen primärrechtlicher Normen. An der relevanten Stelle der *Mangold*-Entscheidung[15] zitierte der EuGH lediglich die Urteile *Simmenthal II*[16] und *Solred*[17]. In ersterem ging es um den Anwendungsvorrang einer primärrechtlichen Bestimmung, in der zweitgenannten Entscheidung um den einer Richtlinienbestimmung jeweils *im Vertikalverhältnis*. Auch dieser Aspekt belegt, dass der EuGH in *Egenberger* eine Bindung des privaten Arbeitgebers an Art. 21 Abs. 1 GRC bejaht hat.

Dies jedoch war insoweit verwunderlich, als es für die postulierte Rechtsfolge, die bloße Nichtanwendbarkeit der deutschen Privilegierungsregelung, im Ergebnis nicht ankam.[18] Denn der grundrechtswidrige Zustand ließ sich jedenfalls im

---

[8] EuGH v. 17.04.2018 – Rs. C-414/16 (*Egenberger*), NZA 2018, 569, Rn. 77.

[9] EuGH v. 08.04.1976 – Rs. 43/75 (*Defrenne II*), NJW 1976, 2068.

[10] EuGH v. 06.06.2001 – Rs. C-281/98 (*Angonese*), NZA-RR 2001, 20, Rn. 34 ff.

[11] EuGH v. 11.12.2007 – Rs. C-438/05 (*Viking*), NZA 2008, 124, Rn. 57 ff.

[12] EuGH v. 03.10.2000 – Rs. C-411/98 (*Ferlini*), EuZW 2001, 26, Rn. 50. Allerdings nimmt der Verweis auf diese Entscheidung eine Sonderrolle ein, denn im konkreten Sachverhalt ging es anders als in den anderen Entscheidungen um einen *vertikalen* Rechtsstreit, vgl. hierzu sowie zum Folgenden *Kainer*, NZA 2018, 894, 897 Fn. 54. Das steht der hier vertretenen Deutung aber nicht im Wege, denn zum einen wird dies in der konkret vom EuGH in Bezug genommenen Rn. 50 nicht thematisiert. Zum anderen – und das ist letztlich entscheidend – verweist der Gerichtshof an dieser Stelle wiederum auf die Rechtssachen *Walrave, Defrenne II* und *Bosman*, in denen er sämtlich eine Bindung Privater bejaht hat. Er bekräftigt durch den Verweis die dortigen Feststellungen.

[13] Zur Frage der Übertragbarkeit der Grundfreiheiten-Rechtsprechung auf die GRC s. unter § 12 D. II. 1 b).

[14] Mit dieser Beobachtung: *Kainer*, NZA 2018, 894, 897; *Mörsdorf*, JZ 2019, 1066, 1072.

[15] EuGH v. 22.11.2005 – Rs. C-144/04 (*Mangold*), NZA 2005, 1345, Rn. 77.

[16] EuGH v. 09.03.1978 – Rs. 106/77 (*Simmenthal II*), Slg. 1978, 629 = NJW 1978, 1741, Rn. 21.

[17] EuGH v. 05.03.1998 – Rs. C-347/96 (*Solred*), Slg. 1998, I-937, Rn. 30 = EuZW 1998, 736 (Ls.).

[18] Mit demselben Befund EuArbRK/*Schubert*, Art. 51 GRC Rn. 37; *Kainer*, NJW Editorial Heft 36/2018; Grabenwarter, EnzEuR/*Cremer*, § 3 Rn. 161; *Stürner*, Europäisches Vertragsrecht, 2021, § 7 Rn. 52.

konkreten Ausgangsverfahren bereits durch eine Unanwendbarkeit des entgegenstehenden deutschen Rechts erzielen. Damit ging es um eine negative Horizontalwirkung, für die es der ausgesprochenen Grundrechtsbindung Privater nicht bedurfte. Der EuGH ging also in seiner grundrechtsdogmatischen *Begründung* über das hinaus, was es zur Annahme der konkret postulierten *Rechtsfolge* gebraucht hätte.

Diese „Ambivalenz in den Entscheidungsgründen[19]" könnte maßgeblich darauf zurückzuführen sein, dass die *Egenberger*-Konstellation in einem wichtigen Punkt von den Rechtssachen *Mangold, Kücükdeveci* und *Dansk Industri* abweicht, in denen der EuGH noch kein einziges Wort über eine Grundrechtsbindung Privater verloren hatte: In den drei früheren Entscheidungen lag der Vorwurf an den Mitgliedstaat darin, durch eine diskriminierende Regelung (altersdiskriminierende Befristungsmöglichkeit, Kündigungsfristberechnung oder Abfindungsregelung) unmittelbar gegen das Verbot der Altersdiskriminierung verstoßen zu haben. Dort hatte primär der Mitgliedstaat selbst durch den Erlass der jeweiligen diskriminierenden privatrechtlichen Regelungen Art. 21 Abs. 1 GRC verletzt.[20] Im auf die jeweilige Vorschrift gestützten Verhalten des Arbeitgebers lässt sich allenfalls eine sekundäre Aktualisierung dieses hoheitlichen Grundrechtsverstoßes erblicken. Kausal für den Grundrechtsverstoß war das aktive Erlauben entgegen einer unionsgrundrechtlichen Vorgabe. Es ging mithin um einen klassischen Verstoß gegen Art. 21 Abs. 1 GRC als grundrechtliches Abwehrrecht.[21]

In der Rechtssache *Egenberger* hingegen war die Situation eine andere: Hier ging es nicht darum, dass der Mitgliedstaat selbst eine diskriminierende Regelung erlassen hatte. Vielmehr blieben die Vorschriften des AGG zum Schutz Privater vor Diskriminierungen anderer Privater in der ursprünglich kirchenfreundlichen Auslegung hinter dem zurück, was Art. 21 Abs. 1 GRC, konkretisiert durch die RL 2000/78/EG, aus Sicht des EuGH an aktivem staatlichem Tätigwerden fordert. Der Vorwurf lag mithin in einem Zuwenig an Schutz vor arbeitgeberseitigen Diskriminierungen, nicht in einem Zuviel mitgliedstaatlicher Diskriminierung. Gerügt wurde ein Unterlassen des Mitgliedstaats, das grundrechtsdogmatisch an der Schutzpflicht zu messen ist.[22]

---

[19] EuArbRK/*Schubert*, Art. 51 GRC Rn. 37: „Die Rs. *Egenberger* ist in ihren Entscheidungsgründen [...] ambivalent". Ähnlich auch: *Kainer*, NJW Editorial Heft 36/2018 („ohne dass dies vom Sachverhalt veranlasst war"); Grabenwarter, EnzEuR/*Cremer*, § 3 Rn. 161 („obiter).

[20] Wie hier *Mörsdorf*, Ungleichbehandlung als Norm, 2018, S. 165.

[21] So ausdrücklich *Preis/Temming*, NZA 2010, 185, 190. Ähnlich *Mörsdorf*, JZ 2019, 1066, 1072. Vgl. zur Abwehrfunktion des Art. 21 Abs. 1 GRC allgemein schließlich EuArbRK/*Schubert*, Art. 51 GRC Rn. 57; Grabenwarter, EnzEuR/*Cremer*, § 3 Rn. 76; Grabenwarter, EnzEuR/*Schmahl*, § 20 Rn. 25.

[22] *Mörsdorf*, Ungleichbehandlung als Norm, 2018, S. 165. Ähnlich Grabenwarter, EnzEuR/*Schmahl*, § 20 Rn. 175.

Eine weitere Besonderheit des Falls lag nun darin, dass sich dieses Zuwenig an Diskriminierungsschutz nicht aus einer schlichten Untätigkeit des nationalen Gesetzgebers ergab. Es beruhte mit §9 AGG vielmehr auf einer unzulässigen Privilegierungsvorschrift, die den von §1 AGG zunächst umfassend konstituierten Schutz vor Diskriminierungen wegen der Religionszugehörigkeit für bestimmte Arbeitgeber im Nachhinein beschränkt. Nur deshalb konnte hier ausnahmsweise eine negative Horizontalwirkung dem Grundrechtsverstoß abhelfen. Hätte das Zuwenig an Diskriminierungsschutz hingegen auf einem echten Unterlassen beruht, sähe §1 AGG also z.B. überhaupt keinen Diskriminierungsschutz wegen der Religionszugehörigkeit vor, hätte es einer positiven Horizontalwirkung des Art. 21 Abs. 1 GRC bedurft. Das gilt freilich nur, soweit die Grenzen einer unionsgrundrechtskonformen Auslegung und Rechtsfortbildung des nationalen Rechts überschritten wären. In einem solchen Fall ist eine Bindung Privater an Art. 21 Abs. 1 GRC streitentscheidend.

Das Vorgehen des EuGH könnte sich dadurch erklären, dass er in *Egenberger* auf einen Schlag die Voraussetzungen für beide Anwendungskonstellationen schaffen wollte. So konnte er verhindern, dass die Wirkung des Art. 21 Abs. 1 GRC in zukünftigen Judikaten von der zufälligen Frage abhängt, ob sich ein rechtliches Zuwenig nun aus einer unzulässigen Ausnahme- oder Privilegierungsregelung ergibt, die im Wege der negativen Horizontalwirkung unproblematisch unangewendet bleiben kann, oder aus einem echten Unterlassen, das nur durch Bindung Privater überwindbar ist. An einem solchen Vorgehen ist der EuGH nicht gehindert, da er bei Auslegung der Verträge grundsätzlich auch abstrakte, vom Einzelfall losgelöste Feststellungen treffen kann. Dies steht im Einklang mit Sinn und Struktur des Vorabentscheidungsverfahrens nach Art. 267 AEUV, in dem der Gerichtshof keine Entscheidung über die Gültigkeit des nationalen Rechts oder die Anwendung von Unionsrechts im konkreten Fall trifft, sondern einzig eine verbindliche Auslegungsentscheidung aus der Perspektive des Unionsrechts fällt.[23] Insgesamt liegt daher eine Einordnung der in *Egenberger* postulierten Bindung Privater als obiter dictum nahe.[24]

B. Belege im Diskriminierungs-, Urlaubs- und Arbeitszeitrecht

In der Rechtssache *Cresco Investigation* sowie den Entscheidungen zum deutschen Urlaubsrecht und zur Arbeitszeiterfassung finden sich weitere Belege dafür, dass der EuGH von einer unmittelbaren Bindung Privater an Art. 21 Abs. 1 sowie Art. 31 Abs. 2 GRC ausgeht.

---

[23] Vgl. nur ErfK/*Schlachter*, Art. 267 AEUV Rn. 4ff.

[24] Grabenwarter, EnzEuR/*Cremer*, §3 Rn. 161.

I. Grundrechtliche Angleichung nach oben – Cresco Investigation

In der Rechtssache *Cresco Investigation* leitete der EuGH aus Art. 21 Abs. 1 GRC einen grundrechtlichen Anspruch der diskriminierten Arbeitnehmer auf Angleichung nach oben her, wenn er formuliert:

„Somit muss der *Arbeitgeber*, solange der Gesetzgeber keine Konformität hergestellt hat, nach Art. 21 der Charta den Arbeitnehmern, die keiner dieser Kirchen angehören, das Recht auf einen Feiertag am Karfreitag zugestehen, sofern sie ihm vor diesem Tag ihren Wunsch mitgeteilt haben, am Karfreitag nicht zu arbeiten. Daraus folgt auch, dass ein Arbeitnehmer, der keiner der relevanten Kirchen im Sinne des Arbeitsruhegesetzes angehört, gegen seinen Arbeitgeber einen Anspruch auf Zahlung des in §9 V ARG vorgesehenen Entgelts hat, wenn dieser seinem Ansuchen, am Karfreitag nicht zu arbeiten, nicht nachgekommen ist."[25]

Die Wortwahl und das Vorgehen des EuGH zeigen, dass er dem Grundrecht in diesem Falle eine anspruchsbegründende positive Horizontalwirkung zuspricht, die durch eine Grundrechtsbindung des privaten Arbeitgebers erreicht wird.[26] Anders als in der *Egenberger*-Entscheidung kam es hierauf auch an, denn alleine durch die Nichtanwendung der diskriminierenden österreichischen Vorschrift ließ sich im Ausgangsfall kein grundrechtskonformer Zustand herstellen.[27] Das lag zum einen an dem Umstand, dass es hier um eine in der Vergangenheit liegende Diskriminierung ging, und zum anderen an der Konstruktion der österreichischen Feiertagsregelung.

Hat eine diskriminierende Vorschrift nämlich eine Leistungsgewährung für eine privilegierte Gruppe zur Folge, so kann durch die bloße Unanwendbarkeit des entsprechenden nationalen Rechts die Diskriminierung nur *für die Zukunft* beseitigt werden.[28] Die Norm, die in der Rechtssache *Cresco Investigation* den Anspruch auf den Feiertagszuschlag begründete, war §9 Abs. 5 i.V.m Abs. 1 ARG. Diese knüpft tatbestandlich wiederum an eine Beschäftigung des Arbeitnehmers an einem anerkannten Feiertag i.S.d.§7 Abs. 2, 3 ARG in seiner damaligen Fassung an. Und in dieser Vorschrift findet sich die problematische Diskriminierung. Indem hier der Karfreitag nur für Anhänger einer bestimmten Religionsgemeinschaft als Feiertag anerkannt wird, wird er der anderen Gruppen vorenthalten. Lässt man diese Norm unangewendet, so ergibt sich daraus, dass der Karfreitag für niemanden mehr einen anerkannten Feiertag darstellt,

---

[25] EuGH v. 22.01.2019 – Rs, C-193/17 (*Cresco Investigation*), NZA 2019, 297, Rn. 85.

[26] Mit dieser Einordnung auch: *Kokott*, FS I. Schmidt, 2021, S. 991, 992; *K. Klocke*, BB 2019, 1204, 1207; *Wank*, RdA 2020, 1, 11; *Carlson*, RdA 2022, 280, 284 f.; *Piekenbrock*, GPR 2019, 93, 95; EuArbRK/*Mohr*, Art. 21 GRC Rn. 1; Calliess/Ruffert/*Kingreen*, Art. 51 GRC Rn. 26. Zurückhaltender Heselhaus/Nowak/*Nowak*, §9 Rn. 44. A.A. für die Postulierung einer teilweisen Unanwendbarkeit i.S.e. partiellen negativen Horizontalwirkung *Wienbracke*, EuZW 2019, 247, 248.

[27] Treffend *K. Klocke*, BB 2019, 1204, 1207; *Carlson*, RdA 2022, 280, 284 f.; allgemein hierzu *S. Schmidt*, RdA 2020, 269, 270 ff.

[28] Zum Ganzen ErfK/*Schlachter*, §7 AGG Rn. 8.

mit der Folge, dass auch niemandem mehr die zusätzliche Vergütung zustehen würde. Alternativ wäre zwar theoretisch denkbar, nur den diskriminierenden Norminhalt unangewendet zu lassen, nämlich die Beschränkung auf die evangelischen Religionsgruppen.[29] Sinngemäß würde die Norm dann lauten: „Auch der Karfreitag ist ein Feiertag." Dann ergäbe sich trotz einer bloß negativen Horizontalwirkung des Grundrechts dieselbe Rechtsfolge einer Angleichung nach oben.

Wirklich überzeugend wäre das aber nicht gewesen; schließlich missachtet eine solche Lösung den offensichtlichen Willen des nationalen Gesetzgebers, den Karfreitag gerade nur einer bestimmten Gruppe von Arbeitnehmern als Feiertag zuzusprechen, und somit im Ergebnis auch das Gewaltenteilungsprinzip.[30] Sie umgeht so durch eine Verbiegung des gesetzgeberischen Willens die umstrittene Frage nach der Verpflichtung Privater. Die Konstellation ist auch nicht mit der *Egenberger*-Entscheidung vergleichbar: Dort ging es um die vollständige Nichtanwendung einer in sich geschlossenen, den Diskriminierungsschutz unzulässig stark beschränkenden Norm. Hier aber ginge es um eine partielle Nichtanwendung innerhalb derjenigen Rechtsnorm, die den begehrten Vergütungsanspruch überhaupt erst konstituiert und die dadurch eine vollständige Veränderung ihres Bedeutungsgehalts erhalten würde.[31] Folgerichtig hat Generalanwalt *Bobek* ein solches Vorgehen als „richterliches Scrabble-Spiel" verworfen.[32] Für die Zukunft also würde infolge der negativen Horizontalwirkung der Norm niemand mehr die diskriminierende Feiertagsvergütung erhalten.

Für die Vergangenheit wäre dem Kläger in *Cresco Investigation* damit aber nicht weitergeholfen gewesen[33]: Wenn man es bei der bloßen Nichtanwendung der gesamten Norm beließe, so müsste von jedem privilegierten Arbeitnehmer die bereits erhaltene Leistung zurückgefordert werden, um den diskriminierungsrechtlich zulässigen status quo wiederherzustellen: Wenn niemand etwas erlangt hat, wurde auch niemand unrechtmäßig bevorzugt. Das ist jedoch ersichtlich nicht zielführend und praktisch kaum durchführbar[34], weshalb es, vom Ergebnis her gedacht, einleuchtet, wieso sich der EuGH für den einfacheren Weg der Anspruchsbegründung über das Grundrecht entschied. In eine andere Richtung gingen indes noch die Überlegungen von Generalanwalt *Bobek*, der sich klar gegen die Angleichungslösung ausgesprochen hatte. Er schlug dem EuGH vor, es

---

[29] So etwa die Einordnung von *Wienbracke*, EuZW 2019, 247, 248.

[30] Kritisch auch GA *Bobek*, 25.07.2018 – Rs. C-193/17 (*Cresco Investigation*), BeckRS 2018, 16329, Rn. 147.

[31] Wenn so ein Vorgehen überhaupt einmal zulässig sein soll, dann in den engen Grenzen der richterlichen Rechtsfortbildung.

[32] GA *Bobek*, Schlussanträge v. 25.07.2018 – Rs. C-193/17 (*Cresco Investigation*), BeckRS 2018, 16329, Rn. 147 Fn. 76.

[33] *S. Schmidt*, RdA 2020, 269.

[34] Im deutschen Recht bestünden insoweit Schwierigkeiten aufgrund des möglichen Einwands der Entreicherung im Rahmen der §§ 812 ff. BGB und der Verjährung bzw. des Ablaufs etwaiger Ausschlussfristen.

bei der negativen Horizontalwirkung des Grundrechts zu belassen. Aus seiner Sicht gibt Art. 21 Abs. 1 GRC die darüberhinausgehende Angleichungslösung nicht her, weil es der Norm insoweit an der unmittelbaren Wirkung fehle – und eine solche außerdem ganz generell abzulehnen sei.[35] Eine Lösung für diese Probleme war nach seinem Dafürhalten im Staatshaftungsrecht zu suchen.[36] Der EuGH schloss sich dem allerdings nicht an und bejahte eine positive Horizontalwirkung von Art. 21 Abs. 1 GRC.

Eine Analyse der postulierten Rechtsfolge zeigt: Die Besonderheiten des Einzelfalls, die darin lagen, dass der EuGH sich erstmals mit der Frage einer chartagrundrechtlichen Angleichung nach oben nach einer diskriminierenden Leistungsgewährung zwischen zwei privaten Arbeitsvertragsparteien auseinander zu setzen hatte, veranlassten ihn dazu, einem Chartagrundrecht explizit auch eine anspruchsbegründe Wirkung beizumessen. Weil es sich bei der Konstellation der Angleichung nach oben allerdings um einen typischen Sonderfall des Diskriminierungsrechts[37] handelt, könnte man insoweit noch Vorbehalte dagegen äußern, ob der EuGH damit wirklich auf die Möglichkeit einer *generellen* Bindung Privater an die Chartagrundrechte abzielte. Entsprechend fehlte auch – anders als in *Bauer* und *Max-Planck* – eine Auseinandersetzung mit der umstrittenen Frage, ob Art. 51 Abs. 1 S. 1 GRC eine solche *a priori* ausschließt.

II. Grundrechtliche Leistungsansprüche

1. Eindeutige Rechtsfolgen in den Entscheidungen Bauer *und* Max-Planck

Dass die Entscheidung jedoch keinen diskriminierungsrechtlichen Sonderfall darstellt, belegen die Ausführungen in den Rechtssachen *Bauer*[38] und *Max-Planck*[39]. Dort hat sich der EuGH unzweideutig und endgültig für eine Grundrechtsbindung der Arbeitgeber und eine anspruchsbegründende positive Horizontalwirkung nicht-diskriminierungsrechtlicher Grundrechte (konkret: Art. 31 Abs. 2 GRC) ausgesprochen.[40] Dies zeigt sich, wie bereits im Rahmen der obigen

[35] GA *Bobek,* Schlussanträge v. 25.07.2018 – Rs. C-193/17 (*Cresco Investigation*), BeckRS 2018, 16329, Rn. 138 ff.

[36] GA *Bobek,* Schlussanträge v. 25.07.2018 – Rs. C-193/17 (*Cresco Investigation*), BeckRS 2018, 16329, Rn. 153.

[37] Hierzu und zu den Konstruktionsmöglichkeiten von Angleichungsansprüchen *S. Schmidt*, RdA 2020, 269 ff.

[38] EuGH v. 06.11.2018 – Rs. C-569/16, C-570/16 (*Bauer*), NZA 2018, 1467.

[39] EuGH v. 06.11.2018 – Rs. C-684/16 (*Max-Planck*), NZA 2018, 1474.

[40] Mit demselben Befund: Heselhaus/Nowak/*Nowak*, § 9 Rn. 44; *Heuschmid*, NZA Editorial Heft 22/2018; *Rudkowski*, NJW 2019, 476, 479; *Schlachter*, ZESAR 2019, 53, 57 f.; *Mörsdorf*, JZ 2019, 1066, 1071; *Wienbracke*, NZA-RR 2019, 121, 123 f.; *Piekenbrock*, GPR 2019, 93, 95 f.; EuArbRK/*Schubert*, Art. 51 GRC Rn. 40. Zu den dahingehenden Aussagen des Generalanwalts *Bot* s. bereits *Baldus*/*Raff*, GPR 2018, 175, 177 f. Ungenau insoweit, da nur die Unanwendbarkeitsfolge in den Blick nehmend *Powietzka*, BB 2019, 52, 53. Ähnlich *Mehrens*/*Witschen*, EuZA 2019, 326, 329 f.

Rechtsprechungsanalyse hervorgehoben[41], an der klaren Wortwahl des Gerichtshofs, aber auch an der der Entscheidung zugrundeliegenden Systematik sowie den aus dem Grundrecht abgeleiteten Rechtsfolgen.

Am deutlichsten lässt sich dies sicher an der Ablehnung des naheliegenden Umkehrschlusses aus Art. 51 Abs. 1 S. 1 GRC durch den EuGH erkennen, der meint, die Norm schließe es nicht kategorisch aus, dass Privatpersonen „gegebenenfalls unmittelbar zur Einhaltung einzelner Bestimmungen der Charta verpflichtet sein können".[42] Daneben belegt auch die rechtliche Ausgangslage die Annahme einer positiven Horizontalwirkung: In beiden Ausgangsverfahren hat das BAG zwar eine unionsrechtskonforme Auslegung für möglich gehalten.[43] Bei Verneinung dieser Möglichkeit wäre aber die positive Horizontalwirkung des Grundrechts entscheidend gewesen. So standen in der Rechtssache *Bauer* § 7 BUrlG und § 1922 Abs. 1 BGB in der ursprünglichen Auslegung durch das BAG der vom EuGH postulierten Vererblichkeit des Urlaubsanspruchs gegenüber. Alleine durch eine Nichtanwendung dieser Normen wird der Urlaubsanspruch aber nicht vererblich.[44] Bei Unmöglichkeit einer unionsrechtskonformen Auslegung kann sich die Vererblichkeit des Urlaubsanspruchs als positive Normaussage vielmehr nur unmittelbar aus Art. 31 Abs. 2 GRC ergeben. In der Rechtssache *Max-Planck* ging es um die Mitwirkungsobliegenheiten des Arbeitgebers als Voraussetzung des Verfalls des Urlaubsanspruchs. Sollte nationales Recht für den gesetzlich garantierten Urlaubsanspruch keine solchen Obliegenheiten vorsehen und dem Arbeitnehmer seinen nationalen Urlaubsanspruch dadurch unzulässig vorenthalten, könnte sich auch insoweit – wiederum die Unmöglichkeit der unionsgrundrechtskonformen Auslegung vorausgesetzt – ein Urlaubsanspruch wohl nur unmittelbar aus der unionalen Anspruchsnorm des Art. 31 Abs. 2 GRC ergeben. Durch die bloße Nichtanwendung von Normen lässt sich diese Rechtskreiserweiterung regelmäßig nicht erreichen.[45] Denn in den zugrundeliegenden Verfahren ging es – wie ganz generell im Rahmen von Art. 31 Abs. 2 GRC – nicht um den Schutz eines rechtlichen Naturzustandes, der durch etwaige entgegenstehende Bestimmungen des nationalen Rechts beeinträchtigt wird; das

---

[41] Siehe oben unter § 7 C. II. 2.

[42] EuGH v. 06.11.2018 – Rs. C-569/16, C-570/16 (*Bauer*), NZA 2018, 1467, Rn. 87.

[43] BAG v. 22.01.2019 – 9 AZR 45/16, NZA 2019, 829, Rn. 19 in der Rechtssache *Bauer* und BAG v. 19.02.2019 – 9 AZR 541/15, NZA 2019, 982 Rn. 26, 27, 41 ff. in der Rechtssache *Max-Planck*. Zu den Auswirkungen der neueren EuGH-Rechtsprechung auf das deutsche Urlaubsrecht *Kiel*, JbArbR 57 (2020), 95 ff.

[44] *Kokott*, FS I. Schmidt, 2021, S. 991, 993; *Fornasier*, GPR 2019, 141, 146; *Baldus/Raff*, GPR 2018, 175, 177; *Stürner*, Europäisches Vertragsrecht, 2021, § 7 Rn. 54. A.A. offenbar *Schlachter*, ZESAR 2019, 53, 57. Dies hängt freilich immer von der konkreten Ausgestaltung des nationalen Rechts ab.

[45] In diesem Sinne *Fornasier*, GPR 2019, 141, 146; *Kokott*, FS I. Schmidt, 2021, S. 991, 992 f.; *Stürner*, Europäisches Vertragsrecht, 2021, § 7 Rn. 54. A.A. *Bayreuther*, NZA 2020, 1, 4.

autonome deutsche Recht hielt vielmehr keine in dieser Hinsicht hinreichenden Vorgaben bereit und blieb insoweit hinter Art. 31 Abs. 2 GRC zurück.[46]

2. Unklare Entscheidungsgründe in der Rechtssache CCOO

Eine weitere Entscheidung des EuGH, die in der Rechtssache *CCOO*[47] erging, deutet schließlich an, dass womöglich auch eine positive Horizontalwirkung des Rechts auf eine Begrenzung der Höchstarbeitszeit gem. Art. 31 Abs. 2 GRC in Betracht kommt. Eine explizite dahingehende Aussage lässt sich dem Urteil allerdings nicht entnehmen[48]; zwar hatte sich Generalanwalt *Pitruzzella* in seinen Schlussanträgen für eine Bindung des privaten Arbeitgebers an Art. 31 Abs. 2 GRC ausgesprochen.[49] Seine Überlegungen zu einer Übertragung der *Max-Planck*-Entscheidung hat der Gerichtshof allerdings nicht aufgegriffen.[50] Und dennoch lassen sich „zwischen den Zeilen" der Entscheidungsgründe zumindest Anhaltspunkte finden, die für eine Bindung Privater an das Arbeitszeitgrundrecht sprechen.[51]

Inhaltlich ging es in der Entscheidung um die Vereinbarkeit des spanischen Arbeitszeitrechts mit den Vorgaben der Arbeitszeitrichtlinie 2003/88/EG, der Richtlinie 89/391/EWG und der Bestimmung des Art. 31 Abs. 2 GRC. An ihr bestanden Zweifel, weil das spanische Recht, ähnlich dem deutschen Arbeitszeitrecht (§ 16 Abs. 2 ArbZG), eine Pflicht des Arbeitgebers zur Arbeitszeiterfassung ausdrücklich nur für geleistete Überstunden, nicht jedoch für die reguläre Arbeitszeit vorsah (vgl. Art. 35 Abs. 5 des spanischen Arbeitsgesetzbuchs in der damals gültigen Fassung). Die Arbeitnehmervereinigung *CCOO* wollte dennoch eine entsprechende Pflicht der Arbeitgeberin *Deutsche Bank* zur Einrichtung ei-

---

[46] *Fornasier*, GPR 2019, 141, 146.

[47] EuGH v. 14.05.2019 – Rs. C-55/18 (*CCOO*), NZA 2019, 683. Hierzu aus der Literatur stellvertretend *Kainer*, GPR 2020, 149 ff.; *Ulber*, NZA 2019, 677 ff.; *Höpfner/Daum*, RdA 2019, 270 ff.; *Hüpers/Reese*, RdA 2020, 53 ff.; *Latzel*, EuZA 2019, 469 ff.; *Bayreuther*, EuZW 2019, 446 ff.; *H. Hanau*, ZfA 2020, 129 ff.; *Heuschmid*, NJW 2019, 1853, 1854; *Klein/Leist*, ZESAR 2019, 365 ff.; *Reinhard*, NZA 2019, 1313 ff.; *Brors*, NZA 2019, 1176 ff.; *Riegel*, RdA 2021, 152 ff.; *Epiney*, NVwZ 2020, 995, 1004 f.

[48] Das vorlegende Gericht hielt eine europarechtskonforme Auslegung von vornherein für möglich. Insoweit zutreffend *Leist*, jurisPR-ArbR 22/2019, Anm. 1 unter C. II. In diese Richtung auch *Höpfner/Daum*, RdA 2019, 270, 275.

[49] GA *Pitruzzella*, Schlussanträge v. 31.01.2019 – Rs. C-55/18 (*CCOO*), BeckRS 2019, 667, Rn. 93 ff.

[50] *Höpfner/Daum*, RdA 2019, 270, 275.

[51] Mit derselben Einordnung: *Latzel*, EuZA 2019, 469, 478; *Heuschmid*, NJW 2019, 1853, 1854; *Riegel*, RdA 2021, 152, 154; *Pickenhahn*, Unionsrechtliche Gestaltungsspielräume für die Arbeitszeit von Wissensarbeitern, 2021, S. 160. A.A. für eine – jedenfalls in Bezug auf das deutsche Arbeitszeitrecht – lediglich partielle negative Horizontalwirkung im oben kritisierten Sinne *Ulber*, NZA 2019, 677, 680. Mit Blick auf eine solche selektive Horizontalwirkung zu Recht kritisch *Thüsing*, DB 2020, 1343, 1345. Gänzlich anders *Leist*, jurisPR-ArbR 22/2019, Anm. 1, unter C. II.

nes Arbeitszeiterfassungssystems im Wege der Verbandsklage feststellen lassen. Das *Tribunal Supremo,* auf dessen Rechtsprechung sich die Arbeitgeberin zu ihrer Verteidigung berief, hatte eine solche Pflicht jedoch in ständiger Rechtsprechung stets verneint, weil sie sich weder aus dem Gesetzeswortlaut noch aus einer entsprechenden Auslegung des spanischen Rechts ergebe. Hätte der spanische Gesetzgeber nämlich eine Pflicht zu Erfassung der regulären Arbeitszeit beabsichtigt, so das Gericht, dann hätte er nicht allein eine Pflicht zur Erfassung von Überstunden gesetzlich vorgeschrieben.[52] Das mit der Verbandsklage befasste Gericht, die *Audiencia Nacional,* zweifelte jedoch an der Vereinbarkeit einer solchen Auslegung mit dem Unionsrecht und legte dem EuGH die Frage vor, ob ihr womöglich die Vorgaben der einschlägigen Richtlinien oder Art. 31 Abs. 2 GRC entgegenstünden.

Dieser entschied daraufhin im Sinne des klagenden Arbeitnehmerverbands: Aus einer Zusammenschau der genannten Vorschriften ergebe sich die Pflicht der Mitgliedstaaten, die vorgesehenen Mindestruhezeiten zu gewährleisten und jede Überschreitung der wöchentlichen Höchstarbeitszeit zu verhindern.[53] Dabei bestehe zwar ein Gestaltungsspielraum der Mitgliedstaaten hinsichtlich der genauen Maßnahmen, die zur Erreichung dieses Ziels ergriffen werden. Der Gerichtshof hielt es jedoch für „äußerst schwierig oder gar praktisch unmöglich", die Einhaltung dieser Grenzen ohne ein auf die reguläre Arbeitszeit bezogenes Erfassungssystem sicherzustellen.[54] Mit dem Recht auf Begrenzung der Höchstarbeitszeit korrespondiere deshalb ein Recht auf Einrichtung eines Arbeitszeiterfassungssystems.[55] Kurios ist auch hier die aus dieser Auslegung abgeleitete doppelt-negativ formulierte Rechtsfolge, die konstruktiv stark an das *Bauer*-Judikat erinnert: Das einschlägige Unionsrecht stehe in der vorgenommenen Auslegung einer nationalen Regelung *entgegen*, die die Arbeitgeber *nicht verpflichtet,* ein entsprechendes Zeiterfassungssystem einzurichten. Ehrlicher wäre die positive Formulierung: Das einschlägige Unionsrecht verpflichtet die Mitgliedstaaten zum Erlass solcher Vorschriften.[56]

---

[52] Urteil Nr. 246/2017 des *Tribunal Supremo* v. 23.03.2017 (Rec. 81/2016) unter Punkt zwei der Entscheidungsgründe: „En efecto, obsérvese que el deber de registrar la jornada laboral se contempla al tiempo de regular el legislador las horas extraordinarias (título del estudiado artículo 35) y no la jornada laboral ordinaria, el tiempo de trabajo, lo que es relevante por cuanto el diferente encabezamiento de cada artículo indica que el legislador constriñe el deber empresarial que nos ocupa al registro diario de las horas extras, por cuanto de ser otra su intención habría incluido esa disposición en el artículo 34 que regula la jornada ordinaria, lo que habría obligado al registro diario de toda la jornada laboral, lo que no ha hecho y, sin embargo, impone la sentencia recurrida.".

[53] EuGH v. 14.05.2019 – Rs. C-55/18 (*CCOO*), NZA 2019, 683, Rn. 40.

[54] EuGH v. 14.05.2019 – Rs. C-55/18 (*CCOO*), NZA 2019, 683, Rn. 41 ff., 48, 57.

[55] Was genau dabei mit Erfassung gemeint ist, ist in der Literatur allerdings umstritten, vgl. hierzu ausführlich *H. Hanau*, ZfA 2020, 129 ff. m.w.N.

[56] Ähnlich *Fornasier*, GPR 2019, 141, 146.

Dem Wortlaut dieser Passage lässt sich dann keine klare Positionierung des Gerichtshofs zur Horizontalwirkung von Art. 31 Abs. 2 Alt. 1 GRC entnehmen. Dies könnte daran gelegen haben, dass das spanische Recht entsprechend ausgelegt werden konnte.[57] An mehreren Stellen deutete der EuGH aber doch an, dass nach seinem Dafürhalten auch die privaten Arbeitgeber Adressaten des arbeitszeitrechtlichen Gewährleistungsgehalts von Art. 31 Abs. 2 GRC sind. Er sprach sich so im Ergebnis sogar für eine positive Horizontalwirkung der Norm aus – und damit erst recht für eine nur negative. Obwohl der Gerichtshof nämlich an den meisten Stellen von einer Pflicht *der Mitgliedstaaten* spricht, die Arbeitgeber zur Einrichtung eines solchen Systems zu verpflichten[58] und damit die staatsgerichtete Schutzpflichtdimension von Art. 31 Abs. 2 GRC und der einschlägigen Richtlinie anspricht, stellt er andernorts[59] ausdrücklich auf eine originäre Verpflichtung *der Arbeitgeber* ab.[60] Im Übrigen verweist er zur Begründung der Durchsetzbarkeit des Rechts auch auf die Entscheidungen zum deutschen Urlaubsrecht, in denen er – wie oben ausführlich dargestellt – eine positive Horizontalwirkung des Urlaubsgrundrechts bejaht hatte. Gewichtige Gründe sprechen deshalb dafür, dass der EuGH auch bei Art. 31 Abs. 2 Alt. 1 GRC von der prinzipiellen Möglichkeit einer negativen wie positiven Horizontalwirkung ausgeht.[61]

In diese Richtung versteht den Gerichtshof offenbar auch das ArbG Emden[62]. In einem dort anhängigen Rechtsstreit forderte ein Arbeitnehmer Vergütung für der Höhe nach streitige Arbeitsstunden, die er vor Gericht durch die Vorlage handschriftlicher Aufzeichnungen belegte. Der beklagte Arbeitgeber bestritt die Forderung seinerseits unter Vorlage von gedruckten Auswertungen des sog. Bautagebuchs. Das Gericht sah hierin jedoch kein hinreichend substantiiertes Bestreiten und brachte sodann Art. 31 Abs. 2 GRC ins Spiel: Nach seiner Auffassung begründet das Grundrecht einen unmittelbaren Anspruch des Arbeitnehmers gegen den Arbeitgeber auf Einrichtung eines Arbeitszeiterfassungssytems.[63] Deshalb komme es weder auf den Umstand an, dass der Wortlaut des § 16 Abs. 2

---

[57] *Leist*, jurisPR-ArbR 22/2019, Anm. 1 unter C. II. In diese Richtung auch *Höpfner/Daum*, RdA 2019, 270, 275.

[58] EuGH v. 14.05.2019 – Rs. C-55/18 (*CCOO*), NZA 2019, 683, Rn. 60, 63, 71.

[59] EuGH v. 14.05.2019 – Rs. C-55/18 (*CCOO*), NZA 2019, 683, Rn. 59.

[60] Mit dieser Beobachtung auch *Latzel*, EuZA 2019, 469, 476.

[61] Wie hier *Epiney*, NVwZ 2020, 995, 1004 f.; *Latzel*, EuZA 2019, 469, 472. Wohl auch ErfK/*Roloff*, § 16 ArbZG Rn. 6; *Ulber*, NZA 2019, 677, 680. Unentschieden *Höpfner/Daum*, RdA 2019, 270, 275.

[62] ArbG Emden v. 20.02.2020 – 2 Ca 94/19, BeckRS 2020, 5213, Rn. 20 ff. = NZA-RR 2020, 279 (Leitsätze).

[63] ArbG Emden v. 20.02.2020 – 2 Ca 94/19, BeckRS 2020, 5213, Rn. 21 ff. Verwirrend ist, dass das Gericht in Rn. 25 erwägt, ob § 16 Abs. 2 ArbZG geeignet ist, die Arbeitszeiterfassungsverpflichtungen aus der GRC zu „begrenzen". Eine nationale Norm kann richtigerweise schon aufgrund des Anwendungsvorrangs einer unmittelbar anwendbaren Bestimmung eine unionsrechtlich garantierte Position nicht beseitigen oder auch nur begrenzen.

ArbZG eine solche Pflicht nicht vorsieht, noch auf die Frage, ob zumindest eine entsprechende (richtlinienkonforme) Auslegung der Vorschrift möglich wäre. Diesen unmittelbar grundrechtlichen Anspruch auf Arbeitszeiterfassung habe der Arbeitgeber im Ausgangsfall allein durch das Führen eines Bautagebuchs im Sinne der Honorarordnung für Architekten und Ingenieure (HOAI)[64] nicht erfüllt. Darin liege die Verletzung einer arbeitsvertraglichen Nebenpflicht im Sinne von § 241 Abs. 2 BGB[65], die auf die Darlegungs- und Beweislast durchschlage: Dadurch, dass der Arbeitgeber die von ihm behauptete niedrigere Stundenzahl nur auf besagtes Bautagebuch, nicht aber auf die Daten eines verlässlichen Erfassungssystems stützte, konnte er aus Sicht des Gerichts die klägerische Forderung nicht hinreichend substantiiert bestreiten, was zur Rechtsfolge des § 138 Abs. 3 ZPO führte. Der Kläger bekam im Ergebnis – gestützt auf eine unmittelbare Bindung des Arbeitgebers an Art. 31 Abs. 2 GRC – den beantragten Differenzbetrag in der geltend gemachten Höhe zugesprochen.

Diese spezifische Rechtsauffassung hielt das LAG Niedersachsen in einem ähnlich gelagerten Sachverhalt indes mit guten Gründen für unzutreffend: Das Gericht verweist zu Recht darauf, dass die Entscheidung des EuGH vor allem Fragen des Gesundheitsschutzes betrifft und dass überdies Zweifel an der Anwendbarkeit der Charta und damit des Art. 31 Abs. 2 GRC auf den konkreten Sachverhalt bestünden.[66] Die einschlägige RL 2003/88/EG regelt jenseits des Urlaubsrechts nämlich überhaupt keine Entgeltfragen und kann dies wegen Art. 153 Abs. 5 AEUV, der das Entgelt vom sozialpolitischen Kompetenztitel ausdrücklich ausnimmt, auch nicht unmittelbar tun.[67] Auf die Frage nach der Horizontalwirkung des Art. 31 Abs. 2 GRC komme es deshalb im Überstundenprozess gar nicht an. Dem hat sich das BAG unlängst – dabei allerdings ohne vorherige Vorlage an den EuGH – angeschlossen.[68]

---

[64] Überzeugend jedenfalls insoweit ArbG Emden v. 20.02.2020 – 2 Ca 94/19, BeckRS 2020, 5213, Rn. 29: „Die vom Beklagten im Rahmen des sogenannten „Bautagebuches" vorgenommenen Aufstellungen stellen von vornherein kein System zur tatsächlichen Erfassung der geleisteten Arbeitszeiten in diesem Sinne dar. Sie dienen [entsprechend den einschlägigen Normen der HOAI] der „Dokumentation des Bauablaufs (zum Beispiel Bautagebuch)". Zweck der HOAI ist nicht die Erfassung der Arbeitszeiten der beschäftigten Arbeitnehmer, sondern die Regelung der Berechnung der Entgelte für die Grundleistungen der Architekten und Architektinnen und der Ingenieure und Ingenieurinnen (Auftragnehmer oder Auftragnehmerinnen) mit Sitz im Inland, soweit die Grundleistungen durch die HOAI erfasst und vom Inland aus erbracht werden.".

[65] Nicht ganz klar ist, warum das Gericht überhaupt noch auf § 241 Abs. 2 BGB abstellt, wenn es der Auffassung ist, die Pflicht zur Einrichtung des Arbeitszeiterfassungssystems ergebe sich unmittelbar aus dem Unionsgrundrecht.

[66] LAG Niedersachsen v. 06.05.2021 – 5 Sa 1292/20, BeckRS 2021, 10275, Rn. 25 f.

[67] Exakter als die knappen Ausführungen des LAG Niedersachsen ist die ausführlichere Begründung von LAG Rheinland-Pfalz v. 19.02.2021 – 8 Sa 169/20, BeckRS 2021, 11684, Rn. 106.

[68] BAG v. 04.05.2022 – 5 AZR 359/21, NZA 2022, 1267, Rn. 22 ff.

In einer zweiten Entscheidung hat das ArbG Emden jedoch seine Auffassung bekräftigt, der EuGH habe in der Rechtssache *CCOO* eine unmittelbare Anwendbarkeit des Art. 31 Abs. 2 GRC bejaht, und daraus zumindest die Möglichkeit einer negativen Horizontalwirkung gefolgert.[69] Dort allerdings führte es zurückhaltender als noch in seiner ersten Entscheidung aus, dass die ursprünglich bejahte Frage, ob damit auch eine unmittelbare grundrechtliche Verpflichtung privater Arbeitgeber im Sinne einer positiven Horizontalwirkung einhergehe, letztlich rein „akademischer Natur" sei.[70] Aus seiner Sicht lasse sich nämlich die Arbeitszeiterfassungspflicht aus einer richtlinien- und unionsgrundrechtskonformen Auslegung der §§ 241 Abs. 2, 242, 618 BGB herleiten.

Diese Sichtweise vermag allerdings schon deshalb nicht zu überzeugen, weil der Gesetzgeber mit § 16 Abs. 2 ArbZG die ausdrückliche Wertentscheidung getroffen hat, dass die Normalarbeitszeit nicht aufgezeichnet werden muss.[71] Soweit das ArbG Emden damit argumentiert, dass die Norm nur einen Umkehrschluss für das öffentliche Recht zulasse, eine privatrechtliche Erfassungspflicht aber keine unzulässige Umgehung dieser nur öffentlich-rechtlichen gesetzgeberischen Entscheidung darstellen würde[72], greift dies nicht durch. Denn auch die Norm des § 618 BGB, die den öffentlich-rechtlichen Schutz zum Gegenstand des Privatrechtsverhältnisses macht (sog. Doppelwirkung des Arbeitsschutzrechts[73]) und die bei Erlass des ArbZG schon existierte, ist Teil einer insgesamt zu berücksichtigenden gesetzgeberischen Regelungsentscheidung. Privatrechtliche und öffentlich-rechtliche Dimension können im Arbeitsschutzrecht letztlich nicht getrennt voneinander betrachtet werden.[74] Dann aber kann der Umkehrschluss aus § 16 Abs. 2 ArbZG durchaus auch auf die privatrechtliche Dimension der Pflicht erstreckt werden und muss eine Auslegung des deutschen Arbeitsrechts ausscheiden. Eine unmittelbar grundrechtliche Erfassungspflicht ist damit nur möglich, wenn das Grundrecht den privaten Arbeitgeber selbst unmittelbar verpflichtet. Überdies ging es auch in dieser Entscheidung nicht unmittelbar um eine Erfassungspflicht des Arbeitgebers, sondern um die Vergütung von Überstunden als Entgeltfrage. Eine Übertragung der *CCOO*-Entscheidung auf Vergütungsfragen sieht sich deshalb denselben Bedenken ausgesetzt wie das erste angesprochene Urteil des ArbG Emden.

---

[69] ArbG Emden v. 24.09.2020 – 2 Ca 144/20, BeckRS 2020, 28054, Rn. 95.

[70] ArbG Emden v. 24.09.2020 – 2 Ca 144/20, BeckRS 2020, 28054, Rn. 101.

[71] Gegen die Möglichkeit einer Auslegung ErfK/*Roloff*, § 16 ArbZG Rn. 5. Allenfalls ließe sich eine Kombination aus negativer Horizontalwirkung und richterlichen Rechtsfortbildung zur Erfüllung einer unionsgrundrechtlichen Schutzpflicht erwägen, vgl. hierzu unter § 12 A. II. 2. b). Dies wird in der Literatur indes bisher nicht diskutiert.

[72] ArbG Emden v. 24.09.2020 – 2 Ca 144/20, BeckRS 2020, 28054, Rn. 85 ff.

[73] Grundlegend BAG v. 10.03.1976 – 5 AZR 34/75, AP BGB § 618 Nr. 17. Vgl. ErfK/*Wank*, § 618 BGB Rn. 4.

[74] Im Übrigen war man sich schon hinsichtlich der unstreitig verankerten öffentlich-rechtlichen Erfassungspflicht bzgl. der Normalarbeitszeit uneinig, inwiefern sich aus ihr auch privatrechtliche Konsequenzen ergeben, vgl. hierzu *Bayreuther*, NZA 2020, 1, 4 m.w.N. Vgl. dafür etwa *H. Hanau*, ZfA 2020, 129, 135.

An dieser Stelle sollen allerdings die einordnenden Erwägungen zur Rechtssache *CCOO* genügen. Später wird noch aufgezeigt werden, warum auch das weitreichende Verständnis sowohl des EuGH als auch des ArbG Emden von der inhaltlichen Reichweite des Art. 31 Abs. 2 GRC gewichtigen Bedenken ausgesetzt ist. Ob das Grundrecht – unabhängig von seiner grundsätzlichen Eignung zur Horizontalwirkung – wirklich eine Arbeitszeiterfassungspflicht etabliert, erscheint deshalb fraglich.[75]

C. Zusammenfassung

Zusammenfassend ist festzuhalten, dass der EuGH seine Horizontalwirkungsdoktrin in den jüngeren Judikaten auch auf der Rechtsfolgenseite erweitert hat. Erste Anhaltspunkte hierfür gab es bereits in Entscheidungen auf dem Gebiet des Diskriminierungsrechts, vor allem in der Rechtssache *Egenberger*. Wirklich sichtbar wurde die Entwicklung aber erst mit den Entscheidungen in der Rechtssache *Cresco Investigation* zur grundrechtlichen Angleichung nach oben, in den urlaubrechtlichen Judikaten in den Rechtssachen *Bauer* und *Max-Planck* sowie – bei entsprechender Lesart – in der Rechtssache *CCOO* zur arbeitgeberseitigen Pflicht zur Einrichtung eines Arbeitszeiterfassungssystems.

[75] Siehe hierzu unten § 15 A. III. 3. b) bb) (2) (b).

§ 9

Voraussetzungen der Horizontalwirkung aus Sicht des EuGH

Bevor im nächsten Kapitel die Zulässigkeit der Doktrin und ihrer rechtsfolgenseitigen Erweiterung erörtert wird, soll die Rechtsprechungsanalyse mit einer Zusammenstellung der zentralen Voraussetzungen abgeschlossen werden, wie sie der EuGH für eine Anwendung der Horizontalwirkung der Grundrechte im oben beschriebenen Sinne verlangt.

A. Voraussetzungen für die negative Horizontalwirkung

Die zwei Voraussetzungen für die negative Horizontalwirkung eines Unionsgrundrechts sind die Eröffnung des Anwendungsbereichs der Unionsgrundrechte nach Art. 51 Abs. 1 S. 1 Alt. 2 GRC und die unmittelbare Anwendbarkeit des einschlägigen Unionsgrundrechts mit Blick auf die möglicherweise entgegenstehende nationale Regelung.

I. Eröffnung des Anwendungsbereichs der Unionsgrundrechte

Der EuGH geht grundsätzlich davon aus, dass richtlinienwidriges Umsetzungsrecht unmittelbar an den Unionsgrundrechten zu messen ist.[1] Erforderlich ist dabei, dass die in Rede stehende nationale Vorschrift in den Anwendungsbereich der Unionsgrundrechte nach Art. 51 Abs. 1 S. 1 Alt. 2 GRC fällt.[2] Dies stellt der EuGH klar, wenn er davon spricht, die GRC finde auf nationale Regelungen im „Anwendungsbereich"[3] oder „Geltungsbereich"[4] des Unionsrechts, in „allen unionsrechtlich geregelten Fallgestaltungen"[5] oder einem „vom Unionsrecht er-

---

[1] In keiner seiner Entscheidungen zeigt der Gerichtshof Problembewusstsein für die im Rahmen dieser Untersuchung herausgearbeitet Problematik, dass eine Bindung des Umsetzungsrechts an die Unionsgrundrechte im Falle nicht ordnungsgemäßer Umsetzung letztlich zweckwidrig und damit mindestens besonders begründungsbedürftig ist. Vgl. hierzu die umfassende Kritik unter § 4 C. II. 2. b); § 11 B. I. 1.

[2] Insoweit kann auf die oben dargestellten allgemeinen Maßstäbe verwiesen werden, vgl. Kapitel 2.

[3] EuGH v. 19.01.2010 – Rs. C-555/07 (*Kücükdeveci*), NZA 2010, 85, Rn. 23, 54.

[4] EuGH v. 26.09. 2013 – Rs. C-476/11 (*HK Danmark*), EuZW 2013, 951, Rn. 20; EuGH v. 19.04.2016 – Rs. C-441/14 (*Dansk Industri*), NZA 2016, 537, Rn. 24, 43.

[5] EuGH v. 15.01.2014 – Rs. C-176/12 (*AMS*), NZA 2014, 193, Rn. 42; EuGH

fassten Bereich“[6] Anwendung.[7] Dabei wird indes nur vereinzelt Art. 51 GRC zitiert.[8] Unterschiede ergeben sich aus den verschiedenen Formulierungen nicht.

Die Aussagen des EuGH zur Anwendbarkeit der Unionsgrundrechte im Zusammenhang mit der *Mangold*-Doktrin sind – abgesehen von den Entscheidungen, in denen die zeitliche Anwendbarkeit der Charta problematisch war[9] – generell sehr allgemein gehalten: Eine Prüfung anhand eines ausführlichen Kriterienkatalogs wird nicht vorgenommen. Das ist jedoch auch nicht weiter verwunderlich, denn zum einen entspricht dieses Vorgehen dem typisch apodiktischen Urteilsstil des Gerichtshof. Zum anderen betrafen alle dargestellten Entscheidungen nationale Vorschriften, die eine zwingende Richtlinienvorgabe ausdrücklich oder zumindest faktisch umsetzen sollten. Offensichtlich ist dies bei den sekundärrechtlichen Diskriminierungsverboten, die ein klares Verbot, also eine klare Zielvorgabe enthalten, von der nicht weiter abgewichen werden kann. Eine Richtlinienbestimmung, die eine derart konkrete Zielvorgabe macht, ist naturgemäß abschließend. Doch auch die Entscheidungen zu Art. 31 Abs. 2 GRC liegen auf dieser Linie. Denn auch die sekundärrechtliche Normaussage, dass ein Urlaubsabgeltungsanspruch vererbbar sein muss, sowie die Anforderungen an die Mitwirkungsobliegenheiten des Arbeitgebers im Rahmen des Verfalls von Urlaubsansprüchen, sind zwingende Mindestvorgaben, die keinen weiteren mitgliedstaatlichen Gestaltungsspielraum einräumen.

II. Unmittelbare Anwendbarkeit des Grundrechts

1. Unmittelbare Anwendbarkeit als Voraussetzung

Zweite Voraussetzung ist aus Sicht des EuGH, dass die in Rede stehende nationale Bestimmung mit einer unmittelbar anwendbaren Norm kollidiert. Dies deckt sich mit der dieser Arbeit zugrunde gelegten Wechselbeziehung zwischen unmittelbarer Anwendbarkeit und Anwendungsvorrang: Am Anwendungsvorrang können nur unmittelbar anwendbare Normen des Unionsrechts teilhaben, was für jedes Unionsgrundrecht im Hinblick auf die konkrete streitgegenständliche Normaussage zu prüfen ist. Nur so kann es zu einer negativen Horizontalwirkung kommen.

---

v. 06.11.2018 – Rs. C-569/16, C-570/16 (*Bauer*), NZA 2018, 1467, Rn. 52; EuGH v. 06.11.2018 – Rs. C-684/16 (*Max-Planck*), NZA 2018, 1474, Rn. 49.

[6] EuGH v. 17.04.2018 – Rs. C-414/16 (*Egenberger*), NZA 2018, 569, Rn. 76; EuGH v. 11.09.2018 – Rs. C-68/17 (*IR*), NZA 2018, 1187, Rn. 69; EuGH v. 22.01.2019 – Rs. C-193/17 (*Cresco Investigation*), NZA 2019, 297, Rn. 76.

[7] In diesem Sinne bereits EuGH v. 22.11.2005 – Rs. C-144/04 (*Mangold*), NZA 2005, 1345, Rn. 75 f.

[8] EuGH v. 17.04.2018 – Rs. C-414/16 (*Egenberger*), NZA 2018, 569, Rn. 49.

[9] Dies betraf namentlich die Rechtssachen *Kücükdeveci* und *IR*.

2. *Maßstab zur Ermittlung der unmittelbaren Anwendbarkeit*

Die allgemeinen Voraussetzungen der unmittelbaren Anwendbarkeit prüft der EuGH in den verschiedenen Rechtssachen unterschiedlich ausführlich. Gerade die Aussagen in den Rechtssachen *AMS, Egenberger* und *Bauer* bzw. *Max-Planck* liefern in diesem Zusammenhang Erkenntnisse.

In der Rechtssache *AMS* findet sich etwa eine ausführliche Auseinandersetzung mit der Frage, wann eine Gewährleistung der GRC unmittelbar anwendbar ist. Der EuGH stellte dort fest, dass Art. 27 GRC keine unbedingte und hinreichend bestimmte Normaussage entnommen werden könne, die mit der in Rede stehenden französischen Detailvorschrift hinsichtlich der Schwellenwertberechnung kollidieren könnte. Er analysierte die Norm also auf die allgemeinen Voraussetzungen der unmittelbaren Anwendbarkeit hin und verneinte sie mit Blick auf den konkreten Rechtsstreit. Dass dies keiner generellen Absage an die unmittelbare Anwendbarkeit der Vorschrift entspricht, wurde bereits erläutert. Auffällig ist, dass der EuGH im Rahmen der unmittelbaren Anwendbarkeit den Vorschlag des Generalanwalts ablehnte, der eine inhaltliche Konkretisierung des Grundrechts durch die Richtlinie für denkbar gehalten hatte. Die den Anwendungsbereich eröffnende Richtlinienbestimmung hätte danach über ihre „Türöffner"-Funktion hinaus auch Einfluss auf die unmittelbare Anwendbarkeit der konkretisierten grundrechtlichen Gewährleistung haben können. Dieser Dissens zwischen EuGH und Generalanwalt *Cruz Villalón* in *AMS* fördert eine entscheidende Grundfrage im Zusammenhang mit der unmittelbaren Anwendbarkeit zu Tage: Wie weit kann die inhaltliche Anreicherung einer Chartabestimmung durch eine Richtlinie gehen und wann ist die Grenze zu einer normhierarchisch unzulässigen Rechtsquellenvermengung überschritten? Auf diese Frage wird in der Auseinandersetzung mit der dogmatischen Haltbarkeit und Reichweite der Doktrin noch vertieft einzugehen sein. Der EuGH selbst beantwortet sie jedenfalls nicht abschließend.

In den Rechtssachen *Egenberger*[10], *Bauer*[11] und *Max-Planck*[12] setzt sich der EuGH ebenfalls ausführlicher mit der unmittelbaren Anwendbarkeit der entscheidenden Chartabestimmungen auseinander. Dabei ist auffällig, dass der Gerichtshof nicht ausdrücklich die inhaltliche Unbedingtheit und hinreichende Bestimmtheit der Normen problematisiert.[13] Ihm kommt es vielmehr darauf an, dass eine Norm „schon für sich allein dem Einzelnen ein Recht [verleiht]"[14], diese

---

[10] EuGH v. 17.04.2018 – Rs. C-414/16 (*Egenberger*), NZA 2018, 569, Rn. 76 ff.

[11] EuGH v. 06.11.2018 – Rs. C-569/16, C-570/16 (*Bauer*), NZA 2018, 1467, Rn. 81 ff.

[12] Die Erwägungen in *Max-Planck* sind insoweit nahezu wortgleich mit denen in *Bauer*, vgl. EuGH v. 06.11.2018 – Rs. C-684/16 (*Max-Planck*), NZA 2018, 1474, Rn. 70 ff.

[13] Im Kontext der einschlägigen Richtlinienvorschriften fallen die Termini allerdings ausdrücklich, vgl. etwa EuGH v. 06.11.2018 – Rs. C-569/16, C-570/16 (*Bauer*), NZA 2018, 1467, Rn. 68.

[14] Diese Formulierung findet sich bereits in *AMS*, vgl. EuGH v. 15.01.2014 – Rs. C-176/12 (*AMS*), NZA 2014, 193, Rn. 48.

„zwingenden“ Charakter hat und sie „aus sich heraus Wirkung entfaltet“ und so nicht auf eine Konkretisierung durch einfaches Recht angewiesen ist. Inhaltlich betreffen diese Wendungen allerdings dennoch ganz unzweideutig die Frage nach der unmittelbaren Anwendbarkeit[15]: Eine Norm, die dem Einzelnen schon „für sich allein“ oder „aus sich heraus“ ein Recht verleiht, das er als solches (gerichtlich) geltend machen kann, ist unmittelbar anwendbar im hier zugrunde gelegten Sinne. Der EuGH misst dabei der Tatsache erhebliche Bedeutung bei, dass in Art. 31 Abs. 2 GRC anders als in Art. 27 GRC nicht auf „Fälle und Voraussetzungen, die nach dem Unionsrecht und den einzelstaatlichen Rechtsvorschriften und Gepflogenheiten vorgesehen sind“ verwiesen wird.[16] Daraus folgert er, dass die Norm des Art. 31 Abs. 2 GRC nicht oder zumindest weniger stark auf Konkretisierung angewiesen ist als Art. 27 GRC, dessen Konkretisierungsbedürftigkeit ausdrücklich angeordnet wird. Auch hierauf wird zurückzukommen sein.[17]

Wirklich erkenntnisbringend sind diese Aussagen des EuGH aber nicht. Insbesondere fällt auf, dass der Gerichtshof keine umfassende Methode entwickelt, die er für die genaue Inhaltsermittlung heranzieht. Er beschränkt sich im Wesentlichen darauf, von Fall zu Fall darüber zu entscheiden, ob die allgemeinen Kriterien der unmittelbaren Anwendbarkeit erfüllt sind oder nicht. Er differenziert dabei insbesondere nicht anhand von Grundrechtsdimensionen oder anhand anderer grundrechtsdogmatisch etablierter Kriterien.[18]

III. Nicht erforderlich: Grundrechtsbindung des Arbeitgebers

In den Urteilen, in denen es um eine bloß negative Horizontalwirkung ging, hat der EuGH eine Grundrechtsbindung des Arbeitgebers nicht vorausgesetzt. Damit deckt sich das Vorgehen des EuGH mit dem hier zugrunde gelegten Verständnis vom Verhältnis zwischen negativer Horizontalwirkung und Grundrechtsbindung Privater. Eine Ausnahme bildet insoweit zwar auf den ersten Blick die *Egenberger*-Entscheidung, in der eine Grundrechtsbindung privater Arbeitgeber mit Blick auf Art. 21 GRC bejaht wurde, ohne dass sich hierfür aus dem Entscheidungskontext eine Notwendigkeit ergab. Denn die dort postulierte Unanwendbarkeitsfolge als Fall der negativen Horizontalwirkung ist von einer Grundrechts*bindung* des Arbeitgebers gerade unabhängig. Dies sollte aber nicht in dem Sinne gedeutet werden, dass der EuGH die Grundrechtsbindung als zwingende Voraussetzung der negativen Horizontalwirkung ansehen würde. Vielmehr

[15] In *AMS* spricht der EuGH insoweit sogar ausdrücklich davon, das streitgegenständliche Verbot lasse sich „als *unmittelbar anwendbare* Rechtsnorm“ aus Art. 27 GRC und dessen Erläuterungen nicht herleiten, EuGH v. 15.01.2014 – Rs. C-176/12 (*AMS*), NZA 2014, 193, Rn. 46.

[16] EuGH v. 06.11.2018 – Rs. C-684/16 (*Max-Planck*), NZA 2018, 1474, Rn. 73.

[17] Vgl. hierzu unten unter § 15 A. III. 3. b) aa) (2) (a).

[18] Vgl. zur angezeigten Differenzierung nach Abwehr- und Schutzkonstellation (auch) im Rahmen der negativen Horizontalwirkung noch unten unter § 15 A. II. 1. und 3.

dürfte es sich um eine vom Einzelfall losgelöste Aussage zum Adressatenkreis des Art. 21 Abs. 1 GRC handeln, die als obiter dictum einzustufen ist.[19]

B. Zusätzliche Voraussetzungen für die positive Horizontalwirkung

Weiter stellt sich die Frage, welche zusätzlichen Voraussetzungen der EuGH für die positive Horizontalwirkung eines Unionsgrundrechts verlangt. Besonderheiten mit Blick auf die Anwendbarkeit der Unionsgrundrechte gem. Art. 51 Abs. 1 S. 1 Alt. 2 GRC bestehen aus seiner Sicht offenbar nicht. Auch hier ist erforderlich, dass die in Rede stehende Lücke im nationalen Recht durch eine Richtlinienvorgabe determiniert wird. Hinsichtlich der weiteren Voraussetzungen ergibt sich ein unscharfes Bild.

I. Grundrechtsbindung des Arbeitgebers als Voraussetzung

Den Entscheidungen ist zunächst zu entnehmen, dass der Gerichtshof zutreffend davon ausgeht, dass eine positive Horizontalwirkung die Bindung Privater an das in Rede stehende Unionsgrundrecht voraussetzt. In allen einschlägigen Entscheidungen spricht der Gerichtshof mehr oder weniger klar aus, dass das von ihm festgestellte Ergebnis auf einer unmittelbaren Bindung des privaten Arbeitgebers an die jeweilige Bestimmung der GRC beruht.

Etwas Verwirrung könnte in dieser Hinsicht zwar der Umstand stiften, dass sich der Gerichtshof letztlich nur in den Rechtssachen *Bauer* und *Max-Planck* mit der naheliegenden Frage auseinandergesetzt hat, ob Art. 51 Abs. 1 S. 1 GRC eine Bindung Privater e contrario ausschließt. Dies sollte aber nicht dahin gedeutet werden, dass die Grundrechtsbindung Privater nicht auch in den übrigen Entscheidungen Voraussetzung für die positive Horizontalwirkung gewesen ist. Hierfür dürften andere Gründe maßgeblich gewesen sein:

Zunächst betrifft dies die Rechtssachen *HK Danmark* und *Egenberger*, in denen der Gerichtshof die Vereinbarkeit mit der vermeintlichen Adressatenregel des Art. 51 Abs. 1 S. 1 GRC überhaupt nicht thematisierte, obwohl er hier erstmalig die grundrechtliche Bindung eines Privaten in Erwägung gezogen bzw. ausdrücklich ausgesprochen hat. Das Schweigen mit Blick auf die Rolle dieser Norm in der Adressatenfrage lässt sich hier aber einerseits dadurch erklären, dass schon die Generalanwälte in ihren Schlussanträgen der Norm keine Beachtung geschenkt hatten. Andererseits kam es in keiner der Entscheidungen auf die positive Horizontalwirkung im Ergebnis an; in *HK Danmark* deshalb nicht, weil aus Sicht des EuGH eine Rechtfertigung der Diskriminierung möglich war, und in *Egenberger* nicht, da hier bereits eine negative Horizontalwirkung des Art. 21 Abs. 1 GRC Abhilfe schaffen konnte.

---

[19] Siehe hierzu bereits die Deutung oben unter § 8 A.

Daneben betrifft dies die Rechtssache *Cresco Investigation,* die chronologisch nach dem *Bauer*-Judikat erging und die positive Horizontalwirkung des Art. 21 Abs. 1 GRC betraf. Dennoch hat der EuGH die Ausführungen in *Bauer* zur Bedeutung der Grundrechtsbindung des Arbeitgebers dort nicht zitiert oder zumindest anderweitig in Bezug genommen. Die explizite Auseinandersetzung mit Art. 51 Abs. 1 S. 1 GRC in der Rechtssache *Bauer* dürfte zunächst dadurch zu erklären sein, dass sich bereits Generalanwalt *Bot* in seinen Schlussanträgen ausführlich dieser Bestimmung gewidmet hatte.[20] Diese Überlegungen dort aufzugreifen, um den eigenen Standpunkt in dieser Grundsatzfrage klarzustellen, war also nur folgerichtig. Zwar hatte auch Generalanwalt *Bobek* die Frage nach der Vereinbarkeit einer positiven Horizontalwirkung mit Art. 51 GRC erneut aufgeworfen.[21] Insoweit konnte sich der EuGH in der Entscheidung *Cresco Investigation* dann aber darauf zurückziehen, die Bindung Privater konkret an Art. 21 Abs. 1 GRC bereits in der Rechtssache *Egenberger* explizit bejaht zu haben. Die insoweit zentralen Stellen dieser Entscheidung wurden in *Cresco Investigation* mehrfach in Bezug genommen und wiederholt.[22]

Auch in diesen Entscheidungen ging der EuGH mithin davon aus, dass es für die postulierte Rechtsfolge der positiven Horizontalwirkung auf die Grundrechtsbindung des privaten Arbeitgebers ankommt. Diese zählt mithin zu den unbestreitbaren Voraussetzungen dieser Rechtsfolge.[23]

II. Wohl erhöhte Anforderungen an die unmittelbare Anwendbarkeit

Weniger Klarheit besteht um die Frage, ob der EuGH erhöhte Anforderungen an die unmittelbare Anwendbarkeit des Grundrechts anstellt, wenn es nicht nur um eine negative, sondern um eine positive Horizontalwirkung geht.

Dies müsste er eigentlich tun; denn wie bereits dargelegt[24], besteht ein gewichtiger dogmatischer Unterschied zwischen einer Rechtsverdrängung und einer Rechtsersetzung. Die Anforderungen an die Bestimmtheit und Unbedingtheit fallen nämlich niedriger aus, wenn es um die bloße Verdrängung geht, denn diese Rechtsfolge ist typischerweise auf weniger Normmaterial[25] angewiesen als die Ersetzung durch eine eigenständige europarechtliche Regelung.[26] Negativ kann

---

[20] GA *Bot,* Schlussanträge v. 29.05.2018 – Rs. C-569/16, C-570/16 (*Bauer*), BeckRS 2018, 9605, Rn. 77 f.

[21] GA *Bobek,* 25.07.2018 – Rs. C-193/17 (*Cresco Investigation*), BeckRS 2018, 16329, Rn. 140.

[22] EuGH v. 22.01.2019 – Rs. C-193/17 (*Cresco Investigation*), NZA 2019, 297, Rn. 77.

[23] Wie hier etwa *Schlachter*, ZESAR 2019, 53, 57 f.; *Thüsing/Pötters/Stiebert*, RdA 2012, 281, 289 Fn. 90; *Jarass*, GRC, Art. 51 Rn. 40 mit Fn. 178. Unentschieden indes *Seifert*, EuZA 2015, 500, 505; *ders.*, EuZA 2013, 299, 308.

[24] Siehe hierzu oben unter § 1 C. III.

[25] Begriff nach *Jarass/Beljin*, EuR 2004, 714, 725.

[26] *Herrmann*, Richtlinienumsetzung durch die Rechtsprechung, 2003, S. 53; *Kruis*, Der Anwendungsvorrang des EU-Rechts in Theorie und Praxis, 2013, S. 120; *Rogalla*, Der Schutz

ein Rechtssatz bereits dann angewendet werden, wenn sich aus ihm klar ergibt, welche Rechtsfolgen an welche Tatbestandsvoraussetzungen jedenfalls nicht geknüpft werden dürfen.[27] Für eine positive Anwendung ist indes Klarheit darüber erforderlich, welche Rechtsfolgen an welche Tatbestandsmerkmale geknüpft sind.[28]

Ob der EuGH diese strukturelle Unterscheidung ähnlich sieht, ist nicht zweifelsfrei feststellbar. Eine Bejahung der positiven Horizontalwirkung erfolgte letztlich in all denjenigen Fällen, in denen aufgrund der Ausgestaltung des nationalen Rechts die Beseitigung des grundrechtswidrigen Zustands nicht allein durch eine negative Horizontalwirkung möglich war. Der EuGH hat sich hier also vor allem vom gewünschten Ergebnis leiten lassen. Zumindest im Urlaubsrecht hatte er aber ersichtlich größere Probleme, dem Grundrecht des Art. 31 Abs. 2 GRC selbst eine unmittelbar anwendbare *rechtsersetzende* Normaussage zu entnehmen. Er musste daher in einem kritischen Ausmaß auf die Detailregelungen der Arbeitszeitrichtlinie zurückgreifen. Dies könnte man als Beleg dafür sehen, dass auch aus Sicht des EuGH eine solche positive Horizontalwirkung erhöhte Anforderungen an die unmittelbare Anwendbarkeit aufstellt. Unklar bleibt auch hier außerdem, inwieweit und unter welchen Umständen ein Rückgriff auf die Richtlinie zur Ermittlung grundrechtlicher Gewährleistungsgehalte zulässig ist.

III. Strukturelles Ungleichgewicht als Voraussetzung?

Nicht zweifelsfrei geklärt ist auch die Frage, ob die strukturelle Unterlegenheit des Arbeitnehmers im Arbeitsverhältnis für den EuGH ein maßgebliches Argument für die bejahte Grundrechtsbindung Privater darstellt und deshalb zu ihren Voraussetzungen zählt.[29] Träfe dies zu, läge es nahe, dass sich die Linie des Gerichtshof nicht auf das gesamte Privatrecht ausdehnen lässt, sondern auf das Arbeitsrecht bzw. solche Rechtsgebiete beschränkt bleiben muss, die von einem ähnlichen strukturellen Ungleichgewicht geprägt sind. Zu denken wäre etwa an das Verbraucher- oder Datenschutzrecht. Für diese Annahme könnte sprechen, dass immerhin alle dargestellten Entscheidungen die Wirkung eines Grundrechts zugunsten eines Arbeitnehmers und zum Nachteil eines Arbeitgebers zum Gegenstand hatten. De facto ging es also um den Schutz der typischerweise schwä-

---

von Ehe und Familie in der Europäischen Grundrechtecharta, 2017, S. 243; *Prechal*, CMLR 37 (2000), 1047, 1062; *Dougan*, CMLR 44 (2007), 931, 941 f.; *Jarass/Beljin*, EuR 2004, 714, 724 f.

[27] *Herrmann*, Richtlinienumsetzung durch die Rechtsprechung, 2003, S. 52.

[28] *Herrmann*, Richtlinienumsetzung durch die Rechtsprechung, 2003, S. 52.

[29] In diese Richtung etwa *von Diest*, Diskriminierungsschutz, 2016, S. 176 ff.; NK-GA/*Heuschmid/Lörcher*, Art. 51 GRC Rn. 29; *Jarass*, GRC, Art. 51 Rn. 42; *Mahlmann*, ZEuS 2000, 420, 438; *Kokott*, FS I. Schmidt, 2021, S. 991, 1001. Fragend *Stürner*, Europäisches Vertragsrecht, 2021, § 7 Rn. 58.

cheren Partei. In seiner rechtlichen Argumentation rekurriert der Gerichtshof sogar vereinzelt ausdrücklich auf diese schwächere Position des Arbeitnehmers, so namentlich in den Rechtssachen *CCOO*[30] und *Max-Planck.*[31]

Dass der EuGH die strukturelle Überlegenheit aber tatsächlich als Voraussetzung für eine Bindung Privater an die GRC ansieht, erscheint zweifelhaft. Zunächst fällt nämlich auf, dass das Argument nicht in allen Entscheidungen anzutreffen ist, in denen der Gerichtshof diese bejahte. In den Rechtssachen *Egenberger* und *Cresco Investigation* verliert er hierzu kein Wort. Zum anderen kann auch den erwähnten Ausführungen in den Rechtssachen *CCOO und Max-Planck* nicht entnommen werden, dass der Gesichtspunkt der strukturellen Unterlegenheit des Arbeitnehmers gerade für den Adressatenkreis der Charta bedeutsam sein soll. Diese sind sehr allgemein gehalten und betreffen ganz generell die Auslegung des einschlägigen Sekundärrechts, freilich auch im Lichte des Art. 31 Abs. 2 GRC. Dem EuGH geht es hier augenscheinlich darum, die grundsätzliche Schutzwürdigkeit des Arbeitnehmers hervorzuheben, wenn er feststellt, dass der „[...] Arbeitnehmer als die schwächere Partei des Arbeitsvertrags anzusehen [ist], so dass verhindert werden muss, dass der Arbeitgeber ihm eine Beschränkung seiner Rechte auferlegen kann."[32] Dieser Passus findet sich denn auch in Entscheidungen des Gerichtshofs, die keinen Bezug zur Frage der Bindung Privater an die GRC aufwiesen sondern deren Schwerpunkt im Sekundärrecht lag.[33]

Wahrscheinlicher ist es somit, dass sich die strukturelle Unterlegenheit allenfalls mittelbar auf die Reichweite der Horizontalwirkungsdoktrin auswirkt: So ist sie als zentraler Leitgedanke des Arbeitsrechts schließlich ein wichtiges Motiv dafür, warum sich die Union überhaupt zum Erlass sozialpolitisch motivierter Richtlinien zum Zwecke des Arbeitnehmerschutzes veranlasst sieht und das nationale Arbeitsrecht inzwischen so stark von Unionsrecht beeinflusst ist. Aufgrund dieser Richtliniendichte wird das Arbeitsrecht generell zum Referenzgebiet für die Horizontalwirkung der GRC.[34] Zwingende Voraussetzung einer Bindung Privater ist eine strukturelle Überlegenheit aber auch aus Sicht des EuGH wohl nicht. Dies ist auch dogmatisch vorzugswürdig, wie an späterer Stelle noch gezeigt wird.[35] Insgesamt ist daher nicht davon auszugehen, dass die Rechtsprechung des EuGH zur Bindung Privater an die GRC zwingend auf das Arbeitsrecht beschränkt bleiben muss.

---

[30] EuGH v. 14.05.2019 – Rs. C-55/18 (*CCOO*), NZA 2019, 683, Rn. 44.

[31] EuGH v. 06.11.2018 – Rs. C-684/16 (*Max-Planck*), NZA 2018, 1474, Rn. 41.

[32] EuGH v. 06.11.2018 – Rs. C-684/16 (*Max-Planck*), NZA 2018, 1474, Rn. 41; EuGH v. 14.05.2019 – Rs. C-55/18 (*CCOO*), NZA 2019, 683, Rn. 44.

[33] Grundlegend offenbar EuGH v. 05.10.2004 – Rs. C-397/01 u.a. (*Pfeiffer*), NZA 2004, 1145, Rn. 82; daneben EuGH v. 25.11.2010 – Rs. C-429/09 (*Fuß*), NZA 2011, 53, Rn. 80.

[34] Das gilt angesichts dieser Erklärung dann aber ebenso für die Reichweite der negativen Horizontalwirkung.

[35] Vgl. hierzu unten unter § 12 D. II. 3.

C. Fazit: Keine vollständige Klarheit über die Voraussetzungen

Die Zusammenfassung der Voraussetzungen der negativen und positiven Horizontalwirkung der Chartagrundrechte anhand der bisherigen Grundsatzentscheidungen führt zu einem gemischten Befund: Als geklärt kann gelten, dass aus Sicht des EuGH in allen Fällen der Horizontalwirkung eine Eröffnung des Anwendungsbereichs der Charta erforderlich ist. Außerdem hält der Gerichtshof die unmittelbare Anwendbarkeit der jeweiligen Grundrechtsbestimmung für notwendig und macht diese zur zentralen Prüfungsfrage im Rahmen seiner Horizontalwirkungsrechtsprechung. Für die negative Horizontalwirkung kommt es auch aus Sicht des Gerichtshofs nicht auf eine Grundrechtsbindung Privater an; dieser bedarf es erst für die positive Horizontalwirkung. Viel spricht zudem dafür, dass das Vorliegen eines strukturellen Ungleichgewichts zwischen den Parteien eines privatrechtlichen Vertrags aus Sicht des EuGH keine entscheidende Voraussetzung für eine grundrechtliche Bindung Privater ist.

Weitgehende Unklarheit besteht aber über die wichtige Frage, wann konkret von der unmittelbaren Anwendbarkeit einer Grundrechtsnorm ausgegangen werden kann. Hier gibt der Gerichtshof über die allgemeinen Voraussetzungen der hinreichenden Bestimmtheit und inhaltlichen Unbedingtheit hinaus kaum Hinweise, wie dies rechtssicher zu ermitteln ist. Unklar ist dabei im Besonderen, inwieweit der EuGH für die Anforderungen an die unmittelbare Anwendbarkeit einen qualitativen Unterschied zwischen einer negativen und einer positiven Horizontalwirkung macht. Hier deuten seine Ausführungen aber zumindest in die Richtung, dass er für eine positive Horizontalwirkung mehr Normmaterial für erforderlich hält als für die typische negative Horizontalwirkung. Daneben ist fraglich, wie sich das Konkretisierungsverhältnis zwischen Grundrecht und Richtlinie darstellt, und dabei konkret, inwieweit der Gerichtshof einen Rückgriff auf einen Richtlinieninhalt zur Ermittlung des Gewährleistungsgehalts einer Grundrechtsnorm für zulässig hält. Diese offenen Fragen sollen im weiteren Verlauf der Untersuchung in Kapitel 5 zur tatbestandlichen Reichweite der Doktrin beleuchtet werden.

C. Fazit: Keine vollständige Klarheit über die Voraussetzungen

Kapitel 4

Die Rechtsfolgenseite – Zulässigkeit von negativer und positiver Horizontalwirkung

Bald zwei Jahrzehnte nach der umstrittenen *Mangold*-Entscheidung hat sich nicht nur gezeigt, dass sich die Annahme einer Horizontalwirkung der Unionsgrundrechte zu einer ständigen Rechtsprechung entwickelt hat; der EuGH war überdies bereit, die Rechtsfolgen dieser Horizontalwirkungsdoktrin um die Möglichkeit einer positiven Horizontalwirkung im Sinne einer Bindung Privater zu erweitern. Im Folgenden soll untersucht werden, ob die Unionsgrundrechte tatsächliche derartige Rechtsfolgen zeitigen können. Dabei soll das Hauptaugenmerk auf den Richtlinienkontext gerichtet werden, denn der EuGH hat sich der grundrechtlichen Horizontalwirkung aufgrund des begrenzten Anwendungsbereichs der Charta nie isoliert gewidmet, sondern immer im Zusammenhang mit – vornehmlich arbeitsrechtlichen – Richtlinien.[1]

[1] So auch *Skouris*, FS K. Schmidt, 2019, S. 451, 459.

§ 10

Vorfrage: Unmöglichkeit einer richtlinienkonformen Auslegung

Wie der Gerichtshof in allen oben genannten Entscheidungen festgestellt hat, kommt es auf die Rechtsfolge der negativen oder positiven Horizontalwirkung eines Unionsgrundrechts allerdings erst an, wenn eine richtlinienkonforme Auslegung des nationalen Rechts unmöglich ist. Dem entspricht es, dass der EuGH nur dann überhaupt auf die Rechtsfolgen eines möglichen Grundrechtsverstoßes eingeht, wenn sich der unionsrechtskonforme Zustand nicht schon über die innerstaatlichen Wirkungen der Richtlinie herstellen lässt.[1] Er trennt also, was die Wirkungen auf das nationale Recht angeht, den Weg über die Richtlinie strikt vom Weg über das Grundrecht[2].

Dies gibt Anlass, vorab einen Blick darauf zu werfen, wann von einer solchen Unmöglichkeit der richtlinienkonformen Auslegung auf erster Stufe auszugehen ist. Immerhin haben viele Umsetzungsentscheidungen des BAG, die auf entsprechende Urteile des EuGH folgten, gezeigt, dass die Unionsrechtswidrigkeit des nationalen Rechts häufig bereits durch eine richtlinienkonforme Auslegung des nationalen Rechts beseitigt werden konnte. Wann kommt es also überhaupt auf die Horizontalwirkung der GRC an?

---

[1] Das zeigt sich deutlich in EuGH v. 06.11.2018 – Rs. C-569/16, C-570/16 (*Bauer*), NZA 2018, 1467, wo der EuGH über zwei grundverschiedene Ausgangsverfahren zu entscheiden hatte: Einmal ging es um einen staatlichen und einmal um einen privaten Arbeitgeber. Hinsichtlich ersterem begnügt sich der EuGH mit dem Weg über die Richtlinie, der in ihrer unmittelbaren Anwendbarkeit im Vertikalverhältnis mündet (Rn. 75). Erst hinsichtlich letzterem muss er auf die Rechtsfolgen des Grundrechts aus Art. 31 Abs. 2 GRC eingehen (Rn. 79). Vgl. daneben auch EuGH v. 17.04.2018 – Rs. C-414/16 (*Egenberger*), NZA 2018, 569, Rn. 74 f.

[2] Der Weg über das Grundrecht beinhaltet dann seinerseits *wiederum* zwei Stufen: 1. Eine primärrechts- bzw. unionsgrundrechtskonforme Auslegung des nationalen Rechts und 2. bei deren Unmöglichkeit schließlich die negative oder positive Horizontalwirkung des Grundrechts.

A. EuGH: Forderung einer Auslegung bis zur Contra-legem-Grenze

Seit seiner Grundsatzentscheidung in der Rechtssache *von Colson* betont der EuGH, dass der mitgliedstaatliche Richter das nationale Recht so auszulegen hat, dass es im Einklang mit einer unionalen Richtlinie in der vom Gerichtshof vorgegebenen Auslegung steht.[3] Auch in der Literatur ist die Existenz dieses Gebots inzwischen unbestritten; nicht gänzlich ist man sich aber über seine genauen dogmatischen Grundlagen einig.[4] Wichtiger als diese ist die Feststellung, dass für sein Eingreifen die unmittelbare Anwendbarkeit der in Rede stehenden Vorgabe nicht entscheidend ist. Auch und gerade nicht unmittelbar anwendbare Richtlinienvorgaben zwingen deshalb zur Konformauslegung des nationalen Rechts.[5] Der einleuchtende Grund hierfür liegt darin, dass es im Falle der richtlinienkonformen Auslegung weiterhin das seinerseits unproblematisch unmittelbar anwendbare, nationale Recht ist, das Rechtsfolgen für den Bürger anordnet, nicht die unionale Richtlinie selbst.[6] Eine Unterscheidung zwischen Vertikal- und Horizontalverhältnis kennt das Gebot dementsprechend nicht. Gerade das private mitgliedstaatliche Arbeitsrecht ist daher ebenfalls richtlinienkonform auszulegen.[7]

Der EuGH fordert dabei eine sehr weitgehende Auslegung des nationalen Rechts. Seit seiner Entscheidung in der Rechtssache *Marleasing* verlangt er, dass jedes mitgliedstaatliche Gericht „soweit es bei der Anwendung des nationalen Rechts […] dieses Recht auszulegen hat, seine Auslegung *so weit wie möglich* am Wortlaut und Zweck der Richtlinie ausrichten muss […], um das mit der Richtlinie verfolgte Ziel zu erreichen […].“[8] Dabei erfasst das Gebot aus Sicht des Gerichtshofs nicht nur solche Vorschriften, die gerade der Umsetzung der Richtlinie dienen, sondern das gesamte nationale Recht. Und aus der Perspektive des Unionsrechts ist auch der Normwortlaut keine absolute Grenze des Gebots: Der EuGH darf in seiner Wortwahl nicht dahin verstanden werden, dass er von den nationalen Gerichten nur eine richtlinienkonforme Auslegung innerhalb des Normwortlauts fordern würde. Wenn der EuGH von Auslegung spricht, dann meint er nicht die Auslegung im engeren Sinne, sondern in Anlehnung an das französische Methodenverständnis Auslegung *und* Rechtsfortbildung im Sinne

---

[3] EuGH v. 10.04.1984 – Rs. 14/83 (*Von Colson*), Slg. 1984, 1891, Rn. 26 = NZA 1984, 157, 158.

[4] Siehe hierzu EuArbRK/*Höpfner*, Art. 288 AEUV Rn. 42 m.w.N.; *ders.*, Die systemkonforme Auslegung, 2008, S. 253 ff.; *Franzen*, Privatrechtsangleichung, 1999, S. 292 f.; *Kerwer*, Gemeinschaftsrecht und Rechtsprechung, 2003, S. 208 ff.; *M. Weber*, Grenzen EU-rechtskonformer Auslegung und Rechtsfortbildung, 2009, S. 88 ff.

[5] Statt vieler *Jarass*, NJW 1990, 2420, 2421.

[6] EuArbRK/*Höpfner*, Art. 288 AEUV Rn. 37.

[7] EuArbRK/*Höpfner*, Art. 288 AEUV Rn. 37.

[8] EuGH v. 13.11.1990 – Rs. C-106/89 (*Marleasing*), Slg. 1990, I-4135 = BeckRS 2004, 74075, Rn. 8 (Hervorhebung durch Verf.).

der deutschen Terminologie und in den jeweiligen Grenzen der mitgliedstaatlichen Methodik.[9] Aus der Wortwahl des EuGH kann daher keine absolute Grenzfunktion des Wortsinns hergeleitet werden.

Schließlich macht die Pflicht auch keinen Halt vor einer bestehenden höchstrichterlichen Rechtsprechung auf nationaler Ebene: Widerspricht diese einer Richtlinienvorgabe, so ist seitens der Instanzgerichte entgegen der höchstrichterlichen Rechtsprechung zu entscheiden; die Obergerichte haben die ständige Rechtsprechung ihrerseits anzupassen.[10] So sieht sich das BAG, besonders prominent etwa im Urlaubsrecht, seit vielen Jahren zur fortlaufenden Anpassung seiner Rechtsprechung an die Vorgaben der Arbeitszeitrichtlinie verpflichtet.[11]

Das Gebot zur richtlinienkonformen Auslegung reicht also aus Sicht des EuGH grundsätzlich sehr weit. Gleichzeitig hat es aber auch nach dem Dafürhalten des Gerichtshofs eine zentrale Grenze: Es zwingt die mitgliedstaatlichen Gerichte nicht zur richtlinienkonformen Auslegung *contra legem*.[12] Damit achtet der EuGH die Rollenverteilung zwischen nationaler Legislative und Judikative.[13] Die Contra-legem-Grenze markiert das Ende des Zuständigkeitsbereichs des mitgliedstaatlichen Richters und den Beginn des Zuständigkeitsbereichs des Gesetzgebers.

B. Verortung der Contra-legem-Grenze in Deutschland

Wer im Einzelfall für die Herstellung einer richtlinienkonformen Rechtslage zuständig ist, richtet sich zwingend nach dem nationalem Verfassungsrecht. Der EuGH, dessen Aufgabe in der Auslegung des Unionsrechts liegt, ist zur Beantwortung dieser genuin mitgliedstaatlichen Frage nicht befugt. Die Grenzziehung muss daher für jeden Mitgliedstaat individuell erfolgen. An dieser Stelle soll sie nur für die deutsche Rechtsordnung ausführlicher dargestellt werden.[14]

---

[9] *Kerwer*, Gemeinschaftsrecht und Rechtsprechung, 2003, S. 356 ff.

[10] EuGH v. 19.04.2016 – Rs. C-441/14 (*Dansk Industri*), NZA 2016, 537, Rn. 33; EuGH v. 17.04.2018 – Rs. C-414/16 (*Egenberger*), NZA 2018, 569, Rn. 72 f.; EuGH v. 06.11.2018 – Rs. C-569/16, C-570/16 (*Bauer*), NZA 2018, 1467, Rn. 68.

[11] Vgl. hierzu *Kiel*, JbArbR 57 (2020), 95 ff.

[12] Grundlegend insoweit EuGH v. 16.06.2005 – Rs. C-105/03 (*Pupino*), NJW 2005, 2839, Rn. 24 zur rahmenbeschlusskonformen Auslegung sowie daran anknüpfend EuGH v. 04.07.2006 – Rs. C-212/04 (*Adeneler*), NJW 2006, 2465, Rn. 110 zur richtlinienkonformen Auslegung. Seither st. Rspr. vgl. etwa EuGH v. 15.01.2014 – Rs. C-176/12 (*AMS*), NZA 2014, 193, Rn. 39; EuGH v. 19.04.2016 – Rs. C-441/14 (*Dansk Industri*), NZA 2016, 537, Rn. 32; EuGH v. 17.04.2018 – Rs. C-414/16 (*Egenberger*), NZA 2018, 569, Rn. 71; EuGH v. 11.09.2018 – Rs. C-68/17 (*IR*), NZA 2018, 1187, Rn. 63; EuGH v. 06.11.2018 – Rs. C-569/16, C-570/16 (*Bauer*), NZA 2018, 1467, Rn. 26; EuGH v. 13.12.2018 – Rs. C-385/17 (*Hein*), Rn. 51; EuGH v. 22.01.2019 – Rs. C-193/17 (*Cresco Investigation*), NZA 2019, 297, Rn. 74.

[13] So pointiert EuArbRK/*Höpfner*, Art. 288 AEUV Rn. 47.

[14] Eine jüngere Untersuchung am Beispiel des Urlaubsrechts, die die Grenzen der richtli-

Hierzulande betont das BVerfG die zentrale Bedeutung der Contra-legem-Grenze vor dem Hintergrund der Gewaltenteilung des GG.[15] Einer richterlichen Rechtsharmonisierung „am Gesetzgeber vorbei“[16] werden durch die Verfassung Schranken gesetzt[17]: In einer Überschreitung der Methodengrenzen bei der richterlichen Umsetzung von Richtlinienvorgaben liegt ein Verstoß gegen die richterliche Gesetzesbindung gem. Art. 20 Abs. 3 GG. Kann der nationale Richter eine nationale Vorschrift nicht unionsrechtskonform auslegen und wird ihr Normanwendungsbefehl nicht ohnehin durch den Anwendungsvorrang unmittelbar anwendbaren Unionsrechts suspendiert, so hat er die Bestimmung so lange seiner Entscheidung zugrunde zu legen, bis der Gesetzgeber seiner Umsetzungsverpflichtung gerecht wird und die Bestimmung anpasst. Wo genau nun aber diese Grenze verläuft, ist heftig umstritten.[18]

Im Grundsatz gilt: Für die *Reichweite* des Gebots der richtlinienkonformen Auslegung im weiteren Sinne (also verstanden als Auslegung i.e.S. und Rechtsfortbildung) besitzt der Normwortlaut auch aus deutscher Sicht keine entscheidende Grenzfunktion.[19] Eine gewisse Relevanz kommt ihm allerdings aus Sicht der traditionellen Lehre für die Frage zu, wann noch von einer Auslegung und wann schon von einer – besonders rechtfertigungsbedürftigen[20] – Rechtsfortbildung auszugehen ist.[21] Letzteres ist nach dieser Ansicht anzunehmen, wenn die Wortlautgrenze überschritten wird.[22] Diese immer noch vorherrschende Mei-

---

nienkonformen Auslegung in verschiedenen Mitgliedstaaten vergleicht, findet sich bei *Kamanabrou*, Richtlinienkonforme Auslegung im Rechtsvergleich, 2021 sowie bei *Wietfeld*, JZ 2020, 485, 492 ff.

[15] BVerfG v. 26.09.2011 – 2 BvR 2216/06 u.a., NJW 2012, 669, Rn. 47.

[16] EuArbRK/*Höpfner*, Art. 288 AEUV Rn. 37.

[17] Vgl. hierzu etwa BVerfG v. 26.09.2011 – 2 BvR 2216/06 u.a., NJW 2012, 669, Rn. 44 ff.

[18] Siehe Preis/Sagan/*Sagan*, § 1 Rn. 151 ff. m.w.N. einerseits; EuArbRK/*Höpfner*, Art. 288 AEUV Rn. 46 ff. m.w.N. andererseits. Zum Ganzen auch Riesenhuber/*Roth*/*Jopen*, § 13 Rn. 37 ff. sowie *Canaris*, FS Bydlinski, 2002, S. 47 ff. Monographisch vgl. etwa *Baldauf*, Richtlinienverstoß und Verschiebung der Contra-legem-Grenze im Privatrechtsverhältnis, 2013; *Herresthal*, Rechtsfortbildung im europarechtlichen Bezugsrahmen, 2006; *Herrmann*, Richtlinienumsetzung durch die Rechtsprechung, 2003; *M. Weber*, Grenzen EU-rechtskonformer Auslegung und Rechtsfortbildung, 2009. Aktuell zum Ganzen: *Roth*, ZIP 2020, 2488 ff.; *Wietfeld*, JZ 2020, 485 ff.; *Kamanabrou*, FS Preis, 2021, S. 549 ff.

[19] BVerfG v. 22.03.2018 – 2 BvR 780/16, NJW 2018, 1935, Rn. 150; BVerfG 26.09.2011 –2 BvR 2216/06, NJW 2012, 669, Rn. 57; BAG 05.03.1996 – 1 AZR 590/92, NZA 1996, 741, 755; EuArbRK/*Höpfner*, Art. 288 AEUV Rn. 49 m.w.N.; *ders.*, Die systemkonforme Auslegung, 2008, S. 280 f.; *ders.*, RdA 2018, 321, 324 f.; *Herresthal*, Rechtsfortbildung im europarechtlichen Bezugsrahmen, 2006, S. 317 ff.

[20] *Schlachter*, ZfA 2007, 249, 260.

[21] Dazu instruktiv und kritisch *Wank*, Juristische Methodenlehre, 2020, § 7 Rn. 56; *ders.*, Auslegung und Rechtsfortbildung im Arbeitsrecht, 2013, S. 132.

[22] Statt aller *Larenz*, Methodenlehre der Rechtswissenschaft, 6. Auflage, 1991, S. 322 ff.; konkret für die richtlinienkonforme Auslegung *Franzen*, Privatrechtsangleichung, 1999, S. 377 f.; *Schlachter*, EuZA 2015, 1, 9 f. Zur Kritik hieran siehe etwa *Wank*, Juristische Methodenlehre, 2020, § 7 Rn. 61 ff.; § 15 Rn. 15 ff. m.w.N. sowie EuArbRK/*Höpfner*, Art. 288 AEUV Rn. 50 m.w.N.

nung behandelt somit die richterliche Auflösung von Normwidersprüchen innerhalb des möglichen Wortsinns als *richtlinienkonforme Auslegung* und jenseits dieser Wortlautgrenze als Fall der *richtlinienkonformen Rechtsfortbildung*. Nach anderer Ansicht verläuft die Grenze zwischen Auslegung und Rechtsfortbildung hingegen nicht entlang des Wortsinns, sondern entlang des Willens des Gesetzgebers.[23] Alles, was Teil des gesetzgeberischen Willens im Normerlasszeitpunkt gewesen ist, bildet demgemäß die äußerste Grenze dessen, was noch als *Auslegung* bezeichnet werden kann. Danach wäre von einer *Rechtsfortbildung* erst dann auszugehen, wenn die von der Richtlinie vorgegebene Regelung im Anwendungszeitpunkt außerhalb des im Erlasszeitpunkt historisch gewollten Zecks liegt.[24] Diese Ansicht behandelt die Auflösung von Normwidersprüchen, die innerhalb des Willens des historischen Gesetzgebers liegen, also als Fall der *richtlinienkonformen Auslegung*[25] und nur solche jenseits des Willens des historischen Gesetzgebers, aber innerhalb des aktuellen gesetzgeberischen Willens, als Fall der zulässigen *richtlinienkonformen Rechtsfortbildung* im Sinne des nationalen Sprachgebrauchs.[26]

Die Unterschiede beider Ansichten sind vordergründig terminologischer Natur, da sie darüber entscheiden, wann noch von einer Auslegung und wann schon von einer Rechtsfortbildung zu sprechen ist.[27] Da nach dem Unionsrecht ohnehin beides geschuldet ist, können sie dennoch zum selben Ergebnis führen, weshalb dieser grundlegende Meinungsstreit für die Reichweite des Gebots an sich nicht entscheidend ist.

In dogmatischer Hinsicht ist aber zuzugeben, dass die gegen die traditionelle Auffassung vorgetragene Kritik nicht von der Hand zu weisen ist. Ein wirklich eindeutiger Wortlaut lässt sich schließlich kaum je sicher feststellen. Er ist letztlich immer abhängig vom im Einzelfall zu ermittelndem Sinn und Zweck der Norm und vom Vorverständnis des Norminterpreten.[28] Ein beachtliches Argument für die traditionelle Auffassung bleibt indes, dass ohne Festhalten an der Wortlautgrenze die Vorgaben des Art. 103 Abs. 2 GG kaum objektiv überprüfbar wären.[29] Nach üblicher Lesart verbietet diese Norm eine strafschärfende Rechtsfortbildung zulasten des Täters, erlaubt demgegenüber aber die bloße Auslegung. Um beide Bereiche, die zulässige Auslegung und die unzulässige Rechtsfortbil-

---

[23] Vgl. hierzu etwa EuArbRK/*Höpfner*, Art. 288 AEUV Rn. 50; *Höpfner/Rüthers*, AcP 209 (2009), 1, 5; *Rüthers*, JZ 2006, 53, 57 f.

[24] So etwa *Höpfner/Rüthers*, AcP 209 (2009), 1, 4 ff. Allgemein *Rüthers*, JZ 2006, 53, 58.

[25] EuArbRK/*Höpfner*, Art. 288 AEUV Rn. 50.

[26] *Höpfner*, Die systemkonforme Auslegung, 2008, S. 281; *Höpfner/Rüthers*, AcP 209 (2009), 1, 4 ff.

[27] *Höpfner*, RdA 2018, 321, 325.

[28] *Wank*, Auslegung und Rechtsfortbildung im Arbeitsrecht, 2013, S. 75 m.w.N.; EuArbRK/*Höpfner*, Art. 288 AEUV Rn. 50.

[29] *Möllers*, Juristische Methodenlehre, 4. Auflage, 2021, § 4 Rn. 36, 65 ff.; *Meier/Jocham*, JuS 2016, 392, 393; *Jocham*, Die Grenzen der richterlichen Rechtsfortbildung im Privatrecht, 2021, S. 29 f.

dung, rechtssicher voneinander abgrenzen zu können, bedarf es hinreichend bestimmter, objektiver Kriterien. Der Wortlaut des Gesetzes erscheint hierfür in der Tat besser geeignet als der Wille des Gesetzgebers.[30] Denn nur auf ihn kann sich der betroffene Bürger einstellen, der Wille des Gesetzgebers ist für einen Laien nicht rechtssicher zu ermitteln. Nur durch eine Wortlautgrenze kann der Bürger vor einer Bestrafung geschützt werden, die sich nicht aus dem Normwortlaut ergibt und mit der er deshalb auch berechtigterweise nicht rechnen muss.[31] Zwar stellt die Norm des Art. 103 Abs. 2 GG zunächst eine Besonderheit des Strafrechts dar; es ist aber nicht davon auszugehen, dass das GG für die allgemeine Frage der Grenzziehung zwischen Auslegung und Fortbildung im Strafrecht andere Maßstäbe vorsehen wollte als für das übrige Recht und damit das Zivilrecht.[32] Für die vorliegende Untersuchung wird deshalb trotz der berechtigten Kritik an der traditionellen Auffassung festgehalten: Die Rechtsfortbildung beginnt hiernach dort, wo der mögliche Wortsinn der Norm überschritten wird.[33]

Wichtiger als die methodologische Unterscheidung zwischen Auslegung und Rechtsfortbildung ist die Frage, anhand welcher Maßstäbe der gesetzgeberische Wille zu ermitteln ist, der nach beiden Ansichten die äußerste Grenze einer richtlinienkonformen Auslegung im weiteren Sinne darstellt.[34] Soll die Richtlinie den nationalen Auslegungsspielraum an sich nicht erweitern, kommt eine richtlinienkonforme Auslegung des nationalen Rechts nur dann in Betracht, wenn nach nationalen Maßstäben überhaupt ein Auslegungsspielraum besteht.[35] Das ist der Fall, wenn eine Anwendung des konventionellen Auslegungskanons von Wortlaut, Systematik, Entstehungsgeschichte und Telos mehrere Auslegungsergebnisse erzielt, von denen eines oder mehrere richtlinienwidrig sind und mindestens eines richtlinienkonform ist.[36] Eine über den Wortlaut hinausgehende (richtlinienkonforme) Rechtsfortbildung ist nach allgemeinen methodischen Grundsät-

---

[30] *Möllers*, Juristische Methodenlehre, 4. Auflage, 2021, § 4 Rn. 36; *Meier/Jocham*, JuS 2016, 392, 393.

[31] *Möllers*, Juristische Methodenlehre, 4. Auflage, 2021, § 4 Rn. 36.

[32] *Jocham*, Die Grenzen der richterlichen Rechtsfortbildung im Privatrecht, 2021, S. 30.

[33] *Möllers*, Juristische Methodenlehre, 4. Auflage, 2021, § 4 Rn. 36.

[34] Siehe hierzu sogleich.

[35] EuArbRK/*Höpfner*, Art. 288 AEUV Rn. 46; *ders.*, Die systemkonforme Auslegung, 2008, S. 272 ff.; *ders.*, JZ 2009, 403, 404; *Schürnbrand*, JZ 2007, 910, 911; *M. Weber*, Grenzen EU-rechtskonformer Auslegung und Rechtsfortbildung, 2009, S. 127; *Röthel*, Normkonkretisierung im Privatrecht, 2004, S. 414 ff.; *Canaris*, FS Bydlinski, 2002, S. 47, 56 ff. A.A. Preis/Sagan/*Sagan*, § 1 Rn. 150; *Martens*, Methodenlehre des Unionsrechts, 2013, S. 439 f.

[36] EuArbRK/*Höpfner*, Art. 288 AEUV Rn. 46; *ders.*, Die systemkonforme Auslegung, 2008, S. 272 ff.; *M. Weber*, Grenzen EU-rechtskonformer Auslegung und Rechtsfortbildung, 2009, S. 127; *Röthel*, Normkonkretisierung im Privatrecht, 2004, S. 414 ff.; *Canaris*, FS Bydlinski, 2002, S. 47, 56 ff.

zen wiederum nur zulässig, wenn sich dem nationalen Recht eine planwidrige Regelungslücke entnehmen lässt.[37]

Eine solche Planwidrigkeit kann sich nach vorzugswürdiger Auffassung nicht alleine aus der Tatsache ergeben, dass das nationale Recht nach Ausschöpfung der Auslegungsmethodik gegen eine Richtlinienvorgabe verstößt.[38] Entscheidend ist der Regelungsplan des nationalen Gesetzgebers[39] und damit dessen legislativer Wille. Der EuGH erkennt die Grenzen der nationalen Auslegungsmethodik schließlich uneingeschränkt an. Wenn er von den Gerichten damit keine im Vergleich zur Anwendung rein nationalen Rechts gesteigerte Auslegungs- und Fortbildungsbereitschaft verlangt[40], kann die Richtlinie auch keine Abweichungen von der verfassungsrechtlich gebotenen Gesetzesbindung rechtfertigen.[41] Eine von der Gesetzesbindung befreiende Suspendierung des Normanwendungsbefehls ergibt sich erst aus unmittelbar anwendbarem Unionsrecht, zu dem das Richtlinienrecht im Horizontalverhältnis gerade nicht zählt.[42] Alles andere käme einer umfassenden Horizontalwirkung von Richtlinien gleich und würde das Regelungskonzept des Art. 288 Abs. 3 AEUV mit dem dort angelegten Unterschied von Richtlinie und Verordnung überspielen.[43]

Mittelbar kann und muss wegen der Verbindlichkeit des Willens des nationalen Gesetzgebers dennoch den Unterschieden einer autonom-nationalen Auslegung einerseits und der durch eine Richtlinienvorschrift induzierten Auslegung (jeweils im weiten Sinne) andererseits Rechnung getragen werden.[44] So kann der Wille des historischen Gesetzgebers nämlich durchaus darauf gerichtet gewesen

---

[37] Allgemein *Wank*, Die Auslegung von Gesetzen, 6. Auflage, 2015, S. 84 ff. Konkret zur richtlinienkonformen Auslegung EuArbRK/*Höpfner*, Art. 288 AEUV Rn. 86 f.

[38] EuArbRK/*Höpfner*, Art. 288 AEUV Rn. 77 ff. m.w.N.; *Schürnbrand*, JZ 2007, 910, 913. A.A. Preis/Sagan/*Sagan*, § 1 Rn. 154; *Herresthal*, Rechtsfortbildung im europarechtlichen Bezugsrahmen, 2006, S. 217 ff. mit der Überlegung, die Gesamtrechtsordnung unter Einschluss der Richtlinie sei Maßstab der Lückenfeststellung. So könne es zu systemwidrigen Lücken kommen. Überlegungen in diese Richtung finden sich bereits bei *Canaris*, FS Bydlinski, 2002, S. 47, 85 ff.

[39] Vgl. BVerfG v. 26.09.2011 – 2 BvR 2216/06 u.a., NJW 2012, 669, Rn. 51; *Franzen*, Privatrechtsangleichung, 1999, S. 417; EuArbRK/*Höpfner*, Art. 288 AEUV Rn. 86 f.; *Höpfner/Rüthers*, AcP 209 (2009), 1, 34.

[40] Mit dieser Klarstellung *Schürnbrand*, JZ 2007, 910, 917.

[41] *Baldauf*, Richtlinienverstoß und Verschiebung der Contra-legem-Grenze im Privatrechtsverhältnis, 2013, S. 103 f.; EuArbRK/*Höpfner*, Art. 288 AEUV Rn. 80.

[42] EuArbRK/*Höpfner*, Art. 288 AEUV Rn. 80.

[43] EuArbRK/*Höpfner*, Art. 288 AEUV Rn. 79. Dieses Argument hat freilich mehr Gewicht in der Diskussion um die Streitfrage, inwieweit Richtlinien unmittelbare Anwendbarkeit entfalten können. Denn nur dort geht es um die Grenzen der Wirkung „aus dem Unionsrecht heraus". Für die Grenzen der richtlinienkonformen Auslegung ergeben sich die Grenzen aus dem nationalen Recht. Ein Mitgliedstaat wäre aber wohl ungehindert, Richtlinie und Verordnung über das Vehikel der Konformauslegung de facto gleich zu behandeln, vgl. in diesem Sinne auch *Schürnbrand*, JZ 2007, 910, 914. Nur ist ein dahingehender Wille konkret für die deutsche Verfassungsordnung richtigerweise nicht anzunehmen.

[44] Vgl. hierzu etwa Preis/Sagan/*Sagan*, § 1 Rn. 154.

sein, eine Richtlinie ordnungsgemäß umzusetzen.[45] Dann ist ein Rückgriff des Richters auf Richtlinieninhalte zur Lückenfüllung methodisch unbedenklich.[46]

Positiv bejahen lässt sich eine solche Umsetzungsabsicht regelmäßig für Bestimmungen, die ausdrücklich der Umsetzung einer Richtlinie dienen sollen, wie dies etwa dem Grunde nach für das AGG anzunehmen ist.[47] Dazu ist aber wiederum ein unterstellter genereller Umsetzungswille nicht ausreichend[48], vielmehr muss der konkrete Regelungswille des Gesetzgebers im Einzelfall ermittelt werden. Dieser kann in einer Sachfrage auf eine ordnungsgemäße Umsetzung gerichtet sein, er kann aber auch eine generelle Umsetzungsabsicht wieder verdrängen. Die konkrete Sachentscheidung ist also stets vorrangig.[49]

Von vornherein zu verneinen ist ein solcher Umsetzungswille naturgemäß für Bestimmungen, die erst nachträglich durch eine jüngere Richtlinienbestimmung geregelt wurden. Paradebeispiel hierfür ist etwa das BUrlG, das älter ist als das einschlägige Richtlinienrecht.[50] Alleine in der Nichtanpassung des „älteren" Rechts nach Inkrafttreten einer Richtlinie ist keine konkrete Absicht des Gesetzgebers zu sehen, mit der unveränderten Rechtslage den Anforderungen der Richtlinie entsprechen zu wollen.[51] Gleiches gilt für den (äußerst seltenen) Fall der bewussten Nicht-Umsetzung einer Richtlinie.[52] In diesen Fällen scheidet die richtlinienkonforme Auslegung oder Rechtsfortbildung aus. Trifft der Gesetzgeber also eine richtlinienwidrige Sachentscheidung, macht es keinen Unterschied, ob er ansonsten – vermutet oder aktuell feststellbar – grundsätzlich in der Absicht einer richtlinienkonformen Umsetzung gehandelt hat.[53] Eine Korrektur des Gesetzesrechts steht dem Richter in diesem Falle nicht zu.

Auf ebendieser Linie liegt die Entscheidung des BAG zur Umsetzung der Vorgaben der *Egenberger*-Entscheidung des EuGH[54]: Zwar hat der Gesetzgeber bei Schaffung des § 9 Abs. 1 AGG in dem Willen gehandelt, die Vorgaben der Richtlinie ordnungsgemäß ins nationale Recht umzusetzen, weshalb grundsätz-

---

[45] *Kerwer*, Gemeinschaftsrecht und Rechtsprechung, 2003, S. 341 ff.; *Franzen*, Privatrechtsangleichung, 1999, S. 303; *Kamanabrou*, FS Preis, 2021, S. 549, 556 m.w.N.

[46] *Franzen*, Privatrechtsangleichung, 1999, S. 416. Dem folgend *Canaris*, FS Bydlinski, 2002, S. 47, 85.

[47] BT-Drs. 16/1780, S. 7.

[48] *Konzen*, FS Birk, 2008, S. 439, 453.

[49] *Höpfner*, Die systemkonforme Auslegung, 2008, S. 258 f.; *Baldauf*, Richtlinienverstoß und Verschiebung der Contra-legem-Grenze im Privatrechtsverhältnis, 2013, S. 214 f.; *Jocham*, Die Grenzen der richterlichen Rechtsfortbildung im Privatrecht, 2021, S. 278; *Möllers*, Juristische Methodenlehre, 4. Auflage, 2021, § 13 Rn. 80; *Kamanabrou*, FS Preis, 2021, S. 549 ff.

[50] BAG v. 17.11.2009 – 9 AUR 844/08, NZA 2010, 1020, Rn. 24 ff. A.A. noch BAG 24.03.2009 – 9 AZR 983/07, NZA 2009, 538, Rn. 59. Vgl hierzu die kritische Begleitung von EuArbRK/*Höpfner*, Art. 288 AEUV Rn. 83 f.

[51] So auch *Kamanabrou*, FS Preis, 2021, S. 549, 552 Fn. 19.

[52] *Canaris*, FS Bydlinski, 2002, S. 47, 85 f.

[53] *Franzen*, Privatrechtsangleichung, 1999, S. 419; *Konzen*, FS Birk, 2008, S. 439, 453.

[54] BAG v. 25.10.2018 – 8 AZR 501/14, NZA 2019, 455, Rn. 24 ff.

lich davon auszugehen ist, dass die gesetzgeberische Sachentscheidung auch die Auslegung, die der EuGH der Richtlinie zugrunde legt, mitumfasst. Der historische Gesetzgeber hatte allerdings, aufgrund des deutschen Verständnisses von der großen Reichweite des kirchlichen Selbstbestimmungsrechts, die Richtlinie unzutreffend ausgelegt und gerade auf Basis dieser Auslegung die eindeutige, richtlinienwidrige Sachentscheidung getroffen, dass Diskriminierungen von Seiten der Kirchen aufgrund der Religionszugehörigkeit unabhängig von einem etwaigen Tätigkeitsbezug allein aufgrund des Selbstbestimmungsrechts gerechtfertigt sind.[55] Ein solches Verständnis des deutschen Gesetzgebers ergibt sich eindeutig aus den Gesetzesmaterialien[56]; dass es sich nicht unmittelbar im Wortlaut niederschlägt, ist nicht entscheidend.[57] Denn die Auslegung und Rechtsfortbildung einer Norm innerhalb des möglichen Wortsinns, aber außerhalb des ermittelbaren gesetzgeberischen Willens ist jedenfalls unzulässig. Eine solche musste deshalb vor dem Hintergrund der dargestellten Maßstäbe scheitern, obwohl das AGG an sich unbestreitbar der Umsetzung der einschlägigen Richtlinie dient. Hierin lag auch der entscheidende Unterschied zur Umsetzung der Vorgaben in der Rechtssache *IR*[58]: Mit Blick auf den insoweit streitentscheidenden § 9 Abs. 2 AGG fehlte eine ermittelbare eindeutig richtlinienwidrige Sachentscheidung des nationalen Gesetzgebers, die den generellen Umsetzungswillen hätte verdrängen können. Der maßgebliche gesetzgeberische Wille umfasste also in diesem Fall die ordnungsgemäße Umsetzung der Richtlinie in der Auslegung durch den Gerichtshof. Konsequenterweise hielt das BAG in dieser Entscheidung eine richtlinienkonforme Auslegung des zweiten Absatzes aufgrund des generellen Umsetzungswillens des Gesetzgebers für möglich.

Die skizzierten Grundsätze haben zur Folge, dass die Möglichkeit der richtlinienkonformen Auslegung und Fortbildung des nationalen Rechts die Horizontalwirkung der Charta nicht überflüssig machen. Das Gebot der richtlinienkonformen Auslegung ersetzt nicht die Wirkungen, die sich aus der fehlenden Horizontalwirkung von Richtlinien ergeben. Nur ausnahmsweise, nämlich bei konkret zur Umsetzung einer Richtlinie erlassenen Gesetzen, kann aufgrund einer konkreten Regelungsabsicht des Gesetzgebers eine richtlinienkonforme Auslegung des nationalen Rechts einer Horizontalwirkung der Richtlinien selbst nahekommen.

Daneben ist zu beachten: In *negativer Hinsicht* muss jedenfalls eine vollständige Derogation einer richtlinienwidrigen nationalen Bestimmung ausscheiden. Der nationale Richter ist funktionell nicht berechtigt, gestützt auf die richtlinienkonforme Auslegung eine Bestimmung bis zum Funktionsverlust zu reduzieren oder gar gänzlich zu derogieren. Auf eine ausnahmsweise zulässige richtli-

---

[55] BAG v. 25.10.2018 – 8 AZR 501/14, NZA 2019, 455, Rn. 41.

[56] BT-Drs. 16/1780, S. 35.

[57] Allgemein *Canaris*, FS Bydlinski, 2002, S. 47, 86. A.A. wohl *Franzen*, Privatrechtsangleichung, 1999, S. 419.

[58] BAG v. 20.02.2019 – 2 AZR 746/14, NZA 2019, 901 28.

nienkonforme Reduktion lässt sich also keine vollständige Derogation einer Bestimmung stützen, die ihr jeglichen Anwendungsbereich entzöge. Die Aufhebung einer Norm ist Aufgabe des Gesetzgebers.[59] In *positiver Hinsicht* muss eine richtlinienkonforme Extension bzw. Analogie zur Ausdehnung des Anwendungsbereichs einer Norm grundsätzlich abgelehnt werden. Auch sie ist nur möglich, wenn ausnahmsweise ein konkreter Wille des nationalen Gesetzgebers zur richtlinienkonformen Regelung einer Sachfrage und damit eine planwidrige Lücke feststellbar ist. Ähnlich wie bei der Derogation muss hier aber ebenfalls gelten, dass eine richterliche Umsetzung, die keinerlei Anknüpfungspunkte im existierenden einfachen Recht findet, ausscheiden muss.[60] Auch dies bleibt dem Gesetzgeber vorbehalten.

Die Möglichkeit, im Wege der richtlinienkonformen Auslegung auch ohne Zutun des Gesetzgebers zu unionsrechtskonformen Zuständen zu gelangen, ist also keinesfalls unbegrenzt. Sie kann nicht zu einer faktischen Horizontalwirkung von Richtlinienbestimmungen führen.[61] Damit macht sie auch die Frage nach der Horizontalwirkung der Unionsgrundrechte nicht entbehrlich. Auf dieses kommt es in vielen Fällen entscheidend an, was etwa die Umsetzung der *Egenberger*-Entscheidung durch das BAG beweist.

---

[59] *Canaris*, FS Bydlinski, 2002, S. 47, 94; *Schürnbrand*, JZ 2007, 910, 916. Dies erkennt auch Preis/Sagan/*Sagan*, § 1 Rn. 154 an. Differenzierter hinsichtlich der Zulässigkeit einer vollständigen judikativen Nichtanwendung einer Norm *Herresthal*, Rechtsfortbildung im europarechtlichen Bezugsrahmen, 2006, S. 321.

[60] Für eine sehr weitreichende gemeinschaftsrechtskonforme Extension aber *Herresthal*, Rechtsfortbildung im europarechtlichen Bezugsrahmen, 2006, S. 241 ff.

[61] Mit dieser Klarstellung EuArbRK/*Höpfner*, Art. 288 AEUV Rn. 79.

§ *11*

Die Zulässigkeit der negativen Horizontalwirkung der GRC

Im folgenden Abschnitt soll erörtert werden, ob die GRC tatsächlich die vom EuGH postulierte negative Horizontalwirkung entfalten kann. Dabei sei daran erinnert, dass nach dem Gesagten die negative in der positiven Horizontalwirkung eines Grundrechts konstruktiv mitenthalten ist. Gesichtspunkte, die gegen erstere sprechen, richten sich damit erst recht gegen zweitere. Die folgenden Ausführungen sind deshalb auch für sie relevant.

A. Überblick über den Meinungsstand

Aufgrund der Brisanz des *Mangold*-Judikats und der Folgeentscheidungen existiert bereits zur negativen Horizontalwirkung von Unionsgrundrechten im Schrifttum ein vielfältiges Meinungsbild. Innerhalb des breiten Spektrums an Literaturstimmen besteht ein fortdauernder Streit um ihre Zulässigkeit, gerade im typischen Kontext der Richtlinienumsetzung; und auch aufseiten der Generalanwälte ist keine einheitliche Position erkennbar.[1] Im jüngeren Schrifttum wird der Kurs des EuGH aber dem Grunde nach akzeptiert und von der Zulässigkeit einer negativen Horizontalwirkung auf Rechtsfolgenseite ausgegangen[2];

---

[1] Grundlegend für eine negative Horizontalwirkung: GA *Bot,* Schlussanträge v. 07.07.2009 – Rs. C-555/07 (*Kücükdeveci*), BeckRS 2009, 70777, Rn. 85, 90; *ders.,* Schlussanträge v. 25.11.2015 – Rs. C-441/14 (*Dansk Industri*), BeckRS 2015, 81953, Rn. 21, 50, 83; *ders.,* Schlussanträge v. 29.05.2018 – Rs. C-569/16, C-570/16 (*Bauer*), BeckRS 2018, 9605, Rn. 95; *ders.,* Schlussanträge v. 28.05.2018 – Rs. C-684/16 (*Max-Planck*), juris, Rn. 64; *ders.,* Schlussanträge v. 04.06.2019 – Rs. C-609/17, C-610/17 (*TSN*), BeckRS 2019, 10245, Rn. 109 sowie Rn. 119 ff. Dafür in unterschiedlicher Nuancierung auch: GA *Kokott,* Schlussanträge v. 12.03.2015 – Rs. C-83/14 (*CHEZ Razpredelenie Bulgaria*), BeckRS 2015, 80379, Rn. 144 ff.; *dies.,* Schlussanträge v. 20.09.2012 – Rs. C-394/11 (*Belov*), BeckRS 2012, 81929, Rn. 81 f.; GA *Cruz-Villalón,* Schlussanträge v. 18.07.2013 – Rs. C-176/12 (*AMS*), BeckRS 2014, 80206, Rn. 28 ff.; GA *Wathelet,* Schlussanträge v. 31.05.2018 – Rs. C-68/17, BeckRS 2018, 10185 Rn. 82 ff.; GA *Pitruzzella,* Schlussanträge v. 31.01.2019 – Rs. C-55/18 (*CCOO*), BeckRS 2019, 667, Rn. 93 ff., 99; GA *Bobek,* 25.07.2018 – Rs. C-193/17 (*Cresco Investigation*), BeckRS 2018, 16329, Rn. 146. Kritischer mit Blick auf das Verbot der Diskriminierung wegen Religionszugehörigkeit GA *Tanchev,* Schlussanträge v. 09.11.2017 – Rs. C-414/16 (*Egenberger*), BeckRS 2017, 134211, Rn. 119 ff. Umfassende Kritik bei GA *Trstenjak,* Schlussanträge v. 08.09.2011 – Rs. C-282/10 (*Dominguez*), BeckRS 2011, 81367, Rn. 71 ff.

[2] Stellvertretend *Preis/Temming,* NZA 2010, 185 ff.; *Greif,* Die Unanwendbarkeit richtli-

hierdurch hat sich die Diskussion eher auf die Ebene der tatbestandlichen Reichweite verlagert.[3] Stimmen, die die Zulässigkeit dieser Rechtsfolge an sich ablehnen[4], sind inzwischen in der Minderheit.

B. Eigene Stellungnahme

Das uneinheitliche Bild im Schrifttum und die vielen unterschiedlichen dogmatischen Fragen, die bereits eine solche, lediglich negative Wirkung der Unionsgrundrechte aufwirft, machen eine umfassendere Betrachtung dieser Rechtsfolge erforderlich. In materieller Hinsicht stellt sich insoweit nochmals die Frage, wie genau sich die negative Horizontalwirkung zu den Grundsätzen der innerstaatlichen Wirkung des Unionsrechts verhält. Daneben ist auf die grundrechtsdogmatische Konstruktion dieser Horizontalwirkung und in diesem Zusammenhang auf die Rolle des Art. 51 Abs. 1 GRC einzugehen. Schließlich ist zu klären, ob die konkretisierenden Richtlinien einen Rückgriff auf das konkretisierte Grundrecht womöglich sperren und deshalb einer solchen Wirkung entgegenstehen. In prozessualer Hinsicht ist schließlich die Rolle des nationalen Richters in den Blick zu

---

nienwidriger deutscher Arbeitsgesetze, 2016, S. 264 ff.; *ders.*, in: Uffmann/Dahm (Hrsg.), Vielfalt oder Chaos – Aktuelle Probleme und Entwicklungen im deutschen und europäischen Arbeitsrecht, 2013, S. 43 ff.; *Jarass*, in: Heiderhoff/Lohsse/Schulze (Hrsg.), EU-Grundrechte und Privatrecht, 2016, S. 31, 39 f.; *ders.*, ZEuP 2017, 310, 317 f.; *ders.*, GRC, Art. 51 Rn. 40; *Gallner*, FS Preis, 2021, S. 271 ff.; *dies.*, SR 2020, 45, 52 f.; *Kokott*, FS I. Schmidt, 2021, S. 991 ff.; *Starke*, EU-Grundrechte und Vertragsrecht, 2016, S. 198; *Haltern*, in: Haltern/Bergmann (Hrsg.), Der EuGH in der Kritik, 2012, S. 25 ff.; *Dougan*, in: Leczykiewicz/Weatherill (Hrsg.), The Involvement of EU Law in Private Law Relationships, 2013, S. 71, 77 ff.; EuArbRK/*Schubert*, Art. 6 EUV Rn. 40 ff.; Grabenwarter, EnzEuR/*Schmahl*, § 20 Rn. 175; *Winter*, FS Bepler, 2012, S. 633, 641 ff.; *Konzen*, FS Birk, 2008, S. 439, 457.

[3] Der Frage der tatbestandlichen Reichweite ist Kapitel 5 gewidmet.

[4] Vgl. hierzu insbesondere *Wank*, FS Birk, 2008, S. 929, 939; *ders.*, SAE 2010, 123 ff.; *ders.*, Auslegung und Rechtsfortbildung im Arbeitsrecht, 2013, S. 80; *ders.*, Die Auslegung von Gesetzen, 6. Auflage, 2015, S. 61 ff.; *ders.*, EuZA 2018, 327, 342; *ders.*, RdA 2020, 1, 6 ff.; *ders.*, Juristische Methodenlehre, 2020, § 3 Rn. 36, § 9 Rn. 62 ff.; *ders.*, FS Preis, 2021, S. 1463, 1471. Dem folgend: *Schmidt*, RdA 2020, 269, 272; *Kaiser*, AP TzBfG § 4 Nr. 29, unter II. 1. b). In die gleiche Richtung auch *Perner*, in: Heiderhoff/Lohsse/Schulze (Hrsg.), EU-Grundrechte und Privatrecht, 2016, S. 133, 143; *Wiedemann*, AP Richtlinie 2000/78/EG Nr. 1, III. 2. a). Mit deutlichen Sympathien für dieses Argument *Thüsing*, DB 2020, 1343, 1345. Äußerst kritisch insgesamt auch: *Chen*, Spezielle Diskriminierungsverbote der GRC, 2011, S. 48 ff.; *Lobinger*, Entwicklung, Stand und Perspektiven des europäischen Antidiskriminierungsrechts, 2015, S. 33 f.; *Mörsdorf*, Ungleichbehandlung als Norm, 2018, S. 162 ff.; *T. Schmidt*, Von „Mangold" bis „Maruko", 2014, S. 251; *Herresthal*, ZEuP 2014, 238, 272. Die Horizontalwirkung der GRC insgesamt ebenfalls verneinend, allerdings u.a. bereits deshalb, weil er eine Anwendbarkeit der Charta ablehnt *Höpfner*, ZfA 2010, 449, 469 ff.; *ders.*, RdA 2013, 16, 21 sowie mit etwas anderer Begründung schließlich *ders.*, JbArbR 57 (2020), 69, 84. Ähnlich Riesenhuber/*Leible*/*Domröse*, § 8 Rn. 41. Vgl. außerdem die weiteren Nachweise in den folgenden Abschnitten.

nehmen. Insoweit unterscheidet sich das System des unionalen Grundrechtsschutzes entscheidend von der deutschen Situation unter dem GG.

I. Materiellrechtliche Überlegungen

1. Anwendungsbereichseröffnung als eigentliches Hautproblem

Zunächst ist daran zu erinnern, dass das eigentliche Hauptproblem einer jeden Horizontalwirkung der GRC nach hier vertretener Auffassung bereits in der zweckwidrigen Bejahung der Anwendbarkeit der Unionsgrundrechte auf richtlinienwidriges nationales Umsetzungsrecht liegt.[5] Dabei handelt sich aber streng genommen nicht um eine Besonderheit der Horizontalwirkung der GRC, sondern um eine generell kritikwürdige Weichenstellung im Rahmen der allgemeinen Vorfrage des Anwendungsbereichs der Charta. Diese wirkt sich nur im Privatrecht entscheidend aus: Im öffentlichen Recht sind zwingende Richtlinienbestimmungen bei unterbliebener oder fehlerhafter Umsetzung regelmäßig unmittelbar anwendbar und entfalten Vertikalwirkung zugunsten der Einzelnen. Auf eine etwaige Idealkonkurrenz der Richtlinie mit einem durchsetzungsstärkeren Unionsgrundrecht kommt es dort von vornherein nicht an.

In der Literatur wird die Bedeutung dieses allgemeinen Aspekts im Zusammenhang mit der *Mangold*-Rechtsprechung nur äußerst selten hervorgehoben.[6] Ähnlich wie hier wendet sich etwa *Höpfner* gegen die Horizontalwirkungs-Rechtsprechung des EuGH mit dem Einwand, dass schon der Anwendungsbereich der Charta in diesen Fällen nicht eröffnet sei.[7] Die vorgebrachten Bedenken, dass durch einen Rückgriff auf die GRC letztlich eine verordnungsgleiche, unmittelbare Wirkung der Richtlinie „durch die Hintertür" geschaffen würde[8], sind dabei zwar für sich genommen noch unbeachtlich, da sie eine Auseinandersetzung mit der Dogmatik des chartarechtlichen Durchführungsbegriffs nicht ersetzen. Zu-

---

[5] Zur Kritik an der Grundrechtsbindung des mitgliedstaatlichen Umsetzungsrechts § 4 C. II. 2. b).

[6] Vgl. aber ausführlich *Höpfner*, ZfA 2010, 449, 466 ff. Knapper *ders.*, RdA 2013, 16, 21. Ähnlich Riesenhuber/*Leible*/*Domröse*, § 8 Rn. 41. Allerdings ist der exakte dogmatische Anknüpfungspunkt ihrer Kritik unklar. Die Autoren argumentieren sowohl mit dem Stufenbau der Rechtsordnung als auch mit der drohenden Umgehung des Verbots der Horizontalwirkung von Richtlinien. Im Kern stellen sie dabei aber zutreffend die Frage, ob die Charta im Falle eines parallelen Richtlinienverstoßes überhaupt Rechtmäßigkeitsmaßstab sein sollte und hängen diese an der Bestimmung des Art. 51 Abs. 1 S. 1 GRC auf. Ähnlich schließlich *Ahrends*, Das europäisierte Urlaubsrecht, 2019, S. 37 ff. Eingehend auch *Greif*, Die Unanwendbarkeit richtlinienwidriger deutscher Arbeitsgesetze, 2016, S. 173 ff., der sich indes für eine Anwendbarkeit der Charta ausspricht.

[7] *Höpfner*, ZfA 2010, 449, 466 ff.; *ders.*, RdA 2013, 16, 21. Allerdings wird dabei kein Bezug zu der oben diskutierten Grundsatzkritik hergestellt, die letztlich in dieselbe Richtung weist.

[8] *Höpfner*, ZfA 2010, 449, 466; *ders.*, RdA 2013, 16, 21; *ders.*, JbArbR 57 (2020), 69, 84; *Höpfner*/*Daum*, RdA 2019, 270, 275.

treffend ist jedoch die Annahme, dass sich die Richtlinienumsetzung im Horizontalverhältnis von der klassischen *agency*-Situation eben dadurch unterscheidet, dass eine Richtlinie hier nie unmittelbare Anwendbarkeit und damit auch nie Anwendungsvorrang entfalten kann.[9] Damit fehlt es an einem Kompensationsbedarf, der durch die Unionsgrundrechte zu befriedigen wäre. Bei einem funktionalen Verständnis des Systems des unionalen Grundrechtsschutzes ist kein Argument dafür ersichtlich, wieso sich der EuGH hier nicht mit der Feststellung einer bloßen Richtlinienwidrigkeit des nationalen Rechts begnügen sollte.

Die vom EuGH postulierte Horizontalwirkung der GRC ist allerdings nur eines von vielen Symptomen einer generellen, expansiven Entwicklungstendenz in der Rechtsprechung des Gerichtshofs zum Anwendungsbereich der Unionsgrundrechte: So wurde zu Recht darauf hingewiesen, dass nicht erst die *Mangold*-Entscheidung Zeugnis darüber ablegt, wie weit sich der EuGH inzwischen insgesamt von einem funktionellen Grundrechtsverständnis entfernt hat, bei dem es ursprünglich einmal um die Abgrenzung nach Grundrechtssphären zur Sicherstellung der einheitlichen Anwendung des sonstigen Unionsrechts ging.[10] Diese Entwicklung lässt sich auch an zahlreichen anderen Entscheidungen beobachten, in denen der Gerichtshof den unionalen Grundrechtsschutz aktiviert hat, obwohl dies teleologisch nicht geboten gewesen wäre.[11] Den dargestellten Vorwurf eines „offensive use of human rights"[12] musste sich der EuGH daher schon lange vor Beginn der *Mangold*-Linie gefallen lassen.[13] Wohl auch angesichts dieser generellen Expansionstendenzen des EuGH hinsichtlich des Anwendungsbereichs der Unionsgrundrechte hat sich der Großteil des einschlägigen Schrifttums inzwischen mit der Anwendbarkeit der Charta auch und gerade in den Horizontalwirkungs-Konstellationen abgefunden. Die Rechtsprechung des EuGH wird inzwischen fast durchweg als Problem der „grundrechtlichen Drittwirkung" oder mit Fokus auf das hierarchische Verhältnis von Richtlinie und Grundrecht diskutiert. Nach vorzugswürdige Ansicht ist aber bereits im systemwidrigen Verständnis des EuGH von der Anwendbarkeit der Unionsgrundrechte bei nicht ordnungsgemäßer Umsetzung zwingender Richtlinienvorgaben der entscheidende Konstruktionsfehler einer jeden Horizontalwirkung der Charta zu sehen.

Allerdings ist einzuräumen, dass die Bejahung der Anwendbarkeit der Unionsgrundrechte in dieser Konstellation inzwischen eine ständige Rechtsprechung des EuGH darstellt und von der h.L. mehrheitlich gebilligt wird. Wie bereits an

---

[9] *Höpfner*, ZfA 2010, 449, 469 ff.

[10] *Kingreen*, EuR 2010, 338, 358 f. Vgl. hierzu bereits *von Danwitz*, Verwaltungsrechtliches System und Europäische Integration, 1996, S. 118.

[11] *Kingreen*, EuR 2010, 338, 358.

[12] Begriff nach *Coppel/O'Neill*, CMLR 29 (1992), 669, 673. Diese Kritik für das Verhältnis von GRC und Privatrecht aufgreifend auch *Starke*, EU-Grundrechte und Vertragsrecht, 2016, S. 355 ff.

[13] *Kingreen*, EuR 2010, 338, 358; *von Danwitz*, Verwaltungsrechtliches System und Europäische Integration, 1996, S. 116 ff.

anderer Stelle festgestellt[14], wäre es daher wenig gewinnbringend, die Untersuchung unter Hinweis auf die fehlende Anwendbarkeit der Charta in dieser Konstellation fortzuführen. Dem weiteren Verlauf soll deshalb die kritikwürdige Sichtweise des EuGH und der h.L. zugrunde gelegt werden; wo sich aber aus diesem eigentlich systemwidrigen Verständnis dogmatisch relevante Folgefragen ergeben, ist auf die hier vorgetragene Kritik zurückzukommen.

2. Negative Horizontalwirkung als Folge des allgemeinen Anwendungsvorrangs

Geht man von der Anwendbarkeit der Charta aus, sollte in einem ersten Schritt nochmals ein genauerer Blick auf das hier zugrunde gelegte Zusammenspiel der negativen Horizontalwirkung mit den Grundsätzen der innerstaatlichen Wirkung von Unionsrecht geworfen werden.

Aus den Überlegungen im Grundlagenteil der vorliegenden Arbeit folgt zunächst, dass sich die negative Horizontalwirkung nicht schon aus der unmittelbaren Geltung der Unionsgrundrechte als Teil des Unionsrechts ergibt, sondern erst aus ihrer unmittelbaren Anwendbarkeit. Die andere Auffassung, die allein die unmittelbare Geltung ausreichen lässt, würde eine vertieftere Auseinandersetzung mit der Problematik der negativen Horizontalwirkung entbehrlich machen, weil diese sich unmittelbar mit dem vermeintlichen Hierarchieverhältnis von nationalem und mitgliedstaatlichem Recht erklären ließe. Sie könnte die negative Horizontalwirkung alleine auf den Vorrang des Unionsrechts stützen und müsste die normstrukturelle Frage um die unmittelbare Anwendbarkeit nur im Zusammenhang mit der positiven Horizontalwirkung problematisieren.[15]

Diese Sichtweise ist allerdings abzulehnen, weil die Prämisse eines unabhängig von der unmittelbaren Anwendbarkeit zum Tragen kommenden Anwendungsvorrangs nicht überzeugt. Wie bereits ausführlich dargelegt wurde, gilt: Die unmittelbare Anwendbarkeit ist zwingende Voraussetzung für beide Spielarten der Horizontalwirkung. Auch für eine negative Horizontalwirkung spielen deshalb die Rechtsnatur des Unionsrechtsakts sowie die Kriterien der hinreichenden Bestimmtheit und inhaltlichen Unbedingtheit eine tragende Rolle. Der EuGH hat sich dieser Sichtweise in der Rechtssache *Poplawski II* inzwischen ausdrücklich angeschlossen.[16]

Die Rechtsfolge der negativen Horizontalwirkung lässt sich also unionsrechtlich mit den Rechtsfiguren der unmittelbaren Anwendbarkeit *und* des Anwendungsvorrangs erklären.[17] Sie ist damit letztlich eine herkömmliche europarecht-

---

[14] §4 C. II. 2. b).

[15] Eine solch pragmatische Begründung wurde von *Stein* vorgeschlagen, die die Horizontalwirkung des Unionsrechts insgesamt allein durch die Rechtsfiguren des Vorrangs und der unmittelbaren Anwendbarkeit erklären will, vgl. *Stein*, Drittwirkung im Unionsrecht, 2016, S. 131 ff.

[16] EuGH v. 24.06.2019 – Rs. C-573/17 (*Poplawski II*), BeckRS 2019, 12042, Rn. 62. Bestätigt in EuGH v. 19.11.2019 – Rs. C-585/18, C-624/18, C-625/18 (*A.K.* u.a.), Rn. 161; EuGH v. 18.01.2022 – Rs. C-261/20 (*Thelen Technopark*), BeckRS 2022, 212, Rn. 30.

[17] Insoweit zutreffend *Stein*, Drittwirkung im Unionsrecht, 2016, S. 133 ff.; *Kokott*, FS I.

liche Kollisionsfolge.[18] Jede Kritik an der Rechtsfolge der negativen Horizontalwirkung als solcher wäre somit eigentlich Kritik an den maßgeblichen Grundsatzentscheidungen *van Gend & Loos, Costa/E.N.E.L* und *Simmenthal II.* Diese können angesichts ihrer Festigung in Literatur und Rechtsprechung allerdings nicht mehr ernsthaft in Frage gestellt werden.

3. Grundrechtsdogmatische Erklärung: Bindung des Privatrechtsgesetzgebers

Inhaltlich setzt der Anwendungsvorrang das Bestehen einer unmittelbar anwendbaren Normaussage voraus, die mit dem nationalen Recht kollidiert. Für die negative Horizontalwirkung der GRC ergibt sich diese Kollision grundrechtsdogmatisch daraus, dass die Legislative als Hoheitsträger an die Chartagrundrechte in ihrer Abwehr- und Schutzpflichtendimension gebunden ist: Der unionale und der nationale Gesetzgeber dürfen allgemein keine Vorschrift erlassen, die gegen ein Unionsgrundrecht verstößt.[19] Art. 51 Abs. 1 S. 1 GRC unterwirft dabei *sämtliches* sekundäre Unionsrecht sowie daneben das entsprechende Umsetzungsrecht der Mitgliedstaaten einer Bindung an die Charta, ohne privatrechtliche Vorschriften von dieser Bindung auszunehmen.[20] Die erforderliche Kollision lässt sich hier – wie dargelegt[21] – auf zwei Wege begründen: Entweder die nationale Norm greift ungerechtfertigt in die Abwehrdimension eines Grundrechts ein, oder sie vereitelt eine unionsgrundrechtliche Schutzpflicht.

Auch rechtsvergleichende Überlegungen stützen das Gesagte. Dass nämlich eine Kollision von einfachem Recht und den Grundrechten als Teil der höherrangigen Verfassung die Nichtanwendbarkeit bzw. Nichtigkeit der entsprechenden Norm zeitigt und dies gerichtlich überprüfbar ist, ist nicht nur in Deutschland, sondern auch in den allermeisten Mitgliedstaaten der Union anerkannt.[22] Zwar unterscheidet sich die prozessuale Durchsetzbarkeit eines solchen *judicial review* von Mitgliedstaat zu Mitgliedstaat. Mal ist der Bürger auf eine Inzident-

---

Schmidt, 2021, S. 991, 998; EuArbRK/*Schubert*, Art. 51 GRC Rn. 45, 36. In dieselbe Richtung auch *Kulick*, Horizontalwirkung im Vergleich, 2020, S. 71.

[18] *Konzen*, FS Birk, 2008, S. 439, 457; EuArbRK/*Schubert*, Art. 51 GRC Rn. 36.

[19] Treffend etwa *Mörsdorf*, JZ 2019, 1066, 1068; *Waltermann*, FS Birk, 2008, S. 915, 920; *Rengeling/Szczekalla*, EU-Grundrechte, 2004, § 4 Rn. 331; *Greif*, Die Unanwendbarkeit richtlinienwidriger deutscher Arbeitsgesetze, 2016, S. 134; *Ruffert*, FS Robbers, 2020, S. 923, 931.

[20] *Starke*, EU-Grundrechte und Vertragsrecht, 2016, S. 185; *Krebber*, EuZA 2013, 188, 198; *Fornasier*, in: Latzel/Picker (Hrsg.), Neue Arbeitswelt, 2014, S. 25, 35 f.

[21] Zu den zwei Möglichkeiten der Kollision in der Abwehr- und Schutzkonstellation vgl. § 2 B. I.

[22] Vgl. nur *Iliopoulos-Strangas*, in: dies. (Hrsg.), Soziale Grundrechte in Europa nach Lissabon, 2010, S. 699, 993 ff.; *de Visser*, Constitutional Review in Europe, 2014, S. 187 ff.; mit einem Blick auch über die Grenzen der Union hinaus *Brewer Carías*, in: ders. (Hrsg.), Constitutional courts as positive legislators, 2011, 889; grundlegender Überblick bei *Cappelletti/Ritterspach*, JÖR 20 (1971), 65 ff. Siehe zum Ganzen auch *A. Weber*, European Constitutions Compared, 2019, S. 167 f.

prüfung beschränkt, mal existiert ein spezifischer individualschützender Rechtsbehelf. In manchen Verfassungsordnungen gibt es hierzu ein System der diffusen Normenkontrolle[23], in der jedes Gericht dezentral zur Kontrolle am Maßstab der Verfassung befugt ist, zumeist aber besteht das System einer konzentrierten Normenkontrolle[24], bei der die Überprüfung des Gesetzesrechts einem zentralen Organ, wie etwa dem deutschen BVerfG, obliegt.[25] Außerdem binden nicht alle Verfassungsgerichte den Gesetzgeber derart streng an den Verhältnismäßigkeitsgrundsatz, wie etwa das BVerfG in Deutschland.[26] Am gem. Art. 52 Abs. 4 GRC maßgeblichen mitgliedstaatlichen Konsens über die Überprüfbarkeit von Normen des einfachen (Privat-) Rechts am Maßstab höherrangigen Rechts ändern diese Unterschiede jedoch nichts.[27]

4. Unbeachtlichkeit des Art. 51 Abs. 1 S. 1 GRC

Gegen eine negative Horizontalwirkung der Unionsgrundrechte könnte allerdings auf den ersten Blick ein Umkehrschluss aus der allgemeinen Norm des Art. 51 Abs. 1 S. 1 GRC sprechen. Sie nennt lediglich Hoheitsträger als Adressaten der Charta und scheint damit jeder Form von unmittelbarer Horizontalwirkung entgegenzustehen.[28]

Diese Sichtweise vermag allerdings nicht zu überzeugen. Aus der Norm lassen sich keine prinzipiellen Einwände gegen eine negative Horizontalwirkung der Chartagrundrechte ableiten.[29] Der Wortlaut der Bestimmung legt zwar *prima facie* einen Umkehrschluss dahin nahe, dass nur Hoheitsträger, nicht aber auch Private an die Grundrechte der Charta gebunden sind. Zum einen ist dieser Schluss aber nicht zwingend.[30] Zum anderen ist er jedenfalls für die negative Horizontalwirkung ohne Belang, weil für sie die Adressatenstellung des Privaten

---

[23] Begriff nach *Cappelletti/Ritterspach*, JÖR 20 (1971), 65, 82.

[24] Begriff nach *Cappelletti/Ritterspach*, JÖR 20 (1971), 65, 82.

[25] Ein aktueller Überblick hierzu findet sich etwa bei *Ellerbrok/Pracht*, EuR 2021, 188, 192 ff.

[26] *Martens*, Methodenlehre des Unionsrechts, 2013, S. 523.

[27] Differenzierend *von Bogdandy/Huber/Grabenwarter*, in: dies. (Hrsg.), The Max Planck Handbooks in European Public Law, Volume III: Constitutional Adjucation: Institutions, 2020, S. 1, 12; *Cappelletti/Ritterspach*, JÖR 20 (1971), 65, 100 („europäischer Typ").

[28] Vgl. etwa GA *Trstenjak*, Schlussanträge v. 08.09.2011 – Rs. C-282/10 (*Dominguez*), BeckRS 2011, 81367, Rn. 83; *Huber*, NJW 2011, 2385, 2388 ff.; *Classen*, EuR 2008, 627, 639; *Krause*, NZA-Beilage 2019, 86, 94; *Lobinger*, Entwicklung, Stand und Perspektiven des europäischen Antidiskriminierungsrechts, 2015, S. 34 f.; *Schneider*, Wirkung von Bezugnahmeklauseln nach Betriebsübergang, 2017, S. 238. Ähnlich *Mörsdorf*, Ungleichbehandlung als Norm, 2018, S. 164.

[29] Wie hier bereits *Greif*, Die Unanwendbarkeit richtlinienwidriger deutscher Arbeitsgesetze, 2016, S. 221 ff.; *Starke*, EU-Grundrechte und Vertragsrecht, 2016, S. 200 ff.; EuArbRK/*Schubert*, Art. 51 GRC Rn. 36; GA *Bot*, Schlussanträge v. 29.05.2018 – Rs. C-569/16, C-570/16 (*Bauer*), BeckRS 2018, 9605, Rn. 77 f.

[30] Vgl. § 12 D. I. 2. a) aa).

selbst nicht erforderlich ist. Einzige Voraussetzung ist die unmittelbare Anwendbarkeit, die sich aus der Normstruktur der jeweiligen Bestimmung ergibt. Die unmittelbare Anwendbarkeit ist dabei ihrerseits unabhängig von der Adressateneigenschaft Privater.[31] Und auch für die Annahme einer auflösungsbedürftigen Kollision, die für den Anwendungsvorrang erforderlich ist, bedarf es nach hier vertretener Auffassung nicht der Verpflichtung des Privaten durch die unionale Norm.[32] Die Unvereinbarkeit nationalen Privatrechts mit den Grundrechten in ihrer Abwehr- und Schutzpflichtenfunktion kann auch ohne Bindung Privater zur Unanwendbarkeit der entgegenstehenden nationalen Norm führen.[33]

Etwas anderes kann auch nicht deshalb gelten, weil sich aus der negativen Horizontalwirkung „Rechtsreflexe"[34] ergeben, die im Ergebnis durchaus auch privatbelastend wirken können.[35] Diese sind von der Adressatenfrage strikt zu trennen: Adressat einer Rechtsnorm ist nicht, wer die Vor- und Nachteile einer gesetzlich angeordneten Rechtsfolge genießt bzw. erleidet, sondern, wem durch sie ein Tun, Dulden oder Unterlassensgebot auferlegt wird. Das sind auch im Falle der negativen Horizontalwirkung nur die Union und der Mitgliedstaat als Hoheitsträger. Lediglich im Richtlinienrecht kommt es weniger auf die *rechtliche* Verpflichtungswirkung an, sondern tatsächlich auf die *faktische* Belastung Privater. Dies hat seinen Grund aber in der dogmatischen Begründung der unmittelbaren Anwendbarkeit von Richtlinien als Sanktionsmittel für treuwidriges Verhalten der Mitgliedstaaten, die für das Horizontalverhältnis nicht passt.[36] Auf die primärrechtliche GRC lässt sich dieser Gesichtspunkt nicht übertragen.[37]

Die Norm des Art. 51 Abs. 1 S. 1 Alt. 2 GRC steht einer negativen Horizontalwirkung damit nicht entgegen. Der EuGH hat dies zwar ausdrücklich nur für die positive Horizontalwirkung entschieden.[38] Da diese aber aufgrund der gemeinsamen dogmatischen Verwurzelung in unmittelbarer Anwendbarkeit und Anwendungsvorrang konstruktiv die negative Horizontalwirkung miteinschließt, muss das erst recht für jene gelten.

---

[31] Vgl. § 1 B. I. 2 (Unmittelbare Anwendbarkeit ist keine Frage des Normadressaten).

[32] Vgl. § 1 C. III. 2 (Kollisionsbegriff und Maßstabsfunktion unmittelbar anwendbaren Unionsrechts).

[33] EuArbRK/*Schubert*, Art. 51 GRC Rn. 36; Grabenwarter, EnzEuR/*Schmahl*, § 20 Rn. 175; *Greif*, Die Unanwendbarkeit richtlinienwidriger deutscher Arbeitsgesetze, 2016, S. 221 ff.; *Starke*, EU-Grundrechte und Vertragsrecht, 2016, S. 200 ff.

[34] *Mörsdorf*, JZ 2019, 1066, 1072.

[35] So aber *Chen*, Spezielle Diskriminierungsverbote der GRC, 2011, S. 50 f. Wie hier dagegen *Greif*, Die Unanwendbarkeit richtlinienwidriger deutscher Arbeitsgesetze, 2016, S. 221 f.

[36] Vgl. hierzu noch unten unter § 16.

[37] Dies verkennt *Mörsdorf*, Ungleichbehandlung als Norm, 2018, S. 162 ff.

[38] EuGH v. 06.11.2018 – Rs. C-569/16, C-570/16 (*Bauer*), NZA 2018, 1467, Rn. 87.

5. Rechtsquellentheoretischer Vorrang der konkretisierenden Richtlinie?

Wird, wie im Regelfall, die Horizontalwirkung über Richtlinienrecht vermittelt, bedarf weiterhin eine rechtsquellentheoretische Überlegung[39] einer ausführlicheren Würdigung. Auf den ersten Blick löst es nämlich durchaus ein gewisses Störgefühl aus, wenn auf ein Grundrecht zurückgegriffen wird, wo eigentlich eine konkretere Richtlinie, gewissermaßen also „einfaches" Recht existiert, das einen Sachverhalt in aller Regel spezieller regelt. *Krebber* bringt dies treffend auf den Punkt, wenn er zur Rechtsprechung des EuGH anmerkt:

> „Einen Fall, zu dem einfaches Recht existiert, nicht ohne weiteres insgesamt auf Grundrechtsebene zu lösen, zählt im Studium durchaus zu dem bereits im kleinen Schein erwarteten Wissen."[40]

Beachtliche Stimmen in der Literatur nehmen dies zum Anlass für einen rechtsquellentheoretischen Einwand gegen die Horizontalwirkung der GRC: Indem der EuGH in seiner Rechtsprechung auf ein durch Richtlinienrecht konkretisiertes Grundrecht zurückgreife, verstoße er gegen den sog. *Grundsatz der Normanwendung (auf) der untersten Stufe*, nach dem in der Anwendung auf den konkreten Sachverhalt stets das konkretisierende Recht niedrigerer Rangstufe Vorrang vor dem konkretisierten Recht höheren Ranges haben müsse.[41]

So käme etwa auch in Deutschland niemand auf die Idee, statt der §§ 433 ff. BGB unmittelbar Art. 12 und Art. 2 Abs. 1 GG auf einen Brötchenkaufvertrag zwischen Bäcker und Kunden anzuwenden.[42] Dieses plastische Bild leuchtet ein. Eine unmittelbare Anwendung der Grundrechte im Rahmen eines privaten Rechtsgeschäfts wie das eines Brötchenkaufs liegt in Deutschland aber wohl schon wegen der etablierten Lehre von der bloß mittelbaren Drittwirkung fern.[43]

---

[39] Zur Einordnung des Folgenden als rechtsquellentheoretische Argumentation *Höpfner*, RdA 2013, 16, 20.

[40] *Krebber*, ZfA 2018, 323, 373.

[41] *Wank*, FS Birk, 2008, S. 929, 939; *ders.*, SAE 2010, 123 ff.; *ders.*, FS Bepler, 2012, S. 585, 586; *ders.*, Auslegung und Rechtsfortbildung im Arbeitsrecht, 2013, S. 80; *ders.*, Die Auslegung von Gesetzen, 6. Auflage, 2015, S. 61 ff.; *ders.*, EuZA 2018, 327, 342; *ders.*, RdA 2020, 1, 6 ff.; *ders.*, Juristische Methodenlehre, 2020, § 3 Rn. 36, § 9 Rn. 62 ff.; *ders.*, FS Preis, 2021, S. 1463, 1471. Dabei wird teilweise von unterster und teilweise von niedrigster Stufe gesprochen; in der Sache ergibt sich daraus jedoch kein Unterschied. Dem folgend: *Schmidt*, RdA 2020, 269, 272; *Kaiser*, AP TzBfG § 4 Nr. 29, unter II. 1. b). In die gleiche Richtung auch *Wiedemann*, AP Richtlinie 2000/78/EG Nr. 1, III. 2. a). Mit deutlichen Sympathien für dieses Argument *Thüsing*, DB 2020, 1343, 1345. Zugeneigt, aber zurückhaltender *Linsenmaier*, RdA 2020, 220, 223. Ähnlich argumentiert *Thieken*, Der primärrechtliche Gleichbehandlungsgrundsatz, 2018, S. 103 f. Mit dem Stufenbau der Rechtsordnung argumentieren schließlich auch Riesenhuber/*Leible/Domröse*, § 8 Rn. 41 sowie am Rande *Freyler/Heinrich*, FS Fuchs, 2020, S. 71, 81. Zu einem „Anwendungsvorrang" des einfachen Unionsrechts vor unionsgrundrechtlichen Schutzpflichten bereits *Szczekalla*, Schutzpflichten, 2002, S. 1096 f.

[42] *Wank*, FS Birk, 2008, S. 929, 943; *ders.*, EuZA 2018, 327, 342; *ders.*, FS Preis, 2021, S. 1463, 1470.

[43] A.A. und *Wank* hinsichtlich des GG im Ausgangspunkt zustimmend *Höpfner*, RdA 2013, 16, 20.

Auf einen rechtsquellentheoretischen Grundsatz der Normanwendung der untersten Stufe kommt es hierfür wohl letztlich nicht entscheidend an. Fruchtbar machen lässt sich der Grundsatz im deutschen Recht vor allem im Verwaltungsrecht, weil hier der Adressat des höherrangigen Grundrechts und Adressat des niederrangigen einfachen Rechts unbestritten identisch sind. In diesem Zusammenhang ist zutreffend, dass sich etwa der öffentlich-rechtliche Nachbarschutz nicht nach Art. 14 GG beurteilt, sondern nach den konkretisierenden Bestimmungen des einfachen öffentlichen Baurechts.[44]

a) Kernaussagen und Argumente

Und dennoch: Gegen eine Horizontalwirkung der Charta könnte in der Tat sprechen, dass die konkretisierende Richtlinie, die einen konkreteren Regelungsauftrag an die Mitgliedstaaten enthält als eine Grundrechtsnorm, den Rückgriff auf letztere sperrt.[45]

Vergleichen ließe sich die Situation auf Ebene des Unionsrechts mit dem Verhältnis der Grundfreiheiten zum Sekundärrecht, wo dessen prinzipieller Vorrang in Literatur und Rechtsprechung weitgehend anerkannt ist.[46] In unionsverfassungsrechtlicher Hinsicht wird darüber hinaus geltend gemacht, dass man nur durch einen Vorrang des einfachen Rechts, auf Unionsebene also des Sekundärrechts, vor den konkretisierten Grundrechten dem Gewaltenteilungsprinzip bzw. dem Prinzip des institutionellen Gleichgewichts gerecht werden könne.[47] Die ohne diesen Vorrang mögliche Schaffung detaillierter Regelungen im Wege der richterlichen Grundrechtsanwendung greife unzulässig in den Zuständigkeitsbereich des unionalen und nationalen Gesetzgebers ein.[48]

Nicht zu verwechseln sind diese Argumente indes mit dem häufig gegen die *Mangold*-Linie vorgebrachten Argument, diese verstoße gegen den Lex-specialis-Grundsatz, weil die Richtlinie im Verhältnis zum Grundrecht schlicht die speziellere Rechtsnorm darstelle.[49] Dieses ist auf das Verhältnis von Unionsgrundrecht

---

[44] Vgl. hierzu etwa BVerwG v. 26.09.1991 – 4 C 5/87, NVwZ 1992, 977, 979.

[45] Von einer solchen „Sperrwirkung" sprechen *Preis/Temming*, NZA 2010, 185, 191 sowie dem folgend *Greif*, Die Unanwendbarkeit richtlinienwidriger deutscher Arbeitsgesetze, 2016, S. 136, lehnen diese aber ab.

[46] Ehlers-EuGR/*Ehlers*, § 7 Rn. 8; Calliess/Ruffert/*Kingreen*, Art. 36 AEUV Rn. 18; *von Bogdandy*, JZ 2001, 157, 166; *Kingreen*, Die Struktur der Grundfreiheiten des Europäischen Gemeinschaftsrechts, 1999, S. 151 f.; *Körber*, Grundfreiheiten und Privatrecht, 2004, S. 90 ff. St. Rspr d. EuGH vgl. grundlegend EuGH v. 08.11.1979 – Rs. 251/78 (*Denkavit*), Slg. 1979, 3369, Rn. 14 sowie weiterhin EuGH v. 12.10.1993 – Rs. C-37/92 (*Vanacker u. Lesage*), BeckRS 2004, 76804, Rn. 9; EuGH v. 11.07.1996 – Rs. C-427/93 (*Bristol-Myers Squibb*), NJW 1997, 1627, Rn. 25; EuGH v. 13.12.2001 – Rs. C-324/99 (*DaimlerChrysler*), NVwZ 2002, 582, Rn. 32; EuGH v. 14.12.2004 – Rs. C-210/03 (*Swedish Match*), LMRR 2004, 94, Rn. 81; EuGH v. 09.03.2006 – Rs. C-421/04 (*Matratzen Concord*), EuZW 2006, 349, Rn. 20.

[47] *Wank*, RdA 2020, 1, 4.

[48] *Wank*, RdA 2020, 1, 4.

[49] Vgl. etwa *Chen*, Spezielle Diskriminierungsverbote der GRC, 2011, S. 60, die meint, die

und Richtlinie von vornherein nicht übertragbar, weil die der Lex-specialis-Grundsatz als Kollisionsregel auf Normen unterschiedlichen Ranges keine Anwendung findet.[50]

b) Argumente der Gegenansicht

Dieser Argumentation wird von der Gegenmeinung[51] zunächst entgegengehalten, ein solcher Grundsatz der Normanwendung der untersten Stufe sei auf das Verhältnis von GRC und Richtlinie nicht anwendbar, weil nur die primärrechtliche Grundrechtsnorm, nicht auch die Richtlinie im Horizontalverhältnis unmittelbar anwendbar sei. Es komme deshalb gar nicht zu einer Kollision von Rechtsnormen, die durch einen solchen Grundsatz aufzulösen wäre.[52] Die Richtlinie sei kein Gesetz, sondern ein bloßer Gesetzgebungsauftrag, weshalb es insoweit an einer Vergleichbarkeit mit der wesensähnlichen Situation im deutschen Recht fehle.[53] Außerdem sei die Rechtsprechung des EuGH, in der dieser einen Vorrang des konkretisierenden Sekundärrechts vor den Grundfreiheiten angeordnet hat, auf das Verhältnis von Grundrecht zu Richtlinie nicht übertragbar, weshalb sich daraus kein Verbot des Rückgriffs auf das konkretisierte Unionsgrundrecht herleiten lasse.[54] Schließlich sprächen auch die unterschiedlichen

---

Richtlinie sei lex specialis zum Grundrecht. In diese Richtung äußern sich etwa auch NK-GA/*Heuschmid*/*Lörcher*, Vor GRC Rn. 27 („spezieller Rechtssatz"); *Glaser*/*Kahl*, ZHR 177 (2013), 643, 648; *Bauer*/*Krieger*, NJW 2007, 3672, 3673; *T. Schmidt*, Von „Mangold" bis „Maruko", 2014, S. 251; *Gerken*/*Rieble*/*Roth*/*Stein*/*Streinz*, „Mangold" als ausbrechender Rechtsakt, 2009, S. 30 f. Ähnlich zum Verhältnis von Richtlinienrecht und primärrechtlichen Diskriminierungsverboten auch Grabenwarter, EnzEuR/*Schmahl*, § 20 Rn. 147.

[50] *Jarass*, GRC, Einl. 64; *ders.*, EuR 2013, 29, 35; *Greif*, Die Unanwendbarkeit richtlinienwidriger deutscher Arbeitsgesetze, 2016, S. 227; *Pickenhahn*, Unionsrechtliche Gestaltungsspielräume für die Arbeitszeit von Wissensarbeitern, 2021, S. 151; EuArbRK/*Schubert*, Art. 6 EUV Rn. 50. *Wank* selbst stellt denn auch nicht auf den Lex-specialis-Grundsatz ab, sondern spricht von einer selbstständigen „allgemeinen Regel der Methodenlehre", *Wank*, EuZA 2018, 327, 342. Es gehe um eine „der Normpyramide geschuldete Konkretisierung", vgl. *ders.*, RdA 2020, 1, 4.

[51] Ausdrücklich dagegen: EuArbRK/*Schubert*, Art. 6 EUV Rn. 49 f.; *Greif*, Die Unanwendbarkeit richtlinienwidriger deutscher Arbeitsgesetze, 2016, S. 227 f., 136 f. sowie dem folgend *König*, Die Erarbeitung als Voraussetzung des Urlaubsentgeltanspruchs, 2018, S. 28 f.; *Preis*/*Temming*, NZA 2010, 185, 191; *Krois*, EuZA 2011, 351, 354. Auch *Höpfner*, RdA 2013, 16, 20 f. stimmt *Wanks* Argument nur in Bezug auf das Verhältnis zwischen nationalen Grundrechten und Normen des einfachen Privatrechts zu. Für das Verhältnis zwischen Sekundärrecht und Unionsgrundrechten teilt er dessen These *ausdrücklich nicht*. Für einen „Vorrang der einfachrechtlichen Lösung", aber mit einer Differenzierung *Krebber*, EuZA 2013, 188, 197 (Lösung anhand der einfachrechtlichen Richtlinie, Beurteilung der Rechtsfolge anhand des Primärrechts). Differenziert schließlich auch *Jarass*, EuR 2013, 29, 35.

[52] *Höpfner*, RdA 2013, 16, 20 f.; *Greif*, Die Unanwendbarkeit richtlinienwidriger deutscher Arbeitsgesetze, 2016, S. 228.

[53] *Krois*, EuZA 2011, 351, 354.

[54] So etwa EuArbRK/*Schubert*, Art. 6 EUV Rn. 50.

Rechtsfolgen im Falle eines Verstoßes gegen eine „Sperrwirkung der Richtlinie".[55]

c) Stellungnahme

Zunächst sollte ein Blick auf den durchaus naheliegenden Vergleich mit den Grundfreiheiten geworfen werden. Im Rahmen der Grundfreiheiten ist in der Tat anerkannt, dass dort, wo eine Frage bereits abschließend durch einschlägiges Sekundärrecht geregelt wird, grundsätzlich nicht mehr auf die primärrechtlichen Grundfreiheiten zurückgegriffen werden kann.[56] Warum sollte dann aber Gleiches nicht auch für das Verhältnis von primärrechtlichen Grundrechten und sekundärrechtlichen Richtlinien gelten?

Einige Autoren führen in diesem Zusammenhang zunächst an, dass bei Grundrechten, anders als im Rahmen der Grundfreiheiten, eine hinreichend abschließende Harmonisierung durch Sekundärrecht kaum bzw. allenfalls sehr selten in Betracht komme.[57] Dieser Einwand mag zwar zutreffen; damit wird jedoch gleichzeitig eingeräumt, dass es durchaus auch im Rahmen der Unionsgrundrechte Fälle gibt, in denen das Sekundärrecht diese abschließend konkretisiert. So besteht im Arbeitsrecht aus Kompetenzgründen zwar in weiten Teilen nur die Möglichkeit einer Mindestharmonisierung, also gerade nicht zu einer abschließenden Vollharmonisierung. In den *Mindest*vorgaben entsprechender Richtlinien liegen aber doch ganz regelmäßig zwingende und abschließende grundrechtliche Abwägungsentscheidungen des Unionsgesetzgebers für die konkret geregelte Materie.[58] Dieser Gesichtspunkt spricht daher nicht entscheidend gegen den Vorrang des Sekundärrechts. Es ist lediglich zuzugeben, dass dieser nur dort anzunehmen ist, wo bzw. soweit eine Richtlinienbestimmung eine solche abschließende Wertung vorgibt.

Entscheidendes Gegenargument gegen einen pauschalen Vorrang des Sekundärrechts dürfte eine andere Überlegung sein: Der EuGH hat nämlich auch im Verhältnis zwischen Grundfreiheiten und Sekundärrecht immer wieder einen

---

[55] So *Preis/Temming*, NZA 2010, 185, 191.

[56] Ehlers-EuGR/*Ehlers*, § 7 Rn. 8; Calliess/Ruffert/*Kingreen*, Art. 36 AEUV Rn. 18; *von Bogdandy*, JZ 2001, 157, 166; *Kingreen*, Die Struktur der Grundfreiheiten des Europäischen Gemeinschaftsrechts, 1999, S. 151 f.; *Körber*, Grundfreiheiten und Privatrecht, 2004, S. 90 ff. St. Rspr d. EuGH vgl. EuGH v. 08.11.1979 – Rs. 251/78 (*Denkavit*), Slg. 1979, 3369, Rn. 14; EuGH v. 12.10.1993 – Rs. C-37/92 (*Vanacker u. Lesage*), BeckRS 2004, 76804, Rn. 9; EuGH v. 11.07.1996 – Rs. C-427/93 (*Bristol-Myers Squibb*), NJW 1997, 1627, Rn. 25; EuGH v. 13.12.2001 – Rs. C-324/99 (*DaimlerChrysler*), NVwZ 2002, 582, Rn. 32; EuGH v. 14.12.2004 – Rs. C-210/03 (*Swedish Match*), LMRR 2004, 94, Rn. 81; EuGH v. 09.03.2006 – Rs. C-421/04 (*Matratzen Concord*), EuZW 2006, 349, Rn. 20.

[57] EuArbRK/*Schubert*, Art. 6 EUV Rn. 50; *Jarass*, EuR 2013, 29, 35.

[58] Ähnlich *Mörsdorf*, JZ 2010, 759, 766. Vgl. außerdem eingehend *Bilz*, Margin of Appreciation der EU-Mitgliedstaaten, 2020, S. 115 ff. sowie S. 351 ff. allgemein zum Zusammenspiel von sekundärrechtlichem Determinierungsgrad und bestehenden grundrechtlichen Abwägungsspielräumen.

gleichzeitigen Verstoß mitgliedstaatlichen Rechts gegen Grundfreiheit *und* Richtlinie bzw. Verordnung *in Idealkonkurrenz* bejaht.[59] Es ist daher gerade nicht so, dass das Richtlinienrecht pauschal den Rückgriff auf die konkretisierten Grundfreiheiten sperren würde. Die These vom generellen Vorrang des Sekundärrechts vor den Grundfreiheiten findet keinen eindeutigen Niederschlag in der Rechtsprechung des Gerichtshofs.[60]

Der „Vorrang" der Richtlinie manifestiert sich hier alleine in inhaltlicher Hinsicht[61]: In den angesprochenen Fällen ist lediglich die eigenständige Prüfung der *Rechtfertigung* des Grundfreiheitsverstoßes ausgeschlossen, der Mitgliedstaat kann sich nicht mehr auf allgemeine primärrechtliche Rechtfertigungsgründe (insbesondere die sog. zwingenden Erfordernisse des Allgemeininteresses) berufen. Mit dem Verstoß gegen die insoweit abschließende Richtlinie ist vielmehr klar, dass der *gleichzeitige* Grundfreiheitseingriff[62] nicht gerechtfertigt ist. Der Richtlinienverstoß präjudiziert also die fehlende Rechtfertigung des Eingriffs in eine Grundfreiheit, die Richtlinie sperrt aber nicht bereits den Rückgriff auf die Grundfreiheit auf Tatbestandsebene.[63]

---

[59] Zu diesem Phänomen *Steindorff*, EG-Vertrag und Privatrecht, 1996, S. 427 ff., 446 f. unter Bezugnahme unter anderem auf EuGH v. 20.09.1994 – Rs. C-249/92 (*Kommission/Italien*), BeckRS 2004, 75431, Rn. 27 f. sowie EuGH v. 04.06.1992, Rs. C-360/90 (*Böthel*), AP EWG Vertrag Art. 119 Nr. 39 (zur kombinierten Anwendung von Art. 157 AEUV und der damaligen RL 75/117/EWG im Vorabentscheidungsverfahren). Vgl. weiterhin die von *Steindorff* auf S. 429 zitierten Schlussanträge v. GA *Reischl* v. 20.02.1979 – Rs. 148/78 (*Ratti*), Slg. 1979, 1629, 1655: „Nationale Vorschriften können keine von der Richtlinie abweichenden [...] Verpflichtungen und Beschränkungen vorsehen. Derartige Abweichungen sind in Bezug auf aus anderen Mitgliedstaaten eingeführte Waren als Hindernisse des freien Warenverkehrs anzusehen." Vgl. zur kombinierten Anwendung von Richtlinie und Primärrecht weiterhin *Prechal*, Directives in European Community Law, 1995, S. 62 ff. sowie grundlegend etwa *Easson*, YEL 1 (1981), 1, 40 f.

[60] So auch *Pötters*, Grundrechte und Beschäftigtendatenschutz, 2013, S. 207, 211.

[61] Wie hier Ehlers-EuGR/*Ehlers*, § 7 Rn. 8 Fn. 42: „Enthält das Sekundärrecht ein Verbot, steht dieses [...] dem Rückgriff auf die Grundfreiheiten nicht entgegen, vielmehr bezieht sich das Sekundärrecht nur auf die Rechtfertigung der Beeinträchtigung der jeweiligen Grundfreiheiten.". In diesem Sinne auch *Riesenhuber*, System und Prinzipien des Europäischen Vertragsrechts, 2003, S. 161 f.; *Körber*, Grundfreiheiten und Privatrecht, 2004, S. 90; *Steindorff*, EG-Vertrag und Privatrecht, 1996, S. 428; *Jarass*, EuR 2000, 705, 720. Vgl. auch den ausdrücklichen Wortlaut in der Rechtssache EuGH v. 08.11.1979 – Rs. 251/78 (*Denkavit*), Slg. 1979, 3369, Rn. 14. Ähnlich zum Verhältnis von Richtlinie und Art. 157 AEUV bereits *Easson*, YEL 1 (1981), 1, 40. A.A. in dieser Hinsicht *Kingreen*, Die Struktur der Grundfreiheiten des Europäischen Gemeinschaftsrechts, 1999, S. 151.

[62] Zutreffend *Jarass*, EuR 2000, 705, 720: „Zunächst ist festzuhalten, daß das nationale Recht *sowohl* die Vorgaben der Grundfreiheiten *wie* des Sekundärrechts einhalten muß." (Hervorhebungen d. Verf.).

[63] In diesem Sinne *Steindorff*, EG-Vertrag und Privatrecht, 1996, S. 428. So auch *Riesenhuber*, System und Prinzipien des Europäischen Vertragsrechts, 2003, S. 161 f.; *Jarass*, EuR 2000, 705, 720. A.A. für eine vollständige Verdrängung der Grundfreiheit bereits auf *Tatbestandsebene* ausdrücklich *Kingreen*, Die Struktur der Grundfreiheiten des Europäischen Gemeinschaftsrechts, 1999, S. 151.

Das hat Konsequenzen: Ähnlich wie in der Rechtsprechung des EuGH zu den Unionsgrundrechten lässt sich mit dieser Konstruktion auch in Grundfreiheiten-Fällen über den „Umweg" des konkretisierten Primärrechts die Unanwendbarkeit einer nationalen Bestimmung im Horizontalverhältnis herleiten.[64] Denn trotz Einschlägigkeit einer Richtlinienvorgabe bleibt ein Rückgriff auf die unmittelbar anwendbare Grundfreiheit möglich. Richtigerweise ist hierfür allerdings ein grenzüberschreitender Bezug als originär primärrechtliches Tatbestandsmerkmal zu fordern, nur dann kann die Grundfreiheit Anwendung finden. Die nicht unmittelbar anwendbare Richtlinie kann diese originäre Voraussetzung der primärrechtlichen Grundfreiheiten nicht modifizieren.[65] Wo ein solcher grenzüberschreitender Bezug vorliegt, ist eine Idealkonkurrenz beider Rechtsquellen und damit ein Rückgriff auf die Grundfreiheit aber wie dargelegt möglich. Aus der Rechtsprechung des EuGH zu den Grundfreiheiten lässt sich daher schon keine generelle Sperrwirkung ableiten, die auf das Verhältnis von Unionsgrundrecht und Richtlinie übertragbar wäre.

Zu beachten ist weiterhin, dass eine Richtlinienbestimmung im Horizontalverhältnis nach zutreffender Rechtsprechung des EuGH nicht unmittelbar anwendbar ist.[66] Damit liegt tatsächlich keine klassische Kollision zweier gleichzeitig einschlägiger Rechtsnormen vor, die durch eine Anwendung des von *Wank* angeführten Grundsatzes aufgelöst werden müsste. Insoweit ist das Verhältnis von Grundrecht zu Richtlinie ein anderes als dasjenige von einfachem Recht und den Grundrechten des GG. Wenn manche Stimmen daraus aber ganz pauschal ableiten wollen, der ins Spiel gebrachte Grundsatz der Normanwendung der untersten Stufe sei in dieser Konstellation gänzlich ohne Bedeutung[67], kann auch ihnen nicht gefolgt werden.

Damit würde die Eigenheit der Rechtsaktform der Richtlinie verkannt: Diese setzt ein zweistufiges Rechtsetzungsverfahren in Gang. Infolgedessen kommt es

---

[64] Überlegungen in diese Richtung finden sich auch bei *Kainer*, GPR 2016, 262, 270. Im Vertikalverhältnis ist die Frage, ob das Sekundärrecht erst auf Rechtfertigungsebene abschließend ist oder bereits auf Tatbestandsebene, von untergeordneter Bedeutung. Sie entscheidet dann alleine über die eher formale Frage, ob ein doppelter Verstoß gegen Primär- und Sekundärrecht in Idealkonkurrenz vorliegt. Erst im Horizontalverhältnis manifestieren sich die Unterschiede, weil nur bei der „Rechtfertigungslösung" ein Rückgriff auf die weiterhin unmittelbar anwendbare Primärrechtsnorm möglich bleibt. Vgl. hierzu *Steindorff,* a.a.O, S. 428 f.

[65] Zutreffend KG v. 12.05.2020 – 21 U 125/19, NJW 2020, 3656, Rn. 44 ff. Ähnlich bereits *Steindorff*, EG-Vertrag und Privatrecht, 1996, S. 447. A.A. offenbar GA *Szpunar,* Schlussanträge v. 15.07.2021 – Rs. C-261/20 (*Thelen Technopark*), BeckRS 2021, 19869, Rn. 35 ff. Dem ist der EuGH zu Recht nicht gefolgt, EuGH v. 18.01.2022 – Rs. C-261/20 (*Thelen Technopark*), BeckRS 2022, 212, Rn. 49 ff.

[66] Vgl. hierzu ausführlich § 16.

[67] In diese Richtung EuArbRK/*Schubert*, Art. 6 EUV Rn. 50 und *Höpfner*, RdA 2013, 16, 20 f., der allerdings der Rechtsprechung schon aus anderen Gründen äußerst kritisch gegenübersteht. A.A. und insoweit etwas differenzierter *Jarass*, EuR 2013, 29, 35.

zwar zu keiner vollständigen, wohl aber zu einer *partiellen* Kollision von Richtlinie und Unionsgrundrecht. In Bezug auf die durch die Normen angeordneten *Rechtsfolgen* liegt eine solche mangels unmittelbarer Anwendbarkeit der Richtlinie in der Tat nicht vor[68]; nur das Grundrecht ist wegen seiner primärrechtlichen Rechtsnatur unmittelbar im Horizontalverhältnis anwendbar. Die in der Richtlinie als Rechtsetzungsauftrag zum Ausdruck kommende und gem. Art. 288 Abs. 3 AEUV zielverbindliche Abwägungsentscheidung des Unionsgesetzgebers „kollidiert" aber *in inhaltlicher Hinsicht* mit den zur umfassenden richterlichen Abwägung zu Verfügung stehenden Unionsgrundrechten. Insoweit ist die Konkretisierungsentscheidung des jeweiligen Richtlinienrechts vorrangig.

Würde die Richtlinie insoweit nämlich keinen Vorrang entfalten, könnte der mit der Rechtsanwendung befasste Unionsrichter mit einer eigenen Abwägung die dortige legislative Abwägungsentscheidung unterminieren. Dies würde zu dem paradoxen Ergebnis führen, dass der nationale Richter zunächst dazu verpflichtet wäre, das nationale Recht möglichst im Lichte der Richtlinienbestimmung auszulegen (1. Stufe); stößt er sodann an die Contra-legem-Grenze und greift er auf das Grundrecht zurück (2. Stufe), wäre, wenn man ihn bei der Grundrechtsprüfung nicht an den Richtlinieninhalt binden würde, plötzlich eine eigene richterlichen Grundrechtsprüfung am Maßstab des Art. 52 Abs. 1 GRC und des Verhältnismäßigkeitsprinzips jenseits der konkretisierenden Richtlinienvorgabe möglich. Dies erscheint bedenklich. Der Gedanke zwingt indessen nicht zu einer gänzlichen Ablehnung der unmittelbaren Anwendbarkeit richtlinienkonkretisierter Grundrechte. Ebenso wenig lässt sich daraus ein Vorrang der für die Richtlinie zur Verfügung stehenden Sanktionsmechanismen des Vertragsverletzungsverfahrens und des unionsrechtlichen Staatshaftungsanspruchs herleiten, denn mit Blick auf die Rechtsfolgen kollidieren Richtlinie und Grundrecht nicht, sondern stehen nebeneinander.[69]

Die Bedenken legen aber die Annahme eines modifizierten Vorrangs des Sekundärrechts nahe, der an die obigen Überlegungen zu den Grundfreiheiten anknüpft.[70] Konsequenz ist eine „Sperrwirkung" allein im Hinblick auf das inhaltliche Ausmaß der richterlichen Grundrechtsanwendung *auf Rechtfertigungsebene*, soweit eine Richtlinienvorgabe diese Abwägungsentscheidung bereits selbst abschließend und rechtmäßig trifft.[71] Man könnte insoweit auch von einem *Primat legislativer Abwägungsentscheidungen* sprechen.[72] Hierdurch wird auf der

---

[68] *Krois*, EuZA 2011, 351, 355 („nebeneinander"). In dieselbe Richtung *Preis/Temming*, NZA 2010, 185, 191.

[69] *Krois*, EuZA 2011, 351, 355.

[70] So auch Preis/Sagan/*Pötters*, § 3 Rn. 38; *ders.*, Grundrechte und Beschäftigtendatenschutz, 2013, S. 206 ff; *Jarass,* EuR 2013, 29, 35.

[71] Vgl. hierzu auch *Schubert*, EuZA 2020, 302, 309; Preis/Sagan/*Grünberger/Husemann*, § 5 Rn. 16. In diese Richtung auch *Bilz*, Margin of Appreciation der EU-Mitgliedstaaten, 2020, S. 365 ff.; *Pötters*, Grundrechte und Beschäftigtendatenschutz, 2013, S. 213 f.

[72] Ähnlich *Classen*, JZ 2019, 1057, 1064 („Vorrang gesetzgeberischer Entscheidungen"); *Bilz*, Margin of Appreciation der EU-Mitgliedstaaten, 2020, S. 388 („Legislative Entschei-

einen Seite der Bedeutung einer bereits erfolgten legislativen Grundrechtskonkretisierung und auf der anderen Seite der Tatsache, dass es rechtsfolgenseitig keine auflösungsbedürftige Kollisionslage gibt, hinreichend Rechnung getragen. Ersteres dient der Sicherstellung des Gewaltenteilungsprinzips, zweiteres der effektiven Durchsetzung der primärrechtlichen grundrechtlichen Gewährleistungen, die eine stärkere Durchschlagskraft besitzen und nicht deshalb ihrer grundsätzlichen unmittelbaren Anwendbarkeit beraubt werden sollten, weil eine gleichzeitig einschlägige Richtlinie vorliegt. Dieser zweite Gesichtspunkt lässt sich auf eine Kontrollüberlegung stützen: Würde man auch rechtsfolgenseitig ein Zurücktreten des Grundrechts befürworten, ergäbe sich daraus das paradoxe Ergebnis, dass das Grundrecht in seiner Durchsetzbarkeit abgeschwächt würde, sobald es durch eine Richtlinie konkretisiert wird.[73]

Der nationale Richter sieht sich in seiner Funktion als unionaler Verfassungsrichter mit Blick auf das nationale Umsetzungsgesetz also in den typischen Konstellationen – freilich systemwidrig[74] – mit zwei Rechtsquellen konfrontiert, die er gleichzeitig beachten muss: Erstens die Chartanorm, weil ihr Anwendungsbereich aufgrund der Rechtsprechung des EuGH durch die Richtlinienbestimmung eröffnet sein soll und sie Anwendungsvorrang gegenüber der nationalen Bestimmung entfalten kann. Und zweitens die Richtlinienvorgabe selbst als zielverbindliche Abwägungsvorgabe des demokratisch legitimierten Unionsgesetzgebers, die zur richtlinienkonformen Auslegung bis zur Contra-legem-Grenze zwingt. Das vorgeschlagene Primat legislativer Abwägungsentscheidungen auf Rechtfertigungsebene verarbeitet dieses systemwidrige Nebeneinander stimmig.

---

dungshoheit über Abwägungen der Grundrechte“). Vgl. auch GA *Szpunar,* Schlussanträge v. 15.07.2021 – Rs. C-261/20 (*Thelen Technopark*), BeckRS 2021, 19869, Rn. 110: „Mit dem Erlass dieser Vorschriften hat der Unionsgesetzgeber bereits eine Abwägung der verschiedenen konkurrierenden Grundrechte vorgenommen und die Verhältnismäßigkeit der Lösung beurteilt.“.

[73] *Haltern*, in: Haltern/Bergmann (Hrsg.), Der EuGH in der Kritik, 2012, S. 25, 64. In diese Richtung denkt auch *Krois*, EuZA 2011, 351, 355, wenn er vom sonst möglichen „Wiederaufleben“ einer ehemals primärrechtswidrigen nationalen Vorschrift spricht, sobald diese durch nachträglichen Erlass einer konkretisierenden Richtlinie plötzlich richtliniendeterminiert und damit „nur noch“ richtlinienwidrig ist. Vgl. außerdem bereits GA *Bot,* Schlussanträge v. 07.07.2009 – Rs. C-555/07 (*Kücükdeveci*), BeckRS 2009, 70777, Rn. 87. Hierzu dürfte es indes nur äußerst selten kommen, da bei vorzugswürdigem Verständnis der Anwendungsbereich der Charta ja nur dann eröffnet ist, wenn eine Materie richtliniendeterminiert ist. Wie hier *Bilz*, Margin of Appreciation der EU-Mitgliedstaaten, 2020, S. 365.

[74] Zur Kritik an der Grundrechtsbindung des mitgliedstaatlichen Umsetzungsrechts § 4 C. II. 2. b); § 11 B. I. 1.

d) Fazit: Berechtigte Bedenken am falschen Ort

Die Überlegung eines Vorrangs der konkretisierenden Richtlinie vor dem Grundrecht hat also vieles für sich. Sie kann aber, verstanden als rechtsquellentheoretisches Argument gegen eine Horizontalwirkung der Charta, nicht durchgreifen. Das normhierarchische Verhältnis zwischen Primärrecht und Sekundärrecht ist wegen der fehlenden unmittelbaren Anwendbarkeit der Richtlinie nicht der richtige Platz, um den Rückgriff auf das Grundrecht im Horizontalverhältnis insgesamt zu sperren. Anders ist dies nur im Verhältnis von GRC und Verordnungsrecht oder aber im Vertikalverhältnis[75], in dem die Möglichkeit besteht, eine Richtlinienbestimmung „ausnahmsweise" unmittelbar zur Anwendung zu bringen. Lediglich in diesen Fällen kommt es zu einer auflösungsbedürftigen Normenkollision, in der sich das grundrechtskonforme Sekundärrecht durchsetzt. Für die hier untersuchte horizontale Konstellation wäre es dagegen erforderlich, bereits die nationale Anwendbarkeit der Charta gem. Art. 51 Abs. 1 S. 1 Alt. 2 GRC in Frage zu stellen, wofür gute Gründe sprechen.[76] Dann käme es schon aus diesem Grund nicht zu einem auflösungsbedürftigen Nebeneinander von Grundrecht und Richtlinie.[77]

Folgt man dennoch dem EuGH, muss das daraus resultierende systemwidrige Nebeneinander beider Rechtsquellenebenen anderweitig verarbeitet werden. Die berechtigten Bedenken, die in der Forderung nach einem Grundsatz der Normanwendung der untersten Stufe zum Ausdruck kommen, wirken sich nach dem Gesagten auf die Frage aus, inwieweit dem nationalen Richter und dem EuGH ein eigener Abwägungsspielraum bei der Grundrechtsabwägung auf Rechtfertigungsebene verbleibt. Den genauen Auswirkungen dieses Einflusses gelten die Ausführungen des nächsten Abschnitts.

---

[75] *Greif*, Die Unanwendbarkeit richtlinienwidriger deutscher Arbeitsgesetze, 2016, S. 137; *Kamanabrou*, in: Heiderhoff/Lohsse/Schulze (Hrsg.), EU-Grundrechte und Privatrecht, 2016, S. 167, 185. Konsequent deshalb EuGH v. 18.11.2010 – Rs. C-250/09 u. C-268/09 (*Georgiev*), NZA 2011, 42, wo der Gerichtshof nur am Maßstab der Richtlinie prüft. Vgl hierzu auch *Krois*, EuZA 2011, 351, 354. Ähnlich etwa EuGH v. 11.11.2014 – C-530/13 (*Schmitzer*), NVwZ-RR 2015, 43.

[76] Vgl. auch den zutreffenden Hinweis bei *Höpfner*, RdA 2013, 16, 21.

[77] Für die angesprochene Idealkonkurrenz von Grundfreiheit und Richtlinie bei grenzüberschreitenden Sachverhalten ergeben sich indes keine vergleichbaren Probleme. Das „Nebeneinander" von Grundfreiheit und Richtlinie kommt hier ganz natürlich zustande, es liegt keine mit der Situation der GRC vergleichbare künstliche Anwendungsbereichseröffnung zugunsten des Primärrechts vor.

6. Folgeüberlegung: Keine grenzenlose richterliche Grundrechtsprüfung

Die Gefahr der grundrechtlichen Horizontalwirkung für die Gewaltenteilung stellt bekanntermaßen einen der Hauptkritikpunkte an der Rechtsprechung des EuGH dar.[78] Unter anderem ist es auch sie, die *Wank* zu seiner These vom Grundsatz der Normanwendung der untersten Stufe bewegt.[79] Und in der Tat erscheinen die Bedenken gerechtfertigt, weil richterliche Normenkontrolle am Maßstab von Grundrechten und legislative Normsetzung mit Blick auf die Gewaltenteilung in einem logischen Spannungsverhältnis stehen. Aus dem dargestellten Primat legislativer Abwägungsentscheidungen folgt jedoch, dass bei einer Erörterung dieses Problems eine differenziertere Betrachtungsweise angezeigt ist, als es die harschen Kritiken an der Rechtsprechungslinie des EuGH teilweise vermuten lassen.

a) Fallgruppe der grundrechtskonkretisierenden Richtlinien

aa) Zum vorgeschlagenen Mechanismus

Zunächst soll ein Blick auf die Fallgruppe geworfen werden, die den Anwendungsfällen der negativen Horizontalwirkung entspricht, wie sie bisher vom EuGH entschieden wurde. Dabei ging es stets darum, eine durch eine Richtlinienvorgabe konkretisierte Vorschrift des Primärrechts unmittelbar zur Anwendung zu bringen.[80]

In diesen Fällen kommt das oben angesprochene Primat legislativer Abwägungsentscheidungen zum Tragen: Der Richter, d.h. der mitgliedstaatliche Richter im Verbund mit dem EuGH, darf keine erneute Abwägungsentscheidung zwischen den konfligierenden Grundrechtspositionen[81] mehr treffen, wenn er die

---

[78] Eindringlich die Kritik bei *Kainer*, NZA 2018, 894, 899: „Insbesondere würde eine unmittelbare Drittwirkung sämtlicher „geeigneter" Grundrechte das ausdifferenzierte und fein konturierte Privatrecht zu einem allgemeinen Abwägungsrecht degenerieren und damit private Freiheitsräume erheblich einschränken, nicht zuletzt mit dem unionalen Verfassungsprinzip der wettbewerbsverfassten Marktwirtschaft konfligieren, deren soziale Elemente vorrangig durch Sekundärrecht herzustellen sind." Allerdings bleibt unklar, ob vor diesem Hintergrund bereits die negative Horizontalwirkungsfähigkeit sämtlicher geeigneter Chartagrundrechte oder erst deren positive Horizontalwirkung kritisch gesehen wird. Milder erscheint die Einschätzung bei *ders.*, GPR 2020, 149, 154. In dieselbe Richtung geht die Kritik an der *Kücükdeveci*-Entscheidung bei *Chen*, Spezielle Diskriminierungsverbote der GRC, 2011, S. 49 f. Ähnlich kritisch zeigt sich *Starke*, EU-Grundrechte und Vertragsrecht, 2016, S. 338.

[79] Vgl. nur *Wank*, RdA 2020, 1, 4.

[80] Man darf dabei sicher kritisieren, dass der EuGH in eine Richtlinie regelmäßig mehr Inhalt hineinliest, als normtextlich eigentlich enthalten ist. vgl. hierzu *Höpfner*, RdA 2013, 16, 17. Das ist allerdings kein Problem der Horizontalwirkung der GRC selbst, sondern der Auslegung des Sekundärrechts, die nicht Schwerpunkt der vorliegenden Untersuchung ist. Vgl. hierzu aber ergänzend die Ausführungen unter § 13 A. II.

[81] Regelmäßig wird es dabei um ein Arbeitnehmergrundrecht auf der einen Seite und die

nationale Vorschrift an dem durch die Richtlinie konkretisierten Grundrecht misst. Dürfte er dies, würde er das rechtmäßige[82] Abwägungsergebnis des Unionsgesetzgebers in Frage stellen und damit das Gewaltenteilungsprinzip verletzen.[83] Deshalb muss die richterliche Grundrechtsprüfung begrenzt werden.

Das zwingt zwar – wie ausgeführt – nicht dazu, einen Rückgriff auf eine an sich unmittelbar anwendbare Grundrechtsbestimmung generell zu verbieten. Der Einwand spricht aber für eine Verdichtung des Abwägungsspielraums auf den Inhalt der Richtlinienvorgabe.[84] Im Bereich des Arbeitsrechts ergibt sich zwar regelmäßig ein großer Umsetzungsspielraum daraus, dass die einschlägigen Richtlinien nur auf eine Mindestharmonisierung zielen, weshalb die Annahme abschließender Entscheidungen seltener in Betracht kommen wird.[85] Allerdings finden sich auch in einer mindestharmonisierenden Richtlinie zahlreiche Bestimmungen mit abschließendem Charakter insoweit, als Abweichungen „nach unten" seitens der Mitgliedstaaten unzulässig sind. In Bezug auf diesen Mindestgewährleistungsgehalt sind die dort getroffenen Grundrechtsabwägungen abschließend im oben genannten Sinne. Dem steht nicht entgegen, dass der Mitgliedstaat bei solchen Richtlinien einen höheren Arbeitnehmerschutz vorsehen, also den Arbeitnehmerinteressen höheren Wert beimessen *kann*, denn dabei muss er sich mangels Anwendbarkeit der Charta überhaupt nicht an den Unionsgrundrechten, sondern allein an den nationalen Grundrechten messen lassen.

Das Gesagte lässt sich an Beispielen aus der Rechtsprechung des EuGH illustrieren: Das Diskriminierungsverbot des Art. 21 Abs. 1 GRC, das durch die Gleichbehandlungsrahmenrichtlinie konkretisiert wird, kann bspw. nicht mehr mit Art. 16 GRC abgewogen werden, weil sich in der legislativen Konkretisierung in Gestalt der einschlägigen Richtlinienbestimmungen (insbesondere Art. 1 ff. der RL 2000/78/EG) bereits eine abschließende Abwägungsentscheidung des Unionsgesetzgebers hinsichtlich denkbarer Rechtfertigungen etwaiger Diskriminierungen findet.[86] Deshalb war durch die Richtlinienwidrigkeit der Befristungsregelung in der Rechtssache *Mangold* oder der gesetzlichen Fristenre-

---

unternehmerische Entscheidungsfreiheit des Arbeitgebers nach Art. 16 GRC auf der anderen Seite gehen.

[82] Wäre die dortige Abwägungsentscheidung nicht rechtmäßig, wäre die Richtlinie nichtig und die Unionsgrundrechte wären nach hier vertretener Auffassung unanwendbar.

[83] Insoweit überzeugend *Wank*, FS Birk, 2008, S. 929, 939.

[84] In diese Richtung auch *Classen*, JZ 2019, 1057, 1063 f.; *Edenharter,* EuR 2022, 302, 314; *Lourenço*, CMLR 56 (2019), 193, 205 ff.; *Bilz*, Margin of Appreciation der EU-Mitgliedstaaten, 2020, S. 365 ff. Ähnlich GA *Szpunar,* Schlussanträge v. 15.07.2021 – Rs. C-261/20 (*Thelen Technopark*), BeckRS 2021, 19869, Rn. 110: „Mit dem Erlass dieser Vorschriften hat der Unionsgesetzgeber bereits eine Abwägung der der verschiedenen konkurrierenden Grundrechte vorgenommen und die Verhältnismäßigkeit der Lösung beurteilt.".

[85] Mit diesem Argument EuArbRK/*Schubert*, Art. 6 EUV Rn. 50; *Jarass*, EuR 2013, 29, 35.

[86] Vgl. hierzu auch *Schubert*, EuZA 2020, 302, 309; Preis/Sagan/*Grünberger*/*Husemann*, § 5 Rn. 16.

gelung in der Rechtssache *Kücükdeveci* die Frage nach der Rechtfertigung des mitgliedstaatlichen Grundrechtsverstoßes präjudiziert.[87] Eigene Überlegungen des nationalen Richters hinsichtlich der Frage, ob der in der nationalen Regelung angelegte Grundrechtseingriff möglicherweise gerechtfertigt ist, waren nicht mehr möglich.

Der so gebotene Gleichlauf von konkretisierendem Richtlinieninhalt und richterlicher Grundrechts*anwendung* wird praktisch dadurch sichergestellt, dass der EuGH nach entsprechender Vorlage – so wie er es in seiner bisherigen Spruchpraxis auch getan hat[88] – zuerst einen Richtlinienverstoß prüft und erst nach Bejahung in die Frage einsteigt, ob ein korrespondierendes Grundrecht existiert, das mit Blick auf den in Rede stehen Rechtssatz unmittelbar anwendbar ist.[89] Nur die Rechtsfolge wird dann wegen der Heranziehung des Grundrechts abweichend beurteilt; vorrangiger materieller Prüfungsmaßstab bleibt dabei die einschlägige Richtlinie. Ausdrücklich ausgesprochen hat er dieses Vorgehen jüngst in der Rechtssache *Egenberger*. Dort formuliert er:

> „Im Übrigen obliegt es dem nationalen Gericht, wenn es über die Beachtung der Art. 21 und 47 der Charta zu wachen hat, bei der etwaigen Abwägung mehrerer beteiligter Interessen – wie etwa der in Art. 17 AEUV verankerten Achtung des Status der Kirchen – *insbesondere den durch den Unionsgesetzgeber in der RL 2000/78 geschaffenen Ausgleich zwischen diesen Interessen zu berücksichtigen*, um zu klären, welche Verpflichtungen sich unter Umständen wie denen des Ausgangsverfahrens aus der Charta ergeben."[90]

Durch ein solches Vorgehen wird die Gefahr ausufernder autonomer Abwägungsentscheidung des nationalen Richters gebannt.[91]

---

[87] Ähnlich *Preis/Temming*, NZA 2010, 185, 190; *Mörsdorf*, ZIP 2009, 1491, 1494.

[88] *Classen*, JZ 2019, 1057, 1063; *Kokott*, FS I. Schmidt, 2021, S. 991, 1002.

[89] Wie hier *Mörsdorf*, ZIP 2009, 1491, 1494; *Bilz*, Margin of Appreciation der EU-Mitgliedstaaten, 2020, S. 388. In diese Richtung auch *Krebber*, EuZA 2013, 188, 197 („Vorrang der einfachrechtlichen Lösung") und *Jarass*, EuR 2013, 29, 35 („*Anwendungsvorrang* des Sekundärrechts"). Ähnlich im Ergebnis *Greif*, Die Unanwendbarkeit richtlinienwidriger deutscher Arbeitsgesetze, 2016, S. 228, der allerdings nicht näher auf die inhaltliche Dominanz der Richtlinie im Rahmen der im letzten Schritt eröffneten Prüfung am Maßstab des Unionsgrundrechts eingeht. Auch er erkennt jedoch die „Zweistufigkeit", also den Vorrang der Auslegung. Dem folgend *König*, Die Erarbeitung als Voraussetzung des Urlaubsentgeltanspruchs, 2018, S. 28 f. Zumindest terminologisch ähnlich *Kulick*, Horizontalwirkung im Vergleich, 2020, S. 72 („Zwei-Stufen-Konstruktion").

[90] EuGH v. 17.04.2018 – Rs. C-414/16 (*Egenberger*), NZA 2018, 569 Rn. 81 (Hervorhebungen durch Verf.).

[91] Ähnlich *Classen*, JZ 2019, 1057, 1063; *Kohler/Seyr/Puffer-Mariette*, ZEuP 2020, 366 ff.; *Kohler/Puffer-Mariette*, ZEuP 2014, 696, 733; *Lourenço*, CMLR 56 (2019), 193, 205 ff. Zur Einordnung der Entscheidung auch eingehend *Bilz*, Margin of Appreciation der EU-Mitgliedstaaten, 2020, S. 365 ff.

bb) Kein Konflikt mit den Voraussetzungen der unmittelbaren Anwendbarkeit

Dieses grundsätzlich überzeugende Vorgehen des EuGH, die Richtlinienvorgabe in diesem Sinne in die Grundrechtsprüfung miteinzubeziehen, ist in der Literatur bislang nicht hinreichend gewürdigt worden.[92] In den wenigen Auseinandersetzungen wird es teilweise begrüßt[93], zumeist wird es jedoch kritisiert[94].

Classen etwa hält den Ansatz des EuGH für inkonsequent, weil die Annahme einer vorrangigen gesetzgeberischen Entscheidung die Prämissen der unmittelbaren Anwendbarkeit des Unionsrechts in Frage stelle.[95] Aus seiner Sicht beweist die Rechtsprechung des EuGH, nach der die Bedeutung der Grundrechte im Privatrechtsverhältnis davon abhänge, wie der Richtliniengeber die Beziehung zwischen zwei Privaten ausgestaltet hat, dass das Grundrecht dann gerade nicht hinreichend bestimmt und unbedingt sei. Er schließt also von der Maßgeblichkeit der in der Richtlinie angelegten Abwägungsentscheidung für die richterliche Grundrechtsanwendung unmittelbar auf die Konkretisierungsbedürftigkeit des einzelnen Grundrechts. Daraus müsse, so *Classen*, eigentlich dessen fehlende unmittelbare Anwendbarkeit zu folgern sein.

Dem kann jedoch nicht gefolgt werden, da in dieser Kritik zwei Dinge miteinander vermengt werden: Die Frage der normstrukturellen Anforderungen an das einzelne Grundrecht auf Ebene des Gewährleistungsgehalts und die Herstellung praktischer Konkordanz zwischen diesem und weiteren kollidierenden Grundrechten auf Rechtfertigungsebene. Im ersten Schritt geht es um die Frage nach der Eignung eines Grundrechts zur unmittelbaren Anwendung, die jeweils autonom für die in Rede stehende Norm zu ermitteln ist. Dabei kann in der Tat nur in sehr engen Grenzen auf die Richtlinie zurückgegriffen werden.[96] Insoweit wurde allerdings bereits im ersten Kapitel dargelegt, dass die grundrechtstypische Prima-facie-Struktur der unmittelbaren Anwendbarkeit der Grundrechte nicht entgegensteht.[97] Erst im zweiten Schritt der Rechtfertigungsprüfung stellt sich dann die Frage, ob der Richter dieses an sich unmittelbar anwendbare Grundrecht mit anderen entgegenstehenden Positionen abwägen kann, um den

[92] Vgl. auch den allgemeinen Hinweis bei *Skouris*, FS K. Schmidt, 2019, S. 451, 459: „Was die deutsche Doktrin in diesem Zusammenhang vor allem unterlässt, ist, die Drittwirkungslehre in Verbindung zu setzen mit der Frage der Direktwirkung von Richtlinien, die als Bestandteile des Unionsrechts gegenüber dem mitgliedstaatlichen Recht Vorrang genießen, spätestens nach ihrer Umsetzung in nationales Recht auch Privatpersonen berechtigen und verpflichten und damit die Drittwirkungsproblematik eigentlich überholen."

[93] Ansätze in diese Richtung bei *Greif*, Die Unanwendbarkeit richtlinienwidriger deutscher Arbeitsgesetze, 2016, S. 213 ff.; *Krois*, DB 2010, 1704, 1706; *Mörsdorf*, ZIP 2009, 1491, 1494; *Schubert*, EuZA 2020, 302, 309; Preis/Sagan/*Grünberger/Husemann*, § 5 Rn. 16.

[94] *Classen*, JZ 2019, 1057, 1064; *Kohler/Seyr/Puffer-Mariette*, ZEuP 2020, 366, 371; *Kohler/Puffer-Mariette*, ZEuP 2014, 696, 733.

[95] *Classen*, JZ 2019, 1057, 1064. In diese Richtung auch *Kohler/Seyr/Puffer-Mariette*, ZEuP 2020, 366, 371; *Kohler/Puffer-Mariette*, ZEuP 2014, 696, 733.

[96] Siehe hierzu ausführlich unten § 15 A. III. 2 b).

[97] Siehe hierzu § 1 B. III. 1.

Grundrechtseingriff zu rechtfertigen, oder ob er *insoweit* an die legislative Abwägungsentscheidung der Richtlinie gebunden ist. Das Primat legislativer Abwägungsentscheidung betrifft nur diese nachgelagerte Frage des Ausgleichs der in Rede stehenden Grundrechte im Rahmen der Rechtfertigungsprüfung.[98] Nur in dieser Hinsicht darf die Richtlinie ihre Bedeutung entfalten, will man sich nicht von vornherein dem Vorwurf einer unzulässigen Rechtsquellenvermischung aussetzen. Der Vorrang der legislativen Abwägungsentscheidung hat bei dieser Sichtweise keinen Einfluss auf die Frage, ob das Grundrecht an sich unmittelbar anwendbar ist und deshalb negative Horizontalwirkung entfaltet.[99]

b) Behandlung „selbstständiger" Grundrechtsverstöße?

Anders zu behandeln ist die seltene Fallgruppe der „selbstständigen" Grundrechtsverstöße. Aus dem Gesagten folgt nämlich umgekehrt, dass dann, wenn eine Richtlinienbestimmung keine abschließende Abwägungsvorgabe trifft, tatsächlich eine eigenständige richterliche Grundrechtsprüfung möglich ist.[100] Hier kann die richterliche Grundrechtsanwendung durch die obige Argumentation inhaltlich nicht beschränkt werden.[101] Derartige Konstellation waren insbesondere aufgrund des früheren weiten Anwendungsbereichs der Charta, der nach der Rechtsprechung des EuGH schon dann eröffnet war, wenn das nationale Recht in den Anwendungsbereich einer Richtlinie fiel, denkbar.

Letztlich gehört sogar die grundlegende *Mangold*-Entscheidung zu dieser Fallgruppe, da hier nicht die diskriminierungsrechtliche, sondern die sachfremde befristungsrechtliche Richtlinie den Anwendungsbereich des Diskriminierungsverbots eröffnet hat.[102] Dort bestand jedoch die Besonderheit, dass zwar eine sachlich einschlägige Richtlinie vorlag, ihre Umsetzungsfrist aber noch nicht abgelaufen war. In diesem Stadium entfaltete die bereits verabschiedete Richtlinie 2000/78/EG nach ständiger Rechtsprechung des EuGH zumindest bestimmte *Vorwirkungen*.[103] Danach war es den Mitgliedstaaten *auch vor Ablauf der Umsetzungsfrist* verboten, Vorschriften zu erlassen, die geeignet sind, das in der Richtlinie vorgeschriebene Ziel in Frage zu stellen. Die nachträgliche Herabsetzung der Altersgrenze auf 58 und dann auf 52 Jahre durch den deutschen Gesetzgeber ließ sich als eine solche Maßnahme qualifizieren.[104] An diesem Maßstab konnte

---

[98] Ähnlich wohl *Lourenço*, CMLR 56 (2019), 193, 206, wenn sie von „apply" spricht.

[99] *Prechal*, Rev.der.com.eur. 66 (2020), 407, 423. Kritisch *Kokott*, FS I. Schmidt, 2021, S. 991, 1002 Fn. 65.

[100] Zutreffend *Mörsdorf*, ZIP 2009, 1491, 1494. Ähnlich *Preis/Temming*, NZA 2010, 185, 191.

[101] *Mörsdorf*, ZIP 2009, 1491, 1494; *Kainer*, NZA 2018, 894, 899.

[102] *Greif*, Die Unanwendbarkeit richtlinienwidriger deutscher Arbeitsgesetze, 2016, S. 119.

[103] EuGH v. 22.11.2005 – Rs. C-144/04 (*Mangold*), NZA 2005, 1345, Rn. 67 f. Dabei nimmt der EuGH die Entscheidung EuGH v. 18.12.1997 – Rs. C-129/96 (*Inter-Environment*), EuZW 1998, 167, Rn. 45 in Bezug. Auch das Völkervertragsrecht kennt derartige Vorwirkungen, vgl. Art. 18 WVK.

[104] *Kamanabrou*, EzA TzBfG § 14 Nr. 21 unter IV. 2.

der EuGH somit seine Rechtfertigungsprüfung im Rahmen des Primärrechts ausrichten. Auch bei der Anwendungsbereichseröffnung durch sach*fremdes* Richtlinienrecht ist also sach*nahes* Richtlinienrecht möglichst heranzuziehen, um den Grundrechtsverstoß inhaltlich zu verarbeiten.

Lediglich im Falle eines vollständigen Fehlens konkretisierenden Sekundärrechts wäre tatsächlich eine uneingeschränkte richterliche Grundrechtsprüfung erforderlich.[105] Aufgrund der Entwicklungen in der Rechtsprechung des EuGH zur Anwendbarkeit der Charta, für die er nunmehr regelmäßig eine hinreichend konkrete Regelung des Ausgangssachverhalts fordert, dürften solche Fälle in Zukunft aber eher selten sein.[106]Außerdem kann der vermeintlich bedrohliche Anschein einer überbordenden Konstitutionalisierung, den diese Fallgruppe erwecken mag, durch einen Blick ins deutsche Verfassungsrecht entschärft werden: In *materieller* Hinsicht ist sie vollständig mit der deutschen Situation der Prüfung der Vereinbarkeit einer Privatrechtsnorm mit dem höherrangigen Recht des GG vergleichbar. Es besteht allein der Unterschied, dass die Verwerfungsentscheidung *prozessual* dem Fachrichter selbst obliegt und keinem zentralen Verfassungsgericht.[107] Das Privatrechtsgesetz ist hier also wie jedes andere Gesetz am Maßstab der Grundrechte zu messen. Eine besondere Gefahr für die Gewaltenteilung ergibt sich hieraus nicht.

c) Zwischenergebnis

Die Ausführungen zeigen, dass die häufig anzutreffende Befürchtung, die Linie des EuGH führe zu einer übermäßigen richterlichen Abwägungsmacht, in ihrer Pauschalität nicht überzeugen kann. Jedenfalls in den bisherigen Entscheidungen lag stets eine mehr oder weniger konkrete Richtlinienvorgabe vor, die dem nationalen Richter die grundrechtliche Abwägungsentscheidung bereits weitgehend abgenommen hat. Insoweit ist die Rechtsprechungslinie nicht zu beanstanden.[108] Ihr Konstitutionalisierungspotential bleibt wegen des Zusammenspiels

---

[105] Zutreffend bereits *Mörsdorf*, ZIP 2009, 1491, 1494. Ein Beispiel hierfür ist das Urteil EuGH v. 29.04.2015 – Rs. C-528/13 (*Léger*), BeckRS 2015, 80577, das allerdings einen vertikalen Rechtsstreit betrifft. Dort ging es darum, ob die Mitgliedstaaten homosexuelle Männer von der Blutspende ausschließen dürfen. Die Materie ist durch die RL 2002/98/EG determiniert, weshalb das entsprechende nationale Umsetzungsrecht am Maßstab der Charta zu messen ist. Weil diese Richtlinie die streitige Frage aber selbst nicht beantwortet, ist eine eigenständige Prüfung der Vereinbarkeit des nationalen Rechts mit Art. 21 Abs. 1 GRC am Maßstab von Art. 52 Abs. 1 GRC erforderlich. Vgl. hierzu auch *Morgenbrodt*, Loyalitätsobliegenheiten und Grundrechte, 2021, S. 287.

[106] Vgl. aber auch *Kainer*, GPR 2020, 149, 154: „Daher ist es keineswegs sicher, dass der Gerichtshof hier stehen bleiben wird. Bei einer weiten Auslegung des Art. 51 Abs. 1 GrCh („Durchführung des Unionsrechts") könnten die Grundrechte auch isoliert von konkreten Richtlinien angewendet werden.". Ähnlich *Fornasier*, GPR 2019, 141, 148. Wie hier indes *Bilz*, Margin of Appreciation der EU-Mitgliedstaaten, 2020, S. 365.

[107] Hierzu sogleich unter II.

[108] Vgl. auch *Classen*, JZ 2019, 1057, 1064: „Die Sorge vor einer richterlichen Übermacht ist daher jedenfalls nach derzeitigem Stand unbegründet.".

mit der Richtlinie materiellrechtlich sogar regelmäßig hinter der Überprüfbarkeit von Privatgesetzen am Maßstab des GG nach deutschem Vorbild zurück, in deren Rahmen das BVerfG eine umfassende Prüfung der Privatrechtsnorm am Verhältnismäßigkeitsgrundsatz vornimmt. Eine derartige selbstständige richterliche Grundrechtsprüfung vor Vollzug der negativen Horizontalwirkung ist nur in den Fällen denkbar, in denen die Charta anwendbar ist, gleichzeitig aber die Vereinbarkeit der streitigen Sachfrage mit einem Unionsgrundrecht nicht bereits durch eine Richtlinienvorgabe präjudiziert wird. Dies dürfte nach dem vorzugswürdigen Verständnis, nach dem die Anwendbarkeit der Charta eine spezifische Regelung des nationalen Sachverhalts erfordert, aber nur selten der Fall sein. Auch in diesen Fällen besteht indes materiellrechtlich kein Unterschied zur Überprüfung der Grundrechtswidrigkeit einer nationalen Privatrechtsnorm am Maßstab des GG; nur die prozessuale Situation ist hier eine andere, weil es an einer Monopolisierung der Verwerfungsentscheidung bei einem zentralisierten Verfassungsgericht fehlt. Insgesamt besteht nach den dargestellten Grundsätzen ein gewisses Wechselspiel zwischen Anwendungsbereichseröffnung und richterlicher Grundrechtsanwendung[109]: Je strenger die Maßstäbe sind, die an die unionsrechtliche Regelungsdichte zu stellen sind, um einen Sachverhalt in den Anwendungsbereich der Charta zu bringen, umso eher liegt auch eine Richtlinienvorgabe vor, die den richterlichen Abwägungsspielraum legislativ begrenzt und die dadurch der negativen Horizontalwirkung der Charta ihre Sprengkraft nimmt. Auch diese Gründe sprechen dafür, mit der neueren Rechtsprechung des EuGH im Rahmen des Art. 51 Abs. 1 S. 1 Alt. 2 GRC einen hinreichend spezifischen Zusammenhang zwischen dem streitgegenständlichen Sachverhalt und der einschlägigen Richtlinienbestimmung zu fordern.

7. Lediglich abstrakte Gefahr der Rechtsquellenvermengung

Zugegebenermaßen drängt sich nach dem Gesagten die Frage auf, ob nicht eine unzulässige Vermengung der Rechtsquellen droht, wenn der Inhalt einer Richtlinie letztlich die Anwendung der Charta auf die dargestellte Weise anleitet.[110] Das Vorgehen des EuGH, erst die Richtlinie und dann das Grundrecht zu prüfen, ist zwar grundsätzlich durch das hier geforderte Primat legislativer Abwägungsentscheidungen gerechtfertigt. Dennoch besteht dadurch die latente Gefahr, Richt-

---

[109] Ähnlich *Bilz*, Margin of Appreciation der EU-Mitgliedstaaten, 2020, S. 365 ff.

[110] *Wank*, RdA 2020, 1, 12; *ders.*, Juristische Methodenlehre, 2020, § 9 Rn. 73 („upgraden"); *Classen*, JZ 2019, 1057, 1064; *ders.*, EuR 2018, 752, 764; *Rudkowski*, NJW 2019, 476, 480; *Fornasier*, GPR 2019, 141, 147; *Kainer*, GPR 2020, 149, 151; *ders.*, NZA 2018, 894, 895 f.; *ders.*, GPR 2016, 262, 267; *Roth*, RabelsZ 75 (2011), 787, 811 ff.; *Sagan*, ZESAR 2011, 412, 413; *Willemsen/Sagan*, NZA 2011, 258, 261; EuArbRK/*Schubert*, Art. 6 EUV Rn. 46; *Jarass*, GRC, Einl. Rn. 63; *Morgenbrodt*, Loyalitätsobliegenheiten und Grundrechte, 2021, S. 286 ff.; *Kokott*, FS I. Schmidt, 2021, S. 991, 996.Vgl. auch umfassend GA *Trstenjak,* Schlussanträge v. 08.09.2011 – Rs. C-282/10 (*Dominguez*), BeckRS 2011, 81367, 154 ff.; GA *Bobek,* Schlussanträge v. 25.07.2018 – Rs. C-193/17 (*Cresco Investigation*), BeckRS 2018, 16329, Rn. 142 ff.

liniengehalte vorschnell zu Grundrechtsgehalten umzudefinieren und die Rechtsquellen miteinander zu vermengen.

Hierbei handelt es sich aber nicht um ein Problem, das den Ansatz des EuGH von vornherein unzulässig machen würde. Wenn die Reichweite dieser Rechtsfolge methodengerecht gehandhabt werden kann, ist der pauschale Einwand einer Vermengung der Rechtsquellen ungerechtfertigt, weil dann tatsächlich nur Richtliniengehalte mit einer echten grundrechtlichen Aufladung an den Vorteilen dieses Mechanismus teilhaben.[111] Dann ist das an sich eher „formale“[112] Argument, nicht die Richtlinie, sondern das Grundrecht werde horizontal zur Geltung gebracht, auch der Sache nach zutreffend. Dass dies gelingen kann, soll in Kapitel 5 näher dargelegt werden. Der normhierarchische Gesichtspunkt besitzt seine Bedeutung also im Rahmen der inhaltlichen Reichweite der so vermittelten Horizontalwirkung.[113] Er spricht nicht gegen die Zulässigkeit als solche.

8. Zwischenergebnis

Aus materiellrechtlicher Perspektive ist die negative Horizontalwirkung der Charta folgerichtig. Zwar sprechen gewichtige Gründe gegen eine Anwendbarkeit der Charta im Falle der nicht ordnungsgemäßen Umsetzung von Richtlinienvorgaben. Geht man den Weg des EuGH aber mit der h.L. mit, ist die negative Horizontalwirkung der GRC konsequenterweise zu bejahen. Sie lässt sich allgemein-unionsrechtlich mit dem Anwendungsvorrang unmittelbar anwendbarer Normen erklären. Die Kollision ergibt sich inhaltlich aus der Grundrechtsbindung des mitgliedstaatlichen Privatrechtsgesetzgebers, an der auch die Norm des Art. 51 Abs. 1 S. 1 GRC nichts ändert. Das konkretisierende Richtlinienrecht ist dabei nicht im Sinne eines Grundsatzes der Normanwendung der untersten Stufe vorrangig anzuwenden und sperrt somit auch nicht per se den Rückgriff auf die Unionsgrundrechte. Die Konkretisierung durch Richtlinienrecht wirkt sich aber auf Rechtfertigungsebene dadurch aus, dass sich der nationale Richter bei der Prüfung, ob eine nationale Norm mit der GRC vereinbar ist, am Inhalt der jeweiligen Richtlinie orientieren muss. Durch dieses Zusammenspiel ist das Konstitutionalisierungspotential der negativen Horizontalwirkung der GRC sogar geringer als das der vergleichbaren Wirkung des GG.

---

[111] Zu den inhaltlichen Grenzen der Doktrin vgl. § 15.

[112] *Perner*, in: Heiderhoff/Lohsse/Schulze (Hrsg.), EU-Grundrechte und Privatrecht, 2016, S. 133, 143.

[113] In diese Richtung auch *Willemsen/Sagan*, NZA 2011, 258, 261; *Kokott*, FS I. Schmidt, 2021, S. 991, 996 u. 999. Ähnlich auch EuArbRK/*Schubert*, Art. 31 GRC Rn. 38; *Greif*, Die Unanwendbarkeit richtlinienwidriger deutscher Arbeitsgesetze, 2016, S. 131.

II. Das prozessuale Vorverständnis des Art. 100 Abs. 1 GG als Mitursache der Kritik

Ist die negative Horizontalwirkung der Charta nach den angestellten Überlegungen zwar in materiell-grundrechtsdogmatischer Hinsicht folgerichtig, bleibt sie doch aus verfassungsprozessualer Perspektive zweifellos eine ungewöhnliche Erscheinung. Denn hierzulande ist man es nicht gewohnt, dass ein Fachrichter eine Norm selbstständig unangewendet lassen darf.[114] In Deutschland wäre eine autonome fachrichterliche Normverwerfung[115] nachkonstitutioneller formeller Gesetze undenkbar, weil das Fachgericht bei Unmöglichkeit der verfassungskonformen Auslegung zur Vorlage an das BVerfG verpflichtet ist, Art. 100 Abs. 1 GG.[116] Diese Vorlagepflicht soll die Rechtszersplitterung und Rechtsunsicherheit vermeiden, die bei einer Verwerfungskompetenz jedes einzelnen Richters bestünde. Außerdem sichert eine Zentralisierung der judikativen Normenkontrolle bei einem Verfassungsgericht die Gewaltenteilung ab.[117] Sie gilt für privatrechtliche wie öffentlich-rechtliche formelle Gesetze gleichermaßen, ist also keine Besonderheit der Horizontalwirkung.

Wer in Deutschland also an die Unvereinbarkeit einfachen Rechts mit Grundrechten denkt, der denkt deshalb automatisch die Pflicht der Fachgerichte zur Vorlage an das BVerfG mit. Das ist Ausdruck eines Verständnisses[118], das in allen Rechtsordnungen mit einer nach dem in Europa vorherrschenden Modell organisierten, zentralen Verfassungsgerichtsbarkeit nach dem Vorbild *Kelsens* besteht.[119] Dabei handelt es sich also noch nicht einmal um eine Besonderheit des deutschen Verfassungsrechts.[120] Es steht zu vermuten, dass die Kritik an der Linie des EuGH auch von diesem Leitgedanken eines exklusiven Verwerfungsmonopols einer zentralen Verfassungsgerichtsbarkeit getragen ist.[121] Eine Vereinigung

---

[114] Anders in Mitgliedstaaten ohne spezialisierte Verfassungsgerichtsbarkeit, *Thym*, JZ 2020, 1017, 1023, Fn. 93.

[115] Bei der Nichtanwendbarkeit handelt es sich freilich nicht um eine Nichtigkeit. Gleichwohl wirkt die negative Horizontalwirkung aus der Individualperspektive faktisch wie eine Normverwerfung durch den Richter.

[116] Sog. „konzentrierte Normenkontrolle" nach *Cappelletti/Ritterspach*, JÖR 20 (1971), 65, 82.

[117] Dreier-GG/*Wieland*, Art. 100 Rn. 13 m.w.N.

[118] Vgl. hierzu *Farahat*, in: von Bogdandy/Huber/Grabenwarter (Hrsg.), The Max Planck Handbooks in European Public Law, Volume III: Constitutional Adjucation: Institutions, 2020, S. 280, 345. Die ähnliche italienische Perspektive beleuchten umfassend *Paris*, EuConst 11 (2015), 389 ff. („difficult coexistence") sowie *Bifulco/Paris*, in: von Bogdandy/Huber/Grabenwarter (Hrsg.), The Max Planck Handbooks in European Public Law, Volume III: Constitutional Adjucation: Institutions, 2020, S. 447, 490. Zu Österreich siehe etwa *Öhlinger*, EuZW 2014, 955 f.

[119] Vgl. hierzu den Überblick bei *Wieser*, Vergleichendes Verfassungsrecht, 2005, S. 124 ff.

[120] So aber *Franzen*, GPR 2010, 81, 84.

[121] *Link*, NJW 2010, 430, 431: „Die Entscheidung des EuGH ist mit der in Deutschland geltenden alleinigen Normverwerfungskompetenz des BVerfG (Art. 100 GG) nicht verein-

von Privatrecht und Grundrechten in der Hand des Richters wird schon aus diesem Grund skeptisch gesehen[122] – und das, obwohl die Verdrängung nationalen Rechts durch unmittelbar anwendbares Unionsrecht eigentlich weder eine Eigenheit des Privatrechts noch eine solche der Unionsgrundrechte darstellt. Das prozessuale Rollenverständnis von Verfassungs- und Fachgerichtsbarkeit migriert so in das materielle Grundrechtsverständnis.[123]

Hiermit könnte sich auch erklären lassen, warum die aus dem deutschen Verfassungsrecht wohlbekannte Unterscheidung zwischen mittelbarer und unmittelbarer Drittwirkung in Stellungnahmen zur Horizontalwirkung der GRC teilweise nicht aufrechterhalten wird[124], obwohl hierzulande Einigkeit darüber besteht, dass privatrechtliche Normen am Maßstab des GG überprüft werden können, ohne dass es hierfür auf eine grundrechtliche Verpflichtung Privater ankommt. Auf Unionsebene wird so bereits die negative Horizontalwirkung der Unionsgrundrechte vor allem aufgrund der ihr immanenten starken Rolle des Fachrichters kritisch gesehen.

1. Dezentraler Grundrechtsschutz durch mitgliedstaatliche Fachgerichte

Das Unionsrecht kennt keine mit dem GG vergleichbare Rollenverteilung. Es sieht im Ausgangspunkt vor, dass *jedes* Gericht zur Berücksichtigung und Anwendung des unmittelbar anwendbaren Unionsrechts im Allgemeinen (z.B. Verordnungen oder Grundfreiheiten) und damit auch der Charta im Speziellen berechtigt und verpflichtet ist.[125] Damit besitzt jedes einzelne Arbeitsgericht wegen der zu bejahenden negativen Horizontalwirkung der Unionsgrundrechte eine autonome Nichtanwendungsbefugnis im Kollisionsfall. Verfassungsprozessual gesprochen etabliert das Unionsrecht damit ein System der diffusen[126], dezentralen Normenkontrolle. Ein bei einem obersten Gericht zentralisiertes „Nichtanwendungsmonopol" für nationales Recht kennt es nicht. Auch die Bestimmung des Art. 267 AEUV ändert daran nichts, denn der EuGH ist nur für die Auslegung des Unionsrechts zuständig, nicht aber für die Auflösung von Kolli-

bar.". In diese Richtung auch *Thüsing*, ZIP 2010, 199, 201; *Hailbronner*, NZA 2006, 811 ff. Eine Zentralisierung von Verwerfungskompetenzen („Unanwendbarkeitsmonopol") beim EuGH oder beim BVerfG fordern auch *Bauer/v. Medem*, ZIP 2010, 449, 453 f.; *Bauer/Krieger*, NZA 2007, 674, 675. Kritisch insoweit auch *Schubert*, EuZW 2010, 180, 183. Differenziert *Fischinger*, ZEuP 2011, 201, 211 ff.; *Burkiczak*, ZRP 2015, 21 ff. Zum Problem auch *Wackerbarth/Kreße*, EuZW 2010, 252 ff. Eingehend zu diesem Aspekt der Horizontalwirkung *Unseld*, Bedeutung der Horizontalwirkung, 2018, S. 215 f., 218.

[122] *Unseld*, Bedeutung der Horizontalwirkung, 2018, S. 218.

[123] *Unseld*, Bedeutung der Horizontalwirkung, 2018, S. 218.

[124] Siehe hierzu die Nachweise oben unter § 11 B. I. 4.

[125] *Starke*, EU-Grundrechte und Vertragsrecht, 2016, S. 377; *Junker*, ZfA 2013, 91, 110. Umfassend und kritisch hierzu *Karaosmanoğlu*, Nichtanwendung unionsrechtswidriger Gesetze, 2017, *passim*.

[126] Begriff nach *Cappelletti/Ritterspach*, JÖR 20 (1971), 65, 82.

sionen mit nationalem Recht.[127] Ein Verwerfungsmonopol des EuGH besteht folgerichtig alleine mit Blick auf das unionale Sekundärrecht.[128]

2. Zu den gescheiterten Versuchen einer Remonopolisierung[129]

a) Keine Monopolisierung beim BVerfG

aa) Bisherige Rechtslage

Jedenfalls nach bisherigem Verständnis konnte die deutsche Bestimmung des Art. 100 Abs. 1 GG an dieser Rollenverteilung weder in direkter noch in analoger Anwendung etwas ändern.[130] Eine direkte Anwendung der Vorschrift scheiterte bisher daran, dass bei einem Chartaverstoß durch nationales Recht nicht die „Verfassungsmäßigkeit" einer nationalen Norm bzw. eine Verletzung „dieses Grundgesetzes" in Rede stand.[131] Der Norm schwebt angesichts dieser Wortwahl klar der Verstoß gegen Normen des GG vor. Außerdem fehlt es in den maßgeblichen Entscheidungen regelmäßig an der erforderlichen Entscheidungserheblichkeit[132]: Schließlich hat das BVerfG seine Kontrollkompetenz für nationales Recht, das Richtlinienvorgaben umsetzt, gerade zurückgenommen.[133] Nach bisheriger Rechtsprechung des BVerfG konnte von einer für die Zulässigkeit einer

---

[127] Dies klarstellend *Ziegenhorn*, NVwZ 2010, 803, 803 f.; *Kruis*, Der Anwendungsvorrang des EU-Rechts in Theorie und Praxis, 2013, S. 127; *Greif*, Die Unanwendbarkeit richtlinienwidriger deutscher Arbeitsgesetze, 2016, S. 272 f.

[128] Grundlegend EuGH v. 22.10.1987 – Rs. 314/85 (*Foto-Frost*), NJW 1988, 1451.

[129] Begriff nach *Thym*, JZ 2015, 53, 60 Fn. 122, hier indes in anderem Zusammenhang.

[130] *Fischinger*, ZEuP 2011, 201, 211 ff.; *Greif*, Die Unanwendbarkeit richtlinienwidriger deutscher Arbeitsgesetze, 2016, S. 293 ff. A.A. *Wackerbarth/Kreße*, EuZW 2010, 252, 253 ff. mit der Überlegung, ein nach der Nichtanwendung verbleibender Normrest wäre wegen der Störung der Norm durch den unionsrechtswidrigen Teil seinerseits formell verfassungswidrig bzw. weise einen der formellen Verfassungswidrigkeit vergleichbaren Mangel auf, weshalb insoweit eine Vorlagepflicht zum BVerfG bestehe. Eine solche Aufspaltung der Norm wirkt allerdings gekünstelt, die Sichtweise insgesamt zu konstruiert. Vor allem würde sie den Anwendungsvorrang des Unionsrechts aushöhlen, da letztlich jede Vorschrift als Teil eines gesetzgeberischen Konzepts mit anderen Normen in Beziehung steht, vgl. überzeugend die Kritik hieran bei ErfK/*Schlachter*, Vorb. AEUV Rn. 44 f. A.A. für eine analoge Anwendung von Art. 100 Abs. 1 GG auch *Karaosmanoğlu*, Nichtanwendung unionsrechtswidriger Gesetze, 2017, S. 239 ff.

[131] *Fischinger*, ZEuP 2011, 201, 212 f.

[132] BVerfG v. 17.12.2002 – 1 BvL 28/95 u.a., NJW 2003, 1332; BVerfG v. 11.07.2006 – 1 BvL 4/00. NJW 2007, 51; BVerfG v. 09.09.2014 – 1 BvL 2/14, NVwZ-RR 2015, 1, Rn. 12.

[133] Allerdings ist auch an dieser Stelle darauf hinzuweisen, dass man bei *richtlinienwidrigem nationalen Recht* streng genommen eine Überprüfung am Maßstab der nationalen Grundrechte erwägen könnte. Die Unionsgrundrechte sind hier aufgrund einer zweckwidrigen Rechtsprechung des EuGH anwendbar, vgl. hierzu die umfassende Kritik unter § 4 C. II. 2. b); § 11 B. I. 1. Eine Zurücknahme der Kontrollbefugnis des BVerfG wäre nicht erforderlich, da das Gericht hier gerade kein Unionsrecht im nationalen Gewand (wie bei einer korrekt umgesetzten Richtlinie), sondern unionsrechtswidriges Recht prüfen würde.

Vorlage nach Art. 100 Abs. 1 GG erforderlichen Entscheidungserheblichkeit überhaupt nur ausnahmsweise ausgegangen werden, nämlich dann, wenn und soweit das betroffene Gesetz in Umsetzung eines Gestaltungspielraums ergangen war.[134] In keiner der in der vorliegenden Untersuchung analysierten Fallgestaltungen wäre dies aber der Fall gewesen. Nach bisheriger Rechtslage ließ sich also für die untersuchten Fälle der negativen Horizontalwirkung der GRC kein Verwerfungsmonopol des BVerfG begründen.

bb) Keine Rückkehr des Verwerfungsmonopols mit Recht auf Vergessen

Aufgrund der neueren Entwicklungen im Kooperationsverhältnis von EuGH und BVerfG lohnt sich an dieser Stelle aber ein aktualisierter Blick auf die Rollenverteilung zwischen den Fachgerichten und dem BVerfG im Kontext der Unionsgrundrechte.

In den Entscheidungen zum *Recht auf Vergessen*[135] hat das Gericht sein Selbstverständnis als oberster Grundrechtswächter in Deutschland reformiert und nun auch die Unionsgrundrechte zum Prüfungsmaßstab verfassungsgerichtlicher Rechtsbehelfe gemacht.[136] Ausdrücklich hat es dies nur für die Urteilsverfassungsbeschwerde entschieden und sich bisher weder dazu positioniert, ob es nach *Recht auf Vergessen I und II* überhaupt ein nationales Gesetz am Maßstab der Unionsgrundrechte prüft, noch, ob die Fachgerichte fortan in jedem Fall statt einer autonomen Nichtanwendungsbefugnis zu einer Vorlage an das BVerfG verpflichtet wären. Weil es im konkreten Fall nur um die *Anwendung* vollvereinheitlichten Rechts durch die Zivilgerichte ging, hat es offengelassen, ob sich die Rechtsprechungsänderung auch auf die Gültigkeitskontrolle richtliniendeterminierter Gesetze selbst bezieht.[137]

Dennoch wittern erste Stimmen in der Literatur eine Rückkehr des Verwerfungsmonopols des BVerfG im Falle unionsgrundrechtswidriger Gesetze.[138] Der

---

[134] BVerfG v. 04.10.2011 – 1 BvL 3/08, NJW 2012, 45, Rn. 45; BVerfG v. 06.06.2018 – 1 BvL 7/14 u.a., NZA 2018, 774, Rn. 29.

[135] BVerfG v. 06.11.2019 – 1 BvR 16/13 (*Recht auf Vergessen I*), NJW 2020, 300; BVerfG v. 06.11.2019 – 1 BvR 276/17 (*Recht auf Vergessen II*), NJW 2020, 314. Vgl. außerdem nun auch BVerfG 13.02.2020 – 2 BvR 739/17, BVerfGE 153, 74, Rn. 116.

[136] Es folgt damit einem Trend, der auch in der österreichischen und italienischen Verfassungsgerichtsbarkeit zu verzeichnen ist, vgl. hierzu *Thym*, JZ 2020, 1017, 1023; *Gallo*, ELJ 25 (2019), 434 ff.; *Martinico/Repetto*, EuConst 15 (2019), 731 ff. Zu Belgien und Frankreich vgl. *Edenharter*, DÖV 2020, 349, 350 m.w.N.

[137] BVerfG v. 06.11.2019 – 1 BvR 276/17 (*Recht auf Vergessen II*), NJW 2020, 314, Rn. 51. Ähnlich positionierte sich der Zweite Senat, vgl. BVerfG 13.02.2020 – 2 BvR 739/17, BVerfGE 153, 74, Rn. 116.

[138] Vgl. deutlich *Hofmann/Heger/Gharibyan*, KritV 2019, 277, 287, die die Rechtsprechung des BVerfG mit folgenden Erwägungen begrüßen: „Das Verwerfungsmonopol aus Art. 100 GG dient der Schaffung von Rechtssicherheit und Vermeidung von Rechtszersplitterung und ist Bestandteil der grundgesetzlich ausgestalteten Gewaltenteilung. Gleiches sollte auch dann gelten, wenn die deutsche Staatsgewalt unionsrechtlich determiniert ist.“.

zugrundeliegende Gedanke klingt zunächst plausibel: Wenn die Karlsruher Richter fortan die GRC als Funktionsäquivalent des GG begreifen und deshalb auch die Unionsgrundrechte prüfen, kehrt auch das Verwerfungsmonopol des deutschen Verfassungsprozessrechts für Fälle möglicher Unionsgrundrechtsverstöße zurück. Und in der Tat: Zumindest theoretisch könnte sich die postulierte Erweiterung des verfassungsrechtlichen Prüfungsrahmens auf die vorliegende Frage auswirken.

Zum gegenwärtigen Zeitpunkt ist nämlich zunächst nicht auszuschließen, dass das BVerfG seine Rechtsprechung auch auf die Überprüfung von Legislativakten überträgt. Somit ist denkbar, dass fortan neben Urteils- auch Rechtssatzverfassungsbeschwerden gegen nationale Umsetzungsgesetze auf Verstöße gegen die GRC gestützt werden können.[139] Dafür spräche immerhin, dass das BVerfG die GRC als „Funktionsäquivalent" zu den Grundrechten des GG versteht, die wegen des Vorrangs des sonstigen Unionsrechts nicht mehr anwendbar sind. Wenn das Gericht sich insoweit eine grundsätzliche und umfassende (unions-)grundrechtsspezifische Kontrollfunktion zuspricht, ist nicht ersichtlich, wieso die verschiedenen Fallgruppen der Verfassungsbeschwerde unterschiedlich zu behandeln sein sollten.[140] In einer ersten Kammerentscheidung, die nach der Rechtsprechungsänderung erging, hat das BVerfG eine Verfassungsbeschwerde gegen eine nationale Bestimmung, die eine zwingende Richtlinienvorgabe umgesetzt hatte, zwar als unzulässig verworfen.[141] Hier lag allerdings die Sondersituation vor, dass die Vereinbarkeit der dem Gesetz zugrundeliegenden Richtlinienbestimmung mit der GRC bereits in einem vorangegangen EuGH-Verfahren geklärt worden war. Für die Frage nach der Übertragbarkeit der *Recht auf Vergessen*-Rechtsprechung auf die Rechtssatzverfassungsbeschwerde gibt die Entscheidung nichts her.[142]

Denkt man an dieser Stelle weiter, wäre konsequenterweise auch eine Übertragung auf die Richtervorlage nach Art. 100 Abs. 1 GG in Erwägung zu ziehen.[143] Zwar ist diese Norm weniger auslegungsoffen, weil sie anders als Art. 93 Abs. 1 Nr. 4a GG („in einem seiner Grundrechte"), ausdrücklich von einer „Ver-

---

[139] Davon gehen etwa aus: *Lenz/Hansel*, BVerfGG, 3. Auflage, 2020, § 90 Rn. 165 ff., 238; *Karpenstein/Kottmann*, EuZW 2020, 185, 189; *Neumann/Eichberger*, JuS 2020, 502, 504 f.

[140] *Wendel*, JZ 2020, 157, 167; *Lenz/Hansel*, BVerfGG, 3. Auflage, 2020, § 90 Rn. 166.

[141] BVerfG v. 08.09.2020 – 1 BvR 895/17, BeckRS 2020, 26957, Rn. 23 ff.

[142] A.A. *Payandeh*, JuS 2020, 1226, 1228: „Auch im Lichte der Neujustierungen durch die Entscheidungen Europäischer Haftbefehl II sowie Recht auf Vergessen I und II bleibt es bei der grundsätzlichen Rücknahme der verfassungsgerichtlichen Kontrolle von Unionsrecht und von unionsrechtlich determiniertem nationalem Recht.".

[143] Für eine Übertragbarkeit: *Lenz/Hansel*, BVerfGG, 3. Auflage, 2020, § 80 Rn. 59 f.; *Hofmann/Heger/Gharibyan*, KritV 2019, 277, 287; *Kämmerer/Kotzur*, NVwZ 2020, 177, 183; *Makoski*, EuZW 2020, 1053, 1055; *Wolmerath*, FS Düwell, 2021, S. 1041, 1064; dies befürchtend, insoweit aber sehr kritisch *Klein*, DÖV 2020, 341, 346 f. Gegen eine Übertragbarkeit: *Gourdet*, Europäischer Grundrechtsschutz, 2021, S. 409 ff.; *Scheffczyk*, NVwZ 2020, 977, 981 f.; *Classen*, EuR 2021, 92, 98, was die Bewertung angeht aber etwas zurückhaltender.

letzung dieses Grundgesetzes" spricht. Bei genauerem Hinsehen stünde das aber einer Übertragung der *Recht auf Vergessen*-Rechtsprechung nicht entgegen. Denn Voraussetzung ist zunächst einmal vor allem, dass ein Gericht eine Norm für „verfassungswidrig" hält. Hierunter dürften nach der Neuausrichtung des BVerfG schon aus Einheitlichkeitsgründen ohne größere Probleme auch Unionsgrundrechtsverstöße zu fassen sein.[144] Die darüberhinausgehende explizite Erwähnung der „Verletzung dieses Grundgesetzes" am Ende der Norm dient in erster Linie dazu, die Zuständigkeit des BVerfG für GG-Verstöße von der Zuständigkeit der Landesverfassungsgerichte für Verstöße gegen Landesverfassungsrecht abzugrenzen. Für die Frage der Inkorporierung der GRC in den Prüfungsmaßstab kann diese Passage schon aus historischen Gründen nichts hergeben: Zum Zeitpunkt ihrer Schaffung gab es weder die Union noch die GRC.

Gegen eine Übertragbarkeit auf Art. 100 Abs. 1 GG spräche jedoch zum einen, dass das Verfahren, anders als die Verfassungsbeschwerde, nicht vorrangig dem Individualrechtsschutz dient, weshalb bereits aus diesem Grund die Vergleichbarkeit mit der ausdrücklich vom BVerfG entschiedenen Konstellation fraglich ist.[145] Zum anderen spricht Art. 100 Abs. 2 GG gegen eine Prüfung von EU-Grundrechten im Rahmen von Abs. 1.[146] Denn die Norm legt, indem sie explizit anordnet, dass die Frage nach der unmittelbaren Geltung und Anwendbarkeit einer Regel des Völkerrechts an das BVerfG vorzulegen ist, nahe, dass das BVerfG alle *sonstigen* völker- und europarechtlichen Fragen im Rahmen dieses Verfahrens nicht prüft.

Theoretisch denkbar bleibt eine Ausweitung auf Art. 100 Abs. 1 GG aber dennoch, und absehbar ist das künftige Vorgehen des BVerfG derzeit nicht. Ohnehin wäre damit aber nur beantwortet, ob es nach dem deutschen Verfassungsprozessrecht an sich eine *Möglichkeit* gäbe, als Fachgericht das BVerfG über das Verfahren nach Art. 100 Abs. 1 GG mit der Frage zu befassen, ob ein nationales Gesetz aufgrund eines Unionsgrundrechtsverstoßes unangewendet bleiben muss. Das hat mit der im Rechtsvergleich etwas eigentümlich anmutenden Ausgestaltung des Art. 100 Abs. 1 GG zu tun, der in einem Zug sowohl die *Möglichkeit* einer Richtervorlage als auch die *Pflicht* zur Vorlage benennt. Anders formuliert sind etwa die Art. 139, 140 und 144 der österreichischen Bundesverfassung, die relativ knapp überhaupt die Zuständigkeit des VerfGH benennen.[147] Die Pflicht zur Vorlage ergibt sich aus Art. 89 Abs. 2 der Bundesverfassung. Hier können also die Zuständigkeit für derartige Vorlagen eines Fachgerichts und die Frage nach einer entsprechenden Vorlagepflicht bzw. eines Verwerfungsmonopols des VerfGH systematisch voneinander getrennt werden. Die gleiche gedankliche Trennung ist für die vorliegende Frage auch für Art. 100 Abs. 1 GG angebracht.

---

[144] Wie hier *Klein*, DÖV 2020, 341, 347; *Gourdet*, Europäischer Grundrechtsschutz, 2021, S. 411. A.A. *Preßlein*, EuR 2021, 247, 258.

[145] *Scheffczyk*, NVwZ 2020, 977, 981 f.

[146] In diese Richtung auch *Preßlein*, EuR 2021, 247, 259.

[147] Diese sind jeweils wie folgt formuliert: „Der Verfassungsgerichtshof erkennt über…".

Von der Vorlagemöglichkeit zu trennen ist deshalb die Frage, ob sich daraus auch ein „Nichtanwendungsmonopol" des BVerfG korrespondierend mit einer zwingenden Vorlagepflicht der Fachgerichte ergeben würde.[148] Jedenfalls hiergegen sprechen mehrere gewichtige Gesichtspunkte. Denn selbst wenn nunmehr auch das BVerfG am Maßstab der Unionsgrundrechte prüft, ändert dies nichts daran, dass die Fachgerichte nach dem Unionsrecht vorlage*berechtigt* bleiben.[149] Dabei sind sie für eine eigenständige Prüfung am Maßstab der Unionsgrundrechte – ggf. nach Vorlage an den EuGH – auch weiterhin nicht auf das BVerfG angewiesen. Und auch an ihrer autonomen Nichtanwendungsbefugnis – nach entsprechender Vorlage an den EuGH oder kraft eigener Überzeugung von der Unionsrechtswidrigkeit – könnte die neue Prüfungskompetenz des BVerfG hinsichtlich der Unionsgrundrechtskonformität von Gesetzen nichts ändern. Der Anwendungsvorrang des Unionsrechts verhindert ein innerstaatliches Verwerfungsmonopol eines nationalen Verfassungsgerichts nämlich strukturell.[150] Dies hat der EuGH bereits in der grundlegenden Rechtssache *Simmenthal II* eindeutig geklärt[151] und auch später ausdrücklich bestätigt.[152] Könnte das jeweilige Recht der Mitgliedstaaten den Vollzug des Anwendungsvorrangs durch die einzelnen Gerichte modifizieren, wäre die einheitliche Durchsetzung des Unionsrechts generell gefährdet.[153] Speziell für den Vollzug der von einer besonderen Dignität gekennzeichneten Unionsgrundrechte können keine anderen Regeln gelten. Auch sie streben nach allgemeiner Geltung in den Mitgliedstaaten, soweit ihr Anwendungsbereich eröffnet ist. Das damit erforderliche dezentrale Durchsetzungsmodell des unionalen Grundrechtsschutzes lässt sich mit einem Verwerfungs- bzw. Nichtanwendungsmonopol eines nationalen Verfassungsgerichts nicht vereinbaren.

Dies musste etwa auch der österreichische Verfassungsgerichtshof einsehen[154]: Anders als das BVerfG[155] hatte dieser bereits in seiner Grundsatzentscheidung, in

[148] Ähnlich *Gourdet*, Europäischer Grundrechtsschutz, 2021, S. 413.

[149] *Edenharter*, DÖV 2020, 349, 354 f.; *Thym*, JZ 2020, 1017, 1023.

[150] *Thym*, JZ 2020, 1017, 1023; *ders.*, JZ 2015, 53, 60; *Fischinger*, ZEuP 2011, 201, 213; *Burkiczak*, ZRP 2015, 21, 24; *Bäcker*, EuR 2015, 389, 401 Fn. 61; *Gourdet*, Europäischer Grundrechtsschutz, 2021, S. 413. A.A. *Karaosmanoğlu*, Nichtanwendung unionsrechtswidriger Gesetze, 2017, S. 225 ff.

[151] EuGH v. 09.03.1978 – Rs. 106/77 (*Simmenthal II*), NJW 1978, 1741: „Das staatliche Gericht, das im Rahmen seiner Zuständigkeit die Bestimmungen des Gemeinschaftsrechts anzuwenden hat, ist gehalten, für die volle Wirksamkeit dieser Normen Sorge zu tragen, indem es erforderlichenfalls jede – auch spätere – entgegenstehende Bestimmung des nationalen Rechts aus eigener Entscheidungsbefugnis unangewendet läßt, *ohne daß es die vorherige Beseitigung dieser Bestimmung auf gesetzgeberischem Wege oder durch irgendein anderes verfassungsrechtliches Verfahren beantragen oder abwarten müßte*." (Hervorhebung durch Verf.).

[152] Vgl. etwa EuGH v. 22.06.2010 – Rs. C-188/10 u.a. (*Melki*), EuR 2012, 199, Rn. 45 ff.; EuGH v. 11.09.2014 – C-112/13 (A/B ua), EuZW 2014, 950, Rn. 36 f.

[153] *Gallner*, FS Preis, 2021, S. 271, 276.

[154] Vgl. hierzu *Öhlinger*, EuZW 2014, 955 f.; *Thym*, JZ 2015, 53, 60 Fn. 122.

[155] Eine ausdrückliche Stellungnahme des BVerfG zu dieser Frage steht aus.

der er die Charta in seinen Prüfungsmaßstab inkorporierte, eine entsprechende „Remonopolisierung"[156] zumindest angedacht.[157] Der österreichische Oberste Gerichtshof (OGH) indes bezweifelte eine solche Vorlagepflicht mit guten Gründen. Auf ein entsprechendes Vorabentscheidungsersuchen des OGH hin teilte auch der EuGH die vorgebrachten Bedenken und lehnte eine solche Pflicht unter Hinweis auf das Unionsrecht ab.[158] Es erscheint äußerst unwahrscheinlich, dass ein entsprechender Versuch des BVerfG in dieser Richtung mehr Erfolg versprechen würde.

Schließlich und entscheidend ist bei der Beantwortung dieser Frage die eigentümliche Technik des Art. 51 Abs. 1 S. 1 Alt. 2 GRC, der die Anwendbarkeit der GRC insbesondere an die Existenz von Sekundärrecht knüpft, zu beachten: Die Charta wird im richtliniendominierten Arbeitsrecht zumeist nicht anwendbar sein, ohne dass sich zugleich sekundärrechtliche Fragen stellen.[159] In den hier untersuchten Fällen ging es stets um eine Idealkonkurrenz von Richtlinie und Grundrecht. Die Vereinbarkeit nationalen Rechts mit dem Sekundärrecht prüft das BVerfG aber auch weiterhin nicht, insoweit bleibt das BAG unbestritten letztinstanzliches und damit vorlagepflichtiges Gericht.[160] Damit *muss* das BAG dem EuGH nach Maßgabe des Art. 267 AEUV die Frage nach der Auslegung des Sekundärrechts stellen. Im Zuge seiner Antwort wird der EuGH, wie er das in der dargestellten bisherigen Rechtsprechung getan hat, häufig auch ohne eine ausdrückliche Frage des nationalen Gerichts die GRC ins Spiel bringen. Weil die sich anschließende Grundrechtsanwendung und -abwägung im konkreten Einzelfall sodann durch das Sekundärrecht weitgehend vorgegeben ist, werden sich in aller Regel keine weiteren Grundrechtsfragen mehr stellen, die das BVerfG selbst prüfen könnte. Der Richtlinienverstoß präjudiziert hier typischerweise die Grundrechtswidrigkeit des nationalen Rechts. Eine Vorlage an das BVerfG wäre dann – selbst wenn man sie trotz der bestehenden Bedenken für dogmatisch zulässig hielte – nutzlos. Es ist nach alledem nicht ersichtlich, wieso die Obergerichte hierzulande von einer Vorlage an das BVerfG Gebrauch machen sollten.[161]

Einen gewissen Effekt kann die neue Rechtsprechung in den hier untersuchten Konstellationen dennoch haben. Das BVerfG wird nämlich unstreitig zumindest die Grundrechtsanwendung durch die Arbeitsgerichte auf eine Urteilsverfas-

---

[156] Begriff nach *Thym*, JZ 2015, 53, 60 Fn. 122.

[157] VerfGH Erkenntnis vom 14.03.2012, U 466/11, 1836/11, Rn. 33, 41. Hierzu *Öhlinger*, EuZW 2014, 955, 956. Vorsichtiger in der Einschätzung *Gourdet*, Europäischer Grundrechtsschutz, 2021, S. 427; *Paris*, EuConst 11 (2015), 389, 398, die darauf verweisen, der Entscheidung sei dies nicht ausdrücklich zu entnehmen.

[158] EuGH v. 11.09.2014 – C-112/13 (A/B ua), EuZW 2014, 950, Rn. 36 f. Vgl. hierzu ausführlich *Paris*, EuConst 11 (2015), 389 ff.

[159] *Karpenstein/Kottmann*, EuZW 2020, 185, 188; *Classen*, EuR 2021, 92, 98; *Bilz*, Margin of Appreciation der EU-Mitgliedstaaten, 2020, S. 365.

[160] *Classen*, EuR 2021, 92, 98.

[161] So auch aus der Perspektive des österreichischen Rechts *Öhlinger*, EuZW 2014, 955, 956.

sungsbeschwerde hin kontrollieren.[162] Es beansprucht damit auch im arbeitsrechtlichen Instanzenzug das letzte Wort über den „Vollzug" der Horizontalwirkung eines Unionsgrundrechts. In der Theorie könnten somit sowohl die Prozesspartei, die den Streit wegen der Bejahung einer negativen Horizontalwirkung eines Chartagrundrechts verliert, als auch diejenige Partei, die unterliegt, weil der Richter eine solche Chartawidrigkeit nicht feststellt oder gar nicht erst in Erwägung zieht, einen diesbezüglichen Einwand vor dem BVerfG rügen. Im ersten Fall brächte aber das Einschalten des BVerfG nur dann einen Mehrwert mit sich, wenn die Bejahung nicht auf einer ausdrücklichen Entscheidung nach erfolgter Vorlage an den EuGH beruht, zu der das BAG als letztinstanzliches Gericht regelmäßig verpflichtet sein wird. Dann könnte das BVerfG dem Gerichtshof die Frage seinerseits vorlegen. Verneint dieser die Horizontalwirkung, könnte das BVerfG die Entscheidung aufheben. Bejaht er sie, bliebe sie bestehen. Hatte indes der EuGH – etwa wegen der regelmäßig zu erwartenden Vorlage durch das BAG oder der Vorlage eines Instanzgerichts – die Frage nach der Horizontalwirkung im konkreten Verfahren bereits bejaht, wäre eine Verfassungsbeschwerde gegen die diese Horizontalwirkung umsetzende Entscheidung eines Fachgerichts aussichtslos. Der Fall einer vollständigen Verkennung eines Chartagrundrechts dürfte wohl wahrscheinlicher sein als der erstgenannte, wenn man bedenkt, dass das Bewusstsein für unionsgrundrechtliche Bezüge bei den Fachgerichten tendenziell weniger stark ausgeprägt sein wird als beim BVerfG.

Auf der anderen Seite hat aber gerade das BAG immer wieder eindrucksvoll unter Beweis gestellt, dass es als letztinstanzliches Arbeitsgericht die Wahrung des unionalen Primär- und Sekundärrechts sehr wohl selbst gewährleisten kann.[163] Ob sich aus dem letzten Wort eines „echten" nationalen Grundrechtsgerichts in dieser Frage ein substantieller Mehrwert ergeben wird, muss deshalb zumindest im Kontext grundrechtskonkretisierender Richtlinienvorgaben bezweifelt werden. Realistischer erscheint es, dass, wenn die Instanzgerichte den unionsrechtlichen Bezug eines Falles verkannt haben, spätestens das BAG dem BVerfG mit einer umfassenden Vorlage an den EuGH – zu der es in aller Regel verpflichtet sein wird – zuvorkommt und dann kaum mehr ernsthafte Zweifel über die negative Horizontalwirkung bestehen werden. Dann aber bedarf es auch keiner auf die GRC gestützten Verfassungsbeschwerde mehr.

cc) Zwischenergebnis

An dieser Stelle kann festgehalten werden, dass mit der Aufnahme der Unionsgrundrechte in den Prüfungsmaßstab der Verfassungsbeschwerde durch die *Recht auf Vergessen*-Beschlüsse des BVerfG keine Etablierung eines Verwerfungs- bzw. Nichtanwendungsmonopols des BVerfG bei Verstößen gegen Unionsgrundrechte einhergeht. Aus deutscher Sicht bleibt es damit bei der dezentralen Lösung.

[162] *Edenharter*, DÖV 2020, 349, 354.
[163] *Thym*, JZ 2020, 1017, 1023 f.

b) Keine Monopolisierung beim EuGH

Und auch die Konstruktion eines „Verwerfungsmonopols" des EuGH mit Blick auf nationales Recht ist nach überzeugender Auffassung nicht möglich. Dies liegt bereits daran, dass der EuGH gem. Art. 19 EUV ohnehin nur Unionsrecht auslegt, er zur Entscheidung über Geltung oder Anwendung von nationalem Recht also gar nicht befugt ist: Der EuGH legt aus[164], das nationale Gericht wendet an[165]. Ein auf nationales Recht bezogenes Verwerfungs- bzw. Nichtanwendungsmonopol des EuGH im eigentlichen Sinne wäre schon deshalb nicht denkbar.

Zutreffend wurden überdies die Vorstöße abgelehnt, nach denen sämtliche Fachgerichte *jeder* Instanz vor Vollzug des Anwendungsvorrangs nicht nur *berechtigt*, sondern sogar *verpflichtet* sein sollten, im Sinne einer „Reduktion des Vorlageermessens auf null" im Rahmen von Art. 267 AEUV an den EuGH vorzulegen[166].[167] Auf diesem Wege gelänge man zwar nicht zu einem eigentlichen Verwerfungs- bzw. Nichtanwendungsmonopol des EuGH, aber zumindest zu einer faktischen Zentralisierung. Denn dann müsste jedes Gericht vor Nichtanwendung einer nationalen Norm an den EuGH vorlegen.

Eine solche Sichtweise verstößt jedoch offensichtlich gegen die ausdrückliche Unterscheidung von Vorlagerecht und Vorlagepflicht in Art. 267 AEUV: Wenn ein Gericht von der Unionsrechtswidrigkeit überzeugt ist, so kann es die unionsgrundrechtswidrige nationale Bestimmung unangewendet lassen, ohne dass der EuGH überhaupt miteinbezogen werden muss. Eine Vorlagepflicht besteht erst, wenn die Voraussetzungen des Art. 267 Abs. 3 AEUV vorliegen. Dazu muss es sich bei dem in Rede stehenden Spruchkörper insbesondere um ein letztinstanzliches Gericht handeln.[168] Für jede andere Sichtweise fehlt es an einem normativen Anknüpfungspunkt sowohl im nationalen Verfassungsrecht als auch im Unionsrecht.[169]

---

[164] Hierzu *Kruis*, Der Anwendungsvorrang des EU-Rechts in Theorie und Praxis, 2013, S. 129 ff.

[165] Hierzu *Kruis*, Der Anwendungsvorrang des EU-Rechts in Theorie und Praxis, 2013, S. 150 ff.

[166] *Bauer/Krieger*, NZA 2007, 674, 675; *Dettling*, BayVBl. 2009, 613, 622; ähnlich *Bäcker*, EuR 2015, 389, 401 Fn. 61. Vgl. auch LAG Düsseldorf v. 21.11.2007 – 12 Sa 1311/07, ZIP 2008, 1786, 1790 f.

[167] EuGH v. 19.01.2010 – Rs. C-555/07 (*Kücükdeveci*), NZA 2010, 85, Rn. 54; *Fischinger*, ZEuP 2011, 201, 211 f.; *Kruis*, Der Anwendungsvorrang des EU-Rechts in Theorie und Praxis, 2013, S. 151 ff.; *Greif*, Die Unanwendbarkeit richtlinienwidriger deutscher Arbeitsgesetze, 2016, S. 322 ff.

[168] Missverständlich daher *Herresthal*, ZEuP 2014, 238, 271.

[169] Überzeugend hierzu *Kruis*, Der Anwendungsvorrang des EU-Rechts in Theorie und Praxis, 2013, S. 152 ff., gegen *Dettling*, BayVBl. 2009, 613, 622 argumentierend: Für Art. 100 Abs. 1 GG analog fehlt es insoweit an der planwidrigen Regelungslücke und der vergleichbaren Interessenlage. Art. 19 Abs. 4 GG zwingt ebenfalls zu keinem anderen Ergebnis, weil die dezentrale Nichtanwendung auch eine Form effektiven Rechtsschutzes darstellt.

3. Zwischenergebnis

Es bleibt also trotz der neueren Entwicklung insgesamt bei der gewohnten Rollenverteilung, wonach der nationale Fachrichter direkt zur Nichtanwendung unionsgrundrechtswidrigen nationalen Rechts befugt ist. Insoweit handelt er als unionaler Verfassungsrichter. Das ist aus deutscher Sicht, so wie für viele andere Mitgliedstaaten, gewöhnungsbedürftig, für das Unionsrecht allerdings selbstverständlich. Auch in allen sonstigen Fällen, in denen nationales Recht mit unmittelbar anwendbaren Normen des Unionsrechts kollidiert, obliegt dem nationalen Richter die Nichtanwendung der unionsrechtswidrigen Norm.

Mit Blick auf die Vorteile, die eine zentralisierte Grundrechtskontrolle im Vergleich zum dezentralen System des Unionsrechts bietet, erscheint die dagegen vorgebrachte Kritik im Kontext der GRC zwar durchaus berechtigt.[170] Den Bedenken könnte allerdings nur de lege ferenda Rechnung getragen werden. Jede denkbare Änderung des mitgliedstaatlichen Rechts zur Zentralisierung der Normenkontrolle[171] müsste aufgrund der angeführten unionsrechtlichen Hindernisse zwingend von einer Anpassung des Primärrechts begleitet werden.[172] Bis dahin bleibt es auch in Zukunft bei der dargestellten Rollenverteilung zwischen EuGH, BVerfG und den mitgliedstaatlichen Gerichten.

Es ist nach alledem zuzugeben, dass die negative Horizontalwirkung der Charta in verfassungsprozessualer Hinsicht durchaus eine „stärkere" ist als die vergleichbare Wirkung des GG, weil sie jedem nationalen Zivilrichter eine selbstständige Derogationsbefugnis verschafft. Unter geltendem Recht ist aber darauf zu achten, dass mögliche verfassungsprozessuale Bedenken hiergegen nicht in die materielle Beurteilung der Eignung der GRC zur negativen Horizontalwirkung migrieren.[173]

---

[170] Vgl. etwa *Burkiczak*, ZRP 2015, 21 ff.; *Karaosmanoğlu*, Nichtanwendung unionsrechtswidriger Gesetze, 2017, *passim*. A.A. aber *Gallner*, FS Preis, 2021, S. 271, 277.

[171] Hierzu wurden verschiedene Vorschläge gemacht: Vgl. etwa *Kruis*, Der Anwendungsvorrang des EU-Rechts in Theorie und Praxis, 2013, S. 467 ff. für eine einfachgesetzliche Vorlagepflicht aller nationalen (Instanz)Gerichte, die er für unionsrechtskonform hält. Vgl. außerdem *Höpfner*, ZfA 2010, 449, 478 für die Einrichtung eines Sondersenats beim BAG und die Etablierung einer entsprechenden Pflicht der Instanzgerichte zur Vorlage an ebendiesen. Vgl. außerdem *Burkiczak*, ZRP 2015, 21, 23 f. für Möglichkeiten *de lege ferenda*, ein Entscheidungsmonopol des BVerfG oder zumindest der oberen Bundesgerichte zu etablieren. Zum Ganzen auch *Karaosmanoğlu*, Nichtanwendung unionsrechtswidriger Gesetze, 2017, S. 235 ff.

[172] Zutreffend *Burkiczak*, ZRP 2015, 21, 24. A.A. *Karaosmanoğlu*, Nichtanwendung unionsrechtswidriger Gesetze, 2017, S. 225 ff.

[173] *Unseld*, Bedeutung der Horizontalwirkung, 2018, S. 218.

C. Zum Vorrang der primärrechtskonformen Auslegung

Abschließend ist darauf hinzuweisen, dass die Rechtsfolge einer negativen Horizontalwirkung der GRC jedenfalls nur als ultima ratio eintreten kann. Vorrangig ist das Gebot der *primär*rechtskonformen Auslegung zu beachten.[174] Dieses tritt aufgrund der – freilich künstlichen[175] – Idealkonkurrenz von Richtlinie und Grundrecht *neben* das Gebot der richtlinienkonformen Auslegung und Rechtsfortbildung, die, wie unter § 10 dargestellt, enge Grenzen hat.

Trotz der augenscheinlichen Ähnlichkeit beider Auslegungsmaßstäbe begreift der EuGH die unionsgrundrechtskonforme Auslegung des nationalen Rechts zu Recht als eigenständigen Prüfungsschritt, der der richtlinienkonformen Auslegung nach- und der Unanwendbarkeit vorgelagert ist.[176] Aus Sicht des Gerichtshofs ist es nicht etwa so, dass sich die Wirkung des Unionsgrundrechts alleine darauf beschränkte, die Auslegung des Sekundärrechtsakts als höherrangiges Recht zu bestimmen, sodass dieser dann seinerseits Auslegungsdirektive für das nationale Recht wird. Vielmehr erfolgt ein vollständiger „Sprung" von der Richtlinien- in die Grundrechtsebene. Der EuGH spricht die Pflicht zur unionsgrundrechtskonformen Auslegung erneut als *eigenständigen Prüfungsmaßstab* für das nationale Recht an. Erst dann geht er auf die Frage der Horizontalwirkung ein.[177]

---

[174] *Höpfner*, Die systemkonforme Auslegung, 2008, S. 233.

[175] Vgl. hierzu die Kritik unter § 4 C. II. 2. b).

[176] Das zeigt sich deutlich in EuGH v. 06.11.2018 – Rs. C-569/16, C-570/16 (Bauer), NZA 2018, 1467, wo der EuGH über zwei grundverschiedene Ausgangsverfahren zu entscheiden hatte: Einmal ging es um einen staatlichen und einmal um einen privaten Arbeitgeber. Zunächst postuliert der EuGH das Erfordernis der *richtlinienkonformen Auslegung* (1. Stufe), vgl. Rn. 64 ff. Ihr Scheitern ist im Vertikalverhältnis unproblematisch, weil dort unmittelbar die Richtlinienbestimmung zur Anwendung gebracht werden kann, vgl. Rn. 74 f. Im Horizontalverhältnis kommt es hingegen auf die Wirkung von Art. 31 Abs. 2 GRC an. Auf dieser *2. Stufe* stellt der EuGH dann wiederum fest, auf die negative Horizontalwirkung des Grundrechts komme es erst an, wenn eine *unionsgrundrechtskonforme Auslegung*, diesmal *ausdrücklich* „im Einklang mit Art. 31 Abs. 2 der Charta", scheitert, vgl. Rn. 91.

[177] In diesem Sinne auch *Greif*, Die Unanwendbarkeit richtlinienwidriger deutscher Arbeitsgesetze, 2016, S. 236 f. Für die eigenständige Bedeutung allgemein der primärrechtskonformen Auslegung im Nachgang der *Mangold*-Entscheidung auch *Höpfner*, Die systemkonforme Auslegung, 2008, S. 246 f. Ähnlich konkret für die GRC *Herresthal*, ZEuP 2014, 238, 248 f., 274. A.A. wohl Riesenhuber/*Leible*/*Domröse*, § 8 Rn. 41 für ein Aufgehen der unionsgrundrechtskonformen Auslegung in der Konformauslegung des Sekundärrechts. Damit richten sie sich allerdings – aus guten Gründen – bereits gegen die parallele Anwendbarkeit von Grundrecht und Sekundärrecht und damit die Vorfrage des Art. 51 GRC (siehe hierzu § 4 C. II. 2. b)). Denn in den kritisierten Entscheidungen *Mangold* und *Kücükdeveci* hat eine grundrechtskonforme Auslegung des Sekundärrechts keine Rolle gespielt: An dessen Grundrechtskonformität bestand kein Zweifel. Es ging vielmehr um die Chartakonformität richtlinien*widrigen* nationalen Rechts. Bejaht man die Anwendbarkeit der Charta trotz der vorgetragenen Bedenken, hat hier die unmittelbare chartakonforme Auslegung des nationalen Rechts eine neben der Auslegung des Sekundärrechts eigenständige Bedeutung, vgl. in diesem Sinne auch EuArbRK/*Schubert*, Art. 6 EUV Rn. 37.

Dieses Vorgehen ist aus methodischer Sicht folgerichtig, weil sich die Geltungsgründe und Reichweite beider Auslegungsarten unterscheiden: Die richtlinienkonforme Auslegung hat ihren Geltungsgrund mangels unmittelbarer Anwendbarkeit von Richtlinienbestimmungen im Horizontalverhältnis und eines damit einhergehenden Derogationszusammenhangs alleine in der mitgliedstaatlichen Umsetzungsverpflichtung gem. Art. 288 Abs. 3 AEUV.[178] Die unionsgrundrechtskonforme Auslegung gründet jedoch, wie auch die verfassungskonforme Auslegung, auf dem – wegen des Anwendungsvorrangs des Unionsrechts jedenfalls faktischen[179] – Derogationszusammenhang zwischen höherrangigem und niederrangigem Recht. Hier gilt der Favor-legis-Gedanke[180]: Weil im Kollisionsfall ohnehin die Derogation der Bestimmung durch den unionsrechtlichen Anwendungsvorrang des Primärrechts droht, und dies sogar ohne dass hierfür eine Vorlage an ein Verfassungsgericht (Art. 100 Abs. 1 GG) erforderlich wäre, muss dem Richter die schonendere Auslegung und Fortbildung als „Minus" zur vollständigen Derogation erst recht möglich sein.[181] Sie ist Ausdruck des richterlichen Respekts vor der gesetzgeberischen Entscheidung im Übrigen.

Unmittelbar aus dem Geltungsgrund des Grundsatzes der Normerhaltung ergeben sich jedoch zugleich die Grenzen einer solchen primärrechtskonformen Auslegung. So darf diese nicht dazu führen, die nationale Norm gegen ihren ursprünglichen Bedeutungsgehalt umzudeuten, um eine Normkollision zu vermeiden.[182] Wo nämlich die gesetzliche Wertung korrigiert und der Inhalt des Gesetzes grundlegend neu bestimmt wird, wird eine Entscheidung des Gesetzgebers nicht mehr vor einer überschießenden Derogation geschützt; eine bloße Auslegung anstelle der Offenlegung des Normwiderspruchs entspräche dann nicht mehr dem Favor-legis-Gedanken.[183] Voraussetzung einer vorrangigen Auslegung muss deshalb sein, dass nach allgemeinen methodischen Grundsätzen überhaupt ein Auslegungsspielraum besteht.[184] Nur dann kann die negative Horizontalwirkung methodengerecht im Wege der vorrangigen Auslegung vermieden werden. Bei eindeutigen Rechtsnormen ist die Kollision durch den nationalen Richter offen zu legen und die Norm muss vollständig unangewendet bleiben.

---

[178] *Höpfner*, Die systemkonforme Auslegung, 2008, S. 269 ff.; *Canaris*, FS Bydlinski, 2002, S. 47, 55 ff.

[179] *Höpfner*, Die systemkonforme Auslegung, 2008, S. 239.

[180] *Höpfner*, Die systemkonforme Auslegung, 2008, S. 191 ff. u. 243 ff.; *Kerwer*, Gemeinschaftsrecht und Rechtsprechung, 2003, S. 420. In diese Richtung auch *Auer*, in: Neuner (Hrsg.), Grundrechte und Privatrecht aus rechtsvergleichender Sicht, 2007, S. 27, 47 f.

[181] *Auer*, in: Neuner (Hrsg.), Grundrechte und Privatrecht aus rechtsvergleichender Sicht, 2007, S. 27, 52.

[182] *Kerwer*, Gemeinschaftsrecht und Rechtsprechung, 2003, S. 436; *Höpfner*, Die systemkonforme Auslegung, 2008, S. 231.

[183] *Kerwer*, Gemeinschaftsrecht und Rechtsprechung, 2003, S. 436.

[184] *Kerwer*, Gemeinschaftsrecht und Rechtsprechung, 2003, S. 435; *Höpfner*, Die systemkonforme Auslegung, 2008, S. 234.

D. Zusammenfassung

Die GRC entfaltet nach dem Gesagten negative Horizontalwirkung. Eine solche lässt sich – abgesehen von der fragwürdigen These der Anwendbarkeit der Charta auf richtlinienwidriges nationales Recht – stimmig mit dem Anwendungsvorrang des Unionsrechts und der Grundrechtsbindung des nationalen Privatrechtsgesetzgebers begründen. Art. 51 Abs. 1 S. 1 GRC steht dem nach vorzugswürdiger Lesart nicht entgegen. Auch das Vorliegen einer konkretisierenden Richtlinie sperrt nicht den Rückgriff auf das Unionsgrundrecht; der Grundsatz der Normanwendung der untersten Stufe schließt eine negative Horizontalwirkung nicht pauschal aus. Die konkretisierende Richtlinie wirkt sich allein auf die Rechtfertigungsprüfung aus, denn ein Richtlinienverstoß präjudiziert in aller Regel die fehlende Rechtfertigung des gleichzeitigen Grundrechtseingriffs. Soweit eine nationale Bestimmung den unmittelbar anwendbaren Gewährleistungsgehalt eines Grundrechts verletzt, darf und muss sie der nationale Richter selbstständig unangewendet lassen. Nur soweit eine Vorlagepflicht besteht, hat er zuvor den EuGH zur Klärung offener Auslegungsfragen hinsichtlich der einschlägigen unionsrechtlichen Vorgaben einzuschalten. Die Auflösung der Kollision selbst obliegt dem Gerichtshof jedoch nicht. Und auch eine Vorlage an das BVerfG gem. Art. 100 Abs. 1 GG ist nicht erforderlich, woran die *Recht auf Vergessen*-Beschlüsse des Gerichts nach vorzugswürdiger Auffassung nichts ändern. Diese verfassungsprozessual stärkere Stellung des nationalen Zivilrichters unterscheidet die negative Horizontalwirkung der GRC zwar maßgeblich von der des GG. Dies ist aber der Besonderheit der dezentralen Rechtsschutzordnung des Unionsrechts insgesamt geschuldet und muss als solche hingenommen werden. Auch bei Anerkennung einer negativen Horizontalwirkung hat der nationale Richter aufgrund des Favor-legis-Gedanke die Bestimmung zunächst primärrechtskonform auszulegen, um eine vollständige Nichtanwendung der Norm möglichst zu vermeiden. Diese vorrangige Auslegung setzt jedoch die Mehrdeutigkeit der Regelung voraus. Wo sie fehlt, ist die Normkollision offenzulegen und muss die unionsgrundrechtswidrige nationale Norm unangewendet bleiben.

§ 12

Die Zulässigkeit der positiven Horizontalwirkung der GRC

Von den bisherigen Ausführungen bleibt die Frage unbeantwortet, ob die GRC auch Private unmittelbar verpflichtet und sich damit über eine bloß negative Horizontalwirkung hinaus auch für eine positive Horizontalwirkung eignet.[1] Sie stellt sich immer dann, wenn alleine die Verdrängung nationalen Rechts noch nicht ausreicht, um einen richtlinien- und unionsgrundrechtskonformen Zustand herzustellen, sondern es einer darüberhinausgehenden Ersetzung durch eine unionsgrundrechtliche Vorgabe bedürfte.[2]

So wird etwa durch die bloße Nichtanwendung einer nationalen Vorschrift, die einen Urlaubsanspruch von drei Wochen vorsieht, kein Urlaubsanspruch von vier Wochen erreicht.[3] Auf den ersten Blick bedarf es hierzu einer unmittelbaren Bindung des Arbeitgebers an Art. 31 Abs. 2 GRC[4].

A. Vorfrage: Relevanz einer unmittelbaren Grundrechtsbindung Privater?

Bevor diese Rechtsfolge im Folgenden näher in den Blick genommen wird, muss jedoch eine entscheidende Vorfrage erörtert werden. Vorab gilt es zu klären, ob es auf eine positive Horizontalwirkung der GRC und die hierfür erforderliche Grundrechtsbindung Privater überhaupt jemals entscheidend ankommt. Denn bereits aus den grundrechtlichen Schutzpflichten folgt – wie dargestellt[5] – die Pflicht der Hoheitsgewalt, die Grundrechte der Bürger vor Übergriffen privater Dritter zu schützen.[6] Sie trifft Gesetzgeber und Judikative gleichermaßen und

---

[1] Offengelassen von *Greif*, Die Unanwendbarkeit richtlinienwidriger deutscher Arbeitsgesetze, 2016, S. 260; siehe zum gegenwärtigen Stand etwa auch MüHdbArbR/*Oetker*, § 12 Rn. 17; Preis/Sagan/*Pötters*, § 3 Rn. 29.

[2] *Seifert*, EuZA 2013, 299, 308; *Greif*, Die Unanwendbarkeit richtlinienwidriger deutscher Arbeitsgesetze, 2016, S. 134.

[3] *Kamanabrou*, in: Heiderhoff/Lohsse/Schulze (Hrsg.), EU-Grundrechte und Privatrecht, 2016, S. 167, 188.

[4] Zu der Frage, ob Art. 31 Abs. 2 GRC überhaupt eine bestimmte Urlaubshöhe garantiert unten unter § 15 A. III. 3 b) bb) (2) (c).

[5] § 2 A. I. 2. b).

[6] Konkret für die Schutzpflichten der Charta stellt sich in dogmatischer Hinsicht die

führt, vermittelt über das Medium des einfachen Privatrechts, zu einer „mittelbaren Drittwirkung“ der Grundrechte, ohne dass für diese Wirkung eine unmittelbare Verpflichtung der Privatrechtsubjekte selbst erforderlich ist. Womöglich ist die Frage nach einer unmittelbaren Bindung Privater im Sinne einer positiven Horizontalwirkung der Charta daher im Ergebnis ohne Relevanz.

Anknüpfend an das obige Beispiel bedeutete dies: Möglicherweise kommt es auf eine Bindung des Arbeitgebers an Art. 31 Abs. 2 GRC doch nicht an, weil sich der Norm über ihre negative Horizontalwirkung hinaus ohnehin eine unbedingte Pflicht der nationalen Hoheitsgewalt ergibt, Arbeitnehmern *im Ergebnis* einen entsprechenden Urlaubsanspruch gegenüber dem privaten Arbeitgeber zu verschaffen.

I. Keine Unterschiede wegen der Ergebnisäquivalenz *der Konstruktionen?*

In diesem Sinne wird in Teilen der deutschen Verfassungsrechtsliteratur zu den Grundrechten des GG, besonders prominent etwa von *Alexy,* von einer sog. *Ergebnisäquivalenz* der grundrechtlichen Privatwirkungskonstruktionen gesprochen.[7] „Unmittelbare“ und „mittelbare Drittwirkung“ sollen danach ungeachtet ihrer konstruktiven Unterschiede letztlich stets zu denselben Ergebnissen führen.

Frage, wie sich die darauf aufbauende Pflicht zur chartakonformen Auslegung zum Gebot der richtlinienkonformen Auslegung verhält. Sie ergibt sich wiederum aus der systemwidrigen Idealkonkurrenz von Unionsgrundrecht und Richtlinie. Oben (§ 10 A., § 11 C.) wurde darauf hingewiesen, dass der EuGH in seiner Rechtsprechung bei Unmöglichkeit der richtlinienkonformen Auslegung eigentlich gänzlich in die Grundrechtsebene „springt“ und sodann – der negativen Horizontalwirkung vorgelagert – das Gebot der chartakonformen Auslegung nationalen Rechts formuliert. Die Forderung nach einer solchen Auslegung als Unterfall der primärrechtskonformen Auslegung ist wie dargelegt auch konsequent, da sie im Derogationszusammenhang zwischen Unionsgrundrecht und nationalem Recht wurzelt und der Kollisionsvermeidung dient. Ungeklärt ist aber, inwieweit ein solches Verhältnis auch für die Richtlinie und die Schutzpflicht besteht, wenn es nicht um die Vermeidung der negativen Horizontalwirkung im Sinne des skizzierten Favor-legis-Gedanken geht, sondern – wie vorliegend – um eine der positiven Horizontalwirkung vorgelagerte Konformauslegung. Insoweit enthalten sowohl Schutzpflicht als auch Richtlinie einen auf positives Tätigwerden gerichteten Regelungsauftrag. Vgl. hierzu auch die Überlegungen bei *de Witte*, Quad. Cost. 31 (2020), 854 ff. Die Frage nach dem genauen Verhältnis von Schutzpflicht und Richtlinie muss hier aber nicht entschieden werden, da jedenfalls die Tatsache, dass die unionsgrundrechtlichen Schutzpflichten auch zur Konformauslegung des nationalen Rechts verpflichten, unbestritten ist, vgl. statt aller EuArbRK/*Schubert*, Art. 51 GRC Rn. 45 f.

[7] *Alexy*, Theorie der Grundrechte, 1985, S. 481 ff.; *Kumm*, German Law Journal 7 (2006), 341, 352; *Pötters*, Grundrechte und Beschäftigtendatenschutz, 2013, S. 66 ff. Zumindest von „regelmäßiger“ Ergebnisäquivalenz geht *Kulick*, Horizontalwirkung im Vergleich, 2020, S. 438 aus. Den Gedanken machen im Kontext des Unionsrechts fruchtbar: *Temming*, Altersdiskriminierung im Arbeitsleben, 2007, S. 424 ff.; *Starke*, EU-Grundrechte und Vertragsrecht, 2016, S. 208; *Pötters*, a.a.O., S. 223 f.; *Ebers*, Rechte, Rechtsbehelfe und Sanktionen im Unionsprivatrecht, 2016, S. 514; *Unseld*, Bedeutung der Horizontalwirkung, 2018, S. 172.

Und sogar die jüngere Rechtsprechung des BVerfG zu den Grundrechten des GG lässt Tendenzen in diese Richtung erkennen. Denn obwohl sich das Gericht traditionell stets für eine bloß „mittelbare Drittwirkung" der deutschen Grundrechte ausgesprochen hat und dies formal auch weiterhin tut[8], schließt es in aktuellen Entscheidungen ausdrücklich nicht aus,

„dass möglicherweise Private – etwa im Wege der mittelbaren Drittwirkung – unbeschadet ihrer eigenen Grundrechte ähnlich oder auch genauso weit durch die Grundrechte in Pflicht genommen werden, insbesondere wenn sie in tatsächlicher Hinsicht *in eine vergleichbare Pflichten- oder Garantenstellung hineinwachsen wie traditionell der Staat*."[9] „Je nach Gewährleistungsinhalt und Fallgestaltung[...]" könne „[...] die mittelbare Grundrechtsbindung Privater einer Grundrechtsbindung des Staates *nahe oder auch gleich kommen*."[10]

In seiner *Recht auf Vergessen I*-Entscheidung wiederholte das Gericht diese Aussage jüngst und ließ dabei sogar das eigentlich entscheidende Adjektiv „mittelbar" im Zusammenhang mit der postulierten „Privatbindung" entfallen.[11] Das zeigt: Selbst das BVerfG scheint die Abgrenzung beider Konstruktionen voneinander lange nicht so ernst zu nehmen, wie die *Lüth*-Entscheidung[12] dies ursprünglich einmal suggerierte.[13]

Und eben diese Sichtweise findet sich auch in den auf die Unionsgrundrechte bezogenen Stellungnahmen. So machte Generalanwalt *Poiares Maduro* sich in seinen Schlussanträgen in der Rechtssache *Viking* ausdrücklich die Auffassung von *Alexy* zu eigen, um so den Unterschied zwischen einer „mittelbaren horizontalen Wirkung" und einer „unmittelbaren horizontalen Wirkung" für Grund-

---

[8] Hierzu spricht *Michl*, JZ 2018, 910, 916 treffend von einem „stillen Wandel seiner Grundrechtsjudikatur".

[9] BVerfG v. 22.02.2011 – 1 BvR 699/06 (*Fraport*), BVerfGE 128, 226, 248. (Hervorhebung durch Verf.). Vgl. außerdem BVerfG v. 11.04.2018 – 1 BvR 3080/09 (*Stadionverbot*), BVerfGE 148, 267, 288. Siehe hierzu *Hellgardt*, JZ 2018, 901 ff.; *Michl*, JZ 2018, 910 ff.

[10] BVerfG v. 18.07.2015 – 1 BvQ 25/15 (*Bierdosenflashmob*), NJW 2015, 2485, 2486. Herv. durch Verf.

[11] BVerfG v. 06.11.2019 – 1 BvR 16/13 (*Recht auf Vergessen I*), NJW 2020, 300, Rn. 88: „Je nach Umständen, insbesondere wenn private Unternehmen in eine staatsähnlich dominante Position rücken oder etwa die Bereitstellung schon der Rahmenbedingungen öffentlicher Kommunikation selbst übernehmen, kann die [*sic*!] Grundrechtsbindung Privater einer Grundrechtsbindung des Staates im Ergebnis vielmehr nahe- oder auch gleichkommen.". Diese Beobachtung geht zurück auf *Kulick*, AöR 145 (2020), 649, 674.

[12] BVerfG v. 15.01.1958 – 1 BvR 400/51 (*Lüth*), BVerfGE 7, 198.

[13] *Barczak*, in: Scheffczyk/Wolter (Hrsg.), Linien der Rechtsprechung des Bundesverfassungsgerichts, 2017, S. 91, 113; *Kulick*, Horizontalwirkung im Vergleich, 2020, S. 444. A.A. ohne Beachtung dieser Entwicklungstendenzen *Wank*, RdA 2020, 1, 12, der betont, „in Deutschland [sei] nach langen Diskussionen die Drittwirkung von Grundrechten mit Recht ad acta gelegt worden.". Bereits *Jarass*, AöR 110 (1985), 363, 377 hat darauf hingewiesen, dass das BVerfG in *Lüth* eine unmittelbare Drittwirkung nicht ausdrücklich ausgeschlossen hat und eine solche „unter besonderen Voraussetzungen" vom BVerfG durchaus in Betracht gezogen werden könnte.

freiheiten wie Grundrechte gleichermaßen zu relativieren.[14] *Jarass* schreibt in seiner Studie zur privatrechtlichen Wirkung der Unionsgrundrechte ähnlich:

„Geht man von einem weiten Anwendungsbereich der mittelbaren Drittwirkung aus, der die Grundrechte unter Privaten bei jedem Zusammenwirken der Grundrechte mit dem einfachen Recht zum Tragen kommen lässt, bestehen zwischen den beiden Ansätzen im praktischen Ergebnis kaum Unterschiede."[15]

Starke misst der Frage nach der Verpflichtung Privater in seiner Untersuchung gar eine „äußert zweifelhafte [...] Relevanz"[16] bei. Derselbe Gedanke schließlich liegt der Rechtsauffassung des ArbG Emden zugrunde, das in seinem Urteil zur Anwendung der *CCOO*-Entscheidung des EuGH meint, die Frage, ob der private Arbeitgeber unmittelbar an Art. 31 Abs. 2 GRC gebunden ist, sei wegen der Möglichkeit der grundrechtskonformen Auslegung der §§ 618, 242, 241 Abs. 2 BGB rein „akademischer Natur".[17]

Der vehementen Ablehnung einer unmittelbaren grundrechtlichen Inpflichtnahme Privater insbesondere von Seiten der Zivil- und Arbeitsrechtswissenschaft steht damit eine bemerkenswerte Unaufgeregtheit vor allem seitens einiger Vertreter der öffentlich-rechtlichen Lehre gegenüber.[18]

Sind die unterschiedlichen Konstruktionsmöglichkeiten aber tatsächlich nichts weiter als Begriffsklauberei? Den genannten Stimmen ist zunächst zuzugeben: Allen denkbaren Konstruktionen ist gemein, dass die tatsächliche Reichweite der privatrechtlichen Wirkungen im Einzelfall vom Ergebnis einer Abwägungsentscheidung über die widerstreitenden Grundrechte beider Seiten des Horizontalverhältnisses abhängen wird.[19] Das ist der Tatsache geschuldet, dass sich

---

[14] GA *Poiares Maduro,* Schlussanträge v. 23.05.2007 – Rs. C-438/05 (*Viking*), BeckRS 2008, 70153, Rn. 40.

[15] *Jarass*, ZEuP 2017, 310, 332 f. sowie ähnlich bereits zum GG *ders.*, AöR 110 (1985), 363, 377. Dem folgend: *Becker*, EuR 2019, 469, 489 f.; *Meyer*, NZA 2014, 993, 997. Ähnlich *Perner*, Grundfreiheiten, Grundrechte-Charta und Privatrecht, 2013, S. 162 ff. A.A. *Fornasier*, in: Latzel/Picker (Hrsg.), Neue Arbeitswelt, 2014, S. 25, 39, allerdings mit anderer Begründung als hier. Anders auch Heselhaus/Nowak/*Nowak*, § 9 Rn. 43; Grabenwarter, EnzEuR/*von Danwitz*, § 27 Rn. 58 ff. („weißer Fleck auf der Landkarte der europäischen Grundrechtsdogmatik").

[16] *Starke*, EU-Grundrechte und Vertragsrecht, 2016, S. 208. Gegen eine vergleichbare Relativierbarkeit von direkter Wirkung (im Sinne von unmittelbarer Anwendbarkeit) und indirekter Wirkung im Rahmen der GRC indes ausdrücklich S. 196 mit Fn. 115.

[17] ArbG Emden v. 24.09.2020 – 2 Ca 144/20, BeckRS 2020, 28054, Rn. 101.

[18] Ein Erklärungsversuch für diese unterschiedliche Rezeption in den verschiedenen Disziplinen findet sich bei *Kumm*, German Law Journal 7 (2006), 341, 359 f., der griffig von „disciplinary turf wars" spricht.

[19] *Starke*, EU-Grundrechte und Vertragsrecht, 2016, S. 240. Siehe auch *Jarass*, ZEuP 2017, 310, 311 f., der auf den Umstand aufmerksam macht, dass sich bei einer Privatwirkung stets gleichberechtigte Partner gegenüber stehen. Mit derselben Erkenntnis schon *Enneccerus/Nipperdey*, AT, 15. Aufl. 1. Hlbbd., 1959, S. 103. Grundlegend zum GG auch *Alexy*, Theorie der Grundrechte, 1985, S. 491; *Kingreen*, JÖR 65 (2016), 1, 8; *Kumm*, German Law Journal 7 (2006), 341, 354 ff.

auf beiden Seiten einer privatrechtlichen Rechtsbeziehung Grundrechtsträger befinden. Es gibt dabei naturgemäß keine Arbeitnehmergrundrechte um jeden Preis und ohne Rücksicht auf die einschlägigen Grundrechte des Arbeitgebers. Aus diesem Grund können bereits an dieser Stelle die vielfach vorgetragenen Einwände zurückgewiesen werden, eine Grundrechtsbindung Privater gefährde die Privatautonomie oder unternehmerische Entscheidungsfreiheit *per se* stärker als eine über die staatliche Bindung vermittelte Wirkung.[20] Auch diese Positionen finden selbstverständlich Eingang in den Abwägungsprozess.

Zusammengefasst bedeutet das: Wenn ein Grundrecht nur mittelbar ins Privatrecht hineinwirkt, dann sind bei dessen Auslegung und Fortbildung die Besonderheiten der Grundrechte zu berücksichtigen. Wenn ein Grundrecht unmittelbar wirkt, dann sind umgekehrt bei der Abwägung die Besonderheiten des Privatrechts, insbesondere der Grundsatz der Privatautonomie und die Tatsache, dass sich zwei prinzipiell gleichberechtigte Grundrechtsträger gegenüberstehen, zu beachten.[21] Ob Grundrechtsbindung Privater oder Schutzpflichtenlösung, keiner der Ansätze ist deshalb zwingend privatrechtsfreundlicher oder – negativ formuliert – autonomiefeindlicher.[22]

Und selbst der eigentliche Clou[23] der hierzulande herrschenden Ansicht einer bloß mittelbaren, schutzpflichtenbasierten Wirkung der Grundrechte im Privatrecht, die Reduktion des grundrechtlichen Schutzmaßstabs auf ein bloßes Untermaßverbot[24], ist nicht abhängig von der so umstrittenen Adressatenfrage. Auch bei der Annahme einer unmittelbaren grundrechtlichen Verpflichtung Privater ist man nicht gehindert, wegen der Besonderheiten des Privatrechts eine im Vergleich zum Vertikalverhältnis heraufgesetzte grundrechtliche „Aufgreifschwelle“[25] festzulegen.[26] Das bringt *Alexy* in seiner Theorie der Grundrechte treffend auf den Punkt, wenn er schreibt:

---

[20] Mit dieser Befürchtung exemplarisch *Ruffert*, FS Robbers, 2020, S. 923, 930.

[21] *Jarass*, in: Heiderhoff/Lohsse/Schulze (Hrsg.), EU-Grundrechte und Privatrecht, 2016, S. 31, 57; *ders.*, ZEuP 2017, 310, 332. Wobei zum einen darauf hinzuweisen ist, dass Grundrechte auch einen Vertragspartner vor sich selbst schützen können (hierzu vgl. bereits *Enneccerus/Nipperdey*, Allgemeiner Teil des Bürgerlichen Rechts, 1. Halbband: Allgemeine Lehren, Personen, Rechtsobjekte, 15. Auflage, 1959, S. 103) und dass zum anderen im Arbeitsrecht das privatrechtstypische Leitbild der gleichberechtigten Vertragspartner nicht immer zutrifft.

[22] *Christensen/Fischer-Lescano*, Das Ganze des Rechts, 2007, S. 275; *Grünberger*, Personale Gleichheit, 2013, S. 1020 f.; *Kumm*, German Law Journal 7 (2006), 341, 362.

[23] So die Wortwahl bei *Starke*, EU-Grundrechte und Vertragsrecht, 2016, S. 219.

[24] *Canaris*, Grundrechte und Privatrecht, 1999, S. 45.

[25] So zu den Grundfreiheiten *Ebers*, Rechte, Rechtsbehelfe und Sanktionen im Unionsprivatrecht, 2016, S. 511. In diese Richtung hins. der GRC Calliess/Ruffert/*Kingreen*, Art. 51 GRC Rn. 27. Tendenziell a.A. *Perner*, Grundfreiheiten, Grundrechte-Charta und Privatrecht, 2013, S. 164 f.

[26] A.A. *Fornasier*, in: Latzel/Picker (Hrsg.), Neue Arbeitswelt, 2014, S. 25, 39 f.; *Ruffert*, FS Robbers, 2020, S. 923, 935.

„Wie die Schranken privatrechtlicher Kompetenzen gezogen werden, ist eine inhaltliche Frage, und zwar letzthin ein Abwägungsproblem. Durch die Feststellung einer unmittelbaren Drittwirkung [...] wird hinsichtlich dieser Frage nichts präjudiziert."[27]

Dementsprechend haben rechtsvergleichende Studien zeigen können, dass die Grundrechte das Privatrecht in Deutschland trotz der regelmäßigen Betonung einer bloß „mittelbaren Wirkung" teils sogar intensiver beeinflussen als in Rechtsordnungen, die von einer unmittelbaren Wirkung der Grundrechte ausgehen.[28] Das muss überraschen, wird doch der unmittelbaren Drittwirkung gemeinhin der stärkere, der mittelbaren Drittwirkung nach dem Vorbild des BVerfG hingegen der schwächere Einfluss auf eine Privatrechtsordnung attestiert – und ersterer häufig genau deshalb vorschnell ein Riegel vorgeschoben.

Damit ist zuzugeben, dass sich die Konstruktionsansätze in der Tat ähneln und inhaltlich durchaus zu gleichen Ergebnissen führen können. Dennoch bestehen auch beachtliche Unterschiede, und zwar sowohl unter dem GG als auch unter der GRC. Die pauschale Annahme einer Ergebnisäquivalenz erscheint deshalb nicht überzeugend, die Frage nach einer Bindung Privater alles andere als obsolet.

II. Überwindung der Grenzen richterlicher Schutzpflichtenerfüllung nur durch eine Grundrechtsbindung Privater

Wie nahe sich eine über Schutzpflichten vermittelte Grundrechtswirkung und diejenige kraft unmittelbarer Bindung Privater im Ergebnis wirklich kommen können, hängt von den gegebenen verfassungsrechtlichen Rahmenbedingungen ab. Letztlich kommt es entscheidend darauf an, wie weit die Befugnis des Zivilrichters reicht, grundrechtliche Schutzpflichten selbstständig zu erfüllen.[29] Wenn er diese nämlich tatsächlich „um jeden Preis" durchsetzen könnte bzw. müsste, bestünde de facto kein Unterschied zu einer unmittelbaren Inpflichtnahme Privater. Der einzig verbleibende Unterschied wäre dann die dogmatische Begründung seiner Entscheidung: Im einen Fall bildet das notfalls vom Richter ge-

---

[27] *Alexy*, Theorie der Grundrechte, 1985, S. 491. Ähnlich etwa *Kumm*, German Law Journal 7 (2006), 341, 358.

[28] Mit diesem Hinweis zu den Grundfreiheiten bereits *Ebers*, Rechte, Rechtsbehelfe und Sanktionen im Unionsprivatrecht, 2016, S. 513. Vgl. hierzu *Rebhahn*, AcP 210 (2010), 489, 543 ff. Dies insbesondere unter Bezugnahme auf die Arbeiten von *Cherednychenko*. Vgl. hieraus exemplarisch *Cherednychenko*, Fundamental Rights, Contract Law and the Protection of the Weaker Party, 2007, S. 160 ff. sowie *dies.*, Utrecht L. Rev. 3 (2007), 1 ff., wo sie diese Beobachtung jeweils damit begründet, dass die Rechtsprechung des BVerfG von einer Unterordnung des Privatrechts unter die Grundrechte ausgehe, wohingegen etwa das Verständnis in England oder den Niederlanden eher von einer Komplementarität von Grundrechten und Privatrecht geprägt sei.

[29] *Pöschl*, VVDStRL 74 (2015), 406, 415 f.; *Klein*, NJW 1989, 1633, 1640. Zu den Grundfreiheiten wie hier *Ebers*, Rechte, Rechtsbehelfe und Sanktionen im Unionsprivatrecht, 2016, S. 514.

schaffene Recht zur Erfüllung der Schutzpflicht die zwischengeschaltete Entscheidungsgrundlage, im anderen Fall die unmittelbar heranzuziehende Grundrechtsnorm selbst.

Nach vorzugswürdiger Auffassung ist eine solche grenzenlose Befugnis des Richters zur Schutzpflichtenerfüllung indes abzulehnen. Wo ihre Grenzen erreicht sind, muss *der Gesetzgeber* grundrechtskonforme Zustände herbeiführen.[30] Nur eine unmittelbare Bindung Privater an die Grundrechte könnte diese Grenzen überwinden.[31] Das gilt für das GG wie für die GRC gleichermaßen und soll im Folgenden näher erläutert werden.

1. Zur (begrenzten) Reichweite richterlicher Schutzpflichtenerfüllung unter dem GG

Um das Gesagte näher zu veranschaulichen, lohnt sich zunächst ein Blick auf die Reichweite richterlichen Schutzpflichtenerfüllung in Deutschland. Sie erfolgt bekanntermaßen durch Auslegung und Rechtsfortbildung des einfachen Privatrechts.[32]

a) Schutzpflichtenerfüllung durch Auslegung

Keine größeren Schwierigkeiten bestehen zunächst, wenn der Bestand des einfachen Privatrechts bereits für sich genommen ausreicht, um der grundrechtlichen Schutzpflicht Rechnung zu tragen. Dann hat der Gesetzgeber seine Schutzpflicht erfüllt, der Richter muss im Rahmen der konkretisierenden Rechtsanwendung lediglich wiederum die ihn treffende Schutzpflicht beachten, indem er die Normen grundrechtskonform auslegt und anwendet. Ob man in solchen Fällen über das grundrechtskonform angewendete Privatrecht oder eine unmittel-

---

[30] *Muckel*, VVDStRL 79 (2020), 245, 274; *Höfling*, Vertragsfreiheit, 1991, S. 54 f.; ErfK/*I. Schmidt*, Einl. GG Rn. 19.

[31] Zutreffend, aber zurückhaltender *Schubert*, EuZA 2020, 302, 319: „Die Anerkennung der unmittelbaren Drittwirkung führt nur dann zu weiterreichenden Rechten der Arbeitnehmer, wenn es im nationalen Recht an einem Anspruch fehlt und keine Lückenschließung durch Rechtsfortbildung erfolgen kann." Prägnant überdies *Mörsdorf*, JZ 2019, 1066, 1073: „Die ausschließliche Verpflichtung der Mitgliedstaaten markiert aber zugleich den gewichtigsten Nachteil des Schutzpflichtkonzepts, lässt sich hiermit doch nur eine negative Ausschlusswirkung im Sinne der Unanwendbarkeit unionsrechtswidriger nationaler Regelungen begründen, nicht aber die Möglichkeit, sich bei Fehlen jedweder gesetzlichen Regelung in einem Rechtsstreit zwischen Privaten im positiven Sinne auf das Unionsrecht zu berufen.". Wie hier außerdem bereits *Fornasier*, in: Latzel/Picker (Hrsg.), Neue Arbeitswelt, 2014, S. 25, 51; *ders.*, ERPL 23 (2015), 29 ff.; *Pirker*, Anwendung der Unionsgrundrechte, 2018, S. 248; *Walkila*, Horizontal effect of fundamental rights in EU law, 2015, S. 188. Vgl. außerdem GA *Bobek*, Schlussanträge v. 25.07.2018 – Rs. C-193/17 (*Cresco Investigation*), BeckRS 2018, 16329, Rn. 139 ff. Ähnlich zu den Grundfreiheiten schließlich *Bachmann*, AcP 210 (2010), 424, 473.

[32] Vgl. eingehend *Pöschl*, VVDStRL 74 (2015), 406, 415. Grundlegend *Canaris*, AcP 184 (1984), 201 ff.

bare Bindung Privater zu einem grundrechtskonformen Ergebnis gelangt, ist für dieses in der Tat nicht entscheidend.

Die Erfahrungen mit der grundrechtskonformen Auslegung hierzulande zeigen, dass die Auslegungsgrenzen aufgrund der vielfältigen Generalklauseln, unbestimmten Rechtsbegriffe und sonstigen Einfallstore für grundrechtliche Wertungen, jedenfalls was klassische grundrechtliche Gewährleistungsgehalte angeht, eher selten erreicht sind.[33] Gerade die typischen arbeitsrechtlich relevanten Bestimmungen wie etwa die Meinungs- oder Religionsfreiheit können im deutschen Privatrecht regelmäßig auch ohne eine unmittelbare Verpflichtung Privater weitreichend zur Geltung gebracht werden. Dies geschieht, indem die Judikative grundrechtswidrigen Rechtsgeschäften (§§ 138, 242 BGB; § 1 KSchG), einseitigen Weisungen (§ 106 GewO) oder grundrechtswidrigem tatsächlichem Handeln (§§ 1004, 823 BGB) über die Generalklauseln und unbestimmten Rechtsbegriff des einfachen Rechts begegnet.

Das leuchtet ein, ist es doch gerade Sinn und Zweck dieser Generalklauseln und unbestimmten Rechtsbegriffe, die Position des Zivilrichters zu stärken.[34] Mit ihnen delegiert die Legislative für einen Teilbereich der Rechtsordnung bewusst Entscheidungsmacht von der abstrakt-generellen Ebene der Gesetzgebung auf die konkret-individuelle Ebene der Rechtsprechung.[35] Hier ist die Berücksichtigung grundrechtlicher Wertungen geboten und auch methodisch nicht zu beanstanden. Solange sich der Richter im Rahmen solcher Delegationsaufträge bewegt, bestehen keine weitergehenden methodischen Probleme. Mit Blick darauf ist es dann auch nicht von ausschlaggebender Bedeutung, ob sich eine Vertragsnichtigkeit direkt aus einem Grundrechtsverstoß (als Verbotsgesetz ggf. i.V.m. § 134 BGB) oder aus einer grundrechtskonformen Auslegung des § 138 BGB ergibt. Die Rechtsfolgen sind, was die Durchsetzung solcher Gewährleistungsgehalte angeht, identisch.[36]

Dieser Befund ließe sich für Deutschland problemlos auf die Dogmatik der GRC übertragen – jedenfalls dort, wo man das auszulegende nationale Recht als Durchführungsnormen des einschlägigen Richtlinienrechts im Sinne von Art. 51 Abs. 1 Alt. 2 GRC verstehen kann.[37] So hätte das BAG die Vorgaben der *IR*-Ent-

---

[33] *Pöschl*, VVDStRL 74 (2015), 406, 415.

[34] *Barczak*, in: Scheffczyk/Wolter (Hrsg.), Linien der Rechtsprechung des Bundesverfassungsgerichts, 2017, S. 91, 106.

[35] Vgl. hierzu umfassend *Röthel*, Normkonkretisierung im Privatrecht, 2004, S. 79 ff.

[36] So auch EuArbRK/*Schubert*, Art. 51 GRC Rn. 37.

[37] So hat etwa das BAG §§ 242, 138 BGB als einfachrechtlichen Anknüpfungspunkt für einen auf das Grundrecht des Art. 30 GRC gestützten Kündigungsschutz außerhalb der Wartezeit des § 1 KSchG grundsätzlich in Erwägung gezogen, vgl. BAG v. 08.12.2011 – 6 AZN 1371/11, NZA 2012, 286, Rn. 11 f. Weil aus Sicht des BAG allerdings insoweit keine Zuständigkeit der Union besteht, war der Anwendungsbereich der Charta nicht eröffnet, weshalb der Gedanke verworfen wurde. Nicht die Grenzen richterlicher Rechtsfortbildung, sondern des Anwendungsbereichs der Charta waren damit also entscheidend für die Rechtsauffassung des Gerichts. Umgekehrt bedeutet dies aber, dass eine „mittelbare Drittwirkung" über deutsche Generalklauseln für grundsätzlich möglich gehalten wird.

scheidung bei unterstellter Unmöglichkeit der Konformauslegung des § 9 Abs. 2 AGG auch dergestalt umsetzen können, dass die in Rede stehende Kündigung unmittelbar an der Verbotsnorm des Art. 21 Abs. 1 GRC oder vermittelt über eine entsprechende Auslegung des § 1 KSchG überprüft wird.[38] Die Konstruktion dieses Ergebnisses ist zweitrangig. Ob ein Rechtsgeschäft wegen Art. 21 GRC oder eines sonstigen Unionsgrundrechts direkt oder aber i.V.m. mit einer Auslegung des § 138 BGB nichtig ist, ist nicht von entscheidender Bedeutung.

In Deutschland ist aufgrund der Ausgestaltung des privatrechtlichen Normenbestands also kaum denkbar, dass ein auch nur „mittelbarer" Verstoß gegen ein typisches Freiheitsgrundrecht durch einen Privaten keinerlei Folgen z.B. im privaten Arbeitsverhältnis zeitigt. Das gilt auch, wenn man es bei einer durch richterliche Schutzpflichtenerfüllung zu realisierenden Privatwirkung beließe.[39] Schon deshalb liegt die Annahme einer unmittelbaren Drittwirkung in Deutschland prima facie weniger nahe.[40] Insoweit besteht tatsächlich eine weitgehende Ergebnisäquivalenz zwischen den Horizontalwirkungsansätzen. Auf die Frage nach einer unmittelbaren Bindung Privater kommt es hier noch nicht an.

b) Schutzpflichtenerfüllung durch Rechtsfortbildung

Probleme treten jedoch auf, wo der Gesetzgeber die ihn treffende Schutzpflicht nicht oder unzureichend erfüllt hat.[41] Auf sie stößt der Zivilrichter, wenn er die entsprechenden gesetzlichen Normen nicht mehr im Wege methodengerechter Auslegung im Sinne der Schutzpflicht auslegen und anwenden kann. Dann stellt sich für ihn die Frage, ob er solche grundrechtswidrigen Lücken in der Rechtsordnung im Wege der Rechtsfortbildung selbstständig ausfüllen darf oder sogar muss, um der grundrechtlichen Schutzpflicht seinerseits zum Durchbruch zu verhelfen, oder ob er hierzu auf den Gesetzgeber angewiesen ist.[42]

Weitgehend einig ist man sich insoweit, als die Schutzpflicht als solche anders als das Grundrecht in seiner Abwehrfunktion noch keine unmittelbaren Rechtswirkungen zugunsten oder zulasten der einzelnen Bürger begründet.[43] Gerade

---

[38] Der Weg über das AGG respektiert aber (trotz der eigentlichen Bereichsausnahme des § 2 Abs. 4 AGG) das Regelungsprogramm des Gesetzgebers besser: Diskriminierungsrechtliche Fragen sollten im sachnahen Diskriminierungsrecht verortet werden.

[39] *Böckenförde*, Der Staat 29 (1990), 1, 11 Fn. 33; *Canaris*, Grundrechte und Privatrecht, 1999, S. 90.

[40] *Perner*, Grundfreiheiten, Grundrechte-Charta und Privatrecht, 2013, S. 145; *Klein*, NJW 1989, 1633, 1640.

[41] *Pöschl*, VVDStRL 74 (2015), 406, 415; *Klein*, NJW 1989, 1633, 1640; *Regenfus*, Grundgesetz und Sachenrecht, 2013, S. 57 ff. Eingehend zum Ganzen *Barczak*, in: Scheffczyk/Wolter (Hrsg.), Linien der Rechtsprechung des Bundesverfassungsgerichts, 2017, S. 91, 105 ff. Zu diesem Themenkomplex aus rechtsvergleichender Sicht eingehend *Brewer Carías*, in: ders. (Hrsg.), Constitutional courts as positive legislators, 2011, S. 125 ff.

[42] *Pöschl*, VVDStRL 74 (2015), 406, 415 f.; *Muckel*, VVDStRL 79 (2020), 245, 274; *Röthel*, JuS 2001, 424, 428; *Regenfus*, Grundgesetz und Sachenrecht, 2013, S. 57 ff.

[43] *Isensee*, Das Grundrecht auf Sicherheit, 1983, S. 42.

hierin liegt schließlich ihr maßgeblicher konstruktiver Unterschied zu einer unmittelbaren grundrechtlichen Verpflichtung Privater. In der Terminologie des Unionsrechts fehlt es der grundrechtlichen Schutzpflicht anders als dem Grundrecht in seiner Abwehrfunktion insoweit letztlich qua Rechtsnatur an der unmittelbaren Anwendbarkeit.[44] Die Schutzpflicht ist infolgedessen für sich genommen auch noch kein hinreichender Eingriffstitel für die Exekutive oder die Judikative.[45] Auf einen solchen gesetzlichen Eingriffstitel ist der Zivilrichter jedoch ganz regelmäßig angewiesen, da in einer Rechtsstreitigkeit zwischen zwei Privaten regelmäßig der Schutz der Rechte des einen zumeist einen Eingriff in die Rechte des anderen bedeutet (sog. Schutz durch Eingriff[46]).[47]

Dies allerdings ist wiederum nicht dahin zu verstehen, dass diese Mediatisierungsleistung *stets* der Gesetzgeber erbringen muss.[48] Im Grundsatz kann dies auch durch den Richter erfolgen, ist doch die Berechtigung der Judikative, das Recht nicht nur anzuwenden, sondern auch partiell fortzubilden, heute weitgehend unbestritten.[49] Problematisch ist nur, *wie weit* eine solche Tätigkeit des Richters als „Ersatzgesetzgeber" reichen kann, womit letztlich die Grenzen richterlicher Rechtsfortbildung angesprochen sind.

---

[44] Treffend deshalb Dreier-GG/*Dreier*, Vor. Art. 1 Rn. 102: „nicht self-executing". Tendenziell A.A. *Greif*, Die Unanwendbarkeit richtlinienwidriger deutscher Arbeitsgesetze, 2016, S. 229 f., der bei Erfüllen der allgemeinen Voraussetzungen die unmittelbare Anwendbarkeit der Schutzpflicht bejahen möchte, ohne dabei aber auf die hierfür konstruktiv notwendige Bindung Privater einzugehen.

[45] *Isensee*, Das Grundrecht auf Sicherheit, 1983, S. 43; *Höfling*, Vertragsfreiheit, 1991, S. 55; *Dietlein*, Schutzpflichten, 1992, S. 67; *Wahl/Masing*, JZ 1990, 553, 555 ff.; *Bethge*, VVDStRL 57 (1998), 7, 50.

[46] *Wahl/Masing*, JZ 1990, 553 ff.

[47] Allgemein hierzu *Ruffert*, Vorrang der Verfassung und Eigenständigkeit des Privatrechts, 2001, S. 229; *Pöschl*, VVDStRL 74 (2015), 406, 413; *Groß*, JZ 1999, 326, 331; *Burkiczak*, RdA 2007, 17, 20. Eingehend auch *ders.*, in: Emmenegger/Wiedmann (Hrsg.), Linien der Rechtsprechung des Bundesverfassungsgerichts, 2012, S. 129 ff.; *Barczak*, in: Scheffczyk/Wolter (Hrsg.), Linien der Rechtsprechung des Bundesverfassungsgerichts, 2017, S. 91, 108 ff. Zum Ganzen umfassend *Szczekalla*, Schutzpflichten, 2002, S. 151 ff. Vgl. außerdem BVerfG v. 24.02.2015 – 1 BvR 472/14, NJW 2015, 1506, Rn. 42: „Bei der gerichtlichen Entscheidung zivilrechtlicher Streitigkeiten, in denen überwiegend Interessenkonflikte zwischen Privaten zu lösen sind, trifft regelmäßig die Beeinträchtigung einer Rechtsposition auf der einen Seite mit der Förderung einer Rechtsposition auf der anderen Seite zusammen.". Aus der Perspektive des Unionsrechts schließlich Grabenwarter, EnzEuR/*Cremer*, § 3 Rn. 160.

[48] *Ulber*, Tarifdispositives Gesetzesrecht, 2010, S. 365 ff.; *Bruns*, JZ 2014, 162, 164. So aber wohl *Hillgruber*, JZ 1996, 118 ff. Sehr restriktiv auch *Hermes*, VVDStRL 61 (2002), 119 ff.; *Burkiczak*, in: Emmenegger/Wiedmann (Hrsg.), Linien der Rechtsprechung des Bundesverfassungsgerichts, 2012, S. 129 ff.; BVerfG v. 24.02.2015 – 1 BvR 472/14, NJW 2015, 1506, Rn. 39 ff.

[49] Vgl. etwa *Rüfner*, GS Martens, 1987, S. 215, 229. Siehe außerdem ausdrücklich BVerfG v. 24.02.2015 – 1 BvR 472/14, NJW 2015, 1506, Rn. 39 m.w.N.: „Schöpferische Rechtsfindung durch gerichtliche Rechtsauslegung und Rechtsfortbildung ist praktisch unentbehrlich und wird vom Bundesverfassungsgericht seit jeher anerkannt.".

Sie sind im Einzelnen schon hierzulande höchstumstritten und können an dieser Stelle nicht umfassend erörtert werden.[50] Im Ausgangspunkt ist insoweit zu unterscheiden zwischen der sog. Rechtsfortbildung *contra legem*, d.h. entgegen einer bestehenden einfachgesetzlichen Normaussage, und der sog. Rechtsfortbildung *praeter legem*, d.h. ohne eine solche.[51] Erstere ist hierzulande deshalb problematisch, weil der Richter trotz seiner Bindung an die Grundrechte (Art. 1 Abs. 3 GG) an das einfache Gesetz gebunden ist (Art. 20 Abs. 3 GG) und dieses im Falle eines Verstoßes gegen höherrangiges Recht erst nach entsprechender Vorlage an das BVerfG unangewendet lassen darf (Art. 100 Abs. 1 GG).[52] Sie ist deshalb in aller Regel unzulässig.[53] Zweitere ist mit dem sog. Vorbehalt des Gesetzes unter dem GG in Einklang zu bringen, der für Grundrechtseingriffe, auch von Seiten der Judikative[54], grundsätzlich eine einfachgesetzliche Grundlage for-

[50] Siehe hierzu jüngst umfassend *Jocham*, Die Grenzen der richterlichen Rechtsfortbildung im Privatrecht, 2021; *Kruse*, Verfassungsrechtliche Grenzen richterlicher Rechtsfortbildung, 2019.

[51] Zur Terminologie etwa *Seidl*, ZGR 1988, 296, 303.

[52] *Ruffert*, Vorrang der Verfassung und Eigenständigkeit des Privatrechts, 2001, S. 233; *Ulber*, Tarifdispositives Gesetzesrecht, 2010, S. 359 f.; *Oeter*, AöR 119 (1994), 529, 548. Zum Spannungsverhältnis von Grundrechts- und Gesetzesbindung eingehend *Röthel*, JuS 2001, 424 ff.

[53] *Seidl*, ZGR 1988, 296, 309.

[54] Zur inzwischen wohl h.M. für eine Geltung des Vorbehalts des Gesetzes auch für den (Zivil-)Richter: *Röthel*, Normkonkretisierung im Privatrecht, 2004, S. 63 ff.; *Ruffert*, Vorrang der Verfassung und Eigenständigkeit des Privatrechts, 2001, S. 132, 228 ff.; *Poscher*, Grundrechte als Abwehrrechte, 2003, S. 216 f.; *Lübbe-Wolff*, Die Grundrechte als Eingriffsabwehrrechte, 1988, S. 169; *Höfling*, Vertragsfreiheit, 1991, S. 54; *Henninger*, Europäisches Privatrecht und Methode, 2009, S. 66 f.; *Regenfus*, Grundgesetz und Sachenrecht, 2013, S. 57 f.; *Jocham*, Die Grenzen der richterlichen Rechtsfortbildung im Privatrecht, 2021, S. 249; *Singer*, Rechtsklarheit und Dritte Gewalt, 2010, S. 211 ff.; *Kruse*, Verfassungsrechtliche Grenzen richterlicher Rechtsfortbildung, 2019, S. 166 ff.; *Ulber*, Tarifdispositives Gesetzesrecht, 2010, S. 368 ff.; *S. Lenz*, Vorbehaltlose Freiheitsrechte, 2006, S. 153 f.; *Hillgruber*, JZ 1996, 118, 123; *Groß*, JZ 1999, 326, 331; *Pieroth/Aubel*, JZ 2003, 504, 509; *Hermes*, VVDStRL 61 (2002), 119, 137; *Pöschl*, VVDStRL 74 (2015), 406, 413; *Burkiczak*, in: Emmenegger/Wiedmann (Hrsg.), Linien der Rechtsprechung des Bundesverfassungsgerichts, 2012, S. 129, 138 ff.; *ders.*, RdA 2007, 17, 19 f.; *Höfling/Burkiczak*, AP GG Art. 9 Nr. 142 unter III.; *Höfling/Engels*, NJW 2007, 3102 f.; *dies.*, ZG 2008, 250, 258 ff.; *Thüsing/Waldhoff*, ZfA 2011, 329, 381; *Berner*, RW 2020, 1, 4 f.; *Bryde*, SR 2015, 128, 131; *Canaris*, FS Bydlinski, 2002, S. 47, 83. Hierzu grundlegend bereits *Schwabe*, Die sogenannte Drittwirkung der Grundrechte, 1971, S. 101 ff. Tendenziell auch *Oeter*, AöR 119 (1994), 529, 547; *Wank*, Auslegung und Rechtsfortbildung im Arbeitsrecht, 2013, S. 135; *Canaris*, Grundrechte und Privatrecht, 1999, S. 69. Für eine Geltung des Vorbehalts des Gesetzes zumindest in Gestalt des Parlamentsvorbehalts *Franzen*, Privatrechtsangleichung, 1999, S. 425 ff. Dabei sind die konkreten Schlussfolgerungen aus dieser Geltung des Vorbehalts des Gesetzes für die Reichweite der Rechtsfortbildung aber unterschiedlich. Zurückhaltender *Classen*, JZ 2003, 693, 700. Ablehnend *Möllers*, Juristische Methodenlehre, 4. Auflage, 2021, § 13 Rn. 87 ff. m.w.N.; *Neuner*, JZ 2016, 435, 436 f.; *ders.*, FamRZ 2017, 1805, 1808; *ders.*, ZfPW 2022, 257, 260 ff.; *Bumke*, in: ders. (Hrsg.), Richterrecht zwischen Gesetzesrecht und Rechtsgestaltung, 2012, S. 33, 43 ff.; *Lassahn*, Rechtspre-

dert. In der Auslegung des BVerfG ist eine solche jedenfalls dann erforderlich, wenn es sich um eine wesentliche Regelungsfrage handelt (sog. Wesentlichkeitstheorie). Insoweit steht in Frage, ob und wann der Richter auch ohne eine solche einfachgesetzliche Grundlage einer grundrechtlichen Schutzpflicht entsprechen kann. Hierauf wird zurückzukommen sein.[55]

In der Rechtsprechungspraxis hat sich gezeigt, dass eine richterliche Schutzpflichtenerfüllung in Deutschland über das Vehikel der richterlichen Rechtsfortbildung einer unmittelbaren Verpflichtung Privater in der Tat sehr nahekommen kann. Dies wird dadurch erreicht, dass bereits die Schutzpflicht als solche zwar nicht als gesetzlicher Eingriffstitel, wohl aber als hinreichende Legitimationsgrundlage einer richterlichen Rechtsfortbildung begriffen wird und so auf das Erfordernis einer einfachgesetzlichen Wertung weitgehend verzichtet wird.[56] Der zentralen Bedeutung der Grundsätze von Vorrang und Vorbehalt des einfachen Gesetzes unter dem GG zum Trotz sind das BVerfG und andere Obergerichte so teils kritikwürdige Wege gegangen.[57] Paradoxerweise zeigt und zeigte man sich von Seiten der Gerichte wie auch in der Literatur dabei aber stets bemüht, diese faktische Verpflichtung Privater möglichst nicht als solche zu benennen.[58] So wurden in einigen Entscheidungen die Unterschiede zwischen einer noch staatsvermittelten richterlichen Schutzpflichtenerfüllung und einer nach herrschender Meinung abzulehnenden Bindung Privater mitunter bis zur Unkenntlichkeit verwischt.

Prominentes Beispiel hierfür ist etwa die Rechtsprechung von BGH und BVerfG zum Schutz des allgemeinen Persönlichkeitsrechts im Rahmen der §§ 823 Abs. 1, 812 Abs. 1 S. 1 Alt. 2 BGB. Obwohl das BGB ursprünglich bewusst auf den zivilrechtlichen Schutz des Persönlichkeitsrechts verzichtet hat[59], hat der BGH in seiner *Leserbrief*-Entscheidung ebendiesen Schutz unmittelbar aus Art. 1 und Art. 2 GG hergeleitet[60] und spricht den Rechtsgutsinhabern in ständiger

---

chung und Parlamentsgesetz, 2017, S. 241 ff. Tendenziell ablehnend *Hager*, JZ 1994, 373, 379; *Szczekalla*, Schutzpflichten, 2002, S. 162 f. Vgl. außerdem den Überblick bei *Barczak*, in: Scheffczyk/Wolter (Hrsg.), Linien der Rechtsprechung des Bundesverfassungsgerichts, 2017, S. 91, 105 ff.

[55] Siehe hierzu ausführlich unten unter § 12 D. I. 2. b) bb).

[56] Exemplarisch *Canaris*, Grundrechte und Privatrecht, 1999, S. 62; *Jocham*, Die Grenzen der richterlichen Rechtsfortbildung im Privatrecht, 2021, S. 217 f.; *Hager*, JZ 1994, 373, 378; *Schubert*, AP BGB § 611 Arbeitnehmerähnlichkeit Nr. 15. Ähnlich *Neuner*, JZ 2016, 435, 437; *ders.*, ZfPW 2022, 257, 264. In diese Richtung auch *Franzen*, Privatrechtsangleichung, 1999, S. 423. Kritisch explizit hierzu *Röthel*, JuS 2001, 424 ff.; *Regenfus*, Grundgesetz und Sachenrecht, 2013, S. 57 ff. m.w.N.; *Burkiczak*, RdA 2007, 17, 19 f. m.w.N.

[57] *Röthel*, Normkonkretisierung im Privatrecht, 2004, S. 119 m.w.N. sowie unten unter § 12 D. I. 2. b) bb) (1).

[58] *Pöschl*, VVDStRL 74 (2015), 406, 415.

[59] *Hellgardt*, JZ 2018, 901, 903. Dies zugebend BVerfG v. 14.02.1973 – 1 BvR 112/65, NJW 1973, 1221, 1223.

[60] BGH v. 25.05.1954 – I ZR 211/53, NJW 1954, 1404, 1405.

Rechtsprechung zivilrechtliche Kondiktions- und Schadensersatzansprüche einschließlich des Ersatzes immaterieller Schäden zu.[61] In seinem *Soraya*-Beschluss hat das BVerfG dieses Vorgehen ausdrücklich gebilligt.[62]

In der jüngeren *Stadionverbot*-Entscheidung fehlte es sogar gänzlich an einer einfachgesetzlichen Grundlage für die dort postulierte Bindung des privaten Stadionbetreibers an das Erfordernis eines sachlichen Grundes zur Aussprache eines Stadionverbots. Gleiches gilt für die ihm aufgebürdeten vorgelagerten Sachverhaltsaufklärungspflichten.[63] Dies hielt das BVerfG indes nicht davon ab, eine gesetzesübersteigende Herleitung dieser Pflichten jeweils noch als Fall einer staatsvermittelten Grundrechtswirkung zu begreifen.[64] Beobachter sehen in dieser jüngeren Entwicklung zu Recht einen Wandel im Verständnis des Gerichts weg von einer „gesetzesmediatisierten" und hin zu einer „gesetzesübersteigenden Konstitutionalisierung".[65]

Aus dem Arbeitsrecht hinlänglich bekannt ist schließlich die Rechtsprechung des BAG zum allgemeinen Beschäftigungsanspruch in seiner Ausprägung als Weiterbeschäftigungsanspruch im Kündigungsfall.[66] Dabei geht es um die Frage, ob dem Arbeitnehmer auch nach Ablauf der Kündigungsfrist bis zum rechtskräftigen Abschluss seines Kündigungsschutzverfahrens ein Weiterbeschäftigungsanspruch zusteht. Gesetzlich geregelt ist für diesen Fall einzig ein spezieller betriebsverfassungsrechtlicher Weiterbeschäftigungsanspruch, der nur unter den engen Voraussetzungen des § 102 Abs. 5 BetrVG besteht.

Diese ausdrückliche Gesetzeslage hielt auch hier den Großen Senat des BAG nicht davon ab, gestützt auf das allgemeine Persönlichkeitsrecht gem. Art. 1, 2 GG[67] einen davon unabhängigen Weiterbeschäftigungsanspruch im Kündigungsfall aus § 242 BGB zu schaffen.[68] Dieser sei nur die logische Verlängerung des allgemeinen Beschäftigungsanspruchs im ungekündigten Arbeitsverhältnis.

---

[61] BGH v. 14.02.1958 – I ZR 151/56, NJW 1958, 827, 829 f.; BGH v. 26.10.2006 – I ZR 182/04, NJW 2007, 689, Rn. 12.

[62] BVerfG v. 14.02.1973 – 1 BvR 112/65, NJW 1973, 1221, 1223. Kritisch hierzu *Lübbe-Wolff*, Die Grundrechte als Eingriffsabwehrrechte, 1988, S. 164 f.; *Röthel*, JuS 2001, 424, 428 Fn. 68.

[63] BVerfG v. 11.04.2018 – 1 BvR 3080/09 (*Stadionverbot*), BVerfGE 148, 267, 285 f.

[64] BVerfG v. 11.04.2018 – 1 BvR 3080/09 (*Stadionverbot*), BVerfGE 148, 267. Kritisch zur Entscheidungsbegründung deshalb *Michl*, JZ 2018, 910, 918; *Hellgardt*, JZ 2018, 901, 902. Vgl. ähnlich kritisch hinsichtlich der Aufweichung der Grenzen der mittelbaren Drittwirkung in der jüngeren Rechtsprechung nun auch *Möllers*, Juristische Methodenlehre, 4. Auflage, 2021, § 11 Rn. 15 ff., der eine Bejahung der unmittelbaren Drittwirkung in einigen Fällen für methodenehrlicher hielte.

[65] *Barczak*, in: Scheffczyk/Wolter (Hrsg.), Linien der Rechtsprechung des Bundesverfassungsgerichts, 2017, S. 91, 107 ff.

[66] Ausführlich und kritisch aus Sicht der Drittwirkungsdogmatik *Oeter*, AöR 119 (1994), 529, 546 f.

[67] Grundlegend kritisch insoweit *H. Weber/J.-A. Weber*, RdA 2007, 344, 346 f. m.w.N.

[68] BAG GS v. 27.02.1985 – GS 1/84, NZA 1985, 702, 703 f. Vgl. hierzu instruktiv *Wank*, Auslegung und Rechtsfortbildung im Arbeitsrecht, 2013, S. 122 ff.

Das hatte zuvor der Zweite Senat mit guten Gründen anders gesehen[69]: Die Existenz des § 102 Abs. 5 BetrVG, der einen Weiterbeschäftigungsanspruch im Kündigungsfall nur unter sehr engen Voraussetzungen vorsieht, spreche dafür, dass der Gesetzgeber einen Weiterbeschäftigungsanspruch im Übrigen ablehne. Dieses Argument überzeugte den Großen Senat allerdings nicht, weil die Norm des § 102 Abs. 5 BetrVG nach seinem Dafürhalten alleine die Stärkung der Rechte des Betriebsrats im kollektivrechtlichen Bereich bezweckt und die individualrechtliche Wirkung nur dazu dient, diesen „Nachdruck" zu verleihen.[70] Aus den Grundrechten des Arbeitnehmers folgt danach ein Weiterbeschäftigungsanspruch, den der Gesetzgeber ausdrücklich nur für den Fall des § 102 Abs. 5 BetrVG vorgesehen hat – jedenfalls mit dieser Begründung ein fragwürdiges Ergebnis.[71]

Methodenehrlicher wäre eine Konstruktion gewesen, die auf der ursprünglichen Rechtsprechung des BAG aus den 50er Jahren aufbaut: Unter der Präsidentschaft *Nipperdeys* und dem Einfluss seiner Drittwirkungslehre war ein allgemeiner Beschäftigungsanspruch im Arbeitsverhältnis noch unmittelbar auf Art. 1, 2 GG gestützt worden.[72] Ebenso hätte man einen grundrechtlichen Weiterbeschäftigungsanspruch im Kündigungsfall als dessen *Ausfluss* unmittelbar auf das Grundrecht stützen können, der sich nötigenfalls auch gegen entgegenstehende gesetzliche Vorgaben durchzusetzen vermag. Der kritikwürdigen Verbiegung des einfachen Rechts gegen den offensichtlichen Willen des Gesetzgebers hätte es dann nicht bedurft, sondern „nur" der Bejahung einer unmittelbaren grundrechtlichen Bindung des Arbeitgebers und der Anerkennung einer dahingehenden grundrechtlichen Gewährleistung.

---

[69] BAG v. 26.05.1977 – 2 AZR 632/76, NJW 1978, 239, 240. Mit dem Willen des Gesetzgebers argumentierend: *Barton*, NZA 1985, 77, 80 f.; *Wank*, RdA 1987, 129, 149 ff. S. auch *H Weber*/*J. A. Weber*, RdA 2007, 344, 347.

[70] BAG GS v. 27.02.1985 – GS 1/84, NZA 1985, 702, 704. Kritisch zu diesem Argument zu Recht *Wank*, RdA 1987, 129, 153; *Oeter*, AöR 119 (1994), 529, 546 f. Das entspricht auch nicht dem Inhalt der einschlägigen Gesetzesmaterialien. Denn sowohl der Entwurf der CDU/CSU-Fraktion, auf den die Bestimmung maßgeblich zurückgeht, vgl. BT-Drs. VI/1806, S. 31: („Damit erhält der Betriebsrat ein beachtliches Instrument zur Verstärkung des individuellen Kündigungsschutzes des Arbeitnehmers […].") als auch der Bericht des Ausschusses für Arbeit und Sozialordnung (BT. Drs. VI/2729, S. 7: „Der Ausschuss war mit Mehrheit der Ansicht, daß wegen der einschneidenden Bedeutung der Kündigung für den Arbeitnehmer sowohl die verstärkte Einschaltung des Betriebsrats nach dem Regierungsentwurf als auch im Grundsatz der Bestandsschutz des Arbeitsverhältnisses während des Kündigungsschutzverfahrens nach dem CDU/CSU-Entwurf eine sachgerechte Sicherung des Arbeitsplatzes darstelle.") hoben gerade entscheidend ihre *individualschützende Dimension* hervor.

[71] Vgl. hierzu insbesondere die ausführlicher Kritik bei *Wank*, RdA 1987, 129, 149 ff.

[72] BAG v. 10.11.1955 – 2 AZR 591/54, AP BGB § 611 Beschäftigungspflicht Nr. 2 (Ls.) = NJW 1956, 359, 360.

Letztlich hätte es also zwei methodengerechte Entscheidungsalternativen gegeben: Die Bejahung eines allgemeinen Weiterbeschäftigungsanspruchs mit Hilfe einer positiven Horizontalwirkung des allgemeinen Persönlichkeitsrechts oder die Ablehnung eines solchen Anspruchs bei Verneinung einer Grundrechtsbindung Privater und unter Verweis auf die bisherige Untätigkeit des Gesetzgebers. Mit seiner – heute freilich im Ergebnis unbestrittenen – Entscheidung ging das BAG seinerzeit einen methodisch wenig überzeugenden Mittelweg.

Zusammengefasst findet die Einschätzung, dass eine ausschließlich staatsgerichtete Horizontalwirkungskonstruktion in besonderem Maße methodenwidrige Rechtsfortbildungen provoziert, in derartigen Judikaten stichhaltige Belege.[73] Eine derartige Aufweichung der Grenzen der Konformauslegung und Rechtsfortbildung des einfachen Rechts als Ausfluss einer rein staatlichen Grundrechtsbindung ist keine, insbesondere keine überzeugende und methodenehrlichere, Alternative zu einer unmittelbaren Verpflichtung Privater durch die Grundrechte selbst.[74] Häufig werden Generalklauseln, unbestimmte Rechtsbegriffe und Richterrecht so zum Feigenblatt einer faktischen unmittelbaren Bindung Privater an grundrechtliche Wertungen[75] gemacht, die sich um jeden Preis auch ohne oder sogar gegen den Willen des Gesetzgebers durchsetzt. Dies noch als legitimen Fall einer bloß mittelbaren Drittwirkung zu begreifen, wird zu einem rein formalen Argument, das diese Tatsache verschleiert.[76]

An späterer Stelle dieser Arbeit soll – so viel sei vorweggenommen – noch näher verdeutlicht werden, warum derart weitreichende richterliche Befugnisse zur Schutzpflichtenerfüllung gerade unter der Kompetenzverteilung des GG nicht überzeugen. Denn die Grundsätze vom Vorrang und Vorbehalt des Gesetzes schließen eine solche nach vorzugswürdiger Ansicht zwar nicht völlig aus, ziehen ihr aber dennoch wichtige Grenzen, die in der Gerichtspraxis nicht immer hinreichende Beachtung finden.[77] Sind sie überschritten, ist nicht der Richter, sondern der Gesetzgeber für die Erfüllung grundrechtlicher Schutzpflicht zuständig.[78] In diesem Punkt muss eine über Schutzpflichten vermittelte Privatwirkung des GG denn auch hinter den Ergebnissen zurückbleiben, die über eine

---

[73] *Kulick*, Horizontalwirkung im Vergleich, 2020, S. 331; *ders.*, AöR 145 (2020), 649, 667 f.

[74] Zutreffend *Möllers*, Juristische Methodenlehre, 4. Auflage, 2021, § 11 Rn. 15, 16c. Eingehend auch *Regenfus*, Grundgesetz und Sachenrecht, 2013, S. 57 ff. m.w.N.

[75] Ähnlich *Pöschl*, VVDStRL 74 (2015), 406, 415; *Grünberger*, AcP 219 (2019), 597, 603.

[76] Mit Zweifeln an diesem argumentativen Spagat auch *Pöschl*, VVDStRL 74 (2015), 406, 415. In diesem Sinne auch *Regenfus*, Grundgesetz und Sachenrecht, 2013, S. 59.

[77] Stellvertretend *Röthel*, Normkonkretisierung im Privatrecht, 2004, S. 119. Vgl. hierzu noch ausführlicher unten unter § 12 A. II. 1. sowie D. I. 2. b) bb) (1).

[78] Ausdrücklich BVerfG v. 07.02.1990 – 1 BvR 26/84, BVerfGE 81, 242, 263: „Die Sache ist an das Oberlandesgericht zurückzuverweisen. Dieses wird zunächst zu prüfen haben, ob den Anforderungen des Art. 12 Absatz 1 GG *im Rahmen des geltenden Zivilrechts Rechnung* getragen werden kann. Anderenfalls müßte es das Verfahren *bis zu einer Abhilfe durch den Gesetzgeber* aussetzen." (Hervorhebungen durch Verf.). Vgl. auch ErfK/*I. Schmidt*, Einl. GG Rn. 19.

unmittelbare Verpflichtung Privater erzielbar wären.[79] Schon hierzulande kann man deshalb nicht von einer vollständigen Ergebnisäquivalenz der Konstruktionen sprechen – zumindest, wenn man die aufgezeigten dogmatischen Grenzen einer mittelbaren Drittwirkung konsequent beachtet.[80]

2. Reichweite der richterlichen Schutzpflichtenerfüllung unter der GRC

a) EuGH und h.L.: Verweis auf jeweilige mitgliedstaatliche Auslegungsgrenzen

Im Rahmen der Charta soll die Reichweite der unionsgrundrechtskonformen Auslegung und Rechtsfortbildung zur richterlichen Schutzpflichtenerfüllung[81] nach der vorherrschenden Auffassung in der Literatur[82] und dem Dafürhalten des EuGH[83] vom jeweiligen mitgliedstaatlichen Auslegungsspielraum und der nationalen Methodik abhängen. Sie muss demgemäß an der jeweiligen nationalen Contra-legem-Grenze enden. Der Gerichtshof nimmt damit hin, dass sich die Kompetenzen der nationalen Zivilrichter zur Erfüllung unionsrechtlicher Schutzpflichten von Mitgliedstaat zu Mitgliedstaat unterscheiden.[84] Infolgedessen mag sich die Konstruktion der Privatwirkung der Unionsgrundrechte zwar *hierzulande* sowie überall dort, wo Rechtsordnungen ähnlich weitreichende Möglichkeiten der richterlichen Schutzpflichtenerfüllung bereithalten, eher seltener

---

[79] *Muckel*, VVDStRL 79 (2020), 245, 274; *Höfling*, Vertragsfreiheit, 1991, S. 55; *Lübbe-Wolff*, Die Grundrechte als Eingriffsabwehrrechte, 1988, S. 177 f.; *Regenfus*, Grundgesetz und Sachenrecht, 2013, S. 59; *Burkiczak*, RdA 2007, 17, 19 f. Implizit *Klein*, NJW 1989, 1633, 1640; *Pöschl*, VVDStRL 74 (2015), 406, 412 ff.

[80] *Lübbe-Wolff*, Die Grundrechte als Eingriffsabwehrrechte, 1988, S. 178.

[81] Dieses Gebot tritt neben das Gebot der richtlinienkonformen Auslegung des nationalen Rechts, was Folge der vom EuGH postulierten Idealkonkurrenz von Richtlinie und Grundrecht ist. Kritisch hierzu Riesenhuber/*Leible*/*Domröse*, § 8 Rn. 41.

[82] EuArbRK/*Schubert*, Art. 6 EUV Rn. 36; *Jarass*, GRC, Einl. Rn. 69; *ders.*, EuR 2013, 29, 36 mit Fn. 47; *Greif*, Die Unanwendbarkeit richtlinienwidriger deutscher Arbeitsgesetze, 2016, S. 143. Für die Maßgeblichkeit der nationalen Methodengrenzen im Rahmen der primärrechtskonformen Auslegung am Maßstab der ungeschriebenen allgemeiner Rechtsgrundsätze bereits *Metzger*, Extra legem, intra ius: Allgemeine Rechtsgrundsätze im Europäischen Privatrecht, 2009, S. 456. Implizit zur Charta *Fornasier*, in: Latzel/Picker (Hrsg.), Neue Arbeitswelt, 2014, S. 25, 51; *Pirker*, Anwendung der Unionsgrundrechte, 2018, S. 284. Für die Maßgeblichkeit der nationalen Methodenlehre *Wank*, EuZA 2018, 327, 330. Allgemein zur Maßgeblichkeit der nationalen Contra-legem-Grenze für die Reichweite der primärrechtskonformen Rechtsfortbildung Riesenhuber/*Leible*/*Domröse*, § 8 Rn. 57; *Kerwer*, Gemeinschaftsrecht und Rechtsprechung, 2003, S. 435 ff. Diese Auffassung wird allerdings konkret mit Blick auf die GRC in Zweifel gezogen, vgl. *Perner*, Grundfreiheiten, Grundrechte-Charta und Privatrecht, 2013, S. 186 („notfalls sogar Rechtsfortbildung *contra legem*"). Mit ähnlichen Überlegungen allgemein für die primärrechtskonforme Auslegung nationalen Rechts Riesenhuber/*Leible*/*Domröse*, § 8 Rn. 59 f. und *Möllers*, Juristische Methodenlehre, 4. Auflage, 2021, § 12 Rn. 24 f. m.w.N. Vgl. zu dieser Auffassung sogleich vertieft.

[83] Vgl. beispielsweise EuGH v. 06.11.2018 – Rs. C-569/17, 570/16 (*Bauer*), NZA 2018, 1467, Rn. 91 („im Rahmen seiner [des vorlegenden Gerichts] Befugnisse").

[84] Allgemein Riesenhuber/*Leible*/*Domröse*, § 8 Rn. 57.

entscheidend auf das Ergebnis auswirken. In anderen Mitgliedstaaten kann diese Reichweite aber wiederum gänzlich anders ausfallen.[85]

Dies gilt vor allem dort, wo die Grenzen der Möglichkeit einer richterlichen Schutzpflichtenerfüllung enger gezogen werden oder etwa entsprechende zivilrechtliche Einfallstore schlichtweg fehlen.[86] Denn in den Mitgliedstaaten sind die Kompetenzen der Judikative im Verhältnis zur Legislative ganz unterschiedlich verteilt: Die Zahl an auslegungsfähigen Generalklauseln und unbestimmten Rechtsbegriffen variiert erheblich. Und die Grenzen zwischen zulässiger und unzulässiger richterlicher Rechtsfortbildung verlaufen naturgemäß überall unterschiedlich.[87] Dies gilt vor allem in Mitgliedstaaten, die keine größeren Probleme haben, Privatrechtsubjekte bei Fehlen gesetzlicher Vorgaben unmittelbar an die Grundrechte zu binden.[88] Diese mussten naturgemäß keine dem Deutschen vergleichbare, ausgefeilte Dogmatik richterlicher Schutzpflichtenerfüllung entwickeln und dürften damit fremdeln, wenn sie die GRC nun nicht direkt, sondern nur vermittelt über die Auslegung und Fortbildung des einfachen Rechts anzuwenden haben. Diese Rechtsordnungen „rechnen" womöglich nicht mit einer exklusiv schutzpflichtenvermittelten Horizontalwirkung der GRC. Indem der EuGH im Rahmen der unionsgrundrechtskonformen Auslegung nationalen Rechts die nationale Methodik für maßgeblich erklärt, nimmt er diese Unterschiede hin. Hier kann eine rein staatsgerichtete privatrechtliche Wirkung der GRC an ihre Grenzen stoßen.[89] Gerade insoweit bestehen deshalb nicht unerhebliche Unterschiede zwischen einer rein staatsvermittelten Wirkung und einer unmittelbaren Bindung Privater an die Unionsgrundrechte.[90]

---

[85] So auch *Fornasier*, in: Latzel/Picker (Hrsg.), Neue Arbeitswelt, 2014, S. 25, 51; *Starke*, EU-Grundrechte und Vertragsrecht, 2016, S. 196 mit Fn. 115; *Ebers*, Rechte, Rechtsbehelfe und Sanktionen im Unionsprivatrecht, 2016, S. 514. Dies einräumend *Perner*, Grundfreiheiten, Grundrechte-Charta und Privatrecht, 2013, S. 166.

[86] Zutreffend insoweit *Starke*, EU-Grundrechte und Vertragsrecht, 2016, S. 196.

[87] *Fornasier*, in: Latzel/Picker (Hrsg.), Neue Arbeitswelt, 2014, S. 25, 51 f.; *Ebers*, Rechte, Rechtsbehelfe und Sanktionen im Unionsprivatrecht, 2016, S. 514. Eine tiefergehende Analyse der Rechtsfortbildungsmethoden in einzelnen Mitgliedstaaten findet sich bei *Henninger*, Europäisches Privatrecht und Methode, 2009, S. 45 ff.

[88] Dies wird namentlich in Spanien und Portugal angenommen *Bilbao Ubillos*, in: Neuner (Hrsg.), Grundrechte und Privatrecht aus rechtsvergleichender Sicht, 2007, S. 119, 139 f.; *Pinto*, in: Neuner (Hrsg.), Grundrechte und Privatrecht aus rechtsvergleichender Sicht, 2007, S. 105, 112 f.

[89] So führt *Perner*, Grundfreiheiten, Grundrechte-Charta und Privatrecht, 2013, S. 166 als treffendes Beispiel die von *Hager*, Rechtsmethoden in Europa, 2009, S. 246 und 241 ausgeführte Problematik an, ob in England Klagen nach dessen Inkrafttreten unmittelbar auf den Human Rights Act gestützt werden konnten, weil ein „einfachrechtlicher" Tatbestand der „invasion of privacy" zum Zeitpunkt des Inkrafttretens fehlte.

[90] Wie hier *Walkila*, Horizontal effect of fundamental rights in EU law, 2015, S. 188: „A categorical distinction between the direct and indirect effects of the fundamental rights is seldom significant in the reasoning of the Court or for the outcome of the case. Moreover, both paths would lead to the same outcome of the case in all events, *except in situations*

b) Alternative: Unionseinheitliche Methode richterlicher Schutzpflichtenerfüllung?

Diese möglichen Unterschiede in der Reichweite einer schutzpflichtenvermittelten Privatwirkung der Unionsgrundrechte von Mitgliedstaat zu Mitgliedstaat erscheinen dabei letztlich als hausgemachtes Problem des EuGH. Sie ergeben sich daraus, dass der Gerichtshof im Rahmen der chartakonformen Auslegung die nationale Auslegungs- und Rechtsfortbildungsmethodik für maßgeblich erklärt. Als Folge dieser Rechtsprechung kann sich ein Mitgliedstaat dann der Durchsetzung einer unionsgrundrechtlichen Schutzpflicht verweigern, wenn er – wenn auch fälschlicherweise – der Meinung ist, das nationale Recht weder richtlinien- noch unionsgrundrechtskonform auslegen zu können.

Diese Sichtweise ist aber streng genommen nicht völlig alternativlos[91]: So verweisen Stimmen in der Literatur mit beachtlichen Argumenten darauf, dass ein Abstellen auf die nationale Contra-legem-Grenze insoweit nicht passfähig ist. Der EuGH könne die unionsgrundrechtlichen Schutzpflichten auch als „unbedingte Ergebnisvorgaben" formulieren und ihre Durchsetzung durch die nationalen Gerichte um jeden Preis, notfalls auch *contra legem,* fordern.[92] Diese könnten bei einer solchen Sichtweise nicht mehr darauf verweisen, dass es ihnen die nationale Kompetenzverteilung zwischen Judikate und Legislative verbiete, die grundrechtliche Schutzpflicht am Gesetzgeber vorbei zu erfüllen.

Stützen ließe sich diese Ansicht darauf, dass die Unionsgrundrechte als Teil des Primärrechts das entgegenstehende nationale Recht ohnehin verdrängen, soweit es ihnen entgegensteht. Dies ergibt sich aus ihrer – von einer Bindung Privater zunächst unabhängigen – negativen Horizontalwirkung.[93] Um die Norm

---

requiring an interpretation contra legem which goes beyond the realm of mere interpretational methods. So, only when a situation cannot be brought into consistency with fundamental rights through an interpretation in conformity therewith (indirect effect), further inquiries must be made into the degree of enforceability of the fundamental right norm at stake in order to determine its possible direct effect." (Hervorhebung durch Verf.). Ebenso *Pirker*, Anwendung der Unionsgrundrechte, 2018, S. 284. So auch *Schubert*, EuZA 2020, 302, 319; *Mörsdorf*, JZ 2019, 1066, 1073; *Fornasier*, in: Latzel/Picker (Hrsg.), Neue Arbeitswelt, 2014, S. 25, 51; *ders.*, ERPL 23 (2015), 29 ff.; *Pirker*, Anwendung der Unionsgrundrechte, 2018, S. 248. Vgl. außerdem GA *Bobek,* Schlussanträge v. 25.07.2018 – Rs. C-193/17 (*Cresco Investigation*), BeckRS 2018, 16329, Rn. 139 ff. Ähnlich zu den Grundfreiheiten schließlich *Bachmann*, AcP 210 (2010), 424, 473; *Ebers*, Rechte, Rechtsbehelfe und Sanktionen im Unionsprivatrecht, 2016, S. 514.

[91] *Perner*, Grundfreiheiten, Grundrechte-Charta und Privatrecht, 2013, S. 186 („notfalls sogar Rechtsfortbildung *contra legem*"). Mit ähnlichen Überlegungen allgemein für die primärrechtskonforme Auslegung nationalen Rechts Riesenhuber/*Leible*/*Domröse*, § 8 Rn. 59 f.; *Möllers*, Juristische Methodenlehre, 4. Auflage, 2021, § 12 Rn. 24 f. m.w.N.; *Repasi*, Wirkungsweise des Anwendungsvorrangs, 2018, S. 64 ff. Überlegungen in Richtung einer richterlichen „Notkompetenz" in diesen Fällen finden sich auch bei *Kruis*, Der Anwendungsvorrang des EU-Rechts in Theorie und Praxis, 2013, S. 259.

[92] In diesem Sinne *Perner*, Grundfreiheiten, Grundrechte-Charta und Privatrecht, 2013, S. 186. Ebenso letztlich *Jocham*, Die Grenzen der richterlichen Rechtsfortbildung im Privatrecht, 2021, S. 263.

[93] Diese kommt nach hier vertretener Auffassung gerade auch dann zum Tragen, wenn die

unangewendet zu lassen, ist – anders als in Deutschland (Art. 100 Abs. 1 GG) bzw. anderen Ländern mit einer ähnlich organisierten, zentralisierten Verfassungsgerichtsbarkeit – auch kein gesondertes Verfahren erforderlich. Der Normanwendungsbefehl und damit auch der entgegenstehende gesetzgeberische Wille werden eo ipso suspendiert.[94] Damit gibt es im Rahmen der Erfüllung chartarechtlicher Schutzpflichten letztlich überhaupt keine Rechtsfortbildung *contra legem* im hier verstandenen Sinne; das Problem der Gesetzesbindung des nationalen Richters und der Vorlagepflicht nach Art. 100 Abs. 1 GG stellt sich hier von vornherein nicht. Spitzt man diese Erkenntnis zu, so ist letztlich jede schutzpflichtenerfüllende Rechtsfortbildung in dieser Konstellation eigentlich eine Rechtsfortbildung *praeter legem.*[95]

In diesem Punkt unterscheidet sich diese Konstellation denn auch entscheidend von der *richtlinien*konformen Auslegung und Fortbildung, die ihre Grenzen in der Gesetzesbindung des Richters findet (vgl. hierzu § 10).[96] Diese unterschiedliche Behandlung zweier gleichzeitig einschlägiger Rechtsquellen ist Resultat der systemwidrigen Idealkonkurrenz von Grundrecht und Richtlinienvorgabe, die der EuGH postuliert[97]: Würde man bereits die Anwendbarkeit der Charta ablehnen, bliebe als Auslegungsmaßstab allein die Richtlinie, deren Durchschlagskraft infolge der fehlenden Derogationswirkung geringer wäre als die der unionsgrundrechtskonformen Auslegung nationalen Rechts.[98]

Weil der nationale Richter bei Füllen der durch die negative Horizontalwirkung entstehenden Lücke[99] die übrigen Vorgaben des Unionsrechts beachten

---

Norm den Sachverhalt nicht selbst positiv regelt; deshalb entfaltet die GRC auch dann negative Horizontalwirkung, wenn sie Private nicht verpflichtet. Hierzu allgemein im vorliegenden Kontext *Kruis*, Der Anwendungsvorrang des EU-Rechts in Theorie und Praxis, 2013, S. 224.

[94] *Kruis*, Der Anwendungsvorrang des EU-Rechts in Theorie und Praxis, 2013, S. 221.

[95] Ähnlich *Unseld*, Bedeutung der Horizontalwirkung, 2018, S. 166. In diesem Sinne im Nachgang der *Mangold*-Entscheidung mit der Erwartung eines Bedeutungszuwachses der unionsgrundrechtskonformen Auslegung bereits *Höpfner*, Die systemkonforme Auslegung, 2008, S. 247.

[96] Zur kurz gegriffen deshalb wohl EuArbRK/*Schubert*, Art. 6 EUV Rn. 36; *Jarass*, GRC, Einl. Rn. 69; *ders.*, EuR 2013, 29, 36 mit Fn. 47; *Greif*, Die Unanwendbarkeit richtlinienwidriger deutscher Arbeitsgesetze, 2016, S. 143, die sich ohne nähere Begründung für einen Gleichlauf der Reichweite der richtlinien- und unionsgrundrechtskonformen Auslegung aussprechen. Mit dieser Sichtweise und eingehender Begründung *Sponholz*, Die unionsrechtlichen Vorgaben zu den Rechtsfolgen von Diskriminierung im Privatrechtsverkehr, 2017, S. 102 ff. Sie kommt zu einer Maßgeblichkeit der Grenzen der richtlinienkonformen Auslegung für die „mittelbare Drittwirkung" der Charta, indem sie mit guten Gründen die vom EuGH postulierte Idealkonkurrenz ablehnt, vgl. S. 105.

[97] Zur Kritik an der Grundrechtsbindung des mitgliedstaatlichen Umsetzungsrechts § 4 C. II. 2. b); § 11 B. I. 1.

[98] In diese Richtung *Sponholz*, Die unionsrechtlichen Vorgaben zu den Rechtsfolgen von Diskriminierung im Privatrechtsverkehr, 2017, S. 105. Zu den Grenzen der richtlinienkonformen Auslegung vgl. § 10.

[99] Diese Lücke kann dadurch entstehen, dass die Norm nur in negativer Hinsicht unmit-

muss (Art. 4 EUV), und zwar unabhängig davon, ob sie unmittelbar anwendbar sind oder nicht[100], wären insoweit die unionsgrundrechtlichen Schutzpflichten – konkretisiert durch die einschlägigen Richtlinienvorgaben – auch ohne die Annahme einer positiven Horizontalwirkung heranzuziehen.[101] Der Richter müsste das nationale Recht dann im Einklang mit dieser Vorgabe auslegen und fortbilden. Dies kann vor allem durch methodengerechte Analogieschlüsse erreicht werden; nötigenfalls müsste aber sogar die Schaffung punktuell neuen, richterrechtlichen Privatrechts erfolgen.[102] Es bliebe hier zwar – analog zur Situation in Deutschland – noch die Frage, inwieweit sich eine Erfüllung dieser Schutzpflicht jenseits einfachgesetzlicher Regelungen, die entweder fehlen oder verdrängt wurden, im Wege der richterlichen Rechtsfortbildung mit dem chartarechtlichen Vorbehalt des Gesetzes vereinbaren ließe.[103] Denn immerhin fordert auch die Charta für Eingriffe in die Grundrechte des jeweils anderen Privaten eine „gesetzliche Grundlage", vgl. Art. 52 Abs. 1 GRC. An anderer Stelle dieser Arbeit wird aber noch herausgearbeitet, dass diese Bestimmung nicht gleichzusetzen ist mit dem in Deutschland vorherrschenden Verständnis vom Parlamentsvorbehalt.[104] Auch diese Fortbildungsgrenze ließe sich also womöglich überwinden.

Über die Gründe des EuGH, anstelle dieser Variante die sehr viel umstrittenere unmittelbare Bindung Privater an die Grundrechte der GRC auszusprechen, lässt sich nur spekulieren. Ein entscheidender Aspekt könnte darin liegen, dass der Gerichtshof auch im Rahmen der ebenfalls primärrechtlichen Grundfreiheiten relativ beherzt zur unmittelbaren Bindung Privater greift, um eine einheitliche Rechtsdurchsetzung zu erreichen.[105] Womöglich erscheint ihm dieser Weg schlicht einfacher kommunizierbar, als die Vorgabe einer einheitlichen Auslegungs- und Rechtsfortbildungsmethodik an die mitgliedstaatlichen Gerichte, die immerhin als einschneidender Eingriff in die Souveränität der mitgliedstaatlichen Rechtsordnungen gedeutet werden könnte. Außerdem ist zu beachten, dass die Hoheit über die Auslegung des nationalen Rechts allein bei den nationalen Gerichten liegt. Der Gerichtshof kann dem nationalen Gericht nur Auslegungshinweise erteilen, ist aber nicht selbst zur Auslegung oder gar Kassation nationalen Rechts befugt.[106] Damit muss es zwangsläufig hinnehmen, wenn ein

---

telbar anwendbar ist, *Kruis*, Der Anwendungsvorrang des EU-Rechts in Theorie und Praxis, 2013, S. 224. Davon wäre auszugehen, wenn man der GRC die Verpflichtung Privater abspricht.

[100] *Repasi*, Wirkungsweise des Anwendungsvorrangs, 2018, S. 70 f.

[101] *Kruis*, Der Anwendungsvorrang des EU-Rechts in Theorie und Praxis, 2013, S. 230 f.

[102] *Perner*, Grundfreiheiten, Grundrechte-Charta und Privatrecht, 2013, S. 186 unter Verweis auf *Canaris*, Grundrechte und Privatrecht, 1999, S. 62. Ähnlich *Jocham*, Die Grenzen der richterlichen Rechtsfortbildung im Privatrecht, 2021, S. 263. In diese Richtung auch *Schlachter*, EuR 2016, 478, 488.

[103] In diese Richtung auch *Kruis*, Der Anwendungsvorrang des EU-Rechts in Theorie und Praxis, 2013, S. 258 f.

[104] Siehe hierzu unten unter 12 D I. 2 b) bb).

[105] Siehe hierzu unten unter § 12 D II. 1 b).

[106] Calliess/Ruffert/*Kingreen*, Art. 51 GRC Rn. 26.

nationales Gericht die Möglichkeit der Konformauslegung des nationalen Rechts verneint, selbst wenn diese aufgrund der dargestellten Modifizierung der Contra-legem-Grenze eigentlich möglich wäre. Hiergegen fehlt dem EuGH letztlich die Handhabe.[107]

Würde der Gerichtshof aber auf dieses in der Literatur vorgeschlagene Verständnis von den Schutzpflichten als unbedingte Ergebnisvorgabe einlenken und dies so kommunizieren, bestünde auf Ebene der GRC in der Tat die vielbehauptete Ergebnisäquivalenz der Konstruktionen. Auf die Bindung Privater käme es dann tatsächlich nicht mehr entscheidend an. Hierzu gilt es jedoch anzumerken, dass eine derart weit verstandene mittelbare Drittwirkung der GRC wohl nicht mehr dem entspricht, was die zahlreichen Kritiker der bisherigen Lösung des EuGH als vorzugswürdige Alternativlösung entgegenhalten. Ihnen geht es schließlich zumeist gerade darum, eine unmittelbare Ersetzung des nationalen Rechts durch unionsgrundrechtliche Vorgaben zu verhindern. Zu einem solchen Ergebnis käme es nach dieser Auffassung aber dann auch ohne unmittelbare Bindung der Privaten, allein aufgrund der unionsgrundrechtlichen Schutzpflichten.

Dass der Gerichtshof diesen Weg bislang nicht geht, mag man aus dogmatischer Perspektive kritisieren; die sich hieraus ergebende unterschiedliche Reichweite der Grundrechtswirkung ist allerdings bei einer Analyse der Ergebnisäquivalenz als rechtstatsächlicher Umstand zu berücksichtigen. Die bisherige Linie des EuGH führt dazu, dass sich die Möglichkeiten richterlicher Schutzpflichtenerfüllung von Mitgliedstaat zu Mitgliedstaat unterscheiden: In Mitgliedstaat X ist sie nach nationalem Methodenverständnis ohne weiteres zulässig; in Mitgliedstaat Y hingegen besteht hierzu keine Möglichkeit. Wo chartakonforme Auslegung und Rechtsfortbildung alleine nicht ausreichen, um eine unionsgrundrechtliche Schutzplicht zu erfüllen, könnte nur eine unmittelbare Verpflichtung Privater zu einem anderen Ergebnis führen. Lehnt man eine solche ab, kämen allenfalls Staatshaftungsansprüche gegen den Mitgliedstaat und ein Vertragsverletzungsverfahren in Betracht, bis der Gesetzgeber Abhilfe schafft.

3. *Zwischenergebnis*

Die Möglichkeiten einer richterlichen Schutzpflichtenerfüllung können somit die Unterschiede zwischen der Bejahung und der Ablehnung einer Bindung Privater an die GRC nicht relativieren. Fehlt ein einfachgesetzlicher privatrechtlicher Anspruch und kann er vom nationalen Richter auch nicht methodengerecht hergeleitet werden, muss die schutzpflichtenwidrige Lücke bei Ablehnung einer unmittelbaren Verpflichtung Privater durch den Gesetzgeber geschlossen werden. Die Gerichte können diese Entscheidung jenseits des methodisch Zulässigen nicht vorwegnehmen. Was dabei jeweils zulässig ist, richtet sich nach dem jeweiligen Recht des Mitgliedstaats. Etwas anderes kann nur gelten, wenn bereits die

---

[107] *Kokott*, FS I. Schmidt, 2021, S. 991, 995.

Unionsgrundrechte *selbst* die Privaten unmittelbar verpflichten und deshalb insoweit unmittelbar anwendbar sind.

III. Überwindung der immanenten Grenzen der negativen Horizontalwirkung

1. Beschränkte Reichweite der negativen Horizontalwirkung

Ein deutlicherer, dabei aber nicht weniger wichtiger Unterschied zwischen den Horizontalwirkungskonstruktionen besteht darin, dass nur die positive Horizontalwirkung die logischen Grenzen einer negativen Horizontalwirkung überwinden kann. Wo die Grenzen der Auslegung erreicht sind, kommt es zwar ganz grundsätzlich auf die unmittelbare Horizontalwirkung der Grundrechte an. Die mit der bloß negativen Horizontalwirkung einhergehende Rechts*verdrängung* kann allerdings in Fällen, in denen sich ein grundrechtswidriger Zustand nicht alleine durch die Verdrängung mitgliedstaatlichen Rechts realisieren lässt, ungenügend sein. Wäre in der Rechtssache *Egenberger* das AGG nicht aufgrund einer unionrechtswidrigen Privilegierungsregelung zugunsten kirchlicher Arbeitgeber, sondern aufgrund eines bereits im Ausgangspunkt unzureichenden Schutzniveaus des AGG grundrechtswidrig gewesen, hätte die negative Horizontalwirkung keine grundrechtskonformen Zustände hergestellt.

Unter Umständen kann also eine Rechtsersetzung oder zumindest -ergänzung erforderlich sein. Hier gewinnt die positive Horizontalwirkung ihre Bedeutung, die ihrerseits davon abhängt, ob die Grundrechte der Charta auch Maßstabsnormen für Private und dabei insbesondere für private Arbeitgeber sein können. Nur sie vermag dann jenseits der Grenzen der richterlichen Schutzpflichtenerfüllung grundrechtskonforme Zustände herzustellen.[108] Dies alleine ist zwar freilich kein Argument für eine Bejahung der Grundrechtsbindung Privater. Es belegt aber, dass es auf sie letztlich doch entscheidend ankommt.

2. Selektive negative Horizontalwirkung als „richterliches Scrabble-Spiel“

Eine theoretisch denkbare Alternativkonstruktion, die die Frage nach einer positiven Horizontalwirkung häufig entbehrlich machen könnte, wäre es, die weniger problematische, weil staatsgerichtete, negative Horizontalwirkung „selektiv“ zur Anwendung zur bringen. Verdeutlichen lässt sich dies an den Entscheidungen in den Rechtssachen *Cresco Investigation*[109] oder *CCOO*[110] und den dies-

[108] Wie hier *Jarass*, GRC, Art. 51 Rn. 40 und Fn. 178: „Die dem Anspruch entgegenstehende Regelung ist wegen des Grundrechtsverstoßes ungültig bzw. unanwendbar, mit der Folge, dass der Anspruch auf das sonstige (grundrechtskonform ausgelegte) Recht gestützt werden kann. Ist das nicht der Fall, was selten sein dürfte, ist allerdings eine unmittelbare Bindung erforderlich.“.

[109] Siehe hierzu oben unter § 7 B. III.

[110] Siehe hierzu oben unter § 8 B. II. 2.

bezüglichen Interpretationsversuchen einiger Literaturstimmen. Mit einem gedanklichen Trick ordnet etwa *Wienbracke* die Entscheidung des EuGH in der Rechtssache *Cresco Investigation* als Fall einer bloß negativen Horizontalwirkung ein[111]: Die den Anspruch auf den streitgegenständlichen Feiertagszuschlag begründende Norm des § 9 Abs. 5 i.V.m. Abs. 1 ARG knüpfte tatbestandlich an die Beschäftigung an einem anerkannten Feiertag i.S.d. § 7 Abs. 2, 3 ARG in der damaligen Fassung an, in der sich die diskriminierende Regelung befand. *Wienbracke* hielt es in Umsetzung der EuGH-Entscheidung für angezeigt, nur den diskriminierenden Norminhalt unangewendet zu lassen, nämlich die Beschränkung auf die evangelischen Religionsgruppen. Sinngemäß würde die Norm dann lauten: „Auch der Karfreitag ist ein Feiertag." Dann ergäbe sich trotz einer bloßen negativen Horizontalwirkung des Grundrechts faktisch dieselbe Rechtsfolge der Angleichung nach oben, die der EuGH auf eine positive Horizontalwirkung von Art. 21 Abs. 1 GRC stützt.

Ähnliches erwägt *Ulber* für die Umsetzung einer aus seiner Sicht bestehenden unionsrechtlichen Arbeitszeiterfassungspflicht nach der Entscheidung des EuGH in der Rechtssache *CCOO*[112]: Streicht man die Passage „über die werktägliche Arbeitszeit des § 3 S. 1 hinausgehende" aus dem Wortlaut des § 16 Abs. 1 ArbZG, postuliert bereits die nationale Norm positiv eine Arbeitszeiterfassungspflicht, vermittelt durch eine bloß selektive negative Horizontalwirkung. Zu Recht hat jedoch Generalanwalt *Bobek* ein solches Vorgehen in seinen Schlussanträgen zur Rechtssache *Cresco Investigation* als „richterliches Scrabble-Spiel" verworfen[113], und richtigerweise stoßen solche Vorschläge auch in der Literatur auf Kritik.[114] Würde der Verdrängungseffekt derart selektiv wirken, würde das gesamte mitgliedstaatliche Privatrecht zu einer Rechtsmasse verkommen, aus der sich durch eine punktuelle Nichtanwendung bestimmter Normen, Artikel, Passagen und einzelner Worte jedes denkbare Ergebnis erzielen ließe. Mit ihr könnten die gleichen privatrechtsgestaltenden Ergebnisse erreicht werden wie durch eine positive Horizontalwirkung, ohne dass die Hürde der Begründung einer Grundrechtsverpflichtung privater Arbeitgeber genommen werden müsste. Damit würden die strukturellen Unterschiede von negativer und positiver Horizontalwirkung vollständig verwischt. Insbesondere würde der Wille des nationalen Gesetzgebers gänzlich umgedeutet, wenn nur noch Teile eines ursprünglich zusammenhängenden Normregimes anwendbar sein sollen, um positiv eine gänzlich andere, zumeist weiterreichende, Rechtsfolge zu begründen. Und auch wertungsmäßig überzeugt dieses Vorgehen nicht, würde doch hierdurch ein mitgliedstaatlicher Gesetzgeber, der eine Rechtsfrage regelt, der sich also bemüht, eine

[111] *Wienbracke*, EuZW 2019, 247, 248.

[112] *Ulber*, NZA 2019, 677, 680; *ders.*, Vorgaben des EuGH zur Arbeitszeiterfassung, 2020, S. 68.

[113] GA *Bobek*, 25.07.2018 – Rs. C-193/17 (*Cresco Investigation*), BeckRS 2018, 16329, Rn. 147 Fn. 76.

[114] Insoweit zutreffend *Thüsing*, DB 2020, 1343, 1345.

Richtlinie umzusetzen, schlechter gestellt als derjenige, der gar nichts regelt. Eine solche selektive Horizontalwirkung ist deshalb abzulehnen.

Hiervon zu unterscheiden ist das Vorgehen des BAG zur Umsetzung der *Egenberger*-Entscheidung im Hinblick auf § 9 Abs. 1 Alt. 1 AGG[115]: Hier hat es nämlich entschieden, dass die dort geregelte, die Kirchen übermäßig privilegierende Ausnahme vom grundsätzlichen Diskriminierungsverbot des § 7 AGG unangewendet bleiben muss. Darin liegt gerade keine unzulässige selektive negative Horizontalwirkung, denn es bleibt eine klar umrissene isolierte Normaussage unanwendbar, deren Nichtanwendung den Bedeutungsgehalt der übrigen Norm nicht verändert. Von den zwei vorgesehenen, voneinander getrennt zu betrachtenden Privilegierungen bleibt nur eine bestehen. Nur wo eine negative Horizontalwirkung die verbleibende Normaussage nicht mehr auf ein *minus* beschränkt, sondern sie zu einem Aliud macht, muss eine derart selektive negative Horizontalwirkung ausscheiden.[116]

3. Zwischenergebnis

Zu einer Ersetzung des grundrechtswidrigen nationalen Privatrechts jenseits der Grenzen der grundrechtskonformen Auslegung und Rechtsfortbildung kann es nur kommen, wenn ein Grundrecht den Privaten als Maßstabsnorm unmittelbar bindet. Tut es dies nicht, muss diese Rechtsfolge ausscheiden. Dann bleibt im Unionsrecht aus dem Blickwinkel des Individualrechtsschutzes nur die Möglichkeit, etwaige durch eine nicht zu bereinigende Grundrechtswidrigkeit des nationalen Rechts entstehenden Nachteile im Wege der Staatshaftung auszugleichen.

IV. Adressatenkreis als Frage dogmatischer Richtigkeit und psychologische Dimension

Neben diese Unterschiede in der Reichweite der Konstruktionen treten ergänzend zwei weitere Argumente, die die Bedeutung der Frage unterstreichen.

Das erste von ihnen ist eher pragmatischer Natur: Selbst wenn man mit den oben genannten Stimmen von einer weitgehenden Ergebnisäquivalenz ausgeht, macht das die Frage nach der Richtigkeit der Konstruktion keineswegs hinfällig.[117] Die drängende Frage nach der richtigen Konstruktion der Horizontalwirkung unter Hinweis auf die vermeintliche Ergebnisäquivalenz gänzlich unbeantwortet zu lassen, wäre rechtsdogmatisch schlicht unbefriedigend.

Der zweite Gesichtspunkt ist kein rechtsdogmatischer, sondern ein psychologischer.[118] Bindet man Privatrechtssubjekte direkt an die Grundrechte, er-

---

[115] BAG v. 25.10.2018 – 8 AZR 501/14, NZA 2019, 455 Rn. 42 f.

[116] Sinngemäß zur verfassungskonformen Auslegung *Höpfner*, Die systemkonforme Auslegung, 2008, S. 193.

[117] Dies zugebend bereits *Alexy*, Theorie der Grundrechte, 1985, S. 484.

[118] Vgl. hierzu *Perner*, Grundfreiheiten, Grundrechte-Charta und Privatrecht, 2013,

scheint deren Wirkung auf den ersten Blick *stärker* als bei einer bloß über die Inpflichtnahme des Staates vermittelten Wirkung, auch wenn, wie dargelegt, die Wahl der Konstruktion die Intensität der Privatwirkung materiellrechtlich nicht präjudiziert. Dieser Effekt wirkt sich nicht nur auf die Vehemenz aus, mit der die Horizontalwirkung der Grundrechte von ihren Gegnern bekämpft wurde und wird[119], sondern – so jedenfalls eine These – mutmaßlich auch auf das Entscheidungsverhalten des Rechtsanwenders: Bei der positiven Horizontalwirkung schlummert in jedem privatrechtlichen Rechtstreit das Potential seiner grundrechtlichen Auflösbarkeit, die Anwendung der Grundrechte im Privatrecht erscheint als *Regelfall.* Bei einer über das Gesetz vermittelten Wirkung erfolgt der Blick auf die Grundrechte erst in einem „Kontrollschritt". In ihr manifestiert sich damit ein besonderer Respekt vor dem einfachen Privatrecht, und die Privatrechtsrelevanz der Grundrechte erscheint als *Ausnahmefall.* Im zweiten Fall *könnte* die Hemmschwelle für einen Rückgriff auf die Grundrechte zur Lösung einer privatrechtlichen Streitigkeit hierdurch höher liegen als im ersten Fall.[120] Auf diesen jedenfalls theoretisch denkbaren Unterschied in der psychologischen Wirkung und seinen Einfluss auf die Horizontalwirkung der GRC wird noch zurückzukommen sein.

V. Zusammenfassung

Die verschiedenen denkbaren Horizontalwirkungskonstruktionen unterscheiden sich schon, was ihre Reichweite angeht, je nachdem, welche mitgliedstaatlichen Rezeptionsmechanismen für eine richterliche Grundrechtsverwirklichung im Privatrecht zur Verfügung stehen. Daneben tritt zum einen die Überlegung, dass die Frage nach der dogmatischen Richtigkeit ohnehin unabhängig von einer vermeintlichen Ergebnisäquivalenz zu beantworten ist, sowie zum anderen die, zumindest theoretisch denkbaren, unterschiedlichen rechtspsychologischen Effekte. Die Frage nach der Bindung Privater an die GRC ist ein Problem, das aufgrund seiner aufgezeigten Auswirkungen einer dogmatisch konsistenten Lösung bedarf.[121] Sie kann daher nicht offen gelassen werden.

S. 164; *Grünberger*, Personale Gleichheit, 2013, S. 1020 f.; *Bachmann*, AcP 210 (2010), 424, 472 f.

[119] Mit dieser Beobachtung *Grünberger*, Personale Gleichheit, 2013, S. 1020 f. Vgl. etwa auch den passenden Titel bei *Hellgardt*, JZ 2018, 901 ff.: „Wer hat Angst vor der unmittelbaren Drittwirkung?".

[120] *Bachmann*, AcP 210 (2010), 424, 472.

[121] So ausdrücklich Heselhaus/Nowak/*Nowak*, § 9 Rn. 43; Grabenwarter, EnzEuR/*von Danwitz*, § 27 Rn. 58 ff. („weißer Fleck auf der Landkarte der europäischen Grundrechtsdogmatik").

B. Überblick über den Meinungsstand

Hinsichtlich der damit aufgeworfenen Frage ist der Meinungsstand eindeutig: Die große Mehrheit in der einschlägigen arbeits-, europa- und verfassungsrechtlichen Literatur lehnt eine positive Horizontalwirkung ab, Private seien eindeutig nicht an die Charta gebunden.[122] Die Lösung sei vielmehr in den grundrechtlichen Schutzpflichten zu suchen. Nur eine Minderheit hält sie für zulässig, entweder

[122] Vgl. aus dem kaum mehr zu überblickenden Literaturspektrum *Jarass*, ZEuP 2017, 310, 315; *ders.*, in: Heiderhoff/Lohsse/Schulze (Hrsg.), EU-Grundrechte und Privatrecht, 2016, S. 31, 56; *Höpfner*, ZfA 2010, 449, 465; *Wank*, RdA 2020, 1, 4; *ders.*, FS Preis, 2021, S. 1463, 1472; *Frenz*, ZESAR 2021, 164, 169 f.; *Rudkowski*, NJW 2019, 476, 480; Schlachter/Heinig, EnzEuR/*dies.*, § 12 Rn. 9; *Latzel*, EuZA 2019, 469, 472; *Powietzka*, BB 2019, 52, 53; *Kainer*, NJW 2021, 816 f.; *Schlachter*, ZESAR 2019, 53, 57 f.; *Mehrens/Witschen*, EuZA 2019, 326, 331; *C. Picker*, RdA 2021, 33, 41 f.; *ders.*, FS Düwell, 2021, S. 409, 417 f.; *Seifert*, EuZA 2013, 299, 303 f.; *Thüsing*, DB 2020, 1343, 1345; *Magiera*, DÖV 2000, 1017, 1021; *Gersdorf*, AöR 119 (1994), 400, 419 ff.; *Bernsdorff*, VSSR 2001, 1, 20; *A. Weber*, NJW 2000, 537, 543; *Kahl/Schwind*, EuR 2014, 170, 191; *Edenharter*, DVBl. 2018, 867, 869 f.; *Huber*, NJW 2011, 2385, 2389 f.; *Kirchhof*, NJW 2011, 3681, 3681 f.; *Sagmeister*, Die Grundsatznormen in der Europäischen Grundrechtecharta, 2010, S. 324 f.; *Thieken*, Der primärrechtliche Gleichbehandlungsgrundsatz, 2018, S. 84 ff.; *Chen*, Spezielle Diskriminierungsverbote der GRC, 2011, S. 44 ff.; *Winkler*, Die Grundrechte der Europäischen Union, 2006, S. 162; *Kober*, Der Grundrechtsschutz in der Europäischen Union, 2008, S. 180 ff.; *Knebel*, Drittwirkung der Grundrechte und -freiheiten, 2018, S. 92 f.; *Zoppel*, Europäische Diskriminierungsverbote und Privatrecht, 2015, S. 109 ff.; *Michl*, Unionsgrundrechte aus der Hand des Gesetzgebers, 2018, S. 191; *Perner*, Grundfreiheiten, Grundrechte-Charta und Privatrecht, 2013, S. 192 (im Ergebnis aber für eine weitreichende richterliche Schutzpflicht); *Sponholz*, Die unionsrechtlichen Vorgaben zu den Rechtsfolgen von Diskriminierung im Privatrechtsverkehr, 2017, S. 97 ff.; *Lüttringhaus*, Vertragsfreiheit und ihre Materialisierung im Europäischen Binnenmarkt, 2018, S. 270; *Jocham*, Die Grenzen der richterlichen Rechtsfortbildung im Privatrecht, 2021, S. 260; *Riesenhuber*, EU-Vertragsrecht, 2013, § 2 Rn. 21; *Mörsdorf*, Ungleichbehandlung als Norm, 2018, S. 156 ff.; Meyer/Hölscheidt/*Schwerdtfeger*, Art. 51 Rn. 57 ff.; *Fornasier*, in: Latzel/Picker (Hrsg.), Neue Arbeitswelt, 2014, S. 25, 35; *Ruffert*, FS Robbers, 2020, S. 923 ff.; *ders.*, JuS 2020, 1, 5 f.; EuArbRK/*Schubert*, Art. 51 GRC Rn. 42; *dies.*, EuZA 2020, 302, 313 ff.; Ehlers-EuGR/*Ehlers*, § 14 Rn. 81; Preis/Sagan/*Mehrens/Witschen*, § 8 Rn. 3; Grabenwarter, EnzEuR/*Cremer*, § 3 Rn. 159 ff.; Grabenwarter, EnzEuR/*Schorkopf*, § 5 Rn. 39 ff.; Grabenwarter, EnzEuR/*Rebhahn/Schörghofer*, § 21 Rn. 51 ff.; Grabenwarter, EnzEuR/*Schmahl*, § 20 Rn. 173; Grabenwarter, EnzEuR/*von Danwitz*, § 27 Rn. 61; Stern/Sachs-GRC/*Sachs*, Art. 21 Rn. 14; Pechstein/Nowak/Häde/*Pache*, Art. 51 GRC Rn. 38; Merten/Papier-HdbGR Bd. VI/1/*Niedobitek*, § 159 Rn. 103; Dreier-GG/*Dreier*, Art. 1 Abs. 3 Rn. 14; *Rengeling/Szczekalla*, EU-Grundrechte, 2004, § 4 Rn. 342; *de Mol*, EuConst 6 (2010), 293, 302; *Lenaerts*, EuConst 8 (2012), 375, 377 Fn. 11; *Leczykiewicz*, E.L.Rev. 38 (2013), 479, 485. In der Tendenz auch: *Müller-Graff*, EuR 2014, 3, 27; *Fink*, SAE 2020, 103, 104; *Starke*, EU-Grundrechte und Vertragsrecht, 2016, S. 207 ff.; Heselhaus/Nowak/*Nowak*, § 9 Rn. 47. Vgl. auch Streinz/*Streinz/W. Michl*, Art. 51 GRC Rn. 30; Schwarze, EU-Kommentar/*Hatje*, Art. 51 GRC Rn. 22.

generell[123] oder zumindest in Bezug auf einzelne grundrechtliche Bestimmungen oder begrenzt auf das Arbeitsverhältnis[124].

C. Blick ins mitgliedstaatliche Verfassungsrecht

Es sind die mitgliedstaatlichen Verfassungen, die – zusammen mit der EMRK – das wichtigste ideengeschichtliche Fundament der Unionsgrundrechte bilden. Sie können und müssen deshalb im Rahmen der Auslegung der GRC Berücksichtigung finden. Für die Frage, ob und inwieweit Grundrechte auch Private verpflichten, ergibt jedoch auch ein Blick in die mitgliedstaatlichen Verfassungen ein uneinheitliches Bild.[125] Die allermeisten Verfassungstexte schweigen zu der Frage einer grundrechtlichen Bindung Privater gänzlich, weshalb deren Beantwortung zum Großteil in den Händen von Rechtsprechung und Lehre lag oder noch liegt.[126] Eine prominente Ausnahme bildet insoweit *Griechenland*, da Art. 25

[123] Stern/Sachs-GRC/*Ladenburger*/*Vondung*, Art. 51 Rn. 14 ff.; *Unseld*, Bedeutung der Horizontalwirkung, 2018, S. 218 ff.; *Temming*, Altersdiskriminierung im Arbeitsleben, 2007, S. 420 ff.; *Haltern*, Europarecht – Band II, 3. Auflage, 2017, § 11 Rn. 1520 ff.; *Wienbracke*, NZA-RR 2019, 121, 123 f.; *Frantziou*, The Horizontal Effect of Fundamental Rights in the European Union, 2019, S. 190 ff.; *dies.*, EuConst 15 (2019), 306 ff.; *dies.*, ELJ 21 (2015), 657, 669 ff.; *Colombi Ciacchi*, EuConst 15 (2019), 294, 305; *Walkila*, Horizontal effect of fundamental rights in EU law, 2015, S. 198 ff.; *Gallner*, SR 2020, 45, 52 f.; *dies.*, FS Preis, 2021, S. 271 ff.; *Kokott*, FS I. Schmidt, 2021, S. 991 ff. Mit deutlichen Sympathien für die Linie des EuGH auch *Kulick*, Horizontalwirkung im Vergleich, 2020, S. 67 ff. Dies nicht ausschließend Calliess/Ruffert/*Kingreen*, Art. 51 GRC Rn. 24 ff.; *ders.*, JÖR 65 (2016), 1, 11; *Voßkuhle*/*Wischmeyer*, JuS 2017, 1171, 1172. Für eine „Kombinationstheorie", ohne sie im Detail zu entwickeln *Möllers*, Juristische Methodenlehre, 4. Auflage, 2021, § 12 Rn. 15.

[124] Dabei sehr großzügig *Becker*, EuR 2019, 469, 491. Jedenfalls für die Grundrechte des Arbeitsrechts NK-GA/*Heuschmid*/*Lörcher*, Art. 51 GRC Rn. 28 f.; *Pötters*, Grundrechte und Beschäftigtendatenschutz, 2013, S. 222 ff.; Preis/Sagan/*ders.*, § 3 Rn. 29 ff. Für einzelne Grundrechte: Streinz/*Streinz*/*W. Michl*, Art. 51 GRC Rn. 30. Jedenfalls für Art. 21 GRC *von Diest*, Diskriminierungsschutz, 2016, S. 168 ff.; *K. Klocke*, BB 2019, 1204 ff. Zu Art. 21 GRC ähnlich *Kainer*, NZA 2018, 894, 899. In der Tendenz für Art. 28 GRC *Zimmer*, AuR 2012, 114, 118. Für eine Bindung der „Träger faktischer Macht in der Öffentlichkeit" *Pernice*, DVBl. 2000, 847, 855. Vorsichtig in diese Richtung *Fink*, SAE 2020, 103, 105.

[125] Überblicke finden sich bei *Seifert*, EuZW 2011, 696 ff.; *ders.*, RTDeur 2012, 801 ff.; *Iliopoulos-Strangas*, in: dies. (Hrsg.), Soziale Grundrechte in Europa nach Lissabon, 2010, S. 699, 967 ff. sowie zu den „neuen" Mitgliedstaaten *dies.*, in: dies. (Hrsg.), Soziale Grundrechte in den „neuen" Mitgliedstaaten der Europäischen Union, 2019, S. 1003, 1128 ff. Der Begriff des „sozialen Grundrechts" wird dort im weitesten Sinne gebraucht und bezieht sich auch auf arbeitsrechtliche Gewährleistungen. Vgl. daneben die Überblicke bei *Hager*, Rechtsmethoden in Europa, 2009, S. 236 ff.; *Rengeling*/*Szczekalla*, EU-Grundrechte, 2004, § 4 Rn. 338; Dörr/Grote/Marauhn/*Krieger*, Kap. 6 Rn. 85; *Chen*, Spezielle Diskriminierungsverbote der GRC, 2011, S. 38 ff.

[126] *Iliopoulos-Strangas*, in: dies. (Hrsg.), Soziale Grundrechte in Europa nach Lissabon, 2010, S. 699, 968; *dies.*, in: dies. (Hrsg.), Soziale Grundrechte in den „neuen" Mitgliedstaaten der Europäischen Union, 2019, S. 1003, 1131.

Abs. 1 S. 3 der griechischen Verfassung seit der Verfassungsrevision von 2001 *expressis verbis* anordnet, dass die Grundrechte der Verfassung auch zwischen Privaten gelten, soweit sie sich dafür eignen. Das wird von der einschlägigen Literatur als Fall einer allgemeinen grundrechtlichen Verpflichtung Privater verstanden, wohlgemerkt unter dem Vorbehalt der Eignung der jeweiligen Gewährleistung.[127] Eine vergleichbare Herleitung der Grundrechtsbindung Privater unmittelbar aus dem Wortlaut allgemeiner verfassungsrechtlicher Bestimmungen erfolgt in *Estland* (§ 19 Abs. 2 und § 25 des Grundgesetzes der Republik Estland).[128] Ähnliches wird schließlich mit Blick auf Art. 9 Abs. 1 für die Verfassung *Spaniens* erwogen, der immerhin ausdrücklich erklärt, dass „Bürger und die öffentliche Gewalt [...] an die Verfassung und die übrige Rechtsordnung gebunden [...]" sind.[129] Und auch das oberste Gericht *Zyperns* scheint in jüngerer Zeit einer Anerkennung der Drittwirkung der Verfassung aufgrund allgemeiner Erwägungen zugeneigt zu sein.[130]

In anderen Rechtsordnungen wird zum Teil von einer unmittelbaren grundrechtlichen Inpflichtnahme Privater ausgegangen, obwohl eine allgemeine Anordnung dieser Wirkung fehlt. Diese beschränkt sich dann aber eher auf bestimmte Gewährleistungen, die auf eine Wirkung zwischen Privaten bei besonderen Machtgefällen zugeschnitten sind (so etwa in *Portugal*[131], in *Slowe-*

---

[127] *Iliopoulos-Strangas/Leventis*, in: Iliopoulos-Strangas (Hrsg.), Soziale Grundrechte in Europa nach Lissabon, 2010, S. 249, 293 m.w.N.; Dörr/Grote/Marauhn/*Krieger*, Kap. 6 Rn. 85 m.w.N.

[128] *Merusk/Tavits*, in: Iliopoulos-Strangas (Hrsg.), Soziale Grundrechte in den „neuen" Mitgliedstaaten der Europäischen Union, 2019, S. 81, 114 f.

[129] So Dörr/Grote/Marauhn/*Krieger*, Kap. 6 Rn. 85. Jedenfalls für einzelne Grundrechte bejaht dies *Rodríguez-Piñero*, in: Iliopoulos-Strangas (Hrsg.), Soziale Grundrechte in Europa nach Lissabon, 2010, S. 597, 630 und zwar für Art. 28 Abs. 1 (Rechte der Gewerkschaftsfreiheit auf individueller Ebene) sowie Art. 35 Abs. 1 (konkret das Recht auf gleiche Bezahlung für gleichwertige Arbeit) der spanischen Verfassung. Siehe zum Ganzen m.w.N. auch *Bilbao Ubillos*, in: Neuner (Hrsg.), Grundrechte und Privatrecht aus rechtsvergleichender Sicht, 2007, S. 119 ff., der sich im Ergebnis ebenfalls für eine unmittelbare Bindung Privater ausspricht.

[130] Vgl. hierzu *Arestis/Kombos*, in: Iliopoulos-Strangas (Hrsg.), Soziale Grundrechte in den „neuen" Mitgliedstaaten der Europäischen Union, 2019, S. 921, 968: Ursprünglich hatte das Gericht die Möglichkeit, eine Schadensersatzklage wegen Verletzung des Rechts auf Privatsphäre, Briefgeheimnis und Datenschutz erheben zu können noch mit Art. 35 der Verfassung begründet, in dem die umfassende Grundrechtsbindung der drei Staatsgewalten angeordnet wird. Später hat es jedoch ausdrücklich den Begriff der „Drittwirkung" eingeführt und sich für „nicht abgeneigt" erklärt, die Anwendung des Prinzips der Drittwirkung auch auf Menschenrechtsverletzungen im Arbeitsrecht anzuwenden.

[131] So *José Carlos Vieira de Andrade*, in: Iliopoulos-Strangas (Hrsg.), Soziale Grundrechte in Europa nach Lissabon, 2010, S. 541, 554 für Art. 57 (Streikrecht), Art. 54 Abs. 5 (Recht auf Information und Kontrolle der Unternehmensleitung), Art. 59 Abs. 1 lit. a) (Recht auf gleiche Bezahlung für gleichwertige Arbeit) der portugiesischen Verfassung. Siehe zum Ganzen auch ausführlich *Pinto*, in: Neuner (Hrsg.), Grundrechte und Privatrecht aus rechtsvergleichender Sicht, 2007, S. 105 ff.: Die Ablehnung einer pauschalen unmittelbaren Verpflichtung Privater

nien[132], *Polen*[133] und wohl auch in *Schweden*[134] jeweils für bestimmte Gewährleistungen arbeitsrechtlicher Natur). Eine interessante Stellung nimmt insoweit *Italien* ein: Hier ist sowohl eine grundsätzlich mittelbare Bindung Privater[135] als auch eine, aufgrund der gestörten Vertragsparität gerechtfertigte, unmittelbare grundrechtliche Verpflichtung privater Arbeitgeber[136] anerkannt.[137] Besonders deutlich zeigt sich das an der Behandlung des Grundsatzes der Lohngerechtigkeit nach Art. 36 Abs. 1 der italienischen Verfassung, aus dem sich nach h.M. in Lehre und Rechtsprechung ein unmittelbarer Anspruch der Arbeitnehmer gegen ihre Arbeitgeber unabhängig von einer Gesetzesmediatisierung ergibt.[138] In manchen Rechtsordnungen geht man schließlich ähnlich wie die herrschende Auffassung in *Deutschland* von einer nur mittelbaren Bindung Privater mit ihrer Notwendigkeit einer Gesetzesmediatisierung aus, die sich als solche über die staatliche Bindung an die Grundrechte realisiert (so v.a. in *Österreich*[139] und *Tschechien*[140]). Einzelne Grundrechte können hier Private zwar verpflichten, der Ausnahme-

---

ist mit dem nur vermeintlich eindeutigen Wortlaut des Art. 18 Abs. 1 der Verfassung vereinbar, der zwar die Verbindlichkeit der Grundrechte für öffentlich-rechtliche und privatrechtliche Einrichtungen gleichermaßen anordnet, den konkreten Geltungsmodus aber offenlässt. *Pinto* spricht sich für eine Bindung an den Menschenwürdekern der Grundrechte aus, vgl. a.a.O., S. 113 f.

[132] So *Trstenjak/Metelko, Plauštajner Metelko, Katja*, in: Iliopoulos-Strangas (Hrsg.), Soziale Grundrechte in den „neuen“ Mitgliedstaaten der Europäischen Union, 2019, S. 681, 726 für Art. 49 (Freiheit der Arbeit), Art. 77 (Streikrecht), Art. 75 (betriebliches Mitbestimmungsrecht), Art. 76 (Gewerkschaftsfreiheit) der slowenischen Verfassung (in dieser Reihenfolge).

[133] Zwar wird in Polen grundsätzlich von einer staatsgerichteten Verpflichtungswirkung ausgegangen. Konkret für Art. 66 der Verfassung (Recht auf sichere und hygienische Arbeitsbedingungen) wird jedoch eine unmittelbare Bindung sämtlicher Arbeitgeber bejaht, vgl. *Wyrzykowski*, in: Iliopoulos-Strangas (Hrsg.), Soziale Grundrechte in den „neuen“ Mitgliedstaaten der Europäischen Union, 2019, S. 401, 466.

[134] Eine unmittelbare Bindung Privater ist der Sache nach für Kap. 2 § 14 (§ 17 a.F.) (Recht auf Arbeitskampf) der „Regeringsformen“ (einem Bestandteil der Verfassung Schwedens) anerkannt, obwohl dort offenbar im Übrigen von einem streng vertikalen Grundrechtsverständnis ausgegangen wird, vgl. *Westerhäll*, in: Iliopoulos-Strangas (Hrsg.), Soziale Grundrechte in Europa nach Lissabon, 2010, S. 563, 582.

[135] Vgl. *de Vergottini*, in: Iliopoulos-Strangas (Hrsg.), Soziale Grundrechte in Europa nach Lissabon, 2010, S. 391, 415 („durch Gesetze konkretisiert“).

[136] Dazu *Luther*, ZaöRV 68 (2008), 371, 380.

[137] *Rengeling/Szczekalla*, EU-Grundrechte, 2004, § 4 Rn. 338. Vgl. auch *Lenaerts*, Quad. Cost. 31 (2020), 633, 634: „In Italy, the irradiating effect appears to be stronger still, as certain fundamental rights enshrined in the Constitution may produce horizontal direct effect.“.

[138] *Polakiewicz*, ZaöRV 54 (1994), 340, 381 f. m.w.N.

[139] *Öhlinger/Stelzer*, in: Iliopoulos-Strangas (Hrsg.), Soziale Grundrechte in Europa nach Lissabon, 2010, S. 497, 523 f., die allerdings darauf hinweisen, dass es aufgrund der verfassungsprozessualen Gegebenheiten in Österreich an einer ausdifferenzierten Drittwirkungsdogmatik und Judikatur weitestgehend fehle. Für eine „mittelbare Bindung“ auch *Rengeling/Szczekalla*, EU-Grundrechte, 2004, § 4 Rn. 338 Fn. 233.

[140] *Šimíček/Kokeš*, in: Iliopoulos-Strangas (Hrsg.), Soziale Grundrechte in den „neuen“ Mitgliedstaaten der Europäischen Union, 2019, S. 765, 803 ff.

charakter ergibt sich dann aber ausdrücklich aus dem Normtext (prototypisch ist der Fall des Art. 9 Abs. 3 S. 2 GG für Deutschland[141]). In *Frankreich*[142] erkennen Lehre und Rechtsprechung eine gewisse Horizontalwirkung der Grundrechte – gerade auch im Arbeitsrecht – der Sache nach an, unterscheiden dabei aber nicht streng zwischen den möglichen Konstruktionsformen.[143] In anderen Rechtsordnungen ist die Frage nach wie vor umstritten, zum Teil wird dabei eine unmittelbare Verpflichtung Privater von Seiten der Literatur propagiert (so etwa in *Bulgarien*[144]). Nur in einigen wenigen Rechtsordnungen wird die Drittwirkungsfrage nicht weiter thematisiert.[145]

Ein Blick in die Grundrechtsdogmatik der Mitgliedstaaten liefert somit keine zuverlässige Antwort auf die hier untersuchte Frage nach der Wirkung der GRC als eigenständigen supranationalen Grundrechtskatalog. Die unterschiedlichen Befunde aus den verschiedenen Rechtsordnungen lassen das Pendel weder in die eine noch in die andere Richtung ausschlagen. Und selbst wenn man hier zumindest eine gewisse Tendenz hin zur „mittelbaren Drittwirkung" erkennen wollte[146], blieben genuin europa- und chartarechtliche Überlegungen erforderlich, um die Frage für die GRC auf einer vernünftigen Basis beantworten zu können.

---

[141] Vgl. dazu *Höfling/Burkiczak*, RdA 2004, 263 ff. Ähnlich zum luxemburgischen Pendant des Art. 11 Abs. 4 S. 2 der Verfassung des Großherzogtums Luxemburg *Seifert/Schintgen*, in: Iliopoulos-Strangas (Hrsg.), Soziale Grundrechte in Europa nach Lissabon, 2010, S. 427, 458, wobei aber offen bleibt, ob mit „Drittwirkungscharakter" nun eine unmittelbare oder eine nur mittelbare Verpflichtung gemeint ist.

[142] *Stelten*, Gerichtlicher Grundrechtsschutz in Frankreich, 2018, S. 287 ff. m.w.N. aus der dortigen Debatte und der einschlägigen Rechtsprechung.

[143] Vgl. *Stelten*, Gerichtlicher Grundrechtsschutz in Frankreich, 2018, S. 288 (mit Fn. 965) m.w.N. sowie *Rengeling/Szczekalla*, EU-Grundrechte, 2004, § 4 Rn. 338 Fn. 235, die die aus deutscher Perspektive eher „oberflächlich" geführte Debatte mit den Besonderheiten des französischen Verfassungsprozessrechts begründen.

[144] *Arabadjiev*, in: Iliopoulos-Strangas (Hrsg.), Soziale Grundrechte in den „neuen" Mitgliedstaaten der Europäischen Union, 2019, S. 7, 54.

[145] Das gilt etwa für *Rumänien*, die *Slowakei* und *Dänemark*, vgl. zu ersteren beiden *Iliopoulos-Strangas* (Hrsg.), Soziale Grundrechte in den „neuen" Mitgliedstaaten der Europäischen Union, 2019, S. 1130 und zu letzterem *dies.*, in: dies. (Hrsg.), Soziale Grundrechte in Europa nach Lissabon, 2010, S. 699, 968.

[146] So etwa *Chen*, Spezielle Diskriminierungsverbote der GRC, 2011, S. 40; *Perner*, Grundfreiheiten, Grundrechte-Charta und Privatrecht, 2013, S. 161; *Sponholz*, Die unionsrechtlichen Vorgaben zu den Rechtsfolgen von Diskriminierung im Privatrechtsverkehr, 2017, S. 101. Vgl. hierzu bereits *Oeter*, AöR 119 (1994), 529, 529 ff.

D. Eigene Stellungnahme

Was die Rechtsfolge der positiven Horizontalwirkung und die damit verbundene Frage nach einer Grundrechtsbindung Privater angeht, besteht nach wie vor große Uneinigkeit. Dabei treten gerade die Stimmen, die sich pauschal gegen eine Verpflichtung Privater aussprechen, auffällig häufig eine Flucht in Argumentationsmuster der deutschen Drittwirkungsdebatte an und hinterfragen diese nur selten kritisch auf ihre Übertragbarkeit auf die Chartadogmatik. Dies ist ersichtlich nicht zielführend. Auf der anderen Seite stellen sich aber auch diejenigen, die sich wie der EuGH selbst pauschal für eine Verpflichtung Privater im Rahmen der Charta aussprechen, nicht im angemessenen Maße den damit einhergehenden dogmatischen Schwierigkeiten. Im Folgenden soll vor diesem Hintergrund die Frage einer Grundrechtsbindung Privater unter der GRC umfassend erörtert werden. Zunächst werden hierzu die vermeintlich zwingenden Gesichtspunkte *gegen* eine solche Rechtsfolge in den Blick genommen. Im Anschluss wird erwogen, ob es nicht sogar zwingende Argumente *für* die positive Horizontalwirkung der Chartagrundrechte geben könnte. Dabei soll stets versucht werden, die angebrachten und die weniger angebrachten Vergleiche mit der deutschen Drittwirkungsdogmatik voneinander zu trennen.

I. Argumente gegen eine Grundrechtsbindung Privater?

1. Kein Entgegenstehen der Dogmatik zur innerstaatlichen Wirkung von Unionsrecht

Jedenfalls aus der allgemeinen Dogmatik zur innerstaatlichen Wirkung von Unionsrecht, die im ersten Kapitel ausführlich dargestellt wurde, lassen sich zunächst keine Argumente gegen eine positive Horizontalwirkung der Unionsgrundrechte herleiten. Der Anwendungsvorrang des unmittelbar anwendbaren Unionsrechts kann theoretisch nicht nur eine Rechtsverdrängung, sondern auch dessen Ersetzung nach sich ziehen. Die Debatte um die Horizontalwirkung im Arbeitsrecht mag sich zwar zumeist auf die Frage konzentrieren, ob eine nationale Norm infolge einer Grundrechtsverletzung unangewendet zu lassen ist, was nach dem bisher Gesagten bejaht werden muss. Wenn aber der grundrechtswidrige Zustand nicht alleine durch die Nichtanwendung beseitigt werden kann, spricht grundsätzlich nichts dagegen, eine unionsrechtliche Norm selbst, so sie sich denn zur Subsumtion zwischen Privaten eignet, heranzuziehen. Hierzu muss sie indessen auch materielle Verhaltensnorm sein, was die Adressatenstellung Privater gerade voraussetzt. Nur dann liegt mit dem Unionsgrundrecht selbst das „Normmaterial" vor, das für die Ersetzungsfolge erforderlich ist.[147] Die Grund-

---

[147] Vgl. hierzu oben § 1 C. III. 1 sowie *Jarass/Beljin*, EuR 2004, 714, 725; *Herrmann*, Richtlinienumsetzung durch die Rechtsprechung, 2003, S. 53. Vgl. konkret zur GRC *Stein*, Drittwirkung im Unionsrecht, 2016, S. 138; *Greif*, Die Unanwendbarkeit richtlinienwidriger deutscher Arbeitsgesetze, 2016, S. 134.

sätze der innerstaatlichen Wirkung des Unionsrechts stehen einer positiven Horizontalwirkung also nicht entgegen.

2. *Art. 51 und Art. 52 GRC – Unüberwindbare Hürden?*

Womöglich bestehen jedoch chartaspezifische Einwände gegen die vom EuGH postulierte Bindung Privater. So könnte der „allgemeine Teil" der Charta, namentlich die Normen der Art. 51 und Art. 52 GRC, einer solchen Form der Horizontalwirkung entgegenstehen. Als sog. horizontale Normen, die für sämtliche Grundrechte gelten, stellen diese die zentralen Bausteine für die allgemeine Grundrechtsdogmatik der Charta dar.

a) Vereinbarkeit mit Art. 51 GRC

Dass vor allem der Norm des Art. 51 GRC im Schrifttum die größte Bedeutung im Rahmen der Horizontalwirkungsdebatte beigemessen wird, zeigt sich schon daran, dass die Kommentarliteratur das Problem stets im Zusammenhang mit ebendieser Bestimmung aufwirft.[148] Was die Rolle der Norm im Zusammenhang mit der Horizontalwirkungsfrage angeht, ist zwischen zwei Gesichtspunkten zu differenzieren: Einmal lassen sich womöglich Rückschlüsse aus der Tatsache ziehen, dass die Norm nur Hoheitsträger als Adressaten benennt, und einmal könnte die dort angelegte Sekundärrechtsakzessorietät des unionalen Grundrechtsschutzes in den Mitgliedstaaten gegen eine Verpflichtung Privater sprechen.

aa) Abschließende Regelung der Grundrechtsadressaten in Art. 51 Abs. 1 S. 1 GRC?

(1) Herrschende Meinung: E-contrario-Potential der Norm

Anders als der EuGH[149], folgert die Mehrheit im Schrifttum bereits im Umkehrschluss aus der allgemeinen Norm des Art. 51 Abs. 1 S. 1 GRC, dass Privatpersonen keine Verpflichtungsadressaten der Charta sein können.[150] Wenn die Norm

---

[148] Vgl. stellvertretend EuArbRK/*Schubert*, Art. 51 GRC Rn. 34 ff.; *Jarass*, GRC, Art. 51 Rn. 38 ff.; Pechstein/Nowak/Häde/*Pache*, Art. 51 GRC Rn. 38.

[149] EuGH v. 06.11.2018 – Rs. C-569/16, C-570/16 (*Bauer*), NZA 2018, 1467, Rn. 87: „Bezüglich der Wirkung, die Art. 31 II der Charta gegenüber privaten Arbeitgebern entfaltet, ist festzustellen, dass die Charta nach ihrem Art. 51 I zwar für die Organe, Einrichtungen und sonstigen Stellen der Union unter Wahrung des Subsidiaritätsprinzips und für die Mitgliedstaaten ausschließlich bei der Durchführung des Unionsrechts gilt. Hingegen trifft Art. 51 I der Charta keine Regelung darüber, ob Privatpersonen gegebenenfalls unmittelbar zur Einhaltung einzelner Bestimmungen der Charta verpflichtet sein können, und kann demnach nicht dahin ausgelegt werden, dass dies kategorisch ausgeschlossen wäre."

[150] Vgl. etwa *Jarass*, ZEuP 2017, 310, 315; *ders.*, in: Heiderhoff/Lohsse/Schulze (Hrsg.), EU-Grundrechte und Privatrecht, 2016, S. 31, 56; *Höpfner*, ZfA 2010, 449, 465; *Müller-Graff*, EuR 2014, 3, 27; *Fink*, SAE 2020, 103, 104; *Wank*, RdA 2020, 1, 4; *Rudkowski*, NJW 2019,

nur Hoheitsträger nenne, folge daraus, dass Private als Nicht-Hoheitsträger nicht gebunden seien. Diese Argumentation ähnelt offensichtlich dem zum GG von der h.M. vertretenen Schluss von der Formulierung des Art. 1 Abs. 3 GG auf die bloß „mittelbare Drittwirkung" der dort garantierten Grundrechte.[151] Allerdings mehren sich auch die Gegenstimmen, die die Möglichkeit einer solchen Interpretation des Art. 51 Abs. 1 GRC in Zweifel ziehen.[152]

476, 480; Schlachter/Heinig, EnzEuR/*dies.*, § 12 Rn. 9; *Latzel*, EuZA 2019, 469, 472; *Powietzka*, BB 2019, 52, 53; *Schlachter*, ZESAR 2019, 53, 57; *C. Picker*, RdA 2021, 33, 41 f.; *ders.*, FS Düwell, 2021, S. 409, 417; *Mehrens/Witschen*, EuZA 2019, 326, 331; *Seifert*, EuZA 2013, 299, 303 f.; *Thüsing*, DB 2020, 1343, 1345; *Sagmeister*, Die Grundsatznormen in der Europäischen Grundrechtecharta, 2010, S. 324 f.; *Pickenhahn*, Unionsrechtliche Gestaltungsspielräume für die Arbeitszeit von Wissensarbeitern, 2021, S. 159; *Sponholz*, Die unionsrechtlichen Vorgaben zu den Rechtsfolgen von Diskriminierung im Privatrechtsverkehr, 2017, S. 99; *Winkler*, Die Grundrechte der Europäischen Union, 2006, S. 162; *Kober*, Der Grundrechtsschutz in der Europäischen Union, 2008, S. 180 ff.; *Knebel*, Drittwirkung der Grundrechte und -freiheiten, 2018, S. 92 f.; *Michl*, Unionsgrundrechte aus der Hand des Gesetzgebers, 2018, S. 191; *Starke*, EU-Grundrechte und Vertragsrecht, 2016, S. 207 ff.; *Perner*, Grundfreiheiten, Grundrechte-Charta und Privatrecht, 2013, S. 192; Meyer/Hölscheidt/*Schwerdtfeger*, Art. 51 Rn. 57 ff.; *Lüttringhaus*, Vertragsfreiheit und ihre Materialisierung im Europäischen Binnenmarkt, 2018, S. 270; *Fornasier*, in: Latzel/Picker (Hrsg.), Neue Arbeitswelt, 2014, S. 25, 35; EuArbRK/*Schubert*, Art. 51 GRC Rn. 42; Ehlers-EuGR/*Ehlers*, § 14 Rn. 81; Preis/Sagan/*Mehrens/Witschen*, § 8 Rn. 3; Grabenwarter, EnzEuR/*Cremer*, § 3 Rn. 159; Grabenwarter, EnzEuR/*Schorkopf*, § 5 Rn. 40; Grabenwarter, EnzEuR/*Schmahl*, § 20 Rn. 107; Stern/Sachs-GRC/*Sachs*, Art. 21 Rn. 14; *de Mol*, EuConst 6 (2010), 293, 302; *Lenaerts*, EuConst 8 (2012), 375, 377 Fn. 11; *Leczykiewicz*, E.L.Rev. 38 (2013), 479, 485; *Freyler/Heinrich*, FS Fuchs, 2020, S. 71, 76.

[151] Jüngst etwa *Ehlers*, DVBl. 2019, 397, 400. Stellvertretend für die h.M. *Canaris*, AcP 184 (1984), 201, 203 f. Weitere Nachweise und Kritik an dieser Auffassung bei *Kulick*, AöR 145 (2020), 649, 678 ff. Vgl. auch die Argumentation bei *Jocham*, Die Grenzen der richterlichen Rechtsfortbildung im Privatrecht, 2021, S. 260, der GRC und GG angesichts von Art. 1 Abs. 3 GG einerseits und Art. 51 GRC andererseits sogar gleichbehandeln will. Gegen eine Relevanz von Art. 1 Abs. 3 und Art. 51 GRC in der Frage der Privatwirkung wiederum *Ruffert*, FS Robbers, 2020, S. 923, 925 f.; *ders.*, JuS 2020, 1, 5.

[152] In diese Richtung etwa *Frantziou*, The Horizontal Effect of Fundamental Rights in the European Union, 2019, S. 84 ff.; *dies.*, ELJ 21 (2015), 657, 669 ff.; *Stein*, Drittwirkung im Unionsrecht, 2016, S. 76 ff.; *von Diest*, Diskriminierungsschutz, 2016, S. 172; *Greif*, Die Unanwendbarkeit richtlinienwidriger deutscher Arbeitsgesetze, 2016, S. 222 f.; *Unseld*, Bedeutung der Horizontalwirkung, 2018, S. 225 f.; *Pötters*, Grundrechte und Beschäftigtendatenschutz, 2013, S. 224; Preis/Sagan/*ders.*, § 3 Rn. 32; *Heuschmid*, EuZA 2014, 514, 521; NK-GA/*Heuschmid/Lörcher*, Art. 51 GRC Rn. 27 ff.; *Wienbracke*, NZA-RR 2019, 121, 123 f.; *Pirker*, Anwendung der Unionsgrundrechte, 2018, S. 246, 301 ff.; Heselhaus/Nowak/*Nowak*, § 9 Rn. 43; Pechstein/Nowak/Häde/*Pache*, Art. 51 GRC Rn. 38; Stern/Sachs-GRC/*Ladenburger/Vondung*, Art. 51 Rn. 14; *Ruffert*, FS Robbers, 2020, S. 923, 925 f.; *ders.*, JuS 2020, 1, 5.

(2) Stellungnahme: Keine abschließende Regelung des Adressatenkreises

Ob diese Schlussfolgerung aus der Norm möglich ist und sie deshalb der Annahme einer Bindung Privater entgegensteht, ist durch Auslegung zu ermitteln. Dabei ist entscheidend, ob die Norm den Adressatenkreis der Charta regelt. Denn ein argumentum e contrario kann nicht weiterreichen, als der konstitutive Regelungsgehalt einer Bestimmung geht.[153] Um diesen zu ermitteln, sollen Wortlaut, Entstehungsgeschichte und der Sinn und Zweck der Norm in den Blick genommen werden.

Ausgangspunkt einer jeden Auslegung ist auch im Unionsrecht der Normwortlaut.[154] Dabei sind nicht nur die deutsche, sondern auch die übrigen verbindlichen Sprachfassungen miteinzubeziehen. Im Ergebnis führt das dazu, dass bei Existenz von 24 Fassungen, die mal mehr, mal weniger stark voneinander abweichen, das mögliche Bedeutungsspektrum der Norm weiter ist als im Rahmen der Auslegung nationalen Rechts.[155] Im Unionsrecht hat deshalb die Wortlautauslegung naturgemäß nicht das gleiche Gewicht wie die außertextlichen Auslegungsmethoden.[156]

Blickt man vor diesem Hintergrund auf den Wortlaut von Art. 51 Abs. 1 S. 1 GRC in seinen unterschiedlichen Fassungen, so fällt auf, dass die Norm sich nach ihrer amtlichen Überschrift „Anwendungsbereich" („Field of application", „Champ d'application") sprachlich zumeist eher auf den Anwendungsbereich als solchen bezieht und nicht auf eine Regelung der Adressaten.[157] Was allerdings den Normtext selbst angeht, ist das Bild weniger einheitlich: In der deutschen Sprachfassung der Norm ist nicht die Rede davon, wen die Norm „bindet", sondern, für wen sie „gilt". Dies soll für die Union nur unter Wahrung des Subsidiaritätsprinzips und für die Mitgliedstaaten bei der Durchführung des Rechts der Union der Fall sein. Es ist dem deutschen Wortlaut also nicht eindeutig zu entnehmen, ob die Norm überhaupt konstitutiv die Adressatenstellung von Union und Mitgliedstaaten anordnet. *Dafür* spräche allerdings immerhin, dass sich das Verb „gilt" zumindest auch im Sinne einer Verpflichtungswirkung zulasten der genannten Stellen verstehen ließe. Dann wäre ein Umkehrschluss auf eine fehlende Adressatenstellung Privater tatsächlich denkbar. *Dagegen* spräche aber, dass gerade in Zusammenschau mit der Überschrift der Norm auch die bloßen Modalitäten des Anwendungsbereichs der Charta in der Europäischen Union und den Mitgliedstaaten gemeint sein könnten. Ähnlich zweideutig wie die deutsche Formulierung ist etwa auch das spanische „están dirigidas a". Bei Betrachtung der englischen[158]

---

[153] *Kerwer*, Gemeinschaftsrecht und Rechtsprechung, 2003, S. 106.

[154] *Martens*, Methodenlehre des Unionsrechts, 2013, S. 331.

[155] *Martens*, Methodenlehre des Unionsrechts, 2013, S. 345.

[156] *Martens*, Methodenlehre des Unionsrechts, 2013, S. 345.

[157] Siehe hierzu etwa *Starke*, EU-Grundrechte und Vertragsrecht, 2016, S. 205; *Unseld*, Bedeutung der Horizontalwirkung, 2018, S. 226.

[158] A.A. zur englischen Sprachfassung *Frantziou*, The Horizontal Effect of Fundamental Rights in the European Union, 2019, S. 85.

und französischen Sprachfassung, die von „addressed to“ bzw. „adressent aux“ spricht, ergibt sich ein deutlicheres Bild. Hier liegt es wiederum näher, dass tatsächlich (auch) eine Adressatenregelung getroffen werden soll. Zwingend erscheint dies jedoch auch hier nicht, und selbst dann stellte sich die Frage des abschließenden Charakters dieser Regelung. Der Norm ist sprachlich also nicht hinreichend eindeutig zu entnehmen, ob sie den Adressatenkreis der Charta überhaupt regeln will und wenn ja, ob sie dies abschließend tut.[159] Dies entspricht den allermeisten mitgliedstaatlichen Verfassungstexten, die zu der Frage einer grundrechtlichen Bindung Privater ebenfalls schweigen.[160] Alles in allem kann deshalb aus dem Wortlaut der Norm nicht gefolgert werden, dass sie den Adressatenkreis der Norm tatsächlich auf die genannten Hoheitsträger beschränkt. Er allein steht einer Bindung Privater nicht entgegen.[161]

Eine historische Auslegung[162] der Norm gibt weiteren Aufschluss über ihre Bedeutung für die Horizontalwirkungsfrage.[163] Blickt man auf die Genese der Norm in den Beratungen des Grundrechtskonvents, fällt auf, dass, obwohl die Frage nach der Horizontalwirkung von Grundrechten gerade dem deutschen Vorsitzenden *Roman Herzog* und den meisten Vertretern bekannt gewesen sein dürfte[164] und sie sogar von einzelnen Teilnehmern des Konvents ausdrücklich angesprochen wurde[165], der Konvent auf eine Regelung im Normtext der Charta

---

[159] *Stein*, Drittwirkung im Unionsrecht, 2016, S. 77; *Frantziou*, ELJ 21 (2015), 657, 659 f.

[160] *Iliopoulos-Strangas*, in: dies. (Hrsg.), Soziale Grundrechte in Europa nach Lissabon, 2010, S. 699, 968; *dies.*, in: dies. (Hrsg.), Soziale Grundrechte in den „neuen“ Mitgliedstaaten der Europäischen Union, 2019, S. 1003, 1131.

[161] Wie hier *Kulick*, Horizontalwirkung im Vergleich, 2020, S. 68; *von Diest*, Diskriminierungsschutz, 2016, S. 172; *Stein*, Drittwirkung im Unionsrecht, 2016, S. 78; *Unseld*, Bedeutung der Horizontalwirkung, 2018, S. 225 f.; *Greif*, Die Unanwendbarkeit richtlinienwidriger deutscher Arbeitsgesetze, 2016, S. 222 f.; *Pirker*, Anwendung der Unionsgrundrechte, 2018, S. 246; *Iliopoulos-Strangas*, in: dies. (Hrsg.), Soziale Grundrechte in Europa nach Lissabon, 2010, S. 699, 977; *Frantziou*, ELJ 21 (2015), 657, 669 ff.; *dies.*, The Horizontal Effect of Fundamental Rights in the European Union, 2019, S. 85; Calliess/Ruffert/*Kingreen*, Art. 51 GRC Rn. 24; Preis/Sagan/*Pötters*, § 3 Rn. 32; Heselhaus/Nowak/*Nowak*, § 9 Rn. 43; *Kainer*, NZA 2018, 894, 898; *Ruffert*, FS Robbers, 2020, S. 923, 925 f.; *ders.*, JuS 2020, 1, 5.

[162] Hierzu umfassend *Martens*, Methodenlehre des Unionsrechts, 2013, S. 378 ff.

[163] Zur historisch-genetischen Rekonstruktion wird hierzu im deutschsprachigen Raum häufig auf die Protokolle von *Borowsky* und *Bernsdorff* zurückgegriffen, die 2002 als Beobachter am Grundrechte-Konvent teilnahmen, vgl. *Bernsdorff/Borowsky*, Die Charta der Grundrechte der Europäischen Union, 2002 bzw. deren ausführliche Inbezugnahme bei Meyer/*Borowsky*, 4. Auflage 2014, Art. 51. Allerdings wird ein solcher Rückgriff auf derartige inoffizielle „Zuhörer“-Protokolle vereinzelt auch kritisch gesehen. Es erscheint überzeugend, der Auslegung grundsätzlich nur die vom Konvent selbst veröffentlichten Mitschriften und im Übrigen die sonstige offizielle Dokumentation der Arbeit des Konvents zugrunde zu legen, da hier anders als bei privaten Mitschriften das Kriterium der pragmatischen Relevanz gewahrt ist, vgl. hierzu *Michl*, Unionsgrundrechte aus der Hand des Gesetzgebers, 2018, S. 43 f. Die sonstigen Dokumentationsmaterialien sollten lediglich als unverbindliche Auslegungshilfe herangezogen werden.

[164] *Huber*, NJW 2011, 2385, 2389.

[165] Siehe hierzu etwa die Übersicht zu den Änderungsvorschlägen Nr. 380 und Nr. 385 zur

verzichtet hat. Auch die offiziellen Erläuterungen zu Art. 51 GRC schweigen hierzu gänzlich. Daraus wird der überzeugende Schluss gezogen, dass der Konvent die Klärung der Frage implizit Rechtsprechung und Lehre überlassen hat.[166] Gerade mit Blick hierauf erscheint es wenig überzeugend, dem offenen Normwortlaut des Art. 51 Abs. 1 S. 1 GRC eine dahingehende Regelung zu entnehmen bzw. sie zum Ausgangspunkt eines argumentum e contrario gegen eine Bindung Privater zu machen.

Eine abschließende Festlegung des Adressatenkreises entspricht auch nicht dem *Sinn und Zweck* der Vorschrift. Sie zielt entgegen der h.M. nicht auf die Regelung der Verpflichtungsadressaten, sondern auf eine grundrechtliche Zuständigkeitsverteilung zwischen Union und Mitgliedstaaten und die Modalitäten ihrer jeweiligen Grundrechtsbindung.[167] Dafür spricht schon die – gerade von den Gegnern einer Grundrechtsbindung Privater häufig bemühte – historische Urkonzeption von Grundrechten als Abwehrrechte gegen den Staat: Wenn Grundrechte konzeptionell primär Hoheitsträger verpflichten, dann ist eine ausdrückliche konstitutive Regelung dieser Grundrechtsverpflichtung hoheitlicher Adressaten streng genommen überflüssig. Art. 51 Abs. 1 GRC regelt denn auch nicht diese Selbstverständlichkeit an sich, sondern den jeweiligen Bindungsumfang in Bezug auf diese konzeptionell unstreitig adressierten hoheitlichen Grundrechtsverpflichteten (Mitgliedstaaten: bei Durchführung von Unionsrecht, Union: unter Wahrung des Subsidiaritätsprinzips). Die Nennung der Adressaten erfolgt also nicht, um eine konstitutive und damit im Umkehrschluss abschließende Aufzählung vorzunehmen.[168]

Hierin liegt auch der entscheidende Unterschied, der der Bestimmung die Vergleichbarkeit mit Art. 1 Abs. 3 GG nimmt. Dieser hat schlicht einen anderen Regelungsgehalt und will gerade nicht wie Art. 51 Abs. 1 S. 1 GRC Aspekten der vertikalen Gewaltenteilung Rechnung tragen, bindet er doch Bund und Bundesländer zunächst ohne jede weitere Differenzierung umfassend an das GG.[169] Kompetenz- und Kollisionsfragen werden erst von den Art. 142 und Art. 31 GG, mithin außerhalb des Art. 1 Abs. 3 GG, behandelt.[170] Die deutsche Parallelnorm

---

Erstreckung des Adressatenkreises auf Sozialpartner oder Privatpersonen, Dok. Nr. CHARTE 4383/00 v. 03.06.2000, S. 24); der Vorschlag Nr. 380 zur Erstreckung auf Privatpersonen findet sich unter Dok. Nr. CHARTE 4372/00 v. 16.06.2000, S. 522 (abrufbar unter Eingabe der Dokumentennummer unter https://www.consilium.europa.eu/en/documents-publications/public-register/public-register-search/; zuletzt aufgerufen am 01.12.2022).

[166] Vgl. etwa auch Meyer/*Borowsky*, 4. Auflage 2014, Art. 51 Rn. 31; Preis/Sagan/*Pötters*, § 3 Rn. 32; Heselhaus/Nowak/*Nowak*, § 9 Rn. 43; Stern/Sachs-GRC/*Ladenburger*/*Vondung*, Art. 51 Rn. 14; *Unseld*, Bedeutung der Horizontalwirkung, 2018, S. 227 („nolens volens").

[167] *Pirker*, Anwendung der Unionsgrundrechte, 2018, S. 303; *Unseld*, Bedeutung der Horizontalwirkung, 2018, S. 226.

[168] Überzeugend *Pirker*, Anwendung der Unionsgrundrechte, 2018, S. 303; *Unseld*, Bedeutung der Horizontalwirkung, 2018, S. 226.

[169] Dreier-GG/*Dreier*, Art. 1 Abs. 3 Rn. 37.

[170] Dreier-GG/*Dreier*, Art. 1 Abs. 3 Rn. 37; *Edenharter*, Grundrechtsschutz, 2018, S. 279 ff. m.w.N.

hat also anders als Art. 51 Abs. 1 S. 1 Alt. 2 GRC in der Tat vor allem eine Adressatenregelung (Judikative, Legislative, Exekutive) im Blick.[171] Das legt einen Umkehrschluss gegen eine Bindung Privater hier sehr viel näher[172] als im Rahmen der GRC.

Art. 51 Abs. 1 S. 1 Alt. 2 ist somit nur auf den ersten Blick das chartarechtliche Pendant zu Art. 1 Abs. 3 GG. Dem Artikel lässt sich nach einem Blick auf Wortlaut, Historie und Telos der vielbehauptete Umkehrschluss nicht entnehmen. Dem EuGH ist deshalb zuzustimmen: *Insoweit*[173] steht die Norm einer Verpflichtung Privater nicht entgegen.

Nur der Vollständigkeit halber sei hier darauf verwiesen, dass in der Literatur umgekehrt sogar vereinzelt vertreten wird, dass sich aus einer anderen allgemeinen Passage der Charta, namentlich der Präambel, sogar ein Anhaltspunkt *für* eine Bindung Privater ergebe.[174] Sie lautet: „Die Ausübung dieser Rechte ist mit Verantwortung und mit Pflichten sowohl gegenüber den Mitmenschen als auch gegenüber der menschlichen Gemeinschaft und den künftigen Generationen verbunden." Hieraus ein echtes Argument für eine Bindung Privater ableiten zu wollen, erscheint aber nicht überzeugend: So wenig Art. 51 GRC die Grundrechtsbindung Privater verneint, so wenig bejaht sie die Präambel. Denn wenn der Konvent die Beantwortung der Drittwirkungsfrage letztlich Rechtsprechung und Lehre überlassen hat, wäre es inkonsequent, dass eine derart umstrittene Frage, die andernorts gerade offengelassen wird, an einer so untypischen Stelle wie der Präambel doch eine ausdrückliche Regelung erfahren haben soll. Zumindest aber unterstreicht die Passage den obigen Befund, dass es der Charta an einer ausdrücklichen Bestimmung fehlt, die eine solche Bindung Privater *a priori* ausschließt. Sie regt so zumindest dazu an, im Rahmen der Charta besonders intensiv über die Frage der grundrechtlichen Verpflichtung Privater nachzudenken.[175]

bb) Sekundärrechtsakzessorietät als Gegenargument

Möglicherweise ist jedoch die Sekundärrechts- und Kompetenzakzessorietät des chartarechtlichen Grundrechtsschutzes, die in der Norm des Art. 51 Abs. 1 S. 1 Alt. 2 GRC zum Ausdruck kommt, ein entscheidendes Gegenargument gegen die Bindung Privater. Die Charta ist, das kam bereits zur Sprache, gerade kein umfassend geltender Grundrechtekatalog. Ihre Anwendbarkeit ist aufgrund ihrer Funktion eng begrenzt und insbesondere vom Vorhandensein unionalen Sekundärrechts abhängig.

---

171 Dreier-GG/*Dreier*, Art. 1 Abs. 3 Rn. 27.

172 Kritisch zu einem Umkehrschluss aus Art. 1 Abs. 3 GG aber *Kulick*, AöR 145 (2020), 649, 678 ff.

173 Zu weiteren denkbaren Einwänden, die sich auf die Norm stützen ließen, siehe sogleich.

174 Vorsichtig in diese Richtung *von Diest*, Diskriminierungsschutz, 2016, S. 174.

175 Überzeugend Heselhaus/Nowak/*Nowak*, § 9 Rn. 43.

Eine positive Horizontalwirkung erscheint so zum einen schon deshalb problematisch, weil die Richtlinienbestimmungen, die den Grundrechtsschutz erst eröffnen, ihrerseits gerade keine solche Wirkung entfalten. Zum anderen ist fraglich, wie sich eine Bindung Privater an die Charta mit der bloß eingeschränkten Grundrechtsbindung der *Mitgliedstaaten* vertragen soll. Wenn nämlich Art. 51 Abs. 1 S. 1 GRC die Bindung Privater überhaupt nicht behandelt, kann die Norm deren Reichweite streng genommen auch nicht auf die „Durchführung" von Unionsrecht beschränken. Sollten Private somit aber tatsächlich in weiterem Umfang an die Charta gebunden sein als die ausdrücklich angesprochenen Mitgliedstaaten?

*(1) Kein Gleichlauf von Richtlinien- und Grundrechts*wirkung

Dass Richtlinienbestimmungen nicht unmittelbar die Bürger der Mitgliedstaaten adressieren, ist weitgehend unstreitig und wird vom EuGH in ständiger Rechtsprechung wiederholt.[176] Für die GRC wird hieraus vereinzelt gefolgert, dass diese eingeschränkte Richtlinienwirkung vor dem Hintergrund der Sekundärrechtsakzessorietät des Unionsgrundrechtsschutzes in den Mitgliedstaaten einer Privatbindung im Rahmen der Charta entgegenstehe[177]: Wenn der vermittelnde Sekundärrechtsakt nicht unmittelbar zwischen Privaten anwendbar ist, müsse Gleiches für die durch ihn vermittelte Grundrechtswirkung gelten.[178]

Das darin zum Ausdruck gebrachte Störgefühl ist zwar zunächst nachvollziehbar. Für eine Gleichbehandlung beider Rechtsquellen fehlt es jedoch an einem dogmatischen Anhaltspunkt. Die fehlende Horizontalwirkung der Richtlinie ist insgesamt dem Umstand ihrer besonderen Behandlung in Art. 288 Abs. 3 AEUV geschuldet. Die Charta als Teil des Primärrechts teilt diese Einschränkungen nicht, eine dieser Norm entsprechende Chartavorschrift fehlt.

Die in Art. 51 Abs. 1 S. 1 Alt. 2 GRC angeordnete Sekundärrechtsakzessorietät ändert daran nichts, da sie lediglich auf die Abgrenzung der Grundrechtsregime nach Verantwortungsbereichen abzielt und keinen Gleichlauf von Grundrechts- und Richtlinienwirkung beabsichtigt. Jede Rechtsquelle folgt im Falle ihrer Anwendbarkeit den für sie geltenden Regeln der innerstaatlichen Wirkung. Auch hier zeigt sich: Folgt man der fragwürdigen These des EuGH, die zur

---

[176] Grundlegend EuGH v. 26.02.1986 – Rs. 152/84 (*Marshall I*), NJW 1986, 2178, Rn. 48. Jüngst etwa EuGH v. 18.01.2022 – Rs. C-261/20 (*Thelen Technopark*), BeckRS 2022, 212, Rn. 32. Vgl. hierzu noch unten unter § 16.

[177] *Sponholz*, Die unionsrechtlichen Vorgaben zu den Rechtsfolgen von Diskriminierung im Privatrechtsverkehr, 2017, S. 123. Vgl. auch *Sagan*, EuZW 2020, 72, 73: „Damit überschritt [der EuGH] erklärtermaßen den Anwendungsbereich von Art. 7 ArbZRL, der zwischen Privaten keine unmittelbare Anwendung findet.".

[178] Hielte man dies für überzeugend, spräche dies indes streng genommen bereits gegen die negative Horizontalwirkung, weil auch diese die unmittelbare Anwendbarkeit voraussetzt. Auch in diesem Zusammenhang überzeugt das Argument jedoch nicht vgl. *Dougan*, in: Leczykiewicz/Weatherill (Hrsg.), The Involvement of EU Law in Private Law Relationships, 2013, S. 71, 79.

systemwidrigen Idealkonkurrenz von Unionsgrundrecht und Richtlinie führt, lässt sich das primärrechtliche Potential der GRC nicht im Nachhinein begrenzen. Dies spricht dafür, bereits die Anwendbarkeit der Unionsgrundrechte als solche abzulehnen.[179]

(2) Unvereinbarkeit von Privatbindung und Sekundärrechtsakzessorietät?

Eine umfassende Verpflichtung Privater im klassischen grundrechtsdogmatischen Sinne wäre jedoch aus einem anderen Grund nicht mit der Sekundärrechtsakzessorietät der GRC vereinbar.

(a) Umfassende Privatbindung als Wertungswiderspruch

Es besteht mit Blick auf eine Grundrechtsbindung Privater[180] nämlich ein eklatantes Reichweiteproblem: Wenn die Grundrechte neben den Mitgliedstaaten auch Private verpflichten, Art. 51 Abs. 1 S. 1 Alt. 2 GRC aber die Sekundärrechtsakzessorietät der Charta („Durchführung") als Voraussetzung lediglich für die Grundrechtsbindung der Mitgliedstaaten ausdrücklich festschreibt, würde die tatbestandlich nicht erfasste Bindung Privater weiterreichen als die der Mitgliedstaaten.[181] Für sie gilt diese Einschränkung textlich nicht. Dies erscheint in der Tat widersprüchlich.[182] Es ist kein Grund dafür ersichtlich, warum Grundrechte im Horizontalverhältnis – im Wege einer Art „Selbstläuferschaft der Unionsgrundrechte"[183]– über den sonstigen Anwendungsbereich des Unionsrechts hinaus wir-

---

[179] Zur Kritik an der Grundrechtsbindung des mitgliedstaatlichen Umsetzungsrechts § 4 C. II. 2. b); § 11 B. I. 1.

[180] Für die negative Horizontalwirkung stellt sich dieses Problem nicht, weil sie das Ergebnis der *mitgliedstaatlichen* Grundrechtsbindung ist, deren Modalitäten die Norm des Art. 51 Abs. 1 S. 1 GRC unmittelbar regelt.

[181] Wenig überzeugend ist es, eine „Durchführung von Unionsrecht" durch Private zu fordern. So aber *Hauer*, Der Arbeitskampf im nationalen und europäischen Recht, 2020, S. 213, dessen Vorschlag sich aber wohl auf die Tarifpartner beschränkt, für die dies zumindest dann nicht abwegig wäre, wenn man die tarifliche Normsetzung als Akt delegierter Hoheitsgewalt auffasst.

[182] *Jarass*, ZEuP 2017, 310, 331; *Kainer*, NZA 2018, 894, 899; *Ruffert*, JuS 2020, 1, 6; *Seifert*, EuZW 2011, 696, 701 f.; *Mörsdorf*, JZ 2019, 1066, 1073; Riesenhuber/*Köndgen*/*Mörsdorf*, § 6 Rn. 51 f.; *C. Picker*, RdA 2021, 33, 42; *ders.*, FS Düwell, 2021, S. 409, 417 f.; *Ruffert*, FS Robbers, 2020, S. 923, 929; *ders.*, JuS 2020, 1, 6; *Sagmeister*, Die Grundsatznormen in der Europäischen Grundrechtecharta, 2010, S. 325; Stern/Sachs-GRC/*Ladenburger*/*Vondung*, Art. 51 Rn. 15; Grabenwarter, EnzEuR/*von Danwitz*, § 27 Rn. 61 („Spannungsverhältnis zu dem beschränkten Anwendungsbereich der Unionsgrundrechte"); *Rengeling*/*Szczekalla*, EU-Grundrechte, 2004, § 4 Rn. 340; *Hauer*, Der Arbeitskampf im nationalen und europäischen Recht, 2020, S. 218; *Pirker*, Anwendung der Unionsgrundrechte, 2018, S. 253; EuArbRK/*Schubert*, Art. 51 GRC Rn. 42; Preis/Sagan/*Pötters*, § 3 Rn. 37; Merten/Papier-HdbGR Bd. VI/1/*Niedobitek*, § 159 Rn. 103; *von Danwitz*/*Paraschas*, Fordham Int. Law J. 35 (2012), 1396, 1425; *Lenaerts*, Quad. Cost. 31 (2020), 633 ff.

[183] Mit diesem passenden Begriff *Pirker*, Anwendung der Unionsgrundrechte, 2018, S. 247. In anderem Zusammenhang bereits *Müller-Graff*, EuR 2014, 3, 27.

ken sollten.[184] Dieser Gesichtspunkt wird in der Diskussion verkannt, wenn aus einer umfassenden Privatbindung an die GRC auf einen über das Sekundärrecht hinausgehenden Anwendungsbereich der Unionsgrundrechte geschlossen und dies zum Teil sogar begrüßt wird.[185]

(b) Umfassende Privatbindung und Kompetenzerweiterungsverbot

Eine umfassende Privatbindung ließe sich überdies mit dem Kompetenzerweiterungsverbot der Charta nicht vereinbaren. Mit der Schaffung der Charta sollten die bestehenden Kompetenzen der Union, im Arbeitsrecht also vor allem die Reichweite von Art. 19 und Art. 153 sowie Art. 114 und Art. 115 AEUV, nicht ausgedehnt werden. Diese Selbstverständlichkeit[186] – die Charta enthält schließlich keine Kompetenzbestimmungen, sondern materielle Grundrechtsgewährleistungen – wurde an mehreren Stellen ausdrücklich festgehalten.[187] Das Kompetenzerweiterungsverbot ist daneben Ausdruck des allgemeinen, in Art. 5 EUV verankerten Subsidiaritätsprinzips, auf das sich die Charta ausdrücklich verpflichtet.[188] Als Klarstellung war dies dringend notwendig, denn die Union besitzt aufgrund des Prinzips der begrenzten Einzelermächtigung keine umfassende Rechtsetzungskompetenz, die Charta enthält allerdings einen sachlich umfassenden Grundrechtekatalog für sämtliche Regelungsbereiche. Dies führt zu einer fehlenden Parallelität von Rechtsetzungskompetenz und inhaltlicher Reichweite der grundrechtlichen Gewährleistungen[189], weshalb die Charta das theoretische Potential in sich birgt, die Zuständigkeiten der Union zu erweitern.[190] Das Kompetenzerweiterungsverbot will dies verhindern und stellt sicher: Besteht für einen Regelungsbereich keine Unionskompetenz, kann dort auch kein Unionsgrundrecht zur Anwendung gebracht werden.[191]

Für die *negative Horizontalwirkung* ist der daraus resultierende Erkenntnisgewinn noch trivial. Sie richtet sich in ihrer Konstruktion ohnehin gegen die Mitgliedstaaten als Hoheitsträger. Für sie gilt Art. 51 Abs. 1 Alt. 2 GRC unmittelbar. Die negative Horizontalwirkung als Fall der Überprüfung von mitglied-

---

[184] *Pirker*, Anwendung der Unionsgrundrechte, 2018, S. 253 unter Verweis auf *Walkila*, Horizontal effect of fundamental rights in EU law, 2015, S. 188; *Sagmeister*, Die Grundsatznormen in der Europäischen Grundrechtecharta, 2010, S. 325.

[185] Stellvertretend: *J. Schubert*, NZA Editorial Heft 8/2019; *Heuschmid*, AuR 2018, 265, die jeweils den beschränkten Anwendungsbereich des Sekundärrechts verkennen. Ähnlich, wenn auch restriktiver, *K. Klocke*, BB 2019, 1204, 1209.

[186] Meyer/Hölscheidt/*Schwerdtfeger*, Art. 51 Rn. 71; *Maier*, Grundrechtsschutz bei der Durchführung von Richtlinien, 2014, S. 154.

[187] Art. 6 Abs. 1 UAbs. 2 AEUV und Art. 51 Abs. 1 S. 2, Abs. 2 GRC.

[188] So etwa in ihrer Präambel und in Art. 51 Abs. 1 S. 1 Alt. 1 GRC.

[189] *Kober*, Der Grundrechtsschutz in der Europäischen Union, 2008, S. 47 ff.

[190] Hieraus folgert etwa *Wank*, RdA 2020, 1, 4 f. die Unzulässigkeit der Horizontalwirkung der Charta insgesamt.

[191] Siehe hierzu etwa Preis/Sagan/*Pötters*, § 3 Rn. 37; *Seifert*, EuZW 2011, 696, 701 f.

staatlichem Recht kommt damit von vornherein nur dann in Betracht, soweit es Unionsrecht durchführt. Weil dafür alleine das Bestehen einer Kompetenz nicht genügt, ist bei richtiger Handhabung des Art. 51 Abs. 1 S. 1 Alt. 2 GRC kein Fall denkbar, in dem ein Unionsgrundrecht anwendbar ist, ohne dass der in Rede stehende Fall auch sekundärrechtlich geregelt ist. Die Kompetenz wird hier schon auf Ebene der Wirksamkeit und Regelungsreichweite des Sekundärrechtsaktes relevant.

Unmittelbar von Bedeutung ist das Kompetenzerweiterungsverbot für die Reichweite von *unionsgrundrechtlichen Schutzpflichten*: Erkennt man diese mit der herrschenden Meinung grundsätzlich an, stellt sich das Problem, dass die Union mangels umfassender Verbandskompetenz diese gegenständlich umfassenden Pflichten gar nicht erfüllen kann. Um diese Situation zu verhindern, ist eine Kompetenzakzessorietät grundrechtlicher Schutzpflichten allgemein anerkannt.[192] Die Pflichten der GRC können deshalb immer nur so weit reichen, wie die Union eine Verbandskompetenz besitzt. Aus Art. 31 Abs. 1 GRC folgt deshalb z.B. im Ergebnis selbst dann keine Schutzpflicht zur Einführung eines europäischen Mindestlohns[193], wenn sich dem Schutzbereich dieses Grundrechts eine solche Vorgabe sachlich entnehmen lassen würde, vgl. hierzu die Bereichsausnahme des Art. 153 Abs. 5 AEUV. Diese Beschränkung würde nun im Falle einer umfassenden Verpflichtung Privater im Wege der *positiven Horizontalwirkung*, die unabhängig von einer Anwendungsbereichseröffnung durch Sekundärrecht ist, partiell unterlaufen: Die Union hätte zwar keine Schutzpflicht, die sie sekundärrechtlich erfüllen müsste oder dürfte, um dadurch den Schutzbereich der Charta zu eröffnen. Bejahte man aber eine Grundrechtsverpflichtung Privater im Rahmen von Art. 31 Abs. 1 GRC, ließe sich – vorbehaltlich der entsprechenden sachlichen Reichweite dieser Bestimmung – ein solcher Mindestlohnanspruch ganz ohne sekundärrechtliches Tätigwerden primärrechtlich begründen. Mit der Anerkennung einer umfassenden Verpflichtung Privater hätte das Verbindlichwerden der Charta so zu der Neuverteilung der Kompetenzen geführt, die ihre Urheber mit dem Kompetenzerweiterungsverbot eigentlich verhindern wollten. Dies kann nicht richtig sein.

Etwas differenzierter, in der Sache aber mit demselben Ergebnis, muss man für Grundrechte argumentieren, deren Gewährleistungsgehalt sich ausgehend von der Kompetenzordnung *an sich* sekundärrechtlich regeln ließe, wie das etwa für das Kündigungsschutzrecht (Art. 153 Abs. 1 lit. d) AEUV) und damit für Art. 30 GRC der Fall ist. Der Unionsgesetzgeber könnte hier sekundärrechtliche

---

[192] EuArbRK/*Schubert*, Art. 51 GRC Rn. 61 f.; *Suerbaum*, EuR 2003, 390, 409 ff.; *Herresthal*, ZEuP 2014, 238, 269.

[193] Vgl. hierzu den Vorschlag für eine Richtlinie des Europäischen Parlaments und des Rates über angemessene Mindestlöhne in der Europäischen Union vom 28.10.2020 (COM [2020] 682 final) einerseits sowie die zutreffende Kritik hieran bei *Franzen*, EuZA 2021, 1 und ausführlich *ders.*, ZfA 2021, 157, 160 ff. andererseits. Der Rat hat das Trilogergebnis – den bestehenden kompetenziellen Bedenken zum Trotz – am 04.10.2022 angenommen.

Mindestbedingungen für den Kündigungsschutz in den Mitgliedstaaten festsetzen, hat das bisher allerdings nicht umfassend getan.[194] Aus kompetenzieller Perspektive ließe sich für solche Fälle gegen eine Grundrechtsbindung Privater zunächst anführen, dass im Bereich der Sozialpolitik gem. Art. 4 Abs. 2 lit. b) AEUV lediglich eine *geteilte Unionskompetenz* vorliegt. Bei ihr verbleibt gem. Art. 2 Abs. 2 AEUV die Regelungsmacht in Bezug auf die genannte Materie bis zur *Ausübung* durch die Union bei den Mitgliedstaaten. Diese kompetenzielle Regelung würde – auf den ersten Blick – umgangen, wenn man eine Grundrechtsbindung Privater bejahte, bevor die Union von dieser Kompetenz Gebrauch gemacht hat.

Dieses Argument überzeugt jedoch für sich genommen noch nicht, denn im Wesentlichen entspricht die geteilte Kompetenz der Verträge konstruktiv der konkurrierenden Gesetzgebung des GG.[195] Deshalb ist es nicht etwa so, dass im Rahmen dieser Materien bis zu einem Tätigwerden des Unionsgesetzgebers eine originäre Alleinzuständigkeit der Mitgliedstaaten bestünde, die dieser erst durch Ausübung der Kompetenz an sich zieht. Vielmehr verfügen nach überwiegender Auffassung Union und Mitgliedstaaten gleichermaßen über eine Rechtsetzungsbefugnis.[196] Die Unionskompetenzen auf den Gebieten der Sozialpolitik bestehen also unabhängig von ihrer Wahrnehmung durch den Unionsgesetzgeber und bestanden so insbesondere auch schon vor Inkrafttreten der Charta. Anders als im oben genannten Beispiel, in dem für den Regelungsbereich eine Kompetenz gänzlich fehlt, würde eine unmittelbare materielle Gestaltung der Regelungsmaterie unmittelbar durch Grundrechte der Charta in diesen Regelungsbereichen an der Kompetenz*verteilung* an sich also nichts ändern. In der Bejahung einer Verpflichtung Privater in Bereichen, in denen zumindest eine geteilte Zuständigkeit der Union vorliegt, kann denn auch kein Verstoß gegen das Kompetenzerweiterungsverbot im eigentlichen Sinne gesehen werden – selbst wenn diese noch nicht durch Schaffung von Sekundärrecht ausgeübt worden ist. Mit anderen Worten: Bei einer unmittelbaren Bindung des Arbeitgebers an Art. 30 GRC würde unionsgrundrechtliches Kündigungsschutzrecht gelten, wo kompetenziell unionales Kündigungsschutzrecht gestattet wäre.

Doch griffe eine solche formalistische Sichtweise freilich zu kurz. Die mit ihr einhergehende Aushebelung des Subsidiaritätsprinzips liegt in diesem Falle offen zu Tage: Der Harmonisierungsschub, den die Charta in diesem Fall mit sich brächte, wäre untragbar und ist von den Konventsmitgliedern ganz offensichtlich nicht gewollt gewesen. Wenn sich der Unionsgesetzgeber nicht zur sekundärrechtlichen Regelung des Kündigungsschutzrechts entscheidet, obwohl er das kompetenziell könnte, ist diese Entscheidung zu respektieren und nicht durch die unmittelbare grundrechtliche Verpflichtung des Arbeitgebers – selbst wenn sie

---

194 EuArbRK/*Franzen*, Art. 153 AEUV Rn. 28 f.; *C. Picker*/*Rathmann*, RdA 2022, 61, 62 f.

195 Calliess/Ruffert/*Calliess*, Art. 2 AEUV Rn. 12 m.w.N.

196 Calliess/Ruffert/*Calliess*, Art. 2 AEUV Rn. 12.

dabei nur ein absolutes Minimum forderten – auszuhebeln.[197] Dogmatisch zwingend ist das deshalb, weil die Kompetenz*ausübung*[198] der Union gem. Art. 5 Abs. 1 S. 2, Abs. 3 UAbs. 1 EUV unter dem Vorbehalt steht, dass die Ziele der jeweiligen Regelung auf Unionsebene besser zu verwirklichen sind. Wann das der Fall ist, ist eine Frage, auf die die Charta keine vorgreifliche Antwort liefern kann und nach dem Willen des Konvents auch nicht soll.[199]

(c) Zwischenergebnis

Die bisherigen Ausführungen belegen: Eine umfassende Grundrechtsbindung Privater vertrüge sich weder mit dem Gebot der Sekundärrechtsakzessorietät der mitgliedstaatlichen Bindung an die GRC noch mit dem Verbot der Kompetenzerweiterung und dem Subsidiaritätsprinzip.

(d) Konsequenz: Zwingender Gleichlauf statt absoluter Unzulässigkeit

Allerdings zwingt das Gesagte nicht zu einer pauschalen Ablehnung einer Grundrechtsbindung Privater.[200] Ihm lässt sich schon dadurch Rechnung tragen, dass man die in Art. 51 Abs. 1 GRC angelegte Sekundärrechtsakzessorietät auch auf die Grundrechtsverpflichtung Privater übertragen muss, so man sie denn bejaht. Damit kommt eine Bindung Privater nur dann in Betracht, wenn der Sachverhalt in den oben dargestellten, durch das Sekundärrecht eröffneten, Anwendungsbereich der Charta fällt.[201] Das ist möglich, wenn man Art. 51 Abs. 1 S. 1 Alt. 2 GRC seinem primären Zweck entsprechend als Vorschrift liest, die dazu dient, die nationale und unionale Grundrechtssphäre voneinander abzugrenzen.[202] Die Normpassage „*für* die Mitgliedstaaten" kommt dann wertungsmäßig eher einem „*in* den Mitgliedstaaten" gleich.

---

[197] *C. Picker/Rathmann*, RdA 2022, 61, 65.

[198] Im Rahmen der geteilten Unionskompetenzen wird die Hoheitsgewalt der Union in vertikaler Hinsicht nicht durch das Prinzip der begrenzten Einzelermächtigung, sondern durch das Subsidiaritätsprinzip begrenzt, das sich alleine auf die Kompetenzausübung bezieht, vgl. Calliess/Ruffert/*Calliess*, Art. 2 AEUV Rn. 12.

[199] Ähnlich konkret für die Schutzpflicht aus Art. 21 Abs. 1 GRC Calliess/Ruffert/*Rossi*, Art. 21 GRC Rn. 11.

[200] Wie hier Preis/Sagan/*Pötters*, § 3 Rn. 37; *ders.*, Grundrechte und Beschäftigtendatenschutz, 2013, S. 226 f.; *Lenaerts*, Quad. Cost. 31 (2020), 633, 635; Riesenhuber/*Köndgen*/*Mörsdorf*, § 6 Rn. 51 f.; *Mörsdorf*, JZ 2019, 1066, 1073; *Kainer*, NZA 2018, 894, 899; *Edenharter,* EuR 2022, 302, 314. Ähnlich, wenn auch mit einem anderen Horizontalwirkungsbegriff *Seifert*, EuZW 2011, 696, 701 f. A.A. für eine absolute Unzulässigkeit aus diesem Grund *Ruffert*, JuS 2020, 1, 6; *Sagmeister*, Die Grundsatznormen in der Europäischen Grundrechtecharta, 2010, S. 325; Merten/Papier-HdbGR Bd. VI/1/*Niedobitek*, § 159 Rn. 103. In der Tendenz auch Stern/Sachs-GRC/*Ladenburger*/*Vondung*, Art. 51 Rn. 17; EuArbRK/*Schubert*, Art. 51 GRC Rn. 42; *C. Picker/Rathmann*, RdA 2022, 61, 65.

[201] Insoweit zutreffend auch *Höpfner*, RdA 2013, 16, 21, der die Horizontalwirkung aus anderen Gründen ablehnt.

[202] Mit diesem Verständnis auch *Pirker*, Anwendung der Unionsgrundrechte, 2018, S. 303.

Dadurch wird die positive Horizontalwirkung der Charta freilich de facto von einer einfachrechtlichen Vermittlung abhängig gemacht und rückt insoweit in eine gewisse Nähe zur „mittelbaren Drittwirkung".[203] Entscheidend ist aber, dass es sich um keine grundrechtsdogmatisch erforderliche Gesetzesmediatisierung handelt[204], die die fehlende Adressatenstellung Privater überwinden müsste, sondern um einen Umstand, der alleine der von der vertikalen Gewaltenteilung herrührenden Besonderheit der Sekundärrechtsakzessorietät der Charta geschuldet ist. Geht man diesen konsequenten Weg, führt auch die Anerkennung der Grundrechtsbindung Privater nicht zu einer Verschiebung der vertikalen Gewaltenteilung.[205]

Ob der EuGH dies genauso sieht, blieb nach der *Egenberger*-Entscheidung zwar aus Sicht mancher zunächst unklar.[206] Inzwischen hat der Gerichtshof die hier zugrundeliegende Sichtweise aber jedenfalls in der Rechtssache *TSN* implizit bestätigt: Obwohl er dort – nicht zuletzt wegen der ausdrücklichen Vorlagefrage des finnischen Gerichts – auf die Rechtssache *Bauer,* in der er bekanntermaßen eine unmittelbare Bindung Privater an Art. 31 Abs. 2 GRC angenommen hat, mehrfach Bezug nimmt[207], verneinte er nämlich explizit die Anwendbarkeit der Charta über den Anwendungsbereich der Arbeitszeitrichtlinie hinaus[208]. Auch aus Sicht des EuGH bleibt damit trotz Anerkennung der Chartabindung Privater jegliche Horizontalwirkung der GRC eine im Kern sekundärrechtsakzessorische. Hierin ist ihm zuzustimmen.

(3) Zwischenergebnis

Die Sekundärrechtsakzessorietät steht einer Bindung Privater nicht entgegen. Eine Gleichbehandlung von Richtlinien- und Grundrechts*wirkung* ist nicht geboten. Sekundär- und Kompetenzakzessorietät sprechen auch nicht per se gegen eine Bindung Privater; sie machen allerdings einen Gleichlauf von mitgliedstaatlicher Bindung und unmittelbarer Privat*bindung* zwingend erforderlich. Andernfalls würde die Grundrechtsverpflichtung Privater einen weiteren Anwendungsbereich der Charta zeitigen als es Art. 51 Abs. 1 S. 1 Alt. 2 GRC für die Mitgliedstaaten vorsieht, was schon wertungsgemäß nicht überzeugt. Des Weiteren läge hierin ein partieller Verstoß gegen das Kompetenzerweiterungsverbot und jedenfalls eine Verletzung des Subsidiaritätsprinzips.

---

[203] Stern/Sachs-GRC/*Ladenburger/Vondung*, Art. 51 Rn. 16 f.

[204] Missverständlich deshalb Merten/Papier-HdbGR Bd. VI/1/*Niedobitek*, § 159 Rn. 103.

[205] *Lenaerts*, Quad. Cost. 31 (2020), 633, 635.

[206] Vgl. etwa die Bedenken bei *Mörsdorf*, JZ 2019, 1066, 1073; *Ruffert*, FS Robbers, 2020, S. 923, 929. Die Ausführungen in Rn. 76 der Entscheidung sprechen jedoch eher dafür vgl. insbesondere EuGH v. 17.04.2018 – Rs. C-414/16 (*Egenberger*), NZA 2018, 569, Rn. 76: „Dieses in Art. 21 I der Charta niedergelegte Verbot verleiht schon für sich allein dem Einzelnen ein Recht, das er in einem Rechtsstreit, *der einen vom Unionsrecht erfassten Bereich* betrifft, als solches geltend machen kann." (Hervorhebung durch Verf.).

[207] EuGH v. 19.11.2019 – Rs. C-609/17, C-610/17 (*TSN*), NZA 2019, 1631, Rn. 43, 45.

[208] EuGH v. 19.11.2019 – Rs. C-609/17, C-610/17 (*TSN*), NZA 2019, 1631, Rn. 53 ff.

cc) Ergebnis zu Art. 51 GRC

Die Norm des Art. 51 GRC steht einer Bindung Privater an die Chartagrundrechte damit insgesamt nicht entgegen. Weder regelt sie den Adressatenkreis abschließend, noch verbietet die Sekundärrechtsakzessorietät der Charta a priori eine solche Bindungswirkung. Aus dem letztgenannten Gesichtspunkt ergeben sich allerdings enge Grenzen für die tatbestandliche Reichweite der Horizontalwirkungsdoktrin, auf die noch zurückzukommen ist.[209]

b) Vereinbarkeit mit dem allgemeinen Gesetzesvorbehalt des Art. 52 Abs. 1 S. 1 GRC

In Art. 52 Abs. 1 S. 1 GRC, der ebenfalls dem allgemeinen Teil der GRC angehört, wird daneben ein für alle Grundrechte der Charta gleichermaßen geltender Gesetzesvorbehalt[210] angeordnet. Im Grundsatz bedürfen danach sämtliche Grundrechtseinschränkungen seitens der Union und seitens der Mitgliedstaaten einer „gesetzlichen Grundlage". Es verwundert nicht, dass auch hieraus ein zentrales Argument gegen die Grundrechtsbindung Privater abgeleitet wird[211], schließlich ist auch hierzulande bereits verschiedentlich auf das Spannungsverhältnis von Gesetzesvorbehalt und grundrechtlicher „Drittwirkung" hingewiesen worden.[212]

Bezogen auf die Charta erschöpft sich die Argumentation zur Rolle des Gesetzesvorbehalts allerdings zumeist in eher knappen Verweisen auf eine vermeintliche Unvereinbarkeit eines solchen Vorbehalts mit der Annahme einer Grundrechtsbindung Privater. Worin genau diese begründet sein soll, bleibt häufig unklar. Teilweise wird der Einwand dahin konkretisiert, dass die Existenz des allgemeinen Gesetzesvorbehalts die ausschließliche Staatsrichtung der Grundrechte impliziere: Da Private in aller Regel[213] keine „Gesetze" erlassen können und diesem Vorbehalt deshalb denklogisch nie Rechnung tragen können, dürfe man sie auch nicht als Adressaten der Grundrechte begreifen.[214] Dieser Gedanke

---

[209] Hierzu unten unter § 13.

[210] Zu der Frage, ob man zwischen Vorbehalt des Gesetzes und Gesetzesvorbehalt begrifflich differenzieren sollte, vgl. *Berner*, RW 2020, 1, 3 Fn. 11 m.w.N. In der vorliegenden Untersuchung soll aufgrund der üblicherweise synonymen Begriffsverwendung in der Diskussion kein Unterschied zwischen beiden Termini gemacht werden.

[211] *Herresthal*, ZEuP 2014, 238, 254; *Jarass*, ZEuP 2017, 310, 331; *ders.*, in: Heiderhoff/Lohsse/Schulze (Hrsg.), EU-Grundrechte und Privatrecht, 2016, S. 31, 56; EuArbRK/*Schubert*, Art. 51 GRC Rn. 42; *dies.*, EuZA 2020, 302, 314; Pechstein/Nowak/Häde/*Pache*, Art. 51 Rn. 38; GA *Trstenjak*, Schlussanträge v. 08.09.2011 – Rs. C-282/10 (*Dominguez*), BeckRS 2011, 81367, Rn. 83.

[212] Siehe exemplarisch *Rüfner*, GS Martens, 1987, S. 215, 228 f.; *Pöschl*, VVDStRL 74 (2015), 406, 412 ff.

[213] Die Besonderheiten, die sich für eine Unionsgrundrechtsbindung von Tarifvertragsparteien ergeben könnten, seien im Rahmen dieser Untersuchung ausgeklammert.

[214] GA *Trstenjak*, Schlussanträge v. 08.09.2011 – Rs. C-282/10 (*Dominguez*), BeckRS 2011,

ist nicht neu, in diesem Sinne argumentierten auch namhafte Autoren hierzulande gegen eine Grundrechtsbindung Privater unter dem GG.[215]

Daneben könnte man auf Basis von Art. 52 Abs. 1 GRC argumentieren, dass es im Falle der aus einer positiven Horizontalwirkung resultierenden *richterlichen* Grundrechtsanwendung zwischen Privaten an dem notwendigen Gesetz fehle und der Gesetzesvorbehalt deshalb verletzt sei. Schließlich ist die positive Horizontalwirkung grundrechtsdogmatisch zunächst auf keine Gesetzesmediatisierung angewiesen. Auch dieses Argument wurde in der deutschen Drittwirkungsdebatte vorgetragen.[216] Es findet für die Charta-Dogmatik seine Entsprechung dort, wo auf eine an das deutsche Verständnis angelehnte Aufgabenverteilung zwischen Gesetzgeber und Richter rekurriert wird, um eine Grundrechtsbindung Privater an die Charta abzulehnen. Am deutlichsten bringen dieses Argument im Unionsrecht dabei *Rebhahn/Schörghofer* auf den Punkt:

> „Gegen eine (volle) Privatwirkung kann ferner eingewendet werden, dass Urteile zum Schutz des einen Privaten häufig in ein Grundrecht des anderen eingreifen. [...] Ein Eingriff in diese bedarf an sich nach Art. 51 Abs. 1 GRC [*sic!*] einer gesetzlichen Grundlage und muss überdies vorhersehbar sein. Ein Urteil, das unter unmittelbaren [*sic!*] Rückgriff auf die Charta den ArbG verpflichtet, schafft sich diese Grundlage selbst."[217]

Ob sich die Existenz eines allgemeinen Vorbehalts des Gesetzes unter der Charta und eine Bindung Privater aber tatsächlich ausschließen, soll im Folgenden näher erörtert werden.

81367, Rn. 83. Ähnlich etwa EuArbRK/*Schubert*, Art. 51 GRC Rn. 42 (Die Schrankenregelung des Art. 52 Abs. 1 „passe nicht" auf Private) bzw. *dies.*, EuZA 2020, 302, 314 („nicht adäquat").

[215] Vgl. *Canaris*, AcP 184 (1984), 201, 204 f. m.w.N.: „In dieselbe Richtung weist die Systematik der Gesetzesvorbehalte. Diese sind nämlich unzweifelhaft an den Staat, weil an den Gesetzgeber gerichtet. Die Einschränkbarkeit der Grundrechte durch Privatrechtssubjekte, insbesondere durch Rechtsgeschäft, ist also im Grundgesetz überhaupt nicht geregelt, obwohl das grundsätzlich erforderlich wäre, wenn dieses Geltung unmittelbar zwischen Privatrechtssubjekten beanspruchen würde.". So auch *Medicus*, AcP 192 (1992), 35, 43. Wiederum gegen dieses Argument für eine unmittelbare Bindung Privater *Kulick*, AöR 145 (2020), 649, 680 f.

[216] *Bleckmann*, Staatsrecht II – Die Grundrechte, 3. Auflage, 1989, S. 194 f.; *ders.*, DVBl. 1988, 938, 942 f.; *Ruffert*, Vorrang der Verfassung und Eigenständigkeit des Privatrechts, 2001, S. 229, 233; *Pöschl*, VVDStRL 74 (2015), 406, 412 ff.; *Klein*, NJW 1989, 1633, 1640; *Rüfner*, GS Martens, 1987, S. 215, 228 f. So letztlich auch *Lübbe-Wolff*, Die Grundrechte als Eingriffsabwehrrechte, 1988, S. 177 f.; *Regenfus*, Grundgesetz und Sachenrecht, 2013, S. 59. A.A. *Kulick*, Horizontalwirkung im Vergleich, 2020, S. 246 ff.; *Hager*, JZ 1994, 373, 379 Fn. 75.

[217] Grabenwarter, EnzEuR/*Rebhahn/Schörghofer*, § 21 Rn. 54. Gemeint ist aber Art. 52 Abs. 1 GRC. Ähnlich deutlich mit dem Gesetzesvorbehalt argumentierend *Ruffert*, JuS 2020, 1, 6 sowie Grabenwarter, EnzEuR/*Cremer*, § 3 Rn. 159.

aa) Chartarechtlicher Gesetzesvorbehalt als Argument für die reine Staatsrichtung?

Zunächst gilt es zu klären, ob schon aus der bloßen Existenz eines allgemeinen grundrechtlichen Vorbehalts des Gesetzes ein zwingendes Argument für die ausschließliche Staatsgerichtetheit der Chartagrundrechte zu folgern ist. Im Ausgangspunkt ist zuzugeben, dass sich ein allgemeiner Gesetzesvorbehalt und damit auch derjenige der GRC selbstverständlich nicht gegen Private richtet[218], weil diese ihm mangels Hoheitsgewalt schlicht nicht gerecht werden können: Private können keine Gesetze erlassen, um ihr eingreifendes Handeln zu legitimieren. Die Technik des Gesetzesvorbehalts rechnet also naturgemäß primär mit Eingriffen von Seiten der Hoheitsgewalt.[219]

Die Auswirkungen der Norm auf die Möglichkeiten einer Bindung Privater hängen dann allerdings maßgeblich davon ab, welche Schlüsse man aus dieser Selbstverständlichkeit zieht. Die These, ein allgemeiner Gesetzesvorbehalt impliziere zwingend, dass nur staatliche Adressaten an die Charta gebunden seien, ist aus systematischen Gründen wenig überzeugend. Der Chartageber könnte an dieser Stelle nämlich genauso gut allein eine Regelung der formellen Modalitäten *hoheitlicher* Grundrechtseingriffe vor Augen gehabt haben, ohne damit überhaupt private Grundrechtseingriffe näher zu thematisieren. Auch Eingriffe von privater Seite können aber grundsätzlich möglich sein. Für sie gelten nur besagte Modalitäten nicht in gleicher Weise.

Dieses Verständnis erscheint vorzugswürdig: Art. 52 Abs. 1 GRC selbst will gerade nicht den Grundrechtseingriff als solchen definieren und damit auch nicht, von wem ein solcher grundsätzlich ausgehen kann und von wem nicht.[220] Er setzt vielmehr zunächst die Feststellung eines tatsächlichen Grundrechtseingriffs voraus, um für den Fall der hoheitlichen Urheberschaft besondere Anforderungen in formeller und materieller Hinsicht anzustellen. Bestätigt wird dies durch die obige Feststellung, dass der Konvent die Klärung der Drittwirkungsfrage jedenfalls implizit Rechtsprechung und Lehre überlassen hat. Die Annahme, dass an versteckter textlicher Stelle, namentlich im Rahmen des Art. 52 Abs. 1 GRC, doch noch eine abschließende Absage an eine Grundrechtsbindung Privater getroffen werden sollte, liegt eher fern. Der pauschale Schluss von der Existenz eines allgemeinen Gesetzesvorbehalts auf die fehlende Adressatenstellung Privater überzeugt deshalb insgesamt nicht.[221]

---

[218] Zur Charta *Stein*, Drittwirkung im Unionsrecht, 2016, S. 78; allgemeiner *Pötters*, Grundrechte und Beschäftigtendatenschutz, 2013, S. 70. Zum GG vgl. *Lübbe-Wolff*, Die Grundrechte als Eingriffsabwehrrechte, 1988, S. 160.

[219] *Medicus*, AcP 192 (1992), 35, 43.

[220] Überzeugend *Stein*, Drittwirkung im Unionsrecht, 2016, S. 78 f.

[221] *Stein*, Drittwirkung im Unionsrecht, 2016, S. 78 ff.

bb) Unvereinbarkeit von Gesetzesvorbehalt und Grundrechtsbindung Privater?

Möglicherweise lassen sich aber ein grundrechtlicher Gesetzesvorbehalt und eine Bindung Privater aus einem anderen Grund nicht miteinander vereinbaren. Bejaht man diese nämlich, so kann der Zivilrichter seine Entscheidung zulasten einer Partei konstruktiv unmittelbar auf das Grundrecht der anderen Partei stützen. Eines einfachen, eingriffslegitimierenden „Gesetzes" bedürfte er dafür streng genommen nicht mehr.[222] Im Arbeitsrecht wird es hier regelmäßig um einen Eingriff in das Arbeitgebergrundrecht der unternehmerischen Entscheidungsfreiheit aus Art. 16 GRC gehen.[223]

(1) Ursprung des Arguments: Zur Rechtslage unter dem GG

Diese Argumentation ist ebenfalls deutlich an die deutsche Drittwirkungs-Debatte angelehnt. Hierzulande spricht in der Tat der grundrechtliche Vorbehalt des Gesetzes entschieden gegen eine unmittelbare Verpflichtung Privater.[224]

(a) Bindung des (Zivil-) Richters an den Vorbehalt des Gesetzes?

So besteht zwar immer noch Uneinigkeit darüber, inwieweit neben der Exekutive auch der (Zivil-) Richter an diesen gebunden ist[225], was maßgeblich daran liegt,

---

[222] So Grabenwarter, EnzEuR/*Rebhahn/Schörghofer*, § 21 Rn. 54; Grabenwarter, EnzEuR/*Cremer*, § 3 Rn. 159. Ähnlich auch *Ruffert*, JuS 2020, 1, 6. Vgl. grundlegend hierzu *ders.*, Vorrang der Verfassung und Eigenständigkeit des Privatrechts, 2001, S. 130 ff., 228 ff.;

[223] Grabenwarter, EnzEuR/*Rebhahn/Schörghofer*, § 21 Rn. 54. Zwar ist in der Literatur wegen der besonderen Regelungsbedürftigkeit dieses Grundrechts darauf hingewiesen worden, Art. 52 Abs. 1 GRC sei insoweit nur modifiziert anzuwenden, vgl. hierzu *Michl*, Unionsgrundrechte aus der Hand des Gesetzgebers, 2018, S. 258 f., 264 ff.: Nur ein Eingriff in einen nicht mehr näher ausgestaltungsbedürftigen „Kern" dieses Grundrechts sei im Sinne von Art. 52 Abs. 1 GRC überhaupt rechtfertigungsbedürftig und damit unter anderem auch am Gesetzesvorbehalt der Norm zu messen. Im Übrigen handele es sich um ausgestaltende *Regelungen*, für die Art. 52 Abs. 1 GRC nicht gelte. Selbst wenn man dies trotz der dadurch entstehenden Abgrenzungsschwierigkeiten für überzeugend hielte, wofür *Michl* zumindest gute Gründe liefert (S. 278 ff.), blieben die „Kernbereichsfälle" für die aufgezeigte Problematik bedeutsam. Vgl. zur Regelungsfähigkeit von Art. 16 GRC auch noch unten unter § 15 A. III. 1. b) bb).

[224] *Bleckmann*, Staatsrecht II – Die Grundrechte, 3. Auflage, 1989, S. 194 f.; *ders.*, DVBl. 1988, 938, 942 f.; *Ruffert*, Vorrang der Verfassung und Eigenständigkeit des Privatrechts, 2001, S. 229, 233; *Pöschl*, VVDStRL 74 (2015), 406, 412 ff.; *Klein*, NJW 1989, 1633, 1640; *Rüfner*, GS Martens, 1987, S. 215, 228 f. So letztlich auch *Lübbe-Wolff*, Die Grundrechte als Eingriffsabwehrrechte, 1988, S. 177 f.; *Regenfus*, Grundgesetz und Sachenrecht, 2013, S. 59. A.A. *Kulick*, Horizontalwirkung im Vergleich, 2020, S. 246 ff.; *Hager*, JZ 1994, 373, 379 Fn. 75.

[225] Zur inzwischen wohl h.M. für eine Geltung des Vorbehalts des Gesetzes auch für den (Zivil-)Richter: *Röthel*, Normkonkretisierung im Privatrecht, 2004, S. 63 ff.; *Ruffert*, Vorrang der Verfassung und Eigenständigkeit des Privatrechts, 2001, S. 132, 228 ff.; *Poscher*, Grundrechte als Abwehrrechte, 2003, S. 216 f.; *Lübbe-Wolff*, Die Grundrechte als Eingriffsabwehrrechte, 1988, S. 169; *Höfling*, Vertragsfreiheit, 1991, S. 54; *Henninger*, Europäisches Privat-

dass der Gesetzesvorbehalt des GG in erster Linie auf das Verhältnis von Exekutive und Gesetzgeber zielt.[226] Die besseren Gründe sprechen aufgrund der Funktion des Gesetzesvorbehalts in Deutschland allerdings für eine solche Bindung der dritten Gewalt.

Im Sinne der sog. *Wesentlichkeitstheorie* ist die für die Verwirklichung der Grundrechte wesentliche Rechtsetzung grundsätzlich dem Gesetzgeber vorbehalten[227], wobei die Ermittlung dieser Wesentlichkeit freilich diffizil ist, weil es hierzu an klaren Maßstäben mangelt.[228] Einig ist man sich unter den Befürwortern einer solchen Bindung des Zivilrichters allerdings auch, dass der Vorbehalt im Privatrecht schwächer ausgestaltet ist als im Staat-Bürger-Verhältnis, von dem das öffentliche Recht gekennzeichnet ist.[229] Generell und damit auch im

recht und Methode, 2009, S. 66 f.; *Regenfus*, Grundgesetz und Sachenrecht, 2013, S. 57 f.; *Jocham*, Die Grenzen der richterlichen Rechtsfortbildung im Privatrecht, 2021, S. 249; *Singer*, Rechtsklarheit und Dritte Gewalt, 2010, S. 211 ff.; *Kruse*, Verfassungsrechtliche Grenzen richterlicher Rechtsfortbildung, 2019, S. 166 ff.; *Ulber*, Tarifdispositives Gesetzesrecht, 2010, S. 368 ff.; *S Lenz*, Vorbehaltlose Freiheitsrechte, 2006, S. 153 f.; *Hillgruber*, JZ 1996, 118, 123; *Groß*, JZ 1999, 326, 331; *Pieroth/Aubel*, JZ 2003, 504, 509; *Hermes*, VVDStRL 61 (2002), 119, 137; *Pöschl*, VVDStRL 74 (2015), 406, 413; *Burkiczak*, in: Emmenegger/Wiedmann (Hrsg.), Linien der Rechtsprechung des Bundesverfassungsgerichts, 2012, S. 129, 138 ff.; *ders.*, RdA 2007, 17, 19 f.; *Höfling/Burkiczak*, AP GG Art. 9 Nr. 142 unter III.; *Höfling/Engels*, NJW 2007, 3102 f.; *dies.*, ZG 2008, 250, 258 ff.; *Thüsing/Waldhoff*, ZfA 2011, 329, 381; *Berner*, RW 2020, 1, 4 f.; *Bryde*, SR 2015, 128, 131; *Canaris*, FS Bydlinski, 2002, S. 47, 83. Hierzu grundlegend bereits *Schwabe*, Die sogenannte Drittwirkung der Grundrechte, 1971, S. 101 ff. Tendenziell auch *Oeter*, AöR 119 (1994), 529, 547; *Wank*, Auslegung und Rechtsfortbildung im Arbeitsrecht, 2013, S. 135; *Canaris*, Grundrechte und Privatrecht, 1999, S. 69. Für eine Geltung des Vorbehalts des Gesetzes zumindest in Gestalt des Parlamentsvorbehalts *Franzen*, Privatrechtsangleichung, 1999, S. 425 ff. Dabei sind aber die konkreten Schlussfolgerungen aus dieser Geltung des Vorbehalts des Gesetzes für die Reichweite der Rechtsfortbildung sehr unterschiedlich. Zurückhaltender *Classen*, JZ 2003, 693, 700. Ablehnend *Möllers*, Juristische Methodenlehre, 4. Auflage, 2021, § 13 Rn. 87 ff. m.w.N.; *Neuner*, JZ 2016, 435, 436 f.; *ders.*, FamRZ 2017, 1805, 1808; *ders.*, ZfPW 2022, 257, 260 ff.; *Bumke*, in: ders. (Hrsg.), Richterrecht zwischen Gesetzesrecht und Rechtsgestaltung, 2012, S. 33, 43 ff.; *Lassahn*, Rechtsprechung und Parlamentsgesetz, 2017, S. 241 ff. Tendenziell ablehnend *Hager*, JZ 1994, 373, 379; *Szczekalla*, Schutzpflichten, 2002, S. 162 f. Vgl. außerdem den Überblick bei *Barczak*, in: Scheffczyk/Wolter (Hrsg.), Linien der Rechtsprechung des Bundesverfassungsgerichts, 2017, S. 91, 105 ff.

[226] *Röthel*, Normkonkretisierung im Privatrecht, 2004, S. 63; *Ruffert*, Vorrang der Verfassung und Eigenständigkeit des Privatrechts, 2001, S. 130 f., 228 ff.; *Bruns*, JZ 2014, 162, 164.

[227] Grundlegend BVerfG v. 14.03.1972 – 2 BVR 41/71, BVerfGE 33, 1, 10 ff. Dazu aus privatrechtlicher Sicht *Ruffert*, Vorrang der Verfassung und Eigenständigkeit des Privatrechts, 2001, S. 223 ff.; *Röthel*, Normkonkretisierung im Privatrecht, 2004, S. 63 ff.; *Bruns*, JZ 2014, 162, 164; *Höfling/Engels*, ZG 2008, 250, 258 ff.

[228] Vgl. zur für die Judikative relevanten Wesentlichkeitsschwelle *Kruse*, Verfassungsrechtliche Grenzen richterlicher Rechtsfortbildung, 2019, S. 174 ff.; *Röthel*, Normkonkretisierung im Privatrecht, 2004, S. 66 ff., 119 ff.

[229] *Ruffert*, Vorrang der Verfassung und Eigenständigkeit des Privatrechts, 2001, S. 132; *Röthel*, Normkonkretisierung im Privatrecht, 2004, S. 69; *Ulber*, Tarifdispositives Gesetzesrecht, 2010, S. 369; *Jocham*, Die Grenzen der richterlichen Rechtsfortbildung im Privatrecht, 2021, S. 249.

Privatrecht ist die grundrechtliche Schutzpflichtenerfüllung aber dennoch grundsätzlich primäre Aufgabe des demokratisch legitimierten Gesetzgebers.[230] Erst das Gesetz liefert dem Richter die formelle Legitimation für grundrechtseinschränkende Entscheidungen zulasten einer Partei des in Rede stehenden Privatrechtsstreits. Überdies vermittelt es die nötige Vorhersehbarkeit und damit Rechtssicherheit für beide Parteien eines zivilrechtlichen Rechtsstreits.[231] Damit ist die richterliche Befugnis zur eigenständigen Erfüllung grundrechtlicher Schutzpflichten hierzulande also grundsätzlich zum einen bereits durch seine Gesetzesbindung nach Art. 20 Abs. 3 GG, zum anderen aber eben auch durch den grundrechtlichen Gesetzesvorbehalt begrenzt: Eine richterliche Entscheidung *entgegen* einer gesetzlichen Grundlage (*contra legem*) verstößt gegen die Gesetzesbindung des Richters, eine Entscheidung *ohne* die erforderliche gesetzliche Grundlage (*praeter legem*) verstößt gegen den Vorbehalt des Gesetzes.[232]

Daran kann auch die Berufung des Richters auf die Pflicht zur Erfüllung grundrechtlicher Schutzpflichten an sich noch nichts ändern[233], da diese als solche aufgrund ihrer Mediatisierungsbedürftigkeit keine gesetzliche Grundlage darstellt. Eine Ausnahme scheint das BVerfG in dieser Hinsicht zwar in seiner Rechtsprechung für das Arbeitskampfrecht zu machen, wenn es dem BAG ausdrücklich die Befugnis zuspricht, dieses Rechtsgebiet im Verhältnis Privater untereinander auch ohne gesetzliche Grundlage auszugestalten.[234] In dem diesbezüglichen jahrzehntelangen Unterlassen des Gesetzgebers kann man indes mit guten Gründen einen „ständigen Verfassungsverstoß“ erblicken[235], der sich heute schlicht

[230] *Ruffert*, Vorrang der Verfassung und Eigenständigkeit des Privatrechts, 2001, S. 229 f.

[231] *Ruffert*, Vorrang der Verfassung und Eigenständigkeit des Privatrechts, 2001, S. 230.

[232] *Röthel*, Normkonkretisierung im Privatrecht, 2004, S. 119.

[233] Wie hier etwa *Röthel*, JuS 2001, 424, 427 f.; *Klein*, NJW 1989, 1633, 1640; *Hillgruber*, JZ 1996, 118, 123 f.; *Oeter*, AöR 119 (1994), 529, 550; *Regenfus*, Grundgesetz und Sachenrecht, 2013, S. 57 ff.; *Burkiczak*, in: Emmenegger/Wiedmann (Hrsg.), Linien der Rechtsprechung des Bundesverfassungsgerichts, 2012, S. 129, 148. Ähnlich explizit auch *Ulber*, Tarifdispositives Gesetzesrecht, 2010, S. 374. So aber *Möllers*, Juristische Methodenlehre, 4. Auflage, 2021, § 13 Rn. 88; *Neuner*, JZ 2016, 435, 436; *ders.*, ZfPW 2022, 257, 260 ff., 268 f.; *Szczekalla*, Schutzpflichten, 2002, S. 162 f.; *Jocham*, Die Grenzen der richterlichen Rechtsfortbildung im Privatrecht, 2021, S. 217 f. Großzügig auch *Kruse*, Verfassungsrechtliche Grenzen richterlicher Rechtsfortbildung, 2019, S. 178; *Henninger*, Europäisches Privatrecht und Methode, 2009, S. 67.

[234] BVerfG v. 26.06.1991 – 1 BvR 779/85, BVerfGE 84, 212, 226 f. Anders indes, wenn es um den Beamteneinsatz auf bestreikten Arbeitsplätzen geht, weil es hier zumindest auch um das Verhältnis von Staat und Privaten gehe und deshalb eine gesetzgliche Regelung unentbehrlich sei BVerfG 02.03.1993 – 1 BvR 1213/85, BVerfGE 88, 103, 116. Zu Recht kritisch zu dieser unbegründeten Ungleichbehandlung von Horizontal- und Vertikalverhältnis etwa *Franzen*, Privatrechtsangleichung, 1999, S. 426; *Ruffert*, Vorrang der Verfassung und Eigenständigkeit des Privatrechts, 2001, S. 132; *Ulber*, Tarifdispositives Gesetzesrecht, 2010, S. 368; *Pieroth/Aubel*, JZ 2003, 504, 509; *Hillgruber*, JZ 1996, 118, 123; *Burkiczak*, in: Emmenegger/Wiedmann (Hrsg.), Linien der Rechtsprechung des Bundesverfassungsgerichts, 2012, S. 129, 138 ff.; *Höfling/Engels*, ZG 2008, 250, 258 ff.

[235] *Classen*, JZ 2003, 693, 701.

nicht mehr anders kompensieren lässt als durch das rechtsfortbildende Tätigwerden des BAG.[236] Dieses Vorgehen ist ein eng umgrenzter Ausnahmefall, der die skizzierte Regel des Erfordernisses einer gesetzlichen Regelung nur bestätigt.[237] Die großzügigere Handhabung auf dem Gebiet des Arbeitskampfrechts ließe sich im Unterschied zum sonstigen Privatrecht außerdem mit der in Art. 9 Abs. 3 S. 2 GG ausdrücklich angeordneten Bindung Privater rechtfertigen, die Eingriffe durch den Zivilrichter bereits verfassungsunmittelbar legitimiert.[238] Man sollte aber nicht so weit gehen, Ausnahmen vom Gesetzesvorbehalt generell für solche Fälle zu zulassen, in denen ansonsten kein wirksamer Grundrechtsschutz bestünde.[239] Wo er greift, ist der grundrechtliche Gesetzesvorbehalt gerade „kein abwägungsfähiges Rechtsgut, sondern strikt zu beachten".[240] Folgerichtig hat das BVerfG nach langer Unklarheit in seiner *Scheinvater*-Entscheidung deutlich gemacht, dass der Vorbehalt des Gesetzes grundsätzlich – wenn auch in abgeschwächter Form – ebenso für den Zivilrichter gilt.[241]

Zusammengefasst bedeutet das: Wo und soweit der Vorbehalt des Gesetzes gilt und damit die Grenzen der Rechtsfortbildung erreicht sind, ist es dem Richter verwehrt, sich unter unmittelbarer Berufung auf eine grundrechtliche Schutzpflicht die erforderliche gesetzliche Grundlage selbst zu schaffen.

Diese Sichtweise führt nicht, wie die Gegenansicht meint, zu untragbaren Rechtsschutzlücken zulasten des Inhabers der unerfüllt bleibenden schutzrechtlichen Grundrechtsposition.[242] Denn das erforderliche Tätigwerden des Privat-

---

[236] Zum gesetzgeberischen Versagen als Legitimationsgrundlage einer Rechtsfortbildung *Ulber*, Tarifdispositives Gesetzesrecht, 2010, S. 373.

[237] *Berner*, RW 2020, 1, 4 f. Ähnlich bereits *Röthel*, Normkonkretisierung im Privatrecht, 2004, S. 69 Fn. 146.

[238] In diese Richtung *Schwarze*, ZfA 2018, 149, 159.

[239] So aber *Möllers*, Juristische Methodenlehre, 4. Auflage, 2021, § 13 Rn. 88; *Neuner*, JZ 2016, 435, 436; *ders.*, FamRZ 2017, 1805, 1808. Tendenziell auch *Kruse*, Verfassungsrechtliche Grenzen richterlicher Rechtsfortbildung, 2019, S. 178.

[240] *Hillgruber*, JZ 1996, 118, 123.

[241] BVerfG v. 24.02.2015 – 1 BvR 472/14, NJW 2015, 1506, Rn. 40 ff. Dabei geht das Gericht im Grunde davon aus, dass eine gesetzliche Grundlage umso eher erforderlich ist, je schwerer der Eingriff in die grundrechtliche Position einer Partei wiegt. Umgekehrt seien die Grenzen weniger streng, wenn die Fortbildung der Durchsetzung verfassungsmäßiger Rechte der anderen Partei dient. Damit ist allerdings für die typische „Schutz durch Eingriff"-Konstellation im Horizontalverhältnis kaum etwas gewonnen. Vgl. zur Entscheidung und ihren generellen Auswirkungen etwa *Berner*, RW 2020, 1 ff. Zum Rechtsprechungswandel eingehend *Barczak*, in: Scheffczyk/Wolter (Hrsg.), Linien der Rechtsprechung des Bundesverfassungsgerichts, 2017, S. 91, 109 ff. Kritisch zu dieser Entscheidung *Neuner*, JZ 2016, 435, 436 ff.; *ders.*, FamRZ 2017, 1805, 1808; *ders.*, ZfPW 2022, 257, 263 f. Problematisch ist angesichts dieser Weichenstellung des BVerfG das Vorgehen des BGH in BGH v. 26.11.2015 – I ZR 174/14, NJW 2016, 794, Rn. 72, wo dieser allein auf die älteren Entscheidungen des BVerfG zum Arbeitskampfrecht verweist, um das Erfordernis einer einfachgesetzlichen Grundlage zwischen Privaten abzulehnen und sich so den Weg für eine Rechtsfortbildung zu ebnen.

[242] *Ulber*, Tarifdispositives Gesetzesrecht, 2010, S. 374 ff.; *Singer*, Rechtsklarheit und

rechtsgesetzgebers zur Erfüllung der grundrechtlichen Schutzpflicht lässt sich verfassungsprozessual sicherstellen:

Zum einen ist gegen das legislative Unterlassen eine Verfassungsbeschwerde statthaft, die sich entweder unmittelbar gegen das Unterlassen des Gesetzgebers oder aber gegen die belastende Gerichtsentscheidung richtet, in der sich das schutzpflichtenwidrige gesetzgeberische Unterlassen aktualisiert.[243] Zum anderen ist entgegen der traditionellen Auffassung[244] eine Vorlage gem. Art. 100 Abs. 1 GG sowohl in den Fällen des unechten Unterlassens, d.h. der schutzpflichtenwidrigen Unvollständigkeit einer bestehenden gesetzlichen Regelung, als auch in den Fällen des echten Unterlassens, d.h. des schutzpflichtenwidrigen Fehlens einer gesetzlichen Regelung, statthaft.[245] Nur auf diese Weise kann die grundrechtsdogmatische „Neuerung" der Entdeckung der grundrechtlichen Schutzpflichten, die in der Urkonzeption des GG nicht angelegt gewesen waren, auch verfassungsprozessual konsequent und in vollem Umfang nachvollzogen werden.[246] Hielte man dabei Art. 100 Abs. 1 GG nur für die Fälle unechten Unterlassens für einschlägig, ergäbe sich daraus außerdem das paradoxe Ergebnis, dass im Falle des schwereren Verfassungsverstoßes in Form der völligen gesetzgeberischen Untätigkeit keine Vorlage erforderlich wäre, im Falle des leichteren Verstoßes indes schon.[247] Dieser Widerspruch wird verhindert, wenn man in beiden Konstellation die Vorlage gesetzgeberischen Unterlassens für möglich hält. Für den konkreten Rechtsstreit, der den Anlass der Vorlage gegeben hat, mag das vom Gesetzgeber zu erlassende Gesetz zwar nicht immer die erforderliche Rück-

---

Dritte Gewalt, 2010, S. 213 f.; *Frieling/Jacobs*, FS Düwell, 2021, S. 305, 324; ErfK/*I. Schmidt*, Einl. GG Rn. 19. So aber etwa *Neuner*, JZ 2016, 435, 436; *ders.*, ZfPW 2022, 257, 265 f.; *Möllers*, Juristische Methodenlehre, 4. Auflage, 2021, § 13 Rn. 88.

[243] *Canaris*, Grundrechte und Privatrecht, 1999, S. 70; *Singer*, Rechtsklarheit und Dritte Gewalt, 2010, S. 216 f.; *Ulber*, Tarifdispositives Gesetzesrecht, 2010, S. 374 ff.; *Hillgruber*, JZ 1996, 118, 124; *Hermes*, VVDStRL 61 (2002), 119, 143. Rechtsvergleichend zu den verfassungsprozessualen Möglichkeiten im Falle gesetzgeberischen Unterlassens *Brewer Carías*, in: ders. (Hrsg.), Constitutional courts as positive legislators, 2011, S. 125 ff.

[244] Vgl. hierzu Dreier-GG/*Wieland*, Art. 100 Rn. 19 m.w.N. Konkret im Zusammenhang mit der Rechtsfortbildung *Classen*, JZ 2003, 693, 697 ff.

[245] So auch *Röthel*, JuS 2001, 424, 428; *Hillgruber*, JZ 1996, 118, 120; *Hermes*, VVDStRL 61 (2002), 119, 142 ff.; *Oeter*, AöR 119 (1994), 529, 548; *Pöschl*, VVDStRL 74 (2015), 406, 415 Fn. 41; *Wahl/Masing*, JZ 1990, 553, 562; *Burkiczak*, RdA 2007, 17, 20; *Müller-Franken*, FS Bethge, 2009, S. 223, 245; *Frieling/Jacobs*, FS Düwell, 2021, S. 305, 324; *Muckel*, VVDStRL 79 (2020), 245, 274; *Höfling*, Vertragsfreiheit, 1991, S. 55; *Ulber*, Tarifdispositives Gesetzesrecht, 2010, S. 374 ff.; *Regenfus*, Grundgesetz und Sachenrecht, 2013, S. 59; *Seiwerth*, Gestaltungsfreiheit, 2017, S. 349; *Canaris*, Grundrechte und Privatrecht, 1999, S. 70. Ausführlich hierzu *Grimm*, FS Jaeger, 2011, S. 759 ff. Gegen eine Anwendung von Art. 100 Abs. 1 GG im Falle echten Unterlassens indes *Hillgruber*, JZ 1996, 118, 120. Auch *Ruffert*, Vorrang der Verfassung und Eigenständigkeit des Privatrechts, 2001, S. 226 ff. spricht von „unüberwindlichen verfassungsprozessualen Schwierigkeiten".

[246] Eingehend *Grimm*, FS Jaeger, 2011, S. 759 ff.

[247] *Grimm*, FS Jaeger, 2011, S. 759, 764 f.

wirkung entfalten können. Eine solche Schutzlücke ließe sich indes durch das Instrumentarium des BVerfG zum Erlass von Anordnungen nach §§ 32, 35 BVerfGG schließen. Notfalls muss also dieses – nicht aber die Fachgerichte selbst – eine Übergangsregelung schaffen.[248] Das erscheint systematisch stimmiger als eine unmittelbare Rechtsfortbildung durch die einzelnen Fachgerichte, weil § 31 Abs. 2 BVerfGG den Sprüchen des BVerfG Gesetzeskraft zuerkennt. In dieser Hinsicht unterscheiden diese sich wesentlich von gewöhnlichen Gerichtsentscheidungen.

(b) Aushebelung dieser Grenzen durch unmittelbare Verpflichtung Privater

Wo also die Rechtsprechung wegen des Vorbehalts des Gesetzes und des darin zum Ausdruck kommenden Demokratie- und Rechtstaatsprinzips an die Grenzen der Rechtsfortbildung stößt, ist der Gesetzgeber auf den Plan gerufen. Das dann erforderliche gesetzgeberische Tätigwerden kann mit dem verfassungsprozessualen Instrumentarium des GG erreicht werden. Ist der Vorbehalt des Gesetzes hingegen nicht tangiert und sind auch die sonstigen Voraussetzungen erfüllt, stehen einer schutzpflichtenerfüllenden Rechtsfortbildung keine prinzipiellen Einwände entgegen.

Eine unmittelbare Verpflichtung Privater ließe sich mit dieser differenzierenden Weichenstellung unter dem GG nicht vereinbaren, weil sie konstruktiv *nie* auf die Existenz einer einfachrechtlichen Regelung des Gesetzgebers angewiesen wäre.[249] Durch sie würden somit die verfassungsrechtlichen Grenzen einer richterlichen Schutzpflichtenerfüllung vollständig ausgehebelt.[250] Damit ist letztlich – neben der Gesetzesbindung und dem System des Art. 100 Abs. 1 GG – der Gesetzesvorbehalt das entscheidende Argument gegen eine unmittelbare Verpflichtung Privater durch die Grundrechte des GG.[251]

(2) Übertragbarkeit dieses Verständnisses auf die GRC?

Nun stellt sich die Frage, ob in gleicher Weise für die GRC argumentiert werden kann. Auch in der hier untersuchten Konstellation stehen mit der gerichtlichen Rechtsanwendung auf nationaler Ebene letztlich mitgliedstaatliche Eingriffe in die Unionsgrundrechte einer Privatpartei in Rede. Auch wenn man hier im Aus-

[248] *Hermes*, VVDStRL 61 (2002), 119, 143; *Ulber*, Tarifdispositives Gesetzesrecht, 2010, S. 379 f. m.w.N. Angedeutet bereits bei *Wahl/Masing*, JZ 1990, 553, 562.

[249] *Bleckmann*, Staatsrecht II – Die Grundrechte, 3. Auflage, 1989, S. 194 f.; *ders.*, DVBl. 1988, 938, 942 f.; *Ruffert*, Vorrang der Verfassung und Eigenständigkeit des Privatrechts, 2001, S. 229, 233; *Pöschl*, VVDStRL 74 (2015), 406, 412 ff.; *Klein*, NJW 1989, 1633, 1640. So letztlich auch *Lübbe-Wolff*, Die Grundrechte als Eingriffsabwehrrechte, 1988, S. 177 f. A.A. *Kulick*, Horizontalwirkung im Vergleich, 2020, S. 246 ff.; *Hager*, JZ 1994, 373, 379 Fn. 75.

[250] Das erkennt letztlich auch *Kulick*, Horizontalwirkung im Vergleich, 2020, S. 246 ff. an.

[251] Mit dieser Deutlichkeit *Pöschl*, VVDStRL 74 (2015), 406, 412 f.; *Rüfner*, GS Martens, 1987, S. 215, 228 f.; *Regenfus*, Grundgesetz und Sachenrecht, 2013, S. 59.

gangspunkt den mitgliedstaatlichen Zivilrichter in gleicher Weise an den Gesetzesvorbehalt der Charta bindet[252], spräche dieser indes nur dann in gleicher Weise gegen eine Grundrechtsbindung Privater, wenn die angestellten Überlegungen zum GG auf das Unionsrecht übertragbar wären.

(a) Eingeschränkte Bedeutung des chartarechtlichen Gesetzesvorbehalts

Um diese Frage beantworten zu können, muss zunächst Klarheit über die genaue Bedeutung des in Art. 52 Abs. 1 GRC angeordneten Vorbehalts bestehen. Die Erläuterungen zur Charta geben hierzu keinen weiteren Aufschluss und auch in der bisherigen Rechtsprechung des EuGH spielte er sowohl vor[253] als auch nach Inkrafttreten[254] der Charta selten eine tragende Rolle.[255] Zumindest in der Literatur ist seine Bedeutung allerdings bereits genauer herausgearbeitet worden. Danach unterscheidet er sich nicht unwesentlich von dem aus dem deutschen Verfassungsrecht bekannten Institut. Hierzulande dient der grundrechtliche Gesetzesvorbehalt wie dargestellt der Realisierung des Gewaltenteilungs-, Demokratie- und Rechtstaatsprinzips[256]; durch das einfache Gesetz sollen einem konkreten Grundrechtseingriff sachliche demokratische Legitimation verschafft und ein gewisses Maß an Vorhersehbarkeit und damit Rechtssicherheit bei Grundrechtseingriffen gewährleistet werden.

Der Fokus des Vorbehalts der Charta liegt dementgegen gerade nicht auf der Vermittlung sachlicher demokratischer Legitimation.[257] In den Mitgliedstaaten gehen die jeweiligen Vorstellungen über die Anforderungen an ein „Gesetz" ganz erheblich auseinander.[258] Einem Vorbehalt des Gesetzes auf supranationaler Ebene, der sich auch und gerade an die Mitgliedstaaten richtet, müssen aber

---

[252] Für eine Anwendung der „Regeln für hoheitliche Eingriffe" auch auf Entscheidungen der Zivilgerichtsbarkeit im Kontext der Charta ausdrücklich Grabenwarter, EnzEuR/*Rebhahn/Schörghofer*, § 21 Rn. 54. In diesem Sinne auch Grabenwarter, EnzEuR/*Cremer*, § 3 Rn. 159.

[253] Streinz/*Streinz/W. Michl*, Art. 52 GRC Rn. 11. Der EuGH hat aber schon vor Inkrafttreten der Charta allgemeine Rechtsgrundsätze etabliert, die zumindest Funktionsmerkmale eines grundrechtlichen Gesetzesvorbehalts aufweisen, vgl. grundlegend EuGH v. 21.09.1989 – Rs. C-46/87 u. 227/88 (*Hoechst*), NJW 1989, 3080, Rn. 19.

[254] Vgl. hierzu das Fazit der Rechtsprechungsanalyse bei *Riedel*, Die Grundrechtsprüfung durch den EuGH, 2020, S. 233 f., der die Prüfung des EuGH insoweit bisher als „vernachlässigt" einstuft.

[255] Ausdrücklich ausgeklammert wird der Gesetzesvorbehalt gegenüber der „Dritten Gewalt" auch in der Untersuchung von *Rieckhoff*, Der Vorbehalt des Gesetzes im Europarecht, 2007, S. 6 f.

[256] *Kulick*, Horizontalwirkung im Vergleich, 2020, 231 m.w.N.; *Classen*, JZ 2003, 693 ff.

[257] Überzeugend *Michl*, Unionsgrundrechte aus der Hand des Gesetzgebers, 2018, S. 57 ff.; *Unseld*, Bedeutung der Horizontalwirkung, 2018, S. 300 ff.; *Sagan*, Das Gemeinschaftsgrundrecht auf Kollektivmaßnahmen, 2008, S. 170 ff. Kritisch zu diesem Konzept *Triantafyllou*, CMLR 39 (2002), 53, 59 ff.

[258] *Unseld*, Bedeutung der Horizontalwirkung, 2018, S. 300 f.

sowohl Rechtsordnungen, die von einem hohen Rang des Parlamentsgesetzes geprägt sind, als auch von Richterrecht dominierte mitgliedstaatliche Rechtsordnungen gerecht werden können.[259] Die Charta kann und will vor diesem Hintergrund ersichtlich keinen Vorbehalt statuieren, der ein Höchstmaß an demokratischer und damit parlamentarischer Legitimation fordert.

Hieraus wird überzeugend gefolgert, dass der Vorschrift kein formeller, sondern ein materieller Gesetzesbegriff zugrunde liegt[260], es sich also um keinen Parlamentsvorbehalt handelt. Seine Bedeutung liegt darin, dem Einzelnen das „Recht" zugänglich zu machen und ihm zu erlauben, die Konsequenzen seiner Handlungen abzusehen.[261] Für ein solches Verständnis spricht entscheidend die Rechtsprechung des EGMR zum Gesetzesvorbehalt der EMRK[262], weil sich hier aufgrund der Verschiedenheit der in ihr vereinigten Rechtsordnungen dieselbe Herausforderung stellt. In dieser Konzeption liegt ein wesentlicher Unterschied zum Vorbehalt des Gesetzes unter dem GG, der in der Rechtsprechung des BVerfG in aller Regel als Parlamentsvorbehalt ausgelegt wird.[263] Dem Gesetzesvorbehalt der Charta wird dementgegen bereits dann Rechnung getragen, wenn sich ein Eingriffsakt auf irgendeine erkennbare, abstrakt-generelle Norm stützen lässt. Hier kommen – für die vorliegende Untersuchung relevant – Richtlinien[264] ebenso in Betracht wie Primärrecht der Union[265] sowie schließlich unionales und nationales Richterrecht[266].

Dem Gesetzesvorbehalt der Charta kommt also im Kontext der vorliegenden Untersuchung eine eher eingeschränkte Bedeutung zu. Er erwartet allenfalls ein gewisses Minimum an rechtstaatlicher Vorhersehbarkeit eines (judikativen) Grundrechtseingriffs. Dieses dürfte kaum unterschritten sein, wenn die nationalen Gerichte unter Anwendung der Auslegungsvorgaben des EuGH einer durch eine Richtlinienbestimmung konkretisierten Grundrechtsbestimmung anwenden. Schon dieser Gesichtspunkt steht einer Übertragung der Überlegungen zum deutschen Verfassungsrecht also entgegen.

---

[259] Grabenwarter, EnzEuR/*Cornils*, § 7 Rn. 94.

[260] Streinz/*Streinz*/*W. Michl*, Art. 52 GRC Rn. 12 f.; EuArbRK/*Schubert*, Art. 52 GRC Rn. 42; Stern/Sachs-GRC/*Ladenburger*/*Vondung*, Art. 52 Rn. 34; *Ruffert*/*Grischek*/*Schramm*, JuS 2020, 1022, 1026; *Michl*, Unionsgrundrechte aus der Hand des Gesetzgebers, 2018, S. 57 f.; *Sagan*, Das Gemeinschaftsgrundrecht auf Kollektivmaßnahmen, 2008, S. 174 f. Auch die bisherige Rechtsprechung des EuGH spricht für ein solches Verständnis, vgl. *Riedel*, Die Grundrechtsprüfung durch den EuGH, 2020, S. 234.

[261] *Michl*, Unionsgrundrechte aus der Hand des Gesetzgebers, 2018, S. 57 f. unter Bezugnahme auf CONVENT 13, S. 18.

[262] Streinz/*Streinz*/*W. Michl*, Art. 52 GRC Rn. 12; EuArbRK/*Schubert*, Art. 52 GRC Rn. 42; *Michl*, Unionsgrundrechte aus der Hand des Gesetzgebers, 2018, S. 58; *Sagan*, Das Gemeinschaftsgrundrecht auf Kollektivmaßnahmen, 2008, S. 174.

[263] *Michl*, Unionsgrundrechte aus der Hand des Gesetzgebers, 2018, S. 58 f.

[264] *Jarass*, GRC, Art. 52 Rn. 24; *Kober*, Der Grundrechtsschutz in der Europäischen Union, 2008, S. 194.

[265] *Jarass*, GRC, Art. 52 Rn. 24.

[266] *Jarass*, GRC, Art. 52 Rn. 26. So auch BGH v. 26.11.2015 – I ZR 174/14, NJW 2016, 794, Rn. 75.

(b) Kein Äquivalent zu Art. 100 Abs. 1 GG im unionalen Grundrechtsschutz

Verstärkend kommt hinzu, dass es – wie dargestellt – im System des unionalen Grundrechtsschutzes an einer zentralisierten Verfassungsgerichtsbarkeit und damit an einer mit Art. 100 Abs. 1 GG vergleichbaren Vorlagepflicht der nationalen Fachrichter fehlt. Sie aber ist es, die das Verfassungsgericht hierzulande institutionell stärkt und den Zivil- bzw. Arbeitsrichter als Fachrichter im gleichen Maße „schwächt". Die Vorschrift erkennt zwar indirekt ein Prüfungsrecht jedes Richters über die Verfassungsmäßigkeit des einfachen Rechts an[267], verbietet es ihm aber zugleich, über die Grenzen zulässiger Auslegung und Fortbildung hinaus selbstständig über sie zu entscheiden, sei es in negatorischer Hinsicht, weil das Gesetz über das grundrechtlich Gestattete hinausgeht oder sei es – so zumindest nach der hier zugrunde gelegten Sichtweise –, weil der Gesetzgeber umgekehrt hinter dem zur Erfüllung einer Schutzpflicht Erforderlichen zurückgeblieben ist. Wie dargestellt ist auch im letzten Fall eine Vorlage an das BVerfG einer unmittelbaren richterlichen Schutzpflichtenerfüllung dann vorzuziehen, wenn die Grenzen der richterlichen Rechtsfortbildung aufgrund des Vorrangs oder Vorbehalts des Gesetzes überschritten sind.

Wo in Deutschland das System des Art. 100 Abs. 1 GG entschieden gegen eine unmittelbare Verpflichtung Privater spricht, lässt sich dieser Gedankengang mangels Entsprechung auf unionaler Ebene nicht auf die GRC übertragen. Hier ist die autonome Befugnis zur Auflösung von Widersprüchen des einfachen mitgliedstaatlichen Rechts mit Normen des Unionsrechts und damit auch der GRC der Normalfall. Der nationale Arbeitsrichter ist zugleich Unions- und dabei gerade auch Unionsverfassungsrichter. In dieser Hinsicht gibt es demnach kein institutionelles Gefüge, das durch die Anerkennung einer unmittelbaren Verpflichtung Privater gestört werden würde. Das Zusammenfallen von nationalem Zivil- und Arbeitsrecht mit dem Unionsrecht und dessen Grundrechten in den Händen des nationalen Fachrichters ist nach dem System des dezentralen Durchsetzungskonzepts des Unionsrechts ausdrücklich beabsichtigt. Wo ein zentrales Verfassungsgericht fehlt, bei dem Verwerfungs- und Ersetzungsentscheidungen gebündelt werden können, sind dann aber zwangsläufig die einzelnen Fachrichter auf den Plan gerufen.

(c) Grundrechtskonkretisierende Richtlinien als gesetzliche Grundlage

Hinzu kommt schließlich, dass die Charta bei vorzugswürdigem Verständnis von Art. 51 Abs. 1 S. 1 Alt. 2 GRC eben nur dort anwendbar ist, wo die mitgliedstaatlichen Gerichte anderweitiges Unionsrecht, im Arbeitsrecht also vor allem unionales Sekundärrecht, anwenden. Damit erlangen die in aller Regel einschlägigen grundrechtskonkretisierenden Richtlinien auch an dieser Stelle eine ganz zentrale Bedeutung. Sie sind nach hier vertretener Auffassung ausreichende „ge-

---

[267] *Röthel*, JuS 2001, 424, 426 f.

setzliche Grundlage" – zumindest im Sinne der von Art. 52 Abs. 1 GRC vorgeschriebenen Minimalstandards. Die Richtlinie selbst, deren Rechtsfolge durch das Grundrecht effektuiert wird, liefert bei einem solchen Verständnis eine hinreichende gesetzliche Grundlage für den richterlichen Eingriff in die grundrechtliche Position der unterliegenden Partei.[268]

Dem könnte man zwar entgegnen, dass Richtlinien aufgrund ihrer fehlenden unmittelbaren Horizontalwirkung im Privatrecht nicht als „Gesetz" im engeren Sinne in Betracht kommen.[269] An der Vermittlung eines gewissen Mediatisierungsgrades im Vergleich zu einer völlig freien, vom einfachen Recht losgelösten richterlichen Grundrechtsanwendung ändert das jedoch nichts.[270]

In den Rechtssachen *Egenberger* oder *Cresco Investigation* war etwa die Frage nach der Rechtfertigung der in Rede stehenden Diskriminierungen bereits sekundärrechtlich vorgezeichnet.[271] In der Rechtssache *Bauer* lag mit dem Begriff der „erforderlichen Maßnahme" der Arbeitszeit-RL zumindest ein vom Unionsgesetzgeber bewusst gewählter unbestimmter Rechtsbegriff vor, der die weitere Konkretisierung an den EuGH delegiert.[272] Der Eingriff in die unternehmerische Entscheidungsfreiheit des Arbeitgebers war also kein unmittelbar grundrechtlicher, sondern zumindest ein im Sekundärrecht angelegter. Andernfalls wäre die Charta insoweit nicht anwendbar gewesen.

(d) Problem der Rechtssicherheit?

Damit bleibt noch die Frage offen, ob in den besprochenen Konstellationen dem verbleibenden Hauptzweck des chartarechtlichen Gesetzesvorbehalts hinreichend Rechnung getragen wird: der Vermittlung von Rechtssicherheit. Dies ließe sich zum einen mit dem Argument bejahen, die privatrechtliche Rechtsfolge lasse sich aus einer Zusammenschau von Unionsgrundrecht und konkretisierender Richtlinie ablesen.[273] Zum anderen ließe sich dies allerdings auch mit der Be-

---

[268] In diese Richtung gehen auch die Überlegungen bei *Suerbaum*, EuR 2003, 390, 410 f., der mit ähnlicher Argumentation eine unmittelbare Anwendbarkeit des „grundrechtlichen Nukleus" *der Richtlinie* erwägt, diese dann aber unter Hinweis auf Art. 288 AEUV verwirft. Diese Gegenargumente sind jedoch auf die vorliegende Frage nicht übertragbar, weil es hier um die Horizontalwirkung *des Grundrechts* geht.

[269] Mit guten Gründen Heselhaus/Nowak/*Szczekalla*, § 10 Rn. 68 Fn. 137; Stern/Sachs-GRC/*Ladenburger*/*Vondung*, Art. 52 Rn. 33; *Jarass*, GRC, Art. 52 Rn. 24. Ausführlich hierzu *Rieckhoff*, Der Vorbehalt des Gesetzes im Europarecht, 2007, S. 200 ff. Alle beziehen sich allerdings ersichtlich auf die Bindung der *Exekutive* an den Gesetzesvorbehalt.

[270] Ähnlich *Suerbaum*, EuR 2003, 390, 410 („nicht gänzlich unmediatisiert"); *Szczekalla*, Schutzpflichten, 2002, S. 1086.

[271] Dies für die Rechtssache *Egenberger* zugebend *Kainer*, NZA 2018, 894, 898. Vgl. hierzu auch *Schubert*, EuZA 2020, 302, 309; Preis/Sagan/*Grünberger*/*Husemann*, § 5 Rn. 16.

[272] Zur Delegationsfunktion von Generalklauseln und unbestimmten Rechtsbegriffen vgl. umfassend *Röthel*, Normkonkretisierung im Privatrecht, 2004, S. 49 ff.

[273] A.A. *Suerbaum*, EuR 2003, 390, 410 für den der Gesichtspunkt der Rechtssicherheit deshalb gegen eine Horizontalwirkung des „schutzrechtlichen Nukleus" spricht, weil der

gründung verneinen, das es der Richtlinienbestimmung selbst nach herrschender Meinung und ständiger Rechtsprechung an der unmittelbaren Anwendbarkeit fehlt. Niemand muss deswegen im Ausgangspunkt damit rechnen, dass sich für ihn belastende Rechtsfolgen alleine aus einer nicht ordnungsgemäß umgesetzten Richtlinie ergeben. Dieses Rechtssicherheits-Argument ist aus der Diskussion um die Reichweite der unmittelbaren Anwendbarkeit von Richtlinienbestimmungen hinlänglich bekannt.[274]

Allerdings würde eine Übertragung dem speziellen Zusammenspiel von Grundrecht und Richtlinie nicht wirklich gerecht. Denn die Rechtsfolgen, die den Einzelnen treffen, entstammen eben nicht der Richtlinienbestimmung selbst, sondern dem Grundrecht. Mit der unmittelbaren Anwendbarkeit des Primärrechts muss der Einzelne aber aufgrund der mittlerweile ständigen Rechtsprechung des EuGH schon seit Jahrzenten rechnen. So haben den Gerichtshof auch im Rahmen der Grundfreiheiten Rechtssicherheits- und Vertrauensschutzgesichtspunkte nicht davon abgehalten, eine Bindung Privater anzuerkennen.[275] Es ist nicht ersichtlich, wieso im Rahmen der primärrechtlichen Grundrechte insoweit strengere Maßstäbe gelten sollten.[276] Und weil es für die Annahme der unmittelbaren Anwendbarkeit gerade der hinreichenden Bestimmtheit des zu schützenden Grundrechts bedarf, ist den Anforderungen des Art. 52 Abs. 1 GRC an die Vorhersehbarkeit des Eingriffs in das gegenläufige Grundrecht Rechnung getragen.[277]

cc) Ergebnis zu Art. 52 GRC

Auch der in Art. 52 Abs. 1 GRC angeordnete allgemeine Vorbehalt des Gesetzes steht somit einer Grundrechtsbindung Privater nicht entgegen. Weder impliziert er hinreichend deutlich die fehlende Adressatenstellung Privater, noch schließt ein an den Zivilrichter adressierter, allgemeiner Gesetzesvorbehalt eine solche Bindung a priori aus.

Bürger nicht unterscheiden kann, welcher Teil noch zu diesem Kerngehalt zu zählen ist, und welcher nicht. Es erscheint allerdings fraglich, ob Art. 52 Abs. 1 GRC tatsächlich die Annahme derart strenger Anforderungen an die Vorhersehbarkeit des Eingriffs rechtfertigt.

[274] Ausführlich hierzu *Kerwer*, Gemeinschaftsrecht und Rechtsprechung, 2003, S. 118 ff. m.w.N.

[275] Vgl. hierzu § 12 D. II. 1. b).

[276] Ähnlich *Szczekalla*, Schutzpflichten, 2002, S. 1088.

[277] In diese Richtung geht auch *Suerbaum*, EuR 2003, 390, 411 Fn. 114 für das Richtlinienrecht: „Allerdings ergibt sich vorbehaltlich der Notwendigkeit, die Richtlinie auf ihren schutzpflichtgebotenen Kern zurückzuführen, ein vergleichsweise hohes Maß an Bestimmtheit aus den allgemeinen Voraussetzungen, die der EuGH für die Direktwirkung von Richtlinien aufgestellt hat.“. A.A. *Baldus/Raff*, GPR 2018, 175, 178.

3. Vergleich mit der EMRK – Exklusivität einer Schutzpflichtenlösung?

Im Rahmen des Konventionsrechts vollzieht sich die Wirkung im Privatrecht unbestritten allein über menschenrechtliche Schutzpflichten. Es stellt sich deshalb die Frage, ob die Charta nicht genauso zu behandeln ist. Schließlich wird sie – sowohl kraft ausdrücklicher Bezugnahmen im Chartatext als auch wegen der Entstehungsgeschichte des unionalen Grundrechtsschutzes – wesentlich von der zur EMRK entwickelten Grundrechtsdogmatik beeinflusst. Ausgehend hiervon wird im Schrifttum für die Charta eine entsprechende Beschränkung auf eine über staatsgerichtete Schutzpflichten vermittelte Privatwirkung gefordert und eine Grundrechtsbindung Privater strikt abgelehnt.[278] Ob dies überzeugt, soll im Folgenden erörtert werden.

a) Die Positive-obligations-Doktrin des EGMR

Auf Ebene der EMRK ist sowohl in der herrschenden Lehre[279] als auch in der Rechtsprechung des EGMR[280] eine menschenrechtliche Schutz- bzw. Leistungs-

[278] So insbesondere GA *Trstenjak,* Schlussanträge v. 08.09.2011 – Rs. C-282/10 (*Dominguez*), BeckRS 2011, 81367, Rn. 84 ff.: „Dass es einer unmittelbaren Grundrechtsbindung von Privatpersonen nicht zwingend bedarf, um in sogenannten Horizontalverhältnissen einen angemessenen Grundrechtsschutz zu gewährleisten, sondern es vielmehr ausreicht, wenn der Einzelne sich auf eine Schutzpflicht des Gesetzgebers berufen kann, um Grundrechtsbeeinträchtigungen durch Private zu unterbinden, beweist das in der Europäischen Konvention zum Schutz der Menschenrechte und Grundfreiheiten (EMRK) vorgesehene Grundrechtsschutzsystem.“. Ebenso Ehlers-EuGR/*Ehlers,* § 14 Rn. 81; *Herresthal,* ZEuP 2014, 238, 254; *Seifert,* EuZA 2013, 299, 303 f.; *Sagmeister,* Die Grundsatznormen in der Europäischen Grundrechtecharta, 2010, S. 325; *Huber,* NJW 2011, 2385, 2389 f.; *Kober,* Der Grundrechtsschutz in der Europäischen Union, 2008, S. 181 f.; *Sponholz,* Die unionsrechtlichen Vorgaben zu den Rechtsfolgen von Diskriminierung im Privatrechtsverkehr, 2017, S. 101 f.; *Fornasier,* ERPL 23 (2015), 29, 39 f.; Grabenwarter, EnzEuR/*Schmahl,* § 20 Rn. 173; tendenziell auch *Junker,* ZfA 2013, 91, 102. Weniger weitreichend Calliess/Ruffert/*Kingreen,* Art. 51 GRC Rn. 24. Für eine Übertragung der Positive-obligations-Doktrin auch *Schlachter,* EuR 2016, 478, 488. Sie will der Rechtsprechung dabei aber die weitreichende Möglichkeit einräumen, durch Auslegung und Rechtsfortbildung den erforderlichen Mindestschutz zu gewährleisten, wenn es an gesetzgeberischen Normen fehlt.

[279] Vgl. Frowein/Peukert-EMRK/*Frowein,* Art. 1 Rn. 16; Ehlers-EuGR/*Ehlers,* § 2 Rn. 29 ff.; Karpenstein/Mayer-EMRK/*Johann,* Art. 1 Rn. 5; Dörr/Grote/Marauhn/*Krieger,* Kap. 6 Rn. 86 ff.; EuArbRK/*Schubert,* Art. 1 EMRK Rn. 31 ff.; *Grabenwarter/Pabel,* EMRK, 7. Auflage, 2021, § 19 Rn. 8 f.; NK-GA/*Sagan,* Art. 1 EMRK Rn. 14; *Szczekalla,* Schutzpflichten, 2002, S. 906 ff.; *Streuer,* Positive Verpflichtungen, 2003, S. 191 ff.; *Spielmann,* L'effet potentiel de la Convention européenne des droits de l'homme entre personnes privées, 1995, S. 67; *Cherednychenko,* Fundamental Rights, Contract Law and the Protection of the Weaker Party, 2007, S. 168 ff.; *Seifert,* EuZW 2011, 696 ff.; *ders.,* RTDeur 2012, 801, 810 ff.; *Sudre,* RTDH 1995, 363 ff. Kritisch aber bspw. *Krieger,* ZaöRV 2014, 187, 200 ff. im Hinblick auf die Kontrolldichte des EGMR.

[280] EGMR v. 13.08.1981 (*Young u.a.*), NJW 1982, 2717; EGMR v. 13.06.1979 – 6833/74 (*Marckx*), NJW 1979, 2449, Rn. 31 zu Art. 8 EMRK. Grundlegend aus deutscher Perspektive insb. EGMR v. 24.06.2004 – 59320/00 (*von Hannover*), NJW 2004, 2647. Umfassend zur

pflichtendimension der Konventionsrechte (sog. *positive obligations*) anerkannt, über die eine gewisse Horizontalwirkung der EMRK vermittelt wird.[281] Wie auch im Rahmen der GRC (Art. 51 Abs. 1 S. 2 GRC („fördern")) legt bereits der Wortlaut der Konvention, namentlich des Art. 1 EMRK, der von „zusichern" statt von bloßem „achten" spricht, die Existenz einer über die abwehrrechtliche Dimension hinausgehenden, positiven Schutzdimension der Konventionsrechte nahe.[282] Daneben entspricht ihre Anerkennung dem Ziel eines möglichst umfassenden Schutzes der in der EMRK enthaltenen Mindestgewährleistungen.[283]

Auf Basis dieser Schutzpflichten hat der EGMR ein „Konzept staatlicher Verantwortung für die Verletzung von Menschenrechten in auf Privatrecht beruhenden Rechtsbeziehungen"[284] schaffen können: Die Mitgliedstaaten dürfen diese Schutzpflicht in Ausübung ihrer Hoheitsgewalt, mithin auch im Rahmen der Privatrechtsgesetzgebung und -rechtsprechung, nicht verletzen. Durch die EMRK wird der Staat verpflichtet, Gesetze zu erlassen, die ein konventionswidriges Verhalten Dritter nicht zulassen.[285] Überdies – jedoch wohl streng genommen zumeist bereits als Folge der abwehrrechtlichen Schutzdimension[286] – verbieten sie es umgekehrt, Gesetze zu erlassen, die ein solches Verhalten erlauben.[287] Für einen Gerichtsspruch, der ein konventionswidriges Verhalten eines Privaten billigt, muss sich der Mitgliedstaat im Außenverhältnis dem EGMR gegenüber verantworten.[288] Prozessual sieht die EMRK für derartige Verstöße das Beschwerdeverfahren nach Art. 33 und Art. 34 EMRK vor, an dessen Ende ein verbindliches Urteil nach Art. 46 EMRK steht. Dieses entfaltet allerdings keine

---

Rechtsprechungsentwicklung *Sudre*, RTDH 1995, 363 ff.; *Streuer*, Positive Verpflichtungen, 2003, S. 198 ff.; *Nußberger*, RabelsZ 80 (2016), 817, 822 ff. Aus der Perspektive des Arbeitsrechts *dies.*, RdA 2012, 270, 271 f.

[281] *Seifert*, EuZW 2011, 696, 698 f.; *Schmahl,* AVR 60 (2022), 148, 152 f. Grundlegend *Drzemczewski*, NILR 26 (1979), 163, 179 f.

[282] *Streuer*, Positive Verpflichtungen, 2003, S. 221 f.; *Grabenwarter/Pabel*, EMRK, 7. Auflage, 2021, § 19 Rn. 3; NK-GA/*Sagan*, Art. 1 EMRK Rn. 14. Ebenso zur englischen und französischen Sprachfassung *Spielmann*, L'effet potentiel de la Convention européenne des droits de l'homme entre personnes privées, 1995, S. 66.

[283] Vgl. *Nußberger*, RabelsZ 80 (2016), 817, 825.

[284] *Nußberger*, RdA 2012, 270, 272.

[285] EGMR v. 13.08.1991 – 7601/76 u.a. (*Young u.a.*), NJW 1982, 2717; EGMR v. 05.09.2017 – 61496/08 (*Bărbulescu*), NZA 2017, 1443; Ehlers-EuGR/*Ehlers*, § 2 Rn. 58.

[286] Zur schwierigen Abgrenzungsfrage, wann die negative und wann die positive Dimension zum Tragen kommt: *Rebhahn*, AcP 210 (2010), 489, 548 ff.; Preis/Sagan/*Fornasier*, § 4 Rn. 19.

[287] So übersichtlich *Engel*, RabelsZ 53 (1989), 3, 18 f.

[288] Stellvertretend EGMR v. 21.07.2011 – 28274/08 (*Heinisch*), NZA 2011, 1296, Rn. 45: „Die von den deutschen *Gerichten* bestätigte Entlassung der Bf. wegen ihrer Strafanzeige gegen ihren Arbeitgeber ist deswegen ein Eingriff in ihr nach Art. 10 Abs. 1 EMRK garantiertes Recht auf Freiheit der Meinungsäußerung." (Hervorhebung durch Verf.). Siehe zum Ganzen eingehend *Cherednychenko*, Fundamental Rights, Contract Law and the Protection of the Weaker Party, 2007, S. 173 ff.

kassatorische Wirkung; an seinem Ende kann indes eine Entschädigung nach Art. 41 EMRK stehen, die durch den EGMR selbst jedoch nicht vollstreckt werden kann.[289] Ein Urteil des EGMR gilt überdies nur inter partes und bindet nur den am Verfahren beteiligten Mitgliedstaat; ihm kommt aber zumindest eine darüber hinausreichende „Orientierungswirkung" für Dritte zu.[290]

b) Keine unmittelbare Horizontalwirkung der EMRK

aa) Keine positive Horizontalwirkung der EMRK

Weil die EMRK allein staatsgerichtete Verpflichtungen begründet und Private nicht adressiert, scheidet jedenfalls ihre positive Horizontalwirkung von vornherein aus.[291] Ein entscheidendes Argument hierfür ist der Umstand, dass die EMRK die Modalitäten der innerstaatlichen Verwirklichung ihrer Gewährleistungen schlicht nicht vorgibt.[292] Auch würde die Inpflichtnahme Privater der Rolle des EGMR als „Staatenkontrolleur"[293] widersprechen.[294] Deutlich zeigen dies schließlich auch Art. 33 und Art. 34 EMRK, die ausdrücklich nur Beschwerden wegen Verletzungen der Hohen Vertragsparteien, nicht aber wegen Verletzungen durch Private vorsehen.[295] Konsequenterweise wäre deshalb in prozessualer Hinsicht einen gegen eine Privatperson gerichtete Beschwerde *ratione personae* unzulässig.[296] Eine Beteiligung der betroffenen Privatpersonen ist zwar möglich, anders als vor dem BVerfG (§ 94 Abs. 3 BVerfGG) aber rein fakultativ, vgl. Art. 36 Abs. 2 EMRK.[297]

---

[289] EuArbRK/*Schubert*, Art. 1 EMRK Rn. 74 f.

[290] EuArbRK/*Schubert*, Art. 1 EMRK Rn. 85 m.w.N.

[291] Vgl. hierzu stellvertretend Frowein/Peukert-EMRK/*Frowein*, Art. 1 Rn. 16; Karpenstein/Mayer-EMRK/*Johann*, Art. 1 Rn. 9; Dörr/Grote/Marauhn/*Röben*, Kap 5 Rn. 146 ff.; Ehlers-EuGR/*Ehlers*, § 2 Rn. 58; Schlachter/Heuschmid/Ulber/*Ulber*, § 6 Rn. 34; NK-GA/*Sagan*, Art. 1 EMRK Rn. 12; EuArbRK/*Schubert*, Art. 1 EMRK Rn. 42; Preis/Sagan/*Fornasier*, § 4 Rn. 17; *Szczekalla*, Schutzpflichten, 2002, S. 903 ff.; *Windel*, JR 2011, 323, 325; *Engel*, RabelsZ 53 (1989), 3, 18; *Schmahl*, AVR 60 (2022), 148, 152 f. Auf den Punkt gebracht bei *Rebhahn*, AcP 210 (2010), 489, 550 unter Bezugnahme auf *Ruffert*, Vorrang der Verfassung und Eigenständigkeit des Privatrechts, 2001, S. 252: „[…] nur Privatrechtswirkung, nicht Privatwirkung der Grundrechte [der EMRK].".

[292] *Windel*, JR 2011, 323, 325.

[293] Begriff nach *Lüderitz*, in: Weyers (Hrsg.), Menschenrechte und Zivilrecht, 1999, S. 9, 40.

[294] *Windel*, JR 2011, 323, 326. Zu dieser Rolle des EGMR auch *Nußberger*, RabelsZ 80 (2016), 817, 827.

[295] Ehlers-EuGR/*Ehlers*, § 2 Rn. 58; Dörr/Grote/Marauhn/*Röben*, Kap. 5 Rn. 147; Calliess/Ruffert/*Kingreen*, Art. 51 GRC Rn. 24.

[296] Frowein/Peukert-EMRK/*Frowein*, Art. 1 Rn. 17; *Temming*, Altersdiskriminierung im Arbeitsleben, 2007, S. 421.

[297] Dazu *Ruffert*, EuGRZ 2007, 245, 252. Mit Kritik an der Seltenheit, in der der EGMR von der Möglichkeit Gebrauch macht *Windel*, JR 2011, 323, 327; ähnlich *Nußberger*, RabelsZ 80 (2016), 817, 825.

Richtigerweise hat sich deshalb der EGMR in seiner Entscheidung *Verein gegen Tierfabriken* ausdrücklich gegen eine derartige Grundrechtswirkung positioniert.[298] Eine unmittelbare Bindung Privater an die Gewährleistungen der EMRK könnte sich somit allenfalls theoretisch aus einem entsprechend ausgestalteten nationalen Anwendungsbefehl ergeben, den es jedenfalls in Deutschland nicht gibt.

bb) Exkurs*: Keine negative Horizontalwirkung der EMRK*

Daneben stellt sich die Frage, ob die Konventionsgrundrechte möglicherweise entgegenstehendes nationales Privatrecht derogieren können, also zumindest negative Horizontalwirkung entfalten. Doch aus völkerrechtlicher Perspektive ist auch diese Frage zu verneinen.

Die EMRK verpflichtet die Mitgliedstaaten nicht dazu, den Konventionsrechten auf nationaler Ebene[299] Vorrang vor innerstaatlichem Recht einzuräumen.[300] Vielmehr stellt sie den Mitgliedstaaten frei, wie sie die Einhaltung der Konvention sicherstellen.[301]. Ein derogatorischer Vorrang könnte sich deshalb allein aus der jeweiligen nationalen Einbettungskonstruktion der Mitgliedstaaten ergeben[302], und zwar dann, wenn der EMRK dort Überverfassungs-[303], Verfassungs-[304] oder zumindest ein anderweitiger übergesetzlicher Rang eingeräumt wird. Das ist jedoch jedenfalls in Deutschland, wo die EMRK aufgrund der dualistischen Theorie den Rang eines Bundesgesetzes einnimmt (Art. 59 Abs. 2 S. 1 GG), nicht der Fall.[305] Die EMRK ist hierzulande zwar kraft bundesgesetzlicher Transformation unmittelbar anwendbar[306], entfaltet aber keinen Anwen-

---

[298] EGMR v. 28.06.2001 – 24699/94 (*Verein gegen Tierfabriken*), Rn. 46: „The Court does not consider it desirable, let alone necessary, to elaborate a general theory concerning the extent to which the Convention guarantees should be extended to relations between private individuals inter se.".

[299] Im Außenverhältnis ist eine Rechtfertigung unter Berufung auf nationales Recht freilich nicht möglich, vgl. Art. 27 S. 1 WVK.

[300] *Rebhahn*, AcP 210 (2010), 489, 491 Fn. 4.; *Pache*, EuR 2004, 393, 396 f.

[301] Vgl. nur *Schaefer*, EuR 2017, 80, 88; *Ruffert*, EuGRZ 2007, 245, 246; *Pache*, EuR 2004, 393, 394 f.; Ehlers-EuGR/*Ehlers*, § 2 Rn. 11; *Grabenwarter/Pabel*, EMRK, 7. Auflage, 2021, § 3 Rn. 1. Etwas anderes ergibt sich nach zutreffender Ansicht des EuGH konkret für die Mitgliedstaaten der Europäischen Union auch nicht aus Art. 6 EUV, vgl. EuGH v. 24.04.2012 – Rs. C-571/10 (*Kamberaj*), NVwZ 2012, 950, Rn. 62 f.

[302] So auch EuArbRK/*Schubert*, Art. 1 EMRK Rn. 43.

[303] So liegt der Fall z.B. in den *Niederlanden, Rumänien*, der *Slowakei* oder auch der *Tschechischen Republik*, vgl. *Schaefer*, EuR 2017, 80, 89 f. m.w.N.

[304] In Österreich hat die EMRK seit 1964 Verfassungsrang, vgl. dazu *Rebhahn*, AcP 210 (2010), 489, 534 f.; *Grabenwarter/Pabel*, EMRK, 7. Auflage, 2021, § 3 Rn. 2.

[305] BVerfG v. 26.03.1987 – 2 BvR 589/79, 740/81, 284/85, NJW 1987, 2427 unter C. I. 1. a) der Gründe. Pointiert *Höpfner*, Die systemkonforme Auslegung, 2008, S. 360.

[306] HK-EMRK/*Meyer-Ladewig/Nettesheim*, Einl. Rn. 18.

dungsvorrang.[307] Eine Derogation konventionswidriger[308] (privatrechtlicher) Gesetze ist deshalb nicht geboten. Inhaltliche Abweichungen gleichrangiger Normen sind alleine im Wege einer methodengerechten Auslegung und Fortbildung sowie nach dem Lex-posterior- und dem Lex-specialis-Grundsatz aufzulösen.[309]

Eine vereinzelt vertretene Gegenansicht[310], die einen Anwendungsvorrang der EMRK fordert, argumentiert etwa mit Art. 1 und 13 EMRK sowie dem Wesen der EMRK[311] und folgert daraus eine Pflicht der Mitgliedstaaten, die EMRK erstens überhaupt in innerstaatliches Recht zu inkorporieren und sie dabei zweitens mit höherem Rang als einfache Bundesgesetze zu versehen. Dann käme der Lex-superior-Grundsatz zum Tragen. Konstruktiv wollen hierzu manche Stimmen die Rechte der EMRK als allgemeine Regeln des Völkerrechts gem. Art. 25 S. 2 GG behandeln.[312] Andere bewerten den Europarat bzw. die durch die EMRK geschaffene Staatengemeinschaft[313] als zwischenstaatliche Einrichtung im Sinne von Art. 24 GG und messen der EMRK dadurch einen übergesetzlichen Rang bei[314]. Daneben wird vorgeschlagen, die jeweilige Gewährleistung der EMRK bzw. das deutsche Transformationsgesetz müsse „in menschenrechtlichen Fragen" als lex specialis angesehen werden und könne deshalb entgegenstehendes nationales Recht nach dem Lex-specialis-Prinzip verdrängen.[315] Andere wollen schließlich eine Inkorporation der EMRK mit Verfassungsrang über eine Anerkennung der EMRK in Art. 1 Abs. 2 und 3 GG[316] oder alternativ über Art. 2 Abs. 1 GG[317] begründen.

Gegen die Annahme einer solchen völkerrechtlichen Pflicht zur Einräumung eines innerstaatlichen Vorrangs spricht jedoch bereits die ständige Rechtsprechung des EGMR, der eine solche mehrmals explizit verneint hat.[318] Und auch dogmatische Einwände lassen die Annahme einer derartigen Inkorporationsver-

---

[307] So auch *Rebhahn*, AcP 210 (2010), 489, 533; *Höpfner/Richter*, RdA 2016, 149, 155; EuArbRK/*Schubert*, Art. 1 EMRK Rn. 89; *Höpfner*, Die systemkonforme Auslegung, 2008, S. 361.

[308] Eine andere Frage ist die Verdrängung bzw. Nichtigkeit infolge einer gleichzeitigen Grundgesetzverletzung.

[309] *Höpfner*, Die systemkonforme Auslegung, 2008, S. 361.

[310] *Bleckmann*, EuGRZ 1994, 149 ff.; *Chryssogonos*, EuR 2001, 49 ff.

[311] *Chryssogonos*, EuR 2001, 49, 53 ff. In dieselbe Richtung – wenn auch noch vorsichtiger – *Bleckmann*, EuGRZ 1994, 149, 152 f.; deutlicher dann *ders.*, EuGRZ 1995, 387, 389.

[312] Insbesondere *Bleckmann*, EuGRZ 1994, 149, 153.

[313] *Ress*, FS Zeidler, 1987, S. 1775, 1795 („Konventionsgemeinschaft"); *Walter*, ZaöRV 1999, 961, 973 f.

[314] *Everling*, EuR 2005, 411, 416 ff.; *Walter*, ZaöRV 1999, 961, 974 ff. Grundlegend *Ress*, FS Zeidler, 1987, S. 1775, 1790 ff.

[315] *Pache*, EuR 2004, 393, 400 f. m.w.N.

[316] NK-GA/*Sagan*, Art. 1 EMRK Rn. 26 m.w.N.

[317] Grundlegend insoweit *Frowein*, FS Zeidler, 1987, S. 1763, 1770.

[318] Bspw. EGMR v. 06.02.1976 – 5614/72 (*Swedish Engine Drivers' Union*), A 20, Rn. 50; EGMR v. 08.07.1986 (*Lithgow u.a.*) – 9006/80 u.a. – A 102, Rn. 205; EGMR v. 27.09.1999 – 33985/96, 33986/96 (*Smith & Grady*), NJW 2000, 2089, Rn. 135.

pflichtung nicht zu. Zwar ist es richtig, dass eine innerstaatliche Umsetzung mit umfassendem Vorrang die Durchsetzung der Konventionsrechte am effektivsten sicherstellen würde.[319] Aus Art. 13 EMRK lässt sich jedoch eine Verpflichtung zur Wahl der effektivsten Verwirklichungsvariante nicht ableiten. Die Norm fordert die Möglichkeit eines *wirksamen*, nicht des *wirksamsten* Durchsetzungsinstruments und statuiert insofern ein bloßes Untermaßverbot, aus dem sich ein breiter Korridor zulässiger Lösungen ergibt und das durch eine Inkorporation auf einfachgesetzlicher Ebene nicht verletzt wird.[320] Richtigerweise ist es danach im Sinne der Spielregeln des allgemeinen Völkerrechts jedem Mitgliedstaat selbst überlassen, wie und mit welcher Intensität er im Innenverhältnis die Konventionskonformität gewährleistet.[321]

Und auch konkret in Deutschland kann der EMRK kein derogatorischer Vorrang vor einfachen Gesetzen zukommen. Eine über Art. 25 S. 2 GG vermittelte Vorrangwirkung scheidet deshalb aus, weil die Norm richtigerweise nur für universelle Normen des Völkerrechts gilt[322], zu denen die EMRK nicht zählt.[323] Allenfalls einzelne Gewährleistungen, die auch vorher schon dem Bestand des Völkergewohnheitsrechts zugeschrieben werden konnten, nicht aber die EMRK als Ganzes, lassen sich hierunter subsumieren.[324] Mit der Norm des Art. 24 GG lässt sich ein Anwendungsvorrang ebenfalls nicht begründen. Insoweit fehlt es an der notwendigen Übertragung von Hoheitsrechten.[325]

Dem Vorschlag, eine Konventionswidrigkeit nationalen Rechts über den Lex-specialis-Grundsatz aufzulösen, kann ebenfalls nicht gefolgt werden: Zwar findet die Kollisionsregel Anwendung, weil sich Umsetzungsgesetz und konventionswidrige Norm auf derselben Rangstufe befinden.[326] Eine derart abstrakte Vorschrift wie ein Menschenrecht lässt sich aber – noch dazu in einer privatrechtlichen Streitigkeit – nicht als speziellere Vorschrift begreifen. In aller Regel wird eine einfachrechtliche, und dabei insbesondere eine kollidierende Norm, den von

---

[319] *Chryssogonos*, EuR 2001, 49; Karpenstein/Mayer-EMRK/*Breuer*, Art. 13 Rn. 25. Treffend auch BVerfG v. 04.05.2011 – 2 BvR 2365/09 u.a., BVerfGE 128, 326, 370: „Die Beseitigung oder Vermeidung einer Völkerrechtsverletzung wird zwar vielfach leichter zu erreichen sein, wenn das innerstaatliche Recht mit der Konvention harmonisiert wird. Völkerrechtlich betrachtet ist das jedoch nicht zwingend."

[320] Karpenstein/Mayer-EMRK/*Breuer*, Art. 13 Rn. 25.

[321] Bezeichnend EGMR v. 18.01.1978 – 5310/71 (*Ireland v. United Kingdom*), BeckRS 1978, 10830, Rn. 239.

[322] BVerfG v. 13.05.1996 – 2 BvL 33/93, BVerfGE 94, 315, 328; BVerfG v. 10.06.1997 – 2 BvR 1516/96, BVerfGE 96, 68, 86 (a.E.); BVerfG v. 06.12.2006 – 2 BvM 9/03, BVerfGE 117, 141, 149.

[323] NK-GA/*Sagan*, Art. 1 EMRK Rn. 26; EuArbRK/*Schubert*, Art. 1 EMRK Rn. 91; *Höpfner*, Die systemkonforme Auslegung, 2008, S. 358.

[324] *Pache*, EuR 2004, 393, 399 f.

[325] *Walter*, ZaöRV 1999, 961, 975; EuArbRK/*Schubert*, Art. 1 EMRK Rn. 91. A.A. in diesem Zusammenhang *Bleckmann*, EuGRZ 1995, 387, 389 und *Everling*, EuR 2005, 411, 416 ff. unter Hinweis auf einen „wesentlichen Wandel" der EMRK in dieser Hinsicht.

[326] *Höpfner*, Die systemkonforme Auslegung, 2008, S. 361.

ihr erfassten Tatbestand im Arbeitsrecht, Mietrecht, Kaufrecht oder aber auch des Polizei- oder Baurechts sehr viel spezieller regeln als eine sehr allgemein formulierte Konventionsgewährleistung. Der Versuch, diesem Einwand zu entgehen, indem man die Spezialität nicht auf den tatsächlichen Regelungsgegenstand, sondern auf den unscharfen Begriff der „betroffenen Menschenrechtsfragen“[327] bezieht, ist nicht überzeugend, denn letztlich tangiert jede einfachrechtliche Vorschrift in gewissem Maße auch eine entsprechende Konventionsgewährleistung und damit eine solche Menschenrechtsfrage. Sinnvolle Abgrenzungen sind also kaum möglich.

Die Ansätze, die über Art. 1 Abs. 2 und 3 GG oder Art. 2 Abs. 1 GG eine grundrechtlich vermittelte Transformation der EMRK auf die Hierarchieebene des GG begründen wollen, sind schließlich ebenfalls abzulehnen. Beide Vorschläge scheitern daran, dass eine solche 1:1-Inkorporation der Konventionsgewährleistungen in den Katalog des GG von der unzutreffenden Prämisse geleitet ist, die EMRK erfülle den gleichen Zweck wie eine nationale Verfassung.[328] Diese Annahme trifft nicht zu, verfasst die EMRK doch gerade keine eigene Hoheitsgewalt, sondern begrenzt alleine die originäre Hoheitsgewalt der Mitgliedstaaten. Damit erfüllt die EMRK nur eine Teilfunktion traditioneller Verfassungen. Eine Vermengung beider Regime auf der nationalen Grundrechtsebene würde diesem Umstand nicht gerecht.[329] Im Übrigen würde eine solche Inkorporation der EMRK, weil die entsprechende Scharniernorm jeweils nur im *Grundrechtsteil* des GG verortet ist, dazu führen, dass nur die materiellen Gewährleistungen der Konvention in das GG gezogen würden, nicht aber das in der EMRK mitverfasste institutionelle Rechtsschutzsystem insgesamt.[330] Die Anwendung der EMRK auf der einen Seite und ihre Auslegung durch den EGMR auf der anderen Seite würden so „auseinandergerissen“.

Ein mit dem Unionsrecht vergleichbarer Anwendungsvorrang fehlt der EMRK daher. Auch eine negative Horizontalwirkung scheidet deshalb aus. Somit ist die Beseitigung eines konventionswidrigen Gesetzes Sache des nationalen Gesetzgebers.[331] Dieser kann durch ein verbindliches Urteil des EGMR zwar zur Nachbesserung des einfachen Rechts oder sogar der Verfassung verpflichtet werden, um so den Konventionsverstoß zu beseitigen. Dem mit einer konventionswidrigen Rechtsnorm befassten Richter steht es allerdings nicht zu, die Norm selbstständig unangewendet zu lassen, wenn die Grenzen der Auslegung und Fortbildung erreicht sind. Das verbietet seine Gesetzesbindung gem. Art. 20 Abs. 3 GG.

---

[327] So *Pache*, EuR 2004, 393, 400.

[328] Überzeugend zum Ganzen *Walter*, ZaöRV 1999, 961, 973.

[329] *Walter*, ZaöRV 1999, 961, 973.

[330] *Walter*, ZaöRV 1999, 961, 973.

[331] Karpenstein/Mayer-EMRK/*Breuer*, Art. 46 Rn. 55 ff. Bei gleichzeitigem Verstoß gegen ein gleichlautendes beziehungsweise konventionsfreundlich ausgelegtes Grundrecht des GG wäre die Auflösung durch das BVerfG möglich (Art. 100 Abs. 1 GG).

Hierzulande beschränkt sich die Möglichkeit einer Horizontalwirkung der EMRK auf die Pflicht zur völkerrechtsfreundlichen Auslegung des nationalen Rechts, die auch und gerade in privaten Rechtsstreitigkeiten gilt.[332] Die Frage, ob die EMRK eine solche Auslegung zwingend erfordert, wird zwar unterschiedlich beantwortet.[333] Jedenfalls in Deutschland wird sie vom BVerfG allerdings unabhängig davon als Ausdruck der *Völkerrechtsfreundlichkeit* des GG und der deutschen Rechtsordnung insgesamt gefordert.[334] Es handelt sich bei ihr um eine auf die EMRK bezogene völkervertragskonforme Auslegung als Unterfall der systemkonformen Auslegung.[335] Bestehende Auslegungsspielräume sind danach konventionskonform auszufüllen.[336] Auch diese Pflicht zur konventionskonformen Auslegung findet allerdings ihre engen Grenzen in der allgemeinen Methodik[337], die keine Auslegung oder Rechtsfortbildung ohne oder gegen den gesetzgeberischen Willen oder etwa eine Nichtanwendung entgegen einer eindeutigen Normaussage zulässt. So hat das BAG richtigerweise einen Wiedereinstellungsanspruch nach festgestellter Konventionsverletzung verneint, weil es im deutschen Arbeitsrecht für eine derartige Rechtsfortbildung an einem hinreichenden normativen Anknüpfungspunkt fehlte.[338]

Mittelbar kann sich durch das Vehikel der völkerrechtsfreundlichen Auslegung der Grundrechte des GG aber zumindest eine *faktische* negative Horizontalwirkung der EMRK in Deutschland ergeben. Denn nationale Grundrechte können wegen Art. 20 Abs. 3 und Art. 1 Abs. 3 GG ihrerseits privatrechtliche Gesetze verdrängen. Dogmatisch handelt es sich dann allerdings um die Rechtswirkung der Grundrechte des GG, nicht um die der EMRK.[339] Und auch bei der völkerrechtsfreundlichen Auslegung der Grundrechte des GG gelten selbstverständlich die allgemeinen methodischen Grenzen.

Nur der Vollständigkeit halber sei schließlich angemerkt, dass auch die ESC als „kleine Schwester der EMRK“[340] keine unmittelbare Horizontalwirkung entfaltet. Sie wird in der Literatur deshalb nicht ganz zu Unrecht als „zahnloser Tiger“[341] bezeichnet, weil ihr bereits die unmittelbare gerichtliche Durchsetzbar-

---

[332] Zur Durchsetzung im Arbeitsrecht vgl. Schlachter/Heuschmid/Ulber/*Däubler/Heuschmid*, § 15 Rn. 3 ff.

[333] Dafür wohl Schlachter/Heuschmid/Ulber/*Baer*, § 13 Rn. 15 f. Für ein Beruhen dieser Verpflichtung nicht (allein) auf dem Geltungsbefehl der EMRK indes EuArbRK/*Schubert*, Art. 1 EMRK Rn. 43.

[334] BVerfG v. 14.10.2004 – 2 BvR 1481/04, BVerfGE 111, 307, 317 f.

[335] *Höpfner/Richter*, RdA 2016, 149, 156.

[336] Umfassend EuArbRK/*Schubert*, Art. 1 EMRK Rn. 96 ff.

[337] BVerfG v. 14.10.2004 – 2 BvR 1481/04, BVerfGE 111, 307, 317. Vgl. hierzu instruktiv *Höpfner/Richter*, RdA 2016, 149, 156 f. Umfassend zur völkervertragskonformen Auslegung *Höpfner*, Die systemkonforme Auslegung, 2008, S. 358 ff.

[338] BAG v. 20.10.2015 – 9 AZR 743/14, NZA 2016, 299, Rn. 15.

[339] *Schaefer*, EuR 2017, 80, 96 f.

[340] *Becker*, EuR 2019, 469, 474.

[341] *Nußberger*, RdA 2012, 270, 271.

keit fehlt. Die Kontrolle ihrer Einhaltung obliegt keinem Gericht, sondern dem ESCR, dem mit der Überprüfung von Staatenberichten und Kollektivbeschwerdeverfahren nur politische Sanktionsmechanismen zur Verfügung stehen.[342] Sie ist nicht unmittelbar anwendbar[343] und entfaltet schon deshalb keinen Anwendungsvorrang. Dafür spricht entscheidend Teil III Art. A Abs. 1 der revidierten Fassung bzw. Teil III der Ursprungsfassung, der wie folgt lautet: „Es besteht Einverständnis darüber, daß die Charta rechtliche Verpflichtungen internationalen Charakters enthält, deren Durchführung ausschließlich der in ihrem Teil IV vorgesehenen Überwachung unterliegt.".[344] In Deutschland wird die ESC zwar bisweilen auch im Rahmen der Auslegung des nationalen einfachen Rechts und des Verfassungsrechts relevant.[345] Überdies ist die ESC für die Auslegung der EMRK[346] und vor allem für die der GRC[347] von Bedeutung.[348] Eine unmittelbare negative oder gar positive Horizontalwirkung der ESC im Sinne einer unmittelbaren Verpflichtung Privater ist damit aber nicht verbunden.

c) Zwingender Auslegungsgleichklang[349] zwischen EMRK und GRC?

Wenn nun aber die EMRK als zentrale völkerrechtliche Inspirationsquelle generell keine, insbesondere aber keine positive Horizontalwirkung entfaltet, erscheint es in der Tat naheliegend, auch für die GRC eine Grundrechtsbindung Privater abzulehnen. Denn dass die EMRK einen großen Einfluss auf die Charta hat, steht außer Frage und lässt sich auf mehrere Gesichtspunkte stützen[350]: Normativ ergibt sich dies bereits aus Art. 6 Abs. 3 EUV und Art. 52 Abs. 3[351], 53[352] GRC sowie der Präambel der Charta[353], die zusammen eine „Brücke" zwischen

---

[342] Umfassend hierzu Schlachter/Heuschmid/Ulber/*Schlachter*, § 6 Rn. 513 ff. Vgl. daneben *Fornasier*, in: Latzel/Picker (Hrsg.), Neue Arbeitswelt, 2014, S. 25, 28.

[343] EuArbRK/*Schubert*, RESC Teil I Rn. 66 m.w.N. Für eine unmittelbare Anwendbarkeit von Art. 6 Nr. 4 ESC indes jüngst *Hauer*, Der Arbeitskampf im nationalen und europäischen Recht, 2020, S. 83 ff.

[344] Mit dieser überzeugenden Argumentation bereits *Konzen*, JZ 1986, 157, 162.

[345] EuArbRK/*Schubert*, RESC Teil I Rn. 67; *Kerwer*, EuZA 2008, 335, 350 f.

[346] Vgl. etwa EGMR v. 12.11.2008 – 34503/97 (*Demir u. Gaykara*), NZA 2010, 1425, Rn. 77. Siehe hierzu *Nußberger*, RdA 2012, 270, 271.

[347] Vgl. etwa EuGH v. 11.12.2007 – Rs. C-438/05 (*Viking*), NZA 2008, 124, Rn. 43.

[348] *Biltgen*, NZA 2016, 1245, 1245 ff.; *Becker*, EuR 2019, 469, 484.

[349] Mit diesem Begriff *Junker*, ZfA 2013, 91, 102.

[350] Grundlegend hierzu *Ziegenhorn*, Der Einfluss der EMRK im Recht der EU-Grundrechtecharta, 2009.

[351] Siehe zur Auslegung der Norm umfassend *Ziegenhorn*, Der Einfluss der EMRK im Recht der EU-Grundrechtecharta, 2009, S. 121 ff.

[352] Zur Bedeutung von Art. 53 GRC in diesem Kontext *Spielmann*, IWRZ 2017, 147, 150.

[353] Sie lautet: „Diese Charta bekräftigt unter Achtung der Zuständigkeiten und Aufgaben der Union und des Subsidiaritätsprinzips die Rechte, die sich vor allem aus den gemeinsamen Verfassungstraditionen und den gemeinsamen internationalen Verpflichtungen der Mitgliedstaaten, aus der Europäischen Konvention zum Schutz der Menschenrechte und Grundfreiheiten, aus den von der Union und dem Europarat beschlossenen Sozialchartas sowie aus der

beiden Regelwerken[354] bilden. Bestätigt wird die Bedeutung durch einen Blick in die Erläuterungen der Charta, die umfassend auf Bestimmungen der EMRK Bezug nehmen.[355] Die EMRK ist unbestritten die zentrale Rechtserkenntnisquelle für die GRC.[356] Zwingt dies aber zu einer Gleichbehandlung von EMRK und GRC in der Horizontalwirkungsfrage?

Bei Beantwortung dieser Frage fällt zunächst auf, dass schon die genaue Reichweite dieses inhaltlichen Einflusses der EMRK auf die GRC im Einzelnen umstritten ist.[357] Bedeutsam für den Untersuchungskontext ist dabei ungeachtet aller diffizilen Details, dass die genannten Normen, konkret auf einen Gleichlauf bezogen auf „die Grundrechte“ oder „die Rechte“ abstellen. Dies legt nahe, dass sie vordergründig darauf abzielen, den *Gewährleistungsgehalt* der einzelnen in der Charta niedergelegten Rechte nicht hinter dem der EMRK zurückbleiben zu lassen, wenn es dort eine entsprechende Bestimmung gibt. Es ist deshalb überzeugend, den inhaltlichen Einfluss der EMRK auf die GRC jedenfalls als eines von mehreren Argumenten dafür gelten zu lassen, dass auch im Rahmen solcher Bestimmungen der Charta, die mit einem Konventionsrecht korrespondieren, erstens eine grundrechtliche Schutzpflicht existiert[358] und diese zweitens eine Horizontalwirkung dieser Rechte über die Konformauslegung des unionalen und nationalen Privatrechts vermitteln können.

Für die Grundrechte des Solidaritätskapitels der GRC, die für das Arbeitsrecht besonders von Bedeutung sind, ist diese Erkenntnis allerdings nur bedingt gewinnbringend, da sie gerade keine Entsprechung in der EMRK finden.[359] Und weitergehende Schlüsse lassen sich aus diesem Gleichlauf ohnehin nicht ziehen.[360] Die These, eine solche an die EMRK angelehnte Schutzpflichtenlösung mache eine Grundrechtsbindung Privater von vornherein entbehrlich, ist nicht überzeugend. Die Schutzpflichtenlösung ist *eine*, muss dabei aber nicht zwangsläufig die *einzige* Form der Wirkung der Charta im Privatrecht darstellen.[361] Aus den Scharniernormen lässt sich – selbst wenn sich die in ihnen angelegte inhaltliche Annäherung der Grundrechtsregime über den Gewährleistungsgehalt auch auf

Rechtsprechung des Gerichtshofs der Europäischen Union und des Europäischen Gerichtshofs für Menschenrechte ergeben.“.

[354] *Spielmann*, IWRZ 2017, 147, 150.

[355] ABl. EU C 303 v. 14.12.2007, S. 33 ff.

[356] EuArbRK/*Schubert*, Art. 6 EUV Rn. 64; Calliess/Ruffert/*Kingreen*, Art. 6 EUV Rn. 21.

[357] Zu den verschiedenen Lesarten des Art. 52 Abs. 3 GRC vgl. *Ziegenhorn*, Der Einfluss der EMRK im Recht der EU-Grundrechtecharta, 2009, S. 29 ff.

[358] In diesem Sinne EuArbRK/*Schubert*, Art. 51 GRC Rn. 61; *Junker*, ZfA 2013, 91, 101 f.; vgl. bereits *Suerbaum*, EuR 2003, 390, 406: „Angesichts der dortigen starken Akzeptanz positiver Pflichten kommt eine schutzpflichtenlimitierende Interpretation der Charta nicht in Betracht.“.

[359] Anders ist das für die Freiheitsrechte sowie das Diskriminierungsverbot des Art. 21 Abs. 1 GRC, das eine Entsprechung in Art. 14 EMRK findet.

[360] Wie hier Calliess/Ruffert/*Kingreen*, Art. 51 GRC Rn. 24.

[361] In diesem Sinne zu den Grundfreiheiten *Müller-Graff*, EuR 2014, 3, 22.

die Frage der Adressatenstellung bezöge – keine Exklusivität ableiten, weil es bei ihnen nicht darum geht, einen völligen grundrechtsdogmatischen Gleichlauf herzustellen, sondern nur darum, das Schutzniveau der GRC nicht unter das des übrigen Völkerrechts absinken zu lassen.[362]

Außerdem spricht das Alleinstellungsmerkmal des Unionsrechts, das die supranationale Charta so fundamental von der EMRK unterscheidet[363], gegen einen solchen Gleichlauf: Schon die Durchsetzungsmechanismen der EMRK sind rein staatsgerichtet konzipiert und sprechen deshalb gegen eine Bindung Privater. So ist auch zu erklären, dass im Rahmen der EMRK die fehlende Adressatenstellung Privater gerade mit Verweis auf das in Art. 33 und Art. 34 EMRK normierte Durchsetzungskonzept der Konvention verneint wird.[364] Die Modalitäten der prozessualen Durchsetzung schlagen hier also auf die materiellrechtlich-grundrechtsdogmatische Adressatenfrage durch: Wenn der EGMR nur staatliche Menschenrechtsverletzungen sanktionieren kann, stellt sich die Frage einer unmittelbaren Grundrechtsbindung nicht.[365]

Geht man im Rahmen der Charta genauso vor, ergibt sich ein anderes Bild: Bei ihr stehen, wie auch sonst im Unionsrecht, nicht die Mitgliedstaaten, sondern die Einzelnen im Mittelpunkt, wenn es um die Durchsetzung der Rechtsordnung geht. Deshalb gibt es die Institute der unmittelbaren Anwendbarkeit und des Anwendungsvorrangs. Die Durchsetzung des Unionsrechts ist damit nicht auf Rechtsbehelfe gegen die Mitgliedstaaten beschränkt. Auch wenn damit im Konventionsrecht konzeptionell alles dafür spricht, die Grundrechtswirkung auf einen staatsvermittelten Ansatz zu beschränken, lässt sich diese Überlegung nicht auf die supranationale GRC übertragen.

d) Zwischenergebnis

Somit lässt sich auch aus der fehlenden Bindung Privater im Rahmen der EMRK nicht ableiten, dass sich auch die Wirkung der GRC auf einen reinen Schutzpflichtenansatz beschränkt. Dafür sind beide Grundrechtsregime schlichtweg zu verschieden. Einzig für die Existenz chartarechtlicher Schutzpflichten und eine darauf gestützte Konformauslegung des Privatrechts bildet der inhaltliche Einfluss der EMRK ein zusätzliches Argument. Weitergehende, insbesondere die Horizontalwirkung beschränkende Schlussfolgerungen lassen sich aus ihm nicht ziehen.

---

[362] So auch *Suerbaum*, EuR 2003, 390, 407.

[363] Zu den maßgeblichen Unterschieden von EMRK und GRC nun auch EuGH v. 24.10.2018 – Rs. C-234/17 (*XC* u.a.), EuZW 2019, 82, Rn. 35 ff. sowie hierzu *Lenaerts/Gutíerrez-Fons*, ZaöRV 81 (2021), 47, 56.

[364] Ehlers-EuGR/*Ehlers*, § 2 Rn. 58; Dörr/Grote/Marauhn/*Röben*, Kap. 5 Rn. 147.

[365] Wie hier Calliess/Ruffert/*Kingreen*, Art. 51 GRC Rn. 24. In diese Richtung bereits *Rengeling/Szczekalla*, EU-Grundrechte, 2004, § 4 Rn. 339.

4. Exkurs*: Rechtspsychologische Einwände?*

Wie bereits zu Beginn dieses Abschnitts erwähnt, unterscheidet sich die unmittelbare Inpflichtnahme Privater von einer bloß staatsgerichteten Konstruktion der Horizontalwirkung *möglicherweise* in psychologischer Hinsicht. Es ist in der Tat zumindest theoretisch denkbar, dass die Bejahung einer unmittelbaren Bindung Privater die Hemmschwelle eines Rückgriffs auf Grundrechte zur Lösung eines privatrechtlichen Rechtstreits im Vergleich zu staatsgerichteten Konstruktionen senken könnte. Spricht dieser denkbare rechtpsychologische Effekt deshalb aber wirklich gegen eine Chartabindung Privater?[366]

Hierzu ist zunächst anzumerken, dass es, soweit ersichtlich, an der nötigen Empirie fehlt, die eine solche Vermutung glaubhaft untermauern würde.[367] Gerade umgekehrt hat sich im Rechtsvergleich gezeigt, dass die gewählte Konstruktionsform nicht die inhaltliche Reichweite der Wirkung der Grundrechte im Privatrecht der jeweiligen Rechtsordnung vorbestimmt; sie scheint vielmehr von anderen Faktoren als der Adressatenfrage abzuhängen.[368]

Daneben fällt auf, dass selbst wenn die Vermutung zuträfe, die hieraus geschlussfolgerte Präferenz zugunsten der „autonomiefreundlicheren“ Konstruktion nicht zwingend ist. So könnte man nämlich das Herabsenken der Hemmschwelle eines Rückgriffs auf Unionsgrundrechte sogar für wünschenswert erachten. Liegt sie nämlich zu hoch, mag sich zwar das Risiko autonomiefeindlicher Entscheidungen verringern; gleichzeitig erhöht sich dabei aber – immerhin ebenso mutmaßlich – das Risiko einer Verkennung unionsgrundrechtlicher Gewährleistungen im Horizontalverhältnis. Dies gilt vor allem für die noch junge Unionsgrundrechtsordnung, mit der viele nationale Richter auch heute noch fremdeln dürften.

Dabei birgt gerade die Schutzpflichtenlösung durch ihre umständliche Dreieckskonstruktion die Gefahr, eine falsche Erwartung der Rechtsunterworfenen und Rechtsanwender gleichermaßen zu wecken: Zunächst zu vermitteln, Private seien zwar selbst nicht an die Grundrechte gebunden, dann aber doch einräumen zu müssen, dass sich aus den Grundrechten eine „mittelbare“ Bindung ergibt, ist

---

[366] *Bachmann*, AcP 210 (2010), 424, 472 erklärt deshalb eine Schutzpflichtenlösung im Rahmen der Grundfreiheiten zu der im Vergleich zur Bindung Privater zur „autonomiefreundlicheren“ Variante. Eine Tendenz in diese Richtung in Bezug auf die Charta lassen auch *Perner*, Grundfreiheiten, Grundrechte-Charta und Privatrecht, 2013, S. 164 und *Jarass*, ZEuP 2017, 310, 332 erkennen.

[367] So auch *Müller-Graff*, EuR 2014, 3, 22 („spekulativ“).

[368] Vgl. hierzu *Rebhahn*, AcP 210 (2010), 489, 543 ff. Dies insbesondere unter Bezugnahme auf die Arbeiten von *Cherednychenko*. Vgl. hieraus exemplarisch *Cherednychenko*, Fundamental Rights, Contract Law and the Protection of the Weaker Party, 2007, S. 160 ff. sowie *dies.*, Utrecht L. Rev. 3 (2007), 1 ff., wo sie diese Beobachtung jeweils damit begründet, dass die Rechtsprechung des BVerfG von einer Unterordnung des Privatrechts unter die Grundrechte ausgehe, wohingegen etwa das Verständnis in England oder den Niederlanden eher von einer Komplementarität von Grundrechten und Privatrecht geprägt sei.

mit erheblichem Begründungsaufwand verbunden und dürfte auf ganz ähnliche Verständnisschwierigkeiten stoßen wie die Kommunikation einer unmittelbaren Bindung an grundrechtliche Werte, auf die auch die Schutzpflichten *de facto* häufig hinauslaufen.[369]

Der behauptete, psychologisch nachteilige Effekt einer Bindung Privater ist also nicht wirklich zu erkennen. Zwar ist zuzugeben, dass auch diese Argumente nicht alternativlos sind und ebenfalls am Makel mangelnder empirischer Belegbarkeit leiden. Sie zeigen aber, dass, was die psychologische Vorzugswürdigkeit angeht, keine der Sichtweisen zwingend ist. Dies spricht dafür, die Lösung der Grundsatzfrage der grundrechtlichen Bindung Privater nicht von einem solch vagen Gesichtspunkt abhängig zu machen.[370]

5. Zwischenergebnis

Am Ende dieses Abschnitts steht damit der Befund, dass es keine überzeugenden Argumente gibt, die a priori gegen eine positive Horizontalwirkung der GRC sprechen. Die von der Gegenansicht mit anhaltender Vehemenz vorgetragenen Argumente gegen eine Verpflichtung Privater schlagen bei näherer Betrachtung allesamt nicht durch; die chartarechtliche Grundrechtsdogmatik erweist sich als offen für die Annahme einer solchen Bindungswirkung.

II. Argumente für eine Grundrechtsbindung Privater

Nur weil damit eine positive Horizontalwirkung nicht zwingend ausgeschlossen ist, heißt das wiederum noch nicht, dass sie auch zu bejahen ist. Ebenso wenig wie sich ein ausdrücklicher Ausschluss der Grundrechtsbindung Privater in der Charta finden lässt, wird diese dort schließlich unmittelbar angeordnet.[371] Es müssten deshalb Gründe gefunden werden, die für eine solche Bindungswirkung sprechen.

1. Allgemein-unionsrechtliche Gründe

Ganz allgemein *für* die Bindung Privater könnte zunächst die schlichte Tatsache sprechen, dass es sich bei den Grundrechten der Charta um primäres Unionsrecht handelt.

---

[369] Vgl. hierzu die Beobachtung bei *Unseld*, Bedeutung der Horizontalwirkung, 2018, S. 1 ff., der einleuchtend auf den eigentlichen Widerspruch zwischen der Logik der *Lüth*-Entscheidung des BVerfG einerseits und dem Grundrechtsverständnis eines durchschnittlichen juristischer Laien andererseits verweist.

[370] Dagegen auch *Grünberger*, Personale Gleichheit, 2013, S. 1020 f. in Anlehnung an *Christensen/Fischer-Lescano*, Das Ganze des Rechts, 2007, S. 275; *Müller-Graff*, EuR 2014, 3, 22.

[371] Sinngemäß auch *Sauer*, JURA 2021, 387, 389.

a) Allgemeine Dogmatik der innerstaatlichen Wirkung von Unionsrecht

Es wurde bereits dargestellt, dass die allgemeine Dogmatik zur innerstaatlichen Wirkung von Unionsrecht zunächst nicht zwingend gegen eine positive Horizontalwirkung der Chartagrundrechte spricht. Eine unmittelbar anwendbare Norm des Unionsrechts *kann* neben der Verdrängungs- auch eine Ersetzungsfolge zeitigen. Die Charta als Teil des unmittelbar anwendbaren Primärrechts besitzt dieses Potential unbestritten.

Weil die hierzu erforderliche unmittelbare Anwendbarkeit dem Anwendungsvorrang aber vorgelagert ist, gelangt man zu einer solchen Rechtsfolge nur, wenn die Unionsnorm nicht nur nationales Recht verdrängen, sondern darüber hinaus auch eine bestehende Lücke schließen kann und will. Dies hängt entscheidend vom materiellen Inhalt der Unionsbestimmung ab und ist nur dann anzunehmen, wenn die Norm auch Private adressiert. Diese Frage aber gilt es an dieser Stelle gerade zu klären. Die allgemeine Dogmatik der innerstaatlichen Wirkung des Unionsrechts liefert daher für sich genommen noch kein Argument für eine positive Horizontalwirkung der Charta. Allein aus ihrer primärrechtlichen Rechtsnatur folgt noch kein Argument für eine unmittelbare Verpflichtung Privater.[372]

b) Vergleich mit dem übrigen Primärrecht – Horizontalwirkung und Grundfreiheiten

Richtig ist aber, dass der EuGH in seiner Rechtsprechung zum übrigen Primärrecht, konkret bezogen auf einige Grundfreiheiten, tatsächlich von der unmittelbaren Anwendbarkeit auf die Möglichkeit einer Verpflichtung Privater geschlossen hat. Von Teilen der Literatur wird dieser Logik folgend erwogen, die Grundfreiheiten-Rechtsprechung auf die Grundrechte der GRC zu übertragen.[373] Und auch der EuGH scheint dem zugeneigt, wenn er etwa in der Rechtssache *Egenberger* für die Bindungswirkung von Art. 21 Abs. 1 GRC explizit auf entsprechende Grundfreiheiten-Urteile zur Bindung Privater verweist.[374] Die Gegenansicht betont hingegen die fehlende Vergleichbarkeit von Grundfreiheiten und Grundrechten und lehnt eine solche Übertragung der Rechtsprechung und der ihr zugrundeliegenden Argumentation auf die Unionsgrundrechte ab.[375]

---

[372] Insoweit zutreffend *Ruffert*, FS Robbers, 2020, S. 923, 927 f.

[373] In diese Richtung bereits *Rengeling/Szczekalla*, EU-Grundrechte, 2004, § 4 Rn. 333. Jedenfalls mit Blick auf die Diskriminierungsverbote für eine Übertragung *Kainer*, NZA 2018, 894, 898. Konkret für Art. 21 GRC *Grünberger*, Personale Gleichheit, 2013, S. 1024 ff. Nicht gänzlich abgeneigt auch Preis/Sagan/*Pötters*, § 3 Rn. 33; *ders.*, Grundrechte und Beschäftigtendatenschutz, 2013, S. 222.

[374] EuGH v. 17.04.2018 – Rs. C-414/16 (*Egenberger*), NZA 2018, 569, Rn. 77. Ähnliche Einordnung bei *Kainer*, NZA 2018, 894, 897.

[375] EuArbRK/*Schubert*, Art. 51 GRC Rn. 35; *dies.*, EuZA 2020, 302, 315; Ehlers-EuGR/*Ehlers*, § 14 Rn. 81; Pechstein/Nowak/Häde/*Pache*, Art. 51 GRC Rn. 38; *Herresthal*, ZEuP 2014, 238, 254; *Zimmer*, AuR 2012, 114, 118; *Ehlers*, DVBl. 2019, 397, 402; *Fornasier*, in: Latzel/Picker (Hrsg.), Neue Arbeitswelt, 2014, S. 25, 29 f., 37 ff.; *Chen*, Spezielle Diskri-

aa) Rechtsprechung des EuGH zur Horizontalwirkung der Grundfreiheiten

Stellt sich damit die Frage, ob es geboten ist, Unionsgrundrechte und Grundfreiheiten hinsichtlich der Adressateneigenschaft Privater gleich zu behandeln, bietet es sich zunächst an, einen Blick auf die Rechtsprechung des EuGH zur Horizontalwirkung der Grundfreiheiten zu werfen. Im Laufe der Zeit hat der Gerichtshof unter kritischer Begleitung durch die Literatur verschiedenen Grundfreiheiten nach und nach positive Horizontalwirkung zugesprochen und sowohl private Verbände als auch einzelne Privatpersonen unmittelbar an diese gebunden. Diese Wirkung ist wiederum zu unterscheiden von der bloß negativen Horizontalwirkung der Grundfreiheiten, d.h. der Derogation privatrechtlicher mitgliedstaatlicher Normen, die gegen eine Grundfreiheit verstoßen. Diese Wirkung ist in der Literatur inzwischen allgemein anerkannt.[376]

Über diese Rechtsfolge hinausgehend hat der EuGH aber bereits im Jahr 1974 in der Rechtssache *Walrave* entschieden, dass sich die Personenverkehrsfreiheiten nicht nur an staatliche Stellen richten, sondern sich auch *auf alle sonstigen Maßnahmen* erstrecken, die eine kollektive Regelung im Arbeits- und Dienstleistungsbereich enthalten.[377] Auf Basis dieser Weichenstellung hat er in der Folgerechtsprechung die Adressateneigenschaft *privater Normgeber* mit Blick auf die Arbeitnehmerfreizügigkeit gem. Art. 45 AEUV und die Niederlassungsfreiheit gem. Art. 49 AEUV und in der jüngeren Vergangenheit schließlich sogar für die Warenverkehrsfreiheit gem. Art. 34 AEUV[378] bestätigt.[379] In der Rechtssache *An-*

minierungsverbote der GRC, 2011, S. 43 f.; *Thieken*, Der primärrechtliche Gleichbehandlungsgrundsatz, 2018, S. 88 f.; *Sponholz*, Die unionsrechtlichen Vorgaben zu den Rechtsfolgen von Diskriminierung im Privatrechtsverkehr, 2017, S. 100 f.; *Hauer*, Der Arbeitskampf im nationalen und europäischen Recht, 2020, S. 213; *Ruffert*, FS Robbers, 2020, S. 923, 927. Zumindest gegen eine pauschale Übertragung Preis/Sagan/*Pötters*, § 3 Rn. 33. Ausdrücklich anders wiederum *Kainer*, NZA 2018, 894, 898 Fn. 66 („zu kurz argumentiert"). Umgekehrt für eine Gleichbehandlung von Unionsgrundrechten und Grundfreiheiten dahingehend, dass bei beiden Normenkategorien keine Verpflichtung Privater anzunehmen sei, *Jocham*, Die Grenzen der richterlichen Rechtsfortbildung im Privatrecht, 2021, S. 266.

[376] Vgl. etwa *Steindorff*, EG-Vertrag und Privatrecht, 1996, S. 57 f., 300; *Remien*, Zwingendes Vertragsrecht und Grundfreiheiten des EG-Vertrages, 2003, S. 178 ff.; *Riesenhuber*, System und Prinzipien des Europäischen Vertragsrechts, 2003, S. 93; *Körber*, Grundfreiheiten und Privatrecht, 2004, S. 585 ff.; *Herresthal*, in: Neuner (Hrsg.), Grundrechte und Privatrecht aus rechtsvergleichender Sicht, 2007, 177. Vgl. zur Bindung der nationalen Zivilrechtsprechung *Jocham*, Die Grenzen der richterlichen Rechtsfortbildung im Privatrecht, 2021, S. 264.

[377] EuGH v. 12.12.1974 – Rs. 36/74 (*Walrave*), NJW 1975, 1093, Rn. 16, 19.

[378] EuGH v. 12.07.2012 – Rs. C-171/11 (*DVGW*), EuZW 2012, 797, Rn. 32. Kritisch hierzu *Schmahl/Jung*, NVwZ 2013, 607, 610 ff.

[379] EuGH v. 14.07.1976 – Rs. 13/76 (*Doná*), Slg. 1976, 1333, Rn. 17 ff.; EuGH v. 15.12.1995 – Rs. C-415/93 (*Bosman*), NZA 1996, 191, Rn. 82 ff.; EuGH v. 11.04.2000 – verb. Rs. C-51/96 u. C-191/97 (*Deliège*), NZA 2000, 648, Rn. 47; EuGH v. 13.04.2000 – Rs. C-176/96 (*Lehtonen*), NZA 2000, 645, Rn. 35; EuGH v. 19.02.2002 – Rs. 309/99 (*Wouters*), NJW 2002, 877, Rn. 120; EuGH v. 11.12.2007 – Rs. C-438/05 (*Viking*), NZA 2008, 124, Rn. 33 f.; EuGH v. 18.12.2007 – Rs. C-341/05 (*Laval*), NZA 2008, 159, Rn. 98.

gonese hat der EuGH schließlich die durch seine Rechtsprechung provozierte Streitfrage, ob damit nur die angesprochenen intermediären Gewalten oder darüber hinaus alle sonstigen privaten Marktteilnehmer an die Personenverkehrsfreiheiten gebunden sein können, zugunsten der zweiten Alternative entschieden[380]: Nach dem Dafürhalten des Gerichtshofs verletzt nämlich auch ein *einzelner Arbeitgeber* die Arbeitnehmerfreizügigkeit, wenn er den Zugang eines Bewerbers zu einem Einstellungsverfahren vom Nachweis einer Sprachenbescheinigung abhängig macht, die nur in einer einzigen Provinz des Mitgliedstaats ausgestellt wird.[381] Es spricht deshalb viel dafür, dass der EuGH grundsätzlich den meisten Grundfreiheiten das Potential beimisst, auch Private zu verpflichten.[382]

Teile der Literatur befürworten diese Linie des Gerichtshofs und sprechen sich – dabei freilich mit unterschiedlichem Differenzierungsgrad – ebenfalls für eine Bindung Privater an alle bzw. einzelne Grundfreiheiten aus, andere wiederum lehnen sie ab.[383] Die überzeugende Strömung, die sich für sie ausspricht, argumentiert insoweit mit der Binnenmarktorientierung der Grundfreiheiten[384]: Aufgrund ihrer Konzeption ist es gerade nicht von ausschlaggebender Bedeutung, wer *Urheber* einer beschränkenden Maßnahme ist. Entscheidend ist vielmehr deren binnenmarktrelevante *Wirkung*.[385] In dieser Hinsicht kann aber ein privater einem hoheitlichen Eingriff ähneln, gleichkommen oder ihn sogar in seiner Intensität übertreffen. Die Grundfreiheiten müssen zur Herstellung eines funk-

---

[380] EuGH v. 06.06.2000 – Rs. C-281/98 (*Angonese*), NZA-RR 2001, 20, Rn. 36; EuGH v. 17.07.2008, C-94/07 (*Ranccanelli*), NZA 2008, 995, Rn. 42 ff.; EuGH v. 28.06.2012 – Rs. C-172/11 (*Erny*), NZA 2012, 863, Rn. 36.

[381] EuGH v. 06.06.2000 – Rs. C-281/98 (*Angonese*), NZA-RR 2001, 20, Rn. 36.

[382] *Kahl/Schwind*, EuR 2014, 170, 175 f.; *Müller-Graff*, EuR 2014, 3, 15; *Ehlers*, DVBl. 2019, 397, 401.

[383] Exemplarisch aus jüngerer Zeit für eine Bindung Privater an die Grundfreiheiten: *Müller-Graff*, EuR 2014, 3, 28 f. Mit ähnlichen Sympathien Riesenhuber/*Köndgen*, § 6 Rn. 30 ff. in der Vorauflage (3. Auflage); *Steindorff*, EG-Vertrag und Privatrecht, 1996, S. 277 ff. Für eine differenzierte Bindungswirkung *Preedy*, Die Bindung Privater an die europäischen Grundfreiheiten, 2005, S. 192 ff. Für eine subsidiäre Verpflichtung Privater als vermittelnde Lösung *Bachmann*, AcP 210 (2010), 424, 473. Für eine unmittelbare Verpflichtung Privater durch die Grundfreiheiten nur in ihrer Funktion als Diskriminierungsverbote und im Übrigen eine nur mittelbare Drittwirkung *Herresthal*, Rechtsfortbildung im europarechtlichen Bezugsrahmen, 2006, S. 75. Ähnlich mit Blick auf die Arbeitnehmerfreizügigkeit *Kerwer*, Gemeinschaftsrecht und Rechtsprechung, 2003, S. 38 ff. A.A. gänzlich gegen die Verpflichtung Privater und für eine Schutzpflichtenlösung hingegen: *Kingreen*, Die Struktur der Grundfreiheiten des Europäischen Gemeinschaftsrechts, 1999, S. 195 ff.; *Riesenhuber*, System und Prinzipien des Europäischen Vertragsrechts, 2003, S. 103 ff.; *Körber*, Grundfreiheiten und Privatrecht, 2004, S. 804 ff.; *Canaris*, in: Bauer/Czybulka/Kahl u.a. (Hrsg.), Umwelt, Wirtschaft und Recht, 2002, 29, 49 ff.; *Jocham*, Die Grenzen der richterlichen Rechtsfortbildung im Privatrecht, 2021, S. 263 ff.

[384] Zu dieser eingehend etwa *Perner*, Grundfreiheiten, Grundrechte-Charta und Privatrecht, 2013, S. 168 ff.

[385] *Müller-Graff*, EuR 2014, 3, 9 ff.; *Kulick*, Horizontalwirkung im Vergleich, 2020, S. 66 f.

tionsfähigen Binnenmarkts die Gefährdung beider Urheber gleich effektiv verarbeiten können, was letztlich nur durch eine Inpflichtnahme Privater erreichbar ist. Eben diesem Gedanken entspricht zum Teil auch die ausdrückliche Argumentation des EuGH.[386]

bb) Keine Übertragbarkeit der Argumentation auf die GRC

Die entscheidende Frage ist nun, ob sich diese Argumente auf die Charta übertragen lassen. Dafür spräche immerhin, dass sich Grundfreiheiten und Grundrechte in der Tat sehr ähnlich sind[387]: Beide begründen Beschränkungs- und Diskriminierungsverbote, die dem Einzelnen ein subjektives Recht verleihen und damit (auch) dem Individualschutz dienen. Außerdem sind beide unmittelbare anwendbar, der Einzelne kann sich vor Behörden und Gerichten der Mitgliedstaaten auf für ihn günstige Bestimmungen der jeweiligen primärrechtlichen Normenkategorie berufen. Schließlich ließe sich zumindest für solche Grundrechte, die einen grundfreiheitlichen Inhalt haben, namentlich etwa Art. 15 Abs. 2 GRC, die Vorschrift des Art. 52 Abs. 2 GRC ins Feld führen, die deren Ausübung an die in den Verträgen festgelegten Bedingungen koppelt.[388] Die Grundfreiheitendogmatik fände auf diesem Wege Eingang in die Auslegung der GRC. Eher ein rechtspolitisches denn ein dogmatisches Argument, das für eine Übertragung spräche, wäre schließlich der Wunsch nach einer wertungsmäßigen Annäherung der Sozialpolitik (in Gestalt der Grundrechte) und der Wirtschaftspolitik (in Gestalt der Grundfreiheiten) im Unionsrecht.[389]

Allen Gemeinsamkeiten und rechtspolitisch wünschenswerten Absichten zum Trotz, ist allerdings mit der überzeugenden Auffassung in der Literatur davon auszugehen, dass sich die Gründe, die für eine Verpflichtung Privater durch die Grundfreiheiten sprechen, nicht auf die Grundrechte der Union übertragen lassen. Überzeugend lässt sich die Bindung Privater an die Grundfreiheiten nämlich nur mit ihrer besonderen Binnenmarktorientierung begründen.[390] Aufgrund die-

---

[386] EuGH v. 12.12.1974 – Rs. 36/74 (*Walrave*), NJW 1975, 1093: „Da im Übrigen die Arbeitsbedingungen je nach Mitgliedstaat einer Regelung durch Gesetze und Verordnungen oder durch Verträge und sonstige Rechtsgeschäfte, die von Privatpersonen geschlossen oder vorgenommen werden, unterliegen, bestünde bei einer Beschränkung auf staatliche Maßnahmen die Gefahr, daß das fragliche Verbot nicht einheitlich angewandt würde.".

[387] Hierzu etwa *Kahl/Schwind*, EuR 2014, 170, 170 ff.; *Körber*, Grundfreiheiten und Privatrecht, 2004, S. 108 f.

[388] Heselhaus/Nowak/*Nowak*, § 9 Rn. 45; *Kingreen*, JÖR 65 (2016), 1, 11.

[389] Dies aufgreifend und richtigerweise ablehnend *Schubert*, EuZA 2020, 302, 316.

[390] Das mag man für Art. 157 AEUV, dem der EuGH in *Defrenne II* eine Verpflichtungswirkung zulasten Privater beigemessen hat, anders sehen, weil er einen stark sozialpolitisch geprägten und letztlich grundrechtsgleichen Charakter aufweist (vgl. *Schmahl/Jung*, NVwZ 2013, 607, 611; Grabenwarter, EnzEuR/*Schmahl*, § 20 Rn. 33; sowie bereits EuGH v. 08.04.1976 – Rs. C-43/75 (*Defrenne II*), NJW 1976, 2068). Auch diese Bestimmung ist allerdings primär wettbewerbspolitisch motiviert gewesen, weshalb die Argumente für eine Bindung Privater im Rahmen von Art. 157 AEUV trotz seines grundrechtsähnlichen Cha-

ser Konzeption kommt es für Grundfreiheiten auf die Urheberschaft eines Eingriffs letztlich nicht an. Das lässt sich für die Grundrechte der Union nicht in gleicher Weise sagen.

Ihnen fehlt diese Finalität, denn bei Grundrechten geht es nicht um die Schaffung eines einheitlichen Binnenmarkts, sondern um eine fortdauernde und umfassende Sicherung der Ausübung individueller Freiheit, unabhängig von der Zielsetzung derer, die sie wahrnehmen, der Absichten derer, die sie beeinträchtigen, und der konkreten Wirkungen der in Rede stehenden Eingriffe. Grundfreiheiten hingegen dienen gerade nicht der *Begrenzung*, sondern der Legitimation und Lenkung öffentlicher Gewalt, und zwar im Dienste wirtschaftlicher Betätigung.[391] Folgerichtig sind Grundrechte strukturell jedenfalls primär als subjektive Rechte des Einzelnen gegenüber der mitgliedstaatlichen und unionalen Hoheitsgewalt konzipiert, während Grundfreiheiten zumindest primär Pflichten der Mitgliedstaaten gegenüber der Union begründen.[392] Das sagt zwar mit Blick auf die weitergehende Agenda des EuGH nichts über die Ausschließlichkeit dieser Wirkungsdimensionen, lässt sich aber zumindest als Schwerpunktkriterium der jeweiligen Normenkategorien verstehen.[393]

Grundfreiheiten und Grundrechte sind außerdem auch historisch nur bedingt vergleichbar. Die Grundrechte der Union sind Ergebnis einer Gesamtschau der mitgliedstaatlichen Verfassungstraditionen, bilden also einen grundrechtlichen Gesamtkonsens unter den Mitgliedstaaten unionsrechtlich ab: EMRK und GRC sind positiviertes gemeineuropäisches Naturrecht.[394] Die Grundfreiheiten sind dagegen kein Produkt einer Zusammenschau gemeineuropäischer Werte, sondern ein Werkzeug zur Durchsetzung der genuin-unionsrechtlichen Idee des einheitlichen Binnenmarkts.[395] Auch insoweit fehlt es an der Vergleichbarkeit mit der Charta.

Schließlich ist überzeugend darauf hingewiesen worden, dass eine Bindung Privater an die Grundfreiheiten auch im Ergebnis weniger einschneidend ist als eine Grundrechtsbindung. Dies liegt daran, dass der Anwendungsbereich der Grundfreiheiten auf grenzüberschreitende Sachverhalte und das Marktverhalten beschränkt ist. Die Unionsgrundrechte hingegen berühren inhaltlich letztlich sämtliche Lebensbereiche[396], jedenfalls soweit diese durch sonstiges Unionsrecht geregelt sind.

---

rakters nicht vorschnell auf die Charta übertragen werden sollten, vgl. in diese Richtung *Rengeling/Szczekalla*, EU-Grundrechte, 2004, § 4 Rn. 334 f. sowie insbesondere *Chen*, Spezielle Diskriminierungsverbote der GRC, 2011, S. 44.

[391] *Zimmer*, AuR 2012, 114, 118.

[392] *Jarass*, GRC, Einl. Rn. 29.

[393] *Kahl/Schwind*, EuR 2014, 170, 171.

[394] *Hager*, Rechtsmethoden in Europa, 2009, S. 325.

[395] Überzeugend insoweit *Perner*, Grundfreiheiten, Grundrechte-Charta und Privatrecht, 2013, S. 182.

[396] *Fornasier*, in: Latzel/Picker (Hrsg.), Neue Arbeitswelt, 2014, S. 25, 29 f.

cc) Zwischenergebnis

Diese Wesensverschiedenheiten von Grundfreiheiten und Grundrechten stehen einer Übertragung der grundfreiheitlichen Argumentation entgegen. Die Grundfreiheitendogmatik kann, jedenfalls was ihre binnenmarktspezifische Eigenlogik angeht, nicht auf die Charta übertragen werden.[397] Aus dieser kann sich kein Grund für eine Grundrechtsbindung Privater ergeben.

2. Privatrechtszuschnitt und Menschenwürdegehalt als Argument?

Zahlreiche Grundrechte der Charta weisen – im Unterschied zum Grundrechtskatalog des GG[398] – einen besonderen Zuschnitt auf das Privat- und speziell das Arbeitsrecht auf. Hieraus ist zum Teil gefolgert worden, dass zumindest diese besonderen Arbeitnehmer-Grundrechte auch Private binden.[399] Die Befürworter dieser These können sich überzeugend darauf berufen, dass der EuGH in der Rechtssache *Defrenne II* schon früh dem grundrechtsähnlichen Art. 157 Abs. 1 AEUV, der ebenfalls sehr deutlich auf das private Arbeitsverhältnis ausgerichtet ist[400], eben dieses Potential zugesprochen hat.[401] Ähnliches wird teilweise für die Menschenwürde[402] oder solche Grundrechte vertreten, die einen Menschenwürdekern[403] aufweisen. Dies wird insbesondere für die sozialen Grundrechte des Solidaritätskapitels der Charta angenommen.[404] Diese Argumentation geht im Wesentlichen dahin, dass auch im Rahmen der Charta die Menschenwürde ab-

---

[397] Das bedeutet allerdings nicht, dass es nicht andere Grundprinzipien geben kann, die die Grundfreiheiten mit den Grundrechten teilen und die ihrerseits zu einem anderen Ergebnis führen können. Das ist insbesondere für den Grundsatz des *effet utile* zu erwägen. Vgl. hierzu unten unter 4. Dies übersieht *Sponholz*, Die unionsrechtlichen Vorgaben zu den Rechtsfolgen von Diskriminierung im Privatrechtsverkehr, 2017, S. 99 ff.

[398] Mit Ausnahme von Art. 9 Abs. 3 GG.

[399] In diesem Sinne *Becker*, EuR 2019, 469, 491; *Kingreen*, JÖR 65 (2016), 1, 11; *Edenharter*, DVBl. 2018, 867, 869; Preis/Sagan/*Pötters*, § 3 Rn. 35; NK-GA/*Heuschmid*/*Lörcher*, Art. 51 GRC Rn. 29; *von Diest*, Diskriminierungsschutz, 2016, S. 176; *Pötters*, Grundrechte und Beschäftigtendatenschutz, 2013, S. 224. Tendenziell bereits *Schwarze*, EuZW 2001, 517, 522; vgl. auch *Seifert*, EuZW 2011, 696, 700 f.; *ders.*, EuZA 2013, 299, 303, der den Privatrechtszuschnitt hervorhebt, daraus aber gerade nicht die unmittelbare Verpflichtung Privater ableiten will, sondern in Anlehnung an die Rechtsprechung des EGMR auf *positive obligations* schließt.

[400] Vgl. allerdings auch *Schmahl*/*Jung*, NVwZ 2013, 607, 611, die darauf hinweisen, dass die Annahme einer Bindung Privater auch bei Art. 157 AEUV keineswegs zwingend sei.

[401] EuGH v. 08.04.1976 – Rs. C-43/75 (*Defrenne II*), NJW 1976, 2068, 2069. Die unmittelbare Anwendbarkeit der Norm wurde jüngst in EuGH v. 03.06.2021 – Rs. C-624/18 (*Tesco Stores*), NZA 2021, 855 auch für „gleichwertige Arbeit" bestätigt.

[402] Heselhaus/Nowak/*Nowak*, § 9 Rn. 46.

[403] In diese Richtung hinsichtlich Art. 31 GRC etwa *Schwarzburg*, Die Menschenwürde im Recht der Europäischen Union, 2012, S. 322, die das Menschenwürde-Argument jedoch insgesamt zutreffend verwirft.

[404] Mit Blick auf Art. 27 GRC etwa Heselhaus/Nowak/*Hilbrandt*, § 39 Rn. 30; *ders.*, NZA 2019, 1168, 1172.

solut garantiert sei und es damit keinen Unterschied machen könne, ob ihre Beeinträchtigung von privater oder öffentlicher Seite herrührt. Ähnlich wurde für eine Bindung Privater an die Menschenwürdegarantie auch unter dem GG argumentiert.[405]

Nach vorzugswürdiger Ansicht sollte jedoch allein der Umstand, dass ein Grundrecht entweder aufgrund seiner inhaltlichen Konzeption oder aber aufgrund seiner besonderen Dignität auf eine möglichst umfassende Geltung im Arbeits- und Privatrecht zugeschnitten sein mag, für sich genommen noch kein Argument für eine Verpflichtung Privater sein.[406] Zwar ist zuzugeben, dass bei solchen Grundrechten eine besondere Gefährdung des grundrechtlich geschützten Gewährleistungsgehalts auch von privater Seite zu befürchten ist. Dies spricht jedoch zunächst nur dafür, dass diesem Umstand bei der Bestimmung der Grundrechtsgehalte und bei der Abwägung im Einzelfall hinreichend Rechnung zu tragen ist. Grundrechte mit einem spezifischen Privatrechts- oder Menschenwürdebezug legen dabei in besonderem Maße die Existenz entsprechender staatlicher Schutzpflichten nahe. Ihr Gewährleistungsgehalt ist inhaltlich gerade auch auf die Abwehr privater Eingriffe ausgelegt. Von dem vereinzelt behaupteten „Leerlaufen" der auf das Privatrecht zugeschnittenen Rechte im Falle einer Ablehnung der Bindung Privater kann mit Blick darauf keine Rede sein.[407]

Für einen bestimmten Geltungsmodus im Privatrecht spricht das Argument jedenfalls nicht. Mit ihm allein lässt sich nicht erklären, warum gerade die unmittelbare Inpflichtnahme Privater einer bloßen Schutzpflichtenlösung, die von ihren Befürwortern für ebenso effektiv und dabei gleichzeitig als privatrechtsschonender erachtet wird, vorzuziehen ist. Hierzu wären weitere Überlegungen erforderlich, die gerade die Schwächen einer solchen exklusiven Schutzpflichtenlösung in den Blick nehmen müssten. Erst bei einer Zusammenschau mit den Besonderheiten des Unionsrechts mag ein anderes Ergebnis gerechtfertigt sein. Der Zuschnitt mancher Grundrechte auf das Privat- oder Arbeitsrecht allein genügt daher nicht, um eine Bindung Privater an diese Grundrechte zu rechtfertigen.[408]

---

[405] *Neuner*, Privatrecht und Sozialstaat, 1999, S. 150 ff.; *ders.*, in: ders. (Hrsg.), Grundrechte und Privatrecht aus rechtsvergleichender Sicht, 2007, S. 159, 168.

[406] Wie hier etwa: *Schwarzburg*, Die Menschenwürde im Recht der Europäischen Union, 2012, S. 321 ff.; *Schubert*, EuZA 2020, 302, 317; EuArbRK/*dies.*, Art. 51 GRC Rn. 38; *Jarass*, ZEuP 2017, 310, 315; Grabenwarter, EnzEuR/*Cremer*, § 3 Rn. 159 ff.

[407] So aber *von Diest*, Diskriminierungsschutz, 2016, S. 176; NK-GA/*Heuschmid*/*Lörcher*, Art. 51 GRC Rn. 29.

[408] Es existieren aber umgekehrt einige Grundrechte, für eine solche Wirkung schon deshalb ausscheiden muss, weil sie aufgrund ihres besonderen Inhalts ersichtlich nur ein Hoheitsträger die grundrechtliche Verpflichtung erfüllen kann. Das betrifft etwa Art. 2 Abs. 2, 14, 18, 19, 29, 34 GRC. Genauso für bestimmte Normen des GG *Kulick*, AöR 145 (2020), 649, 684.

3. Strukturelles Ungleichgewicht im Arbeitsrecht als Argument?

Möglicherweise ergibt sich aber aus den Besonderheiten des Arbeitsrechts, namentlich der Vorstellung vom Arbeitnehmer als strukturell unterlegener Vertragspartei, ein zwingender Grund für die Bindung privater Arbeitgeber an die GRC.

Die prominente Rolle dieses Arguments in der Drittwirkungslehre und die Bedeutung des ersten BAG-Präsidenten *Nipperdey* in diesem Zusammenhang wurden bereits an anderer Stelle erwähnt.[409] Und auch andere Stimmen argumentierten hierzulande mit ähnlichen Begründungen für eine Grundrechtsbindung Privater unter dem GG.[410] *Gamillscheg* etwa stützte sich maßgeblich auf die soziale Machtstellung der Arbeitgeber, um ihre Grundrechtsbindung zu rechtfertigen.[411] *Leisner* hob die „private Gewaltstellung" des Arbeitgebers hervor, die er im Wesentlichen mit der staatlichen Hoheitsgewalt gleichstellte.[412] Insbesondere aufgrund des großen Konkretisierungsspielraums des Arbeitgebers und des sich daraus ergebenden umfassenden arbeitgeberseitigen Weisungsbedürfnisses, sah er das Arbeitsverhältnis als „privatrechtliche[s] Gewaltverhältnis par excellence"[413]. Auf Basis dieser Vorstellung versuchte er insgesamt, eine staatsähnliche Grundrechtsbindung privater Arbeitgeber zu begründen. Und auch in der *Stadionverbot*-Entscheidung[414] des BVerfG, die insoweit an die nicht weniger berühmte *Bürgschafts*-Entscheidung[415] anknüpfte, klang dieser Argumentationstopos jüngst wieder deutlich an. Danach sind gerade auch Faktoren wie ein etwaiges Ungleichgewicht zwischen den Parteien oder die soziale Mächtigkeit einer Seite entscheidend für die Reichweite der Wirkung von Grundrechten des GG im Privatrecht.

Die strukturelle Unterlegenheit des Arbeitnehmers war also nie bloß ideologischer Kampfbegriff, sondern immer auch veritables juristisches Argument.[416] Es kann deshalb nicht verwundern, dass auch der EuGH in seiner Grundrechtsjudikatur vereinzelt auf ebendieses zurückgreift, auch wenn dabei nach wie vor unklar ist, welche Bedeutung er dem Aspekt im Kontext der Horizontalwirkung

---

[409] Vgl. hierzu oben unter § 1 B. I. 1.

[410] Nachweise bei *Fabisch*, Unmittelbare Drittwirkung, 2010, S. 111 ff.

[411] Vgl. *Gamillscheg*, AcP 164 (1964), 385, 411.

[412] *Leisner*, Grundrechte und Privatrecht, 1960, S. 249 ff.

[413] *Leisner*, Grundrechte und Privatrecht, 1960, S. 284. Besonders bezeichnend die Ausführungen unter S. 255: „Was konnte dem Arbeiter die Freiheit in der Staatsrichtung nützen, wenn er in privaten Ketten schmachtete, wenn dieselben Rechte, die jeder Polizist achten mußte, von seinem Arbeitgeber im Rahmen eines meist unter wirtschaftlichem, schärfsten Druck abgeschlossenen Vertrags völlig mißachtet werden konnten?", in Anlehnung an die aus seiner Sicht maßgebliche Erkenntnis der marxistischen Rechts- und Staatslehre.

[414] BVerfG v. 11.04.2018 – 1 BvR 3080/09, BVerfGE 148, 267, Rn. 33.

[415] BVerfG v. 19.10.1993 – 1 BvR 567, 1044/89, BVerfGE 89, 214, 232 ff.

[416] Vgl. aber auch die Fundamentalkritik bei *Zöllner*, AcP 196 (1996), 1 ff. Generell kritisch zur Annahme einer „gestörten Vertragsparität" auch *Adomeit*, NJW 1994, 2467 ff.

beimisst.[417] Für einen Teil der Literatur jedenfalls scheint es zu genügen, um eine unmittelbare Verpflichtung privater Arbeitgeber auch im Rahmen der Charta zu rechtfertigen.[418]

Zwar ähnelt diese Argumentation dabei der bereits abgelehnten Auffassung, die auf den Privatrechtszuschnitt einzelner Grundrechte verweist, und fällt häufig mit ihr zusammen; sie unterscheidet sich aber bei genauerer Betrachtung von ihr.[419] Das Strukturargument betrifft die Besonderheit des in Rede stehenden *Rechtsverhältnisses*, das Menschenwürde- bzw. Privatrechtszuschnitts-Argument hingegen die Besonderheit des jeweiligen in Rede stehenden *Grundrechts*. So ist die Religionsfreiheit sicherlich kein auf das private Arbeitsrecht zugeschnittenes Grundrecht, gleichzeitig ist sie aber wegen der strukturellen Unterlegenheit des Grundrechtsträgers im Arbeitsverhältnis einer besonderen Gefährdung von privater Seite ausgesetzt. Freilich überschneiden sich so die relevanten Argumente unweigerlich, insbesondere was die auf das Arbeitsrecht zugeschnittenen Grundrechte wie etwa Art. 31 GRC angeht: Sie sind konzeptionell auf das Privatrecht zugeschnitten *und* betreffen dabei gleichzeitig ein Rechtsverhältnis, das von einem strukturellen Ungleichgewicht geprägt ist. Um die Argumente jeweils für sich genommen würdigen zu können, empfiehlt es sich aber, beide Aspekte auseinanderzuhalten.

In der Sache erscheint die Argumentation zunächst nicht unplausibel: Die schwächere Partei des Arbeitsverhältnisses, der Arbeitnehmer, steht im Verhältnis zum Arbeitgeber in einer ähnlich unterlegenen und abhängigen Position wie der einzelne Bürger gegenüber dem Staat. Warum aber sollte er dann vor privater Macht nicht in gleicher Weise geschützt werden wie vor hoheitlicher?

Nach vorzugwürdiger Auffassung ist auch hieraus jedoch kein Argument für eine Grundrechtsbindung strukturell überlegener Privater zu folgern. Die Befürworter dieser These verkennen bereits, dass sich die Frage nach den Wirkungen der Grundrechte im Privatrecht nicht nur im Bereich sozialer Machtverhältnisse stellt, sondern ein allgemeines Konstruktionsproblem der Grundrechtsdogmatik darstellt.[420] Macht ist deshalb weder erforderliche noch hinreichende Bedingung

---

[417] Siehe hierzu oben unter § 9 B. III.

[418] So etwa *von Diest*, Diskriminierungsschutz, 2016, S. 176 ff.; NK-GA/*Heuschmid*/*Lörcher*, Art. 51 GRC Rn. 29; *Mahlmann*, ZEuS 2000, 420, 438; *Leczykiewicz*, E.L.Rev. 38 (2013), 479, 494; *Frantziou*, The Horizontal Effect of Fundamental Rights in the European Union, 2019, S. 161 ff. Ähnlich *Kokott*, FS I. Schmidt, 2021, S. 991, 1000 f.

[419] Ähnlich *Kokott*, FS I. Schmidt, 2021, S. 991, 1001. Das wird allerdings selbst in den Ausführungen der Vertreter dieser Auffassungen nicht immer ganz deutlich. Vgl. exemplarisch *von Diest*, Diskriminierungsschutz, 2016, S. 178, die in einem Zug auf die besondere Gefährdungslage im Arbeitsverhältnis für die Grundrechte des Arbeitnehmers und auf den Arbeitsrechtszuschnitt einzelner Grundrechte abstellt. Strenggenommen muss aber doch die so für das Arbeitsverhältnis unterstellte besondere Gefährdungslage für *sämtliche* Grundrechte des Arbeitnehmers angenommen werden, weil sie nicht von den Besonderheiten der Grundrechte, sondern von den Besonderheiten des Arbeitsverhältnisses herrührt. Ähnlich ohne die hier bevorzugte Differenzierung NK-GA/*Heuschmid*/*Lörcher*, Art. 51 GRC Rn. 29.

[420] Überzeugend bereits zum GG *Canaris*, AcP 184 (1984), 201, 206. Ähnlich *Stürner*, in:

für eine Wirkung der Unionsgrundrechte im Horizontalverhältnis[421]: Auch jenseits von machtgeprägten Privatrechtsverhältnissen stellt sich die Frage der Grundrechtsbindung Privater, und auch für die Beziehungen, die von einem Ungleichgewicht geprägt sind, bedarf es konkreter Argumente, wieso gerade die Grundrechtsbindung Privater das probate Mittel sein soll, um dieses Ungleichgewicht auszugleichen.

Auch insoweit bleiben die Vertreter der Gegenauffassung aber eine Antwort auf die so wichtige Frage schuldig, warum diese typische Strukturvorstellung *zwangsläufig* zu einer Grundrechtsbindung privater Arbeitgeber führen müsse, in welchen Punkten also die staatsgerichteten Konstruktionen nicht ausreichend sein sollen, um für einen ausreichenden Schutz der unterlegenen Partei zu sorgen. Dem strukturellen Ungleichgewicht muss jedenfalls nicht zwingend bereits auf Ebene des Adressatenkreises Rechnung getragen werden. Es spricht vielmehr vor allem für die Existenz von staatlichen Schutzpflichten auf inhaltlicher Ebene.[422] Und geht man – wie hier – ohnehin davon aus, dass die Wahl der Konstruktionsform die inhaltliche Reichweite der Horizontalwirkung nicht präjudiziert, wäre der Einfluss auf das Privatrecht auch bei einer Bejahung der unmittelbaren Bindung jedenfalls nicht per se „stärker". Ein tatsächlich bestehendes Ungleichgewicht kann schließlich auch und vor allem auf Ebene der Abwägung angemessen berücksichtigt werden: Bei einer Grundrechtskollision im Horizontalverhältnis muss, unabhängig davon, wie die Grundrechtswirkung konstruiert wird[423], dem Umstand, dass sich gleichberechtigte Grundrechtsträger gegenüberstehen, nur *grundsätzlich* Rechnung getragen werden.[424] Wenn aber der Arbeitgeber eine – jedenfalls typischerweise – überlegene Stellung im Arbeitsverhältnis innehat, dann kann und muss von diesem an sich zutreffenden Befund eine Ausnahme zugunsten des unterlegenen Arbeitnehmers gemacht werden.[425] Gerade hier gewinnt das Strukturargument seine Bedeutung, nicht aber bei der allgemeinen Frage des Adressatenkreises.[426]

Collins (Hrsg.), European Contract Law and the Charter of Fundamental Rights, 2017, S. 33, 47 f.

[421] *Starke*, EU-Grundrechte und Vertragsrecht, 2016, S. 329.

[422] EuArbRK/*Schubert*, Art. 51 GRC Rn. 62.

[423] Zur weitgehenden Ergebnisäquivalenz insoweit vgl. oben unter § 12 A. I.

[424] *Jarass*, ZEuP 2017, 310, 327 f.

[425] Insoweit zutreffend bereits *Enneccerus/Nipperdey*, Allgemeiner Teil des Bürgerlichen Rechts, 1. Halbband: Allgemeine Lehren, Personen, Rechtsobjekte, 15. Auflage, 1959, S. 103: „Die Kollision zwischen Art. 2 Abs. 1 und Art. 3 bedarf im Einzelfall sorgfältiger Abwägung, wobei jedoch für das Arbeitsrecht zu berücksichtigen ist, daß die Vertragsfreiheit des Arbeitnehmers auf Grund der wirtschaftlichen Überlegenheit des Arbeitgebers in der Regel praktisch nur formal besteht. Daher wird im individuellen Arbeitsvertragsrecht Art. 2 Abs. 1 häufig vor Art. 3 zurücktreten müssen."

[426] Wie hier *Starke*, EU-Grundrechte und Vertragsrecht, 2016, S. 323 ff. Ähnlich *Ruffert*, FS Robbers, 2020, S. 923, 933 ff.

Es ist daher nicht überzeugend, die so grundlegende Frage nach dem Adressatenkreis der Grundrechte von unbestimmten Kriterien wie „sozialer Macht“ oder „struktureller Überlegenheit“ abhängig machen zu wollen[427], deren Intensität schon von Arbeitsverhältnis zu Arbeitsverhältnis, jedenfalls aber von Rechtsverhältnis zu Rechtsverhältnis, mal schwächer und mal stärker ausgeprägt sein kann. Generell fällt auf, dass es auch *Nipperdey* in seiner Argumentation ersichtlich darum ging, die Grundrechte überhaupt ins Privatrecht zu transportieren, um sie dort nicht leerlaufen zu lassen.[428] Das geschah in einer Zeit, in der die Schutzpflichtendimension der Grundrechte und ihr Einfluss auf die Drittwirkung derselben noch keine nennenswerte Rolle in der Drittwirkungsdebatte gespielt haben, sondern dem Vorschlag die methodisch eher unscharfe Idee[429] einer „Ausstrahlungswirkung“ der Grundrechte entgegengesetzt wurde. Der weitreichende Einfluss der Grundrechte auf das Privatrecht war zu dieser Zeit lange nicht so selbstverständlich, wie er es heute ist. Die heute radikal anmutende[430] Lösung *Nipperdeys* einer unmittelbaren Verpflichtung privater Akteure lässt sich auch hiermit erklären. Zwar haben Lehre und Rechtsprechung seinen Weg hin zum gewünschten Ziel nicht übernommen. *Im Ergebnis* konnte sich aber seine Vorstellung einer privatrechtlichen Wirkung der Grundrechte hierzulande durchsetzen – auch und gerade im Arbeitsrecht.[431]

4. Besonderheiten einer supranationalen Grundrechtsordnung als Argument

Weder die Besonderheiten bestimmter Grundrechte noch diejenigen des Arbeitsverhältnisses allein sind es, die eine Grundrechtsbindung Privater unter der Charta zwingend erforderlich machen. Erst aus einer Zusammenschau mit den Spezifika des Unionsrechts als supranationale (Grund-)Rechtsordnung ergibt sich das Bedürfnis nach einer unmittelbaren Verpflichtung Privater. Dabei sind es zwei konkrete Überlegungen, die im allgemeinen Grundsatz des *effet utile* und dem daraus entwickelten Konzept der unmittelbaren Anwendbarkeit des Unionsrechts wurzeln, die die Möglichkeit der positiven Horizontalwirkung der unmittelbar anwendbaren Chartagrundrechte erforderlich machen. Der *effet utile* wird im Kontext der Horizontalwirkung zwar auch von Teilen der Literatur am Rande angesprochen; dabei wird aber zumeist nicht näher erörtert, warum ge-

---

[427] *Canaris*, AcP 184 (1984), 201, 207.

[428] *Hollstein*, Die Verfassung als „Allgemeiner Teil“, 2007, S. 305 („[...] Ausgangspunkt einer wie auch immer konstruierten Grundrechtswirkung im Privatrecht.“); *Poscher*, Grundrechte als Abwehrrechte, 2003, S. 223.

[429] Kritisch hierzu *Canaris*, Grundrechte und Privatrecht, 1999, S. 93.

[430] Die bei näherer Betrachtung lange nicht so radikal gewesen ist, da auch *Nipperdey* anerkannte, dass die Wirkung der Grundrechte zwischen Privaten nicht dieselbe ist wie die zwischen Staat und Bürger, vgl. *Nipperdey*, FS Molitor, 1962, S. 17, 27.

[431] So billigt auch *Canaris*, AcP 184 (1984), 201, 206 den Vertretern der Lehre der „unmittelbaren Drittwirkung“ das Verdienst zu, das Bewusstsein dafür geschärft zu haben, dass das Privatrecht bei Ungleichgewichtslagen auch dem Schutz des Schwächeren dienen muss.

rade jener Grundsatz dieses Ergebnis fordern soll.[432] Die Stimmen sehen sich daher nicht ganz zu Unrecht dem Vorwurf ausgesetzt, vorschnell auf eine relativ konturenlose[433] argumentative Allzweckwaffe zurückzugreifen.[434]

a) Bedeutung des effet utile – Einheitliche Wirksamkeit und effektive Durchsetzung

Der unionsrechtliche Grundsatz des *effet utile* besagt zunächst ganz allgemein, dass jede Bestimmung des Unionsrechts so auszulegen ist, dass ihr Zweck nach Möglichkeit erreicht wird, die Norm also ihren praktischen Nutzen entfalten kann. Im Zweifel ist deshalb derjenigen Auslegung der Vorzug zu geben, nach der sich die Wirkung der Norm am stärksten entfaltet und ihr praktischer Nutzen am größten ist.[435]

Dieser Grundsatz gilt nicht nur für diejenigen Vorschriften des Unionsrechts, die der Verwirklichung des Binnenmarkts dienen[436], also insbesondere die Grundfreiheiten, sondern für sämtliches Unionsrecht.[437] Aus der Perspektive der Union mag diese Zielrichtung zentral vom Binnenmarktgedanken herrühren; jedenfalls aus Sicht der Mitgliedstaaten, von denen sie ihre Hoheitsgewalt ableitet, besteht aber ein umfassendes Eigeninteresse an der praktischen Wirksamkeit der von ihnen geschaffenen Rechtsordnung *insgesamt*. Das liegt schlicht daran, dass das einheitliche Funktionieren der gesamten supranationalen Rechtsordnung den Minimalkonsens der vertragsschließenden Parteien darstellt. Treffend formulierte *H. P. Ipsen* das Streben nach Funktionsfähigkeit als „[…] Minimum dessen […], über das es nur eine Meinung gibt und geben kann"[438]. Ausgehend von dieser

---

[432] NK-GA/*Heuschmid/Lörcher*, Art. 51 GRC Rn. 29; *Pötters*, Grundrechte und Beschäftigtendatenschutz, 2013, S. 225; *von Diest*, Diskriminierungsschutz, 2016, S. 225. Differenzierter, im Ergebnis aber gegen eine Bindung Privater *Rengeling/Szczekalla*, EU-Grundrechte, 2004, § 4 Rn. 341. Für eine Bedeutung des *effet utile* bei der Frage nach der Grundrechtsbindung Privater auch *Temming*, Altersdiskriminierung im Arbeitsleben, 2007, S. 430; *Sponholz*, Die unionsrechtlichen Vorgaben zu den Rechtsfolgen von Diskriminierung im Privatrechtsverkehr, 2017, S. 99 f.; *Kulick*, Horizontalwirkung im Vergleich, 2020, S. 69; *Epiney*, NVwZ 2020, 995, 1005.

[433] Vgl. aber auch *Potacs*, EuR 2009, 465 ff.

[434] Nachvollziehbar *Becker*, EuR 2019, 469, 491 („wenig aussagekräftig"). Ähnlich kritisch Grabenwarter, EnzEuR/*Rebhahn/Schörghofer*, § 21 Rn. 53 („Zauberformel").

[435] *Möllers*, Juristische Methodenlehre, 4. Auflage, 2021, § 5 Rn. 109 ff.; *Martens*, Methodenlehre des Unionsrechts, 2013, S. 472 ff.

[436] Diesen Eindruck erweckt allerdings *Möllers*, Juristische Methodenlehre, 4. Auflage, 2021, § 5 Rn. 110.

[437] Deshalb steht die hier vertretene These auch nicht im Widerspruch zur oben dargestellten Nicht-Übertragbarkeit der Grundfreiheiten-Argumentation auf die Chartagrundrechte. A.A. offenbar *Sponholz*, Die unionsrechtlichen Vorgaben zu den Rechtsfolgen von Diskriminierung im Privatrechtsverkehr, 2017, S. 100, die beide Gesichtspunkte miteinander vermengt.

[438] *Ipsen*, ZHR Beiheft 29 (1965), 1, 17. Ausführlich *ders.*, Europäisches Gemeinschaftsrecht, 1972, 277 ff.

Überlegung werden auch die Bestimmungen der GRC, die ihrerseits keine Binnenmarktorientierung aufweisen, vom Grundsatz des *effet utile* erfasst.

Nun ist aber auch richtig, dass sich aus diesem allgemeinen Grundsatz kaum konkrete Ergebnisse herleiten lassen.[439] Er dient eher als Leitgedanke denn als Quelle strenger methodischer Detailvorgaben. Dennoch lassen sich ihm aber bestimmte Grundgedanken entnehmen, die für die vorliegende Untersuchung von entscheidender Bedeutung sind.[440] Der insoweit wichtigste ist, dass die Union als supranationale Rechtsordnung darauf angewiesen ist, dass die in ihr vereinten Rechte und Pflichten in den Mitgliedstaaten *einheitlich* angewendet werden (sog. Grundsatz der einheitlichen Wirksamkeit[441]). Ihr Bestand und ihre Durchsetzbarkeit können nicht von den Besonderheiten der in ihr vereinigten, mitgliedstaatlichen Rechtsordnungen abhängig gemacht werden. Gerade deshalb existieren schließlich die Institute der unmittelbaren Anwendbarkeit und des Anwendungsvorrangs des Unionsrechts.[442] Daraus folgt für die GRC: Wenn sich alle Mitgliedstaaten gemeinsam auf einen primärrechtlich geltenden Grundrechtekatalog einigen, dann bekunden sie mit dieser Einigung zumindest das Interesse, dass die dort festgehaltenen Grundrechte in ihrem Anwendungsbereich einheitlich zur Anwendung kommen sollten.

b) Staatsvermittelte Privatwirkung und einheitliche Anwendung als Widerspruch

Erinnert man sich nun an die dieses Kapitel einleitenden Ausführungen zu den Unterschieden einer rein staatsvermittelten Horizontalwirkung und einer unmittelbaren grundrechtlichen Verpflichtung Privater, fällt auf, dass sich deren pauschale Ablehnung mit diesem Gebot der einheitlichen Anwendung nur schwer vereinbaren lässt. Die einheitliche Anwendung des Unionsrechts wäre bei einer solchen Sichtweise nicht gewährleistet.[443]

aa) Keine Garantie einheitlicher mitgliedstaatlicher Schutzpflichtenerfüllung

(1) Unterschiedliche Rezeptionsmechanismen in den Mitgliedstaaten

Die Gefährdung der Einheitlichkeit zeigt sich darin, dass nicht garantiert ist, dass das jeweilige mitgliedstaatliche Privatrecht hinreichende Rezeptionsmechanismen bereithält, um den aus den Unionsgrundrechten erwachsenden Schutzpflichten zu entsprechen. Zwar ist, wie bereits erläutert, in der Literatur immer

---

[439] *Martens*, Methodenlehre des Unionsrechts, 2013, S. 473. Für einen Versuch der weiteren Konturierung des Grundsatzes vgl. etwa *Potacs*, EuR 2009, 465 ff.

[440] Angelehnt an Streinz/*Streinz*, Art. 4 EUV Rn. 33 f.

[441] Den folgenden Ausführungen zugrundeliegend *Nettesheim*, GS Grabitz, 1995, S. 447 ff.

[442] *Nettesheim*, GS Grabitz, 1995, S. 447, 454 ff., *Höpfner*, Die systemkonforme Auslegung, 2008, S. 240.

[443] In diese Richtung auch *Kokott*, FS I. Schmidt, 2021, S. 991, 995. Genauso zu den Grundfreiheiten *Ebers*, Rechte, Rechtsbehelfe und Sanktionen im Unionsprivatrecht, 2016, S. 514.

wieder vorgebracht worden, dass es auf die Grundrechtsbindung Privater *in Deutschland* seltener ankommen wird, als es die weitverbreite Furcht vor einer solchen hierzulande vermuten ließe. Auch ist dargestellt worden, dass dem insoweit zuzustimmen ist, als die deutschen Gerichte rechtspraktisch, insbesondere im Arbeitsrecht, bemüht sind, sowohl Kollisionen des einfachen Arbeitsrechts mit den nationalen Grundrechten als auch solche mit unionsrechtlichen Richtlinien und Grundrechten über die Instrumente der Konformauslegung und der Rechtsfortbildung einzufangen. Allerdings ist bereits in diesem Zusammenhang darauf hingewiesen worden, dass eine solche richterliche Schutzpflichtenerfüllung nicht grenzenlos erfolgen kann. Und speziell für die Chartadogmatik kann es alleine auf deutsche Rezeptionsmechanismen für eine Grundrechtswirkung im Privatrecht ohnehin nicht ankommen. Die deutsche Binnensicht sollte deshalb auch nicht zum Anlass für Rückschlüsse auf die europäische Grundrechtsdogmatik genommen werden. Selbst wenn man aufgrund der Vielzahl auslegungsfähiger Generalklauseln und der Einräumung großer richterlicher Auslegungs- und Fortbildungsspielräume die Einschätzung teilte, dass es damit *für das deutsche Recht* eher selten auf eine unmittelbare Grundrechtsbindung Privater ankommen wird, kann das diese Wirkungsdimension aus der Perspektive des Unionsrechts keinesfalls entbehrlich machen.

In den europäischen Rechtsordnungen der Mitgliedstaaten werden grundrechtswidrige Lücken des einfachen Rechts nämlich auf verschiedenste Art und Weise geschlossen. Die Spielräume richterlicher Grundrechtsverwirklichung können dabei von Mitgliedstaat zu Mitgliedstaat ganz unterschiedlich ausfallen.[444] Dies gilt nicht zuletzt deshalb, weil die Horizontalwirkung der Grundrechte der jeweiligen nationalen Verfassung verschieden gehandhabt wird.[445] Diesen Umstand verkennt, wer die Möglichkeiten ins Feld führt, mit denen in Deutschland Grundrechtsgehalte ins Privatrecht transportiert werden können, um damit eine Ergebnisäquivalenz im Rahmen der Charta als supranationalen Grundrechtskatalog insgesamt zu begründen.[446]

---

[444] Vgl. hierzu auch *Fornasier*, in: Latzel/Picker (Hrsg.), Neue Arbeitswelt, 2014, S. 25, 51; *ders.*, ERPL 23 (2015), 29 ff.; *Kokott*, FS I. Schmidt, 2021, S. 991, 995. In diese Richtung auch *Heiderhoff*, in: Heiderhoff/Lohsse/Schulze (Hrsg.), EU-Grundrechte und Privatrecht, 2016, S. 89, 93. Eine tiefergehende Analyse der Rechtsfortbildungsmethoden in einzelnen Mitgliedstaaten der Union findet sich bei *Henninger*, Europäisches Privatrecht und Methode, 2009, S. 45 ff.

[445] Vgl. hierzu den Überblick unter § 12 C.

[446] Dazu, dass dies entscheidend für die *Bedeutung* einer Grundrechtsbindung Privater spricht, allerdings ohne daraus konsequent auch auf das Erfordernis ihrer Bejahung zu schließen *Fornasier*, in: Latzel/Picker (Hrsg.), Neue Arbeitswelt, 2014, S. 25, 51: „Im Ergebnis kann das Modell der mittelbaren Drittwirkung zur Folge haben, dass die Gerichte im Privatrechtsverkehr den gebotenen Grundrechtsschutz gar nicht gewährleisten können". Ähnlich zu den Grundfreiheiten *Bachmann*, AcP 210 (2010), 424, 473: „Die Gesetzesmediatisierung verschafft der nationalen Legislative den gewünschten Spielraum, erkauft dies aber *um den Preis ineffektiver Durchsetzung* des Gemeinschaftsrechts." (Hervorhebung durch Verf.).

Die primärrechtliche Charta mit ihrem grundsätzlichen Potential der unmittelbaren Anwendbarkeit muss diesen Unterschieden in den Rechtsordnungen gerecht werden können. Andernfalls wäre ihre gleichmäßige Anwendung in den Mitgliedstaaten gefährdet.[447] Verneinte man die Möglichkeit einer Bindung Privater, so würde das Maß an effektiver Grundrechtswirkung der Unionsgrundrechte im Privatrecht von dessen jeweiliger Ausgestaltung sowie den Modalitäten und Grenzen richterlicher Grundrechtsverwirklichung in den Mitgliedstaaten abhängen. Rechtsordnungen, die auf ein breites Instrumentarium zur Durchsetzung grundrechtlicher Schutzpflichten, etwa auf entsprechende Generalklauseln oder Spielräume richterlicher Rechtsfortbildung, zurückgreifen können, könnten die GRC dann zwar sachgerecht ins Privatrecht transportieren. Privatrechtsordnungen, deren System hierzu nicht geeignet ist, etwa, weil die eigenen nationalen Grundrechten nötigenfalls unmittelbar privatrechtlich wirken, stünden aber vor einem Problem, wenn der GRC mit den Argumenten der Gegenansicht *a priori* eine Verpflichtung Privater abgesprochen würde[448]: Ohne eine solche Horizontalwirkung wäre die Realisierung der Charta-Gewährleistungen im Privatrecht in diesen Rechtsordnungen nicht möglich. Dadurch würde die effektive Grundrechtsdurchsetzung dort vom Tätigwerden des Gesetzgebers abhängig gemacht.[449]

Das Gebot der einheitlichen Wirksamkeit verbietet es aber gerade, Wirkung und Reichweite einer unionsrechtlichen Bestimmung von den Besonderheiten des jeweiligen nationalen Rechts abhängig zu machen. Die Schutzpflichtenlösung ist deshalb für eine supranationale Grundrechtsordnung nicht in gleicher Weise geeignet wie für eine nationale.[450] Nur die Möglichkeit einer unmittelbaren Verpflichtung Privater schafft die Möglichkeit einer einheitlichen Durchsetzung der Unionsgrundrechte in allen Mitgliedstaaten.

Folgte man indes dem oben erörterten Vorschlag[451] bzw. denjenigen Stimmen in der Literatur, die entgegen der h.M. ganz allgemein für die primär- bzw. uni-

---

[447] *Walkila*, Horizontal effect of fundamental rights in EU law, 2015, S. 188. In diese Richtung aber i. Erg. gegen eine unmittelbare Bindung Privater *Rengeling/Szczekalla*, EU-Grundrechte, 2004, § 4 Rn. 341. Zu den Grundfreiheiten *Müller-Graff*, EuR 2014, 3, 22; *Ebers*, Rechte, Rechtsbehelfe und Sanktionen im Unionsprivatrecht, 2016, S. 514.

[448] So wird etwa in Spanien ein unmittelbarer Rückgriff auf ein Grundrecht befürwortet, wenn es an einer hinreichenden einfachgesetzlichen Grundlage fehlt *Bilbao Ubillos*, in: Neuner (Hrsg.), Grundrechte und Privatrecht aus rechtsvergleichender Sicht, 2007, S. 119 ff. Ähnlich zum portugiesischen Verfassungsrecht schließlich *Pinto*, in: Neuner (Hrsg.), Grundrechte und Privatrecht aus rechtsvergleichender Sicht, 2007, S. 105, 112 f.

[449] *Fornasier*, in: Latzel/Picker (Hrsg.), Neue Arbeitswelt, 2014, S. 25, 51 f.

[450] In dieselbe Richtung denkt auch *Heiderhoff*, in: Heiderhoff/Lohsse/Schulze (Hrsg.), EU-Grundrechte und Privatrecht, 2016, S. 89, 93. Mit dem Gedanken der einheitlichen Anwendung argumentiert auch *Starke*, EU-Grundrechte und Vertragsrecht, 2016, S. 198 zumindest für eine „direkte Wirkung" der Unionsgrundrechte im Privatrecht. Vgl. schließlich auch *Kokott*, FS I. Schmidt, 2021, S. 991, 995.

[451] So v.a. *Perner*, Grundfreiheiten, Grundrechte-Charta und Privatrecht, 2013, S. 186 („notfalls sogar Rechtsfortbildung *contra legem*"). Vgl. hierzu oben unter § 12 A. II. 2. b).

onsgrundrechtskonforme Auslegung eine Fortbildung des nationalen Rechts notfalls auch *contra legem* erlauben wollen[452], käme man letztlich zum selben Ergebnis wie die hier vertretene Auffassung. Sie lässt sich indes nicht mit der bisherigen Rechtsprechung des EuGH und der h.L. vereinbaren, nach der die *nationalen* Methodengrenzen für die Reichweite der primärrechtskonformen Auslegung entscheidend sind.[453] Auch ist zu bedenken, dass die Entscheidung über die Möglichkeiten der Auslegung des nationalen Rechts allein dem mitgliedstaatlichen Gericht obliegt; dem EuGH steht es nicht zu, diese Entscheidung über die Auslegbarkeit nationalen Rechts infrage zu stellen. Damit ließe sich ein solcher einheitlicher methodischer Standard rechtspraktisch nicht sicherstellen. Diese Gesichtspunkte lassen den hier vorgeschlagenen Ansatz passfähiger erscheinen. Im Ergebnis unterscheidet sich aber der Vorschlag nicht grundlegend vom hier vertretenen, er setzt nur unmittelbar an der vom EuGH in ständiger Rechtsprechung betonten nationalen Contra-legem-Grenze an. Eine Abkehr von dieser ließe sich in gleicher Weise mit dem vorgebrachten Einheitlichkeitsargument legitimieren: Wo eine schutzpflichtenbasierte Horizontalwirkungsdogmatik den Mitgliedstaaten die methodischen Grenzen ihrer richterlichen Verwirklichung einheitlich vorgibt, käme sie zu denselben Ergebnissen wie die hier favorisierte, weil letztlich methodenehrlichere, Lösung über eine unmittelbare grundrechtliche Inpflichtnahme Privater.[454]

(2) Keine Vergleichbarkeit mit der richtlinienkonformen Auslegung

Natürlich könnte man auf den ersten Blick gegen das hier angeführte Einheitlichkeitsargument anführen, dass dies beim Gebot der richtlinienkonformen Auslegung nicht anders sei. Auch hier kommt es gerade auf die nationale Contra-legem-Grenze und damit entscheidend auf die jeweilige Methodik an: Ist sie überschritten, ist eine richterliche Harmonisierung „am Gesetzgeber vorbei" schlichtweg nicht möglich und wird vom EuGH auch nicht gefordert. In manchen Mitgliedstaaten ist damit eine richterliche Richtlinienumsetzung möglich, in anderen nicht. Wenn der Gerichtshof dies für die richtlinienkonforme Auslegung akzep-

---

[452] Vgl. Riesenhuber/*Leible/Domröse*, § 8 Rn. 59 f., wenn sie für das unmittelbar anwendbare Primärrecht die fehlende Passfähigkeit einer Bestimmung der Contra-legem-Grenze aus Sicht des jeweiligen Mitgliedstaats ins Spiel bringen. In die gleiche Richtung geht *Möllers*, Juristische Methodenlehre, 4. Auflage, 2021, § 12 Rn. 24 f., der sich für eine Ausweitung der Grenzen der nationalen Methodenlehre im Rahmen der primärrechtskonformen Auslegung ausspricht. Ähnlich kritisch zur Contra-legem-Grenze im Rahmen der primärrechtskonformen Auslegung *Auer*, in: Neuner (Hrsg.), Grundrechte und Privatrecht aus rechtsvergleichender Sicht, 2007, S. 27, 52.

[453] Dazu allgemein Riesenhuber/*Leible/Domröse*, § 8 Rn. 57, indes nicht ohne Zweifel, vgl. Rn. 59. Konkret zur chartakonformen Auslegung EuArbRK/*Schubert*, Art. 6 EUV Rn. 36.

[454] Dabei dürfte eine derart weitreichende Möglichkeit der richterlichen Schutzpflichtenerfüllung aber wohl kaum dem entsprechen, was den Kritikern einer unmittelbaren Bindung Privater als vorzugswürdige, autonomiefreundlicherer Lösung eigentlich vorschwebt.

tiert, wieso nicht auch für die Reichweite der Rechtswirkungen der Unionsgrundrechte?

Eine solche Sichtweise griffe allerdings zu kurz, denn Richtlinien sind im Horizontalverhältnis nicht bereits *qua Rechtsnatur* unmittelbar anwendbar, die Grundrechte der GRC als Teil des Primärrechts hingegen schon. Dies ist ein fundamentaler Unterschied zur Richtlinie, der sich auch auf diese Frage auswirken muss. In dieser Hinsicht[455] teilen die Grundrechte die Eigenschaften der Grundfreiheiten, für die zum Teil eine ähnliche Sichtweise vorgetragen wird.[456] Eine unterschiedliche Behandlung der Rechtswirkungen von Richtlinien einerseits und Unionsgrundrechten andererseits ist damit nicht nur gerechtfertigt, sondern angezeigt.[457] An dieser Stelle wird damit einmal mehr deutlich, zu welchen dogmatischen Interferenzen die systemwidrige Bejahung einer Idealkonkurrenz von Unionsgrundrecht und Richtlinienbestimmung durch den EuGH und die h.L. führen kann.[458]

bb) Unterschiedliche Normenkollisionen – Zufälligkeit der Ergebnisse

Daneben spricht noch ein weiterer Gesichtspunkt, der argumentativ ebenfalls dem Gebot der einheitlichen Anwendung zuzuordnen ist, für eine positive Horizontalwirkung der Charta. Gemeint ist die Zufälligkeit der Ergebnisse, die bestünde, wenn die Chartagrundrechte trotz inhaltlicher Eignung nicht über eine negative Horizontalwirkung hinausgehen könnten.[459] Die Grundrechtsverwirklichung hinge bei der Einschränkung auf einen Schutzpflichtenansatz und eine bloß negative Horizontalwirkung von der Formulierung und Systematik des grundrechtswidrigen nationalen Rechts ab, auf die sie trifft. Voller Grundrechtsschutz wäre möglich, wenn die Grundrechtswidrigkeit in einer Norm angelegt ist, mit der das Grundrecht kollidiert. Besteht hingegen ein Lücke, die sich nicht durch Auslegung und Rechtsfortbildung im Rahmen des methodisch Zulässigen schließen lässt, bedürfte es der Ersetzung unmittelbar durch die Grundrechtsnorm, die jedoch von der h.M. abgelehnt wird.

---

455 Aber eben nur in dieser Hinsicht. Die spezifische Horizontalwirkungsdogmatik der Grundfreiheiten, die vom Binnenmarktgedanken herrührt, kann richtigerweise nicht übertragen werden, siehe oben § 12 D. II. 1. b) bb).

456 *Müller-Graff*, EuR 2014, 3, 22. Ähnlich für die unterschiedliche Behandlung von Richtlinien einerseits und Art. 157 AEUV andererseits *Kerwer*, Gemeinschaftsrecht und Rechtsprechung, 2003, S. 55 f.

457 Ähnlich *Perner*, Grundfreiheiten, Grundrechte-Charta und Privatrecht, 2013, 187 f., der damit für die Aufgabe der nationalen Contra-legem-Grenze argumentiert.

458 Zur Kritik an der Grundrechtsbindung des mitgliedstaatlichen Umsetzungsrechts § 4 C. II. 2. b); § 11 B. I. 1.

459 Wie hier offenbar *Unseld*, Bedeutung der Horizontalwirkung, 2018, S. 213. Vgl. zu diesem Gesichtspunkt auch Grabenwarter, EnzEuR/*Rebhahn*/*Schörghofer*, § 21 Rn. 54. Speziell für Art. 21 GRC überzeugend auch *von Diest*, Diskriminierungsschutz, 2016, S. 184 ff. Mit gleicher Argumentation zur Richtlinienwirkung Pechstein/Nowak/Häde/*Gundel*, Art. 288 AEUV Rn. 61 m.w.N. Diese Zufälligkeit der Ergebnisse erkennt auch EuArbRK/*Schubert*, Art. 31 GRC Rn. 37, nimmt diese allerdings hin.

Das ist deshalb nicht überzeugend, weil ein nationaler Gesetzgeber eine Norm stets negativ oder positiv formulieren kann.[460] So kann er einen Urlaubsanspruch positiv von vornherein nur bestimmten Gruppen einräumen, oder im Wege einer Ausnahmeregel einzelne Arbeitnehmer von dem an sich jedermann eingeräumten Anspruch negativ ausnehmen.[461] Nur im letztgenannten Fall lässt sich bei Beschränkung auf eine negative Horizontalwirkung ein grundrechtskonformer Zustand erreichen. Es leuchtet aber nicht ein, wieso sich gerade aus der Formulierung oder Konstruktion des mitgliedstaatlichen Umsetzungsrechts grundsätzliche Unterschiede für die effektive Grundrechtswirkung ergeben sollen – die unmittelbare Anwendbarkeit der jeweiligen grundrechtlichen Normaussage an dieser Stelle einmal unterstellt[462].[463]

Ein abschließendes Beispiel aus dem deutschen Recht, die Norm des § 6 Abs. 3 AGG, soll diese Überlegung veranschaulichen[464]: Die Vorschrift öffnet den Anwendungsbereich des AGG für den dort genannten Personenkreis (Selbstständige und Organmitglieder, insbesondere Geschäftsführer oder Geschäftsführerinnen und Vorstände) sachlich nur für den Zugang zur Erwerbstätigkeit sowie für den beruflichen Aufstieg. Die Vorschrift bleibt, soweit sie dabei dieser Personengruppe den Diskriminierungsschutz in *Beendigungskonstellationen* vorenthält, hinter den Vorgaben des Unionsrechts, konkret hinter Art. 3 Abs. 1 RL 2000/43 EG sowie RL 2000/78/EG zurück: Art. 3 Abs. 1 lit. c) der jeweiligen Richtlinie, der den Geltungsbereich der Diskriminierungsschutzrichtlinien in diesen Konstellationen festlegt, umfasst nämlich nach vorzugswürdiger Lesart sowohl die unselbständige als auch die selbständige Beschäftigung. Auch wenn nur lit. a) die selbständige Erwerbstätigkeit ausdrücklich miteinbezieht[465], ergibt sich dies für lit. c) durch eine umfassende Auslegung.[466] Bleibt somit § 6 Abs. 3 AGG hinter dieser Vorgabe zurück, stellt sich die Frage, wie diese Richtlinienwidrigkeit zu beseitigen ist. Je nachdem, ob man die Möglichkeit einer unionsrechtskonformen Auslegung des AGG oder der §§ 242, 138 BGB bejaht[467] oder verneint[468], schließt sich die Folgefrage an, ob aus einer möglichen Primärrechtswidrigkeit Rechtsfolgen abzuleiten sind.

---

[460] *Unseld*, Bedeutung der Horizontalwirkung, 2018, S. 213.

[461] Beispiel nach EuArbRK/*Schubert*, Art. 31 GRC Rn. 37.

[462] Vgl. hierzu ausführlich unter § 15.

[463] Die unterschiedlichen Ergebnisse nimmt EuArbRK/*Schubert*, Art. 31 GRC Rn. 37 ausdrücklich hin.

[464] Die Norm lautet: „Soweit es die Bedingungen für den Zugang zur Erwerbstätigkeit sowie den beruflichen Aufstieg betrifft, gelten die Vorschriften dieses Abschnitts für Selbstständige und Organmitglieder, insbesondere Geschäftsführer oder Geschäftsführerinnen und Vorstände, entsprechend.“.

[465] *Schubert*, ZIP 2013, 289, 291 f.; *Mörsdorf*, Ungleichbehandlung als Norm, 2018, S. 229 ff.

[466] Überzeugend *Mörsdorf*, Ungleichbehandlung als Norm, 2018, S. 230 ff. m.w.N.

[467] Für die Möglichkeit eines Schutzes über § 138 BGB *Schubert*, ZIP 2013, 289, 294.

[468] Gegen die Möglichkeit einer Konformauslegung des nationalen Rechts *Mörsdorf*, Ungleichbehandlung als Norm, 2018, S. 234.

Hier wird von Stimmen, die eine Grundrechtsbindung Privater ausdrücklich ablehnen[469], erwogen, die negative Horizontalwirkung des Art. 21 Abs. 1 GRC zum Tragen kommen zu lassen, und die Norm des § 6 Abs. 3 AGG insoweit unangewendet zu lassen, als sie den Schutz von Selbständigen und Organmitgliedern vor Diskriminierung auf den Zugang zur Erwerbstätigkeit beschränkt.[470] Eine negative Horizontalwirkung würde in diesem konkreten Beispiel allerdings gerade nicht weiterhelfen[471]: Die Bestimmung ist nicht als einschränkende Ausnahmeregelung konzipiert, die den an sich umfassenden Diskriminierungsschutz vereitelt. Vielmehr konstituiert sie den Schutz der besagten Personengruppe überhaupt erst. Eine Nichtanwendung würde denn auch nicht zur Erweiterung, sondern zu einem gänzlichen Wegfall des Schutzes des genannten Personenkreises führen. Die negative Horizontalwirkung könnte hier nur weiterhelfen, wenn § 6 Abs. 3 AGG als schutzpflichtvereitelnde Ausnahmeregelung konzipiert wäre – ein willkürliches Ergebnis, das sich nur durch eine positive Horizontalwirkung von Art. 21 Abs. 1 GRC verhindern ließe.[472]

c) Zwischenergebnis

Anknüpfend an die einleitenden Ausführungen, in denen auf die Unterschiede der Horizontalwirkungskonstruktionen hingewiesen wurde, konnte gezeigt werden, dass die Anforderungen einer funktionsfähigen supranationalen Rechtsordnung die Möglichkeit einer unmittelbaren Verpflichtung Privater und damit das Potential einer positiven Horizontalwirkung der Charta erforderlich machen. Die typischen Argumente für eine solche Wirkung, die inhaltlichen Besonderheiten bestimmter Grundrechte (Privatrechts- und Menschenwürdezuschnitt) und diejenigen des Arbeitsrechts (strukturelles Ungleichgewicht der Vertragsparteien) werden dadurch mittelbar relevant: Je eher eine Gefährdung des Privaten durch den anderen Privaten mit Blick auf das in Rede stehende Grundrecht anzunehmen ist, desto eher ist von einer entsprechenden grundrechtlichen Verpflichtung auszugehen, die sich in erster Linie als Schutzpflicht gegen den Staat (in Gestalt der Legislative und Judikative), zu ihrer einheitlichen Durchsetzung aber nötigenfalls auch gegen den Privaten selbst richten kann. Damit ist zwar immer noch nicht gesagt, inwieweit die verschiedenen Grundrechte der GRC in ihren einzelnen Gewährleistungsbereichen unmittelbar anwendbar sind und welche konkreten privatrechtlichen Rechtsfolgen sie zeitigen. Es ist aber klar, dass, *soweit* sie einen unmittelbar anwendbaren Inhalt aufweisen, dieser auch einheitlich durchgesetzt werden und deshalb auch eine unmittelbare Bindung Privater in Betracht kommen muss.

---

469 *Mörsdorf*, Ungleichbehandlung als Norm, 2018, S. 156 ff.
470 *Mörsdorf*, Ungleichbehandlung als Norm, 2018, S. 235.
471 *Grünberger*, AcP 219 (2019), 597, 604.
472 Wie hier *Grünberger*, AcP 219 (2019), 597, 604.

5. Ergebnis

Die obigen Überlegungen führen zu dem Ergebnis, dass es nicht die typischen in die Diskussion eingebrachten Argumente sind, die entscheidend für eine Grundrechtsbindung Privater sprechen, sondern ein fundamentales Grundprinzip des Unionsrechts: Das Gebot seiner einheitlichen Anwendung. Es ist kein Grund dafür zu erkennen, warum es nicht auch bei den Unionsgrundrechten, die in der Tradition der europäischen Rechtsordnungen immerhin von einer besonderen Dignität gekennzeichnet sind, eine zentrale Rolle spielen sollte. Dass die Besonderheiten einer supranationalen Grundrechtsordnung in der aktuellen Diskussion im Vergleich zu den gewohnten Argumentationsmustern stark unterrepräsentiert sind, dürfte maßgeblich daran liegen, dass es hierzu in den traditionellen Diskussionen und dabei insbesondere der deutschen Grundrechtsdebatte naturgemäße keine Entsprechung gibt, die auf die supranationale Diskussion übertragen werden kann. Damit zeigt sich hier letztlich einmal mehr, dass vorschnelle argumentative Rückgriffe auf nationale Denkmuster für die Chartadogmatik nicht zielführend sind.

E. Zusammenfassung

Die Grundrechte der Charta können auch Privatpersonen verpflichten, also positive Horizontalwirkung entfalten. Damit ist allerdings noch nichts darüber gesagt, ob und inwieweit sich aus einzelnen Grundrechten tatsächlich hinreichend konkrete, unmittelbar anwendbare Normaussagen entnehmen lassen. Dies ist eine inhaltliche Frage.

Die durch den Gerichtshof entwickelte Horizontalwirkung der GRC sollte außerdem nicht getrennt von der Wirkungsweise unionaler Richtlinien betrachtet werden.[473] Dies macht die Grundrechtsbindung Privater im Unionsrecht gewissermaßen zu einer „unmittelbaren Drittwirkung“ *sui generis*.[474] Sie ist umfassend sekundärrechtsakzessorisch und dadurch zwar nicht grundrechtsdogmatisch, wohl aber aus Gründen der vertikalen Gewaltenteilung auf die Existenz einfachen Rechts, nämlich sekundärrechtlichen Unionsrechts, angewiesen. Dadurch sind Fälle, in denen es auf einen isolierten Grundrechtsverstoß ohne einschlägiges Sekundärrecht ankommt, praktisch kaum vorstellbar.

---

[473] Vgl. den mahnenden Hinweis bei *Skouris*, FS K. Schmidt, 2019, S. 451, 459: „Was die deutsche Doktrin in diesem Zusammenhang vor allem unterlässt, ist, die Drittwirkungslehre in Verbindung zu setzen mit der Frage der Direktwirkung von Richtlinien […].“. In diese Richtung auch *Sauer*, JURA 2021, 387, 388.

[474] Ähnlich die Einordnung von *Fornasier*, GPR 2019, 141, 148; *Edenharter,* EuR 2022, 302, 314. Zutreffend *Sauer*, JURA 2021, 387, 388: „Bei genauerer Betrachtung begründen die jüngeren Entscheidungen jedoch keine allgemeine Horizontalwirkung der Unionsgrundrechte. Die deutsche Diskussion um die Drittwirkung von Grundrechten bildet deshalb keinen geeigneten Verständnishorizont für diese Entwicklung […].“

Die Bindung Privater an die GRC ist ausgehend von den obigen Ausführungen außerdem *ultima ratio*[475]: Grundsätzlich richten sich die Unionsgrundrechte an die Hoheitsträger. Dabei ist die mitgliedstaatliche Judikative – im Rahmen ihrer Befugnisse – dazu verpflichtet, die unionsgrundrechtlichen Schutzpflichten zu erfüllen. Dies erfolgt vor allem durch die unionsgrundrechtskonforme Auslegung und Rechtsfortbildung des nationalen Rechts. Inwieweit eine solche im Einzelfall möglich ist, hängt von den jeweiligen mitgliedstaatlichen Rezeptionsmechanismen und methodischen Spielräumen für die richterliche Berücksichtigung grundrechtlicher Wirkungen im Privatrecht ab. Diese sind von Mitgliedstaat zu Mitgliedstaat unterschiedlich. Sind die Grenzen einer solchen staatlichen Schutzpflichtenerfüllung erreicht, kann es nötigenfalls auch zu einer unmittelbaren Verpflichtung Privater durch die grundrechtliche Gewährleistung kommen.[476] Nur so können diese in den Mitgliedstaaten einheitlich durchgesetzt werden. Die Charta deckt alle denkbaren Konstruktionsvarianten ab, wenn sie auch eine solche direkte Grundrechtsverpflichtung Privater ermöglicht, ohne dabei aber diesen oder überhaupt einen bestimmtem Geltungsmodus abschließend vorzuschreiben.

---

[475] In diese Richtung auch *Lenaerts*, Quad. Cost. 31 (2020), 633, 635 f.

[476] *Wienbracke*, NZA-RR 2019, 121, 124 f. Insoweit findet die Vorstellung von den Unionsgrundrechten als „Ergebnisvorgabe" eine gewisse Berechtigung, vgl. dazu die Auffassung bei *Perner*, Grundfreiheiten, Grundrechte-Charta und Privatrecht, 2013, S. 186.

Kapitel 5

Die tatbestandliche Reichweite – Grenzen der Horizontalwirkung

Die Untersuchung hat gezeigt, dass es keine stichhaltigen Argumente gibt, die unmittelbare negative, ebenso wie die positive Horizontalwirkung der Chartagrundrechte als Rechtsfolge a priori abzulehnen. Auf Rechtsfolgenseite ist beides möglich. Es kommt daher weniger auf die Zulässigkeit dieser Horizontalwirkungsdimensionen an sich an, sondern vor allem auf ihre tatbestandliche Reichweite. Außerdem sei hilfsweise angemerkt: Auch wer den Rechtsfolgen einer negativen und positiven Horizontalwirkung insgesamt ablehnend gegenübersteht, muss sich mit diesen Schranken auseinandersetzen. Denn dass der EuGH von den in seinen jüngeren Entscheidungen postulierten Rechtsfolgen in Zukunft abrücken wird, dürfte eher unwahrscheinlich sein; sie ist als europarechtlicher Rechtsalltag hinzunehmen.[1]

Für die Bestimmung der tatbestandlichen Reichweite lässt sich das oben Gesagte insoweit fruchtbar machen, als sich aus den teils bereits gegen die Zulässigkeit der Rechtsfolge als solche geltend gemachten Einwänden immanente Grenzen auf Tatbestandsebene ableiten lassen: Das ist erstens eine äußerste Geltungsgrenze vor dem Hintergrund des beschränkten Anwendungsbereichs, zweitens eine kompetenzielle und drittens eine zentrale inhaltliche Grenze, die sich aus den allgemeinen Anforderungen der unmittelbaren Anwendbarkeit ergibt.

---

[1] Vgl. auch *Gallner*, FS Preis, 2021, S. 271, 274, die von einem „Faktum der festen Rechtsprechungslinie zu der horizontalen Direktwirkung" spricht.

§ 13

Äußerste Geltungsgrenze: Anwendungsbereich der Charta

Bereits in Kapitel 2 der Untersuchung wurde deutlich, dass der beschränkte Anwendungsbereich der Charta die äußersten Grenzen der tatbestandlichen Reichweite der Horizontalwirkung der Charta markiert. Für die Grundlagen zu dessen Ermittlung sei deshalb auf dieses Kapitel der Untersuchung verwiesen. Die Charta kann danach jedenfalls nur dort nationales Recht verdrängen oder ersetzen, wo sie überhaupt anwendbar ist. Dies gilt aufgrund des insoweit erforderlichen Gleichlaufs von mitgliedstaatlicher Bindung und Privatbindung für die negative wie die positive Horizontalwirkung gleichermaßen. Auch die Anerkennung einer Grundrechtsbindung Privater vermag hieran nichts zu ändern. Deshalb handelt es sich um keine „unmittelbare Drittwirkung im engsten Sinne", da aus diesem genuin-europarechtlichen Grund stets eine gewisse Gesetzesmediatisierung erforderlich ist. Nur solche Vorschriften oder Rechtslücken im nationalen Recht, die von einer spezifischen sekundärrechtlichen Vorgabe geregelt werden, können überhaupt an der GRC gemessen werden. Es ist hierfür nicht ausreichend, dass die nationale Bestimmung oder Lücke in den Anwendungsbereich einer bloßen unionalen Kompetenznorm fällt. Der Unionsgesetzgeber muss in Wahrnehmung dieser Kompetenznorm auch einen Sekundärrechtsakt geschaffen haben, der gerade den in Rede stehenden Sachverhalt regelt. Allerdings wurde auch darauf hingewiesen, dass der Anwendungsbereich der Charta unter den genannten Bedingungen *generell* eröffnet wird. Es besteht also im Ausgangspunkt keine inhaltliche Akzessorietät zwischen eröffnender Richtlinie und anwendbarem Grundrecht. Hinsichtlich der konkreten Konsequenzen, die sich aus Art. 51 Abs. 1 S. 1 Alt. 2 GRC für die tatbestandliche Reichweite der Horizontalwirkung der Charta ergeben, ist denn auch zwischen dem Hauptanwendungsfall der Anwendungsbereichseröffnung durch eine sachlich gleichgelagerte grundrechtskonkretisierende Richtlinie und der denkbaren – aber seltenen – Eröffnung durch eine sachfremde Richtlinie zu unterscheiden.

A. Hauptanwendungsfall: Eröffnung durch grundrechtskonkretisierende Richtlinie

Hauptanwendungsfall in der bisherigen Rechtsprechung war die Anwendungsbereichseröffnung durch eine grundrechtskonkretisierende Richtlinie. Diese stand jeweils in einem sachlichen Zusammenhang zum jeweils verletzten Unionsgrundrecht.[1] So wurde in den untersuchten Entscheidungen etwa der Anwendungsbereich zugunsten von Art. 21 Abs. 1 GRC primär durch die einschlägigen Diskriminierungsrichtlinien, zugunsten von Art. 31 Abs. 2 GRC durch die Arbeitszeitrichtlinie und zugunsten von Art. 27 GRC durch die Anhörungs- und Unterrichtungsrichtlinie eröffnet.

I. Darstellung anhand prominenter Referenzgebiete

Anhand der in Rechtsprechung und Literatur bereits ausführlich behandelten Referenzgebiete des Diskriminierungsrechts und des Urlaubsrechts sollen die tatbestandlichen Schranken der Horizontalwirkung der Charta, die sich aus ihrer Sekundärrechtsakzessorietät ergeben, an dieser Stelle näher illustriert werden.

1. Diskriminierungsrecht

Im Diskriminierungsrecht bestehen aufgrund der Sekundärrechtsakzessorietät für eine Horizontalwirkung der Charta sowohl mit Blick auf die erfassten Merkmale als auch hinsichtlich des sachlichen Anwendungsbereichs des Diskriminierungsschutzes zwingende tatbestandliche Grenzen.

a) Eingeschränkter Merkmalskatalog

aa) Grenze de lege lata

So enthält zwar Art. 21 Abs. 1 GRC einen umfassenden Merkmalskatalog, der noch nicht einmal abschließend ist („insbesondere"). Nicht alle dieser Merkmale sind jedoch auch im Richtlinienrecht enthalten, und Art. 19 AEUV als einschlägige Kompetenznorm deckt auch nur einen Teil der durch das Grundrecht geschützten Merkmale ab.[2] Hier lässt sich das Zusammenspiel von Sekundärrechtsakzessorietät und Horizontalwirkung besonders gut darstellen, stellt sich doch die Frage: Ist das Grundrecht des Art. 21 Abs. 1 GRC umfassend mit Blick auf sämtliche dort genannte Diskriminierungsmerkmale horizontalwirkungsfä-

---

[1] Preis/Sagan/*Sagan*, § 1 Rn. 163 f.; *Starke*, EU-Grundrechte und Vertragsrecht, 2016, S. 187.

[2] Zum diesem Verhältnis des „engeren" Art. 19 AEUV und Art. 21 Abs. 1 GRC kritisch *Hartmann*, EuZA 2019, 24, 40 f. m.w.N.; *Seifert*, EuZA 2013, 299, 308. Vgl. zum Ganzen auch *Lobinger*, Entwicklung, Stand und Perspektiven des europäischen Antidiskriminierungsrechts, 2015, S. 47 ff.

hig[3] oder nur hinsichtlich der im Richtlinienrecht tatsächlich geregelten Merkmale[4]?[5]

Vor dem Hintergrund der obigen Ausführungen ist eine Anwendbarkeit *sämtlicher* Diskriminierungsmerkmale des Art. 21 Abs. 1 GRC abzulehnen.[6] *De lege lata* liegt dies daran, dass bei einer Diskriminierung wegen anderer als der in den Diskriminierungsrichtlinien genannten Merkmale keine „Durchführung von Unionsrecht" im Sinne des Art. 51 Abs. 1 S. 1 Alt. 2 GRC vorliegt. Die RL 2000/78 EG regelt das nationale Diskriminierungsrecht im Beschäftigungskontext gerade nicht *schlechthin*.[7] Von ihrem Geltungsbereich sind vielmehr nur Diskriminierungen wegen der in der Richtlinie ausdrücklich geregelten Merkmale erfasst. Die Harmonisierungsentscheidung des Unionsgesetzgebers betrifft also nicht nur den Sachbereich der Beschäftigung an sich, sondern auch die konkreten verpönten Merkmale.[8] Konsequent hat der EuGH daher z.B. eine Kündigung wegen des Merkmals „Krankheit" als nicht vom Geltungsbereich der Richtlinie RL 2000/78 EG erfasst angesehen und insoweit bereits die *Anwendbarkeit* der Charta ausdrücklich verneint[9], obwohl man dieses Merkmal durchaus unter den nicht abschließenden Katalog des Art. 21 Abs. 1 GRC subsumieren könnte.

Dies bedeutet: Eine mitgliedstaatliche Regelung, die wegen eines im Sekundärrecht *nicht angelegten* Diskriminierungsmerkmals unterscheidet, kann nicht an Art. 21 Abs. 1 GRC gemessen und im Kollisionsfall durch die negative Ho-

---

[3] So etwa *J. Schubert*, NZA Editorial Heft 8/2019, der sich für eine Einbeziehung des Merkmals der „sozialen Herkunft" in das AGG ausspricht, obwohl es in Art. 19 AEUV nicht angeführt ist. Dafür offenbar auch *von Diest*, Diskriminierungsschutz, 2016, S. 249; *K. Klocke*, BB 2019, 1204, 1209. Ähnlich *Heuschmid*, AuR 2018, 265, der von der Existenz von nunmehr mindestens 17 unmittelbar anwendbaren Diskriminierungsverboten ausgeht. So letztlich auch *Benecke*, EuZW 2016, 469. Mit dieser Befürchtung kritisch *Wank*, Juristische Methodenlehre, 2020, § 9 Rn. 72 Fn. 101. Ohne insoweit Art. 19 AEUV zu problematisieren, *Kainer*, NZA 2018, 894, 898, der allerdings wiederum einschränkend aus Gründen der Unbestimmtheit trotz des nicht abschließenden Charakters von Art. 21 GRC („insbesondere") nur eine Horizontalwirkung *der ausdrücklich normierten* Merkmale erwägt.

[4] So *Mörsdorf*, Ungleichbehandlung als Norm, 2018, S. 197, 118 ff.; *C. Picker*, RdA 2021, 33, 42; *ders.*, FS Düwell, 2021, S. 409, 417 f.; *Latzel*, EuZW 2015, 658, 662.

[5] Mit dieser Frage auch Preis/Sagan/*Grünberger/Husemann*, § 5 Rn. 12; *Carlson,* RdA 2022, 280, 285.

[6] *Mörsdorf*, Ungleichbehandlung als Norm, 2018, S. 197, 118 ff.; *C. Picker*, RdA 2021, 33, 42; *ders.*, FS Düwell, 2021, S. 409, 417 f.; *Latzel*, EuZW 2015, 658, 662; *Lobinger*, Entwicklung, Stand und Perspektiven des europäischen Antidiskriminierungsrechts, 2015, S. 47 ff.

[7] Ausdrücklich etwa GA *Jääskinen*, Schlussanträge v. 17.07.2014, BeckRS 2014, 81269, Rn. 20 ff. A.A. aber wohl *J. Schubert*, NZA Editorial Heft 8/2019, der jeden Diskriminierungssachverhalt für unionsrechtlich determiniert erachtet. Ähnlich offenbar *K. Klocke*, BB 2019, 1204, 1209.

[8] Zur Merkmalsorientierung des unionalen Diskriminierungsschutzes eingehend *Hartmann*, EuZA 2019, 24 ff.

[9] St. Rspr. vgl. EuGH v. 11.07.2006 – Rs. C-13/05 (*Chacón Navas*), NZA 2006, 839, Rn. 56 f.; EuGH v. 17.07.2008, C-303/07 (*Coleman*), NZA 2008, 932, Rn. 46; EuGH v. 18.12.2014 – Rs. C-354/13 (*Kaltoft*), NZA 2015, 33, Rn. 38 f.

rizontalwirkung verdrängt werden. Und auch für den Fall, dass nicht der Staat, sondern ein privater Arbeitgeber wegen nicht sekundärrechtlich geregelter Merkmale diskriminiert, ergibt sich nichts anderes: Für eine auf Schutzpflichten gestützte chartakonforme Auslegung oder Rechtsfortbildung des nationalen Rechts[10] sowie eine positive Horizontalwirkung fehlt es ebenfalls an der Anwendungsbereichseröffnung zugunsten der Charta.[11] Die Anerkennung einer unmittelbaren Verpflichtung Privater ändert daran nichts.

Etwas anderes gilt zum einen, wenn ein Mitgliedstaat durch eine arbeitsrechtliche Regelung wie in der Rechtssache *Kücükdeveci* wegen eines im Sekundärrecht geregelten Merkmals diskriminiert. Dann liegt eine Durchführungskonstellation vor. Zum anderen kann Art. 21 Abs. 1 GRC ebenfalls herangezogen werden, wenn die nationale Rechtsordnung richtlinienwidrig Arbeitnehmer nicht hinreichend vor Diskriminierungen seitens der Arbeitgeber aufgrund von sekundärrechtlich geschützten Merkmalen schützt.[12]

bb) Grenze de lege ferenda

Und auch *de lege ferenda* sind einer Horizontalwirkung des Art. 21 GRC aufgrund der Sekundärrechtsakzessorietät der GRC Grenzen gesetzt. Denn eine entsprechende Erweiterung der sekundärrechtlich geschützten verpönten Merkmale durch den Unionsgesetzgeber ist derzeit nicht möglich, weil dieser nicht über den primärrechtlichen Kompetenzkatalog des Art. 19 AEUV hinausgehen kann. Zwar richtet sich der umfassendere Art. 21 Abs. 1 GRC und die aus ihm resultierende Schutzpflicht auch gegen den Unionsgesetzgeber. Die Bestimmung schafft aber keine weiterreichende Verbandskompetenz der Union für den Schutz sämtlicher dort genannter Merkmale. Die Schutzpflicht ist vielmehr ihrerseits kompetenzakzessorisch und damit auf den Katalog des Art. 19 AEUV beschränkt.[13] Ohne eine Änderung der Verträge könnte der Anwendungsbereich des sekundärrechtlichen Diskriminierungsschutzes also nicht zugunsten weiterer Diskriminierungsmerkmale des Art. 21 Abs. 1 GRC erweitert werden. Damit sind in gleicher Weise einer Horizontalwirkung des Grundrechts Grenzen gesetzt.

---

[10] Unter diesem Gesichtspunkt zutreffend *Seifert*, EuZA 2013, 299, 308.

[11] A.A. *K. Klocke*, BB 2019, 1204, 1209.

[12] Inhaltlich entspricht ein solches Zuwenig an Diskriminierungsschutz letztlich der *Egenberger*-Entscheidung. Allerdings bestand dort die Besonderheit, dass die Verkürzung des Diskriminierungsschutzes auf einer staatlichen Privilegierungsregelung beruhte, die bereits durch eine negative Horizontalwirkung abgestellt werden konnte.

[13] Ähnlich Calliess/Ruffert/*Rossi*, Art. 21 GRC Rn. 11. Tendenziell a.A. *Lobinger*, Entwicklung, Stand und Perspektiven des europäischen Antidiskriminierungsrechts, 2015, S. 49 unter Verweis auf Art. 352 AEUV (i.V.m der Zielbestimmung des Art. 3 Abs. 3 EUV). Zu Recht kritisch mit Hinweis auf den weitgehend abschließenden Charakter von Art. 19 Abs. 1 AEUV *Hartmann*, EuZA 2019, 24, 41.

b) Kein allgemeines Diskriminierungverbot für das gesamte Privatrecht

Die Bedeutung der Art. 21 Abs. 1 GRC kann also ausgehend vom derzeitigen Kompetenzgefüge der Union durch eine sekundärrechtliche Ausformung nicht mehr hinsichtlich der geschützten Merkmale wachsen. Denkbar wäre aber eine Ausdehnung hinsichtlich seines sachlichen Anwendungsbereichs.[14] Immerhin könnte der Unionsgesetzgeber in kompetenzieller Hinsicht *de lege ferenda* auch andere privatrechtliche Rechtsverhältnisse dem sekundärrechtlichen Diskriminierungsschutzregime unterwerfen. Für das Arbeitsrecht ist diese Erkenntnis aber redundant, weil die bestehenden Diskriminierungsrichtlinien den Schutz des unionalen Diskriminierungsrechts bereits *de lege lata* auf alle Phasen des Beschäftigungsverhältnisses erstrecken.[15] Das gesamte Arbeitsrecht öffnet sich dadurch für eine Horizontalwirkung des Art. 21 Abs. 1 GRC.

Wichtig ist das Gesagte aber dennoch, um dieser Horizontalwirkung zumindest einen Teil ihres Schreckens zu nehmen: Obwohl Art. 21 Abs. 1 GRC seinerseits einen umfassenden sachlichen Anwendungsbereich aufweist, statuiert die Norm kein umfassendes privatrechtliches Diskriminierungsverbot[16], sondern ist aufgrund des gebotenen Gleichlaufs von mitgliedstaatlicher Bindung und Privatbindung nur auf Sachverhalte anwendbar, die von entsprechenden Sekundärrechtsvorgaben erfasst werden. Eine darüberhinausgehende Horizontalwirkung ist nicht möglich.[17]

2. Urlaubsrecht

Für das Urlaubsrecht gilt nichts anderes; auch hier ist auf die spezifischen sekundärrechtlichen Vorgaben zu achten. Dabei wäre es zu oberflächlich, das Urlaubsrecht insgesamt als europarechtlich determinierte Regelungsmaterie zu begreifen.[18] Weil im Sekundärrecht (Art. 7 der Arbeitszeit-RL) kompetenzbedingt nur der *Mindest*urlaubsanspruch unionsrechtlich vorgegeben ist, kann die Charta auch nur insoweit Anwendung finden. Damit ist aufgrund der umfassen-

---

[14] Vgl. hierzu die Umsetzung in Deutschland in § 2 AGG.

[15] Vgl. hierzu *Preis/Temming*, NZA 2010, 185, 190.

[16] *Kainer*, NZA 2018, 894, 899.

[17] Schon vor diesem Hintergrund dürfte die Sorge von *Fornasier* unberechtigt sein, der horizontalwirksame Art. 21 Abs. 1 GRC könnte aufgrund des Verbots der Diskriminierung wegen des Vermögens eine Preisdifferenzierung zu Lasten wirtschaftlich weniger leistungsfähiger Kreditnehmer verbieten, vgl. *Fornasier*, GPR 2019, 141, 148. Die von ihm angeführte Verbraucherkredit-RL 2008/48/EG macht schon keine materiellen Vorgaben für die Kreditvergabe, eröffnet insoweit also auch nicht den Anwendungsbereich von Art. 21 Abs. 1 GRC. Ergänzend sei außerdem darauf verwiesen, dass die Bedenken auch deshalb unangebracht sind, weil jedenfalls wegen Art. 19 AEUV eine Entfaltung dieses Diskriminierungsmerkmals ausscheiden müsste (siehe hierzu sogleich unter § 14). Und selbst wenn man die Anwendbarkeit bejahen würde, kann eine solche Ungleichbehandlung bei einem privatautonom abgeschlossenen Kreditvertrag natürlich gerechtfertigt sein.

[18] So aber *Kainer*, NZA 2018, 894, 899.

den Sekundärrechtsakzessorietät ausgeschlossen, dass die Horizontalwirkung des Art. 31 Abs. 2 GRC über das hinausgeht, was sekundärrechtlich determiniert ist. Es ist deshalb konsequent, dass der EuGH Art. 31 Abs. 2 GRC in der Rechtssache *TSN* nicht auf einen über den unionsrechtlichen Mindesturlaubsanspruch hinausgehenden, tariflichen Zusatzurlaub angewendet hat.[19] Für den Mindesturlaub selbst ist hingegen der Anwendungsbereich des Art. 31 Abs. 2 GRC eröffnet. Insoweit kann die Horizontalwirkung grundsätzlich voll zum Tragen kommen soweit dabei ihre inhaltlichen Grenzen (§ 15) gewahrt bleiben.

3. Zukünftige Anwendungsfälle – Whistleblowing und Arbeitsbedingungen

Zwar nicht zu tiefgreifenden inhaltlichen Umgestaltungen, aber zumindest zu einer weiteren Expansion der unionsrechtlichen Determinierung des deutschen Arbeitsrechts führt schließlich die Arbeitsbedingungenrichtlinie[20], die neben den dort vorgesehenen Informationspflichten (insoweit die bisherige Nachweisrichtlinie[21] ersetzend) auch materielle Mindestarbeitsbedingungen vorgibt.[22] Die damit einhergehende Anwendungsbereichseröffnung zugunsten der Charta könnte insbesondere das Grundrecht des Art. 31 Abs. 1 GRC in den Fokus rücken. Eine zusätzliche Erweiterung des Anwendungsbereichs des Unionsrechts und damit theoretisch auch der Horizontalwirkung der Charta ergibt sich überdies aus der Whistleblowing-RL[23], die bis zum 17.12.2021 umzusetzen war.[24] Insoweit könnte das hierdurch konkretisierte Grundrecht auf Meinungsfreiheit gem. Art. 11 Abs. 1 GRC relevant werden.

II. Problem: Expansive Eigendynamik der GRC durch chartakonforme Auslegung des Sekundärrechts?

Die Charta ist dem Sekundärrecht normhierarchisch überlegen. Hieraus folgt zunächst unproblematisch, dass der EuGH Sekundärrechtsakte primärrechtskonform im Lichte der Charta auslegen muss.[25] Die Union als Normurheberin ist dabei anders als der Mitgliedstaat gem. Art. 51 Abs. 1 S. 1 Alt. 2 GRC umfassend und ohne weitere Einschränkung an die Unionsgrundrechte gebunden. Aus die-

---

[19] EuGH v. 19.11.2019 – Rs. C-609/17, C-610/17 (*TSN*), NZA 2019, 1631.

[20] Richtlinie (EU) 2019/1152 des Europäischen Parlaments und des Rates vom 20. Juni 2019 über transparente und vorhersehbare Arbeitsbedingungen in der Europäischen Union.

[21] Richtlinie 91/533/EWG des Rates vom 14. Oktober 1991 über die Pflicht des Arbeitgebers zur Unterrichtung des Arbeitnehmers über die für seinen Arbeitsvertrag oder sein Arbeitsverhältnis geltenden Bedingungen.

[22] Hierzu umfassend *C. Picker*, ZEuP 2020, 305, 307 ff.

[23] Richtlinie (EU) 2019/1937 des Europäischen Parlaments und des Rates vom 23. Oktober 2019 zum Schutz von Personen, die Verstöße gegen das Unionsrecht melden.

[24] Zu den Folgen der nicht fristgerechten Umsetzung für das deutsche Recht *Gerdemann*, NJW 2021, 3489 ff.

[25] Riesenhuber/*Leible*/*Domröse*, § 8 Rn. 40 f.

sem für sich genommen trivialen Umstand kann sich unter Umständen ein handfestes Reichweiteproblem ergeben.

Diese Logik kann nämlich letztlich eine Erweiterung des Anwendungsbereichs der Charta, „durch sich selbst" zur Folge haben.[26] Exemplarisch zeigt sich die Gefahr einer solchen expansiven Eigendynamik an den Rechtssachen *Max-Planck, Bauer* und – bei entsprechender Lesart – *CCOO*: Die jeweilige sekundärrechtliche Regelung, die den Weg für die Horizontalwirkung der Charta in den Mitgliedstaaten über Art. 51 Abs. 1 S. 1 Alt. 2 GRC ebnete, war in diesen Entscheidungen gerade nicht ausdrücklich in der einschlägigen Richtlinie verankert.[27] Im Text der Arbeitszeitrichtlinie findet sich keine Regelung zu den Mitwirkungsobliegenheiten des Arbeitgebers, zur Verberblichkeit des Urlaubsanspruchs oder aber eine solche zur Einrichtung eines Arbeitszeiterfassungssystems. Diese Vorgaben hat der EuGH vielmehr erst durch eine Auslegung der allgemeinen Bestimmungen der Richtlinie[28] „im Lichte des Grundrechts" des Art. 31 Abs. 2 GRC entwickelt.[29] Ähnlich geht der Gerichtshof im Diskriminierungsrecht vor, wenn er verlangt, dass die sekundärrechtlich ausdrücklich vorgesehenen Merkmale vor dem Hintergrund des Art. 21 Abs. 1 GRC *weit* auszulegen sind.[30]

Durch eine Prüfung des konkretisierenden Sekundärrechts am Maßstab der Charta geraten so Regelungsfragen in den Geltungsbereich der Richtlinie und damit denjenigen der Charta, die das Sekundärrecht jedenfalls textlich nicht erfasst. Die Charta erweitert hierdurch im Ergebnis ihren eigenen, eigentlich beschränkten Anwendungsbereich. Eine solche Selbst-Erweiterung ist von Art. 51 Abs. 1 S. 1 Alt. 2 GRC jedoch nicht beabsichtigt, da die Norm mit „Durchführung" des Unionsrechts nach nahezu einhelliger Auffassung nur sonstiges Uniosecht meint und gerade nicht die Unionsgrundrechte selbst.[31]

Vor diesem Hintergrund wurde das Vorgehen des EuGH in der Literatur teilweise als „Europäisierung des Privatrechts durch die Hintertür" kritisiert.[32] Um

---

[26] *Mörsdorf*, JZ 2019, 1066, 1067 ff.; Riesenhuber/*Köndgen*/*Mörsdorf*, § 6 Rn. 45 ff. Ähnlich bereits *Unseld*, Bedeutung der Horizontalwirkung, 2018, S. 205 f.

[27] Mit dieser Beobachtung bereits *Starke*, EU-Grundrechte und Vertragsrecht, 2016, S. 187.

[28] Zur grundsätzlichen Konkretisierungskompetenz des EuGH vgl. eingehend *Röthel*, Normkonkretisierung im Privatrecht, 2004, S. 353 ff.

[29] EuGH v. 06.11.2018 – Rs. C-569/16, C-570/16 (*Bauer*), NZA 2018, 1467, Rn. 87; EuGH v. Rs. C-55/18 (*CCOO*), NZA 2019, 681, Rn. 71.

[30] EuGH v. 15.11.2018 – Rs. C-457/17 (*Maniero*), NJW 2019, 1057, Rn. 36.

[31] Pechstein/Nowak/Häde/*Pache*, Art. 51 GRC Rn. 18 m.w.N.; *Jarass*, GRC, Art. 51 Rn. 20 m.w.N. So letztlich bereits EuGH v. 26.02.2013 – Rs. C-617/10 (*Åkerberg Fransson*), NJW 2013, 1415, Rn. 22 sowie deutlicher dann EuGH v. 01.12.2016 – Rs. C-395/15 (*Daouidi*), EuZW 2017, 263, Rn. 64. A.A. lediglich von der Groeben/Schwarze/Hatje/*Terhechte*, Art. 51 GRC Rn. 8.

[32] Riesenhuber/*Köndgen*/*Mörsdorf*, § 6 Rn. 45 ff.; *Mörsdorf*, JZ 2019, 1066, 1067 ff. sowie bereits *ders.*, Ungleichbehandlung als Norm, 2018, S. 119 ff.

eine unzulässige Expansion zu verhindern, wird vorgeschlagen, den Gerichtshof bei der Auslegung grundrechtskonkretisierenden Sekundärrechts streng an den Normtext zu binden. Eine erweiternde Auslegung „im Lichte des Grundrechts" sei abzulehnen, wenn es sich um eine Richtlinie handelt, die gerade der Konkretisierung eines Grundrechts dient.[33]

Dem kann jedoch nur hinsichtlich der grundsätzlichen Bedenken zugestimmt werden; die vorgeschlagene Ablehnung einer Auslegung grundrechtskonkretisierender Richtlinien am Maßstab der GRC erscheint nicht überzeugend. Nach diesem Vorschlag soll es nämlich schon deshalb nicht zu einer solchen Auslegung kommen, weil der EuGH von einer inversen Normenhierarchie ausgehe, in der die Richtlinie den Inhalt des Grundrechts bestimme, und nicht andersherum.[34] Bereits dieser Deutung der Rechtsprechung muss – wie sich später noch zeigen wird – widersprochen werden.[35] Entscheidend ist für die vorliegende Frage aber, dass den berechtigten Expansionsbedenken in anderer Weise Rechnung getragen werden kann als durch einen pauschalen Ausschluss einer chartakonformen Auslegung grundrechtskonkretisierender Richtlinien. Einer solchen Sonderlösung bedarf es nicht.

Das Problem einer expansiven Auslegung des Unionsrechts stellt sich schließlich nicht nur im vorliegenden Kontext. So wurde bereits ganz generell zutreffend darauf hingewiesen, dass der EuGH, anders als ein nationales Verfassungsgericht, nicht nur Kontrolleur des Normgebers ist, sondern immer auch im Dienste des von allen Unionsorganen formulierten Integrationsprozesses handelt.[36] Er ist daher nie gänzlich unparteiisch und erfüllt im Verfassungsgefüge der Union nicht nur ein Kontroll- sondern auch eine Gestaltungsaufgabe. Dies führt zu einer gesteigerten Auslegungs- und Rechtsfortbildungsfreude.[37] Besonders an dem vorliegenden Expansionsproblem unter der GRC ist lediglich, dass mit der chartarechtlichen Schutzpflicht neben dieses generelle gestalterische Bestreben des EuGH ein spezifisch grundrechtliches Moment tritt.[38] Der EuGH erfüllt hier nicht nur eine rechtspolitisch motivierte, sondern sogar eine in Teilen grundrechtlich geforderte Gestaltungsaufgabe.

Weder die Besonderheiten im Verfassungsgefüge des Unionsrechts noch die grundrechtlichen Verpflichtungen des EuGH ändern aber etwas daran, dass dieser sich in Erfüllung dieser Aufgabe nicht über die Harmonisierungsentscheidun-

---

[33] Riesenhuber/*Köndgen*/*Mörsdorf*, § 6 Rn. 45 ff.; *Mörsdorf*, JZ 2019, 1066, 1069 ff. Anders zu behandeln seien lediglich Richtlinien mit Binnenmarktbezug. Nur bei ihnen komme eine chartakonforme Auslegung in Betracht.

[34] Insbesondere *Mörsdorf*, Ungleichbehandlung als Norm, 2018, S. 119 ff.

[35] Siehe hierzu unten unter § 15 A. III. 2. b) aa).

[36] *Nettesheim*, EuR 2006, 738, 757 f. Zu idealistisch deshalb die Vorstellung bei *Hager*, Rechtsmethoden in Europa, 2009, S. 321.

[37] Kritisch zu dieser Rolle des EuGH *Höpfner*, Die systemkonforme Auslegung, 2008, S. 227 f.

[38] Eingehend zu dieser Entwicklung *Unseld*, Bedeutung der Horizontalwirkung, 2018, S. 205 f.

gen des Unionsgesetzgebers hinwegsetzen kann. Das gilt bei der Auslegung des Sekundärrechts generell[39] und muss in gleicher Weise bei seiner chartakonformen Auslegung beachtet werden.[40] Letzten Endes stellt sich auch hier die generelle Frage nach der Reichweite der Befugnisse des EuGH zur Auslegung des Unionsrechts. Deren Grenzen lassen sich aber schon nach allgemeinen Regeln methodologisch sauber ziehen[41], weshalb eine Sonderlösung für das Verhältnis von Charta und Richtlinie zueinander nicht erforderlich ist. Insbesondere ist insoweit klar, dass eine unionsgrundrechtskonforme Auslegung des Sekundärrechts nicht *contra legem* erfolgen[42] und auch sein Regelungsbereich nicht über die unionalen Kompetenzen hinaus ausgedehnt werden kann[43]. Der EuGH kann also schon nach allgemeinen Grundsätzen z.B. nicht im Wege der Rechtsfortbildung den Anwendungsbereich der Gleichbehandlungsrahmenrichtlinie auf ein Diskriminierungsmerkmal ausdehnen, das zwar von Art. 21 Abs. 1 GRC geschützt wird, allerdings nicht im Kompetenzkatalog des Art. 19 AEUV genannt ist.

Auch ohne eine pauschale Bereichsausnahme kann die angesprochene Gefahr einer expansiven Eigendynamik damit – jedenfalls theoretisch[44] – gebannt werden. Eine vollständige Ablehnung der unionsgrundrechtskonformen Auslegung grundrechtskonkretisierender Richtlinien, wie sie vereinzelt gefordert wird, schießt dementgegen über das Ziel hinaus. Sie käme einer teilweisen Relativierung der unionsgrundrechtlichen Schutzpflichten gleich und stellte eine unverhältnismäßig starke Beschneidung des effektiven Grundrechtsschutzes auf Unionsebene dar.[45] Eine nur beschränkte Überprüfbarkeit unionaler Richtlinien am Maßstab der Unionsgrundrechte wäre geradezu paradox, ist doch die grundrechtliche Einhegung *der Unionsgewalt* seit jeher Hauptzweck der Unionsgrundrechte gewesen.[46]

---

[39] Riesenhuber/*Leible*/*Domröse*, § 8 Rn. 31 ff.

[40] Vor einer Relativierung gesetzgeberischer Wertungen bei der grundrechtskonformen Auslegung von Richtlinien warnt auch *Kokott*, FS I. Schmidt, 2021, S. 991, 1003. Deshalb lässt sich das Erfordernis eines angemessenen *judicial self-restraint,* welcher von *Mörsdorf* explizit nur für die Auslegung sonstiger „nicht-grundrechtskonkretisierender" Richtlinien vorgeschlagen verallgemeinern und gerade auch auf den Fall der Auslegung grundrechtskonkretisierender Richtlinien anwenden, vgl. hierzu Riesenhuber/*Köndgen*/*Mörsdorf*, § 6 Rn. 45 ff.; *Mörsdorf*, JZ 2019, 1066, 1070 f.

[41] Riesenhuber/*Leible*/*Domröse*, § 8 Rn. 31 ff.; *Martens*, Methodenlehre des Unionsrechts, 2013, S. 445 f.; *Höpfner*, Die systemkonforme Auslegung, 2008, S. 220 ff.

[42] Riesenhuber/*Leible*/*Domröse*, § 8 Rn. 31 ff.; *Riesenhuber*, System und Prinzipien des Europäischen Vertragsrechts, 2003, S. 63.

[43] Riesenhuber/*Rebhahn*/*Franzen*, § 17 Rn. 67.

[44] Das bedeutet natürlich keinesfalls, dass der EuGH diese Grenzen in der Praxis stets wahren würde. Insoweit ist Kritik selbstverständlich berechtigt.

[45] Differenzierender sind etwa die Bedenken bei *Unseld*, Bedeutung der Horizontalwirkung, 2018, S. 205 f.

[46] Dies zugebend *Mörsdorf*, JZ 2019, 1066, 1069.

III. Wahrung der Sekundärrechtsakzessorietät in der bisherigen Rechtsprechung

Was den Aspekt der Sekundärrechtsakzessorietät angeht, ist die bisherige Horizontalwirkungsrechtsprechung des EuGH nicht zu beanstanden. Die in Kapitel 3 dargestellten Entscheidungen erweisen sich unter dem aufgezeigten Gesichtspunkt als unbedenklich: Die Gleichbehandlungsrahmenrichtlinie hat etwa in *Kücükdeveci, HK Danmark, Dansk Industri, Egenberger, IR und Cresco Investigation* den Anwendungsbereich des Art. 21 GRC eröffnet. Das Urteil muss jedoch genauso für die Behandlung der Arbeitszeitrichtlinie und Art. 31 Abs. 2 GRC in den Rechtssachen *Bauer, Max-Planck* oder *CCOO* ausfallen. Auch hier ist der Anwendungsbereich der Charta und damit des Art. 31 Abs. 2 GRC durch eine inhaltlich gleichgelagerte Richtlinienbestimmung eröffnet worden, nämlich durch Vorgaben der Arbeitszeitrichtlinie. Die Praxis einer Auslegung des Sekundärrechts durch den EuGH im Lichte der einschlägigen Grundrechte ist dem Grunde nach methodisch zulässig und in sich stimmig. Bislang ist es jedenfalls nicht zu einem Fall gekommen, in dem der EuGH die Horizontalwirkung eines Grundrechts bejaht hat, ohne dass der Anwendungsbereich der Charta durch eine grundrechtskonkretisierenden Richtlinie eröffnet gewesen wäre. Strukturell blieb die Sekundärrechtsakzessorietät der GRC bislang gewahrt. Auf die im jeweiligen Einzelfall umstrittene Frage, ob die vom Gerichtshof vorgenommene, expansive Auslegung des Sekundärrechtsakts immer zwingend gewesen ist, muss hier nicht näher eingegangen werden.[47]

B. Verstecktes Einfallstor: Eröffnung durch sachfremde Richtlinien?

Neben der Anwendungsbereichseröffnung durch grundrechtskonkretisierende Richtlinien könnte ein weiteres Potential der chartarechtlichen Horizontalwirkung in der Eröffnung durch sachfremde Richtlinien liegen.[48] Eine solche wäre nämlich aufgrund der eher weiten Auffassung des EuGH vom Anwendungsbereich der Unionsgrundrechte zumindest theoretisch denkbar.

---

[47] Mit guten Gründen kritisch hinsichtlich des Urlaubsrechts etwa *Höpfner*, RdA 2013, 16, 17.

[48] Vgl. hierzu *Grünberger*, Personale Gleichheit, 2013, S. 1032; Preis/Sagan/*Grünberger*/*Husemann*, § 5 Rn. 15; *Mörsdorf*, ZIP 2009, 1491, 1494. Ein Beispiel hierfür ist das Urteil EuGH v. 29.04.2015 – Rs. C-528/13 (*Léger*), BeckRS 2015, 80577, das allerdings einen vertikalen Rechtsstreit betrifft. Dort ging es darum, ob die Mitgliedstaaten homosexuelle Männer von der Blutspende ausschließen dürfen. Die Materie ist durch die aus diskriminierungsrechtlicher Sicht sachfremde RL 2002/98/EG determiniert, weshalb das nationale Umsetzungsrecht am Maßstab des Art. 21 Abs. 1 GRC zu messen ist.

Dies zeigt sich bereits an einer eher selten beachteten Dimension der *Mangold*-Entscheidung[49]: Dort war der Anwendungsbereich der Unionsgrundrechte nicht durch die insoweit grundrechtskonkretisierende Gleichbehandlungsrahmenrichtlinie eröffnet worden. Deren Umsetzungsfrist war nämlich noch nicht abgelaufen. Zwar erkannte der EuGH dennoch auf einen Sekundärrechtsverstoß gegen die Gleichbehandlungsrahmenrichtlinie und begründete dies mit deren Vorwirkung.[50] Für die Anwendbarkeit des gleichzeitig herangezogenen primärrechtlichen Verbots der Altersdiskriminierung war für ihn aber entscheidend, dass die deutsche Norm die – wiederum nicht verletzte – Befristungsrichtlinie umsetzt.[51] So hat letztlich die sachfremde Befristungsrichtlinie den Anwendungsbereich der Unionsgrundrechte zugunsten eines Diskriminierungsverbots, des heutigen Art. 21 Abs. 1 GRC, eröffnet.

Zumindest theoretisch wären solche Fälle auch in Zukunft denkbar.[52] Allerdings ist stets zu beachten, dass nach allgemeinen Grundsätzen eine *hinreichend bestimmte Verpflichtung* mit Blick auf den konkreten Sachverhalt erforderlich ist, um die Anwendbarkeit der Charta überhaupt zu begründen. Das dürfte diese Fallgruppe zumindest seltener machen als die klassischen Fälle der Anwendungsbereichseröffnung durch grundrechtskonkretisierende Richtlinien. An anderer Stelle wird sich überdies noch zeigen, dass auch der besondere Konkretisierungszusammenhang zwischen Grundrecht und grundrechtskonkretisierender Richtlinie von entscheidender Bedeutung für die Horizontalwirkungsdoktrin des EuGH sein könnte.[53]

C. Zwischenergebnis

Auch eine auf Rechtsfolgenseite umfassende Horizontalwirkung der GRC muss sich in den allgemeinen Grenzen des Art. 51 Abs. 1 S. 1 Alt. 2 GRC bewegen. Die Norm ist äußerste Schranke für die Horizontalwirkungsdoktrin des EuGH, die dieser zumindest bislang auch geachtet hat. Stets ging es in seiner Rechtsprechung um die Wirkung eines Grundrechts, dessen Anwendungsbereich durch eine einschlägige grundrechtskonkretisierende Richtline eröffnet war. Zwar ist zu bemerken, dass sich aus dem Gebot der unionsgrundrechtskonformen Aus-

---

[49] Dazu auch *Greif*, in: Uffmann/Dahm (Hrsg.), Vielfalt oder Chaos – Aktuelle Probleme und Entwicklungen im deutschen und europäischen Arbeitsrecht, 2013, S. 43, 65; *ders.*, Die Unanwendbarkeit richtlinienwidriger deutscher Arbeitsgesetze, 2016, S. 119.

[50] EuGH v. 22.11.2005 – Rs. C-144/04 (*Mangold*), NZA 2005, 1345, Rn. 67 f. Dabei nimmt der EuGH die Entscheidung EuGH v. 18.12.1997 – Rs. C-129/96 (*Inter-Environment*), EuZW 1998, 167, Rn. 45 in Bezug.

[51] EuGH v. 22.11.2005 – Rs. C-144/04 (*Mangold*), NZA 2005, 1345, Rn. 74 f.

[52] Zur fehlenden Akzessorietät zwischen Anwendungsbereich der GRC und Richtlinieninhalt § 4 C. 5.

[53] Vgl. hierzu unten unter § 15 A. III. 1. a) bb) (3).

legung des Sekundärrechts insoweit theoretisch die Gefahr einer expansiven Eigendynamik ergeben kann, in der sich die Charta ihren eigenen sekundärrechtsakzessorischen Anwendungsbereich erweitert. Methodisch wird diese Gefahr indes dadurch gebannt, dass eine grundrechtskonforme Auslegung des Sekundärrechts auch in diesem Fall nicht *contra legem* erfolgen darf und überdies das Gebot der kompetenzgerechten Auslegung gilt. Schon die allgemeinen Regeln der primärrechtskonformen Auslegung stehen einer solchen expansiven Eigendynamik also entgegen, weshalb es der in der Literatur vereinzelt vorgeschlagenen Sonderbehandlung von grundrechtskonkretisierenden Richtlinien nicht bedarf. Eine Eröffnung des Anwendungsbereichs eines Chartagrundrechts durch „sachfremde Richtlinien" ist daneben ebenfalls denkbar, dürfte aber aufgrund der allgemeinen Regeln zum Anwendungsbereich der Charta seltener sein.

§ 14

Kompetenzielle Grenzen

Die Horizontalwirkung der GRC besitzt unbestritten auch eine kompetenzielle Dimension.[1] Neben die allgemeine Geltungsgrenze der Sekundärrechtsakzessorietät tritt deshalb als zweite, in der Diskussion bisweilen außer Acht gelassene Schranke das chartarechtliche Verbot der Kompetenzerweiterung gem. Art. 51 Abs. 2 GRC.[2] Hier sind die in der Literatur zu Recht vorgebrachten Subsidiaritätsbedenken gegen eine grenzenlose Horizontalwirkung der Charta dogmatisch zu verorten, will man sie nicht als vornehmlich rechtspolitisch motivierte Kritik verstanden wissen. Denn in der Kompetenzordnung der Union findet das Subsidiaritätsprinzip seine zentrale normative Verankerung (Art. 5 Abs. 1 AEUV).

A. Grundsatz: Eingeschränkte eigenständige Bedeutung

Wegen des in dieser Arbeit geforderten zwingenden Gleichlaufs von privater und mitgliedstaatlicher Grundrechtsbindung[3] ist dieses Verbot der Kompetenzerweiterung allerdings für die meisten Fälle nicht von Bedeutung. Denn der für die Anwendbarkeit der Charta maßgebliche Anwendungsbereich des sekundären Unionsrechts und der Zuständigkeitsbereich sind notwendig kongruent[4]: Gibt es keinen einschlägigen Sekundärrechtsakt, ist die Charta schon aufgrund ihrer Sekundärrechtsakzessorietät auf den in Rede stehenden Sachverhalt nicht anwendbar. Handelt es sich um einen kompetenzwidrigen Sekundärrechtsakt, ist dieser ungültig und der Anwendungsbereich der Charta wird in gleicher Weise nicht eröffnet. Handelt es sich dagegen um einen wirksamen Sekundärrechtsakt, belegt seine Rechtmäßigkeit die Existenz einer einschlägigen Unionskompetenz für die in Rede stehende Regelungsfrage.

Damit ist die Kompetenzordnung für die Reichweite der Horizontalwirkung regelmäßig nur mittelbar von Bedeutung. Das gilt zum einen insoweit, als die

---

[1] Treffend *Pirker*, Anwendung der Unionsgrundrechte, 2018, S. 253.

[2] Exemplarisch für eine kompetenzielle Überdehnung der Horizontalwirkung *J. Schubert*, NZA Editorial Heft 8/2019; *Heuschmid*, AuR 2018, 265; *Benecke*, EuZW 2016, 469; *Wank*, Juristische Methodenlehre, 2020, § 9 Rn. 72 Fn. 101 (dabei allerdings ablehnend) die eine Horizontalwirkung auch hinsichtlich solcher Diskriminierungsmerkmale für möglich halten, für die es an einer unionalen Verbandskompetenz fehlt.

[3] Siehe hierzu oben unter § 12 D. I 2 a) bb) (2) (d).

[4] Meyer/Hölscheidt/*Schwerdtfeger*, Art. 51 Rn. 71.

unionale Kompetenzordnung einer Erweiterung des Kreises der von der Charta erfassten Regelungsmaterien nationalen Rechts durch den Unionsgesetzgeber *de lege ferenda* Grenzen setzt: Weil die Unionsgrundrechte selbst keine Kompetenznormen schaffen, sind sie über die Kompetenzen hinaus keine taugliche Grundlage für eine Ausdehnung des Anwendungsbereichs durch neues Sekundärrecht. Außerdem gewinnt die Kompetenzordnung hier *de lege lata* dadurch Bedeutung, dass die unionale Kompetenzordnung die mögliche Auslegung eines bereits bestehenden, den Anwendungsbereich eröffnenden Sekundärrechtsakts beschränkt.[5] Zwar sind die Sekundärrechtsakte ihrerseits unionsgrundrechtskonform auszulegen. Diese Auslegung kann aber nicht so weit gehen, dass sich ihr Geltungsbereich aufgrund der sachlich umfassenden Grundrechte der Charta kompetenzwidrig ausdehnt.

Die in Kapitel 3 dargestellten Entscheidungen erweisen sich unter dem aufgezeigten kompetenziellen Gesichtspunkt als unbedenklich: Die Gleichbehandlungsrahmenrichtlinie hat etwa in *Kücükdeveci, HK Danmark, Dansk Industri, Egenberger, IR und Cresco Investigation* den Anwendungsbereich des Art. 21 GRC eröffnet. In Rede standen jeweils Diskriminierungsmerkmale, für die der Unionsgesetzgeber gem. Art. 19 EUV die Regelungskompetenz besitzt. Die formelle Rechtmäßigkeit der einschlägigen Sekundärrechtsakte indiziert die Existenz einer entsprechenden Kompetenz, denn andernfalls wäre bereits die Richtlinie unwirksam. Das Urteil muss genauso für die Behandlung der Arbeitszeitrichtlinie und Art. 31 Abs. 2 GRC in den Rechtssachen *Bauer, Max-Planck* oder *CCOO* ausfallen. Auch hier ist der Anwendungsbereich der Charta und damit der des Art. 31 Abs. 2 GRC eröffnet. Die formelle Wirksamkeit der urlaubsrechtlichen Bestimmung der Richtlinie belegt, dass sie von der Unionskompetenz des Art. 153 AEUV gedeckt ist.

B. Ausnahme: Bedeutung bei Eröffnung durch sachfremde Richtlinie?

Kompetenzielle Probleme können sich allerdings in den Fällen ergeben, in denen ein Sekundärrechtsakt fehlt, dessen formelle Rechtmäßigkeit das Bestehen einer Unionskompetenz indiziert. Das kann zum einen dann gegeben sein, wenn der Anwendungsbereich der Charta durch eine „sachfremde" Richtlinie eröffnet wird. Hierdurch können theoretisch Grundrechte anwendbar werden, die einen Inhalt haben, der keiner unionalen Kompetenz zufällt.[6] Zum anderen kann es zu

---

[5] Riesenhuber/*Rebhahn/Franzen*, § 17 Rn. 67.

[6] Man denke an eine Abwandlung des Urteils EuGH v. 29.04.2015 – Rs. C-528/13 (*Léger*), BeckRS 2015, 80577. Dort ging es darum, ob die Mitgliedstaaten homosexuelle Männer von der Blutspende ausschließen dürfen. Die Materie ist durch die sachfremde RL 2002/98/EG determiniert, weshalb das entsprechende nationale Umsetzungsrecht am Maßstab der Charta zu messen ist. Weil die Union gem. Art. 19 AEUV eine Kompetenz für die Bekämpfung der

solchen Situationen kommen, wenn man die hier vorgeschlagene Ansicht ablehnt, dass eine Bindung Privater nicht weiter gehen kann als diejenige der Mitgliedstaaten und so richtigerweise stets Sekundärrechtsakzessorietät besteht.[7] Auch dann wäre eine Anwendbarkeit der Charta ohne einschlägiges Richtlinienrecht möglich, dessen formelle Wirksamkeit die Existenz einer entsprechenden Unionskompetenz indiziert. Hier wie dort besteht die Gefahr, dass die Charta auch in Sachverhalten anwendbar ist, in denen eine unionale Verbandskompetenz vollständig fehlt.

Eine Horizontalwirkung der Charta würde in diesen Fällen dem Kompetenzerweiterungsverbot der Charta widersprechen. Äußerste Grenze einer Horizontalwirkung muss daher insoweit die Kompetenzordnung der Union sein.[8] Eine Klärung dieser Fragen durch den EuGH steht allerdings bislang aus. In der bisherigen Rechtsprechung haben sich diese Fragen nicht gestellt, weil stets eine grundrechtskonkretisierende Richtlinie vorlag.

C. Verordnungskompetenz als Voraussetzung?

Die Horizontalwirkung der Charta mit ihrem Potential der unmittelbaren Anwendbarkeit führt de facto zu einer verordnungsgleichen Wirkung von Unionsrecht in Regelungsbereichen, für die die Union sekundärrechtlich lediglich eine Richtlinie erlassen hat.[9] Zum Teil wird ausgehend von dieser Überlegung das Argument vorgetragen, eine solche Horizontalwirkung könne kompetenziell jedenfalls nur dort in Betracht kommen, wo der Union auch eine Verordnungskompetenz zusteht.[10] Wo – wie etwa im Rahmen der Sozialpolitik – kompetenz-

---

Diskriminierung wegen der sexuellen Ausrichtung besitzt, stellte sich dort zwar letztlich kein Kompetenzproblem. Der Fall lässt sich aber auch dahin abwandeln, dass es nicht um die Homosexualität, sondern ein von Art. 19 AEUV nicht erfasstes Diskriminierungsmerkmal geht (bspw. eine Ungleichbehandlung wegen bestimmter genetischer Merkmale).

[7] Mit diesem zutreffenden Hinweis *Mörsdorf*, JZ 2019, 1066, 1073.

[8] *Hartmann*, EuZA 2019, 24, 37; *Mörsdorf*, JZ 2019, 1066, 1073. Dazu, warum die Bejahung einer Bindung Privater bei gleichzeitiger Ablehnung der umfassenden Sekundärrechtsakzessorietät mit dem Grundsatz der begrenzten Einzelermächtigung und dem Subsidiaritätsprinzip nicht vereinbar wäre, vgl. § 12 D. I. 2. a) bb) (2).

[9] Dieser Einwand der Aufhebung der Unterschiede von Richtlinie und Verordnung bei Bejahung der Horizontalwirkung ist vor allem auch aus der Diskussion um die „konventionelle" Richtlinienwirkung im Horizontalverhältnis bekannt, vgl. hierzu noch die Ausführungen in Kapitel 6.

[10] Besonders deutlich *Rudkowski*, NJW 2019, 476, 480: „Eine Kompetenz zur Regelung des Rechts auf bezahlten Jahresurlaub durch Verordnung ist in Art. 153 AEUV nicht vorgesehen. Wenn der EuGH nun letztlich das europäische Urlaubsrecht mit unmittelbarer Wirkung für Private vollharmonisiert, setzt er sich folglich in Widerspruch zu Art. 153 AEUV, aber auch zu Art. 51 II GRCh. Nach dieser Vorschrift begründet die Charta keine neuen Zuständigkeiten für die Union.". Zur Kritik an der Horizontalwirkung bei fehlender Verordnungskompetenz *Schubert*, EuZA 2020, 302, 318; EuArbRK/*dies.*, Art. 51 GRC Rn. 41;

bedingt nur Richtlinienrecht erlassen werden kann, dürfe hingegen nicht auf das unmittelbar anwendbare Primärrecht zurückgegriffen werden. Folgt man diesem Vorschlag, wäre das Arbeitsrecht – abseits des auf Art. 19 AEUV gestützten Diskriminierungsrechts und des Art. 114 AEUV[11] – kaum von der unionsgrundrechtlichen Horizontalwirkung betroffen.

Das Bestreben, im Arbeitsrecht Richtlinienwirkungen strikt von den kompetenziell weitestgehend unzulässigen Verordnungswirkungen zu unterscheiden, ist im Ausgangspunkt nachvollziehbar. Das Argument lässt sich insbesondere gegen eine ausufernde richtlinienkonforme Auslegung des nationalen Rechts oder auch gegen die Anerkennung einer Horizontalwirkung von Richtlinienbestimmungen in Stellung bringen.[12] Speziell im Rahmen der Horizontalwirkung der Charta kann es jedoch nicht fruchtbar gemacht werden. Die Unionsgrundrechte sind als Teil des Primärrechts, anders als die Richtlinie, nämlich nicht schon qua Rechtsnatur (Art. 288 AEUV) von der Entfaltung unmittelbarer Anwendbarkeit und des sich anschließenden Anwendungsvorrangs im Horizontalverhältnis ausgenommen. Es ist eben nicht so, dass statt einer Richtlinie plötzlich eine Verordnung wirken würde; dogmatisch entfaltet eine Norm im Rang des Primärrechts die postulierte Horizontalwirkung. Die unmittelbare Anwendbarkeit und der Anwendungsvorrang des Primärrechts sind allerdings schon lange allgemein anerkannt.

Auf das Bestehen einer Verordnungskompetenz kann es für die Wirkung von Chartagrundrechten insbesondere auch nicht mit Blick auf Sinn und Zweck des Kompetenzerweiterungsverbots ankommen[13]: Art. 51 Abs. 2 GRC soll primär vermeiden, dass in Form von Grundrechten der Charta Unionsrecht gilt, wo vor ihrem Inkrafttreten kein Unionsrecht gelten konnte. Es ging dem Grundrechtskonvent bei Schaffung der Norm um eine Abgrenzung der Grundrechtsregime nach Sachgebieten[14]: Das Verbot will die Anwendung der Charta *in sachlicher*

Freyler/Heinrich, FS Fuchs, 2020, S. 71, 78 f.; *Pickenhahn*, Unionsrechtliche Gestaltungsspielräume für die Arbeitszeit von Wissensarbeitern, 2021, S. 159. Wohl auch *Kainer*, NZA 2018, 894, 900, der im Rahmen seines Lösungsansatzes ebenfalls eine Verordnungskompetenz fordert. Ähnlich *Sagan*, EuZW 2020, 72, 73, der neben der Verbandskompetenz auch auf Art. 288 Abs. 3 AEUV verweist. In diese Richtung bereits *ders.*, ZESAR 2011, 412, 414. Mit ähnlicher Kritik außerdem bereits *Höpfner*, RdA 2013, 16, 21; *ders.*, ZfA 2010, 449, 470 f. Zu diesem Gesichtspunkt schließlich *Kokott*, FS I. Schmidt, 2021, S. 991, 997.

[11] Art. 19 und Art. 114 AEUV erlauben zumindest theoretisch auch den Erlass von Verordnungen, vgl. *Kainer*, NZA 2018, 894, 897.

[12] Statt vieler ErfK/*Schlachter*, Vorb. AEUV Rn. 25.

[13] So aber *Rudkowski*, NJW 2019, 476, 480.

[14] Für diese Sichtweise spricht die Formulierung der Erläuterung zum frühen ersten Textentwurf des späteren Art. 51 GRC durch den Grundrechtekonvent, vgl. v. 18.04.2000, Dok. Nr. CHARTE 4235/00, S. 2 (unter Eingabe der Dokumentennummer abrufbar unter https://www.consilium.europa.eu/en/documents-publications/public-register/public-register-search/; zuletzt abgerufen am 06.11.2022): „Mit anderen Worten, die Charta findet ausschließlich Anwendung auf die Sachgebiete im Zuständigkeits- und Aufgabenbereich der Union.".

Hinsicht in den Zügeln der Kompetenzordnung der Union halten, unabhängig von den sekundärrechtlichen Rechtsaktformen, die für die jeweilige Rechtsmaterie zugelassen sind. Es zielt gewissermaßen auf Verhinderung einer extensiven, nicht auf die Verhinderung einer intensiven Kompetenzerweiterung. Insoweit wird die Kompetenzordnung aber durch eine Horizontalwirkung nicht angetastet, wenn diese, wie ausgeführt, ohnehin sachlich nur dort in Betracht kommt, wo einschlägiges, kompetenzgerecht erlassenes Richtlinienrecht vorhanden ist. Bei der Horizontalwirkung der Charta handelt es somit nicht um eine unzulässige Kompetenzerweiterung im eigentlichen Sinne des Verbots.

Zweifellos ist die vorgetragene Kritik in der Sache nachvollziehbar, eben weil die Horizontalwirkung dazu führt, dass die Charta verordnungsgleich wirkt, wo nur Richtlinienrecht zugelassen ist. Sie ergeht aber auch hier an falscher Stelle: Bereits die Anwendbarkeit der Charta bei nicht ordnungsgemäßer Richtlinienumsetzung lässt sich mit guten Gründen kritisieren und ablehnen.[15] Erkennt man sie aber mit dem EuGH und der h.L. an, führt sie unweigerlich zu einer Idealkonkurrenz von Grundrecht und Richtlinie, bei der jede Rechtsquelle ihren eigenen Regeln folgt. Dann aber ist eine verordnungsgleiche Wirkung der primärrechtlichen Chartagrundrechte folgerichtig.

D. Zwischenergebnis

Auch die unionale Kompetenzordnung begrenzt also die Reichweite einer jeden Horizontalwirkung der GRC. Grundsätzlich entfaltet sie diese Begrenzungswirkung allerdings nur mittelbar: Da der Anwendungsbereich der Charta ohnehin sekundärrechtsakzessorisch ist, ist für jede Horizontalwirkung das Vorliegen einer Richtlinienbestimmung entscheidend. Damit diese formell wirksam ist und den in Frage stehenden Sachverhalt erfasst, muss eine insoweit einschlägige Unionskompetenz bestehen. Diese Voraussetzung war in allen vom EuGH entschiedenen Fällen gegeben, weil es sich beim einschlägigen Sekundärrecht jeweils um eine grundrechtskonkretisierende Richtlinien handelte. Eine eigenständige Grenzfunktion entfalten die Unionskompetenzen dagegen bei der Eröffnung des Anwendungsbereichs durch „sachfremde" Richtlinien. Hier kommt eine Horizontalwirkung nur in Betracht, wo die Union eine Verbandskompetenz besitzt. Nach vorzugswürdiger Ansicht kommt es aber für die Horizontalwirkung insgesamt nicht auf die Frage an, ob die Union für die jeweilige Materie eine Verordnungskompetenz besitzt.

[15] Zur Kritik an der Grundrechtsbindung des mitgliedstaatlichen Umsetzungsrechts § 4 C. II. 2. b); § 11 B. I. 1.

§ 15

Inhaltliche Grenze: Erfordernis der unmittelbaren Anwendbarkeit

Entscheidend für die Reichweite der Horizontalwirkung der GRC in inhaltlicher Hinsicht ist die Frage, ob einem Grundrecht eine hinreichend konkrete Normaussage zu entnehmen und es deshalb insoweit unmittelbar anwendbar ist.[1] Ist das der Fall, kann dieses nach dem Gesagten sowohl negative als auch positive Horizontalwirkung entfalten. Dabei ist auf das primärrechtliche Grundrecht abzustellen, nicht auf die Richtlinie, die dieses Horizontalwirkungspotential aufgrund ihrer Rechtsnatur von vornherein nicht besitzt. Das Erfordernis der inhaltlichen Konkretheit der in Rede stehenden Normaussage bildet neben dem begrenzten Anwendungsbereich der GRC die bedeutendste Grenze einer – positiven wie negativen – Horizontalwirkung.

A. Ermittlung des horizontalwirkungsfähigen Gewährleistungsgehalts

Die vorliegende Arbeit kann es nicht leisten, jedes arbeitsrechtlich relevante Unionsgrundrecht auf seine potentiell unmittelbar anwendbaren und damit horizontalwirkenden Detailvorgaben zu untersuchen. Deren Ermittlung ist letztlich auf die Entwicklung eines konsistenten case law durch den EuGH angewiesen.[2] Ziel dieser Untersuchung ist es vielmehr, hierfür einen Leitfaden zu erarbeiten und diesen anhand von Beispielen nachvollziehbar zu machen. Dafür wird es nötig sein, die Methode der erforderlichen Inhaltsbestimmung zu entwickeln. Ausgangspunkt sind dabei die Voraussetzungen, die der EuGH generell für die unmittelbare Anwendbarkeit einer Norm fordert. Hierbei ist im Rahmen der GRC die *hinreichende Bestimmtheit* problematisch.[3] Mit einer pauschalen Beja-

---

[1] *Lenaerts*, Quad. Cost. 31 (2020), 633, 635 f.; *Walkila*, Horizontal effect of fundamental rights in EU law, 2015, S. 183. Zur zentralen Bedeutung der Kriterien der unmittelbaren Anwendbarkeit für die Horizontalwirkung auch Grabenwarter, EnzEuR/*von Danwitz*, § 27 Rn. 63 f.; *Unseld*, Bedeutung der Horizontalwirkung, 2018, S. 232.

[2] *Kokott*, FS I. Schmidt, 2021, S. 991, 1000.

[3] So etwa auch *Greif*, Die Unanwendbarkeit richtlinienwidriger deutscher Arbeitsgesetze, 2016, S. 203 ff.; *von Diest*, Diskriminierungsschutz, 2016, S. 168 ff. Dabei kommt dem Kriterium der *inhaltlichen Unbedingtheit* im Untersuchungskontext keine eigenständige Bedeu-

hung oder Verneinung der unmittelbaren Anwendbarkeit des einen oder anderen Grundrechts ist es dabei aber nicht getan. Bei der Bestimmung sollten die Unionsgrundrechtsdogmatik auf der einen und die Grundsätze der innerstaatlichen Wirkung auf der anderen Seite vielmehr aufeinander abgestimmt werden.[4]

I. Reflexion der bisherigen Erkenntnisse aus der Rechtsprechung des EuGH

Aus der untersuchten Rechtsprechung des EuGH ist bekannt: Im Diskriminierungsrecht hatte der EuGH keine größeren Probleme, die hinreichenden Bestimmtheit der Diskriminierungsverbote, heute also die des Art. 21 Abs. 1 GRC, zu bejahen. Das belegen die Entscheidungen von *Mangold* bis *Egenberger* und *IR*. Die Rechtssache *AMS* hat wiederum gezeigt, dass der Mechanismus auch Grenzen kennt. So konnte Art. 27 GRC einer bestimmten nationalen Schwellenwertberechnungsmethode nicht entgegengehalten werden. Dabei hält sich der EuGH allerdings bezüglich der exakten dogmatischen Begründung dieses Ergebnisses bedeckt. Klar ist nur, dass er der Bestimmung insoweit ihre unmittelbare Anwendbarkeit abspricht und sich dabei auch auf ihren Wortlaut und den dort statuierten Konkretisierungsvorbehalt stützt. Die jüngeren Rechtssachen haben wiederum gezeigt, dass das Grundrecht des Art. 31 Abs. 2 GRC das Potential haben soll, auch vergleichsweise konkrete, positive Rechtsfolgen im Horizontalverhältnis zu zeitigen. Dabei bleibt aber das normhierarchische Verhältnis zwischen Richtlinie und Grundrecht, das der EuGH seinen Entscheidungen zugrunde legt, unklar. Die Unterschiede in der Rechtsprechung können jedoch zumindest als Basis einer weiteren Kategorisierung dienen.

---

tung zu, weil Grundrechtsbestimmungen naturgemäß unbedingt sind. Das gilt insbesondere, wenn man wie hier vorgeschlagen von einem weitgehenden Horizontalwirkungspotential dem Grunde nach ausgeht. A.A. *Greif*, Die Unanwendbarkeit richtlinienwidriger deutscher Arbeitsgesetze, 2016, S. 192 ff., der im Wege eines Umkehrschlusses aus der Umsetzungsbedürftigkeit der Chartagrundsätze auf die inhaltliche Unbedingtheit der Grundrechte schließt und damit letztlich zum selben Ergebnis wie hier kommt.

[4] *Starke*, EU-Grundrechte und Vertragsrecht, 2016, S. 239. Ähnlich das Anliegen bei *Frantziou*, The Horizontal Effect of Fundamental Rights in the European Union, 2019, S. 141 ff. Hierzu passt ein Zitat des ehemaligen Richters am Europäischen Gerichtshof Sir David Edward zum Umgang mit der Figur der unmittelbaren Anwendbarkeit in Rechtsprechung und Lehre, vgl. *Edward*, in: Prinssen/Schrauwen (Hrsg.), Direct Effect – Rethinking a Classic of EC Legal Doctrine, 2002, 3: „I must say that I sometimes wonder whether I am on the same planet as some of the commentators. […] My diagnosis is that direct effect is not a disease but that it is liable to become *a virus infecting the correct analysis of what are in reality separate though related problems*." (Hervorhebung d. Verf.).

II. Gebotene Differenzierung nach Art der Horizontalwirkung

In einem ersten Schritt sollte bei der Ermittlung der unmittelbaren Anwendbarkeit danach differenziert werden, ob ein Grundrecht zur negativen oder zur positiven Horizontalwirkung herangezogen wird. Diese Unterscheidung wird in der Rechtsprechung des EuGH nicht klar getroffen, allenfalls ist sie ihr implizit zu entnehmen. Es handelt sich jedoch um eine ganz entscheidende Vorfrage, da sich der erforderliche Bestimmtheitsgrad, der für die unmittelbare Anwendbarkeit erforderlich ist, nach der jeweiligen Anwendungssituation unterscheidet.[5]

1. Typische negative Horizontalwirkung: Niedrigere Anforderungen

Für eine negative Horizontalwirkung ist die maßgebliche Bestimmtheitsschwelle grundsätzlich niedriger als für die positive.[6] Negativ kann ein Rechtssatz nämlich bereits dann angewendet werden, wenn sich aus ihm klar ergibt, welche Rechtsfolgen an welche Tatbestandsvoraussetzungen jedenfalls nicht geknüpft werden dürfen.[7]

a) Inhaltlicher Maßstab: Abwehrfunktion des Grundrechts

Inhaltlicher Maßstab ist in den klassischen Fällen der negativen Horizontalwirkung ein Unionsgrundrecht in seiner abwehrrechtlichen Funktion: In der Rechtssache *Mangold* hatte der Mitgliedstaat eine diskriminierende Befristungsregelung vorgesehen, in der Rechtssache *Kücükdeveci* lag in der mitgliedstaatlichen Kündigungsregelung eine hoheitliche Diskriminierung, und auch in der Rechtssache *Dansk Industri* ging es um eine hoheitliche Ungleichbehandlung, die sich aus der gesetzlichen Abfindungsregelung ergab. Denkbar wäre daneben auch, dass eine Norm des mitgliedstaatlichen Privatrechts in ein Freiheitsgrundrecht der Charta eingreift. Die richtlinienwidrige Regelung greift in diesen Fallgestaltungen in den weitreichenden Prima-facie-Gewährleistungsgehalt eines Grundrechts ein, es handelt sich um eine klassische Abwehrkonstellation. Wie dargestellt lässt sich allen Grundrechten zumindest entnehmen, welches Verhalten *prima facie* verboten ist.[8] Jedenfalls in dieser Abwehrfunktion entfalten die Unionsgrundrechte umfassend unmittelbare Anwendbarkeit.[9] Für die genaue Reichweite der negativen Horizontalwirkung ist deshalb letztlich allein die Er-

---

[5] Hierzu grundlegend *Herrmann*, Richtlinienumsetzung durch die Rechtsprechung, 2003, S. 53; *Kruis*, Der Anwendungsvorrang des EU-Rechts in Theorie und Praxis, 2013, S. 120; *Rogalla*, Der Schutz von Ehe und Familie in der Europäischen Grundrechtecharta, 2017, S. 243; *Prechal*, CMLR 37 (2000), 1047, 1062; *Dougan*, CMLR 44 (2007), 931, 941 f.; *Jarass/Beljin*, EuR 2004, 714, 724 f.

[6] Zum Grenzfall einer negativen Horizontalwirkung bei Schutzpflichtverletzungen siehe sogleich unter 3.

[7] *Herrmann*, Richtlinienumsetzung durch die Rechtsprechung, 2003, S. 52.

[8] Vgl. § 1 B. III. 1.

[9] Stern/Sachs-GRC/*Ladenburger/Vondung*, Art. 51 Rn. 13.

mittlung des Gewährleistungsgehalts der jeweiligen Grundrechtsbestimmung entscheidend.[10]

b) Rechtfertigungsprüfung und Primat legislativer Abwägungsentscheidung

Im Rahmen der sich anschließenden Rechtfertigungsprüfung nach Art. 52 Abs. 1 GRC besteht dann beim typischen Vorliegen einer grundrechtskonkretisierenden Richtlinienbestimmung die Besonderheit, dass es sich nicht um eine klassische Rechtfertigungsprüfung handelt, in der der Richter in eine autonome Abwägungsentscheidung einsteigen kann, um die Verhältnismäßigkeit zu beurteilen. Vielmehr zwingt ihn das dargestellte Primat legislativer Abwägungsentscheidungen, den bei Erlass der Richtlinienbestimmung vorgenommenen Ausgleich des Unionsgesetzgebers zu berücksichtigen. Dies betrifft aber nur die Rechtfertigungsebene, nicht die vorgelagerte Ebene der Ermittlung des Gewährleistungsgehalts. Fehlt hingegen eine einschlägige grundrechtskonkretisierende Richtlinie, ist eine konventionelle Grundrechtsprüfung am Maßstab des Art. 52 Abs. 1 GRC vorzunehmen.

2. Positive Horizontalwirkung: Höhere Anforderungen

Bei der positiven Horizontalwirkung stellt sich das Zusammenspiel von Grundrechtsdogmatik und innerstaatlicher Wirkung anders dar. Zwar wurde im Verlauf der Untersuchung die Möglichkeit einer grundrechtlichen Verpflichtung Privater explizit bejaht. Damit ist aber nach hier vertretener Auffassung noch nichts über die inhaltliche Reichweite der Grundrechte in dieser Hinsicht gesagt. Die Wahl der Konstruktionsform der Horizontalwirkung präjudiziert gerade nicht die Ergebnisse, die sich aus ihr ergeben.[11] Für die maßgeblichen inhaltlichen Kriterien ist an die dargestellten Grundsätze zur innerstaatlichen Wirkung zu erinnern: Die Anforderungen an die Bestimmtheit und Unbedingtheit fallen niedriger aus, wenn es um die bloße Verdrängung geht, denn diese Rechtsfolge ist auf weniger Normmaterial[12] angewiesen als die Ersetzung durch eine eigenständige europarechtliche Regelung.[13] Für eine positive Anwendung ist hingegen Klarheit darüber erforderlich, welche konkreten Rechtsfolgen an welche Tatbe-

---

[10] Treffend *Schubert*, EuZA 2020, 302, 308: „Je weiter der Schutzbereich des Grundrechts reicht, umso mehr Wirkung entfaltet das Grundrecht als negative Verbotsnorm für das nationale Recht.“.

[11] *Alexy*, Theorie der Grundrechte, 1985, S. 491. Ähnlich etwa *Kumm*, German Law Journal 7 (2006), 341, 358.

[12] Begriff nach *Jarass/Beljin*, EuR 2004, 714, 725.

[13] *Herrmann*, Richtlinienumsetzung durch die Rechtsprechung, 2003, S. 53; *Kruis*, Der Anwendungsvorrang des EU-Rechts in Theorie und Praxis, 2013, S. 120; *Rogalla*, Der Schutz von Ehe und Familie in der Europäischen Grundrechtecharta, 2017, S. 243; *Prechal*, CMLR 37 (2000), 1047, 1062; *Dougan*, CMLR 44 (2007), 931, 941 f.; *Jarass/Beljin*, EuR 2004, 714, 724 f.

standsmerkmale geknüpft sind.[14] Die inhaltlichen Anforderungen an die jeweilige Norm sind demnach höher.

a) Übertragung der Idee eines „Untermaßverbots"

Diese Überlegung ist mit der allgemeinen Grundrechtsdogmatik in Einklang zu bringen: Bei der positiven Horizontalwirkung geht es nach dem in dieser Arbeit zugrunde gelegten Begriffsverständnis um eine Ersetzung nationalen Privatrechts durch grundrechtliche Inhalte, wo eine negative Horizontalwirkung und die unionsrechtskonforme Auslegung und Rechtsfortbildung nicht genügen, um die Grundrechtsverletzung zu beseitigen.

Sie stellt sich damit letztlich als Verlängerung der grundrechtlichen Schutzpflicht in das Horizontalverhältnis dar: Diese verpflichtet zunächst den Gesetzgeber zum Erlass schützender Privatrechtsnormen und den Richter zur entsprechenden Anwendung, Auslegung und methodengerechten Rechtsfortbildung des nationalen Privatrechts. Wo dies jedoch nicht ausreicht, ist ausnahmsweise ein unmittelbarer Rückgriff auf das Grundrecht erforderlich.[15] Daraus ergibt sich aber gleichzeitig einschränkend, dass die grundrechtlichen Inhalte, die den Privaten in diesem Falle unmittelbar verpflichten, keinesfalls weitergehen als die unerfüllte staatsgerichtete Schutzpflicht selbst. Auch eine positive Horizontalwirkung beschränkt sich demnach auf diesen „schutzrechtlichen Nukleus"[16], den es für jede Gewährleistung einzeln zu ermitteln gilt.[17]

Dabei erscheint der Rückgriff auf den allgemeinen Gedanken des sog. Untermaßverbots des deutschen Rechts angebracht, der im Zusammenhang mit der

---

[14] *Herrmann*, Richtlinienumsetzung durch die Rechtsprechung, 2003, S. 52.

[15] Vgl. zu diesem Gedanken eingehend *Pöschl*, VVDStRL 74 (2015), 406, 415 f. mit Fn. 42 m.w.N.: „Insoweit ist die unmittelbare Drittwirkung also nicht vom Feld, sondern nur auf die Ersatzbank verwiesen; sie kommt ins Spiel, wenn der Schutzgesetzgeber ausfällt." Ähnlich auch *Böckenförde*, Der Staat 29 (1990), 1, 11: „Soweit die Entfaltung dieser Gehalte über Generalklauseln oder sonstige gesetzliche Regelungen des betreffenden Rechtsgebiets möglich erscheint, kann sie sich auf dem Weg der Auslegung und Anwendung dieser Vorschrift, d.h. dem Weg mittelbarer Drittwirkung, vollziehen. Fehlt es an solchen Anknüpfungspunkten, hört die Grundrechtseinwirkung nicht auf, sondern verschafft sich unmittelbar Geltung. Das Grundrecht selbst wird zum Anknüpfungspunkt für Handlungs- und Unterlassungspflichten Dritter bzw. für eigene Rechte in der Privatrechts- oder Teilrechtsordnung: Wertschutzlückenschließung kraft Vorrang der Verfassung oder eben – unmittelbare materiellrechtliche Drittwirkung.". Eine ähnliche Sichtweise wird etwa für das spanische Verfassungsrecht vertreten von *Bilbao Ubillos*, in: Neuner (Hrsg.), Grundrechte und Privatrecht aus rechtsvergleichender Sicht, 2007, S. 119 ff. Ähnlich zum portugiesischen Verfassungsrecht schließlich *Pinto*, in: Neuner (Hrsg.), Grundrechte und Privatrecht aus rechtsvergleichender Sicht, 2007, S. 105, 112 f.

[16] Begriff nach *Suerbaum*, EuR 2003, 390, 411, der eine „auf den schutzrechtlichen Nukleus beschränkte […] Horizontalwirkung von Richtlinien" erwägt. Diese Überlegung wird allerdings mit den allgemeinen Erwägungen gegen eine Horizontalwirkung von Richtlinien verworfen.

[17] So auch *Kokott*, FS I. Schmidt, 2021, S. 991, 999.

Wirkung der Grundrechte im Privatrecht maßgeblich von *Canaris* geprägt wurde.[18] Danach verbieten die Grundrechte es in ihrer Schutzfunktion lediglich, ein gewisses Minimum an Schutz zu unterschreiten.[19] Denn geht es nicht um staatliches Eingriffshandeln, sondern um staatliches Unterlassen, ist schon die Argumentationsschwelle höher, überhaupt eine Rechtspflicht zum Handeln zu begründen[20]: Hoheitliches Unterlassen ist anders als Eingriffshandeln nicht grundsätzlich rechtfertigungspflichtig. Und selbst wenn eine solche Handlungspflicht einmal bestehen sollte, besteht für deren Erfüllung grundsätzlich ein großer Gestaltungsspielraum des einfachen Rechts, der sich nur ausnahmsweise auf ein zwingendes Minimum verdichtet.[21] Hieraus mag sich zwar eine gewisse Asymmetrie in der Schutzintensität ergeben; diese ist aber hinzunehmen, weil sich hierin ein prinzipieller Vorrang gesellschaftlicher Selbstregulierung vor staatlicher Intervention widerspiegelt.[22]

Die Lehre von den grundrechtlichen Schutzpflichten erreicht durch Etablierung dieses eingeschränkten grundrechtlichen Prüfungsmaßstabs jedenfalls den positiven Effekt, dass nicht das gesamte Privatrecht grundrechtlich vorgezeichnet ist. Zwischen abwehrrechtlichem Übermaßverbot und dem schutzrechtlichen Untermaßverbot spannt sich vielmehr ein Abwägungskorridor auf[23], den der Privatrechtsgesetzgeber und Zivilrichter bis zu den äußeren Grenzen ausschöpfen können. So wird trotz Vorrangs der höherrangigen Grundrechte eine Eigenständigkeit des Privatrechts sichergestellt.[24] Eine solche Zurückhaltung bei der Bestimmung des grundrechtlich zwingend Gebotenen trotz gleichzeitiger Bejahung der Grundrechtsbindung Privater entspricht letztlich auch der Forderung nach einem *judicial self-restraint*[25], der als Konzept auch dem deutschen BVerfG

---

[18] *Canaris*, AcP 184 (1984), 201, 225 ff.; *ders.*, Grundrechte und Privatrecht, 1999, S. 43 ff. Fortentwickelt insbesondere von *Ruffert*, Vorrang der Verfassung und Eigenständigkeit des Privatrechts, 2001, S. 215 ff. Gegen eine Übertragung auf die Unionsgrundrechte unter Verweis auf den fehlenden Niederschlag in der Rechtsprechung des EuGH indes *Starke*, EU-Grundrechte und Vertragsrecht, 2016, S. 219 ff.

[19] *Canaris*, Grundrechte und Privatrecht, 1999, S. 39; *Ruffert*, Vorrang der Verfassung und Eigenständigkeit des Privatrechts, 2001, S. 223; *Röthel*, Normkonkretisierung im Privatrecht, 2004, S. 117 f.

[20] *Canaris*, Grundrechte und Privatrecht, 1999, S. 43.

[21] *Canaris*, Grundrechte und Privatrecht, 1999, S. 83 ff.; *Ruffert*, Vorrang der Verfassung und Eigenständigkeit des Privatrechts, 2001, S. 223; *Röthel*, Normkonkretisierung im Privatrecht, 2004, S. 117 f.

[22] *Canaris*, Grundrechte und Privatrecht, 1999, S. 47; *Ruffert*, Vorrang der Verfassung und Eigenständigkeit des Privatrechts, 2001, S. 219.

[23] *Ruffert*, Vorrang der Verfassung und Eigenständigkeit des Privatrechts, 2001, S. 217; *Jarass*, AöR 110 (1985), 363, 383 f. Für die Unionsgrundrechte *Perner*, in: Heiderhoff/Lohsse/Schulze (Hrsg.), EU-Grundrechte und Privatrecht, 2016, S. 133, 144. Ähnlich *Fornasier*, in: Latzel/Picker (Hrsg.), Neue Arbeitswelt, 2014, S. 25, 52.

[24] Passend deshalb der Titel *Ruffert*, Vorrang der Verfassung und Eigenständigkeit des Privatrechts, 2001.

[25] *Stürner*, in: Collins (Hrsg.), European Contract Law and the Charter of Fundamental Rights, 2017, S. 33, 47.

nicht fremd ist. Dieser ursprünglich aus dem US-amerikanischen Recht stammende Grundsatz besagt, dass sich

> „die Gerichte im Sinne richterlicher Selbstbeschränkung bei ihren Entscheidungen zurückhalten und damit dem demokratisch legitimierten Gesetzgeber letztlich in wichtigen politischen Fragestellungen ein Ermessen einräumen […].“.[26]

Aus diesem Gedanken lässt sich zum einen die Einräumung einer gewissen Einschätzungsprärogative bei der Verhältnismäßigkeitsprüfung aktiven staatlichen Handelns ableiten[27]; zum anderen findet aber auch die Reduktion der Schutzpflicht auf ein zwingend gebotenes Minimum in ihm eine weitere argumentative Stütze.

Überträgt man diesen Prüfungsmaßstab auf eine Grundrechtsbindung Privater, bleibt dieses Maß an „Eigenständigkeit des Privatrechts“ in gleicher Weise erhalten, denn nochmals sei daran erinnert: Die Wahl der Konstruktionsform der Horizontalwirkung präjudiziert nicht die Ergebnisse, die sich aus ihr ergeben.[28] Damit sind zum einen die mitgliedstaatlichen Schutzpflichten und zum anderen auch etwaige unmittelbare Pflichten der privaten Arbeitgeber, die als solche nur als *ultima ratio* zum Tragen kommen, auf einen solchen schutzrechtlichen Kernbereich zu beschränken. Nur dieser ist horizontalwirkungsfähig.[29] Hierdurch wird klar, dass nicht jeder Richtlinienverstoß zugleich einen Grundrechtsverstoß darstellen muss: Das Richtlinienrecht ist nicht vollumfänglich unionsgrundrechtlich vorprogrammiert.[30]

---

[26] BVerfG v. 31.07.1973 – 2 BvF 1/73, BVerfGE 36, 1, 14 = NJW 1973, 1539, 1540. Vgl. hierzu *Möllers*, Juristische Methodenlehre, 4. Auflage, 2021, § 13 Rn. 92 ff.

[27] Dieser wird allerdings im Unionsrecht regelmäßig durch die konkretisierende Richtlinienvorgabe erheblich eingeengt.

[28] *Alexy*, Theorie der Grundrechte, 1985, S. 491. Ähnlich etwa *Kumm*, German Law Journal 7 (2006), 341, 358.

[29] Ähnlich *Greif*, Die Unanwendbarkeit richtlinienwidriger deutscher Arbeitsgesetze, 2016, S. 229 f. Vorsichtig in diese Richtung EuArbRK/*Schubert*, Art. 51 GRC Rn. 38 („Eine (positive) unmittelbare Drittwirkung eines Grundrechts zwischen Privaten kann sich höchstens auf den konkreten Gehalt der Norm stützen[…].“).

[30] *Suerbaum*, EuR 2003, 390, 410 f.; *Ruffert*, FS Robbers, 2020, S. 923, 935; *Kokott*, FS I. Schmidt, 2021, S. 991, 999; *Bayreuther*, RdA 2022, 290, 291; EuArbRK/*Schubert*, Art. 6 EUV Rn. 40. Vgl. in diesem Sinne auch EuGH v. 15.10.2009 – Rs. C-101/08 (*Audiolux*), EuZW 2009, 894, Rn. 63: „Die allgemeinen Grundsätze des Gemeinschaftsrechts haben nämlich Verfassungsrang, während der von Audiolux geltend gemachte Grundsatz durch eine Detailliertheit gekennzeichnet ist, *die eine gesetzgeberische Ausarbeitung erforderlich* macht, die auf Gemeinschaftsebene durch einen Rechtsakt des abgeleiteten Gemeinschaftsrechts erfolgt. Der von Audiolux befürwortete Grundsatz kann daher nicht als ein selbstständiger allgemeiner Grundsatz des Gemeinschaftsrechts angesehen werden.“ (Hervorhebung durch Verf.).

b) Keine Passfähigkeit des Primats legislativer Abwägungsentscheidungen

Im Angesicht dieser Überlegungen fällt denn auch auf, dass das skizzierte *Primat legislativer Abwägungsentscheidungen* nicht richtig auf den Fall des mitgliedstaatlichen Unterlassens passen will. Gebieten die Grundrechte in ihrer Schutzdimension lediglich ein Minimum, kann dessen Unterschreiten nicht gerechtfertigt werden. Denn staatliches Unterlassen ist anders als der Eingriff nicht per se rechtfertigungspflichtig; die Rechtfertigungspflicht ergibt sich erst aus der Schutzpflicht und reicht dabei auch nur so weit wie diese. Die grundrechtliche Schutzpflicht als solche muss sich aber aus dem Grundrecht selbst ergeben, auf die Richtlinie kann wegen ihrer normhierarchischen Unterlegenheit nicht zurückgegriffen werden. Wenn nach dem hier unterbreiteten Vorschlag die Richtlinie ihre Konkretisierungsfunktion lediglich auf Rechtfertigungsebene entfalten soll, kann sie hier also inhaltlich nichts beitragen.[31]

Dies sei am Beispiel des Art. 31 Abs. 2 GRC – ungeachtet aller inhaltlichen Einzelfragen – verdeutlicht: Art. 7 Abs. 1 der RL 2008/33/EG fordert einen Mindesturlaub von vier Wochen. Dem Wortlaut des Art. 31 Abs. 2 GRC ist eine konkrete Mindesthöhe zwar nicht zu entnehmen, die Norm dürfte aber zumindest ein gewisses Minimum garantieren.[32] Grundrechtlich geschützt ist damit indes nur dieses Minimum. Die Richtlinie schafft einen Ausgleich zwischen der aus Art. 31 Abs. 2 GRC erwachsenden Schutzpflicht und der unternehmerischen Entscheidungsfreiheit gem. Art. 16 GRC, in die sie eingreift; ein Mindesturlaub von drei Wochen wäre aber auch noch ein zulässiges Ergebnis innerhalb des Korridors, der sich zwischen diesen beiden Grundrechten aufspannt. Der Unionsgesetzgeber hätte also durchaus auch eine niedrigere Urlaubshöhe vorsehen können.[33] Was der Unionsgesetzgeber aus Sicht der Charta hätte regeln dürfen, steht aber in gleicher Weise auch dem nationalen Privatrechtsgesetzgeber zu.[34] Eine den sekundärrechtlichen Mindesturlaub von vier Wochen *unterschreitende* Norm nationalen Rechts wäre also richtlinienwidrig, nicht aber grundrechtswidrig – selbst wenn man Art. 31 Abs. 2 GRC zuspricht, dass er zumindest irgendein Minimum an Urlaubshöhe garantiert.

Bei einer den sekundärrechtlichen Mindesturlaubsanspruch *überschreitenden* nationalen Regelung ist der Fall freilich gänzlich anders: Weil es sich dann um eine intensiv-überschießende Umsetzung einer mindestharmonisierenden Richtlinie handelt, wäre die Charta insoweit nicht mehr anwendbar.

---

[31] Vgl. hierzu noch unten unter III. 2. b).

[32] Siehe hierzu noch unten unter III. 3 b) bb).

[33] *Perner*, in: Heiderhoff/Lohsse/Schulze (Hrsg.), EU-Grundrechte und Privatrecht, 2016, S. 133, 144. Ähnlich bereits *Fornasier*, in: Latzel/Picker (Hrsg.), Neue Arbeitswelt, 2014, S. 25, 52. Gegen eine Deckungsgleichheit der sekundärrechtlich garantierten vier Wochen und der von Art. 31 Abs. 2 GRC geschützten Urlaubsdauer auch *Kokott*, FS I. Schmidt, 2021, S. 991, 1000.

[34] Vgl. hierzu bereits *Krois*, DB 2010, 1704, 1706; *Greif*, Die Unanwendbarkeit richtlinienwidriger deutscher Arbeitsgesetze, 2016, S. 217; EuArbRK/*Schubert*, Art. 31 GRC Rn. 32.

3. Grenzfall der negativen Horizontalwirkung bei Schutzpflichtwidrigkeit

Einen wichtigen Grenzfall stellt die Konstellation dar, in der sich eine negative Horizontalwirkung aus einer Kollision des nationalen Privatrechts mit einer Schutzpflicht ergibt. Exemplarisch zu nennen ist hierfür die Rechtssache *Egenberger.* Hier liegt eigentlich ein Fall mitgliedstaatlichen Unterlassens vor, sodass insoweit die Schutzfunktion des Unionsgrundrechts angesprochen ist. Weil dieses Schutzdefizit sich aber aus einer punktuellen Privilegierung kirchlicher Arbeitgeber ergab, konnte bereits eine negative Horizontalwirkung bezogen auf § 9 Abs. 1 AGG den grundrechtswidrigen Zustand beseitigen.

Ähnlich lag der Fall aber auch in der *AMS*-Entscheidung: Hier ging es darum, dass das französische Recht richtlinienwidrig bei der Schwellenwertberechnung einzelne Arbeitnehmergruppen außer Betracht ließ. Hieraus ergab sich zumindest prima facie ein Zuwenig bezogen auf eine vermeintliche Schutzpflicht aus Art. 27 GRC, eine Unterrichtung und Anhörung der Arbeitnehmer im Unternehmen zu garantieren. Bei Nichtanwendung der entsprechenden Ausschlussnormen wären die streitigen Schwellenwerte überschritten gewesen. Gleich gelagert sind schließlich Konstellationen, in denen nationale Bestimmungen durch Ausnahmeregelungen das Bestehen eines Urlaubsanspruches hindern.[35]

In all diesen Fällen verstößt die nationale Rechtslage gegen eine auf positives Tätigwerden gerichtete unionsgrundrechtliche Schutzpflicht.[36] Dieser Verstoß ist zwar grundsätzlich nur durch Erweiterung des Rechtskreises des Grundrechtsinhabers zu bereinigen. In der Regel bedarf es hier also der positiven Horizontalwirkung und damit einer Grundrechtsbindung Privater. Im besonderen Fall einer Ausnahmeregelung im beschriebenen Sinne ist dies jedoch bereits durch deren Nichtanwendung im Wege der negativen Horizontalwirkung möglich. Die hierzu erforderlich Kollision, die durch den Anwendungsvorrang aufzulösen ist, ergibt sich aus der Überlegung, dass jede positive Festschreibung einer Rechtsfolge zugleich alle anderen negativ ausschließt.[37] In einer unionsgrundrechtlichen Schutzpflicht steckt also zugleich das Verbot einer sie vereitelnden nationalen Regelung. Um aber ein solches Verbot annehmen zu können, muss auch hier die Argumentationsschwelle überschritten werden, die ganz generell für die Annahme einer grundrechtlichen Schutzpflicht besteht. Es kann also auch hier nicht auf dieselbe Art und Weise wie bei staatlichem Eingriffshandeln von einem dem Anschein nach umfassenden Gewährleistungsgehalt eines Grundrechts auf die negative Horizontalwirkung geschlossen werden. Im Rahmen einer derartigen

---

[35] EuArbRK/*Schubert*, Art. 31 GRC Rn. 37.

[36] Wie hier *Mörsdorf*, JZ 2019, 1066, 1072. A.A. *Greif*, Die Unanwendbarkeit richtlinienwidriger deutscher Arbeitsgesetze, 2016, S. 182, nach dem die leistungsrechtliche Dimension der Grundrechte im Falle der Nichtanwendung innerstaatlicher Arbeitsgesetze nie angesprochen sei.

[37] So zum Richtlinienrecht *Herrmann*, Richtlinienumsetzung durch die Rechtsprechung, 2003, S. 53.

negativen Horizontalwirkung ist – wie im Rahmen der positiven Horizontalwirkung – erforderlich, dass der schutzrechtliche Kernbereich des Grundrechts tangiert ist.

Jedenfalls im Diskriminierungsrecht lässt sich aber auch hier ein Rückgriff auf die Richtlinie im Sinne des Primats legislativer Abwägungsentscheidungen konstruieren, ohne dass es zu einer Rechtsquellenvermengung kommt.[38] Das zeigt sich an der *Egenberger*-Entscheidung: Das AGG wies in seiner ursprünglichen Auslegung ein Schutzdefizit bezogen auf Arbeitnehmer kirchlicher Arbeitgeber auf, womit eine Verletzung von Art. 21 Abs. 1 GRC durch die Privilegierungsvorschrift im Raum stand. Zwar kommt eine Rechtfertigung aufgrund der Garantie des kirchlichen Selbstbestimmungsrechts in Art. 17 AEUV grundsätzlich in Betracht; allerdings greift insoweit wiederum das Primat legislativer Abwägungsentscheidungen und koppelt diese Abwägungsentscheidung an die einschlägige Richtlinienvorgabe.[39] Mit der Richtlinienwidrigkeit ist damit in aller Regel das Urteil der fehlenden Rechtfertigung gefällt, die negative Horizontalwirkung kann greifen.

Allerdings ist hier nochmals in aller Deutlichkeit darauf hinzuweisen, dass die Richtlinie dabei den Gewährleistungsgehalt des Grundrechts selbst nicht inhaltlich ausgestaltet. Deshalb konnte die Tatsache, dass in der Rechtssache *AMS* ebenfalls eine konkretisierende Richtlinienvorgabe existierte, nichts daran ändern, dass sich der maßgebliche Inhalt nicht als Schutzpflicht dem konkretisierten Grundrecht selbst entnehmen ließ.[40]

4. Zwischenergebnis

Die Grundregeln zu den Voraussetzungen der unmittelbaren Anwendbarkeit unionaler Normen können mit der Grundrechtsdogmatik der Charta in einen stimmigen Einklang gebracht werden. Für die konkreten Anforderungen, die an eine Norm zu stellen sind, um Horizontalwirkung entfalten zu können, ist zwischen den verschiedenen Anwendungsfällen der negativen und positiven Horizontalwirkung zu unterscheiden. Hierin spiegelt sich der Unterschied zwischen Abwehr- und Schutzfunktion der Grundrechte wider. Geht es um das Vorgehen gegen ein aktives hoheitliches Tun, sind die Anforderungen an die Voraussetzun-

---

[38] *Schubert*, EuZA 2020, 302, 309 rechtfertigt dies mit der besonderen Struktur der Diskriminierungsverbote.

[39] EuGH v. 17.04.2018 – Rs. C-414/16 (*Egenberger*), NZA 2018, 569 Rn. 81: „Im Übrigen obliegt es dem nationalen Gericht, wenn es über die Beachtung der Art. 21 und 47 der Charta zu wachen hat, bei der etwaigen Abwägung mehrerer beteiligter Interessen – wie etwa der in Art. 17 AEUV verankerten Achtung des Status der Kirchen – *insbesondere den durch den Unionsgesetzgeber in der RL 2000/78 geschaffenen Ausgleich zwischen diesen Interessen zu berücksichtigen*, um zu klären, welche Verpflichtungen sich unter Umständen wie denen des Ausgangsverfahrens aus der Charta ergeben." (Hervorhebung durch Verf.).

[40] Zutreffend daher die Deutung bei *Greif*, Die Unanwendbarkeit richtlinienwidriger deutscher Arbeitsgesetze, 2016, S. 216.

gen der unmittelbaren Anwendbarkeit niedriger; geht es um die Überwindung staatlichen Unterlassens, sind sie höher. Im klassischen Fall der negativen Horizontalwirkung sind die Unionsgrundrechte grundsätzlich vollumfänglich unmittelbar anwendbar. Bei Eingriffen in ihren durchaus weitreichenden prima facie-Gewährleistungsgehalt besteht Rechtfertigungsbedarf gem. Art. 52 Abs. 1 GRC. Der nationale Richter ist dann im Rahmen der Rechtfertigungsprüfung an die parallel einschlägige, konkretisierende Richtlinie gebunden. Im Fall der positiven Horizontalwirkung hingegen kann von vornherein nur der „schutzrechtliche Nukleus" des Grundrechts unmittelbar anwendbar sein, der autonom aus dem Grundrecht heraus zu ermitteln ist. Die Richtlinie kann zu dessen Ermittlung grundsätzlich keinen Beitrag leisten. Eine Zwischenstellung nimmt schließlich der Fall der negativen Horizontalwirkung bei nationalen Bestimmungen ein, die eine Schutzpflicht aktiv vereiteln. Weil hier de facto ein Verstoß gegen ein Verbot aktuell wird, kann – entsprechend der Rechtssache *Egenberger* – bei der Rechtfertigungsprüfung bezogen auf die vereitelnde Norm auf die Richtlinie abgestellt werden. Die Richtlinie kann aber die Schutzpflicht und damit das in dieser Schutzpflicht enthaltene Verbot ihrer Vereitelung nicht schon konstitutiv begründen.

III. Gebotene Differenzierung nach Art und Inhalt des jeweiligen Grundrechts

In einem zweiten Schritt ist danach zu differenzieren, welches Grundrecht konkret in Rede steht. Die Grundrechte der Charta haben nämlich jeweils ein unterschiedliches Horizontalwirkungspotential. Auch der EuGH differenziert zumindest im Ausgangspunkt zwischen verschiedenen Grundrechten, wenn er etwa Art. 27 GRC in der Rechtssache *AMS* die Horizontalwirkung ab-, Art. 21 Abs. 1 GRC oder etwa Art. 31 Abs. 2 GRC hingegen das Potential der Horizontalwirkung zuspricht.

1. Vorfrage*: Expansive Horizontalwirkung durch subsidiäre Auffanggrundrechte?*

Bevor hierzu die verschiedenen arbeitsrechtsrelevanten Grundrechte näher ins Auge gefasst werden, sollte aber eine entscheidende Vorfrage geklärt werden. Sie könnte den Blick auf die *speziellen* Grundrechte der Charta letztlich entbehrlich machen. So ließe sich aus einem Unionsgrundrecht auf allgemeine Handlungsfreiheit als „Auffanggrundrecht" nämlich zumindest die theoretische Möglichkeit herleiten, zu einer umfassenden negativen Horizontalwirkung[41] *sämtlicher*

---

[41] Bei der allgemeinen Handlungsfreiheit geht es schließlich um die Abwehr staatlicher Eingriffe. Diese können im Erlass eines Privatrechtsgesetzes liegen, nicht aber in privatem Handeln.

Richtlinienvorgaben zu gelangen.[42] Dieser Aspekt wird in der Debatte nur selten beachtet.[43]

a) Elfes 2.0: Richtlinienwidrigkeit als Verstoß gegen allgemeine Handlungsfreiheit?

aa) Verstoß gegen allgemeine Handlungsfreiheit bei richtlinienwidriger Umsetzung

Bisher vereinzelt gebliebene Stimmen in der Literatur argumentieren sinngemäß wie folgt: Wenn jede Richtlinie zumindest subsidiär in die allgemeine Handlungsfreiheit eingreift, dann ist jedes richtlinienwidrige nationale Umsetzungsgesetz ein ungerechtfertigter Eingriff und damit eine Verletzung zumindest dieses subsidiären Unionsgrundrechts.

Das ist zunächst einleuchtend, denn geht man davon aus, dass eine negative Horizontalwirkung der GRC grundrechtsdogmatisch nur durch den Gewährleistungsgehalt der Grundrechte begrenzt wird, und nimmt man die Existenz eines sachlich umfassenden Grundrechts der allgemeinen Handlungsfreiheit auf Unionsebene an, dann ist letztlich jede nationale Umsetzungsbestimmung ein Eingriff in zumindest dieses Unionsgrundrecht. Die Rechtfertigungsprüfung würde sich dann nach der konkretisierenden Richtlinie richten; mit der Richtlinienwidrigkeit nationalen Rechts wäre zugleich die fehlende Rechtfertigung des Eingriffs in dieses „Auffanggrundrecht" präjudiziert.

Damit wäre in der Tat eine weitreichende Relativierung des Verbots der Horizontalwirkung von Richtlinien verbunden, denn eine negative Horizontalwirkung dieses Unionsgrundrechts ist dann für jede Richtlinienbestimmung möglich.[44] Wenn eine solche Deutung zuträfe, dann wäre die gesamte Rechtsprechung des EuGH zu den grundrechtskonkretisierenden Richtlinien mit ihrer Differenzierung nach verschiedenen speziellen Grundrechten hinfällig, weil subsidiär immer auf das Unionsgrundrecht der allgemeinen Handlungsfreiheit zurückgegriffen werden könnte. Auf die speziellen Grundrechte und ihren unterschiedlichen Bestimmtheitsgrad käme es nicht an.

---

[42] *Preis/Temming*, Band 1: Individualarbeitsrecht, 6. Auflage, 2020, Rn. 453; *dies.*, NZA 2010, 185, 190 sowie *Temming*, Altersdiskriminierung im Arbeitsleben, 2007, S. 392. Diesen Gedanken rezipierend auch GA *Trstenjak*, Schlussanträge v. 08.09.2011 – Rs. C-282/10 (*Dominguez*), BeckRS 2011, 81367, Rn. 127 Fn. 137. Den Gedanken zum Anlass umfassender Kritik nehmend *Höpfner*, ZfA 2010, 449, 470 f.; *ders.*, RdA 2013, 16, 21; *ders.*, JbArbR 57 (2020), 69, 84.

[43] Insbesondere fehlt eine Auseinandersetzung bei *Greif*, in: Uffmann/Dahm (Hrsg.), Vielfalt oder Chaos – Aktuelle Probleme und Entwicklungen im deutschen und europäischen Arbeitsrecht, 2013, S. 43 ff.; *ders.*, Die Unanwendbarkeit richtlinienwidriger deutscher Arbeitsgesetze, 2016, der die Linie des EuGH insgesamt für relativ unproblematisch hält.

[44] Eine positive Horizontalwirkung dürfte hingegen naturgemäß ausgeschlossen sein. An dieser Stelle geht es ja gerade um die Freiheit des einzelnen vor ungerechtfertigten Belastungen durch *hoheitliche Maßnahmen* in Gestalt nationaler Umsetzungsgesetze.

Hierzu ist zunächst anzumerken, dass der EuGH selbst jedenfalls bisher nicht von einer solchen Sichtweise ausgeht. Andernfalls hätte er ohne größeren Aufwand etwa in der Rechtssache *Smith*[45] oder in der Rechtssache *AMS* auf die negative Horizontalwirkung der allgemeinen Handlungsfreiheit erkennen können, um auch dort zur Unanwendbarkeit des unbestritten richtlinienwidrigen nationalen Rechts zu gelangen. Gleiches gilt für die jüngere Entscheidung in der Rechtssache *Thelen Technopark*[46] oder auch *NP*[47]. Die von den genannten Autoren erwartete Entwicklung hat sich also nicht bestätigt. Das könnte aber auch daran liegen, dass der EuGH seine eigene Rechtsprechung bisher schlicht noch nicht in diese Richtung weiterentwickelt hat. Die gesamte Genese der Horizontalwirkungsdoktrin erfolgte schließlich in aufeinanderfolgenden Schritten.[48] Es ist nicht davon auszugehen, dass die jüngsten Entscheidungen bereits den Schlusspunkt dieser schrittweisen Entwicklung darstellen.

Dann aber könnte sich womöglich doch die Frage stellen: Führt spätestens die Ausdehnung auf ein Grundrecht der allgemeinen Handlungsfreiheit letztlich doch zu einer Aushebelung der Horizontalwirkungsschranken von Richtlinien?

bb) Stellungnahme

(1) Kein vergleichbares Grundrecht auf Ebene der GRC

Um eine Antwort auf diese Frage finden zu können, ist zunächst die grundlegende Prämisse dieser These ins Auge zu fassen: die Existenz einer umfassenden allgemeinen Handlungsfreiheit als unionales „Auffanggrundrecht". Es ist offensichtlich[49], dass die genannte Argumentation letztlich den Geist der deutschen *Elfes*-Konstruktion des BVerfG[50] atmet. Diese prägt wesentlich das Grundrechtsverständnis hierzulande und besagt im Kern, dass jede belastende staatliche Handlung zumindest einen Eingriff in die allgemeine Handlungsfreiheit gem. Art. 2 Abs. 1 GG darstellt und deshalb rechtfertigungsbedürftig ist.

Dieses Verständnis ist dabei aber keineswegs alternativlos und deshalb auch nicht vorschnell auf die Charta zu übertragen. So hat *Kumm* in seiner umfassenden Studie zur Konstitutionalisierung der deutschen Rechtsordnung herausgestellt, dass für eine funktionierende Grundrechtsordnung im Grunde zwei gänzlich verschiedene Weichenstellungen denkbar sind[51]: Einerseits der Weg, den

---

[45] EuGH v. 07.08. 2018 – Rs. C-122/17 (*Smith*), BeckRS 2018, 17516, Rn. 48.

[46] EuGH v. 18.01.2022 – Rs. C-261/20 (*Thelen Technopark*), BeckRS 2022, 212, Rn. 32.

[47] EuGH v. 17.03.2022 – Rs. C-232/20 (*NP*), BeckRS 2022, 4573, Rn. 75 ff.

[48] GA *Szpunar,* Schlussanträge v. 15.07.2021 – Rs. C-261/20 (*Thelen Technopark*), BeckRS 2021, 19869, Rn. 70 („ratenweise").

[49] *Preis/Temming*, NZA 2010, 185, 190 verweisen sogar ausdrücklich auf die *Elfes*-Entscheidung des BVerfG.

[50] BVerfG v. 16.01.1957 – 1 BvR 253/56, BVerfGE 6, 32 = NJW 1957, 297.

[51] Vgl. hierzu *Kumm*, German Law Journal 7 (2006), 341, 346 ff.; Grabenwarter, EnzEuR/*Gärditz*, § 6 Rn. 43 ff.

Schutzbereich der Grundrechte insgesamt eng zu bestimmen, gleichzeitig aber die Möglichkeit von Einschränkungen ebenso restriktiv zu handhaben, wie ihn der *U.S. Supreme Court* gegangen sei. Und andererseits die Konstruktion über ein weites Verständnis von der Reichweite grundrechtlich geschützten Verhaltens bei gleichzeitiger Einräumung eines größeren Rechtfertigungsspielraums hinsichtlich der Vielzahl denkbarer Eingriffe. Diesen Weg ist das BVerfG mit seiner berühmten *Elfes*-Doktrin gegangen. Das GG schützt aus Sicht des BVerfG jede erdenkliche menschliche Verhaltensweise, sogar das berühmte „Reiten im Walde".[52] Damit ist staatliches Handeln stets rechtfertigungsbedürftig, bedarf also der formellen und materiellen Rechtfertigung. Fehlt eine solche, ist die entsprechende Handlung nicht nur rechts-, sondern auch *grundrechts*widrig. Übertragen auf den Untersuchungskontext hieße das also in der Tat: Jede Bestimmung nationalen Umsetzungsrechts, die von einer Vorgabe des Sekundärrechts abweicht, könnte subsidiär immer als Verstoß gegen die allgemeine Handlungsfreiheit begriffen werden. Mit ihr stünde stets ein horizontalwirkungsfähiges Unionsgrundrecht zur Verfügung.

Doch ist hier – wie sonst auch – eine pauschale Übertragung nationaler Vorverständnisse auf das Unionsrecht mit Vorsicht zu genießen. So ist nämlich nach wie vor umstritten, ob auf Unionsebene überhaupt ein Grundrecht der „allgemeinen Handlungsfreiheit" mit einer dem deutschen Recht vergleichbaren, grundrechtsdogmatischen Bedeutung existiert. Dem geschriebenen Katalog der Charta jedenfalls fehlt ein solches Grundrecht gänzlich, insbesondere schützt Art. 6 GRC richtigerweise nicht die allgemeine Handlungsfreiheit.[53] Allenfalls könnte man deshalb auf einen ungeschriebenen Grundsatz der allgemeinen Handlungsfreiheit abstellen.[54] Ob ein solcher zum gegenwärtigen Zeitpunkt wirklich existiert, ist allerdings unklar. Zwar erkennt der EuGH in ständiger Rechtsprechung an, dass hoheitliche Maßnahmen am Maßstab der Verhältnismäßigkeit zu messen sind, auch wenn sie nicht in ein spezielles Freiheitsrecht der Charta eingreifen.[55] Das spricht indes noch nicht für eine Konstruktion, die mit der allgemeinen Handlungsfreiheit nach deutschem Vorbild vergleichbar ist.[56] Es könnten genauso gut auch die Prinzipien der Verhältnismäßigkeit und des Gesetzesvorbehalts als solche sein, die der EuGH mit derartigen Aussagen anerkennt. Eine ausdrückliche Festlegung auf ein Grundrecht der allgemeinen Handlungsfreiheit steht bis heute aus.

---

[52] BVerfG v. 06.06.1989 – 1 BvR 921/85, BVerfGE 80, 137, 164 ff.

[53] Pechstein/Nowak/Häde/*Wolff*, Art. 6 GRC Rn. 16.

[54] *Preis/Temming*, NZA 2010, 185, 190; *Höpfner*, ZfA 2010, 449, 470 f.; GA *Trstenjak*, Schlussanträge v. 08.09.2011 – Rs. C-282/10 (*Dominguez*), BeckRS 2011, 81367, Rn. 127 Fn. 137.

[55] EuGH v. 21.05.1987 – Rs. 133–136/85 (*Rau*), NJW 1987, 2148; EuGH v. 21.09.1989 – Rs. 46/87 u. 227/88 (*Hoechst*), NJW 1989, 3080, Rn. 19.

[56] Ähnlich Meyer/Hölscheidt/*Borowsky*, Art. 1 Rn. 35. Die Existenz eines vergleichbaren Grundrechts pauschal verneinend *Thym*, JZ 2015, 53, 60; *Herresthal*, ZEuP 2014, 238, 265.

Außerdem ist darauf hinzuweisen, dass das denkbare umfassende Verständnis von einer allgemeinen Handlungsfreiheit als Auffanggrundrecht im Sinne einer „allgemeinen Eingriffsfreiheit[57]“ eine Besonderheit des deutschen Verfassungsrechts ist.[58] Und selbst hierzulande ist es keinesfalls zwingend, wie dies etwa die abweichende Meinung des ehemaligen Richters am BVerfG *Grimm* beweist, der sich seinerzeit in einem Sondervotum ausdrücklich gegen einen grundrechtlichen Schutz vergleichsweise banaler Tätigkeiten wie dem streitgegenständlichen „Reiten im Walde“ ausgesprochen hat.[59] Inzwischen dürfte die große Reichweite des Art. 2 Abs. 1 GG zwar gemeinhin anerkannt sein und der herrschenden Meinung entsprechen[60]; dies zeigt aber, dass diese expansive Sichtweise nicht alternativlos war. Im innereuropäischen Verfassungsvergleich fällt auf, dass das weitreichende Verständnis des BVerfG nicht den Regel-, sondern eher den Ausnahmefall unter den Mitgliedstaaten der Union darstellt.[61] Die Rechtsordnungen vieler anderer Länder der Europäischen Union gehen nicht in gleicher Weise von einem so weitreichenden Grundrecht der allgemeinen Handlungsfreiheit aus.[62] Wegen der Art. 52 Abs. 4 GRC und Art. 6 Abs. 3 EUV sollte diese Beobachtung auch Einfluss auf die Auslegung der Charta haben.

Alles in allem erscheint es deshalb bereits fragwürdig, auf Unionsebene von einem vergleichbar umfassenden Grundrecht der allgemeinen Handlungsfreiheit auszugehen.[63] Auf der Prämisse der Existenz eines vergleichbaren Grundrechts beruht aber die These, es ließe sich auf Basis der Rechtsprechung des EuGH eine umfassende negative Horizontalwirkung, unabhängig von der Einschlägigkeit eines speziellen Unionsgrundrechts, konstruieren.

(2) Berücksichtigung des telos *der Chartabindung bei Richtlinienwidrigkeit*

Selbst wenn aber der EuGH auf Unionsebene ein solches Grundrecht anerkennen sollte, stellt sich die Frage, ob dann auch mitgliedstaatliche Umsetzungsgesetze in ähnlich umfassender Weise daran gebunden werden sollten. Auch dies erscheint fraglich.

Richtigerweise unterscheidet sich die hier untersuchte Konstellation der Grundrechtswidrigkeit von Umsetzungsrecht auf *mitgliedstaatlicher Ebene* nämlich maßgeblich von den Gegebenheiten, die das BVerfG zu seiner *Elfes*-Recht-

---

[57] BVerfG v. 06.06.1989 – 1 BvR 921/85, BVerfGE 80, 137, 167 f.

[58] Dreier-GG/*Dreier*, Art. 2 Abs. 1 Rn. 12 ff.; *Kumm*, German Law Journal 7 (2006), 341, 347 f.

[59] BVerfG v. 06.06.1989 – 1 BvR 921/85, BVerfGE 80, 137, 164 ff.

[60] Dreier-GG/*Dreier*, Art. 2 Abs. 1 Rn. 26; Grabenwarter, EnzEuR/*Gärditz*, § 6 Rn. 43 mit Fn. 179.

[61] Dreier-GG/*Dreier*, Art. 2 Abs. 1 Rn. 12, 18.

[62] Vgl. auch den Hinweis von Grabenwarter, EnzEuR/*Gärditz*, § 6 Rn. 43, dass liberaler Grundrechtsschutz nicht essentiell auf ein Auffanggrundrecht angewiesen ist.

[63] A.A. Grabenwarter, EnzEuR/*Gärditz*, § 6 Rn. 48 unter Verweis auf gemeineuropäische Traditionen.

sprechung veranlasst haben. Für die Anerkennung der allgemeinen Handlungsfreiheit unter dem GG streitet zweifelsohne das Primat eines lückenlosen Grundrechtsschutzes vor staatlicher Hoheitsgewalt.[64] Genauso dürfte man auch argumentieren, wenn man etwa eine umfassende Grundrechtsbindung des *unionalen* Sekundärrechtsgesetzgebers fordert. Insoweit erscheint es noch nachvollziehbar, einen möglichst weitreichenden Grundrechtsschutz nach deutschem Vorbild zu fordern.

Gemünzt auf die für die vorliegende Untersuchung relevante Konstellation der zweckwidrigen *mitgliedstaatlichen Grundrechtsbindung* bei nicht ordnungsgemäßen Richtlinienumsetzung ist ein solches Bedürfnis aber zu verneinen: Es wurde bereits darauf hingewiesen, dass es dem EuGH hier gerade nicht um die Zügelung mittelbar ausgeübter unionaler Hoheitsgewalt geht; er beabsichtigt vielmehr eine effektive Sanktionierung richtlinienwidrigen Verhaltens, das eigentlich der Verantwortungssphäre der Mitgliedstaaten entstammt. Die Gefahr grundrechtlicher Schutzlücken besteht hier nicht.[65] Für einen „lückenlosen Grundrechtsschutz" durch die allgemeine Handlungsfreiheit ist deshalb kein Raum. Die Bejahung der negativen Horizontalwirkung eines Grundrechts auf allgemeine Handlungsfreiheit würde spätestens dann die Horizontalwirkung der GRC insgesamt als reinen Selbstzweck zur Umgehung des Verbots der Horizontalwirkung von Richtlinien erscheinen lassen und wäre dogmatisch nicht mehr haltbar. Mit der Konzeption des Art. 288 Abs. 3 AEUV wäre eine solche Sichtweise endgültig unvereinbar. Vorschläge in diese Richtung sind deshalb entschieden zurückzuweisen. Es ist zu begrüßen, dass der EuGH den Weg über die allgemeine Handlungsfreiheit bisher nicht gegangen ist. Nur so lässt sich das grundsätzliche Verbot der Horizontalwirkung von Richtlinien weiterhin aufrechterhalten.

(3) Erforderlichkeit eines Konkretisierungszusammenhangs als Korrektiv?

Eine ausdrückliche Erklärung des Gerichtshofs dafür, warum er in seiner Rechtsprechung zur Horizontalwirkung faktisch nur auf die speziellen Grundrechte, nicht aber auch auf ein ebenso „konkretisiertes" Auffanggrundrecht zurückgreift, steht aber bislang aus. Eine gute Gelegenheit hierzu hätte sich in der Rechtssache *Smith* geboten. Dort verwies der Gerichtshof zumindest darauf, dass Art. 1 der inzwischen abgelösten Dritten Richtlinie 90/232/EWG, der den Haftungsumfang einer Kfz-Haftpflichtversicherung bei Personenschäden näher festlegte, hinter der das irische Recht zurückblieb, „nicht als Konkretisierung eines allgemeinen Grundsatzes des Unionsrechts angesehen werden kann."[66]

---

[64] Zu dieser Zwecksetzung BVerfG v. 06.06.1989 – 1 BvR 921/85, BVerfGE 80, 137, 164 f.; Grabenwarter, EnzEuR/*Gärditz*, § 6 Rn. 44.

[65] Zur Kritik an der Grundrechtsbindung des mitgliedstaatlichen Umsetzungsrechts § 4 C. II. 2. b); § 11 B. I. 1.

[66] EuGH v. 07.08. 2018 – Rs. C-122/17 (*Smith*), BeckRS 2018, 17516, Rn. 48. Ähnlich

Deswegen kam dort eine Horizontalwirkung aus Sicht des EuGH nicht in Betracht.

Womöglich liegt der Schlüssel zum Verständnis des EuGH – neben der skizzierten fehlenden Passfähigkeit eines expansiven horizontalwirkungsfähigen „Auffanggrundrechts" – also auch im Erfordernis eines besonderen *Konkretisierungszusammenhangs* zwischen Richtlinie und Grundrecht, den der EuGH fordert, um ein Grundrecht unmittelbar zur Anwendung zu bringen.[67] Die Arbeitszeitrichtlinie konkretisiert etwa Art. 31 Abs. 2 GRC, die Gleichbehandlungsrahmenrichtlinie konkretisiert Art. 21 GRC. Zwar mag in die allgemeine Handlungsfreiheit, Berufs- oder Unternehmerfreiheit auf Unionsebene durch sämtliche Richtlinien *eingegriffen* werden. Diese Grundrechte werden aber aus Sicht des EuGH nicht automatisch auch durch das Richtlinienrecht „konkretisiert". Auf diese Weise ließe sich das unterschiedliche Vorgehen des EuGH zumindest theoretisch erklären.

Sollte seiner Rechtsprechung diese Differenzierung zugrunde liegen, zeigt sich hierin einmal mehr das erhebliche dogmatische Friktionspotential der Vorgehensweise, richtlinienwidriges Umsetzungsrecht überhaupt am Maßstab der Unionsgrundrechte zu messen.[68] Weil es sich dabei um einen Anwendungsfall der Charta handelt, der ohnehin jenseits dessen liegt, was mit dem unionalen Grundrechtsschutz eigentlich bezweckt ist, kann der Gerichtshof letztlich seine eigenen Regeln aufstellen, wann zur Bewertung mitgliedstaatlichen Handelns auf ein Grundrecht zurückzugreifen ist und wann nicht. Eine Schutzlücke entsteht durch diese selektive Handhabung zwar nicht[69], denn auch ohne mitgliedstaatlichen Chartaverstoß besteht in solchen Fällen weiterhin ein sanktionierbarer Richtlinienverstoß des Mitgliedstaats, und die Richtlinie selbst muss – dann auch an einer etwaigen allgemeinen Handlungsfreiheit gemessen – unionsgrundrechtskonform sein; andernfalls wäre sie nichtig und die Charta nicht anwendbar. Einem vorhersehbaren und methodisch transparenten Vorgehen entspricht diese stillschweigende Differenzierung jedoch nicht. Außerdem verträgt sich diese Sichtweise nur schwer mit dem in dieser Arbeit herausgestellten Befund, dass

---

hatte Generalanwalt *Bot* in seinen Schlussanträgen argumentiert, GA *Bot,* Schlussanträge v. 10.04.2018 – C-122/17 (*Smith*), BeckRS 2018, 4839, Rn. 42. In der ähnlich gelagerten Rechtssache *Thelen Technopark* fehlen allerdings wiederum Ausführungen zu diesem Konkretisierungszusammenhang gänzlich, obwohl der Generalanwalt ausdrücklich auf diese Frage eingegangen war, vgl. EuGH v. 18.01.2022 – Rs. C-261/20 (*Thelen Technopark*), BeckRS 2022, 212, Rn. 32 sowie GA *Szpunar,* Schlussanträge v. 15.07.2021 – Rs. C-261/20 (*Thelen Technopark*), BeckRS 2021, 19869, Rn. 72.

[67] In diese Richtung auch Preis/Sagan/*Sagan*, § 1 Rn. 164. Ähnlich die Andeutung bei GA *Szpunar,* Schlussanträge v. 15.07.2021 – Rs. C-261/20 (*Thelen Technopark*), BeckRS 2021, 19869, Rn. 72.

[68] Zur Kritik an der Grundrechtsbindung des mitgliedstaatlichen Umsetzungsrechts § 4 C. II. 2. b); § 11 B. I. 1.

[69] A.A. offenbar *Greif*, in: Uffmann/Dahm (Hrsg.), Vielfalt oder Chaos – Aktuelle Probleme und Entwicklungen im deutschen und europäischen Arbeitsrecht, 2013, S. 43, 65.

Art. 51 Abs. 1 S. 1 Alt. 2 GRC seiner Struktur nach eigentlich nur eine Entscheidung für oder gegen die Anwendbarkeit der Charta insgesamt zulässt.[70] Ein notwendiger besonderer Konkretisierungszusammenhang lässt sich hiermit nur schwer vereinbaren. Das Abstellen des EuGH auf den Konkretisierungszusammenhang zwischen Richtlinie und Grundrecht macht die fragwürdige Rechtsprechung zur Anwendungsbereichseröffnung aus dogmatischer Sicht also nicht überzeugender, schränkt aber zumindest ihr expansives Potential merklich ein.

cc) Zwischenergebnis

Mit einem unionalen Auffanggrundrecht auf allgemeine Handlungsfreiheit kann keine allgemeine negative Horizontalwirkung von Richtlinien begründet werden. Es ist zum einen schon unklar, ob auf Unionsebene überhaupt ein mit dem deutschen Pendant vergleichbares Grundrecht besteht. Zum anderen ist das expansive Verständnis von einem solchen Auffanggrundrecht eine deutsche Besonderheit, die nicht unbedacht auf die GRC zu übertragen ist. Die Überlegung eines möglichst umfassenden Grundrechtsschutzes, die für das deutsche Verständnis einer umfassenden allgemeinen Handlungsfreiheit maßgeblich war, kann nicht auf die Bindung der Mitgliedstaaten angewandt werden, die in der hier untersuchten Konstellation schon für sich genommen nicht überzeugend ist. Dieses Argument gilt im Übrigen in gleicher Weise, wenn man die Konstruktion nicht auf die allgemeine Handlungsfreiheit, sondern auf eine ebenso expansiv verstandene Berufsfreiheit der Arbeitnehmer (Art. 15 Abs. 1 GRC) stützen würde.[71] Daneben scheint es dem EuGH entscheidend auf den Konkretisierungszusammenhang zwischen Richtlinie und Grundrecht anzukommen, der bei bloßen „Auffanggrundrechten“ regelmäßig nicht anzunehmen ist. Es kommt somit in der Tat entscheidend auf das Horizontalwirkungspotential der speziellen Grundrechte der GRC an.

b) Art. 16 GRC als horizontalwirkungsfähiges Arbeitgebergrundrecht?

Lehnt man mit der vorangegangenen Argumentation die expansive Horizontalwirkung einer unionsgrundrechtlichen allgemeinen Handlungsfreiheit ab, kommt eine solche Wirkung nur für einschlägige spezielle Grundrechte in Betracht. Hier fällt der Blick in der Regel auf die speziellen Arbeitnehmergrundrechte der GRC. Doch auch für das spezifische Arbeitgebergrundrecht der unternehmerischen Entscheidungsfreiheit aus Art. 16 GRC, das in seinem Schutzbereich denkbar weit ausgestaltet zu sein scheint, kommt theoretisch eine weitreichende Horizontalwirkung in Betracht. Insoweit hatte sich in der Rechtssache *Thelen Technopark* jüngst ein interessanter Präzedenzfall angebahnt. Er betraf

[70] Siehe hierzu oben unter § 4 C. 5.

[71] In diese Richtung aber *Preis/Temming*, Band 1: Individualarbeitsrecht, 6. Auflage, 2020, Rn. 453.

die Frage, ob dieses Grundrecht im deutschen Bauvertragsrecht negative Horizontalwirkung[72] entfalten könnte. Dies hat auch Bedeutung für das Arbeitsrecht.

aa) Rs. Thelen Technopark – *Unanwendbarkeit der HOAI im Horizontalverhältnis?*

(1) Sachverhalt

In der angesprochenen Rechtssache ging es um die Frage der Anwendbarkeit der richtlinienwidrigen Mindest- und Höchstsätze der Honorarordnung für Architekten und Ingenieure (HOAI). Der Gerichtshof hatte bereits 2019 in einem Vertragsverletzungsverfahren festgestellt, dass die deutschen Mindest- und Höchstsatzregelungen, die die Parteien eines entsprechenden Vertrags hierzulande gem. § 7 HOAI a.F.[73] zwingend beachten müssen, mit Art. 15 Abs. 1, Abs. 2 lit. g) und Abs. 3 der Dienstleistungsrichtlinie 2006/123/EG nicht vereinbar sind.[74] Mit seinem Vorabentscheidungsersuchen hatte der BGH dem EuGH sodann die drängende Anschlussfrage gestellt, ob er die richtlinienwidrigen Sätze bei Scheitern einer Konformauslegung in einem Rechtsstreit zwischen Privaten unangewendet lassen muss.[75] Diese Frage war unter den Instanzgerichten umstritten.[76] Nachdem der BGH zutreffend erkannt hatte, dass sich eine solche negative Horizontalwirkung nicht bereits aus den verletzten Richtlinienbestimmungen selbst ergeben kann[77], lenkte er seinen Blick auf das Primärrecht. Hier kommt aus seiner Sicht grundsätzlich ein Verstoß gegen die Grundfreiheit des Art. 49 AEUV sowie gegen sonstige allgemeine Grundsätze in Betracht, wobei er in seiner Vorlage die einschlägige Rechtsprechung zur primärrechtlichen Horizontalwirkung der Grundfreiheiten und der GRC zitierte.[78]

(2) Schlussanträge des Generalanwalts

Diese Gedanken des BGH bereitete Generalanwalt *Szpunar* in seinen Schlussanträgen umfassend auf. Im ersten Teil seiner Ausführungen bejahte er überra-

---

[72] Auch für dieses Grundrecht kommt vordergründig eine negative Horizontalwirkung im hier vertretenen Sinne in Betracht. Die Vertragsfreiheit schützt im Wesentlichen vor einer übermäßigen Beeinträchtigung durch Hoheitsträger. In diesem Sinne GA *Szpunar*, Schlussanträge v. 15.07.2021 – Rs. C-261/20 (*Thelen Technopark*), BeckRS 2021, 19869, Rn. 101.

[73] Die Vorschrift wurde inzwischen geändert, die Sätze sind nicht länger verbindlich, vgl. Art. 1 der Verordnung v. 02.12.2020 (BGBl. I, 2637).

[74] EuGH v. 04.07.2019 – Rs. C-377/17 (*Kommission/Deutschland*), NJW 2019, 2529.

[75] BGH v. 14.05.2020 – VII ZR 174/19, NJW 2020, 2328.

[76] Für Unanwendbarkeit: OLG Celle v. 14.08.2019 – 14 U 198/18, ZfBR 2020, 54; OLG Düsseldorf v. 17.09.2019 – 23 U 155/18, NJW 2020, 1450. Dagegen: OLG Hamm v. 23.07.2019 – 21 U 24/18, NJW 2020, 247; KG v. 12.05.2020 – 21 U 125/19, NJW 2020, 3656, Rn. 41 ff.

[77] BGH v. 14.05.2020 – VII ZR 174/19, NJW 2020, 2328, Rn. 36.

[78] BGH v. 14.05.2020 – VII ZR 174/19, NJW 2020, 2328, Rn. 42 f.

schend bereits eine Unanwendbarkeit des deutschen Rechts aufgrund des unstreitigen Richtlinienverstoßes.[79] Er legte dar, dass die Dienstleistungsrichtlinie faktisch dazu diene, den Schutzbereich des Art. 49 AEUV auf Inlandssachverhalte auszudehnen. Zwar sei dann ein Rückgriff auf die Grundfreiheit selbst nicht sinnvoll, weil bereits eine vorrangige Richtlinie existiere. Ein solcher Rückgriff widerspreche, so der Generalanwalt, dem Konzept der Richtlinie, die Grundfreiheit zu „konkretisieren". Aus seiner Sicht müsse in solchen Konstellationen aber dem besonderen Konkretisierungsverhältnis dadurch Rechnung getragen werden, dass man der Richtlinie selbst ausnahmsweise unmittelbare Horizontalwirkung beimisst. Damit würde diese in ihrer Wirkung durch die Grundfreiheit verstärkt. Ähnlich hatte mit Blick auf die HOAI bereits das OLG *Celle* argumentiert.[80]

Insgesamt erinnert dieser Vorschlag an das hier untersuchte Konzept der Horizontalwirkung der GRC im Kontext der Richtlinienkonkretisierung: Der Richtlinienverstoß präjudiziert die fehlende Rechtfertigung eines parallelen Primärrechtsverstoßes. Jedenfalls für die Grundfreiheiten ist diese Sichtweise allerdings schon deshalb nicht überzeugend, weil das nicht unmittelbar anwendbare Sekundärrecht nicht die Tatsache überwinden kann, dass die primärrechtlichen Grundfreiheiten tatbestandlich auf das Vorliegen eines „grenzüberschreitenden Sachverhalt" angewiesen sind.[81] Grundfreiheiten sind konzeptionell eben nicht auf bloße Inlandssachverhalte anwendbar. Daran kann auch eine Zusammenschau von Richtlinie und Grundfreiheit nichts ändern. Die Richtlinie dient also den Gewährleistungsgehalt der Grundfreiheit allenfalls *mit den Schwächen des Sekundärrechts* auf derartige Sachverhalte aus.[82] Die Grundfreiheiten können dabei aber die ebenfalls primärrechtliche Bestimmung des Art. 288 Abs. 3 AEUV nicht umgehen.[83] Deshalb sind die konkretisierenden Richtlinien im Kontext der Grundfreiheiten weit weniger relevant als im Rahmen der Charta, die im Unterschied hierzu gerade auch auf reine Inlandssachverhalte anwendbar ist, soweit es dabei um die Durchführung des Unionsrechts geht.[84]

Im zweiten Teil, und das ist der für die vorliegende Untersuchung eigentlich entscheidende Gesichtspunkt, zieht der Generalanwalt daneben einen Verstoß gegen die von Art. 16 GRC garantierte Vertragsfreiheit in Betracht. Ein solcher Weg wurde im Vorfeld weder von Seiten des BGH noch von anderen Obergerich-

---

[79] GA *Szpunar*, Schlussanträge v. 15.07.2021 – Rs. C-261/20 (*Thelen Technopark*), BeckRS 2021, 19869, Rn. 47.

[80] OLG Celle v. 14.08.2019 – 14 U 198/18, ZfBR 2020, 54.

[81] Zutreffend KG v. 12.05.2020 – 21 U 125/19, NJW 2020, 3656, Rn. 48 f. („Die Regelung von innerstaatlichen Sachverhalten durch die Dienstleistungs-RL konkretisiert jedoch nicht europäisches Primärrecht, die Richtlinie ist insoweit „überschießend"."). So auch *Steindorff*, EG-Vertrag und Privatrecht, 1996, S. 447. Dies bleibt offen bei *Prechal*, Directives in European Community Law, 1995, S. 62 ff.

[82] *Gundel*, BauR 2020, 23, 27.

[83] *Gundel*, BauR 2020, 23, 27.

[84] KG v. 12.05.2020 – 21 U 125/19, NJW 2020, 3656, Rn. 44.

ten oder Stimmen in der Literatur erwogen.[85] Der Generalanwalt griff vielmehr einen Gedanken auf, den erstmalig die Kommission ins Spiel gebracht hatte.[86] Er folgerte aus der bisherigen Rechtsprechung des EuGH und den Erläuterungen der Charta zunächst einleuchtend, dass Art. 16 GRC unter anderem die Vertragsfreiheit grundrechtlich garantiert.[87] Diese sei ein echtes Grundrecht und nicht nur ein bloßer Grundsatz im Sinne von Art. 52 Abs. 5 GRC. Wesentliches Element dieses Grundrechts sei u.a. die Freiheit, den Preis bzw. die Vergütungen für die Leistungen der anderen Partei zu bestimmen. Zwar stehe die Gewährleistung unter einem ähnlichen Vorbehalt wie Art. 27 GRC, dem der EuGH in der Rechtssache *AMS* zumindest für den konkreten Sachverhalt die unmittelbare Anwendbarkeit abgesprochen hatte. Diese Erwägungen seien aber auf Art. 16 GRC nicht übertragbar, weil sich die Norm von Art. 27 GRC unterscheide. Bei letzterem werde auf Bestimmungen verwiesen, „durch die das betreffende Recht erst noch geschaffen werden muss […]“[88] Das legt ein Verständnis nahe, das sich mit der hier zugrunde gelegten Vorstellung von Art. 27 GRC als legislativ konkretisierungsbedürftigem Grundrecht deckt.[89] Bei Art. 16 GRC hingegen beziehe sich der Verweis auf „Bestimmungen, die Regeln für die Ausübung eines Rechts festlegen, das bereits besteht und durch die Charta garantiert ist.“[90] Aus dem Verweis in Art. 16 GRC folge, dass für dieses Grundrecht ein größeres Maß an staatlichen Eingriffen zulässig sei als bei anderen.

Im Ergebnis bejahte Generalanwalt *Szpunar* sodann einen Verstoß gegen dieses Unionsgrundrecht durch das richtlinienwidrige deutsche Recht. Er argumentiert – ganz im Sinne des *Primats legislativer Abwägungsentscheidungen* –, dass die Dienstleistungsrichtlinie die für Art. 52 Abs. 1 GRC erforderliche Verhältnismäßigkeitsprüfung bereits determiniere, weshalb ein Richtlinienverstoß die Frage der Rechtfertigung eines Grundrechtseingriffs präjudiziere. Der Grundrechtsverstoß habe deshalb die negative Horizontalwirkung zur Folge, denn der in Rede stehende Art. 16 GRC sei mit Blick auf die garantiere Freiheit der Preisbestimmung hinreichend genau und unbedingt.[91] Die HOAI-Sätze seien deshalb im Ausgangsverfahren nicht anwendbar.

---

[85] Umgekehrt hatte etwa *Gundel* im Nachgang des Vertragsverletzungsverfahrens sogar ausdrücklich dargelegt, dass es – insoweit ähnlich wie in der Rechtssache *Smith* – für eine Übertragung des *Mangold*-Ansatzes gänzlich an einer einschlägigen unionsgrundrechtlichen Gewährleistung fehle, vgl. *Gundel*, BauR 2020, 23, 28.

[86] GA *Szpunar,* Schlussanträge v. 15.07.2021 – Rs. C-261/20 (*Thelen Technopark*), BeckRS 2021, 19869, Rn. 64.

[87] GA *Szpunar,* Schlussanträge v. 15.07.2021 – Rs. C-261/20 (*Thelen Technopark*), BeckRS 2021, 19869, Rn. 78, 80.

[88] GA *Szpunar,* Schlussanträge v. 15.07.2021 – Rs. C-261/20 (*Thelen Technopark*), BeckRS 2021, 19869, Rn. 87.

[89] Vgl. hierzu noch unten unter A.III. 3 b) aa) (2) (a).

[90] GA *Szpunar,* Schlussanträge v. 15.07.2021 – Rs. C-261/20 (*Thelen Technopark*), BeckRS 2021, 19869, Rn. 87.

[91] GA *Szpunar,* Schlussanträge v. 15.07.2021 – Rs. C-261/20 (*Thelen Technopark*), BeckRS 2021, 19869, Rn. 105.

(3) Ablehnung des Vorschlags durch den EuGH

Der EuGH ist dieser Argumentation nicht gefolgt.[92] Bezogen auf einen möglichen Verstoß gegen Art. 49 AEUV geht er zunächst noch überzeugend davon aus, dass es an dem erforderlichen grenzüberschreitenden Sachverhalt fehlt, um die Grundfreiheit überhaupt heranzuziehen. Er erteilt damit der These eine Absage, nach der die konkretisierende Dienstleistungsrichtlinie dieses Defizit ausgleiche. Enttäuschend ist angesichts der ausführlichen Überlegungen des Generalanwalts aber, dass der Gerichtshof sodann keine Silbe zur möglichen Horizontalwirkung des Art. 16 GRC verliert. Damit hat er eine solche implizit abgelehnt, ohne dieses Ergebnis näher zu begründen. So wurde eine Chance verpasst, die dogmatischen Folgefragen seiner arbeitsrechtlichen Horizontalwirkungsrechtsprechung und ihre Übertragbarkeit auf Art. 16 GRC zu klären.[93]

bb) Vorzugswürdige Auffassung: Art. 16 GRC als regelungsfähiges Grundrecht

Angesichts seiner bisherigen Rechtsprechung wäre es in der Sache konsequenter gewesen, wenn der EuGH dem Generalanwalt gefolgt wäre. In der ihm vorliegenden Rechtssache lag eine negative Horizontalwirkung des Art. 16 GRC tatsächlich nahe.[94]

Auch nach hier vertretener Auffassung hält sich das Horizontalwirkungspotential des Art. 16 GRC zwar zunächst in Grenzen, denn es handelt sich nach zutreffender Ansicht um ein regelungsfähiges Grundrecht.[95] Das Grundrecht gewährleistet die unternehmerische Freiheit nicht schlechthin; nach dem ausdrücklichen Normwortlaut wird vielmehr „die unternehmerische Freiheit nach dem Unionsrecht und den einzelstaatlichen Rechtsvorschriften und Gepflogenheiten anerkannt." Die Normgeschichte legt nahe, dass der Charta-Geber die Vorschrift dadurch mit dem typischen „Arbeitnehmer-Grundrecht" des Art. 28 GRC harmonisieren wollte, das ebenfalls unter einem solchen Vorbehalt steht.[96] Aus dieser besonderen Normstruktur folgt: Nur ein Eingriff in den Kern dieses Grundrechts ist im Sinne von Art. 52 Abs. 1 GRC überhaupt rechtfertigungsbedürftig. Im Übrigen handelt es sich um ausgestaltende *Regelungen*, für die Art. 52 Abs. 1 GRC nicht gilt. Wo genau dieser Kern liegt, ist zwar nicht leicht zu bestimmen. Unmöglich ist dies aber nicht. Ein angemessenes Maß an Rechtssicherheit dürfte insoweit eine gleichzeitige Orientierung an der Intensität der Beschränkung einerseits sowie eine gegenständliche Betrachtung andererseits liefern, wobei abschließende Klarheit erst durch einen anwachsenden Bestand an case law ent-

---

[92] EuGH v. 18.01.2022 – Rs. C-261/20 (*Thelen Technopark*), BeckRS 2022, 212, Rn. 49 ff.

[93] Überrascht von der Zurückhaltung des Gerichtshofs zeigt sich auch *Unseld*, NVwZ 2022, 317, 318.

[94] Ebenfalls nicht abgeneigt: *Unseld*, NVwZ 2022, 317, 318.

[95] *Michl*, Unionsgrundrechte aus der Hand des Gesetzgebers, 2018, S. 258 f., 264 ff. Ähnlich auch *Gallner*, SR 2020, 45, 53.

[96] *Michl*, Unionsgrundrechte aus der Hand des Gesetzgebers, 2018, S. 234 ff.

stehen kann.[97] Die Unterscheidung zwischen Eingriff und Regelung gilt auch und gerade für mitgliedstaatliche Gesetze.[98] Art. 16 GRC kann deshalb schon aufgrund dieser besonderen Normstruktur nicht als horizontalwirkungsfähiges Supergrundrecht begriffen werden.[99]

Konkret bezogen auf die Rechtssache *Thelen Technopark* wäre also zu erwägen gewesen, ob die Entscheidung der Parteien über die Preishöhe, die durch die HOAI-Mindest- und Höchstsätze eingeschränkt wird, in diesem Kernbereich des Art. 16 GRC zu verorten ist. Dies wird man im Einklang mit den Ausführungen von Generalanwalt *Szpunar* bejahen können. Dass nämlich die Preisentscheidung zum absoluten Kernbestandteil der Vertragsfreiheit zählen dürfte, leuchtet ein. Da es inhaltlich um einen Verstoß gegen die Dienstleistungsrichtlinie geht, ist auch ein gewisser Konkretisierungszusammenhang zwischen verletzter Richtlinie und Grundrecht zu bejahen: Die Dienstleistungsrichtlinie konkretisiert immerhin die Grundfreiheit des Art. 49 AEUV und schützt dabei gleichzeitig zentrale Elemente der Vertragsfreiheit gem. Art. 16 GRC wie etwa die grundsätzliche Freiheit vor mitgliedstaatlichen Preisvorgaben. Die HOAI-Sätze zielten gerade auf eine Einschränkung dieser grundlegenden Freiheit. Für die sich anschließende Rechtsfertigungsprüfung hätte dann wiederum auf die Richtlinie zurückgegriffen werden können: Dann hätte der Richtlinienverstoß die Grundrechtswidrigkeit der nationalen Regelung präjudiziert.

Auch für Art. 16 GRC gilt aber: Eine darüberhinausgehende Auffangfunktion des Grundrechts ist abzulehnen. Art. 16 GRC sollte mit Blick auf den zweifelhaften *telos* der Grundrechtsbindung mitgliedstaatlichen Umsetzungsrechts nicht als expansiv verstandener Ersatz der allgemeinen Handlungsfreiheit herangezogen werden. Insoweit gilt das hierzu unter a) Gesagte.

cc) Beschränkte Übertragbarkeit auf sozialpolitische Richtlinien

Es ist jedoch nicht davon auszugehen, dass eine Übertragung der von Generalanwalt *Szpunar* angestellten Überlegungen zu Art. 16 GRC für das Arbeitsrecht größere Bedeutung entfaltet hätte. Denn die Unionskompetenz auf dem Gebiet der Sozialpolitik gestattet lediglich mindestharmonisierende Richtlinien. Schießt hier der nationale Umsetzungsgesetzgeber – vergleichbar mit der oben genannten Konstellation in der Rechtssache *Thelen Technopark* – über das Ziel hinaus, privilegiert er also die Arbeitnehmerinteressen über das von der Richtlinie Geforderte zulasten des Arbeitgebers, der sich seinerseits auf Art. 16 GRC berufen kann, so findet die Charta nach zutreffendem Verständnis bereits keine Anwendung.[100] Der überschießende Teil ist alleine an nationalen Grundrechte zu mes-

[97] *Michl*, Unionsgrundrechte aus der Hand des Gesetzgebers, 2018, S. 278 ff.

[98] *Michl*, Unionsgrundrechte aus der Hand des Gesetzgebers, 2018, S. 285 ff.

[99] In der Sache ähnlich *Gallner*, SR 2020, 45, 53. Im Ergebnis wie hier EuArbRK/*Schubert*, Art. 16 GRC Rn. 2.

[100] Siehe oben unter § 4 C. II. 3. b). A.A. in dieser Hinsicht wohl GA *Bot*, Schlussanträge

sen.[101] Es ist deshalb kein Zufall, dass es in allen der Untersuchung zugrundeliegenden EuGH-Entscheidungen zur Horizontalwirkung nicht um ein *Übermaß*, sondern um ein *Untermaß* an Arbeitnehmerschutz ging. Der Mitgliedstaat blieb stets hinter dem zurück, was die Richtlinie als Minimum an Arbeitnehmerschutz vorgegeben hatte. Ein Eingriff in das Arbeitgebergrundrecht des Art. 16 GRC war deshalb wenig naheliegend.[102]

Die Entscheidung in der Rechtssache *Alemo Herron* zeigt aber, dass es zumindest im Rahmen solcher Richtlinien, die auf die Binnenmarktkompetenzen gestützt sind, ausnahmsweise auch eine Obergrenze für den Schutz der Arbeitnehmerinteressen geben kann.[103] Denn aufgrund der zugrundeliegenden Kompetenzgrundlage kann die Charta hier auf nationales Recht Anwendung finden. Alleine im Bereich solcher Binnenmarktrichtlinien könnte bei einer nicht durch Auslegung behebbaren Richtlinienwidrigkeit des nationalen Rechts, die in den Kernbereich der Vertragsfreiheit des Arbeitgebers reicht, ausnahmsweise eine negative Horizontalwirkung des Art. 16 GRC aktuell werden.[104] Hierzu fehlt es jedoch gegenwärtig an einschlägiger Rechtsprechung, auch die Literatur hat sich diesem Gesichtspunkt bisher kaum gewidmet.[105] Die Entscheidung des EuGH in der Rechtssache *Thelen Technopark,* in der er die Erwägungen des Generalanwalts zur Horizontalwirkung von Art. 16 GRC letztlich überhaupt nicht aufgegriffen hat, spricht derzeit aber eher gegen eine solche Übertragung.

---

v. 04.06.2019 – Rs. C-609/17, C-610/17 (*TSN*), BeckRS 2019, 10245, Rn. 99: „Aus dieser Sicht ist der Gerichtshof so meines Erachtens zuständig für die Prüfung, ob in Anwendung von Art. 15 der Richtlinie 2003/88 erlassene Maßnahmen die in der Charta verankerten Grundrechte beachten, wie etwa das in ihrem Art. 21 aufgestellte Diskriminierungsverbot. Auch könnte der Gerichtshof *ohne Überschreitung seiner Zuständigkeit* prüfen, ob eine Maßnahme für einen verstärkten nationalen Schutz das Gleichgewicht zwischen den Interessen der Arbeitnehmer und denen der Arbeitgeber in unverhältnismäßiger Weise berührt und dadurch die in Art. 16 der Charta verankerte unternehmerische Freiheit beeinträchtigt." (Hervorh. d. Verf.). Für die Anwendbarkeit von Art. 16 GRC in seinem Wesensgehalt auch *Schneider*, Wirkung von Bezugnahmeklauseln nach Betriebsübergang, 2017, S. 151 ff.

[101] So allgemein zutreffend *Wißmann*, RdA 2015, 301, 304, der allerdings konkret die Betriebsübergangsrichtlinie als sozialpolitische Richtlinie einordnet und so auch hier von einer Nichtanwendbarkeit der Charta ausgeht.

[102] Im Ergebnis wie hier bzgl. mindestharmonisierendem Verbraucherschutzrecht *Mörsdorf*, JZ 2010, 759, 766.

[103] EuArbRK/*Schubert*, Art. 51 GRC Rn. 26; A.A. hinsichtlich der Kompetenzgrundlage *Schneider*, Wirkung von Bezugnahmeklauseln nach Betriebsübergang, 2017, S. 128 f. m.w.N. Auch er bejaht allerdings im Ergebnis die Anwendbarkeit der Charta, vgl. S. 151 ff.

[104] Diese Möglichkeit denkt auch *Schneider*, Wirkung von Bezugnahmeklauseln nach Betriebsübergang, 2017, S. 238 an, verneint sie aber mit Argumenten, die sich nicht mit dem hier vertretenen Verständnis der negativen Horizontalwirkung vereinbaren lassen. Dies gilt allen voran für die Prämisse der Erforderlichkeit einer Privatverpflichtung, die er unter der Charta verneint: Zum einen ist diese nicht für eine bloß negative Horizontalwirkung erforderlich; zum anderen ist die Frage der Bindung Privater richtigerweise zu bejahen.

[105] In diese Richtung aus der Perspektive des Verbraucherschutzes zumindest *Mörsdorf*, JZ 2010, 759, 766.

dd) Zwischenergebnis

Auch aus Art. 16 GRC ergibt sich damit keine allgemeine Horizontalwirkung von Richtlinien, die eine Untersuchung des Horizontalwirkungspotentials der speziellen Grundrechte des Arbeitslebens entbehrlich machen würde. Allenfalls bei Eingriffen in den Kernbereich dieses Grundrechts durch eine nicht ordnungsgemäße Umsetzung von Richtlinien *zulasten* der Arbeitgeberseite käme eine negative Horizontalwirkung theoretisch in Betracht – soweit hier der Anwendungsbereich der Charta eröffnet ist. Hierzu gibt es indes noch keine belastbare Rechtsprechung des EuGH.

c) Antwort auf die Vorfrage

Die bisherige Rechtsprechung hat damit gezeigt, dass es dem EuGH für die Horizontalwirkung auf das Eingreifen spezieller Grundrechte der Charta ankommt. Nicht für jeden Richtlinienverstoß zieht der Gerichtshof einen gleichzeitigen Unionsgrundrechtsverstoß in Erwägung. Dies erscheint folgerichtig, weil das Abstellen auf ein Unionsgrundrecht der allgemeinen Handlungsfreiheit oder Art. 15 und Art. 16 GRC als vergleichbare Auffanggrundrechte zu einer untragbaren Expansion der Horizontalwirkungsdoktrin führen würden. Dogmatisch lässt sich das selektive Vorgehen des EuGH damit erklären, dass ein Grundrecht der allgemeinen Handlungsfreiheit auf Unionsebene nicht in gleicher Weise existieren dürfte wie auf nationaler Ebene. Und selbst wenn man ein solches Grundrecht annimmt, müsste den teleologischen Besonderheiten bei der Anwendung auf mitgliedstaatliches Recht Rechnung getragen werden, die einem expansiven Verständnis entgegenstehen. Ein weiterer Erklärungsansatz könnte darin liegen, dass es dem Gerichtshof doch zentral auf das Konkretisierungsverhältnis zwischen Unionsgrundrecht und Richtlinie ankommt. Ein solches ist für die genannten Auffanggrundrechte regelmäßig abzulehnen. Konkret für Art. 16 GRC als Auffanggrundrecht auf Arbeitgeberseite gilt im Kern dasselbe; auch wenn es auf dieses Grundrecht schon deshalb selten ankommen wird, weil es in der Rechtsprechung bisher stets um ein Zuwenig an Arbeitnehmerschutz ging. Ginge es um ein Zuviel an Arbeitnehmerschutz zulasten der Arbeitgeberseite, wäre die Charta in den allermeisten Fällen aufgrund der bloßen Mindestharmonisierung im Bereich der Sozialpolitik bereits nicht anwendbar. Daneben handelt es sich bei Art. 16 GRC um ein regelungsfähiges Grundrecht, bei dem nur Regelungen, die seinen Kernbereich tangieren, Eingriffe im Sinne des Art. 52 Abs. 1 GRC darstellen. Sein Horizontalwirkungspotential ist deshalb begrenzt.

2. Grundlagen zur Inhaltsermittlung

Ausgehend hiervon kommt es entscheidend auf die Inhaltsermittlung der speziellen Arbeitnehmergrundrechte der Charta an. In dieser Hinsicht ist es erforderlich, zunächst einige Grundsatzfragen zu klären. Das betrifft zum einen die generellen Auslegungsmaximen, die es bei einer Untersuchung des Gewährleistungsgehalts der speziellen Grundrechte der GRC zu beachten gilt. Im Besonderen muss hierbei außerdem das komplexe Verhältnis von Richtlinie und Grundrecht zueinander beleuchtet werden.

a) Grundlegende Auslegungsmaximen

aa) Eingeschränkte Bedeutung des Wortlauts

Ausgangspunkt einer jeden Auslegung ist der Wortlaut.[106] So fragt auch der EuGH für die unmittelbare Anwendbarkeit danach, „ob die Bestimmung, um die es geht, nach Rechtsnatur, Systematik und Wortlaut geeignet ist, unmittelbare Wirkungen [...] zu begründen."[107] Und auch in der oben analysierten Rechtsprechung zieht er den Wortlaut der in Rede stehenden Bestimmungen heran, um sie auf ihre Horizontalwirkung zu untersuchen.[108] Allerdings wurde an anderer Stelle dieser Arbeit bereits auf die im Vergleich zur nationalen Auslegungsmethodik untergeordnete Bedeutung des Wortlauts bei der Auslegung unionaler Normen hingewiesen. Dies gilt für das Unionsrecht im Allgemeinen[109], aber auch und gerade für die Frage der hinreichenden Bestimmtheit bei der Prüfung der unmittelbaren Anwendbarkeit im Speziellen[110]. Der vielsprachige Wortlaut bleibt zwar äußerster Rahmen und wichtigster Ausgangspunkt, kann aber für sich genommen zur Prüfung des Kriteriums der „hinreichenden Bestimmtheit" wenig Substanzielles beitragen. Alleine mit dem Wortlautargument lassen sich die unterschiedlichen Nuancen zur Horizontalwirkung der bisher vom Gerichtshof behandelten Grundrechte deshalb nur im Ansatz[111], keineswegs aber abschließend erklären.[112]

bb) Grundrechtstypische Auslegungsbedürftigkeit und hinreichende Bestimmtheit

Eng an diese Ausgangsüberlegung knüpft die Einsicht, dass alleine die Auslegungsbedürftigkeit einer Norm der hinreichenden Bestimmtheit nicht entgegensteht.[113] Zutreffend verstanden ist die unmittelbare Anwendbarkeit einer Vor-

---

[106] Vgl. jüngst etwa EuGH v. 03.06.2021 – Rs. C-624/18 (*Tesco Stores*), NZA 2021, 855, Rn. 20.

[107] EuGH v. 04.12.1974 – Rs. 41//74 (*van Duyn*), Slg. 1974, 1337, Rn. 12. In diese Richtung bereits EuGH v. 05.02.1963 – Rs. 26/62 (*van Gend & Loos*), NJW 1963, 974, 976.

[108] EuGH v. 15.01.2014 – Rs. C-176/12 (*AMS*), NZA 2014, 193, Rn. 45 f.; EuGH v. 06.11.2018 – Rs. C-569/16, C-570/16 (*Bauer*), NZA 2018, 1467, Rn. 54; EuGH v. 06.11.2018 – Rs. C-684/16 (*Max-Planck*), NZA 2018, 1474, Rn. 51.

[109] *Martens*, Methodenlehre des Unionsrechts, 2013, S. 331 ff., 373 ff.

[110] EuArbRK/*Höpfner*, Art. 288 AEUV Rn. 35. Konkret zur GRC *Kokott*, FS I. Schmidt, 2021, S. 991, 998.

[111] So leitet der EuGH etwa in der Rechtssache *AMS* aus dem Wortlaut von Art. 27 GRC zutreffend den Vorbehalt einer legislativen Konkretisierung her, EuGH v. 15.01.2014 – Rs. C-176/12 (AMS), NZA 2014, 193, Rn. 45.

[112] Hierzu sind vielmehr originär grundrechtsdogmatische Überlegungen erforderlich. Dazu siehe insbesondere sogleich unter b) bb).

[113] *Jarass/Beljin*, JZ 2003, 768, 770; Streinz/*Schroeder*, Art. 288 AEUV Rn. 93.

schrift nämlich bereits dann zu bejahen, wenn sie von den nationalen Gerichten, Behörden etc. im Einzelfall angewendet werden *kann.* Die konkretisierende Auslegung durch den nationalen Richter in Kooperation mit dem EuGH, auf die letztlich jede Bestimmung in unterschiedlichem Maße angewiesen ist[114], entspricht gerade der richterlichen Rechts- und insbesondere einer Grundrechtsanwendung.[115] Es wäre zirkelschlüssig, allein vom Bedürfnis richterlicher Konkretisierung[116] auf die Unbestimmtheit zu schließen, aus der sich wiederum die fehlende unmittelbare Anwendbarkeit ergäbe. Dies muss denn auch für die naturgemäß auslegungsbedürftigen Grundrechte der Charta gelten. Auch im übrigen Primärrecht hat die vermeintliche Vagheit des Normtextes etwa aufgrund der Verwendung unbestimmter Rechtsbegriffe den EuGH nicht davon abgehalten, die hinreichende Bestimmtheit zu bejahen.[117]

cc) Bedeutung von Ermessensspielräumen

Auch das Bestehen eines Ermessensspielraums, wie er gerade für die unionsgrundrechtlichen Schutzpflichten typisch ist, steht der hinreichenden Bestimmtheit nicht entgegen, wenn der Norm zumindest die Grenzen dieses Spielraums entnommen werden können. Dies ist angesichts der obigen Erwägungen zu bejahen, denn die grundrechtlichen „Spielräume" sind keineswegs grenzenlos, sondern werden durch einen spezifischen Mindestgewährleistungsgehalt der jeweiligen Grundrechtsbestimmung im Sinne eines Untermaßverbotes zugunsten der anderen Partei des Horizontalverhältnisses begrenzt. In dieser Hinsicht ist die hinreichende Bestimmtheit zu bejahen.[118] Ähnlich praktiziert der EuGH dies im Richtlinienrecht, wenn er Vorschriften für jedenfalls insoweit unmittelbar anwendbar erklärt, als sich ihnen zwingende Mindeststandards oder Grenzen für die Ermessensausübung entnehmen lassen.[119]

---

[114] Instruktiv hierzu *Haltern*, Europarecht – Band II, 3. Auflage, 2017, § 8 Rn. 666 ff.

[115] *Hager*, Rechtsmethoden in Europa, 2009, S. 320 f.; *Greif*, Die Unanwendbarkeit richtlinienwidriger deutscher Arbeitsgesetze, 2016, S. 39, 257. Zu Richtlinien *Herrmann*, Richtlinienumsetzung durch die Rechtsprechung, 2003, S. 48 f.

[116] Davon sind die Schlüsse zu unterscheiden, die sich aus dem Erfordernis einer *legislativen* Konkretisierung für die unmittelbare Anwendbarkeit ziehen lassen (s.u.).

[117] Vgl. bereits EuGH v. 05.02.1963 – Rs. C-26/62 (*van Gend & Loos*), NJW 1963, 974, in der der Gerichtshof Art. 12 EWG-Vertrag a.F. trotz Auslegungsbedürftigkeit des Begriffs der „Abgaben gleicher Wirkung" die unmittelbare Anwendbarkeit zusprach. Mit Verweis hierauf *von Diest*, Diskriminierungsschutz, 2016, S. 169. Vgl. außerdem jüngst zur unmittelbaren Anwendbarkeit von Art. 157 AEUV hinsichtlich des Merkmals der „gleichwertigen Arbeit", EuGH v. 03.06.2021 – Rs. C-624/18 (*Tesco Stores*), NZA 2021, 855, Rn. 20 ff.

[118] So auch *Kokott*, FS I. Schmidt, 2021, S. 991, 999; *Greif*, Die Unanwendbarkeit richtlinienwidriger deutscher Arbeitsgesetze, 2016, S. 229 f.

[119] Vgl. einerseits EuGH v. 01.02.1977 – Rs. 51/76, (*Nederlandse Ondernemingen*), Slg. 1977, 113, Rn. 20 ff. = NJW 1977, 2022 („Dies gilt vor allem dann, wenn sich der einzelne vor dem staatlichen Gericht auf eine Richtlinienbestimmung beruft, um feststellen zu lassen, ob die zuständigen nationalen Stellen [...] innerhalb der von der Richtlinie gezogenen *Ermes-*

dd) Auslegungshilfen – Erläuterungen, EMRK und Verfassungsüberlieferungen

Das Problem, dass damit der Wortlaut der Chartagewährleistungen dem Richter insgesamt kaum sicheren Aufschluss über die genaue Reichweite des Schutzbereichs gibt, wird zumindest dadurch etwas abgemildert, dass die Charta selbst Direktiven für eine konkretisierende Auslegung vorgibt.

Besonders von Gewicht sind hier Art. 52 Abs. 3 und Abs. 4[120] sowie schließlich Abs. 7 GRC: Art. 52 Abs. 3 GRC gibt vor, dass die Grundrechte der Charta in ihrem Gewährleistungsgehalt nicht hinter ihrem jeweiligen Äquivalent in der EMRK zurückbleiben dürfen.[121] Dadurch finden die Bestimmungen der EMRK in ihrer Auslegung durch den EGMR Einzug in die Charta. Art. 52 Abs. 4 sieht in ähnlicher Weise vor, dass – soweit vorhanden – einschlägige Verfassungsüberlieferungen der Mitgliedstaaten bei der Auslegung zu berücksichtigen sind. Sowohl Abs. 3 als auch Abs. 4 bilden dadurch letztlich ab, was bereits vor Verbindlichwerden der GRC gegolten hat, als der EuGH aus eben diesen beiden Rechtsquellen die ungeschrieben Grundrechte der Union abgeleitet hat. Weil dem Konvent die Befugnis fehlte, den Grundrechtstandard der EU durch die Charta abzusenken[122], dienen beide Bestimmungen dazu, einen methodischen Bruch zu dieser bisherigen Grundrechtsentwicklung zu verhindern. Die Charta bleibt hierdurch durchlässig für etwaige Außeneinflüsse.

---

sensgrenzen geblieben sind." (Hervorhebung durch Verf.)) und andererseits etwa EuGH v. 19.01.1982 – Rs. 8/81 (*Becker*), Slg. 1982, 53, Rn. 29 = NJW 1982, 499, 500; EuGH v. 19.11.1991 – Rs. C-6/90 u.a. (*Francovich* u.a.), NJW 1992, 165, Rn. 18 („Der Umstand, daß die Art. 3 und 4 I, II den Mitgliedstaaten einen gewissen Gestaltungsspielraum in Bezug auf die Methoden für die Festsetzung dieser Garantie und die Begrenzung des Garantiebetrags einräumen, ändert nichts daran, daß das vorgeschriebene Ziel genau und unbedingt ist. Wie die Kommission und die Kl. nämlich ausgeführt haben, läßt sich die in der Richtlinie vorgesehene *Mindestgarantie* [...] bestimmen [...]." (Hervorhebung durch Verf.)) S. dazu auch Streinz/*Schroeder*, Art. 288 AEUV Rn. 93; *Kruis*, Der Anwendungsvorrang des EU-Rechts in Theorie und Praxis, 2013, S. 116; *Herrmann*, Richtlinienumsetzung durch die Rechtsprechung, 2003, S. 50 ff.

[120] Auch Art. 6 Abs. 3 EUV nennt ausdrücklich die EMRK und die Verfassungsüberlieferungen.

[121] Inwieweit das für die sozialen Grundrechte der Charta bedeutsam ist, ist unklar, da es für sie in der EMRK gänzlich an einer Entsprechung fehlt. Hier wäre wie bei allen sozialen Grundrechten ein Abstellen auf die ESC zwar aufgrund ihres vergleichbaren Ranges im Völkerrecht und ihrer Sachnähe theoretisch denkbar; vom Wortlaut des Art. 52 Abs. 3 GRC wäre dies allerdings nicht gedeckt, weshalb ein argumentum e contrario näher liegt, das gegen eine derart strenge Berücksichtigung anderer völkerrechtlicher Grundrechtskataloge spricht. Sie können nur durch (1) Bezugnahme in den Erläuterungen, (2) mittelbar als Bestandteil der nationalen Verfassungsüberlieferungen oder (3) mittelbar als Direktive bei der Auslegung der EMRK Einfluss auf das Auslegungsergebnis gewinnen. Vgl. hierzu auch EuArbRK/*Schubert*, Art. 52 GRC Rn. 28 ff. Umfassend auch *Schlachter*, EuR 2016, 478, 484 ff. sowie *dies.*, SR 2019, 165 ff.

[122] So bereits *Scheuing*, EuR 2005, 162, 183.

Neben diese chartaexternen Rechtserkenntnisquellen, die vor allem der Entwicklungsgeschichte des unionalen Grundrechtsschutzes geschuldet sind, tritt eine weitere wichtige chartainterne Auslegungsdirektive: Die gebührende Berücksichtigung der Erläuterungen der Charta gem. Abs. 7. Diese sind teils sehr ausführlich formuliert und können ebenfalls wichtige Hinweise für die Bestimmung des Schutzbereichs liefern. Auch die Möglichkeit einer Einbeziehung des sekundärrechtlichen *acquis communautaire* in den Auslegungsvorgang wurzelt letztlich in Abs. 7. So kommt die Berücksichtigung des einschlägigen Sekundärrechts (nur) dann in Betracht, wenn die Erläuterungen auf entsprechendes Sekundärrecht Bezug nehmen.[123] Allerdings fällt für Abs. 7 die im Vergleich zu den anderen beiden Rechtserkenntnisquellen abgeschwächte Formulierung auf. In Abs. 3 und Abs. 4 ist die Rede von „gleiche[r] Bedeutung und Tragweite“[124] und Auslegung „im Einklang“, wohingegen Abs. 7 nur eine gebührende Berücksichtigung fordert. Dies legt nahe, dass den Erläuterungen weniger Gewicht beizumessen ist als den anderen Auslegungsdirektiven.

b) Grundrechtskonkretisierende Richtlinien – keine *Rechtserkenntnisquelle*

Die umstrittenste Frage bei der Auslegung der Chartagrundrechte ist, inwieweit bei der Bestimmung des grundrechtlichen Gewährleistungsgehalts auf sekundärrechtliche Richtlinien zurückgegriffen werden kann. Teilweise werden diese unter dem Schlagwort der grundrechtskonkretisierenden Richtlinie in einem Zug mit den oben dargestellten Direktiven als Rechtserkenntnisquelle für die richterliche Auslegung von Primärrechtsbestimmungen genannt.[125] Eine solche Bezeichnung ist allerdings missverständlich und übergeht terminologisch den wesentlichen dogmatischen Unterschied zu den übrigen chartaexternen und -internen Auslegungsdirektiven: Anders als die EMRK, die mitgliedstaatlichen Verfassungsüberlieferungen oder die unverbindlichen Chartaerläuterungen stehen sekundärrechtliche Richtlinienbestimmungen zum Primärrecht in einem Hierarchieverhältnis. Weder Art. 6 Abs. 3 EUV noch Art. 52 GRC nennen das Sekundärrecht außerdem *ausdrücklich* als Rechtserkenntnisquelle.[126] Vor diesem Hintergrund stellt sich die Wechselwirkung zwischen Chartagrundrechten und Richtlinien als komplexer dar, als es die teils sehr einseitigen Stellungnahmen in der Literatur vermuten lassen. Dabei ist es auf der einen Seite nicht so, dass es generell zulässig wäre, den Schutzbereich der Grundrechte sekundärrechtlich aufzuladen[127]; auf

---

[123] So auch EuArbRK/*Schubert*, Art. 52 GRC Rn. 32.

[124] Wobei jedoch auffällig ist, dass Abs. 3 in seinem Satz 2 die Möglichkeit eines über die EMRK hinausgehenden Schutzstandards ausdrücklich einräumt, eine entsprechende ausdrückliche Regelung in Abs. 4 allerdings fehlt.

[125] *Greif*, Die Unanwendbarkeit richtlinienwidriger deutscher Arbeitsgesetze, 2016, S. 213 ff.; *Hilbrandt*, NZA 2019, 1168, 1172 möchte etwa das Sekundärrecht in eine „wertende Gesamtschau“ einbeziehen, um den Gewährleistungsgehalt zu ermitteln.

[126] *Mörsdorf*, Ungleichbehandlung als Norm, 2018, S. 117.

[127] Sehr weitreichend Meyer/Hölscheidt/*Hüpers*/*Reese*, Art. 31 Rn. 27; PHKW/*Bogg*/*Ford*,

der anderen Seite muss ein solches Vorgehen aber auch nicht a priori unzulässig sein[128].[129]

aa) Grundsätzliche Unzulässigkeit einer Rechtsquellenvermengung

(1) Normhierarchischer Ausgangspunkt

Methodischer Ausgangspunkt sollte zunächst die Einsicht sein, dass die Unionsgrundrechte als Teil des Primärrechts den Richtlinien als Sekundärrecht normhierarchisch überlegen sind. Das entspricht dem traditionellen Stufenbau der Rechtsordnung[130], wie er auch für das Unionsrecht anerkannt ist.[131] Es gilt damit im Verhältnis zwischen Richtlinie und Grundrecht die Grundregel: *lex superior derogat legi inferiori.*[132] Daraus folgt, dass Sekundärrecht am Primärrecht zu messen ist und nicht andersherum. Richtlinien sind aufgrund dieses Derogationszusammenhangs im Lichte der Grundrechte der Charta auszulegen, nicht Grundrechte im Lichte von Richtlinien.

Diese Sichtweise ist zunächst nicht nur aus methodischer, sondern auch aus unionsverfassungsrechtlicher Perspektive geboten. Einer Definition des Primärrechts durch Sekundärrecht steht Art. 19 Abs. 1 S. 2 EUV grundlegend entgegen, der die Aufgabe der Auslegung des Primärrechts dem Gerichtshof zuweist.[133] Eine Bindung an das vom Unionsgesetzgeber vorgegebene Auslegungsergebnis wäre damit nicht vereinbar. Außerdem gilt es zu bedenken, dass, könnte Sekundärrecht ohne weiteres das Primärecht inhaltlich aufladen, dieses seine Funktion als Kontrollmaßstab des Sekundärrechts verlöre. Die Folge wäre ein veränderungsresistentes Sekundärrecht, dass sich stets an seinem eigenen Inhalt, der

---

31.57. In diesem Sinne wohl auch *Hilbrandt*, NZA 2019, 1168, 1174, der für alle arbeitsrechtlichen Grundrechte eine Berücksichtigung der sekundärrechtlichen Vorgaben fordert, unabhängig davon, ob der Gewährleistungstext (wie in Art. 27 und 30, s.u.) eine Abhängigkeit von „einfachem Recht“ anordnet. Ähnlich *Gallner*, FS Preis, 2021, S. 271, 284 f.; GA *Bot*, Schlussanträge v. 29.05.2018 – Rs. C-569/16, C-570/16 (*Bauer*), BeckRS 2018, 9605, Rn. 88.

[128] So aber *Wank*, RdA 2020, 1, 12; *ders.*, Juristische Methodenlehre, 2020, § 9 Rn. 73 („upgraden“).

[129] Ähnlich differenziert Preis/Sagan/*Pötters*, § 3 Rn. 39; *ders.*, Grundrechte und Beschäftigtendatenschutz, 2013, S. 206 ff; Merten/Papier-HdbGR Bd. VI/1/*Skouris*, § 157 Rn. 24; *Jarass*, GRC, Einl. Rn. 63; *Willemsen*/*Sagan*, NZA 2011, 258, 261. Im Ansatz GA *Bobek*, Schlussanträge v. 25.07.2018 – Rs. C-193/17 (*Cresco Investigation*), BeckRS 2018, 16329, Rn. 142 ff.

[130] *Merkl*, FS Kelsen, 1931, S. 252, 272 ff.; *Kelsen*, Reine Rechtslehre, 2. Auflage, 1960, S. 228 ff.

[131] *Möllers*, Juristische Methodenlehre, 4. Auflage, 2021, § 2 Rn. 74 ff.; *Schroeder*, Das Gemeinschaftsrechtssystem, 2002, S. 364 ff.; *Jarass*, EuR 2013, 29, 33; Calliess/Ruffert/*Ruffert*, Art. 288 AEUV Rn. 8 ff.

[132] *Martens*, Methodenlehre des Unionsrechts, 2013, S. 424 ff. Zur Reichweite der Derogationswirkung im Einzelnen *Nettesheim*, EuR 2006, 738, 746 ff.

[133] *Möllers*, Juristische Methodenlehre, 4. Auflage, 2021, § 2 Rn. 81; *Roth*, RabelsZ 75 (2011), 787, 811.

fortan primärrechtliche Qualität hätte, messen lassen müsste. Der Gesetzgeber könnte sein Handeln damit erfolgreich einer richterlichen Überprüfung am Maßstab höherrangigen Rechts entziehen.[134] Dies wäre mit der unionalen Gewaltenteilung nicht vereinbar.

Schließlich wird vereinzelt darauf hingewiesen, dass die strikte Trennung der Hierarchieebenen deshalb erforderlich sei, weil das Primärrecht einstimmig von den Mitgliedstaaten beschlossen ist und deshalb aufgrund seiner höheren Legitimation grundsätzlich Vorrang vor den sekundärrechtlichen Mehrheitsentscheidungen der Unionsorgane haben müsse.[135] Dieser Gesichtspunkt leuchtet zwar grundsätzlich ein, kann allerdings dort nicht gelten, wo die Verträge wegen der Anordnung des besonderen Gesetzgebungsverfahrens für den Erlass von Sekundärrecht abweichend von Art. 16 Abs. 3 EUV Einstimmigkeit im Rat voraussetzen. Das ist in wichtigen Teilen des Arbeitsrechts der Fall, namentlich im Rahmen der diskriminierungsrechtlichen Gesetzgebung auf Basis des Art. 19 AEUV[136], der Rechtssetzung im Rahmen des Art. 115 AEUV sowie schließlich im Rahmen wichtiger Teile der Sozialpolitik (vgl. Art. 153 Abs. 2 UAbs. 3 AEUV). Dort kann daher nicht mit einem Vorrang des einstimmig beschlossenen Primärrechts argumentiert werden. Da bereits die zuvor genannten Argumente ausreichend Gewicht haben, ändert dies jedoch nichts daran, dass die Annahme einer Normenhierarchie zwischen Sekundärrecht und Primärrecht zwingend ist.

Eine unbedachte Vermengung von Richtlinien- und Grundrechtsgehalten wird mit Blick auf die dargelegten Einwände zu Recht kritisch gesehen.[137] Es ist bedenklich, wenn der EuGH in seinen Ausführungen Grundrecht und Richtlinie in einem Satz zitiert, ohne in seiner rechtlichen Begründung nach den verschiedenen Rechtsquellen zu differenzieren.[138] Dadurch entsteht der Eindruck, der Gerichtshof nehme die Normenhierarchie nicht ernst genug, wenngleich einzuräumen ist, dass dieses Vorgehen wohl weniger einer fehlenden Sensibilität für den Stufenbau der Rechtsordnung, sondern einem allgemein eher apodiktischen Urteilsstil geschuldet sein dürfte. Erklären lässt sich diese Praxis im Grundrechts-

---

[134] *Roth*, RabelsZ 75 (2011), 787, 814.

[135] *Kainer*, NZA 2018, 894, 895 f.; *Hartmann*, EuZA 2019, 24, 35.

[136] Zutreffend der Hinweis bei *Mörsdorf*, Ungleichbehandlung als Norm, 2018, S. 120. Dies verkennen *Kainer*, NZA 2018, 894, 895 f. und *Hartmann*, EuZA 2019, 24, 35.

[137] *Wank*, RdA 2020, 1, 12; *ders.*, Juristische Methodenlehre, 2020, § 9 Rn. 73 („upgraden"); *Classen*, JZ 2019, 1057, 1064; *ders.*, EuR 2018, 752, 764; *Rudkowski*, NJW 2019, 476, 480; *Fornasier*, GPR 2019, 141, 147; *Kainer*, GPR 2020, 149, 151; *ders.*, NZA 2018, 894, 895 f.; *ders.*, GPR 2016, 262, 267; *Roth*, RabelsZ 75 (2011), 787, 811 ff.; *Sagan*, ZESAR 2011, 412, 413; *Willemsen/Sagan*, NZA 2011, 258, 261; *Edenharter,* EuR 2022, 302, 314; EuArbRK/*Schubert*, Art. 6 EUV Rn. 46; *Jarass*, GRC, Einl. Rn. 63; *Morgenbrodt*, Loyalitätsobliegenheiten und Grundrechte, 2021, S. 286 ff. Vgl. auch umfassend GA *Trstenjak,* Schlussanträge v. 08.09.2011 – Rs. C-282/10 (*Dominguez*), BeckRS 2011, 81367, 154 ff.; GA *Bobek,* Schlussanträge v. 25.07.2018 – Rs. C-193/17 (*Cresco Investigation*), BeckRS 2018, 16329, Rn. 142 ff.

[138] Stellvertretend EuGH v. 14.05.2019 – Rs. C-55/18 (*CCOO*), NZA 2019, 683, Rn. 48.

bereich außerdem damit, dass der Gerichtshof mangels bestehender Sonderzuständigkeiten gleichzeitig als Fach- und als Verfassungsgericht auftritt.[139] Er muss deshalb zwangsläufig die primärrechtlichen Grundrechte und die sekundärrechtlichen Richtlinien gleichzeitig im Blick behalten. Dieser Stil des EuGH lässt deshalb keine generellen Rückschlüsse auf sein methodisches Verständnis vom Verhältnis zwischen Grundrecht und Richtlinie zueinander zu. Zu kritisieren ist er dennoch.

(2) Ablehnung der These einer inversen Normenhierarchie

Mörsdorf hat dementgegen ein abweichendes Deutungs- und Erklärungsmuster für die Rechtsprechung des EuGH vorgeschlagen, in welchem er von einer *Inversion der Normenhierarchie*[140] (auf dem Gebiet des Diskriminierungsrechts[141]) durch den EuGH ausgeht. Er deutet und rechtfertigt[142] das Vorgehen des Gerichtshofs dahingehend, dass dieser seinen Entscheidungen kein konventionell hierarchisches Verhältnis zwischen Grundrecht und grundrechtskonkretisierendem Sekundärrecht zugrunde lege, sondern dass aus Sicht des EuGH vielmehr der Unionsgesetzgeber den Schutzbereich dieser Grundrechtsbestimmungen – zulässigerweise – mit sekundärrechtlichen Detailvorgaben aufladen könne.[143]

(a) Unzutreffendes Deutungsmuster

Bereits einer Deutung der Rechtsprechung in diesem Sinne ist jedoch zu widersprechen. Denn dabei wird verkannt, dass der EuGH nur die Rechtfertigungsprüfung anhand des Sekundärrechts vornimmt[144]; die Verbotswirkung, die die Unanwendbarkeit des nationalen Rechts zeitigt, leitet der Gerichtshof autonom aus dem primärrechtlichen Grundrecht ab.[145] In der diskriminierungsrechtlichen Rechtsprechungslinie[146] seit *Mangold* ist gerade keine „umfassende“ inhaltliche

---

[139] *Höpfner*, JbArbR 57 (2020), 69, 80; *Bayreuther*, RdA 2022, 290, 291.

[140] *Mörsdorf*, Ungleichbehandlung als Norm, 2018, S. 101 ff.; *ders.*, JZ 2019, 1066, 1066 ff.

[141] Er schließt jedoch bereits an dieser Stelle nicht aus, dass es sich um ein über das Diskriminierungsrecht hinausgehendes allgemeingültiges Deutungsmuster für die grundrechtliche Rechtsprechung des EuGH handeln könnte, vgl. *Mörsdorf*, Ungleichbehandlung als Norm, 2018, S. 113 („jedenfalls für den Bereich des Antidiskriminierungsrechts“). Seine dogmatische Begründung anhand der Türöffnerfunktion von Richtlinien (S. 116 ff.) lässt sich wohl ohne größeren Aufwand auf Fälle außerhalb des Diskriminierungsrechts übertragen. Vgl. konsequenterweise später *ders.*, JZ 2019, 1066 ff.

[142] *Mörsdorf*, Ungleichbehandlung als Norm, 2018, S. 113 ff.

[143] Zur Kritik am dogmatischen Erklärungsansatz siehe unten.

[144] Implizit auch *Bilz*, Margin of Appreciation der EU-Mitgliedstaaten, 2020, S. 376.

[145] Wie hier *Schubert*, EuZA 2020, 302, 309, die dieses Vorgehen jedoch mit der besonderen Struktur von Diskriminierungsverboten begründet. Nach hier vertretenem Verständnis ist es jedoch der Prima-facie-Struktur der Grundrechte geschuldet, die alle Chartagrundrechte aufweisen. Vgl. zum Diskriminierungsrecht auch Preis/Sagan/*Grünberger/Husemann*, § 5 Rn. 16.

[146] Eine konsequente Einordnung der nicht-diskriminierungsrechtlichen Entscheidung in

Prägung des primärrechtlichen Diskriminierungsverbots durch das Sekundärrecht zu erkennen.[147] Schon mit Blick auf diese Entscheidungen, die auch im Mittelpunkt der vorliegenden Untersuchung stehen, kann einem solchen Deutungsmuster nicht gefolgt werden.

Vieles spricht dafür, dass ein solcher Begründungsansatz letztlich von einer wesentlichen Kinderkrankheit der *Mangold*-Rechtsprechung fehlgeleitet ist[148]: Weil in den ersten Entscheidungen noch kein verbindlicher, geschriebener Grundrechtskatalog vorhanden war, musste der EuGH in der Tat (auch) auf Gedanken des Sekundärrechts zurückgreifen, um den primärrechtlichen Grundrechtsschutz erst auszuformen.[149] Das erschwerte naturgemäß die gebotene Differenzierung nach Gewährleistungsgehalt und Rechtfertigung im hier bevorzugten Sinne. Nach dem sich die geschriebene Charta als zentraler Baustein der Grundrechtsordnung etabliert hat, hat sich nun aber offenbart, worum es dem EuGH eigentlich geht: Eine grundsätzlich autonome Bestimmung des primärrechtlichen Gewährleistungsgehalts bei einer sekundärrechtlich determinierten Abwägung der gegenläufigen Grundrechte auf Rechtfertigungsebene.[150] Die Prüfungsreihenfolge ist dabei freilich umgekehrt, weil der EuGH erst die Auslegung des Sekundärrechtsakts prüft und sich dann, mit dem so präjudizierten Abwägungsergebnis vor Augen, der Prüfung der Vereinbarkeit mit dem Primärrecht zuwendet.[151]

Auch die als vermeintlicher Beleg einer inversen Normenhierarchie angeführte Entscheidung des EuGH in der Rechtssache *Test-Achats*[152] rechtfertigt die Annahme einer solchen nicht.[153] In der Tat ist die Entscheidung eine Art „Lackmustest"[154] für das Grundrechtsverständnis des EuGH, weil dieser dort die Vereinbarkeit einer sekundärrechtlichen Bestimmung selbst, namentlich Art. 5 Abs. 2 der Genderrichtlinie 2004/113/EG, mit den primärrechtlichen Bestimmungen der Art. 21 und Art. 23 GRC zu prüfen hatte. Die Richtliniennorm sollte

---

der Rechtssache *AMS* gelingt auf Basis seines Deutungsmusters, indem diese als Einordung von Art. 27 GRC als Charta-Grundsatz gedeutet wird, vgl. *Mörsdorf*, Ungleichbehandlung als Norm, 2018, S. 108 f.

[147] So aber *Mörsdorf*, Ungleichbehandlung als Norm, 2018, S. 110; Grabenwarter, EnzEuR/*Schmahl*, § 20 Rn. 114.

[148] Das zeigt sich an den Ausführungen bei *Mörsdorf*, Ungleichbehandlung als Norm, 2018, S. 101 ff., in denen pauschal von einer Genese und inhaltlichen Definition des Primärrechts durch den Unionsgesetzgeber ausgegangen wird, ohne zwischen Gewährleistungsgehalt und Rechtfertigungsprüfung zu trennen.

[149] *Greif*, in: Uffmann/Dahm (Hrsg.), Vielfalt oder Chaos – Aktuelle Probleme und Entwicklungen im deutschen und europäischen Arbeitsrecht, 2013, S. 43, 68 f.

[150] *Schubert*, EuZA 2020, 302, 309; Preis/Sagan/*Grünberger*/*Husemann*, § 5 Rn. 16.

[151] Preis/Sagan/*Grünberger*/*Husemann*, § 5 Rn. 16.

[152] EuGH v. 01.03.2011, C-236/09 (*Test-Achats*), NJW 2011, 907, Rn. 16.

[153] So aber *Mörsdorf*, Ungleichbehandlung als Norm, 2018, S. 110 ff. Kritisch demgegenüber *Hartmann*, EuZA 2019, 24, 34 f.; *Grünberger*, AcP 219 (2019), 597, 603. Mit anderer Lesart bereits *Kroll-Ludwigs*, JZ 2011, 734, 735 f.

[154] *Mörsdorf*, Ungleichbehandlung als Norm, 2018, S. 110 ff.

es den Mitgliedstaaten ermöglichen, unter bestimmten Bedingungen geschlechtsspezifische Unterschiede bei Versicherungsprämien und -leistungen zuzulassen, die nach Abs. 1 eigentlich abzubauen waren. In Rede stand deshalb eine unzulässige Diskriminierung wegen des Geschlechts durch den Unionsgesetzgeber. Träfe die Deutung, der EuGH gehe von einer inversen Normenhierarchie aus, zu, so hätte der Gerichtshof hier in der Tat Schwierigkeiten haben müssen, eine Unvereinbarkeit des Sekundärrechts mit dem Primärrecht festzustellen. Dem war nun aber, jedenfalls im Ergebnis, nicht so: Der EuGH erklärte die Richtlinienbestimmung für ungültig, weil sie aus seiner Sicht mit den genannten Grundrechten unvereinbar war.[155] Schon insoweit ist die These einer inversen Normenhierarchie also eigentlich widerlegt, denn der Gerichtshof hat dem Unionsgesetzgeber gerade keinen uneingeschränkten Regelungsspielraum eingeräumt.[156]

Allenfalls in der Begründung der Entscheidung ließen sich gewisse Indizien für ein anderes Verständnis erkennen: So hat der Gerichtshof tatsächlich keine ausführliche Grundrechtsprüfung am Maßstab des Art. 52 Abs. 1 GRC vorgenommen, sondern die Richtlinienbestimmung auf ihre „Kohärenz" untersucht.[157] Der Gerichtshof fragte konkret danach, ob der Unionsgesetzgeber durch die Ausnahmeregel in Art. 5 Abs. 2 der Richtlinie „kohärent" auf die Erreichung des in Abs. 1 formulierten Ziels, geschlechtsspezifische Prämien und Leistungen abzubauen, hingewirkt hatte. Darin wird zum Teil der Beleg dafür gesehen, dass der EuGH die Richtlinie letztlich „in sich" prüfe[158], was das Deutungsmuster von einer Inversion der Normenhierarchie belege: Der EuGH zitiere zwar die Grundrechte, anstatt ihren Gewährleistungsgehalt aber eigenständig zu definieren und sie in der Sache zu prüfen, lade er deren Inhalt mit der Richtlinie auf und könne so auf das – ursprünglich auf der Ebene des Sekundärrechts anzusiedelnde – „Kohärenzargument" als übergeordneten Prüfungsmaßstab rekurrieren.

Es erscheint jedoch nicht überzeugend, alleine hierauf die doch sehr grundlegende These von einer Inversion der Normenhierarchie durch den EuGH stützen zu wollen.[159] Immerhin stünde ein solches Vorgehen dem allgemeinen Verständnis um das Verhältnis zwischen Primär- und Sekundärrecht und der generellen Idee des Stufenbaus der Rechtsordnung diametral entgegen und wäre deshalb besonders rechtfertigungsbedürftig. Überdies hat eine umfassende Analyse der EuGH-Rechtsprechung im Grundrechtsbereich unlängst gezeigt, dass der Gerichtshof im Zusammenhang mit den Gleichheitsrechten der Charta ganz ge-

---

[155] EuGH v. 01.03.2011 – C-236/09 (*Test-Achats*), NJW 2011, 907, Rn. 32 f.

[156] *Hartmann*, EuZA 2019, 24, 34. So muss auch *Mörsdorf* selbst letztlich zugeben, dass das Urteil im Ergebnis eigentlich seinem Deutungsmuster widerspricht, *Mörsdorf*, Ungleichbehandlung als Norm, 2018, S. 124 f.

[157] EuGH v. 01.03.2011 – C-236/09 (*Test-Achats*), NJW 2011, 907, Rn. 21 ff.

[158] *Mörsdorf*, Ungleichbehandlung als Norm, 2018, S. 112. So bereits *Kahler*, NJW 2011, 894.

[159] Dagegen auch *Hartmann*, EuZA 2019, 24, 34 f. Siehe bereits *Kroll-Ludwigs*, JZ 2011, 734, 735 f.

nerell eher selten eine wirklich ausführliche Grundrechtsprüfung vornimmt.[160] Das kann ganz unterschiedliche Gründe haben, weshalb alleine das Fehlen von originär-grundrechtlichen Ausführungen in der Rechtssache *Test-Achats* noch nicht auf einen so grundlegenden methodischen Paradigmenwechsel hindeuten muss.

Und auch die Einordnung der „Kohärenzprüfung" als eine Prüfung anhand eines sekundärrechtlichen Maßstabs[161] ist zweifelhaft. Denn selbst wenn es der EuGH nicht ausdrücklich ausspricht: Eine „inkohärente" Regelung wird den Anforderungen an die Verhältnismäßigkeit des Grundrechtseingriffes im Sinne des Art. 52 Abs. 1 S. 2 GRC nicht gerecht.[162] Dabei handelt es sich um einen primärrechtlichen und damit um einen höherrangigen Prüfungsmaßstab. Nur weil für die Frage der Kohärenz „einfaches Recht" in den Blick genommen wird, wird nicht das einfache Recht selbst zum Prüfungsmaßstab.[163] Schließlich spricht gegen die Einordnung der Entscheidung als Beleg für eine inverse Normenhierarchie, dass der EuGH sich an mehreren Stellen auf Passagen einer vorangegangenen Entscheidung bezieht, in der er eine sehr viel ausführlichere Grundrechtsprüfung vorgenommen hat.[164] Diese machte er sich durch Inbezugnahme zu eigen und verzichtete wohl auch deshalb auf weitergehende Erwägungen in der vorliegenden Rechtssache. Zu erwähnen sind schließlich die ausführlichen Schlussanträge der Generalanwältin *Kokott*, in denen diese ebenfalls zur Ungültigkeit der Bestimmung gelangt war und die ebenfalls eine „konventionelle" Grundrechtsprüfung enthalten.[165] Auch diese könnte sich der Gerichtshof zumindest implizit zu eigen gemacht haben.[166]

Man mag dem EuGH also vorwerfen, dass er in der Rechtssache *Test-Achats* auf das schwammige „Kohärenzkriterium" zurückgreift, statt auf eine nachvollziehbare Grundrechtsprüfung abzustellen, und ohne dabei näher zu definieren,

---

[160] *Riedel*, Die Grundrechtsprüfung durch den EuGH, 2020, S. 182 ff.

[161] In diese Richtung jedoch auch *Thieken*, Der primärrechtliche Gleichbehandlungsgrundsatz, 2018, S. 232.

[162] Wie hier *Temming*, jurisPR-ArbR 14/2011, Anm. 5 unter C.

[163] Nicht anders – in der Sache allerdings traditionsbedingt sehr viel ausführlicher – würde etwa das BVerfG vorgehen, wenn es ein inkohärentes, etwa in seinem Regelungskonzept widersprüchliches, Gesetz, das in ein Grundrecht eingreift, für unverhältnismäßig und damit verfassungswidrig erklären würde.

[164] Vgl. insbesondere den Verweis in EuGH v. 01.03.2011 – Rs. C-236/09 (*Test-Achats*), NJW 2011, 907, Rn. 27 auf EuGH v. 09.11.2010 – Rs. C-92, 93/09 (*Schecke*), EuZW 2010, 939, Rn. 46 (ff.), wo eine ausführlichere Grundrechtsprüfung erfolgt sowie in Rn. 28 und 29 auf EuGH v. 16.12.2008 – Rs. C-127/07 (*Arcelor Atlantique*), EuZW 2009, 263, Rn. 23, 26, wo eine ausführlichere Maßstabsbildung zur Prüfung des Gleichbehandlungsgrundsatzes erfolgt.

[165] GA *Kokott*, Schlussanträge v. 30.09.2010 – Rs. C-236/09 (*Test-Achats*), juris.

[166] Wobei alleine die Tatsache, dass der EuGH ihr im Ergebnis folgt, kein sicherer Beweis dafür ist, dass er sich dabei auch die Begründung zu eigen macht. Vgl. zur Frage der Beziehung zwischen Entscheidungsgründen und Schlussanträgen umfassend *Martens*, Methodenlehre des Unionsrechts, 2013, S. 483 ff.

was er unter „kohärent“ letztlich versteht. Es ist aber nicht davon auszugehen, dass er dadurch einen derart fundamentalen Wandel in seinem Hierarchieverständnis vollziehen wollte.[167] Überzeugender erscheint es, Kritik gegen die Gründe der Entscheidung zu richten[168], anstatt sie als Beleg eines Richtungswechsels hin zu einer inversen Normenhierarchie zu verstehen. Eine solche Deutung überzeugt nicht.

(b) Methodische Unzulässigkeit

Unabhängig davon, dass schon eine Deutung der Rechtsprechung des EuGH in diesem Sinne nach hier vertretener Auffassung nicht überzeugt, wäre eine generelle[169] Inversion der Normenhierarchie dogmatisch nicht haltbar.

Zwar ist richtig, dass der EuGH mit dem Unionsgesetzgeber insoweit „im selben Boot“ sitzt, als beide im Verhältnis zu den Mitgliedstaaten den europäischen Integrationsprozess verwirklichen wollen.[170] Eine absolute Unparteilichkeit ohne wechselseitige Beeinflussung erscheint vor dem Hintergrund der gemeinsamen politischen Gestaltungsaufgabe unrealistisch. In diesem Punkt unterscheidet sich das Verhältnis von EuGH und Unionsgesetzgeber denn auch vom Urtypus der mitgliedstaatlichen Gewaltenteilung zwischen Legislative und Judikative, der eine Trennung von Verfassung und „einfachem Recht“ im klassischen Sinne rechtfertigt.

Dennoch lässt sich auch unter diesem veränderten Vorzeichen ein so fundamentaler Wandel wie eine Inversion der Normenhierarchie im grundrechtlichen Bereich ob ihrer zwingenden Gebotenheit[171] nicht begründen.[172] Von der normhierarchischen Überlegenheit der Unionsgrundrechte können, schon wegen ihrer unionsverfassungsrechtlichen Dimension, nur wenige punktuelle Ausnahmen gemacht werden.[173] Daneben ließe sich die vorgeschlagene Inversion der Normenhierarchie mit der Prima-facie-Struktur der Unionsgrundrechte nur schwer vereinbaren[174]: Der in den Mittelpunkt der These gestellte Art. 21 Abs. 1 GRC gibt die Modalitäten einer Rechtfertigung von Eingriffen nicht abschließend vor,

---

[167] Freilich lässt der Gerichtshof durch seinen typisch-apodiktischen Urteilsstil immer wieder auch methodische Fragen offen. Dass aber ein so grundlegender Wandel wie eine Inversion der Normenhierarchie auf dem Gebiet des Diskriminierungsrechts gänzlich stillschweigend erfolgen soll, erscheint auch vor dem Hintergrund dieser Rechtsprechungspraxis unrealistisch.

[168] Das gilt insbesondere mit Blick darauf, dass der EuGH eine Auseinandersetzung mit Art. 16 GRC als gegenläufiges Grundrecht gänzlich vermissen lässt, vgl. hierzu *Hartmann*, EuZA 2019, 24, 38.

[169] So nun *Mörsdorf*, JZ 2019, 1066, 1066 ff.

[170] Dazu bereits *Nettesheim*, EuR 2006, 738, 757 f. Zu idealistisch erscheint deshalb die Vorstellung bei *Hager*, Rechtsmethoden in Europa, 2009, S. 321.

[171] Siehe hierzu oben unter (1).

[172] Ähnlich bereits *Nettesheim*, EuR 2006, 738, 756.

[173] Dazu sogleich unter cc).

[174] Vgl. hierzu oben unter § 1 B. III. 1.

muss und kann also auch nicht mit derart detaillierten Richtliniengehalten aufgeladen werden. Definitive Rechtsfolgen, wie z.B. die Grundrechtswidrigkeit eines konkreten nationalen Gesetzes, vermag erst eine Abwägung mit kollidierenden Grundrechten auf Rechtfertigungsebene zu zeitigen. Solche Abwägungen lassen sich zwar im Sekundärrecht finden.[175] Diese liegen jedoch außerhalb des Gewährleistungsgehalts des Grundrechts selbst und können und müssen deshalb nicht zu dessen inhaltlicher Anreicherung führen.[176]

Die Argumente *für* eine dogmatische Rechtfertigung einer solchen Inversion greifen bei näherer Betrachtung nicht durch: Dass alleine die schwache Binnenhierarchisierung des Unionsrechts nicht ausreicht, um diese These zu stützen, liegt auf der Hand. Sie kann allenfalls eine gewisse Orientierungsfunktion des Sekundärrechts erklären.[177] Als zentrales Argument wird letztlich die „Türöffnerfunktion" der Richtlinie (Art. 51 Abs. 1 S. 1 Alt. 2 GRC) angeführt: Schon wegen der beschränkten Anwendbarkeit der Charta sei der Grundrechtsschutz der Union letztlich abhängig vom Tätigwerden des Unionsgesetzgebers („Aktivierung [des] Norminhalts im Außenverhältnis gegenüber den Mitgliedstaaten"[178]). Diese Annahme trifft, wie oben in § 13 dargestellt wurde, grundsätzlich zu. Es ist aber nicht plausibel, wieso deshalb auch grundrechtsdogmatisch von einer *inhaltlichen* Abhängigkeit des Grundrechts vom Tätigwerden des Unionsgesetzgebers ausgegangen werden sollte. Die Fragen des Anwendungsbereichs und der inhaltlichen Ausgestaltung eines Grundrechts sind strikt voneinander zu trennen.[179] Liegen die Voraussetzungen des Art. 51 Abs. 1 Alt. 2 GRC vor, ist ein Grundrecht in den Mitgliedstaaten vollständig anwendbar, unabhängig davon, ob es „sekundärrechtlich aktiviert" wurde.[180] Die Beobachtung an sich ist also richtig: Der Unionsgesetzgeber hat es faktisch in der Hand, die Reichweite der Charta zu bestimmen. Das liegt aber alleine an Gründen der vertikalen Gewaltenteilung, wie sie in Art. 51 Abs. 1 S. 1 Alt. 2 GRC verankert ist.[181] Eine Modifikation der Normenhierarchie in inhaltlicher Hinsicht trägt sie hingegen nicht.

(3) Kein Infragestellen durch Primat legislativer Abwägungsentscheidung

Deutet man die Rechtsprechung des EuGH im hier vertretenen Sinne, nach dem der Richtlinie im Union-Mitgliedstaat-Verhältnis die Rolle zukommt, die richterliche Grundrechtsabwägung auf Rechtfertigungsebene zu prädeterminieren

---

[175] Vgl. hierzu auch *Schubert*, EuZA 2020, 302, 309; Preis/Sagan/*Grünberger/Husemann*, § 5 Rn. 16.

[176] In diese Richtung auch Merten/Papier-HdbGR Bd. VI/1/*Skouris*, § 157 Rn. 24.

[177] *Mörsdorf*, Ungleichbehandlung als Norm, 2018, S. 115.

[178] *Mörsdorf*, Ungleichbehandlung als Norm, 2018, S. 118.

[179] *Heuer*, Art. 51 Abs. 1 Satz 1 GRC: Die Bindung der Mitgliedstaaten an die Unionsgrundrechte, 2014, S. 191.

[180] *Hartmann*, EuZA 2019, 24, 35 f.

[181] Hierzu eingehend *Bilz*, Margin of Appreciation der EU-Mitgliedstaaten, 2020, S. 384 ff.

(*Primat der legislativen Abwägungsentscheidung*), kann hingegen jedenfalls von einem grundsätzlichen Infragestellen der Normenhierarchie keine Rede sein. Hier geht es nämlich nicht um eine Definition des primärrechtlichen Gewährleistungsgehalts unter Zuhilfenahme der Richtlinie, sondern um eine Lenkung der der Schutzbereichsbestimmung nachgelagerten Rechtfertigungsprüfung.[182] Darin liegt methodisch gerade keine generelle Vermengung von Richtlinien und Grundrechtsinhalten. Der Gewährleistungsgehalt der Primärrechtsnorm und seine unmittelbare Anwendbarkeit müssen unabhängig von der Richtlinie bestimmt werden.[183] Dieses Vorgehen ist letztlich der systemwidrigen Besonderheit der hier untersuchten Konstellation geschuldet, dass mit Richtlinie und Grundrecht *gleichzeitig* zwei unterschiedliche Rechtsquellen zur Anwendung kommen, deren Verhältnis zueinander sich nicht mit rechtsquellentheoretischen Überlegungen auflösen lässt.[184]

Stimmen, die sich mit dem „Vermengungsargument" *pauschal* gegen das Vorgehen des EuGH richten, interpretieren und kritisieren die Rechtsprechung unzutreffend als generellen Fall einer Aufladung von Primärrecht durch sekundärrechtliche Vorgaben. Die Rechtsprechung des Gerichtshofs ist aber nach hier vertretenem Deutungsmuster nicht in diesem Sinne zu verstehen. Zwar mögen in der Rechtsprechung des EuGH gerade in jüngerer Zeit Tendenzen dahingehend zu beobachten sein, dass dieser den Schutzbereich der Grundrechte (zu) nahe an die Detailvorgaben der Richtlinie heranrückt. Dies ist auch kritikwürdig; es handelt sich aber nicht um ein generelles Vorgehen, das ein Infragestellen der unionalen Normenhierarchie insgesamt erkennen ließe.[185]

bb) Methodisch zulässige Ausnahmen

Auch auf Basis des hier vertretenen Ansatzes einer strengen Normenhierarchie existieren einige methodisch zulässige Ausnahmen. Sie stellen diese Normenhierarchie aber – anders als die abzulehnende These von der „inversen Normenhierarchie" – nicht *an sich* in Frage.

---

[182] So zu Art. 21 GRC zutreffend Preis/Sagan/*Grünberger/Husemann*, § 5 Rn. 16; *Schubert*, EuZA 2020, 302, 309; Merten/Papier-HdbGR Bd. VI/1/*Skouris*, § 157 Rn. 24. Ähnlich auch *Morgenbrodt*, Loyalitätsobliegenheiten und Grundrechte, 2021, S. 286 ff.; *Bilz*, Margin of Appreciation der EU-Mitgliedstaaten, 2020, S. 388 ff.

[183] Insoweit wie hier *Willemsen/Sagan*, NZA 2011, 258, 261, die bei gleichzeitiger Grundrechtswidrigkeit von einem „besonders qualifizierten Richtlinienverstoß" sprechen. Ähnlich EuArbRK/*Schubert*, Art. 52 GRC Rn. 32.

[184] Zur Kritik an der Grundrechtsbindung des mitgliedstaatlichen Umsetzungsrechts § 4 C. II. 2. b); § 11 B. I. 1. Zur Ablehnung einer Auflösung nach dem Grundsatz der Normanwendung der untersten Stufe § 11 B. I. 5.

[185] Ähnlich wie hier im Ergebnis *Bilz*, Margin of Appreciation der EU-Mitgliedstaaten, 2020, S. 389 f.

(1) „Echte" Ausnahme: Grundrechte mit Konkretisierungsvorbehalt

(a) Bedeutung

Die „echte" Ausnahme markieren dabei diejenigen Grundrechte, die aufgrund ihrer grundrechtsdogmatischen Eigenart unmittelbar auf eine legislative Konkretisierung angelegt sind.[186] Sie unterscheiden sich von den übrigen Grundrechten der Charta dadurch, dass sie nicht nur – wie letztlich alle Grundrechtsbestimmungen – auf eine *richterliche* Auslegung angelegt sind, sondern in ihrem Gewährleistungsgehalt von einer *gesetzgeberischen* Regelung abhängig sind.[187] Das legislative Tätigwerden ist hier konstitutiv für den Gewährleistungsgehalt und nicht etwa bloße Erkenntnisquelle für seine richterliche Konkretisierung.

Diese Grundrechte sind daran zu erkennen, dass dem Gewährleistungstext der Chartabestimmung eine besondere legislative Konkretisierungsbedürftigkeit zu entnehmen ist. Das ist zum einen bei Art. 27 GRC der Fall[188], weil er den Schutzgegenstand nur „unter den Voraussetzungen gewährleiste[t] […], die nach dem Unionsrecht und den einzelstaatlichen Rechtsvorschriften und Gepflogenheiten vorgesehen sind.". Zum anderen gilt das für Art. 30 GRC[189], der den Anspruch auf Schutz vor ungerechtfertigter Entlassung „nach dem Unionsrecht und den einzelstaatlichen Rechtsvorschriften und Gepflogenheiten" gewährleistet. Der dort geregelte Vorbehalt hat nicht nur kompetenzrechtliche Relevanz, sondern ist von inhaltlich-grundrechtsdogmatischer Natur und damit für die Reichweite des Schutzbereichs[190] von Bedeutung.[191]

Auf den ersten Blick mögen diese Rechte an die normgeprägten Grundrechte des GG, also insbesondere die Eigentumsfreiheit gem. Art. 14 GG und den Schutz von Ehe und Familie gem. Art. 6 Abs. 1 GG, erinnern. Sie unterscheiden sich aber richtigerweise kategorisch von ihnen: So ist zwar auch für das Eigentumsgrundrecht (Art. 17 GRC) und den Eheschutz (Art. 9 GRC) in der Charta eine der deutschen Grundrechtsdogmatik ähnliche Konstitutionsbedürftigkeit des Freiheitsgegenstands anzunehmen.[192] Der Vorbehalt der legislativen Konkretisierung, der Art. 30 und Art. 27 GRC auszeichnet, meint jedoch eine andere Art „Ausgestaltungbedürftigkeit". Bei den normgeprägten Grundrechten ist der

---

[186] *Michl*, Unionsgrundrechte aus der Hand des Gesetzgebers, 2018, S. 143 ff., 174 ff.

[187] Diesen Unterschied betonend *Michl*, Unionsgrundrechte aus der Hand des Gesetzgebers, 2018, S. 171 f.

[188] *Michl*, Unionsgrundrechte aus der Hand des Gesetzgebers, 2018, S. 144 ff. In diese Richtung auch GA *Szpunar*, Schlussanträge v. 15.07.2021 – Rs. C-261/20 (*Thelen Technopark*), BeckRS 2021, 19869, Rn. 87; *Jarass*, ZEuP 2017, 310, 319.

[189] *Michl*, Unionsgrundrechte aus der Hand des Gesetzgebers, 2018, S. 165 f. Ähnlich auch *C. Picker/Rathmann*, RdA 2022, 61, 63 ff.

[190] Insoweit a.A. für eine Relevanz alleine auf Schrankenebene EuArbRK/*Schubert*, Art. 52 GRC Rn. 25 sowie EuArbRK/*dies.*, Art. 27 GRC Rn. 32.

[191] *Michl*, Unionsgrundrechte aus der Hand des Gesetzgebers, 2018, S. 173 f.; *Picker/Rathmann*, RdA 2022, 61, 63 ff.

[192] *Michl*, Unionsgrundrechte aus der Hand des Gesetzgebers, 2018, S. 80 ff.

Freiheitsgegenstand (Ehe, Eigentum) bereits aufgrund seiner Eigenart von Gesetzgebung abhängig. Für die genannten Arbeitnehmergrundrechte kommt es auf diese hingegen überhaupt nicht an[193]: Hier hat der Chartageber explizit eine Abhängigkeit von einem gesetzgeberischem Tätigwerden angeordnet, unabhängig davon, ob und inwieweit eine solche aufgrund der Eigenart der Freiheitsgegenstände gegebenenfalls zu bejahen oder vielleicht sogar zu verneinen wäre. Aus methodischer Perspektive handelt es sich bei Bestimmungen wie den Art. 27 und Art. 30 GRC somit in der Tat um echte Ausnahmen vom oben skizzierten Grundsatz der normhierarchischen Überlegenheit des Primärrechts: Die konkretisierenden Rechtsakte des Sekundärrechts (und im Falle von Richtlinien des nationalen Umsetzungsrechts) formen den höherrangigen primärrechtlichen Gewährleistungsgehalt aus.

Wichtig ist aber, dass damit gleichzeitig noch nicht beantwortet ist, wie sich dies auf die unmittelbare Anwendbarkeit dieser konkretisierenden Normen auswirkt. Es wäre unzutreffend, hieraus pauschal zu folgern, dass damit sämtliche Vorschriften, und damit auch Richtlinienbestimmungen, denen qua Rechtsnatur diese Eigenschaft im Horizontalverhältnis fehlt, als Teil des primärrechtlichen Grundrechts nunmehr unmittelbar anwendbar wären.[194] Wie aber stellt sich dann das eigenartige Wechselspiel von ausfüllungsbedürftigem Grundrecht und einschlägiger Richtlinie dar? Richtigerweise muss hier – jedenfalls im Horizontalverhältnis – zwischen *nicht ordnungsgemäßer* und *ordnungsgemäßer Richtlinienumsetzung* unterschieden werden:

Bei nicht ordnungsgemäßer Richtlinienumsetzung liegt ein Verbund aus Grundrecht und Richtlinienbestimmung vor, der – wie dargelegt – mangels unmittelbarer Anwendbarkeit nicht horizontalwirkungsfähig sein kann. Das Grundrecht weist das Defizit der Abhängigkeit von einem Legislativakt auf; der an sich zur Verfügung stehende Legislativakt kann dieses aber ebenfalls nicht kompensieren, weil er seinerseits im Horizontalverhältnis nicht das nötige Potential der unmittelbaren Anwendbarkeit besitzt.[195] Bei nicht ordnungsgemäßer Umsetzung mag deshalb zwar neben einem Richtlinienverstoß in Idealkonkurrenz ein Verstoß gegen das sekundärrechtlich ausgestaltete Grundrecht vorliegen.[196] Dieses Grundrecht kann aber normstrukturell nicht die Effektuierungsfunktion erfüllen, die in den hier untersuchten, bisherigen Entscheidungen des

[193] *Michl*, Unionsgrundrechte aus der Hand des Gesetzgebers, 2018, S. 143.

[194] So auch *Michl*, Unionsgrundrechte aus der Hand des Gesetzgebers, 2018, S. 156 f. A.A. war offenbar GA *Cruz Villalón,* Schlussanträge v. 18.07.2013 – Rs. C-176/12 (*AMS*), BeckRS 2014, 80206, Rn. 75 ff., allerdings unter unzutreffender Einordnung der Norm als Grundsatz i.S.v. Art. 52 Abs. 5 GRC.

[195] Anders wäre das a) bei Verordnungen und b) bei inhaltlich unbedingten und hinreichend bestimmten Richtliniennormen im Vertikalverhältnis nach Ablauf der Umsetzungsfrist, *Michl*, Unionsgrundrechte aus der Hand des Gesetzgebers, 2018, S. 157 f. u.a. am Beispiel von EuG v. 11.11.2014 – Rs. T-20/14 (*Nguyen*), BeckRS 2015, 81788.

[196] *Michl*, Unionsgrundrechte aus der Hand des Gesetzgebers, 2018, S. 175.

EuGH entscheidend ist.[197] Das belegt das Urteil des EuGH in der Rechtssache *AMS.*

Anders stellt sich hingegen der Fall dar, wenn ein Mitgliedstaat eine Richtline ordnungsgemäß umgesetzt hat. Hier[198] lässt sich eine Art grundrechtliches Rückschrittverbot mit Prima-facie-Struktur konstruieren, das sich sowohl an den Unions- als auch an den mitgliedstaatlichen Gesetzgeber richtet[199]: Eingriffe der Adressaten in den Dreifachverbund aus Grundrecht-Richtlinie-Umsetzungsgesetz müssen nach Art. 52 Abs. 1 GRC verhältnismäßig sein und seinen Wesensgehalt wahren.

(b) Beleg in der Rechtsprechung des EuG: Rechtssache IPSO

Diese Konkretisierungslogik im Zusammenspiel von Art. 27 GRC und Richtlinienrecht wird durch eine jüngere Entscheidung des EuG[200] jedenfalls im Ansatz bestätigt.[201] Hier ging es zwar nicht um die unmittelbare Anwendbarkeit in einem Mitgliedstaat und auch „nur“ um das Vertikalverhältnis zwischen Union und einem bei der EZB als Unionsorgan beschäftigten Leiharbeitnehmer. Ungeachtet dessen ist die Entscheidung aber auch für das Horizontalwirkungspotential der Norm relevant, hat sich das Gericht in dieser Entscheidung doch ausführlich zur Frage nach dem Gewährleistungsgehalt des Art. 27 GRC geäußert, die sich im zugrundeliegenden Fall als besonders diffizil erwies:

Im Kern ging es um eine Klage der Gewerkschaft *IPSO* gegen einen Beschluss des Direktoriums der EZB, in dem dieses die Einsatzdauer von Leiharbeitnehmern bei der EZB auf 24 Monate beschränkt hatte. Obwohl sich *IPSO* und EZB vorher in einer Rahmenvereinbarung auf die Pflicht der EZB zur Durchführung eines sozialpartnerschaftlichen Dialogs geeinigt hatten, erfolgte der Erlass dieses Beschlusses ohne vorherige Durchführung eines solchen Beteiligungsverfahrens. Die Gewerkschaft sah hierin einen Verstoß gegen Art. 27 GRC und Art. 4 der Anhörungs- und Unterrichtungsrichtlinie 2002/14/EG, umgesetzt durch die Rahmenvereinbarung sowie darauf beruhende sog. „ad-hoc-Vereinbarungen“.[202]

---

[197] Anderer Auffassung ist ausdrücklich Pechstein/Nowak/Häde/*Kocher*, Art. 27 GRC Rn. 19, die unter Verweis auf *Willemsen/Sagan*, NZA 2011, 258, 261 eine unzureichende Richtlinienumsetzung der RL 2002/14/EG oder 2009/38/EG durch die (negative) Horizontalwirkung des Grundrechts sanktionieren will. *Willemsen* und *Sagan* erwägen dies zwar als Konsequenz von *Mangold* und *Kücükdeveci* ebenfalls, stehen allerdings einer solchen Aufladung mit Sekundärrecht sehr kritisch gegenüber. A.A. wohl auch *C Picker/Rathmann*, RdA 2022, 61, 66.

[198] Und jedenfalls im Horizontalverhältnis *nur hier*, vgl. *Michl*, Unionsgrundrechte aus der Hand des Gesetzgebers, 2018, S. 186 f.

[199] *Michl*, Unionsgrundrechte aus der Hand des Gesetzgebers, 2018, S. 182 ff.

[200] EuG v. 13.12.2016 – Rs. T-713/14 (*IPSO*), BeckRS 2016, 111861.

[201] *Michl*, Unionsgrundrechte aus der Hand des Gesetzgebers, 2018, S. 157 f. analysiert in diesem Kontext eine andere Entscheidung des EuG, in der es um das für die vorliegende Untersuchung weniger bedeutsame Zusammenspiel von Art. 27 GRC mit Verordnungsrecht ging, vgl. EuG v. 11.11.2014 – Rs. T-20/14 (*Nguyen*), BeckRS 2015, 81788.

[202] EuG v. 13.12.2016 – Rs. T-713/14 (*IPSO*), BeckRS 2016, 111861, Rn. 79 ff.

Relevant sind vor allem die Ausführungen des EuG zur gerügten Verletzung des Art. 27 GRC: Zunächst knüpft es insoweit an die Entscheidung des EuGH in der Rechtssache *AMS* an und stellt fest, dass das Grundrecht als solches „keine unmittelbar anwendbare Rechtsnorm vorsieht".[203] Dann fährt das Gericht mit der Prüfung fort, ob sich aus einer Zusammenschau mit der RL 2002/14/EG etwas anderes ergibt. Die EZB hatte dies unter anderem deshalb bestritten, weil eine Richtlinie keine Rechte und Pflichten der Unionsorgane, sondern nur der Mitgliedstaaten etabliere. Das EuG stimmte dem zu, folgte aber der Argumentation der *IPSO* und bejahte eine inhaltliche Ausgestaltung von Art. 27 GRC durch Richtlinie, Rahmenvereinbarung und die darauf beruhenden ad-hoc-Vereinbarungen. Es sah deshalb im Vorgehen der EZB, anders als der EuGH in der Rechtssache *AMS*, einen Verstoß gegen das

> „[...] Recht auf Unterrichtung und Anhörung nach Art. 27 der Charta der Grundrechte, wie es durch die Richtlinie 2002/14 *genauer bestimmt* wird und durch die Rahmenvereinbarung [sowie die ad-hoc-Vereinbarungen] *umgesetzt* wird [...]"[204].

Damit bejahte das EuG einen Grundrechtsverstoß gegen Art. 27 GRC, wobei es sogar ausdrücklich klarstellte, dass es auf den daneben denkbaren und von der Gewerkschaft gerügten Richtlinienverstoß selbst gar nicht mehr ankomme.[205] Dieses Vorgehen überzeugt, denn im Unterschied zur Rechtssache *AMS* lag hier die erforderliche ordnungsgemäße „Umsetzung" der konkretisierenden Richtlinienvorgabe vor, somit stand der Konkretisierung von Art. 27 GRC nichts mehr im Wege. Die Rahmenvereinbarung und die „ad-hoc-Vereinbarungen" erfüllten hier letztlich die Funktion, die in der herkömmlichen Konstellation dem nationalen Umsetzungsrecht zukommt. Hier – in der *IPSO*-Konstellation – überwindet der „Umsetzungsakt" die fehlende Anwendbarkeit der Richtlinie *zulasten der Union*, dort – in der *AMS*-Konstellation – hätte sie die fehlende unmittelbare Anwendbarkeit *im Mitgliedstaat* im Verhältnis zwischen Privaten überwinden können.

Den Mehrwert dieser Konkretisierungslogik, insbesondere für Grundrechtsverstöße der Mitgliedstaaten, hält *Michl* insgesamt für gering.[206] Dem ist für die hier untersuchte Horizontalwirkung jedoch zu widersprechen: In einem solchen Fall der ursprünglich ordnungsgemäßen Richtlinienumsetzung liegt in einer nachträglichen richtlinienwidrigen Änderung nationalen Rechts gleichzeitig ein Eingriff in das einschlägige Unionsgrundrecht.[207] Dann aber kann konsequentermaßen die Horizontalwirkung des primärrechtlichen Grundrechts greifen.[208]

---

[203] EuG v. 13.12.2016 – Rs. T-713/14 (*IPSO*), BeckRS 2016, 111861, Rn. 85 f.

[204] EuG v. 13.12.2016 – Rs. T-713/14 (*IPSO*), BeckRS 2016, 111861, Rn. 145 ff. (Hervorhebungen d. Verf.).

[205] EuG v. 13.12.2016 – Rs. T-713/14 (*IPSO*), BeckRS 2016, 111861, Rn. 151.

[206] *Michl*, Unionsgrundrechte aus der Hand des Gesetzgebers, 2018, S. 188.

[207] *Michl*, Unionsgrundrechte aus der Hand des Gesetzgebers, 2018, S. 188.

[208] Vgl. in diese Richtung allenfalls *Michl*, Unionsgrundrechte aus der Hand des Gesetzgebers, 2018, S. 191 unter Fn. 194.

Dies ist die logische Konsequenz der Tatsache, dass der Verbund aus Richtlinie und ordnungsgemäßem Umsetzungsgesetz den Gewährleistungsgehalt des legislativ konkretisierungsbedürftigen Grundrechts anreichert. Insoweit liegt eine „echte" Ausnahme von der herkömmlichen Normenhierarchie des Unionsrechts vor.

(2) „Unechte" Ausnahme: Richtlinie als unverbindliche Auslegungshilfe

Demgegenüber liegt eine „unechte" Ausnahme von der Normenhierarchie vor, wenn die Richtlinie als Auslegungshilfe zur *richterlichen Konkretisierung*[209] unbestimmter Rechtsbegriffe verwendet wird. Dies ist grundsätzlich zulässig.[210] Insoweit ist der Merksatz von *Pötters* zielführend: Konkretisieren bedeutet nicht Definieren.[211] Man könnte auch überspitzt formulieren, dass der EuGH schlicht nichts dafür kann, wenn sich das Ergebnis seiner eigenen judikativen Konkretisierung des grundrechtlichen Gewährleistungsgehalts „zufällig" mit einer Vorgabe des Unionsgesetzgebers deckt.[212] Wichtig ist in diesem Zusammenhang die Erkenntnis, dass das einschlägige Richtlinienrecht aber keine verbindliche Auslegungsvorgabe sein kann.[213] Alles andere würde der dargestellten Rollenverteilung bei der Interpretation des Primärrechts zuwiderlaufen. Es handelt sich hier insgesamt also nur auf den ersten Blick um eine wirkliche normhierarchische Anomalie; dogmatisch bleiben beide Hierarchieebenen voneinander getrennt.

(3) Inbezugnahme des acquis communautaire *in den Erläuterungen*

In der Literatur ist umstritten, ob hiervon dann eine Ausnahme zu machen ist, wenn die Charta für einzelne Grundrechtsbestimmungen in ihren Erläuterungen ausdrücklich auf den sekundärrechtlichen *acquis communautaire*, der bei ihrem Inkrafttreten bereits galt, Bezug nimmt. Eine Ansicht will darin eine Inkorporierung der Richtliniengehalte in den Schutzbereich des Grundrechts sehen.[214] Andere sehen hierin einen mehr oder weniger unverbindlichen Hinweis auf die Mög-

[209] Zur Abgrenzung von (1) vgl. *Michl*, Unionsgrundrechte aus der Hand des Gesetzgebers, 2018, S. 172. In diese Richtung bereits *Greif*, Die Unanwendbarkeit richtlinienwidriger deutscher Arbeitsgesetze, 2016, S. 259.

[210] Wie hier *Jarass*, GRC, Einl. Rn. 63.

[211] Preis/Sagan/*Pötters*, § 3 Rn. 41; *ders.*, Grundrechte und Beschäftigtendatenschutz, 2013, S. 212.

[212] *Greif*, Die Unanwendbarkeit richtlinienwidriger deutscher Arbeitsgesetze, 2016, S. 217 sowie S. 130 ff.

[213] Dies einräumend *Heuschmid*, EuZA 2014, 514, 520; *Schlachter*, EuZA 2015, 149, 159. Insoweit zustimmend *Michl*, Unionsgrundrechte aus der Hand des Gesetzgebers, 2018, S. 171 f.

[214] Meyer/Hölscheidt/*Hüpers*/*Reese*, Art. 31 Rn. 27; *Gallner*, FS Preis, 2021, S. 271, 284 f.; GA *Bot*, Schlussanträge v. 29.05.2018 – Rs. C-569/16, C-570/16 (*Bauer*), BeckRS 2018, 9605, Rn. 88. In diese Richtung offen auch *Hilbrandt*, NZA 2019, 1168, 1174.

lichkeit eines Rückgriffs auf das jeweils einschlägige Richtlinienrecht zur richterlichen Konkretisierung.[215]

Der zweitgenannten Ansicht ist der Vorzug zu geben. Es ist nicht einzusehen, welchen Sinn die besondere Anordnung der Abhängigkeit von „einfachem Recht" im Normtext einiger Grundrechte (insbesondere Art. 27 und Art. 30 GRC) haben soll, wenn sich das Erfordernis einer zwingenden Berücksichtigung des einfachen Sekundärrechts bei der Inhaltsbestimmung bereits aus den Erläuterungen selbst ergeben soll.[216] Vielmehr spricht ein Umkehrschluss aus dem besonderen Charakter dieser Normen dafür, dass für die sonstigen Grundrechte nicht in gleicher Weise von einer solchen wechselseitigen Beeinflussung zwischen grundrechtlichem Schutzgehalt und sekundärrechtlicher Konkretisierung ausgegangen werden kann. Auch aufgrund des erheblichen Friktionspotentials mit der unionalen Normenhierarchie sollte von einer solchen verbindlichen Abhängigkeit im Gewährleistungsgehalt nur ausgegangen werden, wenn diese sich ausdrücklich aus dem Normtext der jeweiligen Bestimmung ergibt. Die Ausgestaltung der Erläuterungen allein kann keine Basis für einen solch grundlegenden Eingriff in die Normenhierarchie darstellen. Ein generelles Miteinbeziehen des sekundärrechtlichen *acquis communautaire* in den primärrechtlichen Schutzbereich ist damit abzulehnen. So kann auch eine noch so detaillierte Richtlinienbestimmung, auf die sich die Erläuterungen einer Gewährleistung beziehen, nicht per se einer an sich unbestimmten Gewährleistung der Charta zur inhaltlichen Anreicherung verhelfen.

Diese Sichtweise dürfte auch dem Verständnis des EuGH entsprechen. So hat die Große Kammer jüngst festgestellt, dass die Bezugnahme auf das Sekundärrecht in den Erläuterungen des Art. 31 Abs. 2 GRC nicht auf die Richtlinie 2003/88/EG insgesamt verweise, sondern nur auf solche Vorschriften, die das Grundrecht „widerspiegeln und konkretisieren".[217] Welche sekundärrechtlichen Bestimmungen damit genau gemeint sein sollen, bleibt zwar unklar; der EuGH macht mit dieser Aussage aber doch deutlich, dass der bloße Verweis auf Sekundärrecht, der sich mancherorts in den Charta-Erläuterung finden lässt, den grundrechtlichen Gewährleistungsgehalt eben nicht per se um die sekundärrechtlichen Gehalte anreichert.[218] Hierin ist ihm zuzustimmen.

---

[215] Zu Art. 31 GRC EuArbRK/*Schubert*, Art. 31 GRC Rn. 18. Allgemeiner EuArbRK/*dies.*, Art. 6 EUV Rn. 47.

[216] Zu weitgehend daher *Gallner*, FS Preis, 2021, S. 271, 284 f.; *Hilbrandt*, NZA 2019, 1168, 1174. Mit diesem Argument auch *Michl*, Unionsgrundrechte aus der Hand des Gesetzgebers, 2018, S. 167.

[217] EuGH v. 08.09.2020 – Rs. C-119/19 P, C-126/19 P (*Carreras Sequeros*), BeckRS 2020, 21912, Rn. 115.

[218] Vgl. auch die Wiedergabe eines Redebeitrages von Präsident *Lenaerts* im Rahmen des Europarechtlichen Symposions am BAG bei *Burg*/*Wiebauer*, RdA 2022, 311, 314. Aus seiner Sicht habe der EuGH sehr genau darauf geachtet, dass er nur aus dem Kernbereich des Art. 31 Abs. 2 GRC eine horizontale Drittwirkung ableite.

3. Kategorisierung der Grundrechte und Anwendungsbeispiele

Auf Basis des Gesagten lassen sich die arbeitsrechtlich relevanten Grundrechte nach Kategorien unterscheiden, die jeweils einen unterschiedlichen Grad hinreichender Bestimmtheit aufweisen. Dieser wirkt sich auf ihr jeweiliges Potential zur Entfaltung der hier untersuchten Horizontalwirkung aus. Zu unterscheiden sind die Verbotsnormen der Charta (a), die Gebotsnormen (b) sowie schließlich die allgemeinen Freiheitsrechte (c).

a) Verbotsnormen – Umfassendes Horizontalwirkungspotential

aa) Allgemeines

Nach dem hier vertretenen Verständnis sind die ausdrücklichen Verbote und Diskriminierungsverbote der GRC umfassend hinreichend bestimmt. Dies liegt daran, dass eine Verbotsnorm ohne Weiteres justiziabel ist[219]: Die Normaussage beschränkt sich auf ein kategoriales Verbot, ohne dass es hierfür einer weiteren staatlichen Umsetzung bedürfte.[220] Aus dieser Struktur ergibt sich ein vergleichsweise umfassendes Horizontalwirkungspotential[221]: Das Verbot gilt unabhängig davon, ob im Wege der negativen Horizontalwirkung staatliches Handeln (bspw. ein chartawidriges Gesetz) oder im Wege der positiven Horizontalwirkung privates Handeln (bspw. eine chartawidrige Kündigung) am Maßstab einer solchen Verbotsnorm gemessen werden. Im ersten Fall kommt die ohnehin uneingeschränkt unmittelbar anwendbare Abwehrfunktion zum Tragen; im zweiten Fall geht es um die Schutzpflicht, die sich bei unzureichender gesetzgeberischer Umsetzung notfalls durch eine unmittelbare Bindung des Privaten Geltung verschafft. Auch sie ist bei den Verbotsnormen äußerst konkret, da diese pauschal und kategorisch die Sicherstellung des jeweiligen Verbots auch im Privatrechtsverkehr einfordert. Abwehr- und Schutzfunktion sind bei dieser Art Grundrecht typischerweise ähnlich bestimmt, Richtlinienrecht und Grundrecht laufen hier also weitgehend parallel.

Dogmatisch kann es wegen dieser Struktur auf eine sekundärrechtliche Ausgestaltung durch Richtlinienrecht nicht ankommen.[222] Das Verbot wird von der

---

[219] Vgl. hierzu bereits *Herrmann*, Richtlinienumsetzung durch die Rechtsprechung, 2003, S. 52; *Prechal*, CMLR 37 (2000), 1047, 1062 ff.

[220] *Unseld*, Bedeutung der Horizontalwirkung, 2018, S. 218.

[221] Vorsichtig in diese Richtung, dabei aber gegen eine „zwingende Notwendigkeit" der Verpflichtung Privater im Falle von Verbotsnormen EuArbRK/*Schubert*, Art. 51 GRC Rn. 39; *Unseld*, Bedeutung der Horizontalwirkung, 2018, S. 218 f.

[222] Wie hier zu Art. 21 GRC *Michl*, Unionsgrundrechte aus der Hand des Gesetzgebers, 2018, S. 153; *von Diest*, Diskriminierungsschutz, 2016, S. 168 ff.; *Schubert*, EuZA 2020, 302, 309; *Hartmann*, EuZA 2019, 24, 35. Für eine weitreichende inhaltliche Verschränkung mit Sekundärrecht bzgl. Art. 21 Abs. 1 GRC allerdings Grabenwarter, EnzEuR/*Schmahl*, § 20 Rn. 114; *dies.*, EuR 2022, 612, 613 („Ausgestaltung"); *Mörsdorf*, Ungleichbehandlung als Norm, 2018, S. 110. Wie hier zu Art. 32 GRC *Kolbe*/*Lasserre*, VSSAR 2022, 117, 132.

Richtlinie aus grundrechtsdogmatischer Perspektive[223] deshalb nur deklaratorisch wiederholt[224], konstitutiv ist diese sekundärrechtliche Regelung alleine für die Anwendungsbereichseröffnung der Charta.[225] Außerdem kann die Richtlinie in engen Grenzen als unverbindliche Auslegungshilfe etwa bei der Definition von auslegungsbedürftigen Begriffen herangezogen werden. Schließlich leitet das Richtlinienrecht die Abwägung der kollidierenden Grundrechtspositionen durch den nationalen Richter im Sinne des dargelegten *Primats legislativer Abwägungsentscheidungen*. Dies hat allerdings nur für die Rechtfertigungsprüfung, nicht für die Inhaltsbestimmung als solche Bedeutung.[226] Auf die unmittelbare Anwendbarkeit, die von der Bestimmtheit des grundrechtlichen Gewährleistungsgehalts abhängt, hat die Richtlinie deshalb keinen Einfluss.[227]

bb) Beispiele

Dies sei anhand der Beispiele des Diskriminierungsverbots des Art. 21 Abs. 1 GRC und der nicht-diskriminierungsrechtlichen Verbotsnorm des Art. 32 Abs. 1 S. 1 GRC veranschaulicht:

(1) Diskriminierungsverbot des Art. 21 Abs. 1 GRC als Paradebeispiel

(a) Grundsätzlich weitreichende Horizontalwirkung

Im Zentrum der arbeitsrechtlich relevanten Verbotsnormen steht wegen der vielfältigen Rechtsprechung des Gerichtshofs selbstverständlich das Grundrecht[228] des Art. 21 Abs. 1 GRC. Sein Gewährleistungsgehalt, der sich an Art. 14 EMRK orientiert[229], bedarf keiner sekundärrechtlichen Konkretisierung[230], ist umfassend

---

[223] *Jarass*, ZEuP 2017, 310, 322; *Michl*, Unionsgrundrechte aus der Hand des Gesetzgebers, 2018, S. 153.

[224] Vgl. ähnlich zum Verhältnis von Richtlinie und Art. 157 AEUV bereits *Easson*, YEL 1 (1981), 1, 40.

[225] Preis/Sagan/*Grünberger*/*Husemann*, § 5 Rn. 15.

[226] So konkret in Bezug auf Art. 21 Abs. 1 GRC zutreffend *Schubert*, EuZA 2020, 302, 309. Vgl. hierzu auch Preis/Sagan/*Grünberger*/*Husemann*, § 5 Rn. 16.

[227] Unzutreffend ist daher die Kritik an der diskriminierungsrechtlichen Rechtsprechung bei *Classen*, JZ 2019, 1057, 1064; *Kohler*/*Seyr*/*Puffer-Mariette*, ZEuP 2020, 366, 371.

[228] Der Grundrechtscharakter der Bestimmung kann angesichts der einschlägigen Rechtsprechung des Gerichtshofs und der überwältigenden Mehrheit in der arbeitsrechtlichen Literatur nicht bestritten werden. Nicht überzeugend ist daher die Einordnung als Charta-Grundsatz bei Schlachter/Heinig, EnzEuR/*Krebber*, § 2 Rn. 17; *ders.*, EuZA 2016, 3, 8 sowie EuArbRK/*Mohr*, Art. 21 GRC Rn. 1, mit der sie, soweit ersichtlich, alleine sind. Für die Begründung des Grundrechtscharakters eingehend *Sponholz*, Die unionsrechtlichen Vorgaben zu den Rechtsfolgen von Diskriminierung im Privatrechtsverkehr, 2017, S. 90 ff.

[229] ABl. EU C 303 v. 14.12.2007, S. 24.

[230] Wie hier *Michl*, Unionsgrundrechte aus der Hand des Gesetzgebers, 2018, S. 153; *von Diest*, Diskriminierungsschutz, 2016, S. 168 ff.; *Schubert*, EuZA 2020, 302, 309; *Hartmann*, EuZA 2019, 24, 35. Für eine weitreichende inhaltliche Verschränkung mit Sekundärrecht bzgl. Art. 21 Abs. 1 GRC allerdings Grabenwarter, EnzEuR/*Schmahl*, § 20 Rn. 114; *Mörsdorf*, Ungleichbehandlung als Norm, 2018, S. 110.

hinreichend bestimmt und damit wegen seiner Normstruktur vollumfänglich unmittelbar anwendbar.[231] Er gibt eindeutig vor, welche Diskriminierungen *prima facie* verboten sind bzw. verboten sein sollen. Dass die Norm dabei nicht selbst definitiv regelt, wann eine Ungleichbehandlung gerechtfertigt ist und wann nicht, spielt nach hier vertretener Sichtweise auf Schutzbereichsebene und damit für das Potential der Horizontalwirkung keine Rolle. Schon die ausdrücklich genannten Diskriminierungsmerkmale sind zwar mehr oder weniger auslegungsbedürftig; so ist bspw. durch richterliche Konkretisierung zu klären, was unter Religion zu verstehen ist. Hierbei ist nach allgemeinen Grundsätzen eine Orientierung an der Auslegung des Religionsbegriffs der RL 2000/78/EG möglich. Diese Auslegungsbedürftigkeit alleine genügt jedenfalls nicht, um eine hinreichende Bestimmtheit ablehnen zu können.[232] Art. 21 Abs. 1 GRC kann damit nach hier vertretener Auffassung negative und positive Horizontalwirkung entfalten. Negativ kann nationales Recht, das richtlinienwidrig die durch das Grundrecht postulierten Diskriminierungsverbote verletzt oder Schutzgebote vereitelt, unanwendbar sein, und positiv können schutzpflichtwidrige Lücken des nationalen Rechts, das richtlinienwidrig hinter Art. 21 Abs. 1 GRC zurückbleibt, durch das Grundrecht selbst gefüllt werden.[233]

In der Literatur wird zum Teil einschränkend gefordert, den unmittelbar anwendbaren Gewährleistungsgehalt der Bestimmung auf die ausdrücklich normierten Merkmale zu beschränken.[234] Soweit daneben („insbesondere“) weitere Diskriminierungsmerkmale denkbar sind, fehle es der Norm an der hinreichenden Bestimmtheit. Dazu ist zunächst zu sagen, dass diese Frage derzeit vor allem theoretischer Natur ist: Sekundärrechtlich liegt bisher ein eingeschränkter Merkmalskatalog vor, der kompetenzbedingt *de lege lata* auch nicht erweitert werden kann. Nichtsdestotrotz sind die Überlegungen aber gerechtfertigt, denn der beschränkte Anwendungsbereich der Charta hat keinen Einfluss auf den Gewährleistungsgehalt und die inhaltliche Eignung zur unmittelbaren Anwendbarkeit.

Was konkret den nicht abschließenden Merkmalskatalog des Art. 21 Abs. 1 GRC angeht, erscheint ein pauschaler Ausschluss der nicht ausdrücklich normierten Diskriminierungsverbote nicht haltbar. Denn wie die *Mangold*-Entscheidung gezeigt hat, sah sich der EuGH auch in der Vergangenheit nicht gehindert, ein ungeschriebenes grundrechtliches Verbot der Altersdiskriminierung mit Horizontalwirkungspotential zu „erfinden“, ohne dass es ihm hierfür auf eine ausdrückliche Normierung ankam. Wenn die Charta aber nur den Zweck hat, die

---

[231] *Von Diest*, Diskriminierungsschutz, 2016, S. 170; *Jarass*, GRC, Art. 21 Rn. 3; *Kainer*, NZA 2018, 894, 898.

[232] Gegen eine unterschiedliche Behandlung der Wirkung der einzelnen Diskriminierungsmerkmale auch *Jacobs*, RdA 2018, 263, 267.

[233] Vgl. zur Abwehrfunktion des Art. 21 Abs. 1 GRC allgemein EuArbRK/*Schubert*, Art. 51 GRC Rn. 57; Grabenwarter, EnzEuR/*Cremer*, § 3 Rn. 76; Grabenwarter, EnzEuR/*Schmahl*, § 20 Rn. 25. Zur Schutzpflichtendimension Grabenwarter, EnzEuR/*dies.*, § 20 Rn. 172.

[234] *Kainer*, NZA 2018, 894, 898; unklar *Carlson,* RdA 2022, 280, 284.

Grundrechte der Union sichtbarer zu machen, dabei aber den Grundrechtsschutz insgesamt nicht zu verringern, dann ist diese Rechtsprechung auch auf Art. 21 Abs. 1 GRC übertragbar. Dann könnte der EuGH neben den geschriebenen Merkmalen weitere ungeschriebene „sonstige" Merkmale entwickeln, die ihrerseits unmittelbar anwendbar sind. Wo in einzelnen Bereichen aus der konkreten Ausgestaltung eines geschriebenen Chartagrundrechts auf die Nicht-Existenz eines ungeschriebenen Rechtssatzes mit einer anderen inhaltlichen Reichweite geschlossen werden kann[235], verbietet sich ein solcher Schluss für Art. 21 Abs. 1 GRC. Die Norm ordnet im Unterschied zu anderen Bestimmungen der Charta ausdrücklich an, dass ihr Gewährleistungsgehalt gerade *nicht abschließend* ist.

Den geschriebenen Kriterien kann allenfalls ein Indiziencharakter beigemessen werden, aus dem sich ein erhöhter Begründungsaufwand für die Existenz weiterer relevanter Diskriminierungsmerkmale ergibt. Andernfalls, also bei Anerkennung sämtlicher beliebiger Merkmale, würde die Unterscheidung zwischen dem allgemeinen Gleichheitsgrundsatz in Art. 20 GRC und dem Schutz spezifischer Merkmale nach Art. 21 Abs. 1 GRC mit einer gewissen Indizwirkung obsolet.[236] Daneben ist zu berücksichtigen, dass als weitere Merkmale wohl nur personengebundene in Betracht kommen, da auch die ausdrücklich genannten Merkmale allesamt einen personellen Bezug aufweisen.[237] Aufgrund des eingeschränkten Anwendungsbereichs des Unionsrechts und der Kompetenznorm des Art. 19 AEUV ist diese Frage aber *de lege lata* nicht weiter relevant – zumindest solange der EuGH von einer weiteren Ausdehnung des Anwendungsbereichs der Charta in seiner Rechtsprechung absieht.

(b) Kritik an der Entscheidung in der Rs. Cresco Investigation

Trotz dieses grundsätzlich umfassenden Horizontalwirkungspotentials des Art. 21 Abs. 1 GRC gibt die Entscheidung des EuGH in der Rechtssache *Cresco Investigation* Anlass zu einer kritischen Nachfrage: Durfte der Gerichtshof dort wirklich ohne weiteres einen grundrechtlichen Anspruch des Arbeitnehmers auf Angleichung nach oben gegen seinen Arbeitgeber feststellen?[238]

Hiergegen sprechen tatsächlich gewichtige Gesichtspunkte. Es wäre überzeugender gewesen, wenn der EuGH den Schlussanträgen des Generalanwalts *Bobek* gefolgt wäre.[239] Das Grundrecht verbietet zunächst unstreitig die in Rede

[235] So lässt sich beispielsweise angesichts der konkreten Normierung des Art. 27 GRC nicht vertreten, auf Unionsebene existiere ein *ungeschriebenes* unmittelbar anwendbares Grundrecht auf umfassende Mitbestimmung.

[236] *Lobinger*, Entwicklung, Stand und Perspektiven des europäischen Antidiskriminierungsrechts, 2015, S. 49.

[237] *Von Diest*, Diskriminierungsschutz, 2016, S. 199 f.; *Jarass*, GRC, Art. 21 Rn. 24 m.w.N.

[238] Zu den postulierten Rechtsfolgen vgl. EuGH v. 22.01.2019 – Rs. 193/17 (*Cresco Investigation*), NZA 2019, 297, Rn. 70.

[239] GA *Bobek,* Schlussanträge v. 25.07.2018 – Rs. C-193/17 (*Cresco Investigation*), BeckRS

stehende Diskriminierung durch die nationale Feiertagsregelung und entfaltet somit in seiner Abwehrfunktion zweifelsohne die postulierte negative Horizontalwirkung.[240] Die fehlende Rechtfertigung dieser Ungleichbehandlung wird durch den Richtlinienverstoß präjudiziert. Konstruktiv wird hier eine bloß negatorische Normaussage aktuell, die sich unproblematisch auf den Gewährleistungsgehalt der Verbotsnorm des Art. 21 Abs. 1 GRC stützen lässt. Als Ergebnis fallen der gesetzlich angeordnete Karfreitag und der entsprechende Zuschlag dann für alle Arbeitnehmer *für die Zukunft* weg. Darin ist dem EuGH noch zuzustimmen.[241]

Allerdings geht er sodann pauschal von einer Angleichung nach oben aus, sobald die Diskriminierung festgestellt wurde und solange keine Maßnahmen zur Wiederherstellung der Gleichbehandlung erlassen worden sind.[242] Hierfür stützt er sich auf seine ständige Rechtsprechung zum diskriminierungsrechtlichen Sekundärrecht.[243] Schon das vermag in seiner Pauschalität nicht zu überzeugen: *Für die Vergangenheit* sorgt die Nichtanwendung der diskriminierenden Norm in der Tat für keine Gleichbehandlung; manchen Arbeitnehmern wurde der Feiertag bzw. der entsprechende Zuschlag gewährt, manchen gleichheitswidrig nicht. Eine Angleichung nach unten ist hier zwar rein theoretisch möglich, praktisch aber schon deshalb nicht denkbar, weil eventuelle Leistungen bereits zugeflossen sind und eine Rückabwicklung keine Aussicht auf Erfolg verspricht. Die einzige Option zur Beseitigung der Gleichheitswidrigkeit für die Vergangenheit liegt insoweit tatsächlich in einer Angleichung nach oben.[244] *Für die Zukunft* bedarf es aber nicht zwingend einer Angleichung nach oben. Bereits die negative Horizontalwirkung des Grundrechts beseitigt die diskriminierende Norm und damit die Gleichheitswidrigkeit im Sinne einer Angleichung nach unten. Nur wenn und solange das nationale Bezugsystem und die darin liegende Diskriminierung sich nicht verändern oder beseitigen lässt, bedarf es hier einer Angleichung nach

---

2018, 16329, Rn. 156 ff. A.A. ausdrücklich für die Lösung des EuGH *K. Klocke*, BB 2019, 1204, 1208.

240 Zutreffend aber mit etwas anderer Terminologie EuArbRK/*Schubert*, Art. 51 GRC Rn. 37.

241 EuGH v. 22.01.2019 – Rs. 193/17 (*Cresco Investigation*), NZA 2019, 297, Rn. 80.

242 EuGH v. 22.01.2019 – Rs. 193/17 (*Cresco Investigation*), NZA 2019, 297, Rn. 79 f.

243 Der EuGH verweist insoweit auf EuGH v. 09.03.2017 – Rs. C-406/15 (*Milkova*), NZA 2017, 439, Rn. 65 ff. Dort verweist er auf EuGH v. 26.01.1999 – Rs. C-18/95 (*Terhoeve*), EuZW 1999, 380, Rn. 57; EuGH v. 22.06.2011 – Rs. C-399/09 (*Landtová*), Slg. 2011, I-5596 = BeckRS 2011, 81023, Rn. 51; EuGH v. 28.01.2015 – Rs. C-417/13 (*ÖBB Personenverkehr*), NZA 2015, 217, Rn. 46; EuGH v. 11.04.2013 – Rs. C-401/11 (*Soukupová*), BeckRS 2013, 80744, Rn. 35. Zu Art. 157 AEUV instruktiv und m.w.N. EuArbRK/*Franzen*, Art. 157 AEUV Rn. 56 ff.

244 GA *Bobek*, Schlussanträge v. 25.07.2018 – Rs. C-193/17 (*Cresco Investigation*), BeckRS 2018, 16329, Rn. 157. Zu Art. 157 AEUV EuArbRK/*Franzen*, Art. 157 AEUV Rn. 58. Damit ist aber noch kein Urteil darüber gefällt, *wer* zu dieser Angleichung nach oben verpflichtet ist (dazu sogleich).

oben.[245] Dies war angesichts der ipso iure bestehenden Pflicht der österreichischen Gerichte zur Nichtanwendung der Karfreitagsregelung eigentlich nicht der Fall. Damit hätte es nur für die Vergangenheit einer Angleichung nach oben bedurft. In den allermeisten Fällen des Art. 21 Abs. 1 GRC dürfte es sich ähnlich verhalten und eine Angleichung nach oben nur für die Vergangenheit erforderlich sein.

Ungeachtet der generellen Frage nach dem genauen zeitlichen Umfang der Angleichung nach oben ist im Besonderen die darauffolgende Weichenstellung des EuGH zu kritisieren: Er geht nämlich pauschal davon aus, dass *der Arbeitgeber* gem. Art. 21 Abs. 1 GRC zur Erfüllung der Ansprüche verpflichtet ist, die sich aus der notwendigen Angleichung nach oben ergeben. Damit konnte der Kläger des Ausgangsverfahrens den gleichheitswidrig vorenthaltenen Zuschlag unmittelbar von seinem Arbeitgeber einfordern. Daran ist aber nur richtig, dass im Ausgangspunkt auch der einzelne Arbeitgeber Verpflichtungsadressat des Art. 21 Abs. 1 GRC sein kann.

Im Übrigen verkennt diese Lösung eine fundamentale Besonderheit der Rechtssache *Cresco Investigation*: Die Diskriminierung ging hier gerade nicht vom Arbeitgeber selbst aus. Zu Recht hatte deshalb schon Generalanwalt *Bobek* vor einer vorschnellen Übertragung der sonstigen Rechtsprechung des EuGH zur Angleichung nach oben gewarnt. In den meisten Fällen zur sog. Angleichung nach oben und insbesondere denjenigen, die die Kommission im zugrundeliegenden Rechtsstreit zur Stützung ihrer Rechtsauffassung anführte, ging es um eine mitgliedstaatliche Diskriminierung und der Staat selbst war auch Beklagter.[246] Umgekehrt ging in denjenigen Fällen, in denen der EuGH die Pflicht eines Privaten zur Angleichung nach oben bejaht hatte, die Diskriminierung auch von diesem Privaten und nicht von einer mitgliedstaatlichen Maßnahme aus.[247] Störer und Anspruchsgegner waren also stets identisch. Wenn aber – wie in der Rechtssache *Cresco Investigation* – Störer und Anspruchsgegner auseinanderfallen, kann ein solcher Fall nicht genauso behandelt werden. Es ist wertungsmäßig nicht einzusehen, wieso der Arbeitgeber für eine Diskriminierung haften soll, die unzweifelhaft dem Mitgliedstaat zuzurechnen ist.[248] Daran ändert auch seine eigene Grundrechtsbindung nichts. Die Lösung des EuGH führt zu einem nicht zu rechtfertigenden Auseinanderfallen von Störer und Anspruchsgegner und ist deshalb abzulehnen. Richtigerweise hätte der EuGH für die Angleichung nach oben

[245] Zu Art. 157 AEUV EuArbRK/*Franzen*, Art. 157 AEUV Rn. 61.

[246] GA *Bobek*, Schlussanträge v. 25.07.2018 – Rs. C-193/17 (*Cresco Investigation*), BeckRS 2018, 16329, Rn. 165.

[247] GA *Bobek*, Schlussanträge v. 25.07.2018 – Rs. C-193/17 (*Cresco Investigation*), BeckRS 2018, 16329, Rn. 166.

[248] GA *Bobek*, Schlussanträge v. 25.07.2018 – Rs. C-193/17 (*Cresco Investigation*), BeckRS 2018, 16329, Rn. 179 ff. A.A. *K. Klocke*, BB 2019, 1204, 1207.

den richtlinienwidrig handelnden Mitgliedstaat selbst im Wege der Staatshaftung in die Pflicht nehmen müssen.[249]

Die vorgebrachte Kritik an dieser Rechtssache bedeutet gleichzeitig aber nicht, dass Art. 21 Abs. 1 GRC nie Grundlage für eine Angleichung nach oben sein kann. Möglich ist dies dann – aber eben nur dann –, wenn der Arbeitgeber selbst Urheber einer Diskriminierung ist und das mitgliedstaatliche Recht den Arbeitnehmer nicht hinreichend hiervor schützt. In diesem Falle entfaltet sich nötigenfalls die positive Horizontalwirkung des Art. 21 Abs. 1 GRC und kommt auch eine unmittelbar grundrechtliche Angleichung nach oben in Betracht. Der Arbeitgeber ist dann kraft seiner Bindung an Art. 21 Abs. 1 GRC verpflichtet, gleichheitswidrig vorenthaltene Leistungen zu gewähren, um den eigenen Gleichheitsverstoß abzustellen.

(2) Art. 32 Abs. 1 S. 1 GRC (Verbot von Kinderarbeit)

Das weitreichende Horizontalwirkungspotential gilt auch für weitere Verbotsnormen der Charta. Illustrieren lässt sich das etwa anhand des nicht-diskriminierungsrechtlichen Art. 32 Abs. 1 S. 1 GRC, der ein Verbot von Kinderarbeit vorsieht.[250] Dieses findet über Art. 4 Abs. 1 der Jugendarbeitsschutzrichtlinie 94/33/EG Anwendung in den Mitgliedstaaten, weil diese insoweit Recht der Union „durchführen". In der EMRK fehlt eine entsprechende Gewährleistung, das Verbot orientiert sich vielmehr an Art. 7 der ESC sowie weiteren Quellen des Arbeitsvölkerrechts.[251] Die Auslegungsbedürftigkeit der Begriffe „Kind" und „Kinderarbeit" steht der hinreichenden Bestimmtheit ebenso wenig entgegen wie die eng begrenzte Möglichkeit von Ausnahmen, wie sie in Art. 32 Abs. 1 S. 1 GRC angelegt ist. Eine richterliche Konkretisierung dieser Gesichtspunkte lässt sich aus den einschlägigen Rechtserkenntnisquellen herleiten.[252] Dabei ist die Besonderheit zu beachten, dass die denkbaren Ausnahmen vom Verbot der Kinderarbeit bereits tatbestandlicher Natur sind.[253] Insoweit kommt deshalb auch nicht eine Leitung des Abwägungsvorgangs am Maßstab der Richtlinie im hier vorgeschlagenen Sinne in Betracht. Vielmehr erfolgt eine autonome richterliche Definition des Gewährleistungsgehalts unter Beachtung denkbarer Ausnahmen, bei dem die einschlägige Jugendarbeitsschutz-Richtlinie als unverbindliche Auslegungshilfe dienen kann.[254]

---

[249] GA *Bobek*, Schlussanträge v. 25.07.2018 – Rs. C-193/17 (*Cresco Investigation*), BeckRS 2018, 16329, Rn. 186 ff.

[250] Weitere Beispiele für solche Verbote finden sich in Art. 4 (Verbot der Folter und unmenschlicher oder erniedrigender Strafe oder Behandlung), Art. 5 (Verbot der Sklaverei und der Zwangsarbeit).

[251] EuArbRK/*Schubert*, Art. 32 GRC Rn. 3 f.; Calliess/Ruffert/*Krebber*, Art. 32 GRC Rn. 1.

[252] EuArbRK/*Schubert*, Art. 32 GRC Rn. 7 ff.; Calliess/Ruffert/*Krebber*, Art. 32 GRC Rn. 1.

[253] EuArbRK/*Schubert*, Art. 32 GRC Rn. 9.

[254] EuArbRK/*Schubert*, Art. 32 GRC Rn. 9.

Das Chartagrundrecht besitzt nach h.L. sowohl eine Abwehr- wie auch eine Schutzdimension[255], wobei sich nach hier vertretener Auffassung letztere wiederum notfalls im Wege einer unmittelbaren Verpflichtung Privater durchsetzt. Wie jede Verbotsnorm kann Art. 32 Abs. 1 S. 1 GRC kraft seiner Normstruktur deshalb sowohl negative[256] als auch positive Horizontalwirkung[257] entfalten.[258] Nationale Vorschriften, die in Umsetzung der einschlägigen Richtlinie gleichzeitig gegen das Grundrecht verstoßen, sind deshalb unanwendbar. Bei Nichtumsetzung der Verpflichtung aus Art. 4 Abs. 1 der Richtlinie folgt die Nichtigkeit von verbotswidrig abgeschlossenen Arbeitsverträgen bereits unmittelbar aus dem Grundrecht des Art. 32 Abs. 1 S. 1 GRC selbst.[259] Hingegen lässt sich unmittelbar aus dem Grundrecht kein Entschädigungsanspruch oder ähnlich Spezifisches ableiten. Dies ginge über das von der Schutzpflicht gebotene Minimum hinaus.

Konkret für Deutschland ist das Horizontalwirkungspotential des Grundrechts aufgrund des vergleichsweise hohen Kinderschutzstandards im Arbeitsrecht nach dem JArbSchG von eher untergeordneter Bedeutung. Soweit dieses richtlinienkonform ist oder zumindest ausgelegt werden kann, kommt es auf das Unionsgrundrecht nicht an. Einen theoretisch denkbaren, wenngleich praktisch wenig bedeutsamen Anwendungsfall für eine Horizontalwirkung der Bestimmung gibt es dennoch: die Vorschrift des § 1 Abs. 2 Nr. 2 JArbSchG.[260] Dort wird die „Beschäftigung durch die Personenberechtigten im Familienhaushalt" vom Anwendungsbereich des Gesetzes vollständig ausgenommen. Damit greift auch nicht das Beschäftigungsverbot des § 5 Abs. 1 JArbSchG.

Ob von Art. 32 Abs. 1 S. 1 GRC aber tatsächlich eine so pauschale Ausnahme für diesen Bereich gemacht werden kann, ist fraglich und wird teilweise bestritten.[261] Die RL 94/33/EG, die insoweit als Auslegungshilfe herangezogen werden

---

[255] EuArbRK/*Schubert*, Art. 32 GRC Rn. 6; *Seifert*, EuZW 2011, 696, 700 f.

[256] So auch *Jarass*, GRC, Art. 32 Rn. 3. Dagegen Schlachter/Heinig, EnzEuR/*Tillmanns*, § 18 Rn. 12.

[257] Dafür i.Erg. auch *Mahlmann*, ZEuS 2000, 420, 438; *Schmitz*, JZ 2001, 833, 841; *Kolbe/Lasserre*, VSSAR 2022, 117, 130; *Petersen*, Soziale Grundreche in der EU, 2006, S. 92; Preis/Sagan/*Pötters*, § 3 Rn. 35. Vorsichtig in diese Richtung Schlachter/Heinig, EnzEuR/*Krebber*, § 2 Rn. 92. A.A. *Seifert*, EuZW 2011, 696, 700 f.; EuArbRK/*Schubert*, Art. 32 GRC Rn. 6; Stern/Sachs-GRC/*Nußberger/Ennuschat*, Art. 32 Rn. 17, die lediglich auf staatsgerichtete Wirkungen hinweisen. Vgl. allerdings für die dogmatische Konstruierbarkeit einer positiven Horizontalwirkung aufgrund der Normstruktur EuArbRK/*Schubert*, Art. 51 GRC Rn. 39. Ausdrücklich gegen eine Verpflichtung Privater *Jarass*, GRC, Art. 32 Rn. 3; Pechstein/Nowak/Häde/*Kocher*, Art. 32 GRC Rn. 7; von der Groeben/Schwarze/Hatje/*Lembke*, Art. 32 GRC Rn. 10; Heselhaus/Nowak/*Böhringer*, § 45 Rn. 21.

[258] Vgl. hierzu umfassend *Kolbe/Lasserre*, VSSAR 2022, 117, 122 ff.

[259] Ähnlich *Schmitz*, JZ 2001, 833, 841.

[260] Schlachter/Heinig, EnzEuR/*Tillmanns*, § 18 Rn. 12. Sie lehnt allerdings bereits die Möglichkeit einer negativen Horizontalwirkung in diesem Beispiel ab.

[261] Schlachter/Heinig, EnzEuR/*Tillmanns*, § 18 Rn. 12. Auf der anderen Seite weisen aber Stern/Sachs-GRC/*Nußberger/Ennuschat*, Art. 32 Rn. 20 zu Recht darauf hin, dass gerade im Kontext der Familienbeschäftigung der Begriff der Kinderarbeit naturgemäß restriktiv zu handhaben ist.

kann, sieht für solche Fälle in Art. 2 Abs. 2 nur eine Ausnahme für kumulativ „gelegentliche und kurzfristige" Tätigkeiten vor. Sähen sich die deutschen Gerichte außerstande, das nationale Recht in diesem Punkt unionsrechtskonform auszulegen, griffe insoweit das unmittelbar aus Art. 32 Abs. 1 S. 1 GRC fließende Verbot der Kinderarbeit. Gegen die Möglichkeit einer Konformauslegung spricht, dass das Gesetz schon zeitlich nicht unmittelbar der Umsetzung der unionsrechtlichen Vorgaben dient. Deshalb ist ein aktueller gesetzgeberischer Wille zur ordnungsgemäßen Umsetzung nicht feststellbar. Vielmehr ist den Gesetzesmaterialien gerade keine Beschränkung des zeitlichen oder inhaltlichen Ausmaßes der Tätigkeit zu entnehmen.[262] Diese begnügen sich mit dem pauschalen Hinweis, die Ausnahme greife zugunsten der Beschäftigung in „Haus und Hof".[263] Im Falle der Unmöglichkeit einer unionsrechtskonformen Auslegung ließen sich zur Beseitigung dieses Widerspruchs zwei Konstruktionen erwägen: Denkbar ist zum einen die Unanwendbarkeit des § 1 Abs. 2 Nr. 2 JArbSchG soweit er generell eine Ausnahme vom Verbot des § 5 Abs. 1 JArbSchG anordnet und insoweit die unionsgrundrechtliche Schutzpflicht vereitelt. Hiergegen spricht nur scheinbar der Einwand einer unzulässigen selektiven negativen Horizontalwirkung[264]; denn das Regelungskonzept des Gesetzgebers würde dadurch nicht sinnwidrig umgestaltet, sondern – wie in der Rechtssache *Egenberger* – letztlich nur eine normativ selbstständige Ausnahmeregelung gestrichen. Alternativ wäre die Herleitung eines in seiner Wirkung mit § 5 JArbSchG identischen Beschäftigungsverbots unmittelbar aus Art. 32 Abs. 1 S. 1 GRC, d.h. im Wege der positiven Horizontalwirkung, denkbar.

b) Gebotsnormen – Eingeschränktes Horizontalwirkungspotential

Die Charta enthält daneben auch Grundrechte, die als Gebotsnormen unmittelbar auf Leistung angelegt sind. Positive Pflichten sind hier bereits im Normtext selbst angelegt und müssen nicht erst über Umwege hergeleitet werden. Diese Besonderheit der Charta, die sie etwa vom deutschen GG unterscheidet, sollte die Charta-Dogmatik registrieren.[265] Zunächst ist bei diesen Grundrechten eine erste Unterscheidung danach erforderlich, ob es sich um ein Grundrecht mit oder ohne einen besonderen Vorbehalt der legislativen Konkretisierung handelt.

---

[262] Schlachter/Heinig, EnzEuR/*Tillmanns*, § 18 Rn. 12.

[263] BT-Drs. 7/4544, S. 4.

[264] Vgl. hierzu oben unter § 12 A. III. 2.

[265] So konkret bezogen auf die „sozialen Grundrechte" der Charta auch EuArbRK/*Schubert*, Art. 51 GRC Rn. 62; *Seifert*, EuZW 2011, 696, 701.

aa) Gebotsnorm mit Konkretisierungsvorbehalt

(1) Allgemeines

Wie bereits dargestellt[266], haben die Grundrechte mit einem solchen Konkretisierungsvorbehalt ein „modifiziertes" Horizontalwirkungspotenzial[267]: Eine Horizontalwirkung muss gänzlich ausscheiden, wenn eine Richtlinie nicht ordnungsgemäß umgesetzt worden ist. Nur bei einer Abweichung des nationalen Rechts von einer ursprünglich ordnungsgemäß umgesetzten Richtlinienvorgabe kommt eine Horizontalwirkung in Betracht. Die umgesetzte Richtlinie wird dann „vergrundrechtlicht". Dann aber ist der Schutzgehalt des Grundrechts sogar in besonderem Maße bestimmt und in dieser Detailliertheit auch unmittelbar anwendbar. In diesem Fall kann denn auch eine Horizontalwirkung auf die Norm gestützt werden, die im Detailgrad über das hinausgeht, was aus Grundrechten ohne einen entsprechenden Konkretisierungsvorbehalt abgeleitet werden könnte. Unzutreffend wäre es hingegen, ein von der Konkretisierung losgelöstes Minimum anzunehmen, das unabhängig hiervon horizontalwirkungsfähig ist.[268] Der Schutzgehalt der Art. 27 und 30 GRC steht vielmehr *umfassend* unter dem Vorbehalt der legislativen Konkretisierung.

(2) Beispiel: Art. 27 und Art. 30 GRC

(a) Zur Horizontalwirkung des Art. 27 GRC

Von den beiden genannten Bestimmungen ist Art. 27 GRC diejenige, der der EuGH und die Literatur bisher die größere Aufmerksamkeit geschenkt haben. Das liegt vor allem daran, dass mit der Richtlinie 2002/14/EG für bedeutende Teile des nationalen Rechts der Anwendungsbereich der Charta eröffnet ist. Über den genauen Inhalt der Bestimmung und ihre Horizontalwirkungsfähigkeit herrscht allerdings nach wie vor große Uneinigkeit.[269] Jedenfalls zwei wesentliche

---

[266] Siehe oben unter III. 2. b) bb) (1).

[267] Den Unterschied zwischen besonderer legislativer und allgemeiner judikativer Konkretisierungsbedürftigkeit verkennt *Hilbrandt*, NZA 2019, 1168, 1174 ff., wenn er von einer einheitlichen Auslegungsdogmatik für Art. 27 und Art. 31 GRC ausgehen möchte.

[268] So aber *Seifert*, EuZW 2011, 696, 701; EuArbRK/*Schubert*, Art. 27 GRC Rn. 34. Ähnlich auch *Frenz*/*Götzkes*, RdA 2007, 216 ff. unter Einordnung als Grundsatz aber für einen durch Zusammenschau mit der Menschenwürde ermittelbaren Kerngehalt. Ob daraus nur eine Schutzpflicht oder auch eine positive Horizontalwirkung folgen soll, bleibt indes offen. Die Konstruktion ist allerdings abzulehnen, weil vorschnell eine dogmatische Kategorie des deutschen Verfassungsrechts auf die Charta übertragen wird. Dagegen auch *Michl*, Unionsgrundrechte aus der Hand des Gesetzgebers, 2018, S. 169 f.

[269] Großzügig für eine Verpflichtung privater Arbeitgeber NK-GA/*Heuschmid*/*Lörcher*, Art. 51 GRC Rn. 6; *Heuschmid*, EuZA 2014, 514, 522 f. In diese Richtung Heselhaus/Nowak/*Hilbrandt*, § 39 Rn. 22. Für eine negative Horizontalwirkung des Grundrechts im Falle eines Verstoßes gegen das einschlägige Sekundärrecht Pechstein/Nowak/Häde/*Kocher*, Art. 27 GRC Rn. 18 f. Tendenziell auch *Michl*, Unionsgrundrechte aus der Hand des Gesetzgebers, 2018, S. 191 Fn. 194; für die Möglichkeit der negativen Horizontalwirkung unabhän-

Streitpunkte sind an anderer Stelle der Untersuchung aber bereits beantwortet worden.[270] Erstens, die Norm enthält ein Grundrecht und keinen Charta-Grundsatz, und zweitens, der EuGH hat dem Grundrecht in der Entscheidung zur Rechtssache *AMS* keineswegs a priori die Horizontalwirkungsfähigkeit abgesprochen.

Aus der oben dargestellten Dogmatik der legislativ besonders konkretisierungsbedürftigen Grundrechte der Charta folgt eine eigene Horizontalwirkungslogik des Art. 27 GRC, die sich anhand der *AMS*-Entscheidung[271] gut illustrieren lässt. Zur Erinnerung: In der Entscheidung ging es darum, dass das französische Recht richtlinienwidrig eine bestimmte Gruppe von Personen bei der Schwellenwertberechnung im Rahmen der Einsetzung von Arbeitnehmervertretungsorganen gänzlich außer Betracht gelassen hatte. Art. 3 der Richtlinie erlaubt allerdings nur eine Wahl zwischen zwei denkbaren Schwellenwerten (20 oder 50), nicht aber einen vollständigen Ausschluss von Personengruppen. Der Gerichtshof kam dann zu dem Ergebnis, dass dieser Richtlinienverstoß nicht gleichzeitig auch Art. 27 GRC verletzte. Das entspricht dem hier vorgeschlagenen Verständnis von der Wirkung der Norm. Danach wäre seine Entscheidung anders ausgefallen, wenn der französische Gesetzgeber in ordnungsgemäßer Umsetzung der Richtlinie *zunächst* alle Arbeitnehmergruppen eingeschlossen hätte und im Anschluss hieran richtlinienwidrig eine einzelne Arbeitnehmergruppe wieder von der Berechnung ausgenommen hätte. Dann wäre eine Grundrechtswidrigkeit zu bejahen gewesen, sodass die streitgegenständliche Horizontalwirkung des Art. 27 GRC hätte greifen können.

Auch ein jüngerer Fall des BAG aus dem deutschen Recht zum Tendenzschutz in der Betriebsverfassung eignet sich zur Veranschaulichung der Horizontalwirkungsdogmatik des Art. 27 GRC.[272] Gegenstand des Verfahrens war die Frage, ob der in § 118 Abs. 1 S. 1 Nr. 1, S. 2 BetrVG vorgesehene Ausschluss der Anwendung der §§ 106–110 BetrVG auf tendenzgeschützte Unternehmen mit dem Unionsrecht vereinbar ist.[273] Von einigen Stimmen in der Literatur wird insoweit eine Richtlinienwidrigkeit des BetrVG angenommen und eine richtlinienkonforme Auslegung gefordert, mit dem Ergebnis, dass auch in Tendenzunternehmen ein Wirtschaftsausschuss zu bilden sei.[274] Dies überzeugt zwar schon in der Sache nicht, denn die Bereichsausnahme im BetrVG lässt sich richtigerweise auf

---

gig von konkretisierendem Sekundär- oder mitgliedstaatlichem Recht wohl *Starke*, EU-Grundrechte und Vertragsrecht, 2016, S. 198 ff. Sehr zurückhaltend hingegen EuArbRK/*Schubert*, Art. 27 GRC Rn. 34 f., 24 ff.; *Jarass*, GRC, Art. 27 Rn. 4; von der Groeben/Schwarze/Hatje/*Lembke*, Art. 27 GRC Rn. 12; Meyer/Hölscheidt/*Hüpers*/*Reese*, Art. 27 Rn. 19; Schwarze, EU-Kommentar/*Holoubek*, Art. 27 GRC Rn. 18; *Seifert*, EuZA 2013, 299, 211 ff.; *Fornasier*, in: Latzel/Picker (Hrsg.), Neue Arbeitswelt, 2014, S. 25, 45.

[270] Vgl. hierzu oben unter § 7 C. I.

[271] EuGH v. 15.01.2014 – Rs. C-176/12 (*AMS*), NZA 2014, 193.

[272] BAG v. 19.11.2019 – 7 ABR 3/18, NZA 2020, 598.

[273] BAG v. 19.11.2019 – 7 ABR 3/18, NZA 2020, 598, Rn. 36 ff.

[274] So etwa DKW/*Wedde*, § 118 Rn. 65.

Art. 3 Abs. 2 der Richtlinie stützen.[275] Das BAG konnte die Frage aber ohnehin offen lassen: Denn selbst wenn das deutsche Recht der Richtlinie in diesem Punkt widerspricht, konnte sich das auf den zu entscheidenden Fall nicht auswirken. Die Rechtslage in Deutschland ist eindeutig, eine richtlinienkonforme Auslegung scheitert an der klaren Entscheidung des Gesetzgebers, Tendenzunternehmen vom Anwendungsbereich des § 106 BetrVG auszunehmen. Eine richtlinienkonforme Auslegung wäre somit, wenn die Richtlinie tatsächlich eine solche Erstreckung fordern würde, *contra legem.*[276] Und weil es sich bei dem Rechtsstreit um ein Horizontalverhältnis handelte, würde eine Nichtanwendung der Bestimmung am Verbot der horizontalen Richtlinienwirkung scheitern.[277]

Für den vorliegenden Untersuchungskontext relevant sind dann die Ausführungen zu Art. 27 GRC[278]: Hier nimmt das BAG die Entscheidungen *AMS* und *IPSO* in Bezug, um festzustellen, dass aus Art. 27 GRC alleine keine unmittelbar anwendbare Bestimmung folgt, die zur Primärrechtswidrigkeit von § 118 Abs. 1 S. 2 BetrVG führen kann. Dazu führt das Gericht ausdrücklich an, dass es die Entscheidungen des EuGH und EuG dahin versteht, dass die Norm des Art. 27 GRC nicht geltend gemacht werden kann, um zur Unanwendbarkeit einer mit der RL 2002/14/EG nicht konformen nationalen Bestimmung zu gelangen. Diese Argumentation des BAG ist im Ergebnis zutreffend. Denn es lag – unterstellt man hier einmal die abzulehnende Richtlinienwidrigkeit des § 118 Abs. 1 S. 2 BetrVG – in diesem Punkt nie eine ordnungsgemäße Umsetzung der Richtlinie vor.[279] Damit existierte aber auch nie der Dreifachverbund aus Umsetzungsgesetz, Richtlinienvorgabe und Grundrecht, den es gebraucht hätte, um die Richtlinienbestimmung primärrechtlich zu effektuieren.

Jedoch ist die Begründung des BAG insoweit zu kurz gegriffen, als sie impliziert, dass die Richtlinie 2002/14/EG *nie* grundrechtlich effektuiert werden könne. Denn jedenfalls das trifft nach dem hier vorgeschlagenen Deutungsmuster nicht zu: Wäre § 118 Abs. 1 S. 2 BetrVG nachträglich eingeführt worden und unterstellte man dessen von einigen Stimmen bejahte Richtlinienwidrigkeit, wäre ein Rückgriff auf Art. 27 GRC möglich gewesen und das BAG hätte die Norm im Ergebnis tatsächlich unangewendet lassen müssen. Auch der Verweis des Gerichts auf die fehlende unmittelbare Drittwirkung des Grundrechts ist nicht ganz passend: Der EuGH hatte sich bisher schließlich überhaupt nicht mit dem Adressatenkreis des Art. 27 GRC befasst, sondern nur mit der vorgelagerten normstrukturellen Frage der unmittelbaren Anwendbarkeit. Für die erörterte Frage der Unnawendbarkeit kam es außerdem auf eine Bindung Privater überhaupt nicht an.

---

[275] Vgl. hierzu überzeugend GK-BertrVG/*C. Weber*, § 118 Rn. 143 m.w.N.

[276] BAG v. 19.11.2019 – 7 ABR 3/18, NZA 2020, 598, Rn. 39.

[277] BAG v. 19.11.2019 – 7 ABR 3/18, NZA 2020, 598, Rn. 39.

[278] BAG v. 19.11.2019 – 7 ABR 3/18, NZA 2020, 598, Rn. 44 ff.

[279] Vgl. hierzu auch den allgemeinen Hinweis bei EuArbRK/*C. Weber*, RL 2002/14/EG Art. 1 Rn. 6: „In Deutschland hat die Richtlinie zu *keinen gesetzgeberischen Umsetzungsmaßnahmen* geführt.“ (Hervorhebung d. Verf.).

Und gerade aufgrund der bestehenden Unklarheiten, die über die Konkretisierungsdogmatik des Art. 27 GRC insgesamt bestehen, ist es generell enttäuschend, dass das BAG den EuGH bei der Klärung dieser Rechtsfrage nicht miteinbezogen hat. *Im Ergebnis* bestand mangels ordnungsgemäßer Umsetzung der Richtlinie zum Entscheidungszeitpunkt zwar tatsächlich keine Kollision zwischen § 118 Abs. 1 S. 2 BetrVG und Art. 27 GRC. Die dafür angeführte *Begründung* überzeugt jedoch nicht, denn in der Rechtssache *AMS* hatte der EuGH nur entschieden, dass Art. 27 GRC in einer Konstellation „wie der des Ausgangsverfahrens“ keine Horizontalwirkung entfalten kann. Das BAG spricht zu Unrecht von einer *generellen* Absage des EuGH an die Horizontalwirkung des Art. 27 GRC.[280]

(b) Zur Horizontalwirkung des Art. 30 GRC

Auch Art. 30 GRC ist grundsätzlich horizontalwirkungsfähig. Dieser Befund ist zum gegenwärtigen Zeitpunkt aber schon aus Gründen der umfassenden Sekundärrechtsakzessorietät des unionalen Grundrechtsschutzes eher unspektakulär. Denn derzeit fehlt es an einem einheitlichen unionalen Kündigungsschutzrecht.[281] Relevant wird Art. 30 GRC nur bei den in „sachfremden“ Richtlinien verankerten, kündigungsrechtlichen Bestimmungen.[282] Das betrifft etwa diskriminierende Kündigungen oder solche, die im Zusammenhang mit Massenentlassungen ausgesprochen werden. Ähnlich wie bei Art. 27 GRC sind jedoch auch im Rahmen von Art. 30 GRC die generelle Horizontalwirkungsfähigkeit des Grundrechts sowie deren genaues Ausmaß umstritten.[283]

Inhaltlich ist auch hier die dargestellte, im Normtext angelegte, besondere Abhängigkeit des Gewährleistungsgehalts von einer legislativen Konkretisierung zu beachten.[284] Eine grundrechtliche Effektuierung von Richtlinienvorgaben kommt aufgrund dessen nicht in Betracht, wenn eine Vorgabe im Mitgliedstaat noch nie ordnungsgemäß umgesetzt wurde. Der Erlass einer Richtlinie genügt zur Ausgestaltung richtigerweise noch nicht.[285] Erforderlich ist der Verbund mit

---

[280] BAG v. 19.11.2019 – 7 ABR 3/18, NZA 2020, 598, Rn. 47.

[281] EuArbRK/*Schubert*, Art. 30 GRC Rn. 26; *C. Picker/Rathmann*, RdA 2022, 61 ff.

[282] *Meyer*, NZA 2014, 993, 996.

[283] Wiederum großzügig NK-GA/*Heuschmid/Lörcher*, Art. 51 GRC Rn. 7 für eine Verpflichtung Privater. Ähnlich Heselhaus/Nowak/*Nowak*, § 9 Rn. 46 („potentiell drittwirkungsfähig“). Unklar Heselhaus/Nowak/*Hilbrandt*, § 41 Rn. 21. Für eine negative Horizontalwirkung bei Verstößen gegen einschlägiges Sekundärrecht, aber gegen eine unmittelbare Bindung Privater Pechstein/Nowak/Häde/*Kocher*, Art. 30 GRC Rn. 11. In diese Richtung *Jarass*, GRC, Art. 30 Rn. 3. Für die grundsätzliche Möglichkeit einer negativen Horizontalwirkung auch *Meyer*, NZA 2014, 993, 997. Zurückhaltend wiederum EuArbRK/*Schubert*, Art. 30 GRC Rn. 2, 26 ff.; Meyer/Hölscheidt/*Hüpers/Reese*, Art. 30 Rn. 14; Grabenwarter, EnzEuR/*Rebhahn/Schörghofer*, § 21 Rn. 54; *Fornasier*, in: Latzel/Picker (Hrsg.), Neue Arbeitswelt, 2014, S. 25, 45; *C. Picker/Rathmann*, RdA 2022, 61, 64 f.

[284] Ähnlich *C. Picker/Rathmann*, RdA 2022, 61, 64.

[285] So aber *C. Picker/Rathmann*, RdA 2022, 61, 66.

dem Umsetzungsgesetz. Schon deshalb kann das Grundrecht des Art. 30 GRC in den allermeisten von der Literatur angedachten Anwendungsszenarien[286] keine Verdrängung richtlinienwidriger Bestimmungen bewirken. Das Grundrecht enthält in diesen Fällen auch keinen irgendwie gearteten Kerngehalt, der zwar nicht das „wie", aber zumindest das „ob" eines Schutzes vor ungerechtfertigter Entlassung betrifft.[287] Anders sind – analog zur Darstellung im Rahmen von Art. 27 GRC – allein diejenigen Fälle zu behandeln, in denen von einer ursprünglich ordnungsgemäßen Richtlinienumsetzung abgewichen werden soll. Dann kommt auch für Art. 30 GRC eine Horizontalwirkung in Betracht, und zwar auch hinsichtlich der detaillierten Vorgaben der ursprünglich umgesetzten Richtlinienvorgabe.

bb) Gebotsnormen ohne Konkretisierungsvorbehalt

(1) Allgemeines

Anders sind die grundrechtlichen Gebotsnormen zu behandeln, die schon textlich auf keine weitere legislative Konkretisierung angelegt sind. Gemeint sind etwa die Grundrechte des Art. 31 Abs. 1 oder 2 GRC (Arbeitsbedingungen, Arbeitszeit, Urlaub) oder das des Art. 33 Abs. 2 GRC (Mutter- und Elternschutz). Für das private Arbeitsrecht wird regelmäßig deren schutzrechtliche, auf positive Erfüllung gerichtete Schutzdimension aktuell.[288] Es geht somit in aller Regel um das grundrechtliche Untermaßverbot, bei dessen Bestimmung wie dargelegt besondere Zurückhaltung geboten ist.[289] Hier kann nicht im gleichen Maße von einem dem ersten Anschein nach umfassenden textlichen Gewährleistungsgehalt auf die inhaltliche Reichweite der Horizontalwirkung geschlossen werden: Nicht alle urlaubs- oder arbeitszeitrechtlichen Rechtsfragen betreffen also per se Art. 31 Abs. 2 GRC, nur weil dieser *prima facie* Urlaub und Arbeitszeitbegrenzungen als solche garantiert.

Für die chartarechtlichen Gebotsnormen ergibt sich aus der Dogmatik von Art. 27 und Art. 30 GRC indes ein wichtiges E-contrario-Potenzial: Wenn diese Rechte aufgrund ihrer Struktur auf eine besondere legislative Ausgestaltung angelegt sind, dann sind im Umkehrschluss eben nicht nur Verbotsnormen wie Art. 21 Abs. 1 GRC[290], sondern auch andere vorbehaltslose Grundrechte in den Grenzen einer methodisch zulässigen judikativen Konkretisierung unmittelbar

---

[286] Vgl. etwa EuArbRK/*Schubert*, Art. 30 GRC Rn. 27 ff.; *Meyer*, NZA 2014, 993, 996 ff.

[287] So aber EuArbRK/*Schubert*, Art. 30 GRC Rn. 22 f. Ähnlich für einen unmittelbar aus der Bestimmung ableitbaren kündigungsschutzrechtlichen „Mindeststandard" *Franzen*, NZA-Beilage 2015, 77, 82. Wie hier hingegen *C. Picker/Rathmann*, RdA 2022, 61, 65. Für Art. 27 GRC wie hier *Kolbe/Lasserre*, VSSAR 2022, 117, 131.

[288] *Jarass*, GRC, Art. 31 Rn. 12; EuArbRK/*Schubert*, Art. 31 GRC Rn. 3.

[289] Ähnlich auch *Seifert*, EuZA 2013, 299, 309.

[290] EuArbRK/*Schubert*, Art. 51 GRC Rn. 41.

anwendbar und insoweit horizontalwirkungsfähig.[291] Das läuft darauf hinaus, dass diesen Normen ein horizontalwirkungsfähiger *Kerngehalt* entnommen werden kann, der auf eine sekundärrechtliche Ausgestaltung nicht angewiesen ist[292], gleichzeitig aber auch nicht durch Sekundärrecht erweitert werden kann.

Bei dessen Ermittlung ist wiederum zu berücksichtigen, dass der politische Ermessensspielraum zur Beurteilung der Frage, was erforderlich ist, um derartige Gebotsnormen im Ergebnis zu erfüllen, groß ist.[293] Das Untermaßverbot beschränkt sich deshalb auch hier – ganz im Geiste des allgemeinen Gebots der Wahrung eines angemessenen *judicial self-restraint* – auf ein schutzrechtliches Minimum. Hierin unterscheiden sich die Gebotsnormen maßgeblich von den Verbotsnormen, die normstrukturell bedingt auch in ihrer Schutzdimension ein hohes Maß an Bestimmtheit aufweisen und dadurch per se ein höheres Horizontalwirkungspotential besitzen.[294] Ist der Schutzgehalt tangiert, steht auch bei Gebotsnormen in aller Regel entweder eine negative Horizontalwirkung bezogen auf schutzvereitelnde nationale Regelungen im Raum[295] oder – bei Fehlen hinreichender gesetzlicher Normen – eine positive Horizontalwirkung[296]. Im zweiten Fall setzt sich die jeweilige grundrechtliche Minimalvorgabe bei unzureichender Erfüllung nach allgemeinen Grundsätzen nötigenfalls in Form einer unmittelbaren Bindung des privaten Arbeitgebers durch.[297]

(2) Beispiel: Art. 31 GRC

Dies sei anhand der Grundrechte aus Art. 31 Abs. 1 und Abs. 2 (Alt. 1 und Alt. 2) GRC näher illustriert, die allesamt Gebotsnormen enthalten, deren Gewährleistungsgehalt textlich nicht auf eine weitere legislative Konkretisierung angewiesen ist. Daneben gehört zu dieser Kategorie etwa auch das arbeitsrechtlich relevante Grundrecht des Art. 33 Abs. 2 GRC (Mutter- und Elternschutz), für dessen Horizontalwirkungspotential die folgenden Ausführungen entsprechend gelten.[298]

---

[291] Zutreffend deshalb EuGH v. 06.11.2018 – Rs. C-569/16, C-570/16 (*Bauer*), NZA 2018, 1467, Rn. 84. Vgl. auch *Buschmann*, AuR 2019, 236, 237.

[292] *Starke*, EU-Grundrechte und Vertragsrecht, 2016, S. 336 ff.; *Perner*, in: Heiderhoff/Lohsse/Schulze (Hrsg.), EU-Grundrechte und Privatrecht, 2016, S. 133, 144; *Kokott*, FS I. Schmidt, 2021, S. 991, 999; EuArbRK/*Schubert*, Art. 31 GRC Rn. 11 ff., 16 ff., 26 ff. In diese Richtung, allerdings ohne Bezug zur Horizontalwirkungsfähigkeit *Michl*, Unionsgrundrechte aus der Hand des Gesetzgebers, 2018, S. 167 f. Ähnlich auch EuGH v. 06.11.2018 – Rs. C-569/16, C-570/16 (*Bauer*), NZA 2018, 1467, Rn. 49.

[293] EuArbRK/*Schubert*, Art. 31 GRC Rn. 23; *Kokott*, FS I. Schmidt, 2021, S. 991, 998 f.

[294] Zu dieser Unterscheidung EuArbRK/*Schubert*, Art. 51 GRC Rn. 38 ff. Ähnlich *Ahrends*, Das europäisierte Urlaubsrecht, 2019, S. 48 f.

[295] Exemplarisch EuArbRK/*Schubert*, Art. 31 GRC Rn. 37.

[296] A.A. insoweit EuArbRK/*Schubert*, Art. 31 GRC Rn. 37.

[297] In diese Richtung *Greif*, Die Unanwendbarkeit richtlinienwidriger deutscher Arbeitsgesetze, 2016, S. 229 f.

[298] Vorsichtig in die hier vertretene Richtung auch *Jarass*, GRC, Art. 33 Rn. 12. Restriktiver hinsichtlich einer möglichen Horizontalwirkung der Norm hingegen EuArbRK/*Schubert*, Art. 33 GRC Rn. 23 f. sowie Rn. 4.

Sowohl bei Art. 31 Abs. 1 als auch bei Abs. 2 handelt es sich nach vorzugswürdiger und inzwischen vorherrschender Ansicht nicht um einen bloßen Charta-Grundsatz, sondern um ein echtes Grundrecht.[299] Darauf deutet schon der Wortlaut hin, der in beiden Absätzen ein „Recht“ garantiert. Für Abs. 2 hat der EuGH dies in seiner jüngeren urlaubs- und arbeitszeitrechtlichen Judikatur außerdem ausdrücklich bejaht, weshalb in dieser Hinsicht für die Zukunft jeder Zweifel beseitigt sein dürfte.

(a) Art. 31 Abs. 1 (Gesunde, sichere und würdige Arbeitsbedingungen)

Die allgemein gefasste Bestimmung des Art. 31 Abs. 1 GRC hat bisher in der Rechtsprechung des EuGH keine größere Rolle gespielt. Das Grundrecht garantiert Arbeitnehmern generell gesunde, sichere und würdige (nicht aber auch gerechte[300]) Arbeitsbedingungen. Es legt damit textlich einen denkbar umfassenden Gewährleistungsgehalt nahe. Weil der Norm ein legislativer Konkretisierungsvorbehalt fehlt, kann zur weiteren Inhaltsbestimmung *nicht* wie z.B. bei Art. 27 GRC (nach ordnungsgemäßer Umsetzung) auf detaillierte Richtlinienvorgaben wie die der Arbeitsschutzrahmenrichtlinie 89/391/EWG[301] zurückgegriffen werden.[302] Der ausdrückliche Verweis auf diese Richtlinie in den Charta-Erläuterungen[303] macht sie nach allgemeinen Grundsätzen nicht zum Bestandteil des Grundrechts, sondern zu einer von mehreren Auslegungshilfen, z.B. in begrifflichen Zweifelsfällen.

Die Erläuterungen[304] geben in vergleichsweise eindeutiger Weise vor, dass der Begriff der geschützten „Arbeitsbedingungen“ im Sinne des Art. 156 AEUV zu verstehen ist. Art. 31 Abs. 1 GRC ist – entsprechend den Erläuterungen – weiterhin an Art. 3 der ESC bzw. Art. 26 der revidierten ESC sowie Nr. 19 der Gemeinschaftscharta der Arbeitnehmerrechte (GSGA) „angelehnt“.[305] Wo Art. 3 ESC und Nr. 19 GSGA nur sehr vage Vorgaben machen, ist zumindest Art. 26

---

[299] Wie hier für Art. 31 GRC insgesamt EuArbRK/*Schubert*, Art. 31 GRC Rn. 2; *Jarass*, GRC, Art. 31 Rn. 2; Pechstein/Nowak/Häde/*Kocher*, Art. 31 GRC Rn. 9; *Michl*, Unionsgrundrechte aus der Hand des Gesetzgebers, 2018, S. 167 f. Jedenfalls für Art. 31 Abs. 2 GRC *Greif*, Die Unanwendbarkeit richtlinienwidriger deutscher Arbeitsgesetze, 2016, S. 254 f.; *Seifert*, EuZA 2013, 299, 309. A.A. für Abs. 1 *Junker*, ZfA 2013, 91, 100 f. A.A. für Abs. 2 *Freyler*, Arbeitszeit- und Urlaubsrecht im Mobile Office, 2018, S. 226 f. A.A. insgesamt als Grundsatz einordnend etwa *Rudkowski*, NJW 2019, 476, 480; Schlachter/Heinig, EnzEuR/*Krebber*, § 2 Rn. 17; *ders.*, EuZA 2016, 3, 8; *Ruffert*, FS Robbers, 2020, S. 923, 932.

[300] EuArbRK/*Schubert*, Art. 31 GRC Rn. 13.

[301] Richtlinie 89/391/EWG des Rates vom 12. Juni 1989 über die Durchführung von Maßnahmen zur Verbesserung der Sicherheit und des Gesundheitsschutzes der Arbeitnehmer bei der Arbeit.

[302] Unzutreffend daher Meyer/Hölscheidt/*Hüpers*/*Reese*, Art. 31 Rn. 32, 26. Wie hier im Ergebnis EuArbRK/*Schubert*, Art. 31 GRC Rn. 27.

[303] ABl. EU C 303 v. 14.12.2007, S. 26.

[304] ABl. EU C 303 v. 14.12.2007, S. 26.

[305] ABl. EU C 303 v. 14.12.2007, S. 26.

ESC detaillierter. Dort wird insbesondere der Schutz der Arbeitnehmer vor sexueller Belästigung oder „verwerflicher oder ausgesprochen feindseliger und beleidigender Handlungen“ am Arbeitsplatz bzw. in Verbindung mit der Arbeit angesprochen. Richtigerweise wird man in dieser Ausprägung des Schutzes des allgemeinen Persönlichkeitsrechts am Arbeitsplatz eine besondere Konkretisierung des Erfordernisses „würdiger Arbeitsbedingungen“ erblicken können.[306] Die Adjektive „sicher“ und „gesund“ beziehen sich daneben eher auf den Schutz der physischen und psychischen Integrität.[307]

Bei der Ermittlung des Gewährleistungsgehalts kommt es nach allgemeinen Grundsätzen auf den originär-grundrechtlichen Schutzgehalt an, der der Bestimmung innewohnt. Die Norm weist damit einen sehr eingeschränkten, horizontalwirkungsfähigen Kern auf, dessen praktische Bedeutung sich in Grenzen halten dürfte. Eine Horizontalwirkung kommt nur bei einer Unterschreitung dieses von Art. 31 Abs. 1 GRC geforderten Mindestschutzes in Betracht[308]; insoweit ist nach allgemeinen Grundsätzen aber auch eine unmittelbare Verpflichtung des privaten Arbeitgebers möglich.

Vor dem Hintergrund dieses, auf ein Minimum beschränkten, Gewährleistungsgehalts der Norm ist es zu begrüßen, dass sich auch Generalanwalt *Tanchev* in seinen Schlussanträgen zur Vereinbarkeit von § 19 Abs. 2 AÜG mit der Arbeitnehmerüberlassungs-RL 2008/104/EG[309] jüngst ausdrücklich dagegen ausgesprochen hat, die Detailvorgabe des potentiell verletzten Art. 5 Abs. 5 der Richtlinie gleichzeitig aus dem Grundrecht des Art. 31 Abs. 1 GRC abzuleiten. Nach seinem Dafürhalten sind aufgrund des offenen Wortlauts der Norm die „wesentlichen Voraussetzungen für eine unmittelbare Wirkung – dass sie nämlich hinreichend bestimmt, genau und unbedingt ist – “ nicht erfüllt.[310] Der EuGH hat sich dem nun zumindest implizit angeschlossen[311]: Er verweist in seiner Entscheidung nach konventionellem Muster lediglich auf die Pflicht des nationalen Gerichts zur richtlinienkonformen Auslegung und bekräftigt sodann die fehlende Horizontalwirkung von Richtlinienbestimmungen. Auf einen möglichen Chartaverstoß, der bei Unmöglichkeit der richtlinienkonformen Auslegung in Betracht zu ziehen wäre, geht er anders als der Generalanwalt überhaupt nicht ein.

---

[306] EuArbRK/*Schubert*, Art. 31 GRC Rn. 15.

[307] EuArbRK/*Schubert*, Art. 31 GRC Rn. 15.

[308] Für die Existenz eines horizontalwirkungsfähigen Kerngehalts *Starke*, EU-Grundrechte und Vertragsrecht, 2016, S. 337.

[309] Vgl. den Vorlagebeschluss des LAG Berlin-Brandenburg v. 13.05.2020 – 15 Sa 1991/91, NZA-RR 2020, 398.

[310] GA *Tanchev* v. 09.09.2021 – Rs. C-232/20 (*NP*), BeckRS 2021, 25410, Rn. 65 f. sowie zustimmend *Franzen*, EuZA 2022, 3, 18. Dies ist insoweit wenig verwunderlich, als sich Generalanwalt *Tanchev* bereits in der Rechtssache *Egenberger* (dort indes noch ohne überzeugende Begründung) gegen eine Horizontalwirkung von Art. 21 Abs. 1 GRC hinsichtlich des speziellen Diskriminierungsmerkmals der Religionszugehörigkeit ausgesprochen hatte. Vgl. hierzu § 7 B. I.

[311] EuGH v. 17.03.2022 – Rs. C-232/20 (*NP*), BeckRS 2022, 4573, Rn. 75 ff.

Weitere praktische Anwendungsfälle der allgemeinen Bestimmung des Abs. 1 im deutschen Recht werden in der Literatur im Unterschied zu Abs. 2 nicht weiter diskutiert. Dies könnte sich allerdings ändern, wenn sich der Richtlinienvorschlag der EU-Kommission über angemessene Mindestlöhne vom 28.10.2020 durchsetzen sollte, deren Art. 5 die Angemessenheit der Mindestlöhne in den Mitgliedstaaten vorschreibt und dafür sogar verbindliche Kriterien vorgibt.[312] Gegen die Primärrechtskonformität einer solchen Richtlinie sprechen mit Blick auf Art. 153 Abs. 5 AEUV zwar erhebliche kompetenzielle Bedenken.[313] Es muss jedoch davon ausgegangen werden, dass im Falle ihres Inkrafttretens[314] der Fokus in der Literatur auf den durch sie „konkretisierten" Art. 31 Abs. 1 GRC schweifen wird.[315] Dabei wird sich dann die Frage stellen, ob etwaige Umsetzungsdefizite durch eine Horizontalwirkung des Art. 31 Abs. 1 GRC kompensiert werden könnten.

Diese Frage muss mit Nachdruck verneint werden, denn Art. 31 Abs. 1 GRC garantiert nach vorzugswürdiger Ansicht kein Mindestarbeitsentgelt. Das Grundrecht begründet insoweit keine Schutzpflichten und kann damit auch keine unmittelbare Horizontalwirkung entfalten, selbst wenn es durch die Mindestlohn-RL oder durch sonstiges entgeltrelevantes Richtlinienrecht wie die Arbeitnehmerentsende-RL 2018/957 oder die Arbeitnehmerüberlassungs-RL 2008/104/EG zu einer Anwendungsbereichseröffnung zugunsten der Unionsgrundrechte kommt. Dies liegt zwar noch nicht unmittelbar an der fehlenden Verbandskompetenz der Union gem. Art. 153 Abs. 5 AEUV, denn der Konvent hat, wie bereits ausführlich dargelegt, durch die Schaffung eines sachlich umfassenden Grundrechtskatalogs gerade in Kauf genommen, dass der Schutzbereich der Charta weitergeht als die bestehenden Unionskompetenzen.[316] Diese fehlende Kompetenz wirkt sich vielmehr schon auf Zulässigkeit und Reichweite des den Anwendungsbereich eröffnenden Sekundärrechts aus.

Der Ausschluss des Arbeitsentgelts aus dem Schutzbereich des Grundrechts ergibt sich jedoch aus einer Auslegung der Grundrechtsbestimmung: Man wird zwar ein Mindestarbeitsentgelt ohne Weiteres unter die Formulierung „würdige Arbeitsbedingungen" subsumieren können. Die Erläuterungen zu diesem Grundrecht verweisen allerdings gerade nicht auf Art. 4 ESC, in dem das Entgelt eine eigenständige Regelung erfahren hat, sondern nur auf Art. 3 ESC.[317] Das

---

312 Vorschlag für eine Richtlinie des Europäischen Parlaments und des Rates über angemessene Mindestlöhne in der Europäischen Union vom 28.10.2020 (COM [2020] 682 final). Dazu *Franzen*, ZfA 2021, 157, 162.

313 Vgl. zu Recht *Franzen*, EuZA 2021, 1; *ders.*, ZfA 2021, 157, 160 ff. (Gutachten für die BDA) einerseits sowie andererseits für die kompetenzrechtliche Zulässigkeit *Eichenhofer*, AuR 2021, 148 ff. (Gutachten für den DGB).

314 Der Rat hat das Trilogergebnis – den bestehenden kompetenziellen Bedenken zum Trotz – am 04.10.2022 angenommen.

315 Siehe etwa bereits *Eichenhofer*, AuR 2021, 148, 152.

316 EuArbRK/*Schubert*, Art. 31 GRC Rn. 12; *Schlachter*, SR 2019, 165, 172.

317 EuArbRK/*Schubert*, Art. 31 GRC Rn. 12 m.w.N. A.A. *Schlachter*, SR 2019, 165, 172.

spricht deutlich gegen die Absicht des Konvents, das Entgelt in den sachlichen Schutzbereich der Arbeitsbedingungen im Sinne der Norm aufzunehmen. Ein einzelner Arbeitnehmer kann sich damit weder bei zukünftigem Inkrafttreten der Mindestlohnrichtlinie noch im sonstigen Anwendungsbereich des Unionsrechts auf Art. 31 Abs. 1 GRC berufen, um eine Nichtanwendung entgegenstehenden Privatrechts zu erreichen oder einen entsprechenden Mindestlohn unmittelbar von seinem Arbeitgeber einzufordern.

(b) Art. 31 Abs. 2 Alt. 1 GRC (Arbeitszeitgrundrecht auf Höchstarbeits- und Ruhezeiten)

Das Arbeitszeit- und auch das Urlaubsgrundrecht[318] des Abs. 2 weisen als *leges speciales* für diese beiden speziellen Arbeitsbedingungen eine gesteigerte inhaltliche Bestimmtheit[319] im Vergleich zur *lex generalis* des Abs. 1 auf. In Abs. 2 Alt. 1 wird den Arbeitnehmern ein spezifisches Grundrecht auf Begrenzung der Höchstarbeitszeit sowie auf tägliche und wöchentliche Ruhezeiten eingeräumt. Der Anwendungsbereich der Charta wird zugunsten dieser Bestimmungen maßgeblich durch Art. 5 und Art. 6 der Arbeitszeitrichtlinie eröffnet, in denen jeweils konkrete Vorgaben für Ruhe- und Höchstarbeitszeiten zu finden sind. Diese Gewährleistung ist ausweislich der Charta-Erläuterungen[320] an Art. 2 der Europäischen Sozialcharta angelehnt, wobei sich der Verweis insbesondere auf Nr. 1 (angemessene tägliche und wöchentliche Arbeitszeit) und Nr. 5 (wöchentliche Ruhezeit) beziehen dürfte. Die ebenfalls in Bezug genommene Nr. 8 GSGA garantiert wiederum nur eine wöchentliche Ruhezeit. Diese unterschiedlichen völkerrechtlichen Rechtsquellen tragen zur weiteren Konkretisierung und damit zur Bestimmung der Horizontalwirkungsfähigkeit nichts Wesentliches bei.

Auch hier ist nach allgemeinen Grundsätzen von einem auf den Kernbereich beschränkten Horizontalwirkungspotential auszugehen.[321] Für problematisch könnte man zwar den Umstand erachten, dass sich weder die konkrete Länge der Höchstarbeitszeit noch die Länge und Modalitäten der Ruhezeitgewährung aus dem Text des Grundrechts selbst, sondern allein aus der Arbeitszeitrichtlinie ergeben.[322] Und weil ein den Art. 27 und Art. 30 GRC entsprechender Vorbehalt fehlt, kann auch aus der Inbezugnahme der Arbeitszeitrichtlinie in den Charta-Erläuterungen[323] nicht von einer Inkorporierung der Richtliniengehalte in den grundrechtlichen Schutzbereich ausgegangen werden.[324] Allerdings steht das einer Horizontalwirkungsfähigkeit der zentralen Gewährleistungsgehalte des

[318] Siehe hierzu sogleich.

[319] Dazu auch *Sauer*, JURA 2021, 387, 397.

[320] ABl. EU C 303 v. 14.12.2007, S. 26.

[321] Ähnlich EuArbRK/*Schubert*, Art. 31 GRC Rn. 16; *Bayreuther*, RdA 2022, 290, 291, dabei aber kritisch.

[322] Darauf hinweisend *Höpfner*/*Daum*, RdA 2019, 270, 275.

[323] ABl. EU C 303 v. 14.12.2007, S. 26.

[324] EuArbRK/*Schubert*, Art. 31 GRC Rn. 27.

Art. 31 Abs. 2 Alt. 1 nicht entgegen.[325] Diese ist nur nach allgemeinen Grundsätzen auf einen Kerngehalt reduziert.

Wenn man den EuGH in der Rechtssache *CCOO* jedoch tatsächlich so verstehen möchte[326], dass er sogar eine Arbeitszeit*erfassungs*pflicht unmittelbar auf das Grundrecht stützen will, ist ihm in diesem Punkt zu widersprechen[327]: Diese detaillierte Pflicht, die ihrerseits nur eines von mehreren denkbaren Mitteln zur effektiven Durchsetzung der grundrechtlich ausdrücklich garantierten Höchstarbeitszeit an sich sein kann[328], ist nicht Gewährleistungsgehalt des Grundrechts selbst.[329] Und auch die Richtlinie kann daran nichts ändern, selbst wenn man mit dem EuGH von der Existenz einer *sekundärrechtlichen* Erfassungspflicht ausgehen würde. Diese kann den primärrechtlichen Gewährleistungsgehalt nicht erweitern. Damit ist eine im Horizontalverhältnis unmittelbar anwendbare Arbeitszeiterfassungspflicht aus Art. 31 Abs. 2 Alt. 1 GRC in der Tat abzulehnen. Das bedeutet zwar nicht, dass der Unionsgesetzgeber durch die (vermeintliche[330]) Schaffung einer entsprechenden sekundärrechtlichen Pflicht auf Unionsebene keine Abwägungsentscheidung zwischen Art. 31 Abs. 2 Alt. 1 und Art. 16 GRC getroffen hat.[331] Davon zu trennen ist jedoch die Frage, ob die konkrete sekundärrechtliche Vorgabe Ausdruck des horizontalwirkungsfähigen Kerngehalts des Arbeitszeitgrundrechts ist.[332] Wenn überhaupt, ist § 16 ArbZG, der *de lege lata* keine allgemeine Erfassungspflicht vorsieht, nach der *CCOO*-Entscheidung des EuGH sekundärrechtswidrig.

Mit dieser Argumentation muss auch eine Primärrechtswidrigkeit des § 3 S. 2 ArbZG ausscheiden, der entgegen Art. 16 lit b) RL 2003/88/EG einen Ausgleichszeitraum von sechs anstelle der zwingend geforderten vier Monate regelt. Die Norm ist richtlinienwidrig[333], aber nicht uniongrundrechtswidrig[334], denn die Pflicht zur Gewährleistung eines Ausgleichszeitraums von vier Monaten ergibt sich nicht unmittelbar aus dem horizontalwirkungsfähigen Kerngehalt des

---

325 EuArbRK/*Schubert*, Art. 31 GRC Rn. 27; *Gallner*, SR 2020, 45, 50; *dies.*, FS Preis, 2021, S. 271, 287; *Kolbe/Lasserre*, VSSAR 2022, 133.

326 Zu den unklaren Entscheidungsgründen siehe oben § 8 B. II. 2.

327 Dagegen auch überzeugend: *Höpfner/Daum*, RdA 2019, 270, 275; *Reinhard*, NZA 2019, 1313, 1314; *Bayreuther*, RdA 2022, 290, 291 f. Vgl. nun auch BAG v. 13.09.2022 – 1 ABR 22/21, NZA 2022, 1616, Rn. 24.

328 Dies verkennt *Riegel*, RdA 2021, 152, 154, wenn sie bzgl. des Gestaltungsspielraums, den Art. 31 Abs. 2 GRC eröffnet, von einer Reduktion „auf null" ausgeht.

329 *Gallner*, FS Preis, 2021, S. 271, 287.

330 Eine sekundärrechtliche Arbeitszeiterfassungspflicht ergibt sich jedenfalls nicht ausdrücklich aus der Arbeitszeit-RL. Der EuGH will sie aber in unionsgrundrechtskonformer Auslegung aus Art. 3, 5 und 6 der Arbeitszeit-RL in Zusammenschau mit Bestimmungen der Arbeitsschutzrahmenrichtlinie herleiten.

331 EuArbRK/*Schubert*, Art. 16 GRC Rn. 43.

332 So auch *Bayreuther*, RdA 2022, 290, 291 f.

333 ErfK/*Wank*, § 3 ArbZG Rn. 7 m.w.N.

334 *Krois*, DB 2010, 1704, 1706; *Greif*, Die Unanwendbarkeit richtlinienwidriger deutscher Arbeitsgesetze, 2016, S. 217; EuArbRK/*Schubert*, Art. 31 GRC Rn. 32.

Art. 31 Abs. 2 GRC.[335] Mittelbar könnte sich die Primärrechtswidrigkeit einer solchen nationalen Regelung allenfalls daraus ergeben, dass ein zu langer Ausgleichszeitraum die ausdrücklich garantierte Höchstarbeitszeit *insgesamt* aushöhlt. Nur soweit dies der Fall wäre, wäre der Kerngehalt betroffen, der zumindest eine effektive Arbeitszeitbegrenzung einfordert.

(c) Art. 31 Abs. 2 Alt. 2 (Grundrecht auf bezahlten Jahresurlaub)

Von zentraler Bedeutung in Rechtsprechung und Lehre war in den letzten Jahren das Grundrecht auf bezahlten Jahresurlaub. Angesichts seiner expliziten Normierung handelt es sich bei ihm wie auch bei der Arbeitszeit um eine Arbeitsbedingung, die der Chartageber für besonders schützenswert erachtet. Das verwundert nicht, konnte er sich mit Art. 2 Nr. 3 (sowie Nr. 4) der ESC und Nr. 8 der GSGA doch auf weitere bedeutsame völkerrechtliche Gewährleistungen stützen.[336] Die Literatur zeigt sich uneinig in der Frage, wie konkret der Gewährleistungsgehalt der Norm letztlich ist. Von seiner Bestimmtheit hängt jedoch nach allgemeinen Maßstäben die Horizontalwirkungsfähigkeit des Grundrechts ab. Die vorherrschende Ansicht legt dabei einen restriktiven Gewährleistungsgehalt zugrunde, nur einzelne Stimmen gehen von einem weiteren Schutzgehalt aus.[337]

Ein erster Ausgangspunkt sollte ungeachtet aller Detailfragen die Einsicht sein, dass in der GRC, anders als im GG, immerhin überhaupt ein spezielles, für eine grundrechtliche Bestimmung doch ungewöhnlich konkret formuliertes, urlaubsrechtliches Leistungsgrundrecht verankert ist.[338] In Deutschland müsste eine entsprechende Gewährleistung, wie es das BAG jüngst erwogen hat[339], erst aus den übrigen Freiheitsgrundrechten destilliert, d.h. etwa als Schutzpflicht aus

---

[335] Ebenso, indes ohne grundrechtsdogmatische Begründung *Greif*, Die Unanwendbarkeit richtlinienwidriger deutscher Arbeitsgesetze, 2016, S. 217.

[336] ABl. EU C 303 v. 14.12.2007, S. 26.

[337] Dem weitreichenden Verständnis des EuGH zustimmend *Wienbracke*, NZA-RR 2019, 121, 123 f. Zu weitgehend *Buschmann*, AuR 2019, 236, 237 (flächendeckender Schutz des Arbeitszeitrechts) sowie Pechstein/Nowak/Häde/*Kocher*, Art. 31 GRC Rn. 9. Eher weitreichend für eine unmittelbare Anwendbarkeit auch *Greif*, Die Unanwendbarkeit richtlinienwidriger deutscher Arbeitsgesetze, 2016, S. 257 f. Für eine grundrechtliche Garantie nur des „Ob", nicht jedoch des „Wie" EuArbRK/*Schubert*, Art. 31 GRC Rn. 18; gegen eine Beschränkung auf da „Ob" ausdrücklich *Pickenhahn*, Unionsrechtliche Gestaltungsspielräume für die Arbeitszeit von Wissensarbeitern, 2021, S. 164; restriktiver wiederum *Ahrends*, Das europäisierte Urlaubsrecht, 2019, S. 47 ff. Gegen die unmittelbare Anwendbarkeit und damit sämtliches Horizontalwirkungspotential *Freyler*, Arbeitszeit- und Urlaubsrecht im Mobile Office, 2018, S. 226 f.; so wohl auch *Kamanabrou*, in: Heiderhoff/Lohsse/Schulze (Hrsg.), EU-Grundrechte und Privatrecht, 2016, S. 167, 184 in Anlehnung an *Seifert*, EuZA 2015, 500, 506.

[338] *Sauer*, JURA 2021, 387, 397, allerdings unzutreffend in einem Zug mit Art. 27 GRC, dessen Normstruktur sich von Art. 31 GRC in grundrechtsdogmatischer Hinsicht erheblich unterscheidet.

[339] BAG v. 17.06.2020 – 10 AZR 210/19, NZA 2020, 1551, Rn. 65 ff.

Art. 2 GG abgeleitet werden. Im Umkehrschluss daraus folgt, dass auf Unionsebene in dieser Hinsicht ein veritables Mehr an Normenmaterial zu verzeichnen ist. Dies sollte bei einer Analyse des Art. 31 Abs. 2 GRC berücksichtigt werden. Außerdem muss dem Umstand Rechnung getragen werden, dass die Norm ausdrücklich vorsieht, dass der Jahresurlaub auch „bezahlt" sein muss. Damit wird gerade auch die finanzielle Dimension des Urlaubsanspruchs explizit grundrechtlich geschützt[340], was richtigerweise auch der EuGH in seinen Entscheidungen ausdrücklich klarstellt[341]. Generell wird man auch hier von einem gewissen Kernbereich des Urlaubsrechts ausgehen können, den die Norm schützt.[342] Bei dessen judikativer Konkretisierung sollte der EuGH nach allgemeinen Grundsätzen ein angemessenes Maß an *judicial self-restraint* wahren. Nur so können die Grenzen zwischen einfachem Sekundärrecht und Grundrecht gewahrt werden.[343]

Eine definitive *Mindesturlaubshöhe* ergibt sich textlich nicht unmittelbar aus dem Grundrecht, sondern lediglich aus Art. 7 Abs. 1 der Arbeitszeitrichtlinie (vier Wochen), dem ausdrücklich von den Erläuterungen in Bezug genommen Art. 2 Nr. 3 ESC in seiner ursprünglichen Fassung (zwei im Gegensatz zu den vier Wochen, die der nicht in Bezug genommene Artikel in der revidierten Fassung von 1996 garantiert) sowie aus Art. 3 Abs. 3 des ILO-Übereinkommens Nr. 132 (drei Wochen). Weil sich hieraus kein einheitliches Bild einer unionsgrundrechtlichen Urlaubshöhe ergebe, lehnen einige Stimmen eine horizontalwirkungsfähige Gewährleistung im Rahmen von Art. 31 Abs. 2 GRC insgesamt ab.[344] Ob eine solche Einschätzung zutrifft, erscheint jedoch zweifelhaft. Denn ein Grundrecht auf bezahlten Jahresurlaub, das nicht wenigstens irgendein Minimum der zu gewährenden Urlaubsdauer garantiert, wäre kaum eine Aufnahme wert gewesen. Insbesondere der Verweis auf die ESC zeigt im Gegenteil, dass sich der Konvent – trotz aller Vorsicht mit Blick auf zu starre Zeitvorgaben[345] – völkerrechtliche Vorgaben zum Vorbild genommen hat, denen eine ganz konkrete Mindestdauer entnommen werden kann. Das berechtigt zu der Annahme, dass auch Art. 31 Abs. 2 GRC zumindest eine gewisse Mindestdauer bezahlten Jahresurlaubs absichern soll. Diese ist aber jedenfalls nicht deckungsgleich mit den sekundärrechtlich garantierten vier Wochen[346]; dem Unionsgesetzgeber steht es

---

[340] So auch EuArbRK/*Schubert*, Art. 31 GRC Rn. 20; MüHdbArbR/*Klose*, § 85 Rn. 46; *Kokott*, FS I. Schmidt, 2021, S. 991, 999.

[341] EuGH v. 06.11.2018 – Rs. C-569/16, C-570/16 (*Bauer*), NZA 2018, 1467, Rn. 58; EuGH v. 25.06.2020 – C-762/18, C-37/19 (*Prokuratura na Republika Bulgaria*), NZA 2020, 1001, Rn. 83.

[342] *Ahrends*, Das europäisierte Urlaubsrecht, 2019, S. 44; *Kokott*, FS I. Schmidt, 2021, S. 991, 999.

[343] *Ahrends*, Das europäisierte Urlaubsrecht, 2019, S. 47 ff.; EuArbRK/*Schubert*, Art. 31 GRC Rn. 18 m.w.N.

[344] So etwa MüHdbArbR/*Klose*, § 85 Rn. 46; EuArbRK/*Schubert*, Art. 31 GRC Rn. 18; *Rambach*/*Rambach*, ZTR 2018, 374 ff. (Mindesturlaubsvorgabe „reines" Sekundärrecht); *Höpfner*, RdA 2013, 16, 19; *Seifert*, EuZA 2015, 500, 506.

[345] So EuArbRK/*Schubert*, Art. 31 GRC Rn. 18.

[346] Kritisch gegenüber der Annahme eines vierwöchigen Urlaubsanspruch im Rahmen

frei, den Mindesturlaub etwa auf drei Wochen abzusenken.[347] Es bietet sich an, die grundrechtlich abgesicherte Mindesthöhe auf den „kleinsten gemeinsamen Nenner" der in Bezug genommenen Rechtserkenntnisquellen festzusetzen. Das wären gem. Art. 2 Nr. 3 ESC in seiner ursprünglichen Fassung zwei Wochen.

Der EuGH geht dementgegen wohl davon aus, dass Art. 31 Abs. 2 GRC einen Urlaubsanspruch von vier Wochen garantiere. Zu diesem Ergebnis kommt er zwar nicht durch einen (per se unzulässigen[348]) pauschalen Rückgriff auf das Richtlinienrecht.[349] Sein Vorgehen ist jedoch ebenfalls abzulehnen: So erkennt der Gerichtshof zwar zutreffend, dass die Erläuterungen der Charta auf die ESC verweisen; er spricht dann aber davon, die ESC garantiere den Arbeitnehmern einen vierwöchigen Urlaubsanspruch.[350] Das ist ungenau, denn dabei verkennt er, dass die Erläuterungen ihrem Wortlaut nach eben nicht auf die ESC in ihrer revidierten, sondern in ihrer ursprünglichen Fassung verweisen. Dabei handelt es sich um kein redaktionelles Versehen: Wo die Erläuterungen die revidierte Fassung meinen, sprechen sie auch ausdrücklich von dieser. Damit kann aber für die judikative Konkretisierung lediglich die zweiwöchige Urlaubshöhe der ursprünglichen Fassung maßgebend sein.[351]

Für die Rechtsfragen, die den dargestellten Horizontalwirkungsentscheidungen des EuGH in den Rechtssachen *Bauer*[352] und *Max-Planck*[353] zugrunde lagen, kam es jedoch richtigerweise auf den Streitpunkt, ob und inwieweit das Grundrecht eine exakte Urlaubshöhe garantiert, überhaupt nicht an.[354] Das wird übersehen, wenn mit dem Hinweis auf die vermeintlich fehlende Gewährleistung der Urlaubshöhe die unmittelbare Anwendbarkeit und Horizontalwirkung von Art. 31 Abs. 2 GRC ganz generell[355] oder zumindest im Hinblick auf die dort streitgegenständlichen Rechtsfragen[356] abgelehnt wird. Für die Horizontalwir-

---

von Art. 31 Abs. 2 GRC durch den EuGH auch *Kokott*, FS I. Schmidt, 2021, S. 991, 1000 unter Verweis auf *dies.*, Schlussanträge v. 26.03.2020 – Rs. C-119/19 P, C-126/19 P (*Carreras Sequeros*), BeckRS 2020, 4752, Rn. 65 ff. A.A. PHKW/*Bogg/Ford,* 31.58.

[347] Vgl. hierzu bereits *Krois*, DB 2010, 1704, 1706; *Greif*, Die Unanwendbarkeit richtlinienwidriger deutscher Arbeitsgesetze, 2016, S. 217; EuArbRK/*Schubert*, Art. 31 GRC Rn. 32.

[348] Vgl. hierzu oben unter 2 b).

[349] EuGH v. 08.09.2020 – Rs. C-119/19 P, C-126/19 P (*Carreras Sequeros*), BeckRS 2020, 21912, Rn. 115.

[350] EuGH v. 08.09.2020 – Rs. C-119/19 P, C-126/19 P (*Carreras Sequeros*), BeckRS 2020, 21912, Rn. 114. So auch PHKW/*Bogg/Ford,* 31.58.

[351] Ähnlich *Seifert*, EuZA 2015, 500, 506.

[352] EuGH v. 06.11.2018 – Rs. C-569/16, C-570/16 (*Bauer*), NZA 2018, 1467.

[353] EuGH v. 06.11.2018 – Rs. C-684/16 (*Max-Planck*), NZA 2018, 1474.

[354] A.A. ausdrücklich *Wutte*, EuZA 2019, 222, 230 f.

[355] In diese Richtung bereits vor den jüngeren Entscheidungen *Seifert*, EuZA 2015, 500, 506; *Kamanabrou*, RdA 2017, 162, 165 f.; *dies.*, in: Heiderhoff/Lohsse/Schulze (Hrsg.), EU-Grundrechte und Privatrecht, 2016, S. 167, 184. Aktuell etwa *Schlachter*, ZESAR 2019, 53, 56; *Rudkowski*, NJW 2019, 476, 480 („in einem wesentlichen Teil unbestimmt"); *Wutte*, EuZA 2019, 222, 230; *Mehrens/Witschen*, EuZA 2019, 326, 330 f.

[356] EuArbRK/*Schubert*, Art. 51 GRC Rn. 43. Zutreffend aber EuArbRK/*dies.*, Art. 31 GRC Rn. 18 („insoweit").

kung ist entscheidend, ob dem Grundrecht mit Blick auf den zu entscheidenden Rechtsstreit eine hinreichend bestimmte Normaussage zu entnehmen ist: In der Rechtssache *Bauer* also, ob dem Grundrecht die zwingende Vererblichkeit des Abgeltungsanspruchs entnommen werden kann, und in der Rechtssache *Max-Planck*, ob die Mitwirkungsobliegenheiten des Arbeitgebers grundrechtlich effektuiert sind. Nicht entscheidend war in diesen Rechtssachen, ob Art. 31 Abs. 2 GRC ein horizontalwirkungsfähiger Mindesturlaubsanspruch entnommen werden kann. Dies wäre entscheidend gewesen, wenn das deutsche Recht richtlinienwidrig nur drei Wochen Mindesturlaub gewähren würde.

Was die inhaltliche Richtigkeit der beiden Entscheidungen hinsichtlich der *Wirkung* der GRC angeht, ist zu unterscheiden. Ob hier die einfachrechtlichen Erwägungen, also die postulierte zwingende Vererblichkeit oder die Mitwirkungsobliegenheiten des Arbeitgebers als solche inhaltlich überzeugen[357], soll hier nicht weiter vertieft werden. Es geht alleine darum, ob sich, sofern man dem EuGH insoweit beipflichtet, diese Rechtssätze unmittelbar auf Art. 31 Abs. 2 GRC stützen lassen.[358] In dieser Hinsicht ist nach den aufgezeigten Maßstäben die Argumentation des EuGH in der Rechtssache *Bauer* zu begrüßen, diejenige in der *Max-Planck*-Entscheidung hingegen kritikwürdig:

In der Rechtssache *Bauer* hat der EuGH letztlich nur der, ausdrücklich von Art. 31 Abs. 2 GRC geschützten, finanziellen Dimension des Urlaubsanspruchs zur Geltung verholfen. Es lässt sich gut vertreten, dass gerade die zwingende Vererblichkeit Ausdruck dieser unmittelbar grundrechtlich garantierten Entgeltlichkeit des Urlaubsanspruchs ist.[359] Die Kernaussage lautet dabei: Wenn ein grundrechtlicher Jahresurlaub bezahlt sein muss, muss er auch vererblich sein. Mit Blick hierauf erscheint die Entscheidung inhaltlich konsequent.

Die Argumentation in der Rechtssache *Max-Planck* ist hingegen weniger überzeugend.[360] Natürlich ist von der Frage der konkreten Voraussetzungen der Verfallbarkeit letztlich der Urlaubsanspruch in seinem Bestand und damit dem ersten Anschein nach der Kerngehalt des Art. 31 Abs. 2 GRC berührt.[361] Außerdem kann der Anspruch auf bezahlte Freistellung seinen Erholungszweck nur erreichen, wenn grundsätzlich die Möglichkeit besteht, Urlaub zu nehmen.[362] Im

---

[357] *Jacobs/Münder*, RdA 2020, 13, 14 sprechen etwa kritisch von einer „Entkoppelung der Rechtsprechung von Richtlinie und Charta“.

[358] Hiervon geht etwa der Präsident des EuGH aus, vgl. die Wiedergabe seines Redebeitrages im Rahmen des Europarechtlichen Symposions am BAG bei *Burg/Wiebauer*, RdA 2022, 311, 314.

[359] Insoweit offenbar wie hier EuArbRK/*Schubert*, Art. 31 GRC Rn. 20. Deutlicher *dies.*, EuZA 2020, 302, 311. In diesem Punkt a.A. ohne weitere Begründung *Gooren/Rudkowski*, NJW 2017, 1149, 1151.

[360] So auch *Jacobs/Münder*, RdA 2020, 13, 14. So im Ergebnis, indes mit anderer Begründung, auch *Wutte*, EuZA 2019, 222, 230 f. A.A. tendenziell EuArbRK/*Schubert*, Art. 31 GRC Rn. 19. Wie hier dann allerdings *dies.*, EuZA 2020, 302, 311.

[361] In diese Richtung *Schubert*, EuZA 2020, 302, 311.

[362] EuArbRK/*Schubert*, Art. 31 GRC Rn. 19.

Ausgangsverfahren ging es aber gerade nicht um die Verfallbarkeit oder die Möglichkeit der Urlaubnahme *als solche*, sondern um die Detailfrage, welche konkreten Anforderungen letztlich an die Mitwirkungsobliegenheiten des Arbeitgebers anzustellen sind. Damit lag mit dem deutschen Recht aber keine Verletzung des Grundrechts, sondern lediglich ein Verstoß gegen eine Detailvorgabe vor, die sich nach vorzugswürdiger Auffassung allein aus dem Sekundärrecht ergibt. Sie lässt sich nicht auf das Grundrecht selbst stützen[363], möchte man ein hinreichendes Maß an *judicial self-restraint* wahren. Die vom EuGH in Aussicht gestellte Horizontalwirkung im Falle der Unmöglichkeit der Auslegung des BUrlG wäre in diesem Fall abzulehnen gewesen.

Beizupflichten ist dem EuGH hingegen in seinem Vorgehen in der späteren Rechtssache *Hein*.[364] Thematisch ging es hier um die Berücksichtigung von Verdienstkürzungen infolge von Kurzarbeit während des Referenzzeitraums bei der Berechnung von Urlaubsentgelt. Der EuGH ist der Auffassung, dass solche Kürzungen bei der Berechnung des Urlaubsentgelts außer Betracht bleiben müssen. Dies entspricht im Ausganspunkt zwar auch der deutschen Rechtslage, weil in § 11 Abs. 1 S. 3 BUrlG genau dies angeordnet wird.[365] Im zugrundeliegenden Fall hatten die zuständigen Tarifparteien allerdings von der Möglichkeit einer tarifvertraglichen Abweichung zuungunsten der Arbeitnehmer nach § 13 Abs. 1, 2 BurlG Gebrauch gemacht und eine Berücksichtigungsfähigkeit angeordnet. Ebendiese Abweichungsmöglichkeit hält der Gerichtshof für *richtlinienwidrig*. Er wies das vorlegende ArbG Verden darauf hin, dass es das deutsche Recht in diesem Sinne unionsrechtskonform auszulegen habe. Was allerdings geschehen soll, wenn eine richtlinienkonforme Auslegung scheitert, ließ der EuGH offen, und gerade das war nach dem Vorgehen in den vorangegangenen urlaubsrechtlichen Entscheidungen doch einigermaßen überraschend.

Vereinzelt wird zwar in dem Verweis des Gerichtshofs[366] auf die Rechtssachen *Kücükdeveci* und *Dansk Industri* ein „versteckter" Hinweis auf die Möglichkeit der Horizontalwirkung des Art. 31 Abs. 2 GRC gesehen.[367] Und ohnehin sei die Frage der Horizontalwirkung des Art. 31 Abs. 2 GRC im Falle der Unmöglichkeit der Konformauslegung bereits durch die Rechtssachen *Max-Planck* und *Bauer* geklärt[368], womit sich das Fehlen weiterer Ausführungen in diese Richtung erklären lasse. Beides trifft aber nicht zu: Gegen das erste Argument spricht entschieden, dass der EuGH gerade nicht pauschal auf die Entscheidungen *Kücükdeveci* und *Dansk Industri* verweist, sondern jeweils auf eine ganz konkrete Randnummer. Dabei handelt es sich aber jeweils nicht um Stellen, an denen

---

[363] *Schubert*, EuZA 2020, 302, 311.

[364] EuGH v. 13.12.2018 – Rs. C-385/17 (*Hein*), NZA 2019, 47. Vgl. dazu *Schinz*, EuZA 2019, 493 ff.

[365] *Bayreuther*, NZA 2020, 1057, 1061 f.

[366] EuGH v. 13.12.2018 – Rs. C-385/17 (*Hein*), NZA 2019, 47, Rn. 48.

[367] *Schinz*, EuZA 2019, 493, 498.

[368] *Schinz*, EuZA 2019, 493, 498.

spezifisch die Frage nach der Horizontalwirkung des Art. 21 Abs. 1 GRC thematisiert wurde. Vielmehr wurde dort jeweils nur das generelle Gebot formuliert, dass es den nationalen Gerichten bei der Entscheidung über einen Rechtsstreit zwischen Privatpersonen, in dem sich zeigt, dass die fragliche nationale Regelung gegen das Unionsrecht verstößt, obliegt, „den Rechtsschutz sicherzustellen, der sich für den Einzelnen aus den unionsrechtlichen Bestimmungen ergibt, und deren volle Wirkung zu gewährleisten."[369] Dies spricht dafür, dass der Verweis auf diese Entscheidungen alleine im Kontext des Gebots der Konformauslegung erfolgt. Wenn der EuGH in der Vergangenheit wirklich auf die Horizontalwirkung einer Grundrechtsbestimmung verweisen wollte, hat er stets diejenige Randnummer einer früheren Entscheidung in Bezug genommen, in der auch konkret auf die Horizontalwirkung des Grundrechts eingegangen wurde.[370] Und auch die Einschätzung, der EuGH habe die Frage nach der Horizontalwirkung von Art. 31 Abs. 2 GRC abschließend beantwortet, trifft in dieser Pauschalität nicht zu: Denn der Gerichtshof hatte die Horizontalwirkung bislang nur vor dem Hintergrund der Vererblichkeit einerseits und der Anforderungen an die Mitwirkungsobliegenheiten des Arbeitgebers andererseits postuliert. Für das in der Rechtssache *Hein* streitgegenständliche Problem, ob sich die Frage der Berücksichtigungsfähigkeit von Entgeltkürzungen in einer Konstellation wie der des Ausgangsverfahrens ebenfalls unmittelbar mit dem Grundrecht beantworten lässt, fehlte es aber an einer Entscheidung. Viel spricht deshalb dafür, dass sich die Entscheidung in der Tat dahin deuten lässt, dass der EuGH zu Art. 31 Abs. 2

---

[369] Siehe EuGH v. 13.12.2018 – Rs. C-385/17 (*Hein*), NZA 2019, 47 mit Verweis auf EuGH v. 19.01.20210 – Rs. C-555/07 (*Kücükdeveci*), NZA 2010, 85, Rn. 45; EuGH v. 19.04.2016 – Rs. C-441/14 (*Dansk Industri*), NZA 2016, 537, Rn. 28. Es folgen nach dieser Grundaussage in beiden Entscheidungen zunächst Ausführungen zum Gebot der richtlinienkonformen Auslegung bis hin zur Contra-legem-Grenze. Die konkrete Aussagen zur negativen Horizontalwirkung finden sich denn erst in Rn. 51 (*Kücükdeveci*) bzw. Rn. 35, 36 (*Dansk Industri*). Erst in diesen Randnummern wird der oben zitierte Satz um den Zusatz „[...] indem es erforderlichenfalls jede diesem Verbot entgegenstehende Bestimmung des nationalen Rechts unangewendet lässt." ergänzt, der die Horizontalwirkung zum Ausdruck bringt.

[370] In der Rechtssache *Kücükdeveci* wird in Rn. 51 konkret auf die Rn. 77 der *Mangold*-Entscheidung verwiesen, wo der EuGH erstmalig für einen Grundrechtsverstoß die Unanwendbarkeitsfolge im Horizontalverhältnis postuliert hat. In der Rechtssache *Dansk Industri* wird in Rn. 35 konkret auf diese Rn. 51 der *Kücükdeveci*-Entscheidung verwiesen. In Rn. 36 findet sich daneben ein Verweis auf Rn. 47 der *AMS*-Entscheidung, wo der EuGH dem Verbot der Altersdiskriminierung ausdrücklich und losgelöst vom zu entscheidenden Fall das Potential negativer Horizontalwirkung zuspricht. Auch in *Egenberger* verweist der EuGH neben dem Verweis auf die konkreten „Horizontalwirkungs-Randnummern" der Grundfreiheiten-Rechtsprechung (Rn. 77) auf diese Randnummer der *AMS*-Entscheidung. In der Rechtssache *IR* verweist der EuGH in Rn. 68 f. u.a. auf die konkrete Randnummer der *Egenberger*- sowie auf die oben erwähnte Rn. 36 der *Dansk-Industri*-Entscheidung. In den Rechtssachen *Bauer* und *Max-Planck* verweist der EuGH an der jeweils relevanten Stelle (Rn. 85 f. bzw. Rn. 74 f.) auf die einschlägigen Ausführungen zur Horizontalwirkung zu Art. 21 Abs. 1 GRC in *Egenberger*.

GRC eine differenzierte Horizontalwirkungsdogmatik zu entwickeln versucht.[371] Von der streitgegenständlichen Frage nach der Berücksichtigungsfähigkeit von kurzarbeitsbedingten Entgeltkürzungen war nämlich nicht der horizontalwirkungsfähige Kerngehalt des Grundrechts betroffen, sondern wiederum nur eine bloß sekundärrechtliche Detailfrage.[372] Die implizit abgelehnte Horizontalwirkung des Art. 31 Abs. 2 GRC hinsichtlich dieser Rechtsfolge ist zu begrüßen und entspricht letztlich der hier vorgeschlagenen Differenzierung.

Diese Tendenz bestätigt sich auch in der Rechtssache *Carreras Sequeros.*[373] Zwar geht der Gerichtshof hier, wie dargelegt, wenig überzeugend davon aus, der vierwöchige Urlaubsanspruch des Art. 7 der Arbeitszeitrichtlinie ergebe sich auch aus Art. 31 Abs. 2 GRC. Dies liegt aber vor allem an einer fehlerhaften Interpretation der einschlägigen völkerrechtlichen Rechtsquellen. Zumindest in seinen abstrakteren Ausführungen zeigt sich bemerkenswert deutlich, dass auch nach seinem Verständnis nicht alle Gehalte der Richtlinie Bestandteil des Urlaubsgrundrechts sind.[374] In dieser Passage bekennt sich der EuGH zu einem gewissen *judicial self-restraint* bei der Konkretisierung der Grundrechtsgehalte.

c) Horizontalwirkung von Freiheitsrechten am Bsp. des Art. 11 GRC (Meinungsfreiheit)

Der Gerichtshof hat bisher – und das ist aus Sicht der deutschen Drittwirkungsdebatte ungewöhnlich – zur Frage der Horizontalwirkung der „klassischen" Freiheitsrechte der GRC gänzlich geschwiegen.[375] Grundsätzlich ließen sich die obigen Überlegungen allerdings auch auf Freiheitsgrundrechte übertragen, soweit deren Anwendungsbereich durch Sekundärrecht eröffnet wird.

In Betracht käme beispielsweise eine Horizontalwirkung des Grundrechts auf Meinungsfreiheit gem. Art. 11 GRC.[376] Als Abwehrrecht ist die Norm in ihrem gesamten Gewährleistungsbereich hinreichend bestimmt und damit unmittelbar anwendbar.[377] Insoweit ist vor allem eine negative Horizontalwirkung denkbar, wenn Bestimmungen des nationalen Privatrechts die Meinungsfreiheit unver-

---

[371] Ähnlich *Schubert*, EuZA 2020, 302, 311.

[372] *Schubert*, EuZA 2020, 302, 311.

[373] EuGH v. 08.09.2020 – Rs. C-119/19 P, C-126/19 P (*Carreras Sequeros*), BeckRS 2020, 21912, Rn. 115.

[374] Mit ähnlicher Lesart *Kokott*, FS I. Schmidt, 2021, S. 991, 1000.

[375] *Fornasier*, in: Latzel/Picker (Hrsg.), Neue Arbeitswelt, 2014, S. 25, 41; *Sauer*, JURA 2021, 387, 397.

[376] Denkbar wäre etwa auch eine Übertragung der Horizontalwirkungslogik auf die Berufsfreiheit Art. 15 GRC. So hätte der EuGH in seiner Rechtsprechung Altersgrenzen neben Art. 21 GRC auch an diesem Grundrecht messen können vgl. hierzu; *Waltermann*, FS Birk, 2008, S. 915, 927 ff.; *ders.*, EuZA 2010, 541, 551. In diese Richtung hinsichtlich der italienischen Altersgrenze für den Zugang zum Notarberuf nun auch EuGH v. 03.06.2021 – Rs. C-914/19 (*Ministero della Giustizia*), NZA 2021, 931, Rn. 44.

[377] In diese Richtung auch Stern/Sachs-GRC/*Ladenburger*/*Vondung*, Art. 51 Rn. 13.

hältnismäßig beschränken. Daneben sind dem Grundrecht in gleicher Weise wie seinem konventionsrechtlichen Pendant des Art. 10 EMRK, welches schon lange eine zentrale Rolle im Rahmen der Positive-obligations-Doktrin des EGMR gerade auch im arbeitsrechtlichen Kontext spielt, positive Schutzpflichten zu entnehmen.[378] Diese Pflichten können zu einer positiven Horizontalwirkung führen, soweit das schutzrechtliche Minimum des Freiheitsrechts unterschritten ist. Gleiches gilt in dem Grenzbereich, in der es um eine negative Horizontalwirkung geht, die die Kollision einer nationalen Norm mit dem von der Schutzpflicht gebotenen Minimum auflöst.

Der schutzrechtliche Kernbereich eines Freiheitsrechts fällt dabei aber einerseits kleiner aus als bei den Verbotsnormen, die ihrerseits eine vergleichsweise eindeutige Rechtsfolge vorgeben; er dürfte andererseits auch kleiner als der der Gebotsnormen ohne Konkretisierungsvorbehalt sein, da diese – anders als die Freiheitsrechte – bereits originär auf ein aktives Tun und damit auf eine positive Erweiterung des Rechtskreises zielen.

Das Horizontalwirkungspotential des Art. 11 Abs. 1 GRC könnte etwa im Zusammenhang mit der Whistleblowing-Richtlinie (EU) 2019/1937 relevant werden, die bis zum 17.12.2021 durch die Mitgliedstaaten umzusetzen war. Mit ihr besteht ein neuer Anwendungsbereich für die Horizontalwirkung des Art. 11 Abs. 1 GRC[379], wobei vor allem die Schutzpflichten des Grundrechts angesprochen sind: Soweit ein Mitgliedstaat die Vorgaben der Richtlinie unzureichend umsetzt, kann bestimmten Kollisionen mit einer negativen[380] und bestimmten Lücken im nationalen Recht mit einer positiven Horizontalwirkung des Grundrechts[381] begegnet werden.[382] Dies gilt nach dem Gesagten aber wiederum nicht für sämtliche Vorgaben der Richtlinie, sondern nur für solche, die sich gleichzeitig auch dem unmittelbar anwendbaren Kerngehalt des Grundrechts entnehmen lassen.

Konkret dürfte dies für das Verbot von Repressalien gem. Art. 19 der Richtlinie anzunehmen sein: Dieses ist Ausfluss des bereits für sich unmittelbar anwendbaren, schutzrechtlichen Gewährleistungsgehalts von Art. 11 Abs. 1 GRC. Wenn existierendes nationales Recht dieses Verbot richtlinienwidrig vereitelt oder in unzureichender Umsetzung einzelne Arbeitnehmer nicht im gebotenen Maße schützt, können sich im Falle der Unmöglichkeit der Konformauslegung[383]

---

[378] Stellvertretend EGMR v. 21.07.2011 – 28274/08 (*Heinisch*), NZA 2011, 1296, Rn. 45.

[379] Zu Art. 10 EMRK gibt es bereits wichtige Entscheidungen, die speziell die kündigungsrechtliche Behandlung des Whistleblowings thematisieren, vgl. etwa EGMR v. 21.07.2011 – 28274/08 (*Heinisch*), NZA 2011, 1296; EGMR v. 16.02.2021 –23922/19 (*Gawlik*), NZA 2021, 851.

[380] Dafür *Jarass*, GRC, Art. 11 Rn. 7.

[381] In diese Richtung NK-GA/*Heuschmid/Lörcher*, Art. 11 GRC Rn. 6.

[382] Angedacht, aber ohne nähere Begründung verworfen von *Gerdemann*, NJW 2021, 3489, 3493.

[383] Das wird im deutschen Recht realistischerweise höchst selten der Fall sein, da gerade das Kündigungsschutzrecht mit § 1 KSchG und § 626 BGB hinreichend auslegungsfähige

Rechtsfolgen aus einer unmittelbaren Anwendung von Art. 11 Abs. 1 GRC ergeben. Entgegenstehendes Recht ist unanwendbar, unzureichend geschützte Arbeitnehmer können sich unmittelbar auf das Grundrecht des Art. 11 Abs. 1 GRC stützen, um sich gegen verbotene Repressalien ihrer Arbeitgeber im Anwendungsbereich der Richtlinie zur Wehr zu setzen. So könnte sich etwa die Unwirksamkeit einer Kündigung unmittelbar aus dem Grundrecht ergeben, wenn einschlägiges nationales Recht völlig fehlt. Normen, die diese Schutzpflicht unzulässig vereiteln, müssen im Wege der negativen Horizontalwirkung unangewendet bleiben.

Kein Inhalt, der sich bereits aus Art. 11 Abs. 1 GRC selbst ergibt, ist allerdings die Pflicht zur Einrichtung von internen Meldekanälen gem. Art. 7 der RL. Dabei handelt es sich um eine Regelung, die auf einer Entscheidung des Unionsgesetzgebers beruht und die in ihrem Detailgrad deutlich über den schutzrechtlichen Gewährleistungsgehalt des Art. 11 Abs. 1 GRC hinausgeht. Ein Arbeitnehmer hat deshalb auch im Falle der Nicht- bzw. Schlechtumsetzung dieser Richtlinienvorgabe durch den mitgliedstaatlichen Gesetzgeber keinen direkten grundrechtlichen Anspruch auf Einrichtung entsprechender Meldekanäle unmittelbar aus Art. 11 Abs. 1 GRC. Insoweit entgegenstehendes Recht ist nicht unanwendbar.

B. Kritik am EuGH: Teilweise abnehmender *judicial self-restraint*

Die bisher ergangenen Entscheidungen zeigen, dass der Gerichtshof die aufgezeigten inhaltlichen Grenzen teilweise überschritten hat. Nach hier vertretener Ansicht kann die ursprüngliche diskriminierungsrechtliche Rechtsprechung bis hin zur *Egenberger*- und *IR*-Entscheidung unbeanstandet bleiben – zumindest was die Horizontalwirkungsdogmatik als solche angeht. Auch die Entscheidung in der Rechtssache *AMS* ist eine konsequente Weiterentwicklung der Doktrin, die sich in die hier vorgeschlagene Kategorisierung arbeitsrechtlicher Grundrechte nahtlos einfügt. Dasselbe gilt schließlich für die Entscheidung in der Rechtssache *Bauer*. Kritisch zu bewerten sind indes die Entscheidungen in den Rechtssachen *Max-Planck, Cresco Investigation* sowie – bei entsprechender Lesart – in der Rechtssache *CCOO*.

In allen drei Fällen lag zwar mit Art. 21 Abs. 1 und Art. 31 Abs. 2 GRC jeweils ein Grundrecht vor, das an sich ein nicht zu unterschätzendes Horizontalwir-

---

Generalklauseln bereit hält deren konkrete Auslegung vor allem durch die Rechtsprechung des BAG geprägt ist. Vor einer höchstrichterlichen Rechtsprechung macht das Gebot der unionsrechtskonformen Auslegung aber gerade keinen Halt. Die Horizontalwirkung von Art. 11 Abs. GRC wird deshalb vor allem in Mitgliedstaaten relevant, die die Richtlinienvorgaben unzureichend umsetzen und deren allgemeines Kündigungsschutzniveau generell niedriger ist als das deutsche. Dies ist denkbar, weil der Unionsgesetzgeber von einer generellen Harmonisierung des Kündigungsschutzes bisher abgesehen hat.

kungspotential in sich birgt. Das Vorgehen des EuGH, derart konkrete Detailvorgaben in die Grundrechtsnorm selbst hineinzulesen, lässt sich jedoch mit dem erforderlichen Gebot eines angemessenen *judicial self-restraint*[384] bei der judikativen Konkretisierung dieser Grundrechte nicht vereinbaren. Überzeugender wäre es gewesen, die Regelung dieser Detailvorgaben allein in die Hände des Unionsgesetzgebers zu legen[385] – zugunsten der unionalen Gewaltenteilung und damit zulasten eines maximal-effektiven Grundrechtsschutzes. Niemand würde wohl ernsthaft behaupten wollen, dass die alleinige Feststellung eines Sekundärrechtsverstoßes nicht ausgereicht hätte, um in den angesprochenen Verfahren für ein angemessenes Maß an Rechtsschutz zu sorgen.[386] In einer fehlenden Mitwirkungsobliegenheit des Arbeitgebers, einer lediglich negativen Beseitigung der staatlichen Diskriminierung wegen der Religionszugehörigkeit mit anschließenden Staatshaftungsansprüchen ohne arbeitgeberseitige Angleichung nach oben sowie schließlich in der Ablehnung einer arbeitgeberseitigen Arbeitszeiterfassungspflicht sind keine derart schweren Grundrechtsverstöße zu sehen, dass eine Durchsetzung des Unionsrechts hier um jeden Preis erforderlich wäre.

Es bleibt zu wünschen, dass der EuGH sich wieder klarer zu einer Abgrenzung der einfach- bzw. sekundärrechtlichen Sphäre von der grundrechtlichen bekennt.[387] In diese Richtung könnten seine Ausführungen in den Rechtssachen *Hein* und *Carreras Sequeros* gedeutet werden. Ein solches Vorgehen würde ihm einiges an berechtigter Kritik ersparen und könnte seiner Horizontalwirkungsdoktrin einen Teil ihrer Sprengkraft nehmen. Fährt er hingegen damit fort, im

[384] Hierzu siehe auch die Überlegungen bei *Stürner*, in: Collins (Hrsg.), European Contract Law and the Charter of Fundamental Rights, 2017, S. 33, 47; *Ruffert*, FS Robbers, 2020, S. 923, 933 f.

[385] Dass der Gerichtshof eine solche Differenzierung kennt, zeigt sich bspw. in EuGH v. 15.10.2009 – Rs. C-101/08 (*Audiolux*), EuZW 2009, 894, Rn. 63: „Die allgemeinen Grundsätze des Gemeinschaftsrechts haben nämlich Verfassungsrang, während der von Audiolux geltend gemachte Grundsatz durch eine Detailliertheit gekennzeichnet ist, die eine gesetzgeberische Ausarbeitung erforderlich macht, die auf Gemeinschaftsebene durch einen Rechtsakt des abgeleiteten Gemeinschaftsrechts erfolgt. Der von Audiolux befürwortete Grundsatz kann daher nicht als ein selbstständiger allgemeiner Grundsatz des Gemeinschaftsrechts angesehen werden.“. Ähnlich auch EuGH v. 07.08. 2018 – Rs. C-122/17 (*Smith*), BeckRS 2018, 17516, Rn. 48 oder EuGH v. 08.09.2020 – Rs. C-119/19 P, C-126/19 P (*Carreras Sequeros*), BeckRS 2020, 21912, Rn. 115.

[386] In abstrakterem Zusammenhang *Stürner*, in: Collins (Hrsg.), European Contract Law and the Charter of Fundamental Rights, 2017, S. 33, 47 treffend: „It is a matter of judicial self-restraint to decide which cases really have a constitutional dimension in that the fundamental rights require an outcome different from the result reached simply by applying private law.“. Ähnlich *Lenaerts/Gutíerrez-Fons*, CMLR 47 (2010), 1629, 1667. Vgl. auch EuGH v. 15.10.2009 – Rs. C-101/08 (*Audiolux*), EuZW 2009, 894, Rn. 63.

[387] *Lenaerts/Gutíerrez-Fons*, CMLR 47 (2010), 1629, 1667; *Fornasier*, in: Latzel/Picker (Hrsg.), Neue Arbeitswelt, 2014, S. 25, 52; *ders.*, GPR 2019, 141, 147; EuArbRK/*Schubert*, Art. 31 GRC Rn. 38. Auf gesetzgeberische Gestaltungsspielräume hinweisend auch *Ruffert*, FS Robbers, 2020, S. 923, 933; *Kokott*, FS I. Schmidt, 2021, S. 991, 999.

Kern einfachrechtliche Probleme mit dem scharfen Schwert der Grundrechte lösen zu wollen, dürfte ihm der Widerstand gerade auch hierzulande gewiss sein. Ein solches Vorgehen mag zwar im Einzelfall kurzfristig zur einer effektiven Durchsetzung unionsrechtlicher Vorgaben führen. Langfristig aber beeinträchtigt es das Vertrauen in die unionale Gewaltenteilung und die Union insgesamt. Dies kann in einer supranationalen Rechtsordnung, die gerade von der wechselseitigen Akzeptanz aller beteiligten Akteure untereinander lebt, niemand wollen. Daneben ist es für die Entwicklung einer noch jungen Grundrechtsordnung wie die der Union sicher nicht förderlich, wenn jedes einfachrechtliche Problem des privaten Arbeitsrechts mit „grundrechtlichem Pathos“[388] aufgeladen wird.[389]

Diese Entwicklung wurde bereits maßgeblich durch die Rechtsprechung des EuGH zur zweckwidrigen Anwendbarkeit der Charta im Falle der nicht ordnungsgemäßen Umsetzung unionaler Richtlinien ins nationale Recht angestoßen. Denn hier geht es gerade nicht um die Ersetzung fehlender nationaler Grundrechte aufgrund des Vorrangs des sonstigen Unionsrechts, sondern um die effektive Durchsetzung von sekundärem Unionsrecht durch eine systemwidrige Anwendung der Charta.[390] Der darin angelegte „offensive use of human rights“[391] wird noch weiter ausgedehnt, wenn der EuGH nun auch bei der Ermittlung des horizontalwirkungsfähigen Inhalts des Charta-Grundrechts immer großzügigere Maßstäbe anlegt. Durch die „Vergrundrechtlichung“[392] sekundärrechtlicher Detailfragen droht eine Degradierung der Charta vom so wichtigen Instrument zur grundrechtlichen Einhegung der unionalen Hoheitsgewalt zu einem bloßen Mittel zum Zweck. Dies wird der besonderen Dignität, die Grundrechten innerhalb einer Rechtsordnung beigemessen werden sollte, nicht gerecht.

C. Zusammenfassung

Die Reichweite der Horizontalwirkung der Charta wird durch das Erfordernis der unmittelbaren Anwendbarkeit in inhaltlicher Hinsicht begrenzt. Die Maßstäbe zu deren Ermittlung ergeben sich aus einem Zusammenspiel ihrer allgemeinen Kriterien mit der unionalen Grundrechtsdogmatik.

---

[388] Mit diesem Begriff in anderem Zusammenhang *Unseld*, Bedeutung der Horizontalwirkung, 2018, S. 206.

[389] Dem ist sich offenbar auch der Gerichtshof bewusst, vgl. die Wiedergabe eines Redebeitrages von Präsident *Lenaerts* im Rahmen des Europarechtlichen Symposions am BAG bei *Burg/Wiebauer*, RdA 2022, 311, 314. Danach habe der EuGH etwa bei der Abfassung der Urteile *Bauer* und *Max-Planck* sehr genau darauf geachtet, dass er nur aus dem Kernbereich des Art. 31 Abs. 2 GRC eine horizontale Drittwirkung ableite.

[390] Ähnliche Beobachtung bei *Starke*, EU-Grundrechte und Vertragsrecht, 2016, S. 366.

[391] Begriff nach *Coppel/O'Neill*, CMLR 29 (1992), 669, 673.

[392] Begriff nach *Sauer*, JURA 2021, 387, 394.

Im Ausgangspunkt ist *in einem ersten Schritt* nach der Art der Horizontalwirkung zu differenzieren. Bei der typischen negativen Horizontalwirkung steht ein Eingriff in ein grundrechtliches Abwehrrecht in Rede, das typischerweise einen umfassend unmittelbar anwendbaren Gewährleistungsgehalt aufweist. Die sich anschließende Rechtfertigungsprüfung wird dann durch die konkretisierende Richtlinienbestimmung geleitet, der richterliche Spielraum ist insoweit begrenzt. Die positive Horizontalwirkung hingegen stellt sich als eine „Schutzkonstellation" dar: Der Mitgliedstaat hat es unterlassen, das vom Grundrecht geforderte Schutzniveau sicherzustellen. Hier kann nötigenfalls eine unmittelbare Bindung Privater etwaige Schutzlücken schließen. Klar ist dabei aber, dass der Inhalt des Grundrechts auch in diesem Fall nicht weiter reicht als die Schutzpflicht, die sich primär an den Mitgliedstaat richtet. Diese ist, um ein angemessenes Maß an *judicial self-restraint* zu wahren, auf ein „Untermaßverbot" beschränkt, verlangt grundrechtlich also nur einen Minimalschutz, der eigenständig aus dem Grundrecht heraus, d.h. unabhängig von der konkretisierenden Richtlinie, zu ermitteln ist. Einen Sonderstellung nimmt die negative Horizontalwirkung bei Schutzpflichtverletzungen ein: Hier vereitelt eine nationale Bestimmung das grundrechtlich Gebotene, kollidiert also mit dem in dem auf eine bestimmte Rechtsfolge gerichteten Gebot, in dem zugleich das Verbot der Anordnung anderweitiger Rechtsfolgen angelegt ist. Auch hier steht eine Schutzpflichtverletzung im Raum, weshalb nur das „Untermaßverbot" zur Anwendung kommt. Diese Einschränkung ist wichtig, weil dadurch auch im Rahmen der negativen Horizontalwirkung nicht stets – wie beim typischen Abwehrrechtsverstoß – von einem vermeintlich umfassenden Prima-facie-Gewährleistungsgehalt eines Grundrechts (z.B. Mitbestimmung nach Art. 27 GRC, Urlaub nach Art. 31 Abs. 2 GRC usw.) auf ein grundrechtlich relevantes Eingriffshandeln des Mitgliedstaats geschlossen werden kann. Erforderlich ist vielmehr, dass überhaupt eine grundrechtliche Schutzpflicht auf Gewährleistungsebene besteht. Das hat zur Folge, dass die Richtlinie hier nicht herangezogen werden kann, um das grundrechtlich Gebotene an sich zu determinieren.

Im zweiten Schritt ist nach dem jeweiligen Grundrecht zu differenzieren. In der bisherigen Rechtsprechung des EuGH ging es stets um spezielle Arbeitnehmergrundrechte; die vereinzelt geäußerte Befürchtung oder Hoffnung, der Gerichtshof könnte über ein subsidiäres Grundrecht der allgemeinen Handlungsfreiheit oder Art. 15 und Art. 16 GRC zu einer umfassende, von den speziellen Chartagrundrechten unabhängigen Horizontalwirkung von Richtlinien gelangen, hat sich bisher nicht bestätigt. Gegen eine solche Ausuferung der Horizontalwirkungsdoktrin lassen sich auch plausible Argumente anführen.

Was die allgemeinen Maßstäbe angeht, die für die Inhaltsermittlung heranzuziehen sind, wurde darauf hingewiesen, dass der Wortlaut einer Bestimmung, wie auch sonst im Unionsrecht, nur eine eingeschränkte Bedeutung hat. Auch unbestimmte Rechtsbegriffe und die Einräumung eines Ermessens stehen der unmittelbaren Anwendbarkeit per se nicht entgegen. Das ist insbesondere deshalb wichtig, weil Schutzpflichten an sich einen breiten Spielraum zu ihrer Verwirklichung einräumen. Soweit dieser Ermessenspielraum aber Grenzen hat, können diese Grenzen unmittelbar anwendbar sein. Dies ist für Grundrechte angesichts des Zusammenspiels von Untermaß- und Übermaßverbot zu bejahen. Einzugehen war schließlich auf die herausgehobene Stellung der chartainternen und chartaexternen Rechtserkenntnisquellen. Dabei ist die umstrittenste Frage, ob auch Richtlinienrecht herangezogen werden kann, um den Inhalt der Unionsgrundrechte zu ermitteln. Dies ist nach vorzugswürdiger Auffassung zu verneinen, weil so die allgemeine Normenhierarchie des Unionsrechts verkannt würde. Nur für bestimmte Grundrechte kann von ihr eine Ausnahme gemacht werden, nämlich für solche, die wie Art. 27 und Art. 30 GRC textlich auf eine besondere legislative Ausgestaltung angelegt sind. Im Umkehrschluss hieraus kann aber für die Grundrechte, die keinen solchen Ausgestaltungsvorbehalt aufweisen, nicht in gleicher Weise vorgegangen werden. Auch die Inbezugnahme des sekundärrechtlichen *acquis communautaire* in den Erläuterungen der Charta zu einzelnen Grundrechten ändert hieran nichts.

Ausgehend von diesen allgemeinen Maßstäben ergibt sich eine Grobstruktur, die eine Kategorisierung der wichtigsten arbeitsrechtlich relevanten Grundrechte ermöglicht: Das weitreichendste Horizontalwirkungspotential haben die Verbotsnormen der Charta. Deutlich zeigt sich das an Art. 21 Abs. 1 GRC: Die Norm gibt sowohl abwehr- als auch schutzrechtlich hinreichend bestimmt vor, dass entsprechende Diskriminierungen verboten sind bzw. verboten sein sollen. Schutz- und Abwehrdimension decken sich hier weitgehend, weshalb sowohl eine negative als auch eine positive Horizontalwirkung vollumfänglich in Betracht kommt. Die sekundärrechtliche Konkretisierung ist hier inhaltlich deklaratorischer Natur, kann aber die Rechtfertigungsprüfung anleiten. Nichts anderes gilt für das Verbot von Kinderarbeit nach Art. 32 Abs. 1 S. 1 GRC angesichts seiner vergleichbar eindeutigen Normstruktur. Differenzierter müssen die Gebotsnormen der Charta behandelt werden: Wenn diese, wie Art. 27 und 30 GRC, einen Vorbehalt der legislativen Konkretisierung aufweisen, dann können sie nur Horizontalwirkung entfalten, wenn die ausgestaltende Richtlinie bereits ordnungsgemäß umgesetzt worden war. Denn nur dann lag der erforderliche Dreifachverbund Grundrecht-Richtlinie-Umsetzungsgesetz vor, der zu einer Ausgestaltung führt. Gebotsnormen ohne einen solchen Vorbehalt können allerdings bereits aus sich heraus Horizontalwirkung entfalten. Im Vordergrund steht bei ihnen die schutzrechtliche Dimension, weil sie – wie Art. 31 GRC – auf den aktiven Schutz durch die Hoheitsgewalt zielen. Deshalb kann nicht wie bei Abwehrrechten auf einen umfassenden Gewährleistungsgehalt geschlossen werden; er beschränkt sich auf ein Schutzminimum, das wiederum unabhängig vom Richtlinienrecht zu ermitteln ist. Soweit dieses aber reicht, kommen sowohl die negative Horizontalwirkung als auch die positive Horizontalwirkung in Betracht. Für die Freiheitsrechte der Charta, wie etwa die Meinungsfreiheit nach Art. 11 Abs. 1 GRC, gilt im Kern nichts anderes. Sie weisen beides auf: einen umfassenden abwehrrechtlichen Gehalt und einen auf ein Minimum beschränkten Schutzgehalt. Im Horizontalverhältnis geht es regelmäßig um den letzteren, weshalb eine

– auf schutzvereitelnde nationale Bestimmungen gerichtete – negative und eine positive Horizontalwirkung nur in Betracht kommen, soweit dieses Minimum tangiert ist.

Der EuGH nimmt diese Grenzen nicht immer ernst. In seiner Rechtsprechung ist teils ein abnehmender *judicial self-restraint* zu verzeichnen, weil der Gerichtshof das Sekundärrecht in einem kritischen Ausmaß heranzieht, um die grundrechtlichen Gewährleistungsgehalte zu ermitteln. Im Diskriminierungsrecht ist das noch weitgehend unproblematisch, weil Art. 21 Abs. 1 GRC für sich genommen bereits einen hinreichend bestimmten Gewährleistungsgehalt aufweist. Gerade für die Gebotsnormen der Charta, die nach vorzugswürdigem Verständnis nur auf den grundrechtlichen Schutz eines Minimums zielen, ist diese Vorgehensweise aber abzulehnen. Sie engt politische Gestaltungsspielräume ein, gefährdet die Akzeptanz einer unionalen Grundrechtsordnung und droht, den Unionsgrundrechten ihre besondere Dignität zu nehmen.[393]

[393] Insoweit zutreffend *Ruffert*, FS Robbers, 2020, S. 923, 933.

Kapitel 6

Horizontalwirkung von Richtlinien als Alternative?

Wenn Generalanwalt *Bobek* die Beharrlichkeit moniert,

> „[...] mit der formal die horizontale unmittelbare Wirkung von Richtlinien bestritten wird, während gleichzeitig Himmel und Hölle in Bewegung gesetzt werden, damit diese Beschränkung in der Praxis keine wie auch immer gearteten praktischen Folgen hat, wie z.B. durch Einbringen des Inhalts einer Richtlinie in eine Bestimmung der Charta“[1],

drängt zum Ende der Untersuchung eine Frage auf Antwort, die bisher nur am Rande angesprochen wurde: Was hindert den EuGH eigentlich daran, der Richtlinienbestimmung selbst Horizontalwirkung zukommen zu lassen? Jedenfalls von einigen Literaturstimmen wird dieser Alternativweg gerade in jüngerer Zeit favorisiert und dem Weg des EuGH ausdrücklich gegenübergestellt.[2] Der Gerichtshof selbst macht zwar, obwohl es seine Generalanwälte in unterschiedlicher Nuancierung verschiedentlich vorschlugen[3], bis heute keine ernsthaften Anstalten, vom Verbot der horizontalen Richtlinienwirkung abzurücken.[4] Und auch die herrschende Lehre ist sich weitestgehend einig[5], wenngleich es nach wie vor Stim-

---

[1] GA *Bobek,* Schlussanträge v. 25.07.2018 – Rs. C-193/17 (*Cresco Investigation*), BeckRS 2018, 16329, Rn. 145. Das Zitat findet sich auch in der Kategorie „aufgespießt“ in ZEuP 2021, 214. Mit ähnlicher Wortwahl GA *Bot,* Schlussanträge v. 25.11.2015 – Rs. C-441/14 (*Dansk Industri*), BeckRS 2015, 81953, Rn. 40.

[2] So mit Blick auf die jüngere Rechtsprechung, dabei aber in unterschiedlicher Nuancierung *Baldus/Raff*, GPR 2018, 175, 177; *Kainer*, NZA 2018, 894, 900; *ders.*, GPR 2016, 262, 269 f.; *ders.*, GPR 2020, 149, 155; *Seifert*, EuZA 2013, 299, 307 f.; *Sauer*, JURA 2021, 387, 397 ff.; *T. Schmidt*, Von „Mangold“ bis „Maruko“, 2014, S. 252 f.; *Wank*, Juristische Methodenlehre, 2020, § 9 Rn. 71; Schlachter/Heinig, EnzEuR/*Krebber*, § 2 Rn. 27. A.A. dagegen *Piekenbrock*, GPR 2019, 93, 96; *Kokott*, FS I. Schmidt, 2021, S. 991, 999 Fn. 46.

[3] GA *van Gerven,* Schlussanträge v. 26.01.1993 – Rs. C-271/91 (*Marshall II*), ECLI:EU:C:1993:30, Rn. 12; GA *Jacobs,* Schlussanträge v. 27.01.1994 – Rs. C-316/93 (*Vaneetveld*), ECLI:EU:C:1994:32, Rn. 20 ff.; GA *Lenz,* Schlussanträge v. 09.02.1994 – C-91/92 (*Faccini Dori*), ECLI:EU:C:1994:45, Rn. 51 ff.; GA *Saggio*, Schlussanträge v. 16.12.1999 – Rs. C-240/98 u.a. (*Océano Grupo*), ECLI:EU:C:1999:620, Rn. 30 ff.; GA *Colomer,* Schlussanträge v. 06.05.2003 u. 27.04.2004, Rs. C-397/01 u.a. (*Pfeiffer*), ECLI:EU:C:2003:245, Rn. 58 (in den ersten Schlussanträgen), Rn. 15 (in den zweiten Schlussanträgen); GA *Sharpston,* Schlussanträge v. 22.06.2017 – Rs. C-413/15 (*Farrell*), BeckRS 2017, 113933, Rn. 148 ff.; GA *Bobek,* Schlussanträge v. 25.07.2018 – Rs. C-193/17 (*Cresco Investigation*), BeckRS 2018, 16329, Rn. 145.

[4] Jüngst etwa EuGH v. 07.08. 2018 – Rs. C-122/17 (*Smith*), BeckRS 2018, 17516, Rn. 41 ff.; EuGH v. 18.01.2022 – Rs. C-261/20 (*Thelen Technopark*), BeckRS 2022, 212, Rn. 30 ff.; EuGH v. 17.03.2022 – Rs. C-232/20 (*NP*), BeckRS 2022, 4573, Rn. 79 ff.

[5] Vgl. statt aller EuArbRK/*Höpfner*, Art. 288 AEUV Rn. 24 f. m.w.N.

men gibt, die sich für eine umfassende[6] oder zumindest negative Horizontalwirkung[7] von Richtlinienbestimmungen aussprechen. Kritische Überlegungen in diese Richtung macht dies allerdings keinesfalls entbehrlich.

[6] *Hager*, Rechtsmethoden in Europa, 2009, S. 278 f.; *Craig/de Búrca*, EU-Law, 7. Auflage, 2020, 259 f.; *Sauer*, JURA 2021, 387, 397; *Baldus/Raff*, GPR 2018, 175, 177 f. So bereits *Raff*, in: Behme/Fervers/Hofmann u.a. (Hrsg.), Perspektiven einer europäischen Privatrechtswissenschaft, 2017, S. 67 ff. (dort allerdings wohl unter versehentlicher Verwechslung der Vertikal- und Horizontalwirkung). Vgl. auch Schlachter/Heinig, EnzEuR/*Krebber*, § 2 Rn. 27.

[7] *Knops*, NJW 2020, 2297, 2301; *Kruis*, Der Anwendungsvorrang des EU-Rechts in Theorie und Praxis, 2013, S. 114; *T. Schmidt*, Von „Mangold" bis „Maruko", 2014, S. 252 f.; *Wank*, Juristische Methodenlehre, 2020, § 9 Rn. 71. In diese Richtung bereits: *Seifert*, EuR 2010, 802, 807; *ders.*, EuZA 2013, 299, 307 f.; *Bach*, JZ 1990, 1108, 1111; *Wank*, RdA 2004, 246, 250 ff.

§ 16

Keine generelle Horizontalwirkung von Richtlinien

Um beantworten zu können, ob der Weg über eine Modifizierung der Richtlinienwirkung vorzugswürdig ist, sollte man sich vergegenwärtigen, warum Richtlinienbestimmungen aus Sicht des EuGH und der herrschenden Meinung generell keine Horizontalwirkung entfalten sollen. Diese Fragestellung dürfte heute weitestgehend ausdiskutiert sein. Deshalb soll im Folgenden auch kein eigener dogmatischer Ansatz hierzu entwickelt werden; vielmehr sollen die wirklich überzeugenden Argumente von den weniger überzeugenden getrennt werden. Ausgehend hiervon kann die Ausgangsfrage beantwortet werden, ob der EuGH mit der Horizontalwirkung der Grundrechte womöglich den falschen Weg eingeschlagen hat. Auch zu diesem Zweck ist ein vertiefter Einblick in die Debatte unumgänglich.

A. Ausgangspunkt: Unmittelbare Anwendbarkeit als Voraussetzung

Ausgangspunkt aller Überlegungen zur Horizontalwirkung von Richtlinienbestimmungen ist die Frage ihrer unmittelbaren Anwendbarkeit. Dies folgt bereits aus den Ausführungen des ersten Kapitels: Unmittelbare Anwendbarkeit, Anwendungsvorrang und Horizontalwirkung können nicht voneinander getrennt werden. Es gibt keinen von der Rechtsfigur der unmittelbaren Anwendbarkeit gelösten Anwendungsvorrang des Unionsrechts.

Der Vorschlag, eine negative Horizontalwirkung von Richtlinienbestimmungen unabhängig von der Rechtsfigur der unmittelbaren Anwendbarkeit zu begründen („Richtlinien als Maßstabsnorm“[1]), ist deshalb von vornherein abzulehnen.[2] Zwar ist richtig, dass die bloß negative Wirkung einer Unionsrechtsbestim-

---

[1] Vgl. hierzu grundlegend etwa *Timmermanns*, CMLR 16 (1979), 533, 544ff.; *Bach*, JZ 1990, 1108, 1111ff.; *Prechal*, Directives in European Community Law, 1995, S. 274ff.; *Lenaerts/Corthaut*, E.L.Rev. 31 (2006), 287, 290ff.; *Simon*, La directive européenne, 1997, S. 4ff.; tendenziell, wenn auch nicht eindeutig *Wank*, RdA 2004, 246, 250, der aber zumindest einen Zusammenhang mit der unmittelbaren Anwendbarkeit herstellt.

[2] Vgl. bereits *Jarass/Beljin*, EuR 2004, 714, 724f.; *Kerwer*, NZA 2002, 1316, 1319f.; *von Danwitz*, JZ 2007, 697, 702ff.; *Kruis*, Der Anwendungsvorrang des EU-Rechts in Theorie und Praxis, 2013, S. 121f.; Preis/Sagan/*Sagan*, § 1 Rn. 140. Vgl. auch BAG v. 18.02.2003 – 1 ABR 2/02, NZA 2003, 742, 750.

mung auf weniger Normmaterial angewiesen ist als ihre positive, das nationale Recht ersetzende Heranziehung. Das ist allerdings ein bloß gradueller *inhaltlicher* Unterschied, der im Rahmen der Prüfung der Voraussetzungen der unmittelbaren Anwendbarkeit zu berücksichtigen wäre. Er macht die Fähigkeit zur unmittelbaren Anwendbarkeit *qua Rechtsnatur* als notwendige Vorstufe des Anwendungsvorrangs nicht entbehrlich: „Die Reduktion auf eine bloße Ausschlusswirkung kann über gewisse normstrukturelle, nicht aber über normtypologische Anwendungshindernisse hinweghelfen."[3]

Damit muss in jedem Fall vorab die Frage geklärt werden, ob die spezifische Rechtsaktform der Richtlinienbestimmung *grundsätzlich* unmittelbar anwendbar sein kann, um überhaupt zu der nachgelagerten Frage zu gelangen, ob und inwieweit möglicherweise für negative und positive Wirkung jeweils unterschiedliche inhaltliche Maßstäbe heranzuziehen sind.

B. Unmittelbare Anwendbarkeit von Richtlinienbestimmungen?

Jedenfalls die in Art. 288 Abs. 3 AEUV angelegte Grundkonzeption der Richtlinie als zweistufiges Rechtsetzungsverfahren spricht prima facie gegen ihre unmittelbare Anwendbarkeit, die ohne einen mitgliedstaatlichen Umsetzungsakt zum Tragen kommt.[4] Richtlinien sollen grundsätzlich nur vermittelt durch das Recht der Mitgliedstaaten unmittelbare Rechtswirkungen in den nationalen Rechtsordnungen zeitigen. Eine unmittelbare Anwendbarkeit ist deshalb rechtfertigungsbedürftig. Ausgehend von dieser Grundannahme wurden in der langen Debatte um die Wirkung von Richtlinienbestimmungen zahlreiche Gesichtspunkte für und gegen eine horizontale unmittelbare Anwendbarkeit von Richtlinienbestimmungen vorgetragen.[5] Sie begleiteten eine schrittweise Rechtsprechungsentwicklung des Gerichtshofs.

---

[3] *Von Kielmansegg*, EuR 2014, 30, 43.

[4] Zutreffend *von Kielmansegg*, EuR 2014, 30, 43.

[5] Überblicke bei *Kerwer*, Gemeinschaftsrecht und Rechtsprechung, 2003, S. 97 ff.; *Prechal*, Directives in European Community Law, 1995, S. 295 ff.; *Simon*, La directive européenne, 1997. Aus jüngerer Zeit etwa *Kruis*, Der Anwendungsvorrang des EU-Rechts in Theorie und Praxis, 2013, S. 112 ff.; *Mörsdorf*, EuR 2009, 219 ff.; *Jarass/Beljin*, EuR 2004, 714 ff.; *von Kielmansegg*, EuR 2014, 30 ff.; EuArbRK/*Höpfner*, § 288 AEUV Rn. 24 f.; Streinz/*Schroeder*, Art. 288 AEUV Rn. 101; Preis/Sagan/*Sagan*, § 1 Rn. 124 ff.; *Möllers*, Juristische Methodenlehre, 4. Auflage, 2021, § 12 Rn. 35 ff.; *Haltern*, Europarecht – Band II, 3. Auflage, 2017, § 8 Rn. 683 ff.

I. Rechtssache van Duyn*: Grundsätzliche Möglichkeit der unmittelbaren Anwendbarkeit*

Zu Beginn der Diskussion wurde teilweise vertreten, Richtlinien könnten von vornherein keine unmittelbare Anwendbarkeit entfalten, weder im vertikalen noch im horizontalen Verhältnis.[6] Für diese Auffassung ließ und lässt sich damals wie heute anführen, dass Art. 288 Abs. 2 AEUV und seine Vorgängernormen nur die „unmittelbare Geltung“ der Verordnung, nicht aber auch die der Richtlinie anordnen.[7] Den EuGH überzeugte diese Argumentation indes nicht, und so bejahte er schon früh in der Rechtssache *Van Duyn* die unmittelbare Anwendbarkeit von Richtlinienvorgaben im Vertikalverhältnis zulasten eines Mitgliedstaats, wenn die Umsetzungsfrist der Richtlinie abgelaufen ist und mit Blick auf die konkrete Bestimmung die normstrukturellen Voraussetzungen für die unmittelbare Anwendbarkeit vorliegen.[8] Dabei lehnte er einen Umkehrschluss aus dem Wortlaut des Art. 288 Abs. 2 AEUV (bzw. des damaligen Art. 189 Abs. 2 EWGV) als Argument *gegen* eine unmittelbare Anwendbarkeit von Richtlinienbestimmungen ausdrücklich ab.[9] Maßgebliches Argument *für* die Möglichkeit der unmittelbaren Anwendbarkeit war für ihn, wie auch schon bei Bejahung der unmittelbaren Anwendbarkeit des Primärrechts, der Grundsatz des *effet utile* sowie das Rechtsschutzsystem des Vorabentscheidungsverfahrens. Erst später, nämlich in der Rechtssache *Ratti*, ergänzte er diese Begründung um das zusätzliche Argument, ein Mitgliedstaat dürfe sich nicht zu seinen Gunsten auf die Nichterfüllung eine Richtlinienbestimmung berufen können und müsse diese deshalb unmittelbar gegen sich gelten lassen.[10] Diese Argumentation entspricht dem Rechtsgrundsatz des *nemo auditur turpitudinem suam allegans*[11] bzw. dem anglo-amerikanischen Estoppel-Prinzip.[12]

---

[6] Vgl. den Überblick bei Preis/Sagan/*Sagan*, § 1 Rn. 125 m.w.N.

[7] Preis/Sagan/*Sagan*, § 1 Rn. 125 m.w.N.

[8] EuGH v. 04.12.1974 – Rs. 41//74 (*van Duyn*), Slg. 1974, 1337, Rn. 12 f.

[9] EuGH v. 04.12.1974 – Rs. 41//74 (*van Duyn*), Slg. 1974, 1337, Rn. 12 f. Vgl. hierzu bereits EuGH v. 06.10.1970 – Rs. C-9/70 (*Grad*), NJW 1970, 2181, 2182.

[10] EuGH v. 05.04.1979 – Rs. C-148/78 (*Ratti*), NJW 1979, 1764, 1765: „Daher kann ein Mitgliedstaat, der die in der Richtlinie vorgeschriebenen Durchführungsmaßnahmen nicht fristgemäß erlassen hat, den einzelnen nicht entgegenhalten, daß er – der Staat – die aus dieser Richtlinie erwachsenen Verpflichtungen nicht erfüllt hat.“.

[11] *Martens*, Methodenlehre des Unionsrechts, 2013, S. 174 Fn. 253 m.w.N. Zur Unterscheidung vom Verbot des *venire contra factum proprium* siehe *Kerwer*, Gemeinschaftsrecht und Rechtsprechung, 2003, S. 91 Fn. 48. A.A. Streinz/*Schroeder*, Art. 288 AEUV Rn. 88; *Wank*, RdA 2004, 246, 250.

[12] Streinz/*Schroeder*, Art. 288 AEUV Rn. 88; *Haltern*, Europarecht – Band II, 3. Auflage, 2017, § 8 Rn. 708 ff.

Mit dieser grundsätzlichen Anerkennung der unmittelbaren Anwendbarkeit im Vertikalverhältnis rückte der EuGH schon früh die Rechtsaktform der Richtlinie näher an die der Verordnung – sehr viel näher, als es die Systematik des Art. 288 AEUV eigentlich suggeriert. Ob das in der Sache überzeugt, braucht an dieser Stelle zwar nicht abschließend erörtert werden, schließlich steht in der vorliegenden Arbeit das Horizontalverhältnis im Vordergrund. In der Tat sprechen aber gute Gründe dagegen, bedenkt man, dass sich die Rechtsprechung nur schwer damit verträgt, dass die fehlende unmittelbare Anwendbarkeit von Richtlinien nach der Konzeption des Art. 288 Abs. 3 AEUV ein geradezu typenprägendes Merkmal dieser speziellen Rechtsaktform darstellt[13]: Die Bestimmungen der Richtlinie sollen *in* den Mitgliedstaaten grundsätzlich nur vermittelt durch das innerstaatliche Recht und dessen Auslegung Anwendung finden. Das erkennt auch der EuGH in seinen Grundsatzentscheidungen an, wenn er davon spricht, dass nur Verordnungen „schon wegen ihrer Rechtsnatur unmittelbare Wirkungen erzeugen" können.[14] Die unmittelbare Anwendbarkeit ist mit Blick auf diese Konzeption also nicht die Regel, sondern *qua Rechtsnatur* eine begründungsbedürftige Ausnahme, für die zweifelhaft ist, ob sie sich alleine mit der von Effektivitätserwägungen getragenen Ursprungsbegründung des EuGH rechtfertigen lässt. Überzeugender erscheint die in der Rechtssache *Ratti* entwickelte Argumentationslinie auf Grundlage des Treuwidrigkeitsgedankens. Auch diese ist aber keineswegs zwingend, weil sie nicht abschließend beantwortet, wieso es gerade die unmittelbare Anwendbarkeit sein muss, die das treuwidrige Verhalten des Mitgliedstaats sanktioniert.[15] Auf die Frage der Überzeugungskraft dieser Argumente dürfte es allerdings heute nicht mehr ankommen, weil jedenfalls der Fall der *vertikalen* unmittelbaren Anwendbarkeit von Richtlinien inzwischen einen durch die Mitgliedstaaten als „Herren der Verträge" gebilligten Fall anerkannter richterlicher Rechtsfortbildung darstellt.[16]

II. Übertragbarkeit auf das Horizontalverhältnis?

Im Primärrecht hatte der EuGH von der unmittelbaren Anwendbarkeit auch auf die Horizontalwirkungsfähigkeit geschlossen. Deshalb drängte sich nach der Anerkennung des grundsätzlichen Potentials der unmittelbaren Anwendbarkeit von Richtlinienbestimmungen unweigerlich die Anschlussfrage auf, ob im Sekundärrecht das Gleiche gelten muss. Wollte man dies verneinen, steht man vor der argumentativen Herausforderung, trotz der grundsätzlichen Entscheidung

---

[13] EuArbRK/*Höpfner*, Art. 288 AEUV Rn. 23 unter Hinweis u.a. auf *Jarass*, NJW 1991, 2665, 2666 und *Klein*, Unmittelbare Geltung, 1988, S. 24 f.

[14] EuGH v. 04.12.1974 – Rs. 41//74 (*van Duyn*), Slg. 1974, 1337, Rn. 12.

[15] *Perner*, EU-Richtlinien und Privatrecht, 2012, S. 39.

[16] Überzeugend EuArbRK/*Höpfner*, Art. 288 AEUV Rn. 23.

des EuGH *für* eine unmittelbare Anwendbarkeit geeigneter Richtlinienbestimmungen, widerspruchsfrei ihre Horizontalwirkung abzulehnen.[17]

1. Abzulehnende Ansichten

a) Vollständige Übertragung – Umfassende Horizontalwirkung

Zunächst wurde und wird insoweit vertreten, das Horizontalverhältnis könne im Kontext der unmittelbaren Anwendbarkeit keine Sonderstellung einnehmen. Danach lasse sich die Argumentation aus den Rechtssachen *van Duyn* und *Ratti* unverändert auch auf das Horizontalverhältnis übertragen – mit der Konsequenz der Anerkennung einer umfassenden Horizontalwirkung von unmittelbar anwendbaren Richtlinienbestimmungen, sowohl positiver als auch negativer Natur.[18]

b) Eingeschränkte Übertragung – Lediglich negative Horizontalwirkung

Eine andere Auffassung bejaht zwar die Möglichkeit einer unmittelbaren Anwendbarkeit von Richtlinienbestimmungen im Horizontalverhältnis dem Grunde nach, will aus ihr aber nur eine negative Horizontalwirkung von Richtlinien ableiten.[19] Dies darf nicht mit der hier von vornherein abgelehnten These verwechselt werden, die die negative Horizontalwirkung unabhängig von der unmittelbaren Anwendbarkeit („Richtlinie als Maßstabsnorm") begründen will.[20] Die hier angesprochene Auffassung will nämlich nichts an der zutreffenden

---

[17] Die heute mit der Rechtsprechung des EuGH nicht mehr zu vereinbarende Theorie der „Richtlinie als Maßstabsnorm" könnte insoweit noch differenzieren: Nur die Verordnung könnte nach ihrer Logik stets positive und negative Horizontalwirkung entfalten, die Richtlinie hingegen nur negative.

[18] *Hager*, Rechtsmethoden in Europa, 2009, S. 278 f.; *Craig/de Búrca*, EU-Law, 7. Auflage, 2020, 259 f.; *Sauer*, JURA 2021, 387, 397; *Baldus/Raff*, GPR 2018, 175, 177 f. So bereits *Raff*, in: Behme/Fervers/Hofmann u.a. (Hrsg.), Perspektiven einer europäischen Privatrechtswissenschaft, 2017, S. 67 ff. (dort allerdings wohl unter versehentlicher Verwechslung der Vertikal- und Horizontalwirkung). In diese Richtung auch Schlachter/Heinig, EnzEuR/*Krebber*, § 2 Rn. 27.

[19] *Herrmann*, Richtlinienumsetzung durch die Rechtsprechung, 2003, S. 77 ff.; *Kruis*, Der Anwendungsvorrang des EU-Rechts in Theorie und Praxis, 2013, S. 112 ff.; wohl auch *Seifert*, EuR 2010, 802, 807; in diese Richtung *Wank*, RdA 2004, 246, 250 f., wenn er gerade auf die Erfüllung der Voraussetzungen der unmittelbaren Anwendbarkeit mit Blick auf die von ihm sog. Verbotswirkung abstellt. Ähnlich *T. Schmidt*, Von „Mangold" bis „Maruko", 2014, S. 252 f., der dabei allerdings nicht klarstellt, wie er das Verhältnis von unmittelbarer Anwendbarkeit und Vorrangwirkung zueinander versteht.

[20] Nach dieser Auffassung müsste nämlich streng genommen eine negative Horizontalwirkung auch dort in Betracht kommen, wo die Voraussetzungen für die unmittelbare Anwendbarkeit nicht vorliegen. In diesem Sinne etwa GA *Saggio*, Schlussanträge v. 16.12.1999 – Rs. C-240/98 u.a. (*Océano Grupo*), ECLI:EU:C:1999:620, Rn. 30, der ausdrücklich anmerkt, die negative Horizontalwirkung könnten auch solche Richtlinienbestimmungen entfalten, die „wegen fehlender Genauigkeit [...] den Einzelnen keine gerichtlich einforderbaren Rechte verleihen".

Grundannahme ändern, dass es der unmittelbaren Anwendbarkeit für den Anwendungsvorrang bedarf. Sie will nur den Anwendungsvorrang auf seine rechtsverdrängende Dimension beschränken.

Zur Begründung dieser Auffassung wird als gemeinsames Zentralargument angeführt, dass eine bloß negative Horizontalwirkung konstruktiv etwas anderes sei als die rechtsersetzende positive Horizontalwirkung. Die Richtlinie begründe in diesem Fall keine als unzulässig empfundene Privat*verpflichtung,* sondern über die Rechtsfolge der Verdrängung lediglich eine Privat*belastung.*[21] Letztere sei weniger bedenklich und damit eher hinzunehmen als eine Verpflichtung Privater „aus dem Nichts" heraus. Dies scheint auf den ersten Blick auf einer Linie mit denjenigen Entscheidungen des EuGH zu liegen, in denen dieser lediglich davon spricht, dass „eine Richtlinie nicht selbst *Verpflichtungen* für einen einzelnen begründen [kann] und daß eine Richtlinienbestimmung daher als solche nicht gegenüber einer derartigen Person in Anspruch genommen werden kann."[22] Schon das ist allerdings mehr als zweifelhaft, denn bei einem zweiten, genaueren Blick steht die so differenzierende Lösung tatsächlich nur mit dem ersten Teil dieser Urteilspassage im Einklang; im zweiten Teil schließt der EuGH die unmittelbare Anwendbarkeit im Sinne eines „innerstaatlichen Berufungsrechts" gerade vollständig aus. In seiner Entscheidung in der Rechtssache *Thelen Technopark* zur Anwendbarkeit der richtlinienwidrigen HOAI-Sätze zwischen Privaten hat der EuGH dies jüngst noch einmal sehr deutlich ausgesprochen. Dort kommt er zu folgendem Ergebnis:

> „Daher gestattet eine Bestimmung einer Richtlinie, selbst wenn sie klar, genau und unbedingt ist, es dem nationalen Gericht nicht, eine dieser Bestimmung entgegenstehende Bestimmung seines innerstaatlichen Rechts auszuschließen, wenn aufgrund dessen einer Privatperson eine zusätzliche Verpflichtung auferlegt würde."[23]

Da in einem horizontalen Rechtsstreit aber immer zumindest eine Person unterliegen muss, muss die erwähnte Grundaussage des EuGH, nach der eine Richtlinie nicht selbst *Verpflichtungen* für einen Bürger begründen dürfe, auch als Absage an eine bloß negative Horizontalwirkung verstanden werden.

Dogmatisch spricht gegen eine solche Beschränkung der unmittelbaren Anwendbarkeit auf eine bloß negative Horizontalwirkung die drohende Zufälligkeit ihrer Ergebnisse[24], die bereits oben im Rahmen der Argumentation für eine po-

---

[21] *Kruis*, Der Anwendungsvorrang des EU-Rechts in Theorie und Praxis, 2013, S. 113 f.; *Seifert*, EuR 2010, 802, 807. Mit dieser Argumentation auch *T. Schmidt*, Von „Mangold" bis „Maruko", 2014, S. 252 f.

[22] EuGH v. 26.02.1986 – Rs. 152/84 (*Marshall I*), NJW 1986, 2178, Rn. 48.

[23] EuGH v. 18.01.2022 – Rs. C-261/20 (*Thelen Technopark*), BeckRS 2022, 212, Rn. 32; ebenso EuGH v. 17.03.2022 – Rs. C-232/20 (*NP*), BeckRS 2022, 4573, Rn. 81.

[24] Vgl. mit diesen Gesichtspunkten zu Recht gegen eine Unterscheidung zwischen negativer und positiver Horizontalwirkung *Perner*, EU-Richtlinien und Privatrecht, 2012, S. 44 f.; *Herresthal*, Rechtsfortbildung im europarechtlichen Bezugsrahmen, 2006, S. 81 f.; *Schürnbrand*, JZ 2007, 910, 911.

sitive Horizontalwirkung der Chartagrundrechte zur Sprache kam. Die Reichweite der Horizontalwirkung hinge bei einer solchen Beschränkung von der zufälligen Gestaltung des nationalen Rechts ab. Außerdem ist diesem Ansatz entgegenzuhalten, dass schon eine genaue Abgrenzung nicht immer möglich ist und dass auch aus einer bloßen negativen Horizontalwirkung erhebliche Privatbelastungen resultieren können, um deren Verhinderung es dem EuGH aber gerade geht.[25] Schwer wiegt schließlich der Umstand, dass eine Beschränkung auf die negative Wirkung dogmatisch nicht wirklich überzeugend ist: Eine unmittelbar anwendbare Vorschrift des Unionsrechts ist inhaltlich entweder so bestimmt, dass sie sich zur bloßen Rechtsverdrängung eignet, oder aber sie ist inhaltlich sogar derart bestimmt, dass sie sich zur Rechtsersetzung eignet. Für die Reichweite des Anwendungsvorrangs entscheidend ist also das Ausmaß inhaltlicher Bestimmtheit der in Rede stehenden Norm. Die dargestellte Ansicht, die aus den genannten Wertungsgründen die Horizontalwirkung auch bei Richtlinienbestimmungen, die sich inhaltlich zu einer positiven Horizontalwirkung eignen würden, qua Rechtsnatur auf eine bloß negative beschränken wollen, würde mit diesem konstruktiven Zusammenhang von unmittelbarer Anwendbarkeit und Anwendungsvorrang brechen.

2. Überzeugende Ansicht: Keine Übertragung – Keinerlei Horizontalwirkung

Richtig ist vielmehr, dass Art. 288 Abs. 3 AEUV umgekehrt keine tragfähige Grundlage bietet, auch nur zu einer bloßen Verdrängungswirkung von Richtlinien zu gelangen.[26] Denn auch jenseits der vorgebrachten Detailkritik überzeugt die Annahme einer Horizontalwirkung schon deshalb nicht, weil die unmittelbare Anwendbarkeit von Richtlinienbestimmungen im Horizontalverhältnis schlechthin zu verneinen ist. Auf eine weitere Differenzierung nach positiver und negativer Horizontalwirkung kommt es daher nicht an. Ohne das Potential zur unmittelbaren Anwendbarkeit *qua Rechtsnatu*r kann es nämlich keinerlei Horizontalwirkung geben.

a) Effet utile-*Argumentation und Wortlaut des Art. 288 AEUV*

Blickt man allein auf das ursprüngliche Hauptargument des EuGH für eine vertikale unmittelbare Anwendbarkeit in *van Duyn*, dem Grundsatz des *effet utile*, ist es aber tatsächlich schwierig, die unmittelbare Horizontalwirkung überzeugend abzulehnen.

Zuzugeben ist nämlich, dass die Anerkennung der Horizontalwirkung von Richtlinienbestimmungen – generell und noch dazu im richtliniendominierten

---

[25] Vgl. jüngst eingehend GA *Szpunar,* Schlussanträge v. 15.07.2021 – Rs. C-261/20 (*Thelen Technopark*), BeckRS 2021, 19869, Rn. 60 ff.

[26] *Canaris*, FS Bydlinski, 2002, S. 47, 52 f. Vgl. hierzu jüngst auch GA *Szpunar,* Schlussanträge v. 15.07.2021 – Rs. C-261/20 (*Thelen Technopark*), BeckRS 2021, 19869, Rn. 55.

privaten Arbeitsrecht – in der Tat ein äußerst effektives Mittel wäre, um die Zwecke der Richtlinie zu erreichen und die Entfaltung ihrer praktischen Wirksamkeit sicherzustellen.[27] Die Übertragung der Argumentation in der Rechtssache *van Duyn* auf das Horizontalverhältnis liegt damit alles andere als fern. Der *effet utile* entpuppt sich für die Frage der unmittelbaren Anwendbarkeit damit aber letzten Endes als argumentative Einbahnstraße: Spricht er für eine unmittelbare Anwendbarkeit im Vertikalverhältnis, so tut er dies auch im Horizontalverhältnis. Aus ihm allein konnte der EuGH deshalb keine Schlüsse für eine Sonderbehandlung der unmittelbaren Anwendbarkeit im Horizontalverhältnis ziehen.[28] Er lässt für sich genommen vielmehr nur eine Entscheidung für oder gegen die unmittelbare Anwendbarkeit insgesamt zu.

Der EuGH selbst hat die Sonderstellung der Horizontalwirkung in der grundlegenden *Marshall I*-Entscheidung allerdings auch nicht mit den Grenzen des *effet utile*, sondern damit zu begründen versucht, dass nach Art. 288 Abs. 3 AEUV die Richtlinie nur an die Mitgliedstaaten, nicht aber an den einzelnen Bürger adressiert sei.[29] Doch auch eine solche Argumentation mit dem Wortlaut des Art. 288 Abs. 3 AEUV ist bei näherer Betrachtung wenig überzeugend. Ein Umkehrschluss kann nämlich richtigerweise nur so weit reichen, wie der Regelungsgehalt der auszulegenden Bestimmung geht.[30] Die Norm des Art. 288 Abs. 3 AEUV thematisiert die Frage der Verbindlichkeit aber nur mit Blick auf das Richtlinienziel in Abgrenzung zur Freiheit im Rahmen der Wahl von Form und Mittel. Es geht also nicht um die Anordnung der Verbindlichkeit von Richtlinienbestimmungen schlechthin. Damit ist die Adressatenfrage in der Norm nicht angesprochen. Aus ihr lässt sich deshalb auch keine Ablehnung der Horizontalwirkung ableiten.[31]

b) Keine Übertragbarkeit der Ratti-*Argumentation und Regelungskonzept von Richtlinien*

Entschieden gegen die Horizontalwirkung spricht letztlich, dass der in *Ratti* entwickelte Treuwidrigkeitsgedanke nicht auf das Horizontalverhältnis übertragbar ist.[32] Mit ihm lassen sich nur Belastungen des Mitgliedstaats, nicht aber auch

---

[27] *Bach*, JZ 1990, 1108, 1115; *Kerwer*, Gemeinschaftsrecht und Rechtsprechung, 2003, S. 108 ff.; *Franzen*, Privatrechtsangleichung, 1999, S. 252; *Herresthal*, Rechtsfortbildung im europarechtlichen Bezugsrahmen, 2006, S. 83 f.

[28] EuArbRK/*Höpfner*, Art. 288 AEUV Rn. 27; *Haltern*, Europarecht – Band II, 3. Auflage, 2017, § 8 Rn. 707; *Perner*, EU-Richtlinien und Privatrecht, 2012, S. 37.

[29] EuGH v. 26.02.1986 – Rs. 152/84 (*Marshall I*), NJW 1986, 2178, Rn. 48.

[30] *Kerwer*, Gemeinschaftsrecht und Rechtsprechung, 2003, S. 106.

[31] *Kerwer*, Gemeinschaftsrecht und Rechtsprechung, 2003, S. 106. Selbst wenn man annimmt, die Norm würde die Adressatenfrage regeln, spräche ein entsprechendes argumentum e contrario nach hier vertretener Auffassung außerdem ohnehin nur gegen eine positive Horizontalwirkung. Die negative Horizontalwirkung ist auf eine Bindung Privater nicht angewiesen.

[32] EuArbRK/*Höpfner*, Art. 288 AEUV Rn. 27 f.; *Haltern*, Europarecht – Band II,

Privater rechtfertigen. Es ist schlicht nicht einzusehen, wieso auch ein Dritter die Konsequenzen eines staatlichen Fehlverhaltens tragen soll. Dabei macht es keinen Unterschied, ob sich eine solche unzulässige Belastung des „unschuldigen" Privaten aus einer negativen oder einer positiven Horizontalwirkung ergibt.[33] Ihr rechtlicher Ursprung ist unerheblich, es geht allein um ihre faktische Existenz. Aus diesem Grund ist eine Horizontalwirkung von Richtlinien insgesamt abzulehnen.

Teilweise wird in diesem Zusammenhang angeführt, auch die Ablehnung einer Horizontalwirkung von Richtlinienbestimmungen führe zu einer Belastung eines Privaten, weil diesem ein Recht versagt werde, obwohl er die Richtlinienwidrigkeit nationalen Rechts nicht zu vertreten hat.[34] Die Frage nach der Horizontalwirkung könne also gar nicht ohne Belastung zumindest eines Privaten beantwortet werden. Damit wird versucht zu begründen, dass die Treuwidrigkeits-Argumentation insgesamt keine Lösung für die Horizontalwirkungsfrage im Richtlinienrecht bereithalte.[35]

Diese Sichtweise erscheint indes wenig überzeugend. Die Feststellung, dass eine Lösung der Horizontalwirkungsproblematik nie ohne Privatbelastung auskommt, ist ebenso trivial wie zutreffend: Wird die Horizontalwirkung *bejaht*, erfolgt eine Belastung des durch die Richtlinienbestimmung Verpflichteten, wird sie *verneint*, erfolgt eine Belastung desjenigen, der aus der Richtlinie ein Recht geltend machen könnte. Die daraus gezogene Schlussfolgerung, dass deshalb das Treuwidrigkeitsargument für die Lösung des Problems insgesamt nicht weiterhelfe, wird von dieser Feststellung allerdings nicht getragen; sie verkennt das der Problematik zugrundeliegende Regel-Ausnahme-Verhältnis: Die fehlende unmittelbare Anwendbarkeit von Richtlinien ist der Regelfall, ihre Bejahung die begründungsbedürftige Ausnahme. Sie lässt sich konsistent alleine auf das Treuwidrigkeitsargument des EuGH stützen. Damit ist diese Wirkung in ihrer dogmatischen Begründung aber von vornherein auf das Vertikalverhältnis begrenzt.[36] Im Horizontalverhältnis funktioniert diese Begründung nicht, weil der betroffene Private, dessen Belastung erst durch eine Bejahung der Horizontalwirkung begründet wird, den Richtlinienverstoß nicht zu vertreten hat. Dass auch der andere Private ohne Vertretenmüssen einen Nachteil erleidet, wenn die Horizontalwirkung verneint wird, ist zwar richtig, hierfür aber ohne Belang, weil

3. Auflage, 2017, § 8 Rn. 710; *Franzen*, Privatrechtsangleichung, 1999, S. 252; *Herresthal*, Rechtsfortbildung im europarechtlichen Bezugsrahmen, 2006, S. 83 f.; *Perner*, EU-Richtlinien und Privatrecht, 2012, S. 42; *Jocham*, Die Grenzen der richterlichen Rechtsfortbildung im Privatrecht, 2021, S. 106 f.; *Jarass*, NJW 1991, 2665, 2666; *Piekenbrock*, GPR 2019, 93, 96. A.A. jüngst *Sauer*, JURA 2021, 387, 397.

[33] *Perner*, EU-Richtlinien und Privatrecht, 2012, S. 45; *Herresthal*, Rechtsfortbildung im europarechtlichen Bezugsrahmen, 2006, S. 83 f.

[34] *Sauer*, JURA 2021, 387, 397.

[35] *Sauer*, JURA 2021, 387, 397.

[36] In diesem Sinne *Franzen*, Privatrechtsangleichung, 1999, S. 252.

sich der Ursprung dieses Nachteils grundlegend von dem des Privaten unterscheidet, der diesen als Folge der Bejahung erleiden würde. Wird nämlich die Horizontalwirkung bejaht, trifft den Privaten ein Nachteil aufgrund einer Richtlinienwirkung, die der Vertragstext nicht explizit vorsieht. Wird sie hingegen verneint, trifft den Privaten ein Nachteil aufgrund einer Richtlinienwirkung, die der Vertragstext als Regelfall vorsieht. Dies ist nicht weiter begründungsbedürftig.

Daneben wird vereinzelt darauf hingewiesen, dass der EuGH das Treuwidrigkeitsargument in der Rechtssache *Ratti* nur nachgeschoben habe, um sodann begründen zu können, warum man die Sanktionsfigur der unmittelbaren Anwendbarkeit nicht auch auf das Horizontalverhältnis erstreckt.[37] Diese historische Beobachtung allein, so zutreffend sie auch sein mag[38], kann allerdings an der Richtigkeit des Arguments nichts ändern. Bei Lichte betrachtet war es nämlich nie der konturenlose *effet utile* alleine, der die vertikale unmittelbare Anwendbarkeit begründen konnte. Wenn überhaupt, konnte die Rechtsprechung des EuGH erst mit dem in *Ratti* herangezogenen Treuwidrigkeitsargument überzeugen.[39] Dass gerade sie sich nicht auf das Horizontalverhältnis übertragen lässt, muss entschieden gegen eine Horizontalwirkung von Richtlinienbestimmungen sprechen. Hielte man dagegen das *effet utile*-Argument für maßgeblich, liegt eine Übertragung auf das Horizontalverhältnis zwar in der Tat näher. Der hierdurch erzielte höhere Grad an nützlicher Wirkung von Richtlinien würde aber durch eine nahezu vollständige Relativierung des Unterschieds zwischen Verordnung und Richtlinie erkauft; die in Art. 288 Abs. 3 AEUV angelegte Unterscheidung würde damit fast gänzlich[40] hinfällig gemacht.[41] Denn eine Horizontalwirkung entfernt die Richtlinie nochmals weiter von ihrem ursprünglichen Regelungskonzept, als die Anerkennung einer Vertikalwirkung.[42] Ihre Ablehnung erscheint auch vor diesem Hintergrund zwingend.

Wenn diesem Argument vereinzelt entgegnet wird, dass „die kategoriale Unterscheidung zwischen Verordnung und Richtlinie […] am Wesen des Unionsrechts vorbei" gehe und es viele Kompetenznormen den Unionsorganen freistellen, ob sie eine Verordnung oder eine Richtlinie wählen[43], dann ist dem zu widersprechen: Mit der herrschenden Meinung gilt aus Gründen der Verhältnismäßigkeit und Subsidiarität ein grundsätzlicher Vorrang der Richtlinie vor der

---

[37] Preis/Sagan/*Sagan*, § 1 Rn. 128 f.

[38] *Haltern*, Europarecht – Band II, 3. Auflage, 2017, § 8 Rn. 725 f.

[39] *Haltern*, Europarecht – Band II, 3. Auflage, 2017, § 8 Rn. 709 („kluge Rechtsprechung"). Anders offenbar *Sauer*, JURA 2021, 387, 397.

[40] Mit dem Erfordernis des Ablaufs der Umsetzungsfrist für eine solche Wirkung verbliebe freilich noch ein letzter, wenn auch wenig markanter Unterschied zur Verordnung.

[41] EuArbRK/*Höpfner*, Art. 288 AEUV Rn. 25; *Haltern*, Europarecht – Band II, 3. Auflage, 2017, § 8 Rn. 707; *Canaris*, FS Bydlinski, 2002, S. 47, 54 f.

[42] Dies verkennt *Kainer*, NZA 2018, 894, 896.

[43] *Sauer*, JURA 2021, 387, 397.

Verordnung.[44] Schon aufgrund dieser Wertung sind die beiden Sekundärrechtsformen wesensverschieden und ist eine unterschiedliche Behandlung ihrer innerstaatlichen Wirkung gerechtfertigt. Außerdem besteht jedenfalls in weiten Teilen des Arbeitsrechts gerade keine Wahlfreiheit des Unionsgesetzgebers. Art. 153 AEUV begründet für die Sozialpolitik allein eine Kompetenz zum Richtlinienerlass. Mit Blick hierauf lässt sich ein Unterschied zwischen beiden Handlungsformen nicht leugnen. Die unterschiedliche Behandlung ist daher folgerichtig und sollte nicht durch eine Anerkennung der Horizontalwirkung weiter relativiert werden.

C. Fazit

Der Ansicht des EuGH, dass Richtlinien keine Horizontalwirkung entfalten können, ist zuzustimmen. Das Treuwidrigkeitsargument als einzig überzeugende Begründung für eine unmittelbare Anwendbarkeit von Richtlinienbestimmungen im Vertikalverhältnis kann nicht auf das Horizontalverhältnis übertragen werden. Es ist nicht einzusehen, warum einem Bürger aus einer nicht ordnungsgemäßen Richtlinienumsetzung Nachteile entstehen sollen. Diese wäre bei Anerkennung der unmittelbaren Anwendbarkeit im Horizontalverhältnis aber stets der Fall. Ohne eine solche unmittelbare Anwendbarkeit ist eine Teilnahme am Anwendungsvorrang weder in negativer noch in positiver Hinsicht möglich. Daraus folgt, dass jedenfalls die Anerkennung der Horizontalwirkung sämtlicher geeigneter Richtlinienbestimmungen keine vorzugswürdige Alternative gegenüber den Grundrechtslösung des EuGH darstellen kann. Ihr stehen unüberwindliche systematische Hürden entgegen.[45] Darüber hinaus wäre eine solche Alternativlösung auch überschießend: Dem EuGH geht es, das zeigt seine Rechtsprechung, schließlich nicht um eine faktische Horizontalwirkung *sämtlicher* Richtlinien über den Umweg der GRC, sondern nur solcher, die einen originärgrundrechtlichen Gewährleistungsgehalt transportieren.[46] Eine generelle Anerkennung der Horizontalwirkung von Richtlinienbestimmungen wäre daher mit

---

[44] EuArbRK/*Höpfner*, Art. 288 AEUV Rn. 16. Ausführlich *Wunderlich/Pickartz*, EuR 2014, 659, 663 ff. m.w.N.

[45] Für eine solch umfassende Lösung als Alternative zur Rechtsprechung des EuGH aber etwa: *Baldus/Raff*, GPR 2018, 175, 177; *Sauer*, JURA 2021, 387, 397 ff.; *Seifert*, EuR 2010, 802, 807; *T. Schmidt*, Von „Mangold" bis „Maruko", 2014, S. 252 f.; *Wank*, Juristische Methodenlehre, 2020, § 9 Rn. 71 jeweils mit unterschiedlicher Differenzierung. Zum Teil wird der Vorschlag auf eine negative Horizontalwirkung beschränkt.

[46] Mit diesem Hinweis auch *Kokott*, FS I. Schmidt, 2021, S. 991, 999. Das zeigt sich nicht zuletzt daran, dass der EuGH seither eben nicht sämtlichen Richtlinien Horizontalwirkung zugesprochen hat, vgl. etwa EuGH v. 07.08. 2018 – Rs. C-122/17 (*Smith*), BeckRS 2018, 17516, Rn. 41 ff. Vgl. auch GA *Szpunar,* Schlussanträge v. 15.07.2021 – Rs. C-261/20 (*Thelen Technopark*), BeckRS 2021, 19869, Rn. 54 ff. sowie dem folgend EuGH v. 18.01.2022 – Rs. C-261/20 (*Thelen Technopark*), BeckRS 2022, 212, Rn. 30 ff.

größeren Kollateralschäden verbunden, denn sie bedeutete, diese *sämtlichen* Richtliniengehalten zuzusprechen. Dadurch würden nicht nur unionsgrundrechtliche, sondern alle geeigneten Richtlinienbestimmungen unmittelbar zwischen Privaten anwendbar. Die austarierte Kompetenzordnung, die für weite Teile des Arbeitsrechts lediglich den Erlass von Richtlinien zulässt, würde so gänzlich umgangen.[47] Auch deshalb ist sie abzulehnen.

[47] EuArbRK/*Höpfner*, Art. 288 AEUV Rn. 25. A.A. *Sauer*, JURA 2021, 387, 398, der von vornherein den kategorialen Unterschied zwischen Richtlinie und Verordnung verneint. Soweit vorgetragen wird, die Gefahr einer solchen Ausdehnung der Horizontalwirkung auf sämtliche Richtlinienbestimmungen bestünde gleichfalls nach der „Grundrechtslösung" des EuGH, weil letztlich jede Richtlinie in ein Grundrecht hineingelesen werden könne (so *Bayreuther*, NZA 2019, 945, 950; *ders.*, RdA 2022, 290, 291; *Höpfner*, RdA 2013, 16, 21), beruht dies auf der Annahme, die Horizontalwirkung der GRC sei uferlos. Dieses Verständnis überzeugt jedoch nicht: Dass nämlich eine Begrenzung der Horizontalwirkung der GRC theoretisch möglich ist und sich auch der EuGH insoweit bemüht zeigt, wurde im fünften Kapitel der Untersuchung dargelegt. Die Rechtsprechung führt nicht dazu, dass jede Richtlinienbestimmung über den Umweg eines Unionsgrundrechts Horizontalwirkung entfaltet.

§ 17

Horizontalwirkung grundrechtskonkretisierender Richtlinien?

Womöglich lassen sich aber Gründe für eine Horizontalwirkung zumindest solcher Richtlinienbestimmungen finden, die einen besonderen Bezug zu einem Unionsgrundrecht aufweisen. Immerhin handelt es sich bei diesen sog. grundrechtskonkretisierenden Richtlinien nicht um irgendwelche Normen, sondern um solche, die zumindest in Teilen einen quasi-unionsgrundrechtlichen Inhalt aufweisen. Insoweit kommt ihnen durchaus eine gesteigerte Dignität und Bedeutung zu. Das zeigt sich beispielhaft an einer Gegenüberstellung der Bestimmungen des Art. 7 der Arbeitszeitrichtlinie oder des Art. 2 Abs. 1 der Gleichbehandlungsrahmenrichtlinie auf der einen und einer Norm wie Art. 1 der Dritten Richtlinie 90/232/EWG[1], der den Haftungsumfang einer Kfz-Haftpflichtversicherung bei Personenschäden näher festlegte[2], auf der anderen Seite. Die erstgenannten Vorschriften wurzeln in Art. 31 Abs. 2 und Art. 21 Abs. 1 GRC und konkretisieren diese, die zweitgenannte ist demgegenüber eine rein technische Detailvorgabe ohne besondere Grundrechtsrelevanz. Womöglich könnte sich diese Besonderheit als Argument für eine Horizontalwirkung zumindest solcher grundrechtskonkretisierender Richtlinienbestimmungen anführen lassen.[3]

In einem ersten Schritt soll diesbezüglich erörtert werden, welche Vorteile eine solche Horizontalwirkung von grundrechtskonkretisierenden Richtlinien selbst gegenüber der Grundrechtslösung des EuGH haben könnte (A.). Anschließend wird zu klären sein, ob diese Vorteile die dargelegten dogmatischen Bedenken gegen eine Horizontalwirkung von Richtlinien aufwiegen können (B.).

---

[1] Die RL wurde inzwischen abgelöst.

[2] Vgl. hierzu EuGH v. 07.08. 2018 – Rs. C-122/17 (*Smith*), BeckRS 2018, 17516.

[3] In diese Richtung *Kainer*, NZA 2018, 894, 900: „Vorzuziehen wäre es, Richtlinien *im Schutzbereich der Grundrechte* horizontal unmittelbar anzuwenden, wenn die übrigen Voraussetzungen hierzu vorliegen und die Union über eine Kompetenz für eine Verordnung verfügt: zur Vermeidung von Rechtsunsicherheit und zur vollen Effektivierung der geschützten Rechtspositionen Privater, die weder auf den unsicheren Weg richterlicher Grundrechtsabwägungen noch auf einen Staatshaftungsanspruch verwiesen werden sollten." (Hervorhebung durch Verf.). Ebenso *ders.*, GPR 2020, 149, 154 f. sowie bereits *ders.*, GPR 2016, 262, 269 f. Dagegen *Herresthal*, ZEuP 2014, 238, 272 f.; *Piekenbrock*, GPR 2019, 93, 96; *Kokott*, FS I. Schmidt, 2021, S. 991, 999 Fn. 46. Diskutiert, aber abgelehnt bereits bei *Suerbaum*, EuR 2003, 390, 410 f. sowie *Szczekalla*, Schutzpflichten, 2002, S. 1093 ff.

A. Mögliche Vorteile einer solchen Lösung

Eine auf grundrechtskonkretisierende Richtlinienbestimmungen beschränkte Horizontalwirkung würde naturgemäß inhaltlich nicht über das hinausgehen, was sich aus der Horizontalwirkung der Charta selbst ergibt: In beiden Fällen beschränkt sich die Horizontalwirkung auf einen näher zu ermittelnden grundrechtlichen Kerngehalt. Nur die Rechtsquelle, aus der sich etwaige Rechtfolgen ergeben, wäre bei der „Richtlinienlösung" eine andere. Vor diesem Hintergrund stellt sich die Frage, welchen Vorteil ein solches Vorgehen gegenüber dem des EuGH hätte. Hier sind mehrere Gesichtspunkte näher zu beleuchten.

I. Unbeachtlichkeit des „Demokratiearguments"

Zum Teil wird vorgetragen, Richtlinien würden als legislative Abwägungsentscheidungen – das generelle Demokratiedefizit im Rahmen unionaler Rechtsetzung an dieser Stelle einmal vernachlässigt[4] – eine stärkere demokratische Legitimation aufweisen als eine richterliche Grundrechtsanwendung im Einzelfall.[5]

Das ist jedoch kein alleiniger Vorteil der Richtlinienlösung; auch der EuGH beachtet in seiner Rechtsprechung, jedenfalls soweit es um einen Abwehrrechtsverstoß geht, vorhandene Wertungen der konkretisierenden Richtlinien auf Rechtfertigungsebene. Es handelt sich gerade nicht um eine freie richterliche Überprüfung des nationalen Privatrechts am Maßstab der GRC, die ein besonderes Demokratiedefizit aufweisen würde. Und soweit es um eine unionsgrundrechtliche Schutzpflicht geht, ist diese nach vorzugswürdigem Verständnis auf ein Untermaßverbot beschränkt. Dieses Minimum steht aber auch nicht zur Disposition des demokratisch legitimierten Gesetzgebers[6], weshalb auch eine Richtlinienvorgabe insoweit nur diesen grundrechtlichen Inhalt deklaratorisch wiederholt. Beschränkt man eine Horizontalwirkung also anhand der in § 15 dargelegten Maßstäbe, bietet der Rückgriff auf die Richtlinie anstelle des Grundrechts in dieser Hinsicht keinen wirklichen Vorteil.

II. Beachtlichkeit des Rechtssicherheitsarguments

Zutreffend ist indes der Hinweis, dass die Horizontalwirkung von Richtlinien im Vergleich zu einem Rückgriff auf die Chartagrundrechte ein höheres Maß an Rechtssicherheit vermittelt. Hierbei ist jedoch zu differenzieren:

Teilweise wird diese Überlegung darauf gestützt, der Einzelne könne sich auf eine hinreichend bestimmte und inhaltlich unbedingte Richtlinienvorgabe in der Regel einfacher einstellen als auf eine Grundrechtsbestimmung, die aufgrund

---

[4] Eingehend hierzu *Szczekalla*, Schutzpflichten, 2002, S. 1089 ff.

[5] *Baldus/Raff*, GPR 2018, 175, 178.

[6] In diese Richtung auch *Kokott*, FS I. Schmidt, 2021, S. 991, 999.

ihres abstrakten Inhalts kaum jemals konkrete Rechtspflichten nahelegt.[7] *Diese* Begründung einer gesteigerten Rechtssicherheit vermag allerdings noch nicht zu überzeugen. Denn auch in der Rechtsprechung des EuGH zur Horizontalwirkung der GRC erfolgt die Ableitung der konkreten rechtlichen Detailvorgabe letztlich aus der Richtlinie selbst – soweit sich diese mit einer horizontalwirkungsfähigen grundrechtlichen Gewährleistung deckt. Zwar ist richtig, dass die Ermittlung der Reichweite der Horizontalwirkung der GRC für die Rechtsunterworfenen nicht immer rechtssicher möglich ist; eine solche Rechtsunsicherheit besteht aber in gleicher Weise bei Anerkennung der Horizontalwirkung von grundrechtskonkretisierenden Richtlinien: Hier wäre schließlich entsprechend die Ermittlung ihres jeweiligen „schutzrechtlichen Nukleus" erforderlich.[8] Die Maßstäbe dürften dabei dieselben sein wie bei der Ermittlung der Horizontalwirkung der GRC.[9] Der Gesichtspunkt spräche also allenfalls für eine umfassende Horizontalwirkung von Richtlinien[10], bei der diese schwierige Ermittlung naturgemäß entfällt, die aber wiederum aus anderen Gründen abzulehnen ist. Für eine Horizontalwirkung der grundrechtskonkretisierenden Richtlinien kann er nicht angeführt werden.

Die Begründung für eine gesteigerte Rechtssicherheit, die sich aus der Anerkennung einer Horizontalwirkung der grundrechtskonkretisierenden Richtlinien selbst ergeben würde, ist eine andere: Derzeit erweckt der EuGH durch seine Rechtsprechung nämlich durchaus eine falsche Erwartung bei den Rechtsunterworfenen. Indem er explizit betont, dass Richtliniennormen keine Horizontalwirkung entfalten, entsteht zunächst der Eindruck, Richtlinieninhalte seien bei fehlerhafter Umsetzung und mangelndem Auslegungsspielraum des nationalen Rechts für den Einzelnen nicht relevant. Diese Erwartung wird konterkariert, wenn der Gerichtshof im selben Zug eine Horizontalwirkung der GRC postuliert. Dieses Vorgehen sendet „gemischte Signale" und schafft tatsächlich ein erhebliches Maß an Rechtsunsicherheit. Eine derartige, grundlegend unterschiedliche Behandlung zweier gleichzeitig einschlägiger Rechtsquellen ist überhaupt nur möglich, weil er durch seine Auslegung des Art. 51 Abs. 1 S. 1 Alt. 2 GRC zu einer systemwidrigen und nicht auflösbaren Idealkonkurrenz von Richtlinie und Grundrecht gelangt.[11] Die Bejahung einer Horizontalwirkung der Richtlinie selbst würde zumindest in diesem Punkt eine Verbesserung mit sich bringen, weil sie diese Zweigleisigkeit der Rechtsquellen beenden würde.[12] Dann

---

[7] In diese Richtung *Kainer*, NZA 2018, 894, 900; *ders.*, GPR 2016, 262, 269; *ders.*, GPR 2020, 149, 154; *Baldus/Raff*, GPR 2018, 175, 178; *Sauer*, JURA 2021, 387, 398. Dagegen *Piekenbrock*, GPR 2019, 93, 96.

[8] *Suerbaum*, EuR 2003, 390, 410 f.

[9] Die genauen Maßstäbe werden von den Befürwortern indes nicht weiter erörtert, vgl. *Kainer*, NZA 2018, 894, 900; *ders.*, GPR 2016, 262, 269; *ders.*, GPR 2020, 149, 154.

[10] Konsequent deshalb *Baldus/Raff*, GPR 2018, 175, 178.

[11] Zur Kritik an der Grundrechtsbindung des mitgliedstaatlichen Umsetzungsrechts § 5 C. II. 2. b); § 12 B. I. 1.

[12] A.A. *Piekenbrock*, GPR 2019, 93, 96.

nämlich würde der Grundsatz der Normanwendung der untersten Stufe greifen, und es würden sich alleine Fragen der Richtlinienwirkung stellen.[13]

Das verbleibende, generell gegen die Anerkennung einer Horizontalwirkung von Richtlinien angeführte Gegenargument, eine solche sei mit den Anforderungen der Rechtssicherheit schon deshalb nicht zu vereinbaren, weil der Einzelne nicht mit dieser Wirkung rechnen müsse[14], steht dem nicht entgegen, weil es schon immer zirkelschlüssig war[15]: Würde die Horizontalwirkung von Richtlinienbestimmungen durch den EuGH nur einmal ausdrücklich anerkannt, so wäre das Vertrauen in das Ausbleiben solcher Rechtswirkungen für die Zukunft nicht mehr länger schutzwürdig.[16] Rechtssicherheitsbedenken bestünden dann nicht.

III. Keine Zweckentfremdung von Unionsgrundrechten

Zu bedenken ist außerdem der Umstand, dass durch einen unmittelbaren Rückgriff auf die Horizontalwirkung der Richtlinie die zweckentfremdete Anwendung der Unionsgrundrechte auf richtlinienwidriges nationales Recht entbehrlich gemacht würde. Diese ist insgesamt kritikwürdig und das entscheidende Hauptargument gegen eine Horizontalwirkung der GRC.[17] Die Vermeidung dieses Rückgriffs auf Unionsgrundrechte entgegen ihrer eigentlichen Ursprungskonzeption, wie sie in Art. 51 Abs. 1 S. 1 Alt. 2 GRC zum Ausdruck kommt, wäre ein handfester Vorteil der Richtlinienlösung. Er wird allerdings dadurch aufgewogen, dass auch ihr mit Art. 288 AEUV die Wertung einer primärrechtlichen Norm entgegensteht.

IV. Vermeidung normhierarchischer Missverständnisse

Weiterhin ist zu beachten, dass sich mit einer Bejahung der Horizontalwirkung der grundrechtskonkretisierenden Richtlinien selbst gewisse normhierarchische Missverständnisse vermeiden ließen. Die Vorgehensweise des EuGH, nationales Recht zunächst am Maßstab der Richtlinie zu prüfen und dann mit dem Ergebnis der Richtlinienwidrigkeit vor Augen in die Prüfung der Horizontalwirkung der GRC einzusteigen, macht nämlich einen Großteil der Angriffsfläche seiner

---

[13] Zu diesem Grundsatz oben § 12 B. I. 5.

[14] So jüngst *Piekenbrock*, GPR 2019, 93, 96. Vgl. ausführlich hierzu *Kerwer*, Gemeinschaftsrecht und Rechtsprechung, 2003, S. 118 ff. m.w.N.

[15] Es war allenfalls noch berechtigt, als Richtlinien noch nicht der allgemeinen Veröffentlichungspflicht unterlagen und damit als Rechtsquellen schwerer zugänglich waren, vgl. hierzu etwa *Kerwer*, Gemeinschaftsrecht und Rechtsprechung, 2003, S. 120 Fn. 191. Dieses Problem besteht indes mit Blick auf die allgemeine Veröffentlichung aller Rechtsetzungsakte im Amtsblatt der Europäischen Union nach Art. 297 AEUV nicht mehr, vgl. hierzu bereits *Szczekalla*, Schutzpflichten, 2002, S. 1087.

[16] Sinngemäß auch *Kainer*, GPR 2020, 149, 154; *Sauer*, JURA 2021, 387, 398.

[17] Zur Kritik an der Grundrechtsbindung des mitgliedstaatlichen Umsetzungsrechts § 5 C. II. 2. b); § 12 B. I. 1.

Rechtsprechung aus. Sie erweckt den Eindruck, als würde der Gerichtshof pauschal von einer Ausfüllung der Grundrechte durch Richtlinienrecht ausgehen. Dass dies zwar keineswegs die gebotene Deutung sein muss und eine solche Sichtweise methodisch nicht zu rechtfertigen wäre, wurde herausgearbeitet. Denn nach vorzugswürdiger Auffassung muss die Bestimmung des grundrechtlichen Schutzgehalts – bis auf wenige Ausnahmefälle – autonom anhand des Grundrechts ohne Rückgriff auf die Richtlinie erfolgen.

Es ist aber zuzugeben, dass das Vorgehen des Gerichtshofs die dahingehenden Missverständnisse geradezu provoziert. Das gilt umso mehr angesichts seines typisch apodiktischen Urteilsstils, der nicht immer dazu beiträgt, sein genaues Methodenverständnis nachvollziehen zu können. Womöglich ist es gerade diese Vorgehensweise, die mitverantwortlich dafür ist, dass der EuGH den primärrechtlichen Gewährleistungsgehalt teils durchaus in einem kritischen Ausmaß am sekundärrechtlichen Normenbestand ausrichtet.

Ginge man von einer Horizontalwirkung des grundrechtlichen Kerngehalts der jeweiligen Richtlinie aus, bestünde die Gefahr dieser normhierarchischen Missverständnisse nicht. Denn dann müsste bereits auf Ebene der Richtlinie geklärt werden, ob ein Richtliniengehalt nun Ausdruck dieses grundrechtlichen Kernbereichs ist, oder nicht. Es erfolgt kein Sprung auf die Grundrechtsebene, sondern die grundrechtliche Norm dient lediglich dazu, die Wirkung des „einfachen Rechts" zu bestimmen. Das erscheint – anders als die Rechtsprechung des EuGH – normhierarchisch nicht erst auf den zweiten, sondern bereits auf den ersten Blick nachvollziehbar. Auf diese Weise könnten die Probleme letztlich dort gelöst werden, wo sie entstehen.[18]

V. Bessere Möglichkeit einer Berücksichtigung der unionalen Kompetenzordnung

Ein Rückgriff auf die Richtlinie selbst eröffnet außerdem – anders als die bisherige Rechtsprechung des EuGH – die Möglichkeit einer Berücksichtigung der unionalen Kompetenzordnung. Wie bereits dargestellt wurde, kann das der Sache nach berechtigte kompetenzielle Argument gegen die Horizontalwirkung der Charta als Teil des Primärrechts keine einschränkende Bedeutung entfalten[19]: Die in Art. 51 GRC angelegte Sekundärrechtsakzessorietät sowie die allgemeine Kompetenzakzessorietät der Charta zielen vor allem auf eine Abgrenzung der Zuständigkeiten nach Sachbereichen, nicht nach unterschiedlichen Rechtsaktformen. Sie bietet deshalb keinen tauglichen Anknüpfungspunkt für die Berücksichtigung der Kompetenzordnung der Union und kann nicht gegen eine „verordnungsgleiche" Horizontalwirkung der primärrechtlichen Charta angeführt werden.[20]

---

[18] Mit dieser Forderung *Seifert*, EuZA 2013, 299, 308.

[19] Siehe hierzu oben unter § 15 C.

[20] Mit diesem Argument gegen die Horizontalwirkung der Charta besonders deutlich *Rud-*

Anders wäre dies, wenn man den Weg über eine Horizontalwirkung der grundrechtskonkretisierenden Richtlinie selbst geht. Auf Ebene des Sekundärrechts ließe sich nämlich der einschränkende Vorbehalt formulieren, dass eine solche Wirkung nur dort in Betracht kommt, wo eine Verordnungskompetenz der Union besteht.[21] Auch den Bedenken des EuGH, eine Horizontalwirkung von Richtlinien komme nicht in Betracht, weil sie zu einer verordnungsgleichen Wirkung führe, wo nur die Zuständigkeit zur Setzung von Richtlinienrecht besteht[22], ließe sich damit Rechnung tragen.[23] Durch eine solche Beschränkung der Richtlinienwirkung wäre ihr Anwendungsbereich stark eingeschränkt, die Doktrin hätte im Arbeitsrecht mangels einschlägiger Verordnungskompetenzen für die Gestaltung der Sozialpolitik kaum Bedeutung. Im praktisch bedeutsamen Diskriminierungsrecht sowie im Anwendungsbereich des Art. 114 AEUV wäre eine solche Horizontalwirkung jedoch auch dann noch denkbar.[24]

VI. Gesteigerte Akzeptanz durch Vermeidung der umstrittenen Frage nach der grundrechtlichen Horizontalwirkung

Schließlich hätte der Rückgriff auf die Richtlinie den nicht zu unterschätzenden Vorteil, dass der EuGH der so umstrittenen und von nationalen Vorverständnissen beeinflussten Diskussion um die grundrechtliche Horizontalwirkung aus dem Weg gehen könnte. Erst indem sich der Gerichtshof in das Fahrwasser der grundrechtlichen Horizontalwirkung begibt, setzt er sich unterschiedlichster Kritik, gespeist von einer über Jahrzehnte ausdifferenzierten und historisch gewachsenen mitgliedstaatlichen Grundrechtsdogmatik aus, die sich in der Frage um

---

kowski, NJW 2019, 476, 480: „Eine Kompetenz zur Regelung des Rechts auf bezahlten Jahresurlaub durch Verordnung ist in Art. 153 AEUV nicht vorgesehen. Wenn der EuGH nun letztlich das europäische Urlaubsrecht mit unmittelbarer Wirkung für Private vollharmonisiert, setzt er sich folglich in Widerspruch zu Art. 153 AEUV, aber auch zu Art. 51 II GRCh. Nach dieser Vorschrift begründet die Charta keine neuen Zuständigkeiten für die Union.". Zur Kritik an der Horizontalwirkung bei fehlender Verordnungskompetenz *Schubert*, EuZA 2020, 302, 318; EuArbRK/*dies.*, Art. 51 GRC Rn. 41; *Freyler/Heinrich*, FS Fuchs, 2020, S. 71, 78 f. Wohl auch *Kainer*, NZA 2018, 894, 900, der im Rahmen seines Lösungsansatzes ebenfalls eine Verordnungskompetenz fordert. Ähnlich *Sagan*, EuZW 2020, 72, 73, der neben der Verbandskompetenz auch auf Art. 288 Abs. 3 AEUV verweist. In diese Richtung bereits *ders.*, ZESAR 2011, 412, 414. Mit ähnlicher Kritik außerdem bereits *Höpfner*, RdA 2013, 16, 21; *ders.*, ZfA 2010, 449, 470 f.

[21] So *Kainer*, NZA 2018, 894, 897; *ders.*, GPR 2016, 262, 269. Ohne diese einschränkende Voraussetzung nun aber *ders.*, GPR 2020, 149, 154. Ohne die Möglichkeit einer solchen Einschränkung zu erwägen pauschal gegen eine Richtlinienlösung *Herresthal*, ZEuP 2014, 238, 272.

[22] Jüngst etwa EuGH v. 18.01.2022 – C-261/20 (*Thelen Technopark*), BeckRS 2022, 212, Rn. 32.

[23] *Kainer*, GPR 2016, 262, 269.

[24] *Kainer*, NZA 2018, 894, 897; *ders.*, GPR 2016, 262, 269. Die bestehende Verordnungskompetenz für das Diskriminierungsrecht verkennt *Herresthal*, ZEuP 2014, 238, 272.

Konstruktion und Reichweite der Horizontalwirkung keineswegs einig ist. Der Blick auf die Rechtsprechung des EuGH zu den Unionsgrundrechten wird zwangsläufig von diesem jeweiligen nationalen Vorverständnis beeinflusst. Auch hierdurch erklärt sich die häufige Fundamentalkritik aus der Reihen der Mitgliedstaaten, die einer solchen Horizontalwirkung teils äußerst skeptisch gegenüberstehen.[25]

Zwar müsste der Gerichtshof, wollte er eine Horizontalwirkung von Richtlinien bejahen, seine inzwischen ebenfalls jahrzehntelange ständige Rechtsprechung zur Richtliniendogmatik anpassen und das Dogma der fehlenden Horizontalwirkung von Richtlinien aufweichen. Dabei handelt es sich aber um ein originär-supranationales Dogma, das sich aus der Systematik des Art. 288 AEUV ergibt. Es findet als solches keine Entsprechung in den Rechtsordnungen der Mitgliedstaaten. Seine Modifikation dürfte leichter zu kommunizieren sein als eine Rechtsprechung, die etwa die Lehre der „mittelbaren Drittwirkung", wie sie in Deutschland vorherrscht und sich auch in anderen Mitgliedstaaten durchgesetzt hat, zumindest teilweise infrage stellt.

VII. Zwischenergebnis

Damit gibt es durchaus gute Gründe, die für die Lösung über eine Horizontalwirkung der grundrechtskonkretisierenden Richtlinien selbst anstelle der Grundrechtslösung des EuGH sprechen. Zum einen wäre eine solche Vorgehensweise rechtssicherer, weil sie anders als die aktuelle Rechtsprechung keine „gemischten Signale" an die Rechtsunterworfenen sendet. Zum anderen ließen sich so eine Zweckentfremdung der Unionsgrundrechte sowie damit einhergehende normhierarchische Missverständnisse vermeiden. Daneben böte der Weg über die Richtlinie die Möglichkeit einer dogmatisch stimmigen Berücksichtigung der unionalen Kompetenzordnung, indem man die Horizontalwirkung nur dort zulässt, wo eine Unionskompetenz zum Erlass von Verordnungen besteht. Schließlich ließe sich auf diesem Wege das „heiße Eisen" der Grundrechtswirkung im Privatrecht größtenteils umgehen, was zu einer höheren Akzeptanz der Rechtsprechung beitragen könnte. Die GRC würde sich dann auf die Auslegung des Richtlinienrechts auswirken und so das mitgliedstaatliche Recht nur mittelbar beeinflussen.

---

[25] Sinnbildlich ist insoweit die drastische Wortwahl von *Kainer*, GPR 2020, 149, 155: „Bislang ist die Zahl der Anwendungsfälle noch klein, aber alleine die Möglichkeit unmittelbarer Grundrechtsanwendung vermag die mitgliedstaatlichen Zivilrechtssysteme zu destabilisieren.".

B. Unüberwindbare dogmatische Hürden

Auch das stärkste Wertungsargument ersetzt aber nicht die methodengerechte Begründung eines Ergebnisses. Vorliegend stellt sich insoweit die Frage, ob die besondere Rechtsnatur grundrechtskonkretisierender Richtlinienbestimmungen die generellen Bedenken gegen eine Horizontalwirkung von Richtlinien aufwiegen kann. Dies ist zu verneinen:

Die grundlegende Bestimmung des Art. 288 Abs. 3 AEUV lässt eine solche Differenzierung nach unterschiedlichen Richtlinienbestimmungen textlich nicht zu.[26] Sie unterscheidet in ihrem Wortlaut nicht zwischen Richtlinien, die „im Schutzbereich der Grundrechte"[27] liegen, und solchen, bei denen dies nicht der Fall ist. Eine Sonderbehandlung grundrechtskonkretisierender Richtlinienbestimmungen gibt der Normtext also nicht her. Und auch die vom EuGH rechtsfortbildend geschaffene Ausnahme zu diesem Normtext, die Anerkennung einer Vertikalwirkung von Richtlinien, ist – wie dargestellt – auf das Horizontalverhältnis nicht übertragbar. Belässt man es hierbei, sprechen die dargelegten generellen Argumente also auch gegen eine Horizontalwirkung von grundrechtskonkretisierenden Richtlinienbestimmungen.

Etwas anderes ließe sich allenfalls vertreten, wenn man Art. 288 Abs. 3 AEUV dahin auslegen oder fortbilden könnte, dass grundrechtskonkretisierende Richtlinienbestimmungen aufgrund ihrer grundrechtlichen Fundierung eine höhere Durchschlagskraft besitzen müssen als konventionelle. Der Sache nach handelt es sich dabei um eine chartakonforme Auslegung der Norm. Eine solche erweist sich aber als problematisch, denn AEUV und Charta stehen gleichrangig nebeneinander. Deshalb kommt eine solche Konformauslegung einer Vertragsbestimmung bzw. der auf ihr fußenden ständigen Rechtsprechung des EuGH zur unmittelbaren Anwendbarkeit von Richtlinien als primärrechtliches Richterrecht schon aus normhierarchischen Gründen nicht in Betracht.[28] Daneben wollte der Grundrechtekonvent die grundlegende Architektur der Verträge auch gar nicht verändern.[29] Dies stellen Art. 51 Abs. 1 S. 2 und Abs. 2 GRC deutlich klar. Die besseren Gründe sprechen deshalb dagegen, in Art. 288 Abs. 3 AEUV eine Sonderbehandlung grundrechtskonkretisierender Richtlinien hineinzulesen. Eine entsprechende Rechtsfortbildung ohne ausdrückliche Vertragsänderung wäre unzulässig.[30] Auch der Alternativweg einer Horizontalwirkung von grundrechtskonkretisierenden Richtlinien ist damit *de lege lata* nicht realisierbar.

---

[26] Ausführlich dagegen bereits *Szczekalla*, Schutzpflichten, 2002, S. 1093 ff.

[27] *Kainer*, NZA 2018, 894, 900.

[28] In diese Richtung bereits *Krebber*, RdA 2009, 224, 235; *Hartmann*, EuZA 2019, 24, 37.

[29] *Herresthal*, ZEuP 2014, 238, 272.

[30] *Herresthal*, ZEuP 2014, 238, 272; *Hartmann*, EuZA 2019, 24, 37. Im Ergebnis auch *Szczekalla*, Schutzpflichten, 2002, S. 1095; *Suerbaum*, EuR 2003, 390, 410 f.

C. Fazit

Damit ist die Anerkennung einer Horizontalwirkung von Richtlinienbestimmungen insgesamt keine dogmatisch tragfähige Alternative zur Grundrechtslösung des EuGH. Art. 288 Abs. 3 AEUV stellt eine unüberwindbare Hürde dar. Will man eine Horizontalwirkung aller bzw. bestimmter Richtlinienbestimmungen erreichen, bedarf es hierzu einer Änderung der Verträge.[31] Möchte man dagegen an der unterschiedlichen Wirkung von Richtlinie und Verordnung im Grundsatz festhalten, für das Arbeitsrecht aber dennoch Möglichkeiten für eine sekundärrechtliche Horizontalwirkung schaffen, bestünde die Möglichkeit, die primärrechtliche Kompetenznorm des Art. 153 AEUV um eine sozialpolitische Verordnungskompetenz zu erweitern.[32] Beide Optionen dürften zwar praktisch nur schwer durchsetzbar sein; der Weg der Vertragsänderung ist aber der einzig methodenehrliche Weg hin zu einer Horizontalwirkung von Sekundärrecht.

Wenn damit eine Horizontalwirkung von Richtlinienbestimmungen *de lege lata* abzulehnen ist, scheint die Frage nach dem vorzugswürdigen Weg zugunsten der „Grundrechtslösung“ des EuGH entschieden.[33] Allerdings ist an dieser Stelle nochmals daran zu erinnern, dass auch die Rechtsprechung des Gerichtshof eine häufig übersehene, fragwürdige Weichenstellung aufweist: So sind zwar die Rechtsfolgen der negativen und positiven Horizontalwirkung der GRC als solche nach den obigen Ausführungen folgerichtig. Die vorgelagerte Bejahung der Anwendungsbereichseröffnung zugunsten der Charta im Fall der nicht ordnungsgemäßen Umsetzung einer Richtlinienbestimmung ist jedoch kritikwürdig.[34] Es ist bei streng teleologischer Betrachtung kein Grund dafür ersichtlich, wieso mitgliedstaatliches Recht, das gegen eine zwingende Richtlinienbestimmung verstößt, gleichzeitig an der Charta gemessen werden sollte. Die Feststellung der Richtlinienwidrigkeit wäre hier ausreichend. Die folgerichtige Konsequenz der hier vertretenen Auffassung muss daher sein, beiden Rechtsquellen – jeweils aus den dargelegten Gründen – die Horizontalwirkung zu versagen. Folgt man in diesem Punkt dagegen dem EuGH und der h.L. und bejaht die Anwendbarkeit der Charta im Ausgangspunkt, ist nur die Grundrechtslösung des EuGH dogmatisch tragfähig und einer Horizontalwirkung von Richtlinienbestimmungen vorzuziehen – zumindest solange die in Kapitel 5 skizzierten Grenzen eingehalten werden.

---

[31] Eine Änderung von Art. 288 Abs. 3 AEUV bringt am Rande *Bayreuther*, EuZW 2019, 446, 447; *ders.*, NZA 2019, 945, 950 ins Spiel.

[32] *Bayreuther*, NZA 2019, 945, 950.

[33] Mit diesem Ergebnis etwa *Kokott*, FS I. Schmidt, 2021, S. 991, 999 mit Fn. 46.

[34] Zur Kritik an der Grundrechtsbindung des mitgliedstaatlichen Umsetzungsrechts § 5 C. II. 2. b); § 12 B. I. 1.

Zusammenfassung und Schlussbetrachtung

Abschließend sollen die Ergebnisse der Untersuchung in Thesen zusammengefasst werden. Auf ihrer Grundlage kann dann ein Ausblick auf die Zukunft der Horizontalwirkung der GRC gewagt werden.

A. Zusammenfassende Thesen

1. Die Grundrechte der Charta sind als Teil des Primärrechts grundsätzlich unmittelbar anwendbar, d.h. der einzelne Bürger kann sich vor nationalen Gerichten auf sie berufen. Sie sind in ihrem Gewährleistungsgehalt hinreichend bestimmt und inhaltlich unbedingt. Ihre grundrechtliche Prima-facie-Struktur ändert hieran zunächst nichts. Alleine mit der Anerkennung der grundsätzlichen unmittelbaren Anwendbarkeit ist allerdings über das Potential und den genauen Grad der Horizontalwirkung der GRC noch nichts gesagt.

2. Der Anwendungsvorrang des Unionsrechts setzt nach zutreffender Auffassung und nunmehr ausdrücklicher Rechtsprechung des EuGH konstruktiv die unmittelbare Anwendbarkeit der in Rede stehenden Bestimmung voraus. Weil diese für die Unionsgrundrechte grundsätzlich zu bejahen ist, können sie im Ausgangspunkt auch am unionalen Anwendungsvorrang teilhaben. Ob dieser nur *verdrängende* oder auch *ersetzende* Wirkung entfaltet, hängt allerdings vom Inhalt und Adressatenkreis der Norm ab.

3. Vom Begriff der *Drittwirkung* ist im Unionsrecht abzusehen, um einer Übertragung falscher Vorverständnisse schon terminologisch vorzubeugen. Vorzugswürdig ist der Begriff der (unmittelbaren) Horizontalwirkung. *Negative Horizontalwirkung* meint die Verdrängung nationalen Rechts im Horizontalverhältnis. *Positive Horizontalwirkung* meint hingegen den Fall, dass ein Unionsgrundrecht das nationale Privatrecht ersetzt oder zumindest ergänzt, also selbst zur privatrechtlichen Maßstabsnorm wird. Beide Formen bedürfen der unmittelbaren Anwendbarkeit der Norm. Nur letztere setzt indessen eine Grundrechtsbindung Privater voraus.

4. Die Charta möchte anders als die EMRK keinen europäischen Mindeststandard an Grundrechtschutz garantieren, sondern, entsprechend der Ursprungskonzeption der Unionsgrundrechte, Lücken schließen, wo sonstiges Unionsrecht der Anwendung der nationalen Grundrechte entgegensteht. Der weite Anwendungsbereich, den der EuGH seit jeher postuliert, ist zwar im Ausgangspunkt stimmig.

Konkret die Bejahung einer Bindung an die Unionsgrundrechte bei nichtordnungsgemäßer Umsetzung zwingender Richtlinienbestimmungen ist aber kritikwürdig: Sie lässt sich teleologisch nicht mit diesem ursprünglichen Zweck der Unionsgrundrechte begründen. Vorzugswürdig wäre es hier, die mitgliedstaatliche Bindung vollständig abzulehnen, um eine systemwidrige Idealkonkurrenz von Richtlinie und Unionsgrundrecht zu verhindern.

Bei Vorgaben mit Gestaltungsspielräumen ist grundsätzlich von einer Doppelbindung der Mitgliedstaaten an die GRC sowie daneben an die nationalen Grundrechte auszugehen. Im Bereich der Mindestharmonisierung ist eine Differenzierung geboten: Hier ist im überschießenden Bereich eine Bindung an die Charta abzulehnen, sofern die Richtlinie auf einer Mindestharmonisierungskompetenz beruht. Erlauben die Verträge jedoch eine Vollharmonisierung, so ist – analog zur Konstellation der Einräumung von Gestaltungsspielräumen – von einer Bindung an die GRC auszugehen. Im Übrigen ist im Bereich der Doppelbindung ein Rückgriff auf günstigere Gewährleistungen der nationalen Verfassung nur möglich, soweit dies mit den sog. *Melloni*-Grenzen des EuGH vereinbar ist. Im deutschen Verfassungsrecht tritt daneben die neugeschaffene „Mitgewährleistungsvermutung" des BVerfG, deren Auswirkungen derzeit noch nicht absehbar sind.

5. Eine Analyse der Rechtsprechung des EuGH zur Horizontalwirkung der GRC im Arbeitsrecht zeigt eine fortschreitende tatbestandliche Ausweitung der grundrechtlichen Horizontalwirkung. Sie hat ihren Ursprung in der *Mangold*-Entscheidung aus dem Jahr 2005, in der der EuGH dem damals noch ungeschriebenen Verbot der Altersdiskriminierung negative Horizontalwirkung zusprach. In einer ersten Evolutionsstufe hat der Gerichtshof den Ansatz mit den Entscheidungen in den Rechtssachen *Kücükdeveci*, *HK Danmark* und *Dansk Industri* auf das geschriebene Verbot der Altersdiskriminierung gem. Art. 21 Abs. 1 GRC übertragen. In einer zweiten Evolutionsstufe hat der Gerichtshof in der Rechtssache *Egenberger* sowie daneben in den Rechtssachen *IR* und *Cresco Investigation* die Horizontalwirkungsdoktrin auf ein anderes geschriebenes Diskriminierungsmerkmal, nämlich das der Religionszugehörigkeit, erstreckt. In der dritten und bisher letzten Stufe schließlich hat der EuGH sie – nach anfänglichem Zögern und einer Ablehnung der Übertragung auf Art. 27 GRC in der Rechtssache *AMS* – mit den Rechtssachen *Bauer* und *Max-Planck* auch auf die sozialen Grundrechte der Charta ausgedehnt, namentlich auf das Urlaubsgrundrecht des Art. 31 Abs. 2 GRC.

6. Daneben belegt eine Analyse der einschlägigen Rechtsprechung auch eine Rechtsfolgenerweiterung durch den EuGH: Ging es ihm anfänglich noch um eine bloß negative Horizontalwirkung, also die Verdrängung unionsgrundrechtswidrigen mitgliedstaatlichen Privatrechts, zeigten sich schon in den diskriminierungsrechtlichen Rechtssachen *HK Danmark* und *Egenberger* Anhaltspunkte dafür, dass der EuGH auch von einer Grundrechtsbindung Privater und damit von einer positiven Horizontalwirkung der GRC ausgehen könnte. Diese führt zur unmittelbaren Ergänzung oder Ersetzung nationalen Privatrechts um ein-

zelne Grundrechtsgehalte. Handfeste Belege für diese Annahme finden sich in der Rechtsprechung des EuGH zum deutschen Urlaubsrecht, in der er ausdrücklich eine Bindung Privater an das Grundrecht auf Urlaub aus Art. 31 Abs. 2 GRC bejahte. Durch eine bloße Nichtanwendung nationalen Rechts ließ sich die Grundrechtswidrigkeit des deutschen Rechts dort nicht abstellen. Und auch die wenig später in der Rechtssache *Cresco Investigation* postulierte grundrechtliche Angleichung nach oben lässt sich in diese Richtung verstehen, wenn auch nicht ganz fernliegt, diese mit den Besonderheiten des Diskriminierungsrechts zu begründen. Konstruktiv kam es aber auch hier zu einer unmittelbaren Bindung des privaten Arbeitgebers an Art. 21 Abs. 1 GRC. Unklar bleibt die Konstruktion in der Rechtssache *CCOO,* bei der zumindest einiges für eine ähnliche Sichtweise des EuGH in Bezug auf das Arbeitszeitgrundrecht des Art. 31 Abs. 2 GRC spricht.

7. Aus Sicht des Gerichtshofs ist in allen Fällen der Horizontalwirkung zunächst die Eröffnung des Anwendungsbereichs der Charta erforderlich. Außerdem hält er die unmittelbare Anwendbarkeit der jeweiligen Grundrechtsbestimmung für entscheidend und macht diese zur zentralen Prüfungsfrage im Rahmen seiner Horizontalwirkungsrechtsprechung. Für die negative Horizontalwirkung kommt es auch aus Sicht des Gerichtshofs nicht auf eine Grundrechtsbindung Privater an; dieser bedarf es erst für die positive Horizontalwirkung. Für eine solche Bindung Privater scheint es wiederum nicht entscheidend auf ein strukturelles Ungleichgewicht anzukommen, weshalb sich die Horizontalwirkung wohl nicht auf das Arbeitsrecht beschränkt. Weitestgehend unklar bleibt in der Rechtsprechung des EuGH, wann konkret von der unmittelbaren Anwendbarkeit einer Grundrechtsnorm ausgegangen werden kann und wann nicht. Hier gibt der Gerichtshof über die allgemeinen Voraussetzungen der hinreichenden Bestimmtheit und inhaltlichen Unbedingtheit hinaus kaum Hinweise, wie diese rechtssicher zu ermitteln ist. Weitgehend unklar ist dabei im Besonderen, inwieweit der EuGH für die Anforderungen an die unmittelbare Anwendbarkeit einen qualitativen Unterschied zwischen einer negativen und einer positiven Horizontalwirkung macht. Ungeklärt bleibt in der Rechtsprechung auch, wie sich das Konkretisierungsverhältnis zwischen Grundrecht und Richtlinie aus Sicht des EuGH darstellt.

8. Was die Rechtsfolgenseite der Horizontalwirkung als solche angeht, entfaltet die Charta nach vorzugswürdiger Auffassung negative Horizontalwirkung. Zwar sprechen gute Gründe dagegen, die Charta in den vom EuGH entschiedenen Konstellationen überhaupt nach Art. 51 Abs. 1 S. 1 Alt. 2 GRC in den Mitgliedstaaten zur Anwendung zu bringen. Geht man aber den Weg des Gerichtshofs und bejaht dies, so spricht weder aus normstruktureller noch aus grundrechtsdogmatischer Perspektive etwas gegen eine negative Horizontalwirkung der primärrechtlichen GRC. Der gewichtige rechtsquellentheoretische Einwand, nach dem der EuGH durch den Rückgriff auf ein konkretisiertes Grundrecht gegen den Grundsatz der Normanwendung der unterster Stufe verstoße, verfängt bei genauerem Hinsehen nicht: Mangels unmittelbarer Anwendbarkeit

der Richtlinie im Horizontalverhältnis liegt gerade keine auflösungsbedürftige Kollision zweier Normen unterschiedlicher Rangordnung vor. Das Argument ist allerdings insoweit berechtigt, als aus Gründen der Gewaltenteilung sichergestellt sein muss, dass der Richter bei der Prüfung einer etwaigen Rechtfertigung des Eingriffs mitgliedstaatlichen Rechts in ein Charta-Grundrecht nicht seine eigene Bewertung an die Stelle der Entscheidung des Unionsgesetzgebers in Gestalt der Richtlinie setzt. Dies ist – im Einklang mit der Rechtsprechung des EuGH – dadurch zu erreichen, dass sich der Richter bei der Grundrechtsanwendung an der legislativen Abwägungsentscheidung orientieren muss, wie sie sich in der einschlägigen konkretisierenden Richtlinie wiederfindet (*Primat legislativer Abwägungsentscheidungen*).

9. Aus Sicht vieler mitgliedstaatlicher Rechtsordnungen ist der Grundrechtsschutz in der Union vor allem in prozessualer Hinsicht gewöhnungsbedürftig: Hat sich vielerorts das System der bei einem Gericht zentralisierten Verfassungskontrolle durchgesetzt, setzt das Unionsrecht für Verstöße gegen die GRC wie auch bei allen anderen Verstößen gegen unmittelbar anwendbares Unionsrecht auf die dezentrale Lösung einer Nichtanwendungsbefugnis jedes einzelnen Fachgerichts. Damit gibt es für den Fall der negativen Horizontalwirkung der GRC anders als in Deutschland (Art. 100 Abs. 1 GG) kein „Nichtanwendungsmonopol" eines Höchstgerichts, weder in Gestalt des EuGH noch des BVerfG. An letzterem hat sich insbesondere auch durch die *Recht auf Vergessen*-Beschlüsse des BVerfG nichts geändert, weil der Anwendungsvorrang des Unionsrechts eine Monopolisierung der Nichtanwendungskompetenz strukturell verhindert. Das BVerfG kann sich diese Kompetenz auch durch eine Anerkennung der GRC als Prüfungsmaßstab, wie sie in den *Recht auf Vergessen*-Beschlüssen erfolgt ist, nicht „zurückholen". Diese Situation mag zwar nicht gänzlich befriedigend sein, da sie in der Tat zu einer gewissen Uneinheitlichkeit in der Rechtsprechung der jeweiligen Fachgerichte führen kann. Diesen Bedenken könnte indes allenfalls *de lege ferenda* durch eine Anpassung des Art. 267 AEUV Rechnung getragen werden. Der Versuch, dem verfassungsprozessualen Störgefühl durch die materiellrechtliche Ablehnung der negativen Horizontalwirkung der GRC bereits *de lege lata* Rechnung zu tragen, ginge in jedem Fall fehl.

10. Bevor ein nationaler Richter eine Norm wegen der negativen Horizontalwirkung der GRC unangewendet lässt, muss er vorrangig prüfen, ob eine primärrechtskonforme Auslegung der Bestimmung möglich ist. Dies gebietet der Grundsatz der Normerhaltung. Eine solche Auslegung setzt jedoch voraus, dass überhaupt ein Auslegungsspielraum besteht. Fehlt ein solcher, ist die Norm unangewendet zu lassen.

11. Die Zulässigkeit einer positiven Horizontalwirkung der Charta ist eine schwierig zu beantwortende Frage, weil diese die hochumstrittene Bindung Privater an die Unionsgrundrechte voraussetzt. In der Literatur wird zwar zum Teil darauf hingewiesen, dass eine unmittelbare grundrechtliche Verpflichtung Privater zu den gleichen Ergebnissen führe wie die grundrechtlichen Schutzpflichten. Denn Privatrechtsgesetzgeber und -richter sind auch ohne eine solche un-

mittelbare Bindung Privater dazu verpflichtet, den grundrechtlich geschützten Positionen der Parteien eines Horizontalverhältnisses hinreichend Rechnung zu tragen, was eine mittelbare Drittwirkung zur Folge hat.

Diese Wirkung führt aber nicht stets zu einer Ergebnisäquivalenz beider Konstruktionsansätze: Zwar laufen beide Konstruktionsformen inhaltlich auf die Abwägung widerstreitender Rechtspositionen der am Rechtsstreit beteiligten Privaten hinaus, weshalb die Wahl der Konstruktion noch keinen entscheidenden Einfluss auf das inhaltliche Ergebnis hat. Die Behauptung einer regelmäßigen Ergebnisäquivalenz verträgt sich aber nicht mit den methodischen Grenzen, die einer richterlichen Schutzpflichtenerfüllung zu ziehen sind. Eine vollständige Ergebnisäquivalenz ist daher zu verneinen. Für die GRC ergibt sich dies aus den unterschiedlichen Kompetenzen der Judikative, die sich von Mitgliedstaat zu Mitgliedstaat jeweils unterscheiden. Damit kann die Frage nach einer Bindung Privater an die GRC nicht offenbleiben.

12. Ein Blick auf die mitgliedstaatlichen Verfassungen zur Frage, ob Private durch die nationalen Grundrechte unmittelbar verpflichtet werden, ergibt kein klares Bild. Manche Verfassungsordnungen erkennen die Möglichkeit einer grundrechtlichen Verpflichtung Privater an, entweder sehr weitreichend oder bezogen auf einzelne Grundrechte, andere hingegen lehnen eine solche ab. Letztere ziehen dann häufig einen dem deutschen Weg einer „mittelbaren Drittwirkung" vergleichbaren Lösungsansatz heran. Einige wenige Mitgliedstaaten schließlich thematisieren die Frage nach dem Einfluss der Grundrechte auf das Privatrecht nicht weiter. Insgesamt lassen sich aus diesen unterschiedlichen Befunden keine sicheren Schlüsse für die supranationale Charta ziehen.

13. Nach hier vertretener Auffassung spricht kein Argument zwingend *gegen* eine Grundrechtsbindung Privater unter der GRC. Die allgemeinen Grundsätze zur innerstaatlichen Wirkung des Unionsrechts erlauben vielmehr ohne weiteres, dass eine Norm nicht nur rechtsverdrängenden, sondern auch rechtsersetzenden Anwendungsvorrang entfaltet. Art. 51 Abs. 1 S. 1 GRC schließt eine solche Wirkung nicht aus, da die Norm bei zutreffender Auslegung den von der herrschenden Lehre bemühten Umkehrschluss nicht hergibt. Indes folgt aus Art. 51 Abs. 1 S. 1 Alt. 2 GRC, dass eine Bindung Privater von vornherein nur bei „Durchführung des Unionsrechts" in Betracht kommt. Andernfalls ginge sie weiter als diejenige der Mitgliedstaaten. Damit ist auch eine Bindung Privater stets eine sekundärrechtsakzessorische und insoweit – nicht aus grundrechtsdogmatischen Gründen, sondern aufgrund der vertikalen Gewaltenteilung zwischen Union und Mitgliedstaaten – auf die Existenz „einfachen Rechts", nämlich einschlägigen Sekundärrechts, angewiesen.

14. Auch der allgemeine Gesetzesvorbehalt des Art. 52 Abs. 1 GRC spricht nicht gegen die Möglichkeit einer unmittelbaren Verpflichtung Privater. Vor allem das Argument, es bedürfe auch bei der richterlichen Lösung eines privatrechtlichen Rechtsstreits einer formell-gesetzlichen Grundlage, hat zwar unter dem GG Gewicht. Hier gilt neben dem Vorrang grundsätzlich auch der Vorbehalt des Gesetzes. Der Richter kann grundrechtliche Schutzlücken nicht in jeder Kon-

stellation durch Auslegung und richterliche Rechtsfortbildung schließen. Bei Erreichen der Grenzen einer solchen richterlichen Schutzpflichtenerfüllung ist der Richter auf das Tätigwerden des Gesetzgebers angewiesen. Eine direkte Bindung Privater würde diese Grenzen aushebeln und ist deshalb jedenfalls unter dem GG abzulehnen. Die Struktur und Bedeutung des chartarechtlichen Vorbehalts des Gesetzes ist aber insgesamt eine andere, weshalb diese Sichtweise nicht auf die Unionsgrundrechte übertragbar ist. Der Vorbehalt des Art. 52 Abs. 1 GRC steht einer Bindung Privater an die GRC deshalb nicht entgegen.

15. Zur EMRK hat der EGMR die sog. Positive-obligations-Doktrin entwickelt, mit deren Hilfe er horizontalen Rechtsstreitigkeiten durch eine rein-staatsgerichtete Verpflichtungswirkung der Konventionsgrundrechte begegnet. Im Ergebnis entfaltet die EMRK weder negative noch positive Horizontalwirkung. Aufgrund der Wesensverschiedenheit beider Grundrechtsregime ist eine zwingende Gleichbehandlung von EMRK und GRC in dieser Hinsicht allerdings nicht geboten.

16. Eine Bindung Privater an die Grundrechte der GRC lässt sich positiv nicht auf die typischen Argumente stützen, die regelmäßig von ihren Befürwortern angeführt werden. Der Vergleich mit den Grundfreiheiten, für die der EuGH zum Teil eine Bindung Privater annimmt, hinkt, denn diese haben aufgrund ihrer Binnenmarktorientierung einen anderen Zweck als die Grundrechte der GRC. Nur aufgrund ihrer besonderen Finalität kommt es für die Wirkung der Grundfreiheiten nicht entscheidend auf die Urheberschaft des in Rede stehenden Eingriffs an, und nur deshalb lässt sich eine Bindung Privater rechtfertigen. Auf die Grundrechte der GRC lässt sich dieser Gedankengang nicht übertragen. Auch können weder die Besonderheiten bestimmter Grundrechte (Privatrechtszuschnitt, Menschenwürdegehalt) noch die des Arbeitsrechts (strukturelle Unterlegenheit des Arbeitnehmers) eine Bindung der privaten Arbeitgeber an die Unionsgrundrechte rechtfertigen. Beide Aspekte spielen zwar für die besondere Gefährdungslage mancher Grundrechte und die grundrechtliche Schutzbedürftigkeit von Arbeitnehmern eine gewisse Rolle. Damit legen sie insbesondere die Existenz grundrechtlicher Schutzpflichten nahe. Alleine mit ihnen lässt sich eine unmittelbare Bindung Privater aber nicht begründen. Es bedarf vielmehr weitergehender Erwägungen dazu, warum eine Bindung Privater diesem Schutzbedürfnis besser Rechnung trägt als rein staatsgerichtete Schutzpflichten.

17. Es sind die Besonderheiten einer supranationalen Grundrechtsordnung, die für die Möglichkeit einer Bindung Privater an Grundrechte der GRC sprechen. Denn Konformauslegung und negative Horizontalwirkung als Unterformen einer staatsvermittelten Wirkung der GRC auf das Privatrecht sind abhängig von der Existenz und Ausgestaltung des jeweiligen einfachen und damit des mitgliedstaatlichen Rechts. Der EuGH erkennt dabei die nationale Contra-legem-Grenze an und achtet damit die jeweilige Gewaltenteilung zwischen Legislative und Judikative. Es ist aber nicht gesagt, dass jede Rechtsordnung dem Richter eine ähnlich starke Rolle, etwa durch das Zurverfügungstellen von einfachrechtlichen Auslegungsspielräumen und Rechtsfortbildungskompetenzen

zuspricht, wie das etwa in Deutschland der Fall ist. Die Maßstäbe divergieren von Mitgliedstaat zu Mitgliedstaat. Daneben wäre eine Beschränkung auf eine rein negative Horizontalwirkung nicht überzeugend, da deren Effektivität von der zufälligen Antwort auf die Frage abhängt, wie das richtlinienwidrige nationale Recht ausgestaltet ist: Voller Grundrechtsschutz wäre möglich, wenn die Grundrechtswidrigkeit in einer Norm angelegt ist, mit der das Grundrecht kollidiert. Besteht hingegen ein Lücke, die sich durch die Judikative nicht im Rahmen des methodisch Zulässigen schließen lässt, bedarf es eines Tätigwerdens des Gesetzgebers.

Das Gebot der einheitlichen Wirksamkeit des Unionsrechts als Ausdruck des allgemeinen *effet utile* verbietet es, Wirkung und Reichweite einer unionsrechtlichen Bestimmung von der Ausgestaltung des jeweiligen mitgliedstaatlichen Rechts abhängig zu machen. Das gilt für das Unionsrecht insgesamt und damit auch für die Unionsgrundrechte. Dabei handelt es sich nicht um einen Widerspruch zur Dogmatik der Richtlinienwirkungen: Die Sonderbehandlung des Richtlinienrechts in diesem Punkt ergibt sich aus der ausdrücklich in Art. 288 Abs. 3 AEUV angelegten Zweistufigkeit. Eine solche fehlt für die primärrechtlichen Chartagrundrechte. Der Aspekt der einheitlichen Anwendung spricht deshalb entschieden dafür, dass die an sich unmittelbar anwendbare GRC das gesamte Spektrum denkbarer Horizontalwirkungsdimensionen abdeckt. Nötigenfalls bedarf es daher einer unmittelbaren Bindung Privater.

18. Wenn damit sowohl die negative als auch die positive Horizontalwirkung als Rechtsfolge grundsätzlich nicht zu beanstanden sind, muss der Blick auf die Reichweite dieser Wirkung gerichtet werden. Diese ist durch mehrere Faktoren begrenzt: Die zwei wichtigsten sind wegen der umfassenden Sekundärrechtsakzessorietät zum einen Art. 51 Abs. 1 S. 1 Alt. 2 GRC und zum anderen die Voraussetzungen der unmittelbaren Anwendbarkeit, konkret die der hinreichenden Bestimmtheit.

19. Die äußerste Geltungsgrenze der Horizontalwirkungsdoktrin des EuGH markiert der eingeschränkte Anwendungsbereich der Charta, denn eine solche Wirkung ist insgesamt sekundärrechtsakzessorisch. Es ist deshalb stets eine spezifische sekundärrechtliche Regelung des in Rede stehenden Sachverhalts erforderlich. Ein gewisses Expansionspotential besteht dabei zwar deshalb, weil die den Anwendungsbereich eröffnenden Sekundärrechtsakte ihrerseits aufgrund der uneingeschränkten Chartabindung der Union unionsgrundrechtskonform auszulegen sind. Das kann zu einer Ausdehnung der sekundärrechtlichen Regelungsbereiche führen. Die Charta selbst erweitert sich so ihren eigenen Anwendungsbereich. Diesen Tendenzen muss aber nicht mit einer restriktiven Sonderbehandlung der grundrechtskonkretisierenden Richtlinien begegnet werden. Vielmehr ist erforderlich, dass der EuGH bei Auslegung der Richtlinien nach allgemeinen Grundsätzen einen hinreichenden *judicial self-restraint* achtet und stets den Wortlaut des Richtlinientextes sowie die jeweilige Kompetenzgrundlage berücksichtigt. In selteneren Fällen ist neben dieser Fallgruppe der grundrechtskonkretisierenden Richtlinien auch eine Eröffnung des Anwendungsbereichs

durch sachfremde Richtlinien denkbar. Sie wurde in der bisherigen Rechtsprechung des EuGH zur Horizontalwirkung aber nicht relevant.

20. Auch die Kompetenzordnung der Union hat Bedeutung für die Begrenzung der Horizontalwirkung. Ihre Wahrung wird allerdings in den typischen Fällen bereits durch die umfassende Sekundärrechtsakzessorietät des unionalen Grundrechtsschutzes sichergestellt: Die Charta kann danach nur dort gelten, wo wirksames und damit *kompetenzgerecht erlassenes* Sekundärrecht das nationale Recht determiniert. Dabei ist insbesondere zu beachten, dass das entsprechende Sekundärrecht primärrechtskonform und damit auch kompetenzkonform ausgelegt werden muss. Eine eigenständige, begrenzende Bedeutung gewinnt die Kompetenzordnung nur, wo ein solcher Sekundärrechtsakt fehlt, was insbesondere dann der Fall ist, wenn der Anwendungsbereich eines Grundrechts durch eine sachfremde Richtlinie eröffnet wird. Das in der Literatur vertretene und auf das Kompetenzerweiterungsverbot des Art. 51 Abs. 2 GRC gestützte Argument, eine unmittelbare Horizontalwirkung sei – wenn überhaupt – nur dort möglich, wo eine Verordnungskompetenz der Union besteht, greift nicht durch: Das Kompetenzerweiterungsverbot will die Anwendung der Charta in *sachlicher* Hinsicht in den Zügeln der Kompetenzordnung halten und nicht nach Rechtsaktform differenzieren.

21. Die Reichweite der Horizontalwirkung der Charta wird durch das Erfordernis der unmittelbaren Anwendbarkeit in inhaltlicher Hinsicht entscheidend begrenzt. Die Maßstäbe zu deren Ermittlung ergeben sich aus einem Zusammenspiel ihrer allgemeinen Kriterien mit der unionalen Grundrechtsdogmatik.

22. In einem ersten Schritt ist nach der Art der Horizontalwirkung zu differenzieren. Bei der typischen negativen Horizontalwirkung steht ein Eingriff in ein grundrechtliches Abwehrrecht in Rede, das einen umfassend unmittelbar anwendbaren Gewährleistungsgehalt aufweist. Die sich anschließende Rechtfertigungsprüfung wird regelmäßig durch die konkretisierende Richtlinienbestimmung geleitet, der richterliche Spielraum ist insoweit also begrenzt. Die positive Horizontalwirkung hingegen stellt sich als eine „Schutzkonstellation" dar: Der Mitgliedstaat hat es unterlassen, das vom Grundrecht geforderte Schutzniveau sicherzustellen. Dann kann nötigenfalls eine unmittelbare Bindung Privater etwaige Schutzlücken schließen. Klar ist dabei aber, dass der Inhalt des Grundrechts auch in diesem Fall nicht weiter reicht als die Schutzpflicht, die sich in erster Linie an den Mitgliedstaat richtet. Diese ist, um ein angemessenes Maß an *judicial self-restraint* zu wahren, auf ein „Untermaßverbot" beschränkt, verlangt grundrechtlich also nur einen bestimmten Minimalschutz. Dieser ist *eigenständig* aus dem Grundrecht heraus, d.h. unabhängig von der konkretisierenden Richtlinie zu ermitteln.

Einen Sonderfall stellt die negative Horizontalwirkung bei Schutzpflichtverletzungen dar: Hier vereitelt eine nationale Bestimmung das grundrechtlich Gebotene, kollidiert also mit dem in einem konkreten Gebot angelegten Verbot der Anordnung anderweitiger Rechtsfolgen. Diese Konstellation sieht zwar aus wie die typischen Fälle des Eingriffs in ein Abwehrrecht; richtigerweise steht hier aber eine Schutzpflichtverletzung im Raum, weshalb nur das „Untermaßverbot“ zur Anwendung kommt. Diese Einschränkung ist wichtig, weil dadurch auch im Rahmen der negativen Horizontalwirkung nicht stets – wie beim typischen Abwehrrechtsverstoß – von einem vermeintlich umfassenden Prima-facie-Gewährleistungsgehalt eines Grundrechts (z.B. Mitbestimmung nach Art. 27 GRC, Urlaub nach Art. 31 Abs. 2 GRC usw.) auf ein grundrechtlich relevantes Eingriffshandeln des Mitgliedstaats geschlossen werden kann. Erforderlich ist, dass eine grundrechtliche Schutzpflicht greift, die auf ein gewisses Minimum beschränkt ist. Der Inhalt von Grundrecht und Richtlinie ist nur insoweit deckungsgleich, als die Richtlinie dieses Minimum wiedergibt. Sie kann es grundsätzlich nicht selbst ausgestalten.

23. Im zweiten Schritt ist nach dem jeweiligen Grundrecht zu differenzieren. In der bisherigen Rechtsprechung des EuGH ging es stets um *spezielle Arbeitnehmergrundrechte*; die vereinzelt geäußerte Befürchtung oder Hoffnung, der Gerichtshof könnte über ein subsidiäres Grundrecht der allgemeinen Handlungsfreiheit oder Art. 15 und Art. 16 GRC zu einer umfassenderen, von den speziellen Chartagrundrechten unabhängigen Horizontalwirkung gelangen, hat sich bisher nicht bestätigt. Gegen eine solche Ausuferung der Horizontalwirkungsdoktrin lassen sich auch plausible Argumente anführen. Die umstrittenste Frage im Rahmen der Inhaltsermittlung hinsichtlich der speziellen Grundrechte ist die, ob auch Richtlinienrecht herangezogen werden kann, um den Inhalt eines Unionsgrundrechts zu bestimmen. Dies ist nach vorzugswürdiger Auffassung grundsätzlich zu verneinen, weil es die allgemeine Normenhierarchie des Unionsrechts verkennen würde. Nur für bestimmte Grundrechte kann hiervon eine Ausnahme gemacht werden, nämlich für solche, die wie Art. 27 und Art. 30 GRC auf eine besondere legislative Ausgestaltung angelegt sind. Eine vollständige Ausgestaltung setzt bei diesen Rechten aber voraus, dass entsprechendes Richtlinienrecht auch ordnungsgemäß umgesetzt wurde. Im Umkehrschluss kann jedenfalls für Grundrechte, die keinen solchen Ausgestaltungsvorbehalt aufweisen, nicht in gleicher Weise vorgegangen werden. Auch die Inbezugnahme des sekundärrechtlichen *acquis communautaire* in den unverbindlichen Erläuterungen der Charta zu einzelnen Grundrechten ändert hieran nichts.

24. Auf dem Boden dieser allgemeinen Maßstäbe haben die Verbotsnormen der Charta das weitreichendste Horizontalwirkungspotential. Deutlich zeigt sich das an Art. 21 Abs. 1 GRC und der diesbezüglichen Rechtsprechung des EuGH: Die Norm gibt sowohl abwehrrechtlich als auch schutzrechtlich hinreichend bestimmt vor, dass Diskriminierungen verboten sind bzw. verboten sein sollen. Schutz- und Abwehrdimension decken sich hier weitgehend, weshalb sowohl eine negative als auch eine positive Horizontalwirkung vollumfänglich in Betracht kommt. Nichts anderes gilt für das Verbot von Kinderarbeit nach Art. 32 Abs. 1 S. 1 GRC angesichts seiner vergleichbar eindeutigen Normstruktur.

25. Differenzierter müssen die Gebotsnormen der Charta behandelt werden: Wenn diese, wie Art. 27 und 30 GRC, einen Vorbehalt der legislativen Konkretisierung aufweisen, dann können sie nur dann Horizontalwirkung entfalten,

wenn die ausgestaltende Richtlinie bereits ordnungsgemäß umgesetzt worden ist. Denn nur dann liegt der erforderliche Dreifachverbund Grundrecht-Richtlinie-Umsetzungsakt vor, der zu einer erstmaligen Ausgestaltung führt. Fehlt – wie in der Rechtssache *AMS* – eine solche erstmalige Umsetzung, kommt eine Horizontalwirkung nicht in Betracht.

26. Gebotsnormen ohne einen solchen Vorbehalt können allerdings bereits aus sich heraus Horizontalwirkung entfalten. Im Vordergrund steht bei ihnen die schutzrechtliche Dimension, weil sie – wie Art. 31 GRC – auf den aktiven Schutz Privater durch die unionale und nationale Hoheitsgewalt zielen. Deshalb kann nicht wie bei einem Abwehrrecht auf einen umfassenden Gewährleistungsgehalt geschlossen werden. Ihr Inhalt beschränkt sich auf ein Schutzminimum, das wiederum unabhängig vom einschlägigen Richtlinienrecht zu ermitteln ist. Soweit dieses aber reicht, kommen sowohl eine negative Horizontalwirkung als auch die positive Horizontalwirkung grundsätzlich in Betracht. Für die Freiheitsrechte der Charta, wie etwa die Meinungsfreiheit nach Art. 11 Abs. 1 GRC, gilt im Kern nichts anderes. Sie weisen beides auf, einen umfassenden abwehrrechtlichen Gehalt und einen auf ein Minimum beschränkten positiven Schutzgehalt. Im Horizontalverhältnis geht es indes regelmäßig um den letzteren, weshalb eine – auf schutzvereitelnde nationale Bestimmungen gerichtete – negative und eine positive Horizontalwirkung bspw. im Bereich des Whistleblower-Schutzes nur in Betracht kommt, soweit dieses Minimum tangiert ist.

27. Der EuGH nimmt diese Grenzen leider nicht immer ernst. In seiner Rechtsprechung ist teilweise ein abnehmender *judicial self-restraint* zu verzeichnen, weil der Gerichtshof das Sekundärrecht zuweilen in einem kritischen Ausmaß heranzieht, um die grundrechtlichen Gewährleistungsgehalte zu ermitteln. Diese Tendenzen sind abzulehnen. In anderen Entscheidungen zeigt sich der EuGH aber auch sensibler für eine Trennung von Grundrecht und einfachem Recht. Es bleibt zu hoffen, dass sich diese Linie fortsetzt.

28. Die Anerkennung einer Horizontalwirkung von Richtlinienbestimmungen wäre keine dogmatisch tragfähige Alternative zur Grundrechtslösung des EuGH. Der generellen Anerkennung einer Horizontalwirkung von Richtlinien steht die Konzeption des Art. 288 Abs. 3 AEUV entgegen. Danach sollen Richtlinien grundsätzlich nicht unmittelbar anwendbar sein. Eine Ausnahme hiervon kann mit der ständigen Rechtsprechung des Gerichtshofs allenfalls *zugunsten* der Bürger gemacht werden. Dies folgt aus der Überlegung, dass sich ein Mitgliedstaat diesen gegenüber nicht zu seinen Gunsten auf eine nicht ordnungsgemäße Umsetzung berufen können darf. Diese Begründung für eine unmittelbare Anwendbarkeit von Richtlinien im Vertikalverhältnis kann auf das Horizontalverhältnis nicht übertragen werden. Es ist nämlich nicht einzusehen, wieso eine nicht ordnungsgemäße Umsetzung seitens des Mitgliedstaates zulasten der Einzelnen gehen soll. Durch die Anerkennung einer Horizontalwirkung käme es aber stets zu einer Belastung jedenfalls einer Partei, denn eine Modifikation der Rechtslage zugunsten einer Partei bedeutet im Horizontalverhältnis zwangsläufig eine Verschlechterung zulasten der anderen. Ob sich diese konstruktiv aus einer negativen

oder positiven Horizontalwirkung ergibt, ist unerheblich. Entscheidend ist die faktische Belastung. Die unmittelbare Anwendbarkeit von Richtlinienbestimmungen lässt sich damit im Horizontalverhältnis nicht begründen.

29. Dies gilt auch für eine auf grundrechtskonkretisierende Richtlinienbestimmungen beschränkte Horizontalwirkung, wie sie in der Literatur zum Teil gefordert wird. Es brächte zwar in der Tat Vorteile mit sich, wenn man für eine Horizontalwirkung anders als der EuGH statt auf das Grundrecht unmittelbar auf die konkretisierende Richtlinie abstellen würde. Auch ist nicht zu verkennen, dass manche Richtlinienbestimmungen aufgrund ihres grundrechtskonkretisierenden Charakters selbst faktischen Grundrechtscharakter aufweisen und sich insoweit von konventionellen Richtlinienbestimmungen unterscheiden. Diese Gesichtspunkte können aber die generellen Bedenken gegen eine Horizontalwirkung von Richtlinien nicht aufwiegen. Die entscheidende Norm des Art. 288 AEUV kann nicht chartakonform dahin ausgelegt oder fortgebildet werden, dass zumindest die grundrechtskonkretisierenden Richtlinienbestimmungen Horizontalwirkung entfalten können. Dies verbietet sich schon aufgrund der Gleichrangigkeit von AEUV und GRC in der Normenhierarchie.

B. Resümee und Ausblick

Bei der Horizontalwirkung der GRC handelt es sich um ein Problem, das auf unterschiedlichen Ebenen sensible Grundsatzfragen aufwirft. Dieser Vielschichtigkeit der Problemstellung würde weder eine Fundamentalkritik an der Rechtsprechung des EuGH noch eine pauschale Zustimmung gerecht.

Die Untersuchung hat gezeigt, dass die Rechtsprechung des EuGH zur Horizontalwirkung der GRC tatsächlich in einer wesentlichen Hinsicht dogmatisch angreifbar ist. Dies gilt aber – entgegen anderslautenden Stimmen in der Literatur – nicht wegen der Annahme einer grundrechtlichen Horizontalwirkung als solcher. Kritikwürdig ist vielmehr die Bejahung der Anwendungsbereichseröffnung zugunsten der Charta bei nicht ordnungsgemäßer Umsetzung zwingender Richtlinienvorgaben. Diese Bindung des Umsetzungsrechts ist nach vorzugswürdiger Auffassung zu verneinen; die Feststellung eines Richtlinienverstoßes wäre hier ausreichend. Die Unionsgrundrechte würden sich dann nur mittelbar auf die Auslegung des einschlägigen Sekundärrechtsaktes auswirken. Diesen Aspekt sehen allerdings der EuGH und auch die h.L. grundlegend anders. Deshalb ist nicht zu erwarten, dass der Gerichtshof hiervon noch einmal abrückt. Es handelt sich bei der extensiven Handhabung des Art. 51 Abs. 1 GRC auch nicht um ein originäres Problem der unionsgrundrechtlichen Horizontalwirkung, sondern um ein generelles Phänomen.

Daher war es angezeigt, sich den wichtigen und umstrittenen Folgefragen zu stellen, die sich aus der ungewöhnlichen Idealkonkurrenz von Charta und Richtlinienrecht ergeben. Dabei fiel auf, dass die eigentlichen Probleme der Rechtsprechung nicht so sehr auf der vieldiskutierten Rechtsfolgenseite von negativer und positiver Horizontalwirkung liegen. Hier darf man nicht vorschnell auf Denkmuster der deutschen Drittwirkungsdebatte zurückgreifen, sondern muss vor allem das Zusammenspiel mit dem Richtlinienrecht und die Besonderheiten der GRC als Teil einer autonomen supranationalen Rechtsordnung angemessen berücksichtigen. Tut man dies, zeigt sich, dass sowohl eine negative als auch eine positive Horizontalwirkung der GRC möglich sind.

Insgesamt sollte der Blick daher eher auf die tatbestandliche Reichweite der Horizontalwirkungsdoktrin gelenkt werden, die nach vorzugswürdigem Verständnis enge Grenzen hat. Sie bleibt auf den sekundärrechtsakzessorischen Anwendungsbereich der Charta beschränkt und ist dabei abhängig von der normstrukturellen Voraussetzung der unmittelbaren Anwendbarkeit, die aus einem Zusammenspiel mit der unionalen Grundrechtsdogmatik zu ermitteln ist. Werden diese Grenzen gewahrt, ist der Rechtsprechung des EuGH ein Großteil ihrer Sprengkraft genommen. Dass der Gerichtshof dies selbst nicht immer tut, erlaubt selbstverständlich auch Kritik. Dies gilt insbesondere aufgrund des teilweise abnehmenden *judicial self-restraint* der letzten Jahre, der sich in einer Vermengung der einfachrechtlichen und grundrechtlichen Ebene zeigt. Eine pauschalisierende Fundamentalkritik am Grundrechtsverständnis des EuGH ist dabei aber weder angebracht noch zielführend.

An mehreren Stellen wurde zudem klar, dass es sich insgesamt verbietet, der GRC vorschnell das nationale Vorverständnis zur Horizontalwirkung des GG überzustülpen. Eine nicht minder spannende, bisher aber ungleich seltener erwogene Gegenfrage wäre, ob man sich in Deutschland nicht umgekehrt die Rechtsprechung des EuGH zur Horizontalwirkung zum Vorbild für die Dogmatik des GG nehmen könnte.[1] Sie kann natürlich sinnvoll nur auf dem Boden des deutschen Verfassungsrechts beantwortet werden. Auf den ersten Blick stellen nach hier vertretener Auffassung die Primärzuständigkeit des Privatrechtsgesetzgebers unter der Rollenverteilung des GG (Vorbehalt und Vorrang des Gesetzes) und das System des Art. 100 Abs. 1 GG Hürden dar, die sich nicht ohne weiteres überwinden lassen. Außerdem ist nicht zu vernachlässigen, dass es sich bei der Wirkung der GRC um eine Horizontalwirkung *sui generis* handelt, die vorrangig der Durchsetzung von Richtlinienvorgaben dient. Das stellt gewohnte Denkmuster auf den Kopf und letztlich die Übertragbarkeit der Rechtsprechung auf das GG insgesamt in Frage.

Auf die Frage des Ergebnisses kommt es hier aber letztlich nicht entscheidend an. Denn schon das Aufkommen solcher Vorschläge aus den Reihen der traditionsgeprägten deutschen Verfassungsrechtslehre zeigt, dass sich die Dogmatik des EuGH einerseits und das hierzulande Vertretene andererseits in einen durchaus harmonischen Ausgleich bringen lassen.[2] Dies stimmt optimistisch und lässt

---

[1] Vgl. mit diesem Vorschlag jüngst *Kulick*, Horizontalwirkung im Vergleich, 2020, *passim* und *ders.*, AöR 145 (2020), 649 ff. sowie diesem Vorschlag insgesamt nicht abgeneigt *Muckel*, JZ 2021, 510 f.

[2] In diese Richtung auch *Edenharter,* EuR 2022, 302, 313 ff.

hoffen, dass mittelfristig ein höheres Maß an Gelassenheit in die neu entfachte Debatte um die grundrechtliche Horizontalwirkung gelangt. Das würde den Blick von den aufreibenden Grundsatzdiskussionen weg, hin zu den wichtigeren Sachfragen lenken. Eine solche Herangehensweise erscheint heute dringender denn je geboten, bedenkt man, dass das BVerfG sich mit seinen Entscheidungen zum *Recht auf Vergessen* ausdrücklich zu einer Berücksichtigung der unionalen Grundrechtsdogmatik bei der Auslegung des GG bereit erklärt hat. Dabei wird es sich auch mit den Ideen des EuGH zur Horizontalwirkung der GRC auseinandersetzen müssen.[3] Einen an der Oberfläche geführten und bis zum Glaubenskrieg hochstilisierten[4] Streit um die mittelbare oder unmittelbare Drittwirkung der Unionsgrundrechte kann spätestens dann niemand mehr gebrauchen.

---

[3] Das Gericht hat so in einem der Beschlüsse ausdrücklich anerkannt, dass der EuGH für die GRC offenbar auf ein anderes Horizontalwirkungskonzept setzt als die Lehre von der „mittelbaren Drittwirkung", BVerfG v. 06.11.2019 – 1 BvR 276/17 (*Recht auf Vergessen II*), NJW 2020, 314, Rn. 97.

[4] Ähnlich die Formulierung bei *Perner*, Grundfreiheiten, Grundrechte-Charta und Privatrecht, 2013, S. 167.

Literaturverzeichnis

Adomeit, Klaus, Die gestörte Vertragsparität – ein Trugbild, NJW 1994, S. 2467–2469.

Ahrends, Mirko, Das europäisierte Urlaubsrecht, Wiesbaden 2019.

Alexy, Robert, Theorie der Grundrechte, Baden-Baden 1985.

Arabadjiev, Alexander, Der Schutz der sozialen Grundrechte in der Rechtsordnung Bulgariens, in: Iliopoulos-Strangas, Julia (Hrsg.), Soziale Grundrechte in den „neuen" Mitgliedstaaten der Europäischen Union, Zugleich eine Einführung in die mitgliedstaatlichen Allgemeinen Grundrechtslehren, Baden-Baden 2019, S. 7–80.

Arestis, George/Kombos, Constantinos, Der Schutz der sozialen Grundrechte in der Rechtsordnung Zyperns, in: Iliopoulos-Strangas, Julia (Hrsg.), Soziale Grundrechte in den „neuen" Mitgliedstaaten der Europäischen Union, Zugleich eine Einführung in die mitgliedstaatlichen Allgemeinen Grundrechtslehren, Baden-Baden 2019, S. 921–1000.

Arnold, Christian/Zeh, Ricarda, Der EuGH und das deutsche Urlaubsrecht – schon wieder Neues aus Luxemburg!, NZA 2019, S. 1–9.

Auer, Marietta, Die primärrechtskonforme Auslegung, in: Neuner, Jörg (Hrsg.), Grundrechte und Privatrecht aus rechtsvergleichender Sicht, Tübingen 2007, S. 27–54.

Augsberg, Steffen, Von der Solange- zur Soweit-Rechtsprechung: Zum Prüfungsumfang des Bundesverfassungsgerichts bei richtlinienumsetzenden Gesetzen, DÖV 2010, S. 153–160.

Bach, Albrecht, Direkte Wirkung von EG-Richtlinien, JZ 1990, S. 1108–1116.

Bachmann, Gregor, Nationales Privatrecht im Spannungsfeld der Grundfreiheiten, AcP 210 (2010), S. 424–488.

Bäcker, Matthias, Das Grundgesetz als Implementationsgarant der Unionsgrundrechte, EuR 2015, S. 389–415.

Baldauf, Nicole, Richtlinienverstoß und Verschiebung der Contra-legem-Grenze im Privatrechtsverhältnis, Tübingen 2013.

Baldus, Christian/Raff, Thomas, Unionsrechtliche Überformung mitgliedstaatlicher Methodik? – Zugleich eine Anmerkung zu den Schlussanträgen von GA Bot in Rs. C-441/14 (Dansk Industri), GPR 2016, S. 71–76.

–, Good news, bad news zu horizontaler Direktwirkung und europäischer Methodenlehre: Weitere Konstitutionalisierung des unionalen und nationalen Privatrechts? – Zu den Schlussanträgen von GA Bot in den verbundenen Rs. C-569/16 und 570/16 (Bauer und Broßonn), GPR 2018, S. 175–180.

Barczak, Tristan, Konstitutionalisierung der Privatrechtsordnung, in: Scheffczyk, Fabian/Wolter, Kathleen (Hrsg.), Linien der Rechtsprechung des Bundesverfassungsgerichts, Erörtert von den wissenschaftlichen Mitarbeitern, Band 4, Berlin, Boston 2017, S. 91–122.

Barton, Dirk Michael, Die Anerkennung eines Weiterbeschäftigungsanspruchs durch Arbeitsgerichte unter „verfassungsrechtlichen Gesichtspunkten", NZA 1985, S. 77–81.

Bauer, Jobst-Hubertus/Arnold, Christian, Auf „Junk" folgt „Mangold" – Europarecht verdrängt deutsches Arbeitsrecht, NJW 2006, S. 6–12.

Bauer, Jobst-Hubertus/Hofer, Jonas B., Anmerkung zu EuGH v. 11.09.2018 – Rs. C-68/17 (IR), NJW 2018, S. 3090.

Bauer, Jobst-Hubertus/Krieger, Steffen, Das Orakel von Luxemburg: Altersgrenzen für Arbeitsverhältnisse zulässig – oder doch nicht?, NJW 2007, S. 3672–3675.

–, Verkehrte Welt: Gleichmäßige Verteilung von Kündigungen über alle Altersgruppen als unzulässige Altersdiskriminierung?, NZA 2007, S. 674–676.

Bauer, Jobst-Hubertus/v. Medem, Andreas, Kücükdeveci=Mangold hoch zwei? Europäische Grundrechte verdrängen deutsches Arbeitsrecht, ZIP 2010, S. 449–457.

Bayreuther, Frank, Die Verpflichtung des Arbeitgebers zur Erfassung der Arbeitszeit der Beschäftigten, EuZW 2019, S. 446–449.

–, Urlaubsrecht – finalisiert, NZA 2019, S. 945–951.

–, Einrichtung eines Systems der Arbeitszeiterfassung, NZA 2020, S. 1–9.

–, Einseitige Urlaubsgewährung durch den Arbeitgeber und Urlaub während der Kurzarbeit, Nicht nur, aber auch mit Blick auf den Lockdown während der Pandemie, NZA 2020, S. 1057–1063.

–, Arbeitszeit zwischen unionsrechtlicher Grundrechtecharta und Vertrag, RdA 2022, S. 290–303.

Becker, Ulrich, Grundrechte der Arbeit in Europa – zu Funktionen, Verschränkungen und Konfliktlinien vernetzter Grundrechtsordnungen, EuR 2019, S. 469–502.

Becker, Ulrich/Hatje, Armin/Schoo, Johann/Schwarze, Jürgen (Hrsg.), EU-Kommentar, 4. Aufl., Baden-Baden u.a. 2019 (zit. Schwarze, EU-Kommentar/*Bearbeiter*).

Beljin, Saša, Die Zusammenhänge zwischen dem Vorrang, den Instituten der innerstaatlichen Beachtlichkeit und der Durchführung des Gemeinschaftsrechts, EuR 2002, S. 351–376.

Benecke, Martina, Anmerkung zu EuGH v. 19.04.2016 – Rs. C-441/14 (Dansk Industri), EuZW 2016, S. 469–470.

Berner, Felix, Auskunftsanspruch aus § 242 BGB und Vorbehalt des Gesetzes, RW 2020, S. 1–28.

Bernsdorff, Norbert, Soziale Grundrechte in der Charta der Grundrechte der Europäischen Union, VSSR 2001, S. 1–23.

Bernsdorff, Norbert/Borowsky, Martin, Die Charta der Grundrechte der Europäischen Union, Handreichungen und Sitzungsprotokolle, Baden-Baden 2002.

Bethge, Herbert, Der Grundrechtseingriff, VVDStRL 57 (1998), S. 7–52.

Bienert, Claus-Peter, Die Kontrolle mitgliedstaatlichen Handelns anhand der Gemeinschaftsgrundrechte, Göttingen 2001.

Bifulco, Raffaele/Paris, Davide, The Italian Constitutional Court, in: von Bogdandy, Armin/Huber, Peter M./Grabenwarter, Christoph (Hrsg.), The Max Planck Handbooks in European Public Law, Volume III: Constitutional Adjucation: Institutions, Oxford 2020, S. 447–504.

Bilbao Ubillos, Juan María, Die Einwirkung der Grundrechte auf das spanische Privatrecht, in: Neuner, Jörg (Hrsg.), Grundrechte und Privatrecht aus rechtsvergleichender Sicht, Tübingen 2007, S. 119–158.

Biltgen, François, Die Rechtsprechung des EuGH zu den Grundrechten des Arbeitslebens, Unter besonderer Berücksichtigung der Europäischen Sozialcharta, NZA 2016, S. 1245–1252.

Bilz, Christopher, Margin of Appreciation der EU-Mitgliedstaaten, Eine Untersuchung im Anwendungsbereich der Grundrechtecharta am Beispiel des Datenschutzgrundrechts, der Religionsfreiheit, der unternehmerischen Freiheit und des Rechts auf einen wirksamen Rechtsbehelf, Tübingen 2020.

Bleckmann, Albert, Neue Aspekte der Drittwirkung der Grundrechte, DVBl. 1988, S. 938–946.
–, Staatsrecht II, Die Grundrechte, 3. Aufl., Köln u.a. 1989.
–, Verfassungsrang der Europäischen Menschenrechtskonvention?, EuGRZ 1994, S. 149–155.
–, Bundesverfassungsgericht versus Europäischer Gerichtshof für Menschenrechte, Innerstaatliche Rechtskraft der Urteile des EGMR und Gleichheit von Mann und Frau, Anmerkung zu den Feuerwehrabgabe-Entscheidungen des EGMR vom 18.07.1994 und des BVerfG vom 24.01.1995, EuGRZ 1995, S. 387–390.
Bleckmann, Moritz, Nationale Grundrechte im Anwendungsbereich des Rechts der Europäischen Union, Tübingen 2011.
Blumenwitz, Rechtsprobleme im Zusammenhang mit der Angleichung von Rechtsvorschriften auf dem Gebiet des Niederlassungsrechts der freien Berufe, Eine Darstellung anhand einer aktuellen Problematik im Bereich der ärztlichen Heilberufe, NJW 1989, S. 621–627.
von Bogdandy, Armin, Grundrechtsgemeinschaft als Integrationsziel, Grundrechte und das Wesen der Europäischen Union, JZ 2001, S. 157–171.
von Bogdandy, Armin/Huber, Peter M./Grabenwarter, Christoph, Constitutional Adjucation in the European Legal Space, in: dies. (Hrsg.), The Max Planck Handbooks in European Public Law, Volume III: Constitutional Adjucation: Institutions, Oxford 2020, S. 1–17.
Böckenförde, Ernst-Wolfgang, Grundrechte als Grundsatznormen, Zur gegenwärtigen Lage der Grundrechtsdogmatik, Der Staat 29 (1990), S. 1–31.
Brecher, Fritz, Grundrechte im Betrieb, in: Dietz, Rolf/Hübner, Heinz (Hrsg.), Festschrift für Hans Carl Nipperdey Zum 70. Geburtstag, Band 2, München, Berlin 1965, S. 29–54.
Brewer Carías, Allan-Randolph, in: ders. (Hrsg.), Constitutional courts as positive legislators, A comparative law study, Cambridge 2011.
Brock, Martin/Windeln, Norbert, Europarechtswidrigkeit der uneingeschränkten Befristung von Arbeitsverträgen bei älteren Arbeitnehmern („Mangold/Helm“), Anmerkung zu EuGH v. 22.11.2005 – Rs. C-144/04 (Mangold), EWiR 2005, S. 869–870.
Brors, Christiane, Mitbestimmung des Betriebsrats bei der Dokumentation der Arbeitszeit vor und nach der CCOO-Entscheidung des EuGH, NZA 2019, S. 1176–1180.
Bruns, Alexander, Zivilrichterliche Rechtsschöpfung und Gewaltenteilung, JZ 2014, S. 162–171.
Bryde, Brun Otto, Richterrecht und Gesetzesbindung, SR 2015, S. 128–132.
Bumke, Christian, Verfassungsrechtliche Grenzen fachrichterlicher Rechtserzeugung, in: ders. (Hrsg.), Richterrecht zwischen Gesetzesrecht und Rechtsgestaltung, Tübingen 2012, S. 33–47.
–, Rechtsdogmatik, Eine Disziplin und ihre Arbeitsweise. Zugleich eine Studie über das rechtsdogmatische Arbeiten Friedrich Carl von Savignys, Tübingen 2017.
Burg, Indra/Wiebauer, Bernd, Tagungs- und Diskussionsbericht des Europarechtlichen Symposions am BAG im Mai 2022, RdA 2022, S. 311–316.
Burkiczak, Christian, Grundrechtsbindung der Tarifvertragsparteien oder Relevanz grundrechtlicher Schutzpflichten – Erfurter Einerlei?, RdA 2007, S. 17–22.
–, Der Vorbehalt des Gesetzes als Instrument des Grundrechtsschutzes, in: Emmenegger, Sigrid/Wiedmann, Ariane (Hrsg.), Linien der Rechtsprechung des Bundesverfassungsgerichts, Erörtert von den wissenschaftlichen Mitarbeitern, Band 2, Berlin, Boston 2012, S. 129–149.

–, Eine neue Zuständigkeit für das BVerfG, Zur Frage, wer über die Europarechtswidrigkeit deutscher Gesetze entscheiden sollte, ZRP 2015, S. 21–24.

Buschmann, Rudolf, Bezahlter Urlaub als europäisches Grundrecht, Entscheidungsanmerkung, AuR 2019, S. 236–238.

Calliess, Christian, Europäische Gesetzgebung und nationale Grundrechte – Divergenzen in der aktuellen Rechtsprechung von EuGH und BVerfG?, JZ 2009, S. 113–121.

Calliess, Christian/Ruffert, Matthias (Hrsg.), EUV/AEUV Kommentar, Mit Europäischer Grundrechtecharta, 6. Aufl., München 2022 (zit. Calliess/Ruffert/*Bearbeiter*).

Canaris, Claus-Wilhelm, Grundrechte und Privatrecht, AcP 184 (1984), S. 201–245.

–, Grundrechte und Privatrecht, Eine Zwischenbilanz, Berlin/New York 1999.

–, Die richtlinienkonforme Auslegung und Rechtsfortbildung im System der juristischen Methodenlehre, in: Koziol, Helmut/Rummel, Peter (Hrsg.), Im Dienste der Gerechtigkeit, Festschrift für Franz Bydlinski, Wien 2002, S. 47–103.

–, Zur Drittwirkung der gemeinschaftsrechtlichen Grundfreiheiten, in: Bauer, Hartmut/Czybulka, Detlef u.a. (Hrsg.), Umwelt, Wirtschaft und Recht, Wissenschaftliches Symposium aus Anlaß des 65. Geburtstages von Reiner Schmidt, 16./17. November 2001, Tübingen 2002, 29.

Cappelletti, Mauro/Ritterspach, Theodor, Die gerichtliche Kontrolle der Verfassungsmäßigkeit der Gesetze in rechtsvergleichender Betrachtung, JÖR 20 (1971), S. 65–109.

Carlson, Sandra B., Antidiskriminierungsrecht: Aktuelle Tendenzen des EuGH und deren Auswirkungen auf das nationale Recht, RdA 2022, S. 280–290.

Chen, Ching-Hui, Die speziellen Diskriminierungsverbote der Charta der Grundrechte der Europäischen Union, Eine Strukturanalyse unter besonderer Berücksichtigung des Verbotes der Altersdiskriminierung, Baden-Baden 2011.

Cherednychenko, Olha O., Fundamental rights and private law: A relationship of subordination or complementarity?, Utrecht L. Rev. 3 (2007), S. 1–25.

–, Fundamental Rights, Contract Law and the Protection of the Weaker Party, A Comparative Analysis of the Constitutionalisation of Contract Law, with Emphasis on Risky Financial Transactions, München 2007.

Christensen, Ralph/Fischer-Lescano, Andreas, Das Ganze des Rechts, Vom hierarchischen zum reflexiven Verständnis deutscher und europäischer Grundrechte, Berlin 2007.

Chryssogonos, Kostas, Zur Inkorporation der Europäischen Menschenrechtskonvention in den nationalen Rechtsordnungen der Mitgliedstaaten, EuR 2001, S. 49–61.

Classen, Claus Dieter, Der einzelne als Instrument zur Durchsetzung des Gemeinschaftsrechts, VerwArch 1997, S. 645–678.

–, Gesetzesvorbehalt und Dritte Gewalt – Zur demokratischen Legitimation der Rechtsprechung, JZ 2003, S. 693–748.

–, Freiheit und Gleichheit im öffentlichen und im privaten Recht – Unterschiede zwischen europäischem und deutschem Grundrechtsschutz?, EuR 2008, S. 627–654.

–, Buchbesprechung: Funke, Andreas: Umsetzungsrecht, Zum Verhältnis von internationaler Sekundärrechtssetzung und deutscher Gesetzgebungsgewalt, 2010, AVR 49 (2011), S. 190–193.

–, Schwierigkeiten eines harmonischen Miteinanders von nationalem und europäischem Grundrechtsschutz, EuR 2017, S. 347–367.

–, Das kirchliche Arbeitsrecht unter Druck, Anmerkungen zu EuGH v. 17.04.2018 – Rs. C-414/16 (Egenberger) und EuGH v. 11.09.2018 – Rs. C-68/17 (IR), EuR 2018, S. 752–768.

–, Zuviel des Guten? Unionsrechtliche Neuakzentuierungen beim Grundrechtsschutz, JZ 2019, S. 1057–1108.

–, Über das Ziel hinausgeschossen? Anmerkung zu den zwei Beschlüssen des BVerfG zum Recht auf Vergessen vom 06.11.2019, 1 BvR 16/13, 276/17, EuR 2021, S. 92–113.

Colombi Ciacchi, Aurelia, The Direct Horizontal Effect of EU Fundamental Rights, Case Note: ECJ 17 April 2018, Case C-414/16, Vera Egenberger v Evangelisches Werk für Diakonie und Entwicklung e.V. and ECJ 11 September 2018, Case C-68/17, IR v JQ, EuConst 15 (2019), S. 294–305.

Coppel, Jason/O'Neill, Aidan, The European Cour of Justice: taking rights seriously?, CMLR 29 (1992), S. 669–692.

Craig, Paul/de Búrca, Gráinne, EU-Law, 7. Aufl. 2020.

Cremer, Wolfram, Grundrechtsverpflichtete und Grundrechtsdimensionen nach der Charta der Grundrechte der Europäischen Union, EuGRZ 2011, S. 545–554.

von Danwitz, Thomas, Verwaltungsrechtliches System und Europäische Integration, Tübingen 1996.

–, Zur Grundlegung einer Theorie der subjektiv-öffentlichen Gemeinschaftsrechte, DÖV 1996, S. 481–490.

–, Rechtswirkungen von Richtlinien in der neueren Rechtsprechung des EuGH, JZ 2007, S. 697–706.

von Danwitz, Thomas/Paraschas, Katherina, A Fresh Start for the Charter: Fundamental Questions on the Application of the European Charter of Fundamental Rights, Fordham Int. Law J. 35 (2012), S. 1396–1425.

Däubler, Wolfgang/Klebe, Thomas/Wedde, Peter (Hrsg.), BetrVG-Kommentar für die Praxis, 18. Aufl., Frankfurt a.M. 2022 (zit. DKW/*Bearbeiter*).

Dauses, Manfred, Effektiver Rechtsschutz in Gefahr? Ein Nachtrag zum Klagerecht Privater gegen Gesetzgebungsakte, EuZW 2014, S. 121–122.

Dederer, Hans-Georg, Die Architektonik des europäischen Grundrechtsraums, ZaöRV 66 (2006), S. 575–624.

Dettling, Heinz-Uwe, Normkollision und Normverwerfung als allgemeines Rechtsproblem, BayVBl. 2009, S. 613–624.

Di Fabio, Udo, Richtlinienkonformität als ranghöchstes Normauslegungsprinzip? Überlegungen zum Einfluß des indirekten Gemeinschaftsrechts auf die nationale Rechtsordnung, NJW 1990, S. 947–954.

–, Eine europäische Charta – Auf dem Weg zur Unionsverfassung, JZ 2000, S. 737–743.

Diederichsen, Uwe, Die Rangverhältnisse zwischen den Grundrechten und dem Privatrecht, in: Starck, Christian (Hrsg.), Rangordnung der Gesetze, 7. Symposium der Kommission „Die Funktion des Gesetzes in Geschichte und Gegenwart" am 22. und 23. April 1994, Göttingen 1995, S. 39–97.

–, Das Bundesverfassungsgericht als oberstes Zivilgericht – ein Lehrstück der juristischen Methodenlehre, AcP 198 (1998), S. 171–260.

von Diest, Antoinette, Änderungen im Diskriminierungsschutz durch die Europäische Grundrechtecharta, Anwendungsbereich und inhaltliche Reichweite des Art. 21 Abs. 1 EGRC, Baden-Baden 2016.

Dietlein, Johannes, Die Lehre von den grundrechtlichen Schutzpflichten, Berlin 1992.

Dörr, Oliver/Grote, Rainer/Marauhn, Thilo (Hrsg.), EMRK/GG Konkordanzkommentar, Band 1: Kapitel 1–19, 3. Aufl., Tübingen 2022 (zit. Dörr/Grote/Marauhn/*Bearbeiter*).

Dougan, Michael, When Worlds Collide! Competing Visions of the Relationship between Direct Effect and Supremacy, CMLR 44 (2007), S. 931–963.

–, The Impact of the General Principles of Union Law upon Private Relationships, in: Leczykiewicz, Dorota/Weatherill, Stephen (Hrsg.), The Involvement of EU Law in Private Law Relationships, Oxford, Portland (Oregon) 2013, S. 71–87.

Dreier, Horst (Hrsg.), Grundgesetz Kommentar, Band 1: Präambel, Artikel 1–19, 3. Aufl. 2013 (zit. Dreier-GG/*Bearbeiter*).

— (Hrsg.), Grundgesetz Kommentar, Band 3: Artikel 83–146, 3. Aufl. 2013.

Drzemczewski, Andrew, The European Human Rights Convention and relations between private parties, NILR 26 (1979), S. 163–181.

Dürig, Günter, Grundrechte und Zivilrechtsprechung, in: Maunz, Theodor (Hrsg.), Vom Bonner Grundgesetz zur gesamtdeutschen Verfassung, Festschrift zum 75. Geburtstag von Hans Nawiasky, München 1956, S. 157–190.

Düwell, Franz Josef, Anmerkung zu EuGH v. 19.04.2016 – Rs. C-441/14 (Dansk Industri), ZESAR 2016, S. 290–291.

Easson, Alexander J., EEC Directives for the Harmonisation of Laws: Some Problems of Validity, Implementation and Legal Effects, YEL 1 (1981), S. 1–44.

Ebers, Martin, Rechte, Rechtsbehelfe und Sanktionen im Unionsprivatrecht, Tübingen 2016.

Edenharter, Andrea, Anmerkung zu EuGH v. 17.04.2018 – Rs. C-414/16 (Egenberger), DVBl. 2018, S. 867–870.

–, Grundrechtsschutz in föderalen Mehrebenensystemen, Tübingen 2018.

–, Die EU-Grundrechte-Charta als Prüfungsmaßstab des Bundesverfassungsgerichts, DÖV 2020, S. 349–357.

–, Wie argumentieren EuGH und BVerfG in Grundrechtsfragen?, EuR 2022, S. 302–327.

Edward, David O. A., Direct Effect – Myth, Mess or Mystery, in: Prinssen, Jolande M./Schrauwen, Annette (Hrsg.), Direct Effect – Rethinking a Classic of EC Legal Doctrine, Groningen 2002, S. 3–13.

Ehlers, Dirk, Die Europäisierung des Verwaltungsprozessrechts, DVBl. 2004, S. 1441–1451.

— (Hrsg.), Europäische Grundrechte und Grundfreiheiten, 4. Aufl. 2014 (zit. Ehlers-EuGR/*Bearbeiter*).

–, Grundrechtsbindung und Grundrechtsschutz von Unternehmen im deutschen und europäischen Recht, DVBl. 2019, S. 397–406.

Ehlers, Dirk/Eggert, Anke, Zur Zulässigkeit einer zeitlich begrenzten weiteren Anwendung gemeinschaftsrechtswidrigen nationalen Rechts, JZ 2008, S. 585–593.

Eichenhofer, Eberhard, Entwurf einer EU-Richtlinie über angemessene Mindestlöhne, AuR 2021, S. 148–156.

Ellerbrok, Torben/Pracht, Robert, Das Bundesverfassungsgericht als Taktgeber im horizontalen Verfassungsgerichtsverbund – Ausstrahlungswirkungen der Rechtsprechung zum Integrationsverfassungsrecht in Europa, EuR 2021, S. 188–209.

Engel, Christoph, Ausstrahlungen der Europäischen Menschenrechtskonvention auf das Kollisionsrecht, RabelsZ 53 (1989), S. 3–51.

Enneccerus, Ludwig/Nipperdey, Hans Carl, Allgemeiner Teil des Bürgerlichen Rechts, 1. Halbband: Allgemeine Lehren, Personen, Rechtsobjekte, 15. Aufl., Tübingen 1959.

Epiney, Astrid, Die Rechtsprechung des EuGH im Jahr 2018, Europäisches Verfassungsrecht, NVwZ 2019, S. 767–777.

–, Die Rechtsprechung des EuGH im Jahr 2019, Europäisches Verfassungsrecht, NVwZ 2020, S. 995–1006.

Erfurter Kommentar zum Arbeitsrecht, hrsg. v. Müller-Glöge, Rudi/Preis, Ulrich/Schmidt, Ingrid/Dieterich, Thomas/Hanau, Peter/Schaub, Günter, 22. Aufl., München 2022 (zit. ErfK/*Bearbeiter*).

Everling, Ulrich, Durchführung und Umsetzung des Europäischen Gemeinschaftsrechts im Bereich des Umweltschutzes unter Berücksichtigung der Rechtsprechung des EuGH, NVwZ 1993, S. 209–216.

–, Europäische Union, Europäische Menschenrechtskonvention und Verfassungsstaat, Schlusswort auf dem Symposium am 11. Juni 2005 in Bonn, EuR 2005, S. 411–418.

Fabisch, Dieter, Die unmittelbare Drittwirkung der Grundrechte im Arbeitsrecht, Die Auswirkungen der von Hans Carl Nipperdey begründeten Lehre auf die Rechtsprechung des Bundesarbeitsgerichts, Frankfurt a.M. 2010.

Farahat, Anuscheh, The German Federal Constitutional Court, in: von Bogdandy, Armin/Huber, Peter M./Grabenwarter, Christoph (Hrsg.), The Max Planck Handbooks in European Public Law, Volume III: Constitutional Adjucation: Institutions, Oxford 2020, S. 280–355.

Fink, Benedikt N., Folgt aus Art. 31 Abs. 2 GRCh eine Verpflichtung des Arbeitgebers auf Einführung eines Systems zur Arbeitszeiterfassung?, SAE 2020, S. 103–106.

Fischinger, Philipp S., Normverwerfungskompetenz nationaler Gerichte bei Verstößen gegen primärrechtliche Diskriminierungsverbote ohne vorherige Anrufung des EuGH, Anmerkung zu EuGH v. 19.01.2010 – Rs. C-555/07 (Kücükdeveci), ZEuP 2011, S. 201–216.

Fornasier, Matteo, Die Wirkung der europäischen Grundrechte im Arbeitsverhältnis, in: Latzel, Clemens/Picker, Christian (Hrsg.), Neue Arbeitswelt, Tagungsband zur 3. Assistententagung im Arbeitsrecht 2013 in München, Tübingen 2014, S. 25–53.

–, The Impact of EU Fundamental Rights on Private Relationships: Direct or Indirect Effect?, ERPL 23 (2015), S. 29–46.

–, Gleichbehandlung, konfessionelles Arbeitsrecht und horizontale Wirkung der Grundrechte – Entwicklungen in der Rechtsprechung zum Europäischen Arbeitsrecht 2018, GPR 2019, S. 141–148.

Forschner, Benedikt, Europarecht und nationale Rechtsordnung: „Mangold" im geklärten dogmatischen Kontext, ZJS 2011, S. 456–464.

Forst, Gerrit, Anmerkung zu EuGH v. 24.01.2012 – Rs. C-282/10 (Dominguez), AP RL 2003/88/EG Nr. 7.

–, Anmerkung zu EuGH v. 15.01.2014 – Rs. C-176/12 (AMS), EWiR 2014, S. 93–94.

–, Neues zur Wirkung der EU-Grundrechtecharta in einem Rechtsstreit zwischen Privaten, FA 2014, S. 66–68.

–, Geltung des Altersdiskriminierungsverbots auch in Rechtsstreit zwischen Privaten („DI"), Anmerkung zu EuGH v. 19.04.2016 – Rs. C-441/14 (Dansk Industri), EWiR 2016, S. 381–382.

Frantziou, Eleni, Case C-176/12 Association de Médiation Sociale: Some Reflections on the Horizontal Effect of the Charter and the Reach of Fundamental Employment Rights in the European Union, EuConst 10 (2014), S. 332–348.

–, The Horizontal Effect of the Charter of Fundamental Rights of the EU, Rediscovering the Reasons for Horizontality, ELJ 21 (2015), S. 657–679.

–, (Most of) the Charter of Fundamenttal Rights is Horizontally Applicable: ECJ 6 November 2018, Joined Cases C-569/16 and C-570/16, Bauer et al., EuConst 15 (2019), S. 306–323.

–, The Horizontal Effect of Fundamental Rights in the European Union, A Constitutional Analysis, Oxford 2019.

Franzen, Martin, Der Vorschlag der EU-Kommission für eine Richtlinie über angemessene Mindestlöhne vom 28.10.2020 – kompetenzrechtliche und anwendungsbezogene Fragen, ZfA 2021, S. 157–176.

–, Privatrechtsangleichung durch die Europäische Gemeinschaft, Berlin 1999.

–, Anmerkung zu EuGH v. 19.01.2010 – Rs. C-555/07 (Kücükdeveci), GPR 2010, S. 81–84.

–, Europäisches Recht und die Beendigung von Arbeitsverhältnissen in Deutschland, NZA-Beilage 2015, S. 77–83.

–, Europäischer Regelungsrahmen für Mindestlöhne?, EuZA 2021, S. 1.

–, Der Gesamtschutz der Leiharbeitnehmer nach Art. 5 Abs. 3 Richtlinie 2008/104/EG – Überlegungen zum Vorlagebeschluss des BAG 16.12.2020 – 5 AZR 143/19 (A), EuZA 2022, S. 3–22.

Franzen, Martin/Gallner, Inken/Oetker, Hartmut (Hrsg.), Kommentar zum europäischen Arbeitsrecht, 4. Aufl., München 2022 (zit. EuArbRK/*Bearbeiter*).

Franzius, Claudio, Grundrechtsschutz in Europa – Zwischen Selbstbehauptungen und Selbstbeschränkungen der Rechtsordnungen und ihrer Gerichte, ZaöRV 2015, S. 383–412.

Frenz, Walter, EU-Arbeitnehmergrundrechte in der Corona-Krise, ZESAR 2021, S. 164–170.

Frenz, Walter/Götzkes, Vera, Ein europäisches Grundrecht der Arbeitnehmerinnen und Arbeitnehmer auf Unterrichtung und Anhörung im Unternehmen? Zur rechtsdogmatischen Einordnung von Art. 27 GRC, RdA 2007, S. 216–218.

Freyler, Carmen, Arbeitszeit- und Urlaubsrecht im Mobile Office, Tübingen 2018.

Freyler, Carmen/Heinrich, Christian, Der Einfluss der EU-Grundrechte auf private Arbeitsverhätlnisse, in: Marhold, Franz/Becker, Ulrich u.a. (Hrsg.), Arbeits- und Sozialrecht für Europa, Festschrift für Maxmilian Fuchs, Baden-Baden 2020, S. 71–81.

Friedrich, Michael, Anmerkung zu EuGH v. 22.01.2019 – Rs. C-193/17 (Cresco Investigation), ZESAR 2019, S. 346–349.

Frieling, Tino/Jacobs, Matthias, Der allgemeine verfassungsrechtliche Gleichheitssatz als Prüfungsmaßstab für Tarifverträge?, in: Düwell, Nora/Gallner, Inken u.a. (Hrsg.), Auf dem Weg zu einem sozialen und inklusiven Rechtsstaat, Covid-19 als Herausforderung, Liber amicorum Franz Josef Düwell, Baden-Baden 2021, S. 305–325.

Frowein, Jochen Abr., Das Bundesverfassungsgericht und die Europäische Menschenrechtskonvention, in: Fürst, Walther/Herzog, Roman/Umbach, Dieter C. (Hrsg.), Festschrift für Wolfgang Zeidler, Band 2, Berlin, New York 1987, S. 1763–1774.

Frowein, Jochen Abr./Peukert, Wolfgang (Hrsg.), Europäische Menschenrechtskonvention – Kommentar, 3. Aufl., Kehl am Rhein 2009 (zit. Frowein/Peukert-EMRK/*Bearbeiter*).

Fuhlrott, Michael, Anmerkung zu EuGH v. 11.09.2018 – Rs. C-68/17 (IR), EuZW 2018, S. 857–858.

–, Anmerkung zu EuGH v. 17.04.2018 – Rs. C-414/16 (Egenberger), NZA 2018, S. 573–575.

Funke, Andreas, Der Anwendungsvorrang des Gemeinschaftsrechts, DÖV 2007, S. 733–740.

–, Umsetzungsrecht, Zum Verhältnis von internationaler Sekundärrechtsetzung und deutscher Gesetzgebungsgewalt, Tübingen 2011.

Gallner, Inken, Arbeitszeit- und Urlaubsrecht europäisch gedacht, SR 2020, S. 45–56.

–, Rechtliche Spannungsfelder in Europa, in: Brose, Wiebke/Greiner, Stefan u.a. (Hrsg.), Grundlagen des Arbeits- und Sozialrechts, Festschrift für Ulrich Preis zum 65. Geburtstag, München 2021, S. 271–288.

Gallo, Daniele, Challenging EU constitutional law: The Italian Constitutional Court's new stance on direct effect and the preliminary reference to procedure, ELJ 25 (2019), S. 434–456.

Gamillscheg, Franz, Die Grundrechte im Arbeitsrecht, AcP 164 (1964), S. 385–445.

Gärditz, Klaus Ferdinand, Anmerkung zu BVerfG v. 24.04.2013 – 1 BvR 1215/07 (Antiterrordatei), JZ 2013, S. 633–636.

Gas, Tonio, Die unmittelbare Anwendbarkeit von Richtlinien zu Lasten Privater im Urteil „Mangold", EuZW 2005, S. 737.

Geiß, Robin, Europäischer Grundrechtsschutz ohne Grenzen?, DÖV 2014, S. 265–272.

Gemeinschaftskommentar Betriebsverfassungsgesetz, hrsg. v. Wiese, Günther/Kreutz, Peter/Oetker, Hartmut/Raab, Thomas/Weber, Christoph/Franzen, Martin/Gutzeit, Martin/Jacobs, Matthias/Schubert, Claudia, Band II: §§ 74–132, 12. Aufl., Köln 2022 (zit. GK-BertrVG/*Bearbeiter*).

Gerdemann, Simon, Das neue Whistleblowing-Recht, Zu den Folgen einer nicht fristgerechten Umsetzung der europäischen Whistleblowing-Richtlinie, NJW 2021, S. 3489–3494.

Gerken, Lüder/Rieble, Volker/Roth, Günther H./Stein, Torsten/Streinz, Rudolf, „Mangold" als ausbrechender Rechtsakt, München 2009.

Gersdorf, Hubertus, Funktionen der Gemeinschaftsgrundrechte im Lichte des Solange II-Beschlusses des Bundesverfassungsgerichts, AöR 119 (1994), S. 400–426.

Giegerich, Thomas, Europarechtskonträre Staatshaftung? – Widerspruchsfreiheit der Rechtsordnung und Pflichtenstellung Privater nach dem Karlsruher Honeywell-Dictum, EuR 2012, S. 373–392.

Glaser, Andreas/Kahl, Wolfgang, Zur Europarechtskonformität kombinierter Tariftreue- und Mindestlohnklauseln in Landesvergabegesetzen, Am Beispiel von § 4 Abs. 1 S. 1 und Abs. 3 TVgG, ZHR 177 (2013), S. 643–678.

Gooren, Paul, Anmerkung zu EuGH v. 06.11.2018 – Rs. C-684/16 (Max Planck), NZA-RR 2019, S. 12–13.

Gooren, Paul/Rudkowski, Lena, Urlaubsabgeltung bei Tod des Arbeitnehmers – Bollacke reloaded, NJW 2017, S. 1149–1152.

Gourdet, Sascha, Europäischer Grundrechtsschutz, Die Anwendung der Unionsgrundrechte in den Mitgliedstaaten der Europäischen Union und ihr Verhältnis zu den nationalen Grundrechten, Baden-Baden 2021.

Grabenwarter, Christoph (Hrsg.), Enzyklopädie Europarecht, Band 2: Europäischer Grundrechteschutz, 2. Aufl., Baden-Baden 2022 (zit. Grabenwarter, EnzEuR/*Bearbeiter*).

Grabenwarter, Christoph/Pabel, Katharina, Europäische Menschenrechtskonvention, 7. Aufl., München 2021.

Grabitz, Eberhard, Die Wirkungsweise von Richtlinien, in: Everling, Ulrich/Narjes, Karl-Heinz/Sedemund, Jochim (Hrsg.), Europarecht, Kartellrecht, Wirtschaftsrecht, Festschrift für Arved Deringer, S. 59–71.

–, Gemeinschaftsrecht bricht nationales Recht, Hamburg 1966.

Greif, Stefan, Der Anwendungsvorrang unionaler Grundrechte als neues Sanktionsmittel in Fällen nicht ordnungsgemäßer Umsetzung arbeitsrechtlicher EU-Richtlinien in der Rechtsprechung des EuGH, in: Uffmann, Katharina/Dahm, Katharina (Hrsg.), Vielfalt oder Chaos, Aktuelle Probleme und Entwicklungen im deutschen und europäischen Arbeitsrecht, 2. Assistententagung im Arbeitsrecht 2012 in Mainz, Tübingen 2013, S. 43–74.

–, Die Unanwendbarkeit richtlinienwidriger deutscher Arbeitsgesetze, Eine Analyse der Rechtsprechung des EuGH zum Anwendungsvorrang der Unionsgrundrechte in Rechtsstreitigkeiten zwischen Privaten, Baden-Baden 2016.

Greiner, Stefan, Auslegung von Absenkungsverboten in Richtlinien und Reichweite der richtlinienkonformen Auslegung, EuZA 2011, S. 74–84.

–, Kirchliche Loyalitätsobliegenheiten nach dem „IR"-Urteil des EuGH, NZA 2018, S. 1289–1294.

–, Neuausrichtung des Kirchenarbeitsrechts durch den EuGH? Die Rechtssache Egenberger, jM 2018, S. 233–238.

Grimm, Dieter, Verfassungsprozessuale Konsequenzen der grundrechtlichen Schutzpflicht, in: Hohmann-Dennhardt, Christine/Masuch, Peter/Villiger, Mark (Hrsg.), Grundrechte und Solidarität, Durchsetzung und Verfahren, Festschrift für Renate Jaeger, Kehl am Rhein 2011, S. 759–765.

von der Groeben, Hans/Schwarze, Jürgen/Hatje, Armin (Hrsg.), Europäisches Unionsrecht, 7. Aufl., Baden-Baden 2015 (zit. von der Groeben/Schwarze/Hatje/*Bearbeiter*).

Groß, Thomas, Die Schutzwirkung des Brief-, Post- und Fernmeldegeheimnisses nach der Privatisierung der Post, JZ 1999, S. 326–335.

Große Wentrup, Anna, Die Europäische Grundrechtecharta im Spannungsfeld der Kompetenzverteilung zwischen Europäischer Union und Mitgliedstaaten, Berlin 2003.

Grünberger, Michael, Personale Gleichheit, Der Grundsatz der Gleichbehandlung im Zivilrecht, Baden-Baden 2013.

–, Buchbesprechung: Oliver Mörsdorf, Ungleichbehandlung als Norm, 2018, AcP 219 (2019), S. 597–609.

Gsell, Beate, Keine horizontale Grundrechtswirkung von Art. 27 EuGdRCh aufgrund sekundärrechtlicher Konkretisierung, EuGH, 15.01.2014 – Rs. C-176/12 (Association de médiation sociale), in: Alexander, Christian/Bornkamm, Joachim u.a. (Hrsg.), Festschrift für Helmut Köhler zum 70. Geburtstag, 2014, S. 197–219.

Gundel, Jörg, Die Auswirkungen des HOAI-Urteils des EuGH auf Vertragsverhältnisse zwischen privaten Parteien, BauR 2020, S. 23–30.

Hager, Günther, Rechtsmethoden in Europa, Tübingen 2009.

Hager, Johannes, Grundrechte im Privatrecht, JZ 1994, S. 373–424.

Hailbronner, Kay, Hat der EuGH eine Normverwerfungskompetenz?, NZA 2006, S. 811–816.

Haltern, Ulrich, Eine Lanze für Mangold, in: Haltern, Ulrich/Bergmann, Andreas (Hrsg.), Der EuGH in der Kritik, Tübingen 2012, S. 25–71.

–, Europarecht, Band II, Rule of Law, Verbunddogmatik, Grundrechte, 3. Aufl., Tübingen 2017.

Hanau, Hans, Viel Lärm um Nichts – Das Urteil des EuGH in der Rechtssache CCOO zur Messung der Arbeitszeit, ZfA 2020, S. 129–141.

Hanau, Peter, Die Europäische Grundrechtecharta – Schein und Wirklichkeit im Arbeitsrecht, NZA 2010, S. 1–6.

Handkommentar Europäische Menschenrechtskonvention, hrsg. v. Meyer-Ladewig, Jens/Nettesheim, Martin/von Raumer, Stefan, 4. Aufl., Baden-Baden u.a. 2017 (zit. HK-EMRK/*Bearbeiter*).

Hartmann, Felix, Diskriminierung durch Antidiskriminierungsrecht? Möglichkeiten und Grenzen eines postkategorialen Diskriminierungsschutzes in der Europäischen Union, EuZA 2019, S. 24–44.

Hauer, Matti, Der Arbeitskampf im nationalen und europäischen Recht, Eine Untersuchung über den Einfluss des europäischen Rechts auf eine aus Art. 9 Abs. 3 GG abgeleitete Arbeitskampffreiheit am Beispiel des Tariferfordernisses, Baden-Baden 2020.

Heiderhoff, Bettina, Die Selbstbeschränkung des Anwendungsbereichs der EU-Charta in Art. 51 und die Ausbildung eines anerkennungsrechtlichen europäischen ordre public, in: Heiderhoff, Bettina/Lohsse, Sebastian/Schulze, Reiner (Hrsg.), EU-Grundrechte und Privatrecht, EU Fundamental Rights and Private Law, Baden-Baden 2016, S. 89–114.

Hellgardt, Alexander, Wer hat Angst vor der unmittelbaren Drittwirkung? – Die Konsequenzen der Stadionverbotentscheidung des BVerfG für die deutsche Grundrechtsdogmatik, JZ 2018, S. 901–910.

Henninger, Thomas, Europäisches Privatrecht und Methode, Entwurf einer rechtsvergleichend gewonnenen juristischen Methodenlehre, Tübingen 2009.

Hentzschel, Lukas, Anmerkung zu EuGH v. 22.01.2019 – Rs. C-193/17 (Cresco Investigation), EuZA 2019, S. 482–492.

Hermes, Georg, Verfassungsrecht und einfaches Recht – Verfassungsgerichtsbarkeit und Fachgerichtsbarkeit, VVDStRL 61 (2002), S. 119–154.

Herresthal, Carsten, Rechtsfortbildung im europarechtlichen Bezugsrahmen, Methoden, Kompetenzen, Grenzen, dargestellt am Beispiel des Privatrechts, München 2006.

–, Die „Drittwirkung der Grundfreiheiten" im Gemeinschaftsrecht, in: Neuner, Jörg (Hrsg.), Grundrechte und Privatrecht aus rechtsvergleichender Sicht, Tübingen 2007, S. 177–216.

–, Die Richtlinienwidrigkeit des Nutzungsersatzes bei Nachlieferung im Verbrauchsgüterkauf, NJW 2008, S. 2475–2478.

–, Grundrechtecharta und Privatrecht – Die Bedeutung der Charta der Grundrechte für das europäische und das nationale Privatrecht, ZEuP 2014, S. 238–280.

Herrmann, Christoph, Richtlinienumsetzung durch die Rechtsprechung, Berlin 2003.

–, Die negative unmittelbare Wirkung von Richtlinien in horizontalen Rechtsverhältnissen Erwiderung auf T. Gas, Gastkommentar Heft 24/2005, S. 737, EuZW 2006, S. 69–70.

Heselhaus, Sebastian/Nowak, Carsten (Hrsg.), Handbuch der Europäischen Grundrechte, 2. Aufl., München u.a. 2020 (zit. Heselhaus/Nowak/*Bearbeiter*).

Heuer, Jan, Art. 51 Abs. 1 Satz 1 GRC: Die Bindung der Mitgliedstaaten an die Unionsgrundrechte, München 2014.

Heuschmid, Johannes, Bestimmte Mindestarbeitszeit keine Voraussetzung für Anspruch auf bezahlten Jahresurlaub („Dominguez"), Anmerkung zu EuGH v. 24.01.2012 – Rs. C-282/10 (Dominguez), jurisPR-ArbR 13/2012, Anm. 5.

–, Horizontalwirkung von Art. 27 Europäische Grundrechtecharta – Fehlanzeige?, EuZA 2014, S. 514–525.

–, Ausschluss rentenberechtigter Arbeitnehmer von einer „Entlassungsabfindung" nach dänischem Recht verstößt gegen Verbot der Altersdiskriminierung, Anmerkung zu EuGH v. 19.04.2016 – Rs. C-441/14 (Dansk Industri), AuR 2016, S. 422–424.

–, Egenberger = Mangold hoch x, AuR 2018, S. 265.

–, EuGH stärkt soziale Grundrechte beim Urlaubsrecht!, NZA Editorial Heft 22/2018.

–, Geltung des Europäischen Antidiskriminierungsrechts für Kirchen und ihre Einrichtungen, NJW 2019, S. 3117–3119.

–, Neujustierung des Arbeitszeitrechts und des Systems der Arbeitszeiterfassung durch den EuGH, NJW 2019, S. 1853–1854.

Heuschmid, Johannes/Höller, Johannes, Anmerkung zu EuGH. v. 17.04.2018 – Rs. C-414/16 (Egenberger), AuR 2018, S. 586–588.

Hilbrandt, Christian, Arbeitsrechtliche Unionsgrundrechte und deren Dogmatik, NZA 2019, S. 1168–1176.

Hillgruber, Christian, Richterliche Rechtsfortbildung als Verfassungsproblem, JZ 1996, S. 118–125.

Hoffmann, Jan Martin, Unionsgrundrechte als verfassungsrechtlicher Prüfungsmaßstab, NVwZ 2020, S. 33–37.

Höfling, Wolfram, Vertragsfreiheit, Eine grundrechtsdogmatische Studie, Heidelberg 1991.

Höfling, Wolfram/Burkiczak, Christian, Anmerkung zu BAG v. 22.06.2010 – 1 AZR 179/09, AP GG Art. 9 Nr. 142.

–, Die unmittelbare Drittwirkung gemäß Art. 9 Abs. 3 Satz 2 GG, RdA 2004, S. 263–273.

Höfling, Wolfram/Engels, Andreas, Der „Bahnstreik" – oder: Offenbarungseid des Arbeitskampfrechts?, NJW 2007, S. 3102–3103.

–, Grundrechtsausübung unter richterlichem Gemeinwohlvorbehalt?, Zur gesetzgeberischen Verantwortung im Arbeitskampfrecht, ZG 2008, S. 250–262.

Hofmann, Rainer/Heger, Alexander/Gharibyan, Tamra, Die Wandlung des Grundrechtsschutzes durch das Bundesverfassungsgericht – Recht auf Vergessen I und II als „Solange III"?, KritV 2019, S. 277–292.

Höller, Johannes/Klengel, Ernesto, Anmerkung zu EuGH v. 22.01.2019 – Rs. C-193/17 (Cresco Investigation), AuR 2019, S. 474–476.

Hollstein, Thorsten, Die Verfassung als „Allgemeiner Teil", Privatrechtsmethode und Privatrechtskonzeption bei Hans Carl Nipperdey (1895 – 1968), Tübingen 2007.

Holz, Wilfried, Grundrechtsimmunes Gesetzesrecht, NVwZ 2007, S. 1153–1155.

Höpfner, Clemens, Die systemkonforme Auslegung, Zur Auflösung einfachgesetzlicher, verfassungsrechtlicher und europarechtlicher Widersprüche im Recht, Tübingen 2008.

–, Über Sinn und Unsinn der sogenannten „richtlinienkonformen Rechtsfortbildung", Replik auf Möllers/Möhring, JZ 2008, S. 919 ff., JZ 2009, S. 403–405.

–, Altersdiskriminierung und europäische Grundrechte – Einige methodische Bemerkungen zum Richterrecht des EuGH, ZfA 2010, S. 449–487.

–, Das deutsche Urlaubsrecht in Europa – Zwischen Vollharmonisierung und Koexistenz – Teil 1, RdA 2013, S. 16–28.

–, Gesetzesbindung und verfassungskonforme Auslegung im Arbeits- und Verfassungsrecht, RdA 2018, S. 321–337.

–, Methodenfragen bei der Auslegung des Unionsrechts, JbArbR 57 (2020), S. 69–94.

Höpfner, Clemens/Daum, Jan Alexander, Die Pflicht des Arbeitgebers zur Erfassung der Arbeitszeit, RdA 2019, S. 270–280.

Höpfner, Clemens/Richter, Nadja, Wiederaufnahme des Verfahrens und Wiedereinstellungsanspruch nach Verstoß gegen die EMRK?, RdA 2016, S. 149–161.

Höpfner, Clemens/Rüthers, Bernd, Grundlagen einer europäischen Methodenlehre, AcP 209 (2009), S. 1–36.

Huber, Peter M., Auslegung und Anwendung der Charta der Grundrechte, NJW 2011, S. 2385–2390.

Hüpers, Bernd/Reese, Birgit, Vollständige Arbeitszeiterfassung für jeden Arbeitnehmer – Was bedeutet die Entscheidung des Gerichtshofs der Europäischen Union für wen?, Zugleich Besprechung des Urteils EuGH (Große Kammer) 14.05.2019 – Federación de Servicios de Comisiones Obreras (CCOO), RdA 2020, S. 53–58.

Hwang, Shu-Perng, Anwendungsvorrang statt Geltungsvorrang? Normlogische und institutionelle Überlegungen zum Vorrang des Unionsrechts, EuR 2016, S. 355–373.

Iliopoulos-Strangas, Julia, Soziale Grundrechte in den Mitgliedstaaten der Europäischen Union im Rechtsvergleich unter Berücksichtigung des Europäischen Rechts, in: dies. (Hrsg.), Soziale Grundrechte in Europa nach Lissabon, Eine rechtsvergleichende Untersuchung der nationalen Rechtsordnungen und des Europäischen Rechts, Baden-Baden 2010, S. 699–1172.

–, in: dies. (Hrsg.), Soziale Grundrechte in den „neuen" Mitgliedstaaten der Europäischen Union, Zugleich eine Einführung in die mitgliedstaatlichen Allgemeinen Grundrechtslehren, Baden-Baden 2019, S. 1003–1309.

Iliopoulos-Strangas, Julia/Leventis, Georg, Der Schutz der sozialen Grundrechte in der Rechtsordnung Griechenlands, in: Iliopoulos-Strangas, Julia (Hrsg.), Soziale Grundrechte in Europa nach Lissabon, Eine rechtsvergleichende Untersuchung der nationalen Rechtsordnungen und des Europäischen Rechts, Baden-Baden 2010, S. 249–324.

Ipsen, Hans Peter, Das Verhältnis des Rechts der europäischen Gemeinschaften zum nationalen Recht, Europarechtliches Kolloquium Bensheim 1964, ZHR Beiheft 29 (1965), S. 1–27.

–, Europäisches Gemeinschaftsrecht, Tübingen 1972.

Isensee, Josef, Das Grundrecht auf Sicherheit, Berlin/New York 1983.

Jacobs, Matthias, Aktuelle Entwicklungen im deutschen und europäischen Antidiskriminierungsrecht, RdA 2018, S. 263–270.

Jacobs, Matthias/Münder, Matthias, Deutsches Urlaubsrecht im europäischen Wandel – Teil I, Grundlegende Urteile des BAG aus dem ersten Quartal 2019 und ihre Hintergründe, RdA 2019, S. 332–347.

–, Deutsches Urlaubsrecht im europäischen Wandel – Teil II, Grundlegende Urteile des BAG aus dem ersten Quartal 2019 und ihre Hintergründe, RdA 2020, S. 13–25.

Jafferali, Rafaël, The Horizontal Effect of Human Rights: A Typology of the Methods of Reasoning Applied by Belgian Courts, in: Heiderhoff, Bettina/Lohsse, Sebastian/Schulze, Reiner (Hrsg.), EU-Grundrechte und Privatrecht, EU Fundamental Rights and Private Law, Baden-Baden 2016, S. 149–166.

Jarass, Hans D., Charta der Grundrechte der Europäischen Union, Kommentar, 4. Aufl., München 2021.

–, Grundrechte als Wertentscheidungen bzw. objektivrechtliche Prinzipien in der Rechtsprechung des Bundesverfassungsgerichts, AöR 110 (1985), S. 363–397.

–, Voraussetzungen der innerstaatlichen Wirkung des EG-Rechts, NJW 1990, S. 2420–2425.

–, Folgen der innerstaatlichen Wirkung von EG-Richtlinien, NJW 1991, S. 2665–2669.

–, Grundfragen der innerstaatlichen Bedeutung des EG-Rechts, Die Vorgaben des Rechts der Europäischen Gemeinschaft für die nationale Rechtsanwendung und die nationale Rechtsetzung nach Maastricht, Köln u.a. 1994.

–, Elemente einer Dogmatik der Grundfreiheiten II, EuR 2000, S. 705–723.

–, Die Bindung der Mitgliedstaaten an die EU-Grundrechte, NVwZ 2012, S. 457–461.

–, Zum Verhältnis von Grundrechtecharta und sonstigem Recht, EuR 2013, S. 29–45.

–, EU-Grundrechte und Privatrecht, in: Heiderhoff, Bettina/Lohsse, Sebastian/Schulze, Reiner (Hrsg.), EU-Grundrechte und Privatrecht, EU Fundamental Rights and Private Law, Baden-Baden 2016, S. 31–58.

–, Die Bedeutung der Unionsgrundrechte unter Privaten, ZEuP 2017, S. 310–334.

Jarass, Hans D./Beljin, Saša, Unmittelbare Anwendung des EG-Rechts und EG-rechtskonforme Auslegung, JZ 2003, S. 768–777.

–, Die Bedeutung von Vorrang und Durchführung des EG-Rechts für die nationale Rechtsetzung und Rechtsanwendung, NVwZ 2004, S. 1–11.

–, Grenzen der Privatbelastung durch unmittelbar wirkende Richtlinien, EuR 2004, S. 714–737.

Jarass, Hans D./Kment, Martin, EU-Grundrechte, 2. Aufl., München 2019.

Jellinek, Georg, System der subjektiven öffentlichen Rechte, 2. Aufl., Tübingen 1905.

Jocham, Felix, Die Grenzen der richterlichen Rechtsfortbildung im Privatrecht, Berlin 2021.

José Carlos Vieira de Andrade, Der Schutz der sozialen Grundrechte in der Rechtsordnung Portugals, in: Iliopoulos-Strangas, Julia (Hrsg.), Soziale Grundrechte in Europa nach

Lissabon, Eine rechtsvergleichende Untersuchung der nationalen Rechtsordnungen und des Europäischen Rechts, Baden-Baden 2010, S. 541–562.

Joussen, Jacob, Anmerkung zu EuGH v. 17.04.2018 – Rs. C-414/16 (Egenberger), EuZA 2018, S. 421–435.

Junker, Abbo, Europäische Grund- und Menschenrechte und das deutsche Arbeitsrecht (unter besonderer Berücksichtigung der Koalitionsfreiheit), ZfA 2013, S. 91–136.

–, Die Einflüsse des europäischen Rechts auf die personelle Reichweite des Arbeitnehmerschutzes, Der Arbeitnehmerbegriff in der Rechtsprechung des Europäischen Gerichtshofs, EuZA 2016, S. 184–206.

–, Gleichbehandlung und kirchliches Arbeitsrecht – Ein deutscher Sonderweg endet vor dem EuGH, NJW 2018, S. 1850–1853.

Kahl, Wolfgang/Schwind, Manuel, Europäische Grundrechte und Grundfreiheiten – Grundbausteine einer Interaktionslehre, EuR 2014, S. 170–195.

Kahler, Björn, Unisextarife im Versicherungswesen – Grundrechtsprüfung durch den EuGH, NJW 2011, S. 894–897.

Kainer, Friedemann, Privatrecht zwischen Richtlinien und Grundrechten, Zu den Grenzen richtlinienkonformer Auslegung und horizontaler Richtlinienwirkungen, GPR 2016, S. 262–270.

–, Rückkehr der unmittelbar-horizontalen Grundrechtswirkung aus Luxemburg?, NZA 2018, S. 894–900.

–, Unmittelbare Horizontalwirkung – Streit der Generalanwälte, NJW Editorial Heft 36/2018.

–, Das Grundrecht auf Arbeitszeiterfassung: Weitere Schritte zur Konstitutionalisierung des Gemeinschaftsprivatrechts, Zugleich Besprechung zu: EuGH, C-55/18 – CCOO, GPR 2020, S. 149–155.

–, Knapper Impfstoff und privatrechtliche Gleichbehandlungspflichten, NJW 2021, S. 816–820.

Kaiser, Eva Maria, Anmerkung zu BAG v. 22.10.2019 – 9 AZR 71/19, AP TzBfG § 4 Nr. 29.

Kalb, Heinz-Jürgen, Der diskriminierte Chefarzt – Neues aus Luxemburg!, Anmerkung zu EuGH v. 11.09.2018 – Rs. C-68/17 (IR), jM 2018, S. 462–464.

Kamanabrou, Sudabeh, Anmerkung zu EuGH v. 22.11.2005 – Rs. C-144/04 (Mangold), EzA TzBfG § 14 Nr. 21.

–, Europarechtskonformer Schutz vor Benachteiligungen bei Kündigungen, RdA 2007, S. 199–207.

–, Der Einfluss der Grundrechte-Charta auf das deutsche Arbeitsrecht, in: Heiderhoff, Bettina/Lohsse, Sebastian/Schulze, Reiner (Hrsg.), EU-Grundrechte und Privatrecht, EU Fundamental Rights and Private Law, Baden-Baden 2016, S. 167–189.

–, Urlaubsabgeltung bei Tod des Arbeitnehmers im laufenden Arbeitsverhältnis, RdA 2017, S. 162–166.

–, Die Renaissance des Regelungswillens bei der richtlinienkonformen Rechtsfortbildung, in: Brose, Wiebke/Greiner, Stefan u.a. (Hrsg.), Grundlagen des Arbeits- und Sozialrechts, Festschrift für Ulrich Preis zum 65. Geburtstag, München 2021, S. 549–557.

–, Richtlinienkonforme Auslegung im Rechtsvergleich, Eine Untersuchung am Beispiel des Urlaubsrechts, Tübingen 2021.

Kämmerer, Jörn Axel/Kotzur, Markus, Vollendung des Grundrechtsverbunds oder Heimholung des Grundrechtsschutzes?, Die BVerfG-Beschlüsse zum „Recht auf Vergessen“ als Fanal, NVwZ 2020, S. 177–184.

Karaosmanoğlu, Cem, Die Nichtanwendung deutscher unionsrechtswidriger Gesetze, Verfassungsrechtliches Erfordernis eines umfassenden Verwerfungsmonopols des Bundesverfassungsgerichts, Baden-Baden 2017.

Karpenstein, Ulrich/Kottmann, Matthias, Vom Gegen- zum Mitspieler – Das BVerfG und die Unionsgrundrechte, EuZW 2020, S. 185–189.

Karpenstein, Ulrich/Mayer, Franz C. (Hrsg.), Konvention zum Schutz der Menschenrechte und Grundfreiheiten, Kommentar, 3. Aufl. 2022 (zit. Karpenstein/Mayer-EMRK/*Bearbeiter*).

Kelsen, Hans, Wesen und Entwicklung der Staatsgerichtsbarkeit, VVDStRL 5 (1929), S. 30–87.

–, Reine Rechtslehre, 2. Aufl., Wien 1960.

Kerwer, Christof, Finger weg von der befristeten Einstellung älterer Arbeitnehmer?, NZA 2002, S. 1316–1321.

–, Das europäische Gemeinschaftsrecht und die Rechtsprechung der deutschen Arbeitsgerichte, Köln 2003.

–, Von Lokführern, solidarischen Druckern und Nürnberger Haushaltsgeräten: Neue Tendenzen im Arbeitskampfrecht, EuZA 2008, S. 335–355.

Kessler, Francis, Anmerkung zu EuGH v. 24.01.2012 – Rs. C-282/10 (Dominguez), ZESAR 2013, S. 36–37.

Kiel, Heinrich, Neujustierung des Urlaubsrechts, JbArbR 57 (2020), S. 95–121.

von Kielmansegg, Sebastian Graf, Tücken im Dreieck – Die individualbelastende Richtlinienwirkung im Unionsrecht, EuR 2014, S. 30–62.

Kingreen, Thorsten, Die Struktur der Grundfreiheiten des Europäischen Gemeinschaftsrechts, Berlin 1999.

–, Die Gemeinschaftsgrundrechte, JuS 2000, S. 857–865.

–, Grundrechtsverbund oder Grundrechtsunion?, Zur Entwicklung der subjektiv-öffentlichen Rechte um europäischen Unionsrecht, EuR 2010, S. 338–364.

–, Die Grundrechte des Grundgesetzes im europäischen Grundrechtsföderalismus, JZ 2013, S. 801–811.

–, Das Verfassungsrecht der Zwischenschicht, Die juristische Person zwischen grundrechtgeschützter Freiheit und grundrechtsgebundener Macht, JÖR 65 (2016), S. 1–39.

Kingreen, Thorsten/Störmer, Rainer, Die subjektiv-öffentlichen Rechte des primären Gemeinschaftsrechts, EuR 1998, S. 263–290.

Kirchhof, Ferdinand, Grundrechtsschutz durch europäische und nationale Gerichte, NJW 2011, S. 3681–3686.

–, Kooperation zwischen nationalen und europäischen Gerichten, EuR 2014, S. 267–277.

–, Nationale Grundrechte und Unionsgrundrechte, Die Wiederkehr der Frage eines Anwendungsvorrangs unter anderer Perspektive, NVwZ 2014, S. 1537–1541.

Klein, Eckart, Unmittelbare Geltung, Anwendbarkeit und Wirkung von europäischem Gemeinschaftsrecht, Vortrag vor dem Europa-Institut der Universität des Saarlandes 1988.

–, Grundrechtliche Schutzpflichten des Staates, NJW 1989, S. 1633–1640.

–, Kompetenzielle Würdigung und verfassungsprozessuale Konsequenzen der „Recht auf Vergessen"-Entscheidungen, DÖV 2020, S. 341–349.

Klein, Thomas/Leist, Dominik, Die unionsrechtliche Pflicht zur Arbeitszeiterfassung, ZESAR 2019, S. 365–372.

Klocke, Kyra, Der EuGH und die unmittelbare Horizontalwirkung des Art. 21 GRCh, BB 2019, S. 1204–1209.

Klocke, Kyra/Wolters, Hendrik, Die Reichweite der Religionsfreiheit im Rahmen kirchlicher Arbeitsverhältnisse, Mit Besprechung zu EuGH v. 17.04.2018 – Rs. C-414/16 (Egenberger), BB 2018, S. 1460–1465.

Klumpp, Steffen, Anmerkung zu EuGH v. 17.04.2018 – Rs. C-414/16 (Egenberger), AP RL 2000/78/EG Nr. 42.

Kluth, Winfried, Die Bindung privater Wirtschaftsteilnehmer an die Grundfreiheiten des EG-Vertrages, Eine Analyse am Beispiel des Bosman-Urteils des EuGH, AöR 122 (1997), S. 557–582.

Knebel, Sophie Victoria, Die Drittwirkung der Grundrechte und -freiheiten gegenüber Privaten, Regulierungsmöglichkeiten sozialer Netzwerke, Baden-Baden 2018.

Knops, Kai-Oliver, Die Unanwendbarkeit unionsrechtswidriger Normen in Privatrechtsstreitigkeiten, NJW 2020, S. 2297–2302.

Kober, Martin, Der Grundrechtsschutz in der Europäischen Union, Bestandsaufnahme, Konkretisierung und Ansätze der Weiterentwicklung der europäischen Grundrechtsdogmatik anhand der Charta der Grundrechte der Europäischen Union, München 2008.

Kohler, Christian/Puffer-Mariette, Jean-Christophe, EuGH und Privatrecht – Ein Rückblick nach 60 Jahren, ZEuP 2014, S. 696–739.

Kohler, Christian/Seyr, Sibylle/Puffer-Mariette, Jean-Christophe, Unionsrecht und Privatrecht: Zur Rechtsprechung des EuGH im Jahre 2018, ZEuP 2020, S. 366–417.

Kokott, Juliane, Die Wirkung der Unionsgrundrechte im privaten Arbeitsverhältnis, in: Klapp, Micha/Linck, Rüdiger u.a. (Hrsg.), Die Sicherung der kollektiven Ordnung, Festschrift für Ingrid Schmidt, München 2021, S. 991–1005.

König, Julia M., Die Erarbeitung als Voraussetzung des Urlaubsentgeltanspruchs, Eine Untersuchung vor dem Hintergrund des europäischen Einflusses, Wiesbaden 2018.

Kolbe, Sebastian/Lasserre, Caroline, Jugendarbeitsschutz und Grundrechtecharta, VSSAR 2022, S. 117–136.

Konzen, Horst, Europäische Sozialcharta und Ultima ratio-Prinzip, JZ 1986, S. 157–163.

–, Die Wirkung von Richtlinien in der neueren arbeitsrechtlichen Judikatur des EuGH, in: Konzen, Horst/Krebber, Sebastian u.a. (Hrsg.), Festschrift für Rolf Birk zum 70. Geburtstag, Tübingen 2008, S. 439–476.

Körber, Grundfreiheiten und Privatrecht, Tübingen 2004.

Körner, Marita, Europäisches Verbot der Altersdiskriminierung in Beschäftigung und Beruf, NZA 2005, S. 1395–1398.

Krause, Rüdiger, Arbeit anytime? Arbeitszeitrecht für die digitale Arbeitswelt, NZA-Beilage 2019, S. 86–95.

Krebber, Sebastian, Soziale Rechte in der Gemeinschaftsrechtsordnung, RdA 2009, S. 224–236.

–, Die Bedeutung der Grundrechtecharta und der EMRK für das deutsche Individualarbeitsrecht, EuZA 2013, S. 188–203.

–, Die Unionsrechts- und Kompetenzakzessorietät des unionsrechtlichen Grundrechtsschutzes im Bereich des Arbeitsrechts: Grundsatz und Ausnahmen, EuZA 2016, S. 3–21.

–, Unionsrechtliches Arbeitsrecht vor dem EuGH in 2016 und 2017, ZfA 2018, S. 323–373.

Krieger, Heike, Positive Verpflichtungen unter der EMRK: Unentbehrliches Element einer gemein-europäischen Grundrechtsdogmatik, leeres Versprechen oder Grenze der Justiziabilität?, ZaöRV 2014, S. 187–213.

Krois, Christopher, Altersgrenzen für Universitätsprofessoren, Anmerkung zu EuGH v. 18.11.2010 – Rs. C-250/09 und C-268/09 (Georgiev), EuZA 2011, S. 351–361.

–, Inhalt und Grenzen des unionsrechtlichen Verbots der Altersdiskriminierung, Zugleich Besprechung von EuGH v. 19.01.2010 – Rs. C-555/07 (Kücükdeveci), DB 2010, S. 1704–1708.

Kroll-Ludwigs, Kathrin, Anmerkung zu EuGH v. 01.03.2011 – Rs. C-236/09 (Test-Achats), JZ 2011, S. 734–737.

Kruis, Tobias, Der Anwendungsvorrang des EU-Rechts in Theorie und Praxis, Tübingen 2013.

Kruse, Frauke, Die verfassungsrechtlichen Grenzen richterlicher Rechtsfortbildung, Zur Gesetzesmäßigkeit der Rechtsprechung unter dem Grundgesetz, Tübingen 2019.

Kulick, Andreas, Horizontalwirkung im Vergleich, Ein Plädoyer für die Geltung der Grundrechte zwischen Privaten, Tübingen 2020.

–, Weniger Staat wagen – Zur Geltung der Grundrechte zwischen Privaten, AöR 145 (2020), S. 649–703.

Kumm, Matthias, Who is Afraid of the Total Constitution? Constitutional Rights as Principles and the Constitutionalization of Private Law, German Law Journal 7 (2006), S. 341–369.

Kuras, Gerhard, Gemeinschaftsrechtswidrigkeit des § 14 Abs. 3 Satz 4 TzBfG, Besprechung des Urteils EuGH v. 22. 11. 2005 – Rs. C-144/04, RdA 2007, S. 169–176.

Larenz, Karl, Methodenlehre der Rechtswissenschaft, 6. Aufl., Berlin/Heidelberg 1991.

Lassahn, Philipp, Rechtsprechung und Parlamentsgesetz, Überlegungen zu Anliegen und Reichweite eines allgemeinen Vorbehalts des Gesetzes, Tübingen 2017.

Latzel, Clemens, Die Anwendungsbereiche des Unionsrechts, EuZW 2015, S. 658–664.

–, Primärrechtliche Effektuierung der Arbeitszeitgrenzen, EuZA 2019, S. 469–481.

Leczykiewicz, Dorota, Horizontal application of the Charter of Fundamental Rights, E.L.Rev. 38 (2013), S. 479–497.

Leisner, Walter, Grundrechte und Privatrecht, München 1960.

Leist, Dominik, Unionsrecht gebietet Pflicht zur systematischen Arbeitszeiterfassung, Anmerkung zu EuGH v. 14.05.2019 – Rs. C-55/18 (CCOO), jurisPR-ArbR 22/2019, Anm. 1.

Lenaerts, Koen, Kooperation und Spannung im Verhältnis von EuGH und nationalen Verfassungsgerichten, EuR 2015, S. 3–28.

–, Exploring the Limits of the EU Charter of Fundamental Rights, EuConst 8 (2012), S. 375–403.

–, In Vielfalt geeint – Grundrechte als Basis des europäischen Integrationsprozesses, EuGRZ 2015, S. 353–361.

–, The Horizontal Application of the Charter, Quad. Cost. 31 (2020), S. 633–636.

Lenaerts, Koen/Corthaut, Tim, Of birds and hedges: the role of primacy in invoking norms of EU law, E.L.Rev. 31 (2006), S. 287–315.

Lenaerts, Koen/Gutiérrez-Fons, José A., The Constitutional Allocation of Powers and General Principles of EU Law, CMLR 47 (2010), S. 1629–1669.

–, Exploring the Autonomy of the European Union Legal Order, ZaöRV 81 (2021), S. 47–88.

Lenz, Christofer/Hansel, Ronald, Bundesverfassungsgerichtsgesetz Kommentar, 3. Aufl., Baden-Baden 2020.

Lenz, Sebastian, Vorbehaltlose Freiheitsrechte, Stellung und Funktion vorbehaltloser Freiheitsrechte in der Verfassungsordnung, Tübingen 2006.

Lepsius, Oliver, Kontextualisierung als Aufgabe der Rechtswissenschaft, JZ 2019, S. 793–802.

Leuschner, Sebastian, Sicherheit als Grundsatz, Eine grundrechtsdogmatische Rekonstruktion im Unionsrecht am Beispiel der Cybersicherheit, Tübingen 2018.

Link, Lara, Gemeinschaftsrechtswidrigkeit des § 622 II 2 BGB wegen Altersdiskriminierung junger Arbeitnehmer, Anmerkung zu EuGH v. 19.01.2010 – Rs. C-555/07 (Kücükdeveci), NJW 2010, S. 430–431.

Linsenmaier, Wolfgang, Bewusste Rechtsfindung, RdA 2020, S. 220–226.

Lobinger, Thomas, Entwicklung, Stand und Perspektiven des europäischen Antidiskriminierungsrechts, Heidelberg 2015.

Lourenço, Luísa, Religion, discrimination and the EU general principles' gospel: Egenberger, CMLR 56 (2019), S. 193–208.

Lübbe-Wolff, Gertrude, Die Grundrechte als Eingriffsabwehrrechte, Struktur und Reichweite der Eingriffsdogmatik im Bereich staatlicher Leistungen, Baden-Baden 1988.

Lüderitz, Alexander, Menschenrechte und Privatrecht, in: Weyers, Hans-Leo (Hrsg.), Menschenrechte und Zivilrecht, Baden-Baden 1999, S. 9–40.

Luther, Jörg, Die „gleiche Freiheit" der europäischen Bürger in Italien und Deutschland, ZaöRV 68 (2008), S. 371–389.

Lüttringhaus, Jan D., Vertragsfreiheit und ihre Materialisierung im Europäischen Binnenmarkt, Die Verbürgung und Materialisierung unionaler Vertragsfreiheit im Zusammenspiel von EU-Privatrecht, BGB und ZPO, Tübingen 2018.

Magiera, Siegfried, Die Grundrechtecharta der Europäischen Union, DÖV 2000, S. 1017–1026.

Mahlmann, Matthias, Die Grundrechtscharta der Europäischen Union, ZEuS 2000, S. 420–444.

Maier, Benjamin, Grundrechtsschutz bei der Durchführung von Richtlinien, Eine Analyse im Spannungsfeld von Grundrechten der Europäischen Union, nationalen Grundrechten und EMRK-Rechten, Baden-Baden 2014.

Makoski, Bernadette, Kooperativer Grundrechtsschutz im europäischen Mehrebenensystem – Teil II: (Vertiefter) Kooperativer Grundrechtsschutz, EuZW 2020, S. 1053–1059.

Malorny, Friederike, Diskriminierungsschutz als Grenze kirchlicher Selbstbestimmung, EuZA 2019, S. 441–454.

von Mangoldt, Hermann/Klein, Friedrich/Starck, Christian (Hrsg.), Kommentar zum Grundgesetz, Band 1: Präambel, Art. 1–19, 7. Aufl., München 2018 (zit. v. Mangoldt/Klein/Starck-GG/*Bearbeiter*).

Martens, Sebastian A. E., Methodenlehre des Unionsrechts, Tübingen 2013.

Martinico, Giuseppe/Repetto, Giorgio, Fundamental Rights and Constitutional Duels in Europe: An Italian Perspective on Case 269/2017 of the Italian Consitutional Court and Its Aftermath, EuConst 15 (2019), S. 731–751.

Masing, Johannes, Einheit und Vielfalt des Europäischen Grundrechtsschutzes, JZ 2015, S. 477–487.

–, Die Mobilisierung des Bürgers für die Durchsetzung des Rechts, Europäische Impulse für eine Revision der Lehre vom subjektiv-öffentlichen Recht, Berlin 1997.

Matthießen, Volker, Staffelung der Beitragshöhe nach dem Alter bei betrieblicher Altersvorsorge („HK Danmark"), Anmerkung zu EuGH v. 26.09.2013 – Rs. C-476/11 (HK Danmark), jurisPR-ArbR 45/2013, Anm. 1.

Medicus, Dieter, Der Grundsatz der Verhältnismäßigkeit im Privatrecht, AcP 192 (1992), S. 35–70.

Mehrens, Christian/Hein, Hauke, Anmerkung zu EuGH v. 19.11.2019 – Rs. C-609/17, C-610/17 (TSN), ZESAR 2020, S. 291–299.

Mehrens, Christian/Witschen, Stefan, Der unionsrechtliche Urlaubsanspruch und seine Auswirkungen auf das nationale Recht – Ein Zwischenbericht, EuZA 2019, S. 326–349.

Meier, Patrick/Jocham, Felix, Rechtsfortbildung – Methodischer Balanceakt zwischen Gewaltenteilung und materieller Gerechtigkeit, JuS 2016, S. 392–398.

Merkl, Adolf, Prolegomena einer Theorie des rechtlichen Stufenbaus, in: Verdross, Alfred (Hrsg.), Gesellschaft, Staat und Recht, Festschrift für Hans Kelsen zum 50. Geburtstag, Wien 1931, S. 252–29.

Merten, Detlef/Papier, Hans-Jürgen (Hrsg.), Handbuch der Grundrechte in Deutschland und Europa, Band VI/1: Europäische Grundrechte I, Heidelberg u.a. 2010 (zit. Merten/Papier-HdbGR Bd. VI/1/*Bearbeiter*).

Merusk, Kalle/Tavits, Gaabriel, Der Schutz der sozialen Grundrechte in der Rechtsordnung Estlands, in: Iliopoulos-Strangas, Julia (Hrsg.), Soziale Grundrechte in den „neuen" Mitgliedstaaten der Europäischen Union, Zugleich eine Einführung in die mitgliedstaatlichen Allgemeinen Grundrechtslehren, Baden-Baden 2019, S. 81–137.

Metzger, Axel, Extra legem, intra ius: Allgemeine Rechtsgrundsätze im Europäischen Privatrecht, Tübingen 2009.

Meyer, Christina, Das Kopftuch am Arbeitsplatz und unternehmerische Neutralitätskonzepte: Wie verändert europäisches Gleichbehandlungsrecht den Umgang mit der Religionsfreiheit in Arbeitsverhältnissen zwischen Privaten?, EuZA 2020, S. 206–223.

Meyer, Jürgen (Hrsg.), Charta der Grundrechte der Europäischen Union, 4. Aufl. 2014 (zit. Meyer/*Bearbeiter*).

Meyer, Jürgen/Hölscheidt, Sven (Hrsg.), Charta der Grundrechte der Europäischen Union, 5. Aufl. 2019 (zit. Meyer/Hölscheidt/*Bearbeiter*).

Meyer, Michael, Kündigungsschutz im Kleinbetrieb oder in der Wartezeit nach der Grundrechtecharta?, NZA 2014, S. 993–998.

Michl, Fabian, Die Bedeutung der Grundrechte im Privatrecht, JURA 2017, S. 1062–1076.

–, Situativ staatsgleiche Grundrechtsbindung privater Akteure – Zugleich Besprechung von BVerfG, Beschluss vom 11.04.2018 – 1 BvR 3080/09, JZ 2018, S. 910–918.

–, Unionsgrundrechte aus der Hand des Gesetzgebers, Tübingen 2018.

Mittwoch, Anne-Christin, Anmerkung zu EuGH v. 15.01.2014 – Rs. C-176/12 (AMS), BB 2014, S. 2496.

Möllers, Thomas M. J., Juristische Methodenlehre, 4. Aufl., München 2021.

de Mol, Mirjam, Kücükdeveci: Mangold Revisited – Horizontal Direct Effect of a General Principle of EU Law, Court of Justice of the European Union (Grand Chamber) Judgment of 19 January 2010, Case C-555/07, Seda Kücükdeveci v. Swedex GmbH & Co. KG, EuConst 6 (2010), S. 293–308.

–, Dominguez: „A Defeaning Silence" – Judgment of 24 January 2012, Case C-282/10, Maribel Dominguez, EuConst 8 (2012), S. 280–303.

Morgenbrodt, Kai, Loyalitätsobliegenheiten und Grundrechte, Eine Analyse zur Kündigung kirchlicher Arbeitnehmer im europäischen Mehrebenensystem, Baden-Baden/München 2021.

Mörsdorf, Oliver, Anmerkung zu GA Bot, Schlussanträge v. 07.06.2009 – Rs. C-555/07 (Kücükdeveci), ZIP 2009, S. 1491–1495.

–, Unmittelbare Anwendung von EG-Richtlinien zwischen Privaten in der Rechtsprechung des EuGH, EuR 2009, S. 219–241.

–, Die Auswirkungen des neuen „Grundrechts auf Verbraucherschutz" gemäß Art. 38 GRCh auf das nationale Privatrecht, JZ 2010, S. 759–767.

–, Diskriminierung jüngerer Arbeitnehmer, Unanwendbarkeit von § 622 II 2 BGB wegen Verstoßes gegen das Unionsrecht, NJW 2010, S. 1046–1049.

–, Ungleichbehandlung als Norm, Eine dogmatische Analyse des unional determinierten Antidiskriminierungsrechts in Deutschland, Tübingen 2018.

–, Europäisierung des Privatrechts durch die Hintertür, Einige Gedanken zum Einfluss der Grundrechte-Charta auf das nationale Privatrecht in der jüngeren Rechtsprechung des EuGH (Egenberger, Bauer; CCOO u.a.), JZ 2019, S. 1066–1074.

Muckel, Stefan, Wandel des Verhältnisses von Staat und Gesellschaft – Folgen für Grundrechtstheorie und Grundrechtsdogmatik, VVDStRL 79 (2020), S. 245–289.

–, Rezension zu Kulick, Horizontalwirkung im Vergleich, Ein Plädoyer für die Geltung der Grundrechte zwischen Privaten, 2020, JZ 2021, S. 510–511.

Müller-Franken, Sebastian, Bindung Privater an Grundrechte?, in: Detterbeck, Steffen/Rozek, Jochen/von Coelln, Christian (Hrsg.), Recht als Medium der Staatlichkeit, Festschrift für Herbert Bethge zum 70. Geburtstag, Berlin 2009, S. 223–250.

Müller-Graff, Peter-Christian, Die horizontale Direktwirkung der Grundfreiheiten, EuR 2014, S. 3–30.

Münchener Handbuch Arbeitsrecht, hrsg. v. Kiel, Heinrich/Lunk, Stefan/Oetker, Hartmut, Band 1: Individualarbeitsrecht, 5. Aufl., München 2021 (zit. MüHdbArbR/*Bearbeiter*).

Nettesheim, Martin, Der Grundsatz der einheitlichen Wirksamkeit des Gemeinschaftsrechts, in: Randelzhofer, Albrecht/Scholz, Rupert/Wilke, Dieter (Hrsg.), Gedächtnisschrift für Eberhard Grabitz, München 1995, S. 447–468.

–, Normenhierarchien im EU-Recht, EuR 2006, S. 738–772.

Neumann, Eva/Eichberger, Fabian Simon, Die Unionsgrundrechte vor dem Bundesverfassungsgericht, JuS 2020, S. 502–506.

Neuner, Jörg, Privatrecht und Sozialstaat, München 1999.

–, Die Einwirkung der Grundrechte auf das deutsche Privatrecht, in: ders. (Hrsg.), Grundrechte und Privatrecht aus rechtsvergleichender Sicht, Tübingen 2007, S. 159–176.

–, Die Kontrolle zivilrechtlicher Entscheidungen durch das Bundesverfassungsgericht, JZ 2016, S. 435–441.

–, Das Bundesverfassungsgericht als oberstes Familiengericht, FamRZ 2017, S. 1805–1812.

–, Das BVerfG im Labyrinth der Drittwirkung, NJW 2020, S. 1851–1855.

–, Pro libertate? – Zur Freiheitsbegründung durch Recht und Methodik, ZfPW 2022, S. 257–284.

Niedobitek, Matthias, Kollisionen zwischen EG-Recht und nationalem Recht, VerwArch 92 (2001), S. 58–80.

Nipperdey, Hans Carl, Das Arbeitsrecht im Grundgesetz, RdA 1949, S. 214–216.

–, Nichtigkeit der Kündigung einer Ehefrau wegen sog. Doppelverdienertums, Anmerkung zu ArbG Duisburg v. 23.03.1950 – 1 Ca 238/50, RdA 1950, S. 197–198.

–, Gleicher Lohn der Frau für gleiche Leistung, Ein Beitrag zur Auslegung der Grundrechte, RdA 1950, S. 121–128.

–, Grundrechte und Privatrecht, Krefeld 1961.

–, Grundrechte und Privatrecht. Eine Universitätsrede., in: ders. (Hrsg.), Festschrift für Erich Molitor zum 75. Geburtstag, München, Berlin 1962, S. 17–33.

Nomos Kommentar Gesamtes Arbeitsrecht, hrsg. v. Boecken, Winfried/Düwell, Franz Josef/Diller, Martin/Hanau, Hans, Baden-Baden 2016 (zit. NK-GA/*Bearbeiter*).

Nußberger, Angelika, Auswirkungen der Rechtsprechung des Europäischen Gerichtshofs für Menschenrechte auf das deutsche Arbeitsrecht, RdA 2012, S. 270–277.

–, Die Europäische Menschenrechtskonvention und das Privatrecht, RabelsZ 80 (2016), S. 817–850.

Nusser, Julian, Die Bindung der Mitgliedstaaten an die Unionsgrundrechte, Tübingen 2011.

Oeter, Stefan, „Drittwirkung“ der Grundrechte und die Autonomie des Privatrechts, Ein Beitrag zu den funktionellen-rechtlichen Dimensionen der Drittwirkungsdebatte, AöR 119 (1994), S. 529–563.

Ohler, Christoph, Grundrechtliche Bindungen der Mitgliedstaaten nach Art. 51 GRCh, NVwZ 2013, S. 1433–1438.

Öhlinger, Theo, Anmerkung zu EuGH v. 11.09.2014 – Rs. C-112/13 (A/B u.a.), EuZW 2014, S. 955–956.

Öhlinger, Theo/Stelzer, Manfred, Der Schutz der sozialen Grundrechte in der Rechtsordnung Österreichs, in: Iliopoulos-Strangas, Julia (Hrsg.), Soziale Grundrechte in Europa nach Lissabon, Eine rechtsvergleichende Untersuchung der nationalen Rechtsordnungen und des Europäischen Rechts, Baden-Baden 2010, S. 497–540.

Ophhüls, Carl Friedrich, Unmittelbare, individuelle Rechte begründende Wirkung des Art. 12; Auslegung des Art. 177; neue Rechtsordnung des Völkerrechts, Zu Nr. 13. Anmerkung: A., NJW 1963, S. 1751.

Pache, Eckhard, Die Europäische Menschenrechtskonvention und die deutsche Rechtsordnung, EuR 2004, S. 393–415.

Paris, Davide, Constitutional Courts as Guardians of EU Fundamental Rights? Centralised Judicial Review of Legislation an the Charter of Fundamental Rights of the EU – European Court of Justice (Fifth Chamber), Judgment of 11 September 2014, Case C-112/13, A v B and others, EuConst 11 (2015), S. 389–407.

Payandeh, Mehrdad, Verfassungsrecht: Rechtsschutz gegen unionsrechtlich determinierte Gesetze, Unzulässigkeit von Verfassungsbeschwerden gegen Unionsrecht sowie gegen unionsrechtlich determinierte innerstaatliche Rechtsvorschriften, JuS 2020, S. 1226–1228.

Pechstein, Matthias/Nowak, Carsten/Häde, Ulrich (Hrsg.), Frankfurter Kommentar, EUV, GRC, AEUV, Tübingen 2017 (zit. Pechstein/Nowak/Häde/*Bearbeiter*).

Peers, Steve/Hervey, Tamara/Kenner, Jeff/Ward, Angela (Hrsg.), The EU Charter of Fundamental Rights, A Commentary, 2. Aufl., Oxford/Portland (Oregon) 2021 (zit. PHKW/*Bearbeiter*).

Perner, Stefan, EU-Richtlinien und Privatrecht, Wien 2012.

–, Grundfreiheiten, Grundrechte-Charta und Privatrecht, Tübingen 2013.

–, Grundrechte-Charta und Privatrecht – Anmerkung zu EuGH Rs. C-396/13 (Sähköalojen ammattiliitto), in: Heiderhoff, Bettina/Lohsse, Sebastian/Schulze, Reiner (Hrsg.), EU-Grundrechte und Privatrecht, EU Fundamental Rights and Private Law, Baden-Baden 2016, S. 133–145.

Pernice, Ingolf, Eine Grundrechte-Charta für die Europäische Union, DVBl. 2000, S. 847–859.

Petersen, Jan Thomas, Der Schutz sozialer Grundrechte in der Europäischen Union unter besonderer Berücksichtigung der Einbeziehung der Grundrechtecharta in den Europäischen Verfassungsvertrag, Diss. (Würzburg) 2006 (zit. *Petersen*, Soziale Grundreche in der EU).

Pickenhahn, Christiane, Unionsrechtliche Gestaltungsspielräume für die Arbeitszeit von Wissensarbeitern, Baden-Baden 2021.

Picker, Christian, Die neue Arbeitsbedingungenrichtlinie: Mehr als (nur) Transparenz wagen, ZEuP 2020, S. 305–334.

–, Politische Diskriminierung und Privatrecht, in: Düwell, Nora/Gallner, Inken u.a. (Hrsg.), Auf dem Weg zu einem sozialen und inklusiven Rechtsstaat, Covid-19 als Herausforderung, Liber amicorum Franz Josef Düwell, Baden-Baden 2021, S. 409–435.

–, Politischer Extremismus als Herausforderung für Gesamtrechtsordnung und Arbeitsrecht – Teil II, RdA 2021, S. 33–44.

Picker, Christian/Rathmann, Leander, Europäisierung des Kündigungsschutzes?, Zur Kompetenz der EU und Relevanz der RL 2019/1152/EU für das Kündigungsrecht, RdA 2022, S. 61–73.

Picker, Eduard, Richterrecht oder Rechtsdogmatik – Alternativen der Rechtsgewinnung? – Teil 1, JZ 1988, S. 1–12.

–, Richterrecht oder Rechtsdogmatik – Alternativen der Rechtsgewinnung? – Teil 2, JZ 1988, S. 62–75.

Piekenbrock, Andreas, Der Urlaub, der Tod und die Methodik des Unionsprivatrechts, Zugleich Anmerkung zu EuGH v. 06.11.2018 – Rs. C-569/16 und C-570/16 (Bauer), GPR 2019, S. 93–98.

Pieroth, Bodo/Aubel, Tobias, Die Rechtsprechung des Bundesverfassungsgerichts zu den Grenzen richterlicher Entscheidungsfindung, JZ 2003, S. 504–510.

Pinto, Paulo Mota, Die Einwirkung der Grundrechte auf das portugiesische Privatrecht, in: Neuner, Jörg (Hrsg.), Grundrechte und Privatrecht aus rechtsvergleichender Sicht, Tübingen 2007, S. 105–117.

Pirker, Benedikt, Grundrechtsschutz im Unionsrecht zwischen Subsidiarität und Integration, Zur Anwendung der Unionsgrundrechte auf die Mitgliedstaaten, Baden-Baden 2018.

Polakiewicz, Jörg, Soziale Grundrechte und Staatszielbestimmungen in den Verfassungsordnungen Italiens, Portugals und Spaniens, ZaöRV 54 (1994), S. 340–391.

Poscher, Ralf, Grundrechte als Abwehrrechte, Reflexive Regelung rechtlich geordneter Freiheit, Tübingen 2003.

Pöschl, Magdalena, Sicherung grund- und menschenrechtlicher Standards gegenüber neuen Gefährdungen durch private und ausländische Akteure, VVDStRL 74 (2015), S. 406–452.

Potacs, Michael, Effet utile als Auslegungsgrundsatz, EuR 2009, S. 465–488.

Pötters, Stephan, Anspruch auf bezahlten Jahresurlaub – Keine Abhängigkeit von Mindestarbeitszeit während des Bezugszeitraums, Anmerkung zu EuGH v. 24.01.2012 – Rs. C-282/10 (Dominguez), EuZW 2012, S. 345–347.

–, Grundrechte und Beschäftigtendatenschutz, Baden-Baden 2013.

–, Entgeltzahlung im Kündigungsschutzverfahren – Anwendungsbereich der Grundrechtecharta, Anmerkung zu EuGH v. 10.07.2014 – Rs. C-198/13 (Hernández), EuZW 2014, S. 795–799.

Powietzka, Arnim, Verfall und Vererblichkeit von Urlaubsansprüchen – Neuregelungen des Urlaubsrechts durch den EuGH, BB 2019, S. 52–59.

Prechal, Sacha, Directives in European Community Law, A Study of Directives and Their Enforcement in National Courts, Oxford 1995.

–, Does Direct Effect Still Matter?, CMLR 37 (2000), S. 1047–1069.

–, Horizontal Direct Effect of the Charter of Fundamental Rights of the EU, Rev.der.com.eur. 66 (2020), S. 407–426.

Preedy, Kara, Die Bindung Privater an die europäischen Grundfreiheiten, Zur sogenannten Drittwirkung im Europarecht, Berlin 2005.

Preis, Ulrich, Verbot der Altersdiskriminierung als Gemeinschaftsgrundrecht, Der Fall „Mangold" und die Folgen, NZA 2006, S. 401–410.

Preis, Ulrich/Sagan, Adam (Hrsg.), Europäisches Arbeitsrecht, Grundlagen, Richtlinien, Folgen für das deutsche Recht, 2. Aufl., Köln 2019 (zit. Preis/Sagan/*Bearbeiter*).

Preis, Ulrich/Temming, Felipe, Der EuGH, das BVerfG und der Gesetzgeber – Lehren aus Mangold II, NZA 2010, S. 185–198.

–, Band 1: Individualarbeitsrecht, 6. Aufl., Köln 2020.

Preßlein, David, Grundgesetz vs. Grundrechtecharta? Zur „europäisierten Grundrechtsprüfung" des BVerfG nach den Beschlüssen zum „Recht auf Vergessen" und „Europäischer Haftbefehl III", EuR 2021, S. 247–274.

Rabe, Hans-Jürgen, Europäisches Gemeinschaftsrecht, Berichte aus der Wissenschaftlichen Gesellschaft für Europarecht, NJW 1964, S. 1608–1612.
–, Grundrechtsbindung der Mitgliedstaaten, NJW 2013, S. 1407–1408.
Raff, Thomas, Gemeinschaftsprivatrecht und Methode – Der Einfluss der Auslegungsmethoden des EuGH auf die nationale Methodenlehre und die Privatrechtsintegration, in: Behme, Caspar/Fervers, Matthias u.a. (Hrsg.), Perspektiven einer europäischen Privatrechtswissenschaft – Jahrbuch Junger Zivilrechtswissenschaftler 2016, Baden-Baden 2017, S. 67–96.
Rambach, Peter H. M./Rambach, Christian, Teilungsverbot und Urlaubswünsche des Arbeitnehmers – Urlaubserteilung und Anspruchserfüllung zwischen Skylla und Charybdis, ZTR 2018, S. 374–384.
Rebhahn, Robert, Zivilrecht und Europäische Menschenrechtskonvention, AcP 210 (2010), S. 489–554.
Regenfus, Thomas, Vorgaben des Grundgesetzes für die Lösung sachenrechtlicher Zuordnungs- und Nutzungskonflikte, Berlin 2013.
Reich, Norbert, Gemeinschaftsrechtswidrigkeit der sachgrundlosen Befristungsmöglichkeit bei Arbeitnehmern ab 52 Jahren, Anmerkung zu EuGH v. 22.11.2005 – Rs. C-144/04 (Mangold), EuZW 2006, S. 20–22.
Reichold, Hermann/Beer, Peter, Neue Anforderungen an die kirchliche Personalpolitik nach dem Urteil in der Rechtssache Egenberger aus juristischer und theologischer Sicht, NZA 2018, S. 681–686.
Reinhard, André, Pflicht zur Arbeitszeiterfassung und Arbeit 4.0, Wird die Flexibilität abgeschafft oder unbezahlbar?, NZA 2019, S. 1313–1319.
Remien, Oliver, Zwingendes Vertragsrecht und Grundfreiheiten des EG-Vertrages, Tübingen 2003.
Rengeling, Hans-Werner/Szczekalla, Peter, Grundrechte in der Europäischen Union, Charta der Grundrechte und Allgemeine Rechtsgrundsätze, Köln u.a. 2004.
Repasi, René, Die Reichweite des allgemeinen Gleichbehandlungsgrundsatzes bei der Richtlinienumsetzung, EuZW 2009, S. 756–757.
–, Wirkungsweise des unionsrechtlichen Anwendungsvorrangs im autonomen IPR, Tübingen 2018.
Ress, Georg, Verfassungsrechtliche Auswirkungen der Fortentwicklung völkerrechtlicher Verträge, Überlegungen zum Verhältnis des Grundgesetzes zur Europäischen Wirtschaftsgemeinschaft und zur Europäischen Menschenrechtskonvention, in: Fürst, Walther/Herzog, Roman/Umbach, Dieter C. (Hrsg.), Festschrift für Wolfgang Zeidler – Band 2, Berlin, New York 1987, S. 1775–1798.
Reuter, Dieter, Kindesgrundrechte und elterliche Gewalt, Berlin 1968.
Rieckhoff, Henning, Der Vorbehalt des Gesetzes im Europarecht, Tübingen 2007.
Riedel, Christian G. H., Die Grundrechtsprüfung durch den EuGH – Systematisierung, Analyse und Kontextualisierung der Rechtsprechung nach Inkrafttreten der EU-Grundrechtecharta, Tübingen 2020.
Riegel, Mareike C., Die Arbeitszeiterfassungspflicht nach der CCOO-Entscheidung des EuGH – ihre Folgen für den nationalen Gesetzgeber, Arbeitgeber und die Arbeitswelt 4.0, RdA 2021, S. 152–156.
Riehm, Thomas, Die überschießende Umsetzung vollharmonisierender EG-Richtlinien im Privatrecht, JZ 2006, S. 1035–1045.
Riesenhuber, Karl, System und Prinzipien des Europäischen Vertragsrechts, Berlin 2003.
–, EU-Vertragsrecht, Tübingen 2013.

— (Hrsg.), Europäische Methodenlehre, Handbuch für Ausbildung und Praxis, 4. Aufl., Berlin u.a. 2021 (zit. Riesenhuber/*Bearbeiter*).

Rodríguez-Piñero, Miguel, Der Schutz der sozialen Grundrechte in der Rechtsordnung Spaniens, in: Iliopoulos-Strangas, Julia (Hrsg.), Soziale Grundrechte in Europa nach Lissabon, Eine rechtsvergleichende Untersuchung der nationalen Rechtsordnungen und des Europäischen Rechts, Baden-Baden 2010, S. 597–643.

Rogalla, Viktor, Der Schutz von Ehe und Familie in der Europäischen Grundrechtecharta, Berlin 2017.

Roth, Wulf-Henning, Europäische Verfassung und europäische Methodenlehre, RabelsZ 75 (2011), S. 787–844.

–, Die Auslegung angeglichenen Rechts, ZIP 2020, S. 2488–2494.

Röthel, Anne, Verfassungsprivatrecht aus Richterhand? – Verfassungsbindung und Gesetzesbindung der Zivilgerichtsbarkeit, JuS 2001, S. 424–429.

–, Normkonkretisierung im Privatrecht, Tübingen 2004.

–, Vorwirkung von Richtlinien: viel Lärm um Selbstverständliches, ZEuP 2009, S. 34–55.

Rudkowski, Lena, Urlaub als Grundrecht des Arbeitnehmers, NJW 2019, S. 476–480.

Ruffert, Matthias, Dogmatik und Praxis des subjektiv-öffentlichen Rechts unter dem Einfluß des Gemeinschaftsrechts, DVBl. 1998, S. 69–75.

–, Vorrang der Verfassung und Eigenständigkeit des Privatrechts, Eine verfassungsrechtliche Untersuchung zur Privatrechtswirkung des Grundgesetzes, Tübingen 2001 (zit. *Ruffert*, Vorrang der Verfassung und Eigenständigkeit des Privatrechts).

–, Die Europäische Menschenrechtskonvention und innerstaatliches Recht, EuGRZ 2007, S. 245–255.

–, Buchbesprechung: Umsetzungsrecht, von Andreas Funke, Mohr Siebeck, Tübingen 2010, ZG 2011, S. 305–307.

–, Die Rechtsprechung des Bundesverfassungsgerichts zum Privatrecht, JZ 2013, S. 389–398.

–, Privatrechtswirkung der Grundrechte, Von Lüth zum Stadionverbot – und darüber hinaus?, JuS 2020, S. 1–6.

–, Privatrechtswirkung von Grundrechten im Europarecht, in: von der Decken, Kerstin/Günzel, Angelika (Hrsg.), Staat-Religion-Recht, Festschrift für Gerhard Robbers, Baden-Baden 2020, S. 923–936.

Ruffert, Matthias/Grischek, Friederike/Schramm, Moritz, Europarecht im Examen – Die Grundrechte, JuS 2020, S. 1022–1026.

Rüfner, Wolfgang, Drittwirkung der Grundrechte – Versuch einer Bilanz, in: Selmer, Peter/von Münch, Ingo (Hrsg.), Gedächtnisschrift für Wolfgang Martens, Berlin, New York 1987, S. 215–230.

Rüthers, Bernd, Methodenrealismus in Jurisprudenz und Justiz, JZ 2006, S. 53–104.

Safferling, Christoph, Der EuGH, die Grundrechtecharta und nationales Recht: Die Fälle Åkerberg Fransson und Melloni, NStZ 2014, S. 545–551.

Sagan, Adam, Gutschrift von Krankheitstagen während des Urlaubs – Karenztage bei freiwilligem Mehrurlaub, Anmerkung zu EuGH v. 19.11.2019 – Rs. C-609/17, C-610/17 (TSN), EuZW 2020, S. 72–73.

–, Das Gemeinschaftsgrundrecht auf Kollektivmaßnahmen, Eine dogmatische Analyse des Art. 28 der Europäischen Grundrechtecharta, Berlin 2008.

–, Die aktuelle Rechtsprechung des EuGH zum Recht der Gleichbehandlung und des Betriebsübergangs, ZESAR 2011, S. 412–423.

–, Anmerkung zu EuGH v. 17.04.2018 – Rs. C-414/16 (Egenberger), EuZW 2018, S. 386–387.

Sagmeister, Holger M., Die Grundsatznormen in der Europäischen Grundrechtecharta, Zugleich ein Beitrag zum subjektiv-öffentlichen Recht im Gemeinschaftsrecht, Berlin 2010.

–, Ist die Gewährung eines subjektiven Rechts Voraussetzung für die unmittelbare Anwendbarkeit von EU-Recht?, ZEuS 2011, S. 1–33.

Saladin, Peter, Grundrechte im Wandel, Die Rechtsprechung des schweizerischen Bundesgerichts zu den Grundrechten in einer sich ändernden Umwelt, 2. Aufl., Bern 1975.

Sauer, Heiko, Vorrang ohne Hierarchie, Zur Bewältigung von Kollisionen zwischen Rechtsordnungen durch Rangordnungsnormen, Bindungsnormen, Derogationsnormen und Kollisionsnormen, Rechtstheorie 44 (2013), S. 503–539.

–, Horizontalwirkung von Richtlinien und Unionsgrundrechten, JURA 2021, S. 387–400.

Schaefer, Jan Philipp, Die Europäische Menschenrechtskonvention als Faktor der europäischen Integration, EuR 2017, S. 80–106.

Schaller, Werner, Die EU-Mitgliedstaaten als Verpflichtungsadressaten der Gemeinschaftsgrundrechte, Baden-Baden 2003.

Scheffczyk, Fabian, Verfassungsprozessuale Folgefragen von „Recht auf Vergessen I+II“, NVwZ 2020, S. 977–982.

Scheuing, Dieter H., Zur Grundrechtsbindung der EU-Mitgliedstaaten, EuR 2005, S. 162–191.

Schilling, Theodor, Bestand und allgemeine Lehren der bürgerschützenden allgemeinen Rechtsgrundsätze des Gemeinschaftsrechts, EuGRZ 2000, S. 3–43.

Schinz, Reinhard, Anspruch auf bezahlten Jahresurlaub, Kurzarbeit und Vertrauensschutz, Anmerkung zu EuGH v. 13.12.2018 – Rs. C-385/17 (Hein), EuZA 2019, S. 493–503.

Schlachter, Monika, Grenzen zulässiger Rechtsfortbildung und Pflicht zur Umsetzung des Unionsrechts, EuZA 2015, S. 1–14.

–, Methoden der Rechtsgewinnung zwischen EuGH und der Arbeitsgerichtsbarkeit, ZfA 2007, S. 249–275.

–, Die europäische Dimension betrieblicher Arbeitnehmerbeteiligung, EuZA 2015, S. 149–161.

–, Stärkung sozialer Rechte durch Grundrechtsschutz im europäischen Mehr-Ebenen-System?, EuR 2016, S. 478–490.

–, Drittwirkung von Grundrechten der EU-Grundrechtecharta, ZESAR 2019, S. 53–58.

–, Gerechte und angemessene Arbeitsbedingungen? – Die Europäische Sozialcharta als Mittel zur Auslegung von Grundrechten der Europäischen Union, SR 2019, S. 165–174.

Schlachter, Monika/Heinig, Hans Michael (Hrsg.), Enzyklopädie Europarecht, Band 2: Europäisches Arbeits- und Sozialrecht, 2. Aufl., Baden-Baden 2021 (zit. Schlachter/Heinig, EnzEuR/*Bearbeiter*).

Schlachter, Monika/Heuschmid, Johannes/Ulber, Daniel (Hrsg.), Arbeitsvölkerrecht, Tübingen 2019 (zit. Schlachter/Heuschmid/Ulber/*Bearbeiter*).

Schmahl, Stefanie, Grundrechtsschutz im Dreieck von EU, EMRK und nationalem Verfassungsrecht, EuR-Beiheft 2008, 7.

–, Die Rechtsprechung der Unionsgerichtsbarkeit zum Verbot der Altersdiskriminierung, EuR 2022, S. 612–639.

–, Schutz und Rechte älterer Menschen in der Europäischen Menschenrechtskonvention und der Revidierten Europäischen Sozialcharta, AVR 60 (2022), S. 148–181.

Schmahl, Stefanie/Jung, Florian, Horizontale Drittwirkung der Warenverkehrsfreiheit?, Überlegungen im Anschluss an EuGH, Urt. v. 12.07.2012 – C-171/11, EuZW 2012, 797 – DVGW, NVwZ 2013, S. 607–612.

Schmidt, Johannes, Die Grundsätze im Sinne der EU-Grundrechtecharta, Tübingen 2010.

Schmidt, Stephan, Geschlechterdiskriminierende Vergütungsabreden im Arbeitsvertrag, Anspruchsgrundlage(n) für die Anpassung nach oben, RdA 2020, S. 269–276.

Schmidt, Thomas Adalbert, Von „Mangold" bis „Maruko", Die Judikatur des EuGH zur Gleichbehandlungsrahmenrichtlinie und ihr Einfluss auf die deutsche Rechtsordnung, Berlin 2014.

Schmittmann, Georg J., Rechte und Grundsätze in der Grundrechtecharta, Köln 2007.

Schmitz, Thomas, Die EU-Grundrechtecharta aus grundrechtsdogmatischer und grundrechtstheoretischer Sicht, JZ 2001, S. 833–843.

Schneider, Philipp, Die Wirkung arbeitsrechtlicher Bezugnahmeklauseln nach einem Betriebsübergang i.S.d. § 613a BGB, Baden-Baden 2017.

Schroeder, Werner, Das Gemeinschaftsrechtssystem, Eine Untersuchung zu den rechtsdogmatischen, rechtstheoretischen und verfassungsrechtlichen Grundlagen des Systemdenkens im Europäischen Gemeinschaftsrecht, Tübingen 2002.

Schubert, Claudia, Anmerkung zu BAG v. 08.05.2007 – 9 AZR 777/06, AP BGB § 611 Arbeitnehmerähnlichkeit Nr. 15.

–, Der Diskriminierungsschutz der Organvertreter und die Kapitalverkehrsfreiheit der Investoren im Konflikt, ZIP 2013, S. 289–299.

–, Die Grundrechtecharta der Europäischen Union als Mittel zur Expansion des Unionsrechts?, EuZA 2020, S. 302–319.

Schubert, Jens, Europarechtswidrigkeit von § 622 II 2 BGB, Anmerkung zu EuGH v. 19.01.2010 – Rs. C-555/07 (Kücükdeveci), EuZW 2010, S. 180–183.

–, Für eine Auslegung des § 1 AGG „plus legem", NZA Editorial Heft 8/2019.

Schulze, Reiner/Janssen, André/Kadelbach, Manfred (Hrsg.), Europarecht – Handbuch für die deutsche Rechtspraxis, 4. Aufl., Baden-Baden 2020 (zit. Schulze/Janssen/Kadelbach/*Bearbeiter*).

Schürnbrand, Jan, Die Grenzen richtlinienkonformer Rechtsfortbildung im Privatrecht, JZ 2007, S. 910–918.

Schwabe, Jürgen, Die sogenannte Drittwirkung der Grundrechte, München 1971.

Schwarzburg, Katrin, Die Menschenwürde im Recht der Europäischen Union, Baden-Baden 2012.

Schwarze, Jürgen, Der Grundrechtsschutz für Unternehmen in der Europäischen Grundrechtecharta, EuZW 2001, S. 517–524.

Schwarze, Roland, Kampfmittelfreiheit und bestehende Rechtsordnung im neuen Arbeitskampfrecht, ZfA 2018, S. 149–169.

Seidl, Otto, Richterliche Rechtsfortbildung und Verfassungsrecht, ZGR 1988, S. 296–313.

Seifert, Achim, Anmerkung zu EuGH v. 06.11.2018 – Rs. C-684/16 (Max-Planck), EzA RL 2003/88/EG Nr. 23.

–, Die horizontale Wirkung von Grundrechten – Europarechtliche und rechtsvergleichende Überlegungen, EuZW 2011, S. 696–702.

–, Mangold und kein Ende – Die Entscheidung der Großen Kammer des EuGH v. 19.01.2010 in der Rechtssache Kücükdeveci, EuR 2010, S. 802–811.

–, Das Arbeitsrecht nach der Kücükdeveci-Entscheidung des EuGH und der Honeywell-Entscheidung des BVerfG, JbArbR 48 (2011), S. 119–133.

–, L'effet horizontal des droits fondamentaux – Quelques réflexions de droit europeén et de droit comparé, RTDeur 2012, S. 801–826.

–, Zur Horizontalwirkung sozialer Grundrechte, EuZA 2013, S. 299–311.

–, Arbeitszeitrechtlicher Arbeitnehmerbegriff – Horizontalwirkung des Rechts auf bezahlten Urlaub (Art. 31 Abs. 2 GRCh), Anmerkung zu EuGH v., 26.03.2015 – Rs. C-316/13 (Fenoll), EuZA 2015, S. 500–509.

–, Das europäische Arbeitsrecht im Gesamtgefüge des Europäischen Privatrechts, ZEuP 2015, S. 241–272.

–, Veränderungen der Regelungstechniken im Arbeitsrecht der EU – Einige Überlegungen zum aktuellen Zustand des europäischen Arbeitsrechts, EuZA 2018, S. 51–66.

Seifert, Achim/Schintgen, Romain, Der Schutz der sozialen Grundrechte in der Rechtsordnung des Grossherzogtums Luxemburg, in: Iliopoulos-Strangas, Julia (Hrsg.), Soziale Grundrechte in Europa nach Lissabon, Eine rechtsvergleichende Untersuchung der nationalen Rechtsordnungen und des Europäischen Rechts, Baden-Baden 2010, S. 427–469.

Seiwerth, Stephan, Gestaltungsfreiheit in Tarifverträgen und tarifdispositives Gesetzesrecht – Die Begrenzung individueller und kollektiver Vertragsfreiheit durch dispositives und zwingendes Gesetzesrecht, Baden-Baden 2017.

Šimíček, Vojtěch/Kokeš, Marian, Der Schutz der sozialen Grundrechte in der Rechtsordnung Tschechiens, in: Iliopoulos-Strangas, Julia (Hrsg.), Soziale Grundrechte in den „neuen" Mitgliedstaaten der Europäischen Union, Zugleich eine Einführung in die mitgliedstaatlichen Allgemeinen Grundrechtslehren, Baden-Baden 2019, S. 765–830.

Simon, Denys, La directive européenne, Paris 1997.

Singer, Jörg, Rechtsklarheit und Dritte Gewalt, Zur Vorhersehbarkeit arbeitsteiliger Rechtserzeugung am Beispiel des Rechtsmittelrechts, Baden-Baden 2010.

Skouris, Vassilios, Drittwirkung und Direktwirkung der Unionsgrundrechte, in: Boele-Woelki, Katharina u.a. (Hrsg.), Festschrift für Karsten Schmidt zum 80. Geburtstag, Band 2, 2019, S. 451–460.

Spielmann, Dean, L'effet potentiel de la Convention européenne des droits de l'homme entre personnes privées, Brüssel 1995.

–, Die Entscheidungen des Europäischen Gerichtshofs für Menschenrechte und des Europäischen Gerichtshofs – Grenzen und Überschneidung, IWRZ 2017, S. 147–154.

Sponholz, Katharina, Die unionsrechtlichen Vorgaben zu den Rechtsfolgen von Diskriminierung im Privatrechtsverkehr, Baden-Baden 2017.

Sprenger, Markus, Anmerkung zu EuGH v. 11.09.2018 – Rs. C-68/17 (IR), EuZA 2019, S. 99–110.

–, Kein Schutz des Vertrauens privater Arbeitgeber in die Anwendung altersdiskriminierender Gesetze, Anmerkung zu EuGH v. 19.04.2016 – Rs. C-441/14 (Dansk Industri), EuZA 2016, S. 460–469.

Starke, Max Fabian, EU-Grundrechte und Vertragsrecht, Tübingen 2016.

–, Fundamental Rights Before The Court of Justice Of The European Union, A Social, Market-Functional or Pluralistic Paradigm?, in: Collins, Hugh (Hrsg.), European Contract Law and the Charter of Fundamental Rights, Cambridge 2017, S. 93–111.

Stein, Sarah Katharina, Drittwirkung im Unionsrecht, Die Begründung einer Horizontalwirkung allein durch Vorrang und unmittelbare Anwendbarkeit, Baden-Baden 2016.

Steindorff, Ernst, EG-Vertrag und Privatrecht, Baden-Baden 1996.

Stelten, Lukas, Gerichtlicher Grundrechtsschutz in Frankreich, Baden-Baden 2018.

Stenslik, Peter, Anmerkung zu EuGH v. 19.01.2010 – Rs. C-555/07 (Kücükdeveci), RdA 2010, S. 247–249.

Stern, Klaus/Sachs, Michael (Hrsg.), GRCh, Europäische Grundrechte-Charta Kommentar, München 2016 (zit. Stern/Sachs-GRC/*Bearbeiter*).

Stiebert, Tom, Anmerkung zu EuGH v. 24.01.2012 – Rs. C-282/10 (Dominguez), EWiR 2012, S. 201–202.

Streinz, Rudolf (Hrsg.), AEUV/EUV, Vertrag über die Europäische Union, Vertrag über die Arbeitsweise der Europäischen Union, Charta der Grundrechte der Europäischen Union, 3. Aufl., München 2018 (zit. Streinz/*Bearbeiter*).

Streinz, Rudolf/Herrmann, Christoph, Der Fall Mangold – eine „kopernikanische Wende im Europarecht"?, RdA 2007, S. 165–169.

Streuer, Wibke, Die positiven Verpflichtungen des Staates, Eine Untersuchung der positiven Verpflichtungen des Staates aus den Grund- und Menschenrechten des Grundgesetzes und der Europäischen Menschenrechtskonvention, Baden-Baden 2003.

Stürner, Michael, How Autonomous Should Private Law Be?, Elements of a Private Law Constitution, in: Collins, Hugh (Hrsg.), European Contract Law and the Charter of Fundamental Rights, Cambridge 2017, S. 33–48.

–, Europäisches Vertragsrecht, Institutionelle und methodische Grundlagen, materielles Recht, Kollisionsrecht, Berlin/Boston 2021.

Sudre, Frédéric, Les „Obligations Positives" dans la jurisprudence européenne des droit de l'homme, RTDH 1995, S. 363–384.

Suerbaum, Joachim, Die Schutzpflichtendimension der Gemeinschaftsgrundrechte, EuR 2003, S. 390–416.

Sura, Stephan, (Kein) Urlaub im Jenseits – Vererbbarkeit des Urlaubsabgeltungsanspruchs bei Tod des Arbeitnehmers im laufenden Arbeitsverhältnis, Anmerkung zu EuGH v. 06.11.2018 – Rs. C-569/16, C-570/16 (Bauer), EuZA 2019, S. 350–361.

Szczekalla, Peter, Die sogenannten grundrechtlichen Schutzpflichten im deutschen und europäischen Recht, Inhalt und Reichweite einer „gemeineuropäischen Grundrechtsfunktion", Berlin 2002.

Talmon, Stefan, Die Grenzen der Anwendung des Völkerrechts im deutschen Recht, JZ 2013, S. 12–21.

Temming, Felipe, Altersdiskriminierung im Arbeitsleben, Eine rechtsmethodische Analyse, München 2007.

–, Berücksichtigung des Geschlechts von Versicherten bei der Berechnung von Prämien und Leistungen in Versicherungsverträgen als verbotene Diskriminierung, Anmerkung zu EuGH v. 01.03.2011 – Rs. C-236/09 (Test-Achats), jurisPR-ArbR 14/2011, Anm. 5.

Terhechte, Jörg Philipp, Nationale Gerichte und die Durchsetzung des EU-Rechts, EuR 2020, S. 569–605.

Thieken, Jan, Der primärrechtliche europäische Gleichbehandlungsgrundsatz und seine Auswirkungen auf das deutsche Arbeitsrecht, Berlin 2018.

Thiele, Alexander, Die Integrationsidentität des Art. GG Artikel 23 Abs. GG Artikel 23 Absatz 1 GG als (einzige) Grenze des Vorrangs des Europarechts, EuR 2017, S. 367–381.

Thüsing, Gregor, Europarechtlicher Gleichbehandlungsgrundsatz als Bindung des Arbeitgebers?, ZIP 2005, S. 2149–2151.

–, Anmerkung zu EuGH v. 19.01.2010 – Rs. C-555/07 (Kücükdeveci), ZIP 2010, S. 199–202.

–, Arbeitszeiterfassung: Keine Aufzeichnungspflicht unmittelbar aus Art. 31 Abs. GrCh!, DB 2020, S. 1343–1345.

Thüsing, Gregor/Mathy, Regina, Anmerkung zu BAG v. 25.10.2018 – 8 AZR 501/14, AP AGG § 15 Nr. 25.

–, Anmerkung zu EuGH v. 17.04.2018 – Rs. C-414/16 (Egenberger), RIW 2018, S. 559–564.

–, Kirchliche Loyalitätspflichten im Zugriff des EuGH – Zugleich Besprechung des Urteils des EuGH IR gegen JQ (C-68/17), BB 2018, S. 2805–2810.

–, Anmerkung zu BAG v. 20.02.2019 – 2 AZR 746/14, EWiR 2019, S. 411–412.

Thüsing, Gregor/Pötters, Stephan/Stiebert, Tom, Neues aus Luxemburg: Aktuelle Rechtsprechung des EuGH zu den Diskriminierungsverboten und zum Urlaubsrecht, RdA 2012, S. 281–291.

Thüsing, Gregor/Waldhoff, Christian, Koalitionsfreiheit und Arbeitskampfrecht, ZfA 2011, S. 329–390.

Thym, Daniel, Die Reichweite der EU-Grundrechte-Charta – Zu viel Grundrechtsschutz?, NVwZ 2013, S. 889–896.

–, Vereinigt die Grundrechte!, JZ 2015, S. 53–63.

–, Freundliche Übernahme oder: die Macht des „ersten Wortes“ – „Recht auf Vergessen“ als Paradigmenwechsel, JZ 2020, S. 1017–1027.

Timmermanns, Christiaan W. A., Directives: their Effect within the National Legal Systems, CMLR 16 (1979), S. 533–555.

Triantafyllou, Dimitris, The European Charter of Fundamental Rights and the „Rule of Law“: Restricting Fundamental Rights by Reference, CMLR 39 (2002), S. 53–64.

Trstenjak, Verica/Metelko, Plauštajner Metelko, Katja, Der Schutz der sozialen Grundrechte in der Rechtsordnung Sloweniens, in: Iliopoulos-Strangas, Julia (Hrsg.), Soziale Grundrechte in den „neuen“ Mitgliedstaaten der Europäischen Union, Zugleich eine Einführung in die mitgliedstaatlichen Allgemeinen Grundrechtslehren, Baden-Baden 2019, S. 681–759.

Ulber, Daniel, Tarifdispositives Gesetzesrecht im Spannungsfeld von Tarifautonomie und grundrechtlichen Schutzpflichten, Berlin 2010.

–, Grenzen der Rechtfertigung von Ungleichbehandlungen wegen des Alters, Urteile des Europäischen Gerichtshofs vom 26.09.2013 – Rechtssache Kristensen/Experian und Rechtssache Dansk Jurist- og Økonomforbund, EuZA 2014, S. 202–217.

–, Arbeitszeiterfassung als Pflicht des Arbeitgebers, Die Folgen der Entscheidung des EuGH in der Rechtssache CCOO, NZA 2019, S. 677–681.

–, Vorgaben des EuGH zur Arbeitszeiterfassung, Frankfurt a.M. 2020.

Unseld, Christopher, Zur Bedeutung der Horizontalwirkung von EU-Grundrechten 2018.

–, Anmerkung zu EuGH v. 18.01.2022 – Rs. C-261/20 (Thelen Technopark), NVwZ 2022, S. 317–319.

de Vergottini, Guiseppe, Der Schutz der sozialen Grundrechte in der Rechtsordnung Italiens, in: Iliopoulos-Strangas, Julia (Hrsg.), Soziale Grundrechte in Europa nach Lissabon, Eine rechtsvergleichende Untersuchung der nationalen Rechtsordnungen und des Europäischen Rechts, Baden-Baden 2010, S. 391–425.

de Visser, Maartje, Constitutional Review in Europe, A Comparative Analysis, Oxford/ Portland (Oregon) 2014.

Voßkuhle, Andreas, Menschenrechtsschutz durch die Europäischen Verfassungsgerichte, RdA 2015, S. 336–343.

–, Der Wandel der Verfassung und seine Grenzen, JuS 2019, S. 417–423.

Voßkuhle, Andreas/Wischmeyer, Thomas, Grundrechte im Unionsrecht, JuS 2017, S. 1171–1174.

Wackerbarth/Kreße, Das Verwerfungsmonopol des BVerfG – Überlegungen nach der Kücükdeveci-Entscheidung des EuGH, EuZW 2010, S. 252–257.

Wahl, Rainer/Masing, Johannes, Schutz durch Eingriff, JZ 1990, S. 553–563.

Walkila, Sonya, Horizontal effect of fundamental rights in EU law, Groningen 2015.

Wallrab, Annette, Die Verpflichteten der Gemeinschaftsgrundrechte, Umfang und Grenzen der Bindung der Europäischen Gemeinschaft und der Mitgliedstaaten an die Grundrechte des Europäischen Gemeinschaftsrechts, Baden-Baden 2004.

Walter, Christian, Die Europäische Menschenrechtskonvention als Konstitutionalisierungsprozeß, ZaöRV 1999, S. 961–983.

Waltermann, Raimund, Bemerkungen zu den Rechtssachen Mangold und Palacios de la Villa, in: Konzen, Horst/Krebber, Sebastian u.a. (Hrsg.), Festschrift für Rolf Birk zum 70. Geburtstag, Tübingen 2008, S. 915–928.

–, Unanwendbarkeit des nationalen Rechts bei Verstoß gegen das europarechtliche Verbot der Altersdiskriminierung, Urteil des Europäischen Gerichtshofs vom 19.01.2010 – Rechtssache Kücükdeveci, EuZA 2010, S. 541–552.

Wank, Rolf, Rechtsfortbildung im Kündigungsschutzrecht, RdA 1987, S. 129–154.

–, Bereitschaftsdienst als Arbeitszeit, Besprechung des Beschlusses BAG v. 18.02. 2003 – 1 ABR 2/02, RdA 2004, S. 246–252.

–, Methodische Bemerkungen zu neueren EuGH-Urteilen, in: Konzen, Horst/Krebber, Sebastian u.a. (Hrsg.), Festschrift für Rolf Birk zum 70. Geburtstag, Tübingen 2008, S. 929–955.

–, Betriebliche Altersgrenzen nach Age Concern England, SAE 2010, S. 123–129.

–, Altersgrenzen in Tarifverträgen nach der EuGH-Rechtsprechung, in: Creutzfeldt, Malte/Thüsing, Gregor u.a. (Hrsg.), Arbeitsgerichtsbarkeit und Wissenschaft, Festschrift für Klaus Bepler zum 65. Geburtstag, München 2012, S. 585–603.

–, Auslegung und Rechtsfortbildung im Arbeitsrecht, Baden-Baden 2013.

–, Die Auslegung von Gesetzen, 6. Aufl., München 2015.

–, Der Arbeitnehmerbegriff in der Union – Praktische Konsequenzen, EuZA 2018, S. 327–345.

–, Die unmittelbare Wirkung von Unionsrecht unter Privaten im Arbeitsrecht, RdA 2020, S. 1–12.

–, Juristische Methodenlehre, Eine Anleitung für Wissenschaft und Praxis, München 2020.

–, Die Konzeption des EuGH zum Urlaubsrecht, in: Brose, Wiebke/Greiner, Stefan u.a. (Hrsg.), Grundlagen des Arbeits- und Sozialrechts, Festschrift für Ulrich Preis zum 65. Geburtstag, München 2021, S. 1463–1475.

Weber, Albrecht, Die Europäische Grundrechtecharta – auf dem Weg zu einer europäischen Verfassung, NJW 2000, S. 537–544.

–, European Constitutions Compared, München u.a. 2019.

Weber, Hansjörg/Weber, Jörg-Andreas, Zur Dogmatik eines allgemeinen Beschäftigungsanspruchs im Arbeitsverhältnis, RdA 2007, S. 344–352.

Weber, Martin, Grenzen EU-rechtskonformer Auslegung und Rechtsfortbildung, Baden-Baden 2009.

Weiler, Joseph H. H./Lockhart, Nicolas J. S., „Taking Rights Seriously" Seriously – The European Court and its Fundamental Rights Jurisprudence – Part I, CMLR 32 (1995), S. 51–94.

Weinkogl, Philipp, Horizontalwirkung von EU-Sozialgrundrechten in der verbundenen Rechtssache Bauer, NJOZ 2018, S. 1921–1924.

Weiß, Wolfgang, Grundrechtsschutz durch den EuGH: Tendenzen seit Lissabon, EuZW 2013, S. 287–292.

Wendel, Mattias, Das Bundesverfassungsgericht als Garant der Unionsgrundrechte – Zugleich Besprechung von BVerfG, Beschlüsse v. 06.11.2019 – 1 BvR 16/13 (Recht auf Vergessen I) und 1 BvR 276/17 (Recht auf Vergessen II), JZ 2020, S. 157–168.

Westerhäll, Lotta Vahlne, Der Schutz der sozialen Grundrechte in der Rechtsordnung Schwedens, in: Iliopoulos-Strangas, Julia (Hrsg.), Soziale Grundrechte in Europa nach Lissabon – Eine rechtsvergleichende Untersuchung der nationalen Rechtsordnungen und des Europäischen Rechts, Baden-Baden 2010, S. 563–595.

Wiedemann, Herbert, Anmerkung zu EuGH v. 22.11.2005 – Rs. C-144/04 (Mangold), AP Richtlinie 2000/78/EG Nr. 1.

Wienbracke, Mike, Anmerkung zu EuGH v. 17.04.2018 – Rs. C-414/16 (Egenberger), NZA-RR 2018, S. 349–350.

–, Die Rechtsprechung zur unionsrechtsinduzierten Vererbbarkeit des Urlaubsabgeltungsanspruchs – Von Bollacke bis Bauer, NZA-RR 2019, S. 121–126.

–, Österreichische Regelung zum Karfreitagsentgelt – Verstoß gegen Diskriminierungsverbot, Anmerkung zu EuGH v. 22.01.2019 – Rs. C-139/17 (Cresco Investigation), EuZW 2019, S. 247–248.

Wieser, Bernd, Vergleichendes Verfassungsrecht, Wien/New York 2005.

Wietfeld, Anne Christin, Jahresurlaub unabhängig von einer Mindestarbeitszeit, Anmerkung zu EuGH v. 24.01.2012 – Rs. C-282/10 (Dominguez), EuZA 2012, S. 540–549.

–, Die richtlinienkonforme Auslegung – Auslegungsmethode oder Zielvorgabe?, JZ 2020, S. 485–494.

Willemsen, Heinz Josef/Krois, Christopher/Mehrens, Christian, Entdynamisierung von Tarifverträgen nach einem Betriebsübergang – Kommunikationsprobleme zwischen Luxemburg und Erfurt, RdA 2018, S. 151–167.

Willemsen, Heinz Josef/Sagan, Adam, Die Auswirkungen der europäischen Grundrechtecharta auf das deutsche Arbeitsrecht, NZA 2011, S. 258–262.

Windel, Peter A., Die Bedeutung der Europäischen Menschenrechtskonvention für das Privatrecht, JR 2011, S. 323–327.

Winkler, Roland, Die Grundrechte der Europäischen Union, System und allgemeine Grundrechtslehren, Wien/New York 2006.

Winter, Jan A., Direct Applicability and Direct Effect – Two Distinct and Different Concepts in Community Law, CMLR 1972, S. 425–438.

Winter, Regine, Das Arbeitsrecht im europäischen Mehrebenensystem ist weiterhin in Bewegung, in: Creutzfeldt, Malte/Thüsing, Gregor u.a. (Hrsg.), Arbeitsgerichtsbarkeit und Wissenschaft, Festschrift für Klaus Bepler zum 65. Geburtstag, München 2012, S. 633–648.

–, Deutliche Worte des EuGH im Grundrechtsbereich, NZA 2013, S. 473–477.

Wißmann, Hellmut, Europäisches Arbeitsrecht – Sockel oder Deckel?, RdA 2015, S. 301–304.

de Witte, Bruno, The Strange Absence of a Doctrine of Positive Obligations under the EU Charter of Rights, Quad. Cost. 31 (2020), S. 854–857.

Wohlfahrt, Christian, Die Vermutung unmittelbarer Wirkung des Unionsrecht, Ein Plädoyer für die Aufgabe der Kriterien hinreichender Genauigkeit und Unbedingtheit, Berlin/Heidelberg 2016.

Wolmerath, Eileen Deirdre, Unionsrecht als Prüfungsmaßstab des Bundesverfassungsgerichts nach den „Recht auf Vergessen“-Entscheidungen des Ersten Senats, in: Düwell, Nora/Gallner, Inken u.a. (Hrsg.), Auf dem Weg zu einem sozialen und inklusiven Rechtsstaat, Covid-19 als Herausforderung, Liber amicorum Franz Josef Düwell, Baden-Baden 2021, S. 1041–1066.

Wunderlich, Nina/Pickartz, Thomas, Hat die Richtlinie ausgedient? Zur Wahl der Handlungsform nach Art. 296 Abs. 1 AEUV, EuR 2014, S. 659–671.

Wutte, Joachim, Mitverantwortung des Arbeitgebers für die Urlaubnahme seiner Arbeitnehmer, Urteile des Europäischen Gerichtshofs vom 06.11.2018 – Rechtssachen Kreuziger und Max-Planck-Gesellschaft zur Förderung der Wissenschaften, EuZA 2019, S. 222–233.

Wypych, Artur-Konrad, Anmerkung zu EuGH v. 11.09.2018 – Rs. C-68/17 (IR), EWiR 2018, S. 727–728.

Wyrzykowski, Miroslaw, Der Schutz der sozialen Grundrechte in der Rechtsordnung Polens, in: Iliopoulos-Strangas, Julia (Hrsg.), Soziale Grundrechte in den „neuen“ Mitgliedstaaten der Europäischen Union, Zugleich eine Einführung in die mitgliedstaatlichen Allgemeinen Grundrechtslehren, Baden-Baden 2019, S. 401–514.

Zachert, Ulrich, Die Arbeitnehmergrundrechte in einer Europäischen Grundrechtecharta, NZA 2001, S. 1041–1046.
Ziegenhorn, Gero, Der Einfluss der EMRK im Recht der EU-Grundrechtecharta, Genuin chartarechtlicher Grundrechtsschutz gemäß Ar. 52 Abs. 3 GRCh, Berlin 2009.
–, Kontrolle von mitgliedstaatlichen Gesetzen „im Anwendungsbereich des Unionsrechts" am Maßstab der Unionsgrundrechte, NVwZ 2010, S. 803–808.
Zimmer, Reingard, Soziale Grundrechte in der EU – Das Arbeitskampfrecht nach in-Kraft-Treten des Vertrags von Lissabon, AuR 2012, S. 114–119.
Zöllner, Wolfgang, Regelungsspielräume im Schuldvertragsrecht, Bemerkungen zur Grundrechtsanwendung im Privatrecht und zu den sogenannten Ungleichgewichtslagen, AcP 196 (1996), S. 1–36.
Zoppel, Moritz, Europäische Diskriminierungsverbote und Privatrecht, Unionsrechtliche Vorgaben und Sanktionen, Tübingen 2015.
Zuleeg, Manfred, Das Recht der Europäischen Gemeinschaften im innerstaatlichen Bereich, Köln u.a. 1969.

Sach- und Personenregister

Beiträge zum Arbeitsrecht

Herausgegeben von
Martina Benecke, Felix Hartmann,
Sudabeh Kamanabrou und Hartmut Oetker

Mit der Schriftenreihe *Beiträge zum Arbeitsrecht* (BArbR) führt der Verlag seine Tradition, Werke mit hohem wissenschaftlichem Anspruch zu veröffentlichen, für das Arbeitsrecht fort. Er bietet damit ein Forum für Monographien, Habilitationsschriften, herausragende Dissertationen und thematisch geschlossene Sammelbände zu zentralen und grundlegenden Fragen des Individual- und Kollektivarbeitsrechts. Beiträge mit europarechtlichen, internationalen und völkerrechtlichen Bezügen sind ebenso willkommen wie Arbeiten, die sich mit der verfassungsrechtlichen Rückbindung und der Einbettung des Arbeitsrechts in das allgemeine Zivilrecht befassen.

ISSN: 2509-9973
Zitiervorschlag: BArbR

Alle lieferbaren Bände finden Sie unter *www.mohrsiebeck.com/barbr*

Mohr Siebeck
www.mohrsiebeck.com